云冈编年史

张焯 撰

江苏凤凰美术出版社

图书在版编目（CIP）数据

云冈编年史 / 张焯撰. -- 南京 : 江苏凤凰美术出版社, 2025. 3. -- ISBN 978-7-5741-2807-1

Ⅰ. K879.22

中国国家版本馆CIP数据核字第202523HK51号

选题策划　毛晓剑
项目统筹　郭　渊
责任编辑　陆鸿雁
特约审读　叶爱国
封面设计　顾丽华
责任校对　龚　婷
责任监印　生　嫄
责任设计编辑　刘秋文

书　　名　云冈编年史
撰　　者　张焯
出版发行　江苏凤凰美术出版社（南京市湖南路1号　邮编210009）
制　　版　南京新华丰制版有限公司
印　　刷　苏州市越洋印刷有限公司
开　　本　718 mm×1000 mm　1/16
印　　张　52
版　　次　2025年3月第1版
印　　次　2025年3月第1次印刷
标准书号　ISBN 978-7-5741-2807-1
定　　价　460.00元

营销部电话　025-68155675　营销部地址　南京市湖南路1号

自序

幼时，同龄人善玩的，我大多耍不好，经常觉得自己笨。但我要强，也算听话，后来竟用笨功夫考上了大学，又读取了史学硕士。1988 年，我回大同市工作，在党政机关一干就是十四年。这段时间虽然长了点，却不能说是蹉跎岁月。了解社会，投入生活，感受潮流，间或不忘于故史堆中觅些学问。几番酸甜苦辣过后，真切地认识到自己应为大同的文化事业作些贡献。2002 年初夏，市委调我到云冈石窟文物研究所工作，我心中甚喜，朋友们也都为我高兴。看来，二十年来的学习与经历派上了用场。

云冈石窟是五世纪中西文化共铸的丰碑，是举世公认的佛教艺术宝库，也是大同历史文化名城的精华所在。1961 年，被国务院公布为首批全国重点文物保护单位；2001 年底，列入世界文化遗产。盛名之下，我们的工作差距其实不小，该做的事情很多。急迫事项之一，便是把云冈历史搞清楚，把学术研究搞上去。整整一个世纪以来，海内外的学者先贤付出了艰辛的努力，为云冈研究开创了一条崭新的道路，奠定了坚实的基础。今天，我们的任务就是：继承、深入云冈研究，形成更为科学、系统、完整的专业成果，指导石窟的保护维修与环境建设。这是时代赋予我们的使命，也是编纂本书的初衷。

对云冈石窟的研究，始于金代曹衍《大金西京武州山重修大石窟寺碑》（简称《金碑》），继以清初朱彝尊《云冈石佛记》，然而真正学术意义上的研究则是百年之事。20 世纪初，日本人伊东忠太、法国人沙畹先后走进废墟中的云冈，遂使全球美术界为之震惊，云冈研究随之而兴。从发现与探索，到研究与争鸣；从洞窟调查与现场发掘，到鸿篇巨著与石窟维修。云冈石窟走出了荒凉的郊野，告别了寂寞的寒村；云冈之学日益朝着佛教、历史、考古、建筑、美术、乐舞、石质保护等多方向发展。在国外，首推日本，涌现出一批硕学大家，其广闻博见、系统研究，达到了空前的高度。在国内，则陈垣、梁思成、白志谦等先生发轫，宿白、阎文儒、赵一德等先生综述。期间，众多美术家的目光也曾聚焦。云冈石窟的伟大价值为世人所认知，实得益于中外贤达的关注与开拓。

云冈之学日盛，正本清源未竟。石窟因所存题刻稀少，历史记载不详，迄今没有一部全面、系统的实录性专史。摸象之惑，隔靴之感，常使人叹。我此番缀辑年表，采石诸山，拾遗补缺，梳理条贯，不敢讲有所创新，唯愿积石成基，方便后学。研究云冈，离不开中国古代史和大同地方史，也离不开佛教史和中西文化交流史。但以全国或方域之史，补云冈石窟之志，有悖宁缺毋滥之旨，容易出现取材庞杂之弊。矛盾二难，进退两失，难免贻笑大方。既善不得兼，只能广而采之，精以求之，庶几稍免讥哂。

大同地处晋、冀、蒙交界，路当四方交通要冲，自古是长城边塞用武之地。虽云“三代京华，两朝重镇”，然地处苦寒之乡，戎马生郊；各民族聚聚散散，乍盛乍衰。学业文风难持续，墨客雅士不久留。遂使云冈古刹历来记述缺略，大同名城至今史乘欠详。加之，现代佛教史书重学理、轻俗业，犹如谈玄，味同嚼蜡。有鉴于此，本书竭力搜集、考订，主述云冈，兼叙大同，综采释道，冀成一寺、一城、一教之春秋，仍小而名之曰《云冈石窟编年史》（文物出版社，2006年）。

《云冈石窟编年史》出版已16年，期间对于云冈石窟考古与研究确有助力。当年，受到国学大师姜亮夫先生《莫高窟年表》的启发，限于云冈文献记录与雕刻题记太少，不得不放宽搜索范围，形成了视角更多元、内容更庞杂的编纂原则，努力从佛教进入中华并独立发展的脉络中勾勒云冈石窟的历史身影。这样的做法，需要广博的知识和开阔的视野，当然要博览群书。所以，这些年我对云冈相关的记载，以及中国佛教史和大同地方史的资料收集一直没有停止。特别是《四库全书》、历代笔记小说及墓志碑铭等，几乎搜寻一遍，增添文字约 20 万言。以至于本书更接近一部中国佛教通史。因此，这次修订出版冒昧改名为《云冈编年史》。

做学问犹如良工琢玉，不厌其精。衷心祈望师友、同志指瑕揭纰，教我改善拙作。

张焯　2024 年 10 月

《云冈石窟编年史》序

认识张焯，是在十八年前。那时他刚从天津师大毕业，分配回大同市政府办公厅工作。而我当时在市文化局主持工作，经常去政府，往往在综合办公室小坐，与新来的小伙子们聊聊。张焯不怎么爱说话，一张娃娃脸，有点腼腆。有一次，我故意逗他说："你是学中国古代史的研究生，对口单位是云冈石窟，到政府做啥，是不是想捞个官当？"他一时无答，竟满脸不好意思。转眼过去十四年，他经市纪检委辗转，真的来到了云冈。我又问他："早叫你来，你不来，怎么后悔啦？"他忙说："迷途知返，迷途知返。"由此可见，人生之路多途，命运之使有缘。

来云冈工作这四年，张焯很辛苦，翻阅了万卷书，奔波了万里路。整天拎着电脑、夹着书，像支赶时间的忙针。有相当长的一段日子，上班总是面带疲惫，不问而知，熬夜了。工夫不负有心人，他的文章一篇接着一篇地发表，从大同历史到云冈往事，从佛教东传到石窟艺术，由浅入深，由表及里，渐次考述，遂成系列。特别是这本即将付梓的《云冈石窟编年史》，跨越两千四百余年，洋洋六十万言，足见其用功之勤。读罢该书，我觉得有四大特点：

第一，取材广泛。虽以云冈石窟为主线，但内容涉及大同地方史、佛教史和中西文化交流史；虽以正史、佛乘的记载为主，却广泛收集别史、野史、道藏、金石、地理、小说、笔记、论著等相关内容。观之，即可较为系统、全面地把握云冈石窟，乃至大同地方、中国宗教的历史脉络。

第二，视野宽阔。该书的主题是石窟寺，但作者并未拘守一隅，而是广开言听，登高望远。以中国传统为基点，放眼古印度、希腊、罗马、西亚、中亚，探讨云冈艺术之源；以拓跋鲜卑的北魏政权为中心，瞭望新疆古国和江南六朝，考察其融通与发展。由历史学入手，向佛学、考古、建筑、美术等多方面拓展；用全国政治、佛教形势、地方大事为网络，来框定云冈石窟的兴衰历程。具有这样的大视角、大手笔，在当今学者中为数盖寡。

第三，学问扎实。该书从平城（大同）始建、佛教始创开篇，到云冈发现、学术鼎盛告终，是一部完整的云冈石窟集史。其方法，远祖乾嘉大儒，近袭国学宗风。正文采集，注重信史；注释选择，多存异说。广征博引，钩沉发微，可谓殚竭心智。往往于细微之处见功底，出语惊人，而持之有据；常常以旧材料得出新观点，大胆假设，而小心求证。清人论良史，才、学、识并举，而以识为先。应该说，张焯具备了史学家的素质。

第四，贡献突出。该书不仅是迄今为止第一部云冈石窟通史，也是目前大同地区最为周详的一部古代史，同时还是一部言简意赅、具体而微的中国佛教史。这本书的出版发行，对于云冈石窟的研究、大同历史文化名城的研究，乃至国内外的石窟寺研究，无疑具有重要的意义。

好书如剑。愿张焯同志莫畏艰辛，再砥再砺，披荆斩棘，取得更大的成绩。

李治国　2006 年元月

编例说明

1. 本书采用编年体。正文，悉录史籍或金石原文，以存真求实。注释，尽量征引原始资料和前人的学说，辅以自己的考证说明，弥补正文的不详、不当，克服编年纪事的零散之弊。

2. 云冈石窟，历史上直接记述的史料很少，现存题记、碑碣不多，时间偏晚，且往往只鳞片爪，难窥全豹。为了补史的需要，本书兼述大同地区乃至全国的政治、社会、军事、佛教形势，目的是通过旁敲侧击，努力构筑相对连贯、全面的时空背景。

3. 云冈石窟是中西文化交流特别是佛教文化东传的产物。故而，本书对汉魏以来中原王朝与西域的关系，以及北魏平城时代与西域的交通，着墨较多；对中外佛教发展，广泛引用隋唐以前的佛教典籍，结合学术界新近的研究成果，重点叙述。

4. 对早期佛教艺术的发展，尽量收录相关的记载和研究成果（原拟配以图片，以增强直观印象，未果）。北魏平城时代之后，除云冈石窟记载外，佐以历代佛教形势和地方史情状，以期由大框小。

5. 对大同、云冈历史，极力搜检、编排。其中，不明年代的史料，努力考订列入具体时代中；对难以确定时间的记载，悉放入大致年代或相关记载的注释中。

6. 史事跨年度者，为了保持记述的完整性，避免断章取义，往往整体编列在起始、主述或结束之年。其中，有明确纪年的内容，视其必要，另外析出，编入当年。

7. 同一年的若干条史料，按时间先后次序排列。出自不同书籍的相同或相近记载，录取成书早或记述全面者；特殊重要的，一并列入正文；存有一定差异的，补入注释。专述云冈者，即便是后代一些错谬较多的转述，亦尽量收录，加以考订、说明。

8. 本书取材，首选正史。对正史中记述分散、庞杂的一些相关史实，为了省文，直接采用《资治通鉴》《续资治通鉴》等。其次，注意收集《大藏经》《道藏》《四库全书》和历代小说笔记中的相关内容，以弥补史阙。

9. 云冈石窟历代题刻、墨书、碑文、铭文，主要收录在20世纪50年代日本京都大学编纂出版的《云冈石窟》第二卷《云冈金石录》中。本书逐一核对，按年代编入正文或注释中。近年新发现的，直接收入，并予以说明。

10. 大同历史纷繁复杂，特别是魏晋、隋唐、辽金数段，混乱难稽；虽经明清方志作者努力考证，仍多漏失，所以至今没有一部能够讲清楚的区域专史。我曾拟撰《大同城史》，中辍改述云冈，因而本书对新发现的地方重要史事、碑刻，尽量选录，以期双美；对大同历史上的自然灾异，一并编入。唯明清大同历史，诸书甚详，本书从略。

11. 关于云冈石窟的百年研究成果，主要体现在本书第十四编《中华民国纪事》中。由于自己不懂日文，见闻有限，可能不够全面，也有些凌乱。

12. 引用历史文献或碑刻等文字时，改正或增补原文的脱误，加方括号表示；原文残缺或记载不详造成的缺字，用“□”表示一个字；原文难以辨认的字，用“■”表示一个字；字数不辨的用省略号表示。

13. 附录部分，收入了笔者相关研究论文。

目　录

第一编　战国秦汉纪事　/　001

第二编　魏晋纪事　/　032

第三编　北魏前期纪事　/　058

第四编　北魏太武帝时代纪事　/　084

第五编　北魏文成帝、献文帝时代纪事　/　120

第六编　北魏孝文帝时代纪事　/　145

第七编　北魏后期、东魏北齐北周隋纪事　/　188

第八编　唐代纪事　/　239

第九编　五代辽朝纪事　/　328

第十编　金代纪事　/　370

第十一编　蒙古国元代纪事　/　434

第十二编　明代纪事　/　543

第十三编　清代纪事　/　605

第十四编　中华民国纪事　/　665

附　录

大同古代的道路交通 / 707
北魏平城京畿行政区划的演变 / 711
《鹿苑赋》与云冈石窟 / 723
徐州高僧与云冈石窟 / 728
“褒衣博带”与云冈石窟 / 745
隋炀帝与云冈石窟 / 751
《大金西京武州山重修大石窟寺碑》小议 / 756
全真道与云冈石窟 / 761
云冈筑堡与古寺衰微 / 769
东方佛教的第一圣地 / 779
中西交通杂谈 / 794
《云冈石窟山顶佛教寺院遗址发掘报告》序 / 797
山西省的由来 / 803
《云林寺》序 / 809

主要参考书目 / 817

后　记 / 821

第一编　战国秦汉纪事

公元前 475 年丙寅　周元王仁二年，赵襄子元年[①]

赵襄子元年[②]……北登夏屋[③]，请代王[④]。使厨人操铜枓以食代王及从者[⑤]，行斟，阴令宰人各以枓击杀代王及从官，遂兴兵平代地。——《史记》卷 43《赵世家》

赵襄子逾句注[⑥]而破并代，以临胡貉。其后既与韩、魏共灭智伯，分晋地而有之，则赵有代、句注之北[⑦]。——《史记》卷 110《匈奴列传》

① 此前约十年，释迦牟尼涅槃。释迦牟尼（约前 565 ~ 前 485），意即“释迦族的圣人”，姓乔答摩，名悉达多，佛教创始人。相传他是古印度北部迦毗罗卫国（今尼泊尔境内）净饭王的儿子。二十九岁时，痛感人世生、老、病、死各种苦恼，又不满当时婆罗门的神权统治及其梵天创世说，出家修道。经六年苦行，在佛陀伽耶菩提树下成道，悟到世间无常和缘起诸理，即在鹿野苑（今属印度贝拿勒斯城）开始传教，为憍陈如等五人解说“四谛”及“八正道”，佛经称为“初转法轮”。其后四十五年间，在中印度游行教化，被信徒尊为佛陀（觉悟者）。七十九岁时，在拘尸那伽（今属印度联合邦迦夏城）附近的娑罗双树下入灭，信徒分其舍利建塔贮之。后来，弟子们将他一生所说的教法记录整理，通过几次结集，成为经、律、论“三藏”。

② 赵襄子（毋卹），即赵孟，赵简子之子。赵襄子元年，《史记·六国年表》系于周贞定王十二年（前 457），此据《左传》哀公二十年。当时，赵国已占有晋阳（今太原市西南）、邯郸（今河北省邯郸市）等跨太行山的大片地区，以晋阳城为居住地。

③ 夏屋，又名夏壶山、贾屋山、贾母山，在今山西代县东北。

④ 代，古翟（狄）族国名，国城在今天的河北蔚县东北，俗谓代王城。

⑤ 铜枓，即斗形铜勺。

⑥ 句注，又名陉岭、西陉山、雁门山，北魏以后设立雁门关，在今山西代县北。按：雁门关之设，《辞海》误记为唐代。《魏书》卷108之一《礼志一》、《隋书》卷30《地理志中》均载有“雁门关”。

⑦ 句注之北，即今雁门关以北的大同市、朔州市之地。春秋以来，当地土著有林胡、楼烦二族，大约林胡在朔州以北，楼烦在朔州以南一带。此二族人精骑射，以畜牧为生。

前307年甲寅　周赧王延八年，赵武灵王十九年

十九年……王北略中山之地[①]，至于房子[②]，遂之代，北至无穷[③]，西至河[④]，登黄华之上[⑤]。——《史记》卷43《赵世家》

① 中山，古国名，又称鲜虞，春秋时白狄（白翟）别族所建立，国境在今河北定州、石家庄一带。20世纪70年代，在河北省平山县上三汲乡的中山王陵发掘出土了大量精美文物，充分展示了两千多年前中华文明的发达程度。

② 《通鉴》卷3胡三省《注》：“班《志》，房子县属常山郡。《史记正义》曰：房子，今赵州县。”

③ 胡三省《注》：“自代北出塞外，大漠数千里，故曰无穷。《战国策》，武灵王曰：‘昔先君襄王与代交地，城境封之，名曰无穷之门，所以诏后而期远也。’”

④ 河，即黄河，此指今陕北、晋北所夹之黄河段。“西至河”，则指今晋北地区。按：此前，赵已移都邯郸；此后屡侵中山，为凿通代道也。

⑤ 《史记正义》曰：“黄华，盖西河侧之山名也。”约即今陕西榆林黄华梁。是年，因征发西北，赵武灵王定策实行胡服骑射。

前306年乙卯　周赧王九年，赵武灵王二十年[①]

二十年，王略中山地，至宁葭[②]；西略胡地，至榆中[③]。林胡王献马。归……代相赵固主胡，致其兵。——《史记》卷43《赵世家》

① 此前不久，世界形势发生巨变。希腊马其顿国王亚历山大征服古波斯、埃及后，挥军东征，占领西亚、中亚，侵入现在巴基斯坦北部和印度西北部。当此公元前四世纪末，亚历山大帝国的广阔殖民地进入了希腊化时代，希腊文化逐渐流入印度河中上游。

② 宁葭，在今河北石家庄西的获鹿北。

③ 榆中，即榆溪塞，一说在今内蒙古河套东北岸，一说在今陕西东北角。

前300年辛酉　周赧王十五年，赵武灵王二十六年

二十六年，复攻中山，攘地北至燕、代[①]，西至云中、九原[②]。——《史记》卷43《赵世家》

赵武灵王亦变俗胡服，习骑射，北破林胡、楼烦。筑长城，自代并阴山下，至高阙为塞[③]，而置云中、雁门[④]、代郡[⑤]。——《史记》卷110《匈奴列传》

① 攘地，即开疆拓土。

② 云中，在今内蒙古托克托东北。九原，在今内蒙古包头市西。至此，大同地区正式划入赵国版图。

③ 高阙，在今内蒙古杭锦后旗东北。阴山山脉至此中断，成一缺口，望若门阙，故名。

④ 雁门郡，秦、西汉治所在善无（今山西右玉南），辖境相当于今山西河曲、五寨、宁武等县以北，恒山以西，内蒙古黄旗海、岱海以南地。从此开始，赵武灵王进行西北三郡的国防建设。于是，在雁门郡东部的长城塞内出现了一座崭新的城邑，取名平城（约在今大同城北操场城一带）。

⑤ 代郡，赵国至西汉治代（今河北蔚县），东汉治高柳（今山西阳高）。战国代地盖广，至秦设置上谷郡（约今河北张家口地区），区域缩小；西汉代郡辖境相当于今河北怀安、蔚县以西，山西阳高、浑源以东的内外长城间，以及长城外的东洋河流域。

前 299 年壬戌　周赧王十六年，赵武灵王二十七年

主父欲令子主治国①，而身胡服将士大夫西北略胡地，而欲从云中、九原直南袭秦，于是诈自为使者入秦②。秦昭王不知，已而怪其状甚伟，非人臣之度，使人逐之，而主父驰已脱关矣。审问之，乃主父也。秦人大惊。主父所以入秦者，欲自略地形，因观秦王之为人也。——《史记》卷 43《赵世家》

① 此年五月，赵武灵王传位于王子何（赵惠文王），而自号主父。

② 赵武灵王出使秦国的线路，大致就是由今天蔚县，经大同，到包头，南渡黄河，经榆林，达咸阳的道路。参见本书附录：《大同古代的道路交通》。

前 297 年甲子　周赧王十八年，赵惠文王二年

惠文王二年，主父行新地，遂出代，西遇楼烦王于西河而致其兵①。——《史记》卷 43《赵世家》

① 西河，即汉代西河郡，在今内蒙古东胜一带，或指晋北与内蒙古东胜之间的黄河段地区。此条史料，《通鉴》系于周赧王十九年（前 296）。

前 296 年乙丑　周赧王十九年，赵惠文王三年

三年，灭中山，迁其王于肤施①。起灵寿②，北地方从，代道大通③。还归，行赏，大赦，置酒酺五日，封长子章为代安阳君④。——《史记》卷 43《赵世家》

① 肤施，秦汉上郡治所，在今陕西榆林东南。据说，陕北原是中山狄族的故乡。

② 灵寿，中山国都，在今河北平山东北。

③ 武灵王胡服骑射 12 年，平灭中山，解除了赵国心腹之患。同时，从邯郸经中山，跨越太行山，穿飞狐口（在今蔚县南），打通了直达代王城的所谓“代道”，进而巩固了西北边疆。

④ 安阳，即西汉代郡东安阳县，大致在今河北阳原东北。此条史料，《通鉴》系于周赧王二十年（前295）。

前245年丙辰　赵孝成王二十一年，秦王嬴政二年[1]

李牧者，赵之北边良将也。常居代、雁门，备匈奴。以便宜置吏，市租皆输入莫府，为士卒费。日击数牛飨士，习射骑，谨烽火，多间谍，厚遇战士。……于是乃具选车得千三百乘，选骑得万三千匹，百金之士五万人，彀者十万人，悉勒习战。大纵畜牧，人民满野。匈奴小入，佯北不胜，以数千人委之。单于闻之，大率众来入。李牧多为奇阵，张左右翼击之，大破杀匈奴十余万骑。灭襜褴，破东胡，降林胡，单于奔走[2]。其后十余岁，匈奴不敢近赵边城。——《史记》卷81《廉颇蔺相如列传》

① 当此时，摩揭陀国孔雀王朝阿育王统一印度，大弘佛法。阿育王（约前269～前232年在位），一作阿输迦，意译无忧王，又称天爱喜见王。因南征杀戮过多，遇一沙门说法，悔悟归信。在印度境内广建寺塔，颁布敕令，刻于崖壁和石柱，名为“法敕”。又亲自巡礼佛迹，到处立柱纪念。在华氏城（今印度比哈尔邦的巴特那）举行第三次佛典结集，并派遣僧侣远出波斯（今伊朗）、希腊诸国布教。随后，印度西北的罽宾（迦湿弥罗）、犍陀罗佛教转盛。

② 此年，赵孝成王死。李牧破匈奴，约为孝成王时事，姑系是年。《通鉴》系于明年。

前231年庚午　赵王迁五年，秦王嬴政十六年

五年，代地大动，自乐徐以西，北至平阴[1]，台屋墙垣太半坏，地坼东西百三十步。——《史记》卷43《赵世家》

① 乐徐，约今河北涞源东南。平阴，约今山西阳高东南。据我国现代地震学家推测，此次地震震中位于广灵县一带，震级为6.5。

前227年甲戌　秦王嬴政二十年

十九年，王翦、羌瘣尽定取赵地东阳，得赵王。引兵欲攻燕，屯中山。秦王之邯郸……赵公子嘉率其宗数百人之代，自立为代王[1]，东与燕合兵，军上谷。——《史记》卷6《秦始皇本纪》

① 《史记》卷43《赵世家》太史公曰：“秦既虏迁，赵之亡大夫共立嘉为王，王代六岁，秦进兵破嘉，遂灭赵以为郡。”

前221年庚辰 秦始皇帝二十六年

秦初并天下……始皇推终始五德之传，以为周得火德，秦代周德，从所不胜。方今水德之始，改年始，朝贺皆自十月朔。衣服旄旌节旗皆上黑。数以六为纪，符、法冠皆六寸，而舆六尺，六尺为步，乘六马。……分天下以为三十六郡，郡置守、尉、监。……收天下兵①，聚之咸阳，销以为钟鐻，金人十二②，重各千石，置廷宫中。一法度衡石丈尺，车同轨，书同文字。地东至海暨朝鲜，西至临洮、羌中③，南至北向户，北据河为塞，并阴山至辽东。——《史记》卷6《秦始皇本纪》

① 《史记集解》应劭曰："古者以铜为兵。"

② 《汉书》卷27下之上《五行志下之上》："史记秦始皇帝二十六年，有大人长五丈，足履六尺，皆夷狄服，凡十二人，见于临洮。天戒若曰，勿大为夷狄之行，将受其祸。是岁始皇初并六国，反喜以为瑞，销天下兵器，作金人十二以象之。"《史记正义》引谢承《后汉书》云："铜人，翁仲其名也。"按：墓前的石人亦名翁仲。中国古代墓所的石人、石兽、石阙、华表之设，起源很早，春秋战国时已经多见。明罗颀《物原·葬原》谓："周宣王始置石鼓、石人、猊、虎、羊、马"；《吕氏春秋》卷10《安死》："世之为丘垄也，其高大若山，其树之若林。其设阙庭、为宫室、造宾阼也，若都邑。"当时葬俗如此。

③ 临洮，秦县，以临洮水得名，治在今甘肃岷县。羌中，约在临洮以西的古诸羌族之地。

前215年丙戌 秦始皇帝三十二年

三十二年，始皇之碣石①……巡北边，从上郡入②。燕人卢生使入海还，以鬼神事③，因奏录图书，曰"亡秦者胡也"。始皇乃使将军蒙恬发兵三十万人北击胡，略取河南地④。——《史记》卷6《秦始皇本纪》⑤

① 碣石，山名，在今河北昌黎北。

② 上郡，治今陕西榆林。这是秦始皇第四次巡游天下的归途，走的是一条横穿中国北部塞内，纵贯陕西的大通道。参见附录：《大同古代的道路交通》。

③ 《汉书》卷25下《郊祀志下》："昔周史苌弘欲以鬼神之术辅尊灵王会朝诸侯，而周室愈微，诸侯愈叛。楚怀王隆祭祀，事鬼神，欲以获福助，却秦师，而兵挫地削，身辱国危。秦始皇初并天下，甘心于神仙之道，遣徐福、韩终之属多赍童男童女入海求神采药，因逃不还，天下怨恨。"

④ 河南地，即今内蒙古黄河以南地区。《史记》卷110《匈奴列传》："当是之时，东胡强而月氏盛。匈奴单于曰头曼，头曼不胜秦，北徙。十余年而蒙恬死，诸侯畔秦，中国扰乱，诸秦所徙适戍边者皆复去，于是匈奴得宽，复稍度河南，与中国界于故塞。"

⑤ 隋费长房《历代三宝纪》卷1："始皇时，有诸沙门释利防等十八贤者，赍经来化。始皇弗从，遂禁利防等。夜有金刚丈六人来，破狱出之。始皇惊怖，稽首谢焉。"另，《西京杂记》卷3："五柞宫有五柞树，皆连三抱，上枝荫覆数十亩。其宫西有青梧观，观前有三梧桐树，树下有石麒麟二枚，

刊其胁为文字，是秦始皇骊山墓上物也。”

前204年丁酉　汉王刘邦三年

赵地已平，汉王以苍为代相[①]，备边寇。——《史记》卷96《张丞相列传》

① 西汉初，代王管辖代郡、雁门、云中三郡地。高祖十一年（前196），云中划出代地。

前201年庚子　西汉高祖六年

六年冬十月，令天下县邑城[①]。——《汉书》卷1下《高帝纪下》

① 汉承秦制，以冬十月为岁首。大约当年，平城得到了修筑。西汉平城县为雁门郡东部都尉治所，驻有边兵。2003年11月，大同市考古所在城区内基建工地发现一枚直径15.5厘米的西汉圆形瓦当。边棱内，上下左右四朵卷云纹，中央圆圈内凸起隶书“平城”二字。

前200年辛丑　西汉高祖七年

七年，匈奴攻韩王信马邑[①]，信因与谋反太原。……高祖自往击之。会天寒，士卒堕指者什二三，遂至平城。匈奴围我平城，七日而后罢去[②]。——《史记》卷8《高祖本纪》[③]

① 马邑，在今山西朔州。《史记正义》引干宝《搜神记》云：“昔秦人筑城于武周塞以备胡，城将成而崩者数矣。有马驰走，周旋反复，父老异之，因依以筑城，乃不崩，遂名马邑。”据大同学者力高才研究，秦马邑城，在今朔城区东北的祝家庄；后周勃击陈豨，屠马邑，城废，汉另筑马邑城，即今朔州城。

② 《通鉴》卷11载：“帝先至平城，兵未尽到；冒顿纵精兵四十万骑，围帝于白登七日，汉兵中外不得相救饷。帝用陈平秘计，使使间厚遗阏氏。阏氏谓冒顿曰：‘两主不相困。今得汉地，而单于终非能居之也。且汉主亦有神灵，单于察之！’冒顿与王黄、赵利期，而黄、利兵不来，疑其与汉有谋，乃解围之一角。会天大雾，汉使人往来，匈奴不觉。陈平请令强弩傅两矢，外向，从解角直出。帝出围，欲驱；太仆滕公固徐行。至平城，汉大军亦到，胡骑遂解去。”白登，即今大同市东北的马铺山。

③ 北魏郦道元《水经注》卷13：“服虔曰：‘白登，台名也，去平城七里。’如淳曰：‘平城旁之高（城）［地］，若丘陵矣。’今平城东十七里有台，即白登台也。台南对冈阜，即白登山也。故《汉书》称‘上遂至平城，上白登’者也。为匈奴所围处。孙畅之《述画》曰：汉高祖被围七日，陈平使能画作美女，送与冒顿阏氏，恐冒顿胜汉，其宠必衰，说冒顿解围于此矣。”宋《文苑英华》卷66唐谢观《汉以木女解平城围赋》：“汉七年兮海内已清，恃兵强兮深入平城；将耀武于穷边绝域，欲用壮于四夷八纮。举国兴师，娄敬之言莫听；七日不食，陈平之计方行。于时，命雕木之工，状佳人之美，假剞劂于缋事，写婵娟之容止。逐手刃兮巧笑俄生，从索绹而机心暗起。动则流盼，静而直指，似欲排君之难。……时也，匈奴合围，嬖人兴事，故持娉婷之淑态，用挠阏氏之所忌。果

惊如剑之眸，不识运斤之鼻。观其玉立汉垒，花生女垣，香飞大漠，名动雄蕃，各揣蕞陋之姿。胡颜恃宠，竞念腥膻之质；苟自孤恩，乃储仇以极谏，并怀礼而献言，以为汉之与蕃，本为殊国，冀两地之无患，曷二王之相殛？落日而鸣鼙自怨，中夜之重围暗失。”

前 199 年壬寅　西汉高祖八年

春三月……令吏卒从军至平城及守城邑者，皆复终身勿事。——《汉书》卷 1 下《高帝纪下》

前 197 年甲辰　西汉高祖十年

八月，赵相国陈豨反代地[①]。——《史记》卷 8《高祖本纪》[②]

① 《通鉴》卷 12：“初，上以阳夏侯陈豨为相国，监赵、代边兵……淮阴侯曰：‘公之所居，天下精兵处也。’”

② 《汉书》卷 94 上《匈奴传上》：“是时匈奴以汉将数率众往降，故冒顿常往来侵盗代地。于是高祖患之，乃使刘敬奉宗室女翁主为单于阏氏，岁奉匈奴絮缯酒食物各有数，约为兄弟以和亲，冒顿乃少止。”

前 195 年丙午　西汉高祖十二年[①]

冬十月……周勃悉定代郡、雁门、云中地，斩陈豨于当城[②]。——《通鉴》卷 12

① 此后约十年（前 185），古印度中部巽迦王朝补沙弥多罗国王以婆罗门为国师，毁境内佛塔八百余座，尽杀僧尼，史称“中印度法难”。

② 当城，在今河北蔚县东。

前 176 年乙丑　西汉文帝刘恒前元四年

单于遗汉书曰：“……汉边吏侵侮右贤王……今以小吏之败约故，罚右贤王，使之西求月氏击之[①]。以天之福，吏卒良，马强力，以夷灭月氏，尽斩杀降下之。定楼兰[②]、乌孙[③]、呼揭及其旁二十六国，皆以为匈奴。诸引弓之民，并为一家[④]。”——《史记》卷 110《匈奴列传》

① 月氏，古游牧族，原居敦煌、祁连间。

② 楼兰，西域国名，在今新疆罗布泊一带；汉武帝以后，改称鄯善。

③ 乌孙，古游牧族。最初在祁连、敦煌间，汉文帝时西迁至今伊犁河和伊塞克湖一带。南北朝时西迁于葱岭北。颜师古曰：“乌孙于西域诸戎其形最异。今之胡人青眼、赤须，状类弥猴者，本其种也。”

④ 冒顿单于征服西域诸国，是有确切历史记载以来东西方社会文化的首次强烈撞击。“诸引弓之民，并为一家”，一则说明了当时西域各国的游牧特点，二则反映出我国古代北方各民族间文化的同一

性或相近关系。近现代的考古发现，特别是我国北方出土的先秦文物显示，中华与西域物质文化交流历史，可能早已通过商贸形式实现。而且，这种文化交流并不局限在北方游牧族之间。按《史记》卷129《货殖列传》：“汉兴，海内为一，开关梁，弛山泽之禁，是以富商大贾周流天下，交易之物莫不通。”司马迁还说，周人“好贾趋利”，秦人“隙陇、蜀之货物而多贾”，相当于今天的关陇、陕北地区“西有羌中之利，北有戎翟之畜”。羌中，指青海、河西的少数民族地区；羌中之利，盖即包括来自西域的货物。如《艺文类聚》卷91《孔雀》：“春秋元命苞曰：火离为孔雀。《周书》曰：成王时，西方人献孔雀。”就是说，在汉武帝凿空西域之前，西方与中国已长期保持有一定的商旅文化交往。

前148年癸巳　西汉景帝刘启中元二年

孝景帝乃使使持节拜都为雁门太守，而便道之官，得以便宜从事。匈奴素闻郅都节，居边，为引兵去，竟郅都死不近雁门。匈奴至为偶人象郅都，令骑驰射莫能中，见惮如此。——《史记》卷122《酷吏列传》

前142年己亥　西汉景帝后元二年

春，匈奴入雁门，太守冯敬与战死。发车骑、材官屯[1]。——《汉书》卷5《景帝纪》

① 《后汉书》卷1下《光武帝纪下》李贤注引《汉官仪》曰：“高祖命天下郡国选能引关蹶张、材力武猛者，以为轻车、骑士、材官、楼船，常以立秋后讲肄课试，各有员数。平地用车骑，山阻用材官，水泉用楼船。”

前134年丁未　西汉武帝刘彻元光元年

冬十一月……卫尉李广为骁骑将军屯云中，中尉程不识为车骑将军屯雁门，六月罢。——《汉书》卷6《武帝纪》

前133年戊申　西汉元光二年

汉使马邑下人聂翁壹[1]，奸兰出物与匈奴交[2]，详为卖马邑城，以诱单于。单于信之，而贪马邑财物，乃以十万骑入武州塞[3]。汉伏兵三十余万马邑旁，御史大夫韩安国为护军，护四将军以伏单于。单于既入汉塞，未至马邑百余里，见畜布野而无人牧者，怪之，乃攻亭。是时雁门尉史行徼，见寇，葆此亭，知汉兵谋，单于得，欲杀之，尉史乃告单于汉兵所居。单于大惊曰：“吾固疑之。”乃引兵还。——《史记》卷110《匈奴列传》

① 聂壹，名；翁，老人也。

② 《史记集解》："《汉书音义》曰：私出塞与匈奴交市。"

③ 《汉书》卷26《天文志》："其二年十一月，单于将十万骑入武州，汉遣兵三十余万以待之。"按：武州，王莽改称"桓州"，即今大同市左云县。武州塞，盖今云冈石窟所在。

前130年辛亥　西汉元光五年

夏……发卒万人治雁门阻险。——《汉书》卷6《武帝纪》

昔匈奴破大月氏[①]，大月氏西君大夏[②]，而塞王南君罽宾[③]。塞种分散，往往为数国。自疏勒以西北[④]，休循、捐毒之属，皆故塞种也[⑤]。——《汉书》卷96上《西域传上》

① 汉文帝初年，匈奴攻杀月氏王，月氏大部西迁至塞种地区（今新疆西部伊犁河流域及其迤西一带），称大月氏。后遭乌孙攻击，再迁入据大夏（今阿姆河上游）。汉武帝派张骞出使西域，至其国，以后往来渐密。国内分为休密、双靡、贵霜、肸顿、都密五部翕侯。公元一世纪中叶，贵霜翕侯兼并四部，建立贵霜王国。

② 大夏，音译巴克特里亚，古希腊的附属国，也叫希腊·巴克特里亚王国。中亚细亚古国，在今阿富汗北部。本波斯帝国一行省，后隶亚历山大帝国及塞琉西王国，国土一度南达印度河流域。这一地区，后为北方而来的游牧民族塞克人统治。约公元前130年，被大月氏入据。《汉书》卷96上《西域传上》记："大夏本无大君长，城邑往往置小长，民弱畏战，故月氏徙来，皆臣畜之。"与此同时，大夏国的残余塞克人南逃，征服罽宾等地，希腊、西亚文化进一步融入印度河流域。

③ 罽宾，或作迦湿弥罗，即克什米尔一词的古译，在今巴基斯坦北部；国都循鲜城，在今伊斯兰堡东之斯利那加。《汉书》卷96上《西域传上》："罽宾地平，温和，有目宿，杂草奇木，檀、櫰、梓、竹、漆。种五谷、蒲陶诸果，粪治园田。地下湿，生稻，冬食生菜。其民巧，雕文刻镂，治宫室，织罽，刺文绣，好治食。有金银铜锡，以为器。市列。以金银为钱，文为骑马，幕为人面。出封牛、水牛、象、大狗、沐猴、孔爵、珠玑、珊瑚、虎魄、璧流离。"

④ 疏勒，即今新疆喀什。《汉书》卷96上《西域传上》："疏勒国，王治疏勒城，去长安九千三百五十里。户千五百一十，口万八千六百四十七，胜兵二千人。疏勒侯、击胡侯、辅国侯、都尉、左右将、左右骑君、左右译长各一人。东至都护治所二千二百一十里，南至莎车五百六十里。有市列。西当大月氏、大宛、康居道也。"

⑤ 塞种，即塞克人，是古代居于亚洲、欧洲的游牧民族。《汉书》颜师古注："即所谓释种者也，亦语有轻重耳。""塞音先得反，西域国名，即佛经所谓'释种'者。塞、释声相近，本一姓耳。"按：我国史籍中所称塞族，大约与西方和印度记载中所称塞西安人、萨尔马希安人和释迦人为同族。

前129年壬子　西汉元光六年

遣车骑将军卫青出上谷，骑将军公孙敖出代，轻车将军公孙贺出云中，骁骑将军李广出雁门。青至龙城[①]，获首虏七百级。广、敖失师而还。——《汉书》卷6《武帝纪》

① 《史记》卷110《匈奴列传》："岁正月，诸长小会单于庭，祠。五月，大会茏城，祭其先、天地、鬼神。秋，马肥，大会蹛林，课校人畜计。……其坐，长左而北乡。日上戊己。其送死，有棺椁、金银、衣裘，而无封树、丧服。"按：龙城，即茏城，《索隐》引崔浩云："西方胡皆事龙神，故名大会处为龙城。"在今蒙古国鄂尔浑河西侧的和硕柴达木湖附近。蹛林，《正义》引颜师古曰："蹛者，绕林木而祭也。鲜卑之俗，自古相传，秋祭无林木者，尚竖柳枝，众骑驰绕三周乃止，此其遗法也。"

前128年癸丑　西汉元朔元年

匈奴又入雁门，杀略千余人。于是汉使将军卫青将三万骑出雁门，李息出代郡[①]，击胡。得首虏数千人。——《史记》卷110《匈奴列传》

① 《汉书》卷55《卫青传》："其秋，青复将三万骑出雁门，李息出代郡。"

前126年乙卯　西汉元朔三年

其秋，匈奴又入雁门，杀略千余人。——《史记》卷110《匈奴列传》

前123年戊午　西汉元朔六年

六年春二月，大将军卫青将六将军兵十余万骑出定襄[①]，斩首三千余级。还，休士马于定襄、云中、雁门。——《汉书》卷6《武帝纪》

① 西汉设立定襄郡，治所在今内蒙古和林格尔。

前122己未　西汉元狩元年

元狩元年，博望侯张骞使大夏来，言居大夏时见蜀布、邛竹杖，使问所从来，曰"从东南身毒国[①]，可数千里，得蜀贾人市"。或闻邛西可二千里有身毒国。骞因盛言大夏在汉西南，慕中国，患匈奴隔其道，诚通蜀，身毒国道便近，有利无害。于是天子乃令王然于、柏始昌、吕越人等，使间出西夷西，指求身毒国。至滇，滇王尝羌乃留，为求道西十余辈。岁余，皆闭昆明，莫能通身毒国。——《史记》卷116《西南夷列传》

① 身毒，古印度。《后汉书》卷88《西域传》："天竺国，一名身毒，在月氏之东南数千里。"玄奘《大唐西域记》卷2："详夫天竺之称，异议纠纷，旧云身毒，或曰贤豆，今从正音，宜云印度。"

前121年庚申　西汉元狩二年

春，汉使骠骑将军去病将万骑出陇西，过焉支山[①]千余里，击匈奴，得胡首虏万八千余级，破得休屠王祭天金人[②]。——《史记》卷110《匈奴列传》

案汉武元狩中，遣霍去病讨匈奴，至皋兰，过居延[③]，斩首大获。昆邪王杀休屠王，将其众五万来降。获其金人，帝以为大神，列于甘泉宫[④]。金人率长丈余，不祭祀，但烧香礼拜而已。此则佛道流通之渐也[⑤]。及开西域，遣张骞使大夏还，传其旁有身毒国，一名天竺，始闻有浮屠之教[⑥]。——《魏书》卷114《释老志》

夏……匈奴入雁门，杀略数百人。——《汉书》卷6《武帝纪》

① 焉支山，又称燕支山、胭脂山，在今甘肃永昌县西、山丹县东南，绵延祁连山和龙首山间。

② 《后汉书》卷89《南匈奴传》："匈奴俗，岁有三龙祠，常以正月、五月、九月戊日祭天神。南单于既内附，兼祠汉帝，因会诸部议国事。"按：休屠王祭天金人，是中国佛教史中的千古疑案。魏晋以后的诸家注解，多以休屠王金人为祭天之主，与佛教无涉。然三国人张晏云：佛徒祠金人也。又，《史记索隐》："崔浩云，胡祭以金人为主，今浮图金人是也。"唐颜师古注："作金人以为天神之主而祭之，即今佛像是其遗法。"

③ 皋兰，在今甘肃省兰州市北部；居延，本匈奴游牧的居延泽，西汉置县，为张掖都尉治所（在今内蒙古额济纳旗东南），以遮断匈奴入侵河西之路。

④ 对形象的崇拜，中国亦有传统。《宋书》卷17《礼志四》曰："昔周人怀邵伯之美，甘棠为之不伐。越王思范蠡之功，铸金以存其象。自汉兴已来，小善小德，而图形立庙者多矣。"

⑤ 《文苑英华》卷377录唐皮日休《题后魏书释老志》："魏收为《后魏书》，大夸西域氏之教，以为汉获休屠王金人，乃释氏之渐也。秦始皇聚天下之兵，铸金人十二于咸阳，汉复置之，岂可复为释氏哉？……笔削与夺在手，则收之为是，媚于伪齐之君耶？不然，何不经之如是！"按：今天中外学术界普遍认为，汉武帝时，印度尚无佛像。

⑥ 关于佛教传闻中国，范晔《后汉书》卷88《西域传》论云："至于佛道神化，兴自身毒，而二汉方志莫有称焉。张骞但著地多暑湿，乘象而战，班勇虽列其奉浮图，不杀伐，而精文善法导达之功靡所传述。"魏收《释老志》也承认：汉代"司马迁区别异同，有阴阳、儒、墨、名、法、道德六家之义。刘歆著《七略》，班固志《艺文》，释氏之学，所未曾纪"。所以，他讲张骞在大夏始闻佛法，恐属臆测。不过，从张骞凿通西域之后，中西使节往来、商贸交通渐繁，西域珍奇流入汉地，西域乐舞传至汉廷，中外文化广泛交流，声闻佛法亦有可能，只是尚无传教与信奉者。

前115年丙寅　西汉元鼎二年

拜骞为中郎将，将三百人，马各二匹，牛羊以万数，赍金币帛直数千巨万，多持节副使，道可便，遣之他旁国。骞既至乌孙……因分遣副使使大宛[①]、康居、大月氏、大夏、安息、身毒、于阗及诸旁国。乌孙发译道送骞还……随骞报谢，因令窥汉大小。是岁，骞还，到，拜为大行。后岁余，骞所遣使通大夏之属者皆颇与其人俱来，于是西域始通于汉矣[②]。——《通鉴》卷20[③]

① 大宛，西域古国，在今吉尔吉斯斯坦费尔干纳盆地。《史记》卷123《大宛传》："自大宛以西至安息，国虽颇异言，然大同俗，相知言。其人皆深眼，多须髯，善市贾，争分铢。俗贵女子，女子所言而丈夫乃决正。其地皆无丝、漆，不知铸（钱）[铁]器。及汉使亡卒降，教铸作他兵器。得汉黄白金，辄以为器，不用为币。"按：秦始皇统一天下，以黄金为上币，半两铜钱为下币。

②《汉书》卷96上《西域传上》："西域以孝武时始通，本三十六国，其后稍分至五十余，皆在匈奴之西，乌孙之南。……自玉门、阳关出西域有两道。从鄯善傍南山北，波河西行至莎车，为南道。南道西逾葱岭，则出大月氏、安息。自车师前王廷随北山，波河西行至疏勒，为北道。北道西逾葱岭，则出大宛、康居、奄蔡焉。西域诸国大率土著，有城郭田畜，与匈奴、乌孙异俗，故皆役属匈奴。……汉兴至于孝武，事征四夷，广威德，而张骞始开西域之迹。其后骠骑将军击破匈奴右地，降浑邪、休屠王，遂空其地，始筑令居以西，初置酒泉郡，后稍发徙民充实之，分置武威、张掖、敦煌，列四郡，据两关焉。"

③《华阳国志》卷2《汉中志》："张骞特以蒙险远，为孝武帝开缘边之地，宾沙越之国，致大宛之马，入南海之象，而车渠、玛瑙、珊瑚、琳碧、罽宝、明珠、玳瑁、虎魄、水晶、琉璃、火浣之布、蒲桃之酒、筇竹、蒟酱，殊方奇玩，盈于市朝；振扬威灵，被于幽裔。"

前111年庚午　西汉元鼎六年

分武威、酒泉地置张掖、敦煌郡，徙民以实之。——《汉书》卷6《武帝纪》

前110年辛未　西汉元封元年

天子既已封泰山，无风雨灾，而方士更言蓬莱诸神若将可得，于是上欣然庶几遇之，乃复东至海上望，冀遇蓬莱焉[①]。……并海上，北至碣石，巡自辽西，历北边至九原[②]。五月，反至甘泉。——《史记》卷28《封禅书》

①《汉书》卷25下《郊祀志下》谷永奏："汉兴，新垣平、齐人少翁、公孙卿、栾大等，皆以仙人、黄冶、祭祠、事鬼使物、入海求神采药贵幸，赏赐累千金。大尤尊盛，至妻公主，爵位重絫，震动海内。元鼎、元封之际，燕齐之间方士瞋目扼掔，言有神仙祭祀致福之术者以万数。其后，平等皆以术穷诈得，诛夷伏辜。"

② 汉武帝此行，盖沿驰道，可能途经平城（大同）。《史记》卷30《平准书》云："公卿议封禅事，而天下郡国皆豫治道桥，缮故宫，及当驰道县，县治官储，设供具，而望以待幸。"

前109年壬申　西汉元封二年

之遴好古爱奇，在荆州聚古器数十百种。……又献古器四种于东宫。……其第

三种，外国澡灌一口[①]，铭云："元封二年，龟兹国献。"——《梁书》卷40《刘之遴传》

① 澡灌，即澡罐，是佛教僧侣的生活用器，往往以金、银、铜等材料制作。因疑当时佛教已传新疆。清姚莹《康輶纪行》卷14《霍集占非回回种》："魏源曰：'西域自唐以前，无论葱岭西东，皆有佛教，无回教。其以回教称者，自隋唐之间始，且其教止盛行于极西，而未及葱岭以东。其盛行葱岭以东者，自明季始。教虽东行，而山南各回城酋长，尚皆元太祖之裔，于回裔无与。其被灭于准夷，则自国朝康熙间始。'以此三事，证诸群书，则其言西域自古皆佛教者，见于《晋书·鸠摩罗什传》及晋僧法显、魏僧惠生、唐僧元奘使西域之记，见于《魏书》《旧唐书》《宋史》西域各传，见于今日叶尔羌城内之古浮图，阿克苏城外数十里河岸之千佛洞及石佛洞，库车城西六十里之大佛洞，皆像好庄严，梵经隶刻。是回疆之旧皆佛教，昭如星日。其言回教旧在极西，明季始被葱岭以东者……盖隋唐时，谟罕默德崛起天方，臣服诸国，创教事天……至二十六世玛木特玉素普，始东迁喀城，立寺行教，死即葬焉，即霍集占高祖，是为新疆南路回教之祖。然仍以极西之祖国为天堂，故回疆习教之人，终身必赴西海礼拜一次。是葱岭东之有回教，近始明季，又昭如星日。其言新疆回酋，国朝以前皆元裔者……元末，天山为强臣脱欢所据，别为准部，于是元裔惟有天山南路。国初顺治中，回酋表贡，尚以叶尔羌酋，为太宗称：臣成吉思汗裔……至康熙中，并灭于准夷。拘各城元酋，迁之山北。虽康熙三十五年灭噶尔丹时，纵回酋归叶尔羌，亦终于不振。自后汗位遂绝。故乾隆荡平准部时，各回城无复元裔。于是霍集占以回教横起据之。前此，从无回教酋长表贡之事。是霍集占以前之皆元裔，非回裔。……《唐书》言于阗、疏勒俗事祆神，《宋史》言其佛寺外，有末尼寺及波斯寺，此回疆旧皆有天祠之事。……惟回疆南路之祆神，昔特间有其祀，不及佛教十分之一。至其数千里并为一教，家喻户晓，佛教扫迹不行，则实始于明之末叶。"

前101年庚辰　西汉太初四年

四年春，贰师将军广利斩大宛王首[①]，获汗血马来。——《汉书》卷6《武帝纪》

① 《汉书》卷96上《西域传上》："自贰师将军伐大宛之后，西域震惧，多遣使来贡献，汉使西域者益得职。"

前98年癸未　西汉天汉三年

秋，匈奴入雁门，太守坐畏愞弃市。——《汉书》卷6《武帝纪》

前97年甲申　西汉天汉四年

四年春正月……遣贰师将军李广利将六万骑、步兵七万人出朔方，因杅将军公孙敖万骑、步兵三万人出雁门。——《汉书》卷6《武帝纪》

前 89 年壬辰　西汉征和四年

武帝末年，悔征伐之事，乃封丞相为富民侯。下诏曰：“方今之务，在于力农。”以赵过为搜粟都尉。过能为代田[①]……是后边城、河东、弘农、三辅、太常民皆便代田，用力少而得谷多。——《汉书》卷 24 上《食货志上》

① 代田，即易田，是古代北方干旱地区的一种耕作方法。甽垄相间相易，有利于节水保墒、休息地力。

前 60 年辛酉　西汉宣帝刘询神爵二年

秋，匈奴日逐王先贤掸将人众万余来降[①]。使都护西域骑都尉郑吉迎日逐[②]，破车师[③]，皆封列侯。——《汉书》卷 8《宣帝纪》

①《汉书》卷 96 上《西域传上》：“匈奴西边日逐王置僮仆都尉，使领西域，常居焉耆、危须、尉黎间，赋税诸国，取富给焉。”

②《汉书》卷 96 上《西域传上》：“宣帝时，遣卫司马使护鄯善以西数国。及破姑师，未尽殄，分以为车师前后王及山北六国。时汉独护南道，未能尽并北道也，然匈奴不自安矣。其后日逐王畔单于，将众来降，护鄯善以西使者郑吉迎之。既至汉，封日逐王为归德侯，吉为安远侯。是岁，神爵三年也。乃因使吉并护北道，故号曰都护。都护之起，自吉置矣。僮仆都尉由此罢，匈奴益弱，不得近西域。于是徙屯田，田于北胥鞬，披莎车之地，屯田校尉始属都护。都护督察乌孙、康居诸外国动静，有变以闻。可安辑，安辑之。可击，击之。都护治乌垒城，去阳关二千七百三十八里，与渠犁田官相近，土地肥饶，于西域为中，故都护治焉。”按：乌垒城，在今新疆轮台东野云沟附近。南宋周煇《清波杂志》卷 7 云：“阳关去长安一万里。”

③ 车师，原名姑师，古西域国。汉分车师为前后两部，前部治交河城（今新疆吐鲁番县西交河古城遗址），后部治务涂谷（今新疆吉木萨尔县南山中）。

前 51 年庚午　西汉甘露三年

春正月……匈奴呼韩邪单于来朝[①]……先是，自乌孙以西至安息诸国近匈奴者[②]，皆畏匈奴而轻汉，及呼韩邪朝汉后，咸尊汉矣[③]。——《通鉴》卷 27

① 当时，匈奴遭天灾、人祸，极度虚弱，呼韩邪单于遂附汉称臣。《汉书》卷 94 下《匈奴传下》曰：“北边自宣帝以来，数世不见烟火之警，人民炽盛，牛马布野。”呈现出一派繁荣兴旺的景象。

② 安息，音译帕提亚，西亚古国，在今伊朗高原一带。西汉武帝时始通汉使，东汉章帝、和帝朝迭来贡献。《汉书》卷 96 上《西域传上》：“安息国……土地风气，物类所有，民俗与乌弋、罽宾同。亦以银为钱，文独为王面，幕为夫人面。王死辄更铸钱。有大马爵。其属小大数百城，地方数千里，最大国也。临妫水，商贾车船行旁国。书革，旁行为书记。武帝始遣使至安息……因发使随汉使者来观汉地，以大鸟卵及犁靬眩人献于汉，天子大说。安息东则大月氏。”

③《汉书》卷 96 上《西域传上》：“自宣、元后，单于称藩臣，西域服从，其土地、山川、王侯、户数、

道里远近翔实矣。”

前36年乙酉　西汉元帝刘奭建昭三年

秋，使护西域骑都尉甘延寿、副校尉陈汤，挢发戊己校尉屯田吏士及西域胡兵攻郅支单于[①]。冬，斩其首，传诣京师，县蛮夷邸门。——《汉书》卷9《元帝纪》

① 郅支城，在中亚塔拉斯河畔的江布尔。郅支单于的北匈奴残余，大约在东汉时与西迁的北匈奴合流，逐渐成为锡尔河北岸、巴尔克什湖以西草原地区的主人，《魏书》《北史》称为“悦般”国。这些北匈奴部落与当地居民融合，后来又成为白匈奴（嚈哒）的一部分。

前2年己未　西汉哀帝刘欣元寿元年

哀帝元寿元年，博士弟子秦景宪[①]，受大月氏王使伊存口授《浮屠经》[②]。中土闻之，未之信了也。——《魏书》卷114《释老志》

① 秦景宪，诸书所记不同，或作秦卢、秦景、秦虑、秦匿。

② 大月氏征服大夏，侵入印度，信奉佛教，遂为佛法东传的枢纽。《魏书》卷114《释老志》曰：“浮屠正号曰佛陀，佛陀与浮图声相近，皆西方言，其来转为二音。华言译之则谓净觉，言灭秽成明，道为圣悟。凡其经旨，大抵言生生之类，皆因行业而起。有过去、当今、未来，历三世，识神常不灭。凡为善恶，必有报应。渐积胜业，陶冶粗鄙，经无数形，澡练神明，乃致无生而得佛道。其间阶次心行，等级非一，皆缘浅以至深，藉微而为著。率在于积仁顺，蠲嗜欲，习虚静而成通照也。故其始修心则依佛、法、僧，谓之三归，若君子之三畏也。又有五戒，去杀、盗、淫、妄言、饮酒，大意与仁、义、礼、智、信同，名为异耳。云奉持之，则生天人胜处，亏犯则坠鬼畜诸苦。又善恶生处，凡有六道焉。诸服其道者，则剃落须发，释累辞家，结师资，遵律度，相与和居，治心修净，行乞以自给。谓之沙门，或曰桑门，亦声相近，总谓之僧，皆胡言也。僧，译为和命众，桑门为息心，比丘为行乞。俗人之信凭道法者，男曰优婆塞，女曰优婆夷。其为沙门者，初修十诫，曰沙弥，而终于二百五十，则具足成大僧。妇入道者曰比丘尼。其诫至于五百，皆以口为本，随事增数，在于防心、摄身、正口。心去贪、忿、痴，身除杀、淫、盗，口断妄、杂、诸非正言，总谓之十善道。能具此，谓之三业清净。凡人修行粗为极。云可以达恶善报，渐阶圣迹。初阶圣者，有三种人，其根业各差，谓之三乘，声闻乘、缘觉乘、大乘。取其可乘运以至道为名。此三人恶迹已尽，但修心荡累，济物进德。初根人为小乘，行四谛法；中根人为中乘，受十二因缘；上根人为大乘，则修六度。虽阶三乘，而要由修进万行，拯度亿流，弥历长远，乃可登佛境矣。”按：大乘，亦名菩萨乘、佛乘。

伊存授经，诸书记载，互有异同。但西汉末叶，佛法经大月氏进入中华，殆无异议。伊存授经之事，首见于南朝刘宋裴松之注，魏收《释老志》约即祖述裴说。《三国志》卷30裴《注》引《魏略·西戎传》：“罽宾国、大夏国、高附国、天竺国，皆并属大月氏。临儿国，《浮屠经》云其国王生浮屠。浮屠，太子也。父曰屑头邪，母云莫邪。浮屠身服色黄，发青如青丝，乳青毛，蛉赤如铜。始莫邪梦白象而孕，及生，从母左胁出，生而有结，堕地能行七步。此国在天竺城中。天竺又有神人，名沙律。昔汉哀帝元寿元年，博士弟子景卢受大月氏王使伊存口受《浮屠经》曰复立者，其人也。《浮屠》所载临蒲塞、桑门、伯闻、疏问、白疏间、比丘、晨门，皆弟子号也。”

公元10年庚午　新王莽始建国二年

莽篡位二年，兴神仙事，以方士苏乐言，起八风台于宫中。……莽遂崈鬼神淫祀，至其末年，自天地六宗以下至诸小鬼神，凡千七百所，用三牲鸟兽三千余种。后不能备，乃以鸡当鹜雁，犬当麋鹿。数下诏自以当仙，语在其传。——《汉书》卷25下《郊祀志下》

14年甲戌　新天凤元年[①]

缘边大饥，人相食……于是边民流入内郡，为人奴婢[②]。——《汉书》卷99中《王莽传中》[③]

① 此后两年，即公元16年，约即进入佛灭度后的第二个五百年，佛教称为“像法时期”。所谓像法，即以佛像传法。释迦牟尼涅槃后的第一个五百年，是印度佛教的无像期，阿育王以来，一般用释迦牟尼的说法宝座、足迹，以及圣树、佛塔、石柱、莲花、法轮、大象、雄狮、鹿、马等形象来表示佛的存在。从公元一世纪开始，佛像大约首先在贵霜王朝的政治中心犍陀罗地区（都城布路沙布罗，即富楼沙，今白沙瓦）诞生，形成了带有浓郁的希腊雕塑风格的犍陀罗佛像艺术，许多古希腊的神摇身变为佛教的神（如女神埃西，变成诃利帝母，即鬼子母，传入中国为观音菩萨），希腊的神庙、墓葬雕刻形式也被佛教文化所利用。其犍陀罗佛像艺术，具有印度河上游山区寒地特征。几乎同时，恒河上游地区，在古印度传统造像基础上，形成了具有热带地域特征的马土拉（旧译为秣菟罗）佛像艺术。至四世纪后的印度笈多王朝，上述两种艺术进一步融合，突出表现为“湿衣法”的笈多式佛像艺术。

② 王莽时，改平城曰平顺。《汉书》卷94下《匈奴传下》：“及莽挠乱匈奴，与之构难，边民死亡系获，又十二部兵久屯而不出，吏士罢弊，数年之间，北边虚空，野有暴骨矣。”

③《后汉书》卷88《西域传》云：“王莽篡位，贬易侯王，由是西域怨叛，与中国遂绝，并复役属匈奴。”

33年癸巳　东汉光武帝刘秀建武九年

九年春正月……徙雁门吏人于太原。——《后汉书》卷1《光武帝纪下》

34年甲午　东汉建武十年

霸复与吴汉等四将军六万人出高柳击贾览[①]，诏霸与渔阳太守陈訢将兵为诸军锋。匈奴左南将军将数千骑救览，霸等连战于平城下，破之，追出塞，斩首数百级。——《后汉书》卷20《王霸传》

① 高柳，即今大同市阳高县，力高才谓在县北李官屯。两汉之际，天下大乱，北边出现了一个由匈奴

扶植建立的卢芳政权，占据了五原、朔方、云中、定襄、雁门五郡，国境相当于今内蒙古河套至山西大同一带。从建武六年（30）以后，大同盆地便成为南北双方争夺的主战场。汉军分兵两翼，大司马吴汉率捕虏将军王霸等从东面，骠骑大将军杜茂、雁门太守郭凉从南面，向雁北地区发起攻势。

36年丙申　东汉建武十二年

是岁……遣骠骑大将军杜茂将众郡施刑屯北边[①]，筑亭候，修烽燧。——《后汉书》卷1《光武帝纪下》

① 施，读曰弛。弛，解也。《前书音义》曰："谓有赦令去其钳钛赭衣，谓之弛刑。"

37年丁酉　东汉建武十三年

是时，卢芳与匈奴、乌桓连兵，寇盗尤数，缘边愁苦。诏霸将施刑徒六千余人，与杜茂治飞狐道[①]，堆石布土，筑起亭障[②]，自代至平城三百余里[③]。——《后汉书》卷20《王霸传》

① 飞狐口，要隘名，在河北涞源县北、蔚县南。两岸峭立，一线微通，迤逦蜿蜒，百有余里，古代为河北平原与西北边郡间的交通咽喉。

② 亭障堡戍是古代边防军事设施。置于道路，日本僧圆仁《入唐求法巡礼行记》卷2云："唐国行五里立一候子，行十里立二候子。筑土堆，四角，上狭下阔，高四尺或五尺、六尺不定，曰唤之为'里隔柱'。"

③《初学记》卷24《道路》："《东观汉纪》曰：王霸为上谷太守，修飞狐道至平城，堆石布土三百余里。"

38年戊戌　东汉建武十四年

秋九月，平城人贾丹杀卢芳将尹由来降[①]。——《后汉书》卷1《光武帝纪下》

① 《后汉书》卷22《杜茂传》："先是，雁门人贾丹、霍匡、解胜等为尹由所略，由以为将帅，与共守平城。丹等闻芳败，遂共杀由，诣郭凉；凉上状，皆封为列侯，诏送委输金帛赐茂、凉军吏及平城降民。自是卢芳城邑稍稍来降，凉诛其豪右郇氏之属，镇抚羸弱，旬月间雁门且平，芳遂亡入匈奴。"

39年己亥　东汉建武十五年

十五年，复率扬武将军马成、捕虏将军马武北击匈奴，徙雁门、代郡、上谷吏人六万余口，置居庸、常山关以东[①]。——《后汉书》卷18《吴汉传》

① 居庸关，亦称军都关、蓟门关，至今仍在北京市昌平县西北；常山关，又名鸿上关，即今河北唐县西北、太行山东麓的倒马关。平定雁门郡后，光武帝决定移民避胡。《后汉书》卷89《南匈奴传》记："于是渐徙幽，并边人于常山关、居庸关已东，匈奴左部遂复转居塞内。朝廷患之，增缘边兵郡数千人，

大筑亭候，修烽火。”

49 年己酉　东汉建武二十五年

是岁，辽西乌桓大人郝旦等率众内属，诏封乌桓渠帅为侯、王、君长者八十一人，使居塞内，布于缘边诸郡，令招来种人，给其衣食，遂为汉侦候，助击匈奴、鲜卑。……于是始复置校尉于上谷宁城①，开营府，并领鲜卑，赏赐、质子，岁时互市焉。——《通鉴》卷 44

① 仿西汉置护乌桓校尉。上谷宁城，在今河北张家口宣化西北。

50 年庚戌　东汉建武二十六年

遣中郎将段郴授南单于玺绶，令入居云中①，始置使匈奴中郎将，将兵卫护之。南单于遣子入侍，奉奏诣阙②。于是云中、五原、朔方、北地、定襄、雁门、上谷、代八郡民归于本土。遣谒者分将施刑补理城郭③。发遣边民在中国者，布还诸县④，皆赐以装钱，转输给食。——《后汉书》卷 1 下《光武帝纪下》

冬……复诏单于徙居西河美稷⑤……南单于既居西河，亦列置诸部王，助为捍戍。使韩氏骨都侯屯北地，右贤王屯朔方，当于骨都侯屯五原，呼衍骨都侯屯云中，郎氏骨都侯屯定襄，左南将军屯雁门⑥，栗籍骨都侯屯代郡，皆领部众为郡县侦罗耳目。——《后汉书》卷 89《南匈奴传》

① 汉云中郡，治在今内蒙古托克托。

② 此前数年，匈奴境内连年旱蝗，赤地数千里，草木尽枯，人畜饥疫，死耗太半。建武二十二年（46），乌桓乘匈奴之弱，击破之。匈奴北徙数千里，幕南地空。二十四年，南北匈奴分裂。

③ 《后汉书》卷 1 下《光武帝纪下》注引《东观记》：“时城郭丘墟，扫地更为，上悔前徙之。”

④ 此时内郡边民北归，而匈奴亦颇还所略汉人。后来，东汉皇帝屡敕内郡边人北归，又不断谪发罪人徙边，北疆逐渐充实。

⑤ 美稷，在今内蒙古准格乐旗西北。

⑥ 东汉雁门郡，归并州刺史部。由于匈奴、乌桓入牧，郡治南移至阴馆（今朔州市朔城区东南夏官村）。

58 年戊午　东汉明帝刘庄永平元年

永平元年……西自武威，东尽玄菟及乐浪，胡、夷皆来内附，野无风尘。乃悉罢缘边屯兵。——《后汉书》卷 20《祭遵传附从弟肜传》

65 年乙丑　东汉永平八年

楚王英[①]……少时好游侠，交通宾客，晚节更喜黄老，学为浮屠斋戒祭祀[②]。八年，诏令天下死罪皆入缣赎。英遣郎中令奉黄缣、白纨三十匹，诣国相曰："托在蕃辅，过恶累积，欢喜大恩，奉送缣帛，以赎愆罪。"国相以闻。诏报曰："楚王诵黄老之微言，尚浮屠之仁祠[③]，絜斋三月，与神为誓，何嫌何疑，当有悔吝？其还赎，以助伊蒲塞、桑门之盛馔[④]。"因以班示诸国中傅。——《后汉书》卷 42《光武十王传》

初，帝闻西域有神，其名曰佛[⑤]，因遣使之天竺求其道，得其书及沙门以来[⑥]。其书大抵以虚无为宗，贵慈悲不杀；以为人死，精神不灭，随复受形；生时所行善恶，皆有报应，故所贵修炼精神，以至为佛。善为宏阔胜大之言，以劝诱愚俗。精于其道者，号曰沙门。于是中国始传其术，图其形像，而王公贵人，独楚王英最先好之。——《通鉴》卷 45

① 楚王英，建武十五年封为楚公，十七年进爵为王，二十八（52）年就国。永平十四年（71）因与方士作妖书谋反事发，自杀。按：西汉楚国都在彭城（今江苏徐州）。楚王英奉佛，是中国正史中最早的佛教掌故，亦为中国信仰佛教的第一人。可见，东汉永平八年以前，佛教不但传入中国，且已成为一部分中国人的信仰。同时，从明帝的诏令中可知，当时佛教业已得到政府的默认和支持。

② 唐李贤注引东晋袁宏《汉纪》："浮屠，佛也，西域天竺国有佛道焉。佛者，汉言觉也，将以觉悟群生也。其教以修善慈心为主，不杀生，专务清静。其精者为沙门。沙门，汉言息也，盖息意去欲而归于无为。又以为人死精神不灭，随复受形，生时善恶皆有报应，故贵行善修道，以炼精神，以至无生而得为佛也。佛长丈六尺，黄金色，项中佩日月光，变化无方，无所不入，而大济群生。初，明帝梦见金人长大，项有日月光，以问群臣。或曰：'西方有神，其名曰佛。陛下所梦，得无是乎？'于是遣使天竺，问其道术而图其形像焉。"

③ 两汉之世，神仙方术盛行，故佛教托附黄老而后行。《水经注》卷 23《获水》记：又东至彭城县北，注："获水自净净沟东径阿育王寺北，或言楚王英所造，非所详也。盖遵育王之遗法，因以名焉"。

④ 李贤注："伊蒲塞即优婆塞也，中华翻为近住，言受戒行堪近僧住也。桑门即沙门。"

⑤ 《魏书》卷 114《释老志》："所谓佛者，本号释迦文者，译言能仁，谓德充道备，堪济万物也。释迦前有六佛，释迦继六佛而成道，处今贤劫。文言将来有弥勒佛，方继释迦而降世。释迦即天竺迦维卫国王之子。天竺其总称，迦维别名也。初，释迦于四月八日夜，从母右胁而生。既生，姿相超异者三十二种。天降嘉瑞以应之，亦三十二。其《本起经》说之备矣。释迦生时，当周庄王九年。春秋鲁庄公七年夏四月，恒星不见，夜明，是也。至魏武定八年，凡一千二百三十七年云。释迦年三十成佛，导化群生，四十九载，乃于拘尸那城娑罗双树间，以二月十五日而入般涅槃，涅槃译云灭度，或言常乐我净，明无迁谢及诸苦累也。诸佛法身有二种义，一者真实，二者权应。真实身，谓至极之体，妙绝拘累，不得以方处期，不可以形量限，有感斯应，体常湛然。权应身者，谓和光六道，同尘万类，生灭随时，修短应物，形由感生，体非实有。权形虽谢，真体不迁，但时无妙感，

故莫得常见耳。明佛生非实生，灭非实灭也。佛既谢世，香木焚尸。灵骨分碎，大小如粒，击之不坏，焚亦不焦，或有光明神验，胡言谓之‘舍利’。弟子收奉，置之宝瓶，竭香花，致敬慕，建宫宇，谓为‘塔’。塔亦胡言，犹宗庙也，故世称塔庙。于后百年，有王阿育，以神力分佛舍利，役诸鬼神，造八万四千塔，布于世界，皆同日而就。今洛阳、彭城、姑臧、临淄皆有阿育王寺，盖承其遗迹焉。释迦虽般涅槃，而留影迹爪齿于天竺，于今犹在。中土来往，并称见之。”

⑥ 东汉永平中，明帝遣使往西域求法，是我国一向公认的佛教传入之始。然各书记载多不载年月；注年月者，又各持一词。故此从《通鉴》。按：《后汉书》卷88《西域传》云：“王莽篡位，贬易侯王，由是西域怨叛，与中国遂绝，并复役属匈奴。……永平中，北虏乃胁诸国共寇河西郡县，城门昼闭。十六年，明帝乃命将帅，北征匈奴，取伊吾卢地，置宜禾都尉以屯田，遂通西域，于窴诸国皆遣子入侍。西域自绝六十五载，乃复通焉。”由此推究，明帝遣使求佛，只能在通西域后。据梁启超《饮冰室文集》卷59《佛教之初输入》考证：汉明求法说，最初见于西晋道士王浮之《老子化胡经》，其文荒谬，张冠李戴，纯属伪造。佛教初入中华，非由陆路，乃由海路，其最初的根据地，不在京洛，而在江淮。

67年丁卯　东汉永平十年

孝明帝夜梦金人，项有日光，飞行殿庭①，乃访群臣，傅毅始以佛对②。帝遣郎中蔡愔、博士弟子秦景等使于天竺，写浮屠遗范③。愔仍与沙门摄摩腾、竺法兰东还洛阳。中国有沙门及跪拜之法，自此始也。愔又得佛经《四十二章》及释迦立像④。明帝令画工图佛像，置清凉台及显节陵上⑤，经缄于兰台石室。愔之还也，以白马负经而至，汉因立白马寺于洛城雍门西⑥。摩腾、法兰咸卒于此寺。——《魏书》卷114《释老志》

① 明卢若腾《岛居随录》卷下云：“汉时宫殿上，多作鸀鳿鸟形，以辟火。鸀鳿音烛玉，今人呼为白鹤子，状如白鹭，长喙高脚，但头无丝耳。姿标如鹤，故得鹤名。”按：云冈石窟中雕刻的仿北魏宫殿的屋脊上，多有凤鸟，短喙短腿，今就佛典谓之金翅鸟。

② 梁慧皎自序，谓《高僧传》所述“始于汉明帝永平十年”，即梦金人而求法之事。然故事子虚乌有，大约是后世佛徒杜撰。

③ 汉明求法说，造成了我国史籍对佛教初入华夏时间的记述混乱。魏收前言西汉“哀帝元寿元年，博士弟子秦景宪受大月氏王使伊存口授《浮屠经》”。随后又说，东汉明帝遣“博士弟子秦景等使于天竺，写浮屠遗范”。秦景宪与秦景，姓名何其重复、相似？为了迁就永平求法说，魏收又讲“汉章帝时，楚王英喜为浮屠斋戒”，硬是把刘英推后为章帝时人。那么，佛教到底何时进入中华？我赞成翦伯赞《秦汉史》第十一章《两汉时代的意识诸形态》的观点：“一种宗教，从它的传播到它获得人民的信仰，需要经过相当长的时间。特别是一种外国宗教，还要经过翻译的过程，才能传达其教义于人民之中，因而需要更长久的时间，才能成为人民之信仰。同时，人民信仰以后，异国的政府不见得马上就予以承认，进而至于支持，这其间，也需要一个相当的时间。因此之故，佛教之最初传入中国，我们便不能不追溯到西汉之季。……佛教之最初传入中国的边境塔里木盆地一带，应上溯到秦汉之际。……佛教之进入中国的本土，显然在汉武帝在西域设置行政机构以后。……佛

教经典之引起中国士大夫的注意，是在汉哀帝时。”奇怪的是，现今一些学者基于新疆考古发现的不确定性，竟然认为汉地信佛早于西域（新疆）。

④《四十二章经》，迦叶摩腾、竺法兰共译，为佛教流入中国的第一部经书。实是一部按照小乘教义介绍佛教的入门读本。释迦立像，《高僧传》卷1《汉洛阳白马寺竺法兰》云：“愔又于西域得画释迦倚像，是优田王栴檀像师第四作。”

⑤ 唐张彦远《历代名画记》卷5云：“汉明帝梦金人，长大，顶有光明，以问群臣，或曰：‘西方有神，名曰佛，长丈六，黄金色。’帝乃使蔡愔取天竺国优填王画释迦倚像，令工人图于南宫清凉台及显节陵上。以形制古朴，未足瞻敬。阿育王像，至今亦有存者，可见也。”按：阿育王像，原本指西域最初的佛像。今人不知其作何模样，而唐朝人似乎将中国早期佛像也划归其类。因为中国早期的佛像效仿西域像制，所以现今存世的后赵铜佛极可能属于唐人所谓的阿育王像。

⑥《水经注》卷16《榖水》：“昔汉明帝梦见大人，金色，项佩白光，以问群臣。或对曰：‘西方有神，名曰佛，形如陛下所梦。得无是乎？’于是发使天竺，写致经像，始以榆欓盛经，白马负图，表之中夏，故以白马为寺名。此榆欓，后移在城内愍怀太子浮图中，近世复迁此寺。然金光流照，法轮东转，创自此矣。”按：寺，本官署名。宋叶梦得《石林燕语》卷8云：“东汉以来，九卿官府皆名曰寺，与台、省并称。鸿胪其一也，本以待四夷宾客，故摩腾、竺法兰自西域以佛经至，舍于鸿胪。今洛中白马寺，摩腾真身尚在，或云寺即汉鸿胪旧地。摩腾初来，以白马负经，既死，尸不坏，因留寺中，后遂以为浮屠之居，因名白马。今僧居概称寺，盖本此也。”

73年癸酉 东汉永平十六年

十六年春二月，遣太仆祭肜出高阙，奉车都尉窦固出酒泉，驸马都尉耿秉出居延，骑都尉来苗出平城①，伐北匈奴。窦固破呼衍王于天山，留兵屯伊吾卢城②。耿秉、来苗、祭肜并无功而还。——《后汉书》卷2《明帝纪》

十六年，明帝乃命将帅，北征匈奴，取伊吾卢地，置宜禾都尉以屯田，遂通西域，于窴诸国皆遣子入侍。西域自绝六十五载，乃复通焉。——《后汉书》卷88《西域传》

①《后汉书》卷23《窦融传附侄固传》：“骑都尉来苗、护乌桓校尉文穆将太原、雁门、代郡、上谷、渔阳、右北平、定襄郡兵及乌桓、鲜卑万一千骑，出平城塞。”按：此后，北匈奴远遁，南匈奴、乌桓、鲜卑保塞自守，岁岁与中国互市，北边晏然。

② 伊吾卢，简称伊吾，在今新疆哈密一带。伊吾卢，实扼西域门户。

94年甲午 东汉和帝刘肇永元六年

六年秋，超遂发龟兹、鄯善等八国兵合七万人，及吏士贾客千四百人讨焉耆①。……于是西域五十余国悉皆纳质内属焉。——《后汉书》卷47《班超传》

① 龟兹，又作鸠兹、屈茨、归兹、屈支、丘兹等，在今新疆库车一带；鄯善，原名楼兰，在今新疆若羌县治卡克里克；焉耆，又作乌耆、乌缠、阿耆尼，国都员渠城，在今新疆焉耆西南。

107 年丁未　东汉安帝刘祜永初元年

永初元年十一月，民讹言相惊，司隶、并、冀州民人流移。——《后汉书·五行志一》。

109 年己酉　东汉永初三年

九月，雁门乌桓及鲜卑叛，败五原郡兵于高渠谷……是岁，京师及郡国四十一雨水雹。并、凉二州大饥，人相食①。——《后汉书》卷 5《安帝纪》

① 东汉安帝以降，天下郡国连年水旱、地震，民多饥困，海内动荡。乌桓、匈奴时而内附，时而反叛，鲜卑不断入塞掠杀，北边诸郡虽增置边兵，但百姓无复安宁。

129 年己巳　东汉顺帝刘保永建四年

二月戊戌，诏以民入山凿石①，发泄藏气，敕有司检察所当禁绝，如建武、永平故事。——《后汉书》卷 6《顺帝纪》②

① 凿山取石，反映出社会生活的需要。中国传统建筑的“土木”结构，对石头的使用量甚微；先秦时代，农用石器逐渐被青铜工具取代，玉雕虽然流行，但刻石稀少，石鼓、柱础、磨碾、杵臼等石器，对石料的需求量并不大。大致从西汉开始，墓葬用的石刻画像、石碑、石阙、石兽成为时尚，石材需求骤然增加，因此遂有东汉光武、明帝、顺帝之禁。从世界范围讲，石刻艺术首推古代埃及、希腊，公元前很早就出现精美的雕像。中国的铜雕自商周达到鼎盛，秦始皇兵马俑则更显示了中国雕塑的成就。到汉代，雕塑主要转向石雕。最为普遍盛行的是画像石，这种在平面上略作浮起，甚至仅有线条刻划的浮雕，并不像希腊的高浮雕，给人以立体感，而是像埃及的浮雕，显示了一种令人感到画意的形象。汉墓神道的石人、石兽及华表、石阙，与西方相比则更显古拙。近现代中国发现的汉画像石，主要集中在河南、山东、四川等地，山西离石、陕西榆林地区也有出土。最早的是西汉昭帝元凤年间的凤凰画像，东汉时达到极盛。雕刻内容十分广泛，有神怪图、狩猎图、战争图、宴会图、乐舞图等；人物、动物、器具丰富多彩，形神皆备。汉代画像石、画像砖以及壁画中，有大量的外来图案，如翼人、翼马、翼虎、巨象、犀牛、一足牛、桃拔（似鹿长尾一角）、狮子、孔雀、三足乌、比翼双头鸟，以及箜篌、筚篥、琵琶、羯鼓、羌笛等。显然，汉武帝以来，大量输入的西域异邦艺术与中国古典艺术走向了融合。

② 元陆友仁《砚北杂志》卷下：“赵德甫《金石录》谓西汉文字，世不多有，殆不可晓。胡承公《资古绍志集》云云，独尤延之以为西汉刻石文，自昔好古之士固尝博采，竟不之见。如阳朔砖字，要亦非真。闻是新莽恶称汉德，凡有石刻皆令仆而磨之。仍严其禁，略不容留。至于秦碑，乃更加营覆，遂得不毁，故至今犹有存者。西汉而上，纪功述事，多寓之金刻。自东汉以来，石刻始盛，而金刻鲜矣。……或谓西汉至今，历年甚久，所刻石皆已缺坏磨灭，因不复有；东汉则以年所差近得存。此说非也。周宣王石鼓文、秦二世泰山诏，今尚在，岂西汉石刻独已缺坏磨灭？当是西汉之俗犹为近古，其有功德，独铭之钟、鼎、彝、盘，而冢墓碑刻，则自东汉以来始有耳。”

133年癸酉 东汉阳嘉二年

其夏大旱。秋，鲜卑入马邑城，破代郡兵。——《后汉书》卷30下《郎顗传》

144年甲申 东汉汉安三年、建康元年[①]

九月丙午……是日，京师及太原、雁门地震，三郡水涌土裂。——《后汉书》卷6《顺帝纪》

初，顺帝时，琅邪宫崇诣阙，上其师干吉于曲阳泉水上所得神书百七十卷，皆缥白素，朱介、青首、朱目，号《太平清领书》[②]。其言以阴阳五行为家，而多巫觋杂语。有司奏崇所上妖妄不经，乃收臧之。后张角颇有其书焉[③]。——《后汉书》卷30下《襄楷传》

① 大约此时，印度贵霜王朝强盛。并在其第三代王迦腻色迦（134 ~ 156）即位后达到鼎盛，领土扩张到恒河流域。迦腻色迦是继孔雀王朝阿育王之后，极力推广佛教的又一位国王。在他的支持下，佛教僧侣于迦湿弥罗城举行第四次佛藏结集。罽宾遂为大乘佛教的发源地，犍陀罗（今阿富汗东部、巴基斯坦北部）变成了佛教信徒们的真正圣地。佛教中比较开放和进步的一个教派"大乘教"在犍陀罗的流行，首次允许将佛陀画成人形。佛教的突然自由化，推动了犍陀罗佛教艺术向鼎盛方向发展。这时，大量的佛陀、弥勒、本生故事都用当地一种灰色（或蓝色）片岩雕刻，也用灰泥、石膏制作雕塑像和浮雕。佛陀神态矜持，拥有令人喜爱的阿波罗型面容，或立或坐，始终穿着一件内衣和一件僧袍。站立的佛陀像可能是模仿希腊神祇或希腊英雄，甚至模仿穿着大披肩或宽外袍的罗马皇帝。艺匠们用珠宝装饰将菩萨与佛陀区别开来，形形色色的耳环、发簪、项链、项圈、臂钏、手镯、腰带、脚镯及护身符，通常都佩戴在菩萨身上。几乎所有的犍陀罗雕像都是立体雕刻。同时，犍陀罗出现了楼阁式的佛塔。在贵霜王朝统治下的恒河流域，婆罗门教（印度教前身）是大众的宗教，崇拜湿婆、毗湿奴；佛教则获得了王室的庇护。虽然马土拉艺术先于贵霜艺术存在，此时却明显受到了犍陀罗的影响。这里的雕像多为赤砂岩、浅黄色砂岩，佛陀身体壮硕，形象走向定式：头后有扇形光晕，背景有菩提树叶，两位天神飞翔，两侧各一侍立菩萨，发髻高突，大耳小垂，当额圆点，杏壳大眼，略带微笑；衣饰变得厚实，往往为通肩大衣。佛陀如僧侣，菩萨戴宝冠。马土拉创作的精美的佛教图像，不仅当地大量存在，还被输出到印度的其他地方。

② 即道家《太平经》。秦汉盛行方术、图谶，至东汉道教滋生。《三国志》卷8《魏书·张鲁传》："张鲁字公祺，沛国丰人也。祖父陵，客蜀，学道鹄鸣山中，造作《道书》以惑百姓，从受道者出五斗米，故世号米贼。陵死，子衡行其道。衡死，鲁复行之。"按：《通鉴》卷60初平二年胡三省《注》云："陵即今所谓天师者也。后魏寇谦之祖其道。"

③ 裴松之《注》引《典略》曰："熹平中，妖贼大起，三辅有骆曜。光和中，东方有张角，汉中有张修。骆曜教民缅匿法，角为太平道，脩为五斗米道。太平道者，师持九节杖为符祝，教病人叩头思过，因以符水饮之，得病或日浅而愈者，则云此人信道，其或不愈，则为不信道。修法略与角同，加施静室，使病者处其中思过。又使人为奸令祭酒，祭酒主以《老子》五千文，使都习，号为奸令。为鬼吏，主为病者请祷。……及鲁在汉中，因其民信行修业，遂增饰之。教使作义舍，以米肉置其中

以止行人；又教使自隐，有小过者，当治道百步，则罪除；又依月令，春夏禁杀；又禁酒。流移寄在其地者，不敢不奉。”按：张鲁于献帝初平二年（191），割据汉中。

148 年戊子　东汉桓帝刘志建和二年

安清，字世高，安息国王正后之太子也①。……让国与叔，出家修道②。博晓经藏，尤精《阿毗昙》学③，讽持《禅经》④，略尽其妙。既而游方弘化，遍历诸国。以汉桓之初，始到中夏。才悟机敏，一闻能达，至止未久，即通习华言。于是宣译众经，改胡为汉。出《安般守意》⑤《阴持入》⑥《大》《小》《十二门》及《百六十品》。初外国三藏众护⑦，撰述经要为二十七章，高乃剖析护所集七章，译为汉文，即《道地经》是也⑧。其先后所出经论，凡三十九部。……高游化中国，宣经事毕，值灵帝之末，关雒扰乱，乃振锡江南。……天竺国自称书为天书⑨，语为天语，音训诡蹇，与汉殊异，先后传译，多致谬滥。唯高所出，为群译之首⑩。……案释道安《经录》云：“安世高以汉桓帝建和二年，至灵帝建宁中，二十余年，译出三十余部经。”——《高僧传》卷 1《汉洛阳安清》

① 自汉以后，安息、天竺、月支（氏）、康居人来中国者，往往以“安”“竺”“支”“康”为姓。安世高是来华翻译佛经的第一人。从此，用西域文字所写的佛经，才开始出现中国文字的译本。

② 《宋史》卷 490《外国传六》：“天竺之法，国王死，太子袭位，余子皆出家为僧，不复居本国。”

③ 阿毗昙，即阿毗达磨的旧称，译作大法、无比法，论部的总名。汤用彤《汉魏两晋南北朝佛教史》讲：“《毗昙》本指对法藏，而中国在六朝时特举一切有部而言。一切有部，盛于罽宾。”

④《禅经》，即《坐禅三昧经》的异名。禅学（禅观之学），是魏晋时期与般若学并行的佛学两大派别之一。最早介绍来中国的安世高一系的禅学，主张默坐专念，构成“心专一境”的观想。

⑤ 《安般守意》，即《大安般守意经》。安般，梵语，数息观也。坐禅而数出入气息，以止散守意之法。《出三藏记集》卷 6 康僧会《安般守意经序》云：“安般者，诸佛之大乘，以济众生之漂流也。”此经为汉晋间最流行的经典。

⑥ 《阴持入》，经名，说五阴六入等法相及三十七器之道科。属小乘部。

⑦ 三藏，是佛教经典经、律、论的总称。众护，即僧伽罗叉。《魏书》卷 114《释老志》云：“初，释迦所说教法，既涅槃后，有声闻弟子大迦叶、阿难等五百人，撰集著录。阿难亲承嘱授，多闻总持，盖能综核深致，无所漏失。乃缀文字，撰载三藏十二部经，如九流之异统，其大归终以三乘为本。后数百年，有罗汉、菩萨相继著论，赞明经义，以破外道，《摩诃衍》，大、小《阿毗昙》，《中论》《十二门论》《百法论》《成实论》等是也。皆傍诸藏部大义，假立外问，而以内法释之。”因此，后世对通晓三藏的僧人，亦尊称为三藏或三藏法师。

⑧ 《道地经》，《修行道地经》之略出。《修行道地经》一卷，众护造，安世高译。

⑨ 《隋书》卷 32《经籍志一》：“自后汉佛法行于中国，又得西域胡书，能以十四字贯一切音，文省

而义广，谓之婆罗门书。”按：古印度的佛典，最初是靠僧人师徒间的口耳相传，背诵佛经是僧尼的一项基本技能。大约到公元前后，出现了写在桦树皮、贝多罗树叶上的经典。后来，才逐渐有了写在皮革、木简和纸上的佛经。佛教早期传播时，使用的是梵文、梵本，即古印度语言文字；进入中亚、新疆后，被翻译成当地语文，如粟特文、吐火罗文和龟兹文等，我国古代称这些西域语文为胡书、胡本。东汉以来，我国翻译佛经依据的就是这两类文本。

⑩ 《隋书》卷 35《经籍志四》：“至桓帝时，有安息国沙门安静，赍经至洛，翻译最为通解。”汤用彤《汉魏两晋南北朝佛教史》讲：桓灵之世，安清、支谶等相继来华，译经颇多，佛学始独立成为中国道法之一大宗。世高所宣译，专务小乘禅观。其对中国佛教的影响，亦在禅法。

158 年戊戌 东汉延熹元年

延熹元年十一月（壬申）［癸卯］朔廿四日丙寅……——《陕西咸阳成任墓地出土中国最早金铜佛像》①

① 2021 年 12 月 10 日《中国文物报》载该文曰：“2021 年 5 月，陕西省考古研究院在咸阳渭城区北杜街道成任村东南发掘了一处东汉家族墓地……在 M3015 墓室内出土两尊金铜佛像，为东汉晚期遗物。……2 尊金铜佛像出土于主墓室西北角的地面上。一件为释迦牟尼立像，小肉髻，顶部较平，身穿通肩袈裟，衣纹从左肩向右肩呈放射状分布，衣纹波谷在右胸和右臂之间。左手屈肘上举，持袈裟一角；右手上举施无畏印（手部残）。跣足立于覆莲座上。通高 15.8 厘米，台座底径 4.7 厘米。另一件为铜五尊佛像，呈片状，通高 15.8 厘米，宽 6.4 厘米，正面浮雕坐佛五尊，小肉髻，结跏趺坐于仰莲座上，双手作禅定印，屈肘部分可见圆棱状衣纹，身后有桃形首光与背光。佛像的肉髻、面相、着衣方式、衣纹等都具有典型的犍陀罗造像风格。材质分析的初步结果，2 尊佛像均为铜锡铅合金，制作工艺为范铸。这批东汉墓的随葬器物以陶器和釉陶器为主，另有少量铜器、铅马具等。……随葬器物具有东汉晚期的典型特征。M3019 出土朱书陶罐铭文纪年为‘延熹元年十一月廿四日’（158 年），可以作为这处家族墓地下葬时间的标尺。墓地的主人应系左近东汉安陵县或长安县的中级官员或地主，具有一定的家族势力或经济实力。延熹元年上距佛教传入中国还不足一百年，之前普遍认为这一时期在中国西南地区和东南地区已出现佛教形象元素，但均是依附于摇钱树、魂瓶、建筑等的装饰图案和部件，而独立的、体现宗教信仰意义的佛像到十六国时期才出现。经专家研判认定，成任墓地出土的这 2 尊佛像，系目前国内考古出土的时代最早的金铜佛像。根据佛像的造型特征、制作工艺分析和金属成分检测的初步结果，可以认定系本土制作的具有犍陀罗风格的金铜佛像。”

159 年己亥 东汉延熹二年

天竺国，一名身毒，在月氏之东南数千里。俗与月氏同，而卑湿暑热。其国临大水。乘象而战。其人弱于月氏，修浮图道，不杀伐，遂以成俗。从月氏、高附国以西①，南至西海，东至磐起国，皆身毒之地。身毒有别城数百，城置长。别国数十，国置王。虽各小异，而俱以身毒为名，其时皆属月氏。月氏杀其王而置将，令统其人。土出象、犀、玳瑁、金、银、铜、铁、铅、锡，西与大秦通[②]，有大秦珍物。又有细布、好毾㲪、诸香、石蜜、胡椒、姜、黑盐。和帝时，数遣使贡献，后西域反畔，乃绝。至桓帝延熹二年、四年，频从日南徼外来献[③]。——《后汉书》卷88《西域传》

① 高附国，在今阿富汗北部，都高附城（今喀布尔）。《后汉书》卷88《西域传》："高附国在大月氏西南，亦大国也。其俗似天竺，而弱，易服。善贾贩，内富于财。所属无常，天竺、罽宾、安息三国强则得之，弱则失之，而未尝属月氏。《汉书》以为五翕侯数，非其实也。后属安息。及月氏破安息，始得高附。"

② 大秦，又名犁鞬、海西，乃中国古史对罗马帝国的称呼。东汉和帝永元九年（97），西域都护班超遣甘英使大秦而未达。桓帝延熹九年（166），大秦皇帝安敦遣使来中国。晋武帝时，大秦又遣使至。395年，罗马帝国分裂后，大秦指东罗马帝国。《三国志》卷30裴松之注引《魏略·西戎传》："大秦国，一号犁靬，在安息、条支西大海之西……国有小城邑合四百余，东西南北数千里。其王治滨侧河海，以石为城郭。其土地有松、柏、槐、梓、竹、苇、杨柳、梧桐、百草。民俗，田种五谷，畜乘有马、骡、驴、骆驼。桑蚕。俗多奇幻，口中出火，自缚自解，跳十二丸巧妙。其国无常主，国中有灾异，辄更立贤人以为王，而生放其故王，王亦不敢怨。其俗人长大平正，似中国人而胡服。自云本中国一别也，常欲通使于中国，而安息图其利，不能得过。其俗能胡书。其制度，公私宫室为重屋，旌旗击鼓，白盖小车，邮驿亭置如中国。从安息绕海北到其国，人民相属，十里一亭，三十里一置，终无盗贼。但有猛虎、狮子为害，行道不群则不得过。其国置小王数十，其王所治城周回百余里，有官曹文书。王有五宫，一宫间相去十里，其王平旦之一宫听事，至日暮一宿，明日复至一宫，五日一周。置三十六将，每议事，一将不至则不议也。王出行，常使从人持一韦囊自随，有白言者，受其辞投囊中，还宫乃省为决理。以水晶作宫柱及器物。作弓矢。……国出细絺。作金银钱，金钱一当银钱十。有织成细布，言用水羊毳，名曰海西布。此国六畜皆出水，或云非独用羊毛也，亦用木皮或野茧丝作，织成氍毹、毾㲪、罽帐之属皆好，其色又鲜于海东诸国所作也。又常利得中国丝，解以为胡绫，故数与安息诸国交市于海中。……山出九色次玉石，一曰青，二曰赤，三曰黄，四曰白，五曰黑，六曰绿，七曰紫，八曰红，九曰绀。今伊吾山中有九色石，即其类。阳嘉三年（134）时，疏勒王臣槃献海西青石、金带各一。又今《西域旧图》云罽宾、条支诸国出琦石，即次玉石也。大秦多金、银、铜、铁、铅、锡、神龟、白马、朱髦、骇鸡犀、玳瑁、玄熊、赤螭、辟毒鼠、大贝、车渠、玛瑙、南金、翠爵、羽翮、象牙、符采玉、明月珠、夜光珠、真白珠、虎珀、珊瑚、赤白黑绿黄青绀缥红紫十种流离、璆琳、琅玕、水精、玫瑰、雄黄、雌黄、碧、五色玉、黄白黑绿紫红绛绀金黄缥留黄十种氍毹、五色毾㲪、五色九色首下毾㲪、金缕绣、杂色绫、金涂布、绯持布、发陆布、绯持渠布、火浣布、阿罗得布、巴则布、度代布、温宿布、五色桃布、绛地金织帐、五色斗帐、一微木、二苏合、狄提、迷迷、兜纳、白附子、熏陆、郁金、芸胶、熏草木十二种香。大秦道既从海北陆通，又循海而南，与交趾七郡外夷比，又有水道通益州、永昌，故永昌出异物。前世但论有水道，不知有陆道，今其略如此，其民人户数不能备详也。自葱领西，此国最大，置诸小王甚多，故录其属大者矣。"按：条支，东汉属安息，在今伊拉克。

③ 汉和帝时天竺来贡，取道西域，《后汉书》本纪无载。桓帝延熹二年、四年，走海路。

166 年丙午 东汉延熹九年

桓帝即位十八年，好神仙事。延熹八年，初使中常侍之陈国苦县祠老子。九年，亲祠老子于濯龙[①]。文罽为坛，饰淳金扣器，设华盖之坐[②]，用郊天乐也。——《后汉书·祭祀志中》

世传明帝梦见金人，长大，顶有光明，以问群臣。或曰：“西方有神，名曰佛，其形长丈六尺而黄金色。”帝于是遣使天竺问佛道法，遂于中国图画形像焉[③]。楚王英始信其术，中国因此颇有奉其道者。后桓帝好神，数祀浮图、老子，百姓稍有奉者[④]，后遂转盛。——《后汉书》卷 88《西域传》

平原襄楷诣阙上疏曰：“……又闻宫中立黄老、浮屠之祠[⑤]。此道清虚，贵尚无为，好生恶杀，省欲去奢。今陛下耆欲不去[⑥]，杀罚过理，既乖其道，岂获其祚哉！浮屠不三宿桑下，不欲久生恩爱，精之至也。其守一如此，乃能成道。今陛下淫女艳妇，极天下之丽；甘肥饮美，单天下之味，奈何欲如黄老乎？”[⑦]……自永平以来，臣民虽有习浮屠术者，而天子未之好；至帝，始笃好之，常躬自祷祠，由是其法浸盛，故楷言及之。——《通鉴》卷 55

① 《后汉书》卷 7《桓帝纪》论曰：“前史称桓帝好音乐，善琴笙。饰芳林而考濯龙之宫，设华盖以祠浮图、老子，斯将所谓‘听于神’乎？”李贤《注》引薛综注《东京赋》云：“濯龙，殿名。芳林，谓两旁树木兰也。考，成也。既成而祭之。”

② 《后汉书》卷 88《西域传》论曰：“汉自楚英始盛斋戒之祀，桓帝又修华盖之饰。”

③ 《高僧传》卷 13《兴福》论曰：“昔优填初刻栴檀，波斯始铸金质。皆现写真容，工图妙相。故能流光动瑞，避席施虔。……育王诸女，亦次发净心，并镌石镕金，图写神状。至能浮江泛海，影化东川。……及蔡愔、秦景自西域还至，始傅画氎释迦。于是凉台寿陵，并图其相。自兹厥后，形像塔庙，与时竞列。”

④ 按：汉时，华人不得出家，唯居家修敬。

⑤ 隋费长房《历代三宝纪》卷 4：“孝桓帝世，又以金银作佛形像。”

⑥ 耆，《后汉书》卷 30《襄楷传》作“嗜”。

⑦ 汤用彤《汉魏两晋南北朝佛教史》讲：“汉代佛教依附道术，中国士人，如襄楷辈，因而视之与黄老为一家。”

175 年乙卯 东汉灵帝刘宏熹平四年

四年春三月，诏诸儒正《五经》文字，刻石立于太学门外[①]。——《后汉书》卷 8《灵帝纪》

汳水又东径梁国睢阳县故城北[②]，而东历襄乡坞南。《续述征记》曰：西去夏侯坞二十里，东一里，即襄乡浮图也[③]。汳水径其南，汉熹平中，某君所立，死因葬之。其弟刻石树碑，以旌厥德。隧前有狮子、天鹿，累砖作百达柱八所[④]。荒芜颓毁，凋落略尽矣。——《水经注》卷23《汳水》

① 此熹平石经，也称汉石经，由蔡邕等用隶书一体写成。是我国历史上最早的官定儒家经本。共刻石四十六碑，碑高一丈许，广四尺；有《鲁诗》《尚书》《周易》《春秋》《公羊传》《仪礼》《论语》七经，立于太学前（遗址在今河南偃师朱家圪垱村）。

② 汳水，自晋以后被认为是汴水的下游，故道在今河南开封东北，东流至商丘北。

③ 浮图，即塔，梵名窣堵波、窣堵婆、塔婆。《大唐西域记》卷1云："窣堵波，所谓浮图也。"关于印度早期的覆钵塔，小乘律《根本说一切有部毗奈耶杂事》卷18记载："佛言，应可用砖两重作基，次安塔身，上安覆钵，随意高下。上置平头，高一、二尺，方二、三尺，准量大小。中竖轮竿，次著相轮。其相轮重数，或一、二、三、四，乃至十三。次安宝瓶。"

④ 清俞樾《茶香室丛钞》卷13《浮图之始》："按熹平为汉灵帝年号，中国之有浮图当始见于此。惜'某君'，不传其姓名。所云'累砖作百达柱八所'，岂即浮图之古制乎？"《洛阳伽蓝记》卷4《城西》："白马寺，汉明帝所立也，佛入中国之始寺。……明帝崩，起祇洹于陵上。自此（从）[以]后，百姓冢上，或作浮图焉。"按：坟上立塔，应是古印度传统；最初的塔婆，即藏佛舍利于函，覆土为丘，丘上立塔。西域葬法，大约直接师承印度，《洛阳伽蓝记》卷5《城北》记于阗国民，"死者以火焚烧，收骨葬之，上起浮图"。天鹿，即天禄，或云"一角者为天鹿，两角者为辟邪"。

177年丁巳　东汉熹平六年

八月，遣破鲜卑中郎将田晏出云中，使匈奴中郎将臧旻与南单于出雁门，护乌桓校尉夏育出高柳，并伐鲜卑，晏等大败[①]。——《后汉书》卷8《灵帝纪》

① 桓帝时，鲜卑檀石槐立庭于弹汗山歠仇水上，距高柳（代郡治，即今大同阳高）北三百余里，尽有匈奴故地，兵马强盛，不断南下抄掠，代郡、雁门首当其冲。将军张奂曾率南单于出塞北击，但仅维持了北边数年安定。"灵帝立，幽、并、凉三州缘边诸郡无岁不被鲜卑寇掠，杀略不可胜数。"（《后汉书》卷90《乌桓鲜卑传》）从此，朝廷无力抗击鲜卑，边民流亡，雁门等郡沦为鲜卑、乌桓的游猎场。

179年己未　东汉光和二年

支楼迦谶，亦直云支谶，本月支人。……汉灵帝时游于雒阳，以光和、中平之间，传译梵文，出《般若道行》[①]《般舟》[②]《首楞严》[③]等三经，又有《阿阇世王》《宝积》等十余部经，岁久无录。……时有天竺沙门竺佛朔，亦以汉灵之时，赍《道行经》来适雒阳，即转梵为汉。译人时滞，虽有失旨，然弃文存质，深得经意。朔又以光

和二年于雒阳出《般舟三昧》，谶为传言[④]，河南雒阳孟福、张莲笔受。——《高僧传》卷1《汉雒阳支楼迦谶竺佛朔》

① 般若，一译波若，意译智慧。佛教用来指如实了解一切事物的智慧。大乘佛教称之为“诸佛之母”。《般若道行》，即《道行般若》，全称《道行般若波罗蜜经》。支谶、支谦首译《般若经》后，般若学兴起，在魏晋时期与禅学并行。禅学偏重宗教修行，主要流行于北方；般若学偏重教义的研究，主要流行于南方。此经把整个宇宙分成“色”和“心”两部分，分别指物质世界和精神世界。认为两者都是假名，无有实体，故说自性是空。这种学说，与当时盛行的玄学颇为相近，故一经传入，便很快合流。

② 般舟，译曰佛立。《般舟经》，即《般舟三昧经》，《大方等大集贤护经》的旧译。由贤护菩萨之请而说佛立三昧之法。谓为思惟诸佛现前三昧。又译曰常行道。以行此三昧，期七日或九十日而不间断修行故也。

③ 首楞严，新云首楞伽摩，佛所得三昧之名，万行之总称也。《首楞严经》，《大佛顶如来密因修证了义诸菩萨万行首楞严经》之略名。

④ 《隋书》卷35《经籍志四》：“支谶所译《泥洹经》二卷，学者以为大得本旨。”汤用彤《汉魏两晋南北朝佛教史》讲：支谶、竺佛朔所译，主述大乘禅观。《首楞严》，魏晋时最为盛行。

180年庚申 东汉光和三年

孝灵帝光和三年，遣中大夫于雒阳佛塔寺中饭诸沙门，悬缯、烧香、散华、燃灯。[①]——隋费长房《历代三宝纪》卷4

① 《后汉书·五行志一》：“灵帝好胡服、胡帐、胡床、胡坐、胡饭、胡空侯、胡笛、胡舞，京都贵戚皆竞为之。此服妖也。”

184年甲子 东汉光和七年、中平元年

初，巨鹿张角奉行黄、老，以妖术教授，号“太平道”。咒符水以疗病，令病者跪拜首过，或时病愈，众共神而信之。角分遣弟子周行四方，转相诳诱，十余年间，徒众数十万，自青、徐、幽、冀、荆、扬、兖、豫八州之人，莫不毕应[①]。……角遂置三十六方。方，犹将军也。大方万余人，小方六七千，各立渠帅。讹言：“苍天已死，黄天当立，岁在甲子，天下大吉。”以白土书京城寺门及州郡官府[②]，皆作“甲子”字。……中平元年春，角弟子济南唐周上书告之……角等知事已露，晨夜驰敕诸方，一时俱起，皆著黄巾以为标帜，故时人谓之“黄巾贼”。二月，角自称天公将军，角弟宝称地公将军，宝弟梁称人公将军，所在燔烧官府，劫略聚邑，州郡失据，长吏多逃亡。旬月之间，天下响应，京师震动[③]。——《通鉴》卷58

① 唐长孺《魏晋期间北方天师道的传播》（1983年中华书局版《魏晋南北朝史论拾遗》）一文指出：

“东汉末年，早期道教两大教派并立，太平道遍布于青、徐、幽、冀、兖、豫、荆、扬八州，旁及并、凉；天师道行于巴、蜀、汉中，声势远不足与太平道相比拟。”

② 寺，这里指京城诸官寺舍，后又为佛教寺院之称。

③《历代三宝纪》卷4：“光和七年，张角等谋诛。其逆党内外姻属，诸事老子、妖巫、医卜，并皆废之。其有奉佛五戒，勿坐。”

193年癸酉 东汉献帝刘协初平四年

笮融者，丹杨人，初聚众数百，往依徐州牧陶谦①。谦使督广陵、彭城运漕，遂放纵擅杀，坐断三郡委输以自入。乃大起浮图祠，以铜为人，黄金涂身，衣以锦采，垂铜盘九重，下为重楼阁道②，可容三千余人，悉课读佛经③，令界内及旁郡人有好佛者听受道，复其它役以招致之，由此远近前后至者五千余人户。每浴佛，多设酒饭，布席于路，经数十里，民人来观及就食且万人，费以巨亿计④。曹公攻陶谦⑤，徐土骚动，融将男女万口，马三千匹，走广陵⑥。——《三国志》卷49《吴书·刘繇传》

① 丹杨，即丹阳；徐州，古今同名，治彭城郡。

② 古印度的窣堵波，是在一个台子上建覆钵形（半圆球形）的坟，坟顶立一根尖刹。梁思成、林徽因、刘敦桢《云冈石窟中所表现的北魏建筑》一文说：“中国楼阁向上递减，顶上加一个窣堵波，便为中国式的木塔。所以，塔虽是佛教象征意义最重的建筑物，传到中土，却中国化了，变成了中印合璧的规模；而在全个结构及外观上，中国成分实又占得多。如果《后汉书·陶谦传》所记载的，不是虚伪，此种木塔，在东汉末期，恐怕已经布下种子了。”此就木塔而言，是正确的。但是，楼阁式的佛塔，并不创始于中国。东晋《法显传》记：弗楼沙国有佛钵，昔月氏王来伐此国，欲取佛钵，象车俱载不动，遂于其地起塔及僧伽蓝。《艺文类聚》卷73曰：“佛钵在大月氏国，一名佛律婆越国，是天子之都也。起浮图，浮图高四丈，七层，四壁里有金银佛像，像悉如人高。钵处中央，在第二层上，作金络络钵，锛悬钵。钵是石也，其色青。”该塔为七层方塔。

③《隋书》卷35《经籍志四》：“佛经者，西域天竺之迦维卫国净饭王太子释迦牟尼所说。释迦当周庄王之九年四月八日，自母右胁而生，姿貌奇异，有三十二相，八十二好。舍太子位，出家学道，勤行精进，觉悟一切种智，而谓之佛，亦曰佛陀，亦曰浮屠，皆胡言也。华言译之为净觉。其所说云，人身虽有生死之异，至于精神，则恒不灭。此身之前，则经无量身矣。积而修习，精神清净，则成佛道。天地之外，四维上下，更有天地，亦无终极，然皆有成有败。一成一败，谓之一劫。自此天地已前，则有无量劫矣。每劫必有诸佛得道，出世教化，其数不同。今此劫中，当有千佛。自初至于释迦，已七佛矣。其次当有弥勒出世，必经三会，演说法藏，开度众生。由其道者，有四等之果。一曰须陁洹，二曰斯陁含，三曰阿那含，四曰阿罗汉。至罗汉者，则出入生死，去来隐显，而不为累。阿罗汉已上，至菩萨者，深见佛性，以至成道。”

④《后汉书》卷73《陶谦传》：“初，同郡人笮融，聚众数百，往依于谦，谦使督广陵、下邳、彭城运粮。遂断三郡委输，大起浮屠寺。上累金盘，下为重楼，又堂阁周回，可容三千许人，作黄金涂像，衣以锦彩。每浴佛，辄多设饮饭，布席于路，其有就食及观者且万余人。”按：东汉末，佛塔的建筑，

佛像的雕饰，佛徒的信仰，已奢华如此。

⑤ 初平四年秋、兴平元年（194），曹操击陶谦，两次进兵徐方，笮融遂南逃。融大建浮图寺，姑系是年。

⑥ 汤用彤讲：此后不久，牟子《理惑论》问世。公然黜百家经传，斥神仙方术，佛教脱离方士而独立。

205 年乙酉 东汉建安十年

汉以后，天下送死奢靡，多作石室、石兽、碑铭等物①。建安十年，魏武帝以天下雕弊，下令不得厚葬，又禁立碑②。——《宋书》卷 15《礼志二》

① 唐《封氏闻见记》卷 6《羊虎》：“秦汉以来，帝王陵前有石麒麟、石辟邪、石象、石马之属，人臣墓前有石羊、石虎、石人、石柱之属，皆所以表饰坟垄，如生前之仪卫耳。……后汉太尉杨震葬日，有大鸟之祥，因立石鸟象于墓。”同卷《碑碣》：“墓前碑碣，未详所起。……前汉碑甚少，后汉蔡邕、崔瑗之徒多为人立碑。魏晋之后，其流寖盛。……隋氏制：五品以上立碑，螭首龟趺，趺上不得过四尺。载在《丧葬令》。”按：辟邪，似狮而带翼。

② 碑，原本是宫、寺门前用以识日影及拴牲口的竖石。自秦始皇刻石纪功，中国碑碣风气大开。至东汉桓、灵之际，达到高峰。石刻墓碑成为述德纪事、标志墓地、颂扬死者休烈的一种礼俗。南宋周煇《清波杂志》卷 7 云：“前汉碑固多，晋碑亦绝少，盖晋制三品方许立碑。”《唐六典》卷 4《尚书礼部》云：“碑碣之制，五品已上立碑。螭首龟趺，趺上高不过九尺。七品已上立（碑）［碣］。圭首方趺，趺上不过四尺。若隐沦道素，孝义著闻，虽不仕，亦立碣。凡石人、石兽之类，三品已上用六，五品已上用四。凡德政碑及生祠，皆取政绩可称，州为申省，省司勘覆定，奏闻，乃立焉。”可见，古代坟墓石刻是有规制的，且碑与碣不同，后世不再分别。

第二编　魏晋纪事

220 年庚子　东汉建安二十五年、延康元年，魏文帝曹丕黄初元年[①]

魏黄初元年，复置并州，自陉岭以北并弃之[②]，至晋因而不改。——《晋书》卷 14《地理志上》

① 《历代三宝纪》卷 4 云：自汉明帝“迄于献帝建安末龄，其间一百五十二年，历十一主，华戎道俗十有二人，兼摭旧遗，更补先阙，并古失译，合出经律三百五十九部，四百二十七卷”。

② 汉灵帝以后，北边上谷（治沮阳，今河北怀来东南）以西沿长城一线的郡县全面崩溃。曹丕正式宣布放弃大同盆地，雁门郡缩至陉南一隅，治广武（今山西代县西南），以恒山山脉的内长城为塞。

222 年壬寅　魏黄初三年

二月，鄯善、龟兹、于阗王各遣使奉献，诏曰：“西戎即叙，氐、羌来王，《诗》《书》美之。顷者西域外夷并款塞内附，其遣使者抚劳之。”是后西域遂通[①]，置戊己校尉[②]。——《三国志》卷 2《魏书 · 文帝纪》

① 《三国志》卷 30《魏书 · 乌丸鲜卑东夷传》：“魏兴，西域虽不能尽至，其大国龟兹、于寘、康居、乌孙、疏勒、月氏、鄯善、车师之属，无岁不奉朝贡，略如汉氏故事。”同卷注引《魏略 · 西戎传》曰：“敦煌、西域之南山中，从婼羌西至葱领数千里，有月氏余种葱茈羌、白马、黄牛羌，各有酋豪，北与诸国接，不知其道里广狭。……西域诸国，汉初开其道，时有三十六，后分为五十余。从建武以来，更相吞灭，于今有二十（道）[余]。从敦煌玉门关入西域，前有二道，今有三道。从玉门关西出，经婼羌转西，越葱领，经县度，入大月氏，为南道。从玉门关西出，发都护井，回三陇沙北头，经

居卢仓，从沙西井转西北，过龙堆，到故楼兰，转西诣龟兹，至葱领，为中道。从玉门关西北出，经横坑，辟三陇沙及龙堆，出五船北，到车师界戊己校尉所治高昌，转西与中道合龟兹，为新道。”

② 《晋书》卷 14《地理志上》：“魏时复分以为凉州，刺史领戊己校尉，护西域，如汉故事，至晋不改。统郡八，县四十六，户三万七百。”按：凉州治金城郡（汉治允吾，在今甘肃永靖西北；晋治榆中，在今甘肃兰州东）。

223 年癸卯　魏黄初四年

魏黄初中，中国人始依佛戒，剃发为僧[①]。——《隋书》卷 35《经籍志四》

① 《高僧传》卷 9《晋邺中竺佛图澄》记后赵石虎时，著作郎王度曰：“往汉明感梦，初传其道。唯听西域人得立寺都邑，以奉其神；其汉人皆不得出家。魏承汉制，亦（修）［循］前轨。”

228 年戊申　魏明帝曹叡太和二年

太和二年，护乌丸校尉田豫出塞，为轲比能所围于故马邑城[①]，移招求救[②]。招即整勒兵马，欲赴救豫。……虏即恐怖，种类离散。军到故平城[③]，便皆溃走。——《三国志》卷 26《魏书·牵招传》

① 轲比能，鲜卑大人，汉魏之际威制塞北诸部。马邑城，即“马城”，一全称，一略称，见《田豫传》《乌丸鲜卑传》，即今河北怀安。

② 牵招，时任雁门太守。

③ 故平城，即荒废的汉平城。

229 年己酉　魏太和三年

十二月……癸卯，大月氏王波调遣使奉献，以调为亲魏大月氏王[①]。——《三国志》卷 3《魏书·明帝纪》

① 现代考古成果显示，公元前后的数百年间，西起中欧，东到蒙古、朝鲜的广阔的草原地区，由于游牧民族间便利的交通和活跃的接触，形成一条生活方式大体趋同的游牧文化带。各民族使用相同类型的马具（笼头、马衔、马勒带、马鞍、马饰），武器（弓、弓袋、箭、箭筒、剑、战斧、铠甲），以及衣着（裤子、束腰长袍、腰带、靴子、尖顶帽）等。在新疆古墓葬中，在内蒙、大同等地北魏墓葬的陶俑中，在云冈石窟雕像中，我们都能看到塞克人常戴的尖顶帽形象。

235 年乙卯　魏青龙三年[①]

魏明帝曾欲坏宫西佛图[②]，外国沙门乃金盘盛水，置于殿前，以佛舍利投之于水，乃有五色光起，于是帝叹曰：“自非灵异，安得尔乎？”遂徙于道东，为作周阁百间[③]。

佛图故处，凿为濛汜池，种芙蓉于中。——《魏书》卷114《释老志》

① 是年，魏明帝大治洛阳宫；鲜卑轲比能被幽州刺史王雄派人刺杀，塞北部落离散。

② 唐道世《诸经要集》卷3："《僧祇律》云：初起僧伽蓝时，先规度地。将作塔处，不得在南，不得在西，应在东，应在北，不侵佛地、僧地。应在西作南作僧房。佛塔，高显处作。不得塔院内浣染、晒衣、唾地。得为佛塔四面作龛，作师子、鸟兽、种种彩画，内悬幡盖。得为佛塔四面造种种园林、花果，是中出花，应供养塔。……佛言：亦得作支提。有舍利者，名塔；无舍利者，名支提。如佛生处、得道处、转法轮处、佛泥洹处，得作菩萨像、辟支佛像。佛脚迹处。此诸支提，得安佛华盖供养。若供养中，上者供养佛塔，下者供养支提。"

③ 对中国的寺院形制，伊东忠太《中国建筑史》指出："想后汉始创建之佛寺之建筑，即与今日中国各地普通佛寺相同，即与中国之宫殿、官衙，完全同工异曲也。只佛教之教义，勤行之法式，与佛像奉安之施设，内外之宗教的庄严等，为中国国民所不知者，则模仿印度。盖除用西域式外，别无他法。……中国最初之伽蓝，决非佛刹伽蓝之新式建筑，实以旧式宫殿、官衙充佛寺之用者。"这里，魏明帝所建"周阁百间"之寺，应与中国后世寺院格局一致。北朝寺院的样式，如平城方山思远寺、洛阳永宁寺，是方形或长方形院落，开南门或四墙开门；院内居中方台，台上立一方塔，北为大殿，东、南、西僧房。然而，古代犍陀罗寺院的样式，与中土不同，主要是塔、殿与僧舍分院。《中亚文明史》第二卷《贵霜文化》中讲："犍陀罗寺庙的基本成分是一个庭院，或者一系列露天的庭院，四周围绕着僧侣居住的小室，或者是置放供奉物的壁龛。与庭院相连的，通常是大殿、食堂，一侧为方丈禅室，另一侧为主窣堵波，四周绕以大小各异的供奉窣堵波。犍陀罗的寺院设施一律使用菱形石建造法，是为贵霜时期的典型石工技术。墙的整个表面都涂上厚层石灰泥。屋顶主要呈拱形，门窗或者为横式结构，或者使用翅托。至公元一和二世纪，这种寺院建筑风格业已出现，并且成为整个北印度的定式。"

247年丁卯 魏齐王曹芳正始八年，吴大帝孙权赤乌十年

康僧会，其先康居人①，世居天竺，其父因商贾移于交趾②。会年十余岁，二亲并终，至孝服毕出家。励行甚峻，为人弘雅，有识量，笃至好学③。明解三藏，博览六经，天文图纬，多所综涉，辩于枢机④，颇属文翰。时孙权已制江左，而佛教未行。……时吴地初染大法，风化未全，僧会欲使道振江左，兴立图寺，乃杖锡东游，以吴赤乌十年初达建邺，营立茅茨⑤，设像行道。时吴国以初见沙门，睹形未及其道⑥，疑为矫异。……权大叹服，即为建塔，以始有佛寺，故号建初寺，因名其地为佛陀里。由是江左大法遂兴。——《高僧传》卷1《魏吴建业建初寺康僧会》

① 康居，古西域国名。东界乌孙，西达奄蔡，南接大月氏，东南临大宛。约在今巴尔喀什湖和咸海之间。

② 交趾，古代泛指五岭以南地区。北宋始为安南（后名越南）的别称。

③ 至，《四库》本作"志"。

④ 辩，《四库》本作"辨"。

⑤ 茅茨，茅草顶屋。
⑥ 睹，《四库》本作“服”。

250 年庚午 魏嘉平二年，吴赤乌十三年

昙柯迦罗，此云法时，本中天竺人……诵大、小乘经[①]，及诸部毗尼[②]。常贵游化，不乐专守。以魏嘉平中，来至洛阳[③]。于时魏境虽有佛法，而道风讹替，亦有众僧未禀归戒，正以剪落殊俗耳。设复斋忏，事法祠祀。迦罗既至，大行佛法。时有诸僧共请迦罗译出戒律，迦罗以律部曲制，文言繁广，佛教未昌，必不承用。乃译出《僧祇戒心》[④]，止备朝夕。更请梵僧立羯磨法受戒[⑤]。中夏戒律，始自于此。——《高僧传》卷 1《魏洛阳昙柯迦罗》

① 乘，是指运载工具，比喻普渡众生从现实世界的此岸到达觉悟的彼岸。大乘，即大乘佛教。公元一、二世纪，由佛教大众部的一些支派演变而成。因认为自己的教法最胜，故自称“大乘”。强调一切众生皆可成佛，一切修行应以自利、利他并重，是为“菩萨”之道。同时，将坚持“四谛”等原有教义、主张自我解脱的教派，贬为“小乘”。小乘主张自利、自度，是声闻缘觉之道，非难大乘是“非佛所说”的异教，自称为“上座部”。小乘佛教后来主要南传，流行于东南亚各国。三世纪，龙树、提婆创立了“一切皆空”的大乘空宗，称中观宗；后无著、世亲创立了“万法唯识”的大乘有宗，称瑜伽宗；最后出现佛教与婆罗门教调和结合而成的大乘密教。中观宗、瑜伽宗、密宗成为古印度大乘佛教的三大系。大乘佛教主要北传，流行于中国、日本、朝鲜、越南等地。
② 毗尼，新云“毗奈耶”，律藏之梵名。
③ 《开元释教录》卷 1 云：“以文帝黄初三年壬寅来至洛阳。”
④ 《历代三宝纪》卷 5 作：“《魏僧祇戒本》一卷。……以嘉平年于白马寺出此戒本一卷。”《开元释教录》卷 1 作：“遂以齐王芳嘉平二年庚午，于洛阳白马寺出《僧祇戒心》。”
⑤ 羯磨，梵语，意译作业、办事。佛教密宗将佛菩萨的现身、说法、入三昧等统称为羯磨；律宗以受戒忏悔等事为羯磨。这里指受戒时所用的表白文。

253 年癸酉 魏嘉平五年，吴会稽王孙亮建兴二年

先有优婆塞支谦，字恭明，一名越，本月支人，来游汉境。初，汉桓、灵之世，有支谶译出众经。有支亮，字纪明，资学于谶，谦又受业于亮。博览经籍，莫不精究，世间伎艺，多所综习，遍学异书，通六国语。……汉献末乱，避地于吴。孙权闻其才慧，召见，悦之，拜为博士，使辅导东宫，与韦曜诸人共尽匡益。但生自外域，故《吴志》不载。谦以大教虽行，而经多梵文，未尽翻译，已妙善方言，乃收集众本，译为汉语。从吴黄武元年至建兴中，所出《维摩》[①]《大般泥洹》[②]《法句》《瑞应

本起》等四十九经[3]，曲得圣义，辞旨文雅[4]。又依《无量寿》《中本起》制菩提连句梵呗三契，并注《了本生死经》等，皆行于世[5]。——《高僧传》卷1《魏吴建业建初寺康僧会附支谦》

① 维摩，即维摩诘，意译净空、无垢称，是佛典中现身说法、辩才无碍的代表人物。《维摩》，即《维摩诘经》，全称《维摩诘所说经》。经中说他是毗耶离城的一位大乘居士，善于应机化导。尝以称病为由，向释迦牟尼遣来问讯的舍利弗及文殊师利等宣扬大乘深义。该经着重描写所谓解脱境界的超出思议，而以维摩诘的默然表示对这一道理的体会。是般若性空理论的一种发挥。

② 泥洹，即涅槃，意译灭度。或称般涅槃，意译入灭、圆寂，是佛教所指的最高境界。

③ 《出三藏记集》卷13《支谦传》作"二十七经"。

④ 《魏书》卷114《释老志》："晋元康中，有胡沙门支恭明译佛经《维摩》、《法华》、三《本起》等。微言隐义，未之能究。"

⑤ 汤用彤《汉魏两晋南北朝佛教史》讲：方等深经之行于中土，始于支谶，而支谦实继之。谦集引众经，始予会译，颇从文丽。盖已为佛教玄学化之开端也。综而言之，汉末洛都佛教，有二大系统。至三国时，传播于南方。一为安世高之禅学，偏于小乘。其重要典籍为《安般守意经》、《阴持入经》、安玄之《法镜经》，及康氏之《六度集经》等。二为支谶之《般若》，乃大乘学。其重要典籍为《道行经》《首楞严经》，及支谦《维摩》与《明度》等。支谦、康僧会系出西域，而生于中华，译经尚文雅，染华风，故其学均非纯粹西域之佛教也。

258年戊寅 魏高贵乡公曹髦甘露三年，鲜卑拓跋力微三十九年[1]

始祖神元皇帝讳力微立[2]。……三十九年，迁于定襄之盛乐[3]。……于是与魏和亲。——《魏书》卷1《序纪》

① 《三国志》卷64《吴书·孙綝传》记此年，丞相孙綝"侮慢民神，遂烧大桥头伍子胥庙，又坏浮屠祠，斩道人"。

② 拓跋氏之先来自西伯利亚，经历代沿大兴安岭南迁，大约在东汉时走出深山老林，进入匈奴故地，成为鲜卑族的一支。始祖力微时，值魏晋之际，为部落大人，在轲比能死后"种落离散，互相侵伐"的鲜卑部落内乱中，脱颖而出。

③ 定襄，西汉分云中郡置，治盛乐（亦作成乐，今内蒙古和林格尔西北土城子）；东汉定襄郡，治善无（今山西右玉）。

261年辛巳 魏元帝曹奂景元二年，鲜卑拓跋力微四十二年

四十二年，遣子文帝如魏，且观风土。魏景元二年也。文皇帝讳沙漠汗，以国太子留洛阳，为魏宾之冠。聘问交市，往来不绝，魏人奉遗金帛缯絮，岁以万计。——《魏书》卷1《序纪》

266年丙戌 西晋武帝司马炎泰始二年，鲜卑拓跋力微四十七年

宜寿里，内有苞信县令段晖宅，地下常闻钟声。时见五色光明，照于堂宇。晖甚异之，遂掘光所，得金像一躯，可高三尺，［并］有二菩萨。趺上铭云："晋太始二年五月十五日，侍中、中书监荀勖造。"晖遂舍宅为光明寺。时人咸云，此荀勖旧宅。——《洛阳伽蓝记》卷1《城内》

是时晋武之世，寺庙图像，虽崇京邑，而方等深经，蕴在葱外。——《高僧传》卷1《竺法护传》

267年丁亥 西晋泰始三年，鲜卑拓跋力微四十八年

魏晋禅代，和好仍密。始祖春秋已迈，帝以父老求归，晋武帝具礼护送。四十八年，帝至自晋。——《魏书》卷1《序纪》

魏先建国于玄朔，风俗淳一，无为以自守，与西域殊绝，莫能往来。故浮图之教，未之得闻，或闻而未信也。及神元与魏、晋通聘，文帝久在洛阳[①]，昭成又至襄国，乃备究南夏佛法之事。——《魏书》卷114《释老志》

① 文帝拓跋沙漠汗质任洛阳七年，是年归，代北始闻佛教。《魏书》卷114《释老志》："初文帝入宾于晋，从者务勿尘，姿神奇伟，登仙于伊阙之山寺。识者咸云魏祚之将大。"

274年甲午 西晋泰始十年，鲜卑拓跋力微五十五年

晋初河州唐述谷寺者，在今河州西北五十里度风林津，登长夷岭，南望名积石山，即《禹贡》导河之极地也[①]。众峰竞出，各有异势，或如宝塔，或如层楼。松柏映岩，丹青饰岫。自非造化神功，何因绮丽若此。南行二十里，得其谷焉。凿山构室，接梁通水。绕寺华果，蔬菜充满，今有僧住。南有石门滨于河上，镌石文曰："晋太始年之所立也。"寺东谷中，有一天寺，穷讨处所，略无定止。常闻钟声，又有异僧。故号此谷名为唐述，羌云鬼也。所以古今诸人入积石者，每逢仙圣，行住恍忽，现寺现僧。东北岭上，出于醴泉，甜而且白，服者不老。——《法苑珠林》卷39《感应缘·晋抱罕临河唐述谷仙寺》[②]

① 周叔迦、苏晋仁《法苑珠林校注》（中华书局2003年版）阙"极"字。

② 唐述谷，在今甘肃永靖黄河北岸。《水经注》谓唐述山有唐述窟，即今炳灵寺169窟。石窟天然，内存大量西秦以来的雕塑造像与壁画、墨书，特别是乞伏炽磐建弘元年（420）的墨书造像题记，

为全国石窟中现存最早的题记。这里是我国较早的佛教石窟之一。

275 年乙未　西晋咸宁元年，鲜卑拓跋力微五十六年

五十六年，帝复如晋。其年冬，还国。晋遗帝锦、罽、缯、彩、绵、绢诸物，咸出丰厚，车牛百乘。行达并州，晋征北将军卫瓘，以帝为人雄异，恐为后患，乃密启晋帝，请留不遣。晋帝难于失信，不许。瓘复请以金锦赂国之大人，令致间隙，使相危害。晋帝从之，遂留帝。于是国之执事及外部大人，皆受瓘货。——《魏书》卷1《序纪》

277 年丁酉　西晋咸宁三年，鲜卑拓跋力微五十八年

五十八年，方遣帝。始祖闻帝归，大悦，使诸部大人诣阴馆迎之①。酒酣，帝仰视飞鸟，谓诸大人曰："我为汝曹取之。"援弹飞丸，应弦而落。时国俗无弹，众咸大惊，乃相谓曰："太子风彩被服，同于南夏，兼奇术绝世，若继国统，变易旧俗，吾等必不得志，不若在国诸子，习本淳朴。"咸以为然。且离间素行，乃谋危害，并先驰还。始祖问曰："我子既历他国，进德何如？"皆对曰："太子才艺非常，引空弓而落飞鸟，是似得晋人异法怪术，乱国害民之兆，惟愿察之。"自帝在晋之后，诸子爱宠日进，始祖年逾期颐，颇有所惑，闻诸大人之语，意乃有疑。因曰："不可容者，便当除之。"于是诸大人乃驰诣塞南，矫害帝②。——《魏书》卷1《序纪》

① 阴馆，即下馆，在今朔州市朔城区东南汴子潼乡夏官村。
② 文帝沙漠汗之死当年，始祖力微亦崩，于是《魏书》卷1《序纪》云："诸部离叛，国内纷扰。"

278 年戊戌　西晋咸宁四年

汉以后，天下送死奢靡，多作石室、石兽、碑铭等物。建安十年，魏武帝以天下雕弊，下令不得厚葬，又禁立碑。魏高贵乡公甘露二年，大将军参军太原王伦卒，伦兄俊作《表德论》，以述伦遗美，云"祇畏王典，不得为铭，乃撰录行事，就刊于墓之阴云尔"①。此则碑禁尚严也。此后复弛替。晋武帝咸宁四年，又诏曰："此石兽碑表，既私褒美，兴长虚伪，伤财害人，莫大于此。一禁断之。其犯者虽会赦令，皆当毁坏。"——《宋书》卷15《礼志二》

① 魏晋之时，确曾薄葬。同时，墓碑转入地下。南北朝时期，墓志形制亦发生变化，改竖碑为方碑，上面往往附有盝顶形的石盖，形仿明器中的木盒。隋唐达到极盛。

279 年己亥　西晋咸宁五年

五年五月……辛卯，雁门雨雹，伤秋稼。——《晋书》卷 29《五行志下》

280 年庚子　西晋太康元年

五月……雁门、济南雨雹，伤禾麦三豆。——《晋书》卷 29《五行志下》

雁门郡，秦置。统县八，户一万二千六百。广武、崞、汪陶、平城、葰人、繁畤、原平、马邑[①]。——《晋书》卷 14《地理志上》

① 曹魏时，雁门郡辖广武、原平、葰人三县，治广武（在今山西代县西南）。雁门塞外，由保塞鲜卑步度根、泄归泥二部落驻牧。魏青龙三年（235），轲比能被刺，鲜卑种落离散。晋武帝初，《晋书》卷 36《卫瓘传》云："于时幽、并，东有务桓，西有力微，并为边害。瓘离间二虏，遂致嫌隙，于是务桓降而力微以忧死。"拓跋鲜卑又衰，于是雁门郡北部分旧县得以恢复。

281 年辛丑　西晋太康二年

越州东三百七十里鄮县塔者[①]，西晋太康二年沙门慧达感从地出[②]。高一尺四寸，广七寸，露盘五层[③]，色青似石而非。四外雕镂，异相百千。梁武帝造木塔笼之，八王自舆巡州里。今见神瑞，光声圣僧，备如别传。——《广弘明集》卷 15《佛德篇》

① 鄮县，秦置古县，治所在今浙江鄞县东，鄮山之北，因山得名。鄮县塔，《高僧传》卷 13《晋并州竺慧达》谓是阿育王塔遗址，东晋慧达修立龛砌。

② 此事，《高僧传》卷 13《晋并州竺慧达》记在东晋时。《法苑珠林》卷 38《感应缘·西晋会稽鄮县塔》记："晋太康二年，有并州离石人刘萨诃者，生在田家，弋猎为业。得病死，苏，云见一梵僧语诃曰：'汝罪重，应入地狱，吾悯汝无识，且放。今洛下、齐城、丹阳、会稽并有古塔，及浮江石像，悉阿育王所造。可勤求礼忏，得免此苦。'既醒之后，改革前习，出家学道，更名慧达。如言南行，至会稽。海畔山泽，处处求觅，莫识基绪。达悲塞烦冤，投造无地。忽于中夜闻土下钟声，即迁记其处，刺木为刹。三日间，忽有宝塔及舍利从地踊出，灵塔相状，青色似石而非石，高一尺四寸，方七寸，五层露盘，似西域于阗所造。面开窗子，四周天全。中悬铜磬，每有钟声，疑此磬也。绕塔身上，并是诸佛、菩萨、金刚、圣僧杂类等像。状极微细，瞬目注睛，乃有百千像现。面目手足，咸具备焉。斯可谓神功圣迹，非人智所及也。今在大木塔内。"按：与现今存世的凉州、高昌石塔相近似，制工相仿佛。

③《诸经要集》卷 3："《十二因缘经》云：有八人得起塔，一如来，二菩萨，三缘觉，四罗汉，五那含，六斯陀含，七须陀洹，八轮王。若轮王已下起塔，安一露盘。见之不得礼，以非圣塔故。初果二露盘，

乃至如来安八露盘，八盘已上并是佛塔。”

285 年乙巳　西晋太康六年

六月，荥阳、汲郡、雁门雨雹。——《晋书》卷 29《五行志下》

绥民里东崇义里，里内有京兆人杜子休宅。地形显敞，门临御道。时有隐士赵逸，云是晋武时人，晋朝旧事，多所记录。正光初，来至京师，见子休宅，叹息曰：“此宅（中）［晋］朝时太康寺也。”时人未信，遂问寺之由绪。逸云：“龙骧将军王濬平吴之后，始立此寺。本有三层浮图，用砖为之。”指子休园中曰：“此是故处。”子休掘而验之，果得砖数十万，兼有石铭云：“晋太康六年岁次乙巳九月甲戌朔八日辛巳，仪同三司、襄阳侯王濬敬造。”——《洛阳伽蓝记》卷 2《城东灵应寺》

295 年乙卯　西晋惠帝司马衷元康五年，鲜卑拓跋禄官元年

九月，雁门、新兴、太原、上党灾风伤稼。——《晋书》卷 29《五行志下》

昭皇帝讳禄官立，始祖之子也。分国为三部：帝自以一部居东，在上谷北，濡源之西，东接宇文部；以文帝之长子桓皇帝讳猗㐌统一部，居代郡之参合陂北；以桓帝之弟穆皇帝讳猗卢统一部，居定襄之盛乐故城。自始祖以来，与晋和好，百姓乂安，财畜富实，控弦骑士四十余万。是岁，穆帝始出并州，迁杂胡北徙云中、五原、朔方。——《魏书》卷 1《序纪》

296 年丙辰　西晋元康六年，鲜卑拓跋禄官二年

二年，葬文帝及皇后封氏[①]。——《魏书》卷 1《序纪》

① 《魏书》卷 13《皇后传》：“文帝皇后封氏，生桓、穆二帝，早崩。桓帝立，乃葬焉。高宗初，穿天渊池，获一石铭，称桓帝葬母封氏，远近赴会二十余万人。有司以闻，命藏之太庙。”按：天渊池，约在今大同北。

303 年癸亥　西晋太安二年，鲜卑拓跋禄官九年

朱士行，颍川人。……出家已后，专务经典。昔汉灵之时，竺佛朔译出《道行经》，即《小品》之旧本也[①]，文句简略，意义未周。士行尝于洛阳讲《道行经》，觉文章隐质，诸未尽善。每叹曰：“此经大乘之要，而译理不尽。”誓志捐身，远求大本。

遂以魏甘露五年，发迹雍州，西渡流沙[②]。既至于阗[③]，果得梵书正本，凡九十章。遣弟子弗如檀，此言法饶，送经梵本还归洛阳。……时河南居士竺叔兰，本天竺人，父世避难，居于河南。……善于梵、汉之语。又有无罗叉比丘，西域道士，稽古多学。乃手执梵本，叔兰译为晋文，称为《放光波若》[④]。皮牒故本，今在豫章。至太安二年，支孝龙就叔兰，一时写五部，校为定本[⑤]。——《高僧传》卷4《晋洛阳朱士行》

① 《世说新语·文学》刘孝标注："释氏《辨空经》有详者焉，有略者焉。详者为《大品》，略者为《小品》。"

② 魏甘露五年（260），朱士行为访求《大品般若经》西行，始开中国僧人西行求法之风。

③ 于阗，在今新疆和田一带。法显《佛国记》云："其国丰乐，人民殷盛，尽皆奉法，以法乐相娱。众僧乃数万人，多大乘学，皆有众食。彼国人民星居，家家门前皆起小塔，最小者可高二丈许。作四方僧房，供给客僧及余所须。国主安顿供给法显等于僧伽蓝，僧伽蓝名瞿摩帝，是大乘寺，三千僧共揵搥食，入食堂时威仪齐肃，次第而坐，一切寂然，器钵无声。净人益食，不得相唤，但以手指麾。"

④ 《出三藏记集》卷7释道安《合放光光赞略解序》讲：竺叔兰《放光》与竺法护《光赞》，同本异译。《光赞》先出，寝逸凉土；"《放光》寻出，大行华京，息心居士翕然传焉。中山支和上遣人于仓垣断绢写之，持还中山。中山王及众僧城南四十里幢幡迎经，其行世如是"。汤用彤讲：《般若经》乃自汉末迄刘宋初年，中国佛典最流行者。自朱士行《放光》行世后，斯学转盛。《般若》本无，玄学贱有，因契合而益流行。迨鸠摩罗什重译大小品，盛弘性空典籍，此学遂如日中天。

⑤ 《隋书》卷35《经籍志四》："先是西域沙门来此，译《小品经》，首尾乖舛，未能通解。甘露中，有朱仕行者，往西域，至于阗国，得经九十章，晋元康中，至邺译之，题曰《放光般若经》。太始中，有月支沙门竺法护，西游诸国，大得佛经，至洛翻译，部数甚多。佛教东流，自此而盛。"

304年甲子 西晋永安元年、建武元年、永兴元年，鲜卑拓跋禄官十年

竺昙摩罗刹，此云法护，其先月支人，本姓支氏，世居敦煌郡。年八岁出家，事外国沙门竺高座为师。……是时晋武之世，寺庙图像，虽崇京邑，而《方等》深经[①]，蕴在葱外。护乃慨然发愤，志弘大道。遂随师至西域，游历诸国，外国异言三十六种，书亦如之，护皆遍学，贯综诂训，音义字体，无不备识。遂大赍梵经，还归中夏。自敦煌至长安，沿路传译，写为晋文。所获《贤劫》[②]《正法华》[③]《光赞》等一百六十五部[④]。……经法所以广流中华者，护之力也[⑤]。护以晋武之末，隐居深山，山有清涧，恒取澡漱。……后立寺于长安青门外，精勤行道。于是德化遐布，声盖四远，僧徒数千，咸所宗事。及晋惠西奔[⑥]，关中扰乱，百姓流移，护与门徒避地东下，至渑池，遘疾而卒，春秋七十有八。……时人咸谓敦煌菩萨也[⑦]。——《高僧传》卷1《晋

长安竺昙摩罗刹（竺法护）》

① 方等，亦称方广。以其道理方正平等而广博，故名。梁释僧祐《出三藏记集》卷7曰：“方等者，大乘之通名，究竟之弘旨。”原本是一切大乘经的总称，后来天台宗用为《维摩》《楞伽》《金光明》等一部分大乘经的别称。

② 过去之住劫，名为庄严劫；未来之住劫，名为星宿劫；现在之住劫，名为贤劫。现在之住劫二十增减中，有千佛出世，故称赞之为贤劫，亦名善劫。竺法护《贤劫经》，初说诸三昧、诸度无极、佛之神通功德事，末说贤劫千佛事。

③《法华经》，全称《妙法莲华经》，因用莲华比喻佛所说教法的清净微妙，故名。竺法护《正法华经》，与后来鸠摩罗什所译大同。主旨说明释迦说法的唯一目的，是使众生都达到与佛一样的智慧，即人人都能成佛。并说明唯有《法华经》才是“一乘”法，其他教法只是引导众生接受“一乘”法的方便（权宜）而已。

④《光赞》，即《光赞般若》。按：《般若经》，是《大般若波罗蜜多经》的简称，为大乘空宗的主要经典，由般若部重要经典汇编而成。其中的各部分，在魏晋南北朝时期，流行的译本有：无罗叉《放光般若》、支谶《道行般若》、竺法护《光赞般若》、支谦《大明度无极经》、鸠摩罗什《大品般若》（亦名《摩诃般若》）和《小品般若》（即《道行般若》的异译）。迄唐玄奘译出全书，称《大般若经》。

⑤ 汤用彤《汉魏两晋南北朝佛教史》讲：“法护于《法华》再经复校，于《维摩》则更出删文，《首楞严三昧》译之两次。《光赞》乃《大品般若》，《渐备一切智德经》乃《华严》之《十地品》。皆中土佛学之要籍，晋世所风行者。”

⑥ 西晋“八王之乱”中，304年惠帝被挟持入关，竺法护盖死此年。

⑦ 汉代以来，对西域译经传教者，常尊称菩萨。

305年乙丑　西晋永兴二年，鲜卑拓跋禄官十一年

十一年，刘渊攻司马腾①，腾复乞师。桓帝以轻骑数千救之，斩渊将綦毋豚，渊南走蒲子。晋假桓帝大单于，金印紫绶。是岁，桓帝崩。……后定襄侯卫操，树碑于大邗城②，以颂功德③。——《魏书》卷1《序纪》

① 匈奴刘渊，时已建立汉国，史称前汉；东赢公司马腾，时任并州刺史、护匈奴中郎将。

② 大邗城，《魏书》卷106上《地形志上》记在肆州秀容郡肆卢县，即今山西忻州西北。

③《魏书》卷23《卫操传》记：“皇兴初，雍州别驾雁门段荣于大邗掘得此碑，文虽非丽，事宜载焉，故录于传。”碑文云：“年三十有九，以永兴二年六月二十四日，寝疾薨殂。背弃华殿，云中名都。”“刊石纪功，图像存形。”按此，则知拓跋鲜卑当时的丧葬，树碑立传，绘画遗容，已效仿汉人墓制。

309年己巳　西晋怀帝司马炽永嘉三年，鲜卑拓跋猗卢二年

清凉山……一名五台山。其中，五山高耸，顶上并不生林木，事同积土，故谓之台也。郦道元《水经注》云：“其山五峦，巍然迥出群山之上，故谓五峰。晋永

嘉三年，雁门郡葰人县百余家，避乱入此山，见山人为之步驱而不返，遂宁居岩野。往还之士，时有望其居者，至诣寻访，莫知所在。故人以是山为仙者之都矣。”[①]……《括地志》云：其山，层盘秀峙，曲径萦纡，灵岳神溪，非薄俗可栖。止者，悉是栖禅之士，思玄之流[②]。——《古清凉传》卷1[③]

① 《水经注》滹沱河流域部分，今已失佚。五台山的佛事初始，盖自北魏。

② 《括地志》为唐代地理著作，反映的应是唐时情况。

③ 同卷云：“爰及北齐高氏，深弘像教，宇内塔寺将四十千，此中伽蓝数过二百。又割八州之税，以供山众衣药之资焉。”

310年庚午　西晋永嘉四年，鲜卑拓跋猗卢三年

怀帝永嘉四年五月，大蝗，自幽、并、司、冀至于秦雍，草木牛马毛鬣皆尽。——《晋书》卷29《五行志下》

穆皇帝天姿英特，勇略过人，昭帝崩后，遂总摄三部，以为一统。……三年，晋并州刺史刘琨遣使，以子遵为质。……晋怀帝进帝大单于，封代公。帝以封邑去国悬远，民不相接，乃从琨求句注、陉北之地。琨自以托附，闻之大喜，乃徙马邑、阴馆、楼烦、繁畤、崞五县之民于陉南，更立城邑，尽献其地[①]，东接代郡，西连西河、朔方，方数百里。帝乃徙十万家以充之。——《魏书》卷1《序纪》

晋沙门康法朗，学于中山。永嘉中，与一比丘西入天竺，行过流沙千有余里，见道边败坏佛图，无复堂殿，蓬蒿没人。法朗等下拜瞻礼[②]。——《太平广记》卷89《法朗》（引《冥祥记》）

① 至此，秦汉以来分属雁门、代郡的大同盆地，正式划归拓跋鲜卑所有。

② 《高僧传》卷4《义解》：“康法朗，中山人。少出家，善戒节。尝读经，见双树、鹿苑之处，郁而叹曰：‘吾已不值圣人，宁可不睹圣处？’于是，誓往迦夷仰瞻遗迹。乃共同学四人发迹张掖，西过流沙，行经三日，路绝人踪。忽见道傍有一故寺，草木没人，中有败屋两间，间中各有一人，一人诵经，一人患痢。两人比房，不相料理。……于是四人不复西行，仍留此专精业道。唯朗更游诸国，研寻经论。后还中山，门徒数百，讲法相系。”

313年癸酉　西晋永嘉七年、愍帝司马邺建兴元年，鲜卑拓跋猗卢六年

六年，城盛乐以为北都，修故平城以为南都。帝登平城西山，观望地势，乃更南百里，于灅水之阳黄瓜堆筑新平城[①]，晋人谓之小平城，使长子六脩镇之，统领

南部。——《魏书》卷 1《序纪》

自洛中构白马寺，盛饰佛图，画迹甚妙，为四方式。凡宫塔制度，犹依天竺旧状而重构之[②]，从一级至三、五、七、九。世人相承，谓之“浮图”，或云“佛图”。晋世，洛中佛图有四十二所矣[③]。汉世沙门，皆衣赤布，后乃易以杂色[④]。——《魏书》卷 114《释老志》[⑤]

① 灅水，《水经注》作“灅水”，即今桑干河。黄瓜堆，又名黄瓜阜、黄花堆、黄花岭，今称黄花梁、黄花冈，在应县、怀仁、山阴三县交界处，低丘长坂，方圆数十里。

② 唐《艺文类聚》卷 76《内典上》：“《南州异物志》曰：天竺国地方三万里，佛道所上，其国王城郭宫室，皆雕文刻镂。”关于中国魏晋以来的塔，魏收讲得很清楚，就是在古印度的窣堵波之下，加以汉式的重楼。现存云冈石窟内的各级塔雕，正是印度佛塔走向中国化的最初样式。

③ 东魏杨衒之《洛阳伽蓝记序》：“至晋永嘉，唯有寺四十二所。”卷 4《城西》：“宝光寺，在西阳门外御道北。有三层浮图一所，以石为基，形制甚古，画工雕刻。隐士赵逸见而叹曰：‘晋朝石塔寺，今为宝光寺也。’人问其故，逸曰：‘晋朝（三）［四］十二寺，尽皆湮灭，唯此寺独存。’指园中一处曰：‘此是浴室，前五步，应有一井。’众僧掘之，果得屋及井焉。井虽填塞，砖口如初，浴堂下犹有石数十枚。当时园（池）［地］平衍，果菜葱青，莫不叹息焉。园中有一海，号咸池。”

④ 北朝时，僧衣黑色。见《北齐书》卷 10《上党刚肃王涣传》：“初，术士言亡高者黑衣，由是自神武后，每出行，不欲见沙门，为黑衣故也。”清王士祯《香祖笔记》卷 3：“汉僧徒着赤布，秣陵僧衣色仿西竺僧迦梨。宇文周忌闻黑衣之谶，易以黄色。衣褐亦起于宇文。”然《汉书》卷 40《张良传》唐颜师古注曰：“褐制若裘，今道士所服者是。”

⑤ 《法苑珠林》卷 100《兴福部》：“西晋二京，合寺一百八十所，译经一十三人，七十三部；僧尼三千七百人。”

314 年甲戌　西晋建兴二年，代王猗卢七年

凉州自张轨后[①]，世信佛教。敦煌地接西域，道俗交得其旧式，村坞相属，多有塔寺。——《魏书》卷 114《释老志》

① 西晋惠帝永宁元年（301），张轨任凉州刺史；建兴二年（314）愍帝封其为太尉、西平公、凉州牧。是年五月死，子寔继任。

315 年乙亥　西晋建兴三年，代王猗卢八年

八年，晋愍帝进帝为代王[①]，置官属，食代、常山二郡。——《魏书》卷 1《序纪》

① 猗卢立平城为南都，统辖代地，代郡扩大及雁门陉北。后来，前秦乌桓府、北魏代京治平城，皆滥觞于此。

316年丙子 西晋建兴四年，代王猗卢九年

六脩之逆[①]，国内大乱，新旧猜嫌，迭相诛戮。雄、澹并为群情所附，谋欲南归，言于众曰："闻诸旧人忌新人悍战[②]，欲尽杀之，吾等不早为计，恐无种矣。"晋人及乌丸惊惧，皆曰："死生随二将军。"于是雄、澹与刘琨任子遵率乌丸、晋人数万众而叛。琨闻之大悦，率数百骑驰如平城抚纳之[③]。——《魏书》卷23《卫操传附卫雄姬澹传》

① 六脩弑父。
② 旧人，指拓跋鲜卑部民；新人，指依附拓跋鲜卑的乌桓与晋人。
③ 刘琨率平城胡、汉之民南下并州，后来悉发此众东击石勒，全军覆灭。

318年戊寅 东晋元帝司马睿建武二年，代王郁律二年

平文皇帝讳郁律立，思帝[①]之子也。姿质雄壮[②]，甚有威略。元年，岁在丁丑。二年，刘虎据朔方，来侵西部，帝逆击，大破之，虎单骑迸走。其从弟路孤率部落内附，帝以女妻之。西兼乌孙[③]故地，东吞勿吉[④]以西，控弦上马将有百万。刘聪死，子粲僭立，为其将靳准所杀，渊族子曜僭立。帝闻晋愍帝为曜所害，顾谓大臣曰："今中原无主，天其资我乎？"刘曜遣使请和，帝不纳。是年，司马叡僭称大位于江南。——《魏书》卷1《序纪》

① 思帝，文帝沙漠汗的少子。
② 鲜卑人的相貌，《魏书》本纪称道武帝"目有光曜，广颡大耳"。《神元平文诸帝子孙传》谓拓跋他、拓跋丕、尉元"皆容貌壮伟，腰带十围，大耳秀眉，须鬓斑白，百僚观瞻，莫不祗耸。唯苟颓小为短劣，姿望亦不逮之"。宋王谠《唐语林》卷5云："韦铿初在宪司，邵炅、萧嵩同升殿。神武皇帝即位，及诏出，炅、嵩俱加朝散，独铿不及。炅鼻高，嵩须多，并类鲜卑，铿嘲之。"按：云冈石窟佛像广额高鼻、大耳长眉，虽具有西方人种特点及雕刻风格，但与鲜卑人亦相近似。
③ 乌孙，古族名。最初在祁连、敦煌间。西汉文帝时，西迁今伊犁河与伊塞克湖一带。南北朝时，西迁至葱岭北。
④ 勿吉，古族名。来源于肃慎。北魏时称勿吉，隋唐时称靺鞨，五代时称女真。分布在松花江、牡丹江及黑龙江中下游，东至日本海。

324年甲申 东晋明帝司马绍太宁二年，赵王石勒六年，代王贺傉四年

惠皇帝讳贺傉立，桓帝之中子也。……太后临朝，遣使与石勒通和，时人谓之女国使。……四年，帝始临朝。以诸部人情未悉款顺，乃筑城于东木根山[①]，徙都之。——

《魏书》卷 1《序纪》

① 东木根山，约在今内蒙古兴和西北。

327 年丁亥　东晋成帝司马衍咸和二年，赵王石勒九年，代王纥那三年

炀皇帝讳纥那立，惠帝之弟也。……三年，石勒遣石虎率骑五千来寇边部，帝御之于句注陉北，不利，迁于大宁[①]。——《魏书》卷 1《序纪》

① 大宁，即今河北张家口。

329 年己丑　东晋咸和四年，后赵石勒太和二年，代王翳槐元年

烈皇帝讳翳槐立，平文之长子也。以五年为元年。石勒遣使求和，帝遣弟昭成皇帝如襄国，从者五千余家[①]。——《魏书》卷 1《序纪》[②]

① 是年，石勒破长安，灭前赵，威行北中国。拓跋鲜卑南遣质任，实际是降附于后赵。所以，魏收谓："昭成又至襄国，乃备究南夏佛法之事。"

② 时张骏为凉州牧，尽有陇西之地，士马强盛。《晋书》卷 86《张轨传附孙骏传》载："使其将杨宣率众越流沙，伐龟兹、鄯善，于是西域并降。鄯善王元孟献女，号曰美人，立宾遐观以处之。焉耆前部、于寘王并遣使贡方物。""西域诸国献汗血马、火浣布、犎牛、孔雀、巨象及诸珍异二百余品。"

338 年戊戌　东晋咸康四年，后赵石虎建武四年，代王什翼犍建国元年

【发愿文】建武四年，岁在戊戌，八月廿日，比丘竺□□□慕道德，□□□……及三□□□□生。——刘建华《北魏泰常五年弥勒铜佛像及相关问题的探讨》[①]

昭成皇帝讳什翼犍立，平文之次子也。……烈帝临崩顾命曰："必迎立什翼犍，社稷可安。"烈帝崩，帝弟孤乃自诣邺奉迎，与帝俱还。事在《孤传》。十一月，帝即位于繁畤之北[②]，时年十九，称建国元年。——《魏书》卷 1《序纪》

魏先建国于玄朔，风俗淳一，无为以自守，与西域殊绝，莫能往来。故浮图之教，未之得闻，或闻而未信也。及神元与魏、晋通聘，文帝久在洛阳，昭成又至襄国，乃备究南夏佛法之事[③]。——《魏书》卷 114《释老志》

① 此文载于文物出版社 2002 年版《宿白先生八秩华诞纪念文集》。后赵建武四年佛像，铜鎏金，通高 39.7 厘米，现存美国旧金山亚洲艺术馆，是今天存世的有纪年可考的最早佛像。束发形肉髻，禅定印，方台座，U 型重叠衣褶，具有犍陀罗式造像特征。题记竖刻于佛座背面。

② 汉繁畤故城，在今山西应县北。

③ 什翼犍质任后赵前都襄国（今河北邢台）十年，应曾目睹佛图澄弘佛之事。

339 年己亥 东晋咸康五年，后赵建武五年，代王什翼犍建国二年

二年春，始置百官，分掌众职[①]。东自濊貊[②]，西及破洛那[③]，莫不款附。夏五月，朝诸大人于参合陂，议欲定都灅源川[④]，连日不决，乃从太后计而止。——《魏书》卷 1《序纪》

① 《通鉴》卷 96："及什翼犍立，雄勇有智略，能修祖业，国人附之；始置百官，分掌众务。以代人燕凤为长史，许谦为郎中令。始制反逆、杀人、奸盗之法，号令明白，政事清简，无系讯连逮之烦，百姓安之。于是东自濊貊，西及破落那，南距阴山，北尽沙漠，率皆归服，有众数十万人。"

② 濊貊，北魏称豆莫娄。在今东北黑龙江一带。

③ 破洛那，在中亚费尔干纳盆地。《史记》《汉书》作大宛国。南北朝称破洛那。

④ 灅源川，亦称马邑川，即今桑干河上游朔州段。

340 年庚子 东晋咸康六年，后赵建武六年，代王什翼犍建国三年

三年春，移都于云中之盛乐宫。——《魏书》卷 1《序纪》

341 年辛丑 东晋咸康七年，后赵建武七年，代王什翼犍建国四年

四年秋九月，筑盛乐城于故城南八里。——《魏书》卷 1《序纪》

342 年壬寅 东晋咸康八年，后赵建武八年，代王什翼犍建国五年

大河故渎又东，径艾亭城南，又东，径平晋城南[①]。今城中有浮图五层，上有金露盘，题云："赵建武八年，比［丘］释道龙、和上竺浮图澄，树德劝化，兴立神庙。"浮图已坏，露盘尚存，炜炜有光明。——《水经注》卷 5《河水五》

① 平晋城，约在今山东淄博附近。

348 年戊申 东晋穆帝司马聃永和四年，后赵建武十四年，代王什翼犍建国十一年

竺佛图澄者，西域人也，本姓帛氏。少出家[①]，清真务学，诵经数百万言。……以晋怀帝永嘉四年，来适洛阳。……值刘曜寇斥洛台，帝京扰乱，澄立寺之志遂不果，乃潜泽草野，以观世变。时石勒屯兵葛陂，专以杀戮为威，沙门遇害者甚众。澄悯念苍生，欲以道化勒，于是杖策到军门。……勒甚悦之。凡应被诛余残，蒙其益者十有八九，于是中州胡、晋略皆奉佛。时有痼疾世莫能治者，澄为医疗，应时疗损，

阴施默益者，不可胜记。……襄国城堑水源在城西北五里团丸祀下，其水暴竭……澄坐绳床[②]，烧安息香，咒愿数百言。如此三日，水泫然微流。……有顷，水大至，隍堑皆满。……曜平之后，勒乃僭称赵天王，行皇帝事，改元建平。是岁东晋成帝咸和五年也。勒登位已后，事澄弥笃。……有事必谘而后行，号大和上。……勒诸稚子多在佛寺中养之。每至四月八日，勒躬自诣寺灌佛[③]，为儿发愿。……勒死，子弘袭位。少时，虎废弘自立，迁都于邺，称元建武。

虎倾心事澄，有重于勒。……虎常问澄："佛法云何？"澄曰："佛法不杀。""朕为天下之主，非刑杀无以肃清海内。既违戒杀生，虽复事佛，讵获福耶？"澄曰："帝王之事佛，当在（心）体恭心顺，显畅三宝，不为暴虐，不害无辜。至于凶愚无赖，非化所迁，有罪不得不杀，有恶不得不刑，但当杀可杀，刑可刑耳。若暴虐恣意，杀害非罪，虽复倾财事法，无解殃祸。愿陛下省欲兴慈，广及一切，则佛教永隆，福祚方远。"虎虽不能尽从，而为益不少。虎尚书张离、张良家富事佛，各起大塔。澄谓曰："事佛在于清净无欲，慈矜为心。檀越虽仪奉大法，而贪吝未已，游猎无度，积聚不穷，方受现世之罪，何福报之可悕耶？"离等后并被戮灭。时又久旱，自正月至六月，虎遣太子诣临漳西釜口祈雨，久而不降。虎令澄自行，即有白龙二头降于祠所，其日大雨[④]，方数千里，其年大收。戎貊之徒，先不识法，闻澄神验，皆遥向礼拜，并不言而化焉。……虎于临漳修治旧塔，少承露盘。澄曰："临淄城内有古阿育王塔，地中有承露盘及佛像，其上林木茂盛，可掘取之。"即画图与使，依言掘取，果得盘像。……

澄道化既行，民多奉佛，皆营造寺庙，相竞出家，真伪混淆，多生愆过。虎下书问中书曰："佛号世尊，国家所奉。里闾小无爵秩者，为应得事佛与不？又沙门皆应高洁贞正，行能精进，然后可为道士[⑤]。今沙门甚众，或有奸宄避役，多非其人，可料简详议。"伪中书、著作郎王度奏曰："夫王者郊祀天地，祭奉百神，载在祀典，礼有尝飨。佛出西域，外国之神，功不施民，非天子诸华所应祠奉。往汉明感梦，初传其道。唯听西域人得立寺都邑，以奉其神；其汉人皆不得出家。魏承汉制，亦（修）[循]前轨。今大赵受命，率由旧章，华戎制异，人神流别。外不同内，飨祭殊礼。荒夏服祀，不宜杂错。国家可断赵人悉不听诣寺烧香礼拜，以遵典礼。其百辟卿士，下逮众隶，例皆禁之。其有犯者，与淫祀同罪。其赵人为沙门者，还从四民之服。"

伪中书令王波同度所奏。虎下书曰："……朕生自边壤，忝当期运，君临诸夏。至于飨祀，应兼从本俗。佛是戎神，正所应奉[⑥]。夫制由上行，永世作则，苟事无亏，何拘前代？其夷、赵百（蛮）［姓］，有舍其淫祀，乐事佛者，悉听为道。"于是慢戒之徒，因之以厉。……

至虎建武十四年……十二月八日，卒于邺宫寺。是岁晋穆帝永和四年也。士庶悲哀，号赴倾国。春秋一百一十七矣。仍窆于临漳西（柴）［紫］陌，即虎所创冢也。……佛调、须菩提等数十名僧，皆出自天竺、康居。不远数万之路，足涉流沙，诣澄受训。樊沔释道安[⑦]、中山竺法雅，并跨越关河，听澄讲说。皆妙达精理，研测幽微。澄自说生处去邺九万余里，弃家入道一百九年。酒不逾齿，过中不食，非戒不履，无欲无求。受业追游，常有数百，前后门徒，几且一万。所历州郡，兴立佛寺八百九十三所[⑧]。弘法之盛，莫与先矣[⑨]。——《高僧传》卷9《晋邺中竺佛图澄》[⑩]

① 《魏书》卷114《释老志》："石勒时，有天竺沙门浮图澄，少于乌苌国就罗汉入道，刘曜时到襄国。后为石勒所宗信，号为大和尚，军国规谟颇访之，所言多验。"按：乌苌国，在今巴基斯坦北部。《法显传》云："有水名新头河……度河，便到乌长国。其乌长国是正北天竺也。尽作中天竺语，中天竺所谓'中国'。俗人衣服饮食亦与中国同。佛法甚盛，名众僧止住处为僧伽蓝，凡有五百僧伽蓝，皆小乘学。若有客比丘到，悉供养三日；三日过已，乃令自求所安。常传言：佛至北天竺，即到此国也。佛遗足迹于此，或长或短，在人心念。至今犹尔。及晒衣石，度恶龙处，悉亦现在。石高丈四尺，阔二丈许，一边平。"按：新头河，即辛头河，今印度河。

② 绳床，亦称胡床、交床，即今马扎、交椅。坐绳床，亦即坐禅床。绳床的形制，见《南海寄归内法传》卷1《食坐小床》："西方僧众将食之时，必须人人净洗手足，各各别踞小床。高可七寸，方才一尺，藤绳织内，脚圆且轻。卑幼之流，小拈随事。双足蹋地，前置盘盂。……东夏诸寺，床高二尺已上，此则（无）［元］不合坐，坐有高床之过。……然灵岩四禅，床高一尺。古德所制，诚有来由。"

③ 灌佛，即浴佛。灌佛用香水或清水，见《南海寄归内法传》卷4《灌沐尊仪》。《四库》本作"观佛像"。

④ 《史记·匈奴列传》《索隐》引崔浩云："西方胡皆事龙神。"南宋赵彦卫《云麓漫钞》卷10曰："《史记·西门豹传》说河伯，而《楚辞》亦有河伯词，则知古祭水神曰河伯。自释氏书入，中土有龙王之说，而河伯无闻矣。"

⑤ "里间小"后，《四库》本有"人"字。道士，本汉代方术之士的称谓。佛僧入华，依附黄老而后行，遂亦称道士。十六国东晋，沙门犹称道士，又通称道人。大约北魏寇谦之天师道兴起后，"道士"回归为道家专称，而沙门偶名道士，但更多地尊称"道人"。金元以后，道人虽仍是僧称，间或亦为巫称，但更多地转变为仙道之家与隐居者的称谓。

⑥ 从东汉开始，匈奴、乌桓入居并州北界，氐、羌杂居关中，到西晋时乱像已经显现，故江统著《徙戎论》。佛教来自外域，中国信奉者多为西、北戎氐。故《全晋文》卷20王谧答桓玄语："曩时，晋人略无奉佛，沙门徒众皆是诸胡，且王者不与之接。"十六国佞佛之君，后赵石虎羯族，前秦苻

坚氐族，后秦姚兴羌族，等等。佛教的推广，实得益于西北少数民族内迁中原。

⑦ 佛图澄以道术辅佐后赵石勒、石虎政治，借助国家的力量推广佛教，开中国政治与佛教成功结合的先河。其弟子徒孙常山释道安、雁门释慧远等，分道传教，遂形成中国南北佛教僧侣的主流派别。

⑧ 《晋书》卷 95《艺术传》："单道开，敦煌人也。……石季龙时，从西平来，一日行七百里，其一沙弥年十四，行亦及之。至秦州，表送到邺，季龙令佛图澄与语，不能屈也。初止邺城西沙门法綝祠中，后徙临漳昭德寺。于房内造重阁，高八九尺，于上编菅为禅室，常坐其中。季龙资给甚厚，道开皆以施人。"

⑨ 《广弘明集》卷 7 梁荀济《论佛教表》："及汉武祀金人，莽新以建国；桓灵祀浮图，阉竖以控权。三国由兹鼎峙，五胡仍其荐食。衣冠奔于江东，戎教兴于中壤。"

⑩ 参见《晋书》卷 95《佛图澄传》。

358 年戊午　前秦苻坚永兴二年，东晋升平二年，代王什翼犍建国二十一年

鸠摩罗什……至年十二，其母携还龟兹[①]。……及还龟兹，名盖诸国。时龟兹僧众一万余人，疑非凡夫，咸推而敬之，莫敢居上[②]。——《出三藏记集》卷 14《鸠摩罗什传》

① 据宿白推测，是年鸠摩罗什返回龟兹。古龟兹国，又名拘夷国，在今新疆库车、拜城一带，境内有克孜尔等石窟多处。《晋书》卷 97《四夷传》："龟兹国西去洛阳八千二百八十里，俗有城郭，其城三重，中有佛塔庙千所。人以田种畜牧为业，男女皆翦发垂项。王宫壮丽，焕若神居。"《出三藏记集》卷 2 记："晋简文帝时（371 ~ 372），沙门释僧纯于西域拘夷国得胡本《比丘尼大戒》。"卷 11《比丘尼戒本所出本末序》记晋孝武帝时译为华文，云："拘夷国寺甚多，修饰至丽。王宫雕镂，立佛形象，与寺无异。"

② 宿白《中国石窟寺考古》《新疆拜城克孜尔石窟的类型与年代》二文指出：古龟兹国是历史上佛教盛地之一，西汉时人口八万多，此时不过十余万。克孜尔石窟位于佛教东渐的关键地点，始开凿于 3 世纪，早于新疆以东现存最早的洞窟。其初期的大像窟和大立佛，与云冈昙曜五窟中 16、18 窟立佛有一定的因承关系。笔者按：中华人民共和国成立后，在大同城东和城北方山等北魏佛寺遗址中，发现了大批北魏泥塑像，风格与古龟兹、于阗、焉耆地方发现的残塑极为相似。2008 年后的云冈石窟山顶北魏寺院遗址发掘中，也出土不少北魏悬贴式黄泥拓制影塑。

359 年己未　前秦甘露元年，东晋升平三年，代王什翼犍建国二十二年

二十二年春，帝东巡，至于桑干川。三月，慕容儁遣使朝贡。夏四月，帝还云中。——《魏书》卷 1《序纪》

364年甲子 前秦甘露六年，东晋哀帝司马丕兴宁二年，代王什翼犍建国二十七年

《京师寺记》云：兴宁中，瓦棺寺①初置，僧众设会，请朝贤鸣刹注疏，其时士大夫莫有过十万者。既至长康②，直打刹注百万。长康素贫，众以为大言。后寺众请勾疏，长康曰："宜备一壁。"遂闭户往来一月余日，所画维摩诘一躯③。工毕，将欲点眸子④，乃谓寺僧曰："第一日观者请施十万，第二日可五万，第三日可任例责施。"及开户，光照一寺，施者填咽，俄而得百万钱。——唐张彦远《历代名画记》卷5

① 瓦棺寺，即瓦官寺，在东晋都城建康（今江苏南京）。

② 长康，即顾恺之。恺之师西晋卫协，协师孙吴曹不兴，三传皆以佛画名。《太平广记》卷210《曹不兴》引《尚书故实》："谢赫云：'江左画人吴曹不兴。运五十尺绢画一像，心敏手疾，须臾立成。头面、手足、胸臆、肩背，无遗失尺度，此其难也。唯不兴能之。'陈朝谢赫善画，尝阅秘阁，叹伏曹不兴所画龙首，以为若见真龙。"《历代名画记》卷5："《抱朴子》云：卫协、张墨，并为画圣。孙畅之《述画》云：上林苑图，协之迹最妙。又七佛图，人物不敢点眼睛。……谢赫云：古画皆略，至协始精。"顾恺之与刘宋陆探微、萧梁张僧繇，俱为江左名匠。《历代名画记》卷6："陆公参灵酌妙，动与神会；笔迹劲利，如锥刀焉。秀骨清像，似觉生动；令人懔懔若对神明。虽妙极象中，而思不融乎墨外。夫象人风骨，张亚于顾、陆也；张得其肉，陆得其骨，顾得其神；神妙亡方，以顾为最。"清俞樾《茶香室四钞》卷22《古画衣裳颜色》："元赵叔向《霏雪录》云：古人画人物，上衣下裳，互用黄、白、粉、青四色，未尝用绿色者，盖绿近妇人服色也。琴囊或紫或黄二色而已，不用他色。"

③ 《南史》卷78《师子国传》："晋义熙初，始遣使献玉像，经十载乃至。像高四尺二寸，玉色洁润，形制殊特，殆非人工。此像历晋、宋在瓦官寺，先有征士戴安道手制佛像五躯，及顾长康《维摩画图》，世人号之三绝。"

④ 《晋书》卷92《文苑传》谓顾恺之："尤善丹青，图写特妙，谢安深重之，以为有苍生以来未之有也。恺之每画人成，或数年不点目精。人问其故，答曰：四体妍蚩，本无阙少于妙处，传神写照，正在阿堵中。"南宋王楙《野客丛书》卷8《阿堵此君》谓："阿堵，晋人方言，犹言这个。"按：画佛不点眸子，与雕佛不开眼珠，应是秦汉陶俑制作遗法。云冈石窟造像如此，盖待彩绘以传神也。

366年丙寅 前秦苻坚建元二年，东晋废帝司马奕太和元年，代王什翼犍建国二十九年

莫高窟者，厥初秦建元二年，有沙门乐僔，戒行清虚，执心恬静。尝杖锡林野，行至此山，忽见金光，状有千佛。……次有法良禅师，从东届此，又于僔师窟侧，更即营造。伽蓝之起①，滥觞于二僧②。——武周圣历元年李怀让《重修莫高窟佛龛碑》

① 伽蓝，亦名僧伽蓝，译为众园。原指修建僧舍的园地，后转为僧众所居佛寺的总称。

② 345年，前凉张骏以敦煌等郡设立沙州。敦煌文书P2961卷《沙州志》云："从永和（八）［九］年癸丑岁创建。"则莫高窟建寺于353年。莫高窟第156窟《莫高窟记》云："秦建元之世，有沙门乐僔，仗锡西游至此。巡礼其山，见金光如千佛之状，遂架空镌岩，大造龛像。次有法良禅师东来，多诸神异，复于僔师龛侧，又造一龛。伽蓝之建，肇于二僧。晋司空索靖，题壁号仙岩寺。自兹以后，镌造不绝。"按：索靖，西晋末卒，莫高窟创寺时间遂成悬案。

376年丙子　前秦建元十二年，东晋孝武帝司马曜太元元年，代王什翼犍建国三十九年

遣其武卫苟苌、左将军毛盛、中书令梁熙、步兵校尉姚苌等率骑十三万伐张天锡于姑臧。……苌至姑臧，天锡乘素车白马，面缚舆榇，降于军门。苌释缚焚榇，送之于长安，诸郡县悉降。坚以梁熙为持节、西中郎将、凉州刺史，领护西羌校尉，镇姑臧。徙豪右七千余户于关中。……坚既平凉州，又遣其安北将军、幽州刺史苻洛为北讨大都督，率幽州兵十万讨代王什翼犍。——《晋书》卷113《苻坚载记上》

苻坚遣其大司马苻洛率众二十万及朱肜、张蚝、邓羌等诸道来寇，侵逼南境。冬十一月，白部、独孤部御之，败绩。南部大人刘库仁走云中①。帝复遣库仁率骑十万逆战于石子岭，王师不利。帝时不豫，群臣莫可任者，乃率国人避于阴山之北。……十二月，至云中，旬有二日，帝崩，时年五十七②。——《魏书》卷1《序纪》

猗卢孙什翼犍，字郁律旃，后还阴山为单于，领匈奴诸部。太元元年，苻坚遣伪并州刺史苻洛伐犍，破龙庭，禽犍还长安，为立宅，教犍书学。分其部党居云中等四郡，诸部主帅岁终入朝，并得见犍，差税诸部以给之。——《南齐书》卷57《魏虏传》

荆州长沙寺瑞像者，东晋太元初见于州城北。行人异之，试以刀击之，乃金像也。长沙寺僧迎至寺。光上有梵书，云育王所造。梁武闻迎至都，大放光明。及梁灭，迎上荆州。至今见存。——《广弘明集》卷15《佛德篇》

① 云中，在今内蒙古托克托。

② 前秦灭代，《晋书》卷113《苻坚载记上》、《宋书》卷95《索虏传》、《南齐书》卷57《魏虏传》俱云，什翼犍及孙拓跋珪被虏长安入太学。周一良《魏晋南北朝史札记》"关于崔浩国史之狱"条，考证魏收篡改《魏书》事，甚确。

379年己卯　前秦建元十五年，东晋太元四年

苻丕南攻襄阳，安与朱序俱获于坚，坚谓仆射权翼曰："朕以十万之师取襄阳，唯得一人半。"翼曰："谁耶？"坚曰："安公一人，习凿齿半人也。"既至，住长安五重寺，僧众数千，大弘法化①。——《高僧传》卷5《晋长安五级寺释道安》

① 《魏书》卷114《释老志》："道安后入苻坚，坚素钦德问，既见，宗以师礼。"

380年庚辰　前秦建元十六年，东晋太元五年

坚以关东地广人殷，思所以镇静之……于是分幽州置平州，以石越为平州刺史，领护鲜卑中郎将，镇龙城①。大鸿胪韩胤领护赤沙中郎将，移乌丸府于代郡之平城。——《晋书》卷113《苻坚载记上》

① 龙城，又名黄龙城、龙都、和龙，故址在今辽宁朝阳。

381年辛巳　前秦建元十七年，东晋太元六年

六年春正月，帝初奉佛法①，立精舍于殿内②，引诸沙门以居之。——《晋书》卷9《孝武帝纪》

鄯善王、车师前部王来朝，大宛献汗血马，肃慎贡楛矢，天竺献火浣布，康居、于阗及海东诸国，凡六十有二王，皆遣使贡其方物③。——《晋书》卷113《苻坚载记上》④

① 关于东晋皇帝对于佛教的态度，《世说新语·方正》刘孝标注："《高逸沙门传》曰：晋元、明二帝游心玄虚，托情道味，以宾友礼待法师。王公、庾公倾心侧席，好同臭味也。"盖东晋初年江南朝野视沙门无异于清谈之士，虽《历代名画记》卷5谓明帝"最善画佛像"，然无佞佛之称。东晋后期，孝武帝奉佛，是南朝皇帝信仰佛教之始。大约此时佛教脱离清谈而独立。

② 精舍，《通鉴》卷104胡三省《注》："盖以专精讲习所业之义。今儒、释肄业之地，通曰精舍。"按：道家亦然。

③ 《晋书》卷113《苻坚载记上》曰："坚自平诸国之后，国内殷实，遂示人以侈，悬珠帘于正殿，以朝群臣，宫宇车乘，器物服御，悉以珠玑、琅玕、奇宝、珍怪饰之。"

④ 汤用彤《汉魏两晋南北朝佛教史》讲："我国北部至印度之通道，自多经今之新疆及中亚细亚。晋之苻坚与其后之北魏，均兵力及乎西域。而当魏全盛，威权及于今之新疆及中亚细亚（月氏故地），故中印间之行旅商贾多取此途。经像僧人，由此而来，亦较南方海程为多。……西域各国中，以罽宾、于阗、龟兹三国为交通重镇。其地佛教之性质，影响于我国者至大。而西方传教者，由陆路东来，先至凉州。因凉州为东西交通必经之路，而晋代中原大乱，士族多有避居者，故尤为文化交融之点。故此地至为重要。由凉东下至长安，进至洛阳，俱为中国佛法之中心地点。……印度西北为大乘盛行之地，故传至北方之佛教，多《般若》《方等》。而迦湿弥罗为一切有部发祥之区，以是《发智》

《毗婆沙》诸要籍均在北方传译。于阗似为《华严经》盛行之地，故慧远弟子支法领至于阗得《华严》梵本三万六千偈以归南方。”

383 年癸未　前秦建元十九年，东晋太元八年

坚败[①]，子珪[②]，字涉圭，随舅慕容垂据中山[③]，还领其部，后稍强盛[④]。——《南齐书》卷 57《魏虏传》

苻坚建元之末，徙江汉之人万余户于敦煌，中州之人有田畴不辟者，亦徙七千余户。——《晋书》卷 87《凉武昭王李玄盛传》

① 此年十一月，苻坚率前秦大军征东晋，败于淝水。

② 拓跋珪之父寔死，母贺氏从其祖什翼犍，故而南人遂以珪为什翼犍子。

③ 什翼犍娶慕容氏，珪遂以后燕主慕容垂为舅。中山，今河北定县。

④ 道武帝 6 岁，随其祖什翼犍被苻坚掳至长安，入太学，13 岁随舅族慕容垂还据中山，15 岁北归。

385 年乙酉　前秦建元二十一年，东晋太元十年[①]

释道安，姓卫氏，常山扶柳人也。……至年十二出家。神智聪敏，而形貌甚陋，不为师之所重。驱役田舍……数岁之后，方启师求经，师与《辩意经》一卷，可五千言。安赍经入田，因息就览，暮归，以经还师，更求余者。师曰：“昨经未读，今复求耶？”答曰：“即已暗诵。”师虽异之，而未信也。复与《成具光明经》一卷，减一万言，赍之如初，暮复还师。师执经覆之，不差一字，师大惊嗟而异之。后为受具戒，恣其游学。至邺，入中寺，遇佛图澄……因事澄为师。……后避难潜于濩泽[②]，（太）[大]阳竺法济、并州支昙讲[讲]《阴持入经》[③]，安后从之受业。顷之，与同学竺法汰俱憩飞龙山，沙门僧先、道护已在彼山，相见欣然，乃共披文属思，妙出神情。安后于太行恒山创立寺塔，改服从化者，中分河北。……

至年四十五，复还冀部，住受都寺，徒众数百，常宣法化。时石虎死，彭城王石遵墓袭嗣立，遣中使竺昌蒲请安入华林园，广修房舍。安以石氏之末，国运将危，乃西适牵口山。迄冉闵之乱……率众入王屋、女休山。顷之，复渡河，依陆浑，山[栖]木食修学。俄而慕容俊逼陆浑，遂南投襄阳。行至新野，谓徒众曰：“今遭凶年，不依国主，则法事难立。又教化之体，宜令广布。”咸曰：“随法师教。”乃令法汰诣杨州，曰：“彼多君子，好尚风流。”法和入蜀，山水可以修闲。安与弟子慧远等四百余人渡河。……

既达襄阳，复宣佛法。初，经出已久，而旧译时谬，致使深（藏）[义]，隐没未通。每至讲说，唯叙大意，转读而已。安穷览经典，钩深致远，其所注《般若道行》《密迹》《安般》诸经，并寻文比句，为起尽之义，乃析疑甄解，凡二十二卷[④]。序致渊富，妙尽深旨，条贯既叙，文理会通。经义克明，自安始也。自汉魏迄晋，经来稍多，而传经之人，名字弗说，后人追寻，莫测年代。安乃总集名目，表其时人，诠品新旧，撰为《经录》。众经有据，实由其功。四方学士，竞往师之。时征西将军桓朗子镇江陵，要安暂往。朱序西镇，复请还襄阳……安以白马寺狭，乃更立寺，名曰檀溪，即清河张殷宅也。大富长者，并加赞助，建塔五层，起房四百。凉州刺史杨弘忠送铜万斤，拟为承露盘，安曰："露盘已（讫）[托]汰公营造，欲回此铜铸像，事可然乎？"忠欣而敬诺。于是众共抽舍，助成佛像，光相丈六，神好明著。……苻坚遣使送外国金箔倚像，高七尺，又金坐像、结珠弥勒像、金缕绣像、织成像各一（张）[尊]。每讲会法聚，辄罗列尊像，布置幢幡，珠佩迭晖，烟华乱发。使夫升阶履阈者，莫不肃焉尽敬矣。有一外国铜像，形制古异，时众不甚恭重。安曰："像形相致佳，但髻形未称。"令弟子炉治其髻，既而光焰焕炳，耀满一堂。详视髻中，见一舍利[⑤]，众咸愧服。安曰："像既灵异，不烦复治。"……时襄阳习凿齿锋辩天逸，笼罩当时。其先闻安高名，早已致书通好，曰："……自大教东流四百余年[⑥]，虽蕃王、居士时有奉者，而真丹宿训，先行上世，道运时迁，俗未佥悟。自顷道业之隆，咸无以匹。所谓月光将出，灵钵应降。法师任当洪范，化洽幽深，此方诸僧，咸有思慕。若庆云东徂，摩尼回曜，一蹑七宝之座，暂现明哲之灯。雨甘露于丰草，植栴檀于江湄。则如来之教，复崇于今日；玄波溢漾，重荡于一代矣。"文多不悉载。及闻安至止，即往修造。既坐，称言："四海习凿齿。"安曰："弥天释道安。"时人以为名答。……其为时贤所重，类皆然也。

安在樊、沔十五载，每岁常再讲《放光波若》[⑦]，未尝废阙。晋孝武皇帝承风钦德，遣使通问，并有诏曰："安法师……俸给一同王公，物出所在。"时苻坚素闻安名，每云："襄阳有释道安，是神器，方欲致之，以辅朕躬。"后遣苻丕南攻襄阳，安与朱序俱获于坚……既至，住长安五重寺，僧众数千，大弘法化。初，魏晋沙门依师为姓，故姓各不同。安以为大师之本，莫尊释迦，乃以释命氏。后获《增一阿含》[⑧]，果称四河入海，无复河名；四姓为沙门，皆称释种。既悬与经符，遂为永式。……

安既德为物宗，学兼三藏，所制《僧尼轨范》《佛法宪章》，条为三例：一曰行香定座上（讲）经上讲之法，二曰常日六时行道饮食唱时法，三曰布萨差使悔过等法。天下寺舍，遂则而从之。

安每与弟子法遇等，于弥勒前立誓，愿生兜率[⑨]。后至秦建元二十一年……二月八日……无疾而卒。葬城内五级寺中，是岁晋太元十年也，年七十二。……安先闻罗什在西国，思共讲析，每劝坚取之。什亦远闻安风，谓是东方圣人，恒遥而礼之。……安终后十六年，什公方至，什恨不相见，悲恨无极[⑩]。安既笃好经典，志在宣法，所请外国沙门僧伽提婆、昙摩难提及僧伽跋澄等，译出众经百余万言[⑪]。常与沙门法和诠定音字，详核文旨，新出众经于是获正。——《高僧传》卷5《晋长安五级寺释道安》

① 此年，前秦大将吕光平定西域，鸠摩罗什劝之东还，《晋书》卷122《吕光载记》云："以驼二万余头致外国珍宝及奇伎异戏、殊禽怪兽千有余品，骏马万余匹。"归至凉州。

② 濩泽，在今山西阳城县西嶕峣山下。古因濩泽水，置县邑。

③ 大阳，在今山西平陆县境；支昙讲，安公《阴持入经序》（《出三藏记集》卷6）谓为"并州道人"，《道地经序》（《出三藏记集》卷10）谓为"雁门沙门"。

④ 《隋书》卷35《经籍志》："以胡僧所译《维摩》《法华》，未尽深旨，精思十年，心了神悟，乃正其乖舛，宣扬解释。"

⑤ 《法苑珠林》卷40《感应缘》："晋义熙元年，有林邑人，尝有一舍利，每斋日有光。沙门慧邃，随广州刺史刁逵在南，敬其光相，欲请之。未及发言，而舍利自分为二。逵闻心悦，又请留敬，而又分为三。逵欲摸长干像，寺主固执不许。夜梦人长数丈，告曰：'像贵宣导，何苟吝耶？'明报听摸。既成，逵以舍利著像髻中。西来诸像放光者，多由舍利故也。"

⑥ 按习凿齿此语，则佛教流入中华又早于西汉哀帝之时。

⑦ 汤用彤《汉魏两晋南北朝佛教史》讲：道安时代，东西讲习，无不以《般若》为业。《般若》本无，异计繁兴，学士辈出，是佛学在中夏之始盛。

⑧ 阿含，小乘经之总名。新译"阿笈摩"，意译"教法"或"传"，意即辗转传说之教法。相传释迦牟尼逝世后，最初结集的法藏，即《阿含经》。依文字长短及内容特点，分为四部：其一《增一阿含经》，经文均带法门之数；其二《长阿含经》，经文较长；其三《中阿含经》，经文适中；其四《杂阿含经》，经文最短，门类夹杂，混集前三者。合称《四阿含经》。汉魏至晋，《出三藏记》卷1谓"杂类细经，多出《四含》。"然无全译本。前秦苻坚末年，《高僧传》卷1《晋长安昙摩难提》云："先是，中土群经，未有《四含》，坚臣武威太守赵正，欲请出经。时慕容冲已叛，起兵击坚，关中扰动，正慕法情深，忘身为道，乃请安公等于长安城中，集义学僧，请难提译出《中、增一》二《阿含》，并先所出《毗昙心》《三法度》等，凡一百六卷。佛念传译，慧嵩笔受。自夏迄春，绵涉两载，文字方具。"

⑨ 弥勒，意译“慈氏”，佛教大乘菩萨之一。《弥勒上生经》说他现住兜率天；《弥勒下生经》说他将从兜率天宫下生人间，在龙华树下继承释迦牟尼而成佛。弥勒崇拜，后来成为南北朝民间信仰的一个主题。

⑩ 《魏书》卷 114《释老志》云：“道安后入苻坚，坚素钦德问，既见，宗以师礼。时西域有胡沙门鸠摩罗什，思通法门，道安思与讲释，每劝坚致罗什。什亦承安令问，谓之东方圣人，或时遥拜致敬。道安卒后二十余载，而罗什至长安，恨不及安，以为深慨。道安所正经义，与罗什译出，符会如一，初无乖舛。于是法旨大著中原。”

⑪ 僧伽提婆，罽宾人；昙摩难提，兜佉勒人；僧伽跋澄，罽宾人。三人译出《二阿含》《毗昙》《三法度》《婆须蜜》等经百余万言。汤用彤讲：自汉以来，佛学有二大系：一为禅法，一为般若。安公实集大成。安公晚年译经，已具三藏，多为罽宾一切有部。

第三编　北魏前期纪事

386 年丙戌　北魏道武帝拓跋珪登国元年，东晋太元十一年

登国元年春正月戊申，帝即代王位，郊天，建元，大会于牛川[①]。复以长孙嵩为南部大人，以叔孙普洛为北部大人。班爵叙勋，各有差。二月，幸定襄之盛乐[②]。息众课农[③]。……夏四月，改称魏王。——《魏书》卷 2《太祖纪》

① 牛川，在今内蒙古兴和西北。《魏书》卷 108 之一《礼志一》："太祖登国元年，即代王位于牛川，西向设祭，告天成礼。"

② 盛乐，在今内蒙古和林格尔西北的土城子。

③ 《魏书》卷 113《官氏志》："登国初，太祖散诸部落，始同为编民。"

390 年庚寅　北魏登国五年，东晋太元十五年

【发愿文】登国五年三月三日，佛弟子徐常乐为合家大小，敬造弥勒像一区供养。——清端方《陶斋吉金录》卷 8[①]

① 该小铜佛，高四寸八分，是目前所知最早的北魏民间造像。刊日本大正四年（1915）大村西崖《中国美术史·雕塑篇》。《陶斋吉金录》在《清史稿》作《匋斋吉金录》。

395 年乙未　北魏登国十年，东晋太元二十年

魏王珪叛燕，侵逼附塞诸部[①]。五月甲戌，燕主垂遣太子宝、辽西王农、赵王

麟帅众八万，自五原伐魏，范阳王德、陈留王绍别将步骑万八千为后继。……秋七月……燕军至五原，降魏别部三万余家，收穄田百余万斛[②]，置黑城，进军临河，造船为济具。珪遣右司马许谦乞师于秦。……八月，魏王珪治兵河南[③]。九月，进军临河。燕太子宝列兵将济，暴风起，漂其船数十艘泊南岸。魏获其甲士三百余人，皆释而遣之。宝之发中山也，燕主垂已有疾，既至五原，珪使人邀中山之路，伺其使者，尽执之。宝等数月不闻垂起居，珪使所执使者临河告之曰："若父已死，何不早归！"宝等忧恐，士卒骇动。珪使陈留公虔将五万骑屯河东，东平公仪将十万骑屯河北，略阳公遵将七万骑塞燕军之南。……秦主兴遣杨佛嵩将兵救魏。

燕、魏相持积旬，赵王麟将慕舆嵩等以垂为实死，谋作乱，奉麟为主；事泄，嵩等皆死，宝、麟等内自疑。冬十月辛未，烧船夜遁。时河冰未结，宝以魏兵必不能渡，不设斥候。十一月己卯，暴风，冰合，魏王珪引兵济河，留辎重，选精锐二万余骑急追之。……魏军晨夜兼行，乙酉暮，至参合陂西[④]。燕军在陂东，营于蟠羊山南水上。魏王珪夜部分诸将，掩覆燕军，士卒衔枚马口潜进。丙戌，日出，魏军登山，下临燕营，燕军将东引，顾见之，士卒大惊扰乱。珪纵兵击之，燕兵走赴水，人马相腾蹑，压溺死者以万数。略阳公遵以兵邀其前，燕兵四五万人，一时放仗敛手就擒，其遗迸去者不过数千人，太子宝等皆单骑仅免。杀燕右仆射陈留悼王绍，生擒鲁阳王倭奴、桂林王道成、济阴公尹国等文武将吏数千人，兵甲粮货以巨万计。

魏王珪择燕臣之有才用者代郡太守广川贾闰、闰从弟骠骑长史昌黎太守彝、太史郎晁崇等留之，其余欲悉给衣粮遣还，以招怀中州之人。中部大人王建曰："燕众强盛，今倾国而来，我幸而大捷，不如悉杀之，则其国空虚，取之为易。且获寇而纵之，无乃不可乎！"乃尽坑之。——《资治通鉴》卷108

① 拓跋珪复国之初，北有贺染干，西有刘卫辰，南有刘显和拓跋窟咄，三面强敌。在慕容垂军队的援助下，渐次剪灭窟咄、刘显、贺染干。后，又灭铁弗匈奴刘卫辰。于是东逼太行，南抵恒山，西跨河套，北逾阴山，国力迅速壮大，与慕容后燕形成抗衡之势。

② 穄，也叫糜子，即黍之不黏者。《后汉书》卷90《乌桓传》："其土地宜穄及东墙。东墙似蓬草，实如穄子，至十月而熟。"可见，北方民族虽游牧为生，但早已兼作农业。

③ 河南，指今内蒙古的黄河以南地。

④ 参合陂，古今之地难以确定。秦汉代郡的参合县故城，在今天镇县西南。魏收《魏书》阴主此代谷之地。北魏参合县，隶凉城郡，在今内蒙古凉城一带。郦道元《水经注》主此。谭其骧《中国历史地图集》，标在今内蒙古凉城东的岱海。但光绪《山西通志》卷43认为，在今丰镇北。按照慕容垂先过参合陂，

后到平城西北的行军路线分析，《山西通志》仿佛正确。

396年丙申　北魏皇始元年，东晋太元二十一年

三月庚子，燕主垂留范阳王德守中山，引兵密发，逾青岭，经天门[①]，凿山通道，出魏不意，直指云中。魏陈留公虔帅部落三万余家镇平城；垂至猎岭，以辽西王农、高阳王隆为前锋以袭之。是时，燕兵新败，皆畏魏，惟龙城兵勇锐争先[②]。虔素不设备，闰月乙卯，燕军至平城，虔乃觉之，帅麾下出战，败死，燕军尽收其部落。魏王珪震怖欲走，诸部闻虔死，皆有贰心，珪不知所适。

垂之过参合陂也，见积骸如山，为之设祭，军士皆恸哭，声震山谷。垂惭愤呕血，由是发疾，乘马舆而进，顿平城西北三十里。太子宝等闻之，皆引还。燕军叛者奔告于魏云："垂已死，舆尸在军。"魏王珪欲追之，闻平城已没，乃引还阴山。垂在平城积十日，疾转笃，乃筑燕昌城而还[③]。夏四月癸未，卒于上谷之沮阳[④]。——《通鉴》卷108

六月癸酉，魏王珪遣将军王建等击燕广甯太守刘亢泥，[⑤]斩之，徙其部落于平城。燕上谷太守开封公详弃郡走。……秋七月……魏群臣劝魏王珪称尊号，珪始建天子旌旗，出警入跸，改元皇始。[⑥]参军事上谷张恂劝珪进取中原，珪善之。……八月己亥，魏王珪大举伐燕，步骑四十余万，南出马邑，逾句注，旌旗二千余里，鼓行而进。左将军雁门李栗将五万骑为前驱，别遣将军封真等从东道出军都，袭燕幽州。——《通鉴》卷108

释昙始，关中人。自出家以后，多有异迹。晋孝武太元之末，赍经律数十部，往辽东宣化，显授三乘，立以归戒。盖高句骊闻道之始也。[⑦]——《高僧传》卷10《宋伪魏长安释昙始》

戴逵，字安道，谯郡铚人。幼有巧慧，聪悟博学。善鼓琴，工书画。……其画古人、山水极妙。十余岁时，在瓦棺寺中画……逵尝就范宣学[⑧]，范见逵画，以为亡用之事，不宜虚劳心思。逵乃与宣画《南都赋》，范观毕嗟叹，甚以为有益，乃亦学画。逵既巧思，又善铸佛像及雕刻[⑨]，曾造无量寿木像，高丈六，并菩萨。逵以古制朴拙，至于开敬，不足动心，乃潜坐帷中，密听众论，所听褒贬，辄加详研。积思三年，刻像乃成。迎至山阴灵宝寺[⑩]。……前后征拜终不起，太元二十一年也[⑪]。谢云："情

韵绵密，风趣巧拔；善画圣贤，百工所范；荀、卫之后，实称领袖。”……又戴安道中年画行像甚精妙，庾道（秀）［季］看之，语戴云：“神犹太俗，盖卿世情未尽耳！”戴云：“惟务光当免卿此语耳！”[12]——《历代名画记》卷5[13]

① 胡《注》曰：“青岭盖即广昌岭，在代郡广昌县南，所谓五回道也。其南层崖刺天，积石之峻，壁立直上，盖即天门也。”汉广昌县，在今河北涞源北。

② 龙城，又名和龙，今辽宁朝阳。前燕慕容鲜卑筑为都城，后燕、北燕相继建都，南朝称之曰黄龙国。

③ 《水经注》卷13记：“羊水，水出平城县之西苑外武州塞，北出东转，径燕昌城南。”《乾隆大同府志》曰：“羊水疑即今得胜河，则燕昌城当在今府西北得胜堡南。”按：平城北四十里的羊水，即今淤泥河，发源于武州山西北；得胜河，今名圈子河，在淤泥河北。燕昌城，大约在今新荣镇一带。近据殷宪讲，新荣下甘沟村明代边墙处，有被扰乱的古城遗迹，出土“燕帝富贵”瓦当若干枚。

④ 沮阳，在今河北怀来县东南。

⑤ 广甯，在今河北张家口市涿鹿县。

⑥ 胡三省注：“自苻坚淮、淝之败至是，十有四年矣，关、河之间，戎狄之长，更兴迭仆，晋人视之，漠然不关乎其心。拓跋珪兴，而南北之形定矣。南北之形既定，卒之南为北所并。呜呼！自隋以后，名称扬于时者，代北之子孙十居六七矣。”

⑦ 高句丽，在今辽宁新宾东境，地接朝鲜。昙始（惠始）入辽东弘佛，今有人不辨辽东、辽西，以北魏时辽西黄龙佛法颇盛，而首推惠始。其实，龙城地近幽燕，慕容氏前、后燕国盘踞河北，辽西是其故地，佛教虽无载其始，但必早于此时，也必早于辽东。407年，后燕皇后苻氏死，《晋书》卷124《慕容熙载记》云：“制百僚于宫内哭临，令沙门素服。”可见，当时龙城佛僧已成气候。又《高僧传》记黄龙僧人西行求法、南下游学者甚众，均在刘宋初年。龙城佛教之兴，显然与惠始无关。至于龙城佛教，是否曾对平城早期佛教有所影响，值得研究。

⑧ 《历代名画记》卷2谓：“荀、卫之后，范宣第一。”荀勖，魏晋大臣；卫协，亦西晋人。

⑨ 《历代名画记》卷5云：“汉明帝……使蔡愔取天竺国优瑱王画释迦倚像，令工人图于南宫清凉台及显节陵上。以形制古朴，未足瞻敬。阿育王像，至今亦有存者，可见矣。后晋明帝、卫协，皆善画像，未尽其妙。洎戴氏父子，皆善丹青，又崇释氏，范金赋采，动有楷模。……其后，北齐曹仲达、梁朝张僧繇、唐朝吴道玄、周昉，各有损益。圣贤（盻）［肸］蚃，有足动人；璎珞天衣，创意各异。至今刻画之家，列其模范，曰曹、曰张、曰吴、曰周。斯万古不易矣。”按：戴氏父子，指东晋戴逵、戴颙（378～441）。《宋书》卷93《隐逸传》谓：“自汉世始有佛像，形制未工，逵特善其事，颙亦参焉。宋世子铸丈六铜像于瓦官寺，既成，面恨瘦，工人不能治，乃迎颙看之。颙曰：‘非面瘦，乃臂胛肥耳。’既错减臂胛，瘦患即除，无不叹服焉。”据以上记述，中国佛像的绘画、雕塑、铸造，似至东晋十六国以后方始成熟。

⑩ 《法苑珠林》卷16《发愿部感应缘·晋谯国戴逵》：“夫最胜之相，妙出无等。非直光仪莫写，固亦形好不传。夫以世俗之指爪而匠法身之圆极，算数譬喻，岂或万一？自泥洹以来，久逾千祀，西方像制，流式中夏。虽依经镕铸，各务仿佛，名士奇匠，竞心展力，而精分密数，未有殊绝。晋世，有谯国戴逵，字安道者，风清概远，肥遁旧吴；宅性居理，游心释教；且机思通赡，巧拟造化。思所以影响法相，咫尺应身，乃作无量寿、挟侍菩萨。研思致妙，精锐定制。潜于帷中，密听众论，

所闻褒贬，辄加详改。核准度于毫芒，审光色于浓淡。其和墨点彩，刻形镂法，虽周人尽策之微，宋客象楮之妙，不能逾也。委心积虑，三年方成。振代迄今，所未曾有。凡在瞻仰，有若至真。俄而，迎像入山阴之灵宝寺，道俗观者皆发菩提心。高平郗超闻而礼觐，遂撮香而誓曰：'若使有常，复睹圣颜。如其无常，愿会弥勒。'既而，手中之香勃焉自然，芳烟直上，其气联云，余熏葳蕤，溢于衢路。凡预闻见，皆心喜遍身。宋临川康王撰《宣验记》，亦载其显瑞。戴公居去灵宝寺百余步。戴尝中夜而起，见寺上有光，其明甚炽，谓是燔火，狼狈往赴。邻曲知者，咸竞骏奔。至而寺门静闭，乃像放光。明旦，众闻扣门，方起共观。咸睹佛堂晖焰，洞照于天，莫不整躬虔礼，叹觉化之无方也。宋文帝迎像供养，恒在后堂。齐高帝起正觉寺，欲以胜妙灵像镇抚法殿，乃奉移此像。旧在正觉寺。逵又造行像五躯，积虑十年。像旧在瓦官寺。逵第二子颙，字仲若，素韵渊澹，雅好丘园。既负荷幽贞，亦继志才巧。逵每制像，常共参虑。济阳江夷少与颙友，夷尝托颙造观世音像。致力罄思，欲令尽美，而相好不圆，积年无成。后，梦有人告之曰：'江夷于观世音无缘，可改为弥勒菩萨。'戴即停手，驰书报江。信未及发，而江书已至。俱于此夕感梦，语事符同。戴喜于神应，即改为弥勒。于是触手成妙，初不稽思；光颜圆满，俄尔而成。有识赞仰，咸悟因缘之匪差。此像旧在会稽龙华寺。寻二戴像制，历代独步。其所造甚多，并散在诸寺，难悉详录。"《辩正论》卷 3："晋常侍戴安道，学艺优达，造招隐寺。手自刺五夹纻像，并相好无比，恒放身光。"

⑪ 《晋书》卷 94《隐逸传》云：太元二十年朝廷复欲征逵，会病卒。

⑫ 宋刘义庆《世说新语·巧艺》："戴安道中年画行像甚精妙，庾道季看之，语戴云：神明太俗，由卿世情未尽。戴云：惟务光当免卿此语耳！"按：务光，是庄周所记商汤时的高道遁世者。庾道季（庾亮子，名龢）谓戴逵所画佛像不够庄严，而逵反唇相讥，说只有务光才能符合道季的要求。可见，这幅佛像画得颇有人情味。此则与北魏云冈石窟雕像的生动、活泼气息相通，而不似后代佛像的严肃、呆板。

⑬ 清俞樾《茶香室续钞》卷 21《曹样吴样》："宋黄休复《益州名画录》云：前辈画佛像、罗汉，相传曹样、吴样二本。曹起曹弗兴，吴起吴栋。曹画衣纹稠叠，吴画衣纹简略。按郭若虚《图画见闻志》云：曹、吴二体，学者所宗。按唐张彦远《历代名画记》，称北齐曹仲达最工画梵像，是为曹；谓唐吴道子曰吴。吴之笔，其势圆转，而衣服飘举；曹之笔，其体稠叠，而衣服紧窄。故后辈称之曰：'吴带当风，曹衣出水。'据此，则曹吴二体，有两说也。"

397 年丁酉　北魏皇始二年，东晋安帝司马德宗隆安元年

太祖平中山，经略燕赵，所径郡国佛寺，见诸沙门、道士，皆致精敬，禁军旅无有所犯。帝好黄老，颇览佛经。但天下初定，戎车屡动事，庶草创，未建图宇、招延僧众也。然时时旁求。先是，有沙门僧朗，与其徒隐于泰山之琨瑞谷。帝遣使致书，以缯素、旃罽、银钵为礼①。今犹号曰朗公谷焉②。——《魏书》卷 114《释老志》

初，皇始中，赵郡有沙门法果，诫行精至，开演法籍。太祖闻其名，诏以礼征赴京师。后以为道人统③，绾摄僧徒④。每与帝言，多所惬允，供施甚厚。至太宗，弥加崇敬，

永兴中，前后授以辅国、宜城子、忠信侯、安成公之号，皆固辞。帝常亲幸其居，以门小狭，不容舆辇，更广大之。年八十余，泰常中卒。未殡，帝三临其丧，追赠老寿将军、赵胡灵公。初，法果每言，太祖明叡好道，即是当今如来，沙门宜应尽礼，遂常致拜。谓人曰："能鸿道者人主也，我非拜天子，乃是礼佛耳。"⑤ 法果四十，始为沙门。有子曰猛，诏令袭果所加爵。帝后幸广宗，有沙门昙证，年且百岁。邀见于路，奉致果物。帝敬其年老志力不衰，亦加以老寿将军号。——《魏书》卷 114《释老志》

① 唐道宣《广弘明集》卷 28《启福篇》录《北代魏天子拓跋珪书》："皇帝敬问太山朗和尚，承妙圣灵，要须经略，已命元戎。上人德同海岳，神算遐长，冀助威谋，克宁荒服。今遣使者送素二十端，白毡五十领，银钵二枚，到愿纳受。"按：上人，即上德之人，唐代文人多以谓僧。

② 《水经注》卷 8《济水二》："太山朗公谷，旧名琨瑞溪，有沙门竺僧朗，少事佛图澄，硕学渊通，尤明气纬，隐于此谷……大起殿舍，连楼叠阁。"按：僧朗，京兆人，是当时北方最有声望的高僧，与东晋孝武帝、前秦苻坚、后燕慕容垂、北魏拓跋珪、南燕慕容德、后秦姚兴等皆有书信往来，慕容德为其筑寺。琨瑞谷，在山东长清灵岩寺山北。

③ 明朱国祯《涌幢小品》卷 28《僧姓》云："晋、宋间，佛学初行，其徒未有僧称，通曰道人。其姓皆从所授学，如支遁本姓关，学于支谦为支；帛道猷本姓冯，学于帛尸黎密为帛。至道安始言佛氏释迦，今为佛子，宜从佛氏，乃请皆姓释。"

④ 佛教设官，唐道宣谓晋氏始置僧司，但无实据；梁慧皎谓后秦姚兴始立僧正，然时值弘始三年（401）鸠摩罗什入关之后。北魏道武帝任命法果为道人统，实是佛教设官有明确记录之始，标志着佛教成为中国历代封建帝王的统治术之一。然佛教与政权结合，不始于中华。汤用彤《汉魏两晋南北朝佛教史》讲："盖释迦在世，波斯匿王信奉三宝，经卷传为美谈。其后孔雀朝之阿输迦，贵霜朝之迦腻色迦，光大教化，释子推为盛事。"按：佛法东传，谋求与中国政治联姻的始创人，是石赵时的高僧佛图澄。法果在佛图澄死后三十余年入道，演法于赵郡（今河北赵县一带），史虽未载其师承何人，大约传习的不外乎是佛图澄教法。法果以皇帝为佛的弘法思想，上承佛图澄以术干政、依国弘法的程序，近契释道安"不依国主，则法事难立"名训，下启后代师贤、昙曜为北魏帝王立像成规，迎合了最高统治者的政治心理需求，使宗教行为上升为国家意志，影响至大。

⑤ 姜亮夫《莫高窟年表》云："按皇始中，赵郡沙门法果，诚行精至。永兴中，授辅国、宜城子、忠信侯、安成公，泰常中卒。生受爵，死有封赠，自此始。初，沙门应拜天子否？争论颇烈。至果始拜天子，北地僧行稍替矣。南土在此时亦有争论，庾冰、桓玄先后以执政之威，持之甚力，慧远不屈，著论抗争之，举朝和之，于风为异矣。"

398 年戊戌　北魏天兴元年，东晋隆安二年

天兴元年春正月……徙山东六州民吏及徒何、高丽杂夷三十六万①，百工伎巧十万余口，以充京师②。……二月，车驾自中山幸繁畤宫③，更选屯卫。诏给内徙新

民耕牛，计口受田。——《魏书》卷2《太祖纪》

六月丙子，诏有司议定国号④。……秋七月，迁都平城，始营宫室⑤，建宗庙，立社稷⑥。……八月，诏有司正封畿，制郊甸⑦，端径术，标道里，平五权，较五量，定五度。……冬十月，起天文殿。——《魏书》卷2《太祖纪》

十有一月辛亥，诏尚书吏部郎中邓渊典官制，立爵品，定律吕，协音乐⑧；仪曹郎中董谧撰郊庙、社稷、朝覲、飨宴之仪⑨；三公郎中王德定律令，申科禁；太史令晁崇造浑仪，考天象；吏部尚书崔玄伯总而裁之。——《魏书》卷2《太祖纪》

十有二月己丑，帝临天文殿，太尉、司徒进玺绶，百官咸称万岁。大赦，改年。追尊成帝已下及后号谥。乐用《皇始》之舞。诏百司议定行次，尚书崔玄伯等奏从土德，服色尚黄⑩，数用五，未祖辰腊，牺牲用白，五郊立气，宣赞时令，敬授民时，行夏之正。徙六州二十二郡守宰、豪杰、吏民二千家于代都⑪。——《魏书》卷2《太祖纪》

天兴元年，下诏曰："夫佛法之兴，其来远矣。济益之功，冥及存没，神踪遗轨，信可依凭。其敕有司，于京城建饰容范，修整宫舍，令信向之徒，有所居止。"是岁，始作五级佛图、耆阇崛山及须弥山殿⑫，加以缋饰。别构讲堂、禅堂及沙门座，莫不严具焉⑬。——《魏书》卷114《释老志》⑭

① "三十六万"，《北史》卷1、《册府元龟》卷486作"三十六署"。

② 《魏书》卷110《食货志》云："既定中山，分徙吏民及徒何种人、工伎巧十万余家以充京都，各给耕牛，计口授田。天兴初，制定京邑，东至代郡，西及善无，南极阴馆，北尽参合，为畿内之田。其外四方四维置八部帅以监之，劝课农耕，量校收入，以为殿最。……自后比岁大熟。"又，卷33《张济列传》："臣等既至襄阳，佺期问臣：魏初伐中山几十万众？臣答：三十余万。佺期曰：魏国被甲戎马，可有几匹？臣答：中军精骑十有余万，外军无数。佺期曰：以此讨羌，岂足灭也。又曰：魏定中山，徙几户于北？臣答：七万余家。佺期曰：治在何城？臣答：定都平城。"

③ 繁畤宫，在今山西应县北。

④ 《魏书》卷35《崔浩传》云："昔太祖道武皇帝，应天受命，开拓洪业，诸所制置，无不循古。以始封代土，后称为魏，故代、魏兼用，犹彼殷、商。"按：大同现有的北魏碑志，或曰"大代"，或曰"大魏"；瓦当也有"皇魏万岁""大代万岁"两种。

⑤ 关于平城与云冈的地理，水野清一、长广敏雄《云冈石窟》卷1《序言》（吴宝田译，载《北朝研究》1995年第2期）讲："秦始皇为了防御北方的匈奴，开始修筑长城时，据说是西起临洮，东迄辽东。现在的长城是西起甘肃的尽头敦煌，东至山海关的海滨。……从山海关沿着长城西行，在接近居庸关处，长城就分成内外两层了。一是从独石口、张家口通向阴山之上，向西走去；一是朝着小五台山南下，从涞源通向北岳恒山之南，经雁门关，又向偏关、河曲走去，最后合而为一，进入鄂尔多斯。……把外长城和内长城隔开的长形地带，正好是那中间的高地，海拔一千米，为桑干河

流域的地沟带。南北有巍峨的大山排列，其中是黄土堆积物。东有怀来、宣化盆地，西有大同、朔县盆地。……大同的府城位于大同盆地的中心，从北京的铁路算起，有 383 公里。……蒙古高原是第三纪喷出的玄武岩溶岩的高地，而边缘的群山却是经过古生代、中生代积累起来的石灰岩和砂岩。这些超过三百米的砂岩、页岩，在它的积累层里，也包含着一些大同的名产石灰层。还有，它的最上层正是我们所说的云冈石佛的雕刻所在。御河的盆地极为狭窄，东西二十公里，南北三十公里。西有武州山绵亘，北有玄武岩的方山。……从北京来到这里，一过御河，就到达了大同东站。……穿过已成为兵营的北关的街道，就到达了北门。从车站内部到这一带，大概就是平城县所在地的北魏都城平城的皇城。”

⑥《水经注》卷 16《穀水》：“《礼》：天子建国，左庙右社。以石为主，祭则希冕。今多王公摄事，王者不亲拜焉。”

⑦ 唐李吉甫《元和郡县图志》卷 14《河东道三》“云州”条：“后魏道武帝又于此建都，东至上谷军都关，西至河，南至中山隘门塞，北至五原，地方千里，以为甸服。孝文帝改为司州牧，置代尹。”按：中国古代王畿外围的地方，以五百里为率，视距离的远近分为五等，叫作“五服”。其名称为：甸服、侯服、绥服、要服、荒服。李吉甫所谓“地方千里，以为甸服”，虽系一种理想化的京畿区域模式，却是道武帝“正封畿”所遵循的理论原则。详见附录：《北魏平城京畿行政区划的演变》。

⑧《隋书》卷 14《音乐志中》引北齐祖珽言：“魏氏来自云、朔，肇有诸华，乐操土风，未移其俗。至道武帝皇始元年，破慕容宝于中山，获晋乐器，不知采用，皆委弃之。天兴初，吏部郎邓彦海，奏上庙乐，创制宫悬，而钟管不备。乐章既阙，杂以《簸逻回歌》。初用八佾，作《皇始》之舞。至太武帝平河西，得沮渠蒙逊之伎，宾嘉大礼，皆杂用焉。此声所兴，盖苻坚之末，吕光出平西域，得胡戎之乐，因又改变，杂以秦声，所谓《秦汉乐》也。”卷 15《音乐志下》：“《西凉》者，起苻氏之末，吕光、沮渠蒙逊等，据有凉州，变龟兹声为之，号为秦汉伎。魏太武既平河西得之，谓之《西凉乐》。”由上可见，北魏平城时代皇家乐舞华戎杂糅，以戎为主。又按：南宋赵升《朝野类要》卷 1《教坊》：“自汉有琵琶、筚篥之后，中国杂用戎夷之声，六朝则又甚焉。唐时并归太常掌之，明皇遂别置为教坊。”

⑨《魏书》卷 108 之四《礼志四》：“太祖世所制车辇，虽参采古式，多违旧章。今案而书之，以存一代之迹。乘舆辇辂：龙辀十六，四衡，（毂）朱班（绣）轮［绣毂］，有雕虬、文虎、盘螭之饰。龙首衔扼，鸾爵立衡，圆盖华虫，金鸡树羽，蛟龙游苏。建太常十有二旈，画日月升龙。郊天、祭庙则乘之。乾象辇：羽葆，圆盖华虫，金鸡树羽，二十八宿，天阶云罕，山林云气、仙圣贤明、忠孝节义、游龙、飞凤、朱雀、玄武、白虎、青龙、奇禽异兽可以为饰者皆亦图焉。太皇太后、皇太后、皇后助祭郊庙则乘之。……象辇：左右凤凰，白马，仙人前却飞行，驾二象。”《隋书》卷 12《礼仪志七》：“天兴之岁，草创缮修，所造车服，多参胡制。故魏收论之，称为违古，是也。”《南齐书》卷 57《魏虏传》记太武帝时：“其车服，有大小辇，皆五层，下施四轮，三、二百人牵之，四施絙索，备倾倒。轺车建龙旗，尚黑。妃后则施杂采幰，无幰络。太后出，则妇女著铠骑马近辇左右。虏主及后妃常行，乘银镂羊车，不施帷幔，皆偏坐垂脚辕中。在殿上，亦跂据。正殿施流苏帐，金博山，龙凤朱漆画屏风，织成幌。坐施氍毹褥。前施金香炉，琉璃钵，金椀，盛杂食器。设客长盘一尺，御馔圆盘广一丈。为四轮车，元会日，六七十人牵上殿。蜡日逐除，岁尽，城门磔雄鸡，苇索桃梗，如汉仪。”

⑩ 《魏书》卷108之一《礼志一》录李彪、崔光语："自有晋倾沦，暨登国肇号，亦几六十余载，物色旗帜，率多从黑。"

⑪ 是年初，分布河北六州徙民于京畿，此又取六州豪民入居平城。然《魏书》卷30《安同传》："清河王绍之乱，太宗在外，使夜告同，令收合百工伎巧，众皆响应奉迎。"似乎道武帝时都城内以匠户居多。

⑫ 耆阇崛山，梵名，即灵鹫山，亦称灵山、鹫岭、鹫峰。在古印度王舍城（今印度哈尔邦底赖雅）东北，因山顶形似鹫而得名。相传释迦牟尼在此说法多年。唐蓝谷沙门慧详《弘赞法华传》卷1《图像》曰："耆阇崛山，唐言鹫头，亦云鹫峰。接北［山］之阳，孤标特起；既栖鹫鸟，又类高台；空翠相映，浓淡分色。如来御世，垂五十年，多居此山，广说妙法，即说此经之处也。故经云：常在灵鹫山，及余诸住处。佛在世时，频婆娑罗王为闻法故，兴发人徒，自山麓至峰（岭）［岑］，跨谷凌岩，编石为阶，广十余步，长五六里。中路有二小塔，一名下乘，即王［至］此徒行以进；一名退凡，即简凡人，不令同往。其山顶，东西长，南北狭，临崖西垂。现有砖舍，高广奇制，东辟其户，如来在昔居中说法。今作说法之像，量等佛身。"又曰："后魏太祖道武皇帝拓跋珪，天兴元年造耆阇崛山图一所，加以（绩）［缋］饰，莫不严具焉。"可见，道武帝此寺依据《法华经》而建。须弥山，意译为妙高、妙光、安明、积善。佛经曰南赡部等四大洲之中心，有须弥山，在大海之中，顶上为帝释天所居。《大智度论》卷7讲："须弥山有二天处、四天处、三十三天处。"

⑬ 唐法琳《辩正论》卷3云："元魏太祖道武皇帝……天兴元年下诏曰：佛法之兴，其来尚矣。于京邑建饰容范，修整寺舍。又于虞、虢之地，造十五级浮图，起开泰、定国二寺；写一切经，铸千金像；召三百名僧，每月法集。"按："虞"，《法苑珠林》作"虏"，疑误；虞地，即虞帝舜所都古冀州之域，平城属焉。"十五级浮图"，当为"五级浮图"，盖即《释老志》记文成帝时所谓"五级大寺"，亦即《大唐内典录》卷4《后魏元氏翻传佛经录》讲道武帝"生知信佛，兴建大寺"所指。

⑭ 《晋书》卷117《姚兴载记上》："起浮图于永贵里，立波若台于中宫，沙门坐禅者恒有千数。"波若，即般若。宋敏求《长安志》云："永贵里有波若台。姚兴集沙门五千余人，有大道者五十人，起造浮图于永贵里，立波若台。居中作须弥山，四面有崇岩峻壁，珍禽异兽，林草精奇，仙人佛像俱有，人所未闻，皆以为希奇。"按：姚兴长安佛寺，有塔（浮图）、台（波若台）、山（须弥山）；道武帝平城佛寺，与之颇为相似，有塔（五级佛图）、山（耆阇崛山）、殿（须弥山殿），另外建有讲堂、禅堂、沙门座，构成了系列完整的大型寺院建筑。道武帝所建此寺，盖即文成帝时的"五级大寺"。

399年己亥　北魏天兴二年，东晋隆安三年

二月……以所获高车众起鹿苑[①]，南因台阴，北距长城，东包白登，属之西山，广轮数十里。凿渠引武川水注之苑中[②]，疏为三沟，分流宫城内外。又穿鸿雁池。三月……甲子，初令《五经》群书各置博士，增国子太学生员三千人[③]。……秋七月，起天华殿。……八月……增启京师十二门。作西武库。——《魏书》卷2下《太祖纪》

太祖天兴二年七月，获嘉禾于平城县，异茎同颖。八月……平城南十里郊嘉禾

一茎九穗，告于宗庙。——《魏书》卷112下《灵征志下》

冬十月，太庙成，迁神元、平文、昭成、献明皇帝神主于太庙。十有二月……天华殿成。——《魏书》卷2《太祖纪》

① 《魏书》卷103《高车传》："太祖自牛川南引，大校猎，以高车为围，骑徒遮列，周七百余里，聚杂兽于其中。因驱至平城，即以高车众起鹿苑，南因台阴，北距长城，东包白登，属之西山。"按：鹿苑，即鹿野苑，传为释迦牟尼成道并初次说法处。在古印度波罗奈国，今印度北方邦贝拿勒斯西北约7公里处。近代发掘出孔雀王朝所建昙曼克塔、阿育王石柱，笈多王朝的乔堪祇塔等遗址。北魏道武帝初起鹿苑，不知是否有附会佛国之意？但后来献文帝于苑之西山建鹿野苑石窟，高允作《鹿苑赋》，皆取此意。

② 武川水，当即《水经注》"武州川水"，即今大同城西十里河。

③ 《通鉴》卷111："珪问博士李先曰：'天下何物最善，可以益人神智？'对曰：'莫若书籍。'珪曰：'书籍凡有几何，如何可集？'对曰：'自书契以来，世有滋益，以至于今，不可胜计。苟人主所好，何忧不集。'珪从之，命郡县大索书籍，悉送平城。"《隋书》卷32《经籍志一》："后魏始都燕、代，南略中原，粗收经史，未能全具。孝文徙都洛邑，借书于齐，秘府之中，稍以充实。"胡三省注："魏主珪之崇文如此，而魏之儒风及平凉州之后始振，盖代北以右武为俗，虽其君尚文，未能回也。呜呼！平凉之后，儒风虽振，而北人胡服，至孝文迁洛之时，未尽改也。用夏变夷之难如是夫！"

400年庚子　北魏天兴三年，东晋隆安四年

三月戊午，立皇后慕容氏[①]。是月，穿城南渠通于城内，作东西鱼池。……秋七月……起中天殿及云母堂、金华室。——《魏书》卷2《太祖纪》

太祖好老子之言，诵咏不倦。天兴中，仪曹郎董谧因献《服食仙经》数十篇。于是置仙人博士，立仙坊，煮炼百药，封西山以供其薪蒸。令死罪者试服之，非其本心，多死无验。太祖犹将修焉。太医周澹，苦其煎采之役，欲废其事。乃阴令妻货仙人博士张曜妾，得曜隐罪。曜惧死，因请辟谷。太祖许之，给曜资用，为造静堂于苑中，给洒扫民二家。而炼药之官，仍为不息。久之，太祖意少懈，乃止。——《魏书》卷114《释老志》

① 《魏书》卷13《皇后传》："魏故事，将立皇后，必令手铸金人，以成者为吉，不成则不得立也。"《通鉴》卷152胡《注》："魏人立后，皆铸像以卜之。慕容氏谓冉闵以金铸己像不成。胡人铸像以卜君，其来尚矣。"

401年辛丑　北魏天兴四年，东晋隆安五年

五月，起紫极殿、玄武楼、凉风观、石池、鹿苑台。……冬十二月……集博士儒生，

比众经文字，义类相从，凡四万余字，号曰《众文经》[①]。——《魏书》卷 2《太祖纪》

① 《魏书》卷 84《儒林传》："太祖初定中原，虽日不暇给，始建都邑，便以经术为先，立太学，置五经博士生员千有余人。天兴二年春，增国子太学生员至三千。……四年春，命乐师入学习舞，释菜于先圣、先师。太宗世，改国子为中书学，立教授博士。"

402 年壬寅　北魏天兴五年，东晋元兴元年

二月癸丑，征西大将军、常山王遵等至安定之高平[①]，木易干率数千骑与卫辰、屈丏[②]弃国遁走……徙其民于京师。沙门张翘自号无上王，与丁零鲜于次保聚党常山之行唐[③]。夏四月，太守楼伏连讨斩之。——《魏书》卷 2《太祖纪》

天兴五年，月晕，左角蚀将尽，崇奏曰："占为角虫将死。"时太祖既克姚平于柴壁[④]，以崇言之征，遂命诸军焚车而反。牛果大疫，舆驾所乘巨犗数百头亦同日毙于路侧，自余首尾相继。是岁，天下之牛死者十七八，麋鹿亦多死。——《魏书》卷 91《晁崇列传》

① 高平，今宁夏固原。
② 屈丏，又作"屈孑"，即匈奴赫连勃勃，后建立夏国于统万（今陕西靖边县北白城子），以长安为南都。
③ 丁零，北方古族名。东汉时部分南迁。魏晋南北朝，分布在今晋、冀境内山区。留在漠北的部落，号为高车，又称敕勒，或名铁勒。"常山之行唐"，即今河北行唐县。
④ 柴壁，约在今山西临汾境内汾河东。

403 年癸卯　北魏天兴六年，东晋元兴二年

冬十月，起西昭阳殿。……司马德宗遣使朝贡[①]。——《魏书》卷 2《太祖纪》

六年冬，诏太乐、总章、鼓吹增修杂伎，造五兵、角抵、麒麟、凤皇、仙人、长蛇、白象、白虎及诸畏兽、鱼龙、辟邪、鹿马仙车、高絙百尺、长趫、缘橦、跳丸、五案以备百戏。大飨设之于殿庭，如汉晋之旧也。——《魏书》卷 109《乐志》

是岁，魏主珪始命有司制冠服，以品秩为差[②]。然法度草创，多不稽古[③]。——《资治通鉴》卷 113

① 这是南朝之使来到平城的最早记载。此前皇始元年（396），司马德宗即遣使，在河北拜见道武帝。天赐元年（404）"夏四月，诏尚书郎中公孙表使于江南，以观桓玄之衅也。值玄败而还"。（《魏书》卷2《太祖纪》）。上述使节来往，揭开了北魏与南朝交往的历史。《魏书》有《岛夷列传》，《宋书》有《索虏传》，《南齐书》有《魏虏传》，依据的多是使臣记录。南北朝时期，国土虽有划界，但随着战争与通使，百姓迁徙与僧侣游方，其南北间的文化、宗教交流从未停止。

② 唐许敬宗《文馆词林》卷665《后魏孝文帝迁都洛阳大赦诏》曰："皇始之初，冠裳遍陈，槐棘森列，制同曩则。未盈纪历，寻复颓替。业以戎马，化未文典，皇居既然，八荒奚式。岂三祖之匪德，宁二宗之弗叡？抑亦土气使之然，五方之俗不可革故也。遂使龙章阙于宇极，六典湮于司牒。有国百年，经纶仍缺。"按：道武帝曾一度大力推行汉化，而后代竟又恢复胡俗。可见，以华变夷之难。

③《魏书》卷108之四《礼志四》："太祖天兴元年冬，诏仪曹郎董谧撰朝觐、飨宴、郊庙、社稷之仪。六年，又诏有司制冠服，随品秩各有差，时事未暇，多失古礼。世祖经营四方，未能留意，仍世以武力为事，取于便习而已。至高祖太和中，始考旧典，以制冠服，百僚六宫，各有差次。早世升遐，犹未周洽。肃宗时，又诏侍中崔光、安丰王延明及在朝名学更议之，条章粗备焉。"

404年甲辰　北魏天兴七年、天赐元年，东晋元兴三年

冬十月辛巳，大赦，改元。筑西宫。——《魏书》卷2《太祖纪》

405年乙巳　北魏天赐二年，东晋义熙元年

春正月……秦王兴以鸠摩罗什为国师，奉之如神，亲帅群臣及沙门听罗什讲佛经，又命罗什翻译西域《经》《论》三百余卷①，大营塔寺，沙门坐禅者常以千数②。公卿以下皆奉佛，由是州郡化之，事佛者十室而九③。——《通鉴》卷114

① 鸠摩罗什（344～413年），即童寿，原籍天竺，生于龟兹国（今新疆库车）。初学小乘，后遍习大乘。前秦苻坚派大将吕光率军破龟兹，获罗什。东归，值坚败亡，光攻占姑臧（今甘肃武威），建立后凉政权。后秦弘始三年（401），姚兴派人迎罗什至长安，遂成就了中国历史上第一次佛教译经高潮，使印度龙树、提婆的大乘教义盛行于中土。

② 坐禅，指修习禅定，因多取跏趺坐式，故名。《高僧传》卷11《习禅》论曰："自遗教东移，禅道亦授。先是世高、法护译出《禅经》，僧先、昙猷等并依教修心，终成胜业。故能内逾喜乐，外折妖祥。摈鬼魅于重岩，睹神僧于绝石。及沙门智严躬履西域，请罽宾禅师佛驮跋陀更传业东土，玄高、玄绍等亦并亲受仪则。出入尽于数随，往返穷乎还净。其后僧周、净度、法期、慧明等亦雁行其次。"《续高僧传》卷21《习禅》论曰："自释教道东，心学唯鲜。逮于晋世，方闻睿公。故其序云：慧理虽少，足以开神达命。禅法未传，至于摄缘系想，寄心无地。时翻《大论》，有涉禅门，因以情求，广其行务。童寿弘其博施，乃为出《禅法要解》等经。自斯厥后，祖习逾繁。昙影、道融，厉精于淮北；智严、慧观，勤心（大正藏、频伽藏作"志"）于江东。山栖结众，则慧远标宗；独往孤征，则僧群显异。"按：禅法（不同于后世禅宗）兴自北方，佛驮跋陀与鸠摩罗什各行其道，然梁慧皎归宗北朝，唐道宣追踪江左。但是，修禅须静，山栖穴处，苦想岩壑，是西域禅法的传统。北朝石窟寺的兴盛，颇由于禅。

③《晋书》卷117《姚兴载记上》云："今之新经，皆罗什所译。兴既托意于佛道，公卿已下莫不钦附，沙门自远而至者五千余人。起浮图于永贵里，立波若台于中宫，沙门坐禅者恒有千数。州郡化之，事佛者十室而九矣。"

406年丙午 北魏天赐三年，东晋义熙二年

太祖欲广宫室，规度平城四方数十里，将模邺、洛、长安之制，运材数百万根。以题机巧，征令监之。召入，与论兴造之宜。题久侍颇怠，赐死。——《魏书》卷23《莫题传》

六月，发八部人[①]，自五百里内缮修都城，魏于是始有邑居之制度[②]。——《魏书》卷105之三《天象志三》

太祖天赐三年八月，霖雨，大震，山谷水溢。——《魏书》卷112上《灵征志上》

① 八部人，即“八部民”。参见附录：《北魏平城京畿行政区划的演变》。

② 《魏书》卷2《太祖纪》：“六月，发八部五百里内男丁筑灅南宫，门阙高十余丈；引沟穿池，广苑囿；规立外城，方二十里，分置市里，经涂洞达。三十日罢。”按：“灅南宫”，当为“平城宫”。

407年丁未 北魏天赐四年，东晋义熙三年

夏五月，北巡。自参合陂东过蟠羊山，大雨，暴水流辎重数百乘，杀百余人。……秋七月……筑北宫垣，三旬而罢，乃还宫。——《魏书》卷2《太祖纪》

408年戊申 北魏天赐五年，东晋义熙四年

世祖太武皇帝，讳焘，太宗明元皇帝之长子也，母曰杜贵嫔。天赐五年生于东宫。——《魏书》卷4《世祖纪上》

409年己酉 北魏天赐六年、明元帝拓跋嗣永兴元年，东晋义熙五年

太祖天赐六年四月，震天安殿东序。帝恶之，令左校以冲车攻殿东西两序屋，毁之。——《魏书》卷112上《灵征志上》

天赐六年冬十月，清河王绍作逆，太祖崩。帝入诛绍。壬申，即皇帝位，大赦，改年为永兴元年。……十有二月……己亥，帝始居西宫，御天文殿。——《魏书》卷3《太宗纪》

410年庚戌 北魏永兴二年，东晋义熙六年

太宗践位，遵太祖之业，亦好黄老，又崇佛法，京邑四方，建立图像[①]，仍令

沙门敷导民俗[②]。——《魏书》卷 114《释老志》

① 陈垣《记大同武州山石窟寺》指出："《魏书·释老志》，天兴元年下诏敕有司于京城始作五级佛图。太宗践位，始于京邑四方，建立图象。曰京城五级佛图，则郊西石窟寺，必非建于太祖之世也。曰京邑四方建立图象，则谓郊西石窟寺建于太宗神瑞之世，亦非绝无影响。然未有确切不疑之据。"

②《太平广记》卷 110《刘度》引《冥祥记》："刘度，平原聊城人也。乡里千余家，并奉大法，造立形像，供养僧尼。值虏主木末时，此县常有逋逃。末大怒，欲尽灭一城。众皆凶惧，分必殄尽。度乃洁诚，率众归命观世音。顷之，末见物从空下，绕其屋柱。惊视，乃《观世音经》。末大欢喜，因省刑戮。于是此城即得免害。"按：木末，即明元帝。此事亦载于《法苑珠林》卷 17《观音验》。沙门敷导民俗，无非劝善惩恶，以天国地狱相诱胁，在僧以达到建寺树塔、立像写经、广求供养等目的，在国达到转移人民视线、消弭阶级矛盾、培养温顺良民的目的。

411 年辛亥　北魏永兴三年，东晋义熙七年

太宗永兴三年二月甲午，京师大风。——《魏书》卷 112 上《灵征志上》

太宗永兴三年三月，帝祷于武周[①]、车轮二山[②]。初，清河王绍有宠于太祖，性凶悍，帝每以义责之，弗从。帝惧其变，乃于山上祈福于天地神祇。及即位，坛兆，后因以为常祀，岁一祭，牲用牛，帝皆亲之，无常日。——《魏书》卷 108 之一《礼志一》

十一月丙午，又大风。——《魏书》卷 112 上《灵征志上》

① 武周，亦作"武州"，古文"周""州"通用。《史记·韩长孺列传》"入武州塞"《索隐》引崔浩语："今平城直西百里有武州城。"即今左云县。武周山，即今大同西山云冈石窟所在。《太平寰宇记》卷 51《朔州》："武周山，《冀州图》云：武周山在郡西北，东西数百里，南北五十里。山之南面，千仞壁立。"按：北魏在武州山开窟建寺，奉为神山灵岩，与明元帝这段故事不无关系。

② 车轮山，今地不明。《魏书》卷 106 上《地形志上》记肆州秀容郡敷城县有"车轮泉神"，则地在今山西忻州境。《魏书》卷 5《高宗纪》：太安四年"冬十月甲戌，北巡。至阴山，有故冢毁废，诏曰：'昔姬文葬枯骨，天下归仁。自今有穿毁坟陇者斩之。'……辛卯，车驾次于车轮山，累石记行"。则地在今内蒙古。

412 年壬子　北魏永兴四年，东晋义熙八年

四年正月癸卯，元会而大风晦冥，乃罢。——《魏书》卷 112 上《灵征志上》

四年春二月癸未，登虎圈射虎。……八月庚戌，车驾还宫。壬子，幸西宫，临板殿，大飨群臣将吏，以田猎所获赐之，命民大酺三日。——《魏书》卷 3《太宗纪》

立太祖庙于白登山。岁一祭，具太牢，帝亲之，亦无常月。兼祀皇天上帝，以山神配，旱则祷之，多有效。——《魏书》卷 108 之一《礼志一》

413年癸丑　北魏永兴五年，东晋义熙九年

二月……癸丑，穿鱼池于北苑。——《魏书》卷3《太宗纪》

五年十一月庚寅，京师大风，起自西方。——《魏书》卷112上《灵征志上》

鸠摩罗什，此云童寿，天竺人也，家世国相。……父鸠摩［罗］炎，聪明有懿节，将嗣相位，乃辞避出家，东度葱岭。龟兹王闻其弃荣，甚敬慕之，自出郊迎，请为国师。王有妹，年始二十……乃逼以妻焉。……什母乐欲出家……什年七岁，亦俱出家，从师受经，日诵千偈，偈有三十二字，凡三万二千言。……什年九岁，随母渡辛头河，至罽宾，遇名德法师盘头达多……至年十二，其母携还龟兹，诸国皆聘以重爵，什并不顾。……什进到沙勒国，顶戴佛钵[①]……时有……苏摩才伎绝伦，专以大乘为化，其兄及诸学者皆共师焉，什亦宗而奉之……方知理有所归，遂专务《方等》。……于是声满葱左，誉宣河外。龟兹王躬往温宿[②]，迎什还国，广说诸经，四远宗仰，莫之能抗。……至年二十，受戒于王宫，从卑摩罗叉学……广诵大乘经论，洞其秘奥。龟兹王为造金师子座，以大秦锦褥铺之，令什升而说法。……大师盘头达多不远而至。……谓什曰："汝于大乘见何异相，而欲尚之？"什曰："大乘深净，明'有法皆空'；小乘偏局，多诸漏失。"……于是礼什为师，言"和上是我大乘师，我是和上小乘师"矣。西域诸国咸伏什神俊，每年讲说[③]，诸王皆长跪座侧，令什践而登焉。其见重如此。

什既道流西域，名被东川。时苻坚僭号关中……建元……十八年九月，坚遣骁骑将军吕光、陵江将军姜飞，将前部王及车师王等，率兵七万，西伐龟兹及乌耆诸国[④]。临发，坚饯光于建章宫，谓光曰："……朕闻西国有鸠摩罗什，深解法相，善闲阴阳。为后学之宗，朕甚思之。贤哲者，国之大宝，若克龟兹，即驰驿送什。"……光既获什，未测其智量，见年齿尚少，乃凡人戏之，强妻以龟兹王女。……至凉州，闻苻坚已为姚苌所害，光三军缟素，大临城南，于是窃号关外，称年太安。……什停凉积年，吕光父子既不弘道，故蕴其深解，无所宣化。……及姚苌僭有关中，亦挹其高名，虚心要请，诸吕以什智计多解，恐为姚谋，不许东入。及苌卒，子兴袭位，复遣敦请。兴弘始三年[⑤]……五月，兴遣陇西公硕德西伐吕隆，隆军大破。至九月，隆上表归降，方得迎什入关，以其年十二月二十日至于长安。兴待以国师之礼，甚见优宠。……

自大法东被，始于汉明，涉历魏晋，经论渐多，而支、竺所出，多滞文格义。兴少（达）崇三宝，锐志讲集。什既至止，仍请入西明阁及逍遥园，译出众经。什既率多谙诵，无不究尽，转能汉言，音译流便。既览旧经，义多纰（僻）［缪］，皆由先度失旨，不与梵本相应。于是兴使沙门僧䂮、僧迁、法钦、道流、道恒、道标、僧叡、僧肇等八百余人，谘受什旨，更令出《大品》。什持梵本，兴执旧经，以相雠校。其新文异旧者，义皆圆通。众心惬伏，莫不欣赞。……大将军常山公显、左军将军安城侯嵩，并笃信缘业，屡请什于长安大寺讲说新经，续出《小品》《金刚波若》《十住》《法华》《维摩》《思益》《首楞严》《持世》《佛藏》《菩萨藏》《遗教》《菩提无行》《呵欲》《自在王》《因缘观》《小无量寿》《新贤劫》《禅经》《禅法要》《禅要解》《弥勒成佛》《弥勒下生》《十诵律》《十诵戒本》《菩萨戒本》《释论》《成实》《十住》《中》《百》《十二门论》，凡三百余卷[⑥]。并畅显神源，挥发幽致。于时四方义士，万里必集，盛业久大，于今咸仰[⑦]。……唯为姚兴著《实相论》二卷，并注《维摩》[⑧]。……以伪秦弘始十一年八月二十日，卒于长安[⑨]。——《高僧传》卷2《晋长安鸠摩罗什》[⑩]

① 范祥雍《洛阳伽蓝记校注》卷5《城北》列有两说：一是法国沙婉与中国张星烺考订："沙勒"即"疏勒"，今新疆喀什。二是丁谦《宋云求经记地理考证》："沙勒，汉时为莎车、疏勒二国，因疏勒王兼并莎车，移都其地，遂合二国为名，即《西域记》之佉沙国也；今为叶尔羌城，近改设莎车府。"然罗什于沙勒国顶戴佛钵，而《法显传》记弗楼沙国"佛钵即在此国"，莫非有两个佛钵？

② 温宿，西域国，在今新疆阿克苏市西的乌什县。

③ 年，诸书作"至"。

④ 乌耆，盖焉耆。《晋书》卷97《四夷传》："焉耆国西去洛阳八千二百里，其地南至尉犁，北与乌孙接，方四百里。四面有大山，道险隘，百人守之，千人不过。其俗丈夫翦发，妇人衣襦，著大袴。婚姻同华夏。好货利，任奸诡。王有侍卫数十人，皆倨慢无尊卑之礼。"按：襦，短衣、短袄；袴，裤。史载吕光伐西域，当时降者三十余国。《洛阳伽蓝记》卷5《城北》记北魏末敦煌宋云与沙门惠生："从鄯善西行一千六百四十里，至左末城。城中居民可有百家，土地无雨，决水种麦，不知用牛，耒耜而田。城中（国）［图］佛与菩萨，乃无胡貌。访古老，云是吕光伐胡所作。"由此可知，佛入中土，在新疆部分地区，已改从汉人形象。

⑤ 鸠摩罗什到达长安的时间，《隋书》卷35《经籍志四》云："弘始二年，罗什至长安。"

⑥ 汤用彤《汉魏两晋南北朝佛教史》讲，什公之学有四：一曰，最重《般若》三论（或四论）之学。什公所阐弘，于经有《法华》，于律有《十诵》，于论有《成实》，于修持有《菩萨禅》，四者均发生多少之影响。而《成实论》之势力，在南朝且凌驾《般若》三论之上。二曰，什公深斥小乘一切有之说。所谓小乘，亦指有部也。三曰，于识神性空之义，大为阐明。魏晋之世，义学僧人，谈《般

若》者，莫不多言色空。及至罗什，而无我之说乃大明。四曰，罗什之学，主毕竟空。小乘观法生灭为无常义，大乘以不生不灭为常义。毕竟空，为大乘无常之妙旨也。

⑦《魏书》卷114《释老志》："是时，鸠摩罗什为姚兴所敬，于长安草堂寺集义学八百人，重译经本。罗什聪辩有渊思，达东西方言。时沙门道彤、僧略、道恒、道檦、僧肇、昙影等，与罗什共相提挈，发明幽致。诸深大经论十有余部，更定章句，辞义通明，至今沙门共所祖习。"

⑧《魏书》卷114《释老志》："罗什之撰译，僧肇常执笔，定诸辞义，注《维摩经》，又著数论，皆有妙旨，学者宗之。"

⑨ 什公卒年，慧皎在本传末讲，当时已有数种说法。按《广弘明集》卷23僧肇《鸠摩罗什法师诔序》："癸丑之年，年七十，四月十三日薨于大寺。"癸丑为弘始十五年（413）。故系是年。

⑩ 罗什在长安，曾与来自斯里兰卡的婆罗门发生教争。《高僧传》卷6《晋彭城郡释道融》："释道融，汲郡林虑人。……闻罗什在关，故往谘禀。什见而奇之……乃叹曰：'佛法之兴，融其人也。'俄而，师子国有一婆罗门，聪辩多学，西土俗书，罕不披诵，为彼国外道之宗。闻什在关大行佛法，乃谓其徒曰：'宁可使释氏之风独传震旦，而吾等正化不洽东国？'遂乘驼负书来入长安，姚兴见其口眼便僻，颇亦惑之。婆罗门乃启兴曰：'至道无方，各尊其事，今请与秦僧捔其辩力，随有优者，即传其化。'兴即许焉。时关中僧众，相视缺然，莫敢当者。什谓融曰：'此外道聪明殊人，捔言必胜，使无上大道，在吾徒而屈，良可悲矣。若使外道得志，则法轮摧轴，岂可然乎。如吾所睹，在君一人。'融自顾才力不减，而外道经书未尽披读，乃密令人写婆罗门所读经目，一披即诵。后克日论义，姚兴自出，公卿皆会阙下，关中僧众四远必集。融与婆罗门拟相詶抗，锋辩飞玄，彼所不及。婆罗门自知辞理已屈，犹以广读为夸，融乃列其所读书，并秦地经史名目卷部，三倍多之。什因嘲之曰：'君不闻大秦广学，那忽轻尔远来。'婆罗门心愧悔伏，顶礼融足，数日之中，无何而去。像运再兴，融有力也。融后还彭城，常讲说相续，问道至者千有余人，依随门徒数盈三百。……后卒于彭城，春秋七十四矣。所著《法华》《大品》《金光明》《十地》《维摩》等《义疏》，并行于世矣。"

414年甲寅　北魏神瑞元年，东晋义熙十年

二月……乙卯，起丰宫于平城东北。——《魏书》卷3《太宗纪》

神瑞元年二月，填入东井，犯天尊，旱祥也。……是后，京师比岁霜旱，五谷不登，诏人就食山东，以粟帛赈乏，语在《崔浩传》。……是岁四月癸丑，流星昼见中天，西行。——《魏书》卷105之三《天象志三》

神瑞元年四月，京师大风。——《魏书》卷112上《灵征志上》

元氏之先，北代云中虏也，世为豪杰[①]。……本姓托跋，鲜卑胡人也。西晋之乱，有托跋庐，出居晋楼烦地，晋即封为代王[②]。于后，部落分散，经六十余年，至庐孙拾翼鞬。或言涉珪，魏史云即道武皇帝，魏之太祖也。改号神瑞元年，当晋

孝武太元元年也。出据朔州东三百里筑城立邑，号为恒安之都[③]，为苻秦护军[④]。坚败后，乃即真号[⑤]。生知信佛，兴建大寺。恒安郊西大谷石壁，皆凿为窟，高余十丈，东西三十里，栉比相连，其数众矣[⑥]。谷东石碑见在，纪其功绩，不可以算也。其碑略云：自魏国所统赀赋，并成石龛。故其规度宏远，所以神功逾久而不朽也[⑦]。——《大唐内典录》卷 4《后魏元氏翻传佛经录》[⑧]

① 《宋书》卷 95《索虏传》：“索头虏姓讬跋氏……晋初，索头种有部落数万家在云中。”《南齐书》卷 57《魏虏传》云：“魏虏，匈奴种也，姓托跋氏。……亦谓鲜卑。披发左衽，故呼为索头。”

② 托跋庐，即拓跋猗卢。西晋永嘉四年（310），晋怀帝封猗卢为代公，率部落由云中、盛乐南下，占据陉北的大同盆地。晋愍帝建兴三年（315），进封为代王。

③ 拾翼鞬，即昭成帝什翼犍；涉珪，即拓跋珪。陈垣《记大同武州山石窟寺》指出：“神瑞元年（414）当晋安帝之义熙十年，非晋孝武太元元年（376）。其间相去，几四十年。改号神瑞者，是魏太宗，非魏太祖也。其间相去，亦三十年。《大唐内典录》皆误。魏太祖天兴元年（398）始自云中徙都平城，即今大同县，所谓恒安之都也。”

④ 东晋太元元年（376），前秦苻坚派兵灭代，什翼犍及子窟咄、孙涉珪等被徙长安。太元五年（380），苻坚命“大鸿胪韩胤领护赤沙中郎将，移乌丸府于代郡之平城”（《晋书》卷 113《苻坚载记上》）。乌丸（桓）府，即汉晋护乌桓校尉幕府，故而言“为苻秦护军”。

⑤ 太元十一年（386），在后燕慕容垂的支持下，拓跋珪复国。太元二十一年（396），拓跋珪改元皇始，东下太行，征伐后燕。东晋安帝隆安二年（398），拓跋珪建立北魏王朝，改元天兴，定都平城。一个半世纪后，北齐在平城设立恒安镇。隋为云内县恒安镇。唐人袭用旧称，曰“恒安都”。

⑥ 陈垣《记大同武州山石窟寺》云：“《魏书·释老志》，天兴元年下诏敕有司于京城始作五级佛图。太宗践位，始于京邑四方，建立图象。曰京城五级佛图，则郊西石窟寺，必非建于太祖之世也。曰京邑四方建立图象，则谓郊西石窟寺建于太宗神瑞之世，亦非绝无影响。然未有确切不疑之据。《释老志》明谓文成复法以后昙曜白帝所凿。魏收北齐人，《魏书·释老志》著于北齐天保元年（550），去后魏之世至近，去昙曜开山之岁，亦不过百年，其言至为可据。”

⑦ 陈垣《记大同武州山石窟寺》：“《大唐内典录》撰于麟德元年，当西历之六百六十四年，云‘谷东石碑见在’，此碑当即释道宣撰《续高僧传》时所见之碑。碑称魏国，并言神功久而不朽，则疑非魏碑，或齐隋以后之碑也。惜乎今不可得见矣。”按：援庵先生怀疑道宣所言碑刻非魏碑，是今人读史的一种理解。但也可有另一种认识，即“自魏国所统赀赋，并成石龛”句，属道宣对碑文的简述；“故其规度宏远，所以神功逾久而不朽也”句，是道宣的感叹。道宣明确说是魏碑，应该不妄。

⑧ 《后魏元氏翻传佛经录》，简称《元氏录》。如上所注，《元氏录》中记载拓跋世系及史实，错谬颇多，但认定云冈石窟开凿于神瑞元年，且为碑石所记。此说后为曹衍《金碑》所传承，以至明清方志悉云“始于神瑞，终乎正光”五年，开凿历时 111 年。

415 年乙卯　北魏神瑞二年，东晋义熙十一年

二年正月，京师大风。——《魏书》卷 112 上《灵征志上》

二月……甲辰，立太祖庙于白登之西[①]。……九月……京师民饥[②]，听出山东就食[③]。——《魏书》卷3《太宗纪》

沙门法显，慨律藏不具，自长安游天竺。历三十余国，随有经律之处，学其书语，译而写之。十年，乃于南海师子国，随商人泛舟东下。昼夜昏迷，将二百日。乃至青州长广郡不其劳山[④]，南下乃出海焉。是岁，神瑞二年也[⑤]。法显所径诸国，传记之[⑥]，今行于世。其所得律，通译未能尽正。至江南，更与天竺禅师跋陀罗辩定之，谓之《僧祇律》[⑦]，大备于前，为今沙门所持受。先是，有沙门法领，从扬州入西域，得《华严经》本[⑧]。定律后数年，跋陀罗共沙门法业重加译撰[⑨]，宣行于时。——《魏书》卷114《释老志》

泗水西有龙华寺[⑩]，是沙门释法显远出西域，浮海东还，持龙华图，首创此制。法流中夏，自法显始也。其所持天竺二石，仍在南陆东基堪中，其石尚光洁可爱。——《水经注》卷25《泗水》

① 《魏书》卷108《礼志一》："于白登西，太祖旧游之处，立昭成、献明、太祖庙。"

② 《通鉴》卷117："魏比岁霜旱，云、代之民多饥死。"

③ 《魏书》卷35《崔浩传》："神瑞二年，秋谷不登，太史令王亮、苏垣因华阴公主等言，谶书国家当治邺，应大乐五十年，劝太宗迁都。浩与特进周澹言于太宗曰：'今国家迁都于邺，可救今年之饥，非长久之策也，东州之人，常谓国家居广漠之地，民畜无算，号称牛毛之众。今留守旧都，分家南徙，恐不满诸州之地。参居郡县，处榛林之间，不便水土，疾疫死伤，情见事露，则百姓意沮。四方闻之，有轻侮之意。屈丐、蠕蠕必提挈而来，云中、平城则有危殆之虑。阻隔恒代千里之险，虽欲救援，赴之甚难。如此则声实俱损矣。今居北方，假令山东有变，轻骑南出，耀威桑梓之中，谁知多少？百姓见之，望尘震服。此是国家威制诸夏之长策也。至春草生，奶酪将出，兼有菜果，足接来秋。若得中熟，事则济矣。'太宗深然之……于是分民诣山东三州食，出仓谷以禀之。来年遂大熟。"

④ 不其，县名；劳山，今青岛崂山。

⑤ 一般认为，法显搭乘商船归至山东青岛崂山，在义熙八年（412），即永兴四年。

⑥ 即《法显传》，亦名《佛国记》。法显于公元399年从长安出发，经凉州入西域。后404年，又有智猛等西行。《高僧传》卷3《宋京兆释智猛》："历鄯鄯、龟兹、于阗诸国，备瞩风化。从于阗西南行二千里，始登葱岭。……度雪山，渡辛头河，至罽宾国。……复西南行千三百里，至迦惟罗卫国，见佛发、佛牙及肉髻骨、佛影迹，炳然具存。又睹泥洹坚固之林、降魔菩提之树。……后至华氏国阿育王旧都，有大智婆罗门，名罗阅家，举族弘法，王所钦重，造纯银塔高三丈。既见猛至，乃问，'秦地有大乘学不？'猛答：'悉大乘学。'罗阅惊叹曰：'希有，希有！将非菩萨往化耶？'猛于其家得《大泥洹》梵本一部，又得《僧祇律》一部，及余经梵本，誓愿流通，于是便反。……于凉州出《泥洹》本，得二十卷。以元嘉十四年入蜀，十六年七月造传，记所游历。"银塔，《出三藏记集》卷8《二十卷泥洹经记》："纵广八尺，高三丈，四龛，银像高三尺余。"

⑦ 《僧祇律》，全称《摩诃僧祇律》，五部律之一，大众部之律藏也。《出三藏记集》卷3《新集律来汉地四部记录》云："中夏闻法，亦先经而后律。律藏稍广，始自晋末。"萨婆多部《十诵律》、昙无德《四分律》，分别由鸠摩罗什、佛陀耶舍于长安译出；法显携归的《婆粗富罗律》(《僧祇律》)、《弥沙塞律》(《五分律》)，分别由觉贤、佛驮什在建康译出。

⑧ 支法领，慧远弟子，于于阗得《华严经》。《华严经》，全称《大方广佛华严经》，又称《杂华经》。该经提出了一些相对立的范畴（如"总""别""同""异""成""坏"等所谓"六相"），来说明世界事物的相互依存、相互制约的关系。

⑨ 梁释慧皎《高僧传》卷2《晋京师道场寺佛驮跋陀罗》："佛驮跋陀罗，此云觉贤……先是，沙门支法领于于阗得《华严经》胡本三万六千偈，未有宣译。至义熙十四年，吴郡内史孟顗、右卫将军褚叔度，即请贤为译匠。乃手执梵本，共沙门法业、慧严等百有余人，于道场译出。诠定文旨，会通华戎，妙得经意，故道场寺犹有华严堂焉。又沙门法显于西域所得《僧祇律》梵本，复请贤译为晋文，语在显传。"

⑩ 此龙华寺，郦道元记在彭城（今徐州）东北。清俞樾《茶香室丛钞》卷13《中国第一佛寺》云："据此，则今中国佛寺形制，皆法西域龙华图。此龙华寺，实中国第一佛寺矣。"按：准确说，应是中国第一座全西式的佛寺。

416年丙辰 北魏神瑞三年、泰常元年，东晋义熙十二年

释慧远，本姓贾氏，雁门娄烦人也[①]。……随舅令狐氏游学许、洛。故少为诸生，博综六经，尤善《庄》《老》。……沙门释道安立寺于太行恒山，弘赞像法，声甚著闻，远遂往归之。……后随安公南游樊、(河)[沔]。伪秦建元九年，秦将苻丕寇斥襄阳，道安为朱序所拘，不能得去，乃分张徒众，各随所之。……远于是与弟子数十人，南适荆州，住上明寺。后欲往罗浮山，及届浔阳，见庐峰清静，足以息心，始住龙泉精舍。……号精舍为龙泉寺焉。……刺史桓伊……为远复于山东更立房殿，即东林是也。远创造精舍，洞尽山美，却负香炉之峰，傍带瀑布之壑，仍石垒基，即松栽构，清泉环阶，白云满室。复于寺内别置禅林，森树烟凝，石(筵)[径]苔合。凡在瞻履，皆神清而气肃焉。远闻天竺有佛影，是佛昔化毒龙所留之影[②]，在北天竺月氏国那竭呵城南古仙人石室中……会有西域道士叙其光相，远乃背山临流，营筑龛室，妙算画工，淡彩图写，色(疑)[凝]积空，望似烟雾，晖相炳焕，若隐而显。……又昔浔阳陶侃经镇广州，有……阿育王像，即接归，以送武昌寒溪寺。……及远创寺既成，祈心奉请……率众行道，昏晓不绝，释迦余化，于斯复兴。既而，谨律息心之士，绝尘清信之宾，并不期而至，望风遥集。……远乃于精舍无量寿像前，建斋立誓，共期西方[③]。乃令刘遗民著其文曰："维岁在摄提(格)[秋]七月戊辰朔，

二十八日乙未，法师释慧远，贞感幽奥，宿怀特发。乃延命同志息心贞信之士，百有二十三人，集于庐山之阴，般若台精舍阿弥陀像前，率以香华敬荐而誓焉。……”……司徒王谧、护军王默等，并钦慕风德，遥致师敬。……

初，经流江东，多有未备，禅法无闻，律藏残阙。远慨其道缺，乃令弟子法净、法领等，远寻众经。逾越沙雪，旷岁方反，皆获梵本，得以传译。昔安法师在关，请昙摩难提出《阿毗昙心》[④]，其人未善晋言，颇多疑滞。后有罽宾沙门僧伽提婆，博识众典，以晋太元十六年，来至浔阳。远请重译《阿毗昙心》及《三法度论》，于是二学乃兴。……闻罗什入关，即遣书通好。……葱外妙典，关中胜说，所以来［集］兹土者，远之力也[⑤]。……先是，中土未有泥洹常住之说，但言寿命长远而已。远乃叹曰：“佛是至极，至极则无变，无变之理，岂有穷耶。”因著《法性论》曰：“至极以不变为性，得性以体极为宗。”罗什见论而叹……秦主姚兴钦德风名……赠以龟兹国细缕杂变像，以申款心；又令姚嵩献其珠像。……

后桓玄……欲沙汰众僧……唯庐山道德所居，不在搜简之例。……昔成帝幼冲，庾冰辅正，以为沙门应敬王者……及玄在姑熟，欲令尽敬。……远乃著《沙门不敬王者论》。……自是沙门得全方外之迹矣。……远内通佛理，外善群书，夫预学徒，莫不依拟。……自远卜居庐阜三十余年，影不出山，迹不入俗。每送客游履，常以虎溪为界焉。以晋义熙十二年八月初动散，至六日困笃……春秋八十三矣[⑥]。……浔阳太守阮保，于山西岭凿圹开隧，谢灵运为造碑文，铭其遗德，南阳宗炳又立碑寺门。初，远善属文章，辞气清雅，席上谈吐，精义简要，加以容仪端整，风采洒落，故图像于寺，遐迩式瞻。——《高僧传》卷6《晋庐山释慧远》

十一月甲戌，车驾还宫，筑蓬台于北苑。——《魏书》卷3《太宗纪》

① 慧远，后世净土宗僧人推为初祖。娄烦，即楼烦，在今山西原平东北。

② 《隋书》卷35《经籍志四》：“初，天竺中多诸外道，并事水火毒龙，而善诸变幻。释迦之苦行也，是诸邪道，并来嬲恼，以乱其心，而不能得。及佛道成，尽皆摧伏，并为弟子。……释迦在世，教化四十九年，乃至天龙人鬼并来听法，弟子得道，以百千万亿数。”

③ 阿弥陀佛，意译无量寿佛、无量光佛、甘露王佛，为西方极乐世界现在佛。观世音、大势至二菩萨（亦称接引佛）是其辅弼，接引众生往生西方净土。汤用彤《汉魏两晋南北朝佛教史》讲：远公既持精灵不灭之说，又深怵生死报应之威，故发弘愿，期生净土。唐宋以后，讹传远公与十八贤立白莲社。

④ 汤用彤《汉魏两晋南北朝佛教史》讲：《毗昙》（《阿毗昙》，新译《阿毗达磨》），本指对法藏，而中国六朝时特举一切有部之学而言。道安在关中，集罽宾沙门大出一切有部经律论。僧伽提婆再

译《阿毗昙心》，遂与觉贤（佛驮跋陀罗）之禅法，罗什之三论，成为东晋佛学之大业。三者广传南方，俱由远公之毅力。

⑤ 汤用彤《汉魏两晋南北朝佛教史》讲：觉贤在长安，遭什公门下擯斥，慧远邀往江南，请出禅经，建业禅法盖其流泽。后关中大乱，徒众四散，竺道生辈先后南下，传罗什所译于江东。《成实》《十诵》《三论》《法华》等经，借大行南服。实远公坐镇江上，精进护法所致也。

⑥ 《广弘明集》卷23谢灵运《远法师诔》，谓卒于义熙十三年（417），年八十四。

417年丁巳 北魏泰常二年，东晋义熙十三年

秋七月，作白台于城南，高二十丈。……冬十有二月……庚申，田于西山。癸亥，车驾还宫。——《魏书》卷3《太宗纪》

十三年，高祖西伐长安①，嗣先娶姚兴女，乃遣十万骑屯结河北以救之，大为高祖所破，事在朱超石等传。于是遣使求和，自是使命岁通②。——《宋书》卷95《索虏传》

① 高祖，即宋武帝刘裕。此年四月，宋军破黄河北岸的魏军。八月，破后秦军，后秦主姚泓出长安降，国亡。十二月，刘裕东归，留子义真镇长安。

② 自此南北使节往来频繁。

418年戊午 北魏泰常三年，东晋义熙十四年

夏四月己巳，徙冀、定、幽三州徒何于京师。五月……壬子，车驾东巡，至于濡源及甘松。遣征东将军长孙道生、给事黄门侍郎奚观率精骑二万袭冯跋……道生至龙城①，徙其民万余家而还。……冬十月戊辰，筑宫于西苑。——《魏书》卷3《太宗纪》②

① 龙城，又名和龙城、黄龙城、龙都，故址在今辽宁朝阳。前燕慕容皝筑城建都，后燕慕容宝复都。409年冯跋在此建立北燕，436年被北魏攻取，置镇，后置营州。

② 是年，赫连勃勃夏军破长安，关中名僧四散矣。

419年己未 北魏泰常四年，东晋恭帝司马德文元熙元年

太宗泰常四年二月甲子，司州地震，屋室尽摇动。——《魏书》卷112上《灵征志上》

三月癸丑，筑宫于蓬台北。……九月，筑宫于白登山。——《魏书》卷3《太宗纪》

420 年庚申　北魏泰常五年，宋武帝刘裕永初元年

夏四月……丙寅，起灅南宫。——《魏书》卷 3《太宗纪》

太宗泰常五年十二月壬辰，涌泉出于平城。——《魏书》卷 112 上《灵征志上》

【发愿文】李翟平用铜四斤。泰常五年五月五日，佛弟子刘惠造弥勒佛像。——刘建华《北魏泰常五年弥勒铜佛像及相关问题的探讨》[①]

释玄高，姓魏，本名灵育，冯翊万年人也。……年十二，辞亲入山，久之未许。异日，有一书生寓高家宿，云欲入中常山隐[②]，父母即以高凭之。……高初到山，便欲出家，山僧未许，云："父母不听，法不得度。"高于是暂还家，启求入道。经涉两旬，方卒先志。既背俗乖世，改名玄高。聪敏生知，学不加思。至年十五，已为山僧说法。受戒已后，专精禅律。闻关中有浮驮跋陀禅师在石羊寺弘法[③]，高往师之。旬日之中，妙通禅法。跋陀叹曰："善哉佛子，乃能深悟如此。"于是卑颜推逊，不受师礼。高乃杖策西秦，隐居麦积山[④]。山学百余人，崇其义训，禀其禅道。时有长安沙门释昙弘，秦地高僧，隐在此山，与高相会，以同业友善。时乞佛炽槃跨有陇西，西接凉土。有外国禅师昙无毗，来入其国，领徒立众，训以禅道。然三昧正受，既深且妙，陇右之僧禀承盖寡。高乃欲以己率众，即从毗受法。旬日之中，毗乃反启其志。时河南有二僧，虽形为沙门，而权侔伪相。恣情乖律，颇忌学僧。昙无毗既西返舍夷，二僧乃向河南王世子曼谗构玄高[⑤]，云蓄聚徒众，将为国灾。曼信谗便欲加害，其父不许，乃摈高往河北林阳堂山。山古老相传，云是群仙所宅[⑥]。高徒众三百，往居山舍。神情自若，禅慧弥新。忠诚冥感，多有灵异。磬既不击而鸣，香亦自然有气。应真仙士，往往来游。猛兽驯伏，蝗毒除害。高学徒之中，游刃六门者[⑦]，百有余人。有玄绍者[⑧]，秦州陇西人。学究诸禅，神力自在。手指出水，供高洗漱，其水香净，倍异于常。每得非世华香，以献三宝。灵异如绍者，又十一人。绍后入堂术山蝉蜕而逝[⑨]。昔长安昙弘法师，迁流岷蜀，道洽成都。河南王藉其高名，遣使迎接。弘既闻高被摈，誓欲申其清白，乃不顾栈道之难，冒险从命。既达河南，宾主仪毕，便谓王曰："既深鉴远识，何以信谗弃贤？贫道所以不远数千里，正欲献此一白。"王及太子赧然愧悔，即遣使诣高，卑辞逊谢，请高还邑。高既广济为怀，忘忿赴命。始欲出山，山中草木摧折[⑩]，崩石塞路。高咒愿曰："吾誓志弘道，

岂得滞方。”乃风息路开，渐还到国。王及臣民，近道候迎。内外敬奉，崇为国师。河南化毕，进游凉土。——《高僧传》卷11《宋伪魏平城释玄高》

① 此文载于文物出版社2002年版《宿白先生八秩华诞纪念文集》。该佛像，通高10.8厘米，1975年河北隆化县乡民山中取石时，在岩缝中发现，现存县博物馆。铭记在圆背光的背面。

② 中常山，汤用彤疑为“中南山”之误，中南即终南，在万年县南。

③ 浮驮跋陀，即佛驮跋陀罗，又作佛陀跋多罗，汉名觉贤，北天竺人，受教之师为小乘禅业正宗。先在罽宾，约于后秦弘始十二年（410）至长安，与鸠摩罗什讲论佛理。《高僧传》卷2《晋京师道场寺佛驮跋陀罗》：“贤在长安，大弘禅业，四方乐靖者，并闻风而至。”后受秦僧排斥，南投庐山慧远。遂往东晋建康（今南京），418年译出《华严经》。又译《僧祇律》。“其先后所出《观佛三昧海》六卷、《泥洹》及《修行方便论》等，凡一十五部，一百十有七卷。（为）[并]究其幽旨，妙尽文意。”按汤用彤《汉魏两晋南北朝佛教史》讲：“佛陀跋多罗在弘始十三年已离长安南下，其时玄高只十岁。而佛陀跋多罗亦未闻住石羊寺，则此所谓浮驮跋陀者，不悉指何人。若系觉贤，则《高僧传》谓高弘始四年生，必有误也。”

④ 西秦国，陇西鲜卑乞伏国仁建。乞伏炽磐称河南王，据陇右十六年（412 ~ 428）而卒。麦积山，又名麦积崖，在今天水市东南45公里处。北周庾信《麦积崖佛龛铭序》曰：“麦积崖者，乃陇坻之名山，河西之灵岳。高峰寻云，深谷无量；方之鹫岛，迹遁三禅。”麦积山，为砖红色砂砾岩。崖壁，南宋石铭云：“麦积山胜迹，始于姚秦，成于元魏。”《方舆胜览》载：“后秦姚兴凿山而修，千龛万像，转为崖阁。”按：麦积山石窟，大约始建于后秦姚兴弘始年间（399 ~ 416），西秦时昙弘、玄高之徒坐禅灵崖，当继有兴造。2003年冬，我从敦煌，顺河西走廊遍览各处石窟，在麦积山观其两秦、北魏诸窟，泥塑、壁画、石雕，较之云冈石窟，似曾相识。

⑤ 曼，即乞伏暮末，乞伏炽磐子。

⑥《水经注》卷2《河水二》:“河北有层山，山甚灵秀。山峰之上，立石数百丈，亭亭桀竖，竞势争高。……其下层岩峭举，壁岸无阶，悬岩之中多石室焉。室中若有积卷矣，而世士罕有津逮者，因谓之积书岩。岩堂之内，每时见神人往还矣。盖鸿衣羽裳之士，练精饵食之夫耳。俗人不悟其仙者，乃谓之神鬼，彼羌目鬼曰唐述，复因名之为唐述山；指其堂密之居，谓之唐述窟。其怀道宗玄之士，皮冠净发之徒，亦往栖托焉。故《秦州记》曰：河峡崖傍有二窟，一曰唐述窟，高四十丈；西二里，有时亮窟，高百丈，广二十丈，深三十丈，藏古书五笥。”按：郦道元谓“怀道宗玄之士，皮冠净发之徒”，同于卷6《涑水》“缁服思玄之士，鹿裘念一之夫”，俱指修行的沙门。从中可窥当时僧人的装束、形象。

⑦ 六门，即“六妙门”禅修法，亦即“安般守意”。其修习分数、随、止、观、还、净六个步骤，故曰六门。一数，谓专注于呼吸，一呼一吸一数，数一至十，以摄乱心。二随，谓数息纯熟，舍数而随息。三止，谓息心静虑，进入定境。四观，谓于定中修观，或以观对治昏沉沉没。五还，谓观中若起散乱，还复修数、随、止以对治。六净，谓于止观双运中入定。

⑧ 玄绍，《高僧传》卷11论曰：“及沙门智严躬履西域，请罽宾禅师佛驮跋陀更传业东土，玄高、玄绍等亦并亲受仪则。”玄绍，亦作慧绍，见同卷《宋长安太后寺释慧通》：“初从凉州禅师慧（诏）[绍]谘受禅业。法门观行，多所游刃。”按此，大约凉州禅学多循佛驮跋陀轨辙。

⑨ 堂术山，即唐述山，又称小积石山，在今甘肃临夏回族自治州永靖县黄河北岸。黄色砂岩山。郦道

元所谓唐述窟，天然石洞，即今炳灵寺169窟。窟内存有大量西秦时期的刻石造像与壁画、墨书，特别是乞伏炽磐建弘元年（420）的墨书造像题记，为全国石窟中现存最早的题记，同时证明169窟是我国较早开凿的佛教石窟之一。此题记标明的北壁塑像龛，为一佛二菩萨。居中莲花台上一坐佛，气宇轩昂，旁有墨书题曰“无量寿佛”；左、右胁侍菩萨，苗条喜色，分别旁题“得大势志菩萨”“□观世音菩萨”。这是我国石窟有纪年的“西方三圣”最早塑像。全龛彩绘斑驳，背项光、小坐佛、伎乐天、火焰纹、忍冬纹、联珠纹等俱全。与云冈窟龛近似；主佛、菩萨形神俱似，更显古雅、朴拙。建弘元年题记下，有两排供养人，第一位中年沙门，浓眉大眼、短发蓄髭，旁题墨书“□国大禅师昙摩毗之像”。疑即玄高在西秦所师“昙无毗”。观此一组佛塑、壁画，固有外来“粉本”影响，但已更具中国化。炳灵寺石窟的北魏以后造像，多为石雕，可见反受云冈石刻造像风格的影响。

⑩ 山中草，他本作“风雷忽起树”。

421年辛酉　北魏泰常六年，宋永初二年

三月……发京师六千人筑苑，起自旧苑，东包白登，周回三十余里①。——《魏书》卷3《太宗纪》

① 三十，《北史》卷1《魏本纪》作“四十”。

422年壬戌　北魏泰常七年，宋永初三年

秋九月……辛亥，筑平城外郭，周回三十二里①。——《魏书》卷3《太宗纪》

① 明元帝筑平城外郭，系包道武帝所筑两宫、外城（太武时称“中城”）而东南展，跨如浑西水、东水（今御河）。按照其父效仿汉魏晋三朝都城的夙愿，初步构筑起平城的都会城市框架。

423年癸亥　北魏泰常八年，宋少帝刘义符景平元年

八年正月丙辰，行幸邺，存恤民俗①。——《魏书》卷3《太宗纪》

泰常八年十月，以岁饥，诏所在开仓赈给。——《册府元龟》卷105

冬十月癸卯，广西宫，起外垣墙，周回二十里②。十有一月己巳，帝崩于西宫，时年三十二③。——《魏书》卷3《太宗纪》

左光禄大夫崔浩研精经术④，练习制度，凡朝廷礼仪，军国书诏，无不关掌。浩不好老、庄之书，曰：“此矫诬之书，不近人情。老聃习礼，仲尼所师，岂肯为败法之书，以乱先王之治乎！”尤不信佛法，曰：“何为事此胡神！”及世祖即位，左右多毁之；帝不得已，命浩以公归第，然素知其贤，每有疑议，辄召问之。浩纤妍洁白如美妇人，常自谓才比张良而稽古过之。既归第，因修服食养性之术。——《通

鉴》卷 119

① 唐初法琳《辩正论》卷 3 谓："魏太宗明元皇帝，讳嗣，明睿宽雅，非礼不言；愍念四生，敬重三宝。仍于邺下大度僧尼。"

② 此项工程，因 27 天后明元帝崩，大约没能施行。

③ 道武帝、明元帝壮年夭亡，均由长期服用道家寒食散所致。《魏书》卷 3《太宗纪》曰："帝礼爱儒生，好览史传。以刘向所撰《新序》《说苑》于经典正义多有所阙，乃撰《新集》三十篇，采诸经史，该洽古义，兼资文武焉。"

④ 《魏书》卷 35《崔浩传》："太宗初，拜博士祭酒，赐爵武城子，常授太宗经书……太宗好阴阳术数，闻浩说《易》及《洪范》五行，善之，因命浩筮吉凶，参观天文，考定疑惑。浩综核天人之际，举其纲纪，诸所处决，多有应验，恒与军国大谋，甚为宠密。"

第四编　北魏太武帝时代纪事

424年甲子　北魏太武帝拓跋焘始光元年，宋文帝刘义隆元嘉元年

世祖初即位[①]，亦遵太祖、太宗之业，每引高德沙门，与共谈论[②]。于四月八日，舆诸佛像，行于广衢[③]，帝亲御门楼，临观散花，以致礼敬[④]。——《魏书》卷114《释老志》

初，嵩山道士寇谦之，讚之弟也[⑤]，修张道陵之术，自言尝遇老子，降命谦之继道陵为天师[⑥]，授以辟谷轻身之术及《科戒》二十卷，使之清整道教。又遇神人李谱文，云老子之玄孙，授以《录图真经》六十余卷，使之辅佐北方太平真君[⑦]；出天宫静轮之法，其中数篇，李君之手笔也。谦之奉其书献于魏主。朝野多未之信，崔浩独师事之，从受其术，且上书赞明其事曰："臣闻圣王受命，必有天应，《河图》《洛书》皆寄言于虫兽之文，未若今日人神接对，手笔粲然，辞旨深妙，自古无比；岂可以世俗常虑而忽上灵之命！臣窃惧之。"帝欣然，使谒者奉玉帛、牲牢祭嵩岳，迎致谦之弟子在山中者，以崇奉天师，显扬新法，宣布天下。起天师道场于平城之东南，重坛五层；给道士百二十人衣食[⑧]，每月设厨会数千人。[⑨]——《通鉴》卷119[⑩]

始光元年，北地郡三原县民，阳源川忠佛弟子魏文朗，哀孝不赴，皆有建劝，为男女造佛、道像一区，供养年疾，每过自然，子孙昌□，所愿从心，眷属大小，一切□□，如是因缘，使人后杨。——《魏文朗佛道造像碑》，载1996年天津古籍出版社《北朝佛道造像碑精选》[⑪]

后魏太武帝始光元年，创立伽蓝，为招提之号[12]。——《大宋僧史略》[13]

① 唐初法琳《辩正论》卷 3：“魏世祖太武皇帝，讳焘，气盖当时，威振天下，匣牍四海，牢笼万邦。回向一乘，归依三宝。复伽蓝之胜地，创招提之净宫，仍于邺城造宗正寺。后因崔浩始沦正法。”

② 太武帝初有沙门法叡，见《魏书》卷 46《许彦传》：“许彦，字道谟，小字嘉屯，高阳新城人也。祖茂，慕容氏高阳太守。彦少孤贫，好读书，后从沙门法叡受《易》。世祖初，被征，以卜筮频验，遂在左右，参与谋议。”后有惠始，见卷 114《释老志》：“世祖初平赫连昌，得沙门惠始……世祖甚重之，每加礼敬。”

③ 行佛之俗，源自西域、印度。东晋法显《佛国记》录有二例。其一：“到于阗……法显等欲观行像，停三月日。其国中有四大僧伽蓝，不数小者。从四月一日，城里便扫洒道路，庄严巷陌。其城门上，张大帏幕，事事严饰，王及夫人、采女皆住其中。瞿摩帝僧是大乘学，王所敬重，最先行像。离城三四里，作四轮像车，高三丈余，状如行殿，七宝庄校，悬缯幡盖。像立车中，二菩萨侍，作诸天侍从，皆以金银雕莹，悬于虚空。像去门百步，王脱天冠，易着新衣，徒跣持花香，翼从出城迎像。头面礼足，散花烧香。像入城时，门楼上夫人、采女遥散众花，纷纷而下。如是庄严供具，车车各异。一僧伽蓝，则一日行像。自月一日为始，至十四日行像乃讫。”于阗国，在今新疆和田一带。其二：“到摩竭提国巴连弗邑。巴连弗邑是阿育王所治城，城中王宫殿皆使鬼神作，累石起墙阙，雕文刻镂非世所造，今故现在。……凡诸中国，唯此国城邑为大，民人富盛，竞行仁义。年年常以建卯月八日行像，作四轮车，缚竹作五层；有承𢶞椻戟高二丈许，其状如塔，以白㲲缠上，然后彩画作诸天形像，以金银琉璃庄挍其上，悬缯幡盖；四边作龛，皆有坐佛，菩萨立侍。可有二十车，车车庄严各异。当此日，境内道俗皆集，作倡伎乐，华香供养。婆罗门子来请佛，佛次第入城。入城内再宿，通夜然灯，伎乐供养。国国皆尔。”摩竭提国，乃中印度国，王舍城所在；建卯，即农历二月。按：行像之俗，当为纪念释迦诞生，摩竭提在二月八日，于阗、北魏在四月八日，后代竟成公案（见本书 1156 年注）。

④ 鲜花礼佛，古印度盛行。北魏行像散花，乃西域旧式，俗成盖久。而此时南朝，亦有四月八日请佛之俗。《宋书》卷 93《隐逸传》：“沈道虔，吴兴武康人也。少仁爱，好《老》《易》……累世事佛，推父祖旧宅为寺。至四月八日，每请像。请像之日，辄举家感恸焉。”

⑤ 寇讚，字奉国，上谷人，因乱徙冯翊万年，《魏书》有传。寇谦之（365 ~ 448），字辅真，创立新天师道。《通鉴》卷 119 司马光曰：“老、庄之书，大指欲同死生，轻去就。而为神仙者，服饵修炼以求轻举，炼草石为金银，其为术正相戾矣。是以刘歆《七略》述道家为诸子，神仙为方技。其后复有符水、禁咒之术，至谦之遂合而为一。至今循之，其讹甚矣。”

⑥ 天师道（五斗米道），自东汉张陵在蜀创兴，宗脉不绝。东晋大臣殷仲堪、郗愔及其弟昙，悉奉天师道。唐宋以后，江西贵溪龙虎山张氏的正一道犹为余绪，历朝尊奉。

⑦ 《魏书》卷 105 之三《天象志三》记道武帝东征后燕之前，“慕容氏太史丞王先曰：当有真人起于燕代之间，大兵锵锵，其锋不可当”。《通鉴》卷 119 记北魏泰常八年（423），西秦王乞伏炽磐谓“谶云：恒代之北，当有真人”。可见寇氏赴京，事非偶然。另，《新唐书》卷 22《礼乐志十二》载：“北狄乐皆马上之声，自汉后以为鼓吹，亦军中乐，马上奏之，故隶鼓吹署。后魏乐府初有《北歌》，亦曰《真人歌》，都代时，命宫人朝夕歌之。周、隋始与西凉乐杂奏。至唐存者五十三章，而名可解者六章而已。一曰《慕容可汗》，二曰《吐谷浑》，三曰《部落稽》，四曰《巨鹿公主》，五曰《白净王》，六曰《太子企喻》也。其余辞多可汗之称，盖燕、魏之际鲜卑歌也。”

⑧ 《广弘明集》卷 8 录北周释道安《二教论》云：“自于上代，爰至苻姚，皆呼众僧以为道士。至寇谦之，始窃道士之号，私易祭酒之名。”

⑨ 以上史料，《通鉴》列在上年崔浩归第之后，盖因《魏书》卷 35《崔浩传》记太武即位前，浩已接受谦之说教，且为述事的完整。然寇谦之到平城献书，魏收《释老志》记作“始光初”。

⑩ 《隋书》卷 35《经籍志四》：“后魏之世，嵩山道士寇谦之，自云尝遇真人成公兴，后遇太上老君，授谦之为天师，而又赐之《云中音诵科诫》二十卷。又使玉女授其服气导引之法，遂得辟谷，气盛体轻，颜色鲜丽。弟子十余人，皆得其术。其后又遇神人李谱，云是老君玄孙，授其图箓真经，劾召百神，六十余卷，及销炼金丹云英八石玉浆之法。太武始光之初，奉其书而献之。帝使谒者，奉玉帛牲牢，祀嵩岳，迎致其余弟子，于代都东南起坛宇，给道士百二十余人，显扬其法，宣布天下。太武亲备法驾，而受符箓焉。自是道业大行，每帝即位，必受符箓，以为故事，刻天尊及诸仙之象，而供养焉。迁洛已后，置道场于南郊之傍，方二百步。正月、十月之十五日，并有道士哥人百六人，拜而祠焉。”

⑪ 该碑，高 132 厘米，宽 66 厘米 ~ 72 厘米，厚 30 厘米。现藏陕西省耀县药王山博物馆。是现存纪年最早的宗教造像碑。

⑫ 伽蓝，梵名，全称僧伽蓝摩，意译众园。本指修建僧舍的园地，后转为众僧所居佛寺的总称。招提，译曰四方，谓四方之僧为招提僧，四方僧之施物为招提僧物，四方僧之住处为招提僧坊，遂为寺院的异称。然观唐宋之时，寺院、招提、兰若有所区别；后二者，司马光、胡三省谓为山野、私造之寺。唐《艺文类聚》卷 76《内典上》录谢灵运《石壁立招提精舍诗》曰：“四城有顿踬，三世无极已；浮欢昧眼前，沉照贯终始。壮龄缓前期，颓年迫暮齿；挥霍梦幻顷，飘忽风电起。良缘迨未谢，时逝不可俟；敬拟灵鹫山，尚想祇洹轨。绝溜飞庭前，高林映窗里；禅室栖空观，讲宇折妙理。”可见，招提确为山野之寺。又，《宋书》卷 67《谢灵运传》录其《山居赋》：“古巢居穴处曰岩栖，栋宇居山曰山居，在林野曰丘园，在郊郭曰城傍，四者不同，可以理推。……敬承圣诰，恭窥前经。山野昭旷，聚落膻腥。故大慈之弘誓，拯群物之沦倾。岂寓地而空言，必有贷以善成。钦鹿野之华苑，羡灵鹫之名山。企坚固之贞林，希庵罗之芳园。虽綷容之缅邈，谓哀音之恒存。建招提于幽峰，冀振锡之息肩。……苦节之僧，明发怀抱。”其自注云：“鹿苑，说《四真谛》处。灵鹫山，说《般若》《法华》处。坚固林，说泥洹处。庵罗园，说不思议处。今旁林艺园制苑，仿佛在昔，依然托想，虽綷容缅邈，哀音若存也。招提，谓僧不能常住者，可持作坐处也。所谓息肩。”

⑬ 《僧史》，北宋太宗太平兴国三年（978），命释赞宁修撰。宋欧阳修《归田录》卷 1 云：“太祖皇帝初幸相国寺，至佛像前烧香，问当拜与不拜？僧录赞宁奏曰不拜。问其何故，对曰：‘见在佛不拜过去佛。’赞宁者颇知书，有口辩，其语虽类俳优，然适会上意，故微笑而颔之。遂以为定制。”按：赞宁称赵匡胤为现在佛，当受北魏法果谓道武帝为“当今如来”的启发。南宋《佛祖统纪》卷 52《国朝典故》：“北魏太武诞生之节，始诏天下佛寺建祝寿道场。”

425 年乙丑　北魏始光二年，宋元嘉二年

世祖始光二年正月甲寅夜，天东南有黑气，广一丈，长十丈。——《魏书》卷 112 上《灵征志上》

三月……庚申，营故东宫为万寿宫，起永安、安乐二殿，临望观、九华堂。……

秋九月，永安、安乐二殿成，丁卯，大飨以落之。——《魏书》卷 4 上《世祖纪上》

世祖始光二年十月，大雪数尺。——《魏书》卷 112 上《灵征志上》

大道坛庙，始光二年，少室道士寇谦之所议建也，兼诸岳庙碑，亦多所署立。其庙阶三成，四周栏槛，上阶之上，以木为圆基，令互相枝梧，以板砌其上。栏陛承阿上圆，制如明堂，而专室四户。室内有神坐，坐右列玉磬。皇舆亲降，受箓灵坛，号曰天师，宣扬道式，暂重当时。——《水经注》卷 13《㶟水》[①]

① 《僧史》卷 2《内道场》："魏大武皇帝始光二年，立至神道场。"

426 年丙寅　北魏始光三年，宋元嘉三年

二月，起太学于城东[①]，祀孔子，以颜渊配。……十有一月戊寅，帝率轻骑二万袭赫连昌[②]，壬午，至其城下[③]，徙万余家而还。——《魏书》卷 4 上《世祖纪上》

① 《魏书》卷 84《儒林传》："太祖初定中原，虽日不暇给，始建都邑，便以经术为先，立太学，置五经博士……太宗世，改国子为中书学，立教授博士。世祖始光三年春，别起太学于城东，后征卢玄、高允等，而令州郡各举才学。于是人多砥尚，儒林转兴。"

② 《魏书》卷 114《释老志》："世祖将讨赫连昌，太尉长孙嵩难之，世祖乃问幽征于谦之。谦之对曰：'必克。陛下神武应期，天经下治，当以兵定九州，后文先武，以成太平真君。'"

③ 夏国都城统万，在今陕西靖边县西北，陕蒙交界的无定河北岸，俗名白城子。《魏书》卷 95《铁弗刘虎传附屈孑子昌传》："初，屈孑性奢，好治宫室。城高十仞，基厚三十步，上广十步，宫墙五仞，其坚可以砺刀斧。台榭高大，飞阁相连，皆雕镂图画，被以绮绣，饰以丹青，穷极文采。"屈孑，又作屈丐，即匈奴赫连勃勃。425 年，勃勃死，子昌继位，两年后倾覆。北魏置为统万镇，又置夏州。迄隋唐五代，仍为北方军事重镇。北宋太宗诏隳其城。2003 年国庆假日，我从西安北上，经延安，登统万城。四望百里，辽阔平沙，灌木衰草，惹人悲叹。城长方形，东北、西南向斜倾。分东、西两城，三合土夯就，坚硬如石，断壁残垣，城郭宛然。近年出土的兽面、莲花瓦当及陶片，与大同北魏遗物风格一致。

427 年丁卯　北魏始光四年，宋元嘉四年

五月，车驾西讨赫连昌。……六月……乙巳，车驾入城，虏昌群弟及其诸母、姊妹、妻妾、宫人万数，府库珍宝车旗器物不可胜计[①]，擒昌尚书王买、薛超等及司马德宗将毛脩之、秦雍人士数千人，获马三十余万匹，牛羊数千万。以昌宫人及生口、金银、珍玩、布帛班赉将士各有差。——《魏书》卷 4 上《世祖纪上》

世祖初平赫连昌，得沙门惠始，姓张。家本清河，闻罗什出新经，遂诣长安见之，

观习经典。坐禅于白渠北，昼则入城听讲，夕则还处静坐。三辅有识多宗之。刘裕灭姚泓，留子义真镇长安，义真及僚佐皆敬重焉。义真之去长安也，赫连屈丐追败之，道俗少长咸见坑戮。惠始身被白刃，而体不伤。众大怪异，言于屈丐。屈丐大怒，召惠始于前，以所持宝剑击之，又不能害，乃惧而谢罪。统万平，惠始到京都，多所训导，时人莫测其迹。世祖甚重之，每加礼敬。始自习禅，至于没世，称五十余年，未尝寝卧。或时跣行，虽履泥尘，初不污足，色愈鲜白，世号之曰白脚师[②]。太延中，临终于八角寺，齐洁端坐，僧徒满侧，凝泊而绝。停尸十余日，坐既不改，容色如一，举世神异之。遂瘗寺内[③]。至真君六年，制城内不得留瘗，乃葬于南郊之外。始死十年矣，开殡俨然，初不倾坏。送葬者六千余人，莫不感恸。中书监高允为其传，颂其德迹。惠始冢上，立石精舍，图其形像。经毁法时，犹自全立。——《魏书》卷114《释老志》

① 《晋书》卷130《赫连勃勃载记》413年："改元为凤翔，以叱干阿利领将作大匠，发岭北夷夏十万人，于朔方水北、黑水之南营起都城。勃勃自言：'朕方统一天下，君临万邦，可以统万为名。'阿利性尤工巧，然残忍刻暴，乃蒸土筑城，锥入一寸，即杀作者而并筑之。勃勃以为忠，故委以营缮之任。又造五兵之器，精锐尤甚。既成呈之，工匠必有死者：射甲不入，即斩弓人；如其入也，便斩铠匠。又造百炼刚刀，为龙雀大环，号曰'大夏龙雀'，铭其背曰：'古之利器，吴楚湛卢；大夏龙雀，名冠神都。可以怀远，可以柔迩；如风靡草，威服九区。'世甚珍之。复铸铜为大鼓，飞廉、翁仲、铜驼、龙兽之属，皆以黄金饰之，列于宫殿之前。凡杀工匠数千，以是器物莫不精丽。"按：蒸土筑城，是指将生石灰以水烧制，与黏土、细沙和合的夯筑之法。因烧石灰时白雾腾冲，古人遂谓"蒸土"。

② 《法苑珠林》卷6《舍宅部感应缘》引《冥报记·宋王胡》云："长安道人足白，故时人谓为白足阿练也。甚为魏虏所敬，虏主事为师。"

③ 《高僧传》卷10《宋伪魏长安释昙始》："释昙始，关中人。自出家以后，多有异迹。晋孝武太元之末，赍经律数十部，往辽东宣化，显授三乘，立以归戒。盖高句骊闻道之始也。义熙初，复还关中，开导三辅。始足白于面，虽跣涉泥水，未尝沾湿，天下咸称白足和尚。……晋末，朔方凶奴赫连勃勃破获关中，斩戮无数。时始亦遇害，而刀不能伤，勃勃嗟之，普赦沙门，悉皆不杀。始于是潜遁山泽，修头陀之行。后拓跋焘复克长安，擅威关洛。时有博陵崔皓，少习左道，猜嫉释教。既位居伪辅，焘所仗信，乃与天师寇氏说焘以佛教无益，有伤民利，劝令废之。焘既惑其言，以伪太平七年，遂毁灭佛法。分遣军兵，烧掠寺舍，统内僧尼，悉令罢道。其有窜逸者，皆遣人追捕，得必枭斩。一境之内，无复沙门。始唯闭绝幽深，军兵所不能至。至太平之末，始知焘化时将及，以元会之日，忽杖锡到宫门。有司奏云：'有一道人足白于面，从门而入。'焘令依军法，屡斩不伤。遽以白焘，焘大怒，自以所佩剑斫之，体无余异，唯剑所著处有痕如布线焉。时北园养虎于槛，焘令以始餧之，虎皆潜伏，终不敢近。试以天师近槛，虎辄鸣吼。焘始知佛化尊高，黄老所不能及。即延始上殿，顶礼足下，悔其愆失。始为说法，明辩因果。焘大生愧惧，遂感疠疾。崔、寇二人次发恶病，焘以

过由于彼，于是诛剪二家，门族都尽。宣下国中，兴复正教。俄而焘卒，孙濬袭位，方大弘佛法，盛迄于今。始后不知所终。”按：始光三年冬十一月，太武初伐赫连昌，攻统万城不下，遂分兵四掠，徙其民万余家而归。中途徙民多死，明年春正月至平城，存者十才六七。惠始因“潜遁山泽，修头陀之行”，大约在这次徙民之中。惠始居平城十年，死于太延二年（436）。作为直接受教于鸠摩罗什，感受姚兴后秦长安译经盛事的高德禅僧，对代都佛教发展有显著影响。关于惠始在真君年间之事，南朝慧皎道听途说，语出无凭。

428 年戊辰　北魏神䴥元年，宋元嘉五年

世祖神䴥元年十月己酉，雨，雷电。——《魏书》卷 112 上《灵征志上》

凉州石崖素瑞像者①，昔沮渠蒙逊以晋安帝隆安元年②，据有凉土，三十余载，陇西五凉，斯最久盛。专崇福业，以国城寺塔终非云固，古来帝宫，终逢煨烬，若依立之，效尤斯及；又用金宝，终被毁盗，乃顾眄山宇，可以终天，于州南百里，连崖绵亘，东西不测，就而斫窟，安设尊仪③。或石或素，千变万化。有礼敬者，惊眩心目。中有土圣僧可如人等，常自经行，初无宁舍。遥见便行，近瞩便止，视其颜面，如行之状。或有罗土坌地，观其行不，人才远之，即便蹈地，足迹纳纳，来往不住。如此现相，经今百余年。彼人说之如此④。——《集神州三宝感通录》卷 2《北凉河西王南崖素像缘》

① 凉州石窟，今名天梯山石窟，在甘肃武威市南 50 公里的张义堡黄羊水库东北侧，红砂岩，石质疏松，风化如末状。现存早期的北凉壁画，系经变胡像，印度风格浓郁，1959 年移迁甘肃省博物馆。

② 沮渠蒙逊，临松卢水（今张掖南）匈奴人。东晋隆安元年（397），凉州牧段业署为张掖太守；北魏天兴四年（401），起兵杀段业，自称凉州牧；北魏永兴四年（412），克姑臧（今武威）而居，称河西王，改元玄始。凉州石窟建设在此后（412 ~ 429），姑系此年。

③《法苑珠林》卷 13《观佛部感应缘》：“北凉河西王蒙逊为母造丈六石像在于山寺，素所敬重。”

④《广弘明集》卷 15《佛德篇》：“凉州南百里崖中泥塑行像者，昔沮渠蒙逊王有凉土，专弘福事，于此崖中大造形像，千变万化，惊人眩目。有土圣僧可如人等，常自经行，无时暂舍。遥见便行，人至便止。观其面貌，如行之状。有罗土于地者，后看足迹纳纳。今见如此。”《释迦方志》卷下《通局篇》：“凉州南洪崖窟，沮渠蒙逊所造，碑寺见存。有塑圣僧常自行道，人来便止，人去寻行。故其傍侧足迹纳衲尔。斯徒众矣，不可具云。”按：“塑”，大正藏本作“素”，“素”“塑”为古今字。

429 年己巳　北魏神䴥二年，宋元嘉六年

六月，甘露降于平城宫①。——《魏书》卷 112 下《灵征志下》

安同，辽东胡人也。其先祖曰世高，汉时以安息王侍子入洛[②]。历魏至晋，避乱辽东，遂家焉。父屈，仕慕容暐，为殿中郎将。苻坚灭暐，屈友人公孙眷之妹没入苻氏宫，出赐刘库仁为妻。库仁贵宠之。同因随眷商贩，见太祖有济世之才，遂留奉侍。……世祖即位，进爵高阳公，拜光禄勋。寻除征东大将军、冀青二州刺史。……及在冀州，年老，颇殖财货，大兴寺塔，为百姓所苦。神䴥二年卒。——《魏书》卷30《安同传》

【发愿文】胜光二年己巳春正月朔日[③]，中书舍人施文为合家平安，造像一区[④]。——金申《中国历代纪年佛像图典》4《中书舍人施文造佛坐像》

① 《大清一统志》卷109《大同府》："平城宫，在大同县北，后魏故宫也。《魏书·孝文纪》：太和十九年，诏皇太子赴平城宫。《辽史·地理志》：元魏宫垣，占城之北面，双阙尚在。《明一统志》：后魏宫垣，在府城北门外，有土台东西对峙，即双门遗址。又城西门，亦有二土台，盖辽金宫阙遗址。"

② 按：安清，字世高，安息国太子，东汉末游方中夏，为中华翻译佛经第一大师。梁慧皎《高僧传》述其死事荒诞不经，然云："高既王种，西域宾旅皆呼为安侯，至今犹为号焉。"

③ 胜光，是大夏国赫连定据平凉时的年号。平凉，郡名，前秦置，治所在今甘肃平凉县西北。

④ 该铜鎏金坐像，日本大阪市立美术馆藏。风格与后赵建武四年（338）铜像多有类似之处，只是方座台变为四足方座，方座上旁卧二狮子，也属犍陀罗佛像常见构图。

430年庚午　北魏神䴥三年，宋元嘉七年

世祖神䴥三年三月，有白龙二见于京师家人井中。——《魏书》卷112上《灵征志上》

十有一月乙酉，车驾至平凉。先是，赫连定将数万人东御于鄜城，留其弟上谷公社于、广阳公度洛孤城守。……十有二月丁卯，定弟社于、度洛孤面缚出降，平凉平，收其珍宝。定长安、临晋、武功守将皆奔走，关中平[①]。——《魏书》卷4上《世祖纪上》

宋周宗者，广陵肥如人也。元嘉七年，随到彦之北伐。王师失利，与同邑六人逃窜间行。于彭城北，遇一空寺，无有僧徒。中有形像，以水晶为相，因共窃取，出村贸食[②]。——《法苑珠林》卷79《引证部感应缘》引萧齐王琰《冥祥记》[③]

① 417年，刘裕破长安，灭后秦；明年，赫连勃勃入长安，关中名僧四散。426年，北魏围统万，奚斤入长安；越明年（428），赫连定在平凉称大夏王，夏军复取长安。430年，太武帝平关陇，平凉民、长安民被俘徙平城。关陇佛教兴盛之地，对北魏代都的影响不可忽视。

② 同书同卷记："宋沙门道志者，北多宝僧也。尝僧令知殿塔，自窃帐盖等宝饰，所取甚众。后遂偷像眉间相珠。既而，开穿垣壁，若外盗者，故僧众不能觉也。积旬余而得病……（伤）[疮]痍遍体……具为忏悔：昔偷像相珠有二枚，一枚已属妪人，不可复得；一以质钱，在陈照家，今可赎取。"

③ 《法苑珠林》卷17《观音部感应缘》引《冥祥记》："宋琰，稚年在交阯。彼土有贤法师者，道德僧也。见授五戒，以观世音金像一躯见与供养，形制异今，又非甚古，类元嘉中作，镕镌殊工，似有真好。

琰奉以还都。时年在龆龀，与二弟常尽勤至，专精不倦。后治改弊庐，无屋安设，寄京师南涧寺中。于时百姓竞铸钱，亦有盗毁金像以充铸者。时像在寺，已经数月。琰昼寝，梦见立于座隅，意甚异之。时日已暮，即驰迎还。其夕，南涧十余躯像悉遇盗亡。其后久之，像于曛暮间放光，显照三尺许地，金辉秀起，焕然夺目。”按：宋琰，周叔迦、苏晋仁《法苑珠林校注》以为“宋居士王琰”，恐误。

431 年辛未　北魏神䴥四年，宋元嘉八年

四年三月，有大流星东南行，光烛地，长六七丈，食顷乃灭，后有声。——《魏书》卷 105 之三《天象志三》

秋七月己酉，行幸河西，起承华宫。八月乙酉，沮渠蒙逊遣子安周入侍。……九月……癸亥，诏兼太常李顺持节拜河西王沮渠蒙逊为假节、加侍中、都督凉州及西域羌戎诸军事、行征西大将军、太傅、凉州牧、凉王。壬申，诏曰：“顷逆命纵逸，方夏未宁，戎车屡驾，不遑休息。今二寇摧殄，士马无为，方将偃武修文，遵太平之化，理废职，举逸民，拔起幽穷，延登儁乂，昧旦思求，想遇师辅，虽殷宗之梦板筑，罔以加也。访诸有司，咸称范阳卢玄、博陵崔绰、赵郡李灵、河间邢颖、勃海高允、广平游雅、太原张伟等，皆贤俊之胄，冠冕州邦，有羽仪之用。……如玄之比，隐迹衡门、不耀名誉者，尽敕州郡以礼发遣。”遂征玄等及州郡所遣，至者数百人，皆差次叙用[①]。——《魏书》卷 4 上《世祖纪上》

大道坛庙，始光二年少室道士寇谦之所议建也……坛之东北，旧有静轮宫，魏神䴥四年造，抑亦柏梁之流也[②]。台榭高广，超出云间，欲令上延霄客，下绝嚣浮。太平真君十一年，又毁之。——《水经注》卷 13《㶟水》[③]

① 至此，平城文坛灿然多士。

② 柏梁，汉武帝所筑台，以居神君，在长安未央宫。《史记》卷 30《平准书》曰：“是时越欲与汉用船战逐，乃大修昆明池，列观环之。治楼船，高十余丈，旗帜加其上，甚壮。于是天子感之，乃作柏梁台，高数十丈。”按：今大同御河东岸的古城村南，一座夯土台突兀而立，村民称为“二猴疙瘩”，盖北魏静轮宫遗址。

③ 《大宋僧史略》卷 2《生日道场附》：“生日为节名，自唐玄宗始也。魏太武帝始光二年立道场，至神䴥四年，敕州镇悉立道场，庆帝生日。始光中是帝自崇福之始也，神䴥中是臣下奉祝帝寿之始也。自尔以来，臣下吉祝必营斋转经，谓之生辰节道场。于今盛行焉。”

432 年壬申　北魏延和元年，宋元嘉九年

三月……魏方士祁纤奏改代为万年[①]，代尹为万年尹，以代令为万年令。崔浩曰：

“昔太祖应天受命，兼称代、魏，以法殷商。国家积德，当享年万亿，不待假名以为益也。纤之所闻，皆非正义，宜复旧号。”魏主从之[②]。——《通鉴》卷122

世祖延和元年六月甲戌，京师水溢，坏民庐舍数百家。——《魏书》卷112上《灵征志上》

秋七月……筑东宫。——《魏书》卷4上《世祖纪上》

先是，沮渠蒙逊在凉州，亦好佛法。有罽宾沙门昙摩谶[③]，习诸经论。于姑臧，与沙门智嵩等，译《涅槃》诸经十余部[④]。又晓术数、禁咒，历言他国安危，多所中验。蒙逊每以国事谘之。神䴥中，帝命蒙逊送谶诣京师，惜而不遣。既而，惧魏威责，遂使人杀谶。谶死之日[⑤]，谓门徒曰：“今时将有客来，可早食以待之。”食讫而走使至。时人谓之知命[⑥]。智嵩亦爽悟，笃志经籍。后乃以新出经论，于凉土教授。辩论幽旨，著《涅槃义记》。戒行峻整，门人齐肃。知凉州将有兵役，与门徒数人，欲往胡地。道路饥馑，绝粮积日，弟子求得禽兽肉，请嵩强食。嵩以戒自誓，遂饿死于酒泉之西山。弟子积薪焚其尸，骸骨灰烬，唯舌独全，色状不变。时人以为诵说功报。——《魏书》卷114《释老志》[⑦]

① 太武帝崇信道士，《魏书》卷114《释老志》云：“时有京兆人韦文秀，隐于嵩高，征诣京师。世祖曾问方士金丹事，多曰可成。文秀对曰：‘神道幽昧，变化难测，可以暗遇，难以豫期。臣昔者受教于先师，曾闻其事，未之为也。’世祖以文秀关右豪族，风操温雅，言对有方，遣与尚书崔赜诣王屋山合丹，竟不能就。时方士至者前后数人。河东祁纤，好相人。世祖贤之，拜纤上大夫。”

② 《魏书》卷113《官氏志》：“延和元年三月，改代尹为万年尹，代令为万年令。后复。”按：此言“后复”与崔浩所谓“宜复旧号”，表明事已施行。恭宗幼年字曰“万年”，即是一证。然而，崔浩谏复后，孝文帝时“万年”之称依然，见卷110《食货志》：“太和八年，始准古班百官之禄……所调各随其土所出。……司州万年、雁门、上谷、灵丘、广宁、平凉郡……皆以麻布充税。”据此，王仲荦《北魏〈延昌地形志〉北边州镇考证》（见《北周地理志》）说：延和元年（432）至太和十一年（487）间，代都号曰万年；“代郡”，皆指“东代郡”，即今河北蔚县代王城。我觉得，“万年”的再次复称，应在真君十一年（450）诛崔浩以后。

③ 后秦释道朗《大涅槃经序》：“天竺沙门昙无谶者，中天竺人，婆罗门种。……先至敦煌，停止数载。大沮渠河西王者……开定西夏，斯经与谶自远而至。”

④ 《高僧传》卷2《晋河西昙无谶》：“河西王沮渠蒙逊僭据凉土，自称为王，闻谶名，呼与相见。接待甚厚。蒙逊素奉大法，志在弘通，欲请出经本，谶以未参土言，又无传译，恐言舛于理，不许即翻。于是学语三年，方译写《初分》十卷。时沙门慧嵩、道朗，独步河西，值其宣出经藏，深相推重，转易梵文，嵩公笔受。道俗数百人，疑难纵横，谶临机释滞，清辩若流，兼富于文藻，辞制华密。嵩、朗等更请广出诸经，次译《大集》《大云》《悲华》《地持》《优婆塞戒》《金光明》《海龙王》《菩萨戒本》等，六十余万言。谶以《涅槃经》本，品数未足，还外国究寻。值其母亡，遂留岁余。后于于阗，更得经本《中分》，复还姑臧译之。后又遣使于阗，寻得《后分》，于是续译

为三十三卷。以伪玄始三年初就翻译，至玄始十年十月二十三日，三帙方竟。即宋武永初二年（421）也。”姜亮夫《莫高窟年表》曰：“中国译经，自道安之后大盛，道安所出，多一切有部；罗什所出，注重《般若》《三论》；昙无谶在凉州所出，多以《涅槃》为要。”汤用彤《汉魏两晋南北朝佛教史》讲：谶所译经均属大乘。而《涅槃经》阐佛性学，开中国佛理之一派，盛行于南朝、北朝。

⑤ 昙无谶之死，《通鉴》卷122系于是年。其文曰：“初，罽宾沙门昙无谶，自云能使鬼治病，且有秘术。凉王蒙逊甚重之，谓之‘圣人’，诸女及子妇皆往受术。魏主闻之，使李顺往征之。蒙逊留不遣，仍杀之。魏主由是怒凉。”敦煌遗书P3126卷子《冥报记》中云：“沮渠蒙逊时，有沙门昙摩谶者，博达多识，为逊之所信重。魏帝遣李（慎）[顺]拜逊为凉王，仍求昙摩谶。蒙逊怯而不与，昙摩谶意欲入魏，屡从蒙逊请行，蒙逊怒而杀之。”

⑥《魏书》卷99《沮渠蒙逊传附子牧犍传》：“始罽宾沙门曰昙无谶，东入鄯善，自云‘能使鬼治病，令妇人多子’，与鄯善王妹曼头陀林私通。发觉，亡奔凉州。蒙逊宠之，号曰‘圣人’。昙无谶以男女交接之术教授妇人，蒙逊诸女、子妇皆往受法。世祖闻诸行人言昙无谶之术，乃召昙无谶。蒙逊不遣，遂发露其事，拷讯杀之。”

⑦《隋书》卷35《经籍志四》：“鸠摩罗什才德最优，其所译则《维摩》《法华》《成实论》等诸经，及昙无忏所译《金光明》，昙摩罗忏所译《泥洹》等经，并为大乘之学。而什又译《十诵律》，天竺沙门佛陀耶舍译《长阿含经》及《四（方）[分]律》，兜佉勒沙门昙摩难提译《增一阿含经》，昙摩耶舍译《阿毗昙论》，并为小乘之学。其余经论，不可胜记。自是佛法流通，极于四海矣。”按：昙无忏、昙摩罗忏，俱系一人，即北凉昙无谶。

433年癸酉　北魏延和二年，宋元嘉十年

九月，刘义隆遣使朝贡，奉驯象一[①]。——《魏书》卷4上《世祖纪上》

① 此系《魏书》记载贡象到达平城之始。太延五年（439），刘义隆再次献象；文成帝和平元年（460），居常国贡象三头；献文帝时，波斯遣使献象。

434年甲戌　北魏延和三年，宋元嘉十一年

春小旱，东作不茂。——《魏书》卷4上《世祖纪上》

秋七月辛巳，东宫成，备置屯卫，三分西宫之一[①]。——《魏书》卷4上《世祖纪上》

① 北魏平城东宫，从此专为皇太子所居。即《南齐书》卷57《魏虏传》所述：“伪太子宫在城东，亦开四门，瓦屋，四角起楼。妃妾住皆土屋。”

435年乙亥　北魏太延元年，宋元嘉十二年

二月庚子，蠕蠕、焉耆[①]、车师诸国各遣使朝献。诏长安及平凉民徙在京师[②]，其孤老不能自存者，听还乡里。……夏五月……遣使者二十辈使西域[③]。……六月……

丙午，高丽、鄯善国并遣使朝献[④]。戊申，诏骠骑大将军、乐平王丕等五将率骑四万东伐文通。秋七月……己卯，丕等至于和龙，徙男女六千口而还。八月……粟特国遣使朝献[⑤]。——《魏书》卷4上《世祖纪上》

世祖太延元年七月庚辰，大陨霜，杀草木。——《魏书》卷112上《灵征志上》

太延元年，立庙于恒岳、华岳、嵩岳上[⑥]，各置侍祀九十人，岁时祈祷水旱。——《魏书》卷108之一《礼志一》

佛道自后汉明帝，法始东流，自此以来，其教稍广，自帝王至于民庶，莫不归心，经诰充积，训义深远，别为一家之学焉。元嘉十二年，丹阳尹萧摹之奏曰："佛化被于中国，已历四代[⑦]，形像塔寺，所在千数，进可以系心，退足以招劝。而自顷以来，情敬浮末，不以精诚为至，更以奢竞为重。旧宇颓弛，曾莫之修，而各务造新，以相姱尚。甲第显宅，于兹殆尽，材竹铜彩，糜损无极，无关神祇，有累人事。建中越制，宜加裁检，不为之防，流遁未息。请自今以后，有欲铸铜像者，悉诣台自闻；兴造塔寺、精舍，皆先诣在所二千石通辞，郡依事列言本州；须许报，然后就功。其有辄造寺舍者，皆依不承用诏书律，铜宅林苑，悉没入官。"诏可。又沙汰沙门，罢道者数百人。——《宋书》卷97《夷蛮传》

① 《北史》卷97《西域传》："焉耆国，在车师南，都员渠城，白山南七十里，汉时旧国也。去代一万二百里。其王姓龙，名鸠尸毕那，即前凉张轨所讨龙熙之胤。所都城方二里。国内凡有九城。国小人贫，无纲纪法令。兵有弓、刀、甲、矟。婚姻略同华夏。死亡者，皆焚而后葬，其服制满七日则除之。丈夫并翦发，以为首饰。文字与婆罗门同。俗事天神，并崇信佛法也。尤重二月八日、四月八日。是日也，其国咸依释教，斋戒行道焉。气候寒，土田良沃，谷有稻、粟、菽、麦，畜有驼、马。养蚕，不以为丝，唯充绵纩。俗尚蒲桃酒，兼爱音乐。南去海十余里，有鱼盐蒲苇之饶。东去高昌九百里，西去龟兹九百里，皆沙碛。东南去瓜州二千二百里。"按：北魏代京（平城）往焉耆5100公里，竟与至龟兹5140公里相当，又与至鄯善3800公里悬殊，反映出当时出西域的线路问题。《西域传》讲：凉州既平，鄯善国畏惧，"乃断塞行路。西域贡献，历年不入。后平鄯善，行人复通"。可见，当时北魏出西域必经鄯善，以避开被柔然控制的高昌（今吐鲁番）、伊吾（今哈密）地区，而从鄯善沿河谷绕往龟兹、焉耆，进入北道。

② 平凉，郡名，前秦置，治所在今甘肃平凉县西北；北魏平凉郡，在今县西南。长安民、平凉民被徙代都，约在430年平关中之后。

③ 《北史》卷97《西域传》："道武初，经营中原，未暇及于四表。既而西戎之贡不至，有司奏依汉氏故事，请通西域，可以振威德于荒外，又可致奇货于天府。帝曰：'汉氏不保境安人，乃远开西域，使海内虚耗，何利之有？今若通之，前弊复加百姓矣。'遂不从。历明元世，竟不招纳。太延中，魏德益以远闻，西域龟兹、疏勒、乌孙、悦般、渴槃陁、鄯善、焉耆、车师、粟特诸国王始遣使来献。

太武以西域汉世虽通，有求则卑辞而来，无欲则骄慢王命，此其自知绝远，大兵不可至故也。若报使往来，终无所益，欲不遣使。有司奏：'九国不惮遐险，远贡方物，当与其进，安可豫抑后来？'乃从之。于是始遣行人王恩生、许纲等西使。恩生出流沙，为蠕蠕所执，竟不果达。"

④《魏书》卷 102《西域传》："鄯善国，都扜泥城，古楼兰国也。去代七千六百里。所都城方一里。地多沙卤，少水草。北即白龙堆路。至太延初，始遣使来献。四年，遣其弟素延耆入侍。"按：唐撰《北史》，多抄《魏书》；至宋代魏收《西域传》亡失，反以《北史》补足。然而，笔者核对两传之文，《魏书》往往较《北史》更为完整、准确。所以，本书引录该传，首选《北史》；《北史》有所脱误，则选用《魏书》。

⑤ 粟特，即粟弋，中亚细亚古国。居阿姆河、锡尔河之间，主要经营农牧业，属伊朗语族。《北史》卷 97《西域传》："粟特国，在葱岭之西，古之奄蔡，一名温那沙。居于大泽，在康居西北，去代一万六千里。先是，匈奴杀其王而有其国，至王忽倪，已三世矣。其国商人先多诣凉土贩货，及魏克姑臧，悉见虏。文成初，粟特王遣使请赎之，诏听焉。自后无使朝献。"文成，《魏书》卷 102《西域传》作"高祖"。按文成、献文、孝文本纪中，俱有粟特朝贡的记载，宣武本纪始无。两书相校，盖均有脱误。事实上，粟特俘虏被赎，应在文成帝时；粟特绝使，在孝文帝之后。

⑥ 恒岳庙，《乾隆大同府志》卷 15《祠祀》：浑源州"北岳庙，在州南二十里恒山上。庙创自元魏太延元年，景明元年灾。唐武德间复建，唐末圮。金复建，天会、大定间重修"。嵩岳，在河南登封县北。《中岳嵩高灵庙碑》，见清陆增祥《八琼室金石补正》，旧以为太安二年（456）立。殷宪《从嵩高灵庙碑阴文字所见创立时间、书丹人及其它》（载大众文艺出版社 2005 年版《艺谭》第三辑）一文考订：该碑北魏太延二年十二月立。碑阴文曰："内者令、中常侍、羽真、征虏将军，领皇□大长秋，使持节、侍中、安南将军、启府、洛州刺史、扶风公尉迟初真，被诏洛、豫二州造立庙殿碑阙讫竟。洛州行职王吐久万书也？……台遣画匠高盛？兴典二州，台遣石匠田平城典洛州，台遣材匠倪？万头典二州，州典作统、武烈将军侯莫陈受洛拔。"其中，由平城前往的画匠、石匠、材匠负责相关事宜，对于我们理解云冈石窟的开凿，颇有启发。

⑦《通鉴》卷 122 胡三省注："四代，汉、魏、晋、宋也。"观《宋书》该文，足见当时南朝佛事之盛。

436 年丙子　北魏太延二年，宋元嘉十三年

世祖太延二年四月甲申，京师暴风，宫墙倒，杀数十人。——《魏书》卷 112 上《灵征志上》

八月丁亥，遣使六辈使西域[①]。——《魏书》卷 4 上《世祖纪上》

统万平，惠始到京都，多所训导，时人莫测其迹。世祖甚重之，每加礼敬。……太延中，临终于八角寺，齐洁端坐，僧徒满侧，凝泊而绝。停尸十余日，坐既不改，容色如一，举世神异之。遂瘗寺内。——《魏书》卷 114《释老志》

①《北史》卷 97《西域传》："又遣散骑侍郎董琬、高明等多赍锦帛，出鄯善，招抚九国，厚赐之。初，琬等受诏：便道之国，可往赴之。琬过九国，北行至乌孙国。其王得魏赐，拜受甚悦，谓琬等曰：'传

闻破洛那、者舌皆思魏德，欲称臣致贡，但患其路无由耳。今使君等既到此，可往二国，副其慕仰之诚。'琬于是自向破洛那，遣明使者舌。乌孙王为发导译，达二国，琬等宣诏慰赐之。已而琬、明东还，乌孙、破洛那之属遣使与琬俱来贡献者，十有六国。自后相继而来，不间于岁，国使亦数十辈矣。"

437年丁丑　北魏太延三年，宋元嘉十四年

三月……癸巳，龟兹[①]、悦般[②]、焉耆、车师、粟特、疏勒[③]、乌孙[④]、渴槃陀[⑤]、鄯善诸国各遣使朝献。——《魏书》卷4上《世祖纪上》[⑥]

浮陀跋摩，此云觉铠，西域人也。幼而履操明直，聪悟出群，习学三藏，偏善《毗婆沙论》[⑦]，常诵持此部以为心要。宋元嘉之中，达于西凉。先有沙门道泰，志用强果，少游葱右，遍历诸国。得《毗婆沙》梵本十有万偈，还至姑臧，侧席虚衿，企待明匠。闻跋摩游心此论，请为翻译。时蒙逊已死，子茂虔袭位，以虔承和五年岁次丁丑四月八日，即宋元嘉十四年，于凉州城内闲豫宫中，请跋摩译焉。泰即笔受，沙门慧嵩、道朗与义学僧三百余人，考正文义，再周方讫，凡一百卷。沙门道挻为之作序[⑧]。有顷，魏虏讬跋焘西伐姑臧，凉土崩乱，经书什物，皆被焚荡，遂失四十卷，今唯有六十[卷]存焉。跋摩避乱西反。不知所终。——《高僧传》卷3《宋河西浮陀跋摩》

太延三年十月癸丑，雷。——《魏书》卷112上《灵征志上》

十有一月……甲申，破洛那[⑨]、者舌国各遣使朝献[⑩]，奉汗血马。——《魏书》卷4上《世祖纪上》

三年十二月，京师大风，扬沙折树。——《魏书》卷112上《灵征志上》

① 《魏书》卷102《西域传》："龟兹国，在尉犁西北，白山之南一百七十里，都延城，汉时旧国也。去代一万二百八十里。其王姓白，即后凉吕光所立白震之后。其王头系彩带，垂之于后，坐金师子床。所居城方五六里。其刑法，杀人者死，劫贼则断其一臂，并刖一足。税赋准地征租，无田者则税银钱。风俗、婚姻、丧葬、物产与焉耆略同，唯气候少温为异。又出细毡，饶铜、铁、铅、麖皮、氍毹、铙沙、盐绿、雌黄、胡粉、安息香、良马、犎牛等。东有轮台，即汉贰师将军李广利所屠者。……俗性多淫，置女市，收男子钱入官。土多孔雀，群飞山谷间，人取养而食之，孳乳如鸡鹜，其王家恒有千余只云。其国西北大山中有如膏者流出成川，行数里入地，如餹餬，甚臭。服之，发齿已落者能令更生，病人服之，皆愈。"

② 《魏书》卷102《西域传》："悦般国，在乌孙西北，去代一万九百三十里。其先，匈奴北单于之部落也。为汉车骑将军窦宪所逐，北单于度金微山，西走康居，其羸弱不能去者住龟兹北。地方数千里，众可二十余万。凉州人犹谓之'单于王'。其风俗、言语与高车同，而其人清洁于胡。俗剪发齐眉，以醍醐涂之，昱昱然光泽。日三澡漱，然后饮食。其国南界有火山，山傍石皆燋熔，流地数十里乃凝坚，人取为药，即石流黄也。与蠕蠕结好，其王尝将数千人入蠕蠕国，欲与大檀相见。入其界百

余里，见其部人不浣衣，不绊发，不洗手，妇人舌舐器物，王谓其从臣曰：‘汝曹诳我入此狗国中。’乃驰还。大檀遣骑追之，不及。自是相仇雠，数相征讨。”

③《北史》卷97《西域传》：“疏勒国，在姑默西，白山南百余里，汉时旧国也。去代一万一千二百五十里。……其王戴金师子冠。土多稻、粟、麻、麦、铜、铁、锡、雌黄、［锦、绵］，每岁常供送于突厥。其都城方五里。国内有大城十二，小城数十。人手足皆六指，产子非六指者即不育。胜兵二千人。南有黄河，西带葱岭，东去龟兹千五百里，西去䥽汗国千里，南去朱俱波八九百里，东北至突厥牙帐千余里，东南去瓜州四千六百里。”按：“锦”“绵”二字，据《魏书》补。

④《魏书》卷102《西域传》：“乌孙国，居赤谷城，在龟兹西北，去代一万八百里。其国数为蠕蠕所侵，西徙葱岭山中，无城郭，随畜牧逐水草。太延三年，遣使者董琬等使其国，后每使朝贡。”

⑤《北史》卷97《西域传》：“渴槃陁国，在葱岭东，朱驹波西。河经其国东北流，有高山，夏积霜雪。亦事佛道，附于嚈哒。”

⑥伊东忠太《中国山西云冈石窟寺》讲：“太武帝即位，先灭夏，平北燕，并北凉，逐吐谷浑，破柔然，威震西域。……盖当时西域诸国悉为佛教国，而其佛教艺术之性质，与大月氏之犍驮罗式同，或属于其系统……此佛教诸国争来贡于北魏，可证其以犍驮罗式艺术输入后魏。”

⑦毗婆沙，即过去七佛之第一佛毗婆尸，译为广说、胜说、异说。毗婆沙论，是广解广说经论之意，北天竺五百罗汉各立异义而释发智论。是小乘一切有部的重要论集。

⑧《出三藏记集》卷10录释道梴《毗婆沙经序》：“《昆婆沙》者，盖是三藏之指归，九部之司南。……有沙门道泰……往以汉土方等既备，幽宗粗畅，其所未练，唯三藏九部。故杖策冒崄，爰至葱西。综揽梵文，义承高旨。并获其胡本十万余偈。……时有天竺沙门浮陀跋摩……以（乙）［丁］丑之岁四月中旬，于凉城内苑闲豫宫寺，请令传译。……至（丁）［己］卯岁七月上旬都讫，通一百卷。会凉城覆没，沦湮遐境，所出经本，零落殆尽。今凉王信向发中，深探幽趣，故每至新异，悕仰奇闻。其年岁首，更写已出本六十卷，令送至宋台，宣布未闻。”按：该经的今本，即南传60卷，当时迁往北魏平城的凉州僧虽曾研习，但全译本确已零落。据唐长孺《南北朝期间西域与南朝的陆道交通》（载《魏晋南北朝史论拾遗》）一文考证，该经的南传，系由所谓“今凉王”的沮渠无讳或沮渠安周，于元嘉二十年（443）或二十一年（444）在西域遣使，取道青海，经岷蜀，携带至江南。我们从汉魏以来，特别是道安、罗什、慧远时代，南北僧人互传新经，以及沮渠氏送经南方的事例，可以看到当时南北间佛教学术交往并未隔绝。

⑨《北史》卷97《西域传》：“［破］洛那国，故大宛国也。都贵山城，在疏勒西北，去代万四千四百五十里。太（和）［延］三年，遣使献汗血马，自此每使朝贡。”按：和，当作“延”，因太和三年朝贡者无破洛那，而始于太延三年。

⑩《魏书》卷102《西域传》：“者舌国，故康居国，在破洛那西北，去代一万五千四百五十里。太延三年，遣使朝贡，自是不绝。”。

438年戊寅　北魏太延四年，宋元嘉十五年

四年春三月庚辰，鄯善王弟素延耆来朝。癸未，罢沙门年五十已下[①]。——《魏书》卷4上《世祖纪上》

四年三月乙未，京师地震。——《魏书》卷112上《灵征志上》

世祖太延四年十月辛酉，北有声如大鼓，西北行。——《魏书》卷112上《灵征志上》

四年十一月丁亥，雷。——《魏书》卷112上《灵征志上》

① 《通鉴》卷123胡三省注："以其强壮，罢使为民，以从征役。"

439年己卯　北魏太延五年，宋元嘉十六年

夏四月丁酉，鄯善、龟兹、疏勒、焉耆诸国遣使朝献。——《魏书》卷4上《世祖纪上》

六月甲辰，车驾西讨沮渠牧犍[①]……九月丙戌……是日，牧犍与左右文武五千人面缚军门，帝解其缚，待以藩臣之礼。收其城内户口二十余万，仓库珍宝不可称计。……冬十月辛酉，车驾东还，徙凉州民三万余家于京师[②]。——《魏书》卷4上《世祖纪上》

释僧朗[③]，凉州人。魏虏攻凉，城民素少，乃逼斥道人，用充军旅，队别兼之。及轒輼所拟，举城同队[④]。收登城僧三千人至，军将见魏主所，谓曰："道人当坐禅行道[⑤]，乃复作贼，深当显戮，明日斩之。"至期，食时，赤气数丈贯日直度。天师寇谦之为帝所信，奏曰："上天降异，正为道人，实非本心，愿不须杀。"帝弟赤坚王亦同谏请[⑥]，乃下敕止之，犹虏掠散配役徒。唯朗等数僧别付帐下。及魏军东还，朗与同学中路共叛。阵防严设，更无走处，东西绝壁，莫测浅深，上有大树，旁垂崖侧，遂以鼓旗竿绳系树悬下。时夜大暗，崖底纯棘，无安足处；欲上岸头，复恐军觉。投计凄遑[⑦]，捉绳悬住，势非支久，共相谓曰："今厄至矣，惟念观世音耳。"便以头扣石，一心专注。须臾，光明从日处出，通照天地，乃见棘中有得下处；因光至地，还忽暗冥。知是神也，相庆感遇，便就以眠。良久方晓，始闻军众惊觉[⑧]。将发，而山谷万重，不知出路，惟望日行。值一大虎出在其前，相谓曰："虽脱虏难，复入虎口。"朗曰："不如君言。正以我等有感，所以现光；今遇此虎，将非圣人示路也？"于是二人径诣，虎即前行，若朗小迟，虎亦暂住。至晓，遂得出路，而失虎所在。便随道自进，七日达于仇池，又至梁汉，出于荆州[⑨]。不测其终。——《续高僧传》卷26《魏凉州沙门释僧朗》[⑩]

凉州自张轨后，世信佛教[⑪]。敦煌地接西域，道俗交得其旧式，村坞相属，多有塔寺。太延中，凉州平，徙其国人于京邑，沙门佛事皆俱东[⑫]，象教弥增矣[⑬]。寻以沙门众

多，诏罢年五十已下者。——《魏书》卷 114《释老志》[14]

十有一月乙巳，刘义隆遣使朝献，并献驯象一。是月，高丽及粟特、渴盘陁、破洛那、悉居半诸国各遣使朝献[15]。——《魏书》卷 4 上《世祖纪上》

① 《魏书》卷 102《西域传》："初，世祖每遣使西域，常诏河西王沮渠牧犍，令护送。至姑臧，牧犍恒发使导路，出于流沙。后使者自西域还，至武威，牧犍左右谓使者曰：'我君承蠕蠕吴提妄说，云：去岁魏天子自来伐我，士马疫死，大败而还，我擒其长弟乐平王丕。我君大喜，宣言国中。'又闻吴提遣使告西域诸国，称：'魏已削弱，今天下唯我为强。若更有魏使，勿复恭奉。'西域诸国，亦有贰者；牧犍事主，稍以慢惰。使还，具以状闻，世祖遂议讨牧犍。"

② 《通鉴》卷 123："冬十月辛酉，魏主东还，留乐平王丕及征西将军贺多罗镇凉州，徙沮渠牧犍宗族及吏民三万户于京师。"司马光《考异》曰："《十六国春秋钞》云：十万户。"

③ 此释僧朗，不知是否即凉州高僧释道朗（释慧朗）。《出三藏记集》卷 8 录有凉州释道朗《大涅槃经序》，追忆昙无谶译经过程。

④ 队，通"坠"，频伽本、大正藏本作"陷"。

⑤ 当时北方僧人注重修禅，坐禅多在窟中。大约南方禅僧亦然。《宋书》卷 97《夷蛮传》记元嘉年间，建康"有慧严、慧议道人，并住东安寺，学行精整，为道俗所推。时斗场寺多禅僧，京师为之语曰：斗场禅师窟，东安谈义林"。当然，此"窟"非彼"窟"。

⑥ 坚，频伽本、大正藏本作"竖"。

⑦ 凄，频伽本、大正藏本作"憧"。

⑧ 惊，频伽本、大正藏本作"警"。

⑨ 仇池，在今甘肃成县西；梁汉，时设梁州汉中郡，即今陕西汉中市；荆州，今湖北襄樊市。按：僧朗等在山中"望日行"七日，到达仇池，其逃脱之地，大约在今兰州至陇西一带。

⑩ 凉州僧逃亡江南著名者，还有沮渠京声。《高僧传》卷 2《晋河西昙无谶传附安阳侯》："蒙逊有从弟沮渠安阳侯者……因谶入河西，弘阐佛法，安阳乃（阅）[锐]意内典，奉持五禁……求法度流沙，至于阗。于瞿摩帝大寺，遇天竺法师佛驮斯那，谘问道义。斯那本学大乘，天才秀发，诵半亿偈，明了禅法，故西方诸国号为人中师子。安阳从受《禅秘要治病经》，因其梵本，口诵通利。既而东归，向邑于高昌，得《观世音》《弥勒》《二观经》各一卷。及还河西，即译出《禅要》，转为晋文。及伪魏吞并西凉，乃南奔于宋。晦志卑身，不交人世，常游塔寺，以居士身毕世。初出《弥勒》《观音》《二观经》，丹阳尹孟顗，见而善之，深加赏接。后竹园寺慧濬尼，复请出《禅经》。……顷之，又于钟山定林寺，出《佛父般泥洹经》一卷。……谶所出诸经，至元嘉中方传建业。"

⑪ 公元 314 年，西晋愍帝封张轨为太尉、西平公、凉州牧。345 年，前凉张骏分设沙州，领敦煌郡。河西是佛教自西域来华的要道，西晋初竺法护即在敦煌译经；道安《凉土异经录》列 59 部，79 卷，足见河西佛教之盛、之早。后来，凉州刺史张天锡邀西域僧译经；至沮渠蒙逊领有凉土，凉州继前秦、姚秦长安后，更为译经中心。

⑫ 凉州姑臧（今甘肃武威）守城的三千僧人，既被掳配役，则在东迁之例。除中途逃脱、死亡者外，大部分应到达代都，从此成为北魏平城时代佛教事业的主体，以及云冈石窟开凿的骨干力量。关于凉州佛教，《魏书》卷 77《高崇传附子谦之传》曰："以父舅氏沮渠蒙逊曾据凉土，国书漏阙，谦

之乃修《凉书》十卷，行于世。凉国盛事佛道，为论贬之，因称佛是九流之一家。”

⑬ 象教，即像教，专指佛教。《隋书》卷35《经籍志四》：“然佛所说，我灭度后，正法五百年，像法一千年，末法三千年，其义如此。”

⑭ 北魏灭北凉，结束了中国北方五胡十六国分裂割据的局面。北凉亡，则元魏国境直接西域，中西文化交流之路向东延伸到平城。从太武帝遣使西域（435）到孝文帝迁都洛阳（494），以平城为东端的丝绸之路，运行了整整六十年。近年大同多有西域风格的北魏文物出土，其中不乏精美的金银器和玻璃制品，往往来自中亚以西地区。至若云冈石窟中所体现的外来文化艺术风格，今天的研究者多以为追踵凉州模式，然而，除此凉州僧传间接方式之外，直接来自中亚、印度等地艺术的影响，亦不可忽视。

⑮ 《北史》卷97《西域传》：“悉居半国，故西夜国也，一名子合。其王号子［合王］，治呼犍。在于阗西，去代万二千九百七十里。太延初，遣使来献，自后贡使不绝。”

440年庚辰　北魏太延六年、太平真君元年，宋元嘉十七年

真君元年二月，京师有黑风竟天，广五丈余。——《魏书》卷112上《灵征志上》

六月丁丑，魏皇孙濬生，大赦，改元太平真君，取寇谦之《神书》云“辅佐北方太平真君”故也。——《通鉴》卷123

【发愿文】□□太平真君元年，岁在庚辰，六月廿日，中山魏□□□□朱怛为亡□□□□像一躯，愿母见世□□，寿命延长，将来之世，龙华树下，一时受法。——《朱怛造石佛像》，见刘建华《北魏泰常五年弥勒铜佛像及相关问题的探讨》①

刘昞，字延明，敦煌人也。……世祖平凉州，士民东迁②，夙闻其名，拜乐平王从事中郎。世祖诏诸年七十以上听留本乡，一子扶养。昞时老矣，在姑臧。岁余，思乡而返，至凉州西四百里韭谷窟③，遇疾而卒。——《魏书》卷52《刘昞传》④

王慧龙，自云太原晋阳人，司马德宗尚书仆射愉之孙，散骑侍郎缉之子也。……初，刘裕微时，愉不为礼，及得志，愉合家见诛。慧龙年十四，为沙门僧彬所匿。……奔于姚兴。……泰常二年，姚泓灭，慧龙归国。……真君元年，拜使持节、宁南将军、虎牢镇都副将。未至镇而卒。临没，谓功曹郑晔曰：“……身殁后，乞葬河内州县之东乡，依古墓而不坟，足藏发齿而已。……”时制，南人入国者皆葬桑干。晔等申遗意，诏许之。……吏人及将士共于墓所起佛寺⑤，图慧龙及僧彬象赞之。——《魏书》卷38《王慧龙传》

① 此文载于文物出版社2002年版《宿白先生八秩华诞纪念文集》。该结跏趺坐佛像，灰砂岩质，通高24厘米，1958年河北正定县文物保管所征集。磨光素髻，面相长圆，细眉细眼，长耳垂肩，着

通肩大衣，背光为圆拱形，正面浅浮雕火焰纹、忍冬纹和莲瓣纹，背面为发愿文。

② 关于凉州东迁平城人口，不久经历了再次迁徙。《刘昞传》讲其子“并迁代京。后分属诸州，为城民”。又如，卷45《辛绍先传》：“世祖之平凉州，绍先内徙，家于晋阳。”再如，《高僧传》卷11《宋伪魏平城释玄高》：“弟子玄畅时在云中，去魏都六百里。”这批凉州民的最终归宿，情况应是多种多样的。《隋书》卷25《刑法志》曰：“自魏、晋相承，死罪其重者，妻子皆以补兵。魏虏西凉之人，没入名为隶户。魏武入关，隶户皆在东魏，后齐因之，仍供厮役。”这种“屈沉兵伍”的情形，具有普遍性。但是，不少士人还是逐渐摆脱了奴役身份。《魏书》卷18《太武五王传》云：“及太和在历，仆射李冲当官任事，凉州士人，悉免厮役，丰沛旧门，仍防边戍。”如：太和十四年，李冲奏擢刘昞一子为郢州云阳令；正光中，太保崔光奏免刘昞孙三家。至于献文帝以后的平齐民，迁徙、处境类似。

③ 本传《校勘记》：“按《晋书》卷94《郭瑀传》云：‘隐于临松薤谷，凿石窟而居。’‘薤’即‘韭’‘韮’，临松在凉州西，敦煌东，刘昞死地当即郭瑀隐居之处。”按：韭谷窟，即今甘肃张掖西南裕固族自治县的文殊山马蹄寺石窟。据《东乐县志》记载，郭瑀石室“后人扩而充之，加以佛像”。其窟，多属北魏造像。2003年冬，我慕名前往，因雪不得进山。

④ 《魏书》卷52《胡叟传》：“凉州虽地居戎域，然自张氏以来，号有华风。”

⑤ 按：东汉以后，中国人效仿西域，于坟墓上立佛塔。依坟建寺，遂成风俗。如北魏平城方山冯太后永固陵前有思远浮屠。宋马永卿《懒真子》卷4云：“司马温公祖茔，在陕府夏县之西二十四里，地名鸣条山，有坟寺，曰余庆。”然宋代官员坟寺，需乞奏皇帝特赐。如《金石萃编补正》卷2《宋旌贤院牒》：“中书门下牒旌贤崇梵院（右谏议大夫、天章阁待制、勾当三班院王子融奏：‘臣亡兄曾，于郑州新郑县安葬，坟侧修到僧院已奉敕赐号崇梵院，欲乞依吕夷简等坟所僧院例，每年拨放剃度行者，并臣亡兄曾神道碑。昨蒙御篆，赐名旌贤。其崇梵院，欲乞赐号旌贤崇梵院。候敕旨。’）：牒奉敕宜，特赐旌贤崇梵院为额，每年乾元节，与剃度行者一名。牒至，准敕故牒。皇祐三年九月十三日牒。”又如《续资治通鉴长编》卷294记：宋神宗元丰元年（1078）十一月“乙亥，宣徽南院使王拱辰乞依二府例，赐坟寺、敕额，岁度僧一人。诏旨以拱辰历事三朝，累经内外清要繁剧，特从其请，不得为例”。考察宋代坟寺敕赐制度，大约与唐末五代的佛寺禁令有关。山野寺院，屡屡取缔；即便官赐，与夺无恒。《宋史》卷20《徽宗纪》：崇宁四年（1105）七月“甲寅，诏夺元祐辅臣坟寺”。此事，《续资治通鉴》卷89记作：“甲寅，诏夺元祐奸恶吕大防等十九人所管坟寺，并改赐敕额为寿宁禅院，别召僧居之。”

441年辛巳　北魏太平真君二年，宋元嘉十八年[①]

世祖太平真君二年七月，天有黄光洞照。——《魏书》卷112下《灵征志下》[②]

① 云冈研究院，旧曾受捐一尊立佛铜像，菩萨状，站四足方座覆盆之上，高18厘米。火焰纹大背光，光焰背后刻铭记。铭曰：“大魏太平真君二年正月十五日，弟子张君四人，一为合门大小居家平安，贰造佛像一躯供养。”2004年夏，金申先生来云冈，我即请视，认定伪赝。

② 宋《太平广记》卷14《神仙类·李筌》：唐“李筌，号达观子，居少室山，好神仙之道，常历名山，博采方术。至嵩山虎口岩，得《黄帝阴符经》本，绢素书，朱漆轴，缄以玉匣，题云：‘大魏真君

二年七月七日，上清道士寇谦之，藏诸名山，用传同好。’其本糜烂，筌抄读数千遍，竟不晓其义理”。

442年壬午　北魏太平真君三年，宋元嘉十九年

三年春正月甲申，帝至道坛，亲受符箓①，备法驾，旗帜尽青②。语在《释老志》③。——《魏书》卷4下《世祖纪下》

【发愿文】大魏太平真君三年岁次壬午，四月戊寅朔，十有八日乙未④，永昌王常侍⑤、定州常山鲍（綦）［纂］，单宦在台⑥。减割身口之储，为父前阱邢县令、亡母王，造兹石浮图、《大涅槃经》一部。愿皇帝陛下享祚无穷；父身延年益寿，父母将来生弥勒佛前；合门眷属，普（家）［蒙］□余福；子子孙孙，咸受福庆。——1915年大村西崖《中国美术史·雕塑篇》录《鲍纂造石塔基座铭》⑦

【发愿文】太平真君三年五月三日，为亡母王造□像一躯⑧。——金申《中国历代纪年佛像图典》8《石造半跏思惟像》

凉州既平，鄯善国以为“唇亡齿寒，自然之道也。今武威为魏所灭，次及我也。若通其使人，知我国事，取亡必近；不如绝之，可以支久”。乃断塞行路。西域贡献，历年不入。后平鄯善，行人复通⑨。——《北史》卷97《西域传》

① 明朱国祯《涌幢小品》卷29《符录》：“其法盛于元魏寇谦之后。唐则明崇俨、叶法善、翟乾祐，五代则谭紫霄，宋则萨守坚、王文卿等，而林灵素最显。……大抵符录之说，自佛教业缘因果中流出，又窃佛经之绪余，作诸经忏，动人耳目取利，原非老子清净本指。乃寇谦之一出，魏太武缘之，尽毁寺刹，诛诸沙门殆尽。宋徽宗于林灵素亦如之，至改僧为德士。”

② 《隋书》卷35《经籍志》：“太武亲备法驾，而受符箓焉。自是道业大行，每帝即位，必受符箓，以为故事，刻天尊及诸仙之象，而供养焉。”

③ 《魏书》114《释老志》：“真君三年，谦之奏曰：‘今陛下以真君御世，建静轮天宫之法，开古以来，未之有也。应登受符书，以彰圣德。’世祖从之。于是亲至道坛，受符录。备法驾，旗帜尽青，以从道家之色也。自后诸帝，每即位皆如之。恭宗见谦之奏造静轮宫，必令其高不闻鸡鸣狗吠之声，欲上与天神交接，功役万计，经年不成。乃言于世祖曰：‘人天道殊，卑高定分。今谦之欲要以无成之期，说以不然之事，财力费损，百姓疲劳，无乃不可乎？必如其言，未若因东山万仞之上，为功差易。’世祖深然恭宗之言，但以崔浩赞成，难违其意，沉吟者久之，乃曰：‘吾亦知其无成，事既尔，何惜五三百功。’”

④ 铭文中干支月日，与陈垣《二十史朔闰表》不合。检索《魏书》《宋书》，该年月无明确朔望日期可以参照，而《朔闰表》列真君三年四月朔日为“丁未”，十八日则为“甲亥”。

⑤ 时，明元帝孙拓跋仁，继承父健为永昌王。

⑥ 单宦在台，意即孤身一人在京做官。南宋洪迈《容斋续笔》卷5《台城少城》曰：“晋宋间，谓朝

廷禁省为台。故称禁城为台城，官军为台军，使者为台使，卿士为台官，法令为台格，需科则曰台有求须，调发则曰台所遣兵。”

⑦ 该塔基，砂岩，扁四方体，高 10 厘米，阔 28.2 厘米。正面雕刻人举摩尼，两旁各一狮、一天人，背面为铭文，左右侧面为供养人。现存日本东京书道博物馆。按：鲍纂在平城节衣缩食而造兹石塔，应为武州山砂岩所成。同时说明，当时武州山已开山取石，用于佛事建设。这一塔基是现今存世有纪年的佛雕中，最早的砂岩石刻。从此开始，到云冈昙曜五窟开凿（姑从和平说）将近二十年，现存散落各地的有纪年的石佛若干尊，有一共同点，即都是砂岩，雕刻风格也与云冈石窟早期造像相近。而此石浮图与天安元年（466）朔州崇福寺九层千佛石塔，都明确记为平城所造。不能不使人得出如此结论：系北魏武州山及其石窟寺开凿的产物。否则，无以解释为什么都出现在凉州僧侣被徙平城之后，为什么都与云冈风格、凉州模式相似，为什么偏偏都是砂岩？凿石雕佛，作为商品销售，在印度马土拉地区早有先例。北魏建都平城，城市、皇宫建设，民用、墓葬器具需求，必然拉动附近采石、石雕业的发展，而各地工匠、僧侣特别是凉州僧团的到来，佛教骤盛，必然促成平城石刻佛像、佛塔的出现，同时也成为这些半奴隶身份者的谋生途径。

⑧ 该半跏思惟菩萨像，砂岩，高 40 厘米。日本国私人藏。观此像，造型丰满，衣饰、背光、双狮，与甘肃诸窟陇西、凉州风格，以及北魏云冈初期造像风格极为相似。石像背面，又有坐禅像，下为铭文。

⑨ 是年，沮渠无讳据鄯善，北魏通往西域之道被彻底遮断。至真君六年破鄯善，道路复通。

443 年癸未　北魏太平真君四年，宋元嘉二十年

魏先之居幽都也，凿石为祖宗之庙于乌洛侯国西北[①]。自后南迁，其地隔远。真君中，乌洛侯国遣使朝献，云石庙如故，民常祈请，有神验焉。其岁，遣中书侍郎李敞诣石室，告祭天地，以皇祖、先妣配。祝曰：“天子焘谨遣敞等用骏足、一元大武，敢昭告于皇天之灵。自启辟之初，祐我皇祖，于彼土田。历载亿年，聿来南迁。惟祖惟父，光宅中原。克翦凶丑，拓定四边。冲人纂业，德声弗彰。岂谓幽遐，稽首来王。具知旧庙，弗毁弗亡。悠悠之怀，希仰余光。王业之兴，起自皇祖。绵绵瓜瓞，时惟多祜。敢以丕功，配飨于天。子子孙孙，福禄永延。”[②] 敞等既祭，斩桦木立之，以置牲体而还。后所立桦木生长成林，其民益神奉之。咸谓魏国感灵祇之应也。石室南距代京可四千余里。——《魏书》卷 108 之一《礼志一》

宋元嘉中，伪太子晃与大臣崔氏、寇氏不睦，崔、寇谮之。玄高道人有道术，晃使祈福七日七夜，佛狸梦其祖、父并怒，手刃向之曰：“汝何故信谗欲害太子。”佛狸惊觉，下伪诏曰：“王者大业，纂承为重，储宫嗣绍，百王旧例。自今已往，事无巨细，必经太子，然后上闻。”[③] 晃后谋杀佛狸见杀。——《南齐书》卷 57《魏虏传》

【发愿文】太平真君四年，高阳蠡吾任丘村人菀申[④]，发愿为东宫皇太子造□玉菩萨[⑤]，下为父母，一切知识，弥勒下生，龙华三会，听受法言，一时得道。申弟菀霸、菀景、菀恩、菀亮侍佛时，所求如意，常见诸佛。清信士女刘文美、菀景妻侍佛时。——金申《中国历代纪年佛像图典》10《菀申造鎏金铜佛立像》

① 《魏书》卷4《世祖纪下》："四年……三月……壬戌，乌洛侯国遣使朝贡。"卷100《乌洛侯传》："世祖真君四年来朝，称其国西北有国家先帝旧墟石室，南北九十步，东西四十步，高七十尺，室有神灵，民多祈请。世祖遣中书侍郎李敞告祭焉，刊祝文于室之壁而还。"按：拓跋鲜卑祖先居住的"旧墟石室"，1980年由内蒙古文物工作者米文平等发现，今名嘎仙洞，天然山洞，位于大兴安岭北部，在今内蒙古呼伦贝尔盟鄂伦春旗阿里河镇西北10公里。

② 嘎仙洞壁石刻祝文为："维太平真君四年癸未岁七月廿五日，天子臣焘使谒者仆射库六官、中书侍郎李敞、傅䨓，用骏足、一元大武、柔毛之牲，敢昭告于皇天之神。启辟之初，祐我皇祖，于彼土田。历载亿年，聿来南迁。应受多福，光宅中原。惟祖惟父，拓定四边。庆流后胤，延及冲人。阐扬玄风，增构崇堂。克揃凶丑，威暨四荒。幽人忘遐，稽首来王。始闻旧墟，爰在彼方。悠悠之怀，希仰余光。王业之兴，起自皇祖。绵绵瓜瓞，时惟多祜。归以谢施，推以配天，子子孙孙，福禄永延。荐于皇皇帝天、皇皇后土，以皇祖先可寒配，皇妣先可敦配，尚飨！东作帅使念凿。"

③ 《魏书》卷4《世祖纪下》："冬十一月……甲子，车驾至于朔方。诏曰：'朕承祖宗重光之绪，思阐洪基，恢隆万世。自经营天下，平暴除乱，扫清不顺，二十年矣。夫阴阳有往复，四时有代谢。授子任贤，所以休息，优隆功臣，式图长久，盖古今不易之令典也。其令皇太子副理万机，总统百揆。诸朕功臣，勤劳日久，皆当以爵归第，随时朝请，飨宴朕前，论道陈谟而已，不宜复烦以剧职。更举贤俊，以备百官。主者明为科制，以称朕心。'"此诏，又见于《宋书》卷95《索虏传》，较《魏书》为详：元嘉"二十年，焘以国授其太子，下书曰：'朕承祖宗重光之绪，思阐洪基，恢隆万世。自经营天下，平暴除逆，扫清不顺，武功既昭，而文教未阐，非所以崇太平之治也。今者域内安逸，百姓富昌，军国异容，宜定制度，为万世之法。夫阴阳有往复，四时有代序，授子任贤，安全相附，所以休息疲劳，式固长久，成其禄福，古今不易之典也。诸朕功臣，勤劳日久，皆当致仕归第，雍容高爵，颐神养寿，朝请随时，飨宴朕前，论道陈谋而已，不须复亲有司苦剧之职。其令皇太子嗣理万机，总统百揆，更举贤良，以被列职，皆取后进明能，广启选才之路，择人授任而黜陟之。故孔子曰：后生可畏，焉知来者之不如今。主者明为科制，宣敕施行。'于是王公以下上书太子皆称臣，首尾与表同，唯用白纸为异"。

④ 高阳郡蠡吾县，当时属定州，在今河北蠡县、博野县西南。

⑤ 该佛像，高53.5厘米，日本东京国立博物馆藏。铭曰菩萨，实为佛状，盖指弥勒成佛；着通肩大衣，U形出水式衣纹，似有犍陀罗、马土拉双重特征；身躯壮伟，双手有蹼，作说法态。

444年甲申　北魏太平真君五年，宋元嘉二十一年

五年春正月……戊申，诏曰："愚民无识，信惑妖邪，私养师巫，挟藏谶记、阴阳、图纬、方伎之书[①]。又沙门之徒，假西戎虚诞，生致妖孽。非所以壹齐政化，布淳

德于天下也。自王公已下至于庶人，有私养沙门、师巫及金银工巧之人在其家者[②]，皆遣诣官曹，不得容匿。限今年二月十五日，过期不出，师巫、沙门身死，主人门诛。明相宣告，咸使闻知。”——《魏书》卷4下《世祖纪下》

【发愿文】太平真君五年，岁次甲申，二月八日□□[③]，□□稽首，归诚十方，诸佛弟子，朱业微□，仰承大圣，耀昭浊世，护教炳然，慨睫与莫，鬲弗謌？□，□睹尊颜，特□□妙，玄□汤口，诊神首致，令弥劫□，□车轮回，为龙水□，覆□以凭，三宝恳少，化恩冥亡，用朗前识。故愿省所弥，上为黄陛下，及所生父母，造佰？平佛，通光主□，诸祀敬者，获愿喻□于太覀，称读皆受辛忝？劫，弘尽一切群品。□□□□共造□无多以道。——刘建华《河北蔚县北魏太平真君五年朱业微石造像》，载1989年第9期《考古》[④]

六月，司徒崔浩奏议：“神祀多不经，案祀典所宜祀，凡五十七所，余复重及小神，请皆罢之。”奏可[⑤]。——《魏书》卷108之一《礼志一》

世祖真君五年八月，华林园诸果尽花。——《魏书》卷112上《灵征志上》

【发愿文】太平真君五年，岁在甲申，八月十二日，鱼阳人松居耿崇妻名阳□、耿云、耿镇、耿照卫，为父母□儿，造弥勒尊像，东华化生，一会说法，得无生法忍[⑥]。——李玉珉《河北早期的佛教造像》，载1994年台北《故宫学术季刊》第11卷4期

释玄高，姓魏，本名灵育，冯翊万年人也。母寇氏，本信外道[⑦]。……以伪秦弘始……四年二月八日生……至年十五，已为山僧说法。受戒已后，专精禅律。闻关中有浮驮跋陀禅师在石羊寺弘法，高往师之。旬日之中，妙通禅法。……高乃杖策西秦，隐居麦积山。山学百余人，崇其义训，禀其禅道。……时乞佛炽槃跨有陇西，西接凉土。有外国禅师昙无毗，来入其国，领徒立众，训以禅道。……高乃欲以己率众，即从毗受法。旬日之中，昆乃反启其志。时河南有二僧，虽形为沙门，而权侔伪相。恣情乖律，颇忌学僧。……乃摈高往河北林阳堂山。……河南王……遣使诣高，卑辞逊谢，请高还邑。……内外敬奉，崇为国师。河南化毕，进游凉土。沮渠蒙逊深相敬事，集会英宾，发高胜解。……

时魏虏拓跋焘僭据平城，军侵凉境，焘舅阳平王杜超，请高同还伪都[⑧]。既达平城，大流禅化。伪太子拓跋晃事高为师，晃一时被谗，为父所疑，乃告高曰：“空罗枉苦，何由得脱？”高令作金光明斋，七日恳忏。焘乃梦见其祖及父，皆执剑烈威，问：

“汝何故信谗言，枉疑太子？”焘惊觉，大集群臣，告以所梦。诸臣咸言，太子无过，实如皇灵降诰。焘于太子无复疑焉，盖高诚感之力也。焘因下书曰：“朕承祖宗重光之绪，思阐洪基，恢隆万代。武功虽昭，而文教未畅，非所以崇太平之治也。今者域内安逸，百姓富昌，宜定制度，为万世之法。夫阴阳有往复，四时有代序。授子任贤，安全相付，所以休息疲劳，式固长久，古今不易之令典也。朕诸功臣，勤劳日久。当致仕归第，雍容高爵，颐神养寿，论道陈谟而已。不须复亲有司苦剧之职。其令皇太子副理万机，总统百揆，更举良贤，以备列职。择人授任，而黜陟之。故孔子曰：“后生可畏，焉知来者之不如今。”于是朝士庶民皆称臣于太子。上书如表，以白纸为别。

时崔浩、寇天师先得宠于焘，恐晃纂承之日夺其威柄，乃谮云：“太子前事，实有谋心。但结高公道术，故令先帝降梦。如此物论，事迹稍形，若不诛除，必为巨害。”焘遂纳之，勃然大怒，即敕收高。高先时尝密语弟子云：“佛法应衰，吾与崇公首当其祸乎？”于时闻者莫不慨然。时有凉州沙门释慧崇，是伪魏尚书韩万德之门师。既德次于高，亦被疑阻。至伪太平五年九月，高与崇公俱被幽絷。其月十五日就祸，卒于平城之东隅，春秋四十有三。是岁宋元嘉二十一年也。当尔之夕，门人莫知。是夜三更，忽见光绕高先所住处塔三匝，还入禅窟中[⑨]。因闻光中有声云:“吾已逝矣。”诸弟子方知已化，哀号痛绝。既而迎尸于城南旷野，沐浴迁殡。兼营理崇公，别在异处。一都道俗，无不嗟骇。

弟子玄畅时在云中，去魏都六百里。旦，忽见一人告云以变，仍给六百里马，于是扬鞭而返，晚间至都，见师已亡。悲恸断绝。因与同学共泣曰：“法今既灭，颇复兴不？如脱更兴，请和上起坐。和上德匪常人，必当照之矣。”言毕，高两眼稍开，光色还悦。体通汗出，其汗香甚。须臾起坐，谓弟子曰：“大法应化，随缘盛衰。盛衰在迹，理恒湛然。但念汝等不久复应如我耳，唯有玄畅当得南度[⑩]。汝等死后，法当更兴。善自修心，无令中悔。”言已便卧而绝也。明日迁柩，欲阇维之，国制不许，于是营坟即窆。道俗悲哀，号泣望断。

有沙门法达，为伪国僧正，钦高日久，未获受业[⑪]。忽闻（怛）［徂］化，因而哭曰：“圣人去世，当复何依？”累日不食，常呼：“高上圣人自在，何能不一现？”应声见高飞空而至，达顶礼求哀，愿见救护。高曰：“君业重难救，当可如何。

自今以后，依《方等》忏悔，当得轻受。”达曰：“脱得苦报，愿见矜救。”高曰：“不忘一切，宁独在君。”达又曰：“法师与崇公并生何处？”高曰：“吾愿生恶世，救护众生，即已还生阎浮。崇公常祈安养，已果心矣。”达又问：“不审法师已阶何地？”高曰：“我诸弟子自有知者。”言讫，奄然不见。达密访高诸弟子，咸云是得忍菩萨。至伪太平七年，拓跋焘果毁灭佛法，悉如高言。——《高僧传》卷11《宋伪魏平城释玄高》[⑫]

十二月，粟特国遣使朝贡。——《魏书》卷4下《世祖纪下》

① 师巫，历代有之，即巫师、巫婆等装神弄鬼之人。如《魏书》卷7上《高祖纪上》太和九年诏谓“诸巫觋假称神鬼，妄说吉凶”者，又如《明会要》卷129《刑部四・明律・禁止师巫邪术》：“凡师巫假降邪神，书符、咒水、扶鸾、祷圣，自称端公、太保、师婆……”，蛊惑人心、左道乱民。按北魏当时，尚书令刘洁等以求图谶涉嫌谋反，被诛；乐平王丕召日者董道秀，占筮非望，以忧死。盖太武帝因此而下诏。

② 姜亮夫《莫高窟年表》曰：“自六朝以来，寺僧多有依附权贵及地方恶霸，以图巩固或扩张其寺院势力之谋，此中盖有政治经济等原因。其大者乃形成叛乱、荒淫、盗窃诸现象。吾人试结合南朝之所谓‘家僧’，唐时之所谓‘门徒’，不难知之。此一事实，为研究佛教与中土政治社会经济诸端所必需注意之一大事。而‘私养’之名，最早见于史者，实始于此。”按：昙曜为北凉沮渠牧犍太傅张谭门师，玄高为北魏太子晃门师，慧崇为尚书韩万德门师，率皆此类，实为魏晋南北朝时期人身依附关系发展的一个侧面。当然以释老之士为师，非只民间，帝王亦奉之为师，如：石勒、石虎之于佛图澄，苻坚之与释道安，姚兴之于鸠摩罗什，乞伏炽磐之于玄高，太武之于寇谦之，文成之于昙曜，冯太后之于昙度，孝文帝之于道登。盖西域早有此俗，中国后代也不乏其例。门客，作为魏晋南北朝时期的一种依附人口，曾普遍存在。《魏书》卷104《自序》中，魏收言其父“子建客有沙门昙璨及巨鹿人耿显”，昙璨即魏子建家僧。

③ 这篇发愿文，是在刘建华执笔文章基础上的再次辨识。“二月八日”后两字模糊不清，按《二十史朔闰表》应为“癸酉”。

④ 2004年3月，我与赵昆雨往蔚县博物馆，馆长李新威热情允视。该石佛坐像，黄褐色细砂岩，通高60.5厘米。佛禅定结跏趺坐，水波纹发髻，面相长圆，细目长眉，白毫深窝，鼻梁挺直，大耳垂肩，嘴略大，双下颏。慈祥和蔼，微显笑意。斜披袈裟，衣纹流畅、线条遒劲。圆拱状大背光，曾涂朱红色；外周环忍冬纹；中环两重化佛，通肩大衣，结跏趺坐；内环火焰纹，托起圆形项光。主佛两侧，高冠菩萨各一。整体给人感觉，近似于云冈第20窟大佛，而气宇轩昂不能及。显著的区别在于：发髻不同，脸庞方圆、眉线直弯差异。佛座长方形，座雕供养像及大象直鼻龛柱。石佛背面，中央为须弥座式三层塔；两侧各一菩提树，拱抱塔顶；下座部刻发愿文。该佛，1982年发现于蔚县黄梅乡榆涧村原石峰寺，而蔚州当地不产砂岩，疑由北魏平城武州山请至。

⑤《通鉴》卷124曰：“魏入中国以来，虽颇用古礼祀天地、宗庙、百神，而犹循其旧俗，所祀胡神甚众。崔浩请存合于祀典者五十七所，其余复重及小神悉罢之。魏主从之。”

⑥ 该鎏金铜佛立像，高29厘米，现藏意大利罗马。该像面容较菀申造像更为丰满，身着袒右袈裟，手相、莲座、座床等相同。立像的体形、气度，与云冈石窟早期造像相近。

⑦ 玄高舅家，约即避乱冯翊万年（今陕西临潼北）的上谷寇氏，与寇讚、寇谦之同族。汤用彤讲：“高本名灵育，又似道教称号，则其母或原奉道者也。”又说，佛法一曰教，二曰理，教理互用，不可偏执。南朝人士偏于谈理，佛道儒之争，辩论虽激烈，但只在理之长短，而常见三教调和之说。北人偏于信教，最重净行，最重皈依，笃教保守，排斥异学，往往因教争而相毁灭也。笔者以为：教争的实质是权与利之争。盖玄高家原本信奉天师道教，高既改从佛教，在寇谦之看来，即为叛道；二人在平城狭路相逢，又形成敌对势力，生死之争成为必然。谦之前曾营救凉州僧众，后却谮杀玄高，虽云政治斗争需要，其中亦或有家族恩怨的隐情。另按：始光元年佛道像碑，造像主魏文朗为北地郡三原县民，与魏灵育（玄高）冯翊郡万年县相邻，都姓魏，都有佛、道信仰，想来不是偶然巧合，值得深究。

⑧ 杜超，字祖仁，魏郡邺人，明元帝密皇后之兄，太武帝的母舅也。超行征南大将军，镇邺城，高允为其从事中郎。《魏书》卷 48《高允传》云：“允少孤夙成，有奇度……年十余，奉祖父丧还本郡，推财与二弟而为沙门，名法净。未久而罢。性好文学，担笈负书，千里就业。博通经史天文术数，尤好《春秋公羊》。……又雅信佛道，时设斋讲，好生恶杀。性又简至，不妄交游。”卷 4《世祖纪》：太延五年大军伐凉州，“骠骑大将军、乐平王丕，太宰、阳平王杜超，督平凉、鄜城诸军为后继”。太平真君五年“夏四月乙亥，侍中、太宰、阳平王杜超为帐下所杀”。五个月后，玄高被杀，大约也由于失去了杜超的庇护。可见，当时释道斗争之激烈。

⑨ 北魏玄高事迹，盖玄畅南渡后所述，梁释慧皎选入《高僧传》。玄高被诛“于平城之东隅”的当天，其弟子不知，说明他们习禅的寺院不在城内。禅窟，即高允《鹿苑赋》“凿仙窟以居禅”所指，是僧人坐禅的石窟，不同于一般寺院的禅房。禅房，则修建在寺院静处。《水经注》卷 26《淄水》：“阳水东径故七级寺禅房南，水北则长庑遍驾，迴阁承阿，林之际则绳坐疏班，锡钵间设。所谓修修释子，眇眇禅栖者也。”这种林间禅房，与禅窟属于两种样式的建筑。禅窟，往往仅容一人安坐，今天的云冈石窟、鹿野苑石窟，犹有遗窟。值得重视的是，这条记载表明，当时平城山中已有开凿禅窟、建立塔寺的情况。从大同市现存石窟遗址分布看，俱在西山，武州川（今十里河）谷有焦山、吴官屯、鲁班窑、云冈、晋华宫、青磁窑等，山北有鹿野苑石窟（献文帝建）。玄高习禅的石窟、塔庙，应在武州山。由此反映出：在太武灭法之前，武州山已有开窟坐禅的佛寺建设。

⑩ 玄高弟子尚有南渡者，见《高僧传》卷 11《宋江陵释僧隐》：“释僧隐，姓李，秦州陇西人。家世正信。隐年八岁出家，便能长斋。至十二蔬食。及受具戒，执操弥坚。常游心律苑，妙通《十诵》。诵《法华》《维摩》。闻西凉州有玄高法师禅慧兼举，乃负笈从之。于是学尽禅门，深解律要。高公化后，复西游巴蜀，专任弘通。顷之东下，止江陵琵琶寺，谘业于慧彻。彻名重当时，道扇方外。隐研访少时，备穷经律，禅慧之风被于荆楚。”

⑪ 僧正，即道人统。观此文中对法达的记述，久仰玄高，而未承授教，大约不是凉州沙门，应系平城旧僧。且玄高要求他，依照大乘方等深经进行忏悔，说明法达的学问有所不足或不同。由此而言，在凉州僧侣到来之前，平城佛学的水平并不高。

⑫ 唐道宣《广弘明集》卷 2《元魏书释老志》：“集论者曰：……时有沙门玄高者，空（或作定）门之秀杰也。通灵感众，道王河西，凉平东归，太武信重，为太子晃之师也。晃孝敬自天，崇仰佛法。崔、寇得幸于帝，恐晃摄政，或见危逐，遂密谗于帝，谓有异图，可不先虑。帝乃信之，便幽太子于深宫。帝梦其祖、父执剑怒曰：‘太子仁孝忠诚允著，如何信谗？’帝寤，集朝臣以述之。诸雄伯曰：‘太子无事，枉见幽辱。’帝又信之，以真君五年正月下诏曰：‘朕承祖宗重光之绪，思阐鸿业，

恢隆万代。武功虽昭，而文教未畅，非所以崇太平之治也。今域内安逸，百姓富昌，宜定制度，为万世之法。夫阴阳有往复，四时有代序，授子任贤，安全相付，所以休息疲劳，式固长久，古今不易之令典也。可令皇太子副理万机，总统百揆，更举贤良，以备列职。择人授任，而黜陟之。’其朝士庶民，皆称臣于太子云云。崔浩又谮云：‘太子前事，实有谋心，但结高公道术，故令先帝降梦。如此物论，事迹难明，若不早除，必为巨害。’帝又纳之，即幽太子死之。又收高于平城南缢之，即宋元嘉二十一年也。尔夜，门人莫知其死，忽有光明绕塔入房，有声曰：‘吾已逝矣。’弟子等奔赴尸所，请告遗诀。高蹶然起坐曰：‘大法应化，随缘盛衰，盛衰在迹，理恒湛然，但念汝等不久复当如我耳。汝等死后，法当复兴，善自修心，无令后悔。’言已，便卧而绝。”按：道宣所录“真君五年正月诏”，即《宋书》《南齐书》《魏书》所载真君四年十一月诏。相对应的史实是：“五年春正月壬寅，皇太子始总百揆。侍中、中书监、宜都王穆寿，司徒、东郡公崔浩，侍中、广平公张黎，侍中、建兴公古弼，辅太子以决庶政。诸上书者皆称臣，上疏仪与表同。”（《魏书》卷4下《世祖纪下》）。玄高之死，与其联系此诏，毋宁联系当月稍后的禁私养沙门诏，这条诏令确与崔、寇反对佛教势力壮大的思想动机相符。至于恭宗之死，在正平元年（451）六月，时崔浩被诛后一年，道宣误作一谈。

445年乙酉　北魏太平真君六年，宋元嘉二十二年

真君六年二月丙辰，有白龙见于京师家人井中。——《魏书》卷112上《灵征志上》

夏四月庚戌，征西大将军、高凉王那等讨吐谷浑慕利延于阴平白兰。诏秦州刺史、天水公封敕文击慕利延兄子什归于枹罕，散骑常侍、成周公万度归乘传发凉州以西兵袭鄯善。……秋八月……壬辰，度归以轻骑至鄯善，执其王真达以诣京师，帝大悦，厚待之[①]。……壬寅，高凉王那军到曼头城，慕利延驱其部落西渡流沙，那急追。故西秦王慕璝世子被囊逆军拒战，那击破之，被囊轻骑遁走，中山公杜丰精骑追之，度三危，至雪山，生擒被囊、什归及炽磐子成龙，送于京师。慕利延遂西入于阗国[②]。——《魏书》卷4下《世祖纪下》

释玄畅，姓赵，河西金城人[③]。少时家门为胡虏所灭，祸将及畅，虏帅见畅而止之，曰：“此儿目光外射，非凡童也。”遂获免。仍往凉州出家。本名慧智，后遇玄高，事为弟子。高每奇之，事必共议，因改名玄畅，以表付嘱之旨。其后，虐虏剪灭佛法，害诸沙门，唯畅得走[④]。以元嘉二十二年闰五月十七日发自平城，路由（岱）[代]郡、上谷，东跨太行。路经幽、冀南转，将至孟津。唯手把一束杨枝，一扼葱叶。虏骑追逐，将欲及之，乃以杨枝击沙，沙起天闇，人马不能得前。有顷沙息，骑已复至，于是投身河中，唯以葱叶内鼻孔中通气度水。以八月一日达于扬州。

洞晓经律，深入禅要，占记吉凶，靡不诚验。坟典子氏，多所该涉。至于世伎杂能，罕不必备。初《华严》大部，文旨浩博，终古以来，未有宣释。畅乃竭思研寻，提章比句。传讲迄今，畅其始也。又善于《三论》，为学者之宗。宋文帝深加叹重，请为太子师，再三固让。……迁憩荆州，止长沙寺。时沙门功德直出《念佛三昧经》等[⑤]，畅刊正文字，辞旨婉切。又舒手出香，掌中流水，莫之测也。迄宋之季年，乃飞舟远举，西适成都。初止大石寺，乃手画作金刚密迹等十六神像[⑥]。至昇明三年，又游西界，观瞩岷岭，乃于岷山郡北部广阳县界，见齐后山，遂有终焉之志。仍倚岩傍谷，结草为庵。……以齐建元元年四月二十三日，建刹立寺，名曰齐兴。正是齐太祖受锡命之辰，天时人事，万里悬合。时傅琰西镇成都，钦畅风轨，待以师敬。……琰即具以表闻，敕蠲百户以充俸给。齐骠骑豫章王嶷作镇荆、峡，遣使征请。河南吐谷浑主，遥心敬慕，乃驰骑数百，迎于齐山。值已东赴，遂不相及。至齐武升位，司徒文宣王启自江陵[⑦]，旋于京师。文惠太子又遣征迎，既敕令重叠，辞不获免。于是泛舟东下，中途动疾，带患至京。倾众阻望，止住灵根，少时而卒，春秋六十有九。是岁齐永明二年十一月十六日[⑧]，即窆于钟阜独龙山前。临川献王立碑，汝南周颙制文。——《高僧传》卷8《齐蜀齐后山释玄畅传》[⑨]

《贤愚经》十五卷。右一部合十五卷，宋文帝世，凉州沙门释昙觉，一云慧觉，共威德于于填得此经梵本来[⑩]。当元嘉二十二年，于高昌国天安寺译[⑪]。见《宋齐录》。——《历代三宝纪》卷9[⑫]

惠始……太延中，临终于八角寺……遂瘗寺内。至真君六年，制城内不得留瘗，乃葬于南郊之外。始死十年矣，开殡俨然，初不倾坏。送葬者六千余人，莫不感恸。中书监高允为其传，颂其德迹。惠始冢上，立石精舍，图其形像。经毁法时，犹自全立。——《魏书》卷114《释老志》

① 《北史》卷97《西域传》："及太武平凉州，沮渠牧犍弟无讳走保敦煌。无讳后谋渡流沙，遣其弟安周击鄯善，王比龙恐惧欲降。会魏使者自天竺、罽宾还，俱会鄯善，劝比龙拒之，遂与连战。安周不能克，退保东城。后比龙惧，率众西奔且末，其世子乃应安周。（其后，魏遣使使西域，道出其国）鄯善人颇剽劫之，令不得通，太武诏散骑常侍、成周公万度归乘传发凉州兵讨之。度归到敦煌，留辎重，以轻骑五千渡流沙，至其境。时鄯善人众布野，度归敕吏卒不得有所侵掠，边守感之，皆望旗稽服。其王真达面缚出降，度归释其缚，留军屯守，与真达诣京都。"《通鉴》卷124云："度归留军屯守，与真达诣平城，西域复通。"

②《北史》卷97《西域传》："于阗国……去代九千八百里。其地方亘千里，连山相次，所都城方八九里。

部内有大城五，小城数十。于阗城东三十里有首拔河，中出玉石。土宜五谷并桑、麻。山多美玉。有好马、驼、骡。其刑法，杀人者死，余罪各随轻重惩罚之。自外风俗物产，与龟兹略同。俗重佛法，寺塔、僧尼甚众。王尤信尚，每设斋日，必亲自洒扫馈食焉。城南五十里有赞摩寺，即昔罗汉比丘卢旃为其王造覆盆浮图之所。石上有辟支佛跣处，双迹犹存。于阗西五百里有比摩寺，云是老子化胡成佛之所。俗无礼义，多盗贼，淫纵。自高昌以西诸国人等，深目高鼻，唯此一国，貌不甚胡，颇类华夏。……真君中，太武诏高凉王那击吐谷浑慕利延，慕利延惧，驱其部落渡流沙。那进军急追之，慕利延遂西入于阗，杀其王，死者甚众。”

③ 金城，郡名，十六国时在今兰州西北。

④ 按:《高僧传》记玄高真君五年九月死，明年闰五月玄畅南下。玄高“法灭”，乃太武帝全国灭佛的前奏;这里慧皎将玄畅南逃的原因，误与真君七年的灭法混为一谈。

⑤《出三藏记集》卷 2：“《念佛三昧经》，六卷，宋大明六年译出，或云《菩萨念佛三昧经》；《破魔陀罗尼经》，一卷，或云《无量门破魔陀罗尼经》，大明六年译出。右二部，凡七卷，宋孝武时，西域沙门功德直至荆州，沙门释玄畅请于禅房译出。”另外，《出三藏记集》卷 11 录有江陵（荆州）玄畅《诃梨跋摩传》。

⑥ 按：玄畅精通鸠摩罗什《三论》，得关中之盛学；讲释《华严经》，肇南学之始；刊正《念佛三昧经》，显禅学之根底；画金刚密迹神像，亦佛教早期禅僧之基本功。观玄畅学业与南朝之尊礼，则知玄高道术。诚如《高僧传》卷 11《宋江陵释僧隐》所谓“玄高法师禅慧兼举”。由此，玄高在平城及武州山的作为，亦可推想。今人或谓：北僧重禅业，略义理。考诸玄高、玄畅、昙曜等人生平，未必如此。究其原因，盖因北朝无系统的僧人传记，而由南人撰写的佛史，对于北方高僧固有许多不明与偏见。

⑦ 齐文宣王，即萧子良。

⑧ 齐永明二年(484)，即北魏孝文帝太和八年。则知玄畅逃离平城时，年仅 30 岁。然《高僧传》卷13《齐上定林寺释法献》又附一“玄畅”，似为同一人。其文曰：“献以永明之中，被敕与长干玄畅同为僧主，分任南北两岸。畅本秦州人，亦律禁清白，文惠太子奉为戒师。献后被敕三吴，使妙简二众，畅亦东行，重申受戒之法。时畅与献二僧皆少习律检，不竞当世，与武帝共语，每称名而不坐。后中兴僧钟于乾和殿见帝，帝问钟（如）[所]宜，钟答：‘贫道比苦气。’帝嫌之，乃问尚书王俭：‘先辈沙门与帝王共语何所称，[预]正殿坐不?’俭答：‘汉魏佛法未兴，不见其记传。自伪国稍盛，皆称贫道，亦预坐，及晋初亦然。中代有庾冰、桓玄等，皆欲使沙门尽敬，朝议纷纭，事皆休寝。宋之中朝，亦颇令致礼，而寻竟不行。自尔迄今，多预坐而称贫道。’帝曰：‘畅、献二僧，道业如此，尚自称名，况复余者。揖拜则太甚，称名亦无嫌。’自尔，沙门皆称名于帝王，自畅、献始也。畅以建武初亡，春秋七十有五。献以建武末年卒，与畅同窆于钟山之阳。”

⑨ 隋智顗《菩萨戒义疏》卷 1：“自齐宋已来多用此法。所以题作高昌本者，寻《地持》是昙无谶于河西所译。有沙门道进，求谶受菩萨戒，谶不许，且令悔过。七日七夜竟，诣谶求受，谶大怒，不答。进自念，正是我障业未消耳。复更竭诚礼忏，首尾三年。进梦见释迦文佛授己戒法。明日，诣谶欲说所梦，未至数十步，谶惊起唱：‘善哉，已感戒矣。我当为汝作证。’次第于佛像前更说戒相。时有道朗法师，是河西高足，当进感戒之时，朗亦通梦。乃自卑戒腊，求为法弟。于是（后）[从]进受者千有余人。河西王沮渠蒙逊子景环，后移据高昌，既奉进为师，进亦随往。值高昌荒饿，进

生割己身以救饥者，因此舍命。进弟子僧遵，姓赵，高昌人，传师戒法。复有比丘昙景，亦传此法，宗出彼郡，故名高昌本。又元嘉末，有玄畅法师，从魏国度在荆、（嘱）[蜀]之门，宣授菩萨戒法，大略相似，不无小异。故别有畅法师本。此出昙无谶而小广《地持》，恐谶誓愿发起人情有此重复也。”按：《菩萨戒本》、《地持》（即《菩萨地持经》），俱昙无谶译。玄畅《菩萨戒本》，当受法于玄高，高公所传乃昙无谶之学。

⑩ 觉，各本作“学”；威，它本或作“成”；于填，即于阗。僧祐《出三藏记集》卷9《贤愚经记》：“十二部典，盖区别法门。旷劫因缘，既事照于本生；智者得解，亦理资于譬喻。《贤愚经》者，可谓兼此二义矣。河西沙门释昙学、威德等凡有八僧，结志游方，远寻经典。于于阗大寺遇般遮于瑟之会。般遮于瑟者，汉言五年一切大众集也。三藏诸学，各弘法宝，说经讲律，依业而教。学等八僧随缘分听，于是竞习胡音，折以汉义，精思通译，各书所闻。还至高昌，乃集为一部。既而逾越流沙，赍到凉州。于时沙门释慧朗，河西宗匠，道业渊博，总持方等。以为此经所记，源在譬喻；譬喻所明，兼载善恶；善恶相翻，则贤愚之分也。前代传经，已多譬喻，故因事改名，号曰贤愚焉。元嘉二十二年，岁在乙酉，始集此经。京师天安寺沙门释弘宗者，戒力坚净，志业纯白。此经初至，随师河西，时为沙弥，年始十四，亲预斯集，躬睹其事。洎梁天监四年，春秋八十有四，凡六十四腊，京师之第一上座也。唯经至中国，则七十年矣。祐总集经藏，访讯遐迩，躬往谘问，面质其事。宗年耆德峻，心直据明，故标讲为录，以示后学焉。”

⑪ 高昌故城，在今新疆吐鲁番东约20余公里，为通往天山北路的重镇。《魏书》卷101《高昌传》：“汉西域长史、戊己校尉并居于此。晋以其地为高昌郡，张轨、吕光、沮渠蒙逊据河西，皆置太守以统之。去敦煌十三日行。国有八城，皆有华人。地多石碛。气候温暖，厥土良沃，谷麦一岁再熟，宜蚕，多五果，又饶漆。有草名羊刺，其上生蜜而味甚佳。引水溉田。出赤盐，其味甚美。复有白盐，其形如玉，高昌人取以为枕，贡之中国。多蒲萄酒。俗事天神，兼信佛法。国中羊马，牧在隐僻处以避寇，非贵人不知其处。北有赤石山。七十里有贪汗山，夏有积雪，此山北铁勒界也。”442年，沮渠无讳率北凉余众逐高昌太守而据有其地，称凉王。460年，柔然灭沮渠氏，立阚伯周为高昌王。太和二十一年（497），高昌王马儒向北魏遣使朝贡。其后，麴氏为王，朝贡不断。

⑫ 按照僧祐《贤愚经记》所述，费长房《历代三宝纪》对《贤愚经》流入中土的简述有误。一是释慧朗，盖即沮渠氏河西高僧释道朗，那么该经在太武帝灭凉之前已至中华；二是元嘉二十二年，即北魏真君六年，应系经到南朝的时间；三是经传南朝，与建康天安寺沙门释弘宗有关，非高昌有“天安寺”；四是既云《贤愚经》是释慧朗定名，应属河西译经。

446年丙戌　北魏太平真君七年，宋元嘉二十三年

三月，诏诸州坑沙门，毁诸佛像[①]。徙长安城工巧二千家于京师。——《魏书》卷4下《世祖纪下》[②]

世祖即位，富于春秋。既而锐志武功，每以平定祸乱为先。虽归宗佛法，敬重沙门，而未存览经教，深求缘报之意。及得寇谦之道，帝以清净无为，有仙化之证，遂信行其术。时司徒崔浩，博学多闻，帝每访以大事。浩奉谦之道，尤不信佛，与帝言，

数加非毁，常谓虚诞，为世费害。帝以其辩博，颇信之。会盖吴反杏城[3]，关中骚动，帝乃西伐，至于长安。先是，长安沙门种麦寺内，御驺牧马于麦中，帝入观马。沙门饮从官酒，从官入其便室，见大有弓矢矛盾，出以奏闻。帝怒曰："此非沙门所用，当与盖吴通谋，规害人耳。"命有司案诛一寺，阅其财产，大得酿酒具及州郡牧守、富人所寄藏物，盖以万计。又为屈室，与贵室女私行淫乱。帝既忿沙门非法，浩时从行，因进其说。诏诛长安沙门，焚破佛像，敕留台下四方，令一依长安行事。又诏曰："彼沙门者，假西戎虚诞，妄生妖孽，非所以一齐政化，布淳德于天下也。自王公已下，有私养沙门者，皆送官曹，不得隐匿。限今年二月十五日，过期不出，沙门身死，容止者诛一门。"[4]

时恭宗为太子监国，素敬佛道。频上表，陈刑杀沙门之滥，又非图像之罪。今罢其道，杜诸寺门，世不修奉，土木丹青，自然毁灭。如是再三，不许[5]。乃下诏曰："昔后汉荒君，信惑邪伪，妄假睡梦，事胡妖鬼，以乱天常，自古九州之中无此也。夸诞大言，不本人情。叔季之世，暗君乱主，莫不眩焉。由是政教不行，礼义大坏，鬼道炽盛，视王者之法，蔑如也。自此以来，代经乱祸，天罚亟行，生民死尽，五服之内，鞠为丘墟；千里萧条，不见人迹，皆由于此。朕承天绪，属当穷运之弊，欲除伪定真，复羲农之治。其一切荡除胡神，灭其踪迹，庶无谢于风氏矣。自今以后，敢有事胡神及造形像、泥人、铜人者[6]，门诛。虽言胡神，问今胡人，共云无有。皆是前世汉人无赖子弟刘元真[7]、吕伯彊之徒，接乞胡之诞言，用老庄之虚假，附而益之，皆非真实。至使王法废而不行，盖大奸之魁也。有非常之人，然后能行非常之事。非朕孰能去此历代之伪物！有司宣告征镇诸军、刺史，诸有佛图、形像及胡经，尽皆击破焚烧，沙门无少长悉坑之。"是岁，真君七年三月也。恭宗言虽不用，然犹缓宣诏书，远近皆豫闻知，得各为计[8]。四方沙门，多亡匿获免[9]，在京邑者，亦蒙全济。金银宝像及诸经论，大得秘藏。而土木宫塔，声教所及，莫不毕毁矣。

始谦之与浩同从车驾，苦与浩诤，浩不肯，谓浩曰："卿今促年受戮，灭门户矣。"后四年，浩诛，备五刑，时年七十。浩既诛死，帝颇悔之。业已行，难中修复。恭宗潜欲兴之，未敢言也。佛沦废终帝世，积七八年。然禁稍宽弛，笃信之家，得密奉事，沙门专至者，犹窃法服诵习焉。唯不得显行于京都矣。——《魏书》卷114《释老志》[10]

先是，沙门昙曜有操尚⑪，又为恭宗所知礼。佛法之灭，沙门多以余能自效，还俗求见。曜誓欲守死，恭宗亲加劝喻，至于再三，不得已，乃止。密持法服、器物，不暂离身，闻者叹重之。——《魏书》卷114《释老志》

① 《南齐书》卷57《魏虏传》：“初，佛狸讨羯胡于长安，杀道人且尽。”

② 《魏书》卷4下《世祖纪下》：“夏四月甲申，车驾至自长安。戊子，邺城毁五层佛图，于泥像中得玉玺二，其文皆曰‘受命于天，既寿永昌’，其一刻其旁曰‘魏所受汉传国玺’。”

③《通鉴》卷124：“魏民间讹言‘灭魏者吴’，卢水胡盖吴聚众反于杏城，诸种胡争应之，有众十余万。”

④ 这条诏令，实是本纪中真君五年正月戊申“禁私养沙门诏”的简写。按：真君六年十一月癸未，太武帝西征盖吴、薛永宗；七年二月丙戌（初二），幸长安；三月遂有灭佛之举。期间，没有发布或重申此诏的可能和必要。大约由于魏收仓促撰史，不加甄别，插叙失当。

⑤ 太武帝二月抵达长安，留台三月即发布灭佛诏令，期间，远隔千里，恭宗虽曾驿递上表谏止，但不可能多次往复。魏收盖将真君五年以来恭宗的奏章，统而言之于此。甚是不妥。

⑥ 太武灭佛诏中，禁“造形像、泥人、铜人”，虽应包括石刻佛像，但未明确指出，说明当时石佛的雕造不是主流，石窟建设也尚未盛行。平城武周山，此前或有玄高等来自凉州禅僧坐禅的简易禅窟及寺院，却绝对不能与后来雕饰奇伟、华丽的石窟寺同日而语。中国历史上大规模的石窟开凿，始于云冈石窟建设，以后风行大江南北近千年。其原因，既是受到当时西方佛教石窟造像的影响，更是针对太武灭法事件的一种变本加厉的反动。

⑦ 刘元真，汤用彤先生考为西晋清谈名士。

⑧ 《隋书》卷35《经籍志四》：“后魏时，太武帝西征长安，以沙门多违佛律，群聚秽乱，乃诏有司，尽坑杀之，焚破佛像。长安僧徒，一时歼灭。自余征镇，豫闻诏书，亡匿得免者十一二。”

⑨《高僧传》卷7《宋寿春石磵寺释僧导》：“释僧导，京兆人。十岁出家，从师受业。……迄受具戒，识洽愈深，禅律经论，达自心抱。姚兴钦其德业，友而爱焉，入寺相造，乃同辇还宫。及什公译出经论，并参议详定。导既素有风神，又值关中盛集，于是谋猷众典，博采真俗，乃著《成实》《三论义疏》及《空有二谛论》等。后宋高祖西伐长安，擒获伪主，荡清关内，既素籍导名，乃要与相见。……高祖旋旆东归，留子桂阳公义真镇关中，临别谓导曰：‘儿年小留镇，愿法师时能顾怀。’义真后为西虏勃勃赫连所逼，出自关南。中途扰败，丑虏乘凶，追骑将及，导率弟子数百人遏于中路，谓追骑曰：‘刘公以此子见托，贫道今当以死送之，会不可得，不烦相追。’群寇骇其神气，遂回锋而反。义真走窜于草，会其中兵段宏，卒以获免，盖由导之力也。高祖感之，因令子侄内外师焉。后立寺于寿春，即东山寺也，常讲说经论，受业千有余人。会虏俄灭佛法，沙门避难，投之者数百，悉给衣食。其有死于虏者，皆设会行香，为之流涕哀恸。”东山寺，见《水经注》卷32《肥水》：“溪水引渎北出，西南流，径导公寺西。寺侧，因溪建刹五层，屋宇闲敞，崇虚携觉也。”

⑩ 《法苑珠林》卷79《感应缘·魏崔皓》：“宋文帝元嘉二十三年丙戌，是北魏太平真君七年。太武皇帝信任崔皓邪佞谄谀，崇重寇谦，号为天师。残害释种，毁破浮图，废弃法祀。时诸臣佥曰：‘康僧感瑞，太皇创寺，若也除毁，恐贻后悔。’又于后宫内掘地得一金像，皓乃秽之，阴处尤痛，叫声难忍。太史卜曰：‘由犯大神故。’于是广祈名山，多赛祠庙，而屏苦尤重，内痛弥甚。有信宫人，屡设谏曰：‘陛下所痛，由犯释像。请祈佛者，容可止苦。’皓曰：‘佛为大神耶？试可求之。’

一请便愈，欣庆易心。乃以车马迎康僧会法师，请求洗忏，从受五戒，深加敬重也。太武皇帝方知寇谦阴用邪误，乃加重罚，以置四郊，埋身出口，令四衢行人皆用口厕，以尽形命。徒党之流并皆斩决。至庚寅年，太武遭疾，方始感寤。兼有昙始白足禅师来相启发，生愧悔心。即诛崔皓。到壬辰岁，太武帝崩，孙文成立，即起浮图。毁经七年，还兴三宝。至和平三年，昭玄都统沙门释昙曜，慨前凌废，欣今再兴，故于北台石窟寺，集诸僧众译经传，流通后贤之徒，使法藏住持，千载不坠。”按：道世此文，记述错乱，仅供参阅。

⑪《高僧传》卷 11《宋伪魏平城释玄高传附昙曜》：“时，河西国沮渠茂虔时，有沙门昙曜，亦以禅业见称，伪太傅张潭伏膺师礼。”《太平御览》卷 268 引崔鸿《十六国春秋·北凉录》曰：“张谭，字符庆，武威姑臧人也。为和宁令，政以德化为本，不务威刑。民有过者，读《孝经》及忠臣孝子传训导之。百姓爱之如父母，号曰慈君。”

447 年丁亥　北魏太平真君八年，宋元嘉二十四年

三月，河西王沮渠牧犍谋反，伏诛。徙定州丁零三千家于京师。——《魏书》卷 4 下《世祖纪下》

真君八年五月，北镇寒雪，人畜冻死。是时为政严急。——《魏书》卷 112 上《灵征志上》

十二月，鄯善、遮逸国并遣子朝献。——《魏书》卷 4 下《世祖纪下》

大月氏国，都賸监氏城①，在弗敌沙西②，去代一万四千五百里。北与蠕蠕接，数为所侵，遂西徙都薄罗城，去弗敌沙二千一百里。其王寄多罗勇武③，遂兴师越大山，南侵北天竺。自乾陁罗以北五国④，尽役属之。太武时，其国人商贩京师，自云能铸石为五色琉璃，于是采矿山中，于京师铸之⑤。既成，光泽乃美于西方来者。乃诏为行殿，容百余人，光色映彻，观者见之，莫不惊骇，以为神明所作。自此，中国琉璃遂贱，人不复珍之。——《北史》卷 97《西域传》

① 賸，《魏书》卷 102《西域传》作“卢”，《校勘记》疑是误衍。

②《魏书》卷 102《西域传》：“弗敌沙国，故肸顿翕侯，都薄茅城，在钳敦西，去代一万三千六百六十里。居山谷间。”《法显传》：“从揵陀卫国南行四日，到弗楼沙国。佛昔将诸弟子游行此国，语阿难云：‘吾般泥洹后，当有国王名罽腻伽，于此处起塔。’后罽腻伽王出世，出行游观时，天帝释欲开发其意，化作牧牛小儿，当道起塔。王问言：‘汝作何等？’答言：‘作佛塔。’王言：‘大善。’于是，王即于小儿塔上起塔，高四十余丈，众宝挍饰。凡所经见塔庙，壮丽威严，都无此比。……佛钵即在此国。”

③ 寄多罗，亦为中亚王国名，原为兴都库什山以北的游牧部落。古代西方称之为匈尼特人、寄多罗匈人、匈卡人和贵霜人。约在五世纪初占领兴都库什山以南地区。《北史》卷 97《西域传》记作：“小月氏国，都富楼沙城。其王本大月氏王寄多罗子也。寄多罗为（匈奴）[蠕蠕]所逐，西徙。后令其子守此城，因号小月氏焉。在波路西南，去代一万六千六百里。先居西平、张掖之间，被服颇与羌同。其俗以

金银钱为货。随畜牧移徙，亦类匈奴。其城东十里有佛塔，周三百五十步，高八十丈。自佛塔初建计，至武定八年，八百四十二年，所谓‘百丈佛图’也。”按：富楼沙，即布路沙布罗，在今白沙瓦。

④ 乾陁罗，即犍陀罗，《法显传》称揵陀卫，《魏书》《北史》作乾陁、乾陁罗，《大唐西域记》为健驮罗。《法显传》：“揵陀卫国，是阿育王子法益所治处。佛为菩萨时，亦于此国以眼施人，其处亦起大塔，金银校饰。此国人多小乘学。”《北史》卷97《西域传》：“乾陁国，在乌苌西，本名业波，为嚈哒所破，因改焉。其王本是敕勒，临国已二世矣。好征战，与罽宾斗，三年不罢，人怨苦之。有斗象七百头，十人乘一象，皆执兵仗，象鼻缚刀以战。所都城东南七里有佛塔，高七十丈，周三百步，即所谓雀离佛图也。”

⑤ 大月氏商人到平城，并烧制琉璃的具体时间不明，姑系是年。按：本世纪初，大同城东、城南北魏墓出土了若干的玻璃器，大致分为无色透明与彩色半透明两种，多具异国情调。近年，大同城内东北角拆迁，出土大量玻璃料块。

448年戊子　北魏太平真君九年，宋元嘉二十五年

二月……徙西河离石民五千余家于京师。——《魏书》卷4下《世祖纪下》

夏五月甲戌，以交趾公韩拔为假节、征西将军、领护西戎校尉、鄯善王，镇鄯善，赋役其民，比之郡县。——《魏书》卷4下《世祖纪下》

六月……丁卯，悦般国遣使求与王师俱讨蠕蠕①，帝许之。——《魏书》卷4下《世祖纪下》

九月……成周公万度归千里驿上大破焉耆国，其王鸠尸卑那奔龟兹②。……十有二月，诏成周公万度归自焉耆西讨龟兹③。——《魏书》卷4《世祖纪下》④

九年，谦之卒，葬以道士之礼。先于未亡，谓诸弟子曰：“及谦之在，汝曹可求迁录。吾去之后，天宫真难就。”——《魏书》卷114《释老志》⑤

① 悦般，《魏书》卷102《西域传》云：“真君九年，遣使朝献。并送幻人，称能割人喉脉令断，击人头令骨陷，皆血出或数升或盈斗，以草药内其口中，令嚼咽之，须臾血止，养疮一月复常，又无痕瘢。世祖疑其虚，乃取死罪囚试之，皆验。云中国诸名山皆有此草，乃使人受其术而厚遇之。又言：其国有大术者，蠕蠕来抄掠，术人能作霖雨、狂风、大雪及行潦，蠕蠕冻死漂亡者十二三。是岁，再遣使朝贡，求与官军东西齐契讨蠕蠕。世祖嘉其意，命中外诸军戒严，以淮南王他为前锋，袭蠕蠕。仍诏有司，以其鼓舞之节，施于乐府。自后每使贡献。”

② 《北史》卷97《西域传》：“焉耆国，在车师南，都员渠城……其王姓龙，名鸠尸毕那……恃地多险，颇剽劫中国使。太武怒之，诏成周公万度归讨之，约赍轻粮，取食路次。度归入焉耆东界，击其边守左回、尉犁二城，拔之，进军向员渠。鸠尸毕那以四五万人出城，守险以拒。度归募壮勇，短兵直往冲，鸠尸毕那众大溃，尽虏之，单骑走入山中。度归进屠其城，四鄙诸戎皆降服。焉耆为国，斗绝一隅，不乱日久，获其珍奇异玩，殊方谲诡难识之物，橐驼、马牛、杂畜巨万。时太武幸阴山北宫，

度归破焉耆露板至，帝省讫，赐司徒崔浩书曰：‘万度归以五千骑，经万余里，拔焉耆三城，获其珍奇异物及诸委积不可胜数。自古帝王，虽云即序西戎，有如指注，不能控引也。朕今手把而有之，如何？’浩上书称美。遂命度归镇抚其人。初鸠尸毕那走山中，犹觊城不拔，得还其国。既见尽为度归所克，乃奔龟兹。龟兹以其婿，厚待之。”

③ 《北史》卷97《西域传》：“太武诏万度归率骑一千以击之，龟兹遣乌羯目提等领兵三千距战，度归击走之，斩二百余级，大获驼马而还。……自后每使朝贡。”

④《魏书》卷110《食货志》：“成周公万度归西伐焉耆，其王鸠尸卑那单骑奔龟兹，举国臣民负钱怀货，一时降款，获其奇宝异玩以巨万，驼马杂畜不可胜数。度归遂入龟兹，复获其殊方瑰诡之物亿万已上。”《通鉴》卷125曰：“由是诸胡咸服，西域复平。”按：此后西域各国使节、商人、僧侣往来平城不断。本书详录太延以降14年间凿通西域的过程，下面收录北魏平城时代与西域各国的交通往来，目的是揭示云冈石窟佛教艺术与西方的直接传承关系。

⑤ 《太平广记》卷210《黄花寺壁》引《林登博物志》：“后魏孝文帝登位初，有魏城人元兆，能以九天法禁绝妖怪。先，邺中有军士女年十四，患妖病累年，治者数十人并无据。一日，其家以女来谒元兆所止。谒兆，兆曰：‘此疾非狐狸之魅，是妖画也。……汝但述疾状，是佛寺中壁画四天神部落中魅也。此言如何？’其女之父曰：‘某前于云门黄花寺中东壁，画东方神下乞恩，常携此女到其下。又，女常惧此画之神，因夜惊魇，梦恶鬼来持女而笑，由此得疾。’兆大笑曰：‘故无差。’……其女于座即愈。……兆即寇谦之师也。”按：此记虽荒诞不经，但佛寺绘画吓人不虚。

449年己丑　北魏太平真君十年，宋元嘉二十六年

秋七月，浮图沙国遣使贡献。……十有一月，龟兹、疏勒、破洛那、员阔诸国各遣使朝献。——《魏书》卷4下《世祖纪下》

时间岁讨蠕蠕。是秋九月，上复自将征之，所捕虏凡百余万矣[①]。——《魏书》卷105之三《天象志三》

① 《通鉴》卷125：“自是柔然衰弱，屏迹不敢犯魏塞。”

450年庚寅　北魏太平真君十一年，宋元嘉二十七年

二月……是月，大治宫室，皇太子居于北宫[①]。车驾遂征悬瓠[②]，益遣使者安慰境外之民，其不服者诛之。[③]——《魏书》卷4下《世祖纪下》

真君十一年六月诛浩，清河崔氏无远近，范阳卢氏、太原郭氏、河东柳氏，皆浩之姻亲，尽夷其族。初，郄标等立石铭刊《国记》，浩尽述国事，备而不典。而石铭显在衢路，往来行者咸以为言，事遂闻发。……浩非毁佛法，而妻郭氏敬好释典，时时读诵。浩怒，取而焚之，捐灰于厕中。及浩幽执，置之槛内，送于城南，使卫

士数十人溲其上，呼声嗷嗷，闻于行路。自宰司之被戮辱，未有如浩者，世皆以为报应之验也。……始浩与冀州刺史赜、荥阳太守模等年皆相次，浩为长，次模，次赜。三人别祖，而模、赜为亲。浩恃其家世魏晋公卿，常侮模、赜。模谓人曰："桃简正可欺我，何合轻我家周儿也。"浩小名桃简，赜小名周儿。世祖颇闻之，故诛浩时，二家获免。浩既不信佛、道，模深所归向，每虽粪土之中，礼拜形像。浩大笑之，云："持此头颅不净处跪是胡神也？"——《魏书》卷35《崔浩传》

静轮宫，魏神䴥四年造，抑亦柏梁之流也。台榭高广，超出云间，欲令上延霄客，下绝嚣浮。太平真君十一年，又毁之。——《水经注》卷13《㶟水》

九月辛卯，舆驾南伐。……十有一月辛卯，至于邹山……使使者以太牢祀孔子。壬子，次于彭城，遂趋盱眙。頞盾国献师子一。十有二月丁卯，车驾至淮。……淮南皆降。——《魏书》卷4下《世祖纪下》

① 《南齐书》卷57《魏虏传》："佛狸破梁州、黄龙，徙其居民，大筑郭邑。截平城西为宫城，四角起楼，女墙，门不施屋，城又无壍。南门外立二土门，内立庙，开四门，各随方色，凡五庙，一世一间，瓦屋。其西立太社。佛狸所居云母等三殿，又立重屋，居其上。饮食厨名'阿真厨'，在西，皇后可孙恒出此厨求食。……可孙，昔妾媵之。殿西铠仗库屋四十余间，殿北丝绵布绢库土屋一十余间。伪太子宫在城东，亦开四门，瓦屋，四角起楼。妃妾住皆土屋。婢使千余人，织绫锦贩卖，酤酒，养猪羊，牧牛马，种菜逐利。太官八十余窖，窖四千斛，半谷半米。又有悬食瓦屋数十间，置尚方作铁及木。其袍衣，使宫内婢为之，伪太子别有仓库。其郭城绕宫城南，悉筑为坊，坊开巷。坊大者容四五百家，小者六七十家。每（南）［闭］坊搜检，以备奸巧。城西南去白登山七里，于山边别立父祖庙。城西有祠天坛，立四十九木人，长丈许，白帻、练裙、马尾被，立坛上，常以四月四日杀牛马祭祀，盛陈卤簿，边坛奔驰奏伎为乐。城西三里，刻石写《五经》及其《国记》，于邺取石虎文石屋基六十枚，皆长丈余，以充用。……自佛狸至万民，世增雕饰。正殿西筑土台，谓之白楼。万民禅位后，常游观其上。台南又有伺星楼。正殿西又有祠屋，琉璃为瓦。宫门稍覆以屋，犹不知为重楼。并设削泥采，画金刚力士。胡俗尚水，又规画黑龙相盘绕，以为厌胜。"

② 《宋书》卷72《文九王传》："索虏大帅託跋焘南侵陈、颍，遂围汝南悬瓠城。行汝南太守陈宪保城自固……虏多作高楼，施弩以射城内，飞矢雨下，城中负户以汲。又毁佛浮图，取金像以为大钩，施之冲车端，以牵楼堞。城内有一沙门，颇有机思，辄设奇以应之。"

③ 《宋书》卷95《索虏传》："焘虽不克悬瓠，而虏掠甚多，南师屡无功，为焘所轻侮。与太祖书曰：'……取彼亦不须我兵刃，此有能祝婆罗门，使鬼缚彼送来也。'"按：《通鉴》卷125胡三省《注》："天竺国有婆罗门，善咒术。"既然太武帝有印度婆罗门僧随军，想必当时平城也有居止者。另，《旧唐书》卷29《音乐志二》云："后魏有曹婆罗门，受龟兹琵琶于商人，世传其业，至孙妙达，尤为北齐高洋所重，常自击胡鼓以和之。"

451 年辛卯　北魏太平真君十二年、正平元年，宋元嘉二十八年

正平元年春正月……丁亥，舆驾北旋。是月，破洛那、罽宾①、迷密诸国各遣使朝献②。——《魏书》卷 4 下《世祖纪下》

三月己亥，车驾至自南伐，饮至策勋，告于宗庙。以降民五万余家分置近畿③。赐留台文武所获军资生口各有差。——《魏书》卷 4 下《世祖纪下》

佛狸已来，稍僭华典，胡风国俗，杂相揉乱。……初，佛狸讨羯胡于长安，杀道人且尽。及元嘉南寇，获道人，以铁笼盛之。后佛狸感恶疾，自是敬畏佛教，立塔寺浮图④。——《南齐书》卷 57《魏虏传》

① 《北史》卷 97《西域列传》："罽宾国，都善见城，在波路西南，去代一万四千二百里。居在四山中，其地东西八百里，南北三百里。地平，温和，有苜蓿、杂草、奇木、檀、槐、梓、竹。种五谷，粪园田。地下湿，生稻。冬食生菜。其人工巧，雕文刻镂，织罽。有金、银、铜、锡，以为器物。市用钱。他畜与诸国同。每使朝献。"

② 《北史》卷 97《西域传》："迷密国，都迷密城，在者至拔西，去代一万二千一百里。正平元年，遣使献一峰黑橐驼。其国东有山，名郁悉满，山出金玉，亦多铁。"

③ 《通鉴》卷 126 胡注："近畿，谓环平城千里之地。"

④ 姜亮夫《莫高窟年表》提出，徐州云龙山兴化寺大石佛开凿于是年。有宋苏辙《栾城集·魏佛狸歌》为证："魏佛狸，饮泗水，黄金甲身铁马棰，睥睨山川俯画地，画作西方佛名字。卷舒三军如使指，奔驰万夫凿山觜，云中孤月妙无比。青莲湛然俯下视，击钲卷旆抽行营。北徐府中军吏喜，度僧筑室依云烟，俯窥城郭众山底。兴亡一瞬五百年，细草荒榛没孤垒。"另，北宋贺铸《庆湖遗老诗集》卷 3《和张谋父游石佛山观魏太武书》序云："《南北史彭城图经》：魏太平真君十一年南侵，至瓜步，筑宫驻跸，声欲渡江。……明年春，旋师渡淮，复留连徐方，再旬始北去，在彭城南五里，因山镵佛，高十丈许。"按：云龙山，《新唐书》及新旧《五代史》称作石佛山。大佛为半身坐像，高三丈二尺。既曰"画作西方佛名字"，当为弥陀佛。寺中崖壁现存最早的造像题记，为太和十年（486）。

第五编　北魏文成帝、献文帝时代纪事

452年壬辰　北魏正平二年、文成帝拓跋濬兴安元年，宋元嘉二十九年[①]

魏世祖晚年，佛禁稍弛，民间往往有私习者。及高宗即位，群臣多请复之。——《通鉴》卷126

十有二月……乙卯，初复佛法[②]。丁巳……保达、沙猎国各遣使朝献。——《魏书》卷5《高宗纪》

高宗践极，下诏曰："夫为帝王者，必祗奉明灵，显彰仁道。其能惠著生民，济益群品者，虽在古昔，犹序其风烈。是以《春秋》嘉崇明之礼，祭典载功施之族。况释迦如来功济大千，惠流尘境，等生死者叹其达观，览文义者贵其妙明，助王政之禁律，益仁智之善性，排斥群邪，开演正觉。故前代已来，莫不崇尚，亦我国家常所尊事也。世祖太武皇帝，开广边荒，德泽遐及。沙门道士善行纯诚，惠始之伦，无远不至，风义相感，往往如林。夫山海之深，怪物多有，奸淫之徒，得容假托，讲寺之中，致有凶党。是以先朝因其瑕衅，戮其有罪。有司失旨，一切禁断。景穆皇帝每为慨然，值军国多事，未遑修复。朕承洪绪，君临万邦，思述先志，以隆斯道。今制诸州郡县，于众居之所，各听建佛图一区，任其财用，不制会限。其好乐道法，欲为沙门，不问长幼，出于良家，性行素笃，无诸嫌秽，乡里所明者，听其出家。率大州五十，小州四十人，其郡遥远台者十人。各当局分，皆足以化恶就善，播扬道教也。”天下承风，朝不及夕，往时所毁图寺，仍还修矣。佛像经论，皆复得显[③]。

京师沙门师贤，本罽宾国王种人，少入道，东游凉城，凉平赴京。罢佛法时，师贤假为医术还俗，而守道不改。于修复日，即反沙门，其同辈五人，帝乃亲为下发。师贤仍为道人统。是年，诏有司为石像，令如帝身[④]。既成，颜上足下，各有黑石，冥同帝体上下黑子[⑤]。论者以为纯诚所感。——《魏书》卷 114《释老志》

① 是年二月，中常侍宗爱弑太武帝，立南安王余，改元承平。十月，文成帝即位。

② 汤用彤指出：文成帝即位，年只十二，而作此巨大之兴革，除受其父奉佛虔至的影响外，必其左右大臣及接近的僧人所主张。

③ 北魏文成帝复法，标志着中国佛教进入一个新的高潮。其特征之一，便是北朝造像之风盛行。清王昶《金石萃编》卷 39《附北朝造像诸碑总论》曰：“按造像立碑，始于北魏，迄于唐之中叶。大抵所造者，释迦、弥陁、弥勒及观音、势至为多。或刻山崖，或刻碑石，或造石窟，或造佛堪（或作龛，或作碪），或造浮图。其初不过刻石，其后或施以金涂采绘。其形模之大小、广狭，制作之精粗，不等。造像或称一区（或作堰，或作躯），或称一堪，其后乃称一铺。造像必有记（记后或有铭颂），记后题名。……盖自典午之初，中原板荡。继分十六国，沿及南北朝魏、齐、周、隋，以迨唐初，稍见平定。旋经天宝安史之乱，干戈扰攘。民生其间，荡析离居，迄无宁宇。几有‘尚寐无讹’、‘不如无生’之叹。而释氏以往生西方极乐净土，上升兜率天宫之说诱之。故愚夫愚妇相率造像，以冀佛佑。百余年来，浸成风俗。释氏谓：弥陁为西方教主，观音、势至又能率念佛人归于净土；而释迦先说此经，弥勒则当来次补佛处。故造像率不外此。综观造像诸记，其祈祷之词，上及国家，下及父子，以至来生，愿望甚赊。其余鄙俚不经，为吾儒所必斥。然其幸生畏死，伤离乱而想太平，迫于不得已，而不暇计其妄诞者。仁人君子，阅此所当恻然念之，不应遽为斥詈也。……凡造像之人，自称曰佛弟子、正信佛弟子、清信士、清信女、优婆塞、优婆夷；凡出资造像者，曰像主、副像主、东西南北四面像主、发心主、都开光明主、光明主、天宫主、南面北面上堪中堪像主、檀越主、大像主、释迦像主、开明像主、弥勒像主、弥勒开明主、观世音像主、无量寿佛主、都大檀越、都像主、像斋主、左右葙斋主；造塔者曰塔主；造钟者曰钟主；造浮图者，曰东面、西面、南面浮图主；造灯者，曰登（同灯）主、登明主、世石主（未详）。劝化者，曰化主、教化主、东西南北面化主、左右葙化主、都化主、大都化主、大化主、都录主、坐主、高坐主。邑中助缘者，曰邑主、大都邑主、都邑主、东西面邑主、邑子、邑师、邑正、左右葙邑正、邑老、邑胃（疑同胥）、邑谓（疑同谞，亦同胥）、邑渭（疑同谓，亦即胥）、邑政（疑同正）、邑义、邑日（未详）、都邑、忠正、邑中正、邑长、乡正、邑平正、乡党治律（并未详）。其寺职之称，曰和上、比邱、比邱尼、都维那、维那、典录、典坐、香火、沙弥、门师、都邑维那、邑维那、行维那、左右葙维那、左右葙香火。其名目之繁如此。撮其大凡，以广异闻，而造像题记之梗概备于此矣。入唐以后，不复赘论云。”

④ 汤用彤《汉魏两晋南北朝佛教史》讲：“北朝造像，类用石质。南朝帝王凿石造像，似无所闻。即民间亦不多。即此亦可见风土之殊异也。”

⑤ 近年，大同市陆屹峰，发现第 13 窟交脚弥勒大像的右脚面有两颗绛红石如拳，撰文疑是文成帝兴安石像。但因本尊面部被后代包泥彩绘所覆，未能验实。按：北魏平城武州山石窟寺，唐人认为拓

跋嗣神瑞元年始建；梁《高僧传》记拓跋焘太平真君五年玄高所居塔寺有“禅窟”，而近年大同以及周围地区发现的墓志、石佛、石塔等，证实了武州山削山营窟，早在昙曜造五大窟之前已有行动。联系史记与现今考古发现，北魏平城建筑所用，有砂岩、青石（火山岩）、缁石、文石、云母，而后四种岩石中包含黑色石核的可能性甚微。武州山砂岩属于侏罗纪沉积岩，易于雕琢，且以黄色或浅红色为主调，夹层中有赤色、黄色、青色、豆青色泥沙岩，偶有其他杂质，如石核包含其中。粗砂岩，多用于北魏建筑材料及墓葬用品；细沙岩、泥沙岩，多用来雕刻精细的墓碑、棺床、石砚、小佛像等。兴安石像，应是一尊单独的帝王像，以砂岩雕刻最为可能。

453年癸巳　北魏兴安二年，宋元嘉三十年

二月……乙丑，发京师五千人穿天渊池①。……三月……乙未，疏勒国遣使朝献。……秋七月……筑马射台于南郊。八月辛未，渴槃陀国遣使朝贡。……十有二月……库莫奚、契丹、罽宾等十余国各遣使朝贡。——《魏书》卷5《高宗纪》

释僧周，不知何［许］人。性高烈，有奇志操。而韬光晦迹，人莫能知。常在嵩高山头陀坐禅②。魏虏将灭佛法，周谓门人曰：“大难将至。”乃与眷属数十人，共入寒山。山在长安西南四百里，溪谷险阻，非军兵所至，遂卜居焉。俄而，魏虏肆暴，停者悉毙。其后寻悔，诛灭崔氏，更兴佛法。伪永昌王镇长安③，奉旨将更修立，访求沙门。时有说寒山有僧，德业非凡，王即遣使征请。周辞以老疾，令弟子僧亮应命出山。……僧亮，姓李，长安人，受业于僧周。初，永昌王请僧，无敢应者，咸以言佛法初兴，疑有不测之虑。亮曰：“像运寄人，正在今日。若被诛剪，自身当之；如其获全，则道有更振之期。”又僧周加劝，于是随使至长安。未至之顷，王及民人扫洒街巷，比室候迎。王亲自扛道，接足致敬。亮为陈诫祸福，训示因果。言约理诣，和而且切。听者悲喜，各不自胜。于是修复故寺，延请沙门。关中大法更兴，亮之力也。——《高僧传》卷11《宋长安寒山释僧周僧亮》

初，昙曜以复佛法之明年，自中山被命赴京，值帝出，见于路，御马前衔曜衣④，时以为马识善人。帝后奉以师礼。昙曜白帝，于京城西武州塞，凿山石壁，开窟五所，镌建佛像各一⑤。高者七十尺，次六十尺，雕饰奇伟，冠于一世⑥。——《魏书》卷114《释老志》⑦

① 天渊池，约在今大同城北。《魏书》卷13《皇后传》：“高宗初，穿天渊池，获一石铭，称桓帝葬母封氏，远近赴会二十余万人。有司以闻，命藏之太庙。”

② 头陀，梵文音译，一译“杜多”，意译“抖擞”（抖擞烦恼）。僧人行头陀时，应守十二项苦行，

即住空闲处、常乞食、着粪扫衣等，称为“头陀行”。僧人修禅，有佛经可依。后世禅宗弟子的必读经书，见清俞樾《茶香室续钞》卷17《禅家六籍》：“国朝乔松年《萝藦亭札记》云，佛书《大般若经》《金刚经》《维摩诘经》《楞伽经》《圆觉经》《楞严经》，号禅家六籍。犹儒之六经。”

③ 《魏书》卷5《高宗纪》：兴安二年“秋七月辛亥，行幸阴山。濮阳王闾若文，征西大将军、永昌王仁谋反。乙丑，赐仁死于长安，若文伏诛”。按：永昌王请僧兴佛事，在此年年初。

④ 宋《册府元龟》卷51《帝王部·崇释氏》作：“御马前马前衔曜衣。”可见，皇帝乘坐的是马车。

⑤ 关于武州山石窟开凿的动机和指导思想，关野贞、常盘大定《山西云冈》（赵一德译，载《北朝研究》1990年下半年刊）讲：“昙曜请求文成帝开凿石窟五所，又是为太祖以下五帝而设，无庸置疑。这样，五窟就含有五帝的灵庙的意义。从五窟内部佛像的样式判断，第三区西端的五窟，即从第十六窟至第二十窟推定可以对应。由此可知，既有昙曜的付法藏精神，也有魏王室忏悔及追孝的动机，这样的因缘凑合，产生了千古的佛教艺术。而造像的指导思想，至少与佛传以及法华、维摩、金光明、无量寿、弥勒等诸大乘经卷有关，华严的思想也是有的。”

⑥ 陈垣《记大同武州山石窟寺》云：“武州塞之石窟，始凿于昙曜，据此毫无疑义。昙曜之赴京，在复法之明年，即兴安二年，西历四百五十三年也。是时佛法初复，图像大兴，西域画像，接踵而至。魏之先世，本有凿石为庙之风（见《魏书·礼志》），佛教又重偶像，故能致此奇伟。”

⑦ 姜亮夫《莫高窟年表》：“云冈造型艺术，与敦煌风格气韵，皆显为嫡系宗亲。其面相、手法、印相及佛与菩萨单躯庄严，皆与印度相类，而不全同。盖其粉本得之凉州，不为北印、中印冢适，而经变图传，则渗入中土固有成分极多。即属佛教事物中，亦有为印度本土所无。如尖圆搏风之象龛、弥陀之坐势、飞天等。余疑为依仿经文，杂以中土故习，而自为结构之说，在此更得一证明。凡此等情实，皆与敦煌全同。”按：云冈石窟是华夏大地最早开凿完成的大型石窟群，上承西域、凉州石窟营造模式，下启遍布全国各地的石窟寺建设，开创了一个新时代。

454年甲午　北魏兴安三年、兴光元年，宋孝武帝刘骏孝建元年

【碑文】《平国侯韩弩真妻碑》①：维大代兴安三年，岁次鹑火，春正月己亥朔廿六日寘大，幽州范阳郡方城县民，平远将军、平国侯韩弩真故妻王亿变，春秋六十有二，寿终。故建立斯石以记之耳。——大同市私人藏《王亿变碑》②

二月甲午，帝至道坛，登受图箓。礼毕，曲赦京师，班赏各有差。——《魏书》卷5《高宗纪》

高宗兴光元年二月，有云五色。所谓景云，太平之应也。——《魏书》卷112下《灵征志下》

兴光元年秋，敕有司于五级大寺内③，为太祖已下五帝，铸释迦立像五，各长一丈六尺，都用赤金二十五万斤④。——《魏书》卷114《释老志》

十有二月……出于、叱万单国各遣使朝献。——《魏书》卷5《高宗纪》

释志道，姓任，河内人。性温谨。十七出家，止灵曜寺[⑤]。蔬素少欲，六物之外，略无兼畜。学通三藏，尤长律品。何尚之钦德致礼，请居所造法轮寺。先时魏虏灭佛法，后世嗣兴，而戒授多阙。道既誓志弘通，不惮艰苦，乃携同契十有余人，往至虎牢[⑥]。集洛、秦、雍、淮、豫五州道士，会于引水寺。讲律明戒，更申受法。伪国僧禁获全，道之力也。后还京邑，王奂出镇湘州[⑦]，携与同游。以永明二年卒于湘土，春秋七十有三。——《高僧传》卷11《齐钟山灵曜寺释志道》

① 此碣并座，武州山黄色细砂岩，20世纪90年代出土于大同城南智家堡一带北魏墓地。碑高44厘米，宽24厘米，厚5.5厘米。上部圆弧部，雕双鸟交颈戏珠。碑文隶书。

② 清钱泳《履园丛话》卷3《墓碑》：“墓之有碑，始于秦汉。碑上有穿，盖下葬具，并无字也。其后有以墓中人姓名、官爵及功德、行事刻石者。《西京杂记》载杜子夏葬长安，临终作文，刻石埋墓。此墓志之所由始也。至东汉渐多，有碑、有诔、有表、有铭、有颂。然惟重所葬之人，欲其不朽，刻之金石，死有令名也。故凡撰文书碑，姓名俱不著所列者，如门生故吏，皆刻于碑阴或别碑。汉碑中如此例者，不一而足。自此以后，谀墓之文日起，至隋唐间，乃大盛。则不重所葬之人，而重撰文之人矣。宋元以来，并不重撰文之人，而重书碑之人矣。”

③ 五级大寺，盖即道武帝天兴元年（398）在平城所建“五级佛图”。

④ 古人以铜为金，“赤金”即今所谓红铜；真金，称作黄金、紫金。

⑤ 灵曜寺，在刘宋都城建康（今南京）钟山。

⑥ 虎牢，即汉成皋县，在今河南荥阳西北。释志道由建康赴虎牢，姑系是年。

⑦ 王奂任湘州刺史，在齐武帝永明元年（483），即北魏太和七年。

455年乙未　北魏兴光二年、太安元年，宋孝建二年

太安元年春正月辛酉，奉世祖、恭宗神主于太庙。……三月己亥，诏曰：“今始奉世祖、恭宗神主于太庙，又于西苑遍秩群神。……其曲赦京师死囚已下。”——《魏书》卷5《高宗纪》

【发愿文】太安元年乙（酉）[未]二月，佛弟子张永敬造。弟子张秉、弟子张保、弟子张兴、弟子张酋、弟子张旻、弟子张昌[①]。——金申《中国历代纪年佛像图典》13《张永造石佛坐像》

夏六月壬戌，诏名皇子曰弘，曲赦京城，改年。……是月，遮逸国遣使朝贡。……冬十月，波斯[②]、疏勒国并遣使朝贡。——《魏书》卷5《高宗纪》

太安初，有师子国胡沙门邪奢遗多、浮陀难提等五人[③]，奉佛像三，到京都。皆云，备历西域诸国，见佛影迹及肉髻，外国诸王相承，咸遣工匠，摹写其容[④]，莫能及

难提所造者，去十余步，视之炳然，转近转微[⑤]。又沙勒胡沙门，赴京师致佛钵并画像迹[⑥]。——《魏书》卷 114《释老志》

① 此砂岩石佛坐像，高 35.5 厘米。日本京都藤井有邻馆藏。主佛结跏趺坐，造型丰满，斜披袈裟，衣纹厚重，同于云冈初期大像风格。主佛螺发，为现存单尊造像之最早所见。两旁狮背上立束草座，各坐一半跏思惟菩萨。底座正面供养有三龛佛像，中央大龛为释迦、多宝并坐。二佛并坐，出典于《法华经·见宝塔品》，大约是佛教进入中土的新创造。光背后浮雕，为"睒子本生"和"舍身饲虎"故事。按：此像造型没有问题，应该是北魏武州山石雕；但此年六月始改元太安，题记中作"乙酉""二月"，使人疑伪。

②《北史》卷 97《西域传》："波斯国，都宿利城，在忸密西，古条支国也。去代二万四千二百二十八里。城方十里，户十余万，河经其城中南流。土地平正，出金、银、鍮石、珊瑚、琥珀、车渠、马脑，多大真珠、颇梨、琉璃、水精、瑟瑟、金刚、火齐、镔铁、铜、锡、朱砂、水银、绫、锦、叠、毾、氍毹、毾㲪、赤獐皮，及熏陆、郁金、苏合、青木等香，胡椒、荜拨、石蜜、千年枣、香附子、诃梨勒、无食子、盐绿、雌黄等物。气候暑热，家自藏冰。地多沙碛，引水溉灌。其五谷及鸟兽等与中夏略同，唯无稻及黍、稷。土出名马、大驴及驼，往往有一日行七百里者，富室至有数千头。又出白象、师子、大鸟卵。有鸟形如橐驼，有两翼，飞而不能高，食草与肉，亦能啖火。其王姓波氏，名斯。坐金羊床，戴金花冠，衣锦袍、织成帔，饰以真珠宝物。其俗：丈夫剪发，戴白皮帽，贯头衫，两箱近下开之，亦有巾帔，缘以织成。妇女服大衫，披大帔，其发前为髻，后披之，饰以金银花，仍贯五色珠，络之于膊。……兵有甲、矟、圆排、剑、弩、弓箭。战兼乘象，百人随之。其刑法：重罪悬诸竿上，射杀之。次则系狱，新王立乃释之。轻罪则劓、刖，若髡或剪半鬓，及系牌于项，以为耻辱。犯强盗者，系之终身。奸贵人妻者，男子流，妇人割其耳鼻。赋税，则准地输银钱。俗事火神、天神。文字与胡书异。多以姊妹为妻妾，自余婚合，亦不择尊卑，诸夷之中最为丑秽矣。百姓女年十岁以上有姿貌者，王收养之，有功勋人，即以分赐。死者多弃尸于山，一月著服。城外有人别居，唯知丧葬之事，号为不净人，若入城市，摇铃自别。以六月为岁首，尤重七月七日、十二月一日。其日，人庶以上，各相命召，设会作乐，以极欢娱。又每年正月二十日，各祭其先死者。"

③ 师子国，即今斯里兰卡。《梁书》卷 54《海南诸国传》："师子国，天竺旁国也。其地和适，无冬夏之异。五谷随人所种，不须时节。其国旧无人民，止有鬼神及龙居之。诸国商估来共市易，鬼神不见其形，但出珍宝，显其所堪价，商人依价取之。诸国人闻其土乐，因此竞至，或有停住者，遂成大国。晋义熙初，始遣献玉像，经十载乃至。像高四尺二寸，玉色洁润，形制殊特，殆非人工。此像历晋、宋世在瓦官寺，寺先有征士戴安道手制佛像五躯，及顾长康维摩画图，世人谓为三绝。至齐东昏，遂毁玉像，前截臂，次取身，为嬖妾潘贵妃作钗钏。宋元嘉六年、十二年，其王刹利摩诃遣使贡献。"唐《艺文类聚》卷 76《内典上》："《宋元嘉起居注》……又云：师子王国遣使奉献，诏答曰：此小乘经甚少，彼国所有，皆可写来。"

④《高僧传》卷 6《晋庐山释慧远》："闻天竺有佛影，是佛昔化毒龙所留之影，在北天竺月氏国那竭呵城南古仙人石室中。"《法显传》云："至那竭国界醯罗城，城中有佛顶骨精舍，尽以金薄、七宝挍饰。……骨黄白色，方圆四寸，其上隆起。每日出后，精舍人则登高楼，击大鼓，吹蠡，敲铜钵。王闻已，则诣精舍，以华香供养。供养已，次第顶戴而去。……供养都讫，乃还顶骨于精舍，

中有七宝解脱塔，或开或闭，高五尺许，以盛之。……从此北行一由延，到那竭国城，是菩萨本以银钱贸五茎华，供养定光佛处。城中亦有佛齿塔，供养如顶骨法。城东北一由延，到一谷口，有佛锡杖，亦起精舍供养。杖以牛头旃檀作，长丈六七许，以木筒盛之。正复百千人举，不能移。入谷口西行，有佛僧伽梨，亦起精舍供养。彼国土俗亢旱时，国人相率出衣礼拜供养，天即大雨。那竭城南半由延，有石室，博山西南，向佛留影此中。去十余步观之，如佛真形，金色相好，光明炳著。转近转微，仿佛如有。诸方国王遣工画师摹写，莫能及。彼国人传云：千佛尽当于此留影。影西四百步许，佛在时剃发剪爪，佛自与诸弟子共造塔，高七八丈，以为将来塔法。今犹在。边有寺，寺中有七百余僧。此处，有诸罗汉、辟支佛塔乃千数。”按：那竭国醯罗城，法显记在弗楼沙国（富楼沙，今白沙瓦）西十六由延（一由延，即 20 公里），即今阿富汗贾拉拉巴德一带。

⑤ 陈垣《记大同武州山石窟寺》云：“武州诸像，未识是否为难提等五人所造，然至今石质剥落，间有影迹模糊，近而即之，一若无有，远而睇之，神态宛在者，正与所谓‘视之炳然，转近转微’之说相合，则真足代表五世纪东方美术之一斑也。”

⑥ 云冈石窟的开凿，研究者多以为追踵凉州模式。然而，我们目前在河西早期石窟中，并没有发现与云冈完全相同的佛教造像或造型。通常说，云冈艺术具有浓郁的外来文化因素。然而，考察中亚的犍陀罗、印度的马土拉造像，与云冈石窟的艺术风格存有较大差异。在云冈的雕刻形象图案中，虽然可以找到古印度、希腊、罗马，以及西亚萨珊波斯的某些风格、成分，但大量运用的却是中国传统的雕刻技艺和表达方式。那么，到底云冈艺术之源何在？我认为主要源头在新疆。云冈石窟开凿之时，凉州寺院已属凋零，且其形制为平城的凉州僧众所熟知，艺术创新的源泉，似乎又重新回到了曾为凉州效仿过的新疆地区。关于这一点，从《魏书》中记载西域国家使节的频繁往来，可见端倪。西域源源而来的新的艺术造型，不断丰富着云冈艺匠的创作灵感。虽然新疆古代佛教艺术不以石雕为主，但大量存在于塔里木盆地南北沿路古国的佛寺遗迹，出土了异彩纷呈的泥塑和壁画，展现出不同于中土文化的艺术特色。而在那些佛塑中，我们可以直接感觉到云冈造像的影子。特别是近年在大同出土的北魏佛塔悬塑，从制作方法到造型样式，无不表现为新疆泥塑的翻版。对此，我们将方山思远浮图、云冈石窟山顶寺院遗址及城北出土的悬挂式低温黄陶佛像，与新疆遗像进行对比，即可得到启示。显然，《释老志》记载师子国、沙勒国胡僧相继将西域画本带至平城的故事，虽作为特例而言，却已表明云冈石窟与中亚、新疆像制的直接师承关系。

456 年丙申　北魏太安二年，宋孝建三年

【柱铭】惟大代太安二年岁次丙申正月丁亥朔廿三日己酉，故陵江将军、扶风太守、槐里男、雍州扶风郡槐里县民吕续石屋一区。①

二年春正月乙卯，立皇后冯氏②。二月丁巳，立皇子弘为皇太子，大赦天下。——《魏书》卷 5《高宗纪》

秋八月……平西将军、渔阳公尉眷北击伊吾，克其城，大获而还。——《魏书》卷 5《高宗纪》

高宗太安二年十月，白鹿见于京师西苑。——《魏书》卷112下《灵征志下》

十有一月……嚈哒、普岚国并遣使朝献[③]。——《魏书》卷5《高宗纪》

① 2021年大同市考古所于城东南智家堡村西北发掘该墓。墓室中央偏北，置立一座仿木石屋椁。石屋砂岩质，单檐悬山顶，前后坡，屋顶最高处1.9米；石屋平面长方形，南北石板壁长约1.8米，东西宽约3.3米；外观前廊后室，面阔三间；檐下八棱廊柱四根，下设覆盆蟠龙浮雕柱础。该题铭，即雕刻在明间西廊柱宽棱面上。石椁南壁外及椁内东、西、北壁均有浅浮雕施彩形象。其南壁外门洞两侧，各雕一位腰部扎裙，上下赤裸，佩帛环臂，辫发或卷发的胡颜镇墓武士，手持三叉戟和五节金刚锤。椁内北壁上部中央为墓主人夫妻的人面鸟身（上半人形，下半鸟形）的升仙图，两侧为鼠头鸟身（鼠头、人衣，下半鸟形）和牛头鸟身（牛头、人衣，下半鸟形）的侍奉神兽；下部中央为一对龟蛇玄武，两侧各为朱雀。东西壁上部均为一位持幡引路羽人，赤足飞天状；下部分别为青龙和白虎。南壁无雕刻，但分绘侍者各一，漫漶不清。彩绘以红、白、黑为主。这是大同出土北魏墓中唯一石屋椁彩绘下有浮雕者。值得一提的是，椁外西壁单独雕刻一尊坐佛，粗具轮廓，仿佛随意而为，与近年发现云冈第20窟大佛前台阶石板的浅浮雕坐佛、山顶北魏寺庙遗址出土石板上的形象雕刻，都属于工匠的率性习作。此石屋椁，与大同所有北魏墓内的砂岩葬具一样，都应属于云冈石窟开凿的附带产品，但是我们联系前文成帝兴安二年（454）的《韩弩真妻碑》、太安元年（455）的《张永造像（铭）》分析，大致证明和平初年（460）昙曜担任沙门统之前，云冈石窟开凿工程已经启动。而该墓胡汉杂糅的浮雕彩绘特色，与云冈石窟造像异曲同工，极具研究价值。

② 《魏书》卷13《皇后传》："文成文明皇后冯氏，长乐信都人也。父朗，秦、雍二州刺史，西城郡公；母乐浪王氏。后生于长安，有神光之异。朗坐事诛，后遂入宫。世祖左昭仪，后之姑也，雅有母德，抚养教训。年十四，高宗践极，以选为贵人，后立为皇后。高宗崩，故事：国有大丧，三日之后，御服器物一以烧焚，百官及中宫皆号泣而临之。后悲叫自投火中，左右救之，良久乃苏。"

③ 《北史》卷97《西域传》："嚈哒国，大月氏之种类也，亦曰高车之别种。其原出于塞北。自金山而南，在于阗之西，都乌许水南二百余里，去长安一万一百里。其王都拔底延城，盖王舍城也。其城方十里余，多寺塔，皆饰以金。风俗与突厥略同。其俗，兄弟共一妻，夫无兄弟者，其妻戴一角帽，若有兄弟者，依其多少之数更加角焉。衣服类加以缨络，头皆剪发。其语与蠕蠕、高车及诸胡不同。众可十万，无城邑，依随水草，以毡为屋，夏迁凉土，冬逐暖处。分其诸妻，各在别所，相去或二百、三百里。其王巡历而行，每月一处。冬寒之时，三月不徙。王位不必传子，子弟堪任，死便授之。其国无车有舆，多驼、马。用刑严急，偷盗无多少皆腰斩，盗一责十。死者，富者累石为藏，贫者掘地而埋，随身诸物，皆置冢内。其人凶悍，能斗战，西域康居、于阗、沙勒、安息及诸小国三十许，皆役属之，号为大国。与蠕蠕婚姻。自太安以后，每遣使朝贡。"

457年丁酉　北魏太安三年，宋大明元年

三年春正月……粟特、于阗国各遣使朝贡[①]。——《魏书》卷5《高宗纪》[②]

【发愿文】太安三年九月廿三日，岁次丁酉，清信士宋德兴，伪命过亡女猔香，造作释迦文佛像。愿先师、七世父母、外内眷属、□全知识，亡女猔香、一切众生，

生生共其福所；往生□□，值遇诸佛，永离苦因，必获此愿，早成菩提大道[③]。——金申《中国历代纪年佛像图典》14《宋德兴造石佛坐像》

十有二月……于阗、扶余等五十余国各遣使朝献。——《魏书》卷5《高宗纪》

① 伊东忠太《中国山西云冈石窟寺》："文成帝即位，隆兴佛教，石窟寺之工程，亦当再继续。是时，波斯、嚈哒、于阗等来贡，足征萨珊艺术之东渐。"

② 周一良《云冈石佛小记》："伊东忠太氏谓后魏雕刻艺术之受于于阗，于阗夙为葱岭以东佛教最盛之国。……而于阗文化之受健陀罗、迦湿弥罗影响者，已有定论。……《释老志》胡僧来魏者甚多，《于阗传》显祖时蠕蠕寇于阗，其王上表求援曰：'奴世奉大国，至今无异。'传又云：'自后每使朝献。'赵万里氏集《冢墓遗文》，卷二第廿二有魏帝先朝故于夫人墓志，乃于阗国王女之为文成帝妃者，云冈石佛即始建于文成帝之世，其间消息又可窥矣。"

③ 此砂岩坐佛像，高41.5厘米，日本国私人收藏。与太安元年张永造像风格一致，但背光为尖楣，佛座供养像不同。背面上部雕释迦牟尼"腋下出生""九龙灌浴"本生故事二则，下部为发愿铭文。金申疑此像与太安佛像产于一地，我以为亦应属武州山石刻。

458年戊戌　北魏太安四年[①]，宋大明二年[②]

太安四年，始设酒禁[③]。是时年谷屡登，士民多因酒致酗讼，或议主政。帝恶其若此，故一切禁之，酿、沽、饮皆斩之。吉凶宾亲，则开禁，有日程。——《魏书》卷111《刑罚志》

三月……丙辰，车驾还宫。起太华殿[④]。……九月……辛亥，太华殿成。——《魏书》卷5《高宗纪》

① 周叔迦《元魏太安四年写本〈戒缘〉跋》（原载《现代佛学》第1卷第2期）："元魏太安四年写本《戒缘》卷下一卷，为北京图书馆藏敦煌写经中有题记可考之最古者。所书始自九十单堕法之第三十九不受饮食著口中犯堕起，迄第七灭诤法止。以戒法次第考之，应是依《四分》戒本而作。每戒初明制缘，次释制意，兼及开遮大致。考佛陀耶舍之译《四分律》，据《四分序》云：戊申岁，是弘治十年，慧辩为译。《出三藏记集》称弘始十二年，竺佛念译为秦言，道含笔受。其时关中盛行《十诵》，江左多依《僧祇》，是故《四分》未广宣通。至北齐慧光禅师始大宏《四分》，光之学上承道覆，覆承法聪。……今此卷虽不著撰人，以写经年月考之，当远在法聪之前，上距译时不过四十余年。纵非译场诸德亲承译主所撰述，要亦为《四分律》中最古之著作，洵可宝也。"姜亮夫《莫高窟年表》："按是卷今存北京图书馆，编号第七六，共存十七页，四百九十行。……卷末题'大安四年'。或以为《戒缘》，非本名也。"

② 《宋书》卷97《夷蛮传》记："世祖大明二年，有昙标道人与羌人高阇谋反，上因是下诏曰：'佛法讹替，沙门混杂，未足扶济鸿教，而专成逋薮。加奸心频发，凶状屡闻，败乱风俗，人神交怨。可付所在，精加沙汰，后有违犯，严加诛坐。'于是设诸条禁，自非戒行精苦，并使还俗。而诸寺尼出入宫掖，交关妃后，此制竟不能行。"可见，当时虽南北异境，佛教发展情形相近。

③ 《魏书》卷5《高宗纪》："四年春正月丙午朔，初设酒禁。"

④《魏书》卷91《术艺传》："高宗时，郭善明甚机巧，北京宫殿，多其制作。"另，《宋书》卷18《礼志五》："索虏拓跋焘使工人郭善明造指南车，弥年不就。扶风人马岳又造，垂成，善明酖杀之。"

459年己亥　北魏太安五年，宋大明三年

五月，居常国遣使朝献。——《魏书》卷5《高宗纪》

十二月，六镇、云中、高平、雍、秦饥旱。——《魏书》卷105之三《天象志三》

460年庚子　北魏和平元年，宋大明四年

六月……崔浩之诛也，史官遂废，至是复置[①]。——《魏书》卷5《高宗纪》

和平初，师贤卒。昙曜代之，更名沙门统。初，昙曜以复佛法之明年，自中山被命赴京，值帝出，见于路，御马前衔曜衣，时以为马识善人。帝后奉以师礼。昙曜白帝，于京城西武州塞，凿山石壁，开窟五所，镌建佛像各一[②]。高者七十尺，次六十尺，雕饰奇伟，冠于一世[③]。昙曜奏：平齐户及诸民，有能岁输谷六十斛入僧曹者，即为"僧祇户"，粟为"僧祇粟"，至于俭岁，赈给饥民。又请民犯重罪及官奴以为"佛图户"，以供诸寺扫洒，岁兼营田输粟。高宗并许之[④]。于是僧祇户、粟及寺户[⑤]，遍于州镇矣[⑥]。——《魏书》卷114《释老志》

惟大代和平元年，岁在庚子七月辛酉朔，乙酉日。故使持节、散骑常侍、镇远将军、汝南庄公、荥阳郡阳武县安平乡禅里里毛德祖妻太原郡榆次县张智朗，年六十八，遘疾终没。夫刊石立铭，书记名德，垂之不朽。欲使爵位荣于当年，美声播于来叶。若后高岸为谷，深谷为陵；千载之下，知有姓字焉。——大同市博物馆藏《张智朗石椁铭》[⑦]

① 崔浩被杀在真君十一年（450）六月，距此十一个年头。按：北魏史事，任在著作、秘书，俱属秘书监。卷46《李訢传》云："高宗即位，訢以旧恩亲宠，迁仪曹尚书，领中秘书。"卷52《赵柔传》曰："高宗践阼，拜为著作郎。"卷32《高湖传附子谧传》："（天）[太]安中，以功臣子召入禁中，除中散，专典秘阁。肃勤不倦，高宗深重之，拜秘书郎。谧以坟典残缺，奏请广访群书，大加缮写。由是代京图籍，莫不审正。"我怀疑，崔浩国史案后，并非无史官，只是史官不敢有所著述也。

② 周一良《云冈石佛小记》："惟昙曜在兴安二年见帝后即开窟，抑为沙门统之后始建斯议，不可晓。要之，石窟之始开也，在兴安二年（453）至和平元年（460）之八年间，据《贞元释教录》（九），和平三年昙曜已在石窟寺译经，是时必已有开凿完成者矣。"按：云冈石窟的开凿时间，目前学术界盛行和平元年说，甚为不妥。陈垣《记大同武州山石窟寺》讲："《释老志》明谓文成复法以后，昙曜白帝所凿。魏收，北齐人。……其言至为可据。"魏收的文字记载，采用插入追叙的写法，先讲昙曜就任沙门统，后补其复法归来之事。陈述得很清楚：兴安二年（453）昙曜被诏回京，后来

拜为帝师，遂建议开凿武州山石窟。他根本没有说，我们今天也无法认定和平元年开凿。从昙曜回京到出任僧统，历时八年，正值崔浩国史碑案以后，北魏废置史官期间，大约魏收也不知道是在哪一年，所以只好采取这种巧妙的回旋式记述法。

③ 宋释道诚《释氏要览》卷2《造像》谓：宣律师云："造像梵相，宋齐间，皆唇厚、鼻隆、目长、颐丰，挺然丈夫之相。"观云冈之佛，斯言信然。

④ 按："高宗并许之"，则事不晚于和平年间；然"平齐户"的出现，在献文帝平定青齐之后。针对这一矛盾，《通鉴》系于献文皇兴三年（469），应该是比较妥当的。不过，依常理推测，僧祇户、粟之设，与武州山佛事工程浩大，需要为僧侣、工匠供应粮食有关；佛图户之设，应为服务寺院、耕种庄田。由此看来，这条记载反映的时间、对象，恐怕不是一次诏令就解决的。另外，"诸民"中，包括凉州徙民，如《释老志》所载"凉州军户赵苟子等二百家"。

⑤ 僧祇，译曰"众"，即比丘、比丘尼之大众也。佛图户，即寺户。按照《唐律疏议》卷6记载，寺院、道观有两种贱民，一是"部曲"，二是"奴婢"。部曲，原为汉代军队编制，魏晋南北朝时转化为豪门大族家兵的称谓，其身份介于编户齐民与奴婢之间，正与北魏凉州、青齐等被俘配役的所谓"军户""隶户"地位相当。唐代寺观的部曲，应该就是由北魏僧祇户演变而来。

⑥ 姜亮夫《莫高窟年表》云："自此寺院产业人口脱离政治而独立，颇与印度佛教团体之僧园民相似，更益以僧律之独立，于是寺院俨然为一独立王国矣。在佛教宣教上虽为一大胜利之措施，而与政治上之斗争，至数四毁法，亦此一举措有以激之使然也。"按：这种新兴的寺院经济，依仗着政治、经济上的治外法权，从此成为中国地主庄园经济的一种特殊形式，与封建社会相始终。

⑦ 该墓石椁铭，2011年出土于大同市御河东市公安局工地。葬制为土圹、砂岩石椁棺床式。毛德祖系东晋战将，见《晋书》《宋书》传述，被俘入魏授官，元嘉六年（429）卒，妻张智朗盖入魏所娶。

461年辛丑　北魏和平二年，宋大明五年

二月辛卯，行幸中山，丙午，至于邺，遂幸信都。三月……灵丘南有山，高四百余丈。乃诏群官仰射山峰，无能逾者。帝弯弧发矢，出山三十余丈，过山南二百二十步，遂刊石勒铭[①]。——《魏书》卷5《高宗纪》

【碑文】《皇帝南巡之颂》：维和平二年，岁在辛丑，三月丁巳朔……皇帝南巡，自定州至于邺都，所过郡国……三月止……禊于衡水之滨，尝射于广平之野。于时皇……文……宋遣使庆□□报修聘问之义，贡殊方之……□□滨，舞□□之舞[②]，奏金石之乐。乐成礼毕……□□□□□□□讴歌之声，野夫有击壤之欢焉。……□□□□□刃。兴安二年，尝拉射于此山，复……□□□□□□安南将军、南郑公毛□仁，宁南……□□□□□前将军、鲁阳侯韩道仁，内阿……将……□□□□□□□宗等数百人，皆出山数丈。然□……□□□□□而射之。整□□□□□川岳，箭出□……□□□□□□□□□□□知事□□□固有非常□……□□□□□□□□□□□道仁

□□□□□未之闻…………审□□主……威……郡□□御射…… 既超□冠□风……将□□灵……

【碑阴】侍中、抚军、大将军、太子太傅、司徒公、平原王步六孤伊□，侍中、特进、车骑大将军、□太子太保、尚书、太原王一弗步□□，六□将军、□羽真、襄邑子吕河一西，中常侍、宁东将军、太子太保、尚书、西郡公尉迟其地，中常侍、宁西将军、仪曹尚书、领中秘书、太子少师、彭城公张益宗，中常侍、宁南将军、太子少傅、尚书、平凉公林金闾，散骑常侍、宁东将军、西起部尚书、东海公杨保年，宁南将军、殿中尚书、日南公斛骨乙莫干，左卫将军、内都幢将、福禄子乙旃惠也拔，宁□将军、宰官、内阿干、魏昌男代伏云右子尼，左卫将军、内阿干、太子左卫帅、安吴子乙旃阿奴，□□将军、太子庶子、内阿干、晋安男盖娄太拔，扬烈将军、内阿干、阴陵男社利幡乃娄，安北将军、内阿干、东平公是娄勅万斯，宁东将军、内阿干、建安男尉迟沓亦干，中常侍、宁南将军、太子率更令、内阿干、南阳公张天度， 中常侍、宁南将军、□□□太子家令、平阳公贾爱仁，散□□□、内阿干、嘉宁男若干若周，□□□□□□拔忍昕，□□□□□□□□普陵，□□□□□□□□阳男吐难子如剀，□□□□□□□□□江乘男一弗阿伏真，宁朔将军、□□、范阳子韩天爱，中坚将军、□□□□、□武子贺若盘大罗，库部内阿干、□□库兰，内行、内三郎高平国，内行、内三郎段鱼阳，宁朔将军、内行令、永平子胡墨田，广威将军、建德子、内行、内小贺若贷别，内行、内小步六孤龙成，内行、内小贺赖去本，内行、内小素和莫各豆，内行、内小□金□，内行、内小乙旃伏洛汗，内行、内小□□□□，内行、内小□□他仁，内行、内小伊楼诺，内行、内小挟库仁真，内行、内小人马槖，内行、内小高□各拔，内行、内小叱罗骐，内行、内小吐伏卢大引，内行、内小步六孤罗，内行、内小卫道温，内行、内小乙旃俟俟，内行、内小同□各拔，内行、内小吕□，内行、内小韩□生，内行、内小莫耐娄□，鹰扬将军、内行令、蔡阳男宿六斤阿□，内行令、直勤□六孤。右五十一人，内侍之官。

……右将……□材将……勤天□……将军□列□□□王□□提折间□，卫大将军、乐安王、直□何良，平东将军、乐良王、直□□大汗□，征西将军、常山王、直□□□连戊烈，散骑常侍、征东将军、光禄□□、中山公社丰，散骑常侍、平西将军、驾部尚□、□阳公□□尸婆，征东大将军、附马都尉、□□郡王茹茹常友，散骑常侍、龙□将军、□□公素和勑侯夫，侍中、安南大将军、殿中尚书、□□、东安王独孤侯尼须，侍中、尚书左仆射、安南将军、□□□、平昌公素和其奴，平东将军、选部尚书、□□、阳乐侯常伯夫，散骑常侍、安南将军、尚书、羽真、南郡公毛法仁，武卫将军、特□、□城子比子乙得，散骑常侍、□□□□□部尚书、丹阳公符真卫，宁东将□、□□□□侯胡优比西□陀，散骑常□、□□□□□□安复侯拔拔俟俟头，散骑常□、□□□□、太子少保、仪曹尚书、扶风公李真奴，散骑□□、□□□□□□尚书、汝南公袁纥尉斛，散骑□□、□□□□□□部尚书、兴平侯宜勤渴侯，宁□□□、□□□□□□□、永兴侯热阿久仁，□□□□□□□□□□□、顺阳公、直勤郁豆眷，□□□□□□□□□□□□选部尚书、长广公豆连求周，□□□□□□□□□□尚书、东□公黄卢头，□□□□□□□□□□□□□书、高都公慕容白曜，□□□□□□□□□□、鲁阳侯韩道仁，□□□□□□□□□□□拔□地力勤真，□□□□□□□□□□□、野王侯吕罗汉，□□□□□□□□□斛律诺斗拔，□□□□□□□□□□□□侯斛律頞拔，□□□□□□□□□□□中、济阳男孔伯恭，□□□□□□□□□□男胡莫那，□□□□□□□□□□□素和匹于堤，□□□□□□□□□□□□右以斤，□□□□□□□□□□□□勤倍斤，□□□□□□□□□□□□□天爱，□□□□□□□□□□□□□□乾……

中坚将军、内三郎、□将、南□□□□，折冲将军、内三郎、□□□□□□□□，□□将军、内三郎□□特土何□□，右将军、内三郎、□□□□素□与娥驽，□□将军、内三郎□□□□□□□，鹰扬将军、内三郎□□贺□□娄，中垒将军、□□□□素和使若须，宁朔将军都长史、给事中、河中□□子盖娄内亦干，威远将军都长史、给事中、高平男扬醜颓，左将军、给事夷都将、越勤右以斤，鹰扬将军、太官给事、慕容男吴都，右卫将军、驾部给事□惕乙式小，宁远将军、驾部给事□□□□进蒙，右军将军、殿中给事、□□子丘目陵□仁，振武将军、殿中给事□□□□乌地干，□□将军、殿中给事、寿张子胡翼以吉智，绥远将军、中书给事李何思，骁骑将军、给事、新安子赵腾，骁骑将军、给事、武安子任玄通，鹰扬将军、给事、驰鱼男杨思福，折冲将军、给事、南□男胡比他纥，东钾杖库给事拔烈兰真树，宣威将军、殿中给事出大汗僖德，骁骑将军、殿中给事、武原子屋引立真□，骁骑将军、殿中给事、新安子莫那娄爱仁，骧威将军、内三郎斛骨呈羯，轻车将军、内三郎、泰昌男赵三月，武毅将军、内三郎斛律莫烈，内三郎高长城，内三郎其连受洛拔，内三郎独孤□□，宣威将军、典弩（弩）库、内三郎拔烈兰黄头，前将军、内三郎、钟离侯斛律羽都居，明威将军、斛洛真军将、内三郎万忸于忿提，奋威将军、内三郎、永宁子、直勤苟黄，后军将军、内三郎、遂安子、直勤乌地延，明威将军、内三郎殷普陵，宁朔将军、内三郎、晋安子斛律出六拔，折冲将军、内三郎、沙渠男独孤去秀页，厉威将军、内三郎达奚屈居陵，厉威将军、内三郎封平吴，厉威将军、内三郎三次，威烈将军、内三郎大□长命，伏波将军、内三郎、比阳男达奚库勾，威寇将军、内三郎契胡库力延，威寇将军、内三郎盖毛万言真，内三郎、直勤乌地干，威寇将军、内三郎、直勤解愁，威虏将军、贺浑吐略渥和稽乞鱼提，威武将军、内三郎独孤他突，广威将军、内三郎素和具文，广威将军、内三郎步六孤步斗官。

折冲将军、内三郎、北德男□□匹和以斤，右将军、内三郎、□□男□和拔□□，□□将军、内三郎□比首□□，轻车将军、内三郎王□□，武烈将军、内三郎□□尉□，武烈将军、内三郎、直勤他莫行，轻车将军、内三郎、野陟男□□□勤，宁远将军、内三郎、比阳男拔烈兰步爱，武烈将军、内三郎独孤乙以爱，奋武将军、内三郎赵道生，轻车将军、内三郎、夹道男独孤□□，武毅将军、内三郎□壬去右，扬烈将军、内三郎、□□男段去斤，扬烈将军、内三郎、祁阳男野□石顶，扬烈将军、内三郎、灵开男茹茹命以斤，扬烈将军、内三郎、永宁男斛律西婼，宣威将军、内三郎、直勤斛卢，武毅将军、内三郎勅烦阿六敦，武毅将军、内三郎叱罗吴提，武毅将军、内三郎斛律伏和真，内三郎袁纥退贺拔，内三郎侯莫陈乌孤，内三郎契胡乌已，内三郎折枋侠提，内三郎素和斛提，内三郎怡吴提，内三郎奚斗孤男□，内三郎、直勤阿各拔，内三郎、直勤来豆眷，内三郎叱干幡引，内三郎孟菩萨，内三郎丘目陵吴提，内三郎王右右引，内三郎张仆兰，内三郎王洛生，鹰扬将军、北部折纥真、宣道男泣利傉但，左卫将军、南部折纥真、平棘子李敷，宣威将军、主客、折纥真侯文出六于，建威将军、□□折纥真、建德子独孤平城，游击将军、内都坐、折纥真、曲梁子叱奴地□，宣威将军、折纥真、直勤……中都坐、折纥真……外都坐、折纥真……宣威将军……贺浑吐略渥库狄……征虏将军令方兴侯素和……中坚将军、库部内小、幢将都……扬威将军、内小、幢将……宣威将军、内小、幢……中坚将军、鯸乐……前军将军……鹰扬将军……太……奋武……威虏……中垒……

宣威将军……宣威将军、□□三郎、幢将……宣威将军、三郎幢将……三郎幢将……三郎幢将……三郎幢将……宣威将军、三郎幢将……三郎幢将……陵江将军、三郎幢将……折冲将军、三郎幢将……鹰扬将军、三郎幢将……宣威将军、三郎幢将……宣威将军、三郎幢将……三郎幢将拔拔古斤……折冲将军、三郎幢将□□□□□□□折，三郎幢将独孤□真，雅乐真幢将堂宾俟其惠，前军将军、雅乐真幢将□□素和□思拔，宣威将军、雅乐真幢将、直勤木□，后军将军、雅乐真幢将□□子□，雅乐真幢将步六孤，宣威将军、雅乐真……雅乐真幢将……陵江将军……威远将军……宣武将军……宣威将军……扬武将军……后军将……宣威将……后军…………西将军□□……将军□□□□以……将军…………将军、直勤乳树……三郎幢将尉□□□……军三郎幢将张圹比……三郎幢将□□子长儿大良勤……三郎幢将采洛生……

……宣威将军□令尸□那□于□，□□将军□□□□□爱□，右军将军□□□拔天封河光，后军将军□都令□拔扎□有□，宣威将军□大□令□紇莫成，都长史□□杖库令怡长命……

宣威将……宣威将军……宣威将军……宣威将军……威□将军、斛洛真……斛洛真……斛洛真□吡……斛洛真紇纥……宣威将军、斛洛真……斛洛真绍直……斛洛真□贺赖内……斛洛真……——1997 年 12 期《文物》，张庆捷辨识

高宗和平二年三月壬午，京师大风晦暝。——《魏书》卷 112 上《灵征志上》

四月旱，下诏州郡，于其界内，神无大小，悉洒扫荐以酒脯。年登之后，各随本秩，祭以牲牢。至是，群祀先废者皆复之[③]。——《魏书》卷 108 之一《礼志一》

和平二年七月，甘露降于京师。——《魏书》卷 112 下《灵征志下》

八月戊辰，波斯国遣使朝献。——《魏书》卷 5《高宗纪》

自太祖定中原，世祖平方难，收获珍宝，府藏盈积。和平二年秋，诏中尚方作黄金合盘十二具，径二尺二寸，镂以白银，钿以玫瑰，其铭曰：“九州致贡，殊域来宾，乃作兹器，错用具珍[④]。锻以紫金，镂以白银[⑤]，范围拟载，吐耀含真[⑥]。纤文丽质，若化若神，皇王御之，百福惟新。”——《魏书》卷 110《食货志》

① 《水经注》卷 11《滱水》云："滱水出代郡灵丘县高氏山。即沤夷之水也。出县西北高氏山。……其水东南流，山上有石铭，题言'冀州北界'，故世谓之石铭陉也。……滱水自县南流入峡，谓之隘门。设隘于峡，以讥禁行旅。历南山，高峰隐天，深溪埒谷。其水沿涧西转，径御射台南。台在北阜上，台南有御射石碑。南则秀嶂分霄，层崖刺天，积石之峻，壁立直上。车驾沿溯，每出是所游艺焉。"按：滱水，即今河南唐河。此青石大碑，现存山西灵丘觉山寺，已裂成数块。

② 日藏弘仁本《文馆词林》卷 346《高允〈南巡颂并序〉》作"云门之舞"。其《南巡颂并序》碑，碑文云立于冀州（今河北衡水冀州区）衡水行宫。现今无存。据此，大致可判定灵丘觉山寺《皇帝南巡之颂》碑，亦出自高允之手。

③ 唐许敬宗《文馆词林》卷 346 录北魏高允《南巡颂》序曰："我后以圣哲钦明，君临四海，播文教以怀远服，彰武功以威不庭。是以遐荒慕义，宇内归心。执玉奉珍贡其方物于门庭者，继轨而至。比之先代，于斯为盛。乃望秩山川，遍飨群神。"

④ 具，《初学记》卷 27 作"奇"。玫瑰石，美玉名，火齐珠也。

⑤ 白银，《初学记》卷 27 作"烛银"。紫金，系黄金与赤铜的合金，也称紫磨金。

⑥ 观古代中华及希腊、罗马等国文物，多以银器镂刻鎏金、涂金，而金器往往钿以珠翠。此北魏合盘，黄金锻造，环嵌白银镂花，标新立异。

462 年壬寅　北魏和平三年，宋大明六年[①]

三月甲申，刘骏遣使朝贡。高丽、蓰王、契啮、思厌於师、疏勒[②]、石那、悉居半、渴槃陀诸国各遣使朝献。——《魏书》卷 5《高宗纪》

《入大乘论》二卷，坚意菩萨造。元魏北台《净度三昧经》一卷[③]，第二出，与宝云译二卷者同，广略异耳。见《道祖录》。《付法藏传》四卷，见《菩提流支录》。右三部，合七卷[④]。宋文帝元嘉二十三年丙戌，是北魏太平真君七年，太武皇帝信纳崔皓邪佞谄谀，崇重寇谦，号为天师，残害释种，毁破浮图。至庚寅年，太武遭病，方始感悟，兼有白足禅师来相启发，生愧悔心，即诛崔皓。到壬辰岁，太武帝崩，（子）［孙］文成立，即起浮图；毁经七年，还兴三宝。至和平三年，诏（玄统）沙门释昙曜，慨前凌废，欣今载兴，故于北台石窟寺内集诸僧众[⑤]，译斯传经，流通后贤，庶使法藏住持无绝[⑥]。——隋《历代三宝纪》卷 9

《提谓波利经》，二卷。旧别有《提谓经》一卷[⑦]。右一部，宋孝武时，北国比丘昙靖撰[⑧]。——《出三藏记集》卷 5《新集疑经伪撰杂录》

昙曜又与天竺沙门常那邪舍等，译出新经十四部[⑨]。又有沙门道进[⑩]、僧超、法存等，并有名于时，演唱诸异[⑪]。——《魏书》卷 114《释老志》[⑫]

① 此年，南朝沙门敬礼王者。《通鉴》卷 129："初，晋庾冰议使沙门敬王者，桓玄复述其议，并不果行。

至是，上使有司奏曰：‘儒、法枝派，名、墨条分，至于崇亲严上，厥猷靡爽。唯浮图为教，反经提传，拘文蔽道，在末弥扇。夫佛以谦卑自牧，忠虔为道，宁有屈膝四辈而简礼二亲，稽颡耆腊而直体万乘者哉！臣等参议，以为沙门接见，比当尽虔；礼敬之容，依其本俗。’九月戊寅，制沙门致敬人主。及废帝即位，复旧。”

② 《北史》卷 97《西域传》：“疏勒国……文成末，其王遣使送释迦牟尼佛袈裟一，长二丈余。高宗以审是佛衣，应有灵异，遂烧之以验虚实，置于猛火之上，经日不然，观者莫不悚骇，心形俱肃。”按：明朱国祯《涌幢小品》卷 28《袈裟》：“袈裟，《内典》作毠毟，盖西域以毛为之。……陈养吾《象教皮编》云：迦罗沙曳，僧衣也。省罗曳字，止称迦沙。葛洪撰《字苑》，添衣作袈裟。一名无垢衣，一名忍辱铠，一名销瘦衣，一名离尘服，一名莲花服，一名福田衣，一名水田衣，又名稻畦帔，一名逍遥服，一名无尘衣，一名去秽衣，一名离染服。”

③ 《净度三昧经》，即《净土经》。《续高僧传》卷 1《元魏北台恒安石窟通乐寺沙门释昙曜》：“曜慨前凌废，欣今重复，故于北台石窟，集诸德僧，对天竺沙门，译《付法藏传》并《净土经》。流通后贤，意存无绝。时又有沙门昙靖者，以创开佛日，旧译诸经并从焚荡，人间诱导，凭准无因，乃出《提谓波利经》二卷。”

④ 《古今译经图纪》卷 3：“沙门释昙（耀）[曜]，恒安石窟通乐寺僧。……和平三年岁次壬寅，昙（耀）[曜]为昭玄统。慨前陵废，欣今再兴，自于北台石窟寺，对印度沙门集诸大德，译《净度三昧经》一卷，《付法传》四卷，凡二部合五卷。”《开元释教录》卷 6：“沙门释昙曜，三部七卷经传。”“《大吉义神咒经》二卷，或四卷，见《法上录》。《净度三昧经》一卷，第四出，见《竺道祖录》及《续高僧传》；《付法藏传》四卷，第二出，见《菩提流支录》及《续高僧传》。右三部七卷，《吉义咒经》一部二卷，见在；《净度经》等二部五卷，阙本。”

⑤ 隋费长房《历代三宝纪》谓北魏昙曜译经于“北台石窟寺”，唐道宣的《大唐内典录》抄袭此说，而在《广弘明集》《续高僧传》中，始称“元魏北台恒安石窟通乐寺沙门释昙曜”。仿佛谓“通乐寺”乃北魏寺院，然隋以前不见此称，我们只能认定为唐名。1940 年，日本人在第 20 窟前挖出半个白瓷壶，底圈墨书“寿昌”“通乐馆置”，证明了辽代通乐寺的存在。然汤用彤与日本国常盘大定据此认为，和平三年（462）前石窟寺已有毕工者。关野贞、常盘大定《山西云冈》（赵一德译，载《北朝研究》1990 年下半年刊）进一步讲：“昙曜的付法藏精神，由隋代的灵裕完整地继承下来，灵裕开的宝山石窟，在其内壁刻有世尊寂灭后传法圣师二十四祖像，就是按《付法藏传》二十四祖刻的，灵裕以后尚有许多继承者。”

⑥ 《开元释教录》卷 6：“沙门释昙曜，未详何许人也。少出家，摄行坚贞，风鉴闲约。以魏和平年中住北台，昭玄统，绥缉僧众，妙得其心；住恒安石窟通乐寺，即魏帝之所造也，去恒安西北三十里，武周山北面石崖就而镌之，建立佛寺，名曰灵岩。龛之大者，举高二十余丈，可受三千许人。面别镌像，穷诸巧丽，龛别异状，骇动人神。栉比相连三十余里。东头僧寺，恒供千人。碑碣见存，未卒陈委。先是，太武皇帝太平真君七年，司徒崔皓邪佞谀词，令帝崇重道士寇谦之，拜为天师，珍敬老氏，残害释种，焚毁寺塔。至庚寅年，太武感致厉疾，方始开悟；兼有白足禅师来相启发，生愧悔心，即诛崔皓，埋之都市，以口为厕，令众秽之。至壬辰年，太武云崩，孙文成立，即起塔寺，搜访经典。毁法七载，三宝还兴。曜慨前陵废，欣今重复，以和平三年壬寅，故于北台石窟集诸德僧，对天竺沙门译《吉义》等经三部，流通后贤，意存无绝。”

⑦《出三藏记集》卷4《新集续撰失译杂经录》:“条新撰目录阙经，未见经文者如左:……《提谓经》，一卷。”卷12《法苑杂缘原始集目录序》:“《旋塔围绕记》第十三，出《提谓经》。”

⑧ 宋孝武帝刘骏（454～464）时，值北魏文成帝在位中后期。《历代三宝纪》卷9曰:“《提谓波利经》二卷，见《三藏记》。右一部，合二卷，宋孝武世，元魏沙门释昙（静）[靖]于北台撰。见其文云:‘东方太山，汉言代岳；阴阳交代，故云代岳。’于魏世出，只应云魏言，乃曰汉言，不辩时代，一妄。太山，即此方言，乃以代岳译之，两语相翻，不识梵魏，二妄。其例甚多，不可具述，备在两卷。经文旧录别载有《提谓经》一卷，与诸经语同，但靖加足五万行，用石糅金，致成疑耳。今以一卷成者为定。”《续高僧传》卷1《昙曜传附昙靖》:“时又有沙门昙靖者，以创开佛日，旧译诸经并从焚荡。人间诱道，凭准无因。乃出《提谓波利经》二卷，意在通悟，而言多妄习。”按:陈垣《云冈石窟寺之译经与刘孝标》认为，昙靖译《提谓波利经》，与昙曜同时同地。

⑨ 昙曜在云冈译经，见于著录有:一是《净度三昧经》，即《净土经》，今阙；二是《付法藏传》，今阙；三是《大吉义神咒经》，简称《吉义咒经》《吉义》，今存；四是《付法藏因缘传》，亦称《付法藏因缘经》，今存；五是《杂宝藏经》，今存；六是《佛说称扬诸佛功德经》，亦称《称扬诸佛功德经》，又名《集华经》《现在佛名经》《诸佛华经》，今存；七是《佛说大方广菩萨十地经》，亦称《大方广菩萨十地经》，今存；八是《方便心论》，今阙；九是，昙靖《提谓波利经》，今存。另有昙辩《宝车经》，属于北国译经，但不一定属于昙曜译经。

⑩《高僧传》卷2《晋河西昙无谶传附道进》:“初，谶在姑臧，有张掖沙门道进，欲从谶受菩萨戒，谶云:‘且悔过。’乃竭诚七日七夜，至第八日诣谶求受，谶忽大怒。进更思惟:‘但是我业障未消耳。’乃戮力三年，且禅且忏。进即于定中，见释迦文佛与诸大士授己戒法，其夕，同止十余人，皆感梦如进所见。进欲诣谶说之，未及至数十步，谶惊起唱言:‘善哉，善哉，已感戒矣，吾当更为汝作证。’次第于佛像前，为说戒相。时沙门道朗，振誉关西，当进感戒之夕，朗亦通梦。乃自卑戒腊，求为法弟。于是从进受者千有余人，传授此法，迄至于今，皆谶之余则。”卷10《宋高昌释法朗》言:“朗师释法进，亦高行沙门……昔庐山慧远以一袈裟遗进……至魏虏毁灭佛法，朗西适龟兹。”又，卷12《宋高昌释法进》:“释法进，或曰道进，或曰法迎，姓唐，凉州张掖人。幼而精苦习诵，有超迈之德，为沮渠蒙逊所重。”后随沮渠安周在高昌，割股饲饥人死。汤用彤认为，诸书所记凉州释法朗、释道朗、释慧朗，三者同系一人。

⑪ 异，《册府元龟》卷51作“典”。

⑫ 按:昙曜平城译经是继鸠摩罗什长安译经、昙无谶凉州译经之后的又一盛举。而此时南朝译业低迷，《出三藏记集》卷14《求那毗地传第十》云:“自大明以后，译经殆绝。”南方僧学，转趋义理、史传。

463年癸卯　北魏和平四年，宋大明七年

夏四月癸亥，上幸西苑[①]，亲射虎三头。——《魏书》卷5《高宗纪》

十有二月辛丑，诏曰:“名位不同，礼亦异数，所以殊等级，示轨仪。今丧葬嫁娶，大礼未备，贵势豪富，越度奢靡，非所谓式昭典宪者也。有司可为之条格，使贵贱有章，上下咸序，著之于令。”[②]——《魏书》卷5《高宗纪》

① 西苑，即平城西郊的皇家苑囿。

② 北魏平城民风趋奢，从此成为社会问题。至孝文帝太和二年（478）五月，再次下诏禁止，著为律令。

464 年甲辰　北魏和平五年，宋大明八年

十有二月……吐呼罗国遣使朝献[①]。——《魏书》卷 5《高宗纪》

【发愿文】和平五年岁在甲辰，清信女□姜为父母、兄弟、姊妹，造无量寿佛。愿舍身受身，常与诸佛共会。——金申《中国历代纪年佛像图典》15《□姜造铜佛坐像》[②]

①《新唐书》卷 221 下《西域传下》："吐火罗，或曰土豁罗，曰睹货逻，元魏谓吐呼罗者。居葱岭西，乌浒河之南，古大夏地。"其地，约在今天阿富汗北部。然《北史》卷 97《西域传》分为两国记述："吐呼罗国，去代一万二千里。东至范阳国，西至悉万斤国，中间相去二千里；南至连山，不知名；北至波斯国，中间相去一万里。薄提城，周匝六十里，城南有西流大水，名汉楼河。土宜五谷，有好马、驼、骡。其王曾遣使朝贡。""吐火罗国，都葱岭西五百里，与挹怛杂居。都城方二里，胜兵者十万人，皆善战。其俗奉佛。兄弟同一妻，迭寝焉，每一人入房，户外挂其衣以为志，生子属其长兄。其山穴中有神马，每岁牧马于穴所，必产名驹。南去漕国千七百里，东去瓜州五千八百里。大业中，遣使朝贡。"吐火罗，中亚细亚古国。当即巴克特里亚或大夏。《太平广记》卷 211《尉迟乙僧》引《唐画断》："唐尉迟乙僧，土火罗国胡人也。贞观初，其国王以丹青巧妙，荐之阙下。云其国尚有兄甲僧，未有见其画踪。乙僧，今慈恩寺塔前面中间功德，叉凹垤花，西面中间千手千眼菩萨，精妙之极。光宅寺七宝台后面，画降魔像，千怪万状，实奇踪也。然其画功德、人物、花草，皆是外国之象；无中华礼乐、威仪之德。"按：云冈石窟主体雕刻，亦皆外国之象，可以猜想定有西域僧匠参与设计。

② 此鎏金铜佛，宣字形佛座，大舟形光背，高 8.6 厘米。

465 年乙巳　北魏和平六年，宋明帝刘彧泰始元年

二月……高丽、蓰王、对曼诸国各遣使朝献。……夏四月，破洛那国献汗血马，普岚国献宝剑。——《魏书》卷 5《高宗纪》

高宗和平六年四月乙丑，陨霜。——《魏书》卷 112 上《灵征志上》

五月癸卯，帝崩于太华殿[①]，时年二十六。——《魏书》卷 5《高宗纪》

陇西王源贺采佛经幽旨，作《祇洹精舍图偈》六卷[②]，柔为之注解，咸得理衷，为当时俊僧所钦味焉。又凭立铭赞，颇行于世。——《魏书》卷 52《赵柔传》

① 唐初法琳《辩正论》卷 3："魏高宗文成皇帝，讳濬，聪达颖悟，风格异伦，重兴佛教，修复寺宇。释门广被，始自文成。凡度僧尼三万许人。"道宣《释迦方志》、道世《法苑珠林》因承此说："重复佛教，更开释门，凡度僧尼三万许人。"

② 源贺，原本河西鲜卑，父秃发傉檀，曾据姑臧，自署河西王。明元帝时，傉檀为沮渠蒙逊、乞伏炽磐破灭，源贺奔魏。太武帝时，任殿中尚书，统领禁兵。文成帝太安二年（456），封陇西王，后出为冀州刺史。献文帝天安元年（466）征拜太尉，后与高允、刁雍等被尊为国老。孝文帝太和三年（479）死，享年73岁。赵柔，河西金城人，沮渠牧犍金部郎，凉平入魏。文成帝即位，拜为著作郎，后来出任河内太守。源贺奉佛，《魏书》本传记在冀州时，“武邑郡奸人石华告沙门道可与贺谋反，有司以闻”。其作《祇洹精舍图偈》，不知对云冈石窟有何影响，姑系是年。

466年丙午　北魏献文帝拓跋弘天安元年，刘宋泰始二年

显祖即位，尊为皇太后。丞相乙浑谋逆，显祖年十二，居于谅闇，太后密定大策，诛浑，遂临朝听政。——《魏书》卷13《皇后传》

三月……辛亥，帝幸道坛，亲受符箓。曲赦京师。高丽、波斯、于阗、阿袭诸国遣使朝献。——《魏书》卷6《显祖纪》

【发愿文】天安元年四月八日，冯受受敬造供养时[①]。——金申《中国历代纪年佛像图典》17《冯受受造石佛坐像》

九月……己酉，初立乡学，郡置博士二人、助教二人、学生六十人。刘彧徐州刺史薛安都以彭城内属[②]。……冬十月，曹利、彤葛国各遣使朝献[③]。十有一月壬子，刘彧兖州刺史毕众敬遣使内属[④]。——《魏书》卷6《显祖纪》

【发愿文】夫至宗凝寂，弘之由人；圣不自运，畅由来感[⑤]。是以仰慕者（悲叹）[愿莫]不如[⑥]，功务者因莫不果。乃感竭家珍，造兹石塔，（饰）[饬]仪丽晖[⑦]，以释永或。愿圣主契齐乾坤，德隆运表。皇太后、皇太子延祚无穷。群辽百辟，存亡宗亲，延沈楚炭。有形未亥，菩提是获。天安元年，岁次鹑火，侣登蕤宾[⑧]，五日辛卯，内小曹天度为亡父颖宁、亡息玄明，于兹平城造[⑨]。——史树青《北魏曹天度造千佛石塔》，载《文物》1980年第1期[⑩]

显祖即位，敦信尤深，览诸经论，好老庄。每引诸沙门及能谈玄之士，与论理要[⑪]。初，高宗太安末[⑫]，刘骏于丹阳中兴寺设斋。有一沙门，容止独秀，举众往目，皆莫识焉。沙门惠璩起问之，答名惠明，又问所住，答云，从天安寺来。语讫，忽然不见。骏君臣以为灵感，改中兴为天安寺。是后七年而帝践祚，号天安元年。是年，刘彧徐州刺史薛安都始以城地来降。明年，有淮北之地。——《魏书》卷114《释老志》

又按《云中图》云：文成和平（八）[六]年、献文天安元年[⑬]，革兴造石窟寺。然未知有何所据[⑭]。——曹衍《金碑》

至天安、皇兴间，岁频大旱，绢匹千钱[15]。——《魏书》卷110《食货志》

① 此砂岩石佛坐像，高28.7厘米。日本大阪市立美术馆藏山口氏收藏品。此佛结跏趺坐，右手施无畏印，左手持衣角，衣纹厚重，磨光肉髻，是典型的云冈初期作品，与20窟大佛酷似。

② 彭城，郡名，徐州治所。

③ 曹利，不知是西域曹国或漕国。《北史》卷97《西域传》："曹国，都那密水南数里，旧是康居之地也。国无主，康国王令子乌建领之。都城方三里，胜兵千余人。国中有得悉神，自西海以东诸国并敬事之。其神有金人，破罗阔丈有五尺，高下相称，每日以驼五头、马十匹、羊一百口祭之，常有数千人，食之不尽。东南去康国百里，西去何国百五十里，东去瓜州六千六百里。大业中，遣使贡方物。""漕国，在葱岭之北，汉时罽宾国也。其王姓昭武，字顺达，康国王之宗族也。都城方四里，胜兵者万余人。国法严，杀人及贼盗皆死。其俗重淫祠，葱岭山有顺天神者，仪制极华，金银鍱为屋，以银为地，祠者日有千余人。祠前有一鱼脊骨，有孔，中通马骑出入。国王戴金牛头冠，坐金马座。多稻、粟、豆、麦，饶象、马、犎牛、金、银、镔铁、氍毹、朱沙、青黛、安息青木等香、石蜜、黑盐、阿魏、没药、白附子。北去帆延七百里，东去劫国六百里，东北去瓜州六千六百里。大业中，遣使贡方物。"

④《魏书》卷91《术艺传》："李脩，字思祖，本阳平馆陶人。父亮，少学医术，未能精究。世祖时，奔刘义隆于彭城，又就沙门僧坦研习众方，略尽其术，针灸授药，莫不有效。徐兖之间，多所救恤，四方疾苦，不远千里竟往从之。……脩兄元孙，随毕众敬赴平城，亦遵父业而不及。……脩略与兄同。晚入代京，历位中散令，以功赐爵下蔡子，迁给事中。太和中，常在禁内。高祖、文明太后时有不豫，脩侍针药，治多有效。赏赐累加，车服第宅，号为鲜丽。集诸学士及工书者百余人，在东宫撰诸药方百余卷，皆行于世。……迁洛，为前军将军，领太医令。"

⑤ 来，拓片又似"表"字。

⑥ 悲叹，拓片作"愿莫"。

⑦ 饰，拓片作"饬"。

⑧ 鹑火，十二次之一，与十二辰相配为午；蕤宾，十二律中的第七律，代指五月。

⑨ 此砂岩九级千佛石塔，高155厘米，塔刹残高49.5厘米。原存于山西朔州崇福寺弥陀殿，现在塔身存台北故宫博物院，塔刹存朔州文物保管所。该方塔应是云冈石窟开凿时的副产品，出自北魏工匠之手。殿宇式层楼，形制大体如第6窟中心塔柱；四角亦为小佛龛塔柱，底层、塔刹各有坐佛和二佛并座龛。发愿文中，唯"皇太子"时未降生。另，河北蔚县博物馆也有一幢残损的北魏九级砂岩佛塔，与此塔大同小异，但没有铭文。

⑩ 水野清一《云冈石窟调查记》讲：1938年6月，在大同城"还调查了〇〇部队本部的天安元年九层石塔，特务机关的石佛"。长广敏雄《云冈日记》：1939年9月2日"下午，去看黑田部队保管的北魏天安元年（466）的九层石塔。在笔记本上画了图"。按：黑田部队是驻守大同的日军，该塔应即崇福寺弥陀殿原藏，但后来辗转台北，期间过程不明。

⑪ 按：北魏自显祖好浮屠之学，高祖、世宗、肃宗，以至胡太后无不通晓而弥信。南北朝时代，社会中佛教的狂热影响到政治，统治者的狂热更助长了佛教的泛滥。

⑫ 太安末，即"和平初"。《宋书》卷97《夷蛮传》："世祖大明四年，于中兴寺设斋。有一异僧，众莫之识，问其名，答言名明慧，从天安寺来，忽然不见。天下无此寺名，乃改中兴曰天安寺。"按：刘宋大明四年（460），即北魏和平元年。其事，本缘于铸像，《法苑珠林》卷17《普贤部·宋

路昭太后》："宋路昭太后，大明四年造普贤菩萨乘宝舆白象，安于中兴禅房，因设讲于寺。"《高僧传》卷7《宋京师中兴寺释道温》："皇太后睿鉴冲明，圣符幽洽……乃创思镕斫，抽写神华，模造普贤，来仪盛像。宝倾宙珍，妙尽天饰。"

⑬ 按：文成帝崩于和平六年，"八"为"六"之残误。

⑭《云中图》一书，今不见著录。北宋《太平寰宇记》卷49《云州云中县》引隋《冀州图》云："古平城，在白登台南三里有水焉。其城，东西八里，南北九里。"云中，汉魏以降在今内蒙古托克托一带，唐宋辽金为今大同的称谓；《云中图》，成书于唐代的可能性较大。金代曹衍"献文天安元年革，兴造石窟寺"，所指不甚明确，大致与北魏高允《鹿苑赋》"暨我皇之继统……追鹿野之在昔……于是命匠选工，刊兹西岭；注诚端思，仰模神影；……即灵崖以构宇"的记载相吻合，意谓献文帝建设武州山石窟寺。

⑮《通鉴》卷132曰："魏自天安以来，比岁旱饥，重以青、徐用兵，山东之民疲于赋役。"

467年丁未　北魏天安二年、皇兴元年，宋泰始三年

二月……高丽、库莫奚、具伏弗、郁羽陵、日连、匹黎尔、于阗诸国各遣使朝贡[①]。——《魏书》卷6《显祖纪》

显祖皇兴元年七月，东北无云而雷。——《魏书》卷112上《灵征志上》

秋八月……丁酉，行幸武州山石窟寺[②]。戊申，皇子宏生[③]，大赦，改年。——《魏书》卷6《显祖纪》

九月壬子，高丽、于阗、普岚、粟特国各遣使朝献。——《魏书》卷6《显祖纪》

其岁，高祖诞载。于时起永宁寺，构七级佛图，高三百余尺，基架博敞，为天下第一[④]。又于天宫寺，造释迦立像。高四十三尺，用赤金十万斤，黄金六百斤[⑤]。——《魏书》卷114《释老志》[⑥]

① 《北史》卷97《西域列传》："真君中，太武诏高凉王那击吐谷浑慕利延，慕利延惧，驱其部落渡流沙。那进军急追之，慕利延遂西入于阗，杀其王，死者甚众。献文末，蠕蠕寇于阗，于阗患之，遣使素目伽上表曰：'西方诸国，今皆已属蠕蠕。奴世奉大国，至今无异。今蠕蠕军马到城下，奴聚兵自固，故遣使奉献，延望救援。'显祖诏公卿议之。……先是，朝廷遣使者韩羊皮使波斯，波斯王遣使献驯象及珍物。经于阗［中］，于阗（中于）王秋仁辄留之，假言虑有寇不达。羊皮言状，显祖怒，又遣羊皮奉诏责让之。自后每使朝献。"

② 陈垣《记大同武州山石窟寺》："史记魏帝之幸石窟寺，自此始也。……前此闻幸武州山，未闻幸石窟寺。《魏书·礼志》'太宗永兴三年三月，帝祷于武周、车轮二山'是也。（武州或作'周'，通）永兴三年，当西历之四百十一年，此时未有石窟寺。惟自皇兴元年以后，则帝幸石窟寺，凡七八次，或岁一幸焉，或间岁一幸焉。未知史有阙文否乎？盖常有《魏书》纪者，《北史》无之矣。抑有奇者，诸帝之幸石窟寺，多在幼冲之年，其殆太后所挟与俱往者乎？不可得知也。"按：这是史书中

首次记载北魏皇帝视察云冈石窟，日本学者疑为“昙曜五窟”开光建成的标志。八年之后的延兴五年（475），孝文帝第一次幸武州山，太和元年（477）祈雨武州山，四年、六年、七年幸武州山石窟寺，凡孝文帝六次巡视，大约无不与石窟工程进展有关。

③《魏书》卷13《皇后传》：“及高祖生，太后躬亲抚养。是后罢令，不听政事。”《通鉴》卷132云：“魏主始亲国事，勤于为治，赏罚严明，拔清节，黜贪污，于是魏之牧守始有以廉洁著闻者。”

④《明一统志》卷21《大同府》：“南堂寺在府城内东南，后魏建。外有九级浮图，元重修。”《正德大同府志》卷4《寺观》：“南堂寺，在府城东南，又号永宁寺，后魏建。内有金玉像，高一丈八尺，外有九级浮屠，高九十余丈。上刹复高十丈，铃铎声闻十里。”按：此南堂寺，盖辽代在北魏永宁寺基址上重建，元初刘祁《归潜志》谓“云中城阙，浮图如锥”者，刘秉忠曾住，清初已废。

⑤《通鉴》卷132：“魏于天宫寺作大像，高四十三尺，用铜十万斤，黄金六百斤。”

⑥《水经注》卷13《灅水》：如浑西水“又南径皇舅寺西，是太师昌黎王冯晋国所造，有五层浮图，其神图像，皆合青石为之，加以金、银、火齐众彩之上，炜炜有精光。又南径永宁七级浮图西，其制甚妙，工在寡双”。冯晋国，即冯熙，冯太后兄。火齐，如云母，重叠而可鉴，色黄赤似金。

468年戊申　北魏皇兴二年，宋泰始四年

二年春二月癸未，田于西山，亲射虎豹。崔道固及刘彧梁邹戍主、平原太守刘休宾举城降[①]。……夏四月……高丽、库莫奚、契丹、具伏弗、郁羽陵、日连、匹黎尔、叱六手、悉万丹、阿大何、羽真侯、于阗、波斯国各遣使朝献。……十有二月……是月，悉万丹等十余国各遣使朝贡。——《魏书》卷6《显祖纪》

二年七月，东北有声如雷。——《魏书》卷112上《灵征志上》

显祖皇兴二年十一月夜，震电。——《魏书》卷112上《灵征志上》

①《魏书》卷108之一《礼志一》：“显祖皇兴二年，以青徐既平，遣中书令兼太常高允奉玉币祀于东岳，以太牢祀孔子。”

469年己酉　北魏皇兴三年，宋泰始五年

五月，魏徙青、齐民于平城[①]，置升城、历城民望于桑干，立平齐郡以居之[②]；自余悉为奴婢，分赐百官。魏沙门统昙曜奏：“平齐户及诸民，有能岁输谷六十斛入僧曹者，即为僧祇户，粟为僧祇粟，遇凶岁，赈给饥民。”又请“民犯重罪及官奴，以为佛图户，以供诸寺洒扫”。魏主并许之。于是僧祇户、粟及寺户，遍于州镇矣[③]。——《通鉴》卷132

皇兴中，又构三级石佛图。榱栋楣楹，上下重结，大小皆石，高十丈。镇固巧密，为京华壮观[④]。——《魏书》卷114《释老志》

① 《魏书》卷 6《显祖纪》：“五月，徙青州民于京师。”
② 《魏书》卷 24《崔道固列传》：“白曜送道固赴都，有司案劾。奏闻，诏恕其死。乃徙青齐士望共道固守城者数百家于桑干，立平齐郡于平城西北北新城。以道固为太守，赐爵临淄子，加宁朔将军。寻徙治京城西南二百余里旧阴馆之西。是时，频岁不登，郡内饥弊。道固虽在任积年，抚慰未能周尽，是以多有怨叛。延兴中卒，年五十。”卷 43《刘休宾列传》：“白曜送休宾及宿有名望者十余人，俱入代都为客。及立平齐郡，乃以梁邹民为怀宁县，休宾为县令。延兴二年卒。”按：北新城，疑即慕容垂所筑“老公城”。
③ 胡三省注：“史言魏割民力以奉释氏。”
④ “三级石浮图”之建，姑系此年。《水经注》卷 13《㶟水》云：如浑东水（今名御河），“水右有三层浮图，真容鹫架，悉结石也。装制丽质，亦尽美善也”。按：《魏书》《水经注》对平城建筑物用石的记载，往往说明其来源或颜色，而此石塔则不言石质，疑用开凿云冈石窟所出石料砌制。大同武州山的石质为砂岩，方山以北为青色玄武岩，今遗存所见云冈山顶塔基、方山思远寺石刻、明堂辟雍石材，以及北魏石雕用具、冥器、建筑装饰构件多矣，俱云冈沟砂岩。

470 年庚戌　北魏皇兴四年，宋泰始六年

【发愿文】皇兴四年七月九，王钟夫妻为亡父母，造观世音像一躯。愿令亡父母常与观世音菩萨共生一处[①]。——金申《中国历代纪年佛像图典》18《王钟造观音立像》

十有一月，诏弛山泽之禁。十有二月甲辰，幸鹿野苑石窟寺[②]。——《魏书》卷 6《显祖纪》

① 此金铜像，高 27.8 厘米，日本个人收藏。金申解说：“十六国及北魏早期佛像，多为一佛趺坐于方座，两旁有二狮子，题材和构图单调。至皇兴（467 年）后，造像的题材趋多样化，站立之观音、弥勒亦多出现。”竟与我所撰《〈鹿苑赋〉与云冈石窟》（见附录）一文，考证献文帝以后云冈建设，图像多元化、形式多样化的结论，不谋而合。由此可见当年武州山石窟造像的引领时尚作用。
② 鹿野苑，即佛成道处。《四十二章经》云：“世尊成道已，作是思惟，离欲寂静，是最为胜。住大禅定，降诸魔道，于鹿野苑中，转四谛法轮，度憍陈如等五人而证道果。”按：北魏鹿野苑石窟寺，在今大同西北小石子村西、大沙沟的上游。循河湾西行进山二里多，沟北有大石崖，崖壁凿有洞窟 11 个，东西长约 30 米，中央为礼佛窟，两侧各 5 个坐禅窟。主窟平面呈马蹄形，正中雕佛像一尊，端坐、右袒，头部、两手残缺，但双肩宽厚，气宇轩昂。两旁各一胁侍菩萨。窟外两侧各一力士雕像，漫漶不清。整体雕造风格与云冈昙曜五窟近似。鹿野苑石窟的开凿时间，应该在皇兴初年，献文帝此番临幸，盖为竣工巡礼。

471 年辛亥　北魏皇兴五年、孝文帝元宏延兴元年，宋泰始七年

【发愿文】皇兴五年三月廿七日，新成县民仇寄奴为父母造像一区。愿父母上生天上，直遇诸佛；下生人间，侯王长者。清信士仇成侍佛时，清信士女韩□□，

□供主寄奴、佛主伯生、萨主阿寄侍佛时，□□僧任侍佛时，韩双侍佛时，清信士女韩□□□[①]——金申《中国历代纪年佛像图典》19《仇寄奴造铜佛立像》

皇兴五年三月廿七日，新城县民仇寄奴为父母造观音像，愿亡父母上生天上……[②]——金申《中国历代纪年佛像图典》20《仇寄奴造观音立像》[③]

① 此金铜像，高 25.8 厘米，日本个人收藏。

② 此金铜像，高 25.5 厘米，英国大英博物馆藏。按：陕西博物馆藏有兴平出土的皇兴五年（471）造石灰岩交脚弥勒像，该像与云冈造像风格相同。大约此时各地的石刻佛像皆效仿平城样式，如同北魏各处石窟都曾追随云冈模式。到孝文帝迁都洛阳后，石灰岩佛像大量出现，取代砂岩而成为石刻佛像的主流。

③ 敦煌遗书 P4506 为《金光明经》卷 2，题记曰："皇兴五年，岁在辛亥，大魏定州中山郡卢奴县城内西坊里住□乡，凉州武威郡租厉县梁泽北乡武训里方亭南、苇亭北，张壕主父宜曹讳昺，息张兴保，自慨多难，父母恩育，无以仰报；又感乡援，靡托思恋。是以在此单城，竭家建福，兴造素经《法华》一部、《金光明》一部、《维摩》一部、《无量寿》一部，欲令流通本乡，道俗异玩。"按：此乃武威徙民施钱，以绢写经，送归凉土之事。可见，当时佛教自东向西的回流与逆向影响。

第六编　北魏孝文帝时代纪事

471年辛亥　北魏皇兴五年、孝文帝元宏延兴元年，宋泰始七年

八月[①]……己酉，太上皇帝徙御崇光宫[②]，采椽不斫，土阶而已。国之大事咸以闻。——《魏书》卷6《显祖纪》

高祖践位，显祖移御北苑崇光宫[③]，览习玄籍[④]。建鹿野佛图于苑中之西山，去崇光右十里，岩房禅堂，禅僧居其中焉[⑤]。——《魏书》卷114《释老志》

① 《魏书》卷7上《高祖纪上》："五年秋八月丙午，即皇帝位于太华前殿，大赦，改元延兴元年。"卷105之三《天象志三》："上迫于太后，传位太子，是为孝文帝。"

② 《魏书》卷33《公孙表传附孙叡传》："时显祖于苑内立殿，敕中秘群官制名。叡曰：'臣闻至尊至贵，莫崇于帝王。天人挹损，莫大于谦光。伏惟陛下躬唐虞之德，存道颐神，逍遥物外，宫居之名，当协叡旨。臣愚以为宜曰崇光。'奏可。"

③ 卷7上《高祖纪上》：延兴"三年春正月……丁亥，改崇光宫为宁光宫"。《水经注》卷13："其水又径宁（先）[光]宫东，献文帝之为太上皇所居故宫矣。宫之东次下，有两石柱，是石虎邺城东门石桥柱也。按柱勒，赵建武中造，以其石作工妙，徙之于此。余为尚书祠部，与宜都王穆罴同拜北郊，亲所经见。柱侧悉镂云（矩）[烟]，上作蟠螭，甚有形势，信为工巧，去子丹碑则远矣。"按：宁光宫，大致在今大同城北大沙沟北白马城新村一带。

④ 《南齐书》卷57《魏虏传》："宏父弘禅位后，黄冠素服，持戒诵经，居石窟寺。"《通鉴》卷133："魏显祖聪睿夙成，刚毅有断；而好黄老、浮屠之学，每引朝士及沙门共谈玄理，雅薄富贵，常有遗世之心。"

⑤ 《通鉴》卷133记："上皇徙居崇光宫，采椽不斫，土阶而已；国之大事咸以闻。崇光宫在北苑中，

又建鹿野浮图于苑中之西山，与禅僧居之。”按：鹿野苑，即释迦牟尼成道处。胡三省注：“释子相传，以为尸迦国波罗奈城东北十里许有鹿野苑，本辟支佛住此，常有野鹿，故以名苑。今仿西国而建浮图也。……盖因代都鹿苑之旧名，附合西国鹿野之事，而建此浮图也。”

472年壬子　北魏延兴二年，宋泰豫元年

【发愿文】大代延兴二年岁在壬子，四月癸未朔六日戊子，纪书学生东郡黄□相，为亡父故使持节、侍中、安南将军、南部尚书、定州刺史、东郡简公黄卢头[①]，造释迦牟尼百七十佛像。愿亡父楷是诚□，永离苦难，值遇诸佛，深解实相，普及众生，既悟道果。——金申《中国历代纪年佛像图典》23《黄□相造坐佛碑像》[②]

延兴二年夏四月，诏曰：“比丘不在寺舍，游涉村落，交通奸猾，经历年岁。令民间五五相保，不得容止。无籍之僧，精加隐括，有者送付州镇，其在畿郡，送付本曹。若为三宝巡民教化者，在外赍州镇维那文移，在台者赍都维那等印牒，然后听行。违者加罪。”[③]又诏曰：“内外之人，兴建福业，造立图寺，高敞显博，亦足以辉隆至教矣。然无知之徒，各相高尚，贫富相竞，费竭财产，务存高广，伤杀昆虫含生之类。苟能精致，累土聚沙，福钟不朽。欲建为福之因，未知伤生之业。朕为民父母，慈养是务。自今一切断之。”又诏曰：“夫信诚则应远，行笃则感深，历观先世灵瑞，乃有禽兽易色，草木移性。济州东平郡，灵像发辉，变成金铜之色。殊常之事，绝于往古；熙隆妙法，理在当今。有司与沙门统昙曜令州送像达都，使道俗咸睹实相之容，普告天下，皆使闻知。”[④]——《魏书》卷114《释老志》

【发愿文】延兴二年八月十日，清信弟子张伯□为父母造像一区。□父存亡□值遇诸佛[⑤]。——金申《中国历代纪年佛像图典》22《张伯□造释迦坐像》[⑥]

【碑文】君姓申，讳洪之，魏郡魏县人也。曾祖锺，前赵司徒、东阳公。祖道生，辅国将军、兖州刺史、金乡县侯，子孙家焉。君少遭屯蹇，与兄直勤令乾之归命于魏。君识干强明，行操贞敏，孝友慈仁，温恭惠和。兄弟同居，白首交欢；闺门怡怡，九族式轨。是以诠才委任，甫授东宫莫堤。将阐茂（緒）[績]，克崇世业，而降年不遐。年五十有七，以魏延兴二年十月五日丧于京师。以旧坟悬远，归窆理难，且嬴博之葬，盖随时矣；旁谋龟筮，皆称云吉，遂筑茔于平城桑干河南。形随化往，德与时著，敢克斯石，以昭不朽。先地主文忸于吴提、贺赖吐伏延、贺赖吐根、高梨高郁突四人边，买地廿顷，官绢百匹。从来廿一年。今洪之丧灵永安于此，故记之。——

大同市博物馆藏《申洪之墓铭》[⑦]

高祖延兴二年，有司奏天地五郊、社稷已下及诸神，合一千七十五所，岁用牲七万五千五百。显祖深愍生命，乃诏曰："朕承天事神，以育群品，而咸秩处广，用牲甚众。夫神聪明正直，享德与信，何必在牲。《易》曰：'东邻杀牛，不如西邻之礿祭，实受其福。'苟诚感有著，虽行潦菜羹，可以致大嘏，何必多杀，然后获祉福哉！其命有司，非郊天地、宗庙、社稷之祀，皆无用牲。"于是群祀悉用酒脯。——《魏书》卷108之一《礼志一》

《杂宝藏经》十三卷，阙；《付法藏因缘经》六卷，阙；《方便心论》二卷，阙。右三部，凡二十一卷。宋明帝时，西域三藏吉迦夜于北国[⑧]，以伪延兴二年，共僧正释昙曜译出，刘孝标笔受[⑨]。此三经并未至京都[⑩]。——梁释僧祐《出三藏记集》卷2《新集撰出经律论录第一》

① 黄卢头，见《南巡碑》，又见《魏书》卷5《高宗纪》：和平二年"五月癸未，诏南部尚书黄卢头、李敷等考课诸州"。按：北魏平城时代，在首都先后设立国子太学、中书学，孝文帝太和中改为国子学，公卿子弟多由中书学生而后入仕。中书学中，大约有算、纪等若干科，因有算术学生（算生）、纪书学生（纪生）等。东郡，在今河南滑县。黄卢头死因不明，其子黄□相，为中书学生，为父造像追福，数量众多。我怀疑，其所造一百七十尊佛像，应在云冈石窟中；而以此碑像，作为纪念碑。设若如此，则北魏武州山石窟允许民间造像的时间提前矣。

② 此坐佛碑像，砂岩，高39.5厘米，日本书道博物馆藏。整体作汉式屋形，龛像居中，十分新颖别致，大约属于云冈石窟开凿中的新款式。

③ 《魏书》卷7上《高祖纪上》："夏四月……癸酉，诏沙门不得去寺浮游民间，行者仰以公文。"

④ 济州东平郡，在今山东郓城西北黄河边。按：北魏平城时代，南朝妙像多有运送平城者。《续高僧传》卷30《周鄜州大像寺释僧明》附道宣论："……余以为兴福之来，事有机会；感见奇迹，其相弥隆。略引五三，用开神理。至如徐州吴寺太子思惟瑞像者，昔东晋……遇见婆罗门僧持像而行，云往徐州与吴苍鹰供养。鹰曰：'必如来言，弟子是也。'便以像付之。鹰将像还至京，诏令模之，合造十躯，皆足下置字，新旧莫辩，任鹰探取。像又降梦示其本末，恰至鹰取，还得本像，乃还徐州，每有神瑞。元魏孝文请入北台，高齐后主遣使者常彪之迎还邺下。齐灭周废，为僧藏弃。大隋开教，还重兴世。今在相州邺县大慈寺也。"此徐州佛像，辗转数朝，作则南北，影响甚广。

⑤ 此砂岩佛像，高33.5厘米，日本书道博物馆藏。正面一佛二菩萨，底座双狮双人供养释迦、多宝龛。背面浅雕七佛、太子降生等故事画四幅。应是云冈石窟开凿时产品。

⑥ 美国旧金山亚洲艺术馆藏有延兴二年释迦、多宝并坐金铜像，高16.2厘米；美籍华人陈哲敬收藏同年砂岩交脚弥勒像，高41.5厘米。

⑦ 该墓志，砂岩，1949年以前出土。高60厘米，宽49厘米，四边凸框。对申洪之的考证，见殷宪《北魏早期平城墓铭析》（《北朝研究》1999年第一辑）。

⑧《古今译经图纪》卷3："沙门吉迦夜，此云何事，西域人。游化戒虑，导物在心。以魏孝文帝延兴二年，岁次壬子，为僧统昙曜译《杂宝藏经》等五部，合二十五卷。刘孝标笔受。谓：《杂宝藏经》（十三卷），《付法藏因缘经传》（六卷），《称扬诸佛功德经》（三卷），《大方广菩萨十地经》（一卷），《方便心论》（二卷）。"

⑨ 汤用彤先生《汉魏两晋南北朝佛教史》讲："盖古人之译经也，译出其文，即随讲其义。所谓译场之助手，均实听受义理之弟子。"《南史》卷49《刘怀珍传附峻传》："峻字孝标，本名法武，怀珍从父弟也。父琁之，仕宋为始兴内史。峻生期月而琁之卒，其母许氏携峻及其兄法凤还乡里。宋泰始初，魏克青州，峻时年八岁，为人所略为奴至中山。中山富人刘宝愍峻，以束帛赎之，教以书学。魏人闻其江南有戚属，更徙之代都。居贫不自立，与母并出家为尼僧，既而还俗。峻好学，寄人庑下，自课读书，常燎麻炬，从夕达旦。时或昏睡，爇其须发，及觉复读，其精力如此。时魏孝文选尽物望，江南人士才学之徒，咸见申擢，峻兄弟不蒙选拔。齐永明中，俱奔江南，更改名峻字孝标。"按："泰始初"，陈垣《云冈石窟寺之译经与刘孝标》考为泰始五年，即北魏皇兴三年（469）；"永明中"，《文选》卷43《重答刘秣陵沼书》李善注录其自序云："永明四年二月，逃归京师。"即北魏太和十年（486）。刘孝标滞留在北国十八年。

⑩《历代三宝纪》卷9云："《杂宝藏经》十三卷；《付法藏因缘传》六卷，或四卷，因缘广异，曜自出者。《称扬诸佛功德经》三卷，第三出，一名《集华经》，一名《现在佛名经》，一名《诸佛华经》，凡四名，与（秦）[后]秦罗什、宋跋陀罗译者本同出异。《大方广菩萨十地经》一卷，第二出，与晋世法护所出《菩萨十地》大同小异，见《始兴录》。《方便心论》二卷，或一卷，凡四品。右五部，合二十五卷，宋明帝世，西域沙门吉迦夜，魏言何事，延兴二年，为沙门统释昙曜于北台重译，刘孝标笔受。见道慧《宋齐录》。"按：道慧《宋齐录》，原书已佚。《杂宝藏经》，《开元释教录》卷6云：只存八卷；《贞元新定释教目录》卷9谓：或即分此为十三卷。

473年癸丑　北魏延兴三年，宋后废帝刘昱元徽元年

三年六月，京师获大龟。——《魏书》卷112下《灵征志下》

冬十月……悉万斤国遣使朝献[①]。——《魏书》卷7上《高祖纪上》

十有二月……癸丑，沙门慧隐谋反，伏诛。——《魏书》卷7上《高祖纪上》

是时冯太后宣淫于朝，昵近小人而附益之，所费以巨万亿计，天子徒尸位而已。——《魏书》卷105之三《天象志三》

① 《北史》卷97《西域传》："悉万斤国，都悉万斤城，在迷密西，去代一万二千七百二十里。其国南有山，名伽色那山，出师子。每使朝贡。"

474年甲寅　北魏延兴四年，宋元徽二年

四年春正月……辛巳，粟特国遣使朝献。二月……辛未，禁断寒食[①]。三月……高丽、吐谷浑、曹利诸国各遣使朝贡。……阔悉国遣使朝贡。——《魏书》卷7上《高祖纪上》

高祖延兴四年五月，雁门崎城有声如雷，自上西引十余声，声止地震。——《魏书》卷112上《灵征志上》

六月，显祖以西郊旧事[②]，岁增木主七，易世则更兆，其事无益于神明。初革前仪，定置主七，立碑于郊所[③]。——《魏书》卷108之一《礼志一》

十月己亥，京师地震。——《魏书》卷112上《灵征志上》

【碑文】唯大代延兴四年，岁在甲寅，十一月戊辰朔，二十七日甲午，河内温县倍乡孝敬里人，使持节、侍中、镇西大将军、启府仪同三伺、都督梁益兖豫诸军事、领护南蛮校尉、扬州刺史、羽真、琅琊贞王故司马楚之嗣子，使持节、侍中、镇西大将军、朔州刺史、羽真、琅琊王金龙妻，侍中、太尉、陇西王、直勤贺豆跋女，乞伏文照王外孙女，钦文姬辰之铭。——大同市博物馆藏《钦文姬辰墓铭》[④]

① 日本僧圆仁《入唐求法巡礼行记》卷1：唐开成四年（839）二月“十四、十五、十六日，此三个日是寒食之日。此三日天下不出烟，总吃寒食”。

② 北魏平城西郊祭天旧仪，见《南齐书》卷57《魏虏传》：“城西有祠天坛，立四十九木人，长丈许，白帻、练裙、马尾被，立坛上，常以四月四日杀牛马祭祀，盛陈卤簿，边坛奔驰奏伎为乐。”

③《水经注》卷13谓：“西郭外，有郊天坛，坛之东侧，有郊天碑，延兴四年立。”

④ 此砂岩方碑，纵30厘米，横28厘米，厚6厘米。1965年底，出土于石家寨村西南的北魏司马金龙墓。墓志中，“贺豆跋”，据《魏书》卷37《司马金龙传》有“金龙初纳太尉、陇西王源贺女”句，知即源贺。

475年乙卯　北魏延兴五年，宋元徽三年

【发愿文】延兴五年四月五日，张竝戴为佛造释加门佛壹躯[①]。——金申《中国历代纪年佛像图典》27《张竝戴造释迦立像》

夏四月丁丑，龟兹国遣使朝献。……诏禁畜鹰鹞，开相告之制。——《魏书》卷7上《高祖纪上》

五月……丁未，幸武州山[②]。辛酉，幸车轮山[③]。——《魏书》卷7上《高祖纪上》

高祖延兴五年五月，京师赤风。——《魏书》卷112上《灵征志上》

魏高允《鹿苑赋》[④]：

启重基于朔土，系轩辕之洪裔；武承天以作主，熙大明以御世；洒灵液以滂流，扇仁风以遐被；踵姬文而筑苑，包山泽以开制；殖群物以充务[⑤]，蠲四民之常税。

暨我皇之继统，诞天纵之明叡；追鹿野之在昔，兴三转之高义；振幽宗于已永，

旷千载而有寄。于是命匠选工，刊兹西岭；注诚端思，仰模神影；庶真容之仿佛，耀金晖之焕炳。即灵崖以构宇，竦百寻而直上[⑥]；絚飞梁于浮柱，列荷华于绮井。图之以万形[⑦]，缀之以清永；若祇洹之瞪对，孰道场之途迴。嗟神功之所建，超终古而秀出；实灵祇之协赞，故存贞而保吉。凿仙窟以居禅，辟重阶以通述[⑧]；澄清气于高轩，伫流芳于王室。茂花树以芬敷，涌醴泉之洋溢；祈龙宫以降雨，侔膏液于星毕。

若乃研道之伦，行业贞简，慕德怀风，杖策来践。守应真之重禁，味三藏之渊典；或步林以经行，或寂坐而端宴。会群善以并臻，排五难而俱遣；道欲隐而弥彰，名欲晦而逾显。

伊皇舆之所幸，每垂心于华囿；乐在兹之闲敞，作离宫以营筑。（固）［因］爽垲以崇居[⑨]，枕平原之高陆；恬仁智之所怀，眷山水以肆目。玩藻林以游思，绝鹰犬之驰逐；眷耆年以广德，纵生生以延福。慧爱内隆，金声外发；功济普天，善不自伐。尚谘贤以问道，询刍荛以补阙；尽敬恭于灵寺，遵晦望而致谒。奉清戒以毕日，兼六时而宵月；何精诚之至到，良九劫之可越。资圣王之远图，岂循常以明教；希缙云之上升，羡顶生之高蹈。思离尘以迈俗，涉玄门之幽奥；禅储宫以正位，受太上之尊号。既存无而御有，亦执静以镇躁；睹天规于今日，寻先哲之遗诰。悟二乾之重荫，审明离之并照；下宁济于兆民，上克光于七庙。一万国以从风，总群生而为导；正南面以无为，永措心于冲妙。

夫道化之难期，幸微躬之遭遇；逢扶桑之初开，遘长夜之始曙。顾衰年以怀伤，惟负忝以危惧；敢布心以陈诚，效鄙言以自著[⑩]。——《广弘明集》卷29[⑪]

【发愿文】延兴五年岁在乙卯，北平无终县民阳晏妻韩令姜，为父母造弥勒一区，为一切众生[⑫]。——金申《中国历代纪年佛像图典》26《韩令姜造弥勒立像》

① 此金铜像，高35.2厘米，河北满城出土，河北省博物馆藏。制作精美，具有犍陀罗风格。

② 陈垣《记大同武州山石窟寺》："此未言幸石窟寺也，然以前后书法例之，则当然幸石窟寺。"

③ 文成帝太安四年（458）北巡阴山，驾次车轮山，当在今内蒙古境。孝文此番巡幸两地，间隔14天。

④ 高允《鹿苑赋》，真实地记述了献文帝时代平城郊苑的佛事情况。参见附录：《鹿苑赋与云冈石窟》。按：兴建东方鹿苑，是当时人的理想与时尚，亦泛指山水佛场。例如，《广弘明集》卷24《僧行篇》录《菩萨戒弟子戴逵贻书仙城命师座下并序》谓："兴正法于鹿苑，荡妄想于鹫山。……禅师德声远振，行高物表……不远潇、湘，来仪沔陆。植杖龙泉，仍为精舍；回车马谷，即创伽蓝。凿岭安龛，讵假聚沙成塔？因山构苑，无劳布金买地。"

⑤ 务，频伽藏本作“雾”。
⑥ 上，频伽藏本作“正”。
⑦ 形，频伽藏本作“行”。
⑧ 述，或作“术”。坐禅者，宜山栖穴处，故而凿窟以为禅居；重阶通术，有通天台之意，遗址现在。仙窟、通术，亦可证禅道混杂。后面所谓“高轩”，说明当时窟前已建有阁楼。
⑨ 因，碛沙藏本、频伽藏本作“固”，大正藏本作“因”。
⑩ 高允《鹿苑赋》大约由献文帝命题而作，同时又有高闾《鹿苑颂》，惜后世未传。《魏书》卷 54《高闾传》：“高允以闾文章富逸，举以自代，遂为显祖所知，数见引接，参论政治。命造《鹿苑颂》《北伐碑》，显祖善之。”
⑪ 唐道宣《广弘明集》卷 29《魏高允鹿苑赋》之后，收录有《魏李颙大乘赋并序》，作者身世不明。姑予转录：“大乘者，盖如来之道场也。故缘、觉、声、闻，谓之小乘。言法驾之通驰，如舟车之致远也。夫合抱兴于毫末，九层作于累土，从浅以高大。理妙在于不有，迹粗由乎不无，举有以希无，则无无以畅；忘无以统有，则有有以通。无无以畅，则乘斯小矣；有有以通，则乘斯大矣。夫总福祐之会者，莫尚于法身；宣一切之知者，莫贵乎如来。故神禀灵照，以观三达之权；思周深妙，以入四持之门。知色之空，任而不败；起灭无崖，终始无际。形寄于宇宙之中，而心苞乎二象之外；目察于芥子之细，而识鉴乎须弥之大。美哉！渊乎？其源固不量也。嗟叹不足，遂作赋曰：建大乘之灵驾兮，震法鼓之雷音；除行盖之欲疑兮，餐微妙以悦心。满觉意之如海兮，演《般若》之渊深；平八道之坦荡兮，游总持之苑林。定禅思于三昧兮，灭色想于五阴；执抵罗之引弓兮，操如意之喻琴。破众纲之将裂兮，划贪垢而绝淫；危泡沫之暂结兮，焉巧风之足钦。或明行而善逝兮，积功勋以迄今；收萨云之空义兮，运十万而魔擒。开止观之光焰兮，消邪见之沉吟；闭必固之垣墙兮，同影响之难寻。”
⑫ 此金铜像，高 24.5 厘米，日本个人收藏。无终，即今天津蓟州。

476 年丙辰　北魏延兴六年、承明元年，宋元徽四年

承明元年春二月，蠕蠕、高丽、库莫奚、波斯诸国并遣使朝贡。……六月……辛未，太上皇帝崩①。壬申，大赦，改年。……戊寅……尊皇太后为太皇太后，临朝称制。——《魏书》卷 7 上《高祖纪上》

承明元年八月，高祖于永宁寺，设太法供，度良家男女为僧尼者百有余人，帝为剃发，施以僧服，令修道戒，资福于显祖。是月，又诏起建明寺。——《魏书》卷 114《释老志》

九月……癸丑，宕昌、悉万斤国并遣使朝贡②。——《魏书》卷 7 上《高祖纪上》

冬十月丁巳，起七宝永安行殿③。……辛未，舆驾幸建明佛寺，大宥罪人。——《魏书》卷 7 上《高祖纪上》

沙门统昙曜，昔于承明元年，奏凉州军户赵苟子等二百家为僧祇户，立课积粟，

拟济饥年，不限道俗，皆以拯施。——《魏书》卷 114《释老志》

① 《魏书》卷 6《显祖纪》：“承明元年，年二十三，崩于永安殿，上尊谥曰献文皇帝，庙号显祖，葬云中金陵。”唐法琳《辩正论》卷 3：“魏显祖献文皇帝，讳弘，德配彼天，道邻极圣，造招隐寺，召坐禅僧。”

② 《魏书》卷 101《宕昌传》：“宕昌羌者，其先盖三苗之胤，周时与庸、蜀、微、卢等八国从武王灭商，汉有先零、烧当等，世为边患。其地东接中华，西通西域，南北数千里，姓别自为部落，酋帅皆有地分，不相统摄，宕昌即其一也。……高祖时，遣使子桥表贡朱沙、雌黄、白石胆各一百斤。自此后，岁以为常，朝贡相继。”按：大同地区不闻有朱砂之产，然北魏墓葬出土石刻、陶俑上多有朱砂彩绘。仔细观察云冈石窟内雕像，往往可见，且有的红底色被辽金明清彩绘覆盖。同时，发现不少佛像的面部、胸部贴着金箔。大约在佛像上贴金、彩绘，在白毫处镶嵌珠宝，是北魏当年的习惯做法。这种“金装佛像”的做法，出自佛经，始于西域。梁僧旻、唱宝等《经律异相》卷 6 引《观佛三昧经》：“佛告阿难，持我语遍告弟子。我灭度后，造佛形像，相好具足，亦作无量化佛。及画佛迹以微妙，彩及颇梨珠安白毫处，令人见之心生欢喜。”

③ 既名“行殿”，则不在皇宫。“七宝”，佛典所谓金、银、琉璃、砗磲、玛瑙、真珠（或琥珀）、珊瑚（或玻璃、玫瑰）等珍物。

477 年丁巳　北魏太和元年，宋元徽五年、顺帝刘準昇明元年

太和元年春正月……辛亥……起太和、安昌二殿。——《魏书》卷 7 上《高祖纪上》

太和元年二月，幸永宁寺设斋，赦死罪囚。三月，又幸永宁寺设会，行道听讲，命中、秘二省与僧徒讨论佛义，施僧衣服、宝器有差。——《魏书》卷 114《释老志》

太和元年四月辛酉，京师地震。——《魏书》卷 112 上《灵征志上》

夏四月丙寅，蠕蠕国遣使朝贡[①]。……五月乙酉，车驾祈雨于武州山[②]，俄而澍雨大洽。——《魏书》卷 7 上《高祖纪上》

高祖太和元年夏五月，有司奏京师有雌鸡二，头上生冠如角，与众鸡异。是时文明太后临朝，信用群小之征。——《魏书》卷 112 上《灵征志上》

秋七月……己酉，太和、安昌二殿成。起朱明、思贤门。——《魏书》卷 7 上《高祖纪上》

【发愿文】太和元年九月十日，安熹县堤阳□□，愿己身为祖父母造释加闻佛，又为居家眷属大小现世安稳，亡者生天，宣语诸佛。所愿如是，故记之耳[③]。——台北故宫博物院 1996 年版《历代金铜佛造像·太和元年佛坐像》

九月……庚子，起永乐游观殿于北苑，穿神渊池。车多罗、西天竺舍卫[④]、叠伏罗诸国各遣使朝贡[⑤]。——《魏书》卷 7 上《高祖纪上》

冬十月[6]……龟兹国遣使朝献。——《魏书》卷7上《高祖纪上》

唯大代太和元年岁次丁巳十月辛亥朔十日庚申，凉州武威郡姑臧县民贾宝铭。——山西大同北魏贾宝墓发掘简报[7]

闰月……癸亥，粟提婆国遣使朝献。……十有二月……甲辰，员阔、吐谷浑国并遣使朝贡。——《魏书》卷7上《高祖纪上》

【碑文】大代太和元年岁次丁巳，幽州刺史、敦煌公、敦煌郡宋绍祖之柩。——山西省博物院藏《宋绍祖墓铭砖》[8]

太和初年，代京阉官自慨刑余，不逮人族，奏乞入山修道，有敕许之。乃赍一部《华严》，昼夜读诵，礼悔不息。夏首归山，至六月末髭须尽生，复丈夫相，（遥）[还]状奏闻[9]。高祖信敬由来，忽见惊讶，更增常日。于是大代之国《华严》一经，因斯转盛。并见侯君素《旌异记》[10]。——《续高僧传》卷29《魏泰岳人头山衔草寺释志湛》

① 《魏书》卷103《蠕蠕传》："太和元年四月，遣莫何去汾比拔等来献良马、貂裘，比拔等称伏承天朝珍宝华丽甚积，求一观之。乃敕有司出御府珍玩金玉、文绣器物，御厩文马、奇禽、异兽，及人间所宜用者，列之京肆，令其历观焉。比拔见之，自相谓曰：大国富丽，一生所未见也。"

② 陈垣《记大同武州山石窟寺》："时帝年十一。祈雨未必至石窟寺，然车驾至武周山，则必经石窟寺。今石佛寺左侧，尚有一龙王庙，其殆古之遗制乎？"按：石佛寺，是元明以后的称谓，即今第5、6窟及其前面的僧院。龙王庙，清代建（已毁），在其东，沟旁。1938年，日本国水野清一等调查云冈石窟，曾对沟北、沟西南寺院遗址进行过小规模的发掘，清理出辽代兽面瓦当和羽纹板瓦滴水等物。1987年，云冈石窟研究所赵曙光等，对龙王沟西侧的石窟（现编号第5：16至5：29窟）及窟前地面清理发掘，清出房屋基址三座，地炕基址一处，长方形蓄水池一个。出土有辽代兽面瓦当、莲花瓦当、羽纹滴水、条纹滴水，瓷枕、瓷碗（外底墨书行体"石寺"二字）、鸡腿坛等多件，发现北宋景德元宝、天禧通宝和辽代太平通宝铜钱各一枚，澄泥砚两件（小砚完整，砚底凹印款识"嘉制"；大砚残半，砚底凹印款识"西京仁和坊□冯……"）。窟前阁楼与僧房，基本可以断定为辽代建筑，辽末焚毁。

③ 此金铜像，高40.3厘米，日本东京新田氏收藏，大村西崖《中国美术史雕塑篇》著录。安熹县，即北魏定州安喜县，在今河北安国西。此像制作，极其华美。

④ 《新唐书》卷221上《西域传上》："西天竺与罽宾、波斯接。"舍卫，本城名，别名舍婆提城，后以为国名。佛在世时，波斯匿王居于此，城内有祇园精舍。其地在今印度西北部。按：伊东忠太《中国山西云冈石窟寺》："太和元年，有西天竺之舍卫国来贡，是为印度艺术之输入。"

⑤ 《北史》卷97《西域传》："叠伏罗国，去代三万一千里。国中有勿悉城，城北有盐奇水，西流。有白象，并有阿末黎木，皮中织作布。土宜五谷。宣武时，其国王伏陁末多遣使献方物。自是，每使朝贡。"按：孝文帝太和元年（477）、三年（479），叠伏罗国两度朝贡，非始于宣武朝。

⑥ 《魏书》卷112下《灵征志下》："太和元年冬十月，南部尚书、安定侯邓宗庆奏：'乡郡民李飞、

太原民王显前列称：诣京南山采药，到游越谷南岭下，见清碧石柱数百枚。被诏案检，称所见青碧柱，长者一匹，相接而上，或方一尺二寸，或方一尺，方楞悉就，其数既多，不可具数。请付作曹采用。'奏可。"按：古代以四丈为一匹。疑即火山岩浆形成的玄武岩棱柱。

⑦ 该墓志铭为斜角长方形、带底座，黄色砂岩质。该墓2017年出土于大同御河东、北魏沙岭壁画墓东南，大同市考古所发掘。随葬品较多，其中有砂岩刻花石灯一盏、石柱础两件。参见2021年第6期《文物》载《山西大同北魏贾宝墓发掘简报》。

⑧ 宋绍祖砖墓，位于大同城东3.5公里的大同大学（原雁北师院）院内，是本地区继司马金龙墓之后发现的又一重要墓葬。出土随葬品170多件，其中以仿宫殿型砂岩石板椁最引人注目，这样的石椁建筑，外观形制类似于云冈第9、10和12窟（1974年的抢险加固工程，发现第12窟列柱上方有石雕脊饰、瓦垄等残迹，说明北魏当年这两处宫殿外形的石窟，大约都曾造作仿木构式的石雕窟檐），显系北魏平城宫殿建设与石窟寺建设的折射与影响。石椁顶板仿瓦垄间，阴刻"太和元年，五十人用公三千，盐豉卅斛"。墓内，大量的骑兵、武士、胡人、男、女、驼、马、驴、猪、犬、镇墓兽、牛车等陶俑，组成了气势雄壮的队列。

⑨ 遥，大正藏本、频伽藏本作"还"。

⑩《北史》卷83《文苑传》："开皇中，又有魏郡侯白，字君素，好学有捷才，性滑稽，尤辩俊。举秀才，为儒林郎。通侻不持威仪，好为俳谐杂说。人多爱狎之，所在处，观者如市。……文帝闻其名，召与语，悦之，令于秘书修国史。每将擢用，辄曰'白不胜官'而止。后给五品食，月余而死。时人伤其薄命。著《旌异记》十五卷，行于世。"

478年戊午 北魏太和二年，宋昇明二年①

夏四月……京师旱。甲辰，祈天灾于北苑，亲自礼焉。……五月，诏曰："婚娉过礼，则嫁娶有失时之弊。厚葬送终，则生者有糜费之苦。……乃者，民渐奢尚，婚葬越轨，致贫富相高，贵贱无别。又皇族贵戚及士民之家，不惟氏族，下与非类婚偶。先帝亲发明诏，为之科禁，而百姓习常，仍不肃改。朕今宪章旧典，祗案先制，著之律令，永为定准。犯者以违制论。"六月己丑，幸鹿野苑。……秋七月戊辰，龟兹国遣使献名驼七十头。……八月……丙戌，诏罢诸州禽兽之贡。……九月丙辰，曲赦京师。龟兹国遣使献大马、名驼、珍宝甚众。——《魏书》卷7上《高祖纪上》

高祖太和二年十一月丁未夜，有三白气从地出，须臾，变为黄赤，光明照地。——《魏书》卷112上《灵征志上》

① 是年，刘宋权臣萧道成颁十七条墨书禁令。《南齐书》卷1《高帝纪上》云："大明、泰始以来，相承奢侈，百姓成俗。太祖辅政，罢御府，省二尚方诸饰玩。至是又上表禁民间华伪杂物：不得以金银为箔，马乘具不得金银度，不得织成绣裙，道路不得着锦履，不得用红色为幡盖衣服，不得翦彩帛为杂花，不得以绫作杂服饰，不得作鹿行锦及局脚柽柏床、牙箱笼杂物、彩帛作屏障、锦缘荐席，

不得私作器仗，不得以七宝饰乐器又诸杂漆物，不得以金银为花兽，不得辄铸金铜为像。”

479 年己未　北魏太和三年，宋昇明三年、齐高帝萧道成建元元年

三年春正月癸丑，坤德六合殿成。……二月……壬寅，乾象六合殿成。……五月丁巳，帝祈雨于北苑，闭阳门，是日澍雨大洽①。——《魏书》卷 7 上《高祖纪上》

高祖太和三年五月戊午，震东庙东中门屋南鸱尾。——《魏书》卷 112 上《灵征志上》

六月……起文石室、灵泉殿于方山②。八月……乙亥，幸方山，起思远佛寺③。——《魏书》卷 7 上《高祖纪上》

七月丁卯，京师地震。——《魏书》卷 112 上《灵征志上》

九月……高丽、吐谷浑、地豆于、契丹、库莫奚、龟兹诸国各遣使朝献。……十有二月，粟特、州逸④、河龚、叠伏罗、员阔、悉万斤诸国各遣使朝贡。——《魏书》卷 7 上《高祖纪上》

冯熙，字晋（昌）［国］，长乐信都人，文明太后之兄也。……高祖即位，文明太后临朝，王公贵人登进者众。高祖乃承旨皇太后，以熙为侍中、太师、中书监、领秘书事。熙以频履师傅，又中宫之宠，为群情所骇，心不自安，乞转外任。文明太后亦以为然。于是除车骑大将军、开府、都督、洛州刺史⑤，侍中、太师如故。洛阳虽经破乱，而旧《三字石经》宛然犹在，至熙与常伯夫相继为州，废毁分用，大至颓落。熙为政不能仁厚，而信佛法，自出家财，在诸州镇建佛图精舍，合七十二处，写一十六部一切经⑥。延致名德沙门，日与讲论，精勤不倦，所费亦不赀。而在诸州营塔寺多在高山秀阜，伤杀人牛。有沙门劝止之，熙曰：“成就后，人唯见佛图，焉知杀人牛也。”——《魏书》卷 83 上《外戚传上》

又于方山太祖营垒之处，建思远寺⑦。自兴光至此，京城内寺新旧且百所，僧尼二千余人，四方诸寺六千四百七十八，僧尼七万七千二百五十八人。——《魏书》卷 114《释老志》⑧

【墨书】太和三年，韩尚舆永。——大同市私人藏砖⑨

① 日本圆仁《入唐求法巡礼行记》卷 1 载：“唐国之风，乞晴即闭路北头，乞雨即闭路南头。相传云：乞晴闭北头者，闭阴则阳通，宜天晴也；乞雨闭南头者，闭阳则阴通，宜零雨也。”

② 方山位于大同城北 25 公里，今称西寺梁山。

③ 方山工程的指挥者，见《魏书》卷 94《阉官传》：“王遇，字庆时，本名他恶，冯翊李润镇羌也。……

遇性巧，强于部分。北都方山灵泉道俗居宇及文明太后陵庙，洛京东郊马射坛殿，修广文昭太后墓园，太极殿及东西两堂、内外诸门制度，皆遇监作。”“孟鸾，字龙儿，不知何许人。坐事充阉人。文明太后时，王遇有宠，鸾以谨敏为遇左右，往来方山，营诸寺舍。由是渐见眷识。”

④ 州逸，疑即太武帝时献汗血马、文成帝时朝贡的西域“遮逸”国。

⑤《魏书》卷 7 上《高祖纪上》：“太和元年……十有一月……丁亥，怀州民伊祁苟初自称尧后应王，聚众于重山。洛州刺史冯熙讨灭之。”可见，冯熙出任洛州刺史，至晚在太和元年（477）。

⑥ 敦煌遗书 S0996，题记曰：“《杂阿毗昙心》者，法盛大[师]所说……名曰《毗昙》。是以使持节、侍中、驸马都尉、羽真、太师、中书监、领秘书事、车骑大将军、都督诸军事、开府、洛州刺史、昌黎王冯晋国，仰感恩遇，撰写十一切经一一经一千四百六十四卷，用答皇施。愿皇帝陛下、太皇太后，德包九元，明同三曜，振恩阐以熙宁，协淳风而养寿。……大代太和三年，岁次己未，十月己巳[朔]二十八日丙申，于洛州所书写成讫。”

⑦ 据 2004 年 10 月 1 日《中国文物报》载胡平等《大同思远佛寺遗址考古发掘成绩斐然》一文，北魏平城思远寺坐落在方山南麓坡阶地上，基址呈长方形，四边用火山浮石堆砌，南北长 88.2 米，东西宽 57.5 米。中央突起长方形基座，南北 45.8 米，东西 34.2 米，高 2.5 米；玄武岩条石包边，中间三合土夯实，铺砖，为实心体回廊式塔基。塔基，南北 11.8 米，东西 13.5 米，高 1.2 米，呈覆斗状。遗址从南往北，依次为山门、回廊形方塔、佛堂（面阔七间）。出土有菩萨、飞天影塑像，“富贵万岁”“忠贤永贵”“化生童子”灰陶瓦当，以及条砖、方砖、扇形砖等。也发现有辽代建筑构件。我曾在胡平办公室看到那些黄色的贴塑残像，大概是用黄土掺合白土和泥模拓，相当坚硬。这显然与犍陀罗石膏、灰泥像法东传有关，而其造像风格，与新疆各地、内蒙古白灵淖城、辽宁朝阳北塔（思燕浮图）出土的影塑基本相同，较云冈石窟同期雕像更显异域气息。另有一块细砂岩千佛式样残雕，也当为塔身残件。

⑧ 今人多以四方形古塔为中国楼阁式建筑的改造，意谓是中国之塔式，云冈石窟雕刻中多有表现。我览诸书，楼阁建筑非中国古代所独有，希腊、罗马有，古印度亦有。我游新疆古寺，佛殿四围夯土为墙，居中方塔（如云冈第 6 窟塔殿状），层层列龛塑佛。其寺往往中唐以后衰败，故难以确定其塔寺的始建时代。故而，有人以为是北魏以后受中土佛教建筑的逆向影响。然《法苑珠林》卷 38《故塔部》开篇语：“依《像法决疑经》云：‘造新不如修故，作福不如避祸。’斯言验矣。或有村坊坟塔、故寺伽蓝，堂殿朽坏，舍屋崩摧；席扇蓬户，靡隔烟尘；瓮牖茅茨，无掩霜露。是以门墙凋毁，粪秽盈阶；路绝人踪，僧徒漂寄。不修不饰，日就衰羸，造罪造愆，无时暂舍。……伽蓝无固，直为僧徒慢惰；佛法既衰，亦由白衣无敬。”是谓古人特重修旧之功，今印度尚存的窣堵波大佛塔，往往属于历代封扩之作。中国古塔也多原样维修之例。所以，新疆方形古塔，不可简单认定为唐代遗址；而中国四方古塔也不一定是华夏的新式。例如，《法苑珠林》卷 38《感应缘》引《西域志》云：“西域乾陀罗城东南七里，有雀离浮图。……浮图南五十步有一石塔，其形正直，举高二丈。”可见，中亚早有方塔。只能说，中国塔层层出檐、递减，可能是汉代楼阁遗制。

⑨ 该北魏墨书墓砖，出土地不详，大约在大同城南。

480年庚申　北魏太和四年，齐建元二年

四年春正月癸卯，乾象（六）［四］合殿成[①]。……丁巳，罢畜鹰鹞之所，以其地为报德佛寺[②]。——《魏书》卷7上《高祖纪上》

秋七月……壬子，改作东明观。……悉万斤国遣使朝贡。……八月……甲辰，幸方山。戊申，幸武州山石窟寺[③]。庚戌，还宫。——《魏书》卷7上《高祖纪上》

高祖太和四年九月甲子朔，京师大风，雨雪三尺。——《魏书》卷112上《灵征志上》

九月……乙亥，思义殿成。壬午，东明观成。——《魏书》卷7上《高祖纪上》

四年十月戊戌，雷。——《魏书》卷112上《灵征志上》

① 顾炎武《历代宅京记》卷14《云中》曰："南监本亦作'六合'，疑误。"

② 《魏书》卷114《释老志》："四年春，诏以鹰师为报德寺。"卷13《皇后传》："高祖诏曰：'朕以虚寡，幼纂宝历，仰恃慈明，缉宁四海，欲报之德，正觉是凭，诸鸷鸟伤生之类，宜放之山林。其以此地为太皇太后经始灵塔。'于是罢鹰师曹，以其地为报德佛寺。"

③ 《通鉴》卷135胡注："《水经注》曰：武周川水东南流，水侧有石祇洹舍并诸窟室，比丘尼所居也。其水又东转灵岩南。凿石开山，因岩结构，真容巨壮，法世所稀。据道元之言，浮屠氏巨丽处也。"

481年辛酉　北魏太和五年，齐建元三年

五年春正月己卯，车驾南巡。丁亥，至中山。亲见高年，问民疾苦。二月辛卯朔，大赦天下。……丁酉，车驾幸信都[①]，存问如中山。癸卯，还中山[②]。己酉，讲武于唐水之阳。庚戌，车驾还都。沙门法秀谋反，伏诛。……假梁郡王嘉大破道成将，俘获三万余口送京师[③]。三月……己巳，车驾还宫。诏曰："法秀妖诈乱常，妄说符瑞。兰台御史张求等一百余人，招结奴隶，谋为大逆，有司科以族诛，诚合刑宪[④]。且矜愚重命，犹所弗忍。其五族者，降止同祖；三族，止一门；门诛，止身。"——《魏书》卷7上《高祖纪上》

宏太和三年，道人法秀与苟儿王阿辱瑰王等谋反[⑤]，事觉，囚法秀，加以笼头铁锁，无故自解脱，虏穿其颈骨，使咒之曰："若复有神，当令穿肉不入。"遂穿而殉之，三日乃死。伪咸阳王复欲尽杀道人，太后冯氏不许。宏尤精信，粗涉义理，宫殿内立浮图[⑥]。——《南齐书》卷57《魏虏传》

僧明道人，为北台石窟寺主。魏氏之王天下也，每疑沙门为贼，收数百僧，（五）［互］系缚之[⑦]，僧明为魁首。以绳急缠，从头至足，克明斩决[⑧]。明大怖，一心念观音。

至半夜，觉绳小宽[⑨]，私心欣幸，精祷弥切。及晓，索然都断。既因得脱，逃逸奔山。明旦，狱监来觅不见，唯有断绳在地，知为神力所加也。即以奏闻，帝信道人不（返）［反］[⑩]，遂一时释放。——《续高僧传》卷26《魏荥阳沙门释超达传附僧明》

夏四月己亥，行幸方山[⑪]。建永固石室于山上，立碑于石室之庭，又铭太皇太后终制于金册，又起鉴玄殿[⑫]。壬子，以南俘万余口班赐群臣。——《魏书》卷7上《高祖纪上》

秋，淫雨，洪水为灾，百姓嗷然[⑬]。——《魏书》卷7上《高祖纪上》

释僧渊，本姓赵，颖川人。魏司空俨之后也。少好读书。进戒之后，专攻佛义。初游徐邦[⑭]，止白塔寺，从僧嵩受《成实论》[⑮]、《毗昙》[⑯]。学未三年，功逾十载，慧解之声，驰于遐迩。渊风姿宏伟，腰带十围，神气清远，含吐洒落。隐士刘因之，舍所住山，给为精舍。昙度、慧记、道登并从渊受业[⑰]。慧记兼通数论，道登善《涅槃》《法华》，并为魏主元宏所重，驰名魏国[⑱]。渊以伪太和五年卒，春秋六十有八，即齐建元三年也。——《高僧传》卷8《齐伪魏济州释僧渊》

① 信都，今河北衡水冀州。

② 1966年第5期《考古》载《河北定县出土北魏石函》盖铭："维大代太和五年岁在辛酉春二月，舆驾东巡狩，次于中山，御新城宫。北幸唐陂，路径州市。临通逵而睹川陆，践缠术而观险易。详眺四瞩，倏然兴想。帝、后爰发德音而诏群臣曰：'夫佛法幽深，应召理玄。非夫触遇斯因，在所致兴，将何以要福冥期、取证来果？'遂命有司以官财顾工，于州东之门显敞之地，造此五级佛图。夏五月廿八日，基则始建。二圣乃亲发至愿，缘此兴造之功，愿国祚延苌，永享无穷；妙法熙隆，灾患不起；时和年丰，百姓安逸；出因入果，常与佛会。与一切臣民、六宫眷属、十方世界、六趣众生，咸同斯福，克成佛果。乃作赞曰：超哉至道，理玄趣广；福证将来，业传既往。妙迹倏缅，梵音继响；真容谢矣，式照灵像。於穆帝后，仪形是钦；爰因游幸，播此惠心。建兹图寺，寄诚投衿；愿因此果，永离昏沉。"

③ 假梁郡王嘉，即太武帝之孙元嘉。《魏书》卷18《太武五王传》云："高祖初，拜徐州刺史，甚有威惠。"太和九年（485），绍封广阳王。卷98《萧道成传》："梁郡王嘉大破道成将，俘获二万余口送京师。"

④ 《魏书》卷44《苟颓传》："大驾行幸三川，颓留守京师，沙门法秀谋反，颓率禁卫收掩毕获，内外晏然。驾还饮至，文明太后曰：'当尔之日，卿若持疑不即收捕，处分失所，则事成不测矣。今京畿不扰，宗社获安者，实卿之功也。'"参见附录：《徐州高僧与云冈石窟》。

⑤ 按：瑰王，各本作"佩王"。

⑥ 《水经注》卷13谓平城宫"太和殿之东北，接紫宫寺"。盖即《南齐书》所谓："宏尤精信，粗涉义理，宫殿内立浮图。"又，《魏故比丘尼统慈庆墓志铭》（载《洛阳出土北魏墓志选编》）："尼俗姓王氏，字钟儿，太原祁人。……掠没奚官，遂为恭宗景穆皇帝昭仪斛律氏躬所养恤，共文昭皇太后有若同生。太和中，固求出家，即居紫禁。……"

⑦ 五，大正藏本、频伽藏本作"互"。按：僧明之事，疑为太和五年（481）平城法秀事件中的插曲。

⑧ 明，大正藏本、频伽藏本作“期”。

⑨ 绳，大正藏本、频伽藏本作“缠”。

⑩ 返，大正藏本、频伽藏本作“反”。

⑪《魏书》卷13《皇后传》：“太后与高祖游于方山，顾瞻川阜，有终焉之志，因谓群臣曰：‘舜葬苍梧，二妃不从。岂必远祔山陵，然后为贵哉。吾百年之后，神其安此。’高祖乃诏有司营建寿陵于方山，又起永固石室，将终为清庙焉。太和五年起作，八年而成，刊石立碑，颂太后功德。”

⑫《水经注》卷13云：“羊水又东注于如浑水，乱流径方山南。岭上有文明太皇太后陵。陵之东北，有高祖陵。二陵之南，有永固堂。堂之四周，隅雉列榭，阶、栏、槛及扉、户、梁、壁、椽、瓦，悉文石也。檐前四柱，采洛阳之八风谷黑石为之，雕镂隐起，以金银间云（矩）[烟]，有若锦焉。堂之内外四侧，结两石趺，张青石屏风，以文石为缘，并隐起忠孝之容，题刻贞顺之名。庙前镌石为碑、兽，碑石至佳。左右列柏，四周迷禽暗日。院外西侧，有思远灵图。图之西，有斋堂。南门表二石阙，阙下斩山，累结御路。下望灵泉宫池，皎若圆镜矣。”

⑬《魏书》卷105之三《天象志三》：“是岁，京师大霖雨，州镇十二饥。”

⑭ 徐邦，各本作“徐州”。徐州，古今同地，又名彭城，居黄淮间南北交通要冲。东晋末年，刘裕北征长安，姚秦溃败，关中学僧东下徐淮，鸠摩罗什弟子道融、僧嵩等宣教彭城，僧导住锡寿春（今安徽寿县西南），徐海义理佛学遂盛。

⑮《成实论》，古印度诃梨跋摩著。该书在小乘论中说“我空”（认为人无自性），兼说“法空”（认为客观世界无自性），是一部向大乘空宗（中观宗）过渡的著作。后秦时鸠摩罗什译成汉文后，讲习很盛。研习者自成一派，称“成实师”。僧嵩、僧导俱为成实大家，闻名淮河南北。

⑯《毗昙》，即《阿毗昙》，见本书148年注。印度法胜撰《阿毗昙心》，达摩多罗撰《杂阿毗昙心》，《出三藏记集》卷10《杂阿毗昙心序》谓：“宋元嘉三年，徐州刺史太原王仲德，请外国沙门伊葉波罗于彭城出之。”可见，徐州又风行阿毗昙学，而僧嵩、僧渊亦为毗昙师。

⑰《高僧传》卷13《齐齐隆寺释法镜》：“其后瓦官道亲、彭城宝兴、耆阇道登并皆祖述宣唱，高韵华言，非忝前例。倾众动物，论者（后）[从]之。”《续高僧传》卷6《魏恒州报德寺释道登》：“释道登，姓芮，东莞人。聪警异伦，殊有信力。闻徐州有僧药者雅明经论，挟策从之，研综《涅槃》《法花》《胜鬘》。后从僧渊，学究《成论》。年造知命，誉动魏都，北土宗之。累信征请，登问同学法度曰：‘此请可乎？’度曰：‘此国道学如林，师匠百数，何世无行藏，何时无通塞，十方含灵，皆应度脱，何容尽期南国？相劝行矣。如慧远拂衣庐阜，昙谛绝迹昆山，彭城刘遗民辞事就闲，斯并自是一方。何必尽命，虚想岩穴，远追巢许，纵复如此，终不离小乘之机，岂欲使人在我先道不益世者哉。随方适化，为物津梁，不亦快乎？’登即受请，度亦随行。及到（洛阳）[平城]，君臣僧尼莫不宾礼。魏主邀登昆季，策授荣爵，以其本姓不华，改芮为耐。讲说之盛，四时不辍。末趣恒岳，以息浮竞，学侣追随，相仍山舍，不免谈授，遂终于报德寺焉。春秋八十有五，即魏景明年也。”文中“法度”，即昙度；慧记，即《释老志》云孝文帝时高僧“惠纪”。东莞，在今山东莒县。

⑱ 汤用彤《汉魏两晋南北朝佛教史》第21章《北朝之佛教》谓：“徐州为东方义学之渊薮。”按：昙度、道登、惠纪等徐州义学高僧，太和中讲法平城，作匠京缁，斯继玄高、师贤、昙曜等凉州禅门高僧之后，代都佛教的一大转变，亦南北佛教的一大交流。云冈石窟的晚期佛像样式，不能不受此影响。

482 年壬戌　北魏太和六年，齐建元四年

三月庚辰，行幸虎圈[①]，诏曰："虎狼猛暴，食肉残生，取捕之日，每多伤害，既无所益，损费良多，从今勿复捕贡。"辛巳，幸武州山石窟寺，赐贫老者衣服。壬午，幸方山。——《魏书》卷 7 上《高祖纪上》

① 北魏郦道元《水经注》卷 13 云："如浑水又南，径北宫下，旧宫人作薄所在。如浑水又南，分为二水。一水西出南屈，入北苑中，历诸池沼。又南径虎圈东，魏太平真君五年成之，以牢虎也。季秋之月，圣上亲御圈上，敕虎士效力于其下，事同奔戎，生制猛兽，即《诗》所谓'袒裼暴虎，献于公所'也。故魏有《捍虎图》也。"按：1995 年，我骑自行车周游大同四郊，撰《平城访古记》，认定北苑池沼，即代京"方泽"所在，在今淤泥河汇入御河之处。虎圈，约在古店（古名孤店）、马站二村附近。2003 年，该地出土两个直径约 50 厘米的砂岩石盘，盘上浮雕环形卧虎。欲为云冈石窟收购，未果。

483 年癸亥　北魏太和七年，齐武帝萧赜永明元年[①]

闰月癸丑，皇子生，大赦天下。五月戊寅朔，幸武州山石窟佛寺。——《魏书》卷 7 上《高祖纪上》

【题刻】邑师道育、文殊师利菩萨、大势至菩萨、观世音菩萨、邑师普明、邑师昙秀、邑师法宗。

太和七年，岁在癸亥，八月卅日，邑义信士女等五十四人[②]，自惟往因不积，生在末代，甘寝昆（昏）境，靡由自觉。微善所钟，遭值圣主，道教天下，绍隆三宝，慈被十方，泽流无外。乃使长夜改昆（昏），久寝斯悟。弟子等得蒙法润，信心开敷，意欲仰酬洪泽，莫能从遂。是以共相劝合，为国兴福，敬造石庙形像九十五区及诸菩萨。愿以此福，上为皇帝陛下、太皇太后、皇子，德合乾坤，威逾转轮；神被四天，国祚永康；十方归伏，光扬三宝，亿劫不隧。又愿义诸人、命过诸师、七世父母、内外亲族，神栖高境，安养光接；托育宝花，永辞秽质；证悟无生，位超群首。若生人天，百味天衣，随意餐服；若有宿殃，堕洛三途，长辞八难，永与苦（苦）别。又愿同邑诸人，从今已往，道心日隆，戒行清洁，明鉴实相，量（宣）扬慧日。使四流顷竭，道风堂扇[③]；使漫山崩颓，生死永毕。佛性明显，登阶住地，未成佛间。愿生生之处，常为法善知识，以法相亲，进止俱游。形容影响，常行大士，八万诸行，化度一切，同善正觉，逮及累劫先师七世父［母］[④]。——日本《云冈金石录》第十一洞东壁《邑义信士女等五十四人造石庙形像九十五区及诸菩萨记》[⑤]

七年六月庚午辰时，东北有流星一，大如太白，北流破为三段。十月己亥，星陨如虹。——《魏书》卷 105 之三《天象志三》

冬十月戊午，皇信堂成 ⑥。——《魏书》卷 7 上《高祖纪上》

① 洛阳龙门石窟古阳洞，原由溶洞改营石窟寺，现存《孙秋生等造像记》："大（伐）［代］太和七年，新城县功曹孙秋生、新城县功曹刘起祖二百人等，敬造石像一区，愿国祚永隆，三宝弥显。……景明三年岁在壬午，五月戊子朔，廿七日造讫。"按：我常慨叹，龙门石窟继云冈石窟而兴，僧匠、理念、设计应该相承。但是，龙门北魏洞窟，仿佛失却了云冈石窟的规范化设计宗旨，窟内雕刻，整体形制紊乱。2022 年参观古阳洞维修工程方悟，是民间捐资造像意愿，破坏了原有设计。

② 邑义，亦曰义邑、社邑，是北魏初始盛行的一种民间佛教社团组织。以一族或一村的僧俗组成，由僧尼担任邑师，有邑主、邑老或邑长、邑正，成员称邑义、邑人、邑子、邑徒等。原本为共同造像而发起，后来兼及诵经、写经、修建窟寺等传教活动。每月二次斋会，互相监督持戒。至五代时尚存。

③ "堂"字不清，或当为"常"。

④ 这是云冈石窟现存最早的北魏造像记。该题记于孝文帝巡视云冈工程整整四个月后出现，恐非偶然。大约是石窟寺开凿对民间开禁的标志。厉寿田《云冈石窟寺源流考》："此碑是民国六年邑人古钦明在接引佛洞中发现者（即中部第七大窟）。碑在左壁前方，距地高约四丈。流行拓片甚少，偶有所见，亦模糊不清，难以卒读，故传抄者愈传愈讹。"

⑤ 云冈第 11 窟是现存北魏造像记最多的洞窟，题刻时间在太和七年至二十年之间。《云冈金石录》记该窟题记时间不明者如下：南壁，《清信女造释迦像记》："清信女为？亡父母，造释加牟尼佛。身□安？康？，■■觉□"。东壁，《太和□年七月造像记》："太和■■七月十■，为■■，■■■，■■■造。"《候后？云？造像记》："候后？云？为亡母。"西壁，《佛弟子造像记》：a."佛弟子祁□□，发心造药师留离光像一躯，愿々从心。"b."弟子□□造像一区，愿々从心。"c."弟子王■■■为七世父母，发心■■■□母为■■■佛■■妻祁■■月日。"d."佛弟子□□□，发心造像一区。父母男女□□□□。"e."佛弟子贺若？步洛敦，发心造多宝像一区。善？愿从心。"

⑥《水经注》卷 13："太和殿之东北，接紫宫寺，南对承贤门。门南，即皇信堂。堂之四周，图古圣、忠臣、烈士之容，刊题其侧，是辩章郎彭城张僧达、乐安蒋少游笔。"按：平城宫中设寺，即后世之"内道场"。《大宋僧史略》卷 1《服章法式》："后魏宫人，见僧自恣，偏袒右肩，乃一施肩衣，号曰偏衫。全其两扇衿袖，失祇支之体，自魏始也。"宋《释氏要览》卷 1《偏衫》："竺道（祖）［祖］《魏录》云：魏宫人见僧袒一肘，不以为善，乃作偏袒，缝于僧祇支上相从，因名偏衫（今开脊接领者，盖遗魏制也）。"清梁绍壬《两般秋雨盦随笔》卷 3《哲那环》："凡僧人偏衫肩下有大环，名曰哲那环。见郑元祐《遂昌杂录》。"

484 年甲子　北魏太和八年，齐永明二年

六月丁卯，诏曰："置官班禄，行之尚矣。……自中原丧乱，兹制中绝，先朝因循，未遑厘改。朕……宪章旧典，始班俸禄 ①。罢诸商人，以简民事。户增调三匹、谷二斛九斗，以为官司之禄。均预调为二匹之赋，即兼商用。虽有一时之烦，终克

永逸之益。禄行之后，赃满一匹者死。变法改度，宜为更始，其大赦天下，与之惟新。”戊辰，武州水泛滥，坏民居舍。秋七月乙未，行幸方山、石窟寺[②]。——《魏书》卷7上《高祖纪上》

【碑文】维大代太和八年，岁次甲子，十月庚子朔，十日己酉。故徐氏曾祖龙，大宋元嘉九年官至彭城太守、坡县侯，官年九十九寿终，葬于许陵。故次祖愍，大宋元嘉九年官至右卫将军，领中军如故，官年八十七寿终，葬同许陵。故父豫，今寄居大魏京都，以真君二年官平梁太守。援荫京师，父子及孙，渐历三世。官年一百岁，寿终于华堂。及长子生累任内卫，职统清斑，克躬亮直，贶性天真，今盛葬父豫母量在台城东南七里，葬于清阳之右。具已棺椁严试，冢墓高敞。遭值世代之福祚，锺尨享之无穷，故铭纪之云尔。——大同私人藏《徐豫墓志铭》[③]

【发愿文】大代太和八年岁次甲子，十一月十二日，比丘僧安造释迦文佛像一区。上为七世父母、皇帝陛下、陈□僧同学，愿宿乾铠，俉无生忍，位登什地。前上□□，一切尘生，普同□□，所愿从心，故记之[④]。——金申《中国历代纪年佛像图典》40《比丘僧安造释迦佛坐佛》

【碑文】《司空琅琊康王墓表》：维大代太和八年，岁在甲子，十一月庚午朔，十六日乙酉，代故河内郡温县肥乡孝敬里，使持节、侍中、镇西大将军、吏部尚书、羽真、司空、冀州刺史、琅琊康王司马金龙之铭。——大同市博物馆藏《司马金龙墓表》[⑤]

永明二年……十一月，虏国民齐祥归入灵丘关，闻殷然有声，仰视之，见山侧有紫气如云，众鸟回翔其间。祥往气所，获玺方寸四分，兽钮，文曰“坤维圣帝永昌”。送与虏太后师道人惠度[⑥]，欲献虏主。惠度睹其文，窃谓“当今衣冠正朔，在于齐国”。遂附道人惠藏送京师，因羽林监崔士亮献之。——《南齐书》卷18《祥瑞志》

今寺中遗刻所存者二：一载在护国，大而不全，无年月可考。一在崇（教）[福]，小而完，其略曰：安西大将军、散骑常侍、吏部内行尚书、宕昌[公]钳耳庆时镌也[⑦]。岩开寺[⑧]。其铭曰：“承藉□福，遮邀冥庆，仰钟皇家，卜世惟永。”盖庆时为国祈福之所建也。末云：“大代太和八年建，十三年毕。”——曹衍《金碑》[⑨]

① 《魏书》卷110《食货志》：“太和八年，始准古班百官之禄，以品第各有差。先是，天下户以九品混通，户调帛二匹、絮二斤、丝一斤、粟二十石。又入帛一匹二丈，委之州库，以供调外之费。至是，户增帛三匹，粟二石九斗，以为官司之禄。后增调外帛满二匹。所调各随其土所出。”

② 中华书局本未将“方山”与“石窟寺”点开，读者遂以为北魏平城有“方山石窟寺”。然方山古今

无石窟遗迹或记载。《通鉴》卷136记为："秋七月……乙未，魏主如武州山石窟寺。"不知何据？陈垣《记大同武州山石窟寺》云："自是年以后，直至太和十八年迁洛以前，十年之间，不复见帝幸石窟寺。史阙文乎？不可知。"

③ 该碑，黄砂岩，碑座一体，高81厘米（座21厘米），宽36厘米，厚11厘米。出土于大同御河东的御昌佳园。

④ 此鎏金铜佛像，高28.5厘米，1956年内蒙古托克托县古城（北魏云中宫）庙址出土，现藏内蒙古博物馆。

⑤ 此墓志，碑形，玄武岩石质。通高64厘米，宽46厘米，厚10.5厘米。有碑座。1965年底，出土于大同城东石家寨村西南的北魏司马金龙墓门处。墓中，另有《司马金龙墓志铭》，碑文基本相同，型制相当。这两碑，俱青色玄武岩，不同于目前大同出土的其他砂岩碑，大约与方山陵寝工程有关。然墓中出土的石棺床、石柱础等，则是武州山细砂岩，而且雕工较石窟更为精细。尤其值得注意的是，随葬的男女俑的面相，往往酷似于云冈石窟中部的窟群的佛、菩萨。相同情况，也见于宋绍祖墓及其他北魏墓出土的部分陶俑和模制陶人，面相近似云冈第20窟大佛。再有，大同方山、城北、城东寺院遗址，以及云冈山顶北魏寺院遗址发现的模制菩萨等泥塑，展现出接近云冈造像、仿佛新疆泥塑的风格特点。这些不能不令人深思。水野清一、长广敏雄《云冈石窟》卷12《云冈石窟中的西方风格》（智夏冰译，载《北朝研究》1994年第2、3期）讲："三世纪中叶或四世纪中叶之后，沙沙尼艺术可能流传到犍陀罗风格艺术繁荣过的广大地区。……这一时期的犍陀罗艺术表现为：一方面石刻风格的程序化及其衰退，另一方面白膏泥作品的生动与富于变化。"我觉得，大同、朝阳、内蒙等地出土的北魏泥塑佛像，应是西域佛塑的东传再造；而这种西域像法，也是云冈雕刻创作的模本之一。换言之，云冈雕凿的各式形象，来源于西域尤其是于阗的拓制泥塑。至于太和年间的平城陶俑，则直接效仿了云冈佛像。上述泥塑、石雕、陶俑三种不同材质，所体现出的同一时代风格，诚如《释氏要览》卷中引唐代高僧道宣对南北朝造像特征的总结："唇厚、鼻隆、目长、颐丰，挺然丈夫之相。"

⑥ 参见本书附录：《徐州高僧与云冈石窟》。

⑦ 钳耳庆时，即冯太后身边的宠宦王遇。《水经注》卷13云："东郭外，太和中阉人宕昌公钳耳庆时，立祇洹舍于东皋。椽瓦梁栋，台壁棂陛，尊容圣像，及床坐轩帐，悉青石也。图制可观，所恨唯列壁合石，疏而不密。庭中有祇洹碑，碑题大篆，非佳耳。然京邑帝里，佛法丰盛，神图妙塔，桀峙相望，法轮东转，兹为上矣。"东皋，即近水高地；祇洹舍大约在今文瀛湖畔。

⑧ "岩"前，盖阙"因"字。宿白《〈大金西京武州山重修大石窟寺碑〉校注》一文推测，辽金护国寺、崇福寺分别是：今云冈石窟第7、8双窟和第9、10双窟。我以为，护国即今第1、2双窟，见附录《〈大金西京武州山重修大石窟寺碑〉小议》。

⑨ 关于窟龛开凿，绍兴新昌弥勒大佛可作参考。《高僧传》卷13《梁剡石城山释僧护》记："释僧护，本会稽剡人也。少出家，便克意常苦节，戒行严净。后居石城山隐岳寺。寺北有青壁，直上数十余丈，当中央有如佛焰光之形。上有丛树，曲干垂阴。护每经行至壁所，辄见光明焕炳，闻弦管歌赞之声。于是擎炉发誓，愿博山镌造十丈石佛，以敬拟弥勒千尺之容，使凡厥有缘，同睹三会。以齐建武中，招结道俗，初就雕剪。疏凿移年，仅成面朴。顷之，护遘疾而亡。……后有沙门僧淑，纂袭遗功，而资力莫由，未获成遂。至梁天监六年，有始丰令吴郡陆咸罢邑还国，夜宿剡溪……还都经年……启建安王，王即以上闻，敕遣僧祐律师专任像事。……初，僧护所创，凿龛过浅，乃铲入五丈，更

施顶髻。及身相克成，莹磨将毕，夜中忽当万字处，色赤而隆起。今像胸万字处，犹不施金镈，而赤色在焉。像以天监十二年春就功，至十五年春竟。坐躯高五丈，立形十丈，龛前架三层台，又造门阁殿堂，并立众基业，以充供养。其四远士庶，并提挟香华，万里来集。供施往还，轨迹填委。”

485 年乙丑　北魏太和九年，齐永明三年

九年春正月戊寅，诏曰：“图谶之兴，起于三季。既非经国之典，徒为妖邪所凭。自今图谶、秘纬及名为《孔子闭房记》者，一皆焚之。留者以大辟论。又诸巫觋假称神鬼，妄说吉凶，及委巷诸卜非坟典所载者，严加禁断。”①——《魏书》卷 7 上《高祖纪上》

秋七月丙寅朔，新作诸门。——《魏书》卷 7 上《高祖纪上》

九年秋，有司奏，上谷郡比丘尼惠香，在北山松树下死，尸形不坏。尔来三年，士女观者有千百。于时人皆异之。——《魏书》卷 114《释老志》

魏初，民多荫附；荫附者皆无官役，而豪强征敛倍于公赋。给事中李安世上言：“岁饥民流，田业多为豪右所占夺。虽桑井难复，宜更均量，使力业相称。……”魏主善之，由是始议均田。冬十月丁未，诏遣使者循行州郡，与牧守均给天下之田。——《通鉴》卷 136

是年，京师及州镇十三水旱伤稼。——《魏书》卷 7 上《高祖纪上》

① 《续高僧传》卷 26《魏荥阳沙门释超达》：“释超达，未详其氏，元魏中行业僧也。多学问，有知解。帝禁图谶尤急，所在搜访，有人诬达有之，乃收付荥阳狱。时魏博陵公检勘穷劾，达以实告，大怒，以车轮系颈，严防卫之。自知无活路，专念观世音。至夜四更，忽不见车轮所在，见守防者皆大昏睡，因走出外。将欲远避，以久系狱，脚遂挛急，不能及远。行至天晓，虏骑四出追之，达惟逃必不免，因伏草中。骑来，蹋草并靡，虽从边过，对而不见。仰看虏面，悉以牛皮障目。达一心服死，至诚称念。夜中虏去，寻即得脱。”按：魏晋以降，西方胡僧初入中国，往往凭假行医、占候、禁咒之术而取信布道，亦有精于谶纬之学者，《南史》卷 76《隐逸传下》：“时有沙门释宝志者，不知何许人，有于宋泰始中见之，出入钟山，往来都邑，年已五六十矣。……梁武帝尤深敬事……虽剃须发而常冠帽，下裙纳袍，故俗呼为志公。好为谶记，所谓《志公符》是也。”

486 年丙寅　北魏太和十年，齐永明四年

十年春正月癸亥朔，帝始服衮冕，朝飨万国。——《魏书》卷 7 下《高祖纪下》

二月甲子，京师地震。丙寅又震。……三月壬子，京师及营州地震。——《魏书》卷 112 上《灵征志上》

二月甲戌，初立党、里、邻三长，定民户籍[①]。——《魏书》卷 7 下《高祖纪下》

夏四月辛酉朔，始制五等公服。甲子，帝初以法服御辇，祀于西郊。……八月乙亥，给尚书五等品爵已上朱衣、玉佩、大小组绶[②]。——《魏书》卷 7 下《高祖纪下》

十年八月辰时，有星落如流火三道；戊寅，又有流星出日西南一丈所，西北流，大如太白，至午西破为二段，尾长五尺，复为分二，入云间。——《魏书》卷 105 之三《天象志三》

九月辛卯，诏起明堂、辟雍。——《魏书》卷 7 下《高祖纪下》

十年冬，有司又奏："前被敕以勒籍之初，愚民侥幸，假称入道，以避输课，其无籍僧尼罢遣还俗。重被旨，所检僧尼，寺主、维那当寺隐审。其有道行精勤者，听仍在道。为行凡粗者，有籍无籍，悉罢归齐民。今依旨简遣，其诸州还俗者，僧尼合一千三百二十七人。"奏可。——《魏书》卷 114《释老志》

《大吉义咒经》，一部四卷，四十四纸，或二卷。右，后魏太和十年昙曜译。出《达摩欝多罗录》[③]。——唐沙门明佺《大周刊定众经目录》卷 1

其水自北苑南出[④]，历京城内。河干两湄，太和十年累石结岸。夹塘之上，杂树交荫。郭南，结两石桥，横水为梁[⑤]。——《水经注》卷 13《㶟水》

《宝车菩萨经》一卷，一名《妙好宝车经》。右一部，一卷，齐武帝世，元魏淮川沙门释昙辩出[⑥]，后青州沙门道侍改治。访无梵本，世多注为疑。见《三藏集记》及诸别录。——《历代三宝纪》卷 9

① 《魏书》卷 53《李冲传》："旧无三长，惟立宗主督护，所以民多隐冒，五十、三十家方为一户。"卷 110《食货志》："魏初不立三长，故民多荫附。荫附者皆无官役，豪强征敛，倍于公赋。"按：孝文帝检阅户口，实行三长制，引发了代京司州，乃至全国州郡县的重新划分设置。参见附录：《北魏平城京畿行政区划的演变》。

② 《隋书》卷 11《礼仪志六》："自晋左迁，中原礼仪多缺。后魏天兴六年，诏有司始制冠冕，各依品秩，以示等差，然未能皆得旧制。至太和中，方考故实，正定前谬，更造衣冠，尚不能周洽。及至熙平二年，太傅、清河王怿、黄门侍郎韦廷祥等，奏定五时朝服，准汉故事，五郊衣帻，各如方色焉。"按：期间孝文帝改制，始议于太和五年（481）。《魏书》卷 91《蒋少游传》："及诏尚书李冲与冯诞、游明根、高闾等议定衣冠于禁中，少游巧思，令主其事，亦访于刘昶。二意相乖，时致诤竞，积六载乃成，始班赐百官。冠服之成，少游有效焉。"卷 59《刘昶传》："刘昶，字休道，义隆第九子也。……入国历纪，犹布衣皂冠，同凶素之服。……太和初，转内都坐大官。……后……加仪同三司，领仪曹尚书。于时改革朝仪，诏昶与蒋少游专主其事。昶条上旧式，略不遗忘。"但所谓"旧式"，乃汉魏之制。卷 7 下《高祖纪下》：太和十五年（491）十二月"癸巳，颁赐刺史已下

衣冠”。太和十八年（494）十二月“壬寅，革衣服之制”。至此，太和服制改革基本完成。此事，《通鉴》卷139记：“魏主欲变易旧风，壬寅，诏禁士民胡服。国人多不悦。”太和十九年（495）新都洛阳，仍有“妇人冠帽而著小襦袄者”（卷19中《任城王传》），旧习犹存。至于旧都平城，新旧服饰当更混杂。

③ 隋费长房《历代三宝纪》卷13《大乘修多罗失译录》中有：“《大吉义咒经》二卷。”

④ 其水，指如浑东水（今名御河），北魏时穿流京城东部。

⑤ 北魏如浑东水上的两石桥，今不见遗址。2004年，御河公园建设，在东关御河大桥南约50米处，掘出大量金元明清“兴云桥”玄武岩石构件，主要收归市博物馆。我将东桥头华表一套及部分栏楯散件运回云冈。同时发现遗址中，有几块北魏砖及砂岩。不过，该桥遗址向西正对大同城鼓楼东西街，恐非北魏郭南石桥遗址。该华表大约金代所制，今立云冈研究院办公楼前。唯太和十年（486）平城进行河岸工程，以及规建明堂、辟雍，大量使用石材，直接反映出武州山、方山采石量的巨大，似乎表明云冈凿山开窟又掀高潮。

⑥《出三藏记集》卷5《新集疑经伪撰杂录》曰：“《宝车经》，一卷，或云《妙好宝车菩萨经》。右一部，北国淮州比丘昙辩撰，青州比丘道侍改治。”文中，没有说明经出的时间。《历代三宝纪》卷9补充为“齐武帝世”（483～493），值北魏太和七年至十七年，姑置是年。

487年丁卯　北魏太和十一年，齐永明五年

二月甲子，诏以肆州之雁门及代郡民饥①，开仓赈恤。……六月……癸未，诏曰：“春旱至今，野无青草。……”……秋七月己丑，诏曰：“今年谷不登，听民出关就食，遣使者造籍，分遣去留，所在开仓赈恤。”② 八月……悉万斤国遣使朝献。九月庚戌，诏曰：“去夏以岁旱民饥，须遣就食，旧籍杂乱，难可分简，故依局割民，阅户造籍③，欲令去留得实，赈贷平均。然乃者以来，犹有饿死衢路，无人收识。……”冬十月辛未，诏罢起部无益之作，出宫人不执机杼者。……十有一月丁未，诏罢尚方锦绣绫罗之工，四民欲造，任之无禁。其御府衣服、金银、珠玉、绫罗、锦绣，太官杂器，太仆乘具，内库弓矢，出其太半，班赉百官及京师士庶，下至工商皂隶，逮于六镇戍士，各有差。……是岁大饥④，诏所在开仓赈恤。——《魏书》卷7下《高祖纪下》⑤

【发愿文】……庆遭像法之化……遂建兹晖像……妙乐之乡……太和十一年四月八日，直勤、广阳王慧安造。——敦煌文物研究所《新发现的北魏刺绣》⑥

① 代郡，盖指东代郡，即今河北蔚县。当时，代京平城号曰“万年”。

② 时京师连续两年干旱，听民出关就食。《魏书》卷60《韩麒麟传》：“太和十一年，京都大饥，麒麟表陈时务曰：‘……今京师民庶，不田者多，游食之口，三分居二。盖一夫不耕，或受其饥，况于今者，动以万计。……今秋京都遇旱，谷价踊贵。实由农人不劝，素无储积故也。……自承平日久，丰穰积年，竞相矜夸，遂成侈俗。车服第宅，奢僭无限；丧葬婚娶，为费实多；贵富之家，童妾袨服；

工商之族，玉食锦衣。农夫餔糟糠，蚕妇乏短褐。故令耕者日少，田有荒芜。谷帛罄于府库，宝货盈于市里；衣食匮于室，丽服溢于路。饥寒之本，寔在于斯。”

③ “依局割民，阅户造籍”，即依据郡县分割百姓，并检阅住户，编制民籍。参见附录：《北魏平城京畿行政区划的演变》。

④《魏书》卷110《食货志》：“十一年，大旱，京都民饥。加以牛疫，公私阙乏，时有以马驴及橐驼供驾挽耕载。诏听民就丰。行者十五六，道路给粮禀，至所在，三长赡养之。遣使者时省察焉。留业者，皆令主司审核，开仓赈贷。其有特不自存者，悉检集，为粥于术衢，以救其困。然主者不明牧察，郊甸间甚多馁死者。时承平日久，府藏盈积，诏尽出御府衣服珍宝、太官杂器、太仆乘具、内库弓矢刀鉾十分之八，外府衣物缯布丝纩诸所供国用者，以其太半班（赍）［赉］百司，下至工商皂隶，逮于六镇边戍，畿内鳏寡孤独贫癃者，皆有差。”卷105《天象志三》：“是岁，年谷不登，听人出关就食。……其后连年亢阳。”

⑤《魏书》卷62《李彪传》：“李彪……谨冒死上封事七条。……其一曰：……今四（人）［民］豪富之家，习华既深，敦朴情浅，未识俭素之易长，而行奢靡之难久。壮制第宅，美饰车马，仆妾衣绫绮，土木被文绣，僭度违衷者众矣。……今二圣躬行俭素，诏令殷勤，而百姓之奢犹未革者……盖朝制弗宣，人未见德，使之然耳。臣愚以为第宅车服，自百官以至于庶人，宜为其等制，使贵不逼贱，卑不僭高，不可以称其侈意，用违经典。……高祖览而善之，寻皆施行。”

⑥ 1965年，敦煌莫高窟南区石缝中，发现一刺绣佛像、供养人及花边绣幡残件。居中为一佛二菩萨说法图，佛结跏趺坐，着红色绿边袈裟；复瓣莲花座，红色、深绿相间；佛右残存立菩萨下半身，深绿裙、红帔巾。下方一列，中为发愿文。左侧供养人五身，首为比丘尼，红袈裟、绿偏衫，题名“师法智”；二为“广阳王母”，三为“妻普贤”，四为“息女僧赐”，五为“息女灯明”，俱高冠、对襟长衫、曳裙、乌靴。右侧男供养人仅存两身，首为比丘，二为广阳王。横幅花边，由忍冬纹和联珠状龟背纹相互套叠组成，分别有黄、蓝、绿、紫、白等色。原幡当为长方形，是在黄褐色丝织物上刺绣而成。1972年2期《文物》，发表的《新发现的北魏刺绣》一文指出：“它应该是从平城一带被人带到敦煌来的。”关于北魏佛幡的制造与供奉，是当时的社会风尚。《洛阳伽蓝记》卷5《城北》记：北魏末宋云、惠生西行至捍么城（汉扜弥国，今新疆于田县克里雅城），见其南大寺“悬彩幡盖亦有万计，魏国之幡过半矣。幅上隶书云：太和十九年、景明二年、延昌二年。唯有一幅，观其年号，是姚秦时幡”。这种绣像，唐代依然流行。《旧唐书》卷63《萧瑀传》云：“太宗以瑀好佛道，尝赉绣佛像一躯，并绣瑀形状于佛像侧，以为供养之容。”

488年戊辰　北魏太和十二年，齐永明六年

十二年五月壬寅，京师连日大风，甲辰尤甚，发屋拔树。六月壬申，京师大风。——《魏书》卷112上《灵征志上》

【碑文】《大代宕昌公晖福寺碑》：夫玄宗幽寂，非名相之所诠；至韵冲莫，非称谓之所摄。妙绝称谓，微言以之载扬；体非名相，圜像以之而应。故群有殊致，道以经焉；万流竞津，法以纪焉。是以神曦腾曜，镜重昏于大千；三乘肇唱，拯沈

黎于炎宅。用能慈液，流于当时，惠庆光于旷劫。自世道交丧，灵烛潜晖，攸攸群梦，靡照靡矜。我皇文明自天，超世高悟。鼓淳风以怀万邦，洒灵泽以沾九服。兼遐想虚宗，遵崇道教。太皇太后圣虑渊详，道心幽畅。协宣皇极，百揆挺惟新之明；缉熙庶绩，八表流击壤之咏。虽智周世□，而方外之志不亏；形应万机，而恬素之真弗扰。故能优游紫宫，宪章遗法，绍灵鹫于溥天，摹祇桓于振旦。非夫天纵在躬，量齐虚受，其熟能令英风蔼而重扇，玄猷沦而再扬哉？散骑常侍、安西将军、吏部内行尚书、宕昌公王庆旹，资性朗茂，秉心渊懿，位亚台衡，任总机密。翼赞之功，光于帝庭；忠规之节，彰于朝司。每惟会施之诚罔申，谢生之勤莫报，庶凭冥津，玄期有寄。乃(磬)[罄]竭丹诚，于本乡南北旧宅，上为二圣造三级佛图各一区[①]。规崇爽垲，择形胜之地，临沃衍，据条刚，面修巘而带洛川，佩黄河而负龙门。伐良松于华畎之阴，掇文瑶于荆山之阳。旌功锐巧，穷妙极思，爰自经始，三载而就。崇基重构，层榈叠起，法堂禅室，通阁连晖。翠林渌流，含荣递暎，蔚若灵椿之茂春阳，嵬若翔云之笼蒙汜。金仪赫曜，彩絢光备，睹之者则滢发道心，藻除尘垢；悕玄者则陶真炼和，遗形忘返。谅罕代之神规，当今之庄观者矣。夫功高德盛，徽声播于管弦；业隆旷载，刊迹流于后昆。所以光宣轨摹，永垂不朽。故姻旧庆慈善之至，邑里感惠训之诚，遂镌石立言，式扬晖烈。庶洪因锺于圣躬，微津延于先住。其辞曰：渊哉冲猷，微矣虚宗；昏耶交扇，氛徒竞锋。有觉爰兴，超悟玄踪；志勤净境，开拯尘蒙。於显大代，长发其祥；景运承苻，世有喆王。后皇高悟，道风载扬；哀此群或，照彼祈乡。化因道感，道由人敷；愔愔安西，秉德陈谟。冥期幽属，廓兹灵图；曾是晖福，庆崇皇居。爰建灵寺，妙契天规；飞欂云翔，浮榈笼曦。金仪烛曜，功殚世奇；蔚如昆峰，瑍若珠丽。闲堂寂寥，禅室虚冲；朱棂吐霞，翠户含风。僧徒游宴，幽宗是融；心栖化表，形寓俗中。灵津匪辽，□照则镜；蜕神岂缅，藻荃则净。庶运微因，庆锺皇圣；爰觊先慈，永超尘径。太和十二年岁在戊辰七月己卯朔一日建[②]。——西安碑林藏《大代宕昌公晖福寺碑》[③]

九月……丁酉，起宣文堂、经武殿。……闰月甲子，帝观筑圆丘于南郊[④]。——《魏书》卷7下《高祖纪下》

高祖太和十二年十一月丙戌，土雾竟天，六日不开，到甲夜仍复浓密，勃勃如火烟，辛惨人鼻。——《魏书》卷112上《灵征志上》

① 宕昌公，即王遇（钳耳庆时）。太和十二年（488），他在故乡陕西澄城，为孝文帝与冯太后各造三级佛图。按：北魏营造双塔双寺，又见《水经注》卷6《文水》释僧光在平陶县所建，仿佛属于时尚。然而，东晋时便有双塔，仿佛在一寺之中。《历代名画记》卷5载：“王廙，字世将，琅邪临沂人，善属词，工书画。过江后，为晋代书画第一，音律众妙毕综。元帝时，为左卫将军，封武康侯。时镇军谢尚于武昌昌乐寺造东塔，戴若思造西塔，并请廙画。”

② 以上碑阳文。碑阴铭文，笔者仅知云：“父佛弟子、安西将军、秦州刺史、澄城公王贵隆；兄佛弟子、宁远将军、澄城太守，迁雍州刺史、澄城侯王容晖；兄佛弟子、宁朔将军、河东太守、澄城子，迁澄城太守王桃仁；兄子佛弟子、本郡功曹，迁为威远将军、澄城太守王□夏；兄子佛弟子、鹰（阳）[扬]将军、华州戍将王元龟；世子佛弟子、内行内小王道训；宗弟二子佛弟子、中书学生王荣。秘书著作郎傅思益剬文，相州巨鏕苏棠刊文。”

③ 《续高僧传》卷27《唐代州五台山释明隐》云：“五台山有故宕昌寺，甘泉美岫，往而忘返。”不知是否王遇所建。《洛阳伽蓝记》卷4《城西》：“宣忠寺东王典御寺，阉官王桃汤所立也。时阉官伽蓝皆为尼寺，唯桃汤所建僧寺，世人称之英雄。”

④ 《魏书》卷108之一《礼志一》：“十二年（十）[闰九]月，帝亲筑圆丘于南郊。”

489年己巳　北魏太和十三年，齐永明七年

十有三年春正月辛亥，车驾有事于圆丘，于是初备大驾。——《魏书》卷7下《高祖纪下》

夏四月丁丑，诏曰：“升楼散物，以赉百姓，至使人马腾践，多有毁伤，今可断之，以本所费之物，赐穷老贫独者。”[1]——《魏书》卷7下《高祖纪下》

秋七月……丙寅，幸灵泉池，与群臣御龙舟，赋诗而罢。立孔子庙于京师[2]。——《魏书》卷7下《高祖纪下》

【题刻】太和十三年七月廿二日，□□敬造[3]。——日本《云冈金石录》第十一d龛外东侧壁《太和十三年造像记》[4]

【题刻】大代太和十三年，岁在己巳，九月壬寅朔，十九日庚申，比丘尼惠定身遇重患，发愿造释加、多宝、弥勒像三区。愿患消除，愿现世安隐（稳），戒行猛利[5]，道心日增，誓不退转。以此造像功德，逮及七世父母、累劫诸师、无边众生，咸同斯庆。——日本《云冈金石录》第十七洞明窗东侧《比丘尼惠定造释迦多宝弥勒像记》[6]

释昙度，本姓蔡，江陵人。少而敬慎威仪，素以戒范致称。神情敏悟，鉴彻过人。后游学京师，备贯众典，《涅槃》《法华》《维摩》《大品》，并探索微隐，思发言外。因以脚疾西游，乃造徐州，从僧渊法师更受《成实论》，遂精通此部，独步

当时。魏主元宏闻风餐挹，遣使征请。既达平城，大开讲席[7]，宏致敬下筵，亲管理味。于是停止魏都，法化相续，学徒自远而至，千有余人。以伪太和十三年卒于魏国，即齐永明（六）［七］年也。撰《成实论大义疏》八卷，盛传北土。——《高僧传》卷8《齐伪魏释昙度》

① 《魏书》卷114《释老志》：“世祖初即位，亦遵太祖、太宗之业，每引高德沙门，与共谈论。于四月八日，舆诸佛像，行于广衢，帝亲御门楼，临观散花，以致礼敬。”按：太和十三年（489）四月丁丑，即四月初四，孝文此诏应是取消太武帝以来四月八日登楼散花、散物之俗事。

② 唐刘肃《大唐新语》卷11云：“自汉魏以来，历代皆封孔子后。”按：北魏崇奉孔子，太武帝始光三年（426）“起太学于城东，祀孔子，以颜渊配”（本纪）。孝文帝延兴三年（473）“诏以孔子二十八世孙鲁郡孔乘为崇圣大夫，给十户以供洒扫”（本纪）。此时，立庙京城，儒学方盛。

③ 宿白《北朝造型艺术中人物形象的变化》一文指出：“云冈第11窟窟外东侧上方的第11：14龛造像，该龛下方镌刻铭记中的时代是太和十三年。此后，服饰繁缛、造型清秀成为时尚，风行北魏领域。”我想，这与太和改制及徐州高僧北上，南方画风传入平城有关。参见附录：《徐州高僧与云冈石窟》。

④ 云冈石窟第11、12、13窟属于统一规划开凿的三窟。12、13窟内的造像题记时间均无法考证，兹依《云冈金石录》转录如下：第十二洞前室西壁，《为亡父造像记》：“为亡？父■■造像■”。第十二洞a龛，《玄事凝寂造像记》：“玄事？凝？寂？■■■现其寂？□■■■以显■■■■■必内■■■■■造像■■■■■■元年■■■。”第十三洞东壁，《邑子等残字》：a.“弟？二辰？子。”b.“法■■光？■■。”c.“■■亡？父□起？。”d.“愿■■中正。”e.“邑子贾？。”f.“佛弟子■■为亡？■■。”第十三A洞门口西侧，《□僧造像记等》：a.“□□僧□□父□□■■■■■■■■■□造像一■。”南壁：b.“佛弟子■为？父母□造□■■■。”c.“比丘普□■。”d.“□州道？人僧■■。”e.“■■道人僧阁？。”f.“□□翁造。”g.“■■郭？■。”

⑤ 猛，厉寿田《云冈石窟寺源流考》识为“福”。

⑥ 云冈石窟第16～20窟，为北魏文成帝最初开凿的“昙曜五窟”。兹依《云冈金石录》转录时间不明题记二则：第二十洞西壁，《佛弟子造像记》：a.“佛弟子善？师？，为七世父母、所生父母□□■。”b.“■■■及知识，造多宝佛二区。”

⑦ 《释氏要览》卷3《讲僧始》：“讲经，即曹魏时朱士行讲《道行般若》为始也。尼讲，以东晋道馨讲《法华》《维摩》二经为始也。讲律，即元魏世法聪为始。聪但手披目阅，敷扬《四分律》。有门人道覆，旋听旋抄，渐成疏焉。讲论，即罗什授嵩法师《成实论》为始也。”

490年庚午　北魏太和十四年，齐永明八年

五月……沙门司马惠御自言圣王[1]，谋破平原郡。——《魏书》卷7下《高祖纪下》

十四年七月丁酉朔，京师大风，拔树发屋。——《魏书》卷112上《灵征志上》

十四年秋，闾上表曰：奉癸未诏书，以春夏少雨，忧饥馑之方臻……——《魏书》卷54《高闾传》

九月癸丑，太皇太后冯氏崩。……冬十月……癸酉，葬文明太皇太后于永固陵[②]。——《魏书》卷7下《高祖纪下》

门下：近得录公等表[③]，知欲早定沙门都统。比考德选贤，寤寐勤心，继佛之任，莫知谁寄。或有道高年尊，理无劳纡[④]；或有器玄识邈，高挹尘务。今以思远寺主法师僧显，仁雅钦韵[⑤]，澄风（柔）［澡］镜[⑥]，深敏潜明，道心清亮，固堪兹任，式和妙众。近已口白，可敕令为沙门都统[⑦]。又，副仪贰事，缁素攸同，顷因曜统独济，遂废兹任。今欲毗德赞善，固须其人。皇舅寺法师僧义，行恭神畅，温聪谨正，业茂道优，用膺副翼，可都维那，以光贤徒。——《广弘明集》卷24《元魏孝文帝以僧显为沙门都统诏第一》

释僧达，俗姓李，上谷人。十五出家，游学北代，听习为业[⑧]。及受具后，宗轨《毗尼》，进止沈审，非先祖习。年登二夏，为魏孝文所重，邀延庙寺，阐弘《四分》[⑨]，而形器异伦，见者惊奉。虎头长耳，双齿过寸，机论适变，时其高美。与徐州龙达各题称谓。寻复振锡洛都，因遇勒那三藏，奉其新诲[⑩]。……终于洪谷山寺，春秋八十有二，即齐天保七年六月七日也。——《续高僧传》卷16《齐林虑山洪谷寺释僧达》[⑪]

① 惠御，《北史》作“御惠”。

② 该墓，1976年大同市博物馆清理墓室时发现，曾多次被盗。墓壁留有“大金正隆”“大定”等白灰书写的字迹，甬道南端石券门西门框墨书题记为：“兴严方僧怀备到此，戌十月永耳。”陵中出土的砂岩捧莲蕾童子、孔雀浮雕、虎头门墩、武士俑残件等石雕，铜簪、铜马腿、铁箭镞、铁矛头等，以及山上散布的各样瓦当、文石残片等，今存大同市博物馆。

③《大宋僧史略》卷2《左右街僧录》：“录公，乃是僧曹总录，犹言录事也。伪秦始立僧正，则以法钦、慧斌二人掌僧录也。”我以为，“录公等”，犹言“掌僧录诸公”。唐代设置僧录，掌天下佛事，见日本僧圆仁《入唐求法巡礼行记》：开成四年正月，扬州节度使李“相公近者屈来润州鹤林寺律大德光义，暂置惠照寺。相公拟以此僧为当州僧正，便令住此开元寺。其僧正，检领扬州都督府诸寺之事并僧等。凡此唐国有僧录、僧正、监寺三种色：僧录统领天下诸寺，整理佛法；僧正唯在一都督管内；监寺限在一寺。自外方有三纲并库司”。

④ 劳，大正藏本、频伽藏本作“萦”。

⑤ 韵，大正藏本作“韶”。

⑥ 柔，大正藏本作“澡”。

⑦ 按：僧显继昙曜任沙门统，而曜卒年无载。《魏书》最后记载昙曜，在承明元年（476）；而唐明佺《大周刊定众经目录》卷1谓：《大吉义咒经》，后魏太和十年（486）昙曜译。则曜统死期在太和十年以后。僧显任沙门统，姑赘是年。

⑧ 按：僧达出家游学平城时，值太和十四年（490）。

⑨ 《续高僧传》卷23道宣论曰："昙无德部《四分》一律，虽翻在姚秦，而创敷元魏。是由赤髭论主初乃诵传，未展谈授，寻还异域。此方学侣，竟绝维持。（迩）[逮]及覆、聪，方开学肆。……今则混一唐统，普行《四分》之宗，故得终始受随，义难乖隔。摄护虽广，其源可寻。自初开律，释师号法聪，元魏孝文北台扬绪，口以传授，时所荣之。沙门道覆，即绍聪绪，缵疏六卷，但是长科。至于义举，未闻于世。斯时释侣，道味犹淳，言行相承，随闻奉用，专务栖隐，不暇旁求。魏末齐初，慧光宅世，宗匠跋陀，师表弘理，再造文疏，广分衢术。学声学望，连布若云峰；行光德光，荣曜齐日月。每一披阐，坐列千僧，竞鼓清言，人分异辩，勒成卷帙，通号命家。然光初禀定宗，后师法律，轨仪大圣，徽猷具焉。所以世美斯人，行解相冠，诚有徒矣。……或传道于东川，或称言于南服。其中高第，无越魏都。"按此叙述，《四分律》翻译于后秦长安，始兴于北魏平城，弘扬于北齐，普行于唐代。赤髭论主，指后秦姚兴时诵出《四分律》的罽宾高僧佛陀耶舍；法聪、道覆，北魏孝文帝时平城律匠；跋陀，天竺僧人，初在平城别设禅林，凿石为龛，后至洛阳，立少林寺；慧光，跋陀之徒，与《法苑珠林》记孝文世之光律师，《水经注》所载释僧光，似非一人。

《大宋僧史略》卷上《解律》曰："元魏世，法聪律师者，原是昙无德羯磨得戒，而常习《僧祇》。一日，自悟，乃叹曰：体既《四分》而受，何得异部明随？于是罢讲《祇律》，手披目阅，敷扬《四分》。有门人道覆，旋抄，渐成义疏。覆公即解《四分》之始也。至宋元嘉中，慧询善《僧祇》《十诵》，更制条章，即解二律之始也。今五台山北寺相传，有聪师讲律之遗迹焉。"《宋高僧传》卷16赞宁论曰："复次元魏已前，诸受戒者，用《四分羯磨》纳戒。及乎行事，即依诸律为随。何异乎执《左传经》本专循《公羊》之传文也？至魏孝文世，有法聪律匠于北台山始手披口释，道覆律师随听抄记，遂成《义疏》。"按：聪、覆之功明矣，而五台、北台混为一谈。五台山佛教之兴，因缘北魏平城佛教之盛，然其中情状，约与孝文帝有关。

⑩ 清《安阳县金石录》卷2录唐贞观六年（632）所刻宝山《大法师行记》曰："夫圣生西域，影示现于东川；教被当□，流波盖于万代。故如来灭后千年之中，廿有四圣人法师□传法也；千年之后，次有凡夫法师亦传法也。暨大魏太和廿二年，□天竺优迦城有大法师名勒那么提，□□宝意，兼□□乘，备照五明，求道精勤，圣贤未简，而悲矜苦海，志存传化，遂从彼中□持《十地论》，振斯东夏，授此土沙门□光禅师。其□□□□□□教授，如瓶写水，不失一滴。其光律师，俗姓杨，卢奴□□□□弟子名振齐魏十有余人。……师此等十德皆有别传。若大乘筌旨，深会取舍之方；秘教随机，洞照卷□□□有，其唯道凭法师之一人也。……法师道讳灵裕……"。

⑪ 洛阳市东南偃师县境水泉石窟，距龙门石窟23公里，现存北魏洞窟一所，原由天然溶洞改建，其窟正壁并列雕造二立佛，窟外崖刻巨碑，残文曰："大魏太和拾叁年，比丘昙覆为……因此之福，愿令普同受乐。法师姓赵，字□□，洛州南阳人，赵武灵王之苗胄焉。……遭皇运徙居，人伦更造……归山自静，于京南大谷之左面，私力崇营□□□□为皇帝陛下、皇太后敬造石……"其甬道第8龛造像题记"石窟主昙覆敬念造"。按：昙覆，或即道宣所谓"道覆"；二立佛，是他为孝明帝、灵太后所造。

491年辛未　北魏太和十五年，齐永明九年

十五年正月，侍中、司空、长乐王穆亮……等言："臣等受敕共议中书监高闾、

秘书丞李彪等二人所议皇魏行次。尚书高闾以石承晋为水德，以燕承石为木德，以秦承燕为火德，大魏次秦为土德……彪等……据汉弃秦承周之义，以皇魏承晋为水德。二家之论，大略如此。臣等谨共参论……今欲从彪等所议，宜承晋为水德。”诏曰：“越近承远，情所未安。然考次推时，颇亦难继。朝贤所议，岂朕能有违夺。便可依为水德，祖申腊辰。”①——《魏书》卷108之一《礼志一》

三月……己酉，悉万斤等五国遣使朝贡。——《魏书》卷7下《高祖纪下》

夏四月……自正月不雨，至于癸酉。有司奏祈百神……己卯，经始明堂②，改营太庙③。——《魏书》卷7下《高祖纪下》

秋七月乙丑，谒永固陵，规建寿陵④。……己卯，诏议祖宗，以道武为太祖。……八月……戊戌，移道坛于桑干之阴，改曰崇虚寺⑤。——《魏书》卷7下《高祖纪下》

八月……戊午诏曰：“国家自先朝以来，飨祀诸神，凡有一千二百余处。今欲减省群祀，务从简约。……凡祭不欲数，数则黩，黩则不敬。神聪明正直，不待烦祀也。”……又诏曰：“先恒有水火之神四十余名，及城北星神。今圆丘之下，既祭风伯、雨师、司中、司命，明堂祭门、户、井、灶、中霤，每神皆有。此四十神计不须立，悉可罢之。”——《魏书》卷108之一《礼志一》

冬十月……明堂、太庙成⑥。十有一月丁卯，迁七庙神主于新庙。……十有二月壬辰，迁社于内城之西。——《魏书》卷7下《高祖纪下》⑦

初，魏世祖克统万及姑臧，获雅乐器服工人⑧，并存之。其后累朝无留意者，乐工浸尽，音制多亡。高祖始命有司访民间晓音律者议定雅乐，当时无能知者。然金、石、羽旄之饰，稍壮丽于往时矣⑨。辛亥，诏简置乐官，使修其职⑩；又命中书监高闾参定。——《通鉴》卷137

武州川水又东南流，水侧有石祇洹舍并诸窟室⑪，比丘尼所居也⑫。其水又东转，径灵岩南，凿石开山，因岩结构，真容巨壮，世法所希。山堂水殿，烟寺相望，林渊锦镜，缀目新眺⑬。川水又东南流，出山。《魏土地记》曰：平城西三十里，武州塞口者也⑭。自山口枝渠东出，入苑溉诸园池。苑有洛阳殿，殿北有宫馆。一水自枝渠南流，东南出，火山水注之。水发火山东溪，东北流出山，山有石炭，火之热同樵炭也⑮。——《水经注》卷13《㶟水》

① 至此，北魏改从水德，颜色尚黑。然《南齐书》卷57《魏虏传》讲平城宫，自太武至献文，“世增雕饰。……

并设削泥采，画金刚力士。胡俗尚水，又规画黑龙相盘绕，以为厌胜”。尚黑，恐久已成俗。

② 《南齐书》卷《魏虏传》：永明“九年，遣使李道固、蒋少游报使。少游有机巧，密令观京师宫殿楷式。清河崔元祖启世祖曰：‘少游，臣之外甥，特有公输之思。宋世陷虏，处以大匠之官。今为副使，必欲模范宫阙。岂可令毡乡之鄙，取象天宫？臣谓且留少游，令使主反命。’世祖以非和通意，不许。少游，安乐人。虏宫室制度，皆从其出”。按：李道固，即李彪；安乐，《魏书》本传作“乐安”。北魏平城明堂遗址，在今大同东南柳航里。1995年秋发现，进行了局部发掘。明堂外环辟雍，为20米左右宽的圆环形水渠，水渠石坝，由云冈砂岩石条错缝砌列而成；内缘直径255米～259米；内缘的东、西、南、北，各有一个夯土台突入水渠，平面呈“凸”字形，盖四门的基础。辟雍内的陆地中央，有一个厚2米多，边长42米的正方形夯土台，是明堂、灵台的基址。当年的建筑物被火烧毁，在烧土层中，出土了一些硕大的黑灰色磨光板瓦、筒瓦和兽面瓦当。当年我去，拾得半瓦。

③ 《魏书》卷91《蒋少游传》：“平城将营太庙、太极殿，遣少游乘传诣洛，量准魏晋基趾。”

④ 《魏书》卷13《文成文明皇后冯氏传》：“初，高祖孝于太后，乃于永固陵东北里余，豫营寿宫，有终焉瞻望之志。及迁洛阳，乃自表瀍西以为山园之所，而方山虚宫至今犹存，号曰‘万年堂’云。”按：万年堂，即方山孝文帝虚冢，封土小于永固陵。1974年大同市博物馆发掘墓室，仅清理出佩剑武士石雕一尊。

⑤ 《魏书》卷114《释老志》：“太和十五年秋，诏曰：‘夫至道无形，虚寂为主。自有汉以后，置立坛祠，先朝以其至顺可归，用立寺宇。昔京城之内，居舍尚希。今者里宅栉比，人神猥凑，非所以祇崇至法，清敬神道。可移于都南桑干之阴，岳山之阳，永置其所。给户五十，以供斋祀之用，仍名为崇虚寺。可召诸州隐士，员满九十人。’”据《光绪山西通志》考证，崇虚寺在今山阴县岱岳村。所谓岳山，乃黄瓜阜也。按：大道坛庙迁离平城，标志着道教正式退出北魏政治舞台。

⑥ 《水经注》卷13：如浑东水流出南郭，“又南径藉田及药圃西，明堂东。明堂上圆下方，四周十二堂九室，而不为重隅也。室外柱内绮井之下，施机轮，饰缥碧，仰象天状，画北辰，列宿象，盖天也。每月随斗所建之辰，转应天道，此之异古也。加灵台于其上，下则引水为辟雍。水侧，结石为塘，事准古制，是太和中之所经建也”。《隋书》卷68《宇文恺传》：“后魏于北台城南造圆墙，在璧水外，门在水内迥立，不与墙相连。其堂上九室，三三相重，不依古制，室间通巷，违舛处多。其室皆用墼累，极成褊陋。”按：北魏洛京明堂不同于平城。《洛阳伽蓝记》卷3《城南大统寺》：“寺东有灵台一所，基址虽颓，犹高五丈余，即是汉［光］武帝所立者。灵台东辟雍，是魏武所立者。至我正光中，造明堂于辟雍之西南，上圆下方，八窗四闼。汝南王复造砖浮图于灵台之上。”

⑦ 《魏书》卷84《儒林列传》：“太和中，改中书学为国子学，建明堂辟雍，尊三老五更，又开皇子之学。及迁都洛邑，诏立国子太学、四门小学。高祖钦明稽古，笃好坟典，坐舆据鞍，不忘讲道。刘芳、李彪诸人以经书进，崔光、邢峦之徒以文史达，其余涉猎典章，关历词翰，莫不縻以好爵，动贻赏眷。于是斯文郁然，比隆周汉。”

⑧ 胡三省注：“晋永嘉之乱，太常乐工多避地河西；夏克长安，获秦雅乐。故二国有其器服工人。”《隋书》卷13《音乐志上》：“道武克中山，太武平统万，或得其宫悬，或收其古乐，于时经营是迫，雅器斯寝。孝文颇为诗歌，以勖在位，谣俗流传，布诸音律。大臣驰骋汉、魏，旁罗宋、齐，功成奋豫，代有制作。莫不各扬庙舞，自造郊歌，宣畅功德，辉光当世，而移风易俗，浸以陵夷。”

⑨ 《魏书》卷109《乐志》：“世祖破赫连昌，获古雅乐，及平凉州，得其伶人、器服，并择而存之。

后通西域，又以悦般国鼓舞设于乐署。高宗、显祖无所改作。诸帝意在经营，不以声律为务，古乐音制，罕复传习，旧工更尽，声曲多亡。太和初，高祖垂心雅古，务正音声。时司乐上书，典章有阙，求集中秘群官议定其事，并访吏民，有能体解古乐者，与之修广器数，甄立名品，以谐八音。诏‘可’。虽经众议，于时卒无洞晓声律者，乐部不能立，其事弥缺。然方乐之制及四夷歌舞，稍增列于太乐。金石羽旄之饰，为壮丽于往时矣。”

⑩《魏书》卷7下《高祖纪下》：“十有二月……辛亥，诏简选乐官。”按：云冈中部各窟中伎乐天（音乐演奏人）的雕凿，当在孝文帝复兴声乐之时。

⑪ 祇洹舍，简称祇洹、祇园，全称祇树给孤独园、胜林给孤独园、祇洹精舍。据说释迦牟尼成道后，憍萨罗国的给孤独长者用大量黄金购置舍卫城南波斯匿王太子祇陀的花园，建筑精舍，请释迦说法，祇陀太子也奉献了园内的树木，因此以两人的名字命名。佛陀在此说法二十余年。祇洹舍与舍卫城的竹林精舍齐名。

⑫ 赵邦彦1929年《调查云冈造像小记》云：“所言尼寺，当在今姑子庙地方，在云冈之西七里。……姑子庙之石舍窟室，因川水之冲刷，久已毁灭；惟河岸石壁，尚有残像，足为昔日尼寺之证也。又云冈渡水而西小山上，尚有二窟，高约丈余，四壁刻佛像数十。相传昔日云冈造像工人聚居此处，开窟凿佛，自为功德；故其地名鲁班窑云。”按：姑子庙，今名吴官屯石窟；云冈西二里隔河的，是鲁班窑石窟。吴官屯石窟，坐北朝南，东西约二百米，俱零散小型龛像，解放前被盗凿严重。“风格上与云冈第十一窟外侧诸像及龙门的北魏造像相同，应该都是北魏末期的作品。”（王逊《云冈一带勘察记》，载1951年《雁北文物勘查团报告》）。鲁班窑石窟，坐西朝东，有洞窟三所，最南一窟，前壁坍塌，土石填满，故而赵邦彦未见。该区石窟岩质欠佳，多夹层、裂缝，俱千佛雕，无大佛雕。窟外壁留有历代建造阁楼的梁孔，窟前地势较高，也较平敞。对应《水经注》记载，以及佛律规定僧尼寺院在三里之内、可以互相听见钟声的情形分析，鲁班窑石窟当即北魏尼寺。2002年，我差人将中窟扑地的一尊无头佛像搬回，显然那原本是云冈开凿产品；颈部有凿孔，表明后世曾修复安装过佛头。今在云冈美术馆。2014年后考古发掘，发现山顶五塔遗址，以及窟顶北侧佛殿、僧房遗址，出土一批北魏、辽金石雕和陶瓷残件等。2018年进行石窟抢险和窟檐建设，从南窟清理出大小佛头四枚。

⑬ 陈垣《记大同武州山石窟寺》云：“《水经注》撰于后魏太和之世，去石窟寺之建，不过四五十年。其所记载，至可信据。据《魏书》，则昙曜所凿者只五所，而此已曰‘山堂水殿，烟寺相望’，可知昙曜开山以后，凿者甚众，皆在郦道元注《水经》以前，而不尽在齐、隋以后。又曰‘林渊锦镜，缀目新眺’，则当年景色，美丽可想。武州川水自西北来，先经石祇洹舍，则今石佛寺以西诸窟，必有比丘尼所居之遗迹，惜不能指其处矣。其水东转所径之处为灵岩，是灵岩者本地名，有称石窟寺为灵岩寺者，寺因地得名也。”按：郦道元对代京平城的记述，截止于迁都之前；述大道坛庙，未言迁离，当记于太和十五年（491）以前。武周山石窟寺的盛况，郦氏目睹，最具权威，姑系于是。

⑭ 武英殿聚珍本《水经注》：“案：‘城’下近刻衍‘宫’字，‘州’讹作‘周’。”

⑮ 火山东溪，即今口泉沟；石炭，即煤炭；樵炭，即木炭。说明北魏时口泉沟已开采煤炭。近年的大同市考古发掘，在北魏夯土中也发现有煤渣。金代初年，朱弁羁留大同，赋《炕寝三十韵》（见元好问《中州集》卷10）：“风土南北殊，习尚非一躅。出疆虽仗节，入国暂同俗。淹留岁再残，朔雪满崖谷。御冬貂裘敝，一炕且跧伏。西山石为薪，黝色惊射目。方炽绝可迩，将尽还自续。飞飞

涌玄云，焰焰积红玉。稍疑雷出地，又似风薄木。谁容鼠栖冰，信是龙衔烛。阳曦助喘息，未害摇空腹。惠气生袴襦，仍工展拳足。岂惟脱肤皴，兼复平体粟。负暄那用诧，执热定思沃。收功在岁寒，较德比时燠。虽余炙手焰，宁有烂额酷。矧当凝冱晨，炎帝独回毂。玄冥真退听，祝融端可录。嗟予亦何者，万里歌黄鹄。偃仰对窗扉，妍暖谢衾褥。壮怀羞灶媚，晚悟笑突曲。因思堕指人，暴露苦皲瘃。频年未解甲，蹈此锋刃毒。遥知革辂中，旰食安豆粥。陪臣将命来，意恳诚亦笃。有奇不能吐，何术止南牧。君心想更切，臣罪何由赎。此身虽自温，此志转烦促。论武贵止戈，天必从人欲。安得四海春，永作苍生福。聊拟少陵翁，秋风赋茅屋。”又，宋朱弁《曲洧旧闻》卷4云：“石炭，不知始何时。熙宁间（1068～1077），初到京师，东坡作《石炭行》一首，言以冶铁作兵器甚精，亦不云始于何时也。予观《前汉地里志》，豫章郡出石，可燃为薪；隋王邵论火事，其中有‘石炭’二字。则知石炭用于世久矣。然今西北处处有之，其为利甚博，而豫章郡不复说也。”

492年壬申　北魏太和十六年，齐永明十年

二月戊子，帝移御永乐宫[①]。庚寅，坏太华殿，经始太极[②]。……四月……癸巳，契啮国遣使朝贡。——《魏书》卷7下《高祖纪下》

十六年九月丁巳，昏时，赤气见于西北，长二十丈，宽八九尺，食顷乃灭。——《魏书》卷112上《灵征志上》

冬十月庚戌，太极殿成[③]，大飨群臣。十有一月乙卯，依古六寝，权制三室，以安昌殿为内寝，皇信堂为中寝，四（下）[合殿]为外寝[④]。——《魏书》卷7下《高祖纪下》

太和十六年十一月乙亥，高祖与沙门道登幸侍中省。日入六鼓，见一鬼衣黄褶袴，当户欲入。帝以为人，叱之而退。问诸左右，咸言不见，唯帝与道登见之。——《魏书》卷112上《灵征志上》[⑤]

十六年诏：“四月八日、七月十五日，听大州度一百人为僧尼，中州五十人，下州二十人，以为常准，著于令。”——《魏书》卷114《释老志》

阳尼，字景文，北平无终人。……征拜秘书著作郎，奏佛道宜在史录。后改中书学为国子学[⑥]，时中书监高闾、侍中李冲等以尼硕学博识，举为国子祭酒[⑦]。高祖尝亲在苑堂讲诸经典[⑧]，诏尼侍听，赐帛百匹。——《魏书》卷72《阳尼传》

① 《魏书》卷27《穆崇传附亮传》：“时将建太极殿，引见群臣于太华殿，高祖曰：‘朕仰遵先意，将营殿宇，役夫既至，兴功有日。今欲徙居永乐，以避嚣埃。土木虽复无心，毁之能不凄怆。今故临对卿等，与之取别。此殿乃高宗所制，爰历显祖，逮朕冲年，受位于此。但事来夺情，将有改制，仰惟畴昔，惟深悲感。’亮稽首对曰：‘臣闻稽之卜筮，载自典经，占以决疑，古今攸尚。兴建之功，事在不易，愿陛下讯之蓍龟，以定可否。又去岁役作，为功甚多，太庙、明堂，一年便就。若仍岁频兴，恐民力凋弊。且材干新伐，为功不固，愿得逾年，小康百姓。’高祖曰：‘若终不为，可如卿言。

后必为之，逾年何益？朕远览前王，无不兴造。故有周创业，经建灵台。洪汉受终，未央是作。草创之初，犹尚若此，况朕承累圣之运，属太平之基。且今八表清晏，年谷又登，爰及此时，以就大功。人生定分，修短命也，蓍蔡虽智，其如之何。当委之大分，岂假卜筮。’遂移御永乐宫。”

② 《魏书》卷 53《李冲传》：“诏曰：‘昔轩皇诞御，垂栋宇之构，爰历三代，兴宫观之式。然茅茨土阶，昭德于上代；层台广厦，崇威于中叶。良由文质异宜，华朴殊礼故也。是以周成继业，营明堂于东都。汉祖聿兴，建未央于咸镐。盖所以尊严皇威，崇重帝德，岂好奢恶俭，苟弊民力者哉？我皇运统天，协纂乾历，锐意四方，未遑建制，宫室之度，颇为未允。太祖初基，虽粗有经式，自兹厥后，复多营改。至于三元庆飨，万国充庭，观光之使，具瞻有阙。朕以寡德，猥承洪绪，运属休期，事钟昌运，宜遵远度，式兹宫宇。指训规模，事昭于平日；明堂、太庙，已成于昔年。又因往岁之丰资，藉民情之安逸，将以今春营改正殿。违犯时令，行之惕然。但朔土多寒，事殊南夏，自非裁度当春，兴役徂暑，则广制崇基，莫由克就。成功立事，非委贤莫可；改制规模，非任能莫济。尚书冲器怀渊博，经度明远，可领将作大匠；司空、长乐公亮，可与大匠共监兴缮。其去故崇新之宜，修复太极之制，朕当别加指授。’”

③ 《水经注》卷 13：如浑西水“又径平城西郭内，魏太常七年所城也。城周［三十二里］……其水又南屈，径平城县故城南。……太和十六年，破太华、安昌诸殿，造太极殿、东西堂及朝堂，夹建象魏。乾元、中阳、端门、东西二掖门、云龙、神虎、中华诸门，皆饰以观阁。东堂，东接太和殿，殿之东阶下有一碑，太和中立，石是洛阳八风谷之缁石也。太和殿之东北，接紫宫寺，南对承贤门。门南，即皇信堂。堂之四周，图古圣、忠臣、烈士之容，刊题其侧，是辩章郎彭城张僧达、乐安蒋少游笔。堂南对白台，台甚高广，台基四周列壁，阁道自内而升，国之图箓、秘籍悉积其下。台西即朱明阁，直侍之官出入所由也。其水夹御路，南流，径蓬台西。魏神瑞三年，又建白楼。楼甚高竦，加观榭于其上，表里饰以石粉，皜曜建素，赭白绮分，故世谓之白楼也。后置大鼓于其上，晨昏伐以千椎，为城里诸门启闭之候，谓之戒晨鼓也”。

④ 《魏书》卷 46《窦瑾传附子遵传》：“遵善楷篆，北京诸碑及台殿楼观、宫门题署，多遵书也。”

⑤ 《广弘明集》卷 24《元魏孝文帝听诸法师一月三入殿诏第三》：“门下：崇因赞业，莫若宗玄；裨神染志，谁先英哲。故周旦著《其朋》之诰，释迦唱善知之文。然则，位尊者以纳贤为贵，德优者以亲仁为尚。朕虽寡昧，能无庶几也。先朝之世，经营六合，未遑内范，遂令皇庭阙高邈之容，紫闼简超俗之仪。于钦善之理，福田之资，良为未足。将欲令懿德法师时来相见，进可餐禀道味，退可饰光朝庭。其敕殿中，听一月三入，人数法讳，别当牒付。”按：懿德，美德也。姑赘于此。

⑥ 《魏书》卷 45《韦阆传附族侄缵传》：“缵，字遵彦。年十三，补中书学生，聪敏明辩，为博士李彪所称。除秘书中散，迁侍御中散。高祖每与名德沙门谈论往复，缵掌缀录，无所遗漏，颇见知赏。”按：韦缵太和二年（478）补中书学生，负责缀录帝僧论经说法，约在迁都之前。

⑦ 检阅相关记载，阳尼为国子祭酒当在是年。

⑧ 《魏书》卷 45《裴骏传附子宣传》：“高祖初，征为尚书主客郎，与萧赜使颜幼明、刘思效、萧琛、范云等对接。转都官郎，迁员外散骑侍郎。……高祖曾集沙门讲佛经，因命宣论难，甚有理诣，高祖称善。迁都洛阳，以宣为采材副将。”按：《梁书》卷 48《范缜传》：“范缜，字子真，南乡舞阴人也。晋安北将军汪六世孙。……博通经术，尤精《三礼》。性质直，好危言高论，不为士友所安。唯与外弟萧琛相善，琛名曰口辩，每服缜简诣。起家齐宁蛮主簿，累迁尚书殿中郎。永明年中，

与魏氏和亲，岁通聘好，特简才学之士，以为行人，缜及从弟云、萧琛、琅邪颜幼明、河东裴昭明相继将命，皆著名邻国。……著《神灭论》。”

493年癸酉　北魏太和十七年，齐永明十一年[①]

三月戊辰，改作后宫，帝幸永兴园，徙御宣文堂。——《魏书》卷7下《高祖纪下》

八月……己丑，车驾发京师，南伐，步骑百余万。……壬寅，车驾至肆州[②]，民年七十已上，赐爵一级。路见眇跛者，停驾亲问，赐衣食终身。戊申，幸并州。……九月……庚午，幸洛阳，周巡故宫基趾。……丁丑，戎服执鞭，御马而出，群臣稽颡于马前，请停南伐，帝乃止。仍定迁都之计。冬十月戊寅朔，幸金墉城[③]。诏征司空穆亮与尚书李冲、将作大匠董爵经始洛京。……癸卯，幸邺城。乙巳，诏安定王休率从官迎家于代京，车驾送于漳水上。——《魏书》卷7下《高祖纪下》

十七年，诏立《僧制》四十七条。——《魏书》卷114《释老志》[④]

门下：凝觉澄冲，事超俗外，渊模崇赜，理寄忘言。然非言何以释教，非世何能表真？是以三藏舒风，必资诫典；六度摛化，固凭尺波。自像教东流，千龄已半。秦汉华俗，制禁弥密。故前世英人，随宜兴例，世轻世重，以裨玄奥。先朝之世，尝为僧禁，小有未详，宜其修立。近见沙门统僧显等白云：欲更一刊定。朕聊以浅识，共详至典。事起忽忽[⑤]，触未详究。且可设法，一时粗救，世世教殿[⑥]，须立白一同，更厘厥衷。——《广弘明集》卷24《元魏孝文帝立僧尼制诏第二》[⑦]

① 是年七月，齐武帝萧赜临终诏曰："自今公私皆不得出家为道，及起立塔寺，以宅为精舍，并严断之。"

② 肆州五台山佛寺建设始于孝文帝。《续高僧传》卷27《唐代州五台山释明隐》："五台山者，斯为神圣所憩。中台最高，所望诸山并下，上有大泉名曰太华。傍有二塔，后诸小石塔，动有百千，云是孝文从北恒安至此所立，石上人马大迹，俨然如初。"又，卷20《唐蔚州五台寺释昙韵》："又闻五台山者，即《华严经》'清凉山'也。世传文殊师利常所住处，古来诸僧多入祈请，有感见者具蒙示教。昔元魏孝文，尝于中台东南下三十里大孚灵鹫，置大布寺，帝曾游止。具奉圣仪，前种华园，地方二顷，夏中发艳，状同铺锦，光彩昱耀，乱人心目。"

③ 金墉城，在洛阳西北角，魏明帝所筑。《洛阳伽蓝记序》曰："迁京之始，宫阙未就，高祖住在金墉城，城西有王南寺，高祖数诣沙门论议。"

④ 《法苑珠林》卷89《受舍部感应缘·齐沙门尚统》："后至元孝文世，有光律师，验《旧羯磨》及以《戒本》，文有加减，多少不足，依大律本次第删集，现世流行，号为《新羯磨》。"光律师，盖即释僧光。《水经注》卷6《文水》："文水又南，径平陶县之故城东……又南径县右，会隐泉口。水出谒泉山之上顶……其山石崖绝险，壁立天固，崖半有一石室，去地可五十余丈。爰有层松饰岩，列柏绮望，惟西侧一处，得历级升陟。顶上平地十许顷，沙门释僧光表建二刹。泉发于两寺之间，

东流，沥石沿注山下。”平陶县，即今山西平遥。

⑤ 忽忽，大正藏本作“匆匆”。

⑥ 大正藏本无“教”字。

⑦《初学记》卷23《道释部·僧第七》录《后魏孝文帝立僧尼制诏》文句多有不同：“门下：凝觉澄冲，事超俗外，揣摸莞赜，理寄忘言。然非言何以释教，非俗何能表真？是三藏舒风，必资戒典；六度摛化，固凭尸波。自象教东流，千龄以半。秦汉俗革，禁制弥密。故前代英人，随宜兴引，时轻时重，以阐玄奥。先朝之日，尝为僧禁，小有未详，宜其修立。近见沙门统僧显等自云：欲更一刊定。朕聊以浅识，共详正典。事起忩忩，触未详究。且可设法一时，粗救俗习，须玄白一同，更厘厥衷。”。

494年甲戌　北魏太和十八年，齐明帝萧鸾建武元年

二月……壬寅，车驾北巡。癸卯，济河。……甲辰，诏天下，喻以迁都之意①。闰月癸亥，次句注陉南，皇太子朝于蒲池。壬申，至平城宫。癸酉，临朝堂，部分迁留。甲戌，谒永固陵。三月庚辰，罢西郊祭天。壬辰，帝临太极殿，谕在代群臣以迁移之略。夏五月乙亥，诏罢五月五日、七月七日飨②。——《魏书》卷7下《高祖纪下》③

秋七月……壬辰，车驾北巡。戊戌，谒金陵。辛丑，幸朔州。……八月癸卯，皇太子朝于行宫。甲辰，行幸阴山，观云川。丁未，幸阅武台，临观讲武。癸丑，幸怀朔镇。己未，幸武川镇。辛酉，幸抚冥镇。甲子，幸柔玄镇。乙丑，南还。……戊辰，车驾次旋鸿池。庚午，谒永固陵。辛未，还平城宫。九月……壬午，帝临朝堂，亲加黜陟。……冬十月……戊申，亲告太庙，奉迁神主。辛亥，车驾发平城宫④。十有一月……己丑，车驾至洛阳⑤。……十有二月……壬寅，革衣服之制⑥。——《魏书》卷7下《高祖纪下》

①《魏书》卷60《韩麒麟传附子显宗传》：“既定迁都，显宗上书：‘……顷来北都富室，竞以第宅相尚，今因迁徙，宜申禁约，令贵贱有检，无得逾制。端广衢路，通利沟渠，使寺署有别，四民异居，永垂百世不刊之范，则天下幸甚矣。’”

②《通鉴》卷139胡注：“魏端午、七夕之飨，犹寒食之飨，皆夷礼也。”

③ 2004年9月26日大同日报，刊登殷宪《大同唐墓志中的大同城（四）》文中，提及三年前在大同二电厂变电站工地出土北魏太和十八年（494）墓砖一枚，铭文有“赐秦州刺史□□□”，“葬于平城之阳十里略东”等语。

④《魏书》卷14《神元平文诸帝子孙传·高凉王孤附苌传》：“高祖迁都，苌以代尹留镇。”

⑤《续高僧传》卷16《周京师大追远寺释僧实》：“释僧实，俗姓程氏，咸阳灵武人也。……年二十六，乃得剃落。有道原法师，擅名魏代，实乃归焉。随见孝文，便蒙降礼。大和末，从原至洛，因遇勒那三藏，授以禅法，每处皇宫，谘问禅秘。……奇相超伦，有声京洛。……以保定三年七月十八日，卒于大追远寺，春秋八十有八。”按：僧实26岁出家，时为501年，孝文帝已死。姑存疑。

⑥ 《通鉴》卷 139："魏主欲变易旧风，壬寅，诏禁士民胡服。国人多不悦。"胡注："国人者，与魏同起于北荒之子孙也。"

495 年乙亥　北魏太和十九年，齐建武二年

三月……戊子，太师冯熙薨[1]。……夏四月庚子，车驾幸彭城。辛丑，帝为太师冯熙举哀于行在所。……庚申，行幸鲁城，亲祠孔子庙。——《魏书》卷 7 下《高祖纪下》

十九年四月，帝幸徐州白塔寺。顾谓诸王及侍官曰："此寺近有名僧嵩法师，受《成实论》于罗什，在此流通。后授渊法师，渊法师授登、纪二法师。朕每玩《成实论》，可以释人染情，故至此寺焉。"——《魏书》卷 114《释老志》[2]

门下：徐州道人统僧逞，风识淹通，器尚伦雅，道业明博，理味渊澄。清声茂誉，早彰于徐沛；英怀玄致，夙流于谯宋。比唱法北京，德芬道俗，应供皇筵，美敷宸宇。仁叡之良，朕所嘉重。依因既终，致兹异世。近忽知闻，悲怛于怀。今路次兖濮，青泗岂遥[3]。怆然念德，又增厥心。可下徐州，施帛三百匹，以供追福，又可为设斋五千人。——《广弘明集》卷 24《元魏孝文帝赠徐州僧统并设斋诏第五》

【题刻】■■■■■■比丘□□比丘惠空侍佛。

唯大代太和十九年四月廿八日，弟仲吕凋？昏？七妻周，为亡夫故常山太守田文（虎）[彪][4]、亡息思须？、亡女阿觉，造释迦文佛、弥勒二躯。又为亡夫、亡息、亡女，生々□值？，庆？遭三宝，弥勒下生，■■道。若堕三途，速合解脱。问法解之？，悟无生忍□时？，一切普亡，有同福庆。所愿如此。[5]

比丘尼■■比丘尼法□比丘□■比丘阿？道？——日本《云冈金石录》第十一洞明窗东侧《妻周氏为亡夫造释迦文佛弥勒二躯记》[6]

六月……癸卯，诏皇太子赴平城宫[7]。……丙辰，诏迁洛之民，死葬河南，不得还北。于是代人南迁者，悉为河南洛阳人[8]。戊午，诏改长尺、大斗[9]，依《周礼》制度，班之天下。——《魏书》卷 7 下《高祖纪下》

九月庚午，六宫及文武尽迁洛阳[10]。——《魏书》卷 7 下《《高祖纪下》

又有西域沙门名跋陀[11]，有道业，深为高祖所敬信。诏于少室山阴，立少林寺而居之[12]，公给衣供。——《魏书》卷 114《释老志》

魏初至于太和，钱货无所周流，高祖始诏天下用钱焉。十九年，冶铸粗备，文曰"太

和五铢”，诏京师及诸州镇皆通行之。内外百官禄皆准绢给钱，绢匹为钱二百。——《魏书》卷110《食货志》

【题刻】夫幽宗玄明，非□□无以光其化；真容速隐[13]，非图像莫能显其迹[14]。于是□颜□世[15]，长夜启正觉之悟；道仪滋□[16]，□以留叙□之敬。于是□于先岁[17]，德谈来世者矣。含生有识，莫不兴慈以树善，积福以资常[18]。卷舒待时，屈指常湛。皇上圣历穹宇，化超唐虞。况乃世荫灵征[19]，津沐玄□者哉。吴氏忠伟，为亡息冠军将军、华□侯吴天恩造像并窟，得依岩侧，妙姿□□[20]。洸々焉，鉴真容之在于虚空；丽□□，□释迦本生[21]。藉此微福，愿亡儿生々遇□，长辞苦海，腾神净土，□化弥隆，三法□敷，万累消融。寻吴氏家先，忠和著□，□孝并举。至子孙兴茂，绍隆家嗣，□□□助，雕零而立，惟孤惟念，□微□□，□□单志，书颂于玄石。其辞曰：辽？々真道，貌々玄冻[22]，非声非□，非□□知。化由物感，藉应迪昭[23]，光融□□，□□九居。后宁熟世，兴由帝王[24]，非定□□[25]，□□□□。薄有深悟，□石□光，依岩□□[26]，□□□□。愿□亡儿常谒□应生□□□……。——云冈第38窟外壁上部《吴氏造像造窟记》[27]

① 《魏书》卷83《外戚传上·冯熙传》：“熙于后遇疾，绵寝四载。诏遣医问，道路相望，车驾亦数临幸焉。将迁洛，高祖亲与熙别，见其困笃，歔欷流涕。密敕宕昌公王遇曰：‘太师万一，即可监护丧事。’十九年，薨于代。车驾在淮南，留台表闻，还至徐州乃举哀。为制缌服，诏有司豫辨凶仪，并开魏京之墓，令公主之柩俱向伊洛。凡所营送，皆公家为备。又敕代给彩帛前后六千匹，以供凶用。皇后诣代都赴哭，太子恂亦赴代哭吊。”

② 《广弘明集》卷24《元魏孝文帝令诸州众僧安居讲说诏第四》：“门下：凭玄归妙，固资冥风；餐慧习慈，实钟果智。故三炎检摄，道之恒规；九夏温诠，法之嘉猷。可敕诸州，令此夏安居清众，大州三百人，中州二百人，小州一百人，任其数处讲说，皆僧祇粟供备。若粟鲜徒寡，不充此数者，可令昭玄量减还闻。其各钦旌贤匠，良推叡德，勿致滥浊，惰兹后进。”

③ 太和十九年（495）四月，孝文帝南伐回师，游徐州彭城，又幸兖州鲁县（今山东曲阜）。期间，乃有是诏。

④ 虎，应作“彪”。《魏书》卷87《节义传》：“石祖兴，常山九门人也。太守田文彪、县令和真等丧亡，祖兴自出家绢二百余匹，营护丧事。州郡表列，高祖嘉之，赐爵二级，为上造。”

⑤ 以上题刻，厉寿田《云冈石窟寺源流考》记曰：“惟大代太和十九年四月二十八日，律仲吕道俗七妻，同为亡夫、故常山太守田文原、亡男思颜、亡女阿贲，造释迦文佛石像三区。又愿亡夫、息男女生化之隆，别兴三宝，弥勒下生，得道图。若堕三途，速令解脱，仰慈正觉，无边众生，并一切普亡，胥同斯庆。”

⑥ 《云冈金石录》记第11窟另有十九年造像记一则：“太？和？十九年七月廿一日。”

⑦ 《魏书》卷 22《废太子恂传》："迁洛，诏恂诣代都。其进止仪礼，高祖皆为定。及恂入辞，高祖曰：'今汝不应向代，但太师薨于恒壤，朕既居皇极之重，不容轻赴舅氏之丧，欲使汝展哀舅氏，拜汝母墓，一写为子之情。汝至彼，太师事毕后日，宜一拜山陵。拜讫，汝族祖南安，可一就问讯。在途，当温读经籍。（今）[如]日亲见吾也。'"按：南安，即南安王桢。

⑧ 《魏书》卷 20《文成五王传·广川王略附子谐传》："十九年……诏曰：'迁洛之人，自兹厥后，悉可归骸邙岭，皆不得就茔恒代。其有夫先葬在北，妇今丧在南，妇人从夫，宜还代葬。若欲移父就母，亦得任之。其有妻坟于恒代，夫死于洛，不得以尊就卑。欲移母就父，宜亦从之。若异葬亦从之。若不在葬限，身在代丧，葬之彼此，皆得任之。其户属恒燕，身官京洛，去留之宜，亦从所择。其属诸州者，各得任意。'"

⑨ 孝文帝太和八年（484）实行均田制，废大斗，去长尺，改重秤，以轻民赋。宋程大昌《演繁露》卷 7《大斗大尺》："开元九年，敕度以十寸为尺，尺二寸为大尺；量以十升为斗，斗三升为大斗。此谓十寸而尺、十升而斗者，皆秬黍为定也。锺律、冠冕、汤药皆用之。此外，官私悉用大者，则黍尺一尺外更增二寸，黍量一斗更增三升也。" 清俞樾《茶香室四钞》卷 9《唐制有大斗大尺》云："唐时一尺，比六朝制一尺二寸也。是唐制已大于六朝多矣。又有大斗大尺之名。此亦古今之异也。"按：北魏尺约长 29.6 厘米。

⑩ 孝文帝太和十七年（493）经始洛京，十九年（495）六宫、百官迁离代京。从 398 年至 495 年，北魏都于平城 98 个年头，整整 97 周年。

⑪ 《续高僧传》卷 16《魏嵩岳少林寺天竺僧佛陀》："佛陀禅师，此云觉者，本天竺人。学务静摄，志在观方。结友六人，相随业道，五僧证果，惟佛陀无获，遂勤苦励节，如救身衣，进退惟谷，莫知投厝。时得道友曰：'修道借机，时来便克。非可斯须，徒为虚死。卿于震旦，特是别缘，度二弟子，深有大益也。'因从之游历诸国，遂至魏北台之恒安焉。时值孝文，敬隆诚至，别设禅林，凿石为龛，结徒定念。国家资供，倍加余部，而征应潜著，皆异之非常人也。恒安城内康家，资财百万，崇重佛法，为佛陀造别院，常居室内，自静遵业。有小儿，见门隙内炎火赫然，惊告院主，合家总萃，都无所见。其通微玄观，斯例众也。识者验，以为得道矣。后随帝南迁，定都伊洛，复设静院，敕以处之。而性爱幽栖，林谷是托，屡往嵩岳，高谢人世。有敕，就少室山，为之造寺，今之少林是也。帝用居处，四海息心之俦，闻风响会者，众恒数百。笃课出要，成济极焉。时或告众曰：'此少林精舍，别有灵祇卫护，一立已后，终无事乏。'由使造者弥山，而僧廪丰溢。……时又入洛，将度有缘，沙门慧光，年立十二……遂度之。解冠终古，具如别传。又令弟子道房，度沙门僧稠，教其定业。自化行东夏，唯此两贤，得道记之，谅有深疑。年渐迟暮，不预僧伦，委诸学徒，自相成业，躬移寺外，别处零房。感一善神，常随影护，亦令设食而祠飨之。后报欲终，在房门之壁手画神像，于今尚存。"按：佛陀在平城"别设禅林，凿石为龛，结徒定念"之地，必今云冈峪诸处石窟之一，而青磁窑石窟最有可能。

⑫ 《历代名画记》卷 7："僧迦佛陀禅师，天竺人。学行精悫，灵感极多。初在魏，魏帝重之。至隋，隋帝于嵩山起少林寺，至今房门上有画神，即是迦佛陀之迹。"

⑬ 速，日本《云冈金石录》作"冲"。按：这里收录的碑文，以《云冈金石录》与通一、董玉祥《云冈第五〇窟的造像艺术》（《现代佛学》1963 年第 2 期）的辨识为基础形成。笔者多次凝视原碑，近之恍惚，远之莫辨，又不敢拓。

⑭ 显，《云冈金石录》作“辟”。

⑮ □颜，《云冈金石录》作“令须”。

⑯ 道，《云冈金石录》作“遵”。

⑰ 先，《云冈金石录》作“无”。

⑱ 兴、积、福，《云冈金石录》分别作“须”“权”“掇”；常，通一作“当”。

⑲ 征，通一作“彻”。

⑳ 得、岩侧、姿，《云冈金石录》分别作“漏”“举倒”“安”。

㉑ 迦本，《云冈金石录》作“加平”。

㉒ 貌々玄冻，通一作“邈貌玄凛”。

㉓ 藉，《云冈金石录》作“兹”；昭，通一作“诸”。

㉔ 兴，通一作“乐”。

㉕ 定□，通一作“是在”。

㉖ □石□光，通一作“将石窟免”；岩，《云冈金石录》作“征”。

㉗ 该造像题记，雕刻于横长方形砂岩石板，镶嵌在第38窟上方（约1958年掉落，1975年重归原位）。由于碑的西边漫漶、风化，所以无法确定其年代。1929年底，历史语言研究所赵邦彦来云冈，归撰《调查云冈造像小记》，文中曰：“太和十九年碑，碑在第四十三洞口外左方。记文甚长，惜风雨剥蚀，文字漫漶。”其所谓四十三洞，是以今第20窟为第二十五洞，以西的第十八个洞窟，正是今天的第38窟。同年秋九月，古物保管委员会常惠来云冈调查佛头被盗事件，其报告中，也提及此碑。只是他将第20窟编为第二十二洞，以西第十八窟定在今第39窟，称为“塔窑洞”。他讲：“太和十九年碑在此洞外，约于民国十年左右发现者，字迹模糊，未有拓片。”今第39窟外东侧，只此一碑。

496年丙子　北魏太和二十年，齐建武三年

二十年春正月丁卯，诏改姓为元氏。——《魏书》卷7下《高祖纪下》

【题刻】太和廿年五月，■弟子■为■■■——日本《云冈金石录》第十一洞西壁《太和二十年弟子造像记》[1]

十有二月甲子，以（西）［南］北州郡旱俭，遣侍臣循察，开仓赈恤。……恒州刺史穆泰等在州谋反，遣行吏部尚书任城王澄案治之[2]。——《魏书》卷7下《高祖纪下》

时沙门道登[3]，雅有义业，为高祖眷赏，恒侍讲论。曾于禁内与帝夜谈，同见一鬼。二十年卒，高祖甚悼惜之，诏施帛一千匹。又设一切僧斋，并命京城七日行道。又诏：“朕师登法师奄至徂背，痛怛摧恸，不能已已。比药治慎丧，未容即赴，便准师义，哭诸门外。”缁素荣之。——《魏书》卷114《释老志》

① 《云冈金石录》记第11窟西壁尚有《太和二十年七月记》一则：“太和廿年七月。”

② 北魏定都平城，京畿号称司州；孝文迁洛，改为恒州。《魏书》卷105《天象志二》：“二十年［十

有]二月，恒州刺史穆泰谋反，伏诛，多所连及。”按照后来北魏河阴之变，死难王公大臣宅第多捐为寺院之例，疑云冈石窟西部多有穆泰等被诛家属追福小窟。

③《南齐书》卷45《始安贞王道生传附子遥昌传》：“建武……二年，虏主元宏寇寿春，遣使呼城内人，遥昌遣参军崔庆远、朱选之诣宏。……宏大笑。明日引军向城东，遣道登道人进城内施众僧绢五百匹，庆远、选之各袴褶络带。”

497年丁丑 北魏太和二十一年，齐建武四年

二十有一年春正月……乙巳，车驾北巡。二月……癸酉，车驾至平城。甲戌，谒永固陵。癸未，行幸云中。三月庚寅，车驾至自云中。辛卯，谒金陵①。乙未，车驾南巡。——《魏书》卷7下《高祖纪下》②

【发愿文】太和廿一年三月廿三日，大像主侯顥妻，为所生父母、家口□□，愿造释迦石像。安息璜子如、侯顥妻史和妃侍佛③。——金申《中国历代纪年佛像图典》61《侯顥妻造释迦坐佛》

二十一年五月，诏曰：“罗什法师可谓神出五才，志入四行者也。今常住寺，犹有遗地，钦悦修踪，情深遐远，可于旧堂所，为建三级浮图。又见逼昏虐，为道殄躯，既暂同俗礼，应有子胤，可推访以闻，当加叙接。”先是，立监福曹，又改为昭玄，备有官属，以断僧务④。高祖时，沙门道顺、惠觉⑤、僧意⑥、惠纪⑦、僧範、道弁⑧、惠度⑨、智诞⑩、僧显、僧义、僧利⑪，并以义行知重。——《魏书》卷114《释老志》

① 金陵是北魏孝文帝之前历朝皇帝的陵寝。由于《魏书》中又称“云中金陵”或“盛乐金陵”，地址莫辨。我曾撰写《北魏金陵考索》（载大同高专学报1994年第2期）一文，考订金陵三名为一地，约在今内蒙古和林格尔以南山区。

② 《广弘明集》卷24《元魏孝文帝岁施道人应统帛诏第六》：“门下：应统仰绍前哲，继轨道门，徽仁玄范，冲猷是托。今既让俗名，理宜别供。可取八解之义，岁施帛八百匹。准四辈之贶，随四时而给。又修善之本，实依力命；施食之因，内典所美。可依朝官上秩，当月而施。所以远譬深理者，匪独开崇俗心，抑亦奖励道意耳。”按：应统，其人不详。

③ 此砂岩佛像，高36厘米，现藏日本，见日本东京古董店龙泉堂编《龙泉集芳》。该主佛，同于云冈第11～13窟外壁龛的“秀骨清像”。

④ 《隋书》卷27《百官志中》：“后齐制官，多循后魏。”“昭玄寺，掌诸佛教。置大统一人，统一人，都维那三人。亦置功曹、主簿员，以管诸州郡县沙门曹。”

⑤ 汤用彤《汉魏两晋南北朝佛教史》：“按出《贤愚经》者有慧觉，或即此人。”见本书445年条。

⑥ 《续高僧传》卷26《魏太山朗公谷寺释僧意传》：“释僧意，不知何人，贞確有思力，每登座讲说，辄天花下散在于法座。元魏中，住太山朗公谷山寺，聚徒教授。迄于暮齿，精诚不倦。寺有高骊像、相国像、胡国像、女国像、吴国像、昆仑像、岱京像，如此七像并是金铜，俱陈寺堂，堂门常开，

而鸟兽无敢入者。至今犹尔。……”按：岱京，即代京平城，可见当年平城造像辗转远至。

⑦ 惠纪，即慧记、慧纪、道记。《广弘明集》卷24《元魏孝文帝为慧纪法师亡施帛设斋诏第七》：“门下：徐州法师慧纪，凝量贞远，道识淳虚，英素之操，超然世外；综涉之功，斯焉罕伦。光法彭方，声茂华裔，研论宋壤，宗德远迩。爰于往辰，唱谛鹿苑，作匠京缁，延赏贤丛。倏矣死魔，忽歼良器，闻之悲哽，伤恸于怀。可敕徐州施帛三百匹，并设五百人斋，以崇追益。”

⑧ 道弁，汤用彤以为《续高僧传》之“道辩”。我认为，道辩乃《释老志》载世宗时高僧“惠辨”。《出三藏记集》卷5谓《宝车经》的作者“北国淮州比丘昙辩”，《历代三宝纪》卷9补充说“齐武帝世（483 ~ 493），元魏淮川沙门释昙辩出”。此昙辩，盖即道弁，应属北上平城的徐州僧匠之列。

⑨ 惠度，即昙度、法度，《广弘明集》卷2引《元魏书・释老志》又作“慧度”。

⑩ 智诞，疑即太延三年（437）在凉州城撰《毗婆沙经序》的沙门“道梴”（又作“道挻”）。

⑪ 以上名僧，唯道顺、僧範、僧利三人不详。

498年戊寅 北魏太和二十二年，齐建武五年

夫灵踪□启，则攀宗靡寻；容像不陈，则崇之必□。是以真颜□于上龄，遗形敷于下叶。暨于大代，兹功厥作。……太和廿二年九月十四日讫。朱义章书，孟达文。——清王昶《金石萃编》卷27《始平公造像记》[①]

帝频岁南征，后遂与中官高菩萨私乱。……帝闻，因骇愕，未之信，而秘匿之。此后，后渐忧惧，与母常氏求托女巫，祷厌孝文疾不起，一旦得如文明太后辅少主称命者，赏报不赀。又取三牲，宫中祆祠[②]，假言祈福，专为左道。……帝至洛[③]，执问菩萨、双蒙等，具得情状。……让后曰：“汝有妖术，可具言之。”后乞屏左右，有所密状。……事隐，人莫知之。——《北史》卷13《后妃传上》

初，太兴遇患，请诸沙门行道，所有资财，一时布施，乞求病愈，名曰“散生斋”。及斋后，僧皆四散，有一沙门方云乞斋余食。太兴戏之曰：“斋食既尽，唯有酒肉。”沙门曰：“亦能食之。”因出酒一斗，羊脚一只，食尽犹言不饱。及辞出后，酒肉俱在，出门追之，无所见。太兴遂佛前乞愿，向者之师当非俗人，若此病得差，即舍王爵入道。未几便愈，遂请为沙门，表十余上，乃见许。时高祖南讨在军，诏皇太子于四月八日为之下发，施帛二千匹[④]。既为沙门，更名僧懿[⑤]，居嵩山。太和二十二年终。——《魏书》卷19上《京兆王子推传》

① 该题记，在龙门石窟古阳洞北壁上层东大龛，今名《比丘慧成为亡父始平公造像题记》。我觉得，文中“暨于大代，兹功厥作”句，耐人寻味。起码说明，当时人认为石窟寺的开凿，到北魏时方盛。

② 祆祠，《魏书》卷13《孝文幽皇后传》作“妖祠”。《周书》卷50《波斯传》云：“俗事火祆神。”

《北史》卷97《西域传》曰："康国者，康居之后也。……有胡律，置于祆祠，将决罚，则取而断之。"《魏书》《隋书》本传亦相同。按：祆教是中国对波斯琐罗亚斯德教的称呼，北朝时传入中国，唐代广为传播。但我国古籍中"祆"与"妖"往往相通，此幽皇后冯氏所为难以定性，姑录存疑。

③ 孝文帝闻后秽乱，在是年九月；班师回洛，在十二月。

④ 京兆王元太兴剃发为僧，约在太和十九年（495）。然二十年（496）十一月犹改封为西河王。

⑤《广弘明集》卷29录有"元魏懿法师"（频伽藏本作"元魏释懿"），《伐魔诏并序》《破魔露布》乃大兴所作。《序》云："夫生在三界，恒为四魔所娆。……懿身处下流……昔在年幼，尝作《破魔露布》，文虽鄙拙，颇为好事者所传。自迁都之后，寓在洛阳，忽于故塔之中得此本文。时遇值今国都法师尚在金刚波若寺讲《胜鬘经》，辄以呈示。（得）法师学涉内外，甚好文彩，乃更披经卷，赐示魔事，兼得拟符氏时释道安《檄魔文》，共寻玩之。复竭愚浅，修改旧文，更作《平魔赦》，重荐法师，更无嫌也。但安公檄文直推天魔，凡为世患，经列有四，且天魔权变，非浮情所测；烦恼阴死，为患实深。辄更起《伐魔诏》《慰劳文》，冠之于初。是以前后不同，文颇繁重，冀信心君子两得行之。辄并编安法师檄文为次，合为一卷。"按：《破魔露布》撰于代都之时，《伐魔诏》《慰劳文》撰于洛阳。其文义艰涩，这里不载。

499年己卯　北魏太和二十三年，齐东昏侯萧宝卷永元元年

三月庚辰，车驾南伐。……夏四月丙午朔，帝崩于穀塘原之行宫，时年三十三①。……帝幼有至性……雅好读书，手不释卷②。《五经》之义，览之便讲，学不师受，探其精奥。史传百家，无不该涉。善谈庄老，尤精释义。才藻富赡，好为文章，诗赋铭颂，任兴而作。有大文笔，马上口授，及其成也，不改一字。自太和十年已后诏册，皆帝之文也。——《魏书》卷7下《高祖纪下》

【题刻】唯大魏太和廿三年，岁次己卯，四月丙午朔，八日癸丑，诸军事、平东将军、营州刺史元景，上为皇帝陛下，敬造石窟一区。夫灵觉冲虚，非像无以答其形；妙门潜寂，非唱□□生灭昧。识于慧旦，将以轮回，尘网缠服，□弊……释加如来，契慈心于因初，达妙致于遐劫。……揖慧舟以拯溺；夷俎（阻）济艰，人天仰德。功盖……我皇代受命，光□□□，日新景福，增崇圣□。……皇帝陛下诞禀？□□，□高振古，游神虚宗……兴，援及州镇，靡不□□。况景籍荫洪基，根……土虽丽，岂同岩石之固？于州城东北一百……左暨浩沧，右带龙川，临清流以藻秽，背修峦……明。可以轨瞩东民，信之威训。穆然存道，久……皇帝陛下资化无为，一同率土，享祚齐……明元皇帝栖神常住，降及一切，普沾……是诣，速证大果。又愿己身并诸眷属……文靡述国之杰，祉可无称乎？故于……玄觉体空真□□□公

谁究竟悟兹……空有，同照无微，□□调风，洒泽怀……详陟太合，想作□□，雕岩镂馆……建兹华窟，投心请庆。仰愿圣……上愿明元皇帝神栖妙宫，受道……——辽宁义县万佛堂《北魏元景造像题记》③

① 唐法琳《辩正论》卷 3：“魏高祖孝文皇帝，讳宏。神光照室，和气充庭；仁孝绰然，岐嶷显著。听览政事，从善如流；哀矜百姓，恒思济益。以太后忌日，哭于陵左，绝膳二日，哭不辍声。仍于邺都造安养寺，硕德高僧，四方云集。六宫侍女，皆持年三月六。其精进诵经者，并度出家。事无大小，务于（赒给）［周洽］。常谓：‘史官无讳国（恶）［忌］。’手不释卷，览之便讲；爱奇好士，情如饥渴。善谈庄老，尤敦释义；才藻富赡，文章百篇。悠然远迈，不以世务妨道。而幼承洪绪，早著睿圣之风。时以文明摄事，优游拱己，玄览独得，著自不言，神契所标，固以符于冥化。及躬总大政，一日万机，十许年间，曾不暇给。钦明稽古，叶御天人；帝王制作，朝野轨度；斟酌用舍，焕乎文章。然而尽圣穷神，继天绍历，奉为先皇，于大觉寺修葺堂宇。嚫施隆厚，供给丰华；影塔经台，粲然备举；上标金刹，下列银楹；雁翼临云，龙首承日；名僧继踵，法侣排肩；朝步莲池，暮栖香阁；风流慧苑，梵响禅林。召三百许僧，六时不坠。所度僧尼一万四千人。”按：邺都，疑指平城都。

② 《封氏闻见记》卷 2《典籍》：“魏孝文始都洛邑，借书于齐，秘府稍仅充实。”

③ 万佛堂石窟，位于辽宁义县县城西北 8 公里的福山（又称“万佛山”，砂岩地质）南麓，大凌河北岸。石窟坐南朝北，东西分布有大小洞窟 17 个，窟外小龛 12 个，造像 500 余尊。北魏晚期开凿，窟形、造像模仿云冈石窟，明显属于云冈艺术风格之流亚，可能是东徙的平城僧匠所为。今遗北魏造窟题记两方，《元景造像题记》即其一，在西区第 5 窟内南壁。据考证，元景系明元帝之曾孙、孝文帝之族叔祖，时任营州（今朝阳）刺史。该窟系元景为孝文帝祈福而建，而窟室规模、造像特点，又与毗邻的第 6 窟相近，疑是双窟。

第七编　北魏后期、东魏北齐北周隋纪事

500年庚辰　北魏宣武帝元恪景明元年，齐永元二年

五月甲寅，以北镇大饥，遣兼侍中杨播巡抚赈恤[①]。——《魏书》卷8《世宗纪》

景明初，世宗诏大长秋卿白整准代京灵岩寺石窟[②]，于洛南伊阙山，为高祖、文昭皇太后营石窟二所。初建之始，窟顶去地三百一十尺。至正始二年中，始出斩山二十三丈。至大长秋卿王质，谓斩山太高，费功难就，奏求下移就平，去地一百尺，南北一百四十尺。永平中，中尹刘腾奏为世宗复造石窟一，凡为三所[③]。从景明元年至正光四年六月已前[④]，用功八十万二千三百六十六[⑤]。——《魏书》卷114《释老志》

① 《魏书》卷105之四《天象志四》："是岁，北镇及十七州大馑，人多就食云。"

② 日本伊东忠太《中国建筑史》推测，代京灵岩寺可能是昙曜五窟形成的寺院。20世纪90年代的窟前发掘，确实证明这五所洞窟都曾建有木构阁楼，且是一组并列建筑。但是，《金碑》所称"灵岩大阁"者，为今第3窟无疑。按《水经注》武州川水"径灵岩南，凿石开山，因岩结构，真容巨壮，世法所希，山堂水殿，烟寺相望"句理解，"灵岩"应是北魏时武州山石窟诸寺的总称。

③ 即今洛阳龙门石窟的宾阳三洞。中洞、南洞，分别是孝文帝与文昭后之窟；北洞，是宣武帝之窟。

④ 陈垣《记大同武州山石窟寺》云："景明在迁洛之后，去复法之岁，约五十年。则伊阙石窟后于武州石窟，亦约五十年。从景明元年（500）至正光四年（523），其间二十四年，仅造窟三所，已费工如此；武州石窟，奚止三所，则其工程之巨可知矣。"

⑤ 《水经注》卷15《伊水》记当时的景象："伊水又北，入伊阙，昔大禹疏以通水。两山相对，望之若阙。伊水历其间北流，故谓之伊阙矣。……东岩西岭，并镌石开轩，高甍架峰。西侧灵岩下，泉

流东注，入于伊水。”按：甍，蒙也，屋脊，这里指屋顶。高甍架峰，即如云冈第3窟、青磁窑石窟，崖缘壁顶铲出一线平面，上搭阁楼屋顶的北魏遗制。伊阙灵岩寺，即今龙门宾阳中洞和南洞。

502年壬午　北魏景明三年，齐和帝萧宝融中兴二年、梁武帝萧衍天监元年

是岁，疏勒、罽宾、婆罗捺、乌苌[①]、阿喻陁、罗婆、不崙、陁拔罗、弗波女提、斯罗、哒舍、伏耆奚那太、罗槃、乌稽、悉万斤、朱居槃、诃盘陁、拨斤、厌味、朱沴洛、南天竺[②]、持萨那斯头诸国并遣使朝贡[③]。——《魏书》卷8《世宗纪》

① 《北史》卷97《西域传》：“乌苌国，在赊弥南。北有葱岭，南至天竺。婆罗门胡为其上族。婆罗门多解天文吉凶之数，其王动则访决焉。土多林果，引水灌田，丰稻、麦。事佛，多诸寺塔，极华丽。”

② 《北史》卷97《西域传》：“南天竺国，去代三万一千五百里。有伏醜城，周匝十里，城中出摩尼珠、珊瑚。城东三百里有拔赖城，城中出黄金、白真檀、石蜜、蒲桃。土宜五谷。世宗时，其国王婆罗化遣使献骏马、金、银。自此，每使朝贡。”

③ 《洛阳伽蓝记》卷3《城南》：“西夷来附者，处崦嵫馆，赐宅慕义里。自葱岭已西，至于大秦，百国千城，莫不（欢）[款]附；商胡贩客，日奔塞下。所谓尽天地之区已。乐中国土风，因而宅者，不可胜数。是以附化之民，万有余家。门巷修整，阊阖填列，青槐荫陌，绿树垂庭。天下难得之货，咸悉在焉。”

503年癸未　北魏景明四年，梁天监二年

【题刻】□□灵镜觉，凝寂迭代。照周祥？邦，感垂应物。利润当时，泽潭机季。慨不邀昌辰，庆钟播末思；恋灵福同，拟状金石。冀瞻容者加祇虔，想像者增忻怖。生生资津，十方齐庆。颂曰：灵虑巍凝，悟岩鉴觉。冢绝照周，蠢趣澄浊。随像拟仪，瞻资懿渥。生生邀益，十方同沐。□明四年四月六日，比丘尼昙媚造。——云冈石窟文物研究所藏《昙媚造像碑记》[①]

冬十有一月……癸亥，诏尚书左仆射源怀抚劳代都、北镇，随方拯恤[②]。——《魏书》卷8《世宗纪》[③]

① 该方碑，纵30厘米，横29厘米，厚6厘米，豆青色细砂岩（云冈砂岩夹层），1956年，云冈石窟保养所在整修第20窟前早年崩塌的乱石时出土。大约原镶于尼姑昙媚造像龛旁的石窟壁面，后随前壁坍塌埋入地下。另外，1992年进行窟前地面发掘中，在第20窟前偏东出土北魏砂岩莲花钵两个，其中一个底部刻有“妙兴西北方主”六字。

② 《魏书》卷41《源贺传附子怀传》：“景明以来，北蕃连年灾旱，高原陆野，不任营殖，唯有水田，少可菑亩。”

③ 景明年间，徐州僧众依然有接近政治的迹象。《魏书》卷93《恩幸传》：“王仲兴……太和中……出入禁内十余年……世宗即位……与赵脩并见宠任……兄可久，以仲兴故自散爵为徐州征虏府长史，

带彭城太守。……恃仲兴宠势，轻侮司马、梁郡太守李长寿，遂至忿诤。彭城诸沙门共相和解，未几，复有所竞。”

504年甲申　北魏正始元年，梁天监三年

【碑文】《屯骑校尉、建威将军、洛阳刺史、昌国子封使君墓志铭》：屯骑校尉、领都牧令、昌国子，公姓封，字和突，恒州代郡平城人也。昊天不吊，春秋六十有四，以景明二年春正月薨于官。帝用震悼，遣使即柩，赠州刺史，蜜印绶，礼也。以正始元年夏四月卜兆于武周界，刊石勒颂，式述声芳。其辞曰：少深岐嶷，长勖宽明；内尽孝思，外竭忠诚。在高无危，处满不盈；镌模玄石，庶挥风清。——大同市博物馆藏《封和突墓志铭》[①]

【碑文】《魏故城阳宣王墓志》[②]：侍中、征西大将军、尚书仆射、城阳宣王讳忠，字仙德，昭成皇帝之曾孙，丞相、常山王之孙，征西大将军、三都坐大官、常山康王之中子。禀风云之秀气，体星景之嘉灵，识警机详，邃量凝远。韫玉内暎，怀素宝其奇；逸彩外彰，擒华尚其妙。故耐下照旻晖，延恩天眷，文缨月徙，戎章岁袭，秘略宣谋，声誉出内，心膂之寄，宠莫二焉。将远图昌国，永赞鸿业，而庆善靡征，嘱纩在堠，銮舆亲幸，使者属路，春秋卌有五，太和四年岁次庚申七月乙未朔十日甲辰，薨于外弟。天子愍悼，民哀邦瘁，赠襚之厚，礼殊恒命。暨景明五年岁次甲申正月戊申朔十四日辛酉，妃河内司马氏、晋谯王之孙也，字妙玉，春秋五十有六，薨于洛阳清明里弟。缉融礼馈，式昭庭训，四德详著，母仪帝宗，□□钦嘉，锡□□乡，追赠温县君。粤十一月甲辰朔六日己酉，谨惟周典，改穸迁兆，阖窆于代都永固白登之阳阿。松门方杳，薰闼将扃，刊石泉宫，式永休烈。其辞曰：

业广维城，绵葛昌祚。曰茂君王，玉润渊度。德契机华，道蔚详素。识镜秋明，义富春雾。优游其赏，昭晢其虑。敷庸景彻，锡光天顾。秘谋云在，禁言已处。出入宠荣，频繁庆遇。端综九官，式清百务。衡管克和，居键耐□。方赖辅勋，台平俟誉。不憖遗人，与善冥数。灭景幽轩，沉晖泉路。杨庭壹蔼，松门不曙。勒铭玄图，休光永布。

① 1981年秋，在大同城西5公里的十里河出山口，即小站村花圪塔台，发现并发掘北魏墓一座，墓主人封和突。其封氏，盖拓跋鲜卑“是贲氏”之改姓。《封和突墓志铭》，黑青色石灰岩质，纵42厘米，横33厘米，厚8.3厘米。有碑座。铭文所记墓葬地为“武周界”，一则表明汉代以来的武州县（今

左云县），此时改写作“武周”；二则证实北魏武州山石窟寺，当时属于武州县境。墓中出土的波斯萨珊王朝鎏金圈足银盘，直径 18 厘米，通高 4.1 厘米。该盘内环线刻纹三道，中央锤为凸纹狩猎图，居中深目高鼻、络腮长髯男子，圆帽缀珠，脑后飘带，耳悬垂珠，颈戴连珠项链。

② 该墓志碣，黄砂岩，高 70 厘米，宽 42 厘米。近年出土，现藏大同市北朝艺术馆。

505 年乙酉　北魏正始二年，梁天监四年

五月壬申，恒、汾二州陨霜杀稼。七月……戊戌，恒州陨霜。——《魏书》卷 112 上《灵征志上》

二年九月己丑，恒州地震。——《魏书》卷 112 上《灵征志上》

507 年丁亥　北魏正始四年，梁天监六年

【题刻】■■■正始四年八月■■■■造钱署银■■■惠奴，诣代迎父日，即造佛窟壹区。愿弟子惠奴■将父平安到京，愿々从心，所求如愿。——日本《云冈金石录》第二十七 B 洞东壁《佛弟子惠奴造像记》[①]

① 《云冈金石录》另载第二十七洞北壁北魏《老李自愿造像记》：“■■华？大■■■兴灭，乃惟□次■■■诣？■■■■■■■登？■■■■■■■■■■■■■■■■■■■■一切宝？海■■■■■■之■■■■■其在于■■■■■■■■■■以？此犹使亡妻？■■■敬造■■■■四体休宜？■■调■■■■■老李自愿■■■■■■■■■■■无？用之■。”

508 年戊子　北魏正始五年、永平元年，梁天监七年

世宗即位，永平元年秋，诏曰：缁素既殊，法律亦异。故道教彰于（互）[玄]显，禁劝各有所宜。自今已后，众僧犯杀人已上罪者，仍依俗断，余犯悉付昭玄，以内律、《僧制》治之。——《魏书》卷 114《释老志》

【碑文】《魏元公之墓志》：大魏故使持节、平北将军、肆朔燕三州刺史，都督□□□□□□□□二道诸军事，平城镇将，复赠使持节、镇东将军、都督相州诸军事、相州刺史，嘉谥曰靖。元讳淑，字买仁，司州河南洛阳人也，昭成皇帝曾孙常山康王第廿五之宠子。公承□皇极，分琼帝绪，孝友轸于龆年，忠顺发于未笄，靖与停渊争其凝，动与流波竞其骇。至于始立，而栽黄霸之风；暨于不或，而树勿擶之化。标九功于千祀，显六德于万叶，故文焕于魏史，可得而略之。以正始四年岁次丁亥十月丙辰朔廿三日戊寅，春秋六十一。其夫人，乃贺浑给事、相州刺史、

相国侯、赵郡吕金安第六之敬女。幼秉霜节之规，长遵冰洁之度，化光爰自三宫，风辉发于四裔。恒轨宋姬之遗迹，常准起家之余范，故建绩于百龄之下，立名于千岁之上，乌可详哉！且略其旨也。以正始五年岁次戊子三月甲申朔十五日戊戌，春秋五十六。佥薨于旧京金城之公馆，越自来岁，永平元年十有一月庚辰朔十五日甲午，葬于白登之阳。惜乎遘厉，逝矣弗救，乃镌以幽石，镂以显迹。其辞曰：赫矣元极，显自黄基；分琨神□，敷琼灵芝。德由泰夏，道新肆兹；慧属风举，哲应龙期。云潭朔壤，风液燕区；义隆平镇，温盛相墟。响绩八表，功闻九居；□承宝历，德音□符；冰不异操，霜弗改彫（凋）。内仪明闺，外式显韶；徽咏三宫，休歌四标。节固宋姬，情□□遥；仁侔春彩，德齐夏荣。纯以绫微，粹以接英；百两方显，著于千龄。□则松□，□则杨堂；鸿悲风悼，禽哀云□。魂归霄□，魄□□□；铭金□□，宣迹后□。

【碑阴文】永平元年岁次戊子十二月庚戌朔四日癸丑建。太常博士青州田徽宝造，书者相州主簿魏洽。——大同市博物馆藏《元淑墓志》[1]

① 元淑，常山康王元素之子，盖死于平城镇将任上。其墓，在今大同小南头乡东王庄村西北，1982 年发掘出土。碑碣带座，碣高 79 厘米，宽 43 厘米，厚 8 厘米。

509 年己丑　北魏永平二年，梁天监八年

二年春正月……泾州沙门刘慧汪聚众反。——《魏书》卷 8《世宗纪》

二年四月辛亥，武州镇陨霜[1]。——《魏书》卷 112 上《灵征志上》

十有一月……己丑，帝于式乾殿为诸僧、朝臣讲《维摩诘经》[2]。——《魏书》卷 8《世宗纪》

二年冬，沙门统惠深上言："僧尼浩旷，清浊混流，不遵禁典，精粗莫别。辄与经律法师群议立制：诸州、镇、郡维那、上坐、寺主[3]，各令戒律自修，咸依内禁，若不解律者，退其本次。又，出家之人，不应犯法，积八不净物[4]。然经律所制，通塞有方。依律，车牛净人[5]，不净之物，不得为己私畜。唯有老病年六十以上者，限听一乘。又，比来僧尼，或因三宝，出贷私财。缘州外[6]。又，出家舍著，本无凶仪，不应废道从俗。其父母三师，远闻凶问，听哭三日。若在见前，限以七日。或有不安寺舍，游止民间，乱道生过，皆由此等。若有犯者，脱服还民。其有造寺者，限

僧五十以上，启闻听造。若有辄营置者，处以违敕之罪，其寺僧众摈出外州。僧尼之法，不得为俗人所使。若有犯者，还配本属。其外国僧尼来归化者，求精检有德行合三藏者听住，若无德行，遣还本国，若其不去，依此僧制治罪。”诏从之。——《魏书》卷114《释老志》

时佛教盛于洛阳，（中国）沙门之外，自西域来者三千余人⑦，魏主别为之立永明寺千余间以处之。处士南阳冯亮有巧思，魏主使与河南尹甄琛、沙门统僧暹择嵩山形胜之地，立闲居寺，极岩壑土木之美⑧。由是远近承风，无不事佛⑨。——《通鉴》卷147

① 武州，塞名、县名，见于《史记》《汉书》《后汉书》《魏书》《北齐书》等，即今左云县地。《史记》卷108《韩长孺列传》《索隐》引崔浩语：“今平城直西百里有武州城。”可见，到北魏前期犹名。北齐魏收撰《魏书》，则“武州”“武周”两种写法并用。“武周”见于石刻，最早出现于北魏正始元年（504）《封和突墓志铭》。我推测，系因北魏中后期大量设州，为了避免与州级行政区划混淆，遂改为“周”。东魏天平二年（535），复立武周县，属代郡。武定元年（543）置武州，“治雁门川，武定三年始立州城”（《地形志》）。从此，“武州”“武周”异地，作为行政区划不能互写矣。而“武州塞”，《北齐书》犹称；后世，武州山、武周山仍指一地。

② 《魏书》卷8《世宗纪》云：帝“雅爱经史，尤长释氏之义，每至讲论，连夜忘疲。”

③ 《唐律疏议》卷6：“观有上座、观主、监斋，寺有上座、寺主、都维那，是为三纲。”

④ 《四分律删繁补阙行事钞》卷中之二：“宝是八不净财……一、田宅园林；二、种植生种；三、贮积谷帛；四、畜养人仆；五、养繁禽兽；六、钱宝贵物；七、毡褥釜镬；八、象金饰床及诸重物。”

⑤ 净人，原为西域佛寺中的仆役之人，也是晋唐之间中华佛寺中常见的寺属人口。《毗奈耶》云：“由作净业，故名净人。”《十诵律》谓：“为僧作净，免僧有过，故名净人。”因为佛教规定了许多财物与劳作为“不净物”或“不净业”，持戒僧人不得指染，而经过净人料理后，方为“净财”“净物”。

⑥ 缘州外，《册府元龟》作“自此不得更尔”。

⑦ 时不仅胡僧，西域胡商在洛阳亦众。《洛阳伽蓝记》卷3《城南》：“自葱岭已西，至于大秦，百国千城，莫不（欢）[款]附。商胡贩客，日奔塞下，所谓尽天地之区已。乐中国土风，因而宅者，不可胜数。是以附化之民，万有余家。门巷修整，阊阖填列，青槐荫陌，绿树垂庭。天下难得之货，咸悉在焉。”

⑧ 《魏书》卷90《逸士传》：“冯亮，字灵通，南阳人，萧衍平北将军蔡道恭之甥也。少博览诸书，又笃好佛理。随道恭至义阳，会中山王英平义阳而获焉。英素闻其名，以礼待接。亮性清净，至洛，隐居崧高。……世宗尝召以为羽林监，领中书舍人，将令侍讲《十地》诸经，固辞不拜。又欲使衣帻入见，亮苦求以幅巾就朝，遂不强逼。还山数年，与僧徒礼诵为业，蔬食饮水，有终焉之志。会逆人王敞事发，连山中沙门……遂寓居景明寺。敕给衣食及其从者数人。后思其旧居，复还山室。亮既雅爱山水，又兼巧思，结架岩林，甚得栖游之适，颇以此闻。世宗给其工力，令与沙门统僧暹、河南尹甄琛等，周视崧高形胜之处，遂造闲居佛寺。林泉既奇，营制又美，曲尽山居之妙。亮时出京师。延昌二年冬，因遇笃疾，世宗敕以马舆送令还山，居崧高道场寺。数日而卒。诏赠帛二百匹，以供凶事。

遗诫兄子综，敛以衣帽，左手持板，右手执《孝经》一卷，置尸盘石上，去人数里外。积十余日，乃焚于山。以灰烬处，起佛塔经藏。”

⑨ 《魏书》卷 69《裴延儁传》：“时世宗专心释典，不事坟籍，延儁上疏谏。”按：观《洛阳伽蓝记》所述京师寺院，多是皇帝、太后、王公、贵戚、大臣所建；《魏书》所述平城寺院，亦如此。

510 年庚寅　北魏永平三年，梁天监九年

三年春二月……壬子，秦州沙门刘光秀谋反。州郡捕斩之。——《魏书》卷 8《世宗纪》

先是，于恒农荆山造珉玉丈六像一。三年冬，迎置于洛滨之报德寺，世宗躬观致敬。——《魏书》卷 114《释老志》

永平中，又有天竺沙门菩提留支，大译佛经①，与罗什相埒。其《地持》《十地论》，并为大乘学者所重②。——《隋书》卷 35《经籍志四》

① 崔光《十地经论序》：“北天竺大士婆薮槃豆，魏云天亲……爰制兹论。……以永平元年岁次玄枵，四月上日，命三藏法师、北天竺菩提留支，魏云道希，中天竺勒那摩提，魏云宝意，及传译沙门、北天竺伏陀扇多，并义学缁儒一十余人，在太极紫庭，译出斯论十有余卷。……四年首夏，翻译周讫。”按：洛阳译经，盛况空前。当时译经僧人，为昙摩流支、法场、菩提流支、勒那摩提、佛陀扇多、瞿昙般若流支（乃婆罗门人）等六人，多传法相唯识之学。

② 《魏书》卷 67《崔光传》：“崇信佛法，礼拜读诵，老而逾甚……每为沙门朝贵请讲《维摩》《十地经》，听者常数百人，即为二经义疏三十余卷。”

511 年辛卯　北魏永平四年，梁天监十年

四年夏，诏曰：“僧祇之粟，本期济施，俭年出贷，丰则收入。山林僧尼，随以给施；民有窘弊，亦即赈之。但主司冒利，规取赢息，及其征责，不计水旱，或偿利过本，或翻改券契，侵蠹贫下，莫知纪极。细民嗟毒，岁月滋深。非所以矜此穷乏，宗尚慈拯之本意也。自今已后，不得专委维那、都尉，可令刺史共加监括。尚书检诸有僧祇谷之处，州别列其元数，出入赢息，赈给多少，并贷偿岁月，见在未收，上台录记。若收利过本，及翻改初券，依律免之，勿复征责。或有私债，转施偿僧，即以丐民，不听收检。后有出贷，先尽贫穷，征债之科，一准旧格。富有之家，不听辄贷。脱仍冒滥，依法治罪。”

又尚书令高肇奏言：“谨案：故沙门统昙曜，昔于承明元年，奏凉州军户赵苟子等二百家为僧祇户，立课积粟，拟济饥年，不限道俗，皆以拯施。又依内律，僧祇户不得别属一寺。而都维那僧暹、僧频等，进违成旨，退乖内法，肆意任情，奏

求逼召，致使吁嗟之怨，盈于行道，弃子伤生，自缢溺死，五十余人。岂是仰赞圣明慈育之意，深失陛下归依之心。遂令此等，行号巷哭，叫诉无所，至乃白羽贯耳，列讼宫阙。悠悠之人，尚为哀痛，况慈悲之士，而可安之。请听苟子等还乡课输，俭乏之年，周给贫寡，若有不虞，以拟边捍。其暹等违旨背律，谬奏之愆，请付昭玄，依僧律推处。”诏曰：“暹等特可原之，余如奏。”——《魏书》卷 114《释老志》

五月己亥，迁代京铜龙置天渊池［西］。——《魏书》卷 8《世宗纪》

四年五月庚戌，恒、定二州地震，殷殷有声。十月己巳，恒州地震，有声如雷。——《魏书》卷 112 上《灵征志上》

512 年壬辰　北魏永平五年、延昌元年，梁天监十一年

夏四月……戊辰，以旱，诏尚书与群司鞫理狱讼，诏河北民就谷燕、恒二州[①]。——《魏书》卷 8《世宗纪》

延昌元年四月庚辰，京师及并、朔、相、冀、定、瀛六州地震。恒州之繁畤、桑干、灵丘，肆州之秀容、雁门地震陷裂，山崩泉涌，杀五千三百一十人，伤者二千七百二十二人，牛马杂畜死伤者三千余[②]。——《魏书》卷 112 上《灵征志上》

① 戊辰诏河北饥民往恒州就食，12 天后的庚辰，雁门关内外发生大地震，大约无法执行。

② 这是大同地区历史上发生的最大地震，《山西地震目录》记为：震级 7.5，烈度 10，破坏面纵长 180 公里。1993 年，云冈石窟文物研究所进行窟前发掘，发现第 20 窟露天大佛的座前被用砂岩石条改砌为石台及台阶，石墙采用北魏传统的错缝垒砌法。据此推测，该窟的顶部及前壁在这次地震中崩塌。又，1995 年发掘大同城东南的北魏明堂、辟雍遗址，发现辟雍砂岩错缝砌筑的池壁倾斜，亦断定为这场地震所致。

513 年癸巳　北魏延昌二年，梁天监十二年

五月甲寅朔，日有蚀之，京师不见，恒州以闻。——《魏书》卷 105 之一《天象志一》

冬十月，诏以恒、肆地震，民多死伤，蠲两河一年租赋。十有二月……乙巳，诏以恒、肆地震，民多离灾，其有课丁没尽、老幼单辛、家无受复者，各赐廪以接来稔。——《魏书》卷 8《世宗纪》

法云寺，西域乌场国胡沙门（僧）［昙］摩罗所立也。在宝光寺西，隔墙并门。摩罗聪慧利根，学穷释氏，至中国，即晓魏言隶书，凡［所］闻见，无不通解。是

以道俗贵贱，同归仰之。作祇洹（寺）一所，工制甚精。佛殿僧房，皆为胡饰，丹素炫彩，金玉垂辉①。摹写真容，似丈六之见鹿苑；神光壮丽，若金刚之在双林。伽蓝之内，花果蔚茂，芳草蔓合，嘉木被庭。京师沙门好胡法者，皆就摩罗受持之。戒行真苦，难可揄扬。秘咒神验，阎浮所无。咒枯树能生枝叶，咒人变为驴马，见之莫不忻怖。西域所赍舍利骨及佛牙、经像，皆在此寺②。——《洛阳伽蓝记》卷4《城西》

① 素，他本或作“青”；炫，他本作“发”；玉，他本作“碧”。

② 史记西僧所建西式寺院甚少，姑录赘此年。

514年甲午　北魏延昌三年，梁天监十三年

【题刻】唯大代延昌三年七月廿五日，■■■■■■■■■■■■■■■■西方？■父母？敬造释迦牟尼佛一区，愿亡？者上？■■■■■■■■■■■■■——日本《云冈金石录》第二十七B洞西壁《造释迦像记》①

世宗延昌三年……秋，恒州又上言，白登山有银矿，八石得银七两，锡三百余斤，其色洁白，有逾上品。诏并置银官，常令采铸。——《魏书》卷110《食货志》

【碑文】《魏故使持节、都督冀瀛相幽平五州诸军事、镇东大将军、冀州刺史、勃海郡开国公墓志铭》：延昌三年岁次甲午冬十月丙子朔廿二日丁酉，冀州勃海郡篠县崇仁乡孝义里，使持节、都督冀瀛相幽平五州诸军事、镇东大将军、冀州刺史、勃海郡开国公高琨，字伯玉，夫人钜鏕魏？氏。父飏，左光禄大夫、勃海郡开国公；母，汝南盖氏②。——大同市博物馆藏《高琨墓志》③

三年十一月丁巳，幽州沙门刘僧绍聚众反，自号净居国明法王，州郡捕斩之。——《魏书》卷105之一《天象志一》

世宗笃好佛理，每年常于禁中，亲讲经论，广集名僧，标明义旨④。沙门条录，为《内起居》焉。上既崇之，下弥企尚⑤。至延昌中，天下州郡僧尼寺，积有一万三千七百二十七所，徒侣逾众。——《魏书》卷114《释老志》

① 云冈石窟第21窟以西，今谓西部窟区。兹依《云冈金石录》列其北魏题记时间不明者如下：第二十二洞前断石，《尼道法□造像记》：a.“尼道法□所造像二区，为父母■■。”b.“兴法？□□尼道惠洛？，造像二区。”第三十洞前室北壁，《为亡母造像记》：“刘大□为亡母敬造佛□□□□造。”第三十九洞，《法玉供养记》：“白□寺法？玉供养。”

② “盖”字，碑文模糊，据《魏书》卷83下《高肇传》补。

③ 高琨，即高肇长兄，宣武帝的大舅。《高肇传》云：“高肇，字首文，文昭皇太后之兄也。自云本

勃海蓨人，五世祖顾，晋永嘉中避乱入高丽。父飏，字法脩。高祖初，与弟乘信及其乡人韩内、冀富等入国，拜厉威将军、河间子，乘信明威将军，俱待以客礼，赐奴婢牛马彩帛。遂纳飏女，是为文昭皇后，生世宗。……延昌初，迁司徒。……父兄封赠虽久，竟不改瘗。三年，乃诏令迁葬。肇不自临赴，唯遣其兄子猛改服诣代，迁葬于乡。”因知此《高琨墓志》碑，乃高猛到平城迁其祖、父棺柩，而刻留其父空冢中者。据王银田《元淑墓志考释——附北魏高琨墓志小考》（载《文物》1989 年 8 期）讲：该碑，20 世纪 70 年代出土于大同小南头村北“三皇墓”（东西并列的三座大封土）。方碑，边长 64 厘米，厚 12 厘米，上有方形盝顶盖，俱为砂岩石质。

④ 《释迦方志》卷下《教相篇》：“魏世宗宣武帝，于式乾殿自讲《维摩经》，造普通、大定四寺，常供千僧。”《续高僧传》卷 1《元魏南台洛下永宁寺北天竺沙门菩提流支》：“帝又敕清信士李廓撰《众经录》，廓学通玄素，条贯经论，雅有标拟。”

⑤ 当时北魏风行讲经。《续高僧传》卷 16《齐邺下南天竺僧菩提达磨》：“初达宋境南越，又北度至魏，随其所止，诲以禅教。于时合国盛弘讲授，乍闻定法，多生讥谤。”达磨，中国禅宗尊称初祖。

515 年乙未　北魏延昌四年，梁天监十四年

【题刻】比丘□□比丘■■■■

惟大代延昌四？年正月十四日①，恒雍？正？□□尉都统华？堂旧宫二常？主？匠②，为亡弟安？凤翰造弥勒并七佛立侍？菩萨。比丘道□□化？□□斡沙门道初。——日本《云冈金石录》第三十五洞门口东侧《常主匠造弥勒七佛菩萨记》③

六月，沙门法庆聚众反于冀州④，杀阜城令，自称大乘⑤。——《魏书》卷 9《肃宗纪》

【题刻】延昌四年，岁次乙未，九月辛丑朔，十五日乙卯，清信士元三？为？亡？父母王凤皇■■■亡■■■■造像一区。上为皇帝陛下、（太）皇太后⑥，下？及七世父母、所生父母，愿？托生西方，妙乐国土，莲花化生。■愿己身■■■■日■■■■■■■■■■■■■■——日本《云冈金石录》第十九 B 洞后壁《清信士造像记》

八月……恒州献白雀。——《魏书》卷 112 下《灵征志下》

① “正”，该书《目录》作“五”。

② 恒雍，当是“恒州”。

③ 第三十五洞门口东侧，《云冈金石录》载《佛弟子王乙造石像记》：a.“佛弟子王？乙，为弟造石像一？区。” b.“佛弟子张□□。”

④ 《魏书》卷 19 上《济阴王传附子丽传》记：世宗时，“迁冀州刺史，入为尚书左仆射。帝问曰：‘闻公在州，杀戮无理，枉滥非一，又大杀道人。’对曰：‘臣在冀州可杀道人二百许人，亦复何多？’帝曰：‘一物不得其所，若纳诸隍，况杀道人二百而言不多。’”此事或与冀州大乘起义有关。

⑤ 《魏书》卷 19 上《京兆王子推传附子遥传》：“时冀州沙门法庆既为祆幻，遂说勃海人李归伯，归伯合家从之，招率乡人，推法庆为主。法庆以归伯为十住菩萨、平魔军司、定汉王，自号‘大乘’。

杀一人者为一住菩萨，杀十人为十住菩萨。又合狂药，令人服之，父子兄弟不相知识，唯以杀害为事。于是聚众杀阜城令，破勃海郡，杀害吏人。刺史萧宝夤遣兼长史崔伯驎讨之，败于煮枣城，伯驎战没。凶众遂盛，所在屠灭寺舍，斩戮僧尼，焚烧经像，云新佛出世，除去旧魔。诏以遥为使持节、都督北征诸军事，帅步骑十万以讨之。法庆相率攻遥，遥并击破之。遥遣辅国将军张虬等率骑追掩，讨破，擒法庆并其妻尼惠晖等，斩之，传首京师。后擒归伯，戮于都市。”

⑥ 是年正月，宣武帝崩，孝明帝即位，二月尊高皇后为皇太后，尊亲母胡氏为皇太妃，八月改尊太妃为皇太后。时无太皇太后，判作“太”字，疑误。

516年丙申　北魏孝明帝元诩熙平元年，梁天监十五年

肃宗熙平中，于城内太社西，起永宁寺[①]。灵太后亲率百僚，表基立刹[②]。佛图九层，高四十余丈，其诸费用，不可胜计[③]。景明寺佛图[④]，亦其亚也。至于官私寺塔，其数甚众。——《魏书》卷114《释老志》

于时民多绝户而为沙门。玚上言：“礼以教世，法导将来，迹用既殊，区流亦别。故三千之罪，莫大不孝，不孝之大，无过于绝祀。然则绝祀之罪，重莫甚焉。安得轻纵背礼之情，而肆其向法之意也？正使佛道，亦不应然，假令听然，犹须裁之以礼。一身亲老，弃家绝养，既非人理，尤乖礼情，堙灭大伦，且阙王贯。交缺当世之礼，而求将来之益，孔子云‘未知生，焉知死’，斯言之至，亦为备矣。安有弃堂堂之政，而从鬼教乎！又今南服未静，众役仍烦[⑤]，百姓之情，方多避役。若复听之，恐捐弃孝慈，比屋而是。”沙门都统僧暹等忿玚鬼教之言，以玚为谤毁佛法，泣诉灵太后，太后责之。玚自理曰：“窃欲清明佛法，使道俗兼通，非敢排弃真学，妄为訾毁。且鬼神之名，皆通灵达称，自百代正典，叙三皇五帝，皆号为鬼。天地曰神祇，人死曰鬼。《易》曰‘知鬼神之情状’，周公自美，亦云‘能事鬼神’；《礼》曰‘明则有礼乐，幽则有鬼神’。是以明者为堂堂，幽则为鬼教。佛非天非地，本出于人，应世导俗，其道幽隐，名之为鬼，愚谓非谤。且心无不善，以佛道为教者，正可未达众妙之门耳。”灵太后虽知玚言为允，然不免暹等之意，独罚玚金一两。——《魏书》卷53《李孝伯传附安世子玚传》

① 《水经注》卷16《穀水》云：“永宁寺，熙平中始创也。作九层浮图，浮图下基方十四丈。自金露盘下至地，四十九丈。取法代都七级而又高广之。虽二京之盛，五都之富，利刹灵图，未有若斯之构。按《释法显行传》，西国有爵离浮图，其高与此相状，东都、西域俱为庄妙矣。”

② 《魏书》卷13《皇后传》：“太后性聪悟，多才艺，姑既为尼，幼相依托，略得佛经大义。”卷91《术艺传》：“世宗、肃宗时，豫州人柳俭、殿中将军关文备、郭安兴并机巧。洛中制永宁寺九层佛图，

安兴为匠也。”

③《洛阳伽蓝记》卷1《城内》云：“永宁寺，熙平元年，灵太后胡氏所立也。……中有九层浮图一所，架木为之，举高九十丈。有刹复高十丈，合去地一千尺。去京师百里，已遥见之。初掘基至黄泉下，得金像三十躯，太后以为信法之征，是以营建过度也。刹上有金宝瓶，容二十五石。宝瓶下，有承露金盘三十重，周匝皆垂金铎。复有铁锁四道，引刹向浮图四角，锁上亦有金铎，铎大小如一石瓮子。浮图有九级，角角皆悬金铎，合上下有一百二十铎。浮图有四面，面有三户六窗，户皆朱漆。扉上有五行金钉，［其十二门二十四扇］，合有五千四百枚。复有金环铺首。殚土木之功，穷造形之巧。佛事精妙，不可思议。绣柱金铺，骇人心目。至于高风永夜，宝铎和鸣，铿锵之声闻及十余里。浮图北有佛殿一所，形如太极殿。中有丈八金像一躯、中长金像十躯、绣珠像三躯、［金］织成［像］五躯、［玉像二躯］，作功奇巧，冠于当世。僧房楼观一千余间，雕梁粉壁，青琐绮疏，难得而言。栝柏松椿，扶疏拂檐；翠竹香草，布护阶墀。是以常景碑云：‘须弥宝殿，兜率净宫，莫尚于斯也。’外国所献经像，皆在此寺。寺院墙皆施短椽，以瓦覆之，若今宫墙也。四面各开一门，南门楼三重，通三道，去地二十丈，形制似今端门。图以云气，画彩仙灵。绮［钱］青琐，［辉］赫丽华。拱门有四力士、四狮子，饰以金银，加之珠玉，装严焕炳，世所未闻。东西两门，亦皆如之。所可异者，唯楼二重。北门一道不施屋，似乌头门。四门外，树以青槐，亘以绿水，京邑行人，多庇其下。路断飞尘，不由奔云之润；清风送凉，岂籍合欢之发。”按：依此叙述，北魏平城永宁寺塔及云冈石窟塔雕的造型，莫不可解。

④《洛阳伽蓝记》卷3《城南》：“景明寺，宣武皇帝所立也。……其寺东西南北，方五百步。……至正光年中，太后始造七层浮图一所，去地百仞。……伽蓝之妙，最得称首。时世好崇福，四月七日，京师诸像皆来此寺。尚书祠曹录像凡有一千余躯。至八（月）［日］，以次入宣阳门，向阊阖宫前，受皇帝散花。于时金花映日，宝盖浮云；幡幢若林，香烟似雾；梵乐法音，聒动天地；百戏腾骧，所在骈比；名僧德众，负锡为群；信徒法侣，持花成薮；车骑填咽，繁衍相倾。时有西域胡沙门见此，唱言佛国。”

⑤ 时，有识之士俱已看到佛教膨胀的危害。《魏书》卷66《李崇传》载其表曰：“皇迁中县，垂二十祀。而明堂礼乐之本，乃郁荆棘之林；胶序德义之基，空盈牧竖之迹；城隍严固之重，阙砖石之工；墉堞显望之要，少楼榭之饰。加以风雨稍侵，渐致亏坠。又府寺初营，颇亦壮美，然一造至今，更不修缮，厅宇凋朽，墙垣颓坏，皆非所谓追隆堂构，仪形万国者也。……以臣愚量，宜罢尚方雕靡之作，颇省永宁土木之功，并减瑶光材瓦之力，兼分石窟镌琢之劳，及诸事役非急者。”太后不从。

517年丁酉　北魏熙平二年，梁天监十六年

二年春正月，大乘余贼复相聚结，攻瀛州。刺史宇文福讨平之。——《魏书》卷9《肃宗纪》

二年春，灵太后令曰：“年常度僧，依限大州应百人者，州郡于前十日解送三百人，其中州二百人，小州一百人。州统、维那与官（及）［司］精练简取充数。若无精行，不得滥采。若取非人，刺史为首，以违旨论，太守、县令、纲僚节级连坐，统及维

那移五百里外异州为僧。自今奴婢悉不听出家，诸王及亲贵，亦不得辄启请。有犯者，以违旨论。其僧尼辄度他人奴婢者，亦移五百里外为僧。僧尼多养亲识及他人奴婢子，年大私度为弟子，自今断之。有犯，还俗，被养者归本等。寺主听容一人，出寺五百里，二人千里。私度之僧，皆由三长罪不及（已）［己］，容多隐滥。自今有一人私度，皆以违旨论。邻长为首，里、党各相降一等。县满十五人，郡满三十人，州镇满三十人，免官，僚吏节级连坐。私度之身，配当州下役。”①时法禁宽褫，不能改肃也。——《魏书》卷114《释老志》

夏四月……乙卯，皇太后幸伊阙石窟寺②，即日还宫。……冬十月……乙卯，诏曰：“北京根旧，帝业所基，南迁二纪，犹有留住③。怀本乐故，未能自遣，若未迁者，悉可听其仍停，安堵永业。门才术艺应于时求者，自别征引，不在斯例。周之子孙，汉之刘族，遍于海内，咸致蕃衍，岂拘南北千里而已哉。”——《魏书》卷9《肃宗纪》

① 《唐律疏议》卷12：“诸私入道及度之者，杖一百（若由家长，家长当罪）。已除贯者，徒一年。本贯主司及观、寺三纲知情者，与同罪。若犯法合出观、寺，经断不还俗者，从私度论。即监临之官，私辄度人者，一人杖一百，二人加一等。”

② 陈垣《记大同武州山石窟寺》：“伊阙石窟寺，建于孝文迁洛之后。《洛阳伽蓝记》曰‘京南关口有石窟寺、灵岩寺’，也缘武州山石窟寺得名也。自显祖皇兴元年，始幸武州石窟寺，至肃宗熙平二年，始幸伊阙石窟寺，其间适五十年，则二寺创建之先后，可概见矣。”按：伊阙石窟寺，即今龙门之古阳洞；灵岩寺，即今宾阳洞。

③ 《魏书》卷15《昭成子孙传》：“初，高祖迁洛，而在位旧贵皆难于移徙，时欲和合众情，遂许冬则居南，夏便居北。”按：往返于两都间的代京旧贵与北方部落酋帅，时人号曰“雁臣”。

518年戊戌　北魏熙平三年、神龟元年，梁天监十七年

神龟元年冬，司空公、尚书令、任城王澄奏曰：“仰惟高祖，定鼎嵩瀍，卜世悠远。虑括终始，制洽天人，造物开符，垂之万叶。故都城制云，城内唯拟一永宁寺地，郭内唯拟尼寺一所，余悉城郭之外。欲令永遵此制，无敢逾矩。逮景明之初，微有犯禁。故世宗仰修先志，爰发明旨，城内不造立浮图、僧尼寺舍，亦欲绝其希觊。文武二帝，岂不爱尚佛法，盖以道俗殊归，理无相乱故也。但俗眩虚声，僧贪厚润，虽有显禁，犹自冒营。至正始三年，沙门统惠深有违景明之禁，便云：‘营就之寺，不忍移毁，求自今已后，更不听立。’先旨含宽，抑典从请。前班之诏，仍卷不行，后来私谒，弥以奔竞。永平二年，深等复立条制，启云：‘自今已后，欲造寺者，

限僧五十已上，闻彻听造。若有辄营置者，依俗违敕之罪，其寺僧众，摈出外州。’尔来十年，私营转盛，罪摈之事，寂尔无闻。岂非朝格虽明，恃福共毁，僧制徒立，顾利莫从者也。不俗不道，务为损法，人而无厌，其可极乎！

夫学迹冲妙，非浮识所辩；玄门旷寂，岂短辞能究。然净居尘外，道家所先，功缘冥深，匪尚华遁。苟能诚信，童子聚沙，可迈于道场；纯陀俭设，足荐于双树。何必纵其盗窃，资营寺观。此乃民之多幸，非国之福也。然比日私造，动盈百数。或乘请公地，辄树私福；或启得造寺，限外广制。如此欺罔，非可稍计。臣以才劣，诚忝工务，奉遵成规，裁量是总。所以披寻旧旨，研究图格，辄遣府司马陆昶、属崔孝芬，都城之中及郭邑之内检括寺舍，数（乘）［剩］五百，空地表刹，未立塔宇，不在其数。民不畏法，乃至于斯！自迁都已来，年逾二纪，寺夺民居，三分且一。高祖立制，非徒欲使缁素殊途，抑亦防微深虑。世宗述之，亦不锢禁营福，当在杜塞未萌。今之僧寺，无处不有。或比满城邑之中，或连溢屠沽之肆，或三五少僧，共为一寺。梵唱屠音，连檐接响，像塔缠于腥臊，性灵没于嗜欲，真伪混居，往来纷杂。（下）［有］司因习而莫非，僧曹对制而不问。其于污染真行，尘秽练僧，熏莸同器，不亦甚欤。往在北代，有法秀之谋；近日冀州，遭大乘之变。皆初假神教，以惑众心，终设奸诳，用逞私悖。太和之制，因法秀而杜远；景明之禁，虑大乘之将乱①。始知祖宗睿圣，防遏（处）［虑］深。履霜坚冰，不可不慎。

昔如来阐教，多依山林，今此僧徒，恋著城邑。岂湫隘是经行所宜，浮喧必栖禅之宅，当由利引其心，莫能自止。处者既失其真，造者或损其福，乃释氏之糟糠，法中之社鼠，内戒所不容，王典所应弃矣。非但京邑如此，天下州、镇僧寺亦然。侵夺细民，广占田宅，有伤慈矜，用长嗟苦。且人心不同，善恶亦异。或有栖心真趣，道业清远者；或外假法服，内怀悖德者。如此之徒，宜辨泾渭。若雷同一贯，何以劝善。然睹法赞善，凡人所知；（矫）［随］俗避嫌，物情同趣。臣独何为，孤议独发。诚以国典一废，追理至难，法网暂失，条纲将乱。是以冒陈愚见，两愿其益。

臣闻设令在于必行，立罚贵能肃物。令而不行，不如无令。罚不能肃，孰与亡罚。顷明诏屡下，而造者更滋，严限骤施，而违犯不息者，岂不以假福托善，幸罪不加。人殉其私，吏难苟劾。前制无追往之辜，后旨开自今之恕，悠悠世情，遂忽成法。今宜加以严科，特设重禁，纠其来违，惩其往失。脱不峻检，方垂容借，恐今旨虽明，复如往日。又旨令所断，标榜礼拜之处，悉听不禁。愚以为，树榜无常，礼处难验，欲云有造，立榜证公，须营之辞，指言尝礼。如此则徒有禁名，实通造路。且徙御已后，断诏四行，而私造之徒，不惧制旨。岂是百官有司，怠于奉法？将由网漏禁宽，容托有他故耳。如臣愚意，都城之中，虽有标榜，营造粗功，事可改立者，请依先制。在于郭外，任择所便。其地若买得，券证分明者，听其转之。若官地盗作，即令还官。若灵像既成，不可移撤，请依今敕，如旧不禁，悉令坊内行止，不听毁坊开门，以妨里内通巷。若被旨者，不在断限。郭内准此商量。其庙像严立，而逼近屠沽，请断旁屠杀，以洁灵居。虽有僧数，而事在可移者，令就闲敞，以避隘陋。如今年正月赦后造者，求依僧制，案法科治。若僧不满五十者，共相通容，小就大寺，必令充限。其地卖还，一如上式。自今外州，若欲造寺，僧满五十已上，先令本州表列，昭玄量审，奏听乃立。若有违犯，悉依前科。州郡已下，容而不禁，罪同违旨。庶仰遵先皇不朽之业，俯奉今旨慈悲之令，则绳墨可全，圣道不坠矣。”[②]

奏可。未几，天下丧乱，加以河阴之酷，朝士死者，其家多舍居宅，以施僧尼，京邑第舍，略为寺矣[③]。前日禁令，不复行焉。——《魏书》卷 114《释老志》

① 沙门谋反，见于《魏书》有：延兴三年慧隐，太和五年法秀，十四年司马惠御，永平二年刘慧汪，三年刘光秀，延昌三年刘僧绍，四年法庆之大乘，熙平二年大乘余众。四十余年，八次之多。姑不论其内容如何，说明当时佛教无限制发展，僧人滥冒假托者众。

② 《魏书》卷 19 中《任城王云传附子澄传》：“灵太后锐于缮兴，在京师则起永宁、太上公等佛寺，功费不少，外州各造五级佛图。又数为一切斋会，施物动至万计。百姓疲于土木之功，金银之价为之踊上，削夺百官事力，费损库藏，兼曲赉左右，日有数千。澄故有此表。”

③ 《洛阳伽蓝记》卷 4《城西》：“寿丘里，皇宗所居也，民间号为王子坊。当时四海晏清，八荒率职；缥囊纪庆，玉烛调辰；百姓殷阜，年登俗乐。鳏寡不闻犬豕之食，茕独不见牛马之衣。于是帝族王侯，外戚公主，擅山海之富，居川林之饶，争修园宅，互相夸竞。崇门丰室，洞户连房；飞馆生风，重楼起雾。高台芳（树）[榭]，家家而筑；花林曲池，园园而有。莫不桃李夏绿，竹柏冬青。而河间王琛最为豪首。常与高阳争衡，造文柏堂，形如徽音殿，置玉井金罐，以金五色绩为绳。妓女三百人，尽皆国色。有婢朝云善吹（篪）[箎]，能为《团扇歌》《垄上声》。琛为秦州刺史，诸羌外叛，屡讨之，不降。琛令朝云假为贫妪，吹（篪）[箎]而乞。诸羌闻之，悉皆流涕，迭相谓曰：‘何为弃坟井，在山谷为寇也？’即相率归降。秦民语曰：‘快马健儿，不如老妪吹（篪）[箎]！’琛在秦州，多无政绩。遣使向西域求名马，远至波斯国，得千里马，号曰追风赤骥。次有七百里者十余匹，皆有名字。以银为槽，金为锁环。诸王服其豪富。……琛常会宗室，陈诸宝器，金瓶银瓮百余口，瓯檠盘盒称是。自余酒器，有水晶钵，玛瑙、琉璃碗，赤玉卮数十枚，作工奇妙，中土所无，皆从西域而来。又陈女乐，及诸名马。复引诸王按行府库，锦罽珠玑，冰罗雾縠，充积其内。绣缬、

绸绫、丝彩、越葛、钱绢等，不可数计。琛忽谓章武王融曰：‘不恨我不见石崇，恨石崇不见我。’……经河阴之役，诸元歼尽，王侯第宅，多题为寺。寿丘里闾，列刹相望，祇洹郁起，宝塔高凌。”

519 年己亥　北魏神龟二年，梁天监十八年

十有二月癸丑，司徒、任城王澄薨。庚申，大赦天下。诏除淫祀，焚诸杂神[1]。——《魏书》卷 9《肃宗纪》

【碑文】君讳朗，字显明，太武皇帝之母弟、乐安宣王範之孙，处士苌生之仲子。……弱冠，除步兵校尉，直后。及至宿卫紫宫，忠勤之迹每彰；列侍丹墀，匪解之音克远。俄迁左中郎将，直寝。转直阁将军。朝廷以平城旧都，形胜之会，南据猃狁之前，东连肃貊之左，保境宁民，实拟贤戚，俄乃除君持节、征虏将军、平城镇将。君遂御夷狄以威权，导民庶以礼信。其时十余年间，凶奴不敢南面如坐者，殆君之由矣。逮神龟二年，以母忧去职。……——《元朗墓志》，载《洛阳出土北魏墓志选编》

① 《魏书》卷 13《宣武灵皇后胡氏传》：“后幸嵩高山，夫人、九嫔、公主已下从者数百人，升于顶中。废诸淫祀，而胡天神不在其列。”

520 年庚子　北魏神龟三年、正光元年，梁普通元年

释昙无最，姓董氏，武安人也。……讽诵经论，坚持律部，偏爱禅那，心虚静谧。时行汲引，咸所推宗。兼博贯玄儒，尤明论道。……曾于邯郸崇尊寺说戒，徒众千余，并是常随门学。……后敕住洛都融觉寺，寺即清河文献王怿所立。廊宇充溢，周于三里。最善弘敷导，妙达《涅槃》《华严》，僧徒千人，常业无怠。天竺沙门菩提留支见而礼之，号为东土菩萨。尝读最之所撰《大乘义章》，每弹指唱善，翻为梵字，寄传大夏，彼方读者皆东向礼之为圣人矣。然其常以弘法为任。元魏正光元年，明帝加朝服，大赦，请释、李两宗上殿。斋讫，侍中刘腾宣敕，请诸法师等与道士论义。时清通观道士姜斌，与最对论。……姜斌罪当惑众。帝时加斌极刑，西国三藏法师菩提留支苦谏乃止，配徙马邑。——《续高僧传》卷 24《（东）魏洛都融觉寺释昙无最》[1]

① 东，大正藏本、频伽藏本无，误衍。

521 年辛丑　北魏正光二年，梁普通二年

正光二年，诏遣杨钧送蠕蠕主阿那瓌还国[1]。——《魏书》卷 78《张普惠传》

释法贞，不测氏族，渤海东（莞）［光］人[②]。九岁出家，俊秀之声，不齐凡类。住魏洛下之居广德寺，为沙门道记弟子[③]。年十一，通诵《法华》，意所不解，随迷造问。记谓曰："后来总持者，其在尔乎？"及至年长，善《成实论》，深得其趣。备讲之业，卓荦标奇，在于伊洛，无所推下。与僧建齐名，时人目建为"文句无前"，目贞为"入微独步"。贞乃与建为义会之友，道俗斯附，听众千人；随得嚫施，造像千躯，分布供养。魏清河王元怿、汝南王元悦，并折腰顶礼，谘奉戒训。会魏德衰陵，女人居上，毁论日兴，猜忌逾积，嫉德过常，难免今世。贞谓建曰："大梁正朝，礼义之国，又有菩萨，应行风教，宣流道法，相与去乎？今年过六十，朝闻夕死，吾无恨矣。"建曰："时不可失，亦先有此怀。"以梁普通二年，相率南迈。贞为追骑所及，祸灭其身，春秋六十一矣[④]。僧建，清河人。沙弥之时，慧俊出类。及长成人，好谈名理。与慧聪[⑤]、道寂、法贞等，同师道记。少长相携，穷研数论，遂明五聚，解冠一方。常日讲众，恒溢千人；硕学通方，悦其新致；造筵谈赏，以继昼夜。虽乃志诲成人，而入里施化。魏高阳王元邕亟相延请[⑥]，累宵言散，用祛鄙吝。或清晨嘉会，一无逮者，辄云深恨，不同其叙。故闻风倾渴者遥服法味矣。后南游帝室，达于江阴，住何园寺。武帝好论义旨，敕集学僧，于乐受殿以次立义。每于寺讲，成济后业，有逾于前。慧聪立心闲豫，解行远闻。道寂博习多通，雅传师业，并终于魏土。——《续高僧传》卷6《魏洛下广德寺释法贞》[⑦]

① 此前一年，蠕蠕国乱，阿那瓌来奔。时杨钧任怀朔镇将，而此前曾任恒州刺史。《魏书》卷58《杨播传附侄昱传》记在神龟二年（519）之前，"恒州刺史杨钧造银食器十具，并饷领军元叉"。

② 莞，大正藏本、频伽藏本作"光"。按：北魏冀州渤海郡东光县，在今河北东光西。

③ 道记，北魏孝文帝时徐州高僧慧纪，亦称惠纪、慧纪。

④ 按：太和十八年（494）迁都时，法贞34岁，则其盛年必随慧纪在平城居止。

⑤ 不知是否为孝文帝平城时精通《四分律》的法聪。

⑥ 邕，据《魏书》为"雍"。

⑦ 迁都后，徐州僧入洛，又见《魏书》卷45《辛绍先传附子穆传》："初随父在下邳，与彭城陈敬文友善。敬文弟敬武，少为沙门，从师远学，经久不反。敬文病临卒，以杂绫二十匹，托穆与敬武。穆久访不得。经二十余年，始于洛阳见敬武，以物还之，封题如故，世称其廉信。"

522年壬寅　北魏正光三年，梁普通三年

熙平元年，诏遣沙门惠生使西域，采诸经律。正光三年冬，还京师。所得经论

一百七十部[①]，行于世。——《魏书》卷114《释老志》

十有二月……丁亥，以牧守妄立碑颂，辄兴寺塔；第宅丰侈，店肆商贩，诏中尉端衡，肃厉威风，以见事纠劾，七品、六品，禄足代耕，亦不听锢贴店肆，争利城市。——《魏书》卷9《肃宗纪》

叉之专政……政事怠堕，纲纪不举，州镇多非其人，于是天下遂乱矣。叉自知不法，恐被废黜，乃阴遣从弟洪业召武州人姬库根等与之聚宴，遂为誓盟，欲令为乱，朝廷必以己为大将军往伐，因以共为表里，如此可得自立。根等然其言，乃厚遗根等，遣还州，与洪业买马。——《北史》卷16《道武七王传附元叉传》

① 《洛阳伽蓝记》卷5《城北》："闻义里有敦煌人宋云宅，云与惠生俱使西域也。神龟元年十一月冬，太后遣崇立寺比丘惠生，向西域取经，凡得一百七十部，皆是大乘妙典。"法国沙畹《宋云行纪笺注》（冯承钧译）绪言："缘当时之乌苌、乾陀罗为大乘教之中心。因辛头河北突厥种族之影响，以纯粹佛说与乌苌国灿烂的魔术相参合，复益之以伊兰之传说，连同晚代希腊造像之若干解释，由是构成一种与恒河沿岸原始佛教关系甚远的神学。因其成分之复杂，似较旧说为优，乃名之曰大乘，而与真正佛教之小乘对立矣。大乘说成立虽晚，然其自负为佛教之正统，亦不下于小乘。为取信于信徒，特在辛头河流域创建许多佛迹：中印度有四大塔，北印度亦有四大塔（见《佛国记》）；伽耶城有佛影，那竭城亦有佛影；那竭国界醯罗城有佛顶骨，弗楼沙国有佛钵（并见《佛国记》《西域记》）。由是印度佛教圣地有二：一在辛头河流域，一在恒河流域。中夏巡礼之僧俗多先历辛头，后赴恒河。"按：《宋云行纪》，《旧唐书》卷46《经籍志上》曰："《魏国已西十一国事》一卷，宋云撰。"乾陀罗，即犍陀罗；伊兰，指巴基斯坦首都伊斯兰堡；辛头河，即印度河。

523年癸卯　北魏正光四年，梁普通四年

蠕蠕王阿那瓌既得返国，其人大饥，相率入塞，阿那瓌上表请台赈给。诏孚为北道行台，诣彼赈恤。……孚持白虎幡劳阿那瓌于柔玄、怀荒二镇间。阿那瓌众号三十万，阴有异意，遂拘留孚，载以辒车，日给酪一升，肉一段。每集其众，坐孚东厢，称为行台，甚加礼敬。阿那瓌遂南过至旧京，后遣孚等还，因上表谢罪。有司以孚事下廷尉，丞高谦之云孚辱命，处孚流罪。——《魏书》卷18《临淮王传附元孚传》

【题刻】大茹茹■■■可敦因■■■径斯□■■■维？□■■■壤？乃□■■■满□■■■载之□■■■何掌乎■■■以兹微福？■■■谷浑□人■■■方妙□□■■■□□■■■[①]——日本《云冈金石录》第十八洞门口西侧《大茹茹造像记》[②]

① 白志谦《大同云冈石窟寺记》："西壁上，有刻石一方，题曰'大茹茹……可登□□斯□□□鼓之，□尝□□以资征福谷浑□方妙□'，每行约十字，共约二十余行，今可辨者，不足二十字耳。"周

伟洲《关于云冈石窟的〈茹茹造像铭记〉》（载《西北大学学报》1983年第1期）引罗振玉《石交录》卷3曰：“顷者，予门人柯燕舲赠残造像记墨本，谓是云冈访得。文横刻于像龛上，刻字处广尺余，高不及尺，存十一行，行约八九字，惟上列一二字至三四字未泐，略可知为茹茹可敦造像记。曰：大茹茹（首行）、可敦（次行）、径斯（三行）、□云（四行）、让（五行）、满（六行）、载之（七行）、何常子（八行）、以兹微福（九行）、谷浑□人（十行）、玄妙（十一行），其后似尚有字一行，不可见矣。”

② 大茹茹，乃柔然族人自称；可敦，全称“可贺敦”，犹汉语“皇后”。此题记可以肯定为柔然可汗阿那瓌所留。正光元年（520），在种族内讧中，刚刚被立为可汗十天的“阿那瓌战败，将弟乙居伐轻骑南走归国”（《魏书》卷103《蠕蠕传》）。明年，孝明帝效仿汉宣帝立匈奴呼韩邪单于故事，封阿那瓌为蠕蠕王，派兵送还塞北。正光四年二月，阿那瓌劫持北道行台元孚，南向剽掠，至平城，乃听孚还。魏遣尚书令李崇帅骑十万击之。阿那瓌闻之，驱良民二千、公私马牛羊数十万北遁。按：阿那瓌大约到过平城三次，前两次是逃奔洛阳、回藩漠北途经，当时他尚未选立可敦；正光四年耀兵平城，游览武州山石窟并留题记的可能性最大。柔然信佛，见于《高僧传》卷8《齐京师灵根寺释法瑗》：“释法瑗，姓辛，陇西人，辛毗之后。长兄源明，仕伪魏为大尚书。第二兄法爱，亦为沙门，解经论，兼数术，为芮芮国师，俸以三千户。瑗……初出家，事梁州沙门竺慧开。……于是辞开游学，经涉燕赵，去来邺洛。值胡寇纵横，关陇鼎沸，瑗冒险履危，学业无怠。元嘉十五年还梁州，因进成都，后东适建邺，依道场慧观为师。……以齐永明七年卒。春秋八十一矣。”萧齐永明七年，即孝文帝太和十三年（489）。又，《魏书》卷103《蠕蠕传》记宣武帝“永平四年九月，醜奴遣沙门洪宣奉献珠像”。

524年甲辰　北魏正光五年，梁普通五年

三月，沃野镇人破落汗拔陵聚众反，杀镇将，号真王元年。诏临淮王彧为镇军将军，假征北将军，都督北征诸军事以讨之。……五月，临淮王彧败于五原，削除官爵。壬申，诏尚书令李崇为大都督，率广阳王渊等北讨[1]。……秋七月……都督崔暹失利于白道[2]，大都督李崇率众还平城，坐长史祖莹截没军资，免除官爵。——《魏书》卷9《肃宗纪》[3]

【题刻】□□□□灵？□非□魂？以济？其？源灵姿？湛？丽□□想■■□□为亡夫侍中、平原？太守？■■□世□□□亡息济？言？怕？减氵？■■□□一？区？，□亡者托生净土，西■■■■■□之玄源神？□□明于？■■■■皇祚永隆，惠泽其敷，■■■■□灵相？识凭□□■■■■正光□□■月廿三日■[4]——日本《云冈金石录》第四洞南壁《为亡夫侍中造像记》

① 《魏书》卷66《李崇传》：“于是诏崇以本官加使持节、开府、北讨大都督，抚军将军崔暹，镇军将军、广阳王渊皆受崇节度。又诏崇子光禄大夫神轨，假平北将军，随崇北讨。崇至五原，崔暹大

败于白道之北，贼遂并力攻崇。崇与广阳王渊力战，累破贼众，相持至冬，乃引还平城。渊表崇长史祖莹诈增功级，盗没军资。崇坐免官爵，征还，以后事付渊。”

② 白道，在今内蒙古呼和浩特西北，为阴山南北重要通道之一。因路口千余步土色灰白，故名。北魏时南谷口有白道城，城北有白道岭、白道川。六镇起义，破六韩拔陵扼守此道，屡破魏军。

③ 时有恒州刺史元顺。《魏故侍中、骠骑大将军、司空公，领尚书令、定州刺史、东阿县开国公元公墓志铭》（《洛阳出土北魏墓志选编》）云：“公讳顺，字子和，河南郡洛阳县人也。恭宗景穆皇帝之曾孙……正光五年，总六条，频屏两岳。初为使持节、安北将军，都督恒州诸军事、恒州刺史。俄而，徙莅齐蕃，为安东将军、持节、都督如故。”《魏书》卷19中《景穆十二王传·任城王传》：“出除平北将军、恒州刺史。顺谓叉曰：‘北镇纷纭，方为国梗，桑干旧都，根本所系，请假都督，为国捍屏。’叉心疑难，不欲授以兵官，谓顺曰：‘此朝廷之事，非我所裁。’顺曰：‘叔父既握国柄，杀生由己，自言天之历数应在我躬，何得复有朝廷也。’叉弥忿惮之。转为安东将军、齐州刺史。”

④ 曹衍《金碑》讲窟内石刻题记有正光五年者，盖指此。亦所谓“终乎正光”也。是年三月，沃野镇人破六韩拔陵聚众反，北镇兵乱；七月官军失利，大都督李崇退兵平城，旧京骚然，天下乱矣。武州山石窟工程终止。

525年乙巳 北魏正光六年、孝昌元年，梁普通六年

及李崇征还，深专总戎政[①]。拔陵避蠕蠕，南移渡河[②]。先是，别将李叔仁以拔陵来逼，请求迎援，深赴之，前后降附二十万人[③]。深与行台元纂表求恒州北别立郡县，安置降户，随宜赈赉，息其乱心。不从，诏遣黄门郎杨昱分散之于冀、定、瀛三州就食。深谓纂曰：“此辈复为乞活矣，祸乱当由此作。”既而，鲜于脩礼叛于定州，杜洛周反于幽州，其余降户，犹在恒州，遂欲推深为主。深乃上书乞还京师，令左卫将军杨津代深为都督[④]，以深为侍中、右卫将军、定州刺史[⑤]。——《魏书》卷18《太武五王传》

云州刺史费穆，招抚离散，四面拒敌。时北境州镇皆没，唯云中一城独存。道路阻绝，援军不至，粮仗俱尽，穆弃城南奔尔朱荣于秀容，既而诣阙请罪，诏原之。——《通鉴》卷150

崇真寺比丘惠凝死，一七日还活，（经）[云]阎罗王检阅，以错名放免。惠凝具说过去之时，有五比丘同阅。一比丘云是宝明寺智圣，[以]坐禅苦行，得升天堂。有一比丘是般若寺道品，以诵四十卷《涅槃》，亦升天堂。有一比丘云是融觉寺昙谟最，讲《涅槃》《华严》，领众千人[⑥]。阎罗王云：“讲经者心怀彼我，以骄凌物，比丘中第一粗行。今唯试坐禅诵经，不问讲经。”[⑦] 其昙谟最曰：“贫道立身已来，

唯好讲经，实不（暗）［谙］诵。”阎罗王敕付司，即有青衣十人，送昙谟最向西北门，屋舍皆黑，似非好处。有一比丘云是禅林寺道弘，自云：教化四辈檀越，造一切经，人中象十躯。阎罗王曰：“沙门之体，必须摄心守道，志在禅诵，不干世事，不作有为。虽造作经象，正欲得他人财物。既得他物，贪心即起。既怀贪心，便是三毒不除，具足烦恼。”亦付司，仍与昙谟最同入黑门。有一比丘云是灵觉寺宝明，自云：出家之前，尝作陇西太守，造灵觉寺成，即弃官入道。虽不禅诵，礼拜不缺。阎罗王曰：“卿作太守之日，曲理枉法，劫夺民财，假作此寺，非卿之力，何劳说此。”亦付司，青衣送入黑门。太后闻之，遣黄门侍郎徐纥[8]，依惠凝所说，即访宝明［等］寺。城东有宝明寺，城内有般若寺，城西有融觉（寺）、禅林、灵觉等三寺。问智圣、道品、昙谟最、道弘、宝明等，皆实有之。议曰：“人死有罪福。”即请坐禅僧一百人，常在殿内供养之。诏：“不听持经象沿路乞索。若私有财物造经象者任意。”凝亦入白鹿山，居隐修道。自此以后，京邑比丘悉皆禅诵，不复以讲经为意[9]。——杨衒之《洛阳伽蓝记》卷2《城东》[10]

① 深，即广阳王渊。唐人避李渊讳改作“深”。《魏书》卷80《贺拔胜传》：“贺拔胜，字破胡，神武尖山人。祖尔逗，选充北防，家于武川。以窥觇蠕蠕，兼有战功，显祖赐爵龙城男，为本镇军主。父度拔，袭爵。正光末，沃野人破落汗拔陵聚众反，度拔与三子、乡中豪勇援怀朔镇，杀贼王卫可瓌。度拔寻为贼所害。……度拔之死也，胜与兄弟俱奔恒州刺史广阳王渊。胜便弓马，有武干，渊厚待之，表为强弩将军，充帐内军主。恒州陷，归尔朱荣。”

②《魏书》卷9《肃宗纪》：“六月癸未，大赦，改年。……蠕蠕主阿那瓌率众大破拔陵，斩其将孔雀等。”

③《北齐书》卷19《高市贵传》：“高市贵，善无人也。少有武用。孝昌初，恒州内部敕勒刘崘等聚众反，市贵为都督，率众讨崘，一战破之。”

④ 按：杨津未至平城。《魏书》卷58《杨播传附弟津传》：“孝昌初，加散骑常侍，寻以本官行定州事。既而近镇扰乱，侵逼旧京，乃加津安北将军、假抚军将军、北道大都督、右卫，寻转左卫，加抚军将军。始津受命，出据灵丘，而贼帅鲜于脩礼起于博陵，定州危急，遂回师南赴。……既而，杜洛周围州城，津尽力捍守。……乃遣长子遁突围而出，诣蠕蠕主阿那瓌，令其讨贼。遁日夜泣论，阿那瓌遣其从祖吐豆发率精骑一万南出，前锋已达广昌，贼防塞隘口，蠕蠕持疑，遂还。……津苦战不敌，遂见拘执。”

⑤《魏书》卷68《甄琛传附子楷传》：“肃宗末，定州刺史、广阳王渊被征还朝。时楷丁忧在乡，渊临发，召楷兼长史，委以州任。寻值鲜于脩礼、毛普贤等率北镇流民反于州西北之左人城，屠村掠野，引向州城。州城之内，先有燕、恒、云三州避难之户，皆依傍市鄽，草庐攒住。脩礼等声云欲收此辈，共为举动。既外寇将逼，恐有内应，楷见人情不安，虑有变起，乃收州人中粗豪者皆杀之，以威外贼，固城民之心。及刺史元固、大都督杨津等至，楷乃还家。后脩礼等忿楷屠害北人，遂掘其父墓，载棺巡城，示相报复。”

⑥ 昙谟最，即前述正光元年（520）的昙无最。《洛阳伽蓝记》卷4《融觉寺》：“比丘昙谟最善于禅学，讲《涅槃》《华严》，僧徒千人。天竺国胡沙门菩提流支见而礼之，号为菩萨。流支解佛义，知名西土，诸夷号为罗汉。晓魏言及隶书，翻《十地》《楞伽》及诸经论二十三部。虽石室之写金言，草堂之传真教，不能过也。流支读昙谟最《大乘义章》，每弹指赞叹，唱言微妙，即为胡书写之，传之于西域。[西域]沙门常东向遥礼之，号昙谟最为东方圣人。”按：《大唐内典录》云，永平二年（509）至天平年间（534～537），菩提流支在洛阳、邺城译经论三十九部。

⑦ 清宣鼎《雨夜秋灯录三集》卷1引五台山游方和尚语：“浮屠之学，不出教、禅二端。所谓教者，唯识宗旨，即三藏佛经九千五百卷，以持诵而论证果也。所谓禅者，东来初祖达摩大师，宏教外别传之旨，不立文字而见性成佛。其后派虽分五宗，不出静定而已。”

⑧《洛阳伽蓝记》卷4《城西冲觉寺》：“正光初，元（乂）[叉]秉权，闭太后于后宫……孝昌元年，太（子）[后]还总万机。”徐纥寻为黄门侍郎。

⑨ 范祥雍按：“此故事似系出于坐禅派僧徒伪造，以攻击异派，甚至如昙谟最本修禅学，唯以兼明论道，遂以不惜加以污蔑。宗派斗争，用心至深。”汤用彤《汉魏两晋南北朝佛教史》讲：“此故事或虽伪传，然颇可反映当时普通僧人之态度。后魏佛法本重修行。自姚秦颠覆以来，北方义学衰落。一般沙门自悉皆禅诵，不以讲经为意。遂至坐禅者，或常不明经义，徒事修持。道宣《僧传·习禅篇》曾论及此。文曰：‘顷世定士，多削义门。随闻道听，即而依学。未曾思择，扈背了经。每缘极旨，多亏声望。吐言来诮，往往繁焉。或复耽著世定，谓习真空。诵念西方，志图灭惑。肩颈挂珠，乱掐而称禅数；纳衣乞食，综计以为心道。又有倚托堂殿，绕旋竭诚。邪仰安形，苟存曲计。执以为是，余学并非。冰想铿然，我倒谁识。斯并戒见二取，正使现行，封附不除，用增愚鲁。向若才割世网，始预法门，博听论经，明闲慧戒。然后归神摄虑，凭准圣言。动则随戒策修，静则不忘前智，固当人法两镜，真俗四依。达智未知，宁存妄识？如斯习定，非智不禅。则衡岭台崖扇其风也。’道宣所言，虽指隋唐僧人。然禅法兴盛，智学废替，自更易发生此类现象。北朝末叶，衡岳慧思、天台智顗，极言定慧之必双修。或亦意在纠正北朝一般禅僧之失软。”笔者认为，此惠凝故事，系孝文帝太和年间以来，平城凉州禅僧与徐州讲僧宗派斗争的继续，反映出失势的凉州僧派对现实的不满与抗争。参见附录：《徐州高僧与云冈石窟》。

⑩ 唐法藏《华严经传记》卷1《魏北台释智炬》：“释智炬，姓刘氏。少事神僧昙无最，器局融明，学艺优博。先读《华严经》数十遍，至于义旨，转加昏瞙。常怀快快，晓夕增其恳到。遂梦普贤菩萨乘白象，放光明，来语曰：‘汝逐我向南方，当与汝药，令汝深解。’忽觉，向同意说之，而恨不问南方处所。同意者曰：‘圣指南方，但当依命。何忧其不至乎？’遂束装遄迈。行三日，见一清池中有昌蒲，茎叶殊伟，意悦而掘之。其根盘薄数尺，劣同车毂。炬中心豁然，以为圣授，服之。数日，聪悟倍常，昔年疑滞，一朝通朗；而超超入神之趣，特出于先贤矣。遂周流讲说，五十余遍，有疏十卷。年七十终于北台。”按：释智炬，它书谓是北齐人。其北台之事，姑录存疑。

526年丙午　北魏孝昌二年，梁普通七年

秋七月……戊申，恒州陷①，行台元纂奔冀州②。……八月……戊寅，帝幸南石窟寺③，即日还宫。——《魏书》卷9《肃宗纪》

正光已前，时惟全盛，户口之数，比夫晋之太康，倍而已矣。孝昌之际，乱离尤甚。恒代而北，尽为丘墟；崤潼已西，烟火断绝；齐方全赵，死如乱麻。于是生民耗减，且将大半。——《魏书》卷106上《地形志上》

① 《周书》卷14《贺拔胜传》："以功拜统军，加伏波将军。又隶仆射元纂镇恒州。时有鲜于阿胡拥朔州流民，南下为寇。恒州城中人乃潜与谋，以城应之。"《通鉴》卷151："秋七月……魏仆射元纂以行台镇恒州。鲜于阿胡拥朔州流民寇恒州，戊申，陷平城，纂奔冀州。"

② 按：当时恒州难民流亡冀州（治所在今河北冀州），见《周书》卷11《晋荡公护传附叱罗协传》："叱罗协本名与高祖讳同，后改焉。少寒微，尝为州小吏，以恭谨见知。恒州刺史杨钧擢为从事。及魏末，六镇搔扰，客于冀州。"

③ 陈垣《记大同武州山石窟寺》："谓伊阙石窟寺为南石窟寺，则武州石窟寺为北石窟寺也。"按：今洛阳龙门石窟，北魏称"伊阙石窟寺"、"南石窟寺"、伊阙"灵岩"。今云冈石窟，《魏书》称"武州山石窟寺""代京灵岩寺石窟"，隋唐称"恒安石窟""北台石窟寺"。恒安，是北齐所立镇名；北台，即北魏尚书台或行台，犹言北朝廷也。

527年丁未　北魏孝昌三年，梁普通八年、大通元年

三年四月，阿那瓌遣使人巩凤景等朝贡，及还，肃宗诏之曰："北镇群狄，为逆不息，蠕蠕主为国立忠，助加诛讨，言念诚心，无忘寝食。今知停在朔垂，与尔朱荣邻接，其严勒部曲，勿相暴掠。又近得蠕蠕主启，更欲为国东讨。但蠕蠕主世居北漠，不宜炎夏，今可且停，听待后敕。"——《魏书》卷103《蠕蠕传》

528年戊申　北魏武泰元年、孝庄帝元子攸建义元年、永安元年，梁大通二年

武泰元年春二月，肃宗崩，大都督尔朱荣将向京师，谋欲废立。……夏四月丙申，帝与兄弟夜北渡河。丁酉，会荣于河阳。戊戌，南济河，即帝位。……以荣为使持节、侍中、都督中外诸军事、大将军、尚书令、领军将军、领左右，封太原王。己亥，百僚相率，有司奉玺绂，备法驾，奉迎于河梁。庚子，车驾巡河，西至陶渚。荣以兵权在己，遂有异志，乃害灵太后及幼主……公卿已下二千余人[①]。——《魏书》卷10《孝庄纪》

庄帝初，承丧乱之后，仓廪虚罄，遂班入粟之制。……诸沙门有输粟四千石入京仓者，授本州统；若无本州者，授大州都。若不入京仓，入外州郡仓者，三千石，畿郡都统，依州格。若输五百石入京仓者，授本郡维那；其无本郡者，授以外郡。

粟入外州郡仓七百石者，京仓三百石者，授县维那。——《魏书》卷 110《食货志》[②]

逆贼杜周，虔刘燕代[③]。妖寇葛荣，假噬魏赵。常山、易水，戎鼓夜惊。冰井、丛台，胡尘昼合。朔南久已丘墟，河北殆成灰烬[④]。——《魏书》卷 74《尔朱荣传》

八月……葛荣率众围相州。九月乙丑，诏太尉公、上党王天穆讨葛荣，次于朝歌之南。……壬申，柱国大将军尔朱荣率骑七万讨葛荣于滏口，破擒之，余众悉降[⑤]。冀、定、沧、瀛、殷五州平。乙亥，以平葛荣，大赦天下，改为永安元年。——《魏书》卷 10《孝庄纪》

自恒州已下十州，永安已后，禁旅所出，户口之数，并不得知[⑥]。——《魏书》卷 106 上《地形志上》

① 此即著名的河阴之变。《魏书》卷 114《释老志》云："天下丧乱，加以河阴之酷，朝士死者，其家多舍居宅，以施僧尼，京邑第舍，略为寺矣。"

② 《释迦方志》卷下《教相篇》："魏敬宗孝庄帝，造五精舍，一万石像。"

③ 杜周，即六镇起义军将领杜洛周；燕代，即燕州、代京（恒州），指今张家口、大同一带。可见，孝昌二年（526）攻陷平城者，为杜洛周部队。《北齐书》卷 17《斛律金传》："斛律金，字阿六敦，朔州敕勒部人也。……初为军主，与怀朔镇将杨钧送茹茹主阿那瓌还北。……正光末，破六韩拔陵构逆，金拥众属焉，陵假金王号。金度陵终败灭，乃统所部万户诣云州请降，即授第二领民酋长。稍引南出黄瓜堆，为杜洛周所破，部众分散，金与兄平二人脱身归尔朱荣。"

④ 此文系是年十月加封尔朱荣诏中语。

⑤ 尔朱荣既破葛荣，北魏六镇起义遂告芟平。按：魏收著史，神夸尔朱，卷 74《尔朱荣传》曰："时葛荣将向京师，众号百万。相州刺史李神轨闭门自守。贼锋已过汲郡，所在村坞悉被残略。荣启求讨之。九月，乃率精骑七千，马皆有副，倍道兼行，东出滏口。……密勒军士马上各赍神棒一枚，置于马侧。至于战时，不听斩级，以棒棒之而已，虑废腾逐也。……荣身自陷阵，出于贼后，表里合击，大破之。于阵擒葛荣，余众悉降。"于是乎，千古至今，以为尔朱荣铁骑七千或七万，击破葛荣数十万大军。1926 年洛阳出土的《元天穆墓志》，揭开此役谜底："逆贼葛荣，鸠率凶党，攻逼邺城。……为使持节、都督东北道诸军事、大都督，本官如故。天柱驱率熊罴，南出滏口……北赴漳源。两军云会，三十余万，雷举星奔，并驱齐进。锋镝暂交，丑徒鸟散，生擒葛荣，并其营部，斩级十万，马牛千亿。"魏收叙述此役，只讲尔朱荣奇兵，不论元天穆大军，遂成以少胜多战例。后人读史，可不慎乎?

⑥ 按：北魏末年，平城及北镇残余已收归尔朱氏霸府直辖。

529 年己酉　北魏永安二年，梁大通三年

孝义里东即是洛阳小（寺）[市]，北有车骑将军张景仁宅。景仁，会稽山阴人也。（正光）[景明]年初，从萧宝夤归化，拜羽林监，赐宅城南归正里，民间号为吴人坊，南来投化者多居其内。……景仁住此以为耻，遂徙居孝义里焉。……永安二年，萧

衍遣主书陈庆之送北海入洛阳，僭帝位[①]，庆之为侍中。景仁在南之日，与庆之有旧，遂设酒引邀庆之过宅，司农卿萧彪、尚书右丞张嵩并在其座。彪亦是南人，唯有中大夫杨元慎、给事中大夫王眴是中原士族。庆之因醉谓萧、张等曰："魏朝甚盛，犹曰五胡。正朔相承，当在江左，秦皇玉玺，今在梁朝。"元慎正色曰："江左假息，僻居一隅。……慕义来朝，饮我池水，啄我稻粱。何为不逊，以至于此。"庆之等见元慎清词雅句，纵横奔发，杜口流汗，合声不言。于后数日，庆之遇病，心上急痛，访人解治。元慎自云"能解"。庆之遂凭元慎，元慎即口含水噀庆之，曰："吴人之鬼，住居建康，小作冠帽，短制衣裳。自呼阿侬，语则阿傍。……急手速去[②]，还尔丹阳。……"庆之伏枕曰："杨君见辱深矣。"自此后，吴儿更不敢解语。北海寻伏诛，其庆之还奔萧衍，用为司州刺史，钦重北人，特异于常。朱异怪（复）[而]问之，曰："自晋、宋以来，号洛阳为荒土，此中谓长江以北，尽是夷狄。昨至洛阳，始知衣冠士族，并在中原。礼仪富盛，人物殷阜，目所不识，口不能传。所谓帝京翼翼，四方之则。（始）[如]登泰山者卑培塿，涉江海者小湘、沅。北人安可不重？"庆之因此羽仪服式，悉如魏法。江表士庶，竞相模楷，褒衣博带，被及秣陵[③]。——《洛阳伽蓝记》卷2《城东景宁寺》

① 北海王元颢入洛在五月，败走在七月。

② 急手，他本作"急急"。

③ 秣陵，即建康。褒衣博带，应是汉魏中土传统盛装，各地出土的汉画像砖石多有体现。今天的云冈石窟研究者，往往用"褒衣博带"形容孝文帝太和后期造像的袍式佛装，且视为是云冈佛像中国化、世俗化的一种标志，更以为系江南风尚北渐，颇值商榷。其实，袍式服装，非仅古代中国有，西域各国也有。唐杜佑《通典》所录《杜环经行记》谓八世纪的苫国（在今西亚），"人多魁梧，衣服宽大，有似儒服"。参见附录：《"褒衣博带"与云冈石窟》。

532年壬子　北魏节闵帝元恭普泰二年、孝武帝元脩永熙元年，梁中大通四年

永熙元年正月壬午，拔邺城，据之。废帝进神武大丞相、柱国大将军、太师。……七月壬寅，神武帅师北伐尔朱兆。……遂自滏口入。尔朱兆大掠晋阳，北保秀容。并州平。神武以晋阳四塞，乃建大丞相府而定居焉[①]。——《北齐书》卷1《神武纪上》

① 按：北魏末，契胡（或谓羯族）酋长尔朱荣起兵肆州秀容（今山西忻州地区），在并州晋阳（今山西太原）建立霸府，控御洛阳朝廷。其后兵出河北，平灭北镇起义流民。时柔然阿那瓌率部南下，游牧阴山以南，雁北地区荒城废墟，处于两大势力之间。高欢灭尔朱氏，复以晋阳为霸府，实为统

御并州以北驻扎的原平城、北镇军户，兵马强壮，时称“晋阳之甲”。

533 年癸丑　北魏永熙二年，梁中大通五年

二年春正月……己亥，车驾幸崧高石窟灵岩寺[①]。——《魏书》卷 11《出帝纪》[②]

① 陈垣《记大同武州山石窟寺》：“崧高石窟灵岩寺，即伊阙石窟寺，由武州石窟寺得名。”按：崧高石窟，当在嵩山，约即今水泉石窟，援庵先生误矣；且佛氏以宝山出像，即谓“灵岩”，非必援引武州山石窟寺之例。该寺之建，亦在迁洛以后。《魏书》卷 13《皇后传》记：“（灵太后）后幸嵩高山，夫人、九嫔、公主已下从者数百人，升于顶中。”

② 《贞元新定释教目录》卷 18：“《元魏众经目录》，永熙年敕舍人李廓撰，一卷。”

535 年乙卯　东魏孝静帝元善见天平二年，西魏文帝元宝炬大统元年，梁大同元年

恒州，天兴中置司州，治代都平城，太和中改。孝昌中陷，天平二年置，寄治肆州秀容郡城[①]。——《魏书》卷 106 上《地形志上》

① 秀容郡，治在今山西原平西南。

538 年戊午　东魏元象元年，西魏大统四年，梁大同四年

元象元年秋，诏曰：“梵境幽玄，义归清旷，伽蓝净土，理绝嚣尘。前朝城内，先有禁断，自聿来迁邺，率由旧章[①]。而百辟士民，届都之始，城外新城，并皆给宅。旧城中暂时普借，更拟后须，非为永久。如闻诸人，多以二处得地，或舍旧城所借之宅，擅立为寺。知非己有，假此一名。终恐因习滋甚，有亏恒式。宜付有司，精加隐括。且城中旧寺及宅，并有定帐，其新立之徒，悉从毁废。”冬，又诏：“天下牧守令长，悉不听造寺。若有违者，不问财之所出，并计所营功庸，悉以枉法论。”——《魏书》卷 114《释老志》[②]

卢景裕，字仲儒，小字白头，范阳涿人也。……天平中，还乡里，与邢子才、魏季景、魏收、邢昕等同征赴邺。景裕寓托僧寺，讲听不已。……景裕虽不聚徒教授，所注《易》大行于世。又好释氏，通其大义。天竺胡沙门道悕每论诸经论[③]，辄托景裕为之序。景裕之败也[④]，系晋阳狱，至心诵经，枷锁自脱。是时又有人负罪当死，梦沙门教讲经，觉时如所梦，默诵千遍，临刑刀折，主者以闻，赦之。此经遂行于世，号曰《高王观世音》[⑤]。——《魏书》卷 84《儒林传》

① 杨衒之《洛阳伽蓝记序》：“暨永熙多难，皇舆迁邺，诸寺僧尼亦与时徙。”

② 《北齐书》卷 20《王则传》："王则，字元轨，自云太原人也。少骁果，有武艺。……元象初，除洛州刺史。则性贪惏，在州取受非法，旧京取像，毁以铸钱，于时世号河阳钱，皆出其家。"

③ 道悕，即菩提留支。

④ 东魏天平四年（537），卢景裕随邢摩纳、卢仲礼反；东魏元象元年（538）九月，被俘送晋阳。既而，释放，教授高欢诸子。

⑤ 清俞樾《春在堂随笔》卷 10 云："今谓《高王观世音经》，于是至今相传以为'高王'之名，由高欢而得也，其实不然。佛家称谓，凡尊之则曰王，如鹿曰鹿王，象曰象王，须弥山则曰须弥山王，皆是也。王而再加以尊称，则曰高王。《大藏圣教法宝标目》有《一切高王经》一卷，云与诸法最上王经本同。然则一切法，即诸法，高王即最上王矣。《高王观世音经》，言此《观世音经》于诸经中为最上也，非由高欢得名也。《标目》所载，又有《金光明最胜王经》《大方等顶王经》。以此例之，最上王即最胜王，高王即顶王。今人多诵《高王观世音经》而莫能详其义，故具说之。"

540 年庚申　东魏兴和二年，西魏大统六年，梁大同六年

兴和二年春，诏以邺城旧宫为天平寺。——《魏书》卷 114《释老志》

二年十二月，阿至罗别部遣使请降[①]。神武帅众迎之，出武州塞，不见，大猎而还。——《北齐书》卷 2《神武纪下》

魏兴和二年，遣崔敏、阳休之来聘。敏字长谦，清河东武城人，博学赡文，当朝第一。与太原王延业齐名。加以天文律历、医方药品卜筮。既至，帝选硕学沙门十人于御（前），对百寮与之谈论，多屈于敏。帝赐敏书五百余卷，他物倍之。四公进曰："崔敏学问疏浅，不足上轸冲襟，命臣穿敌之，必死。"帝从之。初，江东论学，有十二沙门论，以条疏征核；有中观论，以乘寄萧然。言名理者，宗仰其术。北朝有如实论，质定宗礼；有回诤论，借机破义。敏总南北，二业皆精。又桑门所专，唯在释氏，若儒之与道，蔽于未闻。敏兼三教而擅之，颇有（德）[得]色。穿公尝于五天竺国，以梵语精理问论，中分别论、大无畏论、因明论，皆穷理尽妙。穿公貌寝形陋，而声气清畅；敏既频胜群僧，而乃傲形于物。其日，帝于净居殿，命穿公与敏谈论至苦。三光、四气、五行、十二支、十干、八宿、风云、气候、金丹、玉液、药性、针道、六性、五蕴、阴阳、历数、韬略、机权、飞伏、孤虚、鬼神、情状，始自经史，终于老释，凡十余日。辩扬六艺、百氏，与敏互为主客，立谈绝倒，观者莫不盈量忘归。然敏词气事沮于穿，不自得，因而成病，舆疾北归，未达中路而卒。——《太平广记》卷 81《异人》引《梁四公记》[②]

①《北齐书》卷 1《神武纪上》："阿至罗虏正光以前常称藩，自魏朝多事，皆叛。"按：阿至罗，高车种，

东魏静帝封其国主为高车王。

② 东魏兴和四年(542)，李绘(李同轨)使梁。《魏书》卷84《儒林传》云："李同轨，赵郡高邑人……天平中，转中书侍郎。兴和中，兼通直散骑常侍，使萧衍。衍深耽释学，遂集名僧于其爱敬、同泰二寺，讲《涅槃大品经》，引同轨预席。衍兼遣其朝臣并共观听。同轨论难久之，道俗咸以为善。"

541 年辛酉　东魏兴和三年，西魏大统七年，梁大同七年

六月，齐神武虑阿那瓌难信，又以国事加重，躬送公主于楼烦之北，接劳其使，每皆隆厚。阿那瓌大喜，自是朝贡东魏相寻。——《北史》卷98《蠕蠕传》

543 年癸亥　东魏武定元年，西魏大统九年，梁大同九年

八月……神武命于肆州北山筑城，西自马陵戍，东至土隥[①]，四十日罢。——《北齐书》卷2《神武纪下》

① 肆州，即今山西忻州；肆州北山，即雁门恒山；土隥，在今代县、宁武间的盘道梁。按高欢筑此长城，则是以恒山雁门为塞，大同盆地弃荒塞外。545 年，欢聘蠕蠕公主，亲迎于下馆。

547 年丁卯　东魏武定五年，西魏大统十三年，梁中大同二年[①]

八月……甲申，虚葬齐献武王于漳水之西；潜凿成安鼓山石窟佛寺之旁为穴[②]，纳其柩而塞之，杀其群匠。及齐之亡也，一匠之子知之，发石取金而逃。——《通鉴》卷160

西魏文帝大统中，丞相宇文黑泰兴隆释教，崇重大乘，虽摄总万机，而恒扬三宝。第内常供百法师，寻讨经论，讲摩诃衍。又令沙门昙显等依大乘经，撰《菩萨藏众经要》及《百二十法门》。始从佛性，终尽融门。每日开讲，即恒宣述，以代先旧。五时教迹，迄今流行。香火梵音[③]，礼拜唱导，咸承其则。虽山东、江表乃称学海，仪表有归，未能逾矣。——《续高僧传》卷1《魏南台永宁寺北天竺沙门菩提流支传附昙显》

① 杨衒之《洛阳伽蓝记序》："武定五年，岁在丁卯，余因行役，重览洛阳。城郭崩毁，宫室倾覆，寺观灰烬，庙塔丘墟。"

② 鼓山石窟佛寺，即今河北邯郸市峰峰区响堂山石窟。有南、北响堂和小响堂(水峪寺)3处，共16窟。北响堂石窟，北齐文宣帝高洋(550～559在位)开凿；南响堂石窟，北齐天统元年(565)，灵化寺僧慧义创建，权臣高阿那肱出资。响堂山石窟的北齐造像，头大肩宽，衣纹较薄，雕刻较浅，艺术高度不及同时代的晋阳天龙山石窟，更与北魏大异。面相也由云冈、龙门的挺拔秀美，变为厚重敦实。

③ 《高僧传》卷 13《经师传·论》云："天竺方俗，凡是歌咏法言，皆称为呗。至于此土，咏经则称为转读，歌赞则号为梵音。"

550 年庚午　东魏武定八年，北齐文宣帝高洋天保元年，西魏大统十六年

世宗以来至武定末，沙门知名者，有惠猛、惠辨[①]、惠深、僧暹、道钦、僧献、道晞、僧深、惠光[②]、惠显、法荣[③]、道长，并见重于当世。

自魏有天下，至于禅让，佛经流通，大集中国，凡有四百一十五部，合一千九百一十九卷[④]。正光已后，天下多虞，王役尤甚，于是所在编民，相与入道，假慕沙门，实避调役，猥滥之极，自中国之有佛法，未之有也。略而计之，僧尼大众二百万矣，其寺三万有余[⑤]。流弊不归，一至于此，识者所以叹息也[⑥]。——《魏书》卷 114《释老志》[⑦]

① 《续高僧传》卷 6《魏洛阳释道辩》："释道辩，姓田氏，范阳人。有别记云：著纳擎锡，入于母胎，因而生焉。天性疏朗，才术高世。虽曰耳聋，及对孝文，不爽帝旨。由是荣观显美，远近钦兹。剖定邪正，开释封滞，是所长也。初住北台，后随南迁，道光河洛。魏国有经，号《大法尊王》，八十余卷，盛行于世。辩执读知伪，集而焚之。将欲广注众经，用通释典，笔置听架，鸟遂衔飞。见此异征，便寝斯作。但注《维摩》、《胜鬘》、《金刚》、《般若》、《小乘义章》六卷、《大乘义》五十章，及申玄照等行世。有弟子昙永、亡名二人，永潜遁自守，隐黄龙山，撰《搜神论》《隐士仪式》。名文笔雄健，负才傲俗，辩杖之而徙于黄龙，初无恨想，而晨夕遥礼云。"

② 惠光，即天竺高僧跋陀之徒慧光。《续高僧传》卷 22《齐邺下大觉寺慧光》："释慧光，姓杨氏，定州卢［奴］人也。年十三，随父入洛。四月八日，往佛陀禅师所，从受三归。……光执卷览文，曾若昔习。旁通博义，穷诸幽理。……至夏末，度而出家。所习经诰，便为人说。辞既清靡，理亦高华，时人号之'圣沙弥'也。……陀曰：'此沙弥非常人也。若受大戒，宜先听律。律是慧基，非智不奉。若初依经论，必轻戒网。邪见灭法，障道之元。'由是因循，多授律检。先是《四分》，未广宣通，有道覆律师，创开此部，制疏六卷，但是科文。至于提举宏宗，无闻于世。故光之所学，惟据口传。及年登冠肇，学行略周。尝闻言不通华，发戒便阻，乃往本乡，进受具足。博听律部，随文奉行。四夏将登，讲《僧祇律》。初以唱高和寡，词理精玄，渐染津流。末遂听徒云合，光知学功之所致也。义须广周群部，乃从辩公参学经论。听说之美，声扬赵都。后入洛京，搜扬新异。南北音字，通贯幽微，悉为心计之劳。事须文记，乃方事纸笔，缀述所闻，兼以意量，参互销释。陀以他日密睹文言，乃呼而告曰：'吾之度子，望传果向于心耳。何乃区区方事世语乎？今观神器已成，可为高明法师矣。道务非子分也，如何自累？'因而流涕。会佛陀任少林寺主，勒那初译《十地》，至后合翻，事在别传。光时预沾其席，以素习方言，通其两诤。取舍由悟，纲领存焉。自此《地论》流传，命章开释。《四分》一部，草创基兹。其《华严》《涅槃》《维摩》《十地》《地持》等，并疏其奥旨而弘演导。然文存风骨，颇略章句，故千载仰其清规，众师奉为宗辖矣。司徒高傲曹、仆射高隆之及朝臣司马、令狐、子儒等齐代名贤，重之如圣。尝遇亢旱，众以闻光，乃就嵩岳池边

烧香请雨，寻即流霔原隰，民皆利之。又尔朱氏举兵北伐，征税僧尼，用充军实。先立严刑，敢谏者斩。时光任僧官，顾五众屯塞，以命直往，语世隆曰：‘若当行此税，国事不存。’言既克明，事亦遂免。其感致幽显，为若此也。初在京洛，任国僧都。后召入邺，绥缉有功，转为国统。将终前日，乘车向曹，行出寺门，屋脊自裂。即坐判事，块落笔前，寻视无从，知及终相。因斯乖悆，四旬有余，奄化于邺城大觉寺，春秋七十矣。光常愿生佛境，而不定方隅。及气将欲绝，大见天宫来下，遂乃投诚安养，溘从斯卒。自光立志贞静，坚存戒业，动止安详，衣裳附帖。昼夜存道，财无盈尺之贮；涤除便秽，誓以报尽为期。偏重行宗，四仪无妄。其法洁己独立，七众深崇其操。自正道东指，弘匠于世，则以道安为言初；缁素革风，广位声教，则慧光抑其次矣。凡所撰《胜鬘》《遗教》《温室》《仁王》《般若》等，皆有注释。又再造《四分律疏》百二十纸，后代引之以为义节，并《羯磨戒本》咸加删定。被于法侣，今咸诵之。又著《玄宗论》《大乘义律义章》《仁王七诫》及《僧制》十八条，并文旨清肃，见重时世。学士道云，早依师禀。奉光遗令，专弘律部。造疏九卷，为众所先。成匠极多，流衍弥远。”

③ 法荣，即道荣。《北齐书》卷 2《神武纪下》记载天平元年“九月庚寅，神武还于洛阳，乃遣僧道荣奉表关中，又不答”。

④《续大唐内典录》：“后魏元氏传译道俗一十四人，所出经律传七十九部(三百六十八卷)。”

⑤《释迦方志》卷下《教相篇》：“元魏君临一十七帝，一百七十年，国家大寺四十七所。北台恒安镌石置龛，连三十里。王公等寺八百三十九所，百姓所造寺者三万余所。总度僧尼二百余万，译经四十九部。佛教东流，此焉为盛。唯太武世，信用司徒崔皓佞说，凌废正教，潜隐七年。后知诈妄，戮诛崔氏，还兴佛教，光阐于前。”

⑥《洛阳伽蓝记序》：“逮皇魏受图，光宅嵩洛，笃信弥繁，法教愈盛。王侯贵臣弃象马如脱屣，庶士豪家舍资财若遗迹。于是昭提栉比，宝塔骈罗，争写天上之姿，竞摸山中之影，金刹与灵台比高，广殿共阿房等壮。岂直木衣绨绣，土被朱紫而已哉！”

⑦ 关于北齐僧官制度，《隋书》卷 27《百官志中》曰：“昭玄寺，掌诸佛教。置大统一人，统一人，都维那三人。亦置功曹、主簿员，以管诸州郡县沙门曹。”又，“鸿胪寺……典寺署，有僧祇部丞一人”。盖掌天下梵寺。

551 年辛未　北齐天保二年，西魏大统十七年，梁简文帝萧纲大宝二年

齐天保二年，敕诸州别立禅肆。——《释氏要览》卷 3《禅门别号》[①]

禹门太守杨衒之《名系记》略云[②]：东魏兴和年中，高僧雲启往西域求法，至龟兹。会天竺三藏那连耶舍，欲传法至东夏，雲启曰：“东夏佛法未振，宜且留此。”耶舍遂出《祖师传法偈》梵文，与启翻译。既而，启游印土，耶舍乃将新译华言《祖偈》至于西魏。值时多事，乃入高齐，齐文宣帝延居石窟寺。以齐方受东魏禅，未暇翻译，耶舍乃将龟兹所译《祖偈》授于居士万天懿[③]。天懿闻魏有西域三藏吉迦夜、昭玄寺沙门昙曜所译《付法藏传》，缺于《佛祖传法偈》，遂写本，进于魏[④]。

梁简文帝闻魏有本，乃遣使刘玄运往魏，传归建康。唐贞元中，金陵沙门慧炬同西竺胜持三藏，编入《宝林传》。雲启，一名昙启。——北宋沙门睦庵《祖庭事苑》卷8

① 《辩正论》卷3："高齐高祖文宣皇帝，讳洋。……天保之始，请稠禅师，受菩萨戒。于是又断肉禁酒，放舍鹰鹞，去官渔网。又断天下屠杀。月六年三，劝民斋戒。诸官园及六坊公私荤菜，皆悉除之。外有者不许入。大起寺塔，度僧尼满于诸州。又以昭玄大统法上为戒师，常布发于地，令师践之。天保二年诏曰：'仰惟慈明，缉宁四海，欲报之德，正觉是凭。诸鸷鸟伤生之类，宜放之山林，其以此地为太皇太后经始宝塔。废鹰师曹为报德寺。'所度僧尼八千余人。十年之中佛法大盛。"

② 杨衒之，诸书多谓"期城太守"；《名系记》，他本或云《名系集》。

③ 《开元释教录》卷6云："居士万天懿，本姓拓跋，北代云中人也。魏分十姓，因为万俟氏，世居洛阳，故复为河南人也。后单称万氏。少曾出家，师婆罗门，而聪慧有志力，善梵书梵语，兼工咒术，由是应召得预翻传之数。懿以武成帝湛河清年中，于邺都自译《尊胜菩萨所问经》一部，见《长房录》。"

④ 此时北魏、东魏俱亡，唯西魏尚存。

552年壬申 北齐天保三年，西魏废帝元钦元年，梁元帝萧绎承圣元年

三年春正月丙申，帝亲讨库莫奚于代郡①，大破之，获杂畜十余万，分赉将士各有差。以奚口付山东为民。二月，茹茹主阿那瓌为突厥虏所破，瓌自杀。其太子庵罗辰及瓌从弟登注俟利发、注子库提并拥众来奔。——《北齐书》卷4《文宣纪》

① 库莫奚，其先东部鲜卑宇文之别种，北魏时游牧于今内蒙古赤峰一带。据此，知库莫奚曾一度驻牧雁北。代郡，今大同，隋开皇五年（585）南移代州至今山西代县，大业初又北迁至善阳（今朔州朔城区），寻改称马邑。

553年癸酉 北齐天保四年，西魏废帝二年，梁承圣二年

十二月己未，突厥复攻茹茹，茹茹举国南奔。癸亥，帝自晋阳北讨突厥，迎纳茹茹，乃废其主库提，立阿那瓌子菴罗辰为主，置之马邑川①，给其禀饩、缯帛；亲追突厥于朔州②。突厥请降，许之而还。于是贡献相继。——《北齐书》卷4《文宣纪》

① 马邑，今山西朔州；马邑川，即桑干川，今朔州、大同沿桑干河流域。

② 朔州，北魏以来州名，治内蒙古和林格尔。北齐朔州曾寄治于并州界（今山西寿阳），又立北朔州，在今山西朔州。北周以后，朔州回归马邑川。

554甲戌 北齐天保五年，西魏恭帝拓跋廓元年，梁承圣三年

三月，茹茹菴罗辰叛，帝亲讨，大破之，辰父子北遁。……夏四月，茹茹寇肆州。丁巳，帝自晋阳讨之，至恒州黄瓜堆①，虏骑走。时大军已还，帝率麾下千余骑，

遇茹茹别部数万，四面围逼。帝神色自若，指画形势，虏众披靡，遂纵兵溃围而出。虏乃退走，追击之，伏尸二十里，获菴罗辰妻子及生口三万余人②。五月……丁未，北讨茹茹，大破之③。——《北齐书》卷4《文宣纪》

① 黄瓜堆，今名黄花梁，介怀仁、山阴、应县之间。

② 《北齐书》卷17《斛律金传》："后以茹茹为突厥所破，种落分散，虑其犯塞，惊挠边民，乃诏金率骑二万屯白道以备之。而虏帅豆婆吐久备将三千余户密欲西过，候骑还告，金勒所部追击，尽俘其众。茹茹但钵将举国西徙，金获其候骑送之，并表陈虏可击取之势。显祖于是率众与金共讨之于吐赖，获二万余户而还。"

③ 《隋书》卷14《音乐志中》曰：北齐"鼓吹二十曲，皆改古名，以叙功德。……第十五，汉《上邪》改名《平瀚海》，言蠕蠕尽部落入寇武州之塞，而文宣命将出征，平殄北荒，灭其国也"。

555 乙亥 北齐天保六年，西魏恭帝二年，梁敬帝萧方智绍泰元年

六月……丁卯，帝如晋阳。壬申，亲讨茹茹。甲戌，诸军大会于祁连池①。乙亥，出塞，至厍狄谷……秋七月己卯，帝顿白道，留辎重，亲率轻骑五千追茹茹。壬午，及于怀朔镇。帝躬当矢石，频大破之，遂至沃野，获其俟利蔼焉力娄阿帝、吐头发郁久闾状延等，并口二万余，牛羊数十万头。茹茹俟利郁久闾李家提率部人数百降。壬辰，帝还晋阳。——《北齐书》卷4《文宣纪》

八月……齐主还邺，以佛、道二教不同，欲去其一，集二家论难于前，遂敕道士皆剃发为沙门②；有不从者，杀四人，乃奉命。于是齐境皆无道士③。——《通鉴》卷166④

是年，发夫一百八十万人筑长城，自幽州北夏口至恒州九百余里⑤。——《北齐书》卷4《文宣纪》

是岁……突厥木杆可汗击柔然邓叔子，灭之。……西破嚈哒⑥，东走契丹，北并契骨⑦，威服塞外诸国。其地东自辽海，西至西海，长万里，南自沙漠以北五六千里皆属焉。——《通鉴》卷166

① 祁连池，今山西宁武天池。

② 昙曜、吉迦夜《付法藏因缘传》卷5载，龙树在南天竺，与众婆罗门等外道辩论，"皆悉摧伏，剃除须发，就其出家。如是所度无量邪道"。

③ 《隋书》卷35《经籍志四》："迁洛已后，置道场于南郊之傍，方二百步。正月、十月之十五日，并有道士哥人百六人，拜而祠焉。后齐武帝迁邺，遂罢之。文襄之世，更置馆宇，选其精至者使居焉。"

④ 《续高僧传》卷10《隋彭城崇圣道场释靖嵩》："及登冠受具，南游漳滏。属高齐之盛，佛教中兴，

都下大寺，略计四千，见住僧尼，仅将八万。讲席相拒，二百有余；在众常听，出过一万。故宇内英杰，咸归厥邦。”

⑤ 《北齐书》卷13《赵郡王琛传附子叡传》：“二年，出为定州刺史，加抚军将军、六州大都督……六年，诏叡领山东兵数万监筑长城。于时盛夏六月，叡在途中，屏除盖扇，亲与军人同其劳苦。”

⑥ 嚈哒，古西域国名。初名滑国，原为游牧部落。一般认为是和大月氏混血的匈奴人。东罗马史家称之为“白匈奴”。5世纪中分布于近阿姆河之南。484年击败波斯，建国。亦农亦牧。后征服康居、安息、疏勒、于阗等国。后被突厥所灭，部落分散。

⑦ 胡注：“契骨，即唐之结骨。《唐书》曰：黠戛斯，古坚昆国，或曰居勿，或曰结骨。”按《通鉴》卷198胡三省注引杜佑《通典》：结骨在回纥西北三千里。其人皆长大，赤发绿睛，唐贞观二十二年（648）朝觐。

556年丙子　北齐天保七年，西魏恭帝三年，梁绍泰二年

高齐文宣帝天保七年，置恒安镇[①]，徙豪杰三千家以实之，今名东州城[②]。其年废镇，又置恒州。周武平齐，州郡并废，又于其所置恒安镇，属朔州。自周迄隋，仍为镇也。——《元和郡县志》卷14《河东道三》

释僧达，俗姓李，上谷人。十五出家，游学北代，听习为业[③]。……寻复振锡洛都，因遇勒那三藏，奉其新诲。不久，值那迁化，覆述《地论》，声骇伊穀。令望归信，相次称谒。后听光师《十地》，发明幽旨，遂从受菩萨戒焉。因从请业，有名学众。又南会徐部，随通《地论》。梁武皇帝拨乱弘道，衔闻欣然，遂即济江，造宫请见。敕驸马殷均，引入重云殿。自昼通夜，传所未闻，连席七宵，帝叹嘉瑞。因从受戒，誓为弟子。下敕，住同泰寺，隆礼供奉。旬别入殿，开示弘理。年移一纪，道怀有据，请辞还魏。……末为魏废帝中山王敕仆射高隆之召入邺都，受菩萨戒。暨齐文宣，特加殊礼。前后六度，归崇十善。达性爱林泉，居闲济业。帝为达于林虑山黄华岭下立洪谷寺[④]，又舍神武旧庙，造定寇寺，两以居之。……讲《华严》《四分》《十地》《地持》，虽无疏记，而敷扬有据。特善论议，知名南北。禅法一门，开世殊广。曾游梁境，誌公遇而告曰：“达禅师，是大福德人也。”帝亦深敬，常顾侍臣云：“北方鸾法师、达禅师，肉身菩萨。”恒向北遥礼。其为时君所重，无有加焉。一时少觉微疾，端坐绳床，口诵《波若》，形气调静，遂终于洪谷山寺，春秋八十有二，即齐天保七年六月七日也。宣帝闻之，崩腾惊赴，举声大哭，六军同号，山林为动。葬于谷中岩下，立碑于后。余以贞观九年亲往礼谒[⑤]，骸骨犹存，寺宇遗迹宛然如在。自达奉心玄道，情无间然，有识同亲，无闻嫌隙[⑥]。承先私憾，倍加事之。荣胜高流，

弥所谦退。自季世佛法崇尚官荣，侥幸之夫妄生朋翼，而达为国都，眇然无顾；昭玄曹局，曾不经临。斯乃圣达之所轻，寔世福之嘉相矣。——《续高僧传》卷16《齐林虑山洪谷寺释僧达》

① 天保七年，《北齐书》卷4《文宣纪》曰："先是，自西河总秦戍筑长城东至于海，前后所筑东西凡三千余里，率十里一戍，其要害置州镇，凡二十五所。"八年，"于长城内筑重城，自库洛拔而东至于坞纥戍，凡四百余里"。大约此时，在平城东筑恒安镇城（今古城村），隶属朔州（今山西朔州），平城一带始得复苏。

② 北魏末，平城废弃；北齐筑恒安镇，隋唐云内、定襄、云州先后因仍。唐玄宗时，在北魏平城废墟上重建大同城，驻扎大同军；恒安镇城遂号为东城、东州城。后来，州治亦迁入大城，这样大同军城、云州城，遂为同一城。大约五代以后，东城逐渐荒废为村落，后人不解其变，反以"古城"名之。

③ 按僧达卒于556年，出家游学平城，值太和十三年（489）。

④ 林虑山黄华岭洪谷寺，在今河南林县西南15公里。洪谷北崖有北齐以后摩崖刻石，洪谷寺今遗七级密檐式砖塔。

⑤ 这里是唐僧道宣的插述。

⑥ 无闻，一作"都无"。

557年丁丑　北齐天保八年，北周明帝宇文毓元年，陈武帝陈霸先永定元年

八年，征叡赴邺，仍除北朔州刺史，都督北燕、北蔚、北恒三州，及库推以西黄河以东长城诸镇诸军事。叡慰抚新迁，量置烽戍，内防外御，备有条法，大为兵民所安。有无水之处，祷而掘井，锹锸裁下，泉源涌出，至今号曰赵郡王泉。——《北齐书》卷13《赵郡王琛传附子叡传》

558年戊寅　北齐天保九年，北周明帝宇文毓二年，陈永定二年

六月乙丑，帝自晋阳北巡。己巳，至祁连池。戊寅，还晋阳[①]。——《北齐书》卷4《文宣纪》

① 《北齐书》卷13《赵郡王琛传附子叡传》："九年，车驾幸楼烦，叡朝于行宫，仍从还晋阳。时济南以太子监国，因立大都督府，与尚书省分理众事，仍开府置佐。显祖特崇其选，乃除叡侍中、摄大都督府长史。"

563年癸未　北齐武成帝高湛河清二年，北周武帝宇文邕保定三年，陈文帝陈蒨天嘉四年

冬十二月……己酉，周将杨忠帅突厥阿史那木汗等二十余万人，自恒州分为三道，

杀掠吏人[①]。是时，大雨雪连月，南北千余里平地数尺，霜昼下，雨血于太原。——《北齐书》卷7《武成纪》

① 《隋书》卷22《五行志上》："河清二年……突厥二十万众毁长城，寇恒州。"《周书》卷50《异域传下》："三年，诏隋公杨忠率众一万，与突厥伐齐。忠军度陉岭，俟斤率骑十万来会。明年正月，攻齐主于晋阳，不克。俟斤遂纵兵大掠而还。"

564年甲申　北齐河清三年，北周保定四年，陈天嘉五年

四年正月朔，攻晋阳。是时大雪数旬，风寒惨烈，齐人乃悉其精锐，鼓噪而出。突厥震骇，引上西山不肯战。众皆失色。……乃班师。齐人亦不敢逼。突厥于是纵兵大掠，自晋阳至平城七百余里，人畜无孑遗，俘斩甚众[①]。——《周书》卷19《杨忠传》

① 《北齐书》卷40《白建传》："河清三年，突厥入境，代、忻二牧悉是细马，合数万匹，在五台山北柏谷中避贼。贼退后，敕建就彼检校……随近散付军人。"

567年丁亥　北齐后主高纬天统三年，北周天和二年，陈废帝陈伯宗光大元年

九月己酉，太上皇帝诏："诸寺署所绾杂保户姓高者，天保之初虽有优敕，权假力用未免者，今可悉蠲杂户，任属郡县，一准平人。"——《北齐书》卷8《后主纪》

568年戊子　北齐天统四年，北周天和三年，陈光大二年

八月……癸酉，帝御大德殿，集百僚及沙门、道士等亲讲《礼记》。——《周书》卷5《武帝纪上》

573年癸巳　北齐武平四年，北周建德二年，陈宣帝陈顼太建五年

十二月癸巳，集群臣及沙门、道士等，帝升高座，辨释三教先后，以儒教为先，道教为次，佛教为后。——《周书》卷5《武帝纪上》

574年甲午　北齐武平五年，北周建德三年，陈太建六年

二月乙未，车驾至自晋阳。朔州行台、南安王思好反。辛丑，行幸晋阳。尚书令唐邕等大破思好，思好投水死，焚其尸，并其妻李氏。——《北齐书》卷8《后主纪》

五月……丙子，初断佛、道二教，经像悉毁，罢沙门、道士，并令还民[①]。并

禁诸淫祀，礼典所不载者，尽除之[②]。——《周书》卷5《武帝纪上》[③]

① 《隋书》卷35《经籍志四》：“后周承魏，崇奉道法，每帝受箓，如魏之旧，寻与佛法俱灭。”“周武帝时，蜀郡沙门卫元嵩上书，称僧徒猥滥，武帝出诏，一切废毁。”《广弘明集》卷24《僧行篇》录释昙积《谏周太祖沙汰僧表》：“今大周大国，僧尼未几。寺舍（烈）［列］然，有盈万数。”

② 《法苑珠林》卷96《周沙门释静蔼》：“周武灭法，于建德三年五月行虐关中。”《广弘明集》卷8《辩惑篇》：“建德三年岁在甲午，五月十七日，初断佛、道两教。沙门、道士，并令还俗；三宝福财，散给臣下；寺观塔庙，赐给王公。”另，《历代名画记》卷7：“张僧繇，吴中人也。天监中，为武陵王国侍郎，直秘阁，知画事。历右军将军、吴兴太守。武帝崇饰佛寺，多命僧繇画之。……江陵天皇寺，明帝置，内有柏堂，僧繇画卢舍那佛像及仲尼十哲，帝怪问：‘释门内，如何画孔圣？’僧繇曰：‘后当赖此耳。’及后周灭佛法，焚天下寺塔，独以此殿有宣尼像，乃不令毁拆。”

③ 《大唐内典录》卷5：“北天竺犍达国三藏法师阇崛多，隋言至德，又云佛德……建德三年，逢毁二教……秉古志节，乞求返邦，国家依听，以礼发遣。……还向北天，路经突厥，遇值中面他钵可汗，殷重请留，因往复曰：‘周有成坏，劳师去还。此无废兴，幸安意住。资给供养，当使称心。’遂尔并停，十有余载。师与同学，悉彼先殂，唯多独在。时属相州沙门宝暹、道邃、智周、僧威、法宝、僧昙、智照、僧律等十有一人，以齐武平六年，相结西游，往还七载，凡得梵经二百六十部。回到突厥，闻周灭齐，并毁佛法，进无所归，退则不可，迁延彼国，遂逢（志）［至］德，如渴值饮，若暗遇明，仍共寻阅所得新经，请翻名题，勘旧录目。……大隋受禅，佛法即兴，周等赍经，先来应运。开皇元年，季冬届止。敕旨付司，访人令翻。崛多，四年，方果入国。”按：突厥本事祆神，无祠庙。关于突厥他钵可汗奉佛之事，《北史》卷99《突厥传》载：“齐有沙门惠琳，掠入突厥中，因谓他钵曰：‘齐国富强，皆为有佛法。’遂说以因缘果报之理。他钵闻而信之，建一伽蓝，遣使聘齐，求《净名》《涅槃》《华严》等经，并《十诵律》。他钵亦躬自斋戒，绕塔行道，恨不生内地。建德二年，他钵遣使献马。”又据《北齐书》卷20《斛律羌举传》：“代人刘世清……能通四夷语，为当时第一。后主命世清作突厥语翻《涅槃经》，以遗突厥可汗，敕中书侍郎李德林为其序。”

576年丙申　北齐武平七年、隆化元年，北周建德五年，陈太建八年

【碑文】君讳谟，字晏略，安定乌氏人，洛州刺史之元孙，长□太守之长子。其基续所由来，焕于史谍，不假称载。君蕴气山河，禀精玄像，幼而岐嶷，卓尔不群。义祺初建，为武皇所知，即蒙任司马，统师军司。寻除中坚将军、员外奉车都尉。未几，又除帐内都督，仍封君三原县开国子。武定年，又加镇远将军，员外步兵校尉。大齐革命，除安西将[①]，别封阳平县开国男。天保六年，除武德太守。君闲于政术，治有能名。八年，又转除河内太守。君下车调俗，先德礼，流珠复返，荷虎南渡。天统元年，除骠骑大将军，食艾陵县幹。二年，又除广宁太守。其年，复除东益州刺史。武平元年，别封禽昌县开国男。五年，又加君仪同三司、北新城领民正[②]。

君逸翮虽举，高足未申，攸苍寡惠，奄随化往。春秋七十，武平六年十一月十五日，薨于新城治所。帝闻如伤悼，诏赠幽州刺史、大里卿。粤以七年三月十二日窆于新城之北岗。今丘垄行闇，泉路方幽，故刊兹玄石，庶贻不朽。其铭曰：我先肇化，德冠百王。赫々常山，爰柔爰刚。伏命大漠，诞启封疆。受兹介福，功越伊望。唯君挺生，武烈兼陈。宜锡难老，追踪五臣。如何不淑，翻影西沦。齐故仪同三司、幽益二州刺史张公之墓铭。——云冈石窟研究院藏《张谟墓志铭》[③]

① “将”后，疑阙一“军”字。

② 北新城，据《魏书》，初为平齐郡治，在平城（今山西大同）西北，后迁阴馆之西，距平城二百余里。

③ 该墓志，黄色砂岩，高、宽各89厘米，据说出土于朔州东北。由此推测，今朔州城约即北新城。《文史哲》2023年第6期刊张金龙文认为此墓志为伪作。

577年丁酉　北周建德六年，陈太建九年

二月……周主以齐降将封辅相为北朔州总管。北朔州，齐之重镇，士卒骁勇。前长史赵穆等谋执辅相，迎任城王湝于瀛州，不果，乃迎定州刺史范阳王绍义。绍义至马邑，自肆州以北二百八十余城皆应之。……周东平公神举将兵逼马邑，绍义战败，北奔突厥。——《通鉴》卷173

八月……初，魏虏西凉之人，没为隶户，齐氏因之，仍供厮役。周主灭齐，欲施宽惠，诏曰：“罪不及嗣，古有定科。杂役之徒，独异常宪，一从罪配，百代不免。罚既无穷，刑何以措！凡诸杂户，悉放为民。”自是无复杂户。——《通鉴》卷173

至建德六年，东平齐国，又殄前代数百年来公私寺塔，扫地除尽[①]。融刮圣容[②]，焚烧经典。州县佛寺出四十千，尽赐王公。三方释子减三百万，还归编户[③]。——《法苑珠林》卷79《感应缘》[④]

① 《释迦方志》卷下《时住篇》：“佛法之垂振旦，三被诛焚。初，赫连勃勃号为夏国，初破长安，遇僧皆煞。二，魏太武用崔皓言，夷灭三宝，后悔，皓加五刑。三，周武帝但令还俗。皆不得其死，如传所详也。”按：周武灭法，由近年山东青州、诸城等地出土的佛像看，破坏是惨烈的。日本圆仁《入唐求法巡礼行记》卷2载：唐文宗开成五年（840）二月，青州文登县刘村，“到彼，便见白石弥勒像，体上着土。问事由，答曰：‘于此有新罗人王宪，夜梦有一僧来语云：我是文殊师利，古佛堂堕坏积年，无人修缉，佛菩萨埋没土中。见汝信志，故来告报。若欲知实，掘家东南宝图边，便得见者。寤且惊怪，以梦中事语诸道俗，遂赴古图边锄掘地，深至胸上，寻得佛菩萨像。今见掘得弥勒佛像一体，文殊师利菩萨一体，普贤菩萨一躯，观世音菩萨两躯，大师子菩萨一体，罗睺罗一躯，佛骨铁阁廿斤已上。’诸人见之，奇异不少。夜头礼佛，道俗会集，施舍通夜”。

② 《隋书》卷 22《五行志上》："周建德（元）［六］年，濮阳郡有石像，郡官令载向府，将刮取金。"按：周武帝平齐后，灭佛行动波及华北，云冈石窟虽地处北塞，恐亦在劫难逃。但就云冈现有雕刻比较完整情况分析，破坏仿佛不是太严重。这大约系周、齐争夺北朔州，雁北处于突厥铁骑威胁之下，恒安人口稀少等原因使然。北魏雕制佛像，大约普遍施彩，面贴金箔，白毫穴嵌宝石、琉璃。1992 年发掘 20 窟前地面，挖出一个敷贴金箔的方寸佛头，盖系北魏末大地震中随前壁塌落。而北魏木构窟前建筑、佛像面部金箔，最有可能在此时被荡除。

③ 《历代三宝纪》卷 11："建德敦牂，迄于作噩，毁破前代关山西东，数百年来官私所造，一切佛塔扫地悉尽。融刮圣容，焚烧经典。八州寺庙出四十千，尽赐王公充为第宅。三方释子减三百万，皆复军民，还归编户。"《续高僧传》卷 24《周终南山避世峰释静蔼传》："及法灭之后，帝遂破前代关东西，数百年来官私佛法，扫地并尽。融刮圣容，焚烧经典。《禹贡》八州见成寺庙，出四十千，并赐王公，充为第宅。三方释子减三百万，皆复军民，还归编户。三宝福财，其赀无数，簿录入官，登即赏费，分散荡尽。"

④ 《续高僧传》卷 2《隋东都上林园翻经馆沙门释彦琮》："释彦琮，俗缘李氏，赵郡柏人人也。……齐武平之初，年十有四，西入晋阳，且讲且听。当尔，道张汾、朔，名布道儒。……及周武平齐，寻蒙延入，共谈玄藉，深会帝心，敕预信道观学士，时年二十有一。与宇文恺等周代朝贤，以《大易》《老》《庄》陪侍讲论。……大象二年，隋文作相，佛法稍兴，便为诸贤讲释《般若》。大定元年正月，沙门昙延等同举奏度，方蒙落发，时年二十有五。至其年二月十三日，高祖受禅，改号开皇。"

578 年戊戌　北周建德七年、宣政元年，陈太建十年

宣政元年春正月……分定州常山郡置恒州[①]。——《周书》卷 6《武帝纪下》

① 从此恒州内移，平城专用北齐恒安镇之名，隋又置云内县，属朔州或马邑郡。

579 年己亥　北周宣帝宇文赟大成元年、静帝宇文衍大象元年，陈太建十一年

大象元年春正月癸巳，受朝于露门，帝服通天冠、绛纱袍，群臣皆服汉魏衣冠[①]。——《周书》卷 7《宣帝纪》

伏惟天元皇帝[②]，举德纳贤，招英简俊，去烦就省，州存一寺；山林、石窟，随处听居；有舍利者，还令起塔，其寺题名"周中兴寺"。——《广弘明集》卷 10《大象元年二月二十七日王明广答卫元嵩上破佛法事》

冬十月壬戌……帝幸道会苑大醮，以高祖武皇帝配。醮讫，论议于行殿。是岁，初复佛像及天尊像。至是，帝与二像俱南面而坐，大陈杂戏，令京城士民纵观。——《周书》卷 7《宣帝纪》

大象初，征拜大司徒。诏翼巡长城，立亭鄣。西自雁门，东至碣石，创新改旧，咸得其要害云[③]。——《周书》卷 30《于翼传》

① 《隋书》卷12《礼仪志七》："后魏已来，制度咸阙。天兴之岁，草创缮修，所造车服，多参胡制。故魏收论之，称为违古，是也。周氏因袭，将为故事，大象承统，咸取用之，舆辇衣冠，甚多迂怪。"参见附录：《"褒衣博带"与云冈石窟》。

② 是年二月，周宣帝自称天元皇帝，传位给七岁的太子衍（后改名阐）。另，唐法琳《辩正论》卷3云："周孝宣皇帝（讳赟），重隆佛日，光后超前，造素像四龛，一万余躯。写《般若经》三千许部。"

③ 《通鉴》卷173："周发山东诸民修长城。"胡注："修齐所筑长城也。"按此，周以恒山为塞，似曾一度放弃雁北。

580年庚子　北周大象二年，陈太建十二年

六月……庚申，复行佛、道二教，旧沙门、道士精诚自守者，简令入道[①]。——《周书》卷8《静帝纪》

① 是年五月天元帝崩，左大丞相杨坚总国政。

581年辛丑　北周大定元年，隋文帝杨坚开皇元年，陈太建十三年

昔魏太武毁废之辰，止及数州，弗湮经像。近遭建德周武灭时，融佛焚经，驱僧破塔，圣教灵迹，削地靡遗。宝刹伽蓝皆为俗宅，沙门释种悉作白衣。凡经十年，不识三宝。……天启我皇，乘时来驭……既清廓两仪，即兴复三宝。开皇元年二月，京及诸州城居聚落，并皆创讫。至闰三月，诏曰："门下：法无内外，万善同归；教有浅深，殊途共致。朕伏膺道化，念好清静，其五岳之下宜各置僧寺一所。"至七月，又诏曰："门下：……伏惟太祖武元皇帝，穷神尽性，感穹昊之灵；膺箓合图，开炎德之纪。……帝王纪事，由来尚矣。其襄阳、隋郡、江陵、晋阳，并宜立寺一所，建碑颂德。庶使庄严宝坊，比虚空而不坏；导扬茂实，同天地而长久。"所以每年至国忌日，废务设斋，造像行道，八关忏悔，奉资神灵。至八月，又诏曰："门下：昔岁周道既衰，群凶鼎沸，邺城之地，寔为祸始。……思建福田，神功佑助。庶望死事之臣，菩提增长；悖逆之侣，从暗入明。……可于相州战地建伽蓝一所，立碑纪事。又民犯法处尽之人，率为营斋。"——《历代三宝纪》卷12

开皇元年，高祖普诏天下，任听出家，仍令计口出钱，营造经像[①]。而京师及并州、相州、洛州等诸大都邑之处，并官写一切经，置于寺内；而又别写，藏于秘阁。天下之人，从风而靡，竞相景慕，民间佛经，多于六经数十百倍。——《隋书》卷35《经籍志》

马邑郡，旧置朔州。开皇初，置总管府，大业初府废。统县四，户四千六百七十四。……云内，后魏立平齐郡，寻废。后齐改曰太平县，后周改曰云中，开皇初改曰云内。有后魏都，置司州；又有后齐安远、临塞、威远、临阳等郡，属北恒州。后周并废。有（纯）[纥]真山、白登山、武周山。有（湿）[灅]水。——《隋书》卷30《地理志中》

① 造像，必有粉本。如《法苑珠林》卷15《感应缘》引《西域传记》云："隋时有阿弥陀佛五十菩萨像者，西域天竺之瑞像也。……魏晋已来，年载乃远。又经灭法，经像湮除。此之瑞迹，殆将不见。隋文帝开教，有沙门明宪，从高齐道长法师所，得此一本，说其本起，与传符焉。是以图写流布，遍于宇内。时有北齐画工曹仲达者，本是曹国人，善于丹青，妙画梵迹。传模西瑞，京邑所推。故今寺壁正阳皆其真范云。"

582年壬寅　隋开皇二年，陈太建十四年

六月……乙酉，上柱国李充破突厥于马邑。——《隋书》卷1《高祖纪上》

隋开皇二年六月，隋帝诏以长安龙首山宜建都邑，城曰大兴城，殿曰大兴殿，寺曰大兴善寺。诏境内之民任听出家，仍计口出钱营造经像。以法师昙延为昭玄统，敕对译经。又敕法师僧猛住大兴善寺，寻进为隋国大统三藏法师。帝昔龙潜所经四十五州，至是同起大兴国寺（《开皇录》）。——元沙门宝洲《释氏稽古略》卷2

583年癸卯　隋开皇三年，陈后主陈叔宝至德元年

夏四月……卫王爽破突厥于白道。——《隋书》卷1《高祖纪上》[①]

开皇三年，降敕旨云："好生恶杀，王政之本。佛道垂教，善业可凭。禀气含灵，唯命为重，宜劝励天下同心救护。其京城及诸州官立寺之所，每年正月、五月、九月，恒起八日至十五日，当寺行道。其行道之日，远近民庶，凡是有生之类，悉不得杀。"——《历代三宝纪》卷12

隋高祖文皇帝开皇三年，周朝废寺咸为立之，名山之下，各为立寺[②]。——《释迦方志》卷下《教相篇》

开皇三年，隋高幸道坛，见画老子化胡像，大生怪异，敕集诸沙门、道士共论其本。又敕朝秀苏威、杨素、何妥、张宾等有参玄理者，详计奏闻。时琮预在此筵，当掌言务，试举大纲，未及指核，道士自述[③]，陈其矫诈。因作《辩教论》，明道教妖妄者有二十五条。词理援据，宰辅褒赏。——《续高僧传》卷2《隋东都上林园翻经馆沙门释彦琮》

① 是年，悉罢诸郡为州，云内（恒安）遂归朔州（马邑郡）。
② 清王士祯《池北偶谈》卷22《山无僧寺》谓：“陆放翁云：‘天下名山，惟华山、青城、茅山无僧寺。’吾乡劳山亦无僧寺，明万历间，憨山大师建海印寺于劳山，寻为道流所讼，谴戍粤东。”
③ 述，大正藏作“伏”。

584年甲辰　隋开皇四年，陈后主至德二年

至四年又勅旨：“周武之时，悉灭佛法，凡诸形像悉遣除之。号令一行，多皆毁坏。其金铜等，或时为官物，如有见存，并可付随近寺观安置，不得转有损伤。”于时木石之像，皆将别用，有司亦存意，知则移安公寺、私家，遣迎供养。——《历代三宝纪》卷12

587年丁未　隋开皇七年，陈祯明元年

时沙钵略既为达头所困，又东畏契丹，遣使告急，请将部落度漠南，寄居白道川内，有诏许之。……乃立约，以碛为界……七年正月，沙钵略遣其子入贡方物，因请猎于恒、代之间，又许之，仍遣人赐其酒食。沙钵略率部落再拜受赐。沙钵略一日手杀鹿十八头，赍尾舌以献。还至紫河镇，其牙帐为火所烧，沙钵略恶之，月余而卒。——《隋书》卷84《北狄·突厥传》

八月丙午，以怀州刺史源雄为朔州总管[①]。——《隋书》卷1《高祖纪上》

① 《隋书》卷39《源雄传》：“后数岁，转怀州刺史，寻迁朔州总管。突厥有来寇掠，雄辄捕斩之，深为北夷所惮。伐陈之役，高祖下册书曰：‘於戏。唯尔上大将军、朔方公雄，识悟明允，风神果毅。往牧徐方，时逢寇逆，建旟马邑，安抚北蕃。嘉谋绝外境之虞，挺剑息韦鞲之望。沙漠以北，俱荷威恩，吕梁之间，罔不怀惠。但江淮蕞尔，有陈僭逆，今将董率戎旅，清彼东南，是用命尔为行军总管。往钦哉。’于是从秦王俊出信州道。及陈平，以功进位上柱国。赐子崇爵端氏县伯，褒为安化县伯，赐物五千段，复镇朔州。二岁，上表乞骸骨，征还京师，卒于家，时年七十。”

589年己酉　隋开皇九年[①]

选授朔州总管。所部有恒安镇[②]，北接蕃境，常劳转运。衍乃选沃饶地，置屯田，岁剩粟万余石，民免转输之劳。又筑桑干镇，皆称旨。十年，从晋王广出镇扬州。——《隋书》卷61《郭衍传》[③]

① 是年，隋灭陈，统一全国。
② 《新唐书》卷72上《宰相世系表》记赵郡李氏，北周至隋时有“师大，恒安府旅帅”。

③《太平广记》卷174《薛道衡》引《谈薮》："隋吏部侍郎薛道衡尝游钟山开善寺，谓小僧曰：'金刚何为努目，菩萨何为低眉？'小僧答曰：'金刚努目，所以降伏四魔；菩萨低眉，所以慈悲六道。'道衡怃然不能对。"

590年庚戌　隋开皇十年

十年春，帝幸晋阳，敕迁随驾。既达并部，又诏令僧御殿行道。至夜，追迁入内与御同榻，帝曰："弟子行幸至此，承大有私度山僧欲求公贯，意愿度之，如何？"迁曰："昔周武御图，殄灭三宝，众僧等或划迹幽岩，或逃窜异境。陛下统临大运，更阐法门，无不歌咏有归，来投圣德。比虽屡蒙招引度脱，而来有先后，致差际会。且自天地覆载，莫匪王民，至尊汲引万方，宁止一郭蒙庆？"帝沉虑少时，方乃允焉。因下敕曰："自十年四月已前，诸有僧尼私度者，并听出家。"故率土蒙度数十万人，迁之力矣。——《续高僧传》卷18《隋西京禅定道场释昙迁》

五月乙未，诏曰："魏末丧乱，宇县瓜分，役车岁动，未遑休息。兵士军人，权置坊府，南征北伐，居处无定。家无完堵，地罕包桑，恒为流寓之人，竟无乡里之号。朕甚愍之。凡是军人，可悉属州县，垦田籍帐，一与民同。军府统领，宜依旧式。罢山东河南及北方缘边之地新置军府。"——《隋书》卷2《高祖纪下》

591年辛亥　隋开皇十一年

我大隋应千龄之会……皇帝……乃诏州县各立僧尼二寺，袭圣轨之将颓，继金言之暂缺。……大隋开皇十一年岁次辛亥六月辛□□——《金石萃编》卷38《诏立僧尼二寺记》①

① 该碑无额无题，竟不知为何州何县建立尼寺之铭，也不知诏书发布于哪年。

593年癸丑　隋开皇十三年

十三年，帝幸岐州，迁时随从。乃敕蜀王布围南山，行春蒐之事也。王逐一兽，入故窑中。既失踪迹，但见满窑破落佛像。王遂罢猎，具以事闻。迁因奏曰："比经周代毁道，灵塔圣仪填委沟壑者，多蒙陛下兴建，已得修营。至于碎身遗影，尚遍原野。贫道触目增恸，有心无事。"帝闻惘然，曰："弟子庸朽，垂拱岩廊，乃使尊仪冒犯霜露，如师所说，朕之咎也。"又下诏曰云云：诸有破故佛像，仰所在官司，精加检括，运送随近寺内。率土苍生，口施一文，委州县官人，检校庄饰。故一化严丽，迁实有功。——《续高僧传》卷18《隋西京禅定道场释昙迁》

594年甲寅　隋开皇十四年

十四年，柴燎岱宗。迁又上：诸废山寺并无贯逃僧，请并安堵。帝又许焉。寻敕：率土之内，但有山寺一僧已上，皆听给额，私度附贯。迁又其功焉。——《续高僧传》卷18《隋西京禅定道场释昙迁》

595年乙卯　隋开皇十五年

六月……辛丑，诏名山大川未在祀典者，悉祠之。——《隋书》卷2《高祖纪下》

597年丁巳　隋开皇十七年[①]

拓拔珪，字涉瓌。云中五原虏，为秦护军。苻氏败后，遂即尊号，称魏，都恒。至第三主太武帝伏厘世，信纳邪言，毁坏佛法，诛僧破寺，涉历七年，恶疾灾身。薨后，还复。四主在北。至孝文帝宏世，迁京洛阳，改姓称元，始服冠冕。——《历代三宝纪》卷9

元魏北台：沙门释昙曜，二部，五卷经传；沙门释昙靖，一部，二卷经；沙门吉迦夜，五部，二十五卷经论；沙门释昙辩，一部，一卷经。——《历代三宝纪》卷9

《入大乘论》二卷，坚意菩萨造。元魏北台：《净度三昧经》一卷，第二出，与宝云译二卷者同，广略异耳。见《道祖录》。《付法藏传》四卷，见《菩提流支录》。右三部，合七卷。宋文帝元嘉二十三年丙戌，是北魏太平真君七年，太武皇帝信纳崔皓邪佞谄谀，崇重寇谦，号为天师，残害释种，毁破浮图。至庚寅年，太武遭病，方始感悟，兼有白足禅师来相启发，生愧悔心，即诛崔皓。到壬辰岁，太武帝崩，（子）[孙]文成立，即起浮图；毁经七年，还兴三宝。至和平三年，（诏）[昭]玄统沙门释昙曜，慨前凌废，欣今载兴，故于北台石窟寺内集诸僧众，译斯传经，流通后贤，庶使法藏住持无绝。

《提谓波利经》二卷，见《三藏记》。右一部，合二卷，宋孝武世，元魏沙门释昙(静)[靖]于北台撰。见其文云：东方太山，汉言代岳；阴阳交代，故云代岳。于魏世出，只应云魏言，乃曰汉言，不辩时代，一妄。太山即此方言，乃以代岳译之，两语相翻，不识梵魏，二妄。其例甚多，不可具述，备在两卷。经文旧录别载有《提谓经》一卷，与诸经语同，但靖加足五万行，用石糅金，致成疑耳。今以一卷成者为定。

《杂宝藏经》十三卷；《付法藏因缘传》六卷，或四卷。因缘广异，曜自出者。《称扬诸佛功德经》三卷，第三出，一名《集华经》，一名《现在佛名经》，一名《诸佛华经》，凡四名。与后秦罗什、宋跋陀罗译者本同出异。《大方广菩萨十地经》一卷，第二出，与晋世法护所出《菩萨十地》大同小异，见《始兴录》。《方便心论》二卷，或一卷，凡四品。右五部，合二十五卷。宋明帝世，西域沙门吉迦夜，魏言何事，延兴二年，为沙门统释昙曜于北台重译。刘孝标笔受。见道慧《宋齐录》。

《宝车菩萨经》一卷，一名《妙好宝车经》。右一部，一卷。齐武帝世，元魏淮川沙门释昙辩出。后青州沙门道侍改治，访无梵本。世多注为疑，见《三藏记集》及诸别录。——《历代三宝纪》卷 9

① 隋费长房《历代三宝纪》撰成于是年，下面抄录书中与北魏平城时代佛教有关内容。

599 年己未　隋开皇十九年

拜朔州总管。于时塞北盛兴屯田，仲卿总统之①。微有不理者，仲卿辄召主掌，挞其胸背，或解衣倒曳于荆棘中。时人谓之猛兽，事多克济。由是收获岁广，边戍无馈运之忧。会突厥启民可汗求婚于国，上许之。仲卿因是间其骨肉，遂相攻击。十（七）［九］年②，启民窘迫，与隋使长孙晟投通汉镇。仲卿率骑千余驰援之，达头不敢逼。潜遣人诱致启民所部，至者二万余家。其年，从高颎指白道以击达头。仲卿率兵三千为前锋，至族蠡山，与虏相遇，交战七日，大破之。追奔至乞伏泊，复破之，虏千余口，杂畜万计。突厥悉众而至，仲卿为方阵，四面拒战。经五日，会高颎大兵至，合击之，虏乃败走。追度白道，逾秦山七百余里③。时突厥降者万余家，上命仲卿处之恒安。——《隋书》卷 74《赵仲卿传》

冬十月甲午，以突厥利可汗为启人可汗④，筑大利城处其部落⑤。——《隋书》卷 2《高祖纪下》

① 《隋书》卷 24《食货志》：“是时突厥犯塞，吐谷浑寇边，军旅数起，转输劳敝。帝乃令朔州总管赵仲卿，于长城以北，大兴屯田，以实塞下。”

② 岑仲勉《突厥集史》按：染干之降，在十九年四月。

③ 白道，在今呼和浩特市西北；秦山，即阴山，或曰大青山，大斤山。

④ 启人可汗，即启民可汗（唐人讳改），名曰染干。

⑤ 大利城，盖即北魏盛乐古城，在今和林格尔西北土城子。《隋书》卷 51《长孙览传附炽弟晟传》："寻遣领五万人，于朔州筑大利城以处染干。安义公主死，持节送义城公主，复以妻之。晟又奏：'染干部落归者既众，虽在长城之内，犹被雍闾抄略，往来辛苦，不得宁居。请徙五原，以河为固，于夏、胜两州之间，东西至河，南北四百里，掘为横堑，令处其内，任情放牧，免于抄略，人必自安。'上并从之。……仁寿……三年，有铁勒、思结、伏利具、浑、斛萨、阿拔、仆骨等十余部，尽背达头，请来降附。达头众大溃，西奔吐谷浑。晟送染干安置于碛口。"

600 年庚申　隋开皇二十年

十二月……辛巳，诏曰："佛法深妙，道教虚融，咸降大慈，济度群品，凡在含识，皆蒙覆护。所以雕铸灵相，图写真形，率土瞻仰，用申诚敬。其五岳四镇，节宣云雨，江河淮海，浸润区域，并生养万物，利益兆人，故建庙立祀，以时恭敬。敢有毁坏偷盗佛及天尊像、岳镇海渎神形者，以不道论。沙门坏佛像、道士坏天尊者，以恶逆论。"[①]——《隋书》卷 2《高祖纪下》[②]

① 《隋书》卷 25《刑法志》："帝以年龄晚暮，尤崇尚佛道，又素信鬼神。二十年，诏沙门、道士坏佛像天尊，百姓坏岳渎神像，皆以恶逆论。"《唐律疏议》卷 19："诸盗毁天尊像、佛像者，徒三年。即道士、女冠盗毁天尊像，僧、尼盗毁佛像者，加役流。真人、菩萨，各减一等。盗而供养者，杖一百。"

② 《释迦方志》卷下《教相篇》："隋高祖文皇帝开皇三年，周朝废寺咸为立之。名山之下，各为立寺。一百余州，立舍利塔。度僧尼二十三万人，立寺三千七百九十二所，写经四十六藏，一十三万二千八十六卷，治故经三千八百五十三部，造像十万六千五百八十躯。自余别造，不可具(已)[记]。"

601 年辛酉　隋仁寿元年

春正月……丁酉……突厥寇恒安，遣柱国韩洪击之[①]，官军败绩[②]。——《隋书》卷 2《高祖纪下》

夏五月己丑，突厥男女九万余口来降。……六月……乙丑，废太学及州县学，唯留国子一学，取正三品以上子七十二人充生。颁舍利于诸州[③]。秋七月戊戌，改国子为太学。——《北史》卷 11《隋本纪上》[④]

① 《隋书》卷 52《韩擒虎传附弟洪传》："时突厥屡为边患，朝廷以洪骁勇，检校朔州总管事。寻拜代州总管。仁寿元年，突厥达头可汗犯塞，洪率蔚州刺史刘隆、大将军李药王拒之。遇虏于恒安，

众寡不敌，洪四面搏战，身被重创，将士沮气。虏悉众围之，矢下如雨。洪伪与虏和，围少解。洪率所领溃围而出，死者大半，杀虏亦倍。洪及药王除名为民，隆竟坐死。炀帝北巡，至恒安，见白骨被野，以问侍臣。侍臣曰：'往者韩洪与虏战处也。'帝悯然伤之，收葬骸骨，命五郡沙门为设佛供，拜洪陇西太守。"

② 《隋书》卷74《赵仲卿传》："朝廷虑达头掩袭启民，令仲卿屯兵二万以备之，代州总管韩洪、永康公李药王、蔚州刺史刘隆等，将步骑一万镇恒安。达头骑十万来寇，韩洪军大败，仲卿自乐宁镇邀击，斩首虏千余级。明年，督役筑金河、定襄二城，以居启民。"卷65《李景传》："与上明公杨纪送义成公主于突厥，至恒安，遇突厥来寇。时代州总管韩洪为虏所败，景率所领数百人援之。力战三日，杀虏甚众，赐物三千段，授韩州刺史。以事王故，不之官。"按：隋送义成公主、韩洪恒安之败，《通鉴》系于开皇十九年冬十月。

③《广弘明集》卷17隋文帝《隋国立佛舍利塔诏》："门下：仰惟正觉，大慈大悲，救护群生，津梁庶品。朕归依三宝，重兴圣教，思与四海之内一切人民，俱发菩提，共修福业。使当今见在，爰及来世，永作善因，同登妙果。宜请沙门三十人，谙解法相，兼堪宣导者，各将侍者二人，并散官各一人，熏陆香一百二十斤，马五匹，分道送舍利，往前件诸州起塔。其未注寺者，就有山水寺所，起塔依前山；旧无山者，于当州内清静寺处建立。其塔，所司造样，送往当州。僧多者三百六十人，其次二百四十人，其次一百二十人。若僧少者，尽见僧。为朕皇后、太子广、诸王子孙等，及内外官人、一切民庶、幽显生灵，各七日行道并忏悔。起行道日，打刹莫问同州异州，任人布施；钱限止十文已下，不得过十文。所施之钱，以供营塔。若少不充，役正丁及用库物。率土诸州僧尼，普为舍利设斋。限十月十五日午时，同下入石函。总管、刺史已下，县尉已上，自非军机，停常务七日，专检校行道及打刹等事。务尽诚敬，副朕意焉。主者施行。仁寿元年六月十三日，内史令、豫章王臣暕宣。"按：隋文帝仁寿元年于二十八州，明年五十三州，颁舍利，建木构灵塔。四年，又敕三十州造庙。其中无朔州。

④ 《续高僧传》卷12《隋西京大禅定道场释童真传》："仁寿元年下敕，率土之内，普建灵塔。前后诸州一百一十一所，皆送舍利，打刹劝课，缮构精妙。"《山右石刻丛编》卷3《大隋河东郡首山栖岩道场舍利塔之碑》云："粤以仁寿元年岁次辛酉，爰兴睿想，乃发玺诰，分布舍利于八十州，克十月十五日同时造塔。……乃召匠人铸等身像，并图仙尼置于帝侧。是用绍隆三宝，颁诸四方，欲令率土之上皆瞻日角，普天之下咸识龙颜。以仁寿四年岁在甲子发自镐京，降临河曲。"《法苑珠林》卷40《感应缘》："皇帝昔在潜龙，有婆罗门沙门来诣宅上，出舍利一裹，曰：'檀越好心，故留与供养。'……神尼智仙言曰：'佛法将灭，一切神明今已西去。儿当为普天慈父，重兴佛法，一切神明还来。'其后，周氏果灭佛法。隋室受命，乃兴复之。皇帝每以神尼为言，云：'我兴由佛，故于天下舍利塔内，各作神尼之像焉。'……皇帝于是亲以七宝箱，捧三十舍利，自内而出，置于御座之案，与诸沙门烧香礼拜，愿弟子常以正法护持三宝，救度一切众生。乃取金瓶、琉璃瓶各三十，以琉璃瓶盛金瓶，置舍利于其内。熏陆香为泥，涂其盖而印之。三十州同刻十月十五日正午入于铜函、石函，一时起塔。"

604年甲子　隋仁寿四年①

王頍……授汉王谅府咨议参军，王甚礼之。时谅见房陵及秦、蜀二王相次废黜，潜有异志。頍遂阴劝谅缮治兵甲。及高祖崩，谅遂举兵反，多頍之计也。頍后数进奇策，谅不能用。杨素至蒿泽，将战，頍谓其子曰："气候殊不佳，兵必败。汝可随从我。"既而兵败，頍将归突厥，至山中，径路断绝，知必不免，谓其子曰："吾之计数，不减杨素，但坐言不见从，遂至于此。不能坐受擒执，以成竖子名也。吾死之后，汝慎勿过亲故。"于是自杀，瘗之石窟中[②]。其子数日不得食，遂过其故人，竟为所擒。杨素求頍尸，得之，斩首，枭于太原。——《隋书》卷76《王頍传》

① 唐法琳《辩正论》卷3云："自开皇之初，终于仁寿之末，所度僧尼二十三万人，海内诸寺三千七百九十二所，凡写经论四十六藏，一十三万二千八十六卷。修治故经三千八百五十三部，造金铜、檀香、夹纻、牙石像等，大小一十万六千五百八十躯。修治故像一百五十万八千九百四十许躯。宫内常造刺绣、织成像及画像，五色珠幡、五彩画幡等不可称计。二十四年营造功德，弘羊莫能纪，隶首无以知。"

② 王頍，萧梁名将王僧辩之子；汉王杨谅，时为并州总管，统山西、河北五十二州精兵；蒿泽，在今平遥县西。是年八月，汉王谅举兵反，尚书左仆射杨素讨之。叛军败于清源（今山西清徐），杨谅退保太原后，出降；王頍携子北遁，投奔突厥。王頍逃亡的线路应为：过恒山，经雁北，穿云冈沟，往内蒙古。疑其自杀于武州山石窟之中。

605年乙丑　隋炀帝杨广大业元年

大业初，启民可汗自以内附，遂畜牧于定襄、马邑间，帝使謇之谕令出塞。及还，奏事称旨，拜黄门侍郎。——《隋书》卷47《柳機传附从子謇之传》

607年丁卯　隋大业三年

夏四月……壬辰，改州为郡[①]。——《隋书》卷3《炀帝纪上》

罢州置郡，郡置太守。……郡县佛寺，改为道场[②]，道观改为玄坛[③]，各置监、丞。——《隋书》卷28《百官志下》

大业三年，炀帝幸榆林，欲出塞外，陈兵耀武，经突厥中，指于涿郡。仍恐染干惊惧，先遣晟往喻旨，称述帝意。染干听之，因召所部诸国，奚、霫、室韦等种落数十酋长咸萃。……遂拔所佩刀，亲自芟草，其贵人及诸部争放效之，乃发榆林北境，至于其牙，又东达于蓟，长三千里，广百步，举国就役而开御道。——《隋书》卷51《长孙晟传》

炀帝北巡[④]，至恒安[⑤]，见白骨被野，以问侍臣。侍臣曰："往者韩洪与虏战处

也。”帝悯然伤之，收葬骸骨，命五郡沙门为设佛供⑥。——《隋书》卷52《韩洪传》⑦

隋炀帝《谒方山灵岩寺诗》⑧：

梵宫既隐隐，灵岫亦沉沉。平郊送晚日，高峰落远阴。回幡飞曙岭，疏钟响昼林。蝉鸣秋气近，泉吐石溪深。抗迹禅枝地，发念菩提心。

诸葛颖《奉和〈方山灵岩寺〉应教》：

名山镇江海，梵宇驾风烟。画栱临松盖，凿牖对峰莲。雷出阶基下，云归梁栋前。灵光辨昼夜，轻衣数劫年。一陪香作食，长用福为田。——《广弘明集》卷30《统归篇》

释慧瓒，俗姓王氏，沧州人。壮室出家……受具已后，偏业《毗尼》，随方听略，不存文句。时在定州，居于律席。……周武诛剪，避地南陈，流听群师，咸加芟改。开皇弘法，返迹东川，于赵州西封龙山⑨，引摄学徒，安居结业。大小经律，互谈文义，宗重行科，以戒为主。心用所指，法依为基，道闻远流，归向如市。故其所开悟，以离著为先，身则依附头陀，行兰若法；心则思寻念慧，识妄知诠。徒侣相依，数盈二百。绳床道具，齐肃有仪。展转西游，路经马邑、朔、代、并、晋，名行师寻，誉满二河，道俗倾望⑩。秦王俊作镇并部⑪，弘尚释门，于太原蒙山置开化寺，承斯道行，延请居之。僧众邕熙，声荣逸口，至于黑白布萨⑫，要简行净之人。知有小愆，便止法事；重过则依《方等》，轻罪约律治之。……晚还邺相，方立部众。及献后云崩⑬，禅定初构，下敕追召，入京传化。自并至雍，千里钦风，道次逢迎，礼谒修敬。帝里上德又邀住于终南山之龙池寺，日夜请诲，闻所未闻。因而卒于山舍，春秋七十有二，即大业三年九月也。——《续高僧传》卷18《隋西京禅定道场释慧瓒》

① 《隋书》卷30《地理志中》：“马邑郡，旧置朔州，开皇初置总管府，大业初府废。统县四，户四千六百七十四。……云内，后魏立平齐郡，寻废。后齐改曰太平县，后周改曰云中，开皇初改曰云内。”按：东魏至隋唐，大同的地名称谓最乱，史书中也因北魏恒州代郡平城故地，以及平城民侨居之东魏北齐肆州秀容（隋的雁门崞县）的恒州，而混乱。大致说来，“恒代”“北恒州”“代郡”“平城”“恒安”“常安”之称，一般是指大同。北周隋唐以降，恒安、北台、云内、定襄、云中、云州、大同军杂用；中唐以后，基本确定为后三称。

② 《佛祖统纪》卷39云：大业“九年，诏改天下寺曰道场”。《大慈恩寺三藏法师传》卷1：“初，炀帝于东都建四道场，召天下名僧居焉。其征来者皆一艺之士，是故法将如林，景、脱、基、暹为其称首。末年国乱，供料停绝，多游绵、蜀，知法之众又盛于彼。”

③ 《隋书》卷35《经籍志四》：“后周承魏，崇奉道法，每帝受箓，如魏之旧，寻与佛法俱灭。开皇初又兴，高祖雅信佛法，于道士蔑如也。大业中，道士以术进者甚众。其所以讲经，由以《老子》为本，次讲《庄子》及《灵宝》《升玄》之属。其余众经，或言传之神人，篇卷非一。自云天尊姓乐名静

信，例皆浅俗，故世甚疑之。其术业优者，行诸符禁，往往神验。而金丹玉液长生之事，历代糜费，不可胜纪，竟无效焉。”

④ 《通鉴》卷180：“秋七月……诏发丁男百余万筑长城，西距榆林，东至紫河。……八月壬午，车驾发榆林，历云中，泝金河。时天下承平，百物丰实，甲士五十余万，马十万匹，旌旗辎重，千里不绝。”

⑤ 《唐代墓志铭汇编上》页335《王敏墓志铭》“父穆，隋恒安府鹰扬郎将”，约任于大业年间。

⑥ 云冈第3窟中龛像，日本学者多认为是隋代所造。日本国岩崎继生《大同风土记》（侯振彤译）：“关野、常盘两博士推论说：‘第三窟恐怕是隋朝所建。根据记载，炀帝是为其父文帝建此三尊佛的。在其东面，也打算同样为其母造三尊佛，因遭不测之变而被弑杀，接着国亦灭亡，致使东面之佛遭到了中止的厄运。’”果尔，则炀帝诏令正其时也。

⑦ 唐法琳《辩正论》卷3谓隋炀帝：“奉为文皇帝敬造金铜释迦坐像一躯，通光趺七尺二寸，未及庄严，而顶凝绀翠，体耀紫金，放大光明，照映堂宇。既感通于嘉瑞，敕诸州郡各图写焉。又于并州造弘善寺，傍龙山作弥陀坐像，高一百三十尺。扬州造慧日道场，京师造清禅寺、日严寺、香台寺。又舍九宫为九寺。于泰陵、庄陵二所，并各造寺。平陈之后，于扬州装补故经，并写新本，合六百一十二藏，二万九千一百七十三部，九十万三千五百八十卷。修治故像一十万一千躯，铸刻新像三千八百五十躯，所度僧尼一万六千二百人。”《释迦方志》卷下《教相篇》：“隋炀帝为文皇、献后于长安造二禅定，并二木塔，并立别寺十所，官供四事。治故经六百一十二藏，二万九千一百七十二部。治故像一十万一千躯，造新像三千八百六十躯，度僧六千二百人。”

⑧ 谒，诸本亦作“游”。参看本书附录：《隋炀帝与云冈石窟》。

⑨ 封龙山，一名飞龙山，在今河北获鹿境。

⑩ 《续高僧传》卷23《唐箕山沙门释慧进》：“释慧进，姓鲍氏，潞州上党人。……隋文末历……因逖听诸方胜徒名地，五台、泰岳、东川、北部、常山、雁门，随逐禅踪，无远必届。沙门慧瓒，道王朔川，又往投焉。定师宗傅。及瓒入关，遂往箕山，访踪巢许。”

⑪ 秦王俊任并州总管在开皇十年（590）至十七年（597）。

⑫ 布萨，梵文意译，又译布沙地、布萨陀婆等，意即善宿、净住、长养、断增长。一指僧尼半月说戒，二指居士每月六斋日实行八戒，三指佛徒忏悔。

⑬ 献后，即隋文帝独孤皇后，仁寿二年（602）八月卒。

608年戊辰　隋大业四年

大业四年，燕、代缘边诸郡旱。时发卒百余万筑长城，帝亲巡塞表，百姓失业，道殣相望。——《隋书》卷22《五行志上》

武周山，《冀州图》云[①]：武周山在郡西北，东西数百里，南北五十里。山之南面，千仞壁立。——《太平寰宇记》卷51《朔州》

① 《冀州图》，即《冀州图经》，一卷。见《隋书》卷33《经籍志二》。大约作于隋炀帝大业初，姑系是年。

609 年己巳　隋大业五年

五年，诏天下僧徒无德业者并令罢道；寺院准僧量留，余并毁（折）[拆][①]。……自是，诏下而不行[②]。——《佛祖统纪》卷 39

① 《法苑珠林》卷 18《感应缘》引《冥报记》："隋鄜州宝室寺沙门法藏，戒行精淳，为性质直。至隋开皇十三年，于洛交县韦川城造寺一所。佛殿精妙，僧房华丽，灵像幡华，并皆修满。至大业五年，奉敕融并寺塔，送州大寺。有破坏者，藏师并更修补，造堂安置。兼造一切经，已写八百卷，恐本州无好手纸笔，故就京城旧月爱寺写。至武德二年闰二月内，身患二十余日。乃见一人，身著青衣好服，在高阁上，手把经卷，告法藏云：'汝立身已来，虽大造功德，悉皆精妙。唯有少分，互用三宝物，得罪无量。我今把者，即是《金刚般若》，汝能自造一卷，令汝所用三宝之物得罪悉灭。'藏师于时应声即答言造。藏师虽写余经，未写《金刚般若》。但愿病差，不敢违命。既能觉悟弟子，更无余物，唯有三衣、瓶、钵、偏袒、袛支等，皆悉舍付大德及诸弟子。并造《般若》，得一百卷。"

② 按：是年省并寺院，僧不满五十人者，废。其诏实已施行。

613 年癸酉　隋大业九年

【碑文】以隋大业九年岁次癸酉、五月丁丑朔、廿八日甲辰[①]，终于马邑郡平城乡京畿里之第[②]，春秋廿有五。鄂公伤伉俪之长往……以贞观八年十二月廿二日，旌志于旧殡之所。公以位显望隆……陪葬昭陵[③]。……用依同穴之典，式备文物之仪，乃遣公孙潞王府仓曹参军循毓，驰驿迎夫人神柩于先茔，仍令所司造灵轝发遣，葬事所须，并令官给。——《唐代墓志铭汇编上》页 288《鄂国公夫人苏娍墓志铭》

九年，诏改天下寺曰道场。——《佛祖统纪》卷 39

① 陈垣《二十史朔闰表》列五月朔日为"甲戌"，此处误记。

② 马邑郡平城乡京畿里，疑即北魏平城废都。

③ 鄂国公尉迟敬德，朔州善阳（北齐招远县，隋改善阳，唐曰鄯阳，今山西朔州）人，唐高宗显庆三年（658）十一月死，明年陪葬太宗昭陵。

615 年乙亥　隋大业十一年

二月……庚午，诏曰："设险守国，著自前经，重门御暴，事彰往策，所以宅土宁邦，禁邪固本。而近代战争，居人散逸，田畴无伍，郛郭不修，遂使游惰实繁，寇攘未息。今天下平一，海内晏如，宜令人悉城居，田随近给，使强弱相容，力役兼济，穿窬无所厝其奸宄，萑蒲不得聚其逋逃。有司具为事条，务令得所。"——《隋书》卷 4《炀帝纪下》

十一年，帝北巡狩，始毕率骑数十万，围帝于雁门。——《隋书》卷67《裴矩传》

617年丁丑　隋大业十三年

二月……己丑，马邑校尉刘武周杀太守王仁恭①，举兵作乱，北连突厥，自称定杨可汗。——《隋书》卷4《炀帝纪下》

刘武周，河间景城人。父匡，徙家马邑。……太守王仁恭以其州里之雄，甚见亲遇，每令率虞候屯于阁下。……斩仁恭于郡厅，持其首出徇郡中，无敢动者。于是开廪以赈穷乏，驰檄境内，其属城皆归之，得兵万余人。武周自称太守，遣使附于突厥。隋雁门郡丞陈孝意、虎贲将王智辩合兵讨之，围其桑干镇。会突厥大至，与武周共击智辩，隋师败绩。孝意奔还雁门，部人杀之，以城降于武周。于是袭破楼烦郡，进取汾阳宫，获隋宫人以赂突厥，始毕可汗以马报之，兵威益振。乃攻陷定襄，复归于马邑。突厥立武周为定杨可汗，遗以狼头纛。因僭称皇帝，以妻沮氏为皇后，建元为天兴。以卫士杨伏念为左仆射，妹婿同县人苑君璋为内史令。——《旧唐书》卷55《刘武周传》

①《隋书》卷65《王仁恭传》："寻而突厥屡为寇患，帝以仁恭宿将，频有战功，诏复本官，领马邑太守。其年，始毕可汗率骑数万来寇马邑，复令二特勤将兵南过。时郡兵不满三千，仁恭简精锐逆击，破之。其二特勤众亦溃，仁恭纵兵乘之，获数千级，并斩二特勤。帝大悦，赐缣三千匹。其后突厥复入定襄，仁恭率兵四千掩击，斩千余级，大获六畜而归。于时天下大乱，百姓饥馁，道路隔绝，仁恭颇改旧节，受纳货贿，又不敢辄开仓廪，赈恤百姓。其麾下校尉刘武周与仁恭侍婢奸通，恐事泄，将为乱，每宣言郡中曰：'父老妻子冻馁，填委沟壑，而王府君闭仓不救百姓，是何理也！'以此激怒众，吏民颇怨之。其后仁恭正坐厅事，武周率其徒数十人大呼而入，因害之，时年六十。"

第八编　唐代纪事

618 年戊寅　隋大业十四年，唐高祖李渊武德元年

怀戎沙门高昙晟者①，因县令设斋，士女大集，昙晟与其僧徒五十人拥斋众而反，杀县令及镇将，自称大乘皇帝，立尼静宣为耶输皇后，建元为法轮。——《旧唐书》卷55《高开道传》

① 怀戎县，在今河北张家口涿鹿西南。昙晟之徒，寻为渔阳高开道所并。

619 年己卯　唐武德二年

武德二年正月二十四日诏：自今已后，每年正月九日及每月十斋日，并不得行刑。所在公私宜断屠钓①。——宋王溥《唐会要》卷41《断屠钓》

武周进逼，总管齐王元吉委城遁走，武周遂据太原。——《旧唐书》卷55《刘武周传》

① 《佛祖统纪》卷39：“二年，诏依佛制，正、五、九月及月十斋日，不得行刑屠钓，永为国式。”

620 年庚辰　唐武德三年

夏四月……秦王大破宋金刚于介州，金刚与刘武周俱奔突厥，遂平并州。——《旧唐书》卷1《高祖纪》

国朝以李氏出自老君，故崇道教。高祖武德三年，晋州人吉善行于羊角山见白

衣老父，呼善行，谓曰："为我语唐天子，吾是老君，即汝祖也。今年无贼，天下太平。"高祖即遣使致祭，立庙于其地。遂改浮山县为神山县[①]。——《封氏闻见记》卷1《道教》

① 《旧唐书》卷39《地理志二》："神山，武德二年，分襄陵置浮山县。四年，改为神山，以县东南羊角山神见为名。"按：金代复改为浮山县，再改为忠孝县，今仍名浮山县。

621年辛巳　唐武德四年

往者，刘武周窃据边陲，拥逼良善，石岭以北，皆罹其弊[①]。虽武周奔窜，寄命番夷，而残党余氛，尚怀旅拒，至使朔漠犹警，关塞未宁，屡动干戈，久违声教。……念彼凋弊，若纳诸隍，但朔、代黎元，逆命日久，今虽归附，仍怀反侧。其代州总管府内、石岭以北，自武德四年二月二十九日以前，所有愆犯，罪无轻重，悉从原宥。可并令安居复业，勿使惊扰。——宋·宋敏求《唐大诏令集》卷121录唐高祖武德四年二月《宥刘武周余党诏》

四年秋九月，有前道士、太史令傅弈，先是黄巾，党其所习，遂上废佛法事十有一条[②]。大略云：释经诞妄，言妖事隐，损国破家，未闻益世。请胡佛邪教，退还天竺；凡是沙门，放归桑梓。则我家国昌泰，李、孔之教行焉。高祖纳弈献书。——唐释彦琮《唐护法沙门法琳别传》

云州，隋马邑郡之云内县界恒安镇也。武德四年，平刘武周。六年，置北恒州[③]。七年，州废。——《旧唐书》卷39《地理志二》

武德四年，扫定东夏。有敕：伪乱地僧，是非难识。州别一寺，留三十僧，余者从俗。上以洛阳大集，名望者多，奏请二百许僧住同华寺。——《续高僧传》卷25《唐京师胜光寺释慧乘》

① 石岭，在今山西忻州南、阳曲东北。

② 法琳《破邪论》卷1引《太史令朝散大夫臣傅奕上减省寺塔废僧尼事十有一条》，云："武德四年六月二十日，朝散大夫、行太史令臣傅奕上奏。"明年正月，法琳遂上《破邪论》。

③ 《元和郡县志》卷14《河东道三》："高齐文宣帝天保七年置恒安镇……。自周迄隋，仍为镇也。隋乱陷贼，武德四年平刘武周，置北恒州，七年废。"按：北恒州，设于武德六年（623），非四年。

622年壬午　唐武德五年

释智满，姓贾氏，太原人[①]。……遂往上党石墨山，聚徒行道。……时属隋初创弘大法……乃徙居黎城之东山南流泉精舍。……又往雁门川，依瓒禅师，涉缘念慧。

瓒，僧中藻镜，定室羽仪，言行清澄，具如别传。满嗟遇后展，欣附有余，从瓒历游，所在宗习。又依住开化，结虑修心。俄为文帝追瓒入京，定门斯坏，众侣乖张，满乃录其同志五十余人，西入岚州土安山内，如前综业，大感学徒。隋季道消，贼徒蜂起，生民坠于沟壑，而满众宛然不散，斯亦道感之会也。大唐建义，四众归奔，乃率侣入城，就人弘道。初住晋阳真智寺，以化声广被，归宗如市。武皇别敕引劳，令止许公宅中，供事所须，并出义府；躬往礼问，睹而惧之，顾语裴寂曰："孤见此禅师，衣毛惊起，何耶？"答曰："计无余相，应是戒神所护耳！"重以他日修觐，曰："弟子济拔苍生，今义兴大造，愿往还无障，当为立寺。"既登京辇，天下略平。武德元年，乃诏满所住宅为义兴寺，四事供养，一出国家。至三年，以满德为物归，道声更远，帝欲处之京室，下敕征之。又以北蕃南侵，百姓情骇，都督、弘农公刘让启留满住，用镇众心。有敕特听，同安朝寄。武德五年，猃狁孔炽，戎车载饰，以马邑沙门雄情果敢[②]，烽燿屡举，罔弗因之；太原地接武乡，兵戎是习，乃敕选二千余僧，充兵两府。登又下敕："满师一寺，行业清隆，可非简例。"由是重流景行，光问遐迩，晋川髦彦，沙汰之余，睹满坐受嘉庆，皆来称美。或拜伏戒范者，或依承习住者，常数二百余人。……溘然而卒。春秋七十有八，即贞观二年六月九日也。——《续高僧传》卷19《唐并州义兴寺释智满》

① 《太平广记》卷277《唐高祖》引《广德神异录》："唐太宗为秦王时，年十八，与晋阳令刘文静首谋之夜，高祖梦堕床下，见遍身为虫蛆所食，甚恶之。咨询于安乐寺智满禅师，师俗姓贾氏，西河人也，戒行高洁。师曰：'此可拜乎？夫床下者，陛下也；群蛆食者，所谓群生共仰一人活耳。'高祖喜其言。"

② 雄情果敢的马邑沙门，其主体非武州山诸寺之僧莫属。马邑、太原二郡，括僧为兵者两千余人，可见隋朝寺院的繁荣。唐武德五年（622）后，雁北佛寺恐无精壮之僧矣。

623年癸未 唐武德六年

武周既死，突厥又以君璋为大行台，统其余众，仍令郁射设督兵助镇。高祖遣谕之，君璋部将高满政谓君璋曰："夷狄无礼，本非人类，岂可北面事之，不如尽杀突厥以归唐朝。"君璋不从，满政因人心夜逼君璋，君璋亡奔突厥。满政遂以城来降，拜朔州总管，封荣国公。明年[①]，君璋复引突厥来攻马邑，满政死之，君璋尽杀其党而去，退保恒安。君璋所部稍稍离散，势蹙请降，高祖许之，遣使赐以金券。会突厥颉利可汗复遣召之，君璋犹豫未决。其子孝政曰："刘武周足为殷鉴。今既降唐，又归颉利，取灭之道也。粮储已尽，人情悉离，如更迟留，变生肘腋。"恒安人郭子威说君璋曰："恒安之地，王者旧都，山川形胜，足为险固。突厥方强，为我唇齿。据此坚城[②]，足观天下之变，何乃欲降于人也。"君璋然其计，乃执我行人送于突厥，与突厥合军寇太原之北境。君璋复见颉利政乱，竟率所部来降，拜安州都督，封芮国公，赐实封五百户。——《旧唐书》卷 55《刘武周传》

云州，隋马邑郡之云内县界恒安镇也。武德四年，平刘武周。六年，置北恒州[③]。七年，州废。——《旧唐书》卷 39《地理志二》

① 刘武周死于武德五年。岑仲勉《突厥集史》谓："明年者，武周既死之明年。"

② 前述隋大业年间，尉迟敬德家于马邑郡平城乡京畿里；此言恒安，旧都坚城，可以据守。似乎北魏平城在隋代曾一度恢复使用？

③ 《新唐书》卷 39《地理志三》："云州云中郡……县一……云中，中，本马邑郡云内之恒安镇。武德六年，置北恒州，七年废。"盖北恒州之设，意在安抚苑君璋也。

624 年甲申　武德七年

七年，奕上疏请除去释教，曰："佛在西域，言妖路远，汉译胡书，恣其假托。故使不忠不孝，削发而揖君亲；游手游食，易服以逃租赋。演其妖书，述其邪法，伪启三涂，谬张六道[①]，恐吓愚夫，诈欺庸品。凡百黎庶，通识者稀，不察根源，信其矫诈。乃追 [忏] 既往之罪，虚规将来之福。布施一钱，希万倍之报；持斋一日，冀百日之粮。遂使愚迷，妄求功德，不惮科禁，轻犯宪章。其有造作恶逆，身坠刑网，方乃狱中礼佛，口诵佛经，昼夜忘疲，规免其罪。且生死寿夭，由于自然；刑德威福，关之人主。乃谓贫富贵贱，功业所招，而愚僧矫诈，皆云由佛。窃人主之权，擅造化之力，其为害政，良可悲矣！案《书》云：'惟辟作福威，惟辟玉食。臣有作福、作威、玉食，害于而家，凶于而国，人用侧颇僻。'降自牺、农，至于汉、魏，皆无佛法，君明臣忠，祚长年久。汉明帝假托梦想，始立胡神，西域桑门，自传其法。西晋以上，国有严科，不许中国之人，辄行髡发之事。洎于苻、石，羌胡乱华，主庸臣佞，政虐祚短，皆由佛教致灾也。梁武、齐襄，足为明镜。昔褒姒一女，妖惑幽王，尚致亡国。况天下僧尼，数盈十万[②]，剪刻缯彩，装束泥人，而为厌魅，迷惑万姓者乎！今之僧尼，请令匹配，即成十万余户，产育男女，十年长养，一纪教训，自然益国，可以足兵。四海免蚕食之殃，百姓知威福所在，则妖惑之风自革，淳朴之化还兴。且古今忠谏，鲜不及祸。窃见齐朝章仇子他上表言：'僧尼徒众，糜损国家，寺塔奢侈，虚费金帛。'为诸僧附会宰相，对朝谗毁；诸尼依托妃主，潜行谤讟。子他竟被囚执，刑于都市。及周武平齐，制封其墓。臣虽不敏，窃慕其踪。"[3]——《旧唐书》卷79《傅奕传》

① 《通鉴》卷191胡注："释氏以地狱、饿鬼、畜生为三涂，言人之为恶者必堕此也。又添阿修罗、天神、地祇为六道。"

② 唐武德五年（622），法琳《破邪论》卷1谓："今僧尼二十万众。"《广弘明集》卷7《辩惑篇》曰："入大唐，寺籍佛、道二众不满七万。"

③ 傅奕此奏，《唐会要》卷47《议释教上》记为武德七年（624）七月十四日，《通鉴》系于武德九年（626）。然《破邪论》云，傅奕上书攻击佛教在武德四年（621）。

625年乙酉　武德八年

武德八年，岁居协洽，驾幸国学，将行释奠。堂置三坐，拟叙三宗，众复乐推乘为导首。时五都才学，三教通人，星布义筵，云罗绮席。天子下诏曰："老教、孔教，此土先宗；释教后兴，宜崇客礼。"令老先，次孔，末后释宗。——《续高僧传》卷25《唐京师胜光寺释慧乘》

626年丙戌　武德九年

夏五月辛巳，以京师寺观不甚清净，诏曰："……朕膺期驭宇，兴隆教法，志思利益，情在护持。欲使玉石区分，熏莸有辨，长存妙道，永固福田，正本澄源，宜从沙汰。诸僧、尼、道士、女冠等，有精勤练行、守戒律者，并令大寺观居住，给衣食，勿令乏短。其不能精进、戒行有阙、不堪供养者，并令罢遣，各还桑梓。所司明为条式，务依法教，违制之事，悉宜停断。京城留寺三所，观二所。其余天下诸州，各留一所。余悉罢之。"事竟不行[1]。——《旧唐书》卷1《高祖纪》

世尊……敕云：我灭度后，造立形像，一一似佛，使见者得法身仪则，乃至幡华供养，皆于来世得念佛三昧。具诸相好，如是造立，是佛像体（此像中国僧将来汉地，诸国不许，各爱护之，不令出境。王令依本写留之，今后传者乃至四写，彼本今在杨州长乐寺，亦云龙光瑞像云云）。今人随情而造，各生奇薄，不追本实，竞封世染，所以中国传像在岭东者，并皆风骨劲壮、仪肃隆重，每发神瑞，光世生善(如长干瑞像，是阿育王第四女作，脚趺铭云。今在京师大发灵相)。逮于汉世，彷佛入真；流之晋宋，颇皆近实。并由敬心殷重，意存景仰，准圣模样，故所造灵异。今随世末[②]，人务情巧，得在福敬，失在法式。但问尺寸短长，不论耳目全具。或争价利钝，计供厚薄；酒肉饷遗，贪淫俗务；身无洁净，心唯涉利。致使尊像虽树，无复威灵。菩萨立形，譬类淫女之像；金刚显貌，等逾妒妇之仪。乃至抄写经卷，唯务贱得，弱笔粗纸，恶匠鄙养。致使前工无敬，自心有慢，彼此通贱，法仪灭矣。致令经像训世，为诸信首，反自轻侮，威灵焉在？故致偷盗、毁坏、私窃(治)[冶]铸、焚经受用，多陷罪咎。并由违背世出世法，现在未来受无量苦，皆由失法之所致也。若使道俗存法，造得真仪，鸟兽不敢(汗)[汙]践，何况人乎！[③]——道宣《四分律删繁补阙行事钞》卷下三《僧像致敬篇》[④]

并州有人解画，曾陷北虏，突厥可汗遣画佛像。此人时偷彩色，恐被搜获，纸裹塞鼻中，鼻中血出数升[⑤]。此人后为僧，唐贞观中于山东住寺。——《太平广记》卷116《并州人》引《广古今五行记》

① 《唐会要》卷47《议释教上》：“九年二月二十二日，以沙门、道士亏违教迹，留京师寺三所，观二所，选耆老高行以实之，余皆罢废。至六月四日，敕文：其僧尼、道士、女冠，宜依旧定。”

② 随，即“隋”之本字。

③ 宋《释氏要览》卷2《造像》：“宣律师云：造像梵相，宋齐间，皆唇厚、鼻隆、目长、颐丰，挺然丈夫之相。自唐来，笔工皆端严、柔弱，似妓女之貌。故今人夸宫娃如菩萨也。又云：今人随情而造，不追本实；得在信敬，失在法式。但论尺寸长短，不问耳目全具。或争价利，计供厚薄；酒肉饷遗，身无洁净。致使尊像虽树，无复威灵。乃至抄写经卷，惟务贱得，弱笔粗纸，使前工无敬，自心有慢，彼此通贱，法仪减矣。若使道俗存法，造得真仪，鸟兽尚不敢污，何况人乎？”

④ 道宣《四分律删繁补阙行事钞》，撰于武德九年（626）六月。

⑤ 岑仲勉《突厥集史》谓：“下文言其人贞观中于山东住寺，则是武德前事，兹附此。”

627年丁亥　唐太宗李世民贞观元年

(正)[贞]观元年正月，诏京城德行沙门并令入内殿行道七日。度天下僧尼三千人。——《佛祖统纪》卷39

五月乙丑，常安贼帅(范)[苑]君璋以众来降[①]，拜隰州都督。君璋初为刘武周腹心，武周[败]，又归(突)[颉]利可汗[②]，后见颉利政乱，灾异屡起，知其必败，乃率所部来降。颉利遣兵追蹑，逆击走之。至太州[3]，遣子孝政先入朝，以是拜为都督，封国公，邑三千户，赐帛四十匹。——《册府元龟》卷164

① 常安，“恒安”之讳改。
② 岑仲勉《突厥集史》：“武周下殆夺‘败’字。突利或颉利之讹。”
③ 太州，武德三年（620）于太谷县置，六年（626）废。

629年己丑　唐贞观三年

十一月庚申，并州都督李世勣为通漠道行军总管，华州刺史柴绍为金河道行军总管，任城郡王道宗为大同道行军总管，幽州都督卫孝节为恒安道行军总管，营州都督薛万淑为畅武道行军总管，以伐突厥。——《新唐书》卷2《太宗皇帝纪》

630年庚寅　唐贞观四年

四年正月，李靖进屯恶阳岭，夜袭定襄，颉利惊扰，因徙牙于碛口，胡酋康苏密等遂以隋萧后及杨政道来降[1]。二月，颉利计窘，窜于铁山，兵尚数万，使执失思力入朝谢罪，请举国内附。太宗遣鸿胪卿唐俭、将军安修仁等持节安慰之，颉利稍自安。靖乘间袭击，大破之，遂灭其国，复定襄、恒安地，斥土界至于大漠。——《通典》卷197《突厥上》

俭前在朔州，属李靖平突厥之后，有思结部落贫穷离散，俭招慰安集之。其不来者，或居碛北，既亲属分住，私相往还，俭并不拘责，但存纲纪，羁縻而已。及俭移任，州司谓其将叛，遽以奏闻。朝廷议发兵进讨，仍起俭为使，就观动静。俭单马推诚，入其部落，召诸首领，布以腹心，咸匍匐启颡而至。便移就代州，即令检校代州都督。俭遂劝其营田，每年丰熟。虑其私蓄富实，易生骄侈，表请和籴，（拟）[以]充贮备，蕃人喜悦，边军大收其利。——《旧唐书》卷83《张俭传》

①《旧唐书》卷194《突厥传上》：“先是，隋炀帝萧后及齐王暕之子政道陷于窦建德，（武德）三年二月，处罗迎之，至于牙所，立政道为隋王。隋末中国人在虏庭者，悉隶于政道，行隋正朔，置百官，居于定襄城，有徒一万。”

631年辛卯　唐贞观五年

春正月，诏僧、尼、道士致拜父母[1]。——《通鉴》卷193

贞观五年，有传法穆护何禄，将祆教诣阙闻奏[②]。敕令长安崇化坊立祆寺，号大秦寺，又名波斯寺。——《僧史》卷3《大秦末尼》

① 《佛祖统纪》卷39云：贞观“七年……勅僧、道停致敬父母”。关于唐代道家服色，《汉书》卷40《张良传》颜师古注：“褐制若裘，今道士所服者是。”

② 祆，胡神。祆教，又名火教、拜火教或波斯教。古代流行于伊朗和中亚细亚一带，北朝时传入中国。穆护，是唐代对祆教传教士的称谓。《旧唐书》卷198《西戎传》：“疏勒国……俗事祆神，有胡书文字。于阗国……俗多机巧，好事祆神，崇佛教。……波斯国……俗事天地日月水火诸神，西域诸胡事火祆者，皆诣波斯受法焉。”《新唐书》卷46《百官志一》：“两京及碛西诸州火祆，岁再祀，而禁民祈祭。”《太平广记》卷285《河南妖主》云：“唐河南府立德坊及南市西坊，皆有胡妖神庙。每岁商胡祈福，烹猪杀羊，琵琶鼓笛，酣歌醉舞。酬神之后，募一胡为妖主，看者施钱并与之。其妖主取一横刀，利同霜雪，吹毛不过，以刀刺腹，刃出于背，仍乱扰肠肚流血。食顷，喷水咒之，平复如故。此盖西域之幻法也。出《朝野佥载》。”

634年甲午　唐贞观八年

【碑文】以隋大业九年岁次癸酉，五月丁丑朔，廿八日甲辰，终于马邑郡平城乡京畿里之第，春秋廿有五。鄂公伤伉俪之长往……以贞观八年十二月廿二日，旌志于旧殡之所。公以位显望隆……陪葬昭陵。……用依同穴之典，式备文物之仪，乃遣公孙潞王府仓曹参军循毓，驰驿迎夫人神柩于先茔，仍命所司造灵轝发遣，葬事所须，并令官给。——《唐代墓志铭汇编上》页288《鄂国公夫人苏斌墓志铭》

637年丁酉　唐贞观十一年

贞观十一年正月十五日，诏道士、女冠宜在僧尼之前[①]。——《唐会要》卷49《僧道立位》[②]

① 《广弘明集》卷25唐太宗《令道士在僧前诏》：“贞观十一年，驾巡洛邑。黄巾先有与僧论者，闻之于上。乃下诏云：‘老君垂范，义在清虚；释迦贻则，理存因果。求其教也，汲引之迹殊途；求其宗也，弘益之风齐致。然大道之兴，肇于邃古，源出无名之始，事高有形之外。迈两仪而运行，包万物而亭育。故能经邦致治，反朴还淳。至如佛教之兴，基于西域，逮于后汉，方被中土。神变之理多方，报应之缘匪一。洎于近世，崇信滋深，人冀当年之福，家惧来生之祸。由是，滞俗者，闻玄宗而大笑；好异者，望真谛而争归。始波涌于闾里，终风靡于朝廷。遂使殊俗之典，郁为众妙之先；诸华之教，翻居一乘之后。流遁忘返，于兹累代。今鼎祚克昌，既凭上德之庆；天下大定，亦赖无为之功。宜有解张，阐兹玄化。自今已后，斋供行立，至于称谓，道士、女冠可在僧尼之前。庶敦反本之俗，畅于九有；尊祖之风，贻诸万叶。’时京邑僧徒各陈极谏，有司不纳。”

② 《佛祖统纪》卷39：“九年十月，玄琬法师终于延兴寺，遗表有云：圣帝方尊事三宝，不应使沙门

与百姓同科。乞令僧有过者，并付所属，以内律治之。帝嘉纳焉。乃遣皇太子临吊，勅有司给葬具。十一月，诏曰：比缘丧乱，僧徒减少，华台宝塔，窥户无人，其令天下度僧尼三千人。有司详定，务取德业精明者以闻。僧徒有假托医巫、左道惑众、造诣官曹属致赃贿者，朕在情持护，必无宽贷。诸犯过者，宜令所司依准内律，明为条制。诏曰：老子李姓，是朕之祖，名位称号，宜在佛先。沙门智实、法琳等诣阙申理，诏不许。驾幸洛阳，实等复抗辞固争，以道士虽冒宗老子，其实遵三张符水醮箓之事，不宜居释氏上。勅宰相岑文本谕旨，实等固不奉诏。帝怒，杖实于朝堂，民其服，流之岭表而终。"

638 年戊戌　唐贞观十二年①

元魏太祖道武皇帝，讳珪。运钟丧乱，宇内分崩，生民不见俎豆之容，黔首时睹戎马之迹。礼乐文章，扫地将尽。太祖以雄杰之深姿，包大君之雅量，克平朔野，奄有中州，大启龙光，潜被日（用）［月］。天兴元年，下诏曰："佛法之兴，其来尚矣。于京邑建饰容范，修整寺舍。"又于虞、虢之地，造十五级浮图，起开泰、定国二寺，写一切经，铸千金像。召三百名僧，每月法集。

魏太宗明元皇帝，讳嗣。明睿宽雅，非礼不言；愍念四生，敬重三宝。仍于邺下大度僧尼②。魏世祖太武皇帝，讳焘。气盖当时，威振天下，匣牍四海，牢笼万邦。回向一乘，归依三宝。复伽蓝之胜地，创招提之净宫，仍于邺城造宗正寺③。后因崔皓，始沦正法。魏高宗文（武）成皇帝，讳濬。聪达颖悟，风格异伦。重兴佛教，修复寺宇。释门广被，始自文成。凡度僧尼三万许人。魏显祖献文皇帝，讳弘。德配彼天，道邻极圣。造招隐寺，召坐禅僧。

魏高祖孝文皇帝，讳宏。神光照室，和气充庭；仁孝绰然，岐嶷显著。听览政事，从善如流；哀矜百姓，恒思济益。以太后忌日，哭于陵左，绝膳二日，哭不辍声。仍于邺都造安养寺④，硕德高僧，四方云集。六宫侍女，皆持年三月六⑤。其精进诵经者，并度出家。事无大小，务于（赒给）［周洽］。常谓："史官无讳国（恶）［忌］。"手不释卷，览之便讲；爱奇好士，情如饥渴。善谈庄老，尤敦释义；才藻富赡，文章百篇。悠然远迈，不以世务妨道。而幼承洪绪，早著睿圣之风。时以文明摄事，优游拱己，玄览独得，著自不言，神契所标，固以符于冥化。及躬总大政，一日万机，十许年间，曾不暇给。钦明稽古，叶御天人；帝王制作，朝野轨度；斟酌用舍，焕乎文章。然而尽圣穷神，继天绍历，奉为先皇，于大觉寺修葺堂宇⑥。嚫施隆厚，供给丰华；影塔经台，粲然备举；上标金刹，下列银楹；雁翼临云，龙首承日；名僧继踵，法侣排肩；朝步莲池，暮栖香阁；风流慧苑，梵响禅林。召三百许僧，六时不坠。所度僧尼一万四千人。……

右元魏君临一十七帝，一百七十年，国家大寺四十七所[⑦]。又于北代恒安治西，旁（各）[谷]上下三十余里，镌石置龛，遍罗佛像。计非可尽，庄严弘观。今见存焉。虽屡遭法灭，斯龛不坏。其王公贵室、五等诸侯寺，八百三十九所。——《辨正论》卷3

① 唐济法寺沙门法琳《辨正论》，文中记有贞观六年事，盖成书于贞观七年之后。十三年，此论传入朝廷，法琳被囚禁。法琳为唐代长安高僧最早记述云冈石窟者。姑录其有关记述于是年。

② ③ ④ 法琳所谓“邺下”“邺城”“邺都”者，从前后文的意思推测，盖代指北魏首都平城。

⑤ 年三月六，即三长月、六日斋。

⑥ 大觉寺，南北朝隋唐各个都城俱有此名寺院。《洛阳伽蓝记》卷4《城西》：“大觉寺，广平王怀舍宅也。”法琳在后文记北魏孝明帝“仍于邺下造大觉寺”。平城大觉寺不见他书记载，而法琳述云：“影塔经台，粲然备举；上标金刹，下列银楹；雁翼临云，龙首承日。”似乎是云冈第3窟的写照。第3窟前台，传说为“昙曜译经台”，台上两座三级石塔遥对；窟外石壁高阔，北魏曾建11楹大阁，窟顶亦有建筑遗址。

⑦ 《法苑珠林》卷62《祭祠篇·献佛部》记唐朝“国家大寺，如似长安西明、慈恩等寺，除口分地外，别有敕赐田庄。所有供给，并是国家供养”。

639年己亥　唐贞观十三年

十三年，太宗幸九成宫，突厥可汗弟中郎将阿史那结社率阴结所部，并拥突利子贺罗鹘夜犯御营。事败，皆捕斩之。太宗自是不直突厥，悔处其部众于中国，还其旧部于河北，建牙于故定襄城，立李思摩为乙弥泥熟俟利苾可汗以主之。——《贞观政要》卷9《安边》

640年庚子　唐贞观十四年

恒安镇……武德四年平刘武周，置北恒州，七年废。贞观十四年，自朔州北界定襄城，移云州及定襄城于此[①]。——《元和郡县志》卷14《河东道三》[②]

云州云中郡，下都督府。贞观十四年自朔州北定襄城徙治定襄县。永淳元年为默啜所破，徙其民于朔州。……云中，中，本马邑郡云内之恒安镇。武德六年置北恒州，七年废。贞观十四年复置，曰定襄县。永淳元年废。——《新唐书》卷39《地理志三》

① 按：唐贞观四年，复置云州于汉定襄郡之盛乐城（即北魏盛乐），在今内蒙古和林格尔西北土城子。

《后汉书》卷 1 下《光武帝纪下》唐章怀太子李贤注：东汉“平城，属雁门郡，今云州定襄县也”。因贞观十三年，唐太宗北徙突厥，令李思摩“建牙于故定襄城”，唐云州与定襄军民回撤恒安。如此，地名随人而迁移，是古代北疆地区名称变易的一个主要原因。

② 是年秋，《通鉴》卷 195 记：“君集虏高昌王智盛及其群臣豪杰而还。于是唐地东极于海，西至焉耆，南尽林邑，北抵大漠，皆为州县。”

641 年辛丑　唐贞观十五年

唐贞观十五年，守臣重建[①]。——曹衍《金碑》

十五年十一月，薛延陀尽其甲骑，并发同罗、仆骨、回纥、靺鞨、霫等众[②]，合二十万，卒一人马四匹，度漠，屯于白道川，据善阳岭，以击思摩之部。思摩引其种落走朔州，留精骑以战，延陀乘之，及塞，诏营州都督张俭统所部骑兵及奚、霫、契丹等压其东境。——《册府元龟》卷 985

突厥诸部有思结者，先处代州五台县，其意尝欲归延陀，因是而叛。代州追兵逼及，会李勣旋军至，首尾围击。思结计无所出，走入峨谷中，自度必死，前杀其妻子，然后力战。勣又败之，斩首五百级，生擒一千五百人，虏其男女三千余口，获牛马称是。——《册府元龟》卷 985

① 贞观中，云州镇守，仅见于《唐代墓志汇编》849 页《大周唐故左戎卫右郎将古君夫人匹娄氏墓志并序》：“夫人讳净德，字□，其先代郡人也。……父武彻，朝散大夫，唐秦府库真、骠骑将军、右卫中郎将，檀、云、朔等州刺史，安西都护史，持节、上柱国、济源县开国公。”

② 《旧唐书》卷 199 下《北狄传》：“铁勒，本匈奴别种。自突厥强盛，铁勒诸部分散，众渐寡弱。至武德初，有薛延陀、契苾、回纥、都播、骨利幹、多览葛、仆骨、拔野古、同罗、浑部、思结、斛薛、奚结、阿跌、白霫等，散在碛北。薛延陀者，自云本姓薛氏，其先击灭延陀而有其众，因号为薛延陀部。其官方兵器及风俗，大抵与突厥同。”按：铁勒，汉称丁零，后名狄历、敕勒、高车。

642 年壬寅　唐贞观十六年

释昙韵，不详氏族，高阳人。初厌世出家，诵《法华经》，有余两卷。时年十九，仍投恒岳侧蒲吾山[①]，就彼虚静，讫此经部。值栖隐禅师曰：“诵经非不道缘，常诵未即至道，要在观心离念，方契正道耳。”韵初承此告，谨即受而行之，专精念慧，深具举舍。又闻五台山者，即《华严经》“清凉山”也，世传文殊师利常所住处，古来诸僧多入祈请，有感见者，具蒙示教。昔元魏孝文，尝于中台置大布寺，帝曾游止[②]，具奉圣仪。前种华园，地方二顷，夏中发艳，状同铺锦，光彩昱耀，乱人心目。

如是嘉闻数发，荡神悦耳，遂举足栖焉。遍游台岳，备见灵相，初停北台木瓜寺，二十余岁，单身吊影，处以瓦窑，形覆弊衣，地布草蓐，食惟一受，味不兼余。……至仁寿年内，有瓒禅师者，结集定学，皆负绳床，在雁门川中，兰若为业。韵居山日久，思展往怀，闻风附道，便从瓒众。一沐清化，载仰光猷，随依善友，所谓全梵行也。属隋高造寺，偏重禅门，延瓒入京，众失其主，人各其诚，散归林谷，韵遂投于比干山。又游南部离石、龙泉、文成等郡。七众希向，夷夏大同；十善聿修，缁素匡幸。原此河滨无受戒法，纵有志奉，皆往太原。夷夏情乖，人皆怯往，致有沙弥三十其岁者。及韵化行，即传斯教，山城两众，皆蒙具足。唐运伊始，兵接定阳，屡逢屯丧，本业无毁，以夜系昼，摄心无逸，幽栖积久，衣服故弊。……以贞观十六年端坐终于西河之平遥山，春秋八十余矣。——《续高僧传》卷 20《唐蔚州五台寺释昙韵》

① 蒲吾，汉以来旧县，在今河北平山境。

② 五台山建设始于北魏孝文帝，到隋唐成为佛教名山。日本圆仁《入唐求法巡礼行记》卷 3 云："从金阁寺西，去寺五里有清凉寺，今管南台。此五台山都号清凉山，山中造寺，此寺最初，故号清凉寺，寺中有清凉石云云。……五顶之地，五百里外，四面皆有高峰张列，围拥五台而可千里。……每台多有葱韭生。昔者，孝文皇帝住此五台游赏。文殊菩萨化为僧形，从皇帝乞一座具地，皇帝许之。其僧见许已，敷一座具，满五百里地。皇帝怪云：'朕只许一座具地，此僧敷一座具遍满五台，大奇。朕不要共住此处。'遂以葱韭散五台上，便出山去。其僧在后，将零凌香子散葱韭之上，令无臭气。今见每台遍生葱韭，总不闻臭气；有零凌香满台生茂，香气氛氲。相传云：'五台五百里，敷一座具地也。'……从法花寺西北十五里，有佛光寺。……向南遥望高岭，岩顶巉巘，中心有一大孔，透见那畔之空。其孔远见如笠子许大，斯乃孝文帝射箭透过之处。向西南行七里许，到思阳岭。……当岭头有重山门楼，此乃五台南山门也。"按：五台山清凉寺，唐高宗时蓝谷沙门慧祥《古清凉传》卷上云："清凉寺，魏孝文所立。其佛堂尊像，于今在焉。"

644 年甲辰　唐贞观十八年

十八年十一月，突厥泥熟俟利苾北渡河，延陀恶之，数相攻击。俟利苾有众十万，不能抚御，悉南渡河，请处胜、夏之间，许之。——《唐会要》卷 94

645 年乙巳　唐贞观十九年

十二月……己未，敕礼部尚书、江夏王道宗，发朔、并、汾、箕、岚、代、忻、蔚、云九州兵，镇朔州。——《通鉴》卷 198

646年丙午　唐贞观二十年

六月，遣兵部尚书、固安公崔敦礼，特进、英国公李世勣击破薛延陀于郁督军山北，前后斩首五千余级，虏男女三万余人。——《旧唐书》卷3《太宗纪下》

八月，帝幸灵州，又幸汉故甘泉宫，诏曰："……自朕御天下，二纪于兹，曩者聊命偏师，遂擒颉利；今兹始弘庙略，已灭延陀。……遂使雁山以北，无复单于；龙烛之南，大开封域。……"——《册府元龟》卷12

647年丁未　唐贞观二十一年

唐贞观二十年，征龟兹①，有薛孤训者，为行军仓曹参军。及屠龟兹城后②，乃于精舍剥佛面取金③。旬日之间，眉毛总落④。还至伊州，乃于佛前悔过。所得金者，皆回造功德。未几，眉毛复生。——《法苑珠林》卷95《感应缘》引《冥报拾遗》

① 唐征龟兹，在贞观二十一年十二月。

② 《旧唐书》卷3《太宗纪下》载：二十二年闰十二月，"破龟兹大拨等五十城，虏数万口，执龟兹王诃黎布失毕以归，龟兹平，西域震骇"。

③ 2005年4月，我沿南疆北线考察，停住克孜尔石窟二日，见龟兹诸处石窟壁画佛面、胸部，凡有金箔或涂金处均被刮毁，遂疑唐兵所为。可见，新疆佛寺的厄运，非唯伊斯兰教进入之后。清纪昀《阅微草堂笔记》卷13云："喀什噶尔山洞中，石壁劖平处有人马像，回人相传云是汉时画也，颇知护惜，故岁久尚可辨。汉画如武梁祠堂之类，仅见刻本，真迹则莫古于斯矣。后戍卒燃火御寒，为烟气所熏，遂模糊都尽。惜初出师时，无画手橐笔，摹留一纸者也。"卷14："余尝惜西域汉画毁于煤烟，而稍疑一二千年笔迹何以能在。从侄虞惇曰：朱墨着石，苟风雨所不及，苔藓所不生，则历久能存。易州、满城接壤处，有村曰神星。大河北来，复折而东南，有两峰对峙河南北，相传为落星所结，故以名村。其峰上哆下敛，如云朵之出地，险峻无路，好事者攀踏其孔穴，可至山腰，多有旧人题名，最古者有北魏、五代人，皆手迹宛然可辨。然则洞中汉画之存于今，不为怪矣。"

④ 总，《太平广记》卷116《薛孤训》引《冥祥记》作"尽"。

648年戊申　唐贞观二十二年

【碑文】廿二年夏六月……太宗因问功德何最？法师对以度人。自隋季天下祠宇残毁，缁伍殆绝，太宗自此敕天下诸州寺宜度五人①，弘福寺度五十人②。——《唐代墓志汇编下》2186页《唐玄奘法师塔铭》③

① 《大唐故三藏玄奘法师行状》："令天下寺观，各度五人。"《大唐大慈恩寺三藏法师传》："京城及天下诸州寺，宜各度五人；弘福寺，宜度五十人。计海内寺三千七百一十六所，计度僧尼

一万八千五百余人。未此已前，天下寺庙遭隋季凋残，缁侣将绝。蒙兹一度，并成徒众。”

② 长安弘福寺，玄奘初归翻经之所；高宗后，师又驻锡西明寺。

③ 《旧唐书》卷 191《玄奘传》：“僧玄奘，姓陈氏，洛州偃师人。大业末出家，博涉经论。尝谓翻译者多有讹谬，故就西域，广求异本以参验之。贞观初，随商人往游西域。玄奘既辩博出群，所在必为讲释论难，蕃人远近咸尊伏之。在西域十七年，经百余国，悉解其国之语，仍采其山川谣俗，土地所有，撰《西域记》十二卷。贞观十九年，归至京师。太宗见之，大悦，与之谈论。于是诏将梵本六百五十七部于弘福寺翻译……凡成七十五部，奏上之。”另，《藕香零拾》收录宋张礼《游城南记》：“东南至慈恩寺。少迟，登塔观唐人留题。张注曰：寺本隋无漏寺。贞观二十一年高宗在春宫，为文德皇后立为慈恩寺。永徽三年，沙门元奘起塔。初为五层，砖表土心，效西域窣堵波，即袁宏《汉记》所谓浮图祠也。长安中摧倒，天后及王公施钱重加营建，至十层。”按：北宋马永卿《懒真子》卷 2 谓玄奘于慈恩寺所建砖塔七层，用西域故事，名曰雁塔。此为后世“雁塔”之始。

650 年庚戌　唐高宗李治永徽元年

永徽元年九月，高侃击车鼻[①]……诸部尽内附，置单于、瀚海二都护府、十都督、二十二州分统之。自是北边无寇三十余年。——《唐会要》卷 94

魏氏北台恒安石窟，三十里内连次而列，高二十余丈，内受千人，终劫不朽。——道宣《释迦方志》卷下《通局篇》[②]

魏（元氏）太祖道武皇帝，于虞地造十五级塔，又造开泰、定国二寺，写一切经，造千金像。三百名僧每（日）［月］法集。魏高宗文成帝，重复佛教，更开释门，凡度僧尼三万许人。魏显祖献文帝，造招隐寺，召坐禅僧。魏高祖孝文帝，于邺造安养寺，召四方僧，六宫侍女皆持年三长月、六日斋[③]，有慕道者放令出家。手不释卷，顷便为讲。为先皇再治大觉[④]，大行供施，度僧尼一万四千人。……右元魏君临一十七帝，一百七十年，国家大寺四十七所。北台恒安，镌石置龛，连三十里。王公等寺八百三十九所，百姓所造寺者三万余所。总度僧尼二百余万，译经四十九部。佛教东流，此焉为盛。惟太武世信用司徒崔皓佞说，凌废正教，潜隐七年。后知诈妄，戮诛崔氏，还复佛教，光阐于前。——《释迦方志》卷下《教相篇》

① 车鼻，突厥可汗名。

② 道宣《释迦方志》成书于是年，故录其有关北魏平城时代佛教内容于此。

③ 三长月，即三长月斋，谓在正、五、九三月持长斋，皆茹素。六日斋，即六斋日，每月八、十四、十五、二十三、二十九、三十日，为八戒斋日，过午不食。“斋”字四后，《法苑珠林》作“月别造像”。

④ 大觉，即大觉寺，《法苑珠林》卷 100 无此二字。按：道宣《释迦方志》、道世《法苑珠林》对北魏平城时代各帝的记述，多因承唐初法琳的《辩正论》而缩写之，故易生误；然间或也有新意。

653 年癸丑　唐永徽四年

永徽四年四月，敕道士、女冠、僧尼等不得为人疗病及卜相。——《唐会要》卷 50《杂记》

657 年丁巳　唐显庆二年

显庆二年，诏曰："释典冲虚，有无兼谢；正觉凝寂，彼我俱忘。岂自遵崇，然后为法？圣人之心，主于慈孝。父子君臣之际，长幼仁义之序，与夫周、孔之教，异辙同归。弃礼悖德，朕所不取。僧尼之徒，自云离俗，先自尊高。父母之亲，人伦以极。整容端坐，受其礼拜。自余尊属，莫不皆然。有伤名教，实斁彝典。自今以后，僧尼不得受父母及尊者礼拜。所司明为法制，即宜禁断。"——《唐会要》卷 47《议释教上》

661 年辛酉　唐显庆六年、龙朔元年

【碑文】龙朔元年，任朔州善阳县丞。毗赞一同，波清徽于代壤；翼宣百里，睦旷黎于胡蕃。乃有荒狄酋渠，航溟欵化，纶旨情留庶物，招引还涂[①]。——《唐代墓志汇编上》401 页《乐玄德墓志铭》

释明隐者，少习禅……在中台北木瓜谷寺三十年，唯以定业，余无所怀。又往佛光山寺七年，又住大孚寺九年，志道之徒，相从不绝，道俗供事，填委山林。永徽二年，代州都督以昭果寺僧徒事须纲领，追还寺任，辞不获免。龙朔元年十月，卒于此寺，端坐熙怡，如在久定。其五台山有故宕昌寺[②]，甘泉美岫，往而忘返，有僧服水得仙，身如罗縠，明见藏府骨髓。武德年末，行于山泽，今村中父老目者十余人说之。[③]五台山者，斯为神圣所憩。中台最高，所望诸山并下，上有大泉名曰太华，傍有二塔，后诸小石塔，动有百千，云是孝文从北恒安至此所立，石上人马大迹，俨然如初。从中台东南三十里，至大孚灵鹫寺[④]，南有花园，前后遇圣，多于此地。——《续高僧传》卷 27《唐代州五台山释明隐》

唐龙朔元年，下敕令会昌寺僧会赜往五台山修理寺塔[⑤]。其山属代州五台县，备有五台。中台最高，目极千里，山川如掌。上有石塔数千所，砖石垒之，斯并魏高祖孝文帝所立。——《法苑珠林》卷 14《唐代州五台山像变现出声缘》

① 此虽述朔州之事，但邻近云州（今山西大同），可见当时边塞情形。另，《唐代墓志汇编上》849页《昝斌墓志铭》：“公讳斌，字务斌，平阳人也。……父敬本，唐任云、夷二州刺史，上柱国、永城县开国公。”昝敬本任云州刺史，约在唐高宗前期。

② 宕昌寺，疑是北魏太和年间宕昌公王遇（钳耳庆时）所建。

③ 此系道宣自述游五台山的经历。

④ 大孚灵鹫寺，唐武则天时改名大华严寺，明太祖赐额“大显通寺”，在今五台山台怀镇北侧。

⑤ 《佛祖统纪》卷39：“（龙朔）二年，勅会昌沙门会赜诣五台山礼文殊真容。众见金光满殿，空声赞云：善哉！”

662年壬戌　唐龙朔二年

六月……乙丑，初令道士、女冠、僧、尼等，并尽礼致拜其父母。——《旧唐书》卷4《高宗纪上》

663年癸亥　唐龙朔三年

龙朔三年二月十五日，移燕然都护府于回纥部落，仍改名瀚海都护府。其旧瀚海都（督）[护]府移置云中城[①]，改名云中都护府。仍以碛为界，碛北诸蕃州悉隶瀚海，碛南并隶云中。——《唐会要》卷73

① 云中城，《唐会要》卷98作“云中古城”，即今内蒙古托克托。云中都护府，麟德元年（664）改名“单于大都护府”。城内有振武军，设振武军节度使。

664年甲子　唐麟德元年

元氏之先，北代云中虏也，世为豪杰。……本姓託跋，鲜卑胡人也。西晋之乱，有託跋庐，出居晋楼烦地，晋即封为代王。于后部落分散，经六十余年，至庐孙拾翼鞬。或言涉珪，魏史云即道武皇帝，魏之太祖也。改号神瑞元年，当晋孝武太元元年也。出据朔州东三百里筑城立邑，号为恒安之都。为苻秦护军，坚败后，乃即真号。生知信佛，兴建大寺。恒安郊西大谷，石壁皆凿为窟，高十余丈，东西三十里，栉比相连，其数众矣。谷东石碑见在，纪其功绩，不可以算也。其碑略云：自魏国所统赀赋，并成石龛[①]。故其规度宏远，所以神功逾久而不朽也。——《大唐内典录》卷4《后魏元氏翻传佛经录》[②]

① 赵邦彦《调查云冈造像小记》，据窟内遗刻的北魏太和以后的造像题记，云：“《内典录》所谓并成于道武帝之世者，不攻自破。诸碑之造像主，或为邑（畿）[义]信士女等五十四人，或为比丘尼，

安得谓为统魏国赀赋以成之耶？……自昙曜开窟以后，邑里信佛之徒，承风而起，先后继作，遂克蔚为巨观焉。”显然，邦彦并不了解云冈性质，皇家石窟，“谷东石碑见在”于初唐。

② 唐道宣《大唐内典录》卷末记：“龙朔四年春正月于西明寺出之。”按：龙朔四年，即麟德元年。

665 年乙丑　唐麟德二年

释昙曜，未详何许人也。少出家，摄行坚贞，风鉴闲约。以元魏和平年，任北台昭玄统，绥辑僧众，妙得其（一）［心］①。住恒安石窟通乐寺②，即魏帝之所造也③。去恒安西北三十里，武周山谷北面石崖，就而镌之，建立佛寺，名曰灵岩。龛之大者，举高二十余丈，可受三千许人。面别镌像，穷诸巧丽；龛别异状，骇动人神。栉比相连三十余里。东头僧寺，恒供千人，碑碣见存，未卒陈委④。先是太武皇帝太平真君七年，司徒崔皓邪佞谀词，令帝崇重道士寇谦之，拜为天师，珍敬老氏⑤，虔刘释种，焚毁寺塔。至庚寅年，太武感致疠疾，方始开悟。兼有白足禅师，来相启发。帝既心悔，诛夷崔氏。事列诸传。至壬辰年，太武云崩，（子）［孙］文成立，即起塔寺，搜访经典。毁法七载，三宝还兴。曜慨前凌废，欣今重复，故于北台石窟，集诸德僧，对天竺沙门，译《付法藏传》并《净土经》，流通后贤，意存无绝。时又有沙门昙靖者，以创开佛日，旧译诸经并从焚荡，人间诱导，凭准无因，乃出《提谓波利经》二卷。意在通悟，而言多妄习，故其文云：东方泰山，汉言岱岳⑥，阴阳交代，故谓代岳。出于魏世，乃曰汉言，不辩时代，斯一妄也。太山，即此方言，乃以代岳译之，两语相翻，不识梵、魏，斯二妄也。其例甚众，具在经文，寻之可领。旧录，别有《提谓经》一卷，与诸经语同，但靖加五方五行，（同）［用］石糅金⑦，疑成伪耳。并不测其终。隋初开皇，关壤往往民间犹习《提谓》，邑义各持衣钵，月再兴斋，仪范正律，递相监检⑧，甚具翔集云。——《续高僧传》卷1《元魏北台恒安石窟通乐寺沙门释昙曜》⑨

① 一，大正藏本、频伽藏本作“心”，据改。

② 恒安，是北齐所立镇名，在今山西大同御河东的古城村。隋代设云内县，而恒安镇犹存。镇废，大约隋唐之际。

③ 陈垣《记大同武州山石窟寺》云：“魏帝所造，魏文成帝所造也。文成以前塔寺，既为太武所毁，则此灵岩石窟，必为文成复法以后所造，盖即昙曜白帝所造也。曰‘东头僧寺，恒供千人’，疑即今石佛寺东之最大石窟，然已荒落不堪矣。既名通乐，又曰灵岩，则寺非一寺，名非一名，记载缺略，至为可憾。此传成于贞观十九年，当西历之六百四十五年。《古今译经图记》《开元释教录》《贞

元新定释教目录》，均沿用其文。《贞元释教录》成于西历八百年，而于‘碑碣见存，未卒陈委’二语，亦复沿用，未识当时碑碣，果否有流传也。清初迄今，不过三百年，而道旁摩崖诸碑，已无一可辨。盖此山之石，松而易泐，不耐风雨，造像犹可，刻碑未见其能永年也。”按：“东头僧寺”乃“栉比相连三十余里”石窟之东头，今从焦山石窟，经吴官屯石窟、鲁班窑石窟，到云冈，足足三十里；僧寺即指云冈石窟无疑，非谓一窟。云冈东部摩崖题刻小字，风雨之下，保持不足三百年，的确如此。

④ 考道宣游方，没有跨过雁门关北，对北魏平城佛事特别是武州山石窟，没有亲身感受。他在《续高僧传序》中讲：“昔梁沙门金陵释宝唱撰《名僧传》，会稽释惠皎撰《高僧传》……缉裒吴越，叙略魏燕，良以博观未周。……中原隐括，未传简录……惟隋初沙门魏郡释灵裕，仪表缀述，有意弘方，撰《十德记》一卷，偏叙昭玄师保，未粤广嗣通宗。……今余所撰，恐坠接前绪，故不获已而陈之。”所谓《十德记》，全称《光师弟子十德记》，盖述东魏北齐慧光一脉僧徒情况。道宣撰《昙曜传》，取材十分有限，大约只是在魏收《释老志》、费长房《历代三宝纪》和法琳《辨正论》基础上，加进了当时“往往来者述之”的内容。

⑤ 珍，大正藏本、频伽藏本作“弥”。

⑥ 岱，大正藏本、频伽藏本作“代”。

⑦ 同，大正藏本、频伽藏本作“用”，据改。

⑧ 监，大正藏本、频伽藏本作“鉴”。

⑨ 《续高僧传》，陈垣《中国佛教史籍概论》卷2考订：贞观十九年成书，麟德二年续补完成。

666年丙寅 唐麟德三年、乾封元年

麟德三年春正月……天下诸州置观、寺一所。……二月己未，次亳州。幸老君庙，追号曰太上玄元皇帝，创造祠堂。其庙置令、丞各一员。——《旧唐书》卷5《高宗纪下》

667年丁卯 唐乾封二年

沙门昙曜，帝礼为师，请帝于京西武州西山石壁，开窟五所，镌佛像各一，高者七十尺，次六十尺，雕饰奇伟，冠于万代。[①] 今时见者传云：谷深三十里，东为僧寺，名曰灵岩，西头尼寺[②]，各凿石为龛，容千人。已还者相次栉比。石崖中七里，极高峻，佛龛相连，余处时有断续。佛像数量，孰测其计。有一道人，年八十，礼像为业，一像一拜，至于中龛而死，尸僵伏地，以石封之，今见存焉，莫测时代[③]。在朔州东三百里，恒安镇西二十余里。往往来者述之[④]，诚不思议之福事也。——《广弘明集》卷2《魏书释老志》[⑤]

敬重正法门第二十六：……敬礼易州石经[⑥]、朔州恒安石窟经像[⑦]。——《广弘明集》卷27道宣《统略齐文宣净行法门》[⑧]

① 以上文字，抄袭《魏书》卷 114《释老志》；以下是道宣新增的介绍。

② 厉寿田《云冈石窟源流考》：“今云冈石窟西七里吴官屯村西山坡上，地名姑子庙，有小佛龛十余。因历年已久，风雨剥蚀，佛像残缺，或为两书所言之尼寺名石祇洹舍者，即是此地。但中间为河水所隔断，尼寺之痕迹，早已湮没不彰也。”按：两书，谓《水经注》与《广弘明集》。吴官屯石窟，今在道路北，壁间残存禅窟 15 个，另有若干摩崖龛型造像，确为北魏雕刻，佛像较为清瘦。但古今悬远，不可以今名姑子庙，而推谓北魏尼寺。

③ 云冈第 5 窟东龙王庙岩壁凿小窟颇多，俗云寄骨洞，传曰封尸骨处。20 世纪 80 年代末考古发掘时，发现一墙封小窟内有骷颅十余个。

④ 道宣（596 ~ 667）在《续高僧传》中，自述贞观前曾北游陕、晋、冀塞内。他到过五台山，但没有来过云冈。道宣晚年，编撰《大唐内典录》《广弘明集》，同时增补《续高僧传》，其中对武州山石窟的记述，显然超越了他的前著《释迦方志》和唐初法琳的《辩正论》。讲述更为详细的原因，即所谓“今时见者传云”“往往来者述之”。然而，既是当时人传说，反映的即为唐初情形，大约不会早于贞观十四年（640）云州及定襄县的东迁重建，否则《辩正论》和《释迦方志》中将有所体现。

⑤ 《广弘明集》，麟德元年（664）道宣撰，乾封二年（667）成书。

⑥ 易州石经，即今北京房山云居寺石经。《法苑珠林》卷 18《感应缘》引《冥报记》：“隋幽州沙门释智苑，精练有学识。隋大业中，发心造石一切经藏，以备法灭。既而，于幽州西山凿岩为石室，即磨四壁而以写经。又取方石，别更磨写，藏诸室内。每一室满，即以石塞门，用铁锢之。时隋炀帝幸涿郡，内史侍郎萧瑀，皇后弟也，性笃信佛法，以其事白后，后施绢千匹及余钱物，以助成之。瑀施绢五百匹。朝野闻之，争共舍施，故苑得遂功。苑常以役匠既多，道俗奔臻，欲于岩前造木佛堂并食堂、寝室，而念木瓦难办，恐繁费经物，故未能起作。一夜暴雨，雷电震山，明旦既晴，乃见山下有大木松柏数千（万）[株]，为水所漂，流积道次。山东少林木，松柏尤希，道俗惊骇，不知来处；推寻踪迹，远自西山，崩崖倒[木]，漂送来此。于是远近叹服：自非福力，孰感神助？苑乃使匠择取其木，余皆分与邑里。邑里喜愧，而助造堂宇。顷之毕成，如其志焉。苑所造石经，已满七室。至唐贞观十三年卒，弟子犹继其功。殿中丞相李玄奖、大理丞采宣明等，皆为临说之。临至十九年从驾幽州，亲问乡人，皆同不虚。”按：智苑，诸书作“静琬”；临，即《冥报记》作者唐临。

⑦ 按云冈石窟经像，今有像无经。其经，约为两种可能：一是古寺所藏或所译佛经；二是今第 5、6 双窟与第 7、8 双窟间的两座龟趺丰碑，当年可能刻有经文。我想应是后者。

⑧ 道宣《统略〈净住子净行法门〉序》云：“自教流震土，六百余年，道俗崇仰，其踪可悉。……昔南齐司徒、竟陵王、文宣公萧子良者，崇仰释宗，深达至教。……以齐永明八年，感梦东方普光世界天王如来，树立净住净行法门，因其开衍。……始于怀铅，终于绝笔，凡经七旬，两帙都了。……故江表通德，体道乘权，综而习之，用开灵府。陈平隋统，被及关河。传度不亏，备于藏部。后进学寡，识昧前修，曾不披寻，任情臆断，号曰伪经。相从捐掷，斯徒众矣，可为悲夫！余以暇景，试括检之，文实精华，理存信本矣。……辄又隐括，略成一卷，撮梗概之贞明，摘扶疏之茂美，足以启初心之跬步，标后锐之前踪。又图而赞之，广于寺壁，庶使愚智齐晓，识信牢强。万载之道遐开，七众之基成立。敬而信者，是称净行之人；宗而行之，不亡净住之目。”由此可知，南齐萧子良著《净住子净行法门》，曾流行于江南。到隋朝，传至北方，收入藏经。唐初疑列伪经，高宗时道宣整理为《统略〈净

住了净行法门〉》一卷。按：易州石经，隋炀大业始造；朔州恒安石窟，乃北齐北周隋朝的称谓。净住子萧子良永明八年（490），是否将云冈石窟列入礼敬法门，不得而知；但谓“敬礼易州石经、朔州恒安石窟经像”，则必系隋唐僧人的语言，当时列为四众礼敬的正法门，应属道宣增加的内容。

668 年戊辰　唐乾封三年、总章元年

总章元年，诏百僚、僧、道会百福殿，（仪）［议］《老子化胡经》[①]。沙门法明排众而出，曰：“此经既无翻译朝代，岂非伪造？”举众愕然，无能应者。乃勅令搜聚伪本，悉从焚弃。——《佛祖统纪》卷 39

元魏君临一十七帝，一百七十年，国家大寺四十七所。北台恒安，镌石置龛，东［西］三十里。王公等寺八百三十九所，百姓所造寺者三万余所。总度僧尼二百余万，译经四十九部。佛教东流，此焉为盛。——《法苑珠林》卷 100《传记篇·兴福部》[②]

① 大正藏本作“仪”，频伽藏本作“议”，据改。

② 唐道世《法苑珠林》成书于此年。

672 年壬申　唐咸亨三年

三年，勅洛阳龙门山镌石龛卢舍那佛像，高八十五尺[①]。——《佛祖统纪》卷 39

初，咸亨中，突厥诸部来降附者，多处之丰、胜、灵、夏、朔、代等六州，谓之降户。——《旧唐书》卷 194《突厥传上》

① 《河洛上都龙门山之阳大卢舍那像龛记》：“大唐高宗天皇大帝之所建也。佛身通光座高八十五尺，二菩萨七十尺，迦叶、阿难、金刚神王，各高五十尺。粤以咸亨三年壬申之岁四月一日，皇后武氏助脂粉钱二万贯，奉敕检校僧西京实际寺善道禅师、法海寺主惠暕法师，大使、司农寺卿韦機，副使、东面监、上柱国樊玄则，支料匠李君瓒、成仁威、姚师积等。至上元二年乙亥十二月卅日毕工。调露元年己卯八月十五日，奉敕于大像南，置大奉先寺，简召高僧，行解兼备者二七人，阙即续补。……”按：该记刻在龙门石窟大卢舍那像的佛座北侧，系开元十年（722）追述。

673 年癸酉　唐咸亨四年

中台上，有旧石精舍一所，魏棣州刺史崔震所造[①]。又有小石塔数十枚，并多颓毁。今有连基叠石室二枚，方三丈余，高一丈五尺。东屋石文殊师利立像一，高如人等。西屋有石弥勒坐像一，稍减东者。其二屋内，花幡供养之具，氈荐受用之资，莫不鲜焉。即慈恩寺沙门大乘基所致也。基，即三藏法师玄奘之上足。以咸亨四年，与白黑五百余人往而修焉。……南有故碑二，见今已倒抑，文字磨灭，维余微映。余

洗而视之[②]，竟不识一字。一前刺史崔震所造，一忻州长史张备所立。……从此东南行，寻岭渐下三十余里，至大孚图寺。寺本元魏文帝所立，帝曾游止。具奉圣仪，爰发圣心，创兹寺宇。孚者，信也，言帝既遇非常之境，将弘大信。且今见有东西二堂，像设存焉。其余廊庑基域，彷佛犹存。《括地志》以孚为铺，《高僧传》以孚为布，斯皆传录之谬也。——《古清凉传》卷上

中台南三十余里，在山之麓有通衢，乃登台者常游此路也。傍有石室三间，内有释迦、文殊、普贤等像，又有房宇、厨帐、器物存焉。近咸亨三年，俨禅师于此修立，拟登台道俗往来休憩。俨本朔州人也，未详氏族。十七出家，径登此山礼拜，忻其所幸，愿造真容于此安措。然其道业纯粹，精苦绝伦，景行所覃，并部已北一人而已。每在恒安修理孝文石窟故像，虽人主之尊，未参玄化，千里已来，莫不闻风而敬矣。春秋二序，常送奶酪、毡毾，以供其福务焉[③]。自余胜行殊感，未由曲尽。以咸亨四年，终于石室。去堂东北百余步，见有表塔[④]，跏坐如生，往来者具见之矣。石堂之东南，相去数里，别有小峰。上有清凉寺，魏孝文所立。其佛堂尊像，于今在焉。——《古清凉传》卷上

① 崔震，疑即《魏书》卷40《陆俟传附孙琇传》所载世宗景明二年(501)的廷尉少卿崔振。然北魏无“棣州”，《隋书》卷30《地理志中》谓：“开皇六年置棣州，大业二年为沧州。”姑录存疑。

② 余，即唐高宗时蓝谷沙门慧祥，撰《古清凉传》。

③ 俨禅师修理云冈石窟北魏故像，应在咸亨三年(672)以前；所谓“春秋二序，常送奶酪、毡毾”的“人主”，乃指突厥可汗。宿白先生据此推测第3窟大像为初唐作品，恐失历史依据。按唐高祖世，刘武周、苑君璋割据雁北；太宗贞观四年收复恒安，十四年云州迁至，帝然傅奕之说，不喜佞佛劳民，寺院建设盖寡；高宗崇重道教，以天尊玄元为李氏之先；至则天武后，云州废为荒城。初唐乃至整个唐代，大同地区或为军府，或为北方游牧民族占据，云冈石窟没有大规模开窟造像的历史条件。

④ 僧墓立塔，大约唐代以后普遍，即所谓祖师塔。僧塔位置，应在山寺附近。河南嵩山塔林位于少林寺西侧500米许的五乳峰脚下，现存最早的是唐塔。云冈祖师灵塔，只存明代三座，在石窟山顶北部约五百米。《海东金石录》卷3《唐高丽广照寺真澈禅师碑》，云“奉迁神座于本山，窆于寺之西岭，去寺三百步，雅奉遗教也”。其《后晋高丽大镜大师玄机塔碑》《后晋高丽国朗圆大师悟真塔碑铭》《晋高丽五龙寺法镜大师塔碑铭》俱云：“去寺三百来步。”大致都去山寺500米左右。

674年甲戌　唐咸亨五年、上元元年

至上元元年八月二十四日，诏凡有公私斋会及参集之处，道士、女冠在东，僧尼在西，不须更为先后。——《唐会要》卷49《僧道立位》

十二月……壬寅，天后上表，以为："国家圣绪，出自玄元皇帝[①]，请令王公以下皆习《老子》，每岁明经，准《孝经》《论语》策试。"……诏书褒美，皆行之。——《通鉴》卷202

① 胡注："老子姓李名耳，唐祖之；乾封元年，尊为玄元皇帝。"

679年己卯　唐调露元年

调露元年，突厥阿史德温傅反，单于管内二十四州并叛应之，众数十万。单于都护萧嗣业率兵讨之，反为所败。于是以行俭为定襄道行军大总管，率太仆少卿李思文、营州都督周道务等部兵十八万，并西军程务挺、东军李文暕等总三十余万，连亘数千里，并受行俭节度。唐世出师之盛，未之有也。行俭行至朔州，知萧嗣业以运粮被掠，兵多馁死，遂诈为粮车三百乘，每车伏壮士五人，各赍陌刀、劲弩，以羸兵数百人援车，兼伏精兵，令居险以待之。贼果大下，羸兵弃车散走。贼驱车就泉水，解鞍牧马，方拟取粮，车中壮士齐发，伏兵亦至，杀获殆尽，余众奔溃。……贼众于黑山拒战[①]，行俭频战皆捷，前后杀虏不可胜数。伪可汗泥熟匐为其下所杀，以其首来降。又擒其大首领奉职而还。余党走依狼山。行俭既回，阿史那伏念又伪称可汗，与温傅合势鸠集余众。明年，行俭复总诸军讨之，顿军于代州之陉口，从反间……伏念果率其属缚温傅诣军门请罪，尽平突厥余党。——《旧唐书》卷84《裴行俭传》

① 《资治通鉴》卷116胡三省注："黑山在唐振武之北塞外，即杀胡山也。"

680年庚辰　唐调露二年、永隆元年

秋七月……突厥余众围云州，中郎将程务挺击破之[①]。——《旧唐书》卷5《高宗纪下》

永隆元年，沙门智运于洛阳龙门山镌石为一万五千佛。——《佛祖统纪》卷39

① 《旧唐书》卷93《唐休璟传》："调露中，单于突厥背叛，诱扇奚、契丹侵掠州县，其后奚、羯胡又与桑干突厥同反。"《新唐书》卷111《程务挺传》："拜右领军卫中郎将，破突厥六万骑于云州。"《册府元龟》卷358："窦怀哲为云州都督。调露二年，突厥余众围云州，怀哲与左领军中郎将程务挺率兵击破之。"

682年壬午　唐开耀二年、永淳元年

十二月……突厥余党阿史那骨笃禄等招合残众，据黑沙城，入寇并州北境。——《旧唐书》卷5《高宗纪下》

云州云中郡，下都督府。贞观十四年，自朔州北定襄城徙治定襄县。永淳元年为默啜所破①，徙其民于朔州。……云中，中，本马邑郡云内之恒安镇。武德六年置北恒州，七年废。贞观十四年复置，曰定襄县。永淳元年废②。——《新唐书》卷39《地理志三》

寻拜右领军卫将军，检校代州都督。又率兵击突厥元珍等于云州，斩首万余级，获生口二万余人、驼马牛羊三万余头。贼闻仁贵复起为将，素惮其名，皆奔散，不敢当之。——《旧唐书》卷83《薛仁贵传》

① 时突厥可汗是骨笃禄，默啜之立，在此后十一年（693）。

② 《旧唐书》卷39《地理志二》：“永淳元年，为贼所破，因废云州及县。”

684年甲申　唐中宗李显嗣圣元年，睿宗李旦文明元年，则天后光宅元年

秋七月，突厥骨咄禄、元珍寇朔州，命左威卫大将军程务挺拒之。——《旧唐书》卷6《则天皇后纪》

687年丁亥　唐则天后垂拱三年

突厥骨笃禄、元珍寇朔州①，遣燕然道大总管黑齿常之击之，以左鹰扬大将军李多祚为之副，大破突厥于黄花堆②，追奔四十余里，突厥皆散走碛北。——《通鉴》卷204

① 《旧唐书》卷194《突厥传上》云：“其年八月。”

② 胡注：“意即黄瓜堆。按朔州有黄花堆，在神武川。”

690庚寅　唐则天后载初元年、武周天授元年

秋七月……有沙门十人伪撰《大云经》，表上之，盛言神皇受命之事①。制颁于天下，令诸州各置大云寺②，总度僧千人。——《旧唐书》卷6《则天皇后纪》

① 《旧唐书》卷183《薛怀义传》：“怀义与法明等造《大云经》，陈符命，言则天是弥勒下生，作阎浮提主，唐氏合微。故则天革命称周，怀义与法明等九人并封县公，赐物有差，皆赐紫袈裟、银龟袋。其伪《大云经》颁于天下，寺各藏一本，令升高座讲说。”《僧史》卷3《赐僧紫衣》曰：“赐紫自此始也。”

② 《唐会要》卷48《议释教下》：“天授元年十月二十九日，两京及天下诸州各置大云寺一所。”

691 年辛卯　武周天授二年

夏四月，令释教在道法之上，僧尼处道士、女冠之前。①——《旧唐书》卷6《则天皇后纪》

① 《通鉴》卷 204："夏四月……癸卯，制以释教开革命之阶，升于道教之上。"《佛祖统纪》卷 39："二年，勅僧尼依旧立在道士、女冠之上。勅荆州神秀禅师入京行道，历三朝皆礼为国师。"按《旧唐书》卷 191《方伎传》："僧神秀，姓李氏，汴州尉氏人。少遍览经史，隋末出家为僧。后遇蕲州双峰山东山寺僧弘忍，以坐禅为业，乃叹伏曰：'此真吾师也。'便往事弘忍，专以樵汲自役，以求其道。昔后魏末，有僧达摩者，本天竺王子，以护国出家，入南海，得禅宗妙法，云自释迦相传，有衣钵为记，世相付授。达摩赍衣钵航海而来，至梁，诣武帝，帝问以有为之事，达摩不说。乃之魏，隐于嵩山少林寺，遇毒而卒。其年，魏使宋云于葱岭回，见之，门徒发其墓，但有衣履而已。达摩传慧可，慧可尝断其左臂，以求其法。慧可传璨，璨传道信，道信传弘忍。……弘忍以咸亨五年卒，神秀乃往荆州，居于当阳山。则天闻其名，追赴都，肩舆上殿，亲加跪礼，敕当阳山置度门寺以旌其德。时王公已下及京都士庶，闻风争来谒见，望尘拜伏，日以万数。中宗即位，尤加敬异。……初，神秀同学僧慧能者，新州人也，与神秀行业相埒。弘忍卒后，慧能住韶州广果寺。韶州山中，旧多虎豹，一朝尽去，远近惊叹，咸归伏焉。……天下乃散传其道，谓神秀为北宗，慧能为南宗。……神秀，禅门之杰，虽有禅行，得帝王重之，而未尝聚徒开堂传法。至弟子普寂，始于都城传教，二十余年，人皆仰之。"

692 年壬辰　武周天授三年、如意元年、长寿元年

四月，大赦天下，改元为如意，禁断天下屠杀。……九月，大赦天下，改元为长寿。……并州改置北都①。——《旧唐书》卷 6《则天皇后纪》

① 隋唐踵北齐山西旧制，置河东道，治并州太原，辖域相当于今山西省全境。

694 年甲午　武周长寿三年、延载元年

五月，上加尊号为越古金轮圣神皇帝①，大赦天下，改元为延载，大酺七日。——《旧唐书》卷 6《则天皇后纪》

延载元年五月十一日，敕天下僧尼、道士隶祠部，不须属司（省）[宾]②。——《唐会要》卷 59《尚书省诸司下》

始令佛经制卍字，为如来吉祥万德之所集，音之为"万"。——《佛祖统纪》卷 39

① 武后以神皇受命，前后数易尊号，本书不一一罗列。

② 《僧史》卷 2《管属僧尼》："唐初……僧尼皆隶司宾。案《会要》云：'则天延载元年五月十五日，敕天下僧尼隶祠部，不须属司宾。'知天后前系司宾也，此乃隶祠部之始也，义取其善攘恶、福解灾之谓也。"

695 年乙未　武周证圣元年、天册万岁元年

正月……初，明堂既成，太后命僧怀义作夹纻大像[①]，其小指中犹容数十人，于明堂北构天堂以贮之。……乙未，作无遮会于明堂，凿地为坑，深五丈，结彩为宫殿，佛像皆于坑中引出之，云自地涌出。又杀牛取血，画大像，首高二百尺，云怀义刺膝血为之。——《通鉴》卷 205

① 胡注："夹纻者，以纻布夹缝为大像，后所谓麻主是也。"纻，纻麻；纻布，是用纻麻织成的粗布。夹纻像，又称脱沙像，所谓"木骨布漆"者。先制泥塑内胎，绑置木架，外覆麻布，施漆定型、彩绘，然后去胎。大约最初是西域像法，至晚于东晋十六国时传入中国。

697 年丁酉　武周万岁通天二年、神功元年

初，咸亨中，突厥有降者，皆处之丰、胜、灵、夏、朔、代六州，至是，默啜求六州降户及单于都护府之地，并谷种、缯帛、农器、铁，太后不许。……姚璹、杨再思以契丹未平……固请与之，乃悉驱六州降户数千帐以与默啜，并给谷种四万斛，杂彩五万段，农器三千事，铁四万斤，并许其昏[①]。默啜由是益强[②]。——《通鉴》卷 206

① 《唐会要》卷 94："圣历元年三月，默啜请为其女求婚。武后遣阎知微等册为迁善可汗。初，虏降者多处于丰、胜、灵、夏、朔、代六州。至是，默啜求之，乃悉驱降户归之，并许其婚。由是默啜益强盛。"按：默啜继骨笃禄任突厥可汗，在 693 年。岑仲勉考证：册封迁善可汗在证圣元年（695）。

② 陈子昂（661 ~ 702）《感遇》诗云："朝入云中郡，北望单于台。胡秦何密迩，沙朔气雄哉。籍籍天骄子，猖狂已复来。塞垣无名将，亭堠空崔嵬。咄嗟吾何叹，边人涂草莱。"大约赋于此时。陈子昂曾于武则天垂拱二年（686），随军西征河西；此年，又以幕僚身份，随清边道大总管武攸宜北征契丹。按此"云中郡"，当指单于都护府的今内蒙古托克托，而非今山西大同。然两地相近，边情雷同。

698 年戊戌　武周圣历元年

八月……默啜寇飞狐，乙卯，陷定州……九月……戊辰，默啜围赵州，长史唐般若翻城应之。……癸未，突厥默啜尽杀所掠赵、定等州男女万余人，自五回道去。所过，杀掠不可胜纪。——《通鉴》卷 206

则天时，侍御史桓彦範受诏，于河北断塞居庸、岳岭、五回等路，以备突厥。——《旧唐书》卷 185《良吏传下·宋庆礼传》

699 年己亥　武周圣历二年

制："州县长吏，非奉有敕旨，毋得擅立碑。"[①]——《通鉴》卷 206[②]

① 《通鉴》卷 212 记开元六年（718）："广州吏民为宋璟立遗爱碑，璟上言：'臣在州无他异迹，今以臣光宠，成彼谄谀；欲革此风，望自臣始，请敕下禁止。'上从之。于是他州皆不敢立。"《唐律疏议》卷 11 曰："诸在官长吏，实无政迹，辄立碑者，徒一年。若遣人妄称己善，申请于上者，杖一百；有赃重者，坐赃论。"

② 《唐律疏议》卷 27："诸毁人碑碣及石兽者，徒一年；即毁人庙主者，加一等。"卷 19："诸发冢者，加役流（发彻即坐。招魂而葬，亦是）；已开棺椁者，绞；发而未彻者，徒三年。"

700 年庚子　武周圣历三年、久视元年

则天又将造大像，用功数百万，令天下僧尼每日人出一钱，以助成之。仁杰上疏谏曰："臣闻为政之本，必先人事。……今之伽蓝，制过宫阙，穷奢极壮，画缋尽工，宝珠殚于缀饰，瑰材竭于轮奂。……皆托佛法，诖误生人。里陌动有经坊，阛阓亦立精舍。化诱倍急，切于官征；法事所须，严于制敕。膏腴美业，倍取其多。水碾庄园，数亦非少。逃丁避罪，并集法门，无名之僧，凡有几万，都下检括，已得数千。……"则天乃罢其役。——《旧唐书》卷 89《狄仁杰传》

702 年壬寅　武周长安二年

三月庚寅，突厥破石岭，寇并州。……秋七月甲午，突厥寇代州。……九月……壬申，突厥寇忻州。——《通鉴》卷 207

704 年甲辰　武周长安四年

太后复税天下僧尼，作大像于白司马阪，令春官尚书武攸宁检校，糜费巨亿。李峤上疏……监察御史张廷珪上疏谏……太后为之罢役。——《通鉴》卷 207

705 年乙巳　唐中宗李显神龙元年

二月……丙子，诸州置寺、观一所，以"中兴"为名。——《旧唐书》卷 7《中宗纪》

九月，制曰："如闻天下诸观皆画化胡之变，诸寺亦画老君之形。一种尊容，两俱不可。限制到后十日，并除却。若有故留者，即科违敕罪。其《化胡经》，先

有明敕禁断,如闻在外仍颇流行,自今诸部化胡经事及余说化胡事处,并宜除削。"[①]——《册府元龟》卷51[②]

神龙元年，诏韶州慧能禅师入京[③]，不就。诏天下试经度人[④]，山阴灵隐僧童大义，年十二，诵《法华经》，试中第一。——《佛祖统纪》卷40

① 《旧唐书》卷7《中宗纪》："九月壬午，亲祀明堂，大赦天下。禁《化胡经》及婚娶之家父母亲亡停丧成礼。"

② 《太平广记》卷285《叶法善》引《朝野佥载》："唐孝和帝令内道场僧与道士各述所能，久而不决。玄都观叶法善取胡桃二升,并壳食之并尽。僧仍不伏,法善烧一铁钵赫赤,两手欲合老僧头上。僧唱贼，袈裟掩头而走。孝和抚掌大笑。"按：孝和，中宗谥号。

③ 慧能（638 ~ 713），禅门南宗的创始人。

④ 南宋《佛祖统纪》卷45曰："唐中宗始诏天下试经度僧，是犹汉家以科举取士，最可尚也。我太宗、真宗、仁宗，并举试经之科，于兹为盛。"

707年丁未 唐神龙三年、景龙元年

二月……庚寅，改中兴寺、观为龙兴，内外不得言"中兴"[①]。——《旧唐书》卷7《中宗纪》[②]

① 按：中宗立"大唐中兴寺"，后因右补阙张景佚谏，改称"龙兴"。《通鉴》卷208胡注："示袭武氏后，不改其政也。"

② 《新唐书》卷122《魏元忠传》载，时陈郡男子袁楚客书曰："今度人既多，缁衣半道，不本行业，专以重宝附权门，皆有定直。昔之卖官，钱入公府，今之卖度，钱入私家。以兹入道，徒为游食。"

708年戊申 唐景龙二年

三月丙辰,朔方道大总管张仁愿筑三受降城于河上[①]。初,朔方军与突厥以河为境，河北有拂云祠，突厥将入寇，必先诣祠祈祷，牧马料兵而后渡河。时默啜悉众西击突骑施,仁愿请乘虚夺取漠南地,于河北筑三受降城,首尾相应,以绝其南寇之路。……以拂云祠为中城，距东、西两城各四百余里[②]，皆据津要，拓地三百余里。……自是突厥不敢度山畋牧，朔方无复寇掠，减镇兵数万人。——《通鉴》卷209

时又盛兴佛寺，百姓劳弊，帑藏为之空竭。替否上疏谏曰："……今天下之寺盖无其数，一寺当陛下一宫，壮丽之甚矣！用度过之矣！是十分天下之财而佛有七八，陛下何有之矣！百姓何食之矣！……一旦风尘再扰，霜雹荐臻，沙门不可擐干戈，寺塔不足攘饥馑，臣窃痛之矣。"疏奏不纳。——《旧唐书》卷101《辛替否传》

① 《旧唐书》卷7《中宗纪》："三月丙子，朔方道大总管张仁亶筑受降城于河上。"按：仁亶，以讳睿宗旦，改名仁愿。

② 中受降城，在今内蒙古包头西南；西城，在今五原西北；东城，在今托克托南。

710年庚戌　唐景龙四年，少帝李重茂唐隆元年，睿宗李旦景云元年

景云元年……大赦天下。赐百官封爵，普度僧、道三万人。帝初受内禅，请法藏法师从受菩萨戒。——《佛祖统纪》卷40

711年辛亥　唐景云二年

夏四月……诏以释典玄宗，理均迹异，拯人化俗，教别功齐。自今每缘法事集会，僧尼、道士、女冠等宜齐行道集①。……天下滥度僧尼、道士、女冠并依旧。——《旧唐书》卷7《睿宗纪》

睿宗即位，又为金仙、玉真公主广营二观。……替否时为左补阙，又上疏陈时政曰："臣……伏以太宗文武圣皇帝，陛下之祖，拨乱反正，开阶立极，得至理之体，设简要之方。省其官，清其吏，举天下职司无一虚授，用天下财帛无一枉费。赏必俟功，官必得俊，所为无不成，所征无不伏。不多造寺观而福德自至，不多度僧尼而殃咎自灭。……中宗孝和皇帝，陛下之兄，居先人之业，忽先人之化，不取贤良之言，而恣子女之意。官爵非择，虚食禄者数千人；封建无功，妄食土者百余户。造寺不止，枉费财者数百亿；度人不休，免租庸者数十万。是使国家所出加数倍，所入减数倍。仓不停卒岁之储，库不贮一时之帛。……寺舍不能保其身，僧尼不能护妻子，取讥万代，见笑四夷。此陛下之所眼见也，何不除而改之？……伏惟陛下爱两女，为造两观，烧瓦运木，载土填坑，道路流言，皆云计用钱百余万贯。惟陛下，圣人也，无所不知。陛下，明君也，无所不见。既知且见……又何以继祖宗、观万国？……"疏奏，睿宗嘉其公直。——《旧唐书》卷101《辛替否传》

① 《唐会要》卷49《僧道立位》："至景云二年四月八日，诏自今已后僧尼、道士、女冠，并宜齐行并集。"

713年癸丑　唐玄宗李隆基先天二年、开元元年

先天二年五月十四日，敕王公以下，不得辄奏请将庄宅置寺观。——《唐会要》卷

50《杂记》[①]

二年，敕采访使王志愔，应诸郡无敕寺院并令毁拆[②]。——《佛祖统纪》卷40

① 《旧唐书》卷191《方伎传》："道士叶法善，括州括苍县人。自曾祖三代为道士，皆有摄养占卜之术。法善少传符箓，尤能厌劾鬼神。……法善自高宗、则天、中宗历五十年，常往来名山，数召入禁中，尽礼问道。然排挤佛法，议者或讥其向背。以其术高，终莫之测。睿宗即位，称法善有冥助之力。先天二年，拜鸿胪卿，封越国公，仍依旧为道士，止于京师之景龙观，又赠其父为歙州刺史。当时尊宠，莫与为比。"

② 寺、院合称，不知始于何时。寺院之分，亦不知始于何时。然寺中分院，唐代普遍。日本圆仁《入唐求法巡礼行记》卷2载：五台山大华严寺有十五院；附近的"竹林寺有六院：律院、库院、花严院、法花院、阁院、佛殿院。一寺都有四十来僧"。其中律院，亦名戒律院；花严即华严，法花即法华。

714年甲寅　唐开元二年

二年春正月……丙寅，紫微令姚崇上言请检责天下僧尼[①]，以伪滥还俗者二万余人[②]。——《旧唐书》卷8《玄宗纪上》[③]

开元二年二月十九日敕：天下寺观屋宇先成，自今已后，更不得创造。若有破坏，事须条理，仍经所司陈牒，检验先后所详。——《唐会要》卷49《杂录》

二月……闰月癸亥，令道士、女冠、僧尼致拜父母[④]。——《旧唐书》卷8《玄宗纪上》

七月十三日敕："如闻百官家，多以僧尼、道士等为门徒往还，妻子等无所避忌。或诡托禅观，祸福妄陈，事涉左道，深斁大猷。自今已后，百官家不得辄容僧尼等至家。缘吉凶要须设斋者，皆于州县陈牒，牒寺观后，依数听去。"[⑤]二十九日敕："佛教者，在于清净，存乎利益。今两京城内，寺宇相望，凡欲归依，足申礼敬。如闻坊巷之内，开铺写经，公然铸佛。自今已后，村坊市等不得辄更铸佛、写经为业。须瞻仰尊颜者，任就寺礼拜；须经典读诵者，勒于寺赎取。如经本少，僧为写供。诸州寺观，亦宜准此。"[⑥]——《唐会要》卷49《杂录》[⑦]

① 《旧唐书》卷37《五行志》："玄宗初即位，东都白马寺铁像头无故自落于殿门外。后姚崇秉政，以僧惠范附太平乱政，谋汰僧尼，令拜父母，午后不出院，其法颇峻。"

② 《通鉴》卷211："中宗以来，贵戚争营佛寺，奏度人为僧，兼以伪妄；富户强丁多削发以避徭役，所在充满。姚崇上言：'佛图澄不能存赵，鸠摩罗什不能存秦，齐襄、梁武，未免祸殃。但使苍生安乐，即是福身。何用妄度奸人，使坏正法！'上从之。丙寅，命有司沙汰天下僧尼，以伪妄还俗者万二千余人。"

③ 《旧唐书》卷96《姚崇传》记其开元九年（721）临终诫子孙语："今之佛经，罗什所译，姚兴执本，与什对翻。姚兴造浮屠于永贵里，倾竭府库，广事庄严，而兴命不得延，国亦随灭。又齐跨山东，

周据关右，周则多除佛法而修缮兵威，齐则广置僧徒而依凭佛力。及至交战，齐氏灭亡，国既不存，寺复何有？修福之报，何其蔑如！梁武帝以万乘为奴，胡太后以六宫入道，岂特身戮名辱，皆以亡国破家。近日孝和皇帝发使赎生，倾国造寺，太平公主、武三思、悖逆庶人、张夫人等皆度人造寺，竟术弥街，咸不免受戮破家，为天下所笑。……抄经写像，破业倾家，乃至施身亦无所吝，可谓大惑也。亦有缘亡人造像，名为追福，方便之教，虽则多端，功德须自发心，旁助宁应获报？递相欺诳，浸成风俗，损耗生人，无益亡者。假有通才达识，亦为时俗所拘。如来普慈，意存利物，损众生之不足，厚豪僧之有余，必不然矣。且死者是常，古来不免，所造经像，何所施为？夫释迦之本法，为苍生之大弊。汝等各宜警策，正法在心，勿效儿女子曹，终身不悟也。吾亡后必不得为此弊法。若未能全依正道，须顺俗情，从初七至终七，任设七僧斋。若随斋须布施，宜以吾缘身衣物充，不得辄用余财，为无益之枉事，亦不得妄出私物，徇追福之虚谈。道士者，本以玄牝为宗，初无趋竞之教，而无识者慕僧家之有利，约佛教而为业。敬寻老君之说，亦无过斋之文，抑同僧例，失之弥远。”

④ 《唐会要》卷 47《议释教上》：“开元二年闰二月十三日，敕：自今已后，道士、女冠、僧尼等并令拜父母。至于丧祀轻重及尊属礼数，一准常仪，庶能正此颓弊，用明典则。”《佛祖统纪》卷 40 述曰：“自晋成帝至隋炀，凡四诏沙门致敬王者。远法师谓：袈裟非朝宗之服。瞻法师谓：僧无敬俗之典。遂寝其事。自唐太宗、明皇，凡二诏僧道致敬父母。既时停罢，然不闻当时以何为议。……自明皇至我朝，无复为此非议者矣。”

⑤ 《册府元龟》卷 159《帝王部·革弊第一》录七月戊申制曰：“如闻百官家，多以僧尼、道士等为门徒往还，妻子等无所避忌。或诡托禅观，妄陈祸福；事涉左道，深斁大猷。自今已后，百官家不得辄容僧尼、道士等至家。缘吉凶要须设斋，皆于州县陈牒寺观，然后依数听去。仍令御史、金吾明加捉搦。”

⑥ 《册府元龟》卷 159《帝王部·革弊第一》录七月壬子诏曰：“佛教者，在于清净，存乎利益。今两京城内，寺宇相望，凡欲归依，足申礼敬。下人浅近，不悟精微，睹菜希金，逐焰思水，浸以流荡，颇成蠹弊。如闻坊巷之内，开铺写经，公然铸佛；口食酒肉，手漫膻腥。尊敬之道既亏，慢狎之心斯起。百姓等或缘求福，因致饥寒。言念愚蒙，深用嗟悼。殊不知，佛非在外，法本居心；近取诸身，道则不远。溺于积习，实藉申明。自今已后，（林）［村］坊市等不得辄更铸佛、写经为业。须瞻仰尊容者，任就寺礼拜；须经典诵读者，勒于寺赎取。如经本少，僧为写供。诸州寺观并准此。”

⑦ 《通鉴》卷 211：“七月……戊申，禁百官家毋得与僧尼、道士往还。壬子，禁人间铸佛、写经。”宋叶梦得《石林燕语》卷 8 云：“唐以前，凡书籍皆写本，未有模印之法。人以藏书为贵，不多有；而藏者精于雠对，故往往皆有善本。学者以传录之艰，故其诵读亦精详。五代时，冯道奏请，始官镂六经板印行。国朝淳化中，复以《史记》，前、后《汉（书）》付有司摹印，自是书籍刊镂者益多，士大夫不复以藏书为意。学者易于得书，其诵读亦因灭裂。然板本初不是正，不无讹误。世既一以板本为正，而藏本日亡，其讹谬者，遂不可正，甚可惜也。……雕板印纸，则唐固有之矣，但恐不如今之工。今天下印书，以杭州为上，蜀本次之，福建最下。京师比岁印板，殆不减杭州，但纸不佳。蜀与福建多以柔木刻之，取其易成而速售，故不能工。”

715 年乙卯　唐开元三年

十一月乙未诏："释氏及引，本归正法；仁王护持，先去邪道。失其宗旨，乃般若之罪人；成其诡怪，岂涅槃之信士？不存惩革，遂废津梁；养彼愚蒙，将入坑阱。比者，白衣青发，假托弥勒下生，因为妖讹，广集徒侣，称解禅观，妄说灾祥；别作小经，诈云佛说。或辄云弟子，号为和尚，多不婚娶，眩惑闾阎。触类寔繁，蠹政为甚。刺史、县令，职在亲人，拙于抚驭，是容奸宄。自今已后，宜严加捉搦。仍令按察司采访，如州县不能举察所繇，长官并从贬降。"——《册府元龟》卷 159《帝王部·革弊第一》

716 年丙辰　唐开元四年

夏六月……癸酉，突厥可汗默啜为九姓拔曳固所杀，斩其首送于京师。默啜兄子小杀继立为可汗。是夏……其回纥、同罗、霫、勃曳固、仆固五部落来附，于大武军北安置[①]。——《旧唐书》卷 8《玄宗纪上》

四年，西天无畏三藏来。……师译出《毗卢遮那》等经，密教一宗于兹为盛。——《佛祖统纪》卷 40

① 《新唐书》卷 39《地理志三》"代州雁门郡……其北有大同军，本大武军，调露二年曰神武军，天授二年曰平狄军，大足元年复更名。"按：大武军（大同军），在今山西朔州东。

717 年丁巳　唐开元五年

开元五年，分鄯阳县，于州东三十里大同军城内置马邑县[①]。——《元和郡县志》卷 14《朔州》[②]

时突厥九姓新来内附，散居太原以北，嘉贞奏请置军以镇之，于是始于并州置天兵军，以嘉贞为使。——《旧唐书》卷 99《张嘉贞传》

① 《辽史》卷 41《地理志五》："唐开元五年，析鄯阳县东三十里置大同军，倚郭置马邑县。"

② 《册府元龟》卷 992：六年二月戊子，制曰："……仆固都督曳勒哥出马骑八百人，充大武军右军讨击大使。左萦右拂，先偏后伍，作扞云、代，指清沙漠……领本部落蕃兵，取天兵军节度。"

720 年庚申　唐开元八年

开元七年，检校并州大都督府长史，兼天兵军大使，摄御史大夫，兼修国史，仍赍史本随军修撰。八年秋，朔方大使王晙诛河曲降虏阿布思等千余人。时并州大同、横野等军有九姓同罗、拔曳固等部落，皆怀震惧。说率轻骑二十人，持旌节直诣其部落，宿于帐下，召酋帅以慰抚之。……于是九姓感义，其心乃安。——《旧唐书》卷97《张说传》①

① 《文苑英华》卷613录有张说《进佛像表》："臣某言：去年行塞至朔州忍辱尼寺，见有高祖、太宗造金像银趺，刻题尊号（《集》作'讳'）。彼州士女屡睹佛光。臣恳思圣心，如在咫尺。伏以皇帝事业，远存荒塞，拯溺救焚，身勤虑苦，归诚佛宝，何神不据？信知功遍区域，泽周生人，心凭神（《集》作'圣'）灵，躬履危险，故皇天眷命，奄有邦家。后嗣圣人，钦承大宝，当思积德，而兴帝国；系本艰难，而成事业（二句，《集》作'当思由积德而兴帝系，本艰难而成王业'）。先圣一心奉佛者，盖为百姓求福也。陛下为继文之主，实创业之功，再廓氛祲，重安庙社，垂统万亿，同符祖宗。夫惟兴王，必藉佐命，咸有一德，克享天心。《书》曰：'非天私我有商，惟天佑于一德；非商求于下民，惟言归于一德。'功臣同德，可不念哉？物有小而感深，事有微而效（《集》作'传'）远。臣谨将金像随表奉进。谨□。"

721年辛酉　唐开元九年

四月壬寅诏曰："内典幽微，惟宗一相；大乘妙理，宁启二门？闻化度寺及福先寺三阶僧创无尽藏①，每年正月四日，天下士女施钱，名为护法，称济贫弱，多肆奸欺。事非真正，即宜禁断。其藏钱，付御史台、京兆、河南府勾会知数，明为文簿，待后处分。"②——《册府元龟》卷159《帝王部·革弊第一》

沙门阿你真那，唐云宝思惟，北印度迦湿蜜罗国人，刹帝利种，彼王之华胄。幼而舍家，禅诵为业。进具之后，专精律品。复慧解超群，学兼真俗；乾文咒术，尤工其妙。加以化导为心，无恋乡国。以天后长寿二年癸巳届于洛都，敕于天宫寺安置。即以天后长寿二年癸巳，至中宗神龙二年丙午，于授记、天宫、福先等寺，译《不空羂索陀罗尼经》等七部。后至睿宗太极元年壬子四月，太子洗马张齐贤等缮写进内。至延和元年六月，敕令礼部尚书、晋国公薛稷，右常侍、高平侯徐彦伯等，详定入目施行。三藏自神龙二年已后，更不译经，唯精勤礼诵，修诸福业。每于晨朝，磨香为水，涂浴佛像，后方饮食。从始至终，此为恒业。衣钵之外，随得随施。后于龙门山请置一寺，依外国法式制造，呼为天竺③。己及门人同居此寺。精诚所感，其数寔多。寿年百余，以开元九年终于寺矣。——《开元释教录》卷9

① 三阶僧，殆即三阶教。无尽藏，本佛经术语，谓利益众生之财。唐代以后，僧寺营利，设"无尽藏""长生库"，质钱取利，俗呼典当，即放高利贷。然置库名义多样。《全唐文》卷914《法藏》谓："法藏，字贤首，俗姓诸葛氏，苏州吴县人。一云姓康氏，康居人。自少出家。如意元年，武后制于东

都大福先寺检校无尽藏。长安四年，又制于化度寺检校无尽藏。后延为荐福寺大德。开元二年卒，年七十八。”南宋洪迈《夷坚志》卷49《徐谦山人》云：“永宁寺罗汉院，萃众童行本钱，启质库储其息，以买度牒，谓之长生库。鄱阳并诸邑，无问禅、律，悉为之。院僧行政，择其徒智禧主掌出入。庆元三年（1197）四月二十九日，将结月簿，点检架物，失去一金钗，遍索橱柜不可得。禧窘甚，闻寺外徐谦山人者占术颇验，往卜之。卦成……”

② 此即《全唐文》卷28《元宗·禁士女施钱佛寺诏》。

③ 龙门山天竺寺，唐景云二年（711）建，开元十年（722）水毁。这种西式佛寺，后世鲜矣。

722年壬戌　唐开元十年

开元十年正月二十三日，敕祠部：“天下寺观田，宜准法据僧尼、道士合给数外，一切管收给贫下欠田丁。其寺观常住田，听以僧尼、道士、女冠退田充。一百人以上，不得过十顷；五十人已上，不得过七顷；五十人以下，不得过五顷。”——《唐会要》卷59《尚书省诸司下》

十年二月庚寅诏曰：“释、道二门，施其戒律，缁黄法服，众亦崇尚，苟有逾滥，是无宪章。如闻道士、僧尼多有虚挂名籍，或权隶他寺，或侍养私门，托以为词，避其所管；互相掩匿，共成奸诈，甚非清净之意也。自今已后，更不得于州县权隶、侍养，师主、父母此色者，并宜括还本寺观。”——《册府元龟》卷159《帝王部·革弊第一》

九月，张说擒康愿子于木盘山。诏移河曲六州残胡五万余口于许、汝、唐、邓、仙、豫等州[①]，始空河南、朔方千里之地[②]。——《旧唐书》卷8《玄宗纪上》

① 开元二十六年（738），敕还故土，于盐、夏之间，置宥州以处之。

② 《旧唐书》卷97《张说传》：“先是，缘边镇兵常六十余万，说以时无强寇，不假师众，奏罢二十余万，勒还营农。”

723年癸亥　唐开元十一年

更天兵军节度为太原府以北诸军州节度、河东道支度营田使兼北都留守，领太原及辽、石、岚、汾、代、忻、朔、蔚、云九州[①]，治太原。——《新唐书》卷65《方镇表二》[②]

① 《通鉴》卷212亦云：“罢天兵、大武等军，以大同军为太原以北节度使，领太原、辽、石、岚、汾、代、忻、朔、蔚、云十州。”据此，新、旧《唐书》和《元和郡县志》所载开元十八（740）或二十年（732）复置云州，则可疑了。

② 《旧唐书》卷112《李暠传》："迁黄门侍郎，兼太原尹，仍充太原已北诸军节度使。太原旧俗，有僧徒以习禅为业，及死不殓，但以尸送近郊以饲鸟兽。如是积年，土人号其地为'黄坑'，侧有饿狗千数，食死人肉，因侵害幼弱，远近患之，前后官吏不能禁止。暠到官，申明礼宪，期不再犯，发兵捕杀群狗，其风遂革。"

724年甲子　唐开元十二年

十二年六月二十六日，敕有司试天下僧尼。年六十已下者，限诵二百纸经；每一年限诵七十三纸。三年一试，落者还俗，不得以坐禅对策义试。诸寺三纲统，宜入大寺院。——《唐会要》卷49《杂录》

726年丙寅　唐开元十四年

十四年四月壬戌诏曰："如闻道俗之间妄有占筮，诳惑士庶，假托灾祥，兼托符咒，遂行左道。先令禁断，不合更然。仍虑愚下未能悛改，宜令所司申明格敕，严加访察。"——《册府元龟》卷159《帝王部·革弊第一》

张嵩《云中古城赋》[①]：

开元十有四年冬孟月，张子出玉塞，秉金钺，抚循边心，窥按穷发[②]。走汗漫之广漠，陟峥嵘之高阙。徒观其风马哀鸣，霜鸿苦声；尘昏白日，云绕丹旌。虏障万里[③]，戍沙四平。乘蒙恬之古筑，得拓跋之遗城。

伊昔晋人失政，亡彼金镜。海水朝飞，欃枪夕映。鹅呈而二京继覆，马渡而五胡交盛。慨逐鹿而争雄，空瞻乌而莫定。于是魏祖发大号，鼓洪炉，天授宏略，神输秘图，北清獯狁[④]，南振荆吴。繇是一太阴以建极，则广莫而论都。遂征板干，庀徒卒，铲嶕峣，剖岩屼[⑤]，因方山以列榭，按长城以为窟。既云和而星繁，亦丘连而岳突。月观霞阁，左社右廛，玄沼泓泫涌其后，白楼巀嶭兴其前。开士子之词馆，列先王之籍田。灵台山立，（壁）[璧]水池圆[⑥]。双阙万仞，九衢四达；羽旄林森，堂殿轇葛。当其士马精强，都畿浩穰，始摧燕而灭夏，终服宋而平（梁）[凉]。故能出入百祀，联延七主。击鲁卫之诸侯，廓秦齐之土宇。礼兴乐盛，修文耀武，讲六代之宪章，布三阳之风雨。亦云已矣哉！俄而，高祖受命，崇儒重才，南巡主鼎之邑，北去轩辕之基[⑦]。鹏搏海运，凤举天回。嗤纥真之鸟死[⑧]，忆新野之花开。自朝河洛，地空沙漠，代祀推移，风云萧索。温室树古，瀛洲水涸，城未哭而先崩，梁无歌而自落。

魏家美人闻姓元，新声巧妙今古传。昔日流音遍华夏，可怜埋骨委山樊。城阙摧残犹可惜，荒郊处处生荆棘。寒飚动地胡马嘶，若个征夫不沾臆。人生荣耀当及时，白发须臾乱如丝。君不见魏都行乐处，只今空有野风吹。乃载歌曰：云中古城郁嵯峨，塞上行吟《麦秀歌》[9]。感时伤古今如此，报主怀恩奈老何！——《文苑英华》卷 45

吕令问《云中古城赋》[10]：

正北曰并，有唐作京。密近戎狄，张皇甲兵[11]。尹也，总居守之任；将也，当节制之名。故卒乘辑睦，而王都肃清。于是断武谊，按亭燧，电转前旌，风吹横笛；杨叶箭的，莲花剑骑。下代郡而出雁门，抵平城而入胡地[12]。挟纩称暖，投醪必醉。则知抚之者诚难，用之者不易。是时，阴闭群山，寒凋众水[13]，川平塞（回）［迥］[14]，冰饮霜宿。慷慨乎大荒，徜徉乎游目。区脱潜遁，屠耆慑逐[15]。诉古城之谓何，传魏家之所筑。

伊昔晋京版荡，海县沸腾，不有所命，将何以兴？王师赫怒，爰整其旅，雾集云屯，龙骧凤举。弃万里之沙漠，傍五原之风土，肇为此都，寔惟太祖。夫其规典章，辨封疆，池桑干之水，苑秦城之墙。百堵齐矗，九衢相望，歌台舞榭，月殿云堂。开儒士于（璧）［璧］沼[16]，贮美人于玉房。翕习沸渭[17]，荧荧煌煌。取威定霸，于是乎在。施令作法，罔或不臧。武破六州之内，文宅三川之阳，何其壮也。既而年代倏忽，市朝迁徙。干戈鼙鼓之雄，绮罗丝竹之美，孰不烟散雨绝，沙埋灰委。树名欢而讵存，鸟称乐而俱死。危堞既覆，高墉复夷。廖落残径，依稀旧墀。榛棘蔓而未合，苔藓分乎相滋。伏熊斗蘷，腾麏聚麇，常鸣悍鹫，乍啸愁鸱，不可胜纪，但令人悲。

胡风起兮马嘶急[18]，汉月生兮雁飞入。可怜久戍人，怀归空伫立。有客志远才雄，秉义由衷，负诗书礼乐之用，蕴萧曹魏邴之风，虏庭高枕[19]，河源凿空。霜犯鬓而先白，尘染颜而少红。三为都护，五掌元戎，益封而广国，事利而业崇。独见凌云而作赋，谁言坐树而论功者哉！——《文苑英华》卷 45

玄宗开元十四年，中书门下奏：僧尼割属鸿胪寺。从之。——《僧史》卷 2《管属僧尼》

① 《旧唐书》卷 103《郭虔瓘》："张嵩为安西都护以代虔瓘。嵩身长七尺，伟姿仪。初进士举，常以边任自许。及在安西，务农重战，安西府库，遂为充实。十年，转太原尹，卒官。"

② 穷发，《乾隆大同府志》作"冀碣"。

③ 虏，《乾隆大同府志》《道光大同县志》作“边”。
④ 玁狁，《乾隆大同府志》《道光大同县志》作“沙漠”。
⑤ 剖岩屼，《乾隆大同府志》《道光大同县志》作“剞崛屼”。
⑥ 壁，《乾隆大同府志》《道光大同县志》作“甓”，据改。
⑦ 基，《乾隆大同府志》《道光大同县志》作“台”。
⑧ 嗤纥真之鸟死，《乾隆大同府志》作“览桑流之冰泮”。按：纥真，山名，即今山西大同东北采凉山。唐李吉甫《元和郡县图志》卷 14《河东道三》：“纥真山，在县东三十里。虏语纥真，汉言三十里。其山夏积雪霜。”《大清一统志》：“纥真山在大同县东，亦名纥干山。”《新五代史》卷 21《寇彦卿传》记唐昭宗作俚语云：“纥干山头冻死雀，何不飞去生处乐。”《魏书》卷 113《官氏志》：“纥干氏，后改为干氏。”姚薇元《北朝胡姓考》疑北魏纥干氏本居此山，遂因山为氏。
⑨ 《史记》卷 38《宋微子世家》：“箕子朝周，过故殷虚，感宫室毁坏，生禾黍，箕子伤之，欲哭则不可，欲泣为其近妇人，乃作《麦秀之诗》以歌咏之。”
⑩ 吕令问，开元时人，历任校书郎、新丰尉。观其《云中古城赋》，前言太原尹冬巡北边，后云此客“三为都护，五掌元戎”，“独见凌云而作赋”，知所指为张嵩。盖吕令问随张尹巡边，和其赋也。同时，可见北魏平城虽百年弃荒，遗迹尚存；二氏作赋，历历在目。
⑪ 戎狄，张皇甲兵，《乾隆大同府志》《道光大同县志》作“广漠逶迤长城”。
⑫ 胡，《乾隆大同府志》《道光大同县志》作“北”。
⑬ 水，《乾隆大同府志》《道光大同县志》作“木”。
⑭ 回，《乾隆大同府志》《道光大同县志》作“迥”。
⑮ 区脱潜遁，屠耆慑逐，《乾隆大同府志》《道光大同县志》作“草树平芜山原重复”。
⑯ 壁，《乾隆大同府志》《道光大同县志》作“甓”。
⑰ 翕习沸渭，《道光大同县志》作“滃滃沸沸”。
⑱ 胡，《乾隆大同府志》《道光大同县志》作“边”。
⑲ 虏，《乾隆大同府志》《道光大同县志》作“藩”。

727 年丁卯　唐开元十五年

唐开元十五年，有敕：天下村坊佛堂，小者并拆除，功德移入侧近佛寺；堂大者皆令闭封。天下不信之徒，并望风毁拆，虽大屋大像，亦残毁之。——《太平广记》卷 104《李虚》引《纪闻》①

① 《太平广记》卷 62《秦时夫人》引《广异记》：“唐开元中，代州都督以五台多客僧，恐妖伪事起，非有住持者，悉逐之。客僧惧逐，多权窜山谷。有法朗者，深入雁门山。”

729 年己巳　唐开元十七年

十七年，敕天下僧尼三岁一造籍（供帐始此）。——《佛祖统纪》卷 40

730 年庚午　唐开元十八年

开元十八年[①]，复置云州及云中县。——《元和郡县志》卷 14《河东道三》

云州云中郡，下都督府。贞观十四年，自朔州北定襄城徙治定襄县。永淳元年，为默啜所破，徙其民于朔州。开元十八年复置。土贡：牦牛尾、雕羽[②]。户三千一百六十九，口七千九百三十。县一，有云中、楼烦二守捉。城东有牛皮关。云中，中，本马邑郡云内之恒安镇。武德六年置北恒州，七年废。贞观十四年复置，曰定襄县。永淳元年废。开元十八年复置，更名。有阴山道、青坡道[③]，皆出兵路。——《新唐书》卷 39《地理志三》

更太原府以北诸军州节度为河东节度。自后节度使领大同军使，副使以代州刺史领之，复领仪、石二州。——《新唐书》卷 65《方镇表二》

① 《旧唐书》卷 39《地理志二》作“开元二十年”。

② 唐李吉甫《元和郡县志》卷 14《河东道三》云：“开元，贡雕翎五具，赋：布、麻。”

③ 阴山道，盖今云冈沟通往左云、右玉、和林格尔之路。《元和郡县图志》卷 14《河东道三》：“火山，在县西五里。山有火井，深不见底，以草投之，则烟腾火发。有火井祠。”

731 年辛未　唐开元十九年

十九年四月癸未诏曰：“释迦设教，出自外方；汉主中年，渐于东土。说兹因果，广树筌蹄；事涉虚玄，渺同河汉。故三皇作乂，五帝乘时，未闻方便之门，自有雝熙之化。朕念彼流俗，深迷至理。尽躯命以求缘，竭资财而作福，未来之胜因莫效，见在之家业已空。事等系风，犹无所悔，愚人寡识，屡陷刑科。近日僧徒，此风尤甚。因缘讲说，眩惑州闾；溪壑无厌，唯财是敛。津梁自坏，其教安施？无益于人，有蠹于俗。或出入州县，假托威权；或巡历乡村，恣行教化。因其聚会，便有宿宵；左道不常，异端斯起。自今已后，僧尼除讲律之外，一切禁断。六时礼忏，须依律仪；午后不行，宜守俗制。如犯者，先断还俗，仍依法科罪。所在州县不能捉搦，并官吏辄与往还，各量事科贬。”——《册府元龟》卷 159《帝王部・革弊第一》

五月壬戌，五岳各置老君庙[①]。——《旧唐书》卷 8《玄宗纪上》

六月己未诏曰：“夫释氏之旨，义归真寂；爰置僧徒，以奉法教。而趋末忘本，摭华弃实，假托权便之门，以为利养之府，徒蠲赋役，积有奸讹。至于浮俗奔驰，左道穿凿，言念静域，浸成逋薮，非所以叶和至理，弘振王猷。宜有澄清，以正风俗。

朕先知此弊，故预塞其源，不度人来，尚二十余载。访闻在外，有三十已下小僧尼，宜令所司及州府括责处分。”又曰：“惟彼释道，同归凝寂。各有寺观，自合住持。或寓迹幽间，潜行闾里，陷于非辟，有足伤嗟。如闻远就山林，别为兰若，兼亦聚众，公然往来；或妄托生缘，辄有俗家居止，即宜一切禁断。”——《册府元龟》卷159《帝王部·革弊第一》②

① 《通鉴》卷213：“五月壬戌，初立五岳真君祠。”

② 《唐会要》卷49《杂录》：“十九年六月二十八日勅：朕先知僧徒至弊，故先塞其源。不度人来，向二十余载。访闻在外，有二十已下小僧尼，宜令所司及府县检责处分。”

733年癸酉　唐开元二十一年

（元）［玄］宗开元二十一年，亲注老子《道德经》，令学者习之①。——《封氏闻见记》卷1《道教》

① 《旧唐书》卷8《玄宗纪上》：“二十一年春正月庚子朔，制令士庶家藏《老子》一本，每年贡举人量减《尚书》《论语》两条策，加《老子》策。”

734年甲戌　唐开元二十二年

张果者，不知何许人也。则天时，隐于中条山，往来汾、晋间，时人传其有长年秘术，自云年数百岁矣。尝著《阴符经玄解》，尽其玄理。则天遣使召之，果佯死不赴。后人复见之，往来恒州山中。开元二十一年，恒州刺史韦济以状奏闻。玄宗……遣中书舍人徐峤赍玺书以邀迎之，果乃随峤至东都，肩舆入宫中。……玄宗好神仙①，而欲果尚公主……竟不奉诏。……后恳辞归山，因下制曰：“恒州张果先生，游方外者也。……可银青光禄大夫，号曰通玄先生。”其年请入恒山，锡以衣服及杂彩等②，便放归山。乃入恒山，不知所之。玄宗为造栖霞观于隐所，在蒲吾县，后改为平山县。——《旧唐书》卷191《方伎传》

开元二十二年……云州置魏孝文帝祠堂，有司以时享祭。州有魏故明堂遗址，及于其上置庙焉③。——《唐会要》卷22《前代帝王》

① 《新唐书》卷109《王玙传》：“玄宗在位久，推崇老子道，好神仙事，广修祠祭，靡神不祈。玙上言，请筑坛东郊祀青帝，天子入其言，擢太常博士、侍御史，为祠祭使。玙专以祠解中帝意，有所禳祓，大抵类巫觋。汉以来葬丧皆有瘗钱，后世里俗稍以纸寓钱为鬼事，至是玙乃用之。”

② 唐李肇《国史补》卷下：“凡货贿之物，侈于用者，不可胜纪。丝布为衣，麻布为囊，毡帽为盖，

革皮为带，内丘白瓷瓯、端溪紫石砚，天下无贵贱通用之。”

③《光绪山西通志》卷56：“魏孝文帝庙，在大同县。”

737年丁丑 唐开元二十五年

开元二十五年春正月壬午，制：“道士、女冠宜隶宗正寺[①]，僧尼令祠部检校。”[②]——《旧唐书》卷9《玄宗纪下》[③]

二十五年五月庚子诏曰：“道、释二教，必在护持，须置威仪，令自整肃。徒众既广，统摄尤难，互相是非，却成烦弊。自今已后，京都检校道、僧威仪事并停。或恐先有猜嫌，因此妄相纠告，所由不烦为理。”——《册府元龟》卷159《帝王部·革弊第一》

①《唐会要》卷59《尚书省诸司下》：“二十五年正月七日，道士、女道士割隶宗正寺，僧尼令祠部检校。”

②《唐六典》卷16《宗正寺》云：“崇玄署：令一人，正八品下。北齐有昭玄寺，掌释、道二教，置大统一人，都维那三人，亦有主簿、功曹员，以管诸州县沙门。又鸿胪寺统典寺署，有丞一人。后周有司寂上士、中士，掌法门之政。又有司玄中士、下士，掌道门之政。隋置崇玄署令、丞。炀帝改佛寺为道场，改道观为玄坛，各置监、丞。皇朝又为崇玄署令。又置诸寺、观监，隶鸿胪寺，每寺、观各监一人。贞观中省。开元二十五年，敕以为‘道本玄元皇帝之教，不宜属鸿胪。自今已后，道士、女道士并宜属宗正，以光我本根’，故署亦随而隶焉。其僧尼别隶尚书祠部也。丞一人，正九品下。北齐（昭玄寺）[典寺署]有僧祇部丞，隋崇玄署丞一人，皇朝因之。崇玄令掌京、都诸观之名数，道士之帐籍，与其斋醮之事；丞为之贰。”

③《新唐书》卷48《百官志三》：“崇玄署，令一人，正八品下。丞一人，正九品下。掌京都诸观名数与道士帐籍、斋醮之事。新罗、日本僧入朝学问，九年不还者编诸籍。道士、女官、僧、尼，见天子必拜。凡止民家，不过三夜。出逾宿者，立案连署，不过七日，路远者州县给程。天下观一千六百八十七，道士七百七十六，女官九百八十八。寺五千三百五十八，僧七万五千五百二十四，尼五万五百七十六。两京度僧、尼、道士、女官，御史一人莅之。每三岁州、县为籍，一以留县，一以留州。僧、尼，一以上祠部，道士、女官，一以上宗正，一以上司封。”

738年戊寅 唐开元二十六年

二十六年正月丁酉，制曰：“道、释二门皆为圣教，义归弘济，理在尊崇。其天下观寺大小各度一十七人，简择灼然有经业戒行，为乡闾所推，仍先取年高者。”——《册府元龟》卷51

二十六年，敕天下诸郡立龙兴、开元二寺[①]。——《佛祖统纪》卷40

①《唐会要》卷48《议释教下》：“天授元年十月二十九日，两京及天下诸州各置大云寺一所。至开元二十六年六月一日，并改为开元寺。”卷50《杂记》：“二十六年六月一日，勅每州各以郭下定

形胜观、寺，改以开元为额。”

739年己卯 唐开元二十七年

二十七年，敕天下僧道遇国忌就龙兴寺行道散斋，千秋节祝寿就开元寺[1]。——《佛祖统纪》卷40

凡天下观，总一千六百八十七所。一千一百三十七所道士，五百五十所女道士。每观观主一人，上座一人，监斋一人，共纲统众事。而道士修行有三号：其一曰法师，其二曰威仪师，其三曰律师。其德高思精，谓之炼师。而斋有七名：其一曰金箓大斋，调和阴阳，消灾伏害，为帝王国土延祚降福。其二曰黄箓斋，并为一切拔度先祖。其三曰明真斋，学者自斋齐先缘。其四曰三元斋，正月十五日天官，为上元；七月十五日地官，为中元；十月十五日水官，为下元，皆法身自忏愆罪焉。其五曰八节斋，修生求仙之法。其六曰涂炭斋，通济一切急难。其七曰自然斋。普为一切祈福。而禳谢复三事：其一曰章，其二曰醮，其三曰理沙[2]。大抵以虚寂自然无为为宗。

凡天下寺，总五千三百五十八所。三千二百四十五所僧，二千一百一十三所尼。每寺上座一人，寺主一人，都维那一人，共纲统众事。而僧持行者有三品：其一曰禅，二曰法，三曰律。大抵皆以清净慈悲为宗。

凡道士、女道士、僧、尼之簿籍，亦三年一造。其籍一本送祠部，一本送鸿胪[3]，一本留于州县。凡道士、女道士衣服，皆以木兰、青碧、皂荆黄、缁坏之色[4]。若服俗衣及绫罗，乘大马，酒醉，与人斗打，招引宾客，占相吉凶，以三宝物饷馈官寮，勾合朋党者，皆还俗。若巡门教化，和合婚姻，饮酒食肉，设食五辛，作音乐博戏，毁骂三纲，凌突长宿者，皆苦役也。

凡道观三元日、千秋节日，凡修金箓、明真等斋，及僧寺别敕设斋，应行道官给料。……凡国忌日，两京定大观、寺各二散斋，诸道士、女道士及僧、尼，皆集于斋所，京文武五品以上与清官七品已上皆集，行香以退。若外州，亦各定一观、一寺以散斋，州县官行香。应设斋者，盖八十有一州焉。……其道士、女道士、僧、尼行道散斋，皆给香油、炭料。若官设斋，道、佛各施物三十五段，供修理道、佛，写一切经；道士、女道士、僧、尼各施钱十二文。五品已上女及孙女出家者，官斋、行道，皆听不预。若私家设斋，道士、女道士、僧、尼兼请不得过四十九人。凡远忌日，

虽不废务，然非军务急切，亦不举事。——《唐六典》卷4《尚书礼部》[5]

① 千秋节，亦谓“诞节”。开元十七年（729）始以玄宗八月初五生日为千秋节，天宝二年（743）改名天长节。唐代、德、顺三宗，皆不置节名。后遂恢复，历代因之。

② 理，或作“埋”。

③ 《唐六典》卷18《鸿胪寺》云：“凡天下寺观三纲及京都大德，皆取其道德高妙、为众所推者补充，上尚书祠部。”

④ 按《翻译名义集》七《沙门服相篇》：袈裟，具云迦罗沙曳，此云不正色，从色得名，如经中坏色衣也。或名间色服。律有三种坏色，青、黑、木兰。青谓铜青，黑谓杂泥，木兰即树皮也。

⑤ 《唐六典》，题名“御撰”，称“李林甫等奉敕注”。完成于是年。

740年庚辰　唐开元二十八年

二十八年秋七月庚子诏曰：“顷缘诸州寺观僧道阙人，所以精选行业，用填其数。如闻因此之际私度者多，接脚冒名，触类非一，遂使是非齐列，真伪难分，若不澄其源流，何以革兹颓弊？天下诸州寺观有此色者，听敕到陈首，免罪还俗。”——《册府元龟》卷159《帝王部·革弊第一》

【碑文】夫人讳实活，本沮加部落鲜卑人也。……出适于冠军大将军、右武卫大将军啜禄之偶也。……虽远蕃黑水，尝报汉赤诚，不期诸而卒于彼。夫人去开元十八年，属林胡不宁，酋首背伴。夫人霜操不易，忠志不移，乃潜谋运奇，与男沮礼等，出生入死，率众投汉。……十八年八月十三日，制授男沮礼袭父冠军大将军、右武卫将军、左羽林军上下，赐锦袍钿带；开元廿八年七月，制充河东道军前讨击副使，仍充云州十将使，特赐姓李名恂忠，更与紫袍金带。……夫人以开元廿八年十一月廿一日，卒暴于京师义宁里之私第也，春秋六十有五。——《唐代墓志汇编下》1516页《啜禄夫人郑氏墓志铭》[1]

① 《唐代墓志汇编续集》576页复录此墓志铭，但辨认“郑氏”为“郎氏”。

741年辛巳　唐开元二十九年

二十九年春正月丁丑，制两京、诸州各置玄元皇帝庙并崇玄学，置生徒，令习《老子》《庄子》《列子》《文子》，每年准明经例考试。——《旧唐书》卷9《玄宗纪下》

五月，命画玄元真容，分置诸州开元观。——《通鉴》卷214

742年壬午　唐天宝元年

至天宝元年四月八日，开元观主李昭宗奏：本观先是清都观，敕改为开元观。属玄元降符，陛下加号。往年改额，题“开元”文字，今日崇号，合兼“天宝”之名。其额望请改为“大唐开元天宝之观”。敕依。其天下诸州开元观，并加“天宝”字。——《唐会要》卷50《杂记》

云州，本云州，天宝元年改为云中郡，升大同军节度[①]。乾元元年，复为云州。同光元年，复为大同军节度。领县一。云中，旧县。——清陈鳣《续唐书》卷16《地理志》

① 可见，是年大同军已由马邑县移此。《通典》卷172：“大同军，雁门郡北三百里。调露中，突厥南侵，裴行俭开置，管兵九千五百人，马五千五百匹。南去理所八百余里。”《唐代墓志汇编续集》701页《高弘谅墓志铭》：“夫人李氏……父浩川，皇大同军兵马使，兼知九姓部落使、左金吾卫大将军。”按：高弘谅死于大历三年（768），四十五岁。其岳父李浩川任职大同，约在天宝年间（742 ~ 756）。从中，亦知当时大同地区有突厥九姓部落驻牧。

743年癸未　唐天宝二年

二年春正月丙辰，追尊玄元皇帝为大圣祖玄元皇帝，两京崇玄学改为崇玄馆，博士为学士。三月壬子……改西京玄元庙为太清宫，东京为太微宫，天下诸郡为紫极宫。——《旧唐书》卷9《玄宗纪下》

二年三月十三日，制僧尼隶祠部，道士宜令司封检校，不须隶宗正寺。——《唐会要》卷49《僧尼所隶》

744年甲申　唐天宝三载[①]

夏四月……敕两京、天下州郡取官物铸金铜天尊及佛各一躯，送开元观、开元寺[②]。——《旧唐书》卷9《玄宗纪下》[③]

① 是年正月丙辰朔，改“年”为“载”。

② 《旧唐书》卷24《礼仪志四》：“三载三月，两京及天下诸郡于开元观、开元寺，以金铜铸玄元等身天尊及佛各一躯。”

③ 《太平广记》卷72《王旻》引《纪闻》：“太和先生王旻，得道者也。常游名山、五岳，貌如三十余人。……天宝初，有荐旻者，诏征之，至则于内道场安置。学通内外，长于佛教。帝与贵妃杨氏旦夕礼谒，拜于床下，访以道术，旻随事教之，然大约在于修身、俭约、慈悲以为本。以帝不好释典，旻每以释教引之，广陈报应以开其志，帝亦雅信之。”按此，可见唐代三教合流思潮。

745年乙酉　唐天宝四载

天宝四载九月，诏曰："波斯经教，出自大秦。传习而来，久行中国。爰初建寺，因以为名。将欲示人，必修其本。其两京波斯寺，宜改为大秦寺；天下诸府郡者，亦宜准此。"——《册府元龟》卷51

公始以马邑镇军，守在代北，外襟带以自隘，弃奔冲而蹙国河东，乃城大同于云中[①]。——《金石萃编》卷100《王忠嗣碑》[②]

① 《新唐书》卷133《王忠嗣传》："拜左金吾卫将军，领河东节度副使、大同军使，寻为节度使。二十九年，节度朔方，兼灵州都督。天宝元年，北讨奚怒皆，战桑干河，三遇三克，耀武漠北，高会而还。时突厥新有难，忠嗣进军碛口经略之。乌苏米施可汗请降，忠嗣以其方强，特文降耳，乃营木剌、兰山，谍虚实。因上平戎十八策，纵反间于拔悉密与葛逻禄、回纥三部，攻多罗斯城，涉昆水，斩米施可汗，筑大同、静边二城，徙清塞、横野军实之，并受降、振武为一城，自是虏不敢盗塞。徙河东节度使，进封县公。"《旧唐书》卷103《王忠嗣传》：天宝"四载，又兼河东节度采访使。自朔方至云中，缘边数千里，当要害地开拓旧城，或自创制，斥地各数百里。自张仁亶之后四十余年，忠嗣继之，北塞之人，复罢战矣"。按：桑乾河，《王忠嗣碑》作"紫乾河"；斩米施可汗，在天宝三载（744）八月。大同军城之筑，当在是年。

② 天宝四载（745）所筑大同军城，系在北魏故平城废墟上重建。从近年山西大同出土的唐代墓志铭看，自天宝七载（748）至晚唐，初云"新城"，后云"大同军城"，又谓"云州城"，或谓"云中"。可以肯定：天宝四载筑大同军城，大同军遂正式自朔州移驻。后来，又将云中郡（云州）府治由城东的原恒安镇城移入大城，郡、军始同治一城，城亦为云中县。而大同军城既立，云州故城遂有"东州城"之名，合并于大城既久，更名为"东城"，唐末李克用与耶律阿保机会于东城是也。明清以降，仍名"古城"，即今古城村。

746年丙戌　唐天宝五载

天宝五载二月二十五日，京兆尹萧炅奏：私度僧尼等，自今已后有犯，请委臣府司，男夫并一房家口移隶碛西。——《唐会要》卷49《僧尼所隶》

丙戌五月，制天下度僧尼并令祠部给牒。——《佛祖历代通载》卷13

747年丁亥　唐天宝六载

六载，敕天下僧尼属两街功德使。始令祠部给牒用绫素[①]。敕天下寺院，择真行童子，每郡度三人。——《佛祖统纪》卷40

① 《僧史》卷2《祠部牒附》："案《续会要》：天宝六年五月，制僧尼依前两街功德使收管，不要更隶主客。其所度僧尼，仍令祠部给牒（唐祠部牒，皆绫素、锦素、钿轴，盖纶诰也。非官何谓）。

给牒自玄宗朝始也。及德宗建中中，敕天下僧尼身死、还俗者，当日仰三纲，于本县陈牒。每月申州附朝集使申省，并符诰同送者，注毁。其京城，即于祠部陈牒纳告（告身即戒牒也）。”

748年戊子　唐天宝七载

【碑文】《唐故定襄郡定襄府果毅都尉安定梁君墓志铭并序》：夫捡身名节之地，励行仁义之圃，标特百夫，忠信十室，又不得其死，然者何？吾知兰熏以摧，玉缜而折，有是已。公讳秀，字定秀，其先安定乌氏人也。晋大夫益徽列乎前，汉将军统克绍于后，即其裔也。公羁丱成童，风神遹骏。尝谓生而设弧于左，示有四方公事。弱冠，遂发轫河洛，学剑燕代，相六郡之风土，注三军之耳目，物无不可。首官于石岭镇，时与功偕。俄，将于安平府，寻而授定襄府果毅都尉。公仁勇智决，敦诗阅礼，缔交以信，出言有章。挹其宇者雾披，入其门者云峙；琴心酒德而无阻，寸禄斗储而□弊。故显道者寝处于公矣。此邦之人，实维御侮。境□□□，势吞林胡。佩纯钧，驰灭没，扞弦掌拊者三之二，撩□□□者四之一。洎乎霁景迟暖，阳和兆分，广场底平，层城直启。武人三陌而距跃，骏马千蹄而骤踊。公志栖高寝，迹混流葷，倏尔发肌，奄然毙踣。绵绵盈晨，属纩以俟。虽楚人坠车而心醉，终宾党升毂以魂復。春风正时，朝露溘至。呜呼哀哉，享年若干，即以其载月日殡于新城之东原礼也。灾非梦得，二竖有协于膏肓；丧事朋来，十龟空嗟于旁午。铭曰：皇穹莫究兮，胡仁而辅？言冒垂堂兮，日中见枓；矧不好弄兮，奄罹斯苦；十朋执绋兮，九原相土；弱子孀妻兮，悲云泣雨。天宝七载岁次戊子正月壬申朔廿五日丙戌。——大同市博物馆藏《梁秀墓志铭》①

① 此方碑，高58.5厘米，宽59.5厘米。20世纪80年代，出土于山西大同御河东曹夫楼村附近。

750年庚寅　唐天宝九载

【碑文】《尹府君墓志铭并序》：君讳嘉宾，字宾，其先裔天水人也。昔因官改邑，易土而居，今为云中人也。曾祖殷，祖斌，父品，并清通立誉，忠信居身，怀才负能，无禄早世。吁可悲矣。公幼而敏学，长负奇才。不苟且以求合，保闲和而任真。誉满乡党，名彰家国。舍己之财，济人之难。有四海之志，非一方之士。竟而无位者，抑亦命矣。享年七十八，遘疾不瘳，倏焉而尽。兰芳必摧，玉贞先折，昔闻其语，今见其人。夫人成氏，恭勤率性，忠孝事姑。天不与寿，先公而殒。龟筮叶吉，鬼神其依。即以天宝九载五月九日，迁窆于南原，礼也。嗣子思贞等，孝思罔极，哀感号绝。方求謏闻，以纪高节。铭曰：皇天兮深不仁，令德兮胡匪亲；无位兮尽昭世，有恨兮欲何申。寂寞兮幽泉路，荒凉兮长夜台；人生兮若到此，谁能兮不伤哉？天宝九载五月九日。——殷宪《大同新出唐辽金元志石新解·尹嘉宾墓志》[①]

① 该碑私人藏。白砂石，方 36 厘米，厚 6 厘米；盝顶盖，四刹刻牡丹纹，中有“尹君墓志”四个篆字。

751 年辛卯　唐天宝十载

二月丁巳，安禄山兼云中太守、河东节度使[①]。——《旧唐书》卷 9《玄宗纪下》

宋昱《题石窟寺——即魏孝文之所置》[②]：

梵宇开金地，香龛凿铁围[③]；影中群象动，空里众灵飞；

檐牖笼朱旭[④]，房廊挹翠微[⑤]；瑞莲生佛步，宝树挂天衣[⑥]；

邀福功虽在，兴王代久非；谁知云朔外，更睹化胡归。——《文苑英华》卷 234

① 《藕香零拾》收录姚汝能《安禄山事迹》卷上：“又为河东节度。二月二日，遂加云中太守，兼充河东节度采访使，余如故。禄山奏请户部侍郎吉温知后事，大理寺张通儒为留后判官。云中之事，一委吉温，禄山甚重之。”

② 宋昱，籍贯、起家、生平不详。天宝二年（743）任监察御史，被贬岭南，后入为杨国忠幕僚。天宝十二载（753），以中书舍人知选事。肃宗至德元年（756），为乱兵所杀。宋昱游云冈，应在天宝末年之前，姑系是年。

③ 铁围，即铁围山，亦称铁轮围山。佛典所说围绕一小世界的山，周匝如轮，由铁而成，围绕咸海。大乘典籍说，大迦叶率五百罗汉在王舍城举行第一次结集时，文殊、弥勒等菩萨在铁围山令阿难诵出大乘经，称“铁围山结集”。

④ 檐，或作“帘”，误。

⑤ 挹，诸书又作“炼”“锁”。

⑥ 宝，诸书又作“瑶”，当系“瑶”字形误。

752 年壬辰　天宝十一载

天宝中，西蕃、大石、康三国帅兵围西凉府[①]，诏空入，帝御于道场。空秉香炉，诵《仁王密语》二七遍，帝见神兵可五百员在于殿庭，惊问空。空曰：“毗沙门天王子领兵救安西，请急设食发遣。”四月二十日果奏云：“二月十一日，城东北三十许里，云雾间见神兵长伟，鼓角喧鸣，山地崩震，蕃部惊溃。彼营垒中有鼠金色，咋弓弩弦皆绝。城北门楼有光明天王怒视，蕃帅大奔。”帝览奏，谢空。因敕

诸道城楼置天王像，此其始也[②]。——《宋高僧传》卷1《唐京兆大兴善寺不空》[③]

① 《僧史》卷3《城阁天王》云："凡城门置天王者，为护世也。唐天宝元年壬（子）［午］岁，西蕃、大石、康居五国来寇安西。"按：天宝五载至十二载（746～753），不空住锡长安；安西（治龟兹）被围，当在天宝十载（751）高仙芝攻大食败归后。姑赘是年。

② 《僧史》卷3《城阁天王》云："帝因敕诸道节度，所在州府于城西北隅，各置天王形像、部从供养。至于佛寺，亦敕别院安置。迄今朔日，州府上香华、食馔，动歌舞，谓之乐天王也。所号毗沙门者，由此天王与于阗国最有因缘，偏多应现于阗国。是毗沙部，故号毗沙门天王，如言于阗国天王也。"清梁章钜《浪迹续谈》卷7《四大天王》："四大金刚，彼教但称天王。《长阿含经》云：东方天王名多罗吒，领乾闼婆及毗舍阇神将，护弗婆提人；南方天王名毗琉璃，领鸠盘荼及薜荔神，护阎浮提人；西方天王名毗留博叉，领一切诸龙及富单那，护瞿耶尼人；北方天王名毗沙王，领夜叉、罗刹将，护郁单越人。谓之金刚者，以所执之杵号之耳。"同卷《韦驮》："今大小丛林头门内，皆立执杵韦驮，有以手按杵据地者，有双手合掌捧杵者。询之老僧，始知合掌捧杵为接待寺，凡游方释子到寺，皆蒙供养；其按杵据地者则否，可以一望而知也。"按：韦驮，即韦天将军，南方天王部将。

③ 北宋末沙门睦庵（善卿）《祖庭事苑》卷6："今有状毗沙门天王像，必右手擎宝塔。……手擎浮图，今相习尽塑于州邑之城上或伽蓝、营垒之间是也。"清俞樾《茶香室三钞》卷19《托塔天王》："《宣和画谱》，陆探微有托塔天王图。余于《曲园杂纂》三十六引《元史·舆服志》，见托塔天王之说有所本。今知六朝时早见于图画矣。又案：展子虔有授塔天王图，吴道元有请塔天王图，范琼有降塔天王图，朱繇有捧塔天王图。"按：云冈石窟中多有短裤、逆发力士举塔雕刻，属于护法性质，莫非后世托塔天王雏形？

755年乙未　唐天宝十四载

冬十月壬辰，幸华清宫。甲午，颁《御注老子》并《义疏》于天下。——《旧唐书》卷9《玄宗纪下》

十一月甲子，禄山发所部兵及同罗、奚、契丹、室韦凡十五万众，号二十万，反于范阳。命范阳节度副使贾循守范阳，平卢节度副使吕知诲守平卢，别将高秀岩守大同；诸将皆引兵夜发。……十二月……丁酉，禄山陷东京……临汝、弘农、济阴、濮阳、云中郡皆降于禄山。……癸卯……安禄山大同军使高秀岩寇振武军，朔方节度使郭子仪击败之，子仪乘胜拔静边军。大同兵马使薛忠义寇静边军，子仪使左兵马使李光弼、右兵马使高濬、左武锋使仆固怀恩、右武锋使浑释之等逆击，大破之，坑其骑七千。进围云中，使别将公孙琼岩将二千骑击马邑，拔之，开东陉关[①]。——《通鉴》卷217[②]

① 《旧唐书》卷120《郭子仪传》："十一月，以子仪为卫尉卿，兼灵武郡太守，充朔方节度使，诏

子仪以本军东讨。遂举兵出单于府，收静边军，斩贼将周万顷，传首阙下。禄山遣大同军使高秀岩寇河曲，子仪击败之，进收云中、马邑，开东陉，以功加御史大夫。”按：单于府，在今和林格尔；静边军，在今右玉；振武军，即东受降城，在今托克托；东陉关，在今代县东。

② 《旧唐书》卷 187 下《程千里传》：“禄山之乱，诏千里于河东召募，充河东节度副使、云中太守。十五载正月，迁上党郡长史、特进，摄御史中丞，以兵守上党。”

756 年丙申　唐天宝十五载、唐肃宗李亨至德元载

春正月……壬戌……上命郭子仪罢围云中，还朔方，益发兵进取东京；选良将一人分兵先出井陉，定河北。子仪荐李光弼[①]。癸亥，以光弼为河东节度使，分朔方兵万人与之。——《通鉴》卷 217[②]

十月……始鬻爵、度僧尼[③]。——《新唐书》卷 6《肃宗纪》[④]

① 《旧唐书》卷 110《李光弼传》：“十五载正月，以光弼为云中太守，摄御史大夫，充河东节度副使、知节度事。二月，转魏郡太守、河北道采访使，以朔方兵五千会郭子仪军，东下井陉，收常山郡。”

② 《旧唐书》卷 121《仆固怀恩传》：“及安禄山反，从郭子仪讨高秀岩于云中，破之，又败薛忠义于背度山下，（抗）[坑]贼七千骑，生擒忠义男，袭下马邑郡。”又，郭子仪亦曾任云中太守，《全唐文》卷 452 邵说《代郭子仪谢兼河东节度使表》：“今月日伏奉恩制，授臣使持节、都督云州诸军事，兼云中太守。”

③ 《旧唐书》卷 113《裴冕传》：“肃宗即位，以定策功，迁中书侍郎、同中书门下平章事，倚以为政。冕性忠勤，悉心奉公，稍得人心，然不识大体，以聚人曰财，乃下令卖官鬻爵，度尼僧道士，以储积为务。人不愿者，科令就之，其价益贱，事转为弊。”南宋朱翌《猗觉寮杂记》卷下：“卖僧道度牒，见唐《裴冕传》。肃宗在灵武，冕建言卖官、度僧道士，收赀济军兴。时取偿既贱，众不为宜。”《佛祖统纪》卷 51《进纳度僧》：“唐肃宗至德初，宰相裴冕请鬻度牒，谓之香水钱。”卷 45 又谓：“自唐肃宗用宰相裴冕之请，以时方用兵，始鬻度牒，犹汉世纳粟助边以得爵也。……至于纳訾为僧，则富者可以逞欲，长污杂，亏精进，法门之不幸也。”

④ 《旧唐书》卷 48《食货志上》云：“及安禄山反于范阳，两京仓库盈溢而不可名。杨国忠设计，称不可耗正库之物，乃使御史崔众于河东纳钱度僧尼道士，旬日间得钱百万。”清俞樾《茶香室四钞》卷 9《纳钱度僧道》：“宋程大昌《演繁露续》云：‘安禄山反，杨国忠遣侍御史崔众至太原，纳钱度僧尼、道士，旬日得百万缗而已。’按此，则鬻度牒始于杨国忠也。”

757 年丁酉　唐至德二载

二年，贼将史思明、蔡希德、高秀岩、牛廷玠等四伪帅率众十余万来攻太原[①]。——《旧唐书》卷 110《李光弼传》

十一月……河南、河东郡县，皆下之；惟能元皓据北海，高秀岩据大同未下。……

十二月……思明……以所部十三郡及兵八万来降，并帅其河东节度高秀岩亦以所部来降[②]。——《通鉴》卷220

① 《通鉴》卷219："史思明自博陵，蔡希德自太行，高秀岩自大同，牛廷介自范阳，引兵共十万，寇太原。"按：史思明等春正月发兵，围李光弼于太原十月，城不能拔，遂归。年底降唐。明年复叛。

② 《旧唐书》卷200上《史思明传》："肃宗大悦，封归义王，范阳长史、御史大夫、河北节度使，朝义已下并为列卿，秀岩云中太守。"

758年戊戌　唐至德三载、乾元元年[①]

乾元元年，复为云州，领县一，户七十三，口五百六十一。[②]在京师东北一千九百四十里，去东都一千六百四十二里。——《旧唐书》卷39《地理志二》

① 是年二月，改"载"为"年"，改元。

② 此盖高秀岩降书所报人口，不含驻扎大同军城的军府人户。

759年己亥　唐乾元二年

唐乾元二年，诏诸道置放生池。颜鲁公手书序铭，其词略云："去杀流惠，好生止辟。率土之滨，临江是宅。实胜如来，畴庸允格。真卿勒铭，敢告凡百。"——明朱国祯《涌幢小品》卷22《放生序铭》

760年庚子　唐乾元三年、上元元年闰

上元初，郭子仪为朔方节度，以军讨大同、横野、清夷、范阳及河北残寇，用光进为都知兵马使。——《旧唐书》卷161《李光进传》

762年壬寅　唐代宗李豫宝应元年

代宗宝应元年八月癸酉，诏曰："道释二教，用存善诱，至于像设，必在尊崇。如闻州县公私多借寺观居止，因兹亵黩，切宜禁断，务令清肃。其寺观除三纲并老病不能支持者[①]，余并仰每日二时行道礼拜。如有弛慢，并量加科罚。"——《册府元龟》卷52

【碑文】公讳曦皓，字曦皓，京兆长安人。……少以强荫补千牛备身，授尚舍直长。于时西戎为国□敌，势倾山海，蕃邦病之，附落请公，追继前绪，制授押蕃军使。……

无何，匈奴远离巢窟，至于太原。……累转左武卫大将军、大同军使。尔后开门延敌，讫不复至。公统武行师，大抵以检身禁暴为军志。士□甘乐放纵者，或未便之；然履忠蹈义之人，亦为公殚力。凡所著绩□□劳而成。以宝应元年九月十二日遘疾，终于任。春秋五十五。——《唐代墓志铭汇编续集》697 页《慕容曦皓墓志铭》

① 《唐律疏议》卷 6 曰："观有上座、观主、监斋，寺有上座、寺主、都维那，是为三纲。"按：唐宋以来寺院僧众职事名称繁多，北宋宗赜《禅苑清规》卷 8《龟镜文》曰："开示众僧，故有长老；表仪众僧，故有首座；荷负众僧，故有监院；调和众僧，故有维那；供养众僧，故有典座。为众僧作务，故有直岁；为众僧出纳，故有库头；为众僧主典翰墨，故有书状；为众僧守护圣教，故有藏主；为众僧迎待檀越，故有知客；为众僧召请，故有侍者；为众僧看守衣钵，故有寮主；为众僧供侍汤药，故有堂主；为众僧洗濯，故有浴主、水头；为众僧御寒，故有炭头、炉头；为众僧乞丐，故有街坊化主；为众僧执劳，故有园头、磨头、庄主；为众僧涤除，故有净头；为众僧给侍，故有净人。"

764 年甲辰　唐广德二年

二年春正月……丁卯，司徒、兼中书令郭子仪充河东副元帅、河中等处观察，兼云州大都督、单于镇北大都护。——《旧唐书》卷 11《代宗纪》

767 年丁未　唐大历二年

始，上好祠祀，未甚重佛。元载、王缙、杜鸿渐为相[①]，三人皆好佛。缙尤甚，不食荤血，与鸿渐造寺无穷[②]。上尝问以"佛言报应，果为有无？"载等奏以："国家运祚灵长，非宿植福业，何以致之！福业已定，虽时有小灾，终不能为害。所以安、史悖逆方炽，而皆有子祸；仆固怀恩称兵内侮，出门病死；回纥、吐蕃大举深入，不战而退。此皆非人力所及，岂得言无报应也！"上由是深信之，常于禁中饭僧百余人，有寇至则令僧讲《仁王经》以禳之，寇去则厚加赏赐。胡僧不空，官至卿监，爵为国公，出入禁闼，势移权贵。京畿良田美利[③]，多归僧寺。敕天下无得棰曳僧尼。造金阁寺于五台山，铸铜涂金为瓦，所费巨亿。缙给中书符牒，令五台僧数十人散之四方，求利以营之。载等每侍上从容，多谈佛事。由是中外臣民承流相化，皆废人事而奉佛[④]，政刑日紊矣。——《通鉴》卷 224

① 《履园丛话》卷 3《盂兰盆会》云："《旧唐书·王缙传》载代宗奉佛，缙为宰相，尝'七月望日，于内道场造盂兰盆，饰以金翠，所费百万。又设高祖已下七圣神座，备幡节、龙伞、衣裳之制，各书尊号于幡上以识之，舁出内，陈于寺观。是日，排仪仗，百僚序立于光顺门以俟之，幡花鼓舞，迎呼道路。岁以为常'。今盂兰盆会之始也。"按：佛家有《盂兰盆经》，谓七月十五日，盆盛百

味五果，供养十方大德，以脱一切饿鬼之苦。北齐颜之推《颜氏家训·终制篇》谓“七月半盂兰盆”，可见北朝已有此俗。圆仁《入唐求法巡礼行记》卷3云：“诸寺盂兰盆会，十五日起首，十七日罢。”据清褚人获《坚瓠续集》卷2《盂兰盆》云，编竹为盆盂状，盛以素馔。

② 《旧唐书》卷108《杜鸿渐传》：“鸿渐晚年乐于退静，私第在长兴里，馆宇华靡，宾僚宴集。鸿渐悠然赋诗曰：‘常愿追禅理，安能挹化源。’朝士多属和之。及休致后病，令僧剃顶发。及卒，遗命其子依胡法塔葬，不为封树，冀类缁流，物议哂之。”《宋高僧传》卷16《唐朔方龙兴寺辩才》：“天宝十四载，玄宗以北方人也，禀刚气，多讹风，列刹之中，余习骑射，有教无类，何可止息。诏以才为教诫，临坛度人。至德初，肃宗即位。是邦也，宰臣杜鸿渐奏才住龙兴寺，诏加朔方管内教授大德，俾其训励，革猃狁之风，循毘尼之道。复命为国建法华道场。”

③ 良田美利，《新唐书》卷145《王缙传》作“上田美产”。

④《新唐书》卷150《常衮传》云:“天子诞日，诸道争以侈丽奉献，不则为老子、浮屠解祷事。衮以为:‘汉文帝还千里马不用，晋武帝焚雉头裘，宋高祖碎琥珀枕，是三主者，非有聪明大圣以致治安，谨身率下而已。今诸道馈献，皆淫侈不急，而节度使、刺史非能男耕而女织者，类出于民，是敛怨以媚上也，请皆还之。今军旅未宁，王畿户口十不一在，而诸祠寺写经造像，焚币埋玉，所以赏赉若比丘、道士、巫祝之流，岁巨万计。陛下若以易刍粟，减贫民之赋，天下之福岂有量哉。’代宗嘉纳。”

769年己酉　唐大历四年

四年冬，大师奏：天下寺食堂中，特置文殊师利为上座。恩制许之[①]。——《大唐故大德赠司空大辨正广智不空三藏行状》

① 《宋高僧传》卷1《唐京兆大兴善寺不空》：“四年冬，空奏天下食堂中置文殊菩萨为上座。制许之。此盖慊憍陈如是小乘教中始度故也。”

771年辛亥　唐大历六年

大历六年辛亥岁四月五日，敕京城僧尼，临坛大德各置十人。以为常式，有阙即填。此带“临坛”，而有“大德”二字，乃官补德号之始也[①]。——《僧史》卷3《德号附》

① “大德”之号，始授于唐。唐赵璘《因话录》卷四：“元和以来，京城诸僧及道士，尤多大德之号。偶因势进，则得补署，遂以为头衔。各因所业谈论，取本教所业，以符大德之目。”

772年壬子　唐大历七年

十月十六日，中书门下牒不空三藏牒，奉敕：京城及天下僧尼寺内，各拣一胜处置大圣文殊师利菩萨院。仍各委本州府长官，即旬当修葺，并塑文殊像。装饰彩画功毕，各画图具状闻奏。不得更于寺外别造。——《贞元新定释教目录》卷16

【碑文】《大唐故游击将军、果毅都尉李君及夫人墓志铭并序》：君讳，字仙，望陇西郡人也。曾澄，渭州别驾；祖福，魏州仓曹参军；父玄，代州别驾。君灵源极浚，神情爽远，肃秋霜以严明，依六条而作训。惟君家承令绪，恪勤在公，如履冰之悚惧，宜其多福，终此遐龄。岂谓夕景未颓，朝露云及，以大历七年正月十一日终于私弟，春秋七十有七。夫人王氏，禀灵淑慎，藉庆膏腴，结褵望族，捧逶迤以宗亲，终一醮于君子。誓将偕老，谐此琴瑟。何期逝川东往，时将急箭，落景西颓，命与隙驹。逝以大历三年四月，终于私弟，春秋六十有九。即大历七年十月廿三日丙时，合葬大同军西南三里原，礼也。恐陵谷迁易，令誉无闻，式刊德音，记之幽壤。乃为铭曰：於镣君子，允文允武。风神清英，髦逸群实。珠朋而玉信，桂馥而兰馨。猗欤夫人，威仪此慎。家无悔悋，守妇则于前规，保母怀于来胤。雲愁塞北，日惨松西。霜飞大漠，风吟故溪。痛幽扃之寂寂，悲长夜之凄凄。——殷宪《大同新出唐辽金元志石新解·李仙及夫人墓志》①

① 该青石墓志，方 55 厘米，大同市博物馆藏。盝形盖四周线刻十二生肖人身兽面图案，顶部篆刻“陇西李君墓志”六字。

773 年癸丑　唐大历八年

八年正月乙未，敕天下寺观僧尼、道士不满七人者，宜度满七人。三七人已上者，更度一人；二七人以下者，更度三人。——《册府元龟》卷 52

779 年己未　唐大历十四年

五月帝崩，太子即位，诏：自今毋得奏置寺观及请度僧尼。——《佛祖统纪》卷 41

彭偃……大历末，为都官员外郎。时剑南东川观察使李叔明上言，以“佛、道二教，无益于时，请粗加澄汰。其东川寺观，请定为二等：上寺留僧二十一人，上观留道士十四人，降杀以七，皆精选有道行者，余悉令返初。兰若、道场无名者皆废”。德宗曰：“叔明此奏，可为天下通制，不唯剑南一道。”下尚书集议。偃献议曰：“……当今道士，有名无实，时俗鲜重，乱政犹轻。唯有僧尼，颇为秽杂。自西方之教，被于中国，去圣日远，空门不行五浊，比丘但行粗法。爰自后汉，至于陈、隋，僧之废灭，其亦数乎！或至坑杀，殆无遗余。前代帝王，岂恶僧道之善如此之深耶？

盖其乱人亦已甚矣。且佛之立教，清净无为，若以色见，即是邪法，开示悟入，唯有一门，所以三乘之人，比之外道。况今出家者皆是无识下劣之流，纵其戒行高洁，在于王者，已无用矣，况是苟避征徭，于杀盗淫秽，无所不犯者乎！……臣闻天生烝人，必将有职，游行浮食，王制所禁。故有才者受爵禄，不肖者出租征，此古之常道也。今天下僧道，不耕而食，不织而衣，广作危言险语，以惑愚者。一僧衣食，岁计约三万有余，五丁所出，不能致此。举一僧以计天下，其费可知。陛下日旰忧勤，将去人害，此而不救，奚其为政？臣伏请僧道未满五十者，每年输绢四匹；尼及女道士未满五十者，每年输绢二匹；其杂色役与百姓同。有才智者令入仕，请还俗为平人者听。但令就役输课，为僧何伤？……人年五十，嗜欲已衰，纵不出家，心已近道，况戒律检其情性哉！臣以为此令既行，僧道规避还俗者固已太半。其年老精修者，必尽为人师，则道、释二教益重明矣。”议者是之，上颇善其言。大臣以二教行之已久，列圣奉之，不宜顿扰，宜去其太甚。其议不行。——《旧唐书》卷127《彭偃传》

780年庚申　唐德宗李适建中元年

丁内艰，起复右卫将军、云州刺史。……迁代州刺史。——《全唐文》卷623熊执易《武陵郡王马公（旰）神道碑》①

① 马旰，扶风人。父马璘，西北名将，两唐书有传，分别谓卒于大历十二年（777）和十一年（776）。按：马旰服丧三年，约即是年出任云州。另，《全唐诗》卷280《送彭开府往云中觐使君兄》，作者卢纶，号“大历十才子”；彭使君，任职云中，约在马旰以后。

781年辛酉　唐建中二年

【碑文】《景教流行中国碑颂并序》：大秦寺僧景净述。……大秦国有上德曰阿罗本，占青云而载真经，望风律以驰艰险，贞观九祀，至于长安。帝使宰臣房公玄龄总仗西郊，宾迎入内，翻经书殿，问道禁闱，深知正真，特令传授。贞观十有二年秋七月，诏曰：……所司即于京义宁坊造大秦寺一所，度僧廿一人。……高宗大帝……而于诸州各置景寺，仍崇阿罗本为镇国大法主。……玄宗至道皇帝令宁国等五王亲临福宇，建立坛场。……天宝初，令大将军高力士送五圣写真寺内安置，赐绢百匹。……肃宗文明皇帝于灵武等五郡重立景寺。……代宗文武皇帝……我建中圣神文武皇帝……大施主金紫光禄大夫、同朔方节度副使、试殿中监、赐紫袈裟僧伊斯，和而好惠，闻道勤行。远自王舍之城，聿来中夏。……大唐建中二年岁在作噩太蔟月七日大耀森文日建立[①]。时法主僧宁恕知东方之景众也。朝议郎、前行台州司士参军吕秀岩书。——西安碑林博物馆藏《大秦景教流行中国碑》[②]

① 太蔟月，即正月。

② 该碑，1623 年出土于陕西周至县。大秦，即东罗马帝国；景教，指基督教聂斯脱利派。

786 丙寅　唐贞元二年

十二月……命马燧以河东军击吐蕃[①]。燧至石州[②]，河曲六胡州皆降[③]，迁于云、朔之间。——《通鉴》卷 232[④]

① 马燧父马季龙，曾任幽州经略副使、岚州刺史、大同军使，但不知何年。

② 石州，即今山西离石。

③ 胡注：“河曲六胡州时已为宥州，盖诸部酋长，各以旧州名带刺史，故于时犹有六胡州之名。”

④ 据唐《贾耽四道记》，今阴山以南的内蒙古黄河两侧地区，时“皆灵、夏以北蕃落所居”。

787 年丁卯　唐贞元三年

三年，京兆尹宇文炫奏，乞以乡落废寺为学舍材。敕曰：“奉佛之宫转为儒馆，此侵毁三宝之渐。罪在不宥。”——《佛祖统纪》卷 41

李广弘者，或云宗室亲王之胤。落发为僧，自云见五岳、四渎神，己当为人主。贞元三年，自邠州至京师，有市人董昌者，通导广弘，舍于资敬寺尼智因之室。智因本宫人，董昌以酒食结殿前射生将韩钦绪、李政谏、南珍霞，神策将魏修、李傪，前越州参军刘昉、陆缓、陆绛、陆充、徐纲等，同谋为逆。……事未发，魏修、李傪上变，令内官王希迁等捕其党与斩之，德宗因禁止诸色人不得辄入寺观。——《旧唐书》卷 144《韩游瓌传》

789 年己巳　唐贞元五年

五年三月，诏曰：“释道二教，福利群生，馆宇经行，必资严洁。自今州府寺观不得宿客居住，屋宇破坏，各随事修葺。”——《册府元龟》卷 52[①]

于鹄《题北台僧》[②]：

上方唯一室，禅坐对金容；行道临孤壁，持斋听远钟。

枯藤离旧树，朽石落危峰③；不向云间见④，唯应梦里逢⑤。——《文苑英华》卷221

① 《僧史》卷3《赐僧紫衣》："德宗归心释氏，诏法师端甫入内殿，与儒、道论义，赐紫方袍。"

② 于鹄，长安人，大历、贞元间诗人。隐居汉阳，大历间应荐，起历诸府从事，出塞入塞，驰逐风沙。有诗集一卷。于鹄客居大同，有诗为证。《文苑英华》卷274《送韦判官归苏州》："桑干归路远，闻说亦愁人；有雪常经夏，无花空到春。下营云外火，牧马月中尘；白首从戎客，青袍未离身。"南宋洪迈《万首唐人绝句》卷36于鹄《别旧山》："旧伴同游尽却回，云中独宿守花开；自是去人身渐老，暮山流水任东来。"又《塞上曲》："一坠风来一坠沙，有人行处没人家；黄河九曲冰先合，紫塞三春不见花。"僧，一作"寺"。北台，是隋唐人对大同的旧称，也可能指五台山之北台。按诗中所述，疑为今云冈或青磁窑石窟（壁上凿出方室一间）。

③ 危，一作"高"。

④ 间，一作"中"。按"云中"，指明地点，仿佛更正确。

⑤ 唯，一作"还"。该句，明《石仓历代诗选》卷65作"高踪岂易逢"。

790年庚午　唐贞元六年

【碑文】《唐故京兆府、甘泉府折冲都尉，赐紫金鱼袋，上柱国常君墓志铭并序》：君讳崇俊，河内人也，后迁太原，今为家矣。其先承高辛之芳裔，袭文王之遗风，望积常山，派流沧海。曾祖讳谦，左骁卫大将军，展效边城，屯戎细柳，名标铜柱，声振金微。祖讳君节，汾州司马，留心经史，纵志衣冠，与□□和光，题舆接武。父讳玄贞，乡闾褾袖，尘俗楷模，志好文儒，兼披内典。公即府君之次子也。□□温恭，致身尽义，好神仙之道，习古人之风。於戏，谁谓上苍不惠，膏肓尔疾。贞元六年□□□□□□□□□日，终于大同军私第，时年七十有六。夫人□□□□六□□□□□□□□□□□□仪，名光女史，日月不居，早归泉壤。兴元元年二月□□日，终于大同□□□□子用等攀慕摧裂，泣血绝浆，永怀同穴之节，□□□□□□□□□□□□□□□□以其年十月癸巳朔十七日己酉，于大同军城东南七里丙地平原，礼也。北走玄塞，南驰雁山，犹恐代异时更，陵谷迁变，遂勒贞石，永记其垅。铭曰：猗嗟常君，克修文教，事上能忠，荣亲至孝。蒲柳之年，桑榆之日，长夜已侵，奄归玄室。爱子泣血，抚椋临茔，千秋万岁，长赴佳城。贞元六年岁次庚午十月十七日撰。——大同市博物馆藏《常崇俊墓志铭》①

① 该方碑，砂岩石质，纵47厘米，横48厘米。据殷宪先生讲，出土于大同水泉洼村东。

792 年壬申　唐贞元八年

八年五月，以都官郎中郑克钧为灵、夏二州运粮使。吐蕃之围灵州，军食绝，及吐蕃稍却，钧自夏州以牛马杂运米六万余斛致灵州度支，又于胜州沂河运云、朔米万余斛。是秋，云州亦有积年谷稻数万斛，人心颇固。——《册府元龟》卷 484《邦计部·经费》

793 年癸酉　唐贞元九年

【碑文】《唐故同十将、冠军大将军、守左金吾卫大将军李君墓志铭并序》：公讳某，字海清，其先陇西城纪人也。以贞元九年五月八日遇暴疾，卒于云州城北平坊之私第也，享年五十有三。祖莫遮，中郎将。父天德，奉诚军十将、开府仪同三司、太常卿。公即开府之元子也。雅量周身，雄勇当代，忠以奉主，孝以荣亲。自幼从仕，迄终天年，令问有称，言行无点。以父仕边塞，不愿离违，元戎频欲任以腹心，难抑其志，遂转受同十将，复得同军筮仕，色养不亏。忠贞传于一门，孝友彰乎千里。即针书父子异代齐勋，恩授冠军大将军、上柱国。嗟乎，不尽老莱之心，翻悲卜商之泣。壮心未展，曷其云亡？公平昔怀抱，放旷清闲，多以琴酒自娱，不以名利为意。人所达者也，信而有征。曾不寝疾，偃然如归鸿。故国路遥，返葬未遂，即以其年五月十九日权窆于云州城西南五里。夫人清河张氏，镜孤鸾影，剑阙龙泉，女萝靡依，梁木其坏。嗣子太华、次子太初、三子万迪等并柴毁羸骨，棘心孔哀。恐陵谷将变，式志斯文。铭曰：人之生也，福兮祸倚，乐极哀生，魂然悲起。伤慈父之肝情，独冥々而长已。坟陇行卜，城隅之旁，玉瘗其响，珠潜其光。蘋山峨々，逝水汤々，月吊玄夜，风悲白杨。——大同市私人藏《李海清墓志铭》[①]

【碑文】《故河东节度散将、守左金吾卫宁州三会府左果毅都尉员外置同正员、上柱国武君墓志铭并序》：君讳青，其先太原郡人也。高辛之令绪，姬氏之芳苗。周有圣母临朝，握金镜而照天下；唐有飞将济世，轮宝刀以定山东。衣冠礼乐，弈叶重荣，至于今矣。祖讳令珣[②]，任蔚州刺史，兼横野军使，风神爽朗，器宇温凝，旁分四岳，潜动云雷，独占二天，高悬日月。父讳崇彦，任岚州方山县令，屈展骥之资，就飞凫之任。君即先君之次子也。慕班超之高志，怀白起之深谋，远辞汾川，久游边郡，叨名军旅，频立功勋，特奉推扬，早登官位。又能远继先贤，善训爱子，忠以报国，孝以荣亲。致身花幕之间，延望青云之里。此乃父之贤也，子之明也。闻《诗》闻《礼》，道之备矣。呜呼，谁谓天与其才，不与其寿；膏肓示疾，药饵无征。洎贞元九年十月廿七日，时年七十九，终于大同军私第。将以远归乡邑，占筮未宜，遂择其年十二月十五日，权殡于大同军城西南五里平原，礼也。嗣子昇朝、进朝、江朝、谏言等，号天叩地，泣血绝浆，能备凶仪，深彰孝行，犹虑日月居诸，陵谷迁变，遂勒贞石，永记德音。铭曰：伟夫武公，早岁从戎；收勋塞外，料敌云中。五郡传名，三军颂美；气结阴山，心清寒水。天何不惠，奄归冥寞；古木风悲，荒营月落。青鸟卜地，嗣子号天；孤魂何托，长归草玄。——大同市博物馆藏《武青墓志铭》③

① 该方碑，砂岩石质，方 44 厘米。覆斗形盖，篆书“李君墓志”，四刹间格以花纹，环刻人身兽首十二生肖。
② 武令珣，见两唐书，安禄山拔之于行伍，任为大将，战死。是故，武青以叛逆子孙，充任边军。
③ 该砂岩墓志，方 50 厘米，厚 9 厘米。20 世纪末，出土于大同振华南街。

795 年乙亥　唐贞元十一年

贞元十一年五月……中使第五国珍自云、朔使还，过太原……——《旧唐书》卷 146《李说传》

798 年戊寅　唐贞元十四年

【碑文】《唐故李府君墓志铭并序》：公讳像恩，字像恩，出自陇西老君之胤。其先因官，食邑并州，今为太原人也。皇祖讳璧，静而廉谨，强毅越人，贻教子孙，由昌后嗣。祖妣王氏，过姬姜之姿，比孟母之德。皇考讳安，行高性密，纵志逸群，谦恭礼乐，信义资身。因地之宜，知利而进，乃创业居于云中。皇妣刘氏，贞纯松竹，洁操凌霜。公克绍堂构，扬名显亲。慈爱训导，九族荣门。闾阎取则，乡党称仁。博雅君子，约俭平均。夫人常氏，美艳凝素，淑德令闻。将谓福深江海，寿禄无疆，岂料穹苍不矜，前后殂殁。公长子仙，少而游荡，求官未归，绝倚庐之望。及黄泉之期，分离隔生，诚痛哉矣！次子晖，承父义方，聪敏好学，侮远邪忒，恭近礼仪。移仕公家，忠孝不匮。习军旅，师人辑睦；出征伐，如挟纩恩；从戎幕，周给士徒。贫弱之流，喜而怀惠。善谋佐治，职官屡迁。与群寀朋僚，欢和惟一，同心得意，情无二三。

军府众贤，孰非仰望？次子重荣等，各竭其力，稼穑务勤，积槩（穀）丰食，怀橘供膳。恺悌之至，寔为孝子。公以贞元十三年腹寓沉染，弥留厥疾，针药不达，有加而无瘳。其年二月十日终于私第。及贞［元］十四年十月九日合祔，葬于大同军西南七里平原，礼也。晖等丁心泣血，攀罔极深恩；含恨黄泉，奄慈颜永殁；星霜流运，闻松柏摧薪。陵谷亏移，风俗时变，虑子孙无识，故刊贞石，序以志之。铭曰：秋风鸣兮悲白杨，坟垄立兮塞草黄；□□离兮哀苦伤，嗟平生兮胡不常；逝者如川何所往，□□万古无远乡。——殷宪《大同新出唐辽金元志石新解·李像恩墓志》[①]

① 该墓志，纵横 57 厘米，1991 年出土于大同机车厂北，现藏大同市博物馆。

800 年庚辰　唐贞元十六年

昔之桑门上首，好与贤大夫游。……今有释文畅者，道源生知，善根宿植，深嗜法语，忘甘露之味，服道江表，盖三十年。谓王城雄都，宜有大士，遂蹑虚而西，驱西逾纪，而秦人蒙利者益众。云、代之间，有灵山焉[①]，与竺乾、鹫岭角立相望，而往解脱者，去来回复，如在步武。则勤求秘宝，作礼大圣，非此地莫可。故又舍筏西土，振尘朔陲，将欲与文殊不二之会。脱去秽累，朝诣觉路，吾徒不得而留也。……故诗而序之。又从而谕之曰：今燕、魏、赵、代之间，天子分命重臣典司方岳。辟用文儒之士，以缘饰政令。服勤圣人之教，尊礼浮屠之事者，比比有焉[②]。——《柳宗元集》卷 25《送文畅上人登五台遂游河朔序》[③]

① 灵山，指五台山。从唐代开始，五台山以文殊菩萨道场而兴盛，云冈石窟寂寞少闻。

② 可见当年云、代风俗。又《旧唐书》卷 177《裴休传》曰："太原、凤翔近名山，多僧寺。"

③ 柳宗元（773 ~ 819）此序所附诗，今无传。这里，推测置于是年。

803 年癸未　唐贞元十九年

泊嘉州，渡江……登凌云寺[①]。寺有天宁阁，即大像所在[②]。嘉为众水之会……滩泷险恶，号舟楫至危之地。唐开元中，浮屠海通始凿山为弥勒佛像以镇之。高三百六十尺，顶围十丈，目广二丈，为楼十三层。自头面以及其足，极天下佛像之大，两耳犹以木为之。佛足去江数步，惊涛怒号，汹涌过前，不可安立正视，今谓之佛头滩。——南宋范成大《吴船录》卷上

① 明朱国祯《涌幢小品》卷 28《石佛》："嘉定州凌云、峨眉二山，并甲天下。今人只说峨眉，不知凌云。

岂世间两大不能并耶？凌云石佛，高三十六丈。唐开元二年，僧海通于水滨凿石为之，未就而殁。(真)［贞］元初，韦皋尹成都，完之，覆以十层阁，额曰凌云寺。”

② 嘉州凌云寺天宁阁大佛，即今四川乐山大佛。此文系南宋范成大淳熙四年(1177)夏游记。大佛高71米，为我国古代佛像之最。今天一般认为，开凿于开元元年（713），竣工于是年，历时80年。

804年甲申　唐贞元二十年

二十年，日本国遣使者朝，其学者橘逸势、沙门空海入中国，学秘密教于不空弟子慧果[①]。——《佛祖统纪》卷41

① 日本岩崎继生《大同风土记》（侯振彤译）云：“公元804年进入唐朝的空海僧（弘法大师），他最初为了向京城长安青龙寺的惠果恭而学德，到达唐朝的京城。以后在当时的五台山或灵岩寺（现在的石佛寺灵岩寺洞）等地进行了传经，接受罽宾国的般若三藏的传授，经当时的云中(现在的大同)之地进入五台等等。”

805年乙酉　唐贞元二十一年、顺宗李诵永贞元年

顺宗以贞元二十(二)［一］年正月丙申即位。二月甲子，大赦。……贞元中，内要、乳母皆令选京城寺观婢以充之，而给与其直。例多不中选。寺观次当出者，皆卖产业，无业割院及地卖之，贵买有姿貌者以进，其徒苦之。及此亦禁焉。——《册府元龟》卷160《帝王部·革弊第二》

806年丙戌　唐宪宗李纯元和元年

是岁，回鹘入贡[①]，始以摩尼偕来，于中国置寺处之[②]。其法日晏乃食，食荤而不食湩酪。回鹘信奉之，可汗或与议国事。——《通鉴》卷237

皇帝陛下……即位之初，即不许度人为僧尼、道士，又不许别立寺观[③]。——《旧唐书》卷160《韩愈传》

① 胡注：“回鹘之摩尼，犹中国之僧也。其教与天竺又异。按《唐书会要》十九卷：回鹘可汗王令明教僧进法入唐。大历三年六月二十九日，敕赐回鹘摩尼，为之置寺，赐额为大云光明。”回鹘，旧称回纥，其先匈奴之裔，后号铁勒，依托高车，臣属突厥，唐开元中始盛。贞元四年（788），请唐改称回鹘，取“回旋轻捷如鹘”之义。元明称畏兀儿，即今维吾尔族。

② 摩尼教创始于波斯，入华约在唐朝。《佛祖统纪》卷39云：武则天“延载元年，波斯国人拂多诞，持《二宗经》伪教来朝”。《通典》卷40：唐玄宗“开元二十年七月敕：末摩尼法本是邪见，妄称佛教，诳惑黎元，宜严加禁断。以其西胡等既是乡法，当身自行，不须科罪者”。《佛祖统纪》卷41：唐代宗大历“三年，敕回纥奉摩尼者建大云光明寺”。六年，“回纥请于荆、扬、洪、越等州置大云

光明寺。其徒白衣白冠”。

③《旧唐书》卷174《李德裕传》：“元和已来，累敕天下州府，不得私度僧尼。”《通鉴》卷240：“上晚节好神仙，诏天下求方士。”《旧唐书》卷16《穆宗纪》曰：“宪宗末年，锐于服饵，皇甫镈与李道古荐术人柳泌、僧大通待诏翰林。泌于台州为上炼神丹，上服之，日加躁渴，遽弃万国。”

807年丁亥 唐元和二年

二年春正月……庚子，回纥请于河南府、太原府置摩尼寺[①]，许之。……二月辛酉，诏僧尼、道士全隶左右街功德使，自是祠部司封不复关奏[②]。——《旧唐书》卷14《宪宗纪上》

①《宋史》卷490《外国传六》云：高昌“复有摩尼寺，波斯僧各持其法，佛经所谓外道者也”。

②《唐会要》卷50《杂记》：“元和二年二月，诏僧尼、道士同隶左右街功德使，自是祠部司封不复关奏。其年三月，诏：男丁女工，耕织之本；雕墙峻宇，耗蠹之源。天下百姓或冒为僧、道士，苟避徭役，有司宜备为科制，修例闻奏。”

809年己丑 唐元和四年

六月，以灵、盐节度使范希朝为河东节度使。朝议以沙陀在灵武[①]，迫近吐蕃，虑其反复，又部落众多，恐长谷价，乃命悉从希朝诣河东。希朝选其骁骑千二百，号沙陀军，置使以领之，而处其余众于定襄川。于是执宜始保神武川之黄花堆[②]。——《通鉴》卷237

【碑文】《皇清河崔府君墓志》：唐垂景命，贤哲萃辅。令族之盛，莫匪称先。呜呼，清河崔府君。君讳峤，曰若稽古，高辛氏之后，自丁之裔，史册详矣。府君祖，唐之勋臣。考讳爱，开元中以经明高选，署汾州别驾，莅政课绩，恩和春色；邦县编户，大揖风议。府君即别驾之令嗣。幼为人杰，长成国器；风骨荣耀，郁为众异。顷遇国步多难，师乱幽都，洎公全家，寄居恒赵。繇是不簉于仕，屏身云林，醉及沧浪，信包人物。府君妣史氏，高堂袭庆，桂芳月华。公严训资孝，穆顺资敬。奉亲鱼橘，色养无忒。罔极之后，遭魏博众起，公转诣河东，不幸遘疾。以大历十四年四月一日倾于寿阳县，春秋五十有七。呜呼，痛哉！夫人王氏，嫠也漂影，冰渊玉寒。因托云州，育长孤幼。故得兰芳自美，柏舟咏河。悲夫星霜变移，奄然生疾。以元和四年四月廿七日倾于里舍，享年七十五。府君嗣子一人秀林，女三人，承家孝悌，哀号逾礼。以其年七月五日奉寿阳之榇，归于云州城东南七里合祔，礼也。羽翣祭器，如士大夫之仪。于是行路惨凄，饮恨拉血；流水乌啼，与时俱咽。乃刊贞石，志之斯文。词曰：於皇崔君，孤标不群；令族之盛，题舆之门。惟此伉俪，云中之坟；呜呼人事，千秋不闻。——大同市殷宪藏碑③

① 《新唐书》卷218《沙陀传》："沙陀，西突厥别部处月种也。……贞元中，沙陀部七千帐附吐蕃，与共寇北庭，陷之。吐蕃徙其部甘州，以尽忠为军大论。吐蕃寇边，常以沙陀为前锋。久之，回鹘取凉州，吐蕃疑尽忠持两端，议徙沙陀于河外，举部愁恐。尽忠与朱邪执宜谋，曰：'我世为唐臣，不幸陷污，今若走萧关自归，不愈于绝种乎？'尽忠曰：'善。'元和三年，悉众三万落循乌德鞬山而东，吐蕃追之，行且战，旁洮水，奏石门，转斗不解，部众略尽，尽忠死之。执宜裒瘢伤，士裁二千，骑七百，杂畜橐它千计，款灵州塞，节度使范希朝以闻。诏处其部盐州，置阴山府，以执宜为府兵马使。沙陀素健斗，希朝欲藉以捍虏，为市牛羊，广畜牧，休养之。其童耄自凤翔、兴元、太原道归者，皆还其部。尽忠弟葛勒阿波率残部七百叩振武降，授左武卫大将军，兼阴山府都督。"

② 宋孙光宪《北梦琐言》卷17云："河东李克用，其先回纥部人，世为蕃中大酋，受唐朝官职。太宗于北方沙陁碛立沙陁府，以招集降户。后克用祖朱邪执宜与其父曾依吐蕃，背吐蕃归朝，德宗于盐州置阴山府，以执宜为都督。后迁于神武川黄花堆之别墅，即今应州是也。执宜生赤心，以讨徐州庞勋功，赐国姓并名，号李国昌。懿宗问其先世所出，云本陇西金城人，依寓吐蕃。帝曰：'我先与汝同乡里。'敕令编籍郑王房。"按：唐末后唐，代北"新城"取名"金城"，遂成应州（应县）新名。明谈迁《枣林杂俎》中集《遗印》："永乐间（1403～1424），应州掘地得金城县印。应州本汉（馆）[强]阴县，后改名金城县。今儒学，旧县治也。天顺七年（1463），□□□得行军万户之印。"

③ 该碑，砂岩，方形，各54厘米。盝形盖上篆刻"崔君墓志"四字，四刹各有线刻牡丹一朵。2000年3月，大同城南智家堡村北沙场出土。

810年庚寅　唐元和五年

五年十月，新罗王遣其子献金银佛像。——《唐会要》卷49《像》

811年辛卯　唐元和六年

【碑文】□□□□□□□□□□□□□李公□□□□□□□□□□□□□□□□□□□□宗之源文□□□□□□□祖晖，隋开府仪同三司、将作监□□□□□□□□□上柱国、平卢行军司马。烈考崇信，摄京兆尹三原县令，左武卫中郎将。□□□□□□□□□（忠）义公幹，为时所推，威仪有春草之兹，节操有寒松之劲。初以裨将北伐，□□□□□□□（王）及单于战武州之北。时兵尽器竭，公冒危突阵，躬救薛王。石敷之役，公从李王，以寡击众。贼势甚盛，公奋矟叱咤，手毙数胡，凶丑骇散。于时蜂虿毒甚，关山屯戍，逦迤屠溃，至百井之岗，我将丧元，贼徒乘胜，俘略朔漠。公赫斯怒，因谋其帅。李王按剑，欣公此谋，遂设奇伏于崞县城下。达干者，单于良将之号，捍猛骁揵者居之，领数十骑摇旌而过。李王与公挟而攻之，左右交刃，湿地烟起，达干枭首，实挫顽凶。诚由李校之骁雄，抑亦裨寮之翼佐。况见赏通人，临事果敢。每从戎旅，出则前驱，入则后殿。鱼丽始合，鹅羽将冲，翳公是赖。复恭而刚直，勇而温良，是以在军旅而士卒慕之，处乡党而少长宾之。公陇上强家，辕门飞将。自幼及长，逢国多难，武略从军，凡三破强胡，八陷坚垒。水谷袭回纥败之，又破仆固怀恩于水欲之汭。随元戎马司徒，伐魏州平之，讨河中克之。再解蔚州围，斩达干，免薛王。卌余年，输诚奉国，苦经阵敌，荐致殊勋，官至骠骑将军、殿中监。进而知退，乃罢甲悬车以告老。有子三人以致养，各有令孙数人。诚亦福寿之极，喟然有终焉之志。遂自营城西七里之原，以置坟垄。呜呼哀哉，自古有死，足以见公之达道，唯君子焉。享年八十有二，以元和六年六月五日寝疾，卒于大同军奉节之私第。夫人安氏，阴仪克崇，四教罔忒，与公偕老[①]。长子曰少沂，逸性不仕。中子曰兴朝，中武将军，试殿中监。少子曰兴晟，左执戟员外，置同正。丧过乎哀，毁邻灭姓。以其年岁次辛卯十月壬戌朔十二日癸酉，将迁神座于旧茔，礼也。呜呼，褊衬以藉之，封鬣树之，墓石铭之。其词曰：卓彼汧陇，崆峒气偏；是生良将，以固穷边。岐嶷李公，辕门所珍；修身茂德，义勇绝伦。猰貐凭凌，边庭暮惊；搴旗北伐，斩将南征。鲸鲵京观，欃枪不升；赵厉来攻，针药莫通。其孤斩然，茹毒充躬；已而已而，褊衬藉之。绝塞之原，大漠之涯；隧路长暗，松风自悲。将军既没，长剑付谁？茫茫孤坟，恸哭妻儿。终莫掩坎，哭于斯，诀于斯。——殷宪《大同新出唐辽金元志石新解・李公墓志》[②]

① 殷宪《大同新出唐辽金元志石新解》云：2010 年 1 月见此《李公墓志》不久，又见其妻《安氏墓志》残碑拓片，文曰："《……奉诚府十将陇西李府君夫人辽东安氏合葬墓志铭并序》：……府君薨于奉节坊私第，时年八十有一，以是岁十月十二日……九年十二月廿日，夫人终于家，享龄七十有八。越以十二年龙……奉迁夫人神帏，即祔府君之茔，礼也。府君公讳……开府、将作监。德宇遐深，风烈清浚，才当五百，名……上柱国、平卢道行军司马，历职内外，佳誉克彰。……崇信，左武卫中郎将，摄京兆府三原县令，牧民驭众……郎之长子。劲节孤标，寒松可比，矜庄严毅，凛……副之职，挥戈突阵，无不获全。斩将搴旗……指掌必……及为将领，师众归心，竭力尽忠，誓清封豕，所有临危在……之谋，屡立奇功，累加前秩。公知命达道，无虑无营，故不登……至斯丧。呜呼，上寿虽沾，终从物故，哀哉！夫人本……州尚德府折冲。门传一剑之术，代袭六韬之……女工妇言，

帅非师受，克宣内助，欢为……兆不吉，祔礼未从。远日云来，归……朝，少子兴晟，并志列慕……是不忘，绝浆感戚……词曰：……终能自致……”

② 该墓志，大同市私人藏。纵 60 厘米，横 58 厘米。碑中，“薛王”即薛兼训，“马司徒”即马燧，“李王”“李校”即李自良，三人先后任太原尹、北都留守、河东节度使。期间转战，俱贞元前事，与史吻合。

813 年癸巳　唐元和八年

【碑文】公讳卓，字山立……隶属神策，宿卫中禁，垂二十年。……除云州刺史，兼侍御史，统十百夫，食二千石。六条不紊，三载政成。天不憖遗，歼我良吏。春秋六十三，元和八年正月十五日终于位。——《唐代墓志铭汇编续集》839 页《吴卓墓志铭》[①]

① 另，郁贤皓《唐刺史考全编》考得：元和中，有云州刺史独孤密；《白居易集》卷 53 有《云州刺史高荣朝除太子宾客河东都押衙制》，在元和末。

819 年己亥　唐元和十四年

凤翔法门寺有护国真身塔，塔内有释迦文佛指骨一节，其书本传法，三十年一开，开则岁丰人泰。十四年正月，上令中使杜英奇押宫人三十人，持香花，赴临皋驿迎佛骨。自光顺门入大内，留禁中三日，乃送诸寺。王公士庶，奔走舍施，唯恐在后。百姓有废业破产、烧顶灼臂而求供养者。愈素不喜佛[①]，上疏谏[②]。——《旧唐书》卷 160《韩愈传》

①《通鉴》卷 240 云：“自战国之世，老、庄与儒者争衡，更相是非。至汉末，益之以佛，然好尚者寡。晋、宋以来，日益繁炽，自帝王至于士民，莫不尊信。下者畏慕罪福，高者论难空有。独愈恶其蠹财惑众，力排之，其言多矫激太过。”

② 韩愈所上疏谏，即《论佛骨表》。明王世贞《弇州四部稿》卷 173 云：“韩退之言汉明帝时，始有佛法，在位止十八年，宋、齐、梁、陈事佛渐谨，梁武在位四十九年，饿死台城，国亦寻灭。此不足以服宪宗心也。自宪宗前，赫连勃勃画佛于背，迫僧礼拜，为雷震死。子昌灭佛教，身死国灭。魏太武诛僧毁寺，见弑人手。周武帝除佛法，次年晏驾，子夭国亡。自宪宗后，武宗去塔寺，亦以次崩，无子。宋徽宗改佛为金仙，约僧留发，寻有播迁之祸。以唐文皇、宋艺祖、我太祖、太宗之明断，隋文帝之威果，而不能不归心释教，此必有内契于心者矣。”

822 年壬寅　唐穆宗李恒长庆二年[①]

长庆二年五月，敕诸色人中有情愿入道者，但能暗记《老子经》及《度人经》灼然精熟者，即任入道。其《度人经》情愿以《黄庭经》代之者，亦听。宣令所司，

具令立文状条目，限降诞月内投名请试，今年十月内试毕。——《唐会要》卷50《尊崇道教》

① 唐张读《宣室志》卷1：“有石宪者，其籍编太原，以商为业，常行货于代北。长庆二年夏中，于雁门关行道中，时暑方甚，因偃大木下。忽梦一僧，蜂目被褐衲，其状甚异，来宪前谓曰：我庐于五台山之南，有穷林积水，出尘俗甚远，实群僧清暑之地，檀越幸偕我而游乎？……至明日，病稍愈，因行于道。闻道中忽有蛙鸣，甚类群僧之梵音，于是竟往寻之。行数里，见穷林积水，有蛙甚多，其水果名玄阴池者，其僧乃群蛙尔。宪曰：此蛙能幻形以惑于人，岂非怪之尤者乎？于是尽杀之。”

824 年甲辰　唐长庆四年

【碑文】《唐故清河张府君墓志铭并序》：夫谥者，必以义理指陈；绍宗秩者，将叙美而绩勋。岂谓源流不差，枝派益广；昭穆既述，宗祧靡繁？公之胤绪，经秦历汉，弈叶重光，冠盖相承，至于今朝矣。父讳庭绂，以元和十三年十一月七日倾于大同军新政坊私第。性好玄虚，全真养道。公讳山岸，春秋卌有七，以长庆四年九月廿二日，倾于大同军新政坊私第。公，族望清河，太原并州人也。顷为拨乱，移家云中。荏苒异乡，五十余载。不趋名位，放旷丘园，纵恣婆娑，取乐其志。夫人李氏，以元和九年二月十七日，殁于大同军新政坊私第。夫人肃清匪诫，女史有贤。上和六亲，下睦九族。邻里惟敬，军郡称贤。越姬姜之德，比《关雎》之咏。嗣子高六，年才七岁，语由呕哑。天假敏聪，性唯忠孝。苴麻在首，泣血绝浆。遂用长庆四年仲冬月九日，卜茔于军西南六里凤翅之岗。四望崎岖，山岩岺屼，翼动如飞。恐日月亏盈，山河改革，故刊贞石，彰于后人。词曰：忠良之胤，贤哲间生；孤标绝世，史略纵横。玄龟应兆，吊鹤来迎；嗟々双树，埋掩泉扃。——大同市博物馆藏《张山岸墓志铭》①

十二月……乙未，徐泗王智兴请置僧尼戒坛，浙西观察使李德裕奏状论其奸幸。时自宪宗朝有敕禁私度戒坛，智兴冒禁陈请，盖缘久不兴置，由是天下沙门奔走如不及。智兴邀其厚利，由是致富，时议丑之。——《旧唐书》卷17上《敬宗纪》

① 该砂岩方碑，纵41厘米，横43厘米。我听说是1986年出土于大同振华南街，而殷宪先生说是大同振兴街，然均在城西南。

825 年乙巳　唐敬宗李湛宝历元年

十月庚子朔，河南尹王起奏，盗销钱为佛像者，请以盗铸钱论。——《旧唐书》卷17上《敬宗纪》

826年丙午　唐宝历二年

道士赵归真说上以神仙，僧惟贞、齐贤、正简说上以祷祠求福，皆出入宫禁，上信用其言。——《通鉴》卷243[①]

【碑文】《唐故河东节度都游弈军左一将、判官、忠武将军、守左金吾卫大将军、试太常卿李府君墓志铭并序》：府君讳英华。夫（谥）［谥］名者，义理指尘；绍宗族者，将叙美而积勋。原流不差，枝派益广，即宗祧美繁。公之胤叙，本望陇西，即是皇帝之苗裔。因官转职，遂至云城。荏苒时多，至于今矣。公即海气竭出，英灵间生。一自有唐，贵于今矣。祖讳思明，天生孝悌，处众出群；明闲礼律，乡党共推；大限有极，早岁沉轮。父讳嗣晖，文武双美，忠孝两全；年始初立，俄归逝川。府君辕门卓立，弓剑全身；诗书满腹，歌酒推先；见善而就，见恶不前。训男得远近钦风，诫女曹家之则。府君行年八十有二，天禄告终，抱瘿枕疾，救疗不痊，宝历元年九月十七日，终于大同军游弈军营内之私弟。呜呼，长天星落，酆城剑埋；军人恸哭，将幕悲哀。儿女号叫，声发如雷。孀妻叩地，嗟宝剑之先沉。府君遗腹四子：孟曰晏，仲曰旻，季曰畐，小子晕等，善父母曰孝，善兄弟曰友，利物曰仁，分财曰义。四德之美，公等兼之。虽介眉寿，终悲过隙。遂卜宝历二年十月廿七日辛酉，权殡于大同军城西南八里平原，礼也。其地西隆东起，后前仰，岗名四会。公卿将相恐后迁移山谷，海变搡榆，刊石勒铭，传芳终古。其词曰：九原撰日，万古荣魂；长辞白日，永谢乾坤。哀哀儿女，号泣孤坟；月临边土，风凄塞云。泣苍黄之圹野，垒万劫之孤魂。——大同市博物馆藏《李英华墓志铭》[②]

黑山之阴，有李卫公庙。宝历中，张惟清都护单于。其从事卢立，尝梦一人颀长黑衣，告立曰："吾居于卫公庙且久矣，子幸迁我于军城中。"已而，遂去。及晓，立不喻即入，白于惟清曰："卫公于国有大勋劳，今庙宇隳残，飘荡且甚，愿新其土木之制。"惟清喜而可其请。先是，单于府以惟清有美化，状其政绩，遣护军骆忠表闻于上，有诏命中书舍人高公釴文其事，刻于碑[③]。诏既至，而未有坚砚，惟清方命使采石于云中郡[④]，未还。及修卫公庙，濠其西，得一石，方而长，其下有刻出"张"字，历然可辨。土人持以献于惟清，惟清喜曰："天赐吾之碑石。"即召从事视之，立且惊且异，因起贺而白前梦。于是以石为碑，高公之文刻焉。——唐张读《宣室志》卷7

① 唐敬宗并信释、老，而此时僧风亦颓。《通鉴》记本年［秋七月］“己卯，上幸兴福寺，观沙门文溆俗讲”。胡三省注曰：“释氏讲说，类谈空有。而俗讲者，又不能演空有之义，徒以悦俗，邀布施而已。”

② 该砂岩方碑，纵 54 厘米，横 53 厘米。1986 年夏，出土于大同机车工厂。

③ 《光绪山西通志》卷 98《金石记》云：“《唐振武节度使、单于大都护府张维清政绩碑》，宝历二年，高釴撰。旧在和林格尔厅北。”

④ 云中郡，即今大同。说明当时大同山中犹有采石作业，但不知是云冈沟还是方山、丰镇。

827 年丁未　唐宝历三年、唐文宗李昂大和元年

【碑文】《唐故京兆杜征君墓志铭并序》：富赡经纶之才，蓄而不衒者，今于征君见矣。公讳绾，字……宣王母弟颖封于杜，其爵曰伯，乃其氏焉。故传曰：在周为……本裔即官族矣。英杰继美，世不乏贤，子孙播迁，因宅于晋。今……曾王父洎王父，咸纡组冕，德列青史，而兹故不言。考讳昌，性乐遗……弹琴向月，或举酒临风。身若浮云，兴随流水。高卧林泉，逸为处士，公即处士第六子也。才基天性，学以勤成。万顷汪陂，一轮秋月。仁义府聚，智谋□□。胸臆之间，书藏千轴。公少获乡曲之誉，早为儒术所服名。每有文什，咸钧……圣人之道，非讽斥指谤之言。故三十年间名重并代。公清明博达，玉润德风。游泳□□，骥不废足。无何，去岁驰轮荆杨，遭炎疠之气，以瘠貌归云中。噫夫哲人，曷降年不永！粤大和元年春（正）［二］月甲午终于云州任贤坊之私弟，享年五十九。有才子□人，曰元宇，不坠文史，克成先训。毁瘠肌容，行映前古。夫人陇西李氏，尽哭终日，声哀里闾。即以其年夏四月九日窆于州西南七里，陪于先茔……南沉碑，畏江波之为岸，今也斫石；虑陵谷之隳颓，不朽冀闻。乃铭于……南走群峰兮北枕岗趾，哀哉哲人兮永归于此。——殷宪《大同新出唐辽金元志石新解·杜绾墓志》①

【碑文】《唐故节度散将、骑都尉、试左金吾卫大将军，兼奉诚军押衙，太原武府君墓志并序》：李武伯撰。公讳言，字谏言，其先太原人也。洎乎得姓，至于今之日，千有余年矣。官勋弈叶，代有奇才。府君浪迹游边，遂为边上从事。曾祖彻，祖清，父，或以文，或并前志志之，不可再而述也②。公即府君之第四子也。初授节度散将、骑都尉、试左金吾卫大将军，兼奉诚军押衙。妙年雄勇，志性刚强；非礼不言，进退有度；感激在怀，深心有托；三友以信，行及六亲。以恩义和邻里，乡党皆慕其德风，则仁者之用心，有异于常伦者也。呜呼，大运不留如箭，公遘疾

于云州任贤坊之私第。不逾时月，奄然而去，享年六十有四。前夫人渤海高氏，贞元廿年十月廿八日先公而亡，今乃与公合祔焉。即以大和元年十一月三日，奄玄宫于先茔，州西五里之沙原，礼也。有子三人，长曰士则，次曰士政，小曰士颖，茹荼泣血，哀过于礼，高柴、曾子之俦也。事继亲承顺颜色，孝过于古人。兄弟议其年代深远，谷变陵迁，请而记之，遂为铭曰：大哉武氏，世出其贤；惟公钟美，必绍其先。雄心好勇，从事于边；静难解纷，强敌无前。方之古人，孰可比肩；今夕何夕，不享其年。茫茫厚土，杳杳穷泉；嗟乎永别，胡不闻天。松作薪兮垅为土，后人知是何人墓；此数字兮不磨不灭，俾子孙兮知其处所，故不亏于泉路。——大同市博物馆藏《武言墓志铭》[③]

① 该碑，宽52厘米，残高50厘米。有覆斗形盖，上篆刻“杜公墓志”四字，四刹线刻人身兽面十二生肖。
② 见本书793年《武青墓志铭》。
③ 该砂岩方碑，高53厘米，宽54厘米，厚9厘米。20世纪末，出土于山西大同振华南街。

830年庚戌　唐大和四年

文宗大和四年正月，祠部请天下僧尼冒名非正度者，具名申省，各给省牒，以凭入籍。时入申名者，计七十万。造帐入籍，自大和五年始也。——《僧史》卷2《僧籍弛张》

秋七月……太原饥，赈粟三万石。……八月……太原柳公绰奏云、代、蔚三州山谷间石化为面，人取食之。——《旧唐书》卷17下《文宗纪》

大和四年，复检校左仆射、太原尹、北都留守、河东节度观察等使。……陉北有沙陀部落，自九姓、六州皆畏避之。公绰至镇，召其酋朱耶执宜，直抵云、朔塞下，治废栅十一所，募兵三千付之，留屯塞上，以御匈奴[①]。其妻母来太原者，请梁国夫人对酒食问遗之。沙陀感之，深得其效[②]。——《旧唐书》卷165《柳公绰传》

① 《新唐书》卷218《沙陀传》：“大和中，柳公绰领河东，奏陉北沙陀素为九姓、六州所畏，请委执宜治云、朔塞下废府十一，料部人三千御北边，号代北行营，授执宜阴山府都督、代北行营招抚使，隶河东节度。”
② 《通鉴》卷244：“自是杂虏不敢犯塞。”

831年辛亥　唐大和五年

五年，敕天下州郡造僧尼籍。——《佛祖统纪》卷42

832 年壬子 唐大和六年

【碑文】《唐故河东节度厢副使曹公墓志铭并序》：元凉州武威郡人也。曾讳□。祖讳俊，归义府长史。父讳洽，节度九州厢副使，守左金吾卫大将军，试太常卿，上柱国。猗欤曹侯，堂堂异貌。有教其道，退微缊德；心不违道，口不利言。废书而叹：斯人前哲，文明温恭；允塞心荷，明格身辅。时风谓功微职薄，愧悚皇天。谋猷格于视听，启沃彰于荣奉。王父归州长史，功成退迹，讷利言词，重謇含弘，去奢从约。通和气而养正，激清流而荡邪，河湄之以悦情。赖是时孤竹大入，诸夏忙忙，烽橹戈锦，赓扬递续，卒用大略，以虞于氓。铙骑数广，若虤虎而奔前。曈曈交橹，苍黄之际，狐穷矢竭之时，如蝉如蜕。嗣子宗正，哀号叩地，倚门日夕，悲酸如刀剜脾胃，昆季如縺步流涕，若颜子之贤，其殆庶几乎！能应天顺物，能解天常以垂日，思无邪夫者何远，身之惧权者何应，物之去谦者何君子之府，颂者何正直之□。夫人史氏，有从人之者也。和柔博爱，风以彩蘋，泏肃慎清，兰侍侮之，义将合巹，此时迁袝于原礼。大和六年四月五日，大葬云州南神堆界常宁村北七里之域矣。恐年岁久，桑谷变移，故刊石为记。铭曰：亢龙勿用，下蟠绿泉；凤凰于飞，上摩苍天。於奭君子，养贞自闲；仗剑弦矢，献书中权。二又，孔父明文，吾岂匏瓜，悬而不食？朝恭甘棠，慕修□德。独立三朝，作藩二国；才丰位鲜，功著言默。三，□衔赤鸟，隼动朱轮；斗弟□裳，祸苦盈门。物在人谢，年亡道存；刻□顽固，□诸子孙。四，时不可再，青门之阿。古魏之戍，桑干陵波。此时□□，□□□□，□□潾萝，喈喈黄鸟，悲风来过，魂冥杳杳，伤如之何？——殷宪《大同新出唐辽金元志石新解·曹洽墓志》[①]

① 该墓碑，出土于山西怀仁。墓主人曹洽、夫人史氏，应属西域来华的昭武九姓后裔。所谓“神堆”，盖即神武川之黄瓜堆，今怀仁之南的黄花梁。

835 年乙卯 唐大和九年

七月……李训奏僧尼猥多，耗蠹公私。丁巳，诏所在试僧尼，诵经不中格者皆勒归俗[①]；禁置寺及私度人[②]。……冬十月……郑注欲收僧尼之誉，固请罢沙汰，从之。——《通鉴》卷 245

① 圆仁《入唐求法巡礼行记》卷 2 云：“新罗诵经仪式，大唐唤作念经。”《太平广记》卷 496《李章武》

引《本事诗》：“李章武学识好古，有名于时。唐太和末，敕僧尼试经若干纸，不通者勒还俗。章武时为成都少尹，有山僧来谒，云：‘禅观有年，未尝念经，今被追试，前业弃矣。愿长者念之。’章武赠诗曰：‘南宗向许通方便，何处心中更有经；好去苾刍云水畔，何山松柏不青青。’主者免之。”按：云水畔，此指禅僧静修之所；后来往往用“云水”代指行脚僧、游方道士。

② 《日知录之余》卷3《杜牧杭州新造南亭子记》：“文宗皇帝尝语宰相曰：‘古者三人共食一农人，今加兵、佛，一农人乃为五人所食，其间吾民尤困于佛。’帝念其本牢根大，不能果去之。”

836年丙辰 唐开成元年

诏天下寺院立观音像①。——《佛祖统纪》卷42②

① 《太平广记》卷101《鸡卵》引《宣室志》：“唐敬宗皇帝御历，以天下无事，视政之余，因广浮屠教。由是长安中缁徒益多。及文宗嗣位，亲阅万机，思除其害于人者。尝顾左右曰：‘自吾为天子，未尝有补于人。今天下幸无兵革，吾将尽除害物者，使亿兆之民指今日为尧舜之世足矣。有不能补化而蠹于物者，但言之。’左右或对曰：‘独浮屠氏不能有补于大化，而蠹于物亦甚，可以斥去。’于是文宗病之，始命有司诏中外罢缁徒说佛书义。又有请斥其不修教者。诏命将行，会尚食厨吏修御膳，以鼎煮鸡卵，方燃火于其下，忽闻鼎中有声极微，如人言者。迫而听之，乃群卵呼观世音菩萨也。声甚凄咽，似有所诉。尚食吏异之，具其事上闻。文宗命左右验之，如尚食所奏。文帝叹曰：‘吾不知浮屠氏之力，乃如是耶！’翌日，敕尚食吏无以鸡卵为膳，因颁诏郡国各于精舍塑观世音菩萨像。”南宋吴曾《能改斋漫录》卷1《寺立观音像》：“天下寺立观音像，盖本于唐文宗好嗜蛤蜊。一日，御馔中有擘不开者，帝以为异。因焚香祝之，乃开，即见菩萨形，梵相具足。遂贮以金粟檀香合，覆以美饰，赐兴善寺。仍敕天下寺各立观音像。”

② 观音像，明徐应秋《玉芝堂谈荟》卷16《观世音》云：“观音大士像，饰以妇人服，前此未闻。考《宣和画谱》，唐宋名手写像，俱不作妇人。盖自近代始耳。凡《法苑珠林》《宣验》《冥祥》等，记观世音显迹，六朝至众，其相或沙门，或菩萨，或道流，无作妇人者。惟宋寿涯禅师《咏鱼篮观音》，有‘清冷露湿金栏坏，茜裙不把珠璎盖’之句，然亦其变相耳。后世讹为女像，又讹为妙庄王女，尤为可笑。观音，或言于诸先觉，犹孔门之有亚圣；或云开辟以前，太虚一气之初，即有观音出世。然佛氏以佛为六通，菩萨为五通，则亚圣之说近之。”按：大约南宋、元代以后，观音转为女像，花冠、璎珞，或手持净瓶、杨柳枝，又有送子观音。

838年戊午 唐开成三年

大唐大和二年以来，为诸州多有密与受戒，下符诸州，不许百姓剃发为僧，唯有五台山戒坛一处，洛阳终南琉璃坛一处。自此二外，皆悉禁断①。——日本《圆仁入唐求法巡礼行记》卷1

① 日本求法僧圆仁，开成三年（838）七月渡海抵达扬州，此其十月十九日记。开成五年（840）四月，圆仁赴五台山，路过河北唐州城里开元寺，“入戒坛院，见新置坛场：垒砖二层，下阶四方，各

二丈五尺；上阶四方，各一丈五尺。高下层二尺五寸，上层二尺五寸。坛色青碧，时人云‘取琉璃色’云云”。随后，圆仁登五台山，游历众寺，七月经太原赴长安。八月下旬，入京城住资圣寺。会昌五年（845）五月，辞京东归。

841 年辛酉 唐武宗李炎会昌元年

改开成六年为会昌元年。又敕于左右街七寺开俗讲。……右街三处：会昌寺，令内供奉、三教讲论、赐紫、引驾起居大德文溆法师讲《法花经》。城中俗讲，此法师为第一。……从大和九年以来废讲，今上新开。正月十五日起首，至二月十五日罢。……五月一日，敕开讲，两街十寺讲佛教，两观讲道教。……六月十一日，今上降诞日，于内里设斋。两街供（养）［奉］大德及道士集谈经。四对论议，二个道士赐紫，释门大德总得不着。南天竺三藏宝月入内对君王，从自怀中拔出表进，请归本国。不先咨开府恶发，［十］五日，军内收禁犯越官罪，故宝月弟子三人各决七棒，通事僧决十棒，不打三藏，不放归国。……九月一日，敕两街诸寺开俗讲。……十二月……八日，国忌，当寺官斋。城中诸寺有浴。——日本圆仁《入唐求法巡礼行记》卷 3

842 年壬戌 唐会昌二年

正月一日，家家立竹杆悬幡子，新岁祈长命。诸寺开俗讲。……三月三日，李宰相闻奏僧尼条流，敕下发遣保外无名僧，不许置童子、沙弥。……五月……廿九日，有敕停内供奉大德，两街各廿员。六月十一日，上德阳日，大内降诞降斋。两街大德对道士，御前论议。道士二人得紫，僧门不得着紫。……十月九日，敕下：“天下所有僧尼解烧（练）［炼］、咒术、禁气，背军、身上杖痕、鸟文，杂工功，曾犯淫养妻，不修戒行者，并勒还俗。若僧尼有钱物及谷斗、田地、庄园，收纳官。如惜钱财，情愿还俗，玄亦任勒还俗，充入两税徭役。”敕文在别。城中两街功德使帖诸寺：不放出僧尼，长闭寺门。僧眩玄奏：“自作剑轮，自领兵打回鹘国。”敕令彼僧试作剑轮，不成。又准宰相李绅闻奏，因起此条流，其僧眩玄，当诳敕罪，准敕斩首讫。左右街功德使帖诸寺，勘隶僧尼财物。准敕条流，天下大同。诸州府，中书门下牒行。京城内，仇军容拒敕，不欲条流。缘敕意不许，且许请权停一百日内帖诸寺不放僧尼出寺。左街功德使奏，准敕条流僧尼，除年已衰老及戒行精确外，爱惜资财，自［愿］还［俗］僧尼，共一千二百卅二人。右街功德使奏，准敕条流僧尼，除年已衰老及戒行精确外，爱惜资财，自［愿］还俗僧尼共二千二百五十九人。奉敕："左右街功德使奏：'准去年十月七日、十六日敕条流，令还俗僧尼'，宜依。其爱惜资财，情愿还俗者，各委本贯，收充两税户。向后诸道有如此色类，并准此处分。所蓄奴婢，僧许留奴一人，尼许留婢二人，余各任本家收管。如无家者，官为货卖。同衣钵余外资财收贮，待后敕处分。其僧尼所留奴婢，如有武艺及解诸药诸术等，并不得留，不得削发私度。如有违犯，纲维知事录报官。余资产钱物等，各委功德使自条流闻奏。"——日本圆仁《入唐求法巡礼行记》卷 3

八月，回纥乌介可汗过天德，至杷头烽北，俘掠云、朔北川[①]，诏刘沔出师守雁门诸关[②]。……诏太原起室韦、沙陀三部落、吐浑诸部，委石雄为前锋。易定兵千人守大同军，契苾通、何清朝领沙陀、吐浑六千骑趋天德，李思忠率回纥、党项之师屯保大栅[③]。——《旧唐书》卷 18 上《武宗纪》

① 《旧唐书》卷 195《回纥传》："乌介诸部犹称十万众，驻牙大同军北闾门山，时会昌二年秋，频劫东陕已北，天德、振武、云朔，比罹俘戮。"卷 174《李德裕传》："乌介势孤，而不与之米，其众饥乏，渐近振武保大栅、杷头峰，突入朔州州界。沙陀、退浑皆以其家保山险，云州张献节婴城自固。虏大纵掠，卒无拒者。"

② 《新唐书》卷 8《武宗纪》："三月，回鹘寇云、朔。……六月……河东节度使刘沔及回鹘战于云州，败绩。"卷 171《刘沔传》："会昌二年……拜河东节度兼招抚回鹘使，进屯雁门关，虏寇云州，沔击之，斩七裨将，败其众。"

③ 《新唐书》卷 180《李德裕传》："回鹘自开成时，为黠戛斯所破。会昌后，乌介可汗挟公主牙塞下，种族大饥，以弱口、重器易粟于边。退浑、党项利虏掠，因天德军使田牟上言，愿以部落兵击之。议者请可其奏。……德裕曰：'沙陀、退浑，不可恃也。夫见利则进，遇敌则走，杂虏之常态，孰肯为国家用邪？天德兵素弱，以一城与劲虏确，无不败。请诏牟无听诸戎计。'帝于是贷粟三万斛。会嗢没斯杀赤心以降，赤心兵溃去。于是回鹘势穷，数丐羊马，欲藉兵复故地，又愿假天德城以舍公主，帝不许。乃进逼振武、保大栅、杷头峰，以略朔川，转战云州，刺史张献节婴城不出。回鹘乃大掠，党项、退浑皆保险莫敢拒。帝益知向不许田牟用二部兵之效，乃复问以计，德裕曰：'杷头峰北皆大碛，利用骑，不可以步当之。今乌介所恃公主尔，得健将出奇夺还之，王师急击，彼必走。今锐将无易石雄者，请以蕃浑劲卒与汉兵衔枚夜击之，势必得。'帝即以方略授刘沔，令雄邀击可汗于杀胡山，败之，迎公主还，回鹘遂败。"按：退浑，即吐谷浑。黠戛斯，即唐初结骨，居伊吾西，焉耆北。开成五年（840）破回鹘。

843 年癸亥 唐会昌三年

会昌三年，岁次癸亥，正月一日。十七日，功德使帖诸寺，僧尼入条流内，并令还俗。此资圣寺卅七人。十八日，早朝，还俗讫。左街还俗僧尼共一千二百卅二人，右街还俗僧尼共二千二百五十九人。……二月一日，使牒云：“僧尼已还俗者，辄不得入寺及停止。”又发遣保外僧尼，不许住京入镇内。——日本圆仁《入唐求法巡礼行记》卷 3

二月……太原刘沔奏[①]：“昨率诸道之师至大同军，遣石雄袭回鹘牙帐，雄大败回鹘于杀胡山，乌介可汗被创而走。已迎得太和公主至云州。”[②]——《旧唐书》卷 18 上《武宗纪》

四月中旬，敕下，令杀天下摩尼师。剃发，令着袈裟，作沙门形而杀之。摩尼师即回鹘所崇重也。——日本圆仁《入唐求法巡礼行记》卷 3[③]

会昌三年六月……十一日，今上德阳日，内里设斋，两街大德及道士御前论义。每街停止十二员大德，功德使帖巡院，令简择大德，每街各七人，依旧例入内。大德对道士论义，道士二人敕赐紫衣，而大德总不得着紫。又德阳日前十五日，内宫内诸司各赴诸寺，设斋献寿。太子詹事韦宗卿撰《涅槃经疏》廿卷进。今上览已，焚烧经疏。敕中书门下，令就宅追索草本烧焚。……廿九日，长乐门外失火，烧草场。向前有敕，焚烧内里佛经，又埋佛菩萨、天王像等。——日本圆仁《入唐求法巡礼行记》卷 4

门下：……顷以虏骑犯塞，王师戒边……其太原管内忻、云、汾、代、蔚、朔六州，振武、天德及河中、晋、绛、陕沿路州县，今年秋粮及地头钱宜放免。——《文苑英华》卷 434 唐武宗会昌三年七月八日《减放太原及沿边州郡税钱德音》

九月十三日，七七日斋。……河北道潞府节度使刘从简叛……潞府留后院在京左街平康坊。潞府押衙畺孙，在院知本道事，敕令捉，其人走脱，不知去处，诸处寻捉不获。唯捉得妻儿女等，斩杀破家。有人告报：“潞府留后押衙畺孙剃头，今在城僧中隐藏。”仍敕令两街功德使疏理城中等僧，公案无名者尽勒还俗，递归本贯，诸道州府亦同斯例。近住寺僧，不委来由者尽捉。京兆府投新裹头僧于府中，打杀三百余人。其走藏者，不敢街里行也。——日本圆仁《入唐求法巡礼行记》卷 4

河东节度使罢领云、朔、蔚三州，以云、蔚、朔三州置大同都团练使，治云州。——《新唐书》卷65《方镇表二》

① 刘沔，时任河东节度使。会昌二年（842）十二月，刘沔奏移军云州；三年（843）五月，还太原。

② 《旧唐书》卷161《石雄传》："会昌初，回鹘寇天德，诏命刘沔为招抚回鹘使。三年，回鹘大掠云、朔北边，牙于五原。沔以太原之师屯于云州，沔谓雄曰：……雄受教，自选劲骑，得沙陀李国昌三部落，兼契苾、拓拔杂虏三千骑，月暗夜发马邑，径趋乌介之牙。时虏帐逼振武，雄既入城，登堞视其众寡，见毡车数十，从者皆衣朱碧，类华人服饰。雄令谍者讯之：'此何大人？'虏曰：'此公主帐也。'雄喻其人曰：'国家兵马欲取可汗。公主至此，家国也，须谋归路，俟兵合时不得动帐幕。'雄乃大率城内牛马杂畜及大鼓，夜穴城为十余门。迟明，城上立旗帜炬火，乃于诸门纵其牛畜，鼓噪从之，直犯乌介牙帐。炬火烛天，鼓噪动地，可汗惶骇莫测，率骑而奔。雄率劲骑追至杀胡山，急击之，斩首万级，生擒五千，羊马车帐皆委之而去。遂迎公主还太原。"按：拓拔，即党项。

③ 《佛祖统纪》卷42载："会昌三年……敕天下末尼寺并令废罢，京城女末尼七十人皆死。在回纥者，流之诸道，死者大半。"

844年甲子　唐会昌四年

三月……以道士赵归真为左右街道门教授先生。时帝志学神仙，师归真。归真乘宠，每对，排毁释氏，言非中国之教，蠹耗生灵，尽宜除去，帝颇信之。——《旧唐书》卷18上《武宗纪》

三月，敕下："朕欲驾幸东京，仍晓示百寮，如有朝臣谏者，诛身灭族。"敕不许供养佛牙。又敕下云："代州五台山及泗州普光王寺、终南山五台、凤翔府法门寺，寺中有佛指节也，并不许置供及巡礼等。如有人送一钱者，脊杖贰拾。如有僧尼等，在前件处受一钱者，脊杖贰拾。诸道州县应有送供人者，当处捉获，脊杖贰拾。"因此，四处灵境，绝人往来，无人送供。准敕勘责彼处僧人，无公验者，并当处打杀，具姓名闻奏。恐潞府留后押衙作僧，潜在彼处也。宰相李绅、李德裕奏停三长月，作道士教新定三元月：正月上元、六月中元、十月下元。唐国恒式，三长月不许杀命，今上则不然也。为破潞府，敕召道士八十一人，又于内里令作九天道场。于露处，高叠八十张床，铺设精彩，十二时行道祭天尊。干脯酒肉，用祭大罗天。——日本圆仁《入唐求法巡礼行记》卷4

会昌四年六月，停内斋及内长生道场[①]。——《僧史》卷3《内斋附》

又敕下，令毁拆天下山房兰若、普通佛堂、义井村邑斋堂等未满二百间、不入寺额者。其僧尼等尽勒还俗，充入色役。具令分析闻奏。且长安城里坊内佛堂三百余所，佛像、经楼等庄校如法，尽是名工所作。一个佛堂院，敌外州大寺，准敕并除罄尽。诸道天下佛堂院等，不知其数，天下尊胜石幢、僧墓塔等，有敕皆令毁拆。敕召国子监学士及天下进士及第、身有学者，令入道教[②]。未曾有一人入其道者也。……敕令毁拆天下小寺，经佛般入大寺，钟送道士观。其被拆寺僧尼，粗行不依戒行者，不论老少，尽勒还俗，递归本贯，充入色役。年老、身有戒行者配大寺。虽有戒行，若是少年者尽勒还俗，归本贯。城中毁拆卅三处小寺，条流僧尼，一准敕文也。——日本圆仁《入唐求法巡礼行记》卷 4

升大同都团练使为大同都防御使。——《新唐书》卷 65《方镇表二》

① 圆仁《入唐求法巡礼行记》卷 4："今上偏信道教，憎嫉佛法，不喜见僧，不欲闻三宝。长生殿内道场，自古已来安置佛像经教，抽两街诸寺解持念僧三七人，番次差入，每日持念，日夜不绝。今上便令焚烧经教，毁拆佛像，起出僧众，各归本寺。于道场内安置天尊老君之像，令道士转道经，修练道术。国风，每年至皇帝降诞日，请两街供奉讲论大德及道士，于内里设斋行香，请僧谈经，对释教道教对论义。今年只请道士，不请僧也。看其体色，从今已后，不要僧人入内。道士奏云：'孔子说云：李氏十八子，昌运方尽，便有黑衣天子理国。臣等窃惟黑衣者是僧人也。'皇帝受其言，因此憎嫌僧尼。意云，李字十八子，为今上当第十八代，恐李家运尽，便有黑衣夺位欤。功德使帖诸寺，敕准不许僧尼街里行犯钟声。若有出者，事须诸寺钟声未动已前各归本讫。又不许别寺宿。若有僧尼街里行犯钟声，及向别寺宿经一夜者，科违敕罪。从前不许午后出寺，今不许犯钟声。"

② 严耕望《唐人习业山林寺院之风尚》谓：南朝佛教兴盛，第一流学者多属僧徒，唐代学子多寄读山寺，学成然后出而应试以取仕宦。既毁山寺，遂令学者改入道教。

845 年乙丑　唐会昌五年

夏四月……敕祠部检括天下寺及僧尼人数，大凡寺四千六百，兰若四万，僧尼二十六万五百。……秋七月庚子，敕并省天下佛寺。中书门下条疏闻奏："据令式，诸上州国忌日官吏行香于寺，其上州望各留寺一所，有列圣尊容，便令移于寺内；其下州寺并废。其上都、东都两街请留十寺，寺僧十人。"敕曰："上州合留寺，工作精妙者留之；如破落，亦宜废毁。其合行香日，官吏宜于道观。其上都、下都每街留寺两所，寺留僧三十人。上都左街留慈恩、荐福，右街留西明、庄严。"中书又奏："天下废寺铜像、钟磬，委盐铁使铸钱，其铁像委本州铸为农器，金、银、鍮石等像销付度支。衣冠士庶之家所有金、银、铜、铁之像，敕出后限一月纳官，如违，委盐铁使依禁铜法处分[①]。其土、木、石等像合留寺内依旧。"又奏："僧尼不合隶祠部，请隶鸿胪寺[②]。其大秦穆护等祠，释教既已厘革，邪法不可独存。其人并

勒还俗，递归本贯充税户。如外国人，送还本处收管。”——《旧唐书》卷18上《武宗纪》

八月，制：“朕闻三代已前，未尝言佛，汉、魏之后，像教浸兴。是由季时，传此异俗，因缘染习，蔓衍滋多。以至于蠹耗国风，而渐不觉；诱惑人意，而众益迷。洎于九州山原，两京城阙，僧徒日广，佛寺日崇。劳人力于土木之功，夺人利于金宝之饰，遗君亲于师资之际，违配偶于戒律之间。坏法害人，无逾此道。且一夫不田，有受其饥者；一妇不蚕，有受其寒者。今天下僧尼，不可胜数，皆待农而食，待蚕而衣。寺宇招提，莫知纪极，皆云构藻饰，僭拟宫居。晋、宋、齐、梁，物力凋瘵，风俗浇诈，莫不由是而致也。况我高祖、太宗，以武定祸乱，以文理华夏，执此二柄，足以经邦，岂可以区区西方之教，与我抗衡哉！贞观、开元，亦尝厘革，划除不尽，流衍转滋。朕博览前言，旁求舆议，弊之可革，断在不疑。而中外诚臣，协予至意，条疏至当，宜在必行。惩千古之蠹源，成百王之典法，济人利众，予何让焉。其天下所拆寺四千六百余所③，还俗僧尼二十六万五百人，收充两税户；拆招提、兰若四万余所④，收膏腴上田数千万顷，收奴婢为两税户十五万人。隶僧尼属主客，显明外国之教。勒大秦穆护、祆三千余人还俗⑤，不杂中华之风。於戏！前古未行，似将有待；及今尽去，岂谓无时。驱游惰不业之徒，已逾十万；废丹雘无用之室，何啻亿千。自此清净训人，慕无为之理；简易齐政，成一俗之功。将使六合黔黎，同归皇化。尚以革弊之始，日用不知，下制明廷，宜体予意。”⑥——《旧唐书》卷18上《武宗纪》

十月乙亥，中书奏：“汜水县武牢关是太宗擒王世充、窦建德之地，关城东峰有二圣塑容，在一堂之内。伏以山河如旧，城垒犹存，威灵皆盛于轩台，风云疑还于丰沛。诚宜百代严奉，万邦式瞻。西汉故事，祖宗尝行幸处，皆令邦国立庙。今缘定觉寺例合毁拆。望取寺中大殿材木，于东峰以造一殿，四面置宫墙，伏望名为昭武庙，以昭圣祖武功之盛。……”从之。十一月甲辰，敕：“悲田养病坊，缘僧尼还俗，无人主持，恐残疾无以取给，两京量给寺田赈济。诸州府七顷至十顷，各于本管选耆寿一人勾当，以充粥料。”——《旧唐书》卷18上《武宗纪》⑦

① 圆仁《入唐求法巡礼行记》卷4：“八月……十六日，到登州。……登州者，大唐东北地极也。枕乎北海，临海立州，州城去海一二许里。虽是边地，条流僧尼、毁拆寺舍、禁经毁像、收捡寺物，共京师无异。况乃就佛上剥金，打碎铜铁佛，称其斤两，痛当奈何！……近有敕，天下还俗僧尼缁服，各仰本州县尽收焚烧。……诸州县准敕牒诸坊诸乡，收僧尼衣服，将到州县尽焚烧。”《太平广记》卷174《温

庭筠》引《尚书故实》："会昌毁寺时，分遣御史检天下所废寺，及收录金银佛像。有苏监察者，不记名，巡检两街诸寺，见银佛一尺已下者，多袖之而归。人谓之苏扛佛。"《旧唐书》卷 165《柳公绰传附子仲郢传》："时废浮图法，以铜像铸钱。仲郢为京畿铸钱使，钱工欲于模加新字，仲郢止之，唯淮南加新字，后竟为僧人取之为像设钟磬。"

② 《唐会要》卷 49《僧尼所隶》云："会昌五年七月，中书门下奏：奉宣，僧尼不隶祠部，合系属主客，与复合令鸿胪寺收管？宜分析奏来者。……不合归尚书省，属鸿胪寺亦未允当……便令系主客，不隶祠部及鸿胪寺，至为允当。从之。"

③ 《通鉴》卷 248："寺非应留者，立期令所在毁撤，仍遣御史分道督之。财货田产并没官，寺材以葺公廨驿舍，铜像、钟磬以铸钱。"

④ 《通鉴》卷 248："上饵方士金丹，性加躁急，喜怒不常。""上恶僧尼耗蠹天下，欲去之，道士赵归真等复劝之，乃先毁山野招提、兰若。"胡注："盖官赐额者为寺，私造者为招提、兰若。"南宋姚宽《西溪丛语》卷下："唐会昌五年，毁招提、兰若四万余区。又《会要》：元和二年，官赐额为寺，私造者为招提、兰若。僧辉记：梵云拓斗提奢，唐言四方僧物，但传笔者讹拓为招，去斗、奢，留提字也。招提乃十方住持耳。"宋南吴曾《能改斋漫录》卷 4《招提兰若》："《僧史》云'后魏太武皇帝始光元年，创立伽蓝，为招提之号。隋大业中，改天下寺为道场。至唐复为寺。'……盖招提、兰若之号，自明帝以来，天下之寺，皆曰招提、兰若，无别名也。故至唐始复为寺，而国自立寺名以赐之；未及赐者，尚仍旧名。故曰'毁招提、兰若四万余区'，皆未尝有公私之异。"按：赐名、赐额寺院，非唯国立。私人舍宅，御赐寺名，《梁书》有记。

⑤ 《新唐书》卷 52《食货志二》："武宗即位，废浮图法，天下毁寺四千六百、招提兰若四万，籍僧尼为民二十六万五千人，奴婢十五万人，田数千万顷，大秦穆护、祆二千余人。上都、东都每街留寺二，每寺僧三十人，诸道留僧以三等，不过二十人。腴田鬻钱送户部，中下田给寺家奴婢丁壮者为两税户，人十亩。以僧尼既尽，两京悲田养病坊，给寺田十顷，诸州七顷，主以耆寿。"

⑥ 《佛祖统纪》卷 42："四月，诏检校天下寺院僧尼数。五月，敕两都左右街留寺四所，僧各三十人；天下州郡各留一寺，上寺二十人，中寺十人，下寺五人。八月，敕诸寺立期毁拆，括天下寺四千六百所、兰若四万所，寺材以葺廨驿，金银像以付度支，铁像以铸农器，铜像、钟磬以铸钱。收良田数千万顷，奴婢十五万人。僧尼归俗者二十六万五百人。穆护、火（祓）［祆］并勒还俗，凡二千余人。"

⑦ 圆仁《入唐求法巡礼行记》卷 4："十一月三日……三四年已来，天下州县准敕条流僧尼，还俗已尽。又天下毁拆佛堂、兰若、寺舍已尽。又天下焚烧经像、僧服罄尽。又天下剥佛身上金已毕。天下打碎铜铁佛，称斤两收检讫。天下州县收纳寺家钱物、庄园，收家人奴婢已讫。唯黄河已北，镇、幽、魏、潞等四节度，元来敬重　佛法，不拆舍，不条流僧尼。佛法之事，一切不动之。频有敕使勘罚，云：'天子自来毁拆焚烧，即可然也。臣等不能作此事也。'"《通鉴》卷 248："五台僧多亡奔幽州。……乃封二刀付居庸关曰：有游僧入境则斩之。"

846 年丙寅　唐会昌六年

宣宗圣武献文孝皇帝讳忱……会昌六年三月一日，武宗疾笃，遗诏立为皇太叔，权勾当军国政事。翌日，柩前即帝位……五月，左右街功德使奏："准今月五日敕书节文，上都两街旧留四寺外，更［各］添置八所。［左街］两所依旧名兴唐寺、保寿寺。六所请改旧名，宝应寺改为资圣寺，青龙寺改为护国寺，菩提寺改为保唐寺，清禅寺改为安国寺，法云尼寺改为唐安寺，崇敬尼寺改为唐昌寺。右街添置八所。西明寺改为福寿寺，庄严寺改为圣寿寺，旧留寺。二所旧名，千福寺改为兴元寺，化度寺改为崇福寺，永泰寺改为万寿寺，温国寺改为崇圣寺，经行寺改为龙兴寺，奉恩寺改为兴福寺。”敕旨依奏。诛道士刘玄靖等十二人，以其说惑武宗，排毁释氏故也①。——《旧唐书》卷18下《宣宗纪》

杖杀道士赵归真等数人，流罗浮山人轩辕集于岭南。五月乙巳，赦天下。上京两街先听留两寺外，更各增置八寺。僧尼依前隶功德使，不隶主客②，所度僧尼仍令祠部给牒。——《通鉴》卷248

六年八月敕，准今年五月三日赦书节文，如缘修饰佛像，但用土、木，足以致敬，不得用金、银、铜、铁及宝玉等。如有犯衣冠，录名闻奏。——《唐会要》卷49《杂录》

文宗皇帝尝语宰相曰："古者三人共食一农人，今加兵、佛，一农人乃为五人所食，其间吾民尤困于佛。"帝念其本牢根大，不能果去之。武宗皇帝始即位，独奋怒曰："穷吾天下［者］，佛也。"始去其山台野邑四万所，冠其（人）［徒］几至十万人。后至会昌五年，始命西京留佛寺四，僧唯十人，东京二寺。天下所谓节度、观察、同、华、汝三十四治所，得留一寺，僧准西京数。其它刺史州，不得有寺。出四御史（缕）［按］行天下，以督之。御史乘驿未出关，天下寺至于屋基耕而刓之。凡除寺四千六百，僧尼笄冠二十六万五百。其奴婢十五万，良人枝附使令者倍笄冠之数。良田数千万顷，奴婢口率与百亩，编入农籍。其余（钱）［贱］取民直，归于有司。［寺］材，州县得以（恣）［悉］新其公署、传舍③。今天子即位，诏曰："佛尚不杀而仁，且来中国久，亦可助以为治。天下州率与二寺，用齿衰男女为其徒，各止三十人④；两京数倍其四五焉。著为定令，以徇其习，且使后世不得复加也。"⑤——杜牧《樊川文集》卷7《杭州新造南亭子记》

① 《太平广记》卷74《唐武宗朝术士》引《列仙谭录》："唐武宗皇帝好神仙异术，海内道流方士多至辇下。"《僧史》卷3《内斋附》："宣宗即位元年六月二十二日，敕复置内斋，许僧道献寿。"

② 胡注："唐初，天下僧、尼、道士、女官皆隶鸿胪寺。武后延载元年，以僧尼隶祠部。开元二十四年，道士、女官隶宗正寺。天宝二载，以道士隶司封。贞元四年，崇玄馆罢大学士后，复置左右街大功德使、东都功德使、修功德使，总僧尼之籍及功役。元和二年，以道士、女官隶左右街功德使。会昌二年，

以僧尼隶主客。太清宫置玄元馆，亦有学士，至六年废，而僧尼复隶两街功德使，即是年也。”

③《新唐书》卷8《宣宗纪》史臣赞云：“武宗用一李德裕，遂成其功烈。然其奋然除去浮图之法甚锐，而躬受道家之箓，服药以求长年。以此见其非明智之不惑者，特好恶有不同尔。”

④ 圆仁《入唐求法巡礼行记》卷4：“新天子姓李，五月中大赦，兼有敕：天下每州造两寺，节度府许造三所寺，每寺置五十僧。去年还俗僧年五十已上者，许依旧出家。其中年登八十者，国家赐五贯文。还定三长月，依旧断屠。”

⑤ 上文，据《侯鲭录》卷2、《文苑英华》卷834、《日知录之余》卷3核校。

847年丁卯　唐宣宗李忱大中元年

闰三月，敕：“会昌季年，并省寺宇。虽云异方之教，无损致理之源。中国之人，久行其道，厘革过当，事体未弘。其灵山胜境、天下州府，应会昌五年四月所废寺宇，有宿旧名僧，复能修创，一任住持，所司不得禁止。”——《旧唐书》卷18下《宣宗纪》[①]

① 宋孙光宪《北梦琐言》卷1：“宣宗居皇叔之行，密游外方，或止江南名山，多识高道僧人。初听政，谓宰相曰：‘佛者虽异方之教，深助理本，所可存而勿论，不欲过毁，以伤令德。’乃遣下诏，会昌中灵山古迹招提弃废之地，并令复之，委长吏择僧之高行者居之，唯出家者不得妄度也。”按：密游外方，即如清褚人获《坚瓠六集》卷4《宣宗诗谶》所谓：“唐宣宗微时，以武宗忌之，遁迹为僧。”

848年戊辰　唐大中二年

二年正月三日，敕节文：“上都，除元置寺外，每街更各添置寺五所；东都共添置五所，僧寺三所，尼寺二所，仍每寺度五十人。益、荆、扬、润、汴、并、蒲、襄等八道，除元置寺五所外，更添置僧寺一所，尼寺一所[①]。诸道节度、刺史州，除元置寺外，更添置一所，其所置僧寺，合度三十人。诸道管内州未置寺处，宜置僧、尼寺各一所，每寺度三十人。五台山宜置僧寺四所，尼寺一所；如有见存者，便令修饰，每寺度五十人。其僧尼年几限约并诸条流，并准会昌六年五月五日条例处分。——《唐会要》卷48《议释教下》

宣州刺史裴休言：“天下寺观多为官僚、寄客蹂践，今后不得在寺居止，违者重罚。”制可。——《佛祖统纪》卷42

①《佛祖统记》卷42：“二年，勅上都、东都、荆、扬、汴、益等州建寺，立方等戒坛，为僧尼再度者重受戒法。”

851 年辛未　唐大中五年

五年正月，诏京畿及郡县：士庶要建寺宇村邑，勿禁，兼许度僧尼住持营造。——《唐会要》卷 48《议释教下》

六月……进士孙樵上言："……陛下即位以来，修复废寺，天下斧斤之声至今不绝，度僧几复其旧矣。……愿早降明诏，僧未复者勿复，寺未修者勿修，庶几百姓犹得以息肩也。"……冬十月乙卯，中书门下奏："今边事已息，而州府诸寺尚未毕功，望且令成之。其大县远于州府者，听置一寺，其乡村毋得更置佛舍。"从之。——《通鉴》卷 249

大中五年，敕京城及外州府国忌行香[①]，并须清洁，不得携酒肉入寺烹炮，既失严恪之心，颇乖追荐之道云。——《大宋僧史略》卷 2《行香唱导》

① 南宋姚宽《西溪丛语》卷下曰："行香，起于后魏及江左齐梁间。每燃香熏手，或以香末散行，谓之行香。唐初因之。文宗朝，崔蠡奏设斋行香，事无经据，乃罢。宣宗复释教，行其仪。朱梁开国，大明节百官行香祝寿。石晋天禧中，窦正固奏：国忌行香，宰臣跪炉，百官立班，仍饭僧百人。即为规式。国朝至今因之。"按：行香之仪，元明清依然。至于其始，《高僧传》载释道安在前秦长安时，曾制定行香之法。

852 年壬申　唐大中六年

十二月，中书门下奏："度僧不精，则戒法堕坏；造寺无节，则损费过多。请自今诸州准元敕许置寺外，有胜地灵迹许修复，繁会之县许置一院。严禁私度僧尼；若官度僧尼有阙，则择人补之，仍申祠部给牒。其欲远游寻师者，须有本州公验。"[①]从之。——《通鉴》卷 249

① 南宋吴曾《能改斋漫录》卷 2《给公验》据此曰："乃知本朝僧尼出游给公验，自唐已然矣。"

854 年甲戌　唐大中八年

卢钧节度太原，表宙为副[①]。是时，回鹘已破诸部，入塞下，剽杀吏民，钧欲得信重吏视边，宙请往。自定襄、雁门、五原，绝武州塞，略云中，逾句注，遍见酋豪，镌谕之。视亭障守卒，增其禀。约吏不得擅以兵侵诸戎，犯者死，于是三部六蕃诸种皆信悦。——《新唐书》卷 197《韦丹传附子韦宙传》[②]

① 卢钧为河东节度使，在大中年间，九年入朝任左仆射。韦宙巡边，姑赘是年。

②《太平广记》卷 79《轩辕集》引《感定录》："唐宣宗晚岁，酷好长年术。"

856年丙子 唐大中十年

十年，敕：每岁度僧，依本教于戒、定、慧三学中，择有道性通法门者度之。此外杂艺一切禁止。——《佛祖统纪》卷42

858年戊寅 唐大中十二年

十二年，敕天下诸寺修治诸祖师塔。——《佛祖统纪》卷42①

① 宋赞宁《宋高僧传》卷27《唐吴郡嘉禾贞幹》："释贞幹，俗姓武氏，云中人也。神宇高邈，以禅默为务。曳锡踽步，南访灵迹。及至故障，有昆山寺者，林泉秀茂，则宋支昙谛尝考室于此，味道崇化二十余载，基跖存焉。至元嘉中，创成大伽蓝；属武宗废教，其寺屏除。幹至止于兹，与范阳卢君袭，同兴弘觉法师第二生名迹。寺成，进士姚扶有诗。幹后游今秀州长水，见灵光寺，邑民欲树巨殿。时卢令移邑字民，欣然相遇，幹悉先知。或云'得他心宿命之明焉'。遂请幹首唱，而恶偃室之器，寓殿基后，编苫为浅室而居。四方檀信，弗召自臻。又与僧令恭君道等，累岁方成今殿。其最高广，海内罕比。事毕，挈弊囊，振旧锡归北，莫知其终。"按：《宋高僧传》，北宋太平兴国七年（982）敕撰，端拱元年（988）完成。支昙谛，据《高僧传》卷7《宋吴虎丘山释昙谛》，系由姚兴后秦长安大寺弘觉法师转生。释贞幹复建昆山寺、灵光寺时间，大约在唐末此时。

862年壬午 唐懿宗李漼咸通三年

夏四月己亥朔，敕于两街四寺各置戒坛，度人三七日①。上奉佛太过，怠于政事，尝于咸泰殿筑坛，为内寺尼受戒②，两街僧尼皆入预。又于禁中设讲席，自唱经，手录梵夹③。又数幸诸寺，施与无度。——《通鉴》卷250④

① 胡注："两街四寺，谓慈恩、荐福、西明、庄严也。三七，二十一日。"

② 胡注："内寺尼，盖宫人舍俗者；就禁中为寺以处之，非教也。"按：东晋孝武帝、北魏孝文帝皆曾立寺宫中。

③ 胡注："梵夹者，贝叶经也；以板夹之，谓之梵夹。段成式曰：贝多叶出摩伽陀西国土，用以写经，其树长六七丈，经冬不凋。"

④《唐摭言》卷9《四凶》："陈磻叟者，父名岵，富有辞学，尤溺于内典。长庆中，尝注《维摩经》进上，有中旨令与好官，执政谓岵因内道场僧进经，颇抑挫之，止授少列而已。磻叟形质短小，长喙疏齿，尤富文学，自负王佐之才，大言骋辩，虽接对相公，旁若无人。复自料非名教之器，弱冠度为道士，隶名于昊天观。咸通中，降圣之辰，二教论义，而黄衣屡奔。上小不怿，宣下令：后辈新入内道场，有能折冲浮图者，许以自荐。磻叟摄衣奉诏，时释门为主论，自误引《涅槃经疏》，磻叟应声叱之曰：'皇帝山呼大庆，阿师口称献寿，而经引《涅槃》，犯大不敬。'初，其僧谓磻叟不通佛书，既而错愕，殆至颠坠。自是连挫数辈。圣颜大悦，左右呼万岁。其日，帘前赐紫衣一袭。"

864 年甲申　唐咸通五年

十一月乙酉，以大同军防御使卢简方检校工部尚书、沧州刺史、御史大夫，充义昌军节度、沧济德观察等使[1]。——《旧唐书》卷 19 上《懿宗纪》

① 《新唐书》卷 182《卢简方传》："卢钧镇太原，表为节度府判官。会党项羌叛，钧使简方督兵乘边，旁河相险，集树堡鄣，自神山至鹿泉县三百里，扈遏其冲，贼不得骋，候逻便之。累迁江州刺史。徙大同军防御使，大开屯田。练兵侈斗，沙陀畏附。擢义昌节度使，入拜太仆卿。领大同节度，久之，徙振武军，道病卒。"

865 年乙酉　唐咸通六年

【碑文】《唐大同军故衙前兵马使彭城郡刘府君墓志铭并序》：乡贡进士白允之撰。府君讳良信，家本云州府云中县人也。父讳兴守，职终河东节度押衙。并门传武略，世习儒风，弈叶连芳，光于后裔。其受氏受封之始，立仁立孝之规，录在《谱谍》之上，此不复书。公即府君第一之子也。幼而立节，刚直不群，孝悌修身，恢弘壮气。尽礼乐于乡党，倾仁义于邻里。曾为九州之游，探玉塞绝烟。经百战之艰难，金疮遍体。黑山之北，破虏弥多；黄河之西，功威远著。勇而不慑，猛而不惧。公德自天生，艺叶神志，心能廓落，人闻爱畏。何图咸通六年八月十一日殁于云州，享年五十有一矣。有妻李、霍二氏。有男四人，长曰圣郎，次曰定戎，幼曰大塞、小塞。有女七人，长曰适常氏，次曰韩氏、成氏、茹氏；三人在室：仕子、喜娘、小喜是也。其男女克遵严训，忠孝谦和。与人结交，深而益敬，遂使家业不废，名节转高。事亲尽忠于父之道。小娘子识度冲远，能和能柔，心怀令淑，气袭兰荪。一家之风，九族之美。圣郎等号天叩地，取当年十一月十九日，殡于州城之西南十里店之东隅[1]，祔葬原之礼也。嗣子等但以悲深陟屺，恨切风枝，卜宅兆以摧心，恋父恩之洒血。妻孥无路，泣泪如泉。允之饱饮家风，诚托荒芜，叙述先德。铭曰：彭城刘氏，功业名贵；久战沙漠，声流万里。除蛮斩寇，扫妖如蚁；报国尽忠，于家治理。能英能杰，有爱有畏；身归大夜，云愁不已。魄逐孤月，魂随逝水；哀哉苦哉，谁不滞泪。——大同市博物馆藏《刘良信墓志铭》

① 该砂岩方碑，纵横各 58 厘米。1986 年夏，出土于大同机车厂大门东侧。此地，今天仍属十里店村，可以证明唐代以来，大同城址未移，地名往往仍然。

869 年己丑　唐咸通十年

庞勋乱，诏义成康承训为行营招讨使，赤心以突骑三千从。……勋平，进大同军节度使，赐氏李，名国昌，预郑王属籍，赐亲仁里甲第。回鹘叩榆林，扰灵、盐，诏国昌为鄜延节度使。又寇天德，乃徙节振武，进检校司徒。王仙芝陷荆、襄，朝廷发诸州兵讨捕，国昌遣刘迁统云中突骑逐贼，数有功。——《新唐书》卷 218《沙陀传》①

① 元辛文房《唐才子传》卷 6 云："许棠，字文化，宣州泾人也。苦于诗文，性僻少合。既久困名场，时马戴佐大同军幕，为词宗，棠往谒之，一见如旧交。留连累月，但从事诗酒而已，未尝问所欲。一旦，大会宾客，命使以棠家书授之，棠惊愕，不喻其来，启缄，始知戴潜遣一介恤其家矣。古人温良泛爱，振穷周急，谦退不伐，有若此之周至者。咸通十二年，李筠榜进士及第，时及知命，尝曰：'自得一第，稍觉筋骨轻健，愈于少年，则知一名乃孤进之还丹也。'调泾县尉，之官，郑谷送诗曰：'白头新作尉，县在故山中；高第能卑宦，前贤尚此风。'后潦倒，辞荣而归。初作《洞庭诗》，脍炙时口，号'许洞庭'云。今《集》一卷传世。"按：马戴、许棠，俱为晚唐诗人。许棠《雁门关野望》《塞外书事》《将过单于》《塞下曲》等诗，盖客游大同时所赋。《御定全唐诗》卷 555："马戴，字虞臣，会昌四年进士第。宣宗大中初，太原李司空辟掌书记，以正言被斥，为龙阳尉。懿宗咸通末，佐大同军幕。终太学博士。诗集一卷，今编二卷。"

870 年庚寅　唐咸通十一年

【碑文】《唐故天水郡尹府君合祔墓志铭并序》：前摄胜州录事参军刘中庸撰。原夫天地初分，生死为本，阴阳始布，亏盈是常。至于圣哲贤良，孰能免斯幽显。公讳（旺，字明远），其先本天水人也，肇自帝喾之苗胄。远祖因官枝茂叶，遂为代州雁门郡人矣。皇祖开府仪同三司，讳（广），硕德弥延庆子孙，固名励节。皇妣吴兴郡朱氏，丽淑天资，气和神助，立松筠之操，秉金石之坚，节并姬姜，孝彰曹谢。公皇任代州代北军押衙，兼朔州上德府别将，银青光禄大夫、检校太子宾客、上柱国。（旺）忠孝立身，慈和从众，言不违诺，行不逾心，勤迹公庭，恩布中外。岂谓穹苍不祐，夺我忠良，春秋六十有四，以会昌元年春二月十三日寝疾，而殁于代州私弟。夫人渤海高氏，性本温和，内怀仁弱，初笄礼适而闻陶母之风，长岁承家已播孟门之教。母仪既备，妇德无亏，生也有涯，旋归大夜，春秋卌有五，以开成四年春三月十二日寝疾而殁于代州之私室。男昶，卓尔清泠，聪明天赐，少罹凶釁，长自孤贞。幼岁从军，竭诚肘腋，曾任营田右厢权要，后因府主陇西李公讨伐徐方[1]，选择心手，藉其澣济，特署粮副，知纤介无遗，数巨百万，岂不谓良能盛德者哉？谈在师人，誉于军府。生事既毕，死葬无亏。女二人，长适崔氏，次适阴氏，并素质共传，邕容夙著，逶迤雅韵比朱夏之芳兰，绰约风姿类三春之桃李。食不甘味，常思鞠育之恩；泣血沾襦，未报劬劳之德。肝心屠裂，负土成坟。称家有无，以备凶礼。以咸通十一年十二月七日于代州凤池乡茹格村启柩灵榇，扶护届云州城西南三里永平乡孙权堡子岗，附具备创茔礼也。仍恐年代更改，陵谷变迁，刊石为铭，永之不朽。词曰：人之处事兮孰不贪荣，倏归泉壤兮天地何平。永谢时兮空留盛名，眇然长往兮知复何营。天何不造兮夺我忠良，地何不仁兮剑没潇湘。儿女泣血兮号天叩地，尘埋金玉兮永镇边疆。——殷宪《大同新出唐辽金元志石新解·尹旺墓志》[2]

① 府主陇西李公讨伐徐方，指李国昌平定庞勋之乱。事后，李国昌出任大同军节度使，尹旺子婿随军移驻云州，遂有迁坟之举。

② 该墓志，白砂岩，纵 50 厘米，横 49 厘米，碑文四周有回形纹；盖为盝顶形，篆书“尹氏墓志”，四刹线刻十二位执笏使者及十二生肖。云冈石窟研究院收藏。

872 年壬辰　唐咸通十三年

五月……以天德防御使、检校左散骑常侍段文楚为云州刺史、大同军防御使[1]。……十二月，以振武节度李国昌为检校右仆射、云州刺史、大同军防御等使。国昌恃功颇横，专杀长吏，朝廷不能平，乃移镇云中[2]。国昌称病辞军务，乃以太仆卿卢简方检校刑部尚书、云州刺史，充大同军防御等使[3]。——《旧唐书》卷 19 上《懿宗纪》

① 《旧唐书》卷 38《地理志一》：“至德之后，中原用兵，刺史皆治军戎，遂有防御、团练、制置之名。要冲大郡，皆有节度之额。寇盗稍息，则易以观察之号……大同军防御使，云州刺史领之，管云、蔚、朔三州。”

② 《旧五代史》卷 91《晋书·张从训传》：“张从训，字德恭。本姑臧人，其先回鹘别派，随沙陁徙居云中，后从唐武皇家于太原，从训遂为太原人。祖君政，云州长史，识蕃字，通佛理。”北宋路振《九国志》卷 7《何重建》：“重建，其先回纥之别部，居云、朔间。祖允庆，父怀福，从后唐武皇，世著勋阀，因家于太原。”按：唐末五代雁门以北，多西来的回纥与昭武九姓，如安、康、何、史、石、张等姓，归附于沙陀。

③ 时又有云州防御使。《旧五代史》卷 50《唐书·李克宁传》：“累至云州防御使。乾宁初，改忻州刺史。”

873年癸巳　唐咸通十四年[①]

三月，以新除大同军使卢简方为单于大都护、振武节度、麟胜等州观察等使。时李国昌据振武，简方至岚州而卒。自是沙陀侵掠代北诸军镇。——《旧唐书》卷19上《懿宗纪》

① 宋孙光宪《北梦琐言》卷1："懿宗即位，唯以崇佛为事。……末年迎佛骨，才至京师，俄而晏驾。"

875年乙未　唐僖宗李儇乾符二年

十月……以前大同军及云朔都防御营田供军等使李珰检校左散骑常侍、丰州刺史，充天德军丰州西城中城都防御使、本管押蕃落等使。——《旧唐书》卷19下《僖宗纪》[①]

① 《旧唐书》卷38《地理志一》："乾符之后，天下乱离。礼乐征伐，不自朝廷。"

876年丙申　唐乾符三年

乾符三年，段文楚为代北水陆发运、云州防御使。是时无年，文楚朘损用度，下皆怨，边校程怀信、王行审、盖寓、李存璋、薛铁山、康君立等曹议曰："世多难，丈夫当投罅立功。段公乃儒者，难共计。沙陀雄劲，李振武父子勇冠军，我若推之，无不应，则代北唾手可定，拾取富贵若何？"咸曰："善。"乃夜谒国昌子云中守捉使克用曰："岁艰禀食削，吾等不忍饿死，公家威德著闻，请诛虐帅，安部内。"克用许之，募得士万人，趋云州，次斗鸡台，城中执文楚至，杀之[①]，据州以闻，共丐克用为大同防御留后。不许，发诸道兵进捕，诸道不甚力，而黄巢方引度江，朝廷度未能制，乃赦之，以国昌为大同军防御使。国昌不受命，诏河东节度使崔彦昭、幽州张公素共击之，无功。——《新唐书》卷218《沙陀传》

【碑文】《唐故宣州左押衙、检校国子祭酒，充左教练使、诸水军营使，兼侍御史、赵郡李公夫人汝南郡殷氏墓志铭并序》：乡贡进士姚涯撰。夫日月不固，人世岂常；运偶数穷，嘻夫命矣。夫人，其先汝南人也。洎以汤君祚灭，辛纣基终，微子封邦，武王霸国，殷宗不泯，乃为氏焉。夫人考讳同，皇歙州军事判官、文林郎，试大理评事，早逝阴冥，声华尚著。夫人以笄岁噾飞，礼适于陇西公也[②]。公，宣州左押衙、检校国子祭酒，充左教练使、诸水军营使，兼侍御史，讳审。公之祖，皇试太常寺协律郎，讳环；公之考，银青光禄大夫、检校国子祭酒、庆州刺史，兼御史中丞，讳良。皆文爵武班，乘轩剖竹，命虽流逝，德尚民歌。夫人族冠缨裾，世承簪绂，德入鹊巢之咏，美彰荇菜之谣。自令胤离乡，官从他国，每抱倚门之望，长怀断织之悲，有路面期，无宵梦忆。情悬志念，遥辞云水之乡；舍舸乘舆，远届风沙之塞[③]。五千里外，溢喜气于黄香；三十年来，解愁颜于陶母。岂图遘疾，魂坠冥台。以乾符三年正月廿二日，奄终华帐，享年七十有九。令嗣，大同军都防御左押衙、银青光禄大夫、检校国子祭酒，兼殿中侍御史，充清塞军使[④]，曰温让。自违故国，终日倾心，每怀膝下之思，几落风前之泪。才荣侍养之勤，亲期不待，倏罹殃罚。恸哭匪莪，未归松槚之原，兆窆魏都之野。以其年十一月十七日，安厝于云州城西南七里，创茔之礼也。虑以岁时绵邈，陵谷更迁，乃琢铭埏，伫列丰石。其词曰：昭灼浓华，芳菲桃李；行采蘋薇，志馨兰蕙。令淑咸称，箴规懿美；蔼蔼徽光，洋洋千岁。上天贻祸，人世俄倾；镜台鸾坠，虫丝网生。乌啼陇树，月残坟茔；冥泉一固，阴尘永扃。——大同市博物馆藏《李殷氏墓志铭》[⑤]

① 按：李克用杀段文楚事，诸史所记时间参差。《旧唐书》本纪载于懿宗咸通十三年（872），《新唐书》为僖宗乾符三年（876）、五年（878）。

② 前谓“赵郡”，此言“陇西”，记载混乱。可见，唐代风行郡望，时人比附名族，随意诌言。

③ 明叶盛曾巡抚宣府（今河北张家口宣化），其《水东日记》卷31《江南浑潮、塞北风沙》云：“江南并海之河江港汊通潮汐者，土人谓之浑潮。来一日，泥加一箬叶厚。故河港常须疏浚，不然淤塞不通舟楫，旋成平陆，不能备旱涝矣。塞北风沙，数日辄一作，作则连日，尘几扑窗，至不辨物色。近日打扫积年封闭卷房，尘沙积地逾尺，其细如粉，所谓尘世浊世者也。”

④ 清塞军，在今阳高县。

⑤ 该砂岩方碑，纵46厘米，横46厘米。20世纪末，出土于山西大同振华南街。

877年丁酉　唐乾符四年

九月……沙陀大寇云、朔。十月，诏昭义节度李钧、幽州李可举、吐浑赫连铎、白义诚、沙陀安庆薛葛部落合兵讨李国昌父子于蔚州。——《旧唐书》卷19下《僖宗纪》

880年庚子　唐广明元年

六月，代北行营招讨使李琢、幽州节度使李可举、吐浑首领赫连铎等军讨李克用于云州，时克用令其大将军傅文达守蔚州，高文集守朔州。吐浑赫连铎遣人说高文集令归国，文集与沙陀首领李友金、萨葛都督米海万、安庆都督史敬存以前蔚州归款于李琢。时克用率众御燕军于雄武军。七月，沙陀三部落李友金等开门迎大军，克用闻之，亟来赴援，为李可举之兵追击，大败于药儿岭。李琢、赫连铎又击败于蔚州，降文达，李克用部下皆溃，独与国昌及诸兄弟北入达靼部。乃以吐浑都督赫连铎为云州刺史、大同军防御使，吐浑白义诚为蔚州刺史，萨葛米海万为朔州刺史，加李可举检校司徒、同平章事。——《旧唐书》卷19下《僖宗纪》

云、朔之间尝大旱，时暑益甚，里人病热者以千数。有村氓陈翁者，尝独行田间，忽逢一人，（议）［仪］状甚异，擐金甲，左右佩弧矢，执长剑，御良马，朱缨金佩，光饰华焕，鞭马疾驱。适遇陈翁，因驻马而谓曰："汝非里中人乎？"翁曰："某农人，家于此亦有年矣。"神人曰："我天使，今上帝以汝里中俱病热，岂独骄阳之所致乎？且有疠鬼，在君邑中为祟，故人多此疾。上帝命我逐之。"俄而，不见。陈翁即以其事白于里人。自是，云朔之间病热者皆愈。——唐张读《宣室志》卷2[①]

① 张读，唐僖宗乾符中，任中书舍人、礼部侍郎。其所记云、朔大旱，并引发热病流行，当为僖宗时事。考《新唐书》卷9《僖宗纪·赞》："乾符之际，岁大旱蝗，民愁盗起，其乱遂不可复支，盖亦天人之会欤。"卷35《五行志二》："广明元年春夏，大旱。"由此得知，云朔大旱可能持续了数年。大旱引发的热病，又见《唐代墓志铭汇编下》2537页《符氏墓志铭》："符氏者……本贯云州云中县人也。曾祖考进昌，授大同军□军十将……倾因寇戎侵境……殁于是日。婚彭城郡刘氏夫人。……去乾宁四年，时疾倾丧，寿年八十七。嗣子四人：长曰少端……忽降温灾，卒于本贯，寿年卅一。……次曰少知……因降温疾，卒于本贯。……光化三年岁次庚申十一月十八日，于马邑县城西南八里特置新茔，迁厝毕矣。"研究此铭，符氏祖孙四代，第二代少端、少知死于"温灾"，约即乾符年间，说明大同当时瘟疫的严重。

885年乙巳 唐中和五年、光启元年

河东节度使、检校太保、同中书门下平章事、陇西郡王李克用，以幽镇侵扰中山，领蕃汉步骑五十万众，亲来救援……至三月十七日，以幽州请就和断，遂却班师。……便取飞狐路却归河东。克用重记。——乾隆《恒山志》"李克用题曲阳北岳庙碑"

890年庚戌 唐昭宗李晔大顺元年

三月……武皇攻云州，拔其东城。赫连铎求援于燕，燕帅李匡威将兵三万以赴之，战于城下，燕军大败[①]。——《旧五代史》卷25《唐书·武皇纪上》

大顺元年，克用击破孟迁，取邢、洺、磁三州，乃遣安金俊攻赫连铎于云州。幽州李匡威救铎，战于蔚州，金俊大败。——《新五代史》卷4《唐本纪·庄宗纪上》

①《旧唐书》卷180《李全忠传》："赫连铎据云中，屡引匡威与河东争云、代，交兵积年。"按：武皇、河东，皆指李克用。

891年辛亥 唐大顺二年

四月，武皇大举兵讨赫连铎于云州[①]，遣骑将薛阿檀率前军以进攻，武皇设伏兵于御河之上，大破之，因堑守其城。七月，武皇进军柳会，赫连铎力屈食尽，奔于吐浑部[②]，遂归幽州，云州平[③]。武皇表石善友为大同军防御使。——《旧五代史》卷25《唐书·武皇纪上》

①《新唐书》卷212《藩镇卢龙传》："铎本吐谷浑部酋也，开成中，其父率种人三千帐自归，守云州十五年。"

②《新五代史》卷74《四夷附录三》："吐浑，本号吐谷浑，或曰乞伏乾归之苗裔。自后魏以来，名见中国，居于青海之上。当唐至德中，为吐蕃所攻，部族分散，其内附者，唐处之河西。其大姓有慕容、拓拔、赫连等族。懿宗时，首领赫连铎为阴山府都督，与讨庞勋，以功拜大同军节度使。为晋王所破，其部族益微，散处蔚州界中。庄宗时，有首领白承福者，依中山北石门为栅，庄宗为置宁朔、奉化两府，以承福为都督，赐其姓名为李绍鲁。终唐时，常遣使朝贡中国。晋高祖立，割雁门以北入于契丹，于是吐浑为契丹役属，而苦其苛暴。是时，安重荣镇成德，有异志，阴遣人招吐浑入塞，承福等乃自五台入处中国。"

③《新五代史》卷4《唐本纪·庄宗纪上》："二年二月，复拜克用河东节度使、陇西郡王，加检校太师兼中书令。四月，攻赫连铎于云州，围之百余日，铎走吐浑。"

892年壬子 唐景福元年

八月，赫连铎诱幽州李匡威之众八万，寇天成军，遂攻云州，营于州北，连亘数里。武皇潜军入于云州，诘旦，出骑军以击之，斩获数万，李匡威烧营而遁。——《旧五代史》卷26《唐书·武皇纪下》

894年甲寅 唐乾宁元年

六月，大同军防御使赫连铎及李克用战于云州，死之[①]。——《新唐书》卷10《昭宗纪》

①《旧唐书》卷20上《昭宗纪》："六月壬辰，李克用攻陷云州，执大同防御使赫连铎，以其牙将薛志勤守云中。"

898 年戊午　唐乾宁四年、光化元年

《大唐故张府君墓志铭并序》：

府君讳行本，字道滋，其先清河郡人也。暨自周隋及唐，冠盖不绝。唯唐初将军僧遥，即其裔也。府君旧贩，爰止雁门，数代枌榆，皆寄于彼土。顷因多难，流云中。虽世袭于丹青，而放闲于碧绿。自故府陇西公怜其巧辩，署以衙前兵马使，乃举为绘士之酋[①]。加以缨冕混俗，绘素通神，郁三晋之贤豪，备四人之盛业。至于庄严佛事，摸写真容，纵隋之展虔、晋之顾恺，不可同年而语也。呜呼，东波叹逝，西日流光，以乾宁五年九月三日寝疾，终于任贤里之私弟，享年六十四。夫人王氏，庆于偕老，而殆谢偏钟，乃持一志之贞，是契三从之德。有子二人：长曰敬玫，不坠盛业，犹重义轻金，而乃庆表循陔，念生陟岵，毛子嘉捧檄之义，仲由持负米之时。次男敬伸，惠而早亡。新妇崔氏、李氏等，皆孝感香江，贞动寒笋。孙男三合，孙女尹哥、伴伴等，并妍姿挺秀，花貌雍容，咸兴扣地之哀，莫尽同天之戚。以是年九月廿四日，葬于云州西北原，礼也。或虑时更代，陵谷推迁，爰刊翠珉，伫兹不朽。其铭曰：爰兹哲人，乃眷硕德；焕若丹青，洁然金碧。俯厚地以无私，念终天而永隔。——大同市博物馆藏《张行本墓志铭》[②]

① 故府陇西公，盖指大同军节度使李国昌。从尹旺、张行本墓志，可见当时大同人户变迁。

② 该砂岩方碑，纵 41 厘米，横 43 厘米。20 世纪 80 年代，出土于大同城西北卧虎湾一带。

900 年庚申　唐光化三年

李存进，振武人，本姓孙，名重进。……事武皇，从入关，还镇太原，署牙职。景福中，为义儿军使，赐姓名。……光化三年，契丹犯塞，寇云中，改永安军使、雁门以北都知兵马使。天复初，破氏叔琮前军于洞涡。三年，授石州刺史。——《旧五代史》卷 53《唐书・李存进传》

901 年辛酉　唐光化四年、天复元年

《……节度衙前兵马使，知云州别贮仓务，银青光禄大夫、检校太子宾客，兼御史中丞、天水赵府君墓志铭并序》：

从弟摄云中县主簿、兼兵曹参军、乡贡进士承规撰。□□□礼，字安之，其先

天水人也。轩帝之裔，自造父因封得姓，其源最长。洎乎列国，寔□□□□□灭于宗周，冠冕□□于晋国。自幽王为秦所并，由是枝叶分荣，流散□□。□讳□，字匡臣，因历职塞上，遂贯于云中，版藉枌榆。或附于近甸者，往往存焉。□□□负英姿，素韬名节，幼承勋于相府，长莅职于王庭。暨大顺岁，晋王戡难，爰复疆场，北接荒陬，尽收其地。于是城池丕变，俗庶卒安。翌日，王谓大寮曰："此吾兴王旧壤，建业家邦，控御诸蕃，接邻雄镇。克复之后，帑藏悉空。既恃险于金汤，必先资于廪食。旁求职掌，固在得人。"左右咸推府君，明敏称□，宏机出众，乃付之管钥，委以印符，署节度贮仓官，受纳诸州赋税，计其耗羡。不□□于民。一年而阜集山堆，二载而千箱万庾。加以管内有未踵于穷秋，不济于朝夕者，府君咸施沾拯，悉赖赈矜。恩泽始流，颂声方作，遽以从心暮齿，忽恙风瘥。岂为斯人，而有斯疾！呜呼！钟鸣漏尽，日薄星回，槿无向夕之花，薤有崇朝之露。以光化三年□月十□日寝疾，终于云州市南里之私弟，享年六十有三。夫人郑氏，早持淑德，夙蕴令□，□庭仰四善之风，内礼著三从之道。有子三人。其长曰行儒，夙抱英聪，久匡难务。当□□疾之□，悉委以主戢，及遗状达于台鼎，是许继其务焉。乃授以宪衔，加之衙□□□□，□□谢恩，衔哀捧命。雅承逮父之寄，实堪克荷之谋。加以孝通神明，□□□□，□□□□□之榻，吊人持汲黯之名，一郡三城，向仰者众矣。次子行温，季曰回军。侄男再……（有女）三人，长适高氏，次适张氏，小曰贵娘子。侄女一人，适石氏。孙女喜喜、女女、娘……扣地之哀，莫尽同天之戚。新妇胡氏、张氏、王氏、张氏、门氏，皆孝感……归居丧，不舍于缞麻。长子中丞，孝备初终，礼成远大，倾财竭……佳城封于马鬣，筮宅枕于龙形。既而亲族盈门，盘礴塞……塞云共愁，哀声将逝水俱咽。以天复元年岁次辛酉十月……临迁厝之辰，敢慥蒭荛之述，乃为铭曰：……哗。辈流赞仰，闾里称嗟。——殷宪《大同新出唐辽金元志石新解·赵礼墓志》[①]

① 该砂岩墓志，大约 2009 年智家堡出土，被推土机铲伤上部。按碑文所述，墓主人应名赵承礼。

902 年壬戌　唐天复二年

秋七月，以兵四十万伐河东代北，攻下九郡，获生口九万五千，驼、马、牛、羊不可胜纪。九月，城龙化州于潢河之南，始建开教寺。——《辽史》卷 1《太祖纪上》

903 年癸亥 唐天复三年

五月，云州都将王敬晖杀刺史刘再立，以城归于刘仁恭。武皇遣李嗣昭讨之，仁恭遣将以兵五万来援云州，嗣昭退保乐安，燕人掳敬晖，弃城而去①。——《旧五代史》卷 26《唐书・武皇纪下》

① 《旧五代史》卷 52《唐书・李嗣昭传》：“五月，云州都将王敬晖据城叛，振武石善友亦为部将契苾让所逐，嗣昭皆讨平之。”卷 55《薛志勤传》：“王晖据云州叛，讨平之，以志勤为大同军防御使、检校司空。”

905 年乙丑 唐哀帝李柷天祐二年

天祐二年春，契丹阿保机始盛，武皇召之，阿保机领部族三十万至云州，与武皇会于云州之东，握手甚欢，结为兄弟，旬日而去，留马千匹，牛羊万计，期以冬初大举渡河①。——《旧五代史》卷 26《唐书・武皇纪下》

① 《辽史》卷 1《太祖纪上》：“冬十月，太祖以骑兵七万会克用于云州，宴酣，克用借兵以报刘仁恭木瓜涧之役，太祖许之。易袍马，约为兄弟。”又《辽史》卷 41《地理志五》：“国昌卒，克用取云州。既而所向失利，乃卑词厚礼，与太祖会于云州之东城，谋大举兵攻梁，不果。”

第九编　五代辽朝纪事

908年戊辰　唐天祐五年[①]，后梁太祖朱晃开平二年

及武皇丧事有日[②]，嗣本监护其事，改云中防御使、云蔚应朔等州都知兵马使，加特进、检校太保。九年，周德威讨刘守光，嗣本率代北诸军、生熟吐浑，收山后八军，得纳降军使卢文进、武州刺史高行珪以献。幽州平，论功授振武节度使，号“威信可汗”。——《旧五代史》卷52《唐书·李嗣本传》[③]

① 时入五代十国，然河东李氏境内犹奉唐朝正朔。大同在其境，故从其年号。

② 后唐武皇李克用是年正月卒于晋阳，葬于雁门。墓在今代县城西七里铺，金代被柏林和尚盗掘，后又多次被盗，20世纪末忻州考古队发掘。

③ 《雍正山西通志》卷74《职官二》载：“王郱，天复中，岚、石二州刺史。天祐中，充大同军防御使。”具体年月不详。

910年庚午　唐天祐七年，后梁开平四年

《唐故陇西李公墓铭并序》：

应州军事判官、将仕郎、前守蕲州黄梅县尉杨□□撰。公讳□，字国章。其先帝羲轩之苗裔，伯阳之后，□十二望年，权更为首焉。□籍备载，故可略而述也。公幼失怙恃，不追义方，不记曾祖名讳及入仕之□，考仲□皇，不仕。公峰峦让德，建木惭直，内怀君子之风规，外播古人之节行。诚信立己，礼义资身，坦荡情田，

砬平心地，睹其善而亲迩，闻其恶而远之。实谓里巷钦崇，郡城健羡。重儒释之深奥，□庄老之□□。门□车马奇□，宇纳绀衣上士，恤学？独于鳏□，习恭俭于温□。遁世达时，高尚颐送。有土木丹艧之胜事，可以括囊；行济贫拔苦之殊恩，出于机杼。不阻其情，将顺其美。如斯襟抱，孰敢比肩？公婚杜氏，接卑奉上，宗祀享勤，修短有期，逝舟先陟。续娶温氏，□道□持，□仪遵守。长子重荣，孝敬承家，谦恭□嗣，人伦之行蔚矣，父子之道显然。幼子没字，未离襁褓，□以饰词，□□祈□□聪明自然，□□□□咏雪，亦类闻琴，规矩圬切，不劳教授。新妇□氏，丝萝有托，松桧□依，□□之礼无亏，逊让之仪不怠。孙男小意，智比魏舒，敏同应奉，家风不坠，□四称材。公恶邪远佞，志在廉平，道贵朱□，事重身雾，睹人之失，所如己之何安，岂不谓流辈庖刃，知□龟镜耶？每念推移，寒暑侵逼，示？留？羌？之于徽天？之于□中之愈，涉洹入梦，鹄？鸟翔门，达幻化之□□，晓去住之容易。时天祐五年十一月四日，奄终于云州私第，享龄六十有三。□□重□，事之便□，别立佳城，祔先茔之有违，乃泣告于柩侧。以天祐七年正月十五日迁祔于云州云中县永平乡王□里王家村。虑人世变迁，故镌贞记铭，词曰：□□哲士，蔚矣奇人。志怀倜傥，心简平刍。诚□□□，礼□□身。贵□□□，投辖留宾。运行寒暑，时□推移。厥疾俄□，□奄□姿。□□□兮，达理知时。松扃□□，□□惨怆，首照孤冢，□□□□。——大同市博物馆藏《李国章墓志铭》[①]

① 该方碑，纵横俱36.5厘米，石质细腻，刻文如线。出土地不详。

911年辛未　唐天祐八年，后梁开平五年、乾化元年

麦积山者，北跨清渭，南渐两当，五百里冈峦，麦积处其半。崛起一石块，高百万寻，望之团团，如民间积麦之状，故有此名。其青云之半，峭壁之间，镌石成佛，万龛千室。虽自人力，疑其鬼功。隋文帝分葬神尼舍利函于东阁之下。石室之中，有庾信铭记刊于岩中。古记云："六国共修。"自平地积薪至于岩巅，从上镌凿其龛室佛像功毕，旋旋折薪而下。然后梯空架险而上。其上，有散花楼、七佛阁。金蹄银角犊儿，由西阁悬梯而上。其间，千房万屋，缘空蹑虚，登之者不敢回顾。将及绝顶，有万菩萨堂，凿石而成，广若今之大殿。其雕梁画栱，绣栋云楣，并就石而成。万躯菩萨，列于一堂。自此室之上，更有一龛，谓之天堂，空中倚一独梯，攀缘而上。至此则

万中无一人敢登者。于此下顾，其群山皆如培塿。王仁裕时[①]独能登之，仍题诗于天堂西壁上，曰：蹑尽悬空万仞梯，等闲身共白云齐；檐前下视群山小，堂上平分落日低。绝顶路危人少到，古岩松健鹤频栖；天边为要留名姓，拂石殷勤手自题。时前唐末辛未年，登此留题。于今三十九载矣。出《玉堂闲话》。——《太平广记》卷397《麦积山》[②]

① 王仁裕（879 ~ 956），字德辇，秦州长道县（今甘肃礼县）人，仕后蜀，文学家、诗人。
② 这里引录五代十国时期麦积山石窟寺景象，以助今人对云冈石窟寺唐代历史的断想。

916年丙子　唐天祐十三年，后梁末帝朱瑱贞明二年，辽太祖耶律亿神册元年[①]

十三年，王檀逼太原，存璋率汾州之军入城固守，授大同防御使、应蔚朔等州都知兵马使。秋，契丹攻蔚州，阿保机遣使驰木书求赂，存璋斩其使。契丹逼云州，存璋拒守，城中有古铁车，乃镕为兵仗，以给军士。敌退，以功加检校太傅、大同军节度使[②]、应蔚等州观察使。十九年四月，以疾卒于云州府第。——《旧五代史》卷53《唐书・李存璋传》

① 《旧五代史》卷137《外国传一》："天祐末，阿保机乃自称皇帝，署中国官号。其俗旧随畜牧，素无邑屋，得燕人所教，乃为城郭宫室之制于漠北，距幽州三千里，名其邑曰西楼邑，屋门皆东向，如车帐之法。城南别作一城，以实汉人，名曰汉城，城中有佛寺三，僧尼千人。其国人号阿保机为天皇王。"
② 此前一年，晋王李存勖以后梁降将贺德伦为大同（云州）军节度使，但未至任。

918年戊寅　唐天祐十五年，后梁贞明四年，辽神册三年

三年春正月丙申，以皇弟安端为大内惕隐，命攻云州及西南诸部[①]。——《辽史》卷1《太祖纪上》

① 《辽史》卷64《皇子表》："神册三年，讨平云州。"

921年辛巳　唐天祐十八年，后梁贞明七年、龙德元年，辽神册六年

梁末帝龙德元年，禁天下私度僧尼。有愿出家，勒入京比试后，祠部上请焉[①]。后唐无闻。——《僧史》卷2《管属僧尼》

① 《旧五代史》卷10《梁书・末帝纪下》："三月丁亥朔，祠部员外郎李枢上言：'请禁天下私度僧尼，及不许妄求师号、紫衣。如愿出家受戒者，皆须赴阙比试艺业施行，愿归俗者一听自便。'诏曰：'两都左右街赐紫衣及师号僧，委功德使具名闻奏。今后有阙，方得奏荐，仍须道行精至，夏腊高

深，方得补填。每遇明圣节，两街各许官坛度七人。诸道如要度僧，亦仰就京官坛，仍令祠部给牒。今后只两街置僧录，道录僧正并废。’”

923 年癸未　后唐庄宗李存勖同光元年，辽天赞二年

同光元年冬十月……丙戌……又诏除毁朱氏宗庙神主，伪梁二主并降为庶人。天下官名府号及寺观门额，曾经改易者，并复旧名。——《旧五代史》卷 30《唐书・庄宗纪四》

924 年甲申　后唐同光二年，辽天赞三年

秋七月……庚申，以应州为云州属郡……八月……丙子，以云州刺史、雁门以北都知兵马使安元信为大同军节度留后。——《旧五代史》卷 32《唐书・庄宗纪六》

后唐庄宗同光二年九月，敕天下应有本朝所造寺观，宜令所在长吏取寺司尝住物添修，至万寿节日须毕其功[①]。——《册府元龟》卷 52[②]

①《藕香零拾》收录《元河南志》卷 1："立德禅院，后唐同光二年庄宗为僧无学大师契澄建，三年赐名。契澄，姓史，云州人，骁勇善斗战，号史银枪。从庄宗入洛，自请度为僧。"

②《僧史》卷 3《赐僧紫衣》："庄宗喜赐僧紫衣，晋汉周皆尔。"

925 年乙酉　后唐同光三年，辽天赞四年

同光三年……二月……甲戌……以大同军留后安元信为沧州节度使。……六月癸亥，云州上言：去年契丹从碛北归帐，达靼因相掩击，其首领于越族帐自碛北以部族羊马三万来降，已到南界，今差使人来赴阙奏事[①]。——《旧五代史》卷 32《唐书・庄宗纪六》

同光三年，复以云州为大同军节度使。——《辽史》卷 41《地理志五》

①《新五代史》卷 74《四夷附录》："达靼，靺鞨之遗种，本在奚、契丹之东北，后为契丹所攻，而部落分散，或属契丹，或属渤海，别郭散居阴山者，自号达靼。当唐末，以名见中国。有每相温、于越相温，咸通中，从朱邪赤心讨庞勋。其后李国昌、克用父子为赫连铎等所败，尝亡入达靼。后从克用入关破黄巢，由是居云、代之间。其俗善骑射，畜多驼、马。"

926 年丙戌　后唐同光四年、明宗李亶天成元年，辽天显元年

六月……丙申，新州留后张庭裕、云州留后高行珪并正授本军节度使[①]。——《旧

五代史》卷 36《唐书・明宗纪二》

明宗天成元年十一月，敕：“……今日已前修盖得寺院，无令毁废。自此已后，不得辄有建造。如要愿在僧门，亦宜准佛法条例，官坛受戒，不得擅私剃度。”[②]——《册府元龟》卷 52[③]

① 本军节度使，即大同军节度使。《旧五代史》卷 38《唐书・明宗纪四》：天成二年九月“己未，以前云州节度使高行珪为邓州节度使”。

② 《旧五代史》卷 37《唐书・明宗纪三》载十一月壬戌诏曰：“应今日已前修盖得寺院，无令毁废，自此已后不得辄有建造。如要愿在僧门，并须官坛受戒，不得衷私剃度。”

③ 《佛祖统纪》卷 42：“天成元年诞节，敕僧录云辩与道士入内殿谈论。”

927 年丁亥　后唐天成二年，辽太宗耶律德光天显二年

夏四月……辛丑，以前利州节度使张敬询为云州节度使[①]。——《旧五代史》卷 38《唐书・明宗纪四》

六月……丁亥，诏天下除并无名额寺院[②]。——《旧五代史》卷 38《唐书・明宗纪四》

十二月……己卯，蔚州刺史周令武得代归阙，帝问北州事，令武奏曰：“山北甚安[③]，诸蕃不相侵扰[④]。雁门已北，东西数千里，斗粟不过十钱。”——《旧五代史》卷 38《唐书・明宗纪四》

① 《旧五代史》卷 61《唐书・张敬询传》：“张敬询，胜州金河县人，世为振武军牙校。祖仲阮，历胜州刺史。父汉环，事武皇为牙将。敬询当武皇时，专掌甲坊十五年，以称职闻。……明宗即位，正授昭武军节度使。天成二年，诏还京师，复授大同节度使，至镇，招抚室韦万余帐。四年，征为左骁卫上将军。”

② 《册府元龟》卷 160《帝王部・革弊第二》：“二年六月，诏以僧尼不归寺院，竞占民舍以居之，讹滥日甚，敕除名额寺院外，无堂殿佛像者，并勒毁之。”

③ 考“山北”之称，五代以后出现，或谓幽州（今北京）山北，或谓河东并州恒山之北，北宋、辽金后渐成俗称，又谓之山后、岭北。其雁门关外称山北，疑始于唐后期，朱邪“执宜乃保神武川之黄花堆，更号阴山北沙陀”（《新唐书》卷 218《沙陀传》）。既名阴山北沙陀，实际驻牧大同盆地，山北遂有厥指。北宋时，因与辽朝以恒山为界，山北、山后之称成为习惯。而辽、金皆于今北京市立都，今大同、张家口等太行山以西地区，又有山右、山西之称。山西，初为辽金大同西京区域的专称，元代以降，遂定制为山西行省，囊括全晋。参见附录《山西省的由来》。

④ 《辽史》卷 31《营卫志上》：“并、营以北，劲风多寒，随阳迁徙，岁无宁居，旷土万里，寇贼奸宄乘隙而作。”

928 年戊子　后唐天成三年，辽天显三年

九月乙亥，以捧圣左右厢副都指挥使索自通为云州节度使[1]。……冬十月……戊辰，以云州节度使索自通领寿州节度使，以前云州节度使张温复为云州节度使。——《旧五代史》卷 39《唐书 · 明宗纪五》

① 《旧五代史》卷 65《唐书 · 索自通传》曰："出为大同军节度使。"再联系张敬询的职务称谓，可知此时：云州节度使，即大同军节度使。

929 年己丑　后唐天成四年，辽天显四年

夏四月……契丹寇云州[1]。……五月……云州奏，契丹犯塞。六月……壬寅，夔州节度使杨汉章移镇云州[2]。……冬十月……以云州节度使张敬询为左骁卫上将军。——《旧五代史》卷 40《唐书 · 明宗纪六》

① 《册府元龟》卷 994《外臣部 · 备御第七》："四年四月丙辰，宣步军指挥使杨汉章将步骑五千往云、朔巡边。"

② 《旧五代史》卷 42《唐书 · 明宗纪八》：长兴二年三月庚辰，"以前云州节度使杨汉章为安州节度使"。

930 年庚寅　后唐天成五年、长兴元年，辽天显五年

夏四月……丁巳，云州奏：掩袭契丹，获头口万计。……十一月……庚午，应州节度使张敬达移云州，以捧圣都指挥使、守恩州刺史沙彦（询）[珣]为应州节度使。——《旧五代史》卷 41《唐书 · 明宗纪七》

932 年壬辰　后唐长兴三年，辽天显七年

十一月……丁亥，以河阳节度使兼六军诸卫副使石敬瑭为河东节度使，兼大同、彰国、振武、威塞等军蕃汉马步总管。时契丹帐族在云州境上，与群臣议择威望大臣以制北方，故有是命。……乙巳，云州奏，契丹主在黑榆林南捺刺泊造攻城之具。——《旧五代史》卷 43《唐书 · 明宗纪九》

933 年癸巳　后唐长兴四年，辽天显八年

三月……以右龙武统军张温为云州节度使。——《旧五代史》卷 44《唐书 · 明宗纪十》

张敬达，字志通，代州人，小字生铁。……敬达少以骑射著名，庄宗知之，召

令继父职，平河南有功，继加检校工部尚书。明宗即位，历捧圣指挥使、检校尚书左仆射。长兴中，改河东马步军都指挥使，超授检校司徒，领钦州刺史。三年，加检校太保、应州节度使。四年，迁云州。时以契丹率族帐自黑榆林捺剌泊至没越泊，云借汉界水草，敬达每聚兵塞下，以遏其冲，契丹竟不敢南牧，边人赖之。——《旧五代史》卷70《唐书·张敬达传》[1]

① 《太平广记》卷215《袁弘禦》引《稽神录》："后唐袁弘禦为云中从事，尤精算术，同府令算庭下桐树叶数，即目起量树，去地七尺围之，取围径之数布算。良久，曰：'若干叶。'众不能覆。命撼去二十二叶，复使算。曰：'已少向者二十一叶矣。'审视之，两叶差小，止当一叶耳。节度使张敬达有二玉碗，弘禦量其广深，算之曰：'此碗明年五月十六日巳时当破。'敬达闻之，曰：'吾敬藏之，能破否？'即命贮大笼，藉以衣絮，锁之库中。至期，库屋梁折，正压其笼，二碗俱碎。太仆少卿薛文美同府亲见。"

934年甲午　后唐闵帝李从厚应顺元年、末帝李从珂清泰元年，辽天显九年

九月……乙卯，次云州。——《辽史》卷3《太宗纪上》

九月……己未，云州奏，契丹寇境。冬十月……契丹寇云、应州，诏河东节度使石敬瑭率兵屯代州。……十一月……甲寅，以振武节度使杨光远充大同、彰国、振武、威塞等军兵马都虞候。——《旧五代史》卷46《唐书·末帝纪上》

935年乙未　后唐清泰二年，辽天显十年

清泰二年春正月……乙丑，云州节度使张温移镇晋州，以西京留守安重霸为云州节度使[1]。秋七月……甲辰，以右神武统军沙彦珣权知云州。……八月……辛巳，以权知云州、右神武统军沙彦珣为云州节度使。……十一月……以徐州节度使张敬达为晋州节度使，依前充大同、振武、威塞、彰国等军兵马副总管。——《旧五代史》卷47《唐书·末帝纪中》

三月……辛亥，功德使奏："每年诞节，诸州府奏荐僧道，其僧尼欲立讲论科、讲经科、表白科、文章应制科、持念科、禅科、声赞科，道士欲立经法科、讲论科、文章应制科、表白科、声赞科、焚修科，以试其能否。"从之[2]。——《旧五代史》卷47《唐书·末帝纪中》

① 《旧五代史》卷61《唐书·安重霸传》："安重霸，云州人也。性狡谲，多智算。初，自代北与明宗俱事武皇，因负罪奔梁，在梁复以罪奔蜀，蜀以蕃人善骑射，因为亲将。……天成初，用为阆州

团练使，未几，召还为左卫大将军，常以奸佞揣人主意，明宗尤爱之。……清泰初，移授西京留守、京兆尹。……其年冬，改云州节度，居无何，以病求代，时家寄上党，及归而卒。”

② 南宋洪迈《容斋三笔》卷9《僧道科目》云：“此事，见《旧五代史》记，不知曾行与否，至何时而罢也。盖是时犹未鬻卖祠部度牒耳。周世宗废并寺院，有诏约束云：男年十五以上，念得经文一百纸，或读得五百纸；女年十三以上，念得经文七十纸，或读得三百纸者，经本府陈状乞剃头，委录事参军、本判官试验。两京、大名、京兆府、青州各起置戒坛，候受戒。时两京委祠部差官引试，其三处只委判官，逐处闻奏。候敕下，委祠部给付凭由，方得剃头受戒。其防禁之详如此。非若今时只纳钱于官，便可出家也。念经、读经之异，疑为背诵与对本云。”

936年丙申　后唐清泰三年、后晋高祖石敬瑭天福元年，辽天显十一年

秋七月……丁酉，云州节度使沙彦珣奏，此月二日夜，步军指挥使桑迁作乱，以兵围子城，彦珣突围出城，就西山据雷公口。三日，招集兵士入城诛乱军，军城如故。……八月……己巳，云州沙彦珣奏，供奉官李让勋送夏衣到州，纵酒凌轹军都行，劫杀兵马都监张思愿、都指挥使党行进，其李让勋已处斩讫。——《旧五代史》卷48《唐书·末帝纪下》[①]

十一月丁酉，皇帝即位，国号晋。以幽、涿、蓟、檀、顺、瀛、莫、蔚、朔、云、应、新、妫、儒、武、寰州入于契丹[②]。——《新五代史》卷8《晋本纪·高祖纪》[③]

今楼有铜钟，其上款识，乃是清泰三年岁在丙申所铸造也。——朱弁《大金西京大普恩寺重修大殿记》

① 北宋路振《九国志》卷8谓北汉大将张元徽（邢州武安人）曾任云州防御使，约在后唐时。

② 《旧五代史》卷75《晋书·高祖纪一》：“是日，帝言于戎王，愿以雁门已北及幽州之地为戎王寿，仍约岁输帛三十万，戎王许之。”按：是日，即十一月十二日，契丹主在太原册立石敬瑭为晋帝。

③ 《辽史》卷37《地理志一》云：“有木叶山，上建契丹始祖庙，奇首可汗在南庙，可敦在北庙，绘塑二圣并八子神像。……兴王寺，有白衣观音像。太宗援石晋主中国，自潞州回，入幽州，幸大悲阁，指此像曰：‘我梦神人令送石郎为中国帝，即此也。’因移木叶山，建庙，春秋告赛，尊为家神。兴军必告之，乃合符传箭于诸部。”

937年丁酉　后晋天福二年，辽天显十二年

吴峦，字宝川，汶阳卢县人也。少好学，以经业从乡试下第。唐长兴初，为沙彦珣从事，累迁大同军节度判官。高祖建号，契丹之援太原也，彦珣据云中，二三顾望，及契丹还塞，彦珣出城迎谒，寻为所掳。时峦在城中，谓其众曰：“岂有礼义之人而臣于异姓乎。”即与云州将吏阖门拒守。契丹大怒，攻之，半岁不能下。高祖致

书于契丹，乃解围而去[①]。召峦归阙，授徐州节度使。——《旧五代史》卷95《晋书·吴峦传》

① 《辽史》卷3《太宗纪上》：“十二年春正月丙辰，次堆子口。唐大同军节度判官吴峦闭城拒命，遣崔廷勋围其城。庚申，上亲征，至城下谕之，峦降。辛酉，射鬼箭于云州北。”按：吴峦被石敬瑭南调任职，史有明载。“峦降”，奉后晋诏也。崔廷勋，《契丹国志》谓曾任大同节度使。《旧五代史》卷98《晋书·崔廷勋传》云：“崔廷勋，不知何许人也。形貌魁伟，美须髯。幼陷契丹，历伪命云州节度使，官至侍中。契丹入汴，迁少帝于封禅寺，遣廷勋以兵防守，寻授河阳节度使，甚得民情。契丹北行，武行德率军趋河阳，廷勋为行德所逐，乃与奚王拽刺保怀州，寻以兵反攻行德，行德出战，为廷勋所败。及契丹主死，遂归镇州。汉初，与满答同奔定州，后没于北蕃。”

938年戊戌　辽天显十三年、会同元年，后晋天福三年

十一月……大赦，改元会同。是月，晋复遣赵莹奉表来贺，以幽、蓟、瀛、莫、涿、檀、顺、妫、儒、新、武、云、应、朔、寰、蔚十六州并图籍来献[①]。于是诏以皇都为上京，府曰临潢，升幽州为南京，南京为东京。改新州为奉圣州，武州为归化州。——《辽史》卷4《太宗纪下》[②]

张彦超，本沙陀部人也。……天成中，擢授蔚州刺史。素与晋高祖不协，属其总戎于太原，遂举其城投于契丹，即以为云州节度使。——《旧五代史》卷129《周书·张彦超传》

① 宋田况《儒林公议》卷下：“契丹，自阿保机雄据燕北之地，修其国之威法，诸戎逐渐为所制。……石晋求援，为耶律德光所立，约为父子之国，岁输绢三十万，举雁门以北及幽州之地为德光寿。……其邻国渤海、女真、室韦、达靼、奚、霫之类皆君奉之。……山后郡县，俗情笃实，高上武士，士农商工，四者俱备，以资其用。其主虽迁徙出入，非庐帐不居，然有垣垒宫室矣。其民虽豩堕寒冽，非旃毳不御，然有衣服染缋矣。自开运中，德光乱华，尽得晋朝帑实、图书、服器、工巧，事多摹拟中国，久而益盛矣。始石晋时，关南、山后初莅虏，民既不乐附，又为虏所侵辱，日久企思中国声教，常若偷息苟生。周世宗止平关南，功不克就。岁月既久，汉民宿齿尽逝，新少者渐便习不怪，甚至右虏下汉。”“契丹既有幽蓟及雁门以北，亦开选举，以收士人。”

② 《旧五代史》卷78《晋书·高祖纪四》载：天福四年十二月“丙辰，诏今后城郭村坊，不得创造僧尼院舍”。按：此时雁北虽非后晋之土，但民间建寺风气雷同。

944年甲辰　辽会同七年，后晋出帝石重贵开运元年

八月……晋镇州兵来袭飞狐，大同军节度使耶律孔阿战败之。——《辽史》卷4《太宗纪下》

945 年乙巳　辽会同八年，后晋开运二年

《重修蒙山开化宝严阁记》[①]：

太原故郡，大夏名封。郊野列于参墟，山川开于晋国。俗通马首，坐管羊肠；称号神京，实为乐土。皇朝凤举，三百年之遗迹尚存；圣祖龙飞，一千载之耿光斯应。士马雄盛，井邑骈罗，语之八都，并为最也。而又俗敦释教，重二乘方便之门；人贵善根，导五浊昏迷之性。金绳宝树，雁塔蜂台；大有庄严，钵光像法。[②]

据传记：开化寺，北齐文宣帝天保末年，凿石通蹊，依山刻像，式扬震德，用镇乾方。成招提之胜因，侔释迦之真相。人皆回向，时凑福田。齐后主然油万盆，光照宫内[③]。仁寿元年，隋朝造大阁而庇尊像焉，仍改为净明寺。洎唐高祖在藩邸时，至此寺瞻礼回，夜梦化佛满空，毫光数丈。登极之后，复改为开化寺。后显庆二年，高宗驾至，出左右行藏，资缗宝玉，崇严饰之。后会昌甲子岁，敕废大阁，露尊像，雨滴风摧。仅六十载，化随消长，道有污隆，明矣。

乾宁二年，武皇虎踞并州，龙潜晋水。遥奉擎天之业，克安在镐之君。一境烟静尘消，不修亭障[④]；千里民和俗阜，正乐丰穰。或乃治兵，闲修讲武。上西山而指顾，登北礼于慈悲[⑤]。痛望真身而受霜露，乃下令遣缁徒管内讲化[⑥]，计口随年，钱收数百千万缗，更有自施信财者，不可胜计，复造大阁焉。时也，择班输之匠[⑦]，物已丰多；斫徂徕之松，材仍（藏）［葳］足[⑧]。既当农隙，尔乃兴工[⑨]。僝役者[⑩]，荷锸如云；剡木者，运斤震地。工无舍夜，人不知劳。自乙卯至己未，首尾五年，荩成大阁[⑪]，兼装佛像。厥功三十万，使所聚财尽矣[⑫]。莫不兽簇千楹，星攒万拱。榱题黮黝，阶楯嶙峋[⑬]。甍宇齐平，可下观于冈险；轩栏偃阔[⑭]，宜上摘于星辰。仰之弥高，观之尤丽。万人瞻仰，树福于兹，至今五十载矣。

莫禁二鼠，日月般而年代移；奈从四蛇[⑮]，高阁隳而圣仪毁。非国王大臣力，其可再修乎？遇北平王镇临之五年也……暇日游西山，至开化寺焚香，见阁宇倾欹，佛像崩阙，乃言曰："纵有僧洒扫供养，岂令人喜瞻礼乎？"遂舍俸钱，重修荐之。爰求郢匠，俾聚梓材。功用具充，役工毕至。是荐大阁五层，一百三十间，并添换瓦木，文彩贲饰，及阁内尊像[⑯]，沿寺功德，护法善神，涂金彩画，大小咸具，无不毕备。兼创造斗帐四间，阁上二十四窗竹网，特盖行墙五间，并诸殿宇，一新其旧。及置阁上麻网一十五扇。盖将己俸，不挠民财。况日给于米盐，更时颁于赏劳。

百工无怠，众役惟勤。逾时而毕，重新鹿苑。载耀鸡园，视高阁于凌云；悉施藻缋，变晬颜于净域[17]。别显相仪，浮柱霞栖。……美哉轮焉，焕乎盛矣。四人依仰，二众焚修。实资奉福之因，允叶募缘之果。王视其功毕，大会沙门，庆赞而雷殷梵音，供养而云笼香焰。成兹胜概，乃树贞珉。……庶贻后代，以纪芳猷。大晋开运二年七月十三日记[18]。——《全唐文》卷860

秋七月……甲寅，左谏议大夫李元龟奏，请禁止天下僧尼典买院舍，从之。——《旧五代史》卷84《晋书·少帝纪四》

十二月……乙丑，云州节度使耶律孔阿获晋谍者。——《辽史》卷4《太宗纪下》

① 蒙山，在太原西山，2013年吾尝游历。北齐大坐佛摩崖而雕，衣纹隐约，佛首新安。按《山右石刻丛编》卷10《重修蒙山开化宝严阁记》，碑记开篇曰："观察判官、将仕郎、检校尚书户部郎中，兼侍御史，赐紫金鱼袋苏禹珪奉命撰；观察支使、朝请郎，试大理司直，兼殿中侍御史苏晓□奉命书兼篆额。"该碑，今已不存。

② 钵光像法，《山右石刻丛编》卷10《重修蒙山开化宝严阁记》作"流光象法"。

③ 《北齐书》卷8《后主纪》："凿晋阳西山为大佛像，一夜然油万盆，光照宫内。"

④ 亭障，据《山右石刻丛编》卷10《重修蒙山开化宝严阁记》补。

⑤ 登，据《山右石刻丛编》卷10补。

⑥ 遣，原文作"遗"，据《山右石刻丛编》卷10改。

⑦ 匠，据《山右石刻丛编》卷10补。

⑧ 仍，原文阙，据《山右石刻丛编》卷10改补；蒇，原文作"藏"，据《山右石刻丛编》卷10改。

⑨ 尔，据《山右石刻丛编》卷10补。

⑩ 僝，据《山右石刻丛编》卷10补。

⑪ 荩，《山右石刻丛编》卷10作"盖"。

⑫ 使，据《山右石刻丛编》卷10补。

⑬ 黮、楯，据《山右石刻丛编》卷10补。

⑭ 轩栏，据《山右石刻丛编》卷10补。

⑮ 奈，据《山右石刻丛编》卷10补。

⑯ 阁，原文作"卜"，据《山右石刻丛编》卷10改。

⑰ 云、晬，据《山右石刻丛编》卷10补。

⑱ 此碑文后，《山右石刻丛编》卷10《重修蒙山开化宝严阁记》又云："兴邦佐命、忠力保定功臣，北京留守、河东节度管内观察处置等使、北面行营都统、开府仪同三司，检校太师，兼中书令，行太原尹、上柱国、北平王，食邑一万三千户，实食封二千二百户刘知远立石。大元至正八年，岁次戊子十月吉日，转华严大经僧福敬、尊宿僧福普、山门知事首座僧智瓊、院门提点僧智果、官门提点僧智山、监寺僧智友等重立石。中顺大夫、前参议枢密院事、内台监察御史郭□□誊书。"可见，该碑系后汉高祖刘暠（本名知远）称帝前修寺所立，元朝至正八年（1348）寺僧重新立石，誊写刻碑。惜元碑今亦无存。

947 年丁未　辽会同十年、大同元年、世宗耶律阮天禄元年，后汉高祖刘暠天福十二年

公讳从赟，字温毅。……洎天授皇帝出绍丕基[①]，特旌勋旧，授大同军节度使，检校司徒。由是安民和众，吐惠含仁，抑酋豪而恤鳏寡，重刑罚而轻赋役。期月之间，政成事立；三年之内，家给人足。——大同市博物馆藏《许从赟墓志》[②]

① 辽世宗号“天授皇帝”。

② 元王恽《秋涧集》卷 48《卢龙赵氏家传》载：赵“延卿，竭节匡邦、保义功臣，大同军节度使、检校太师、开国公，食邑一千户”。大约任在许从赟之后，但年代不详。

952 年壬子　辽穆宗耶律璟应历二年，后周太祖郭威广顺二年

九月甲寅朔，云州进嘉禾，四茎二穗[①]。——《辽史》卷 6《穆宗纪上》

① 《辽史》卷 59《食货志上》：“应历间，云州进嘉禾，时谓重农所召。”

953 年癸丑　辽应历三年，后周广顺三年

广顺三年春正月……闰月……已酉，开封府奏，都城内录到无名额僧尼寺院五十八所。诏废之。——《旧五代史》卷 112《周太祖纪三》

三月……庚寅，如应州击鞠。——《辽史》卷 6《穆宗纪上》

954 年甲寅　辽应历四年，后周世宗柴荣显德元年

通乐石窟，魏曾灭法，因白足高僧，帝令恒安即云州，西北三十里武周山谷北面石崖凿石窟，就其寺，初名通乐，亦号灵岩。有大石堂，高广二十丈，受三千人。相连三十里，日供千人。僧昙（明）［曜］，高僧。——《义楚六帖》卷 21[①]

① 宋齐州开元寺释义楚著《义楚六帖》，成书于此年。上文系对唐道宣记述云冈石窟的简录。

955 年乙卯　辽应历五年，后周显德二年

显德二年，废天下寺院，存者二千六百有奇，废者三万三百有奇，见僧四万二千有奇，尼一万八千有奇[①]，此但河、洛、关、陕、山东、江北数省，未及天下之半，而数已如此矣。有令民间铜器、佛像输官铸钱[②]。世宗谓侍臣曰：“卿辈勿以毁佛为疑。夫佛以善道化人，苟志于善，斯奉佛矣，彼铜像岂所谓佛耶？且

吾闻，佛在利人，虽头目犹舍以布施，若朕身可以济民，亦非所惜也。”此虽矫俗弥惑之言，然于佛教济人之旨有吻合者，唐家三百年陋风，片言而正，真英主也[③]。——明于慎行《穀山笔麈》卷 17《释道》

① 《旧五代史》卷 115《世宗纪》：“是岁，诸道供到帐籍，所存寺院凡二千六百九十四所，废寺院凡三万三百三十六，僧尼系籍者六万一千二百人。”

② 《通鉴》卷 292：“帝以县官久不铸钱，而民间多销钱为器皿及佛像，钱益少，九月丙寅朔，敕始立监采铜铸钱，自非县官法物、军器及寺观钟磬钹铎之类听留外，自余民间铜器、佛像，五十日内悉令输官，给其直；过期隐匿不输，五斤以上其罪死，不及者论刑有差。”

③ 《旧五代史》卷 115《世宗纪》：五月“甲戌，诏曰：释氏贞宗，圣人妙道，助世劝善，其利甚优。前代以来，累有条贯，近年已降，颇紊规绳。近览诸州奏闻，继有缁徒犯法，盖无科禁，遂至尤违，私度僧尼，日增猥杂，创修寺院，渐至繁多，乡村之中，其弊转甚。漏网背军之辈，苟剃削以逃刑；行奸为盗之徒，托住持而隐恶。将隆教法，须辨否臧，宜举旧章，用革前弊。诸道州府县镇村坊，应有敕额寺院，一切仍旧；其无敕额者，并仰停废；所有功德佛像及僧尼，并腾并于合留寺院内安置。天下诸县城郭内，若无敕额寺院，只于合停废寺院内，选功德屋宇最多者，或寺院僧尼各留一所，若无尼住，只留僧寺院一所。诸军镇坊郭及二百户已上者，亦依诸县例指挥。如边远州郡无敕额寺院处，于停废寺院内僧尼各留两所。今后并不得创造寺院、兰若。王公戚里诸道节刺已下，今后不得奏请创造寺院及请开置戒坛。男子女子如有志愿出家者，并取父母、祖父母处分，已孤者取同居伯叔兄处分，候听许方得出家。男年十五已上，念得经文一百纸，或读得经文五百纸，女年十三已上，念得经文七十纸，或读得经文三百纸者，经本府陈状乞剃头，委录事参军、本判官试验经文。其未剃头间，须留发髻，如有私剃头者，却勒还俗，其本师主决重杖勒还俗，仍配役三年。两京、大名府、京兆府、青州各处置戒坛，候受戒时，两京委祠部差官引试，其大名府等三处，只委本判官、录事参军引试。如有私受戒者，其本人、师主、临坛三纲、知事僧尼，并同私剃头例科罪。应合剃头受戒人等，逐处闻奏，候敕下，委祠部给付凭由，方得剃头受戒。应男女有父母、祖父母在，别无儿息侍养，不听出家。曾有罪犯，遭官司刑责之人，及弃背父母、逃亡奴婢、奸人细作、恶逆徒党、山林亡命、未获贼徒、负罪潜窜人等，并不得出家剃头。如有寺院辄容受者，其本人及师主、三纲、知事僧尼、邻房同住僧，并仰收捉禁勘，申奏取裁。僧尼俗士，自前多有舍身、烧臂、炼指、钉截手足、带铃挂灯、诸般毁坏身体、戏弄道具、符禁左道、妄称变现、还魂坐化、圣水圣灯妖幻之类，皆是聚众眩惑流俗，今后一切止绝。如有此色人，仰所在严断，递配边远，仍勒归俗，其所犯罪重者，准格律处分。每年造僧账两本，其一本奏闻，一本申祠部，逐年四月十五日后，勒诸县取索管界寺院僧尼数目申州，州司攒账，至五月终以前文帐到京。僧尼籍帐内无名者，并勒还俗。其巡礼行脚，出入往来，一切取便”。

957 年丁巳　辽应历七年，后周显德四年

十一月，辽遣大同节度使、侍中高勋将兵，会李存瓌击周，至潞州城下而还。帝知契丹不足恃而不敢遽绝，赠勋甚厚。——清吴任臣《十国春秋》卷 105《北汉二·睿宗本纪》

958年戊午　辽应历八年，后周显德五年

【碑文】《契丹国故大同军节度管内观察处置等使，特进、检校太保、右领军卫上将军，兼御史大夫，上柱国、高阳县开国男，食邑三百户，赠太傅许公，洎夫人康氏墓志铭并序》[①]：

公讳从赟，字温毅。其先炎帝之胤，太岳佐尧而有功，文叔事周而封许，因以命氏焉。皇祖讳景亮，摄怀州别驾。王父讳廷秀，摄宪州长史。烈考讳昭胤，隰州都押衙。爰董衙璋，克扬仁望，果诞英子，尤大吾门。公即都衙之长子也。气禀五行之秀，神融万物之精。骨貌多奇，幼状穴中之虎；胸襟有变，长侔水上之蛟。唐清泰初，事云州元帅沙公，遂补为马步使。典疑难之狱，明且绝私；惩暴恶之徒，刚而能断。奏为内外巡检斩斫使，银青崇禄大夫，兼监察御史、武骑尉。会嗣圣皇帝提虎旅而越雁门，剪唐师而解晋难，公遂率身而归焉，乃授大同军节度副使、尚书右仆射、御史大夫、上柱国。声猷允洽，睿渥益隆，加检校司空。既嗣晋渝盟，王师震讨，及中原大定，乃异数遄，加授建雄军节度使。旋值圣上升遐，群方溃命。洎天授皇帝出绍丕基，特旌勋旧，授大同军节度使，检校司徒。由是安民和众，吐惠含仁，抑酋豪而恤鳏寡，重刑罚而轻赋役。期月之间，政成事立；三年之内，家给人足。才解殿邦，尤资卫社，授右领军卫上将军，特进、检校太保。方佐周龄之运，忽钟杞国之忧。天顺皇帝缵登大宝，甫拔将材，权侍卫步军都指挥使。陈师鞠旅，正图战伐之勋；泰始否终，遽染膏肓之疾。以应历八年九月六日薨于燕京肃慎坊之私地弟，享年五十七。圣君垂悼，优赠回加。

夫人长沙康氏，故云州都指挥使敬习之女也。姿容端丽，词气柔顺，在室以女德传芳，故备六仪而归。于我殒天，以妇道哭昼，乃感四时而成其疾，以保宁八年三月五日薨于云州丰稔坊之私弟，享年六十五。以乾亨四年十月二十七日，取公之神（衬）［榇］于燕，与夫人灵柩合葬于云中县权宝里，并二子附于坟，成公之先志也。有男七人，长曰守伦，衙内都指挥使；次曰守贞，西头供奉官，并早卒。次曰守节，安众银冶都监、右千牛卫将军、银青崇禄大夫、检校工部尚书，兼御史大夫，上柱国，郁有父风，必隆家道。次曰守忠、守素、守恒、守锜，谅承余庆，即趋亨衢。侄一人，曰彦琼，都知兵马使，早卒。有女七人，长适艾构子银冶都监程光胤，次适推官陈讽，次适教练王恕，次出家曰妙净，次早卒，次适虞部员外郎房修巳，

次在室。孙男一十四人，皆幼；孙女九人，皆幼。公风仪瑰伟，度量弘雅，洎豹变之后，鹰扬以来，宣化一方，美事旋腾于人□；□戎□载，大星忽堕于营门。嗟夫，谅绵茅土之荣，可以足矣！遽奄龟鹤之寿，不知何也？嗣子□□□□营大葬，弥怀罔极之恩；不刊贞珉，虑泯平生之迹。固兹见托，是可摭实，乃为铭：

卓哉许公，挺神如虎；奋武隆家，□□□□；仗节拥旌，陈师鞠旅；遽谢遐年，浥晞朝露。懿哉夫人，□□□□；妇德无加，母仪有度；暗荐蕣花，忽坠星婺；生则同室，□□同墓；骨掩玄堂，魂归冥路。庶万古千秋兮，记大葬于此处。——大同市博物馆藏《许从赟墓志》

① 许从赟墓，在山西大同新添堡村，1986 年考古发掘，我曾参观。墓室阔大，壁画精彩。

960 年庚申　辽应历十年，北宋太祖赵匡胤建隆元年[①]

六月庚申，汉以宋兵围石州来告，遣大同军节度使阿剌率四部往援，诏萧思温以三部兵助之。——《辽史》卷 6《穆宗纪上》[②]

① 宋太祖登皇位，即颁兴复佛教之诏。造寺写经，每岁度僧八千人；雕版印大藏经，遣僧西域求佛书。建隆二年（961），诏诸州行童赴京考试，通《法华经》七卷者，奏名下祠部给牒披剃；开宝二年（969）长春节，诏天下沙门上殿试经律论义十条，全中者赐紫衣。

② 宋太祖即位，一些后周显德二年（955）既废寺院又获新生。清王昶《金石萃编》卷 123《宋凤翔府停废寺院牒》云："中书门下牒凤翔府：准显德二年五月七日敕文，应天下僧尼寺院除已指挥存留外，其余并行停废毁坼者，牒奉敕访闻，诸处多有山门，皆是灵境古迹之地，亦在停废之数。宜令指挥其逐处山寺，如未经毁坼者，并与存留。如山下有属山寺下院，亦与依此指挥，仍具存留。去处、屋宇、佛事数目，闻奏。其州县军镇城郭村坊经停废寺院，一依元敕处分。牒至，准敕故牒。建隆元年二月十二日牒。"按：下院，即所属寺院。同时，谓其主寺为上院。

968 年戊辰　辽应历十八年，北宋乾德六年

是秋，猎于西京诸山[①]。——《辽史》卷 7《穆宗纪下》

① 时西京未立，盖史追称。

972 年壬申　辽景宗耶律贤保宁四年，北宋开宝五年[①]

秋七月，如云州。[②]——《辽史》卷 8《景宗纪上》

① 《宋史》卷 3《太祖纪三》："五年春正月壬辰朔，雨雪，不御殿。禁铁铸浮屠及佛像。"

② 《续通鉴》卷 7 作"秋七月，如云州射柳"。

973 年癸酉　辽保宁五年，北宋开宝六年

如应州。——《辽史》卷 68《游幸表》

979 年己卯　辽保宁十一年、乾亨元年，北宋太宗炅太平兴国四年

三月……己丑，汉复告宋兵入境，诏左千牛卫大将军韩侼、大同军节度使耶律善补以本路兵南援。……九月己卯，燕王韩匡嗣为都统，南府宰相耶律沙为监军，惕隐休哥、南院大王斜轸、权奚王抹只等各率所部兵南伐；仍命大同军节度使善补领山西兵分道以进[①]。——《辽史》卷 9《景宗纪下》[②]

① 清梁绍壬《两般秋雨盦随笔》卷 8《河东山西》云："河东、山西，一地也。唐京师在关中，而其东则河，故曰河东。元京师在蓟门，而其西则山，故曰山西。各就畿甸所近言之也。"按：此云山西，即云州（大同）所领山右之地。参见附录《山西省的由来》。

② 是年，约有大批云州、朔州民及应州部落民南下宋境，成为北宋骑兵中的"安庆直""三部落""清朔""擒戎"四支部队。见《宋史》卷 187《兵志一》。

980 年庚辰　辽乾亨二年，北宋太平兴国五年

五年正月，敕内侍张廷训往代州五台山，造金铜文殊万菩萨像，奉安于真容院。诏重修五台十寺[①]，以沙门芳润为十寺僧正。十寺者：真容、华严、寿宁、兴国、竹林、金阁、法华、秘密、灵境、大贤。——南宋《佛祖统纪》卷 43[②]

① 五台山佛寺，创建于北魏；十寺，大约形成于唐代。宋《广清凉传》云："古十寺：大孚灵鹫寺、王子寺、灵峰寺、餙仙寺、天盆寺、清凉寺、石窟寺、佛光寺、宕昌寺、楼观寺。"按：北宋重修五台十寺，虽与辽境无涉，但西京大同府近迩，特别是辽朝随后在云冈、小五台山修建十寺，或是受其影响。

② 《宋史》卷 485《外国传一》记景德四年（1007），西夏李德明"请修供五台山十寺，乃遣阁门祇候袁瑀为致祭使，护送所供物至山"。

982 年壬午　辽乾亨四年，北宋太平兴国七年

八月，如西京。九月庚子，幸云州。甲辰，猎于祥古山，帝不豫[①]。壬子，次焦山，崩于行在[②]。年三十五，在位十三年。遗诏梁王隆绪嗣位，军国大事听皇后命。——《辽史》卷 9《景宗纪下》

雁门，并州属郡也，其风俗与太原略同。然自代北至云、朔等州，北临绝塞之地，封略之内番民杂居，刚劲之心，恒多不测[③]。歉馑则剽劫，丰饱则柔从，萌报冤仇，

号为难制。不惮攻杀，所谓衽金革死而不厌者是也。纵有编户，亦染旧风，比于他郡实为难理。——《太平寰宇记》卷 49《河东道十》[4]

① 祥古山，《辽史》卷 5《世宗纪》谓在归化州（今河北张家口宣化）。

② 焦山，盖今云冈西三十里的焦山。焦山孤峰，南临武州川水（今十里河），山阳斩崖开窟，明清号曰悬空寺、焦山寺。王逊《云冈一带勘察记》（载 1951 年《雁北文物勘查团报告》）讲："山坡上有庙一组，依山势叠次而上，上下共四层。第一层正中泰山庙，是三个横窟。每窟三门，内塑三像，已经毁坏，或无头或断手。门外西侧有建修泰山庙碑碣，万历三十二年四月吉日立。庙东山坡旁有十二座道士寿塔，所记的年日最早是康熙四十三年，最迟是道光二十三年。又距离稍远处有一孤立的寿塔，文字漫灭，似乎时代较早。第二层正中河神庙二间，像已全毁。东西壁都有道教题材的彩画。西壁间而且有二人作蒙古装束。最后有比丘像，并且有'万历□□年创建修理'的题记。殿东有修建白衣观音庙的残碑，立于万历三十四年，撰文者署名为'钦赐守备大同高山城地方都指挥陈国策'。第二层观音殿外东西山坡石壁上都有石窟，西石窟中塑二菩萨。东窟较大，方形，横宽 390 公分，纵深 305 公分。内塑释迦大坐像，高 440 公分。窟外西壁上有两个小龛，内有坐像，都已风化不清楚。自第二层东行折北上山小路旁，忽然又有一小窟，内系多宝、释迦二佛并坐。这一小窟之引人注意，是因为多宝、释迦的题材唯北魏有之。……但坐像风化损坏太甚，能辨其轮廓而已，不能欣赏其风格。第三层有平顶长方一大窟，横宽 660 公分，纵深 670 公分，内塑道教像。两壁有画，比较粗糙。窟顶装绘红黑二色相间的云纹。窟西外侧依岩壁堆砌砖石，刨开以后可见砖仿木构明代式样的龛门。再上有一小窟，横宽 230 公分，纵深 270 公分，塑像和绘画都已残破。山顶矗立三层六面砖塔，有砖梯上下，砖塔型式较奇特。最上层高与宽不依从第一、二层的比例。宽度不够，而高度超过。所以最上层显得较高耸细长，整个建筑远处望见，像海滨的灯塔。焦山南坡的这一组庙宇和石窟，按时代也许可以分作这样三期：明、辽金和北魏。木构建筑部分和壁画、塑像以及各种装绘都是明代风格，残存二碑也已经明白指出创建的年代。……道释不分正是明代的风气。第二层东大窟就坐佛像法，可推断为辽金故物，而残存二碑也都记载旧有焦山寺。……各庙正殿之为石窟，大概都是利用旧窟改建的。否则，没有理由凿成为第一层和第二层那样不合规制的殿堂的。当然，辽金旧窟也可能有因袭北魏的旧窟。"

③《宋史》卷 272《杨业传》谓："代北苦寒，人多服毡罽。"

④ 北宋乐史著《太平寰宇记》200 卷，太平兴国时基本完成。姑系是年。另，《僧史》卷 3《临坛法》："我大宋太平兴国初年及七年，度僧一十七万有余。古之莫比，缁徒孔炽，在于兹矣。"

985 年乙酉　辽圣宗耶律隆绪统和三年，北宋雍熙二年

秋七月……以……大同军节度使、守太子太师兼政事令刘延构为义成军节度使。——《辽史》卷 10《圣宗纪一》

986 年丙戌　辽统和四年，北宋雍熙三年

三月甲戌，于越休哥奏宋遣曹彬、崔彦进、米信由雄州道，田重进飞狐道，潘

美、杨继业雁门道来侵[①]……夏四月……辛丑，宋潘美陷云州[②]。……六月……癸亥，以节度使韩毗哥、翰林学士邢抱朴等充云州宣谕招抚使[③]。……秋七月……宋守云、应诸州者[④]，闻继业死，皆弃城遁。八月……复山西今年租赋。诏第山西诸将校功过而赏罚之。乙室帐宰相安宁以功过相当，追告身一通；谛居部节度使佛奴笞五十。惕隐瑶升、拽剌欻烈、朔州节度使慎思、应州节度使骨只、云州节度使化哥、军校李元迪、蔚州节度使佛留、都监崔其、刘继琛，皆以闻敌逃遁夺官；欻烈仍配隶本贯；领国舅军王六笞五十。……冬十月……政事令室昉奏山西四州自宋兵后，人民转徙[⑤]，盗贼充斥，乞下有司禁止。——《辽史》卷11《圣宗纪二》

① 《宋史》卷5《太宗纪二》："二月壬子，以检校太师、忠武军节度使潘美为云、应、朔等州都部署，云州观察使杨业副之，出雁门。三月癸酉，曹彬与契丹兵战固安南，克其城。丁丑，田重进战飞狐北，又破之。潘美自西陉入，与契丹兵遇，追至寰州，破之，其刺史赵彦辛以城降。辛巳，曹彬克涿州。潘美围朔州，其节度副使赵希赞以城降。癸未，田重进战飞狐北，获其西南面招安使大鹏翼、康州刺史马頵、马军指挥使何万通。乙酉，曹彬败契丹于涿州南，杀其相贺斯。丁亥，潘美师至应州，其节度副使艾正、观察判官宋雄以城降。……辛卯，田重进攻飞狐，其守将吕行德、张继从、刘知进等举城降，以其县为飞狐军。……丙申，进围灵丘，其守将穆超以城降。"

② 《宋史》卷5《太宗纪二》："夏四月辛丑，潘美克云州。田重进战飞狐北，破其众。壬寅，曹彬、米信战新城东北，又破之。己酉，田重进再战飞狐北，再破之，杀二将。乙卯，重进至蔚州，其牙校李存璋、许彦钦杀大将萧啜理，执其监城使、同州节度使耿绍忠，以城降。五月庚午，曹彬之师大败于岐沟关，收众夜渡拒马河，退屯易州，知幽州行府事刘保勋死之。丙子，召曹彬、崔彦进、米信归阙，命田重进屯定州，潘美还代州。徙云、应、寰、朔吏民及吐浑部族，分置河东、京西。会契丹十万众复陷寰州，杨业护送迁民遇之，苦战力尽，为所擒，守节而死。"按：《宋史》卷187《兵志一》载北宋骑军中，有"吐浑直，指挥三。太原二，潞一。太平兴国八年，太原迁云州及河界吐浑立，屯并、代州。雍熙三年，又得云、朔归明吐浑增立，屯潞州"。

③ 《辽史》卷80《邢抱朴传》："邢抱朴，应州人……统和四年，山西州县被兵，命抱朴镇抚之，民始安，加户部尚书。"

④ 《续通鉴》卷13：四月"辛亥，潘美克云州。……壬子，命左拾遗张舒同知云州"。《辽史》卷83《耶律休哥传》："统和四年，宋复来侵，其将范密、杨继业出云州。"

⑤ 《宋史》卷5《太宗纪二》：七月"壬午，徙山后降民至河南府、许汝等州"。

988年戊子　辽统和六年，北宋端拱元年

二月……甲寅，大同军节度使、同平章政事刘京致仕[①]。……秋七月……东京留守兼侍中、漆水郡王耶律抹只为大同军节度使。……八月……大同军节度使耶律抹只奏："今岁霜旱乏食，乞增价折粟，以利贫民。"诏从之。——《辽史》卷12《圣

宗纪三》

① 刘京，《续通鉴》卷 14 作“刘景”。

989 年己丑　辽统和七年，北宋端拱二年

二月……甲戌，云州租赋请止输本道，从之。……三月……己丑，诏免云州逋赋。——《辽史》卷 12《圣宗纪三》

991 年辛卯　辽统和九年，北宋淳化二年

九年春正月……丙子，诏禁私度僧尼[①]。——《辽史》卷 13《圣宗纪四》

① 《续通鉴》卷 15：“先是，晋国公主建佛寺于南京，辽主许赐额。昉奏曰：‘诏书悉罢无名寺院，今以公主请，赐额。不惟违前诏，恐此风愈炽。’辽主从之。”按：昉，即政事令室昉。

992 年壬辰　辽统和十年，北宋淳化三年

十年春正月丁酉，禁丧葬礼杀马，及藏甲胄、金银、器玩。……二月……壬午，免云州租赋。……辛卯，给复云州流民。……五月癸巳，朔州流民给复三年。……九月癸卯，幸五台山金河寺饭僧[①]。——《辽史》卷 13《圣宗纪四》

① 《辽史》卷 68《游幸表》记是年九月，“射鹿于蔚州南山”；十月，“射熊于紫荆口”。按：蔚州南山，即古飞狐口所在；紫荆口，亦紫荆岭口，即经飞狐道入河北易县的紫荆关（宋称金陂关），可见辽圣宗此间盘桓于太行山中。据清《蔚州志》卷 4：“五台山，在城东一百里内，其山五峰突起，俗称小五台，又曰东五台，以别与晋之清凉山。”《辽史拾遗》卷 15 引《山西通志》云：“金河十寺，在蔚州东（南）[北]八十里五台山下，河中碎石如金，故名金河寺，俱辽统和间所建。”《游幸表》又载辽道宗清宁九年（1063）七月，“幸金河寺”。可见，西京蔚州金河寺在辽代兴盛一时。萧村《辽朝别有一五台山》（载《文物》1984 年 9 期）一文讲，辽金河寺高僧行均、道殿，分别在圣宗、道宗朝，撰《龙龛手鉴》《显密圆通成佛心要集》。

993 年癸巳　辽统和十一年，北宋淳化四年

秋七月己丑，桑干、羊河溢，居庸关西害禾稼殆尽[①]。——《辽史》卷 13《圣宗纪四》

① 《续通鉴》卷 16：“辽境自夏末大雨，至是桑干、羊河溢，居庸关西害禾稼殆尽。”

995 年乙未　辽统和十三年，北宋至道元年

八月……壬辰，诏修山泽祠宇、先哲庙貌，以时祀之[①]。——《辽史》卷 13《圣宗纪四》

① 《续通鉴》卷 18："辽命修山泽祠宇、先哲庙貌，以时祀之。于是诸州孔子庙及奉圣之黄帝祠、儒州之舜祠，并得修缮。"

997 年丁酉　辽统和十五年，北宋至道三年

冬十月……丁酉，禁诸山寺毋滥度僧尼。——《辽史》卷 13《圣宗纪四》

1000 年庚子　辽统和十八年，北宋真宗赵恒咸平三年

【塔铭】今于坟所建斯幢者，奉为荐亡考妣之亡灵也。……是以特抽净俸，用构良缘，市翠琰于灵岩，命奇工于帝里；罄之巧思，运彼殊材，次皓鹤以翔飞，列狻猊而绕座[①]。……时统和十八年岁次庚子四月戊申朔七日甲寅丙时建。大同军节度管内观察处置使、金紫崇禄大夫、检校太保、使持节、云州诸军事、云州刺史、兼御史大夫、上柱国、陇西县开国男、食邑三百户李翊，弟将仕郎、守秘书省校书郎懿建幢。——《李翊为考妣建陀罗尼经幢记》[②]

① 狻猊，即狮子。这种石幢座，我在大同见过，六棱面突出六个狮头。李翊买石于"灵岩"，盖指良石产地。
② 此幢，原在北京市阜成门外大路北衍法寺，今已不存。幢记，《北京辽金史迹图志》（下）录自《日下旧闻考》《八琼室金石补正》和《辽文存》。

1002 年壬寅　辽统和二十年，北宋咸平五年

【碑文】《故归化州都提辖使、银青崇禄大夫、检校右散骑常侍，兼殿中侍御史、武骑尉、陇西郡李府君墓记》：夫生前可遵者礼之与乐，殁后所重者坟之与铭。（滕）［滕］公奇异于都门，王果叹伤于峭岈。古贤若此，今士宜然。粤有大同军都商税务使、盐铁出使巡官李璲，奉为先亡皇考司空[①]、妣亲娘子博陵郡崔氏，殂落年深，攀思日积。

【碑阴文】既安厝之未就，在寝寐以不遑。今于云中县右衙堡子住人李彦进等处买地，南北长陆拾步，东西阔肆拾步。以统和二十年五月一日合祔，礼也。璲虑其时代改易，谷变陵迁，刊勒贞珉，以为实录。词曰：陇西名望，神授英聪；内传孝敬，外播公忠。子孙赫弈，荣耀门风；卜其宅兆，路吉时通。葬于九泉之下，长扃万代之中。——大同市殷宪藏碑[②]

① 清王士祯《香祖笔记》卷 10："古人作墓志、行状，多云皇祖、皇考。余尝疑之，未达其义。周密

云：'《诗》思皇多士，《诗记》引颜注《汉书》云：美也；《急就章》注云：正也，大也。《泰誓》孔传，训皇为前。'"清梁章钜《退庵随笔》卷10云："古人文字有不宜学者，如李习之述其大父事状，题曰《皇祖实录》。当时不以为怪，若施之近代，则犯大不韪矣。唐宋人碑志，每称其父曰皇考，欧阳公《泷冈阡表》亦然。南宋以后，始禁止之。"

② 该碑碣，圆首，有榫，砂岩质，高48.3厘米，宽31厘米。两面刻文，楷书。碑阳上边雕一朵牡丹，两侧为波浪纹；碑阴四边饰斜回形纹。2005年大同周家店购得，出土地不详。

1004年甲辰　辽统和二十二年，北宋景德元年

十一月……壬申，次澶渊。……十二月……戊子，宋遣李继昌请和，以太后为叔母，愿岁输银十万两，绢二十万匹。许之。[①]——《辽史》卷14《圣宗纪五》[②]

① 澶渊，在澶州（今河南濮阳）。澶渊之盟后，辽宋各守旧界，基本保持了和平。

② 宋王闢《渑水燕谈录》卷2："景德中，朝廷始与北虏通好。诏遣使，将以北朝呼之，王沂公以为太重，请但称契丹本号可也。真宗激赏再三，朝论韪之。"

1005年乙巳　辽统和二十三年，北宋景德二年

十一月……辛亥，观渔桑干河。——《辽史》卷14《圣宗纪五》

1007年丁未　辽统和二十五年，北宋景德四年

臣寮言："愚民无知，佞佛过度[①]。谓舍财可以邀福，修供可以灭罪。蠹害国政，宜加禁止。"上谓宰臣曰："佛教使人迁善，诚有其益，安可禁之。且佛法所至甚广，虽荒服诸国皆知信奉。唯道教中原有之，然不甚盛。"王旦对曰："顷岁，虏使登开宝塔，瞻礼甚虔，誓当戒杀。及至上清宫，不复屈膝。是知四夷唯重佛而不敬道也。"上曰："然。"——南宋《佛祖统纪》卷44

① 宋赵德麟《侯鲭录》卷2谓："本朝景德中，天下二万五千寺；嘉祐间，三万九千寺。"按：宋真宗虽喜道教，然释氏依然强势。据《佛祖统纪》卷44、45载，天禧三年（1019）度僧二十三万百二十七人，尼万五千六百四十三人；道士七千八十一人，女冠八十九人。到天禧五年（1021），北宋僧尼达到顶峰，僧三十九万七千六百十五人，尼六万一千二百四十人。宋仁宗时，大约佛寺增加而僧尼略减。宋神宗熙宁元年（1068），僧二十二万六百六十人，尼三万四千三十人。

1008年戊申　辽统和二十六年，北宋大中祥符元年

释睿谏，俗姓刘氏，云州人也。风俗神俊，出乎人表，志轻轩冕，性乐林泉。

辞亲出家于五台，礼真容院僧统大师继颙为师。厥后师既去世[①]，葬礼云毕，胜愿内兴，欲崇佛事。乃于楼观谷内东北，有泉名曰鹿泉，泉侧不远，结庐诵经。励精勤苦，晨夕忘倦。一日，忽梦老叟告曰："尔不须独善，可崇大事，兼于此地，大有因缘，吾赞尔力。"言讫，而寤。内自惟曰："斯必圣贤相誓，于此处建大伽蓝。"异日办装，之北地缘化。北朝宁王与夫人，先梦见师化缘修造，及师达境，一见如旧。既符先梦，大施金币。暨回本山，募工修建。复诣太原，谒伪主刘氏，亦蒙厚赉。寺号曰白鹿之寺。宋太宗讨平晋地[②]，师乃躬诣行宫请见，上问台山兴建之由，师奏对称旨，又蒙恩锡甚厚。寻，赐额，号太平兴国之寺。师之感召，大概如此。至大中祥符元年八月初一日，以疾而终，春秋六十有六，僧腊四十九。影塔具在。——释延一《广清凉传》卷3[③]

① 僧统大师，俗名刘继颙，燕蓟人。后晋时，任五台山十寺都监；后汉时，任五台山管内都僧统。北汉天会十七年（973）正月，于五台山菩萨院圆寂。

② 979年，宋太宗围太原，灭北汉。

③ 大正藏版《广清凉传》云："清凉山大华严寺坛长妙济大师、赐紫沙门延一重编。"

1009年己酉　辽统和二十七年，北宋大中祥符二年

冬十月……甲午，诏天下置天庆观[①]。——《宋史》卷7《真宗纪二》

① 《续通鉴》卷28："甲午，诏天下并建天庆观。时罕习道教，惟江西、剑南人素崇重，及是天下始遍有道像矣。殿中侍御史张士逊上言：'今营造竞起，远近不胜其扰，愿因诸旧观为之。'诏从其请。"宋朱弁《曲洧旧闻》卷5云："朝廷初令诸路州军创天庆观，别建圣祖殿。张文懿时为广东路都漕，请曰：'臣所部皆穷困，乞以最上律院改充。'诏许之。仍诏诸路委监司，守臣亲择堪为天庆观寺院，改额为之，不得因而生事。"按：北宋真宗大力推行道教，后来宋徽宗废佛教，自称"教主道君皇帝"，道教盛极一时。宋朝之事，虽与辽境无涉，但对后世北方道教的兴盛不无影响。

1010年庚戌　辽统和二十八年，北宋大中祥符三年

《大契丹国故推诚守义、致理功臣、大同军节度管内观察处置等使，特进、检校太尉，同政事门下平章事，使持节、云州诸军事，行云州刺史，兼御史大夫，上柱国、漆水郡开国公，食邑五千户，食实封五百户，耶律公墓志铭》：节度掌书记、承务郎、试大理评事李可举。公讳隆祐，字道宁，世本昌黎人也。以高曾辅圣，祖考箴时，金昆集莫大之勋；正调取鼎，玉季树不朽之业，俱陟韩坛。我皇朝追彼职官，

敢有一□，念兹忠孝萃于一门，故颁之以敕书，赐之以国姓，仍连之御署，得为皇亲。今氏归耶律，则斯之谓欤。……烈祖讳知古，彰武军节度使、中书令……烈考讳匡嗣，晋昌军节度使、政事令、尚父、秦王，赠尚书令。……公即王之弟七子也。……统和……十八年，授西南面五押大将军，加食邑三千户，食实封三百户。然负壮图，由惊重寄，欲报推毂之拜，爰伸借节之谋。于是摄小番，肃诸部，去奸吏，举严科，□乎不法之徒咸遵号令，□□不毛之地竞务耕耘。因兹高□于德基，不欺青冢；从此长流于善水，小视黄河。……二十二年，加推诚守义功臣，上京留守，同政事门下平章事，临潢尹。方精求瘼，旋属覃恩。二十三年，赐致理功臣，加食邑一千户，食实封二百。九重天邑，然得仁人；千里侯藩，又须理治。而况魏都旧地、朔野奥区，一隅正控于河西，两地本邻于代北。非洪钟巨鼎、元从世禄之家，而仗节乘轩，曷副殿邦之任？二十八年，授大同军节度使。晨辞宫闱，夕别山河，涉二千里之康庄；逾川跨谷，带八百口之生聚。犯露蒙霜，下车才过于□生，伏扰旋闻于蚁□，徒怀经济，有误镇宁。……以庚戌岁季冬壬戌日，薨于云州之官舍，享年六十有四。……以明年秋仲月十有七日，葬于上京之西北渠劣山[①]，从先茔焉，礼也。……——《耶律隆祐墓志铭》

① 今内蒙古赤峰市巴林左旗白音乌拉苏木白音罕山。1994 年，该地发现辽代韩匡嗣家族墓四十余座。韩知古家族是随辽朝发迹的汉族显贵家庭，耶律隆祐原名韩德颙，《辽史》作韩德凝。

1012 年壬子　辽统和三十年、开泰元年，北宋大中祥符五年

五月……乙亥，以邢抱质为大同军节度使[①]。……十一月甲午朔……大赦，改元开泰。改幽都府为析津府，蓟北县为析津县，幽都县为宛平县，覃恩中外。——《辽史》卷 15《圣宗纪六》

① 邢抱质，应州人，与兄邢抱朴，俱为辽朝名臣。

1013 年癸丑　辽开泰二年，北宋大中祥符六年

十一月……癸丑，枢密使豳王化哥以西征有罪，削其官封，出为大同军节度使[①]。——《辽史》卷 15《圣宗纪六》

先是，辽主猎云中。故事，车驾经行，长吏当有所献，云中节度使进曰[②]：“臣境无他产，惟幕僚张俭[③]，一代之宝，愿以为献。”辽主尝梦四人侍侧，赐食，人二口，

至是闻"俭"名，始悟，召见，容止朴野；访及世务，占奏三十余事，由此顾遇特异，以为政事舍人。——《续通鉴》卷30

① 《续通鉴》卷31："癸丑，削其豳王爵，以侍中遥领大同节度使，寻卒。"

② 《辽史》记有大同军节度使耶律观音，任职年代大致相当，不知是否其人。

③ 《辽史》卷80《张俭传》："张俭，宛平人，性端悫，不事外饰。统和十四年，举进士第一，调云州幕官。"后为辽代名臣。

1014年甲寅　辽开泰三年，北宋大中祥符七年

三月……戊申，南京、奉圣、平、蔚、云、应、朔等州置转运使。——《辽史》卷15《圣宗纪六》

1016年丙辰　辽开泰五年，北宋大中祥符九年

【碑文】买丘壹閛，东至青龙，西至白虎，前至朱雀，后至玄武，上至穷仓，下至黄泉，四至分明。其地南北长二十九步，东西阔二十七步。其地周流步亩，地合三才。开泰五年四月一日，没殁人刘重绍遂于后土黄灵君边，买上件地安置坟柩，交邈钱九万九千九佰九十九文足陌[①]。其地并钱当日交相分衬讫，并无悬欠。如卖后回有土状，辄来扞格，直代樵谷重生，熟灰有烟，断鸡能鸣，乱丝能了，孝呜头白。代保人东王公、西王母[②]。官有明文，以为后捡。急急如律令，敕摄，合同天地[③]。

【碑阴文】大同军云中县北刘庄刘延贞，开立庄帐地段顷亩如后：壹段，村西，东西畛，计贰拾捌亩，东南西至道，北至刘加和。壹段，村西，东西畛，计贰拾伍亩，东至坡，南至刘加和，西自至，北至刘加和。壹段，村西南，东西畛，计佳拾佳亩[④]，东南至邢守素，西自至，北至刘加和。壹段，村西，南北畛，计壹顷壹拾亩，东自至，南至翟彦进，西至刘加和，北至道。壹段，村西，东西畛，叁拾亩，东自至，南至道，西至河，北至刘加和。壹段，村西北，河东，东西畛，计肆拾亩，东至翟顒，南至翟彦进，西至河，北至刘加和。壹段，村西南，南北畛，贰拾亩，东至刘加和，南至邢守素，西至刘加和，北至道。壹段，村西南，南北畛，计佳拾亩[⑤]，东至刘加和，南至邢守素，西至河，北至道。壹段，村西北，河西里，东西畛，肆拾伍亩，东至河，南至翟彦琎，西至杨荣，北至刘加和。壹段，村西南，河西里，东西畛，壹顷，东至河，南至万顒，西至杨，北至翟顒。壹段，村西南，南北畛，肆拾亩，东至翟彦琎，南至道，

西至翟彦进，北至邢守素。壹段，村北坡下，南北畛，壹拾伍亩，东至坡，南至刘加和，北至万延璲。村东坡上，共计壹拾叁段。内坊城，壹段，东至长城，南至邢守素，西至万守邻，北至刘加和。庄宅肆面，各壹百步，前面园内有碾壹盘，榆树叁拾根，后院榆树壹拾伍根。其庄田地土玖□。后有粘带，交加读验碣为凭。

摄南五府教练、孙男延贞，孙弟延金，孙弟延玉，重孙男八哥，重孙男军儿，重孙男福孙，重孙男兴儿，重孙男□□，重孙男□□。——大同市殷宪藏《刘重绍买地券》及《刘延贞庄帐》碑⑥

西京龙门山石龛佛岁久废坏，上命沙门栖演给工修饰，凡一万七千三百三十九尊。——南宋《佛祖统纪》卷44⑦

① 清褚人获《坚瓠广集》卷6《买地券》：“《癸辛杂识》：今人造墓，必用买地券。以梓木为之，朱书云：用钱九万九千九百九十九文，买到某县某都某山某阡云云。此堪舆风俗如此。以为可笑。及观元遗山《续夷坚志》，载曲阳燕川青漾坝，有人起墓，得铁券，刻金字云：敕葬忠臣王处存，赐钱九万九千九百九十九贯，九百九十九文。此唐哀宗时事也。然则此事由来久矣。”按：买地券，亦名墓券。

② 东王公，又称东王父、东木公、玉皇君、东华帝君；西王母，亦称金母、王母、西姥。俱为我国古代神话人物，后为道教大神。

③ 清王士祯《香祖笔记》卷11：“急急如律令五字，本汉公移常语。张天师汉人，故承用之，道流至今祖述。见《云麓漫钞》。”宋王楙《野客丛书》卷12：“符祝之类，末句‘急急如律令’者……谓汉朝每行下文书，皆云‘如律令’。言非律令文书行下，当亦如律令。故符祝有‘如律令’之言。……宋时有文书‘如千里驿行’之语，正汉人‘如律令’之意也。”按：日本国中村不折《禹城出土墨宝书法源流考》（中华书局2003年版，李德范译）中，录书道博物馆藏我国西安出土的东汉墓瓮上的墨书题记，内容确似道符之言，文末均有“如律令”或“急如律令”语。

④ ⑤ 佳，盖即“陆”。

⑥ 该碑碣，有榫有座。碑高55厘米，宽44厘米。约2003年出土，应系大同城北之物。碑阴正文，从左向右竖书；孙辈名字，应是补刻，由右向左竖书。

⑦ 宋修龙门石窟佛像，不知是否曾对辽代修复云冈佛像有所影响。

1017年丁巳　辽开泰六年，北宋天禧元年

冬十月丁卯，南京路饥，挽云、应、朔、弘等州粟振之。——《辽史》卷15《圣宗纪六》

1019年己未　辽开泰八年，北宋天禧三年

十一月甲寅，置云州宣德县①。——《辽史》卷16《圣宗纪七》

十一月，东女真国入贡，乞赐《大藏经》，诏给与之。——南宋《佛祖统纪》卷 44

《大乘造像功德经》云：优陀延王雕像始，夜自思惟，但其像为坐为立？时有智臣白王：“当作坐像。何以故？一切诸佛得大菩提，乃至转法轮，现神变，皆悉坐故。是故应作师子座、结加之像。”王雕像讫，以顶戴像，至如来所，白佛言：“如来最上微妙之身无与等，我所造像，不似于佛，窃自思惟，深为过咎。”佛告王言：“非为过咎，汝已作无量利益，更无与汝等者。汝今于佛法中，初为轨则，未来世中，有信之人皆因王故，造佛形像而获大福。”《佛在金棺敬福经》云：造经像主，莫论雇匠，匠人不得饮酒食肉；不依圣教，虽造经像，其福甚少。若匠人造像，不具相好者，五百万世，诸根不具。《五百问经》云：治生破戒，得财造佛，尚不免地狱，何况得福？《罪福决疑经》云：僧尼、白衣，或自财或劝化得财，拟作佛像用经久，将此钱造作鸟兽形，安佛盘上，计损五钱，犯逆罪，究竟不还，一劫堕阿鼻地狱；若用赎香油供养者，不犯。宣律师云：“造像梵相，宋齐间，皆唇厚、鼻隆、目长、颐丰，挺然丈夫之相[②]。自唐来，笔工皆端严、柔弱，似妓女之貌。故今人夸宫娃如菩萨也。”又云：“今人随情而造，不追本实；得在信敬，失在法式。但论尺寸长短，不问耳目全具。或争价利，计供厚薄；酒肉饷遗，身无洁净。致使尊像虽树，无复威灵。乃至抄写经卷，惟务贱得，弱笔粗纸，使前工无敬，自心有慢，彼此通贱，法仪减矣。若使道俗存法，造得真仪，鸟兽尚不敢污，何况人乎？”——钞文多，但撮要言，故不次第焉。——《释氏要览》卷 2《造像》[③]

① 辽立宣德县，在今内蒙古凉城岱海东北。

② 日本国岩崎继生《大同风土记》讲：“云冈石窟的佛像，其表情极其快活，拥有丰满的容貌和严格的躯体；与所谓的超人的佛陀相比，这多半是表现的写实的人类。唐僧道宣在一千三百年以前就已评论说：‘唇厚、鼻隆、目长、颐丰，具有挺然的壮健之相。’这是最直截了当地把握了云冈石窟之特征的评价。”

③ 宋释道诚《释氏要览》撰成于是年。

1020 年庚申　辽开泰九年，北宋天禧四年

十二月丁亥，禁僧燃身、炼指。——《辽史》卷 16《圣宗纪七》

1022 年壬戌 辽太平二年，北宋乾兴元年

三月……地震，云、应二州屋摧地陷，嵬白山裂数百步，泉涌成流[①]。——《辽史》卷 16《圣宗纪七》

① 据我国现代地震学家推测，此次地震震中在怀仁县，震级 6.5 度。

1025 年乙丑 辽太平五年，北宋仁宗赵祯天圣三年

太平五年，出为武定军节度使，移镇大同。——《辽史》卷 80《张俭传》

1026 年丙寅 辽太平六年，北宋天圣四年[①]

三月戊寅朔，以大同军节度使张俭入为南院枢密使、左丞相兼政事令。——《辽史》卷 17《圣宗纪八》

① 南宋周煇《清波杂志》卷 7 云："天圣七年，诏士庶、僧道不得以朱漆床榻。"

1031 年辛未 辽太平十一年、兴宗耶律宗真景福元年，北宋天圣九年

【碑文】茹承诲等。右承诲等四房下分另，到今年深，所有在州并州外庄田、地土、物业等，四房下各自为主。今因三叔身亡，虽有旧坟，缘承诲等亡父、亡叔等俱在浅土，承诲与房兄承行、房弟承遂、房侄文贵、翁儿等，求告房兄承辇，都起移亡翁、亡父、亡叔等灰骨，就云中县西阳河庄上一处安置坟园。如经葬后，承诲与诸房下弟兄却称：在州地宅并西阳河庄田、地土稍有分剂，或承诲等三房下后廿子孙，亦称有分剂之时，罚军粮叁佰硕，征马壹匹，没纳入官，罪取官裁。恐后无凭，立此文总为验。太平十一年岁次辛未，二月戊寅朔，五日壬午建墓，故记。——大同市博物馆藏《茹承诲等墓志铭》[①]

① 该碑，灰砂岩，纵 42 厘米，横 43 厘米。不知出土于何时、何地。"云中县西阳河庄"，大约就是今天大同城西阳合坡村。

1037 年丁丑 辽重熙六年，北宋景祐四年

夏四月，猎野狐岭。闰月，猎龙门县西山[①]。——《辽史》卷 18《兴宗纪一》

观音堂，府城西十五里佛字湾。辽重熙六年建[②]，明宣德三年修，万历三十五年重修。……国朝顺治六年姜瓖变，焚毁；八年，总督佟养量重建，有碑记；康熙

五十二年、乾隆二十八年，相继修葺。——《乾隆大同府志》卷 15《祠祀》

① 野狐岭，在今河北万全北；龙门县，在今河北赤城西南。

② 今观音殿内尚存辽代砂岩石雕观音大像一尊，观音堂西石崖壁有高丈余的双钩“佛”字，大约刻于当时。按武州山谷的几处北魏佛教石窟寺，今天都留有唐末或辽代重修的遗迹，观音堂实是这些石窟寺的门户，当时建观音堂、书大“佛”字，即有到此步入佛境之意。而清初佟养量重修碑，认定观音堂创始于北魏。2016 年，观音堂划归云冈石窟研究院管理，大同白福在寺东捡得半枚北魏石灯，交付云冈。

1038 年戊寅　辽重熙七年，北宋景祐五年、宝元元年[①]

华严寺，在大同县西门内。……旧志：辽重熙七年，建薄伽教藏于正殿东南[②]。——《大清一统志》卷 109《大同府》

【题记】维重熙七年岁次戊寅玖月甲午朔十五日戊申午时建。——大同下华严寺薄伽教藏殿南梁上墨书

【题记】推诚竭节功臣，大同军节度，云、弘、德等州观察处置等使、荣禄大夫，检校太尉，同政事门下平章事，使持节，云州诸军事，行云州刺史，上柱国，弘农郡开国公，食邑肆仟户，食实封肆百户杨又玄[③]。——大同下华严寺薄伽教藏殿北梁上墨书

① 宋景祐四年十二月初二，即 1038 年 1 月 9 日，定襄地震，地裂泉涌，坏城郭庐寺，杀人畜十之六。代州、忻州、并州死伤数万人。据我国现代地震学家推测，震级为 7.25。

② 按：薄伽教藏大殿之立，在清宁八年（1062）建华严寺之前，但不知当时寺院之何名也。殿在正殿东南，则正殿即今上华严寺的大雄宝殿。20 世纪末，大雄宝殿落架大修，在地基 1.5 米处，发现辽代柱础及火烧遗迹。

③ 杨又玄，《辽史》无传，但卷 14《圣宗纪五》载：统和十六年（998），“放进士杨又玄等二人”。卷 16《圣宗纪七》：开泰七年（1018）“十一月壬戌，以吕德懋知吏部尚书，杨又玄知详覆院”。太平二年（1022）十月“癸卯，赐宰臣吕德懋、参知政事吴叔达、枢密副使杨又玄、右丞相马保忠钱物有差”。卷 17《圣宗纪八》：太平五年（1025）“三月壬辰，以左丞相张俭为武定军节度使、同政事门下平章事……枢密副使杨又玄吏部尚书、参知政事兼枢密使”。太平七年（1027）十一月“辛亥，以杨又玄、邢祥知贡举”。按：辽前期进士稀少，国家珍视，杨又玄应是汉族文臣，在圣宗一朝位尊权重，身名显赫。此时，坐镇大同，主持了下华严寺大殿建造。

1039 年己卯　辽重熙八年，北宋宝元二年

十一月……戊戌，辽命皇子梁王召僧论佛法。辽主重佛教，僧有正拜三公、三师兼政事令者凡二十人。——《续通鉴》卷 42

1040 年庚辰　辽重熙九年，北宋宝元三年、康定元年

八月戊戌，禁以金箔饰佛像。——《宋史》卷 10《仁宗纪二》

1044 年甲申　辽重熙十三年，北宋庆历四年

三月……先是，辽人犯法，例须汉人禁勘，受枉者多。太弟重元请五京各置警巡使，从之。——《续通鉴》卷 46

九月……壬申，会大军于九十九泉，以皇太弟重元、北院枢密使韩国王萧惠将先锋兵西征[①]。十一月……甲子，班师。丁卯，改云州为西京[②]。辛巳，朝皇太后。十二月己丑，幸西京。——《辽史》卷 19《兴宗纪二》[③]

① 九十九泉，在今内蒙古卓资县北；西征，即征伐西夏李元昊。

② 《辽史》卷 37《地理志一》："太宗以皇都为上京，升幽州为南京，改南京为东京，圣宗城中京，兴宗升云州为西京，于是五京备焉。"《辽史》卷 36《兵卫志下》："西京大同府，统县七，辖军、府、州、城十七，有丁三十二万二千七百。"按：辽设西京于大同府，主要是为了对西夏、宋朝用兵。辽制，一户出二丁。若以每户五人计，则当时西京大同府约八十万人。另，按元陈桱《通鉴续编》卷 7 云："十一月……契丹城云州为西京大同府。"大约当时对西京进行过重建。

③ 《辽史》卷 41《地理志五》："西京大同府，陶唐冀州之域。虞分并州。夏复属冀州。周《职方》，正北曰并州。战国属赵，武灵王始置云中郡。秦属代王国，后为平城县。魏属新兴郡。晋仍属雁门。刘琨表封猗卢为代王，都平城。元魏道武于此遂建都邑。孝文帝改为司州牧，置代尹，迁都洛邑，改万年，又置恒州。高齐文宣帝废州为恒安镇，今谓之东城，寻复恒州。周复恒安镇，改朔州。隋仍为镇。唐武德四年置北恒州，七年废。贞观十四年移云中定襄县于此。永淳元年默啜为民患，移民朔州。开元十八年置云州。天宝元年改云中郡。乾元元年曰云州。乾符三年，大同军节度使李国昌子克用为云中守捉使，杀防御使，据州以闻。僖宗赦克用，以国昌为大同军防御使，不受命。广明元年，李琢攻国昌，国昌兵败，与克用奔北地。黄巢入京师，诏发代北军，寻赦国昌，使讨贼。克用率三万五千骑而南，收京师，功第一，国昌封陇西郡王。国昌卒，克用取云州。既而所向失利，乃卑词厚礼，与太祖会于云州之东城，谋大举兵攻梁，不果。克用子存勖灭梁，是为唐庄宗。同光三年，复以云州为大同军节度使。晋高祖代唐，以契丹有援立功，割山前、代北地为赂，大同来属，因建西京。敌楼、棚橹具。广袤二十里。门，东曰迎春，南曰朝阳，西曰定西，北曰拱极。元魏宫垣占城之北面，双阙尚在。辽既建都，用为重地，非亲王不得主之。清宁八年建华严寺，奉安诸帝石像、铜像。又有天王寺、留守司衙，南曰西省。北门之东曰大同府，北门之西曰大同驿。初为大同军节度，重熙十三年升为西京，府曰大同。"按：东西为"广"，南北为"袤"，广袤犹言"广轮"，是指城的周长。辽金大同城，我认为呈"凸"字型，即明清府城与北小城（操场城）之和，也就是将北魏中城与宫城连成一体。据近年市古建筑研究所的实地丈量，明清府城周长约 7270.7 米（东墙 1771.4，南墙 1872.7，西墙 1783，北墙 1843.6），北小城周长约 3508 米（东墙 810，西墙 830，南、北墙各 934），两城间距约 170 米，则凸字型城周长约 10184.7 米，正所谓"广袤二十里"。

1046 年丙戌　辽重熙十五年，北宋庆历六年

夏四月辛亥朔，禁五京吏民击鞠。……六月癸丑，以西京留守耶律马六为汉人行宫都部署。——《辽史》卷 19《兴宗纪二》

十二月壬申，辽曲赦徒以下罪，以是日为圣宗在时生辰也。辽主溺浮屠法[①]，务行小惠[②]，数降赦宥，释死囚甚众[③]，圣宗之风替矣。——《续通鉴》卷 48

① 辽兴宗、道宗世，佛事炽盛。五京之内，塔庙相望，修旧建新，棋布星列。

② 陆游《老学庵笔记》卷 7 云："辽人刘六符，所谓刘燕公者，建议于其国，谓：燕、蓟、云、朔，本皆中国地，不乐属我，非有以大收其心，必不能久。虏主宗真问曰：如何可收其心？曰：敛于民者，十减其四五，则民惟恐不为北朝人矣。虏主曰：如国用何？曰：臣愿使南朝求割关南地，而增戍阅兵以胁之，南朝重于割地，必求增岁币，我托不得已受之，俟得币，则以其数对减民赋可也。宗真大以为然，卒用其策得增币，而他大臣背约，才以币之十二减赋，民固已喜。及洪基嗣立，六符为相，复请用元议，洪基亦仁厚，遂尽用银绢二十万之数，减燕、云租赋。故其后虏政虽乱，而人心不离，岂可谓虏无人哉？"按：六符使宋索关南十县地，在重熙十一年（1042）。又，顾炎武《日知录》卷 29《外国风俗》："魏太武始制反逆、杀人、奸盗之法，号令明白，政事清简，无系讯、连逮之烦，百姓安之。宋余靖言：燕、蓟之地，陷入契丹且百年，而民亡南顾心者，以契丹之法简易故也。"

③ 南宋吴曾《能改斋漫录》卷 13《契丹之法》云："司马文正公言：契丹之法，有简要可尚者。将战，则选兵为三等。骑射最精者，给十分衣甲，处于阵后；其次，给五分衣甲，处于中间；其下者，不给衣甲，处于前行。故未尝教阅而民皆习于骑射。又，民为盗者，一犯文其腕为贼字，再犯文其臂，三犯文其肘，四犯文其肩，五犯则斩，不须案籍而罪不可掩。"

1048 年戊子　辽重熙十七年，北宋庆历八年

十一月……封皇子和鲁斡为越王，阿琏许王，忠顺军节度使谢家奴陈王，西京留守贴不汉王[①]。——《辽史》卷 20《兴宗纪三》

大同县，本大同川地，重熙十七年西夏犯边，析云中县置，户一万。云中县，赵置，沿革与京府同，户一万。——《辽史》卷 41《地理志五》

① 《辽史》卷 20《兴宗纪三》：十九年闰十一月"乙卯，以汉王贴不为中京留守"。

1049 年己丑　辽重熙十八年，北宋皇祐元年

辽重熙十八年，母后再修[①]。——曹衍《金碑》[②]

① 母后者，辽圣宗钦哀皇后、兴宗母萧氏，也称章圣皇太后。钦哀，辽宁省博物馆藏石刻《哀册》作"钦爱"。钦哀狠戾，初为官人，生兴宗，圣宗崩，自立为皇太后，摄政，枉杀嫡后。重熙三年（1034），

欲废兴宗而立少子重元，被废幽。后帝召僧讲《报恩经》，悔悟，奉迎太后回京，侍养孝谨。十六年（1047）太后病，帝驰往视疾；痊愈，遂两度大赦境内。十八年（1049），重修云冈石窟，盖兴宗为母后祈福也。清宁三年（1057），钦哀死。另，内蒙古赤峰市巴林右旗索博利嘎苏木辽庆州白塔内，1992 年发现重熙十八年建塔碑三块，署曰“南阎浮提大契丹国章圣皇太后特建”。

② 从历史上看，契丹佞佛甚于女真；云冈石窟的历代维修，无疑以辽朝皇家重修最具规模。今天我们在五华洞看到的大量细致的泥塑修补工程遗迹，可以感觉到，当时是尽可能依照北魏原貌进行补塑，不能不令我们钦佩。其最明显的重修实例，是第 11 窟中心塔柱南壁下龛。主佛包泥彩绘，不见真容，但两侧的侍从菩萨被改刻为辽像。菩萨浮雕的身躯变薄，右像头顶高冠被截掉，大约当年因故像毁坏严重而重新雕塑。

1050 年庚寅　辽重熙十九年，北宋皇祐二年

萧滴洌……出为中京留守。十九年，改西京留守，卒。——《辽史》卷 95《萧滴洌传》

1051 年辛卯　辽重熙二十年，北宋皇祐三年

辽国以畜牧、田渔为稼穑，财赋之官，初甚简易。自涅里教耕织，而后盐铁诸利日以滋殖，既得燕、代，益富饶矣。……山西路都转运使司：杨晳，兴宗重熙二十年为山西转运使。——《辽史》卷 48《百官志四》

1054 年甲午　辽重熙二十三年，北宋皇祐六年、至和元年

皇祐元年，拜资政殿大学士，迁尚书礼部侍郎，又拜观文殿学士。再任五年，授武康军节度使，充河东路经略安抚使、兵马都总管，知并州。北虏谋侵我天池之境，公遣将苏安静至塞上，召虏人谕之曰：“尔昔尝借我天池庙焚香，文移具在。今何得妄言尔地？”虏人屈伏，遂并退连冷泉村地十余里。又代北旧以黄嵬□□□界，自后戎人辄耕上山腹。公又遣安静穿濠以杜其侵越，遂复旧境。并北塞多闲田而甚美，太宗朝，潘美为帅，患虏之钞掠，驱其民内徙而空之，谓之禁地。昔欧阳公尝奏乞耕之而不果。公曰：“我今不耕，异时必为虏人盗占。”遂奏募人为弓箭手，计顷分给，总得四千人，垦地九千六百顷。先是，岁遣将统内郡兵分戍近羌诸郡，谓之防秋。公曰：“河外无事□□□时坐耗边廪，非策也。”乃不遣。太原之俗，死者多燔而后葬，贫人无地则收骨寄之佛祠中。公知恻然，乃下令开谕：自今毋得燔。又为近郊买地，四隅立表，贫无地者得葬于其中。自是，其俗一变。——清《安阳县金

石录》卷6《宋韩琦墓志铭》

1056年丙申 辽道宗耶律洪基清宁二年，北宋至和三年、嘉祐元年[①]

应州治西佛宫寺，辽清宁二年田和尚奉敕立。有释迦塔，高三百六十尺，围半之；六檐八角，上下皆巨木为之。层如楼阁，玲珑宏敞，称宇内浮图第一。塔后大雄殿九间，通一茨梁。——明谈迁《枣林杂俎·义集》“释迦塔”

① 《宋史》卷299《张洞传》云：“时天下户口日蕃，民去为僧者众。洞奏：‘至和元年，敕增岁度僧，旧敕诸路三百人度一人，后率百人度一人。又文武官、内臣坟墓，得置寺拨放，近岁滋广。若以勋劳宜假之者，当依古给户守冢，禁毋樵采而已。今祠部帐至三十余万僧，失不裁损，后不胜其弊。’朝廷用其言，始三分减一。”

1059年己亥 辽清宁五年，北宋嘉祐四年

夏六月……己丑，以……东京留守吴王贴不西京留守[①]。——《辽史》卷21《道宗纪一》

① 按：此吴王贴不，即重熙十七年（1048）之汉王贴不。《辽史》卷64《皇子表》有耶律隆佑，景宗第三子，圣宗同母弟；贴不即其第三子。贴不两任西京留守，第二年均有修缮云冈石窟之工程，恐非偶然巧合，或有力也，但史无详载。

1060年庚子 辽清宁六年，北宋嘉祐五年

清宁六年，又委刘转运监修。——曹衍《金碑》[①]

南台……北有复宿堆，即夏屋山也。后魏孝文皇帝避暑往覆宿此，因以名焉。下见云州石窟寺。——《广清凉传》卷上[②]

① 是年春，帝如鸳鸯泺（即今河北张家口张北西北的安固里淖）。

② 宋五台山华严寺僧延一《广清凉传》，成书于此年。

1062年壬寅 辽清宁八年，北宋嘉祐七年

十二月……癸未，幸西京。戊子，以皇太后行再生礼，曲赦西京囚。——《辽史》卷22《道宗纪二》

清宁八年建华严寺[①]，奉安诸帝石像、铜像[②]。——《辽史》卷41《地理志五》[③]

① 辽道宗重《华严经》，本纪载咸雍四年（1068）二月“癸丑，颁行《御制华严经赞》”。咸雍八年七月“丁未，以御书《华严经五颂》出示群臣”。按：大同上、下华严寺坐西朝东，形制特殊。唐道宣《四分律删繁补阙行事钞》卷下三《僧像致敬篇》云：“中国伽蓝门皆东向，故佛塔庙宇皆向东开。乃

至厨厕，亦在西南。由彼国东北风多故。神州尚西为正阳，不必依中土法也。”所谓“中国”“中土”，均指中天竺。《新五代史》卷 72《四夷附录一》：“契丹好鬼而贵日，每月朔旦，东向而拜日，其大会聚、视国事，皆以东向为尊。”

② 唐宋以降，宫殿寺观往往有先帝御容之设，顾炎武《日知录》列举史书记载多例。然此风俗始盛，盖自北魏文成帝在平城为自己及先祖造像。历代或金，或石，或绘，或织，形式多样，迄明清御容渐以绘像为主。

③ 《续通鉴》卷 60 记是年六月癸未：宋“以单州团练使刘永年知代州。辽人取山木，积十余里，辇载相属于路，前守惧生事，不敢遏。永年……遣人纵火，一夕尽焚之”。疑辽因西京建寺而伐木恒山。另，《太平广记》卷 239《裴延龄》引《谈宾录》唐德宗语：“人云开元、天宝中，近处求觅五、六丈木，尚未易得，皆须于岚、胜州采造。”

1064 年甲辰　辽清宁十年，北宋英宗赵曙治平元年

秋七月……辛巳，禁僧尼私诣行在[①]，妄述祸福取财物。……是岁，南京、西京大熟。——《辽史》卷 22《道宗纪二》

① 宋赵彦卫《云麓漫钞》卷 7：“《唐书志》：道士、女冠、僧、尼，见天子必拜。今之不拜，未知起自何时。”明于慎行《穀山笔麈》卷 17《释道》：“六朝沙门见人主多不致敬。唐初，僧尼受父母及尊者礼拜，亦六朝遗俗也。自高宗诏革，其礼乃止。至胡元之世，而国师、法王至与人主抗礼，夷狄之法，益不足言矣。”按：唐制多承北朝，南宋犹有六朝遗风，辽金则循唐制，元代西僧跋扈。

1066 年丙午　辽咸雍二年，北宋治平三年

冬十二月……丁酉，以西京留守合术为南院大王。——《辽史》卷 22《道宗纪二》

1068 年戊申　辽咸雍四年，北宋神宗赵顼熙宁元年

四年春正月……辛卯，遣使振西京饥民。——《辽史》卷 22《道宗纪二》

1069 年己酉　辽咸雍五年，北宋熙宁二年

咸（熙）［雍］五年，禁山樵牧，又差军巡守。——曹衍《金碑》

1070 年庚戌　辽咸雍六年，北宋熙宁三年

咸雍六年，授西京留守、判大同尹事。——《皇弟秦越国王耶律弘世墓志》，载 2002 年内蒙古大学出版社版《内蒙古辽代石刻文研究》[①]

① 弘世，兴宗第三子，道宗之弟，名阿琏，字讹里本。《辽史》卷 64《皇子表》：“咸雍间，历西京、上京留守。”

1073 年癸丑　辽咸雍九年，北宋熙宁六年

冬十月，幸阴山，遂如西京。——《辽史》卷 23《道宗纪三》

1075 年乙卯　辽大康元年，北宋熙宁八年 ①

大康元年春正月……壬寅，振云州饥。——《辽史》卷 23《道宗纪三》

熙宁七年，辽主洪基遣泛使萧禧来言河东地界，未决。八年再来，必欲以代州天池分水岭为界，诏询于故相文彦博、富弼、韩琦、曾公亮以可与及不可许之状，皆以为不可。王安石当国，言曰：“将欲取之，必固与之。”于是诏不论有无照验，擗拨与之。往时界于黄嵬山麓，我可以下瞰其应、朔、武三州，既以岭与之，虏遂反瞰忻、代。凡东西失地七百里。——南宋洪迈《容斋五笔》卷 1《王安石弃地》

① 南宋岳珂《愧郯录》卷 10《寺观敕差住持》云：“中兴以后，驻跸浙右，大刹如径山、净慈、灵隐、天竺，宫观如太一、开元、祐圣，皆降敕札差主首。至于遐陬禅席，如雪峰、南华之属，亦多用黄牒选补。珂按：李文简焘《续长编》，熙宁八年八月戊申，诏内外宫观、寺院主首及僧道正，旧降宣敕差补者，自今尚书祠部给帖。神祖之意，凡以为不足辱制旨而已。其制不知更于何时，要邻于渎也。”

1078 年戊午　辽大康四年，北宋元丰元年

【题刻】■■■■■■■亻？马□张？间？□妻寿？□□□□征？■■■■■■契丹■■■■郭？四？■■耶律■■■教？征？妻■■■□□郭？署传？亻？■■妻□氏张通？判？官行■■■■■■■妻张氏■□大小一千八百七十六尊。戊？午？十二月一日建，六月三十日毕 ①。——日本《云冈金石录·辽代修像记》第 13 洞南壁《张间□妻等修像记》②

① 宿白《〈大金西京武州山重修大石窟寺碑〉校注》讲：“此铭记在抗日战争期间被拓毁。就现存遗迹观察，知道辽时修整云冈造像，有的在剥蚀的石像外面泥塑，有的就空白石壁补刻。”

② 近年大同有人提出：辽代屡改国号，“契丹”“大辽”更迭使用，太祖阿保机始建契丹国，太宗德光改称大辽，983 年圣宗隆绪又称契丹，1066 年道宗洪基复改大辽。若题记中“契丹”为国号，时间应是 1018 年。笔者以为：辽修云冈，事起母后，当在 1049 年以后。故系是年。文中“契丹”，不论是否为国名，不足为凭。因为 982 年的《许从赟墓志》犹称“契丹国”，说明当时的称谓并

不严格。

1079年己未 辽大康五年，北宋元丰二年

九月己卯，诏诸路毋禁僧徒开坛。……十二月……乙卯，幸西京。戊午，行再生礼，赦杂犯死罪以下。——《辽史》卷24《道宗纪四》

1080年庚申 辽大康六年，北宋元丰三年

十二月……庚午，免西京流民租赋一年。——《辽史》卷24《道宗纪四》

1082年壬戌 辽大康八年，北宋元丰五年

五年，诏相国寺辟六十四院为八禅二律，以东西序为慧林、智海二巨刹。诏净慈宗本禅师住慧林，东林常总禅师住智海。总固辞，许之[①]。——南宋《佛祖统纪》卷45[②]

① 元《释氏稽古略》卷4云："辟汴京相国寺六十四院为二禅八律。起自元丰庚申，成是壬戌之秋。以东西序为慧林、智海二巨禅刹，驿诏杭州净慈禅师宗本住慧林，江州庐山东林禅师常总住智海。总辞之固，诏容之，就赐号广慧禅师。（《僧宝传》）。"按：此虽北宋开封府事，但可见当时"十寺"的盛行。

② 南宋周煇《清波别志》卷中云："大相国寺，旧有六十余院，或止有屋数间，檐庑相接，各具庖爨。每虞火灾，乃分东西，各为两禅两律。自污腥膻，未知今存几院。"

1087年丁卯 辽大安三年，北宋哲宗赵煦元祐二年

耶律燕哥……大安三年，为西京留守，致仕。——《辽史》卷110《奸臣传上》

1088年戊辰 辽大安四年，北宋元祐三年

四年春正月……丁丑，曲赦西京役徒。——《辽史》卷25《道宗纪五》

1089年己巳 辽大安五年，北宋元祐四年

三月癸酉……辽自清宁后，五京、诸州各建孔子庙，颁《五经》传疏，至是复下诏谕学者当穷经明道。——《续通鉴》卷81

1090 年庚午　辽大安六年，北宋元祐五年

耶律俨，字若思，析津人。本姓李氏。……俨仪观秀整，好学，有诗名，登咸雍进士第。……大安初，为景州刺史。绳胥徒，禁豪猾，抚老恤贫，未数月，善政流播，郡人刻石颂德。……六年冬，改山西路都转运使，刮剔垢弊，奏定课额，益州县俸给，事皆施行。寿（隆）［昌］初，授枢密直学士……——《辽史》卷 98《耶律俨传》

1095 年乙亥　辽寿昌元年，北宋绍圣二年

九月……丙辰，诏西京炮人、弩人教西北路汉军。十一月……甲辰，夏国进贝多叶佛经。——《辽史》卷 26《道宗纪六》

1097 年丁丑　辽寿昌三年，北宋绍圣四年

辽主好佛法，能自诵其书，每夏季辄令诸京僧徒及其群臣执经亲讲，所在修盖寺院，度僧甚众①。僧徒纵恣，放债营利，侵夺小民，民甚苦之。——《续通鉴》卷 85②

① 《续通鉴》卷 87：“道宗即位，求直言，访治道，劝农桑，兴学校，救灾恤患，粲然可观。及谤讪之令既行，告讦之赏日重，群邪并进，贼及骨肉，诸部浸叛，用兵无宁岁。唯一岁饭僧三十六万，一日而祝发者三千人，崇尚佛教，罔知国恤，辽亡征见矣。”

② 清厉鹗《辽史拾遗》卷 21《刘銮》：“郝经《陵川文集·四贤祠碑》略曰：‘辛亥之秋，过督亢至易水，投文酹酒，吊太子丹。闻水汭有祠，国（公）［士］刘銮所塑，技极精巧，不知为何神，遂往观之。四像皆南面列坐，一王者拱其侧，衣冠极古，殆皆周制。问诸守祠丈人，言祠故有榜曰“四贤”，不知为何代之贤；契丹时，有题曰“乐将军”者，亦不知孰为乐将军也。某乃大悟，其列坐，曰郭隗、乐毅、剧辛、邹衍；拱而侍其侧者，燕昭王也。’《山西通志》曰：‘刘銮寺，在大同府城外。銮，辽人，能塑诸佛像，因以名寺，乃其家佛堂也。’”按：郝经，元代人。大同刘銮寺，他书无载。

1099 年己卯　辽寿昌五年，北宋元符二年

天为万物之灵，人生难保拔三途之苦，佛力惟能，故诸经有福资立者之说，不可殚纪。岂虚言哉？先于大安甲戌岁，天灾流行，淫雨作阴，野有饿莩，交相枕藉。时有义士收其遗骸，仅三千数，于县之东南郊，同瘗于一穴。洎改元今号，己卯春二月，厌其卑湿，掘地及泉，出其掩骼，暴露荒甸，积聚如陵，议徙爽垲而改藏焉。余忝宰是邑，骇目痛心……时西京大华严寺提点、诠悟大德法称示化游方，挂锡于北禅

院，开大（来）〔乘〕菩萨戒坛。闻白前乘，遽发大悲，与院主运顾，领诸徒众就诣其所，依教凭缘，运心拯济，作法已竟，信步而回。次有……虎谷法华上人道蒨、十方院讲主善涓，虔择福地，时建道场，供佛延僧，洗心盥掌，运其委骨，置在坛内，垂悯护持，招彼幽魂，来入会中。……乃迁葬于粟山之岊，目曰义冢，傍附金地，上建宝幢……寿昌五年七月十五日记。——清《昌平外志》卷4《金石·义冢幢记》[1]

元符二年三月……己未……河东报：北人于边界批斫林木，准备戎主打围，恐于西京坐冬。上云："必生事。"余云："恐必有之。熙宁、元丰中，皆曾似此斫林木打围，寻遣萧禧来理办边界。熙宁十年地界了，元丰二年复来打围故也。"……四月……丙子……河东奏：北人沿代州边界置围场十所，今岁必于西京坐冬。……丁丑……又呈：嘉祐、熙宁，北界打围，亦皆批斫林木。然熙宁六年于西山打围，七年便遣萧禧理办地界，十（五）年分画毕，元丰二年又坐冬于西京。……辛丑，同呈边报：近河朔诸路数报虏主今岁必于西（安）［京］坐冬，及于河东对境多作围场，屯兵聚粮，以俟受礼。……六月壬申朔……河东奏：北人于贾胡疃拆石墙，侵入天涧取水。诏经略司指挥折克行，如北人先行粗暴，令顺宜应接施行。……乙酉……再对河东报：代州对境伐薪烧炭，准备戎主今冬西山打围。……七月壬寅朔……河东奏：北人自六月十六日后，更不来天涧取水。……八月……辛巳……再对北虏报：今冬于西京云（仲）［中］甸受礼。自去年探报果不虚。……九月……甲寅，同呈河东经略司乞，更不牒问戎主近边打围？从之。戎主以今秋至西京沿边打围，去代州边境止十里至五七里。知代州王崇极言：庆历中，戎主西山打围，尝牒报河东令勿惊动。今乃不牒报。乞移文取问。而熙宁、元丰中亦尝于此打围，不曾报，亦不曾问。尝以此谕并帅，故有是请。是岁，北虏于云中甸受回谢、生辰、正旦、国信礼。……闰九月庚午朔……再对雄州奏：回谢泛使于云中甸受礼。——《藕香零拾》收录宋曾布《曾公遗录》卷7[2]

［寿］昌五年，委转运使提点[3]。——曹衍《金碑》

① 《义冢幢记》，辽朝散大夫、将作少监、知析津府昌平县事、云骑尉马仲规撰，乡贡进士刘诏书。

② 曾布，字子宣，入《宋史·奸臣传》。时同知枢密院事。此其手记，从《永乐大典》录字韵中抄出。

③ 是年，辽道帝在西京坐冬，《辽史》本纪无载，《曾公遗录》言之，而"委转运使提点"云冈石窟事务，一则表明维修工程尚未结束，二则说明帝曾临幸。

1100 年庚辰　辽寿昌六年，北宋元符三年

三月甲申，弛朔州山林之禁。——《辽史》卷 26《道宗纪六》

1102 年壬午　辽天祚帝耶律延禧乾统五年，北宋徽宗赵佶崇宁元年

琅邪之佛祠，在郡治者凡六区，其五为毗尼，其一为禅那，今普照是也。……按招提复兴之代，实自后魏，至有唐孝明皇帝即位之九年，始赐额曰开元。宋崇宁初，辅臣建言：请诏天下每郡择□□寺一更为禅林，遇皇上诞弥之月，为祈延景命之地。制从之。郡以开元应选，自是改称天宁万寿禅寺。逮废齐居摄[①]，专用苛政理国，知众不附，尤狭中多忌，凡浮屠、老子之居，曩日所严奉以祈福者，一切□革。遂易天宁之号，榜以普照。……——《金石萃编》卷 154《沂州府普照寺碑》[②]

① 金灭北宋，1130 年立刘豫为齐王，1137 年取消伪齐政权。

② 该碑撰于金皇统四年（1144）重修时。

1106 年丙戌　辽乾统六年，北宋崇宁五年

五年十月，诏曰："有天下者，尊事上帝，敢有弗虔。而释氏之教，乃以天帝置于鬼神之列。渎神逾分，莫此之甚。有司其除削之。"又敕："水陆道场内设三清等位，元丰降诏止绝。务在检举施行。旧来，僧居多设三教像，遂为院额、殿名。释迦居中，老君居左，孔圣居右[①]，非所以奉天真与儒教之意。可迎其像归道观、学舍，以正其名。"[②] 洛京沙门永道读诏，泣曰："域中孔、老，法天制教，故不违天。佛出世法，天人所师，故不违佛。自古明王奉佛以事上帝者，为知此理也。佛法平等，故其垂教。虽圣凡俱会，而君臣尊卑之分，莫不自殊。祖宗以来，奉法已定，一旦除削，吾恐毁法之祸兆于此矣。"闻者为之怃然。——南宋《佛祖统纪》卷 46

① 中原此俗，不知始于何时，然塞北辽境不曾闻说。又，宋地多诗僧。北宋吴处厚《青箱杂记》卷 6 曰："近世释子，多务吟咏。唯国初赞宁独以著书立言、尊崇儒术为佛事。"

② 清钱泳《履园丛话》卷 7《三教同源》云："儒家以仁义为宗，释家以虚无为宗，道家以清净为宗。今秀才何尝讲仁义，和尚何尝说虚无，道士何尝爱清净？惟'利'之一字，实是三教同源。"

1107 年丁亥　辽乾统七年，北宋大观元年[①]

【碑文】大辽西京警巡院右厢住人久居系通百姓董承德，今为亡妻郭氏于京

西南约五里，买到云中县孙权堡刘世言地五亩，长三十八步，阔三十二步。其茔方二十九步。其妻葬在甲穴。长男孝穆，妻段氏；次男孝温，妻王氏；长女张郎妇，次杨郎妇，次赵郎妇，次杨郎妇。孙男四：兴寿、称住、册住、国住。孙女三：尼圆朗、弓哥、寿哥。维乾统七年岁次丁亥八月甲寅朔十九日壬申壬时②。——大同市博物馆藏《董承德妻郭氏墓志》③

【碑文】唵口篮，耶耶文质，娘娘焦氏，灰衬柩张。诸法因缘生，我说是因缘。一字法舍利塔记。唵引步噜唵三合。因缘尽故灭，我作如是说。乾统柒年拾月捌日再建，孙僧怀谦、公孝、公义写记。亏？壬唵齿临。重孙篥哥、庆哥、僧德拱记④。——张秉仁《山西大同卧虎湾四座辽代壁画墓》，载《考古》1963 年 8 期

① 是年，宋徽宗“敕道士位居僧上”（《佛祖统纪》卷 46）。

② 左后有印度中古悉昙字母两行。

③ 该墓志，1956 年出土于大同十里铺村。碑石纵 44 厘米，横 41.3 厘米，厚 4.5 厘米。原立于墓室北壁，旁为骨灰石棺。

④ 该墓志，为 3 号墓出土，系墨书写在白砂石骨灰棺盖内壁。“诸法因缘生，我说是因缘；因缘尽故灭，我作如是说。”是《佛说造塔功德经》末尾偈语。“三合”，约指三人合用的骨灰棺，指的是爷爷文质、娘娘焦氏和儿子张式。张式，见同墓的龟座《净法界真言》碑碣（碑文省略），碑中，提到“二合”；碑末铭刻“寿昌二年九月十四日丙子岁记，男张式，二孙男公孝、公义亲书自□□”；碑侧铭刻“愿以此功德，上资父母”。显然，该墓是寿昌二年（1096）张式为父母建，乾统七年（1107）张式死，其子又将他的骨灰放入爷奶的石棺。值得注意的是，辽代僧人对葬事的直接参与。

1109 年己丑　辽乾统九年，北宋大观三年

大观己丑，有诏毁天下寺之无名额者。——《八琼室金石补正》卷 110《西河新修普济寺记》

1113 年癸巳　辽天庆三年，北宋政和三年

三年春正月……甲戌，禁僧尼破戒。——《辽史》卷 27《天祚帝纪一》

1114 年甲午　辽天庆四年，北宋政和四年

【碑文】《大辽故左谏议大夫、开国子，食邑五百户，赐紫金鱼袋，致仕史公墓志铭》①：……公讳洵直，字知命，儒州缙山人也。……清宁八年，登进士第。释褐，授著佐。寻，差充西京管内都商税判官。迩后复历一十八任，官至左谏议大夫，致仕。

乾统四年五月二十四日午时获疾，右胁而逝，终于昌平县之私第，春秋八十有三。……孙男三：长曰天倪，西头供奉官，前三河县商曲铁都监；次曰天刚，举进士；次曰禄孙，出家，法名行敷，礼西京石佛院诠正大师[②]。……以天庆四年岁次甲午六月甲辰朔二十三日丙寅乙时，迁葬于昌平县仁和乡东道里。——《北京辽金史迹图志》下

① 此《史洵直墓志铭》方碑，1956年出土于北京昌平西城墙下。

② 西京石佛院，盖即大同云冈石窟或观音堂。这里的诠正大师，与1099年的华严寺提点诠悟大德，不知是何关系。而元初慧明和尚住持华严寺，又被尊奉为云冈石窟佛寺的开山祖师，可见两寺的法眷关系。

1117年丁酉　辽天庆七年，北宋政和七年，金太祖完颜旻天辅元年

二月，涞水县贼董庞儿聚众万余，西京留守萧乙薛、南京统军都监查剌与战于易水，破之。十二月……丁丑，以西京留守萧乙薛为北府宰相。——《辽史》卷28《天祚帝纪二》

1119年己亥　辽天庆九年，北宋宣和元年，金天辅三年

宣和元年正月，诏曰[①]："自先王之泽竭，而胡教始行于中国。虽其言不同，要其归与道为一教。虽不可废，而犹为中国礼义害，故不可不革。其以佛为大觉金仙，服天尊服；菩萨为大士，僧为德士，尼为女德士，服巾冠，执木笏。寺为宫，院为观，住持为知宫、观事[②]。禁毋得留铜钹、塔像。"[③]——《佛祖统纪》卷46

【碑文】《故彭城刘公墓志》：公讳承遂，世本云中三井里人也。生禀刚义，素全聪惠，心常慕善，诀信大乘。公父文秀，母郭氏，乾统十年以具茔而葬讫。公然身居俗谛，念契佛家。天庆三年，充维那，妆印《大藏经》全。四年，请诸师读《大藏经》，其于斋櫬之资，皆自供拟。又于王子寺画毗卢会，洎暖汤院绘大悲坛及慈氏相，井楼内画观音菩萨像，皆威容庠雅，侍从端凝。公焚课筵僧，不可尽纪。天庆五年八月二十日，忽疾而逝，享年七十有四。公殁之次，请王子寺僧录演菩萨戒，经讲一百日。洎三祥[④]，请诸师德读《大藏经》三遍。其余斋僧，不可胜数。公妻王氏，亦皆吉善。子生二：长公立，五常饰己，百行华身，妻程氏；次公存，知礼法，识廉愚，妻王氏。长孙仁安，妻殷氏；次宝兴，次九住。长子曰："孝者五事然备，奈阙于葬，岂为孝哉？"准价五十贯文，于孙权堡刘士言处，买地九亩，择其日，选其时，卜宅兆，

而乃葬之。念先人之德，固刻贞珉记耳。祖宗之荫，遗子遗孙；感时思亲，陈其祭祀。天庆九年岁次己亥五月丙午朔十五日庚申乾时葬记。——大同市博物馆藏《刘承遂墓志》⑤

八月，以赵王习泥烈为西京留守。九月，至西京。复遣习泥烈、杨立忠先持册藁使金。——《辽史》卷28《天祚帝纪二》

① 《续通鉴》卷93："宣和元年春正月……乙卯，诏：'佛改号大觉金仙，余为仙人、大士之号。僧为德士，易服饰，称姓氏。寺为宫，院为观，即住持之人为知宫、观事。所有僧录司，可改作德士司；左右街道录院，可改作道德院。德士司隶属道德院，蔡攸通行提举。天下州府僧正司，可并为德士司。'寻又改女冠为女道，尼为女德。"《宋史》卷22《徽宗纪四》载：三月己未，"诏天下知宫观道士与监司、郡县官以客礼相见"。五月"丁未，诏德士并许入道学，依道士法"。

② 南宋岳珂《愧郯录》卷12："政和以后，道家者流始盛。群羽士因援江南故事，林灵素等多赐金门羽客。道士居上者，必赐以涂金银牌，上有天篆，咸使佩之，以为外饰；被宠异则又得金牌焉。及后金人入汴，其臣僚皆佩金牌为号，始寤前兆之不祥。"按：宣和元年十一月，林灵素被放赐死；明年，恢复佛号、僧尼、寺院额。七年八月，罢黄老学。

③ 南宋洪迈《夷坚三志》己卷第九《泗州普照像》云："林灵素既主张道教而废释氏，政和中，诏每州置神霄宫，就以道观为之，或改所在名刹，揭立扁榜。泗州用普照寺，正僧伽大圣道场也。黄冠环睨大像雄丽严尊，虽已入据室宇，而未敢毁撤，乃出金帛募人先登。有赵氏不肖子……奋臂挥斧首击像身，余辈噪而从之。百尺华装，顷刻糜碎。观者嗟怆掩泣。"按：宋徽宗崇道教，抑释氏，南朝佛教遭受沉重打击。

④ 南宋俞文豹《吹剑录外集》谓："温公曰：世俗信浮屠，以初死七日至七七日、百日、小祥、大祥，必作道场功德，则灭罪生天，否则入地狱，受剉舂烧磨之苦。夫死则形朽腐而神飘散，虽剉舂烧磨，又安得知？唐李舟曰：天堂无则已，有则贤人生；地狱无则已，有则小人入。今以父母死而祷佛，是以其亲为小人，为罪人也。"按：三祥，盖指期年小祥，二年大祥，第二十七月禫日除丧服。

⑤ 该墓碑，黄砂岩，纵31厘米，横46厘米。1958年出土于山西大同新添堡村。

1120年庚子　辽天庆十年，北宋宣和二年，金天辅四年

【碑文】《于居士墓志铭》：应英良方正、能直言极谏科徐道撰。于之著姓，尚矣。昔周武王有子封于邘，谓之邘叔，子孙遂以国为氏。后去"邑"，单为"于"。汉有于公，一日里门坏，乡人将治之，诫曰："宜高大重？门，使容驷马。吾理狱多树阴德，后世必有兴者。"至孙定国为丞相，厥后枝叶扶疏，遂满天下。居士，阴德树之一枝也。不然何恤隐推慈、矜贫乐施，犹有祖之遗风焉？公名莹，字客冰，世为云中大族，曾祖讳教，祖讳守贞，生三子，伯从式，仲从善，季从显。从善，居士之父也。娶同县长荣村李氏，乃生公。性行淳正，事父母以孝闻。长嗣经营，不欺于物，治家勤俭，久而益丰。常以慈恕为心，赒贫济困者非一，袭父追明王，

普会等邑，读念经文，诵扬歌赞，恢张法务，弹纠邑人，众以为能，推为长者。愿请僧读佛经十藏，四藏已竟，六藏留遗子孙终之。先娶同邑颜睿女，生一子肇，未孩而颜氏亡。后娶京南堡名医李延福女，抚视遗儿，备极慈爱，乡人不以为异母。教肇读书，中改学契丹大小字，由此途入仕，捷历官资，今为作坊使。厉节至廉，繇其父之素教也。乾统二年冬，病风，绝庆吊交游者殆十三载。天庆五年五月十八日，卒于旧疾，春秋六十三。一子，作坊君也。孙四人：长女适舅子李臣愿，早卒；次男，安仁，在班？祇，候举进士，逾冠而亡；女石姑，男天庆，尚幼。以十年七月廿三日，葬于京右西成乡孙权堡北原新茔。铭曰：生劳而来，死逸而去；魂荡于空，骨销于土。惟名不朽，惟德不腐；直书贞珉，垂示终古。云中张融书，蒹山史永刊。——大同市博物馆藏《于莹墓志》[1]

秋，猎沙岭。冬，复至西京[2]。——《辽史》卷 28《天祚帝纪二》

天庆十年，赐大字额。——曹衍《金碑》

① 该碣，细砂岩，高 54 厘米，宽 38 厘米。

② 北京市文物研究所藏《赵公正室鲜于氏墓志铭》云：“大辽随驾市巡都监、六宅使、银青崇禄大夫、检校工部尚书，兼御史、骑都尉赵公正室鲜于氏……至天庆十一年，因从官之云中。正月二十八日，以疾终于行阙之右，享年五十有一。以保大元年辛丑岁，二子奉柩归。故三月乙未朔十九日巽时祔葬于析木宛平县西北乡南樊里之先茔。”按：天庆十一年，即保大元年；析木，即析津府（今北京）。可见，辽帝当时驻跸大同。

1121 年辛丑　辽保大元年，北宋宣和三年，金天辅五年

冬十一月癸亥，以西京留守赵王习泥烈为惕隐。——《辽史》卷 29《天祚帝纪三》

第十编　金代纪事

1122年壬寅　金太祖完颜旻天辅六年，辽保大二年，北宋宣和四年

保大二年，金人陷中京[①]，天祚幸燕……西走云中府[②]……天祚与诸王并长公主、驸马、诸子弟三百余骑由石窟寺遁去。过云中城下，留守萧查剌以下接见[③]，有旨："贼马不远，好与军民守城。"但取马五十匹随行，迤逦入天德军[④]。——《三朝北盟会编》卷21引《亡辽录》

三月，都统杲出青岭，宗翰出瓢岭，追辽主于鸳鸯泺。辽主奔西京。宗翰复追至白水泺，不及，获其货宝。己巳，至西京。壬申，西京降[⑤]。希尹追辽主于乙室部，不及。乙亥，西京复叛[⑥]。……四月辛卯，复取西京[⑦]。——《金史》卷2《太祖纪》[⑧]

六月……夏国援兵至，亦为金所败[⑨]。——《辽史》卷29《天祚帝纪三》

辽兵三万，列营于西京之西，阇母以三千击之。阇母使士卒皆去马，阵于沟堑之间，曰："以一击十，不致之死地，不可使战也。"谓众曰："若不胜敌，不可以求生。"于是人皆殊死战，辽兵遂败，追至其营而止。[⑩]——《金史》卷71《阇母传》

宣和四年，诏山前收复州县，合置监司，以燕山府路为名，山后别名云中府路[⑪]。——《宋史》卷90《地理志六》

① 辽中京，即今内蒙古宁城西大明城。

②《辽史》卷29《天祚帝纪三》："二年春正月乙亥，金克中京，进下泽州。上出居庸关，至鸳鸯泺。……

余睹引金人逼行宫，上率卫兵五千余骑幸云中，遗传国玺于桑干河。”

③ 钦定重订《契丹国志》卷 11 记：“三月，报伊都兵至，帝率骑兵五千，西奔云中府，留宰相张琳、李处温等与燕王同守燕。帝去时，卫士五千，中途溃散，仅诸王并长公主、驸马、诸子弟三百余骑，过云中城下，抚谕留守萧扎拉、转运刘企常等曰：‘金兵不远，好与军民守城。’但取马三千匹，由天德军趋渔阳，入夹山。……金兵至云中，萧扎拉等率军民、父老开门迎降，金帝留精兵二百骑与留守自卫，而追帝几及，应行宫内库三局珍宝、祖宗二百余年所积，及其幼女，悉为俘掠一空。金兵自追帝，旬日未回，府中兵变，推马权、韩执谦为都统，逐出萧扎拉等与卫兵，闭门拒守，飞申燕王求救。时燕王无兵可遣，但指挥蔚州发兵应援。金兵回至城下，见留守等被逐，督军民攻城，弥旬破城，执马权、韩执谦等尽杀之。诸军陷朔、应诸州，掳去群牧良马三万匹。”

④ 天德军，在今内蒙古包头西。《三朝北盟会编》卷 5：“宣和四年……天祚大窘，因仓皇从云中府由石窟寺入天德军。”

⑤ 《金史》卷 73《完颜希尹传》：“宗翰袭辽帝于五院司，希尹为前驱……几及辽主于白水泺南。辽主以轻骑遁去。尽获其内库宝物，遂至西京。西京降，使蒲察守之。”卷 23《五行志》：“天辅六年三月，师攻西京，有火如斗，坠其城中。是月，城降而复叛，四月辛卯，取之。”卷 73《宗雄传》：“西京既降复叛，时粮饷垂尽，议欲罢攻。宗雄曰：‘西京，都会也，若委而去之，则降者离心，辽之余党与夏人得以窥伺矣。’乃立重赏以激士心。既而，夜中有火，大如斗，坠于城中。宗雄曰：‘此城破之象也。’……与宗翰等击耿守忠兵七千于西京之东四十里，大破之。”

⑥ 《金史》卷 76《杲传》：“西京已降复叛，杲使招之，不从，遂攻之。留守萧察剌逾城降。四月，复取西京。”卷 89《苏保衡传》谓：“苏保衡，字宗尹，云中天成人。父京，辽进士，为西京留守。宗翰兵至西京，京出降。久之，京病笃，以保衡属宗翰。京死，宗翰荐之于朝。”

⑦ 《金史》卷 19《景宣皇帝宗峻纪》：“辽主走阴山，耿守忠救西京，帝与宗翰等击走之。西京城南有浮图，敌先据之，下射，士卒多伤。帝曰：‘先取是，则西京可下。’既而攻浮图，克之，遂下西京。”卷 71《斡鲁传》：“西京已降复叛，敌据城西浮图，下射攻城者。斡鲁与鹘巴鲁攻浮图，夺之，复以精锐乘浮图下射城中，遂破西京。”卷 71《阇母传》：“宗翰等攻西京，阇母、娄室等于城东为木洞以捍蔽矢石，于北隅以刍茭塞其隍，城中出兵万余，将烧之。温迪罕蒲匣率众力战，执旗者被创，蒲匣自执旗，奋击却之。又为四轮革车，高出于堞，阇母与麾下乘车先登，诸军继之，遂克西京。”《辽史》卷 69《部族表》记：四月，“金师取西京，沙漠以南部族皆降之，帝遁讹莎烈”。

⑧ 金元好问《续夷坚志》卷 4《边元（恕）［忠］所纪二事》：“国兵初西来，云中先下，后复纳辽天祚。国相怒其反复，攻城破，驱壮士无榆坡，尽杀之。中有喉丝不断者，亦枕籍积尸中，得雨复苏，候暮夜欲逃。人定后，忽见吏卒群至，呼死者名字，随呼皆应，独不呼此人。吏卒去，此人匍匐起，仅能至家。求医封药，疮口渐合。又数月，平复。年七十余病终。同时，曹氏小童，为军士驱逐，与群儿乱走。追及者，皆以大棓击杀之。次第及曹，忽二犬突出，触军士仆地。军士怒，逐犬入人家。比出，儿辈得散走，逃空室中。俄有执黄旗过者，大呼曰：‘国相军令，杀人者斩。’残民皆得活。曹氏儿，后至节度。”按：国相，盖指宗翰；无榆坡，明清讹为“无忧坡”，即今御河东坡。

⑨ 《金史》卷 71《斡鲁传》：“夏国王使李良辅将兵三万来救辽，次于天德之境。娄室与斡鲁合军击败之，追至野谷，杀数千人。”

⑩ 此战，《辽史》《金史》本纪无载，疑是六月天祚传檄天德、云内、朔、武、应、蔚等州，合精骑

五万之后事。

⑪ 金始伐辽，与北宋结盟，许以燕、云之地。此年十月，宋预设燕山府（即辽燕京）、云中府（即辽西京）。《宋史》卷90《地理志六》：“云中府路，云中府，唐云州，大同军节度。石晋以赂契丹，契丹号为西京。宣和（三）[四]年，始得云中府、武、应、朔、蔚、奉圣、归化、儒、妫等州，所谓山后九州也。”俄而，金责宋出兵失期，毁约。

1123年癸卯 金天辅七年、金太宗完颜晟天会元年，辽保大三年，北宋宣和五年

六月壬午朔，次鸳鸯泺。……丙申，上不豫，将还上京，命移赉勃极烈宗翰为都统[①]，昊勃极烈昱、迭勃极烈斡鲁副之，驻兵云中，以备边[②]。——《金史》卷2《太祖纪》

太宗即位，诏宗翰曰：“寄尔以方面，当迁官资者，以便宜除授。”因以空名宣头百道给之。宋人来请割诸城，宗翰报以武、朔二州。——《金史》卷74《宗翰传》

① 《金史》卷78《韩企先传》：“宗翰为都统经略山西，表署西京留守。天会六年，刘彦宗薨，企先代之，同中书门下平章事、知枢密院事。”

② 《金史》卷46《食货志一》：“天辅六年，既定山西诸州，以上京为内地，则移其民实之。……七年，以山西诸部族近西北二边，且辽主未获，恐阴相结诱，复命皇弟昂与孛堇稍喝等以兵四千护送，处之岭东，惟西京民安堵如故……”按此知，“山西”的范畴大于西京，当囊括今天大兴安岭以西的内蒙古、晋北、冀西北地区。

1124年甲辰 金天会二年，辽保大四年，北宋宣和六年

二年春正月……甲戌，西南、西北两路都统宗翰、宗望请勿割山西郡县与宋，上曰：“是违先帝之命也，其速与之。”[①]夏国奉表称藩，以下寨以北，阴山以南、乙室耶剌部吐禄泺西之地与之。——《金史》卷3《太宗纪》

秋七月……上遂率诸军出夹山，下渔阳岭，取天德、东胜、宁边、云内等州。南下武州，遇金人，战于奄遏下水，复溃，直趋山阴[②]。——《辽史》卷29《天祚帝纪三》

八月，金人复取蔚州，杀守臣陈翊及陷飞狐、灵邱二县。先是，金人逐天祚入夹山，遂陷云中府，所有管内州郡皆来拜降。及移军燕山，而朔州节度使韩正、应州节度使苏京、蔚州土豪陈翊等争叛金人，纳土归大宋[③]。后尼堪、斡里、雅布分遣军马逐去苏京、孙团练，取蔚州，杀陈翊，复取上件州郡，又陷飞狐、灵邱两县，绝交割山后之意。又以牒来责我招纳叛人张觉，拘收户口、职官及不付所许粮二十万。……九月……其国初立，未暇抚治山后，故朔、应、蔚三州守臣皆通我，我又招降之。……是冬，尼堪已归云中，因来治此。于是三州率反以归金人。——《三

朝北盟会编》卷 19

太宗天会二年，立大圣皇帝庙于西京[④]。——《金史》卷 33《礼志六》

本朝天会二年，大军平西京[⑤]，故元帅、晋国王到寺随喜赞叹[⑥]，晓谕军兵，不令侵扰。并戒纲首，长切守护。又奏，特赐提点僧禅紫衣[⑦]，并“通慧大德”号。……先是，亡辽季世，盗贼群起，寺遭焚劫，灵岩栋宇，扫地无遗。——曹衍《金碑》

① 《金史》卷 74《宗翰传》：“宗翰请曰：‘宋人不归我叛亡，阻绝燕山往来道路，后必败盟，请勿割山西郡县。’太宗曰：‘先皇帝尝许之矣，当与之。’诸将获耶律马哥，宗翰归之京师。……宗翰复奏曰：‘先皇帝征辽之初，图宋协力夹攻，故许以燕地。宋人既盟之后，请加币以求山西诸镇，先皇帝辞其加币，盟书曰：无容匿逋逃，诱扰边民。今宋数路招纳叛亡，厚以恩赏。累疏叛人姓名，索之童贯，尝期以月日，约以誓书，一无所致，盟未期年，今已如此，万世守约，其可望乎。且西鄙未宁，割付山西诸郡，则诸军失屯据之所，将有经略，或难持久，请姑置勿割。’上悉如所请。”

② 《释氏稽古略》卷 4：“辽甲辰秋七月，天祚牵鞑靼诸军五万，携其后妃、二子曰秦王赵王及宗属，南来越渔阳岭。金人粘罕回军云中，天祚复奔山。”

③ 南宋潘自牧《记纂渊海》卷 24：“应州……本朝宣和五年契丹将苏京以州来降”，“朔州……本朝宣和五年契丹守将韩正以州来降”，“蔚州……本朝宣和五年契丹守将陈翊以州来降”。

④ 大圣皇帝，即金太祖完颜阿骨打（完颜旻）。当时设立御容，金末南迁汴梁。

⑤ 金兵初平西京，在辽保大二年、金天辅六年（1122）。至是年，宗翰奏请撕毁与宋朝的盟约，拒绝割让西京领土，平定三州叛乱，正式开始经营山西。

⑥ 故元帅、晋国王，即宗翰（粘罕、尼堪）。《金史》卷 74《宗翰传》：“天会八年……宗翰为国论右勃极烈，兼都元帅。熙宗即位，拜太保、尚书令，领三省事，封晋国王。乞致仕，诏不许。天会十四年薨，年五十八。追封周宋国王。正隆二年，例封金源郡王。大定间，改赠秦王，谥桓忠，配享太祖庙廷。”

⑦ 唐朝三品以上官员服紫，辽代改从五品以上。对高僧赐紫衣，表示其享有相应级别的荣誉待遇。

1125 年乙巳　金天会三年，北宋宣和七年

三年……二月壬戌，娄室获辽主于余睹谷[①]。……十月甲辰，诏诸将伐宋。以谙班勃极烈杲兼领都元帅，移赉勃极烈宗翰兼左副元帅先锋，经略使完颜希尹为元帅右监军，左金吾上将军耶律余睹为元帅右都监[②]，自西京入太原。……诏建太祖庙于西京[③]。——《金史》卷 3《太宗纪》

大金十二月，斡离不、粘罕分道入侵宋。……东路之军，斡离不主之，建枢密院于燕山，以刘彦宗主院事；西路之军，粘罕主之，建枢密院于云中，以时立爱主院事。国人呼为东朝廷、西朝廷。于是，斡离不之军自燕山直犯河北，粘罕之军犯河东，

陷朔、武、代、忻等州，直趋太原[④]。——《释氏稽古略》卷4

① 《辽史》卷29《天祚帝纪四》：保大五年“二月，至应州新城东六十里，为金人完颜娄室等所获”。按：余睹谷，诸书记载不同，或云应州新城东，或云应州西，或云朔州阿敦山。《乾隆大同府志》卷4《山川》考订在西山口一带。

② 《金史》卷133《叛臣传》：“耶律余睹，辽宗室子也……宗翰伐宋，余睹留西京。天会十年，余睹谋反，云内节度使耶律奴哥等告之。余睹亡去，其党燕京统军萧高六伏诛，蔚州节度使萧特谋自杀。边部斩余睹及其诸子，函其首以献。”

③ 《金史》卷33《礼志六》记在此前一年，不知何是。

④ 北京市文物研究所藏《吴前鉴墓志铭》曰：“天会三年，王师下云、朔等州，元帅府便宜用公为武州刺史。公廉明断决，民赖以安，政声籍甚。俄从国相、秦王伐宋，军中例多攘剽，公独不俘生口，不取财货，有古君子之风。后历绛州绛阳军都指挥使、西京军资库使……”

1126年丙午　金天会四年，北宋钦宗赵桓靖康元年

三月癸未，银术可围太原，宗翰还西京。……八月庚子，诏左副元帅宗翰、右副元帅宗望伐宋。……庚戌，宗翰发西京[①]。……九月丙寅，宗翰克太原……十一月甲子，宗翰自太原趋汴。……闰月……丙辰，克汴城。……十二月癸亥，宋主桓降[②]。——《金史》卷3《太宗纪》

① 《大金国志》卷4：“粘罕大起云中路民兵，之太原。”

② 明杨士奇等《历代名臣奏议》卷339引南宋监察御史吴昌裔《论边防事宜疏》：“昔宣和间，黼、贯开边，郭药师以常胜军来降，又招云、朔汉儿以为一军，谓之义胜。厥后金人南牧，二军首叛以降，遂导敌军俶扰中土。时宦官尚阏其事，不以上闻，竟成靖康之祸。”

1127年丁未　金天会五年，南宋高宗赵构建炎元年

四月……宗翰、宗望以宋二帝归。[①]——《金史》卷3《太宗纪》

五月……壬寅……是日，渊圣皇帝次代州[②]，度太和岭，至云中，留十余日。……秋七月……渊圣皇帝自云中至燕山府，居愍忠寺。——《续通鉴》卷98、99

十月，通问使傅雱见金左监军希尹于云中[③]，希尹以国书授雱，为夏国请熙宁以来侵地[④]。——《宋史》卷486《夏国传下》[⑤]

① 曹勋《北狩见闻录》：“先是，三月二十九日有语分路去，徽庙同二太子由河北路，渊圣同国相由河东路，约会于燕京。……四月初一日起程。”按：徽庙，即宋徽宗；渊圣，即宋钦宗。

② 《宋史》卷449《滕茂实传》：“滕茂实，字秀颖，杭州临安人。政和八年进士。靖康元年，以工部员外郎假工部侍郎，副路允迪出使，为金人所留。时茂实兄绹通判代州，已先降金。粘罕素闻茂

实名，乃迁之代州，又自京师取其弟华实同居，以慰其意。钦宗自离都城，旧臣无敢候问起居者。茂实闻钦宗将至，即自为哀词，且篆‘宋工部侍郎滕茂实墓’九字，取奉使黄幡裹之，以授其友人朔宁府司理董诜。钦宗及郊，茂实具冠帻迎谒，拜伏号泣。金人谕之曰：‘国破主迁，所以留公，盖将大用。’迫令易服，茂实力拒不从，见者堕泪。茂实请从旧主俱行，金人不许，忧愤成疾，卒云中。诜拔归，录所为哀词言于张浚，浚以诜为陕西转运判官，上其事。绍兴二年，赠龙图阁直学士，官其家三人。”元好问《中州集》卷 10《滕奉使茂实》：“茂实，字秀颖，姑苏人。初名裸，徽宗改赐焉。以太学正，兼明堂司令，与枢密路允迪、翰林修撰宋彦通奉使，割三镇。太原寻奉密诏，据城不下。国相怒，囚使人于云中。钦宗北迁，秀颖谒见涕泣，请从行，主者不之许。放允迪、彦通南归，茂实留雁门，与兄宗正丞福（字伯寿）、淮南发运使裿共居。久之，家人至自汴梁，秀颖往来并、代之间，布衣终身。临终，令黄幡裹尸而葬，仍大刻九字云‘宋使者东阳滕茂实墓’。士大夫哀其忠，为之起坟于雁门，岁时致祭。”按：茂实死于建炎二年（1128）。

③ 《续通鉴》卷 99：“傅雱、马识远至云中，金左副元帅宗翰在凉陉未还，左监军完颜希尹遣其大理卿、昭文馆学士李侗馆伴，问雱使指，雱以二帝表文及国书授之。凡六日，乃得见希尹与右监军耶律伊都，权知枢密院事时立爱，席地重毡，参决堂上，兵部尚书高庆裔立其旁，雱跪听其语。”按：伊都，即余睹。

④ 南宋李心传《建炎以来系年要录》卷 181 载绍兴二十九年（1159）四月李宗闵上宋高宗书：“宣和之末，臣陷燕、云者累年。敌人以先臣不屈就死，散于韩企先家充奴婢役使。企先与乌珠密议，臣皆得密听之。盖闻金人之马，皆塔坦所入，冀北虽号产马之地，自兴兵以来所养至少。金人置榷场于白水，与塔坦贸易。丁未岁，塔坦之马不入金国，而又通好于达实林牙，金人即遣使问罪，塔坦使其子来云中问过，金人羁留不得还。戊申岁，伊都金吾出师，攻达实林牙，使塔坦助兵，以为乡道，许归太子。已而，伊都败师，欲结连谋叛。事泄，亡入塔坦，太子卒不遣还。自是，太子郁结成疾，并其母死于云中。塔坦之恨，深入骨髓。今若遣一介之使，开其祸福，晓以利害，使塔坦之马无与金人互市，金人利于骑战，舍马则无所施其能矣。至于西夏，亦与金人为仇，而金人亦素畏之。金人尝割天德、云中、金肃、河清四军及八馆之地以赂夏人矣。丁未之岁，乌舍郎君领数万骑阳为出猎，而直犯天德，逼逐夏人，悉夺其地。夏人请和，金人执其使者。臣是时久留云中，人情稔熟，因得出入云中，副使李屈移谓臣曰：‘昔年大金赂我四军八馆，俾我出军牵制关中，合从以攻南宋。及其得志，首叛盟约。某昔年两使南朝，其礼义文法，非他国之比。’自是观之，则知西夏恶金人、喜中国可知。”按：乌珠，即兀术；塔坦，即达达（鞑靼）；达实林牙，即大石林牙。

⑤ 《宋史》卷 449《阎进传》：“阎进，隶宣武。建炎初，遣使通问，进从行。既至云中府，金人拘留使者散处之，进亡去。追还，留守高庆裔问：‘何为亡？’进曰：‘思大宋尔。’又问：‘郎主待汝有恩，汝亡何故？’进曰：‘锦衣玉食亦不恋也。’庆裔义而释之。凡三亡，乃见杀。临刑，进谓行刑者：‘吾南向受刃，南则我皇帝行在也。’行刑者曳其臂令面北，进踊身直起，盘旋数四，卒南乡就死。进武校尉朱绩亦从之，分在粘罕所。绩见粘罕数日，遽求妻室。粘罕喜，令择所虏内人妻之，绩取最丑者，人莫谕其意。不半月亡去，追之还，粘罕大怒，绩含笑死梃下。盖绩求妻者，所以固粘罕也。”

1129 年己酉　金天会七年，南宋建炎三年

秋七月……时金左副元帅宗翰自东平还云中……是秋，金元帅府复试辽国及两河学人于蔚州①；辽人试词赋，河北人试经义②。……时金人大起燕、云、河朔民兵南侵。——《续通鉴》卷 105、106

金左副元帅宗维禁隐藏被掠亡人士者罪死。初，金人之始用兵也，右副元帅宗傑建枢密院于燕京③，以刘彦宗主之；左副元帅宗维建枢密院于西京，以时立爱主之。金人呼为东朝廷、西朝廷。及是，彦宗以病卒，宗维乃并枢密院于西京，以西京留守韩企先与立爱同主之。宗维素念彦宗，遂以其子筈签书枢密院事。又以通事高庆裔为大同尹、山西兵马都部署……金元帅府禁民汉服，又下令髡发不如式者杀之④。——南宋李心传《建炎以来系年要录》卷 28

① 《续通鉴》卷 122：“金人科举之制，先于诸州分县赴试，县令为考试官，号乡试，惟杂犯者黜，榜首曰乡元。次年春，分三路类试，自河以北至女真皆就燕，关西及河东就云中，河以南就汴，皆取旨选官知举，号曰府试，凡二人取一，榜首为府元。至秋，尽集诸举于燕，号会试，凡六人取一，榜首曰状元。”《续通鉴》卷 130：海陵王时，“府试分六路：……山后及河东人于大同”。

② 刘祁《归潜志》卷 7 云：“金朝取士止以词赋、经义学，士大夫往往局于此，不能多读书。其格法最陋者，词赋状元即授应奉翰林文字，不问其人材何如，故多有不任其事者。或顾问，不称上意，被笑嗤出，补外官。章宗时，王状元泽在翰林，会宋使进枇杷子，上索诗，泽奏：小臣不识枇杷子。惟王庭筠诗成，上喜之。吕状元造，父子魁多士，及在翰林，上索重阳诗，造素不学诗，惶遽献诗云：佳节近重阳，微臣喜欲狂。上大笑，旋令外补。故当时有云：泽民不识枇杷子，吕造能吟喜欲狂。”

③ 宗维，当为宗翰；宗傑，当为宗望。

④ 《大金吊伐录》卷三载：天会四年（1126）十一月二十九日，金枢密院令河内汉民“随处既归本朝，宜同风俗，亦仰削去头发，短巾左衽”。按：金代女真发式，盖与契丹、蒙古、满清大同小异。契丹剃去顶发，四边环留；蒙元剃去顶发，额垂刘海，两侧绾发垂肩，或合辫为一，拖垂衣背，谓之“三搭辫发”（见《识余》卷 1《大义略叙》）。满清唯剃去前顶，留垂背大辫。清俞樾《茶香室丛钞》卷 6《金人妇女亦缠足》：“《枫窗小牍》有‘汴京闺阁妆抹’一条，末云‘今闻虏中闺饰复尔。如瘦金莲方、莹面丸、遍体香，皆自北传南也’。按此书，作于宋南渡初，所云虏中，即谓金也。而有瘦金莲方，是金人妇女亦缠足矣。余曾据宋汤璹《建炎德安守御录》，知金人亦剃头辫发，已载之《小繁露》矣。（《曲园杂纂》第三十六）。今读此条，乃知金人男女装饰，约略与今同也。”

1130 年庚戌　金天会八年，南宋建炎四年

是春，金左副元帅宗翰、右监军希尹、右都监耶律伊都皆在大同……夏五月……癸卯，金禁私度僧尼……——《续通鉴》卷 107

建炎四年十有一月庚子朔……初，宣抚处置使张浚遣使臣杨安间行往云中，访资政殿大学士宇文虚中所在[①]，且以其家人书遗之。是日，安见虚中于南驿。翌日，虚中以矾书授安，使归报。其书曰："缓颊不效，被囚累年，归望永绝，待死而已。家有艰勤，但告君父，勉思忠孝，勿负吾心。继此勿用嗣音，有损无益。江左人钱钊、傅昇勿令近行在，此乃勾引者。"安还至汾州，为逻者所获，囚之。——《建炎以来系年要录》卷 39

十二月……辛未，金左副元帅宗翰，命诸路州县同以是日大索南人及拘之于路；至癸酉，罢籍客户，拘之入官。至次年春，尽以铁索锁之云中，于耳上刺"官"字以志之[②]，散养民间[③]。既而立价卖之，余者驱之夏国以易马，亦有卖于蒙古、室韦、高丽之域者。时金既立刘豫，复以旧河为界。宗翰恐两河陷没士庶非本土之人[④]，逃归豫地，故有是举。——《续通鉴》卷 108

① 建炎二年（1128）五月，宋遣宇文虚中为祈请使迎二圣，遂留北未归。

②《藕香零拾》收录宋李心传《旧闻证误》卷 3："建炎四年十二月，尼堪籍诸路客户，拘之入官。次年春，尽锁之云中，耳上刺官字以志之。河间府乐寿县初县客户六十八人，而误作六百八人以报。后尼堪不容诉，于是县官驱穷民孤旅五百四十人以补数。至则一例卖之，莫能辨也。"

③ 南宋洪迈《容斋三笔》卷 3《北狄俘虏之苦》："元魏破江陵，尽以所俘士民为奴，无问贵贱。盖北方夷俗皆然也。自靖康之后，陷于金虏者，帝子王孙、宦门仕族之家，尽没为奴婢，使供作务。每人一月支稗子五斗，令自舂为米，得一斗八升，用为糇粮。岁支麻五把，令缉为裘。此外更无一钱一帛之入。男子不能缉者，则终岁裸体。虏或哀之，则使执爨，虽时负火得暖气，然才出外取柴，归再坐火边，皮肉即脱落。不日辄死。惟喜有手艺如医人、绣工之类。寻常只团坐地上，以败席或芦藉衬之。遇客至开筵，引能乐者使奏技。酒阑客散，各复其初，依旧环坐刺绣。任其生死，视如草芥。"

④ 两河，指河北路、河东路。

1131 年辛亥　金天会九年，南宋绍兴元年

九年，元帅府以河流近寺，恐致侵啮，委烟火司差夫三千人，改拨河道[①]。——曹衍《金碑》

是秋，金左副元帅宗翰尽迁祁州居民[②]，以其城为元帅府。……时盗贼愈多，宗翰用大同尹高庆裔计，令窃盗赃一钱以上者皆死。云中有一人拾遗钱于市，庆裔立斩之。……由是窃盗少衰而劫盗日盛。……道路寂然，几无人迹矣——《续通鉴》卷 109

① 武州川水原沿云冈石窟前东流，北距各窟约 25 ~ 50 米。经此南拨河道，遂成现状。

② 祁州，今河北安国。

1132年壬子　金天会十年，南宋绍兴二年

四月……移赉勃极烈、左副元帅宗翰朝京师。庚午，以……移赉勃极烈、左副元帅宗翰为国论右勃极烈兼都元帅，右副元帅宗辅为左副元帅。……九月，元帅右都监耶律余睹谋反，出奔[①]。——《金史》卷3《太宗纪》

按旧记，大同，古平城。如浑之水循其城东而南行，亦名曰御河。朝会转输，东趋京师，必逾是焉。河水本盛，遇积雨，益横溢，阻行者。故自元魏以至于唐，河流分合不同，率造桥以达。岁久，沿革不能详焉。其可知者，金天会壬子，留守高庆裔所作。不一年，以大雨震电，有怪物出，坏其十一二。后三年乙卯，居民高居安葺完之。事具宇文虚中《记》。——《正德大同府志》卷12录元虞集《兴云桥记》

壬子岁，尼玛哈闻蜀地富饶[②]，欲提兵亲取，令云中副留守刘思恭条陈书传所载下蜀故事，及图画江山形势，锐然欲往。夏人闻云中聚兵，以为攻己，举国屯境上，以备其来。尼玛哈亦不敢出兵，止遣萨里罕、珠赫贝勒以犯饶风。——《建炎以来系年要录》卷181载绍兴二十九年四月李宗闵上宋高宗书

绍兴二年九月……资政殿大学士宇文虚中在云中，闻金将攻蜀，遣使臣相偁间行以告宣抚处置使张浚，且赍上所赐御封亲笔押字为信，两傍细字作道家符箓隐语云："善持正教，有进无退；魔力已衰，坚忍可对；虚受忠言，宁殒无悔。"虚受忠言者，盖隐虚中名也。又遗其家人书言："中遭迫胁，幸全素守，惟期一节，不负社稷。一行百人，今存者十二三人。有人使行，可附数千缗物来，以救饘厄。昨有人自东北来，太上亦须茗、药之属，无以应命，甚恨甚负。"于是，其夫人黎氏奏以缣帛、茗药附通问使潘致尧，而致尧已行矣。——《建炎以来系年要录》卷58

① 《建炎以来系年要录》卷58："是秋，金国主晟如燕山府，左副元帅宗维、右副元帅宗辅、右监军希尹、左都监宗弼皆会，留右都监耶律伊都守大同府，左监军昌守祁州。伊都久不迁，颇怨望，遂与燕山统军浩里谋为变，尽约燕、云之郡守契丹、汉儿，令悉诛女真之在官在军者。天德知军伪许之，遣其妻来告。时希尹微闻其事而未信，偶猎居庸关上，遇驰书者，觉而获之，宗维族浩里，命希尹诛伊都于大同。伊都微觉，父子以游猎为名，遁入夏国，夏人问有兵几何，云亲兵二三百，遂不纳。乃奔塔坦，塔坦先受希尹之命，其首领诈出迎，具食帐中，潜以兵围之，塔坦善射，无衣甲，伊都出敌不胜，父子皆死。西京副留守李处能坐累诛……于是宗维令诸路尽杀契丹。金主晟闻伊都叛，未至燕而归。"按：塔坦，即鞑靼。

② 尼玛哈，又作尼堪，即粘罕、宗翰。

1133 年癸丑　金天会十一年，南宋绍兴三年

八月[①]……戊戌，金主诏曰："比以军旅未定，尝命帅府自择人授官，今并从朝廷选法。"……是月，韩肖胄等始至云中，见金国都元帅宗翰议事。——《续通鉴》卷 112

① 南宋《佛祖统纪》卷 47："八月，自治平末始鬻度牒，旧以黄纸印造，伪为者多，户部朱巽始奏，令僧道用敕绫牒。述曰：唐明皇天宝中，度牒已用绫素。本朝太宗初年普度十七万，真宗天禧普度二十三万，应此时但用纸牒，使之易（辨）[办]。今既斥卖，欲重其价，故用敕绫，比同品官之告身，亦见朝廷之重僧也。"清姚莹《康輶纪行》卷 11 云："祠部度牒，自治平四年冬始鬻之。熙宁之直，为百二十千；渡江后，增至二百千。其后民间贱之，止直二十千而已。……度牒初以黄纸，绍兴五年易以绢，七年又易为绫。"据上可知，北宋度牒纸质，南宋改用绢、绫。但实际上南宋改用的绫牒，应该就是北宋对赐紫、师号者颁发的绫纸牒。朱弁《曲洧旧闻》卷 9："天禧诏收瘗遗骸，并给左藏库钱。厥后无人举行。元丰二年三月，因陈向为提举常平官，诏命主其事。向又乞命僧守护葬坟，及三千人以上，度僧一人，三年与紫衣，有紫衣与师号。……元丰四年六月辛酉诏：自今紫衣、师号，止令尚书祠部给牒，牒用绫纸。被受师名者纳绫纸六百，至是罢。"

1134 年甲寅　金天会十二年，南宋绍兴四年

是夏，金都元帅宗翰、右监军希尹自云中之白水泊……避暑。……迁西京枢密院于归化州。——《续通鉴》卷 113

四年，金遣李永寿、王翊来，求还刘豫之俘，及西北人在东南者，又欲画江以益刘豫。时议难之，欲遣大臣为报使。参政席益以母老辞，荐谊为代，加谊龙图阁学士，充军前奉表通问使，给事中孙近副之。谊至云中，与粘罕、兀室论事，不少屈。金人谕亟还，谊曰："万里衔命，兼迎两宫，必俟得请。"金人乃令萧庆授书，并以风闻事责谊，谊诘其所自。金人以实告，乃还。——《宋史》卷 379《章谊传》

1135 年乙卯　金天会十三年，南宋绍兴五年

是冬……调燕、云、两河夫四十万入蔚州交（邪）[牙]山，采木为筏，开河道，运至虎州，将造战船。——《续通鉴》卷 116

1137 年丁巳　金熙宗完颜亶天会十五年，南宋绍兴七年

是春，金右监军完颜昌居祁州……完颜杲居云中。尚书左丞高庆裔，以赃下大理寺。……秋七月……金太保、领三省事、晋国王宗翰薨。——《续通鉴》卷 118

郓王昂，本名吾都补，世祖最幼子也。天会六年，权元帅左都监。十五年，为西京留守。天眷三年，为平章政事。——《金史》卷 65《始祖以下诸子传》

1138 年戊午　金天眷元年，南宋绍兴八年

九月……己酉，省燕中西三京、平州东、西等路州县。——《金史》卷 4《熙宗纪》

1139 年己未　金天眷二年，南宋绍兴九年

是春，夏人乘折可求之丧，陷府州。可求子彦文挈家依金左副元帅、鲁国王昌于大同府。后金人命彦文知代州。——《建炎以来系年要录》卷 127

金主以富勒玛为招讨使①，提点夏国、达勒达两国市场②。达勒达者，在金国之西北，其近汉地谓之熟达勒达，食其粳稻；其远者谓之生达勒达，止以射猎为生，性勇悍，然地不产铁，矢镞但以骨为之。辽人初置市场与之回易，而铁禁甚严，至今始弛其禁。又，刘豫不用铁钱，由是河东、陕西铁钱率自云中货于达勒达，蒙古得之，遂大作军器焉。——《续通鉴》卷 122

① 富勒玛，旧作“胡卢马”。
② 达勒达，旧作“达达”。

1140 年庚申　金天眷三年，南宋绍兴十年

六月……大旱。使萧彦让、田珏决西京囚①。——《金史》卷 4《熙宗纪》

① 金元好问《中州集》卷 10《通理何先生宏中》：“宏中，字定远。先世居雁门，叔祖青，出武弁，任忻州兵马使，因家焉。祖行宣，西游遇仙不返。行宣之子子奇、子霖，政和中中武举高科，子奇秉义郎，武州宣宁尉；子霖忠翊郎，守丰州安丰砦，皆没王事。定远，子奇子也。幼倜傥，仪观秀整，雅以奇节自许。宣和末，方贼扰江浙，定远以太学武举进士陈破贼三策，徽宗褒谕，谓非近日言事者所可比。已而，破贼，如定远策，遂知名。宣和元年，集英殿试策中第二，调滑州韦城尉。汴京被围，州郡多避走，独韦不下。兵退，统制武汉英奏辟。钦宗御札召赴军前，以路塞不果。因请兵真定宣抚司。时副帅种师中兵已溃，宣抚司檄定远副汉英守银冶路。既而，太原破，西路无完城，定远等提兵并山而东，将赴援京师。俄，汉英战死，定远收合散亡，立山棚七十四所，号令所及千

里，而远艰食数月，人不敢相食。诏以为武节大夫、河东河北两路统制、接应使。是后，国朝兵日盛，所守唯银冶一城而已。帅府募人生致定远，天会五年二月粮尽被擒。大帅昭刺怜其忠，解缚授以官，定远投牒于地，曰：'我常以此物诱人出死力，若辈乃欲以此吓我耶？'帅嘉其不降屈，又问：'欲还乡否？'定远谋南奔，阳以愿归为言。会监送使臣有先与定远相攻劫者，愬之，囚西京府君庙二年。帅一日召之，授以官，又不拜；使之充军，亦不从；取家属填城黄龙府，益偃蹇不行。帅怒，褫衣欲斩之，定远忻然就戮，曰：'得死所矣。'拥之行，已数十步，帅终不忍，召还问：'尔授官不愿，充军又不行，填城又不行，斩又不惧，毕竟欲如何？'定远徐曰：'生死在公，奚问为？'帅怒解，系之西京狱。得州人保任者数十族，乃放归。请为黄冠，时神霄宫废，道士旧以徽宗为东华君，将毁其像，定远为起紫微殿，迁像事之。年六十三，正隆四年病殁。自号通理先生，所著《成真》《通理》二集，藏于家。州将傅慎微几先赠诗云：'故人何定远，造物不虚生；骨骼棱棱瘦，诗篇字字清。世皆尊道义，我独见忠诚；尊酒分携后，何时盖复倾。其余，与朱少章辈唱酬甚多，皆为所推重，载之墓碣之阴。《述怀》：马革盛尸每恨迟，西山饿踣更何辞；姓名不到中兴历，付与皇天后土知。"

按：清陈焯《宋元诗会》卷61《何宏中》，山棚，作"山栅"；盖复倾，作"复共倾"。宏中归忻州，为道士，姑系是年。

1141年辛酉　金皇统元年，南宋绍兴十一年

江东朱弁《台山瑞应记》：

诸佛菩萨与大阿罗汉，悲悯一切有情，常出光景，以导迷起信，摄服同异。凡山地胜所，示现境界，有趾斯至，有目斯睹。以是因缘故，握符御极宅中图本者，往往布慈云以覆之，揭慧日以烜之，霈法雨以濡之，而不忘嘱累之重。如天台、五台，比州郡别置僧官，使董正其徒而庄严宫殿，盖螺髻宝轮，威神所宅，不可不肃也。雁门史君折侯彦文，下车未逾时，以赤子弄兵涧谷，衣绣持斧，迹捕至台下，与邑之令佐奉香火，作礼于狻猊座前。五香之烟，遍满空际，崪兮直上，倏然改容，引人四顾，目不得瞬，无小无大，各有所见。为五色云者七，为白云者六，为黑云者一，为金桥者三，为圆光者五。五色云有戴白云为冠而其中有洞者，有如圆光者，有如日晕五色六七重者，有如孤石苍黑圆而耸出者，有如仙花之敷芬者，有如仙花而现菩萨像于其上者。白云中，亦有菩萨端严相者，有奋迅如文殊所乘者，有天桥如龙之上飞者，有横光青红黄绿而相间者，有如玉石为佛冠者。黑云中，有独现师子者。金桥有如鲸鲵负天者，有如蝃蝀而中断者，有重叠如鱼鳞相次者。圆光有玉连环者，有现金网而光耀夺人目者。史君图其事而谓予曰："此吾与众人所可见者也。若其它变态，百工所不能状者，吾亦不能言也。子其为我记之。"予曰："曼殊室利住

此山中，诱接群迷，示此方便。史君得其开示，岂无所因哉？昔世尊在舍卫国，举身放光。其光金色，绕祇陀园，周遍七匝，照须达舍，犹如段云，亦作金色。须达者，佛之大檀越也。光明所烛，先至其舍。盖以导迷起信，摄服同异也。”山之上首僧明崇尝谓：“我侯家世奉佛，自高曾来，尤于兹山开大施门。则曼殊室利今所示现，亦犹世尊之于须达也。可不记乎？”予闻无尽居士在元祐中[①]，尝游此山矣，作《清凉传》。神化变异，与身所亲睹者，靡不具载。而味禅悦者，或有为病。予谓无尽平生运佛菩萨慈，以济世拯物；《清凉》之述，所以化导未悟，亦为众人设耳。以是身心，无适不可，故于时为元首，则黎民所宗仰；于法为外护，则释子所依赖。史君能不坠世芬，以无尽之心为心，用报曼殊室利所以开示之意，乃予素所期也[②]，亦予之乐书也。始予欲为史君记其事而未果也，而油幕诸公宛转道史君之恳[③]。既不可辞，又尝见其上首曰明崇者言：“当是时，我与僧正精惠大德、麟府总制折可直，暨寺众实从，史君所共睹也。”兹事不诬，于是乎书。皇统辛酉六月辛巳日。——《续清凉传》卷 2

大同府，中，西京留守司。晋云州大同军节度，辽重熙十三年，升为西京，府名大同，金因之。皇统元年，以燕京路隶尚书省，西京及山后诸部族隶元帅府。旧置兵马都部署司，天德二年，改置本路都总管府，后更置留守司。……县七、镇三：大同，倚。辽析云中置，金因之。有牛皮关、武周山、方山、奚望山、盛乐城、御河、斗鸡台、平城外郭盐场、如浑水、桑干河、纥真山。有辽帝后像，在华严寺。镇一奉义[④]。——《金史》卷 24《地理志上》

① 无尽居士，即北宋大臣张商英。

② 宋朱弁《曲洧旧闻》卷 4：“代州清凉山清凉寺，始见于《华严经》，盖文殊示现之地也。去寺一里余，有泉号一钵，泉止一钵许，挹之不竭，或久之不挹，虽盈而不溢。其理不可解，亦一异也。清凉山数出光景，不可胜纪。甲寅年腊月八日夜，现白圆光，通夕不散，人往来观瞻，如身在月中，比他日所见，尤为殊异。”按：甲寅年，即 1134 年。

③ 油幕，即油衣、油布，古谓青油幕，以青油缣为之，幕帐也，将幕也，参谋议也。此“油幕诸公”，盖指金西京元帅府诸幕僚。

④ 奉义镇，即今大同城东古城村。北齐筑立恒安镇，隋唐用为州郡县治所，后名东州城、东城，辽代为奉义县。《辽史》卷 41《地理志五》：“后唐武皇与太祖会此。辽析云中置。户三千。”卷 36《兵卫志下》：“奉义县丁六千。”

1142年壬戌 金皇统二年，南宋绍兴十二年

皇统二年，有诏普度僧尼[①]。——殷宪《大同新出唐辽金元志石新解·刘座主塔铭》

秋，燕、西东二京、河东、河北、山东、汴、平州大熟。——《金史》卷23《五行志》

① 《佛祖历代通载》卷20：“壬戌……金国英悼太子生日，诏海惠大师于上京宫侧，创造大储庆寺，普度僧尼百万，大赦天下。癸亥，金诏海惠、清慧二禅师住储庆寺，迎瑞像于本寺积庆阁中供养。……乙丑，金海慧迁化，帝偕后亲奉舍利，五处立塔，特谥佛觉佑国大禅师。”然《释氏稽古略》卷4记：皇统三年“夏六月，英悼太子生，诏海慧大师于上京宫侧，创造大储庆寺，普度境内童行，有籍于官者为僧尼。道士亦如之。通百万计”。按：英悼太子济安，生于皇统二年二月。

1143年癸亥 金皇统三年，南宋绍兴十三年

《大同普恩寺碑记》，宋修武郎、借吉州团练使、充通问副使婺源朱公弁所作也。公以建炎元年十一月奉使，为金人所留，迫之事刘豫，不可；欲易其官，不可[①]。……《记》成于金皇统三年三月，实高宗绍兴之十三年也。于是公之去国，盖十七年矣。……考公之归宋，在是秋七月[②]；《记》之作，当在和议初成而公临发之时也。——《道光大同县志》卷19朱彝尊《普恩寺碑跋》

师名禀慧，姓王氏，弘州永宁人[③]。幼于天成县幽峰院出家，受具。自十八岁讲《华严经》《摩诃演论》，辩析疑微，听者常数百人。四十五，散徒游方，即其所传。天眷元年，奉圣旨传菩萨戒。皇统三年，转运司定充本寺提点[④]，申行台尚书省，继准唐堂帖。——曹衍《金碑》

① 元好问《中州集》卷10《朱奉使弁》：“弁，字少章，宋吉州团练使。天会六年，以通问见留，命以官，托目疾固辞，猝然以锥刺之而不为瞬。用是得归，凡居云、朔二十年，自号观如居士。有《曲洧》《风月堂诗话》行于世。绍兴十二年皇子生，大赦，宋使洪皓、张邵、朱弁南归。”

② 《续通鉴》卷126记：六月“庚戌，金人遣通问使徽猷阁待制洪皓、直龙图阁张邵、修武郎朱弁还行在。先是，金主大赦，始许皓等南归。渡江后，奉使几三十人，生还者三人而已”。南宋赵彦卫《云麓漫钞》卷8曰：“奉使张公邵自军前回，有奏札云：自靖康迄于建炎，使于虏而不返者数人，若陈过庭、聂昌、司马朴、滕茂实、崔纵、魏行可、郭元迈。”

③ 弘州永宁，即今河北阳原。

④ 盖辽金大寺官资建设，僧官遂归属于转运司。

1144年甲子 金皇统四年，南宋绍兴十四年

耿光禄坟，在大同府城西二十里。耿，金臣，有三冢，皇统四年建塔，上有志云：

父曰光禄，子曰银青，孙曰昭勇。——《成化山西通志》卷5《陵墓》①

金俗奉佛尤谨，公卿诣寺，则僧坐上坐。燕京兰若相望，大者三十有六，然皆律院②。自南僧至，始立四禅，曰：太平、招提、竹林、瑞像。贵游之家多为僧③，衣盂（衣钵也）甚厚。延寿院主有质坊二十八所。僧职有正、副、判、录，或呼司空（辽代僧有兼官至检校司空者，故名称尚存），出则乘马佩印，街司、五伯各二人前导，凡僧事无所不统，有罪者得挞之，其徒以为荣。出家者无买牒之费，金主以生子肆赦，令燕、云、汴三台普度，凡有师者皆落发。奴婢欲脱隶役者，才以数千，嘱请即得之，得度者亡虑三十万④。旧俗奸者不禁，近法益严，立赏三百千，它人得以告捕，尝有家室则许之归俗，通平民者杖背、流递，僧尼自相通及犯品官家者皆死。——宋洪皓《松漠纪闻》卷1⑤

①《康熙山西通志》卷5："武州山……武州川水出焉，峪中有石窟寺，魏孝文帝常幸焉。山下有耿氏三冢，金皇统间建塔，上有志，父曰光禄，子曰银青，孙曰昭勇。"《道光大同县志》卷5云："耿氏三冢，城西二十里，失其名。《明一统志》：武周山下有耿氏三冢，金皇统四年建塔，父曰光禄，子曰银青，孙曰昭勇。"按：墓所建塔，由来已久。耿氏三代名，皆为官称头衔。

② 宋濂《护法录》卷1《觉原禅师遗衣塔铭》曰："浮屠之为禅学者，自隋唐以来，初无定止，惟借律院以居，至宋而楼观方盛。然犹不分等第，惟推在京巨刹为之首。南渡后，始定江南为五山十刹，俾其拾级而升。"

③《佛法金汤编》卷15云："《金国志》曰：浮屠之教，虽贵戚望族多舍男女为僧尼，禅多律少。在京曰国师，帅府曰僧录、僧正，列郡曰都纲，县曰维那。披剃威仪，与南宋等。所赐之号，曰大师、曰大德，并赐紫。国师服真红袈裟；僧录、僧正限三年为任，并服紫袈裟；都纲亦以三年为任，有师号者赐紫，无者如常。僧维那，僧尼有讼者，杖以下决遣之；杖以上者，并申解僧录、都纲司。"

④ 此言普度僧尼三十万，应即皇统二年（1142）之事；而谓出家人不必买度牒，盖以往辽金实情。然而，金代亦有佛道考试制度，随后亦有鬻卖之法。《金史》卷46《食货志一》："金之为政，常有恤民之志，而不能已苛征之令，徒有聚敛之名，而不能致富国之实。……僧道入粟，始自度牒，终至德号、纲副、威仪、寺观、主席亦量其赀而鬻之。"《山右石刻丛编》卷20录平定县《崇胜寺融公大法师寿藏塔记》："至皇统辛酉岁，试经得度，始受具披缁。……天德壬申岁，师揭来崇胜本刹。……至大定甲申岁，是时官鬻寺院额，师入钱一百千，其□建之院，特赐名洪济崇胜寺。……于大定乙酉岁，阖郡僧众举师为纲首。"

⑤ 洪皓，字光弼，鄱阳人。政和五年（1115）进士，建炎三年（1129）以徽猷阁待制，假礼部尚书为大金通问使。既至金，金人迫使仕刘豫，皓不从，流递冷山，复徙燕京。凡留金十五年（1129～1143）方得南归，遂撰《松漠纪闻》。

1145 年乙丑　金皇统五年，南宋绍兴十五年

十五年，敕天下僧道始令纳丁钱。自十千至一千三百，凡九等，谓之清闲钱。年六十已上及残疾者听免纳。道法师致书于省部曰："大法东播，千有余岁，其间污隆随时，暂厄终奋。特未有如今日抑沮卑下之甚也。自绍兴中年，僧道征免丁钱，大者十千，下至一千三百。国四其民，士农工商也。僧道旧籍仕版，而得与儒分鼎立之势，非有经国理民之异。以其祖大圣人，而垂化为善故耳。至若天灾流行雨旸不时，命其徒以祷之，则天地应，鬼神顺。抑古今耳目所常闻见者也。夫苟为国家御灾而来福祥，亦宜稍异庸庶之等夷可也。若之何遽以民赋，赋且数倍。今天下民丁之赋，多止缗钱三百，或土瘠民劳而得类免者，为僧反不获齿于齐民，以其不耕不蚕而衣食于世也[①]。夫耕而食，蚕而衣，未必僧道之外人人耕且蚕也。"云云。述曰：目僧道同丁夫，而出征赋以免之，岂独僧道之耻，亦国家不知尊尚二教之耻也。今州家征免丁，则必举常年多额以责之，而不顾僧之存亡去住。既又欲以亏额均赋诸寺者，其为患皆此类。——南宋《佛祖统纪》卷 47

① 此言南宋重僧道之赋。北方的金朝，未闻有僧道免丁钱。涉及衣食之俗，当时南宋李季可《松窗百说·燕云》曰："燕、云九州衣冠结束，至今似唐时，余事不变者亦众，如博之樗蒲、双六皆是也。"由此，可见辽金时大同民俗之一斑。

1146 年丙寅　金皇统六年，南宋绍兴十六年[①]

皇统初，缁白命议，以为欲图修复，须仗当仁，乃请惠公法师住持。师既驻锡，即为化缘。富者乐施其财，贫者愿输其力，于是重修灵岩大阁九楹[②]，门楼四所，香厨、客次之纲常住寺位，凡三十楹，轮奂一新。又创石垣五百余步，屋之以瓦二百余楹。皇统三年二月起工，六年七月落成，约费钱二千万。自是，山门气象，翕然复完矣[③]。——曹衍《金碑》

① 《佛祖历代通载》卷 20：是年，"金复赐清惠佛智护国大师号，登国师座，特赐金襕大衣及所用珍异。其钦敬，古所未有，帝后亲奉，接足礼授"。

② 灵岩大阁，即今云冈第 3 窟。该窟为云冈最大窟，其营造样式、雕刻风格，耐人寻味。北魏开山凿壁东西近 60 米，通高 23 米。石壁下方突出一座平台，高约 6 米，纵深 7.5 米，横宽 50 米。台上，中央凿一屋形弥勒窟（其实是突出的庑殿），东西两侧各雕一座方形三级石塔，皆为北魏风格。在平台上方 8 米多高的石壁间，东西排列长方形大梁孔 12 个，约一人高宽，入孔一米余，有向上的竖井，直通山顶。山顶前沿铲出约 3 米宽的一条基岩，排列着 12 个长方形井穴。这些梁孔、柱穴（井穴），

当年大约都穿扣过呈直角的下梁与立柱。下梁的外端，与外立柱相连，便可搭建一座面阔十一间的大型多层殿堂。这便是最初的灵岩大阁，20 世纪 80 年代对梁孔中残留的木炭曾进行过碳十四测定，属于北魏建筑遗迹。金代的灵岩大阁，亦有遗迹。平台岩石上分南、北两排，各有 10 个长方形柱坑，双双对应；而这两排柱坑，又与 1993 年窟前发掘发现的夯土柱基相对应。显然，这正是《金碑》所载“灵岩大阁九楹”的遗址。再看洞窟，平台内里凿空，分作东西两室，平面俱呈“凸”字形；各有一门洞通向后室。后窟整体凿作“凹”字形大室，入深 15 米多，横宽 42.7 米。窟内空空荡荡，仅在后壁中突出的柱体南壁西半部雕造一大龛，龛中一佛二菩萨。其艺术风格，学者多以为近乎隋唐；而梁思成认为接近昙曜五窟大佛。

③ 元好问《遗山集》卷 35《威德院功德记》：“并州，唐以来图经所载佛塔庙处，视他郡为尤多。宣政之季，废于兵者凡十之七。曾不百年，瓦砾之场金碧相望，初若未尝毁者，浮屠氏之力为可见矣。……浮屠氏之入中国千百年，其间才废而旋兴，稍微而更炽者，岂无由而然？天下凡几寺，寺凡几僧，以乡观乡，未必皆超然可以为人天师也。唯其生死一节，强不可夺，小大一志，牢不可破，故无幽而不穷，无高而不登，无坚而不攻，虽时有龃龉，要其终则莫不沛然，而湍流之破堤防，一放而莫之御也。”

1147 年丁卯　金皇统七年，南宋绍兴十七年

七年春正月……癸未，以西京鹿囿为民田。——《金史》卷 4《熙宗纪》

九月……己卯……是日，金国主亶出猎，至阴山之北打围，遂至云中府[①]。冬十月，复归上京。——南宋熊克《中兴小纪》卷 33

【碑文】《大金西京武州山重修大石窟寺碑》[②]：

昔如来出世，为利益一切众生，故分形化体于无边华藏庄严世界海。微尘刹土，随缘赴感，应［身］现前[③]。当此之时，宝山［之］相，满月之容，有目者皆得见；狮子之吼，海潮之音，有耳者皆得听闻。而优填王暂离法会，已生渴仰，遂以旃檀刻为瑞相。何况示灭鹤林，潜辉鹫岭，真容莫睹，像教方兴，宜乎范金、合土、刻木、绘丝，而广兴供养者也。然而，虑不远不足以成大功，工不大不足以传永世。且物之坚者莫如石，石之大者莫如山。上摩高天，下蟠厚地，与天地而同久。是以昔人留心佛法者，往往因山以为室，即石以成像，盖欲广其供养，与天地而同久，虑远而功大矣。与夫范金、合土、［刻木］、绘丝者，岂可同日而语哉！

西京大石窟寺者，后魏之所建也。凡有十名：一通（示）［乐］，二灵岩，三鲸崇，四镇国，五护国，六天宫，七崇（教）［福］，八童子，九华严，十兜率。按《北史》，魏太祖道武皇帝拓跋珪，以东晋武帝太元十（三）［一］年称王于定襄之盛乐，

国号代，建元登国。后乃即真，迁都平城，号恒安都，今西京是也。二世曰明元帝。三世曰太武帝。四世曰文成帝。五世曰献文帝。六世曰孝文帝，始都洛阳，改姓元氏。七世曰宣武帝。八世曰孝明帝。孝明之后，权归藩镇，而魏祚衰矣。《魏纪》，凡建寺皆书，而不书此寺。唯《献文纪》书：皇兴元年八月，幸武州山石窟寺。又按《云中图》云：文成和平（八）［六］年、献文天安元年，革兴造石窟寺。然未知有何所据。

今寺中遗刻所存者二：一载在护国，大而不全，无年月可考。一在崇（教）［福］，小而完，其略曰：安西大将军、散骑常侍、吏部内行尚书、宕昌［公］钳耳庆时镌也。岩开寺[4]。其铭曰："承藉□福，遮邀冥庆，仰钟皇家，卜世惟永。"盖庆时为国祈福之所建也。末云："大代太和八年建，十三年毕。"按道武登国元年即代王位，四月改称魏王，皇始元年称帝，天兴元［年］，帝诏群臣议国号，咸谓国家启基云代，应以代为号，帝不从，诏国号魏。天兴至孝文太和（至）［十］三年，凡九十载，而碑仍称代，何也？参稽内典，矛盾为文。《元氏录》云：道武皇帝改号神瑞，当东晋武帝太元元年，立恒安都，于郊西（土）［大］谷石壁皆劖凿为窟，东西三十里，栉比相连。按神瑞时，明元所改，岁在癸丑[5]，当东晋安帝隆安十七年，在太元后三十七年矣。其舛误如此。《续高僧传》云：沙门昙曜，于文成帝和平中住石窟通乐寺。《大唐内典录》云：昙曜，帝礼为师。请帝开石窟五所。东为僧寺，名曰灵岩；西为尼寺，不言其名。僧法轸为《寺记》云：十寺，魏孝文帝之所建也。护国东壁，有拓国王骑从。《广弘明集》云：即孝文皇帝建寺之主也。帝王于天宫寺以金铜造释伽像。

众记参差如此，竟不知经始在于何帝。以（竟）［意］推之，道武迁都之后，终其世才十年。其间创立城郭、宫室、宗庙、社稷、百官制度，见于史笔，其事实繁。至于凿山为寺，理应未暇。（道）［太］武毁教，末，帝虽感白足之言，寻即殂落，亦非其所为也。献文即位之初，幸其寺，则寺兴于前矣。其间，唯明元、文成二帝。据《录》特标神瑞之号，明元实经其始；《内典录》明载和平之事，则文成实继其后矣。彼《（和）［弘］明》所记，以孝文为建寺之主者，盖指护国而言也；法轸云十寺皆孝文所建，非也。然则明元始兴通乐，文成继起灵岩，护国、天宫则创自孝文，崇福则成于钳耳，其余诸寺次第可知。复有上方一位石室数间，按《高僧传》云：孝文时天竺僧陁（番）［翻］经之地也。十寺之外，西至悬空寺，在焦山之东，远及一舍，皆有龛像，所谓栉比相连者也。验其遗刻，年号颇多，内有正光五年，即孝明嗣位之九年也。然则此寺之建，肇于神瑞，终乎正光，凡七帝，历百一十一年。虽辍于太武之世，计犹不减七八十年。何则？崇福一寺，五年而成，以此较之，不为多矣。《录》云魏成于一帝，何其谬欤！此即始终之大略也。

自神瑞癸丑，迄今皇统丁卯，凡七百三十四年。（此即历年之大略也。）唐贞观十五年，守臣重建。辽重熙十八年，母后再修；天庆十年，赐大字额；咸（熙）［雍］五年，禁山樵牧，又差军巡守；［寿］昌五年，委转运使提点；清宁六年，又委刘转运监修。李唐以前，虽无遗迹，以近推远，从可知也。此则历年之大略也。

本朝天会二年[⑥]，大军平西京，故元帅、晋国王到寺随喜赞叹，晓谕军兵，不令侵扰；并戒纲首，长切守护。又奏，特赐提点僧禅紫衣，并“通慧大德”号。九年，元帅府以河流近寺，恐致侵啮，委烟火司差夫三千人，改拨河道。此则皇朝外护之大略也。[⑦]

叠嶂峥嵘而西去，长沙浩渺以东来，岚影相连，波声不断，势壮京邑，润分林薮，岂特国家之宝，抑亦仙圣之宅。此则形势之大略也。

峰峦后拥，龛室前开，广者容三千人，高者至三十丈。三十二瑞相，巍乎当阳；千百亿化身，森然在目。烟霞供宝座之色，日月助玉毫之辉；神龙夭矫以飞动，灵兽雍容而助武。色楯连延，则天皇弥勒之宫；层檐竦峙，则地通多宝之塔。以至八部之眷属，诸经之因地，妙笔不能同其变，辩口不能谈其目，巧力不能计其数。（况）［恍］若神游［于］鹫岭[⑧]，宛如身诣于耆阇。此则制度之大略也。[⑨]

《尔雅》云：石山戴土，谓之崔嵬。此山是山，外积黄壤，中含翠石，高卑莫测，厚薄难知。然而良工预为其制，群匠争奋其力，迄□隳坏，绩用有成。虽大禹之凿龙门，六丁之开蜀道，不过摧其顽险，务于通达而已；方之于此，未足为难。倘非诚心一发，圣力潜扶，安能致是哉？又，护国二龛不加力而自开，以至扣地则神钟发响，闻者摄心；琢石则醴泉流出，饮之愈疾。珍禽时聚，毒虫屏迹。此则灵感之大略也。[⑩]

呜呼，青鸳肇于西域，徒见其名；白马兴于中土，（景）［竟］隳其志。未如此寺殊功圣迹，亘古今而常存者也。

先是，亡辽季世，盗贼群起，寺遭焚劫，灵岩栋宇，扫地无遗。皇统初，缁白命议，以为欲图修复，须仗当仁，乃请惠公法师住持。师既驻锡，即为化缘。富者乐施其财，贫者愿输其力，于是重修灵岩大阁九楹，门楼四所，香厨、客次之纲常住寺位，凡三十楹，轮奂一新。又创石垣五百余步，屋之以瓦二百余楹。皇统三年二月起工，六年七月落成，约费钱二千万。自是，山门气象，翕然复完矣。师又以灵岩古刻既为灰烬，护国大碑又复摧毁，胜概不传，居常叹息。欲表前踪，以垂后世，乃砻巨石，谒文于予。予既闻师名，又嘉其志，遂不复辞，为摭实而书之。

师名禀慧，姓王氏，弘州永宁人。幼于天成县幽峰院出家，受具。自十八岁讲《华严经》《摩诃演论》，辩析疑微，听者常数百人。四十五，散徒游方，即其所传。天眷元年，奉圣旨传菩萨戒。皇统三年，转运司定充本寺提点，申行台尚书省，继准唐堂帖。师性明悟，威仪端重，一方钦仰，建化之功颇多，至于石窟为最（玄）［云］。

皇统七年，夷门曹衍记并书[11]。传菩萨戒、提点大石窟寺沙门禀慧助（辩）［办］。经武将军、前西京军器库使、骑都尉、太原县开国男、食邑三百户王庆祐，前西京……

癸卯年腊月二十四日，予从东胜来。是日，宿于寺之方丈，受清供。次日，达西（江）［京］。次年二月八日，始录上草本于何尚书思诚东斋[12]。——曹衍《金碑》，载熊梦祥《析津志》，今见北京图书馆善本组《析津志辑佚》

① 《建炎以来系年要录》卷 156：“九月……是月，金主亶出猎至阴山之北打围，遂至大同府。”

② 该碑，今已无存。元江西人熊自得（字梦祥）《析津志》收录，清缪荃荪抄自《永乐大典》，20 世纪中叶宿白发现并研究。这里抄录，主要依照宿先生点校的碑文，但笔者有所改动。详见附录：《〈大金西京武州山重修大石窟寺碑〉小议》。

③ 身，赵一德《云冈石窟文化》补，颇有道理。《魏书》卷 114《释老志》曰：“诸佛法身有二种义，一者真实，二者权应。真实身，谓至极之体，妙绝拘累，不得以方处期，不可以形量限，有感斯应，体常湛然。权应身者，谓和光六道，同尘万类，生灭随时，修短应物，形由感生，体非实有。权形虽谢，真体不迁，但时无妙感，故莫得常见耳。明佛生非实生，灭非实灭也。”

④ “岩”前，盖阙一“因”或“依”字。

⑤ 神瑞元年（414），岁在甲寅，是北魏明元帝的年号。这里，曹衍往前误推了一年。后同。

⑥ 下划线九十二字，原抄本在“此则灵感之大略也”句后。这里，因“此即历年之大略也”句，前后重复，必有讹误；据文意提前于此，似为妥当。另，从时间顺序上分析，“天庆十年赐大字额”与“清宁六年又委刘转运监修”二句的位置，应当互换。

⑦ 下划线八十六字，原在下文“以至扣地则神钟”之后，据文意提前。

⑧ “悦”，原抄为“况”，此据意改；“于”，原抄阙，此补。

⑨ “度之大略也”五字，原抄本在下文“本朝天会二年”后，致使意不可解。这里，据文意将下划线一百二十四字提前于此，则前后文理、秩序井然。

⑩ 原抄本在上文“此则制”与“发响……”连接，意不可解。插入大括号文字后，恰使“神钟”与“发响”连接，整个句意，合若符契。按：“护国二龛不加力而自开，以至扣地则神钟发响，闻者摄心；琢石则醴泉流出，饮之愈疾”句，所指为今天的第1、2双窟。在明清方志中，第1窟名曰“石鼓洞”，第2窟名为“寒泉窟”，至今扣地声声，流水潺潺。这样，便与宿白先生判定的，护国寺为现在的第7、8窟，意见相左了。参见附录：《〈大金西京武州山重修大石窟寺碑〉小议》。

⑪ 夷门，乃北宋首都东京汴梁（今河南开封）的别称。曹衍，生平不详。根据历史推测，金天会四年（1126），破汴梁，灭北宋，随后大批南人被宗翰掳掠北上，夷门曹衍大约是流亡西京大同的北宋遗民。皇统七年（1147），曹衍在收集史料的基础上撰写《金碑》，盖羁旅大同已历年月。系统研究云冈石窟，曹衍为第一人。《金碑》，元末尚存，大约废于明代。“肇于神瑞，终乎正光”说，后为现存明《成化山西通志》以降的各种地方志承袭。另，《宋史》卷204《艺文志三》“霸史类”，录有“曹衍《湖湘马氏故事》二十卷”；卷206《艺文志五》“小说类”，录有“曹衍《湖湘神仙显异》三卷”。湖湘，即洞庭湖与湘江地带；马氏故事，乃叙述五代十国中楚国的建立者马殷家族政权的兴亡史事。可见，曹衍是一位文史学家。南宋吴曾《能改斋漫录》卷11《曹衍托意为鹭鸶、贫女绝句》云：“曹衍，衡阳人。太平兴国初，石熙载尚书出守长沙，以衍所著野史，缴荐之。因得召对，袖诗三十章上进。首篇乃《鹭鸶》《贫女》两绝句，盖托意也。《鹭鸶》云：‘波澜静处立身孤，毲雪攒霜腹转虚；尽日滩头延颈望，能销大海几多鱼？’《贫女》云：‘自恨无媒出嫁迟，老来方始遇佳期；满头白发为新妇，笑杀豪家年少儿。’太宗大喜，召试学士院，除东宫洗马，监泌阳酒税。”按此曹衍，系北宋初衡阳人，大约中年以后始入汴京为官，与金初夷门曹衍，似为二人。姑留存疑。

⑫ 此段系熊自得所加。癸卯年，即元顺帝至正二十三年（1363）。《康熙丰城县志》卷9：“熊自得，字梦祥，横冈里人。博学强记，尤工翰墨。元，以茂才异等，荐为白鹿洞书院山长，授大都路儒学提举，崇文监臣。以老疾归，年九十余。”另，清康熙《御定佩文斋书画谱》卷39：“熊梦祥，字自得，江西人。通群书，旁晓音律，能作数体书。以茂才举教官，辄弃去。放意诗酒，游淮、浙间，卜居娄江上，自号松云道人，与顾仲瑛为忘年友。钱肃乐《太仓州志》。”又，清《畿辅通志》卷53：“斋堂村，在宛平县西山北百余里。《渌水亭杂识》：元豫章熊自得，偕崇真张真人往居，撰《燕京志》。”

1149年己巳　金皇统九年、海陵王完颜亮天德元年，南宋绍兴十九年

春正月……丙午……以南京留守宗贤为左副元帅兼西京留守。己酉，宗贤复为太保、领三省事。——《续通鉴》卷128

1150年庚午　金天德二年，南宋绍兴二十年①

大同府……旧置兵马都部署司，天德二年，改置本路都总管府，后更置留守司。置转运司及中都西京路提刑司。贡玛瑙环子、玛瑙数珠。产白驼、安息香、松明、松脂、黄连、百药煎、芥子煎、盐、捞盐、石绿、绿矾、铁、甘草、枸杞、碾玉砂、地蕈。户九万八千四百四十四。县七、镇三。——《金史》卷24《地理志上》

① 《佛祖历代通载》卷20："庚午，金废度僧、道。"按：海陵王对于佛教持抑制态度，《金史》卷83《张通古传》载："会磁州僧法宝欲去，张浩、张晖欲留之不可得，朝官又有欲留之者。海陵闻其事，诏三品以上官上殿，责之曰：'闻卿等每到寺，僧法宝正坐，卿等皆坐其侧，朕甚不取。佛者本一小国王子，能轻舍富贵，自苦修行，由是成佛。今人崇敬，以希福利，皆妄也。况僧者，往往不第秀才，市井游食，生计不足，乃去为僧，较其贵贱，未可与簿尉抗礼。闾阎老妇，迫于死期，多归信之。卿等位为宰辅，乃复效此，失大臣体。……'召法宝谓之曰：'汝既为僧，去住在己，何乃使人知之？'法宝战惧，不知所为。海陵曰：'汝为长老，当有定力，今乃畏死耶？'遂于朝堂杖之二百，张浩、张晖杖二十。"

1151年辛未　金天德三年，南宋绍兴二十一年

四月丙午，诏迁都燕京。——《金史》卷5《海陵纪》

1152年壬申　金天德四年，南宋绍兴二十二年

云中县城家庄住人刘忠立。今于当县下王庄住人白孝麟处，买到坟地二亩二分。东至白甫，南□□，西至卖地人白孝麟，北至坟界白孝麟。其地四至分朗，准买坟地价钱贰百贯文。恐后无凭，故立坟碣为凭。天德四年五月廿六日迁坟人男刘忠，孙男留住，孙男乞住。——大同市殷宪藏《刘忠买坟地墨书砖》[①]

① 该方砖，边长约40厘米，2001年出土于大同城北陈庄西与下皇庄间的看守所墙东。当时，村民挖葡萄沟，发现一砖室墓，内有此墓砖和一个骨灰罐。殷宪认为：陈庄，旧志或称陈家庄，此砖则记为城家庄；下皇庄，此砖称下王庄。二亩二分值二百贯，可见当时地价亩百贯左右。

1153年癸酉　金天德五年、贞元元年，南宋绍兴二十三年

三月辛亥，上至燕京，初备法驾。……乙卯，以迁都诏中外。改元贞元。改燕京为中都，府曰大兴，汴京为南京，中京为北京。……五月辛卯，杀弟西京留守蒲家[①]。西京兵马完颜谟卢瓦、编修官圆福奴、通进孛迭坐与蒲家善，并杀之。……十二月……闰月……癸卯……命西京路统军挞懒、西北路招讨萧怀忠、临潢府总管马和尚、乌古迪烈司招讨斜野等北巡。——《金史》卷5《海陵纪》

世宗光天兴运文德武功圣明仁孝皇帝，讳雍，本讳乌禄，太祖孙，睿宗子也。……贞元初，为西京留守。三年，改东京，进封赵王。——《金史》卷6《世宗纪上》

① 《金史》卷76《太宗诸子传》：贞元元年三月，海陵王"及迁中都，道中以蒲家为西京留守。西京兵马完颜谟卢瓦与蒲家有旧，同在西京，遂相往来。蒲家尝以玉带遗之。蒲家称谟卢瓦骁勇不减尉

迟敬德。编修官圆福奴之妻与蒲家姻戚，圆福奴尝戒蒲家曰：‘大王名太彰著，宜少谦晦。’蒲家心知海陵忌之，尝召日者问休咎。家奴喝里知海陵疑蒲家，乃上变告之，言与谟卢瓦等谋反，尝召日者问天命。御史大夫高桢、刑部侍郎耶律慎须吕就西京鞫之，无状。海陵怒，使使者往械蒲家等至中都，不复究问，斩之于市。谟卢瓦、圆福奴并日者皆凌迟处死。”

1155年乙亥　金贞元三年，南宋绍兴二十五年

【碑文】《大金国武州都纲司大悲院尼刘座主塔铭并叙》：昔觉雄氏灭，以火化之，其遗烬之骨谓之舍利。时八国王争敓分取，各建塔而葬焉。后为浮屠教流布于东土，人从而随之者多矣。故比丘尼彭城刘座主者，武州司使司人也，俗姓张氏，亡辽故尚书虞部郎中臣宪者，祖也；洺州刺史遵诲者，考父也。年二十岁，嫁于里人礼宾使刘潜为妻，能尽妇道，常以庄靖柔顺相助于夫。礼宾赋性刚毅严栗，果敢于事。遭辽季运，率二千余众欲归于宋，中有不相能者，反悖而亡焉。宋赠武列大夫，封妻为宫人。则持丧守孀，治理家事，逮数岁，执节定志而不改嫁。至本朝抚定，皇统二年，有诏普度僧尼，宫人曰：“今遇国恩，我为孀妇而无嗣，愿削发为尼。”寻礼当州大悲院尼、首座圆寂为师，训定法名善敬，受具大戒。进道安禅，尝无懈怠，粗衣粝食，乐于饱暖。有日，聚族而言曰：“据我夫分产业，并付侄孙供奉班祗候恕为主，所有婢仆三户大小十数口，悉放归良”。族人亦从顺之。常以供佛饭僧设施为事。于贞元三年八月二十三日搆疾而化，嚮年七十有二。择定九月十六日，年月日时俱偶通利，而得速葬，依天竺法，于宁远县归仁乡西郡里古寺原祖父神茔之右，垒塔而葬之。则摭实而为之铭，铭曰：共姜其人，彭城公妇；艰崄备遭，始终能固。托迹空门，指为归路；今其化矣，立塔为墓。——殷宪《大同新出唐辽金元志石新解·刘座主塔铭》[①]

① 该塔铭，碑形，环饰忍冬纹，拓本纵51厘米，横36厘米。碑文“宁远县”，即今忻州五寨县，辽金时统属西京。

1156年丙子　金贞元四年、正隆元年，南宋绍兴二十六年

二月癸酉朔，改元正隆，大赦。庚辰，御宣华门观迎佛[①]，赐诸寺僧绢五百匹、彩五十段、银五百两。……十一月……癸巳，禁二月八日迎佛[②]。——《金史》卷5《海陵纪》[③]

① 庚辰，初八日。《辽史》卷 53《礼志六》：“二月八日为悉达太子生辰，京府及诸州雕木为像，仪仗百戏导从，循城为乐。悉达太子者，西域净梵王子，姓瞿昙氏，名释迦牟尼。以其觉性，称之曰佛。”中华书局本《校勘记》引《考异》曰“二月当四月”，且有碑证。然《金史》卷 11《章宗纪三》亦云：承安四年“二月……庚午，御宣华门，观迎佛。”又《元史》卷 202《释老传》云：“每岁二月八日迎佛，威仪往迓，且命礼部尚书、郎中专督迎接。”可见，辽金元之俗，一脉相承，《校勘记》误矣。《析津志辑佚》记元世祖有“游皇城”之诏，当时诗词曰：“二月天都初八日，京西镇国迎牌出，鼓乐铿鍧侪鬻箫。金身佛，善男信女期元吉，白伞帝师尊帝释，皇城望日游宫室，圣主后妃宸览毕。劳宣力，金银缎匹君恩锡。”另有“浴佛”之俗：“四月八日浴佛。宫庭自有佛殿，是（曰）［日］，刺麻送香水、黑糕、斋食奉上。有佛处，咸诵经赞庆。国有清规，一遵西番教则。京城寺宇进有等差。” 要之，元时二月初八为“迎佛”、四月初八为“浴佛”。

②《元史》卷 145《廉惠山海牙传》：“上疏言二月迎佛费财蠹俗，时论韪之。”清俞樾《茶香室三钞》卷 17《佛生日》谓：唐以前，在二月八日；诸经以四月八日为多。笔者按：二月、四月，东晋法显《佛国记》中，所见各国已有不同（参见本书 424 年注），中印度摩竭提国二月初八日行像，于阗则在四月，北魏也在四月八日。《魏书》卷 102《西域传》谓焉耆国“俗事天神，并崇信佛法。尤重二月八日、四月八日。是日也，其国咸依释教，斋戒行道焉”。两节并行。此宗公案的症结，据俞樾分析，诸经无论谓佛生于周庄王九年，或是十年，或是周昭王二十四年，皆云四月八日，而“姬周以十一月为正，四月八日，即今之二月八日也”。周历四月，即汉武帝（改正月为岁首）至今的夏历二月。因此，不同时代、不同地区，遂出现奉行二月初八、四月初八，甚或两节并行的不同。

③ 范祥雍《洛阳伽蓝记校注》卷三“景明寺”条注：“释教以四月八日为释迦牟尼佛生日及成道日，或谓于二月八日成佛（《菩萨处胎经》）。《玉烛宝典》四云：‘后人每二月八日巡城围绕，四月八日行像供养，并其遗化，无废两存。’”另外，佛经有浴佛之法，这里不论。北宋《释氏要览》卷 2《浴佛》：“而今江浙用四月八日浴佛。”南宋临安（今杭州）浴佛之俗，见南宋周密《武林旧事》卷 3《浴佛》：“四月八日，为佛诞日，诸寺院各有浴佛会。僧尼辈竞以小盆贮铜像，浸以糖水，覆以花棚，铙钹交迎，遍往邸第富室，以小杓浇灌，以求施利。是日，西湖作放生会，舟楫甚盛，略如春时。小舟竞买龟鱼螺蚌放生。” 按：糖水，当为“香水”。清褚人获《坚瓠续集》卷 2《浴佛》：“《岁时记》：荆楚诸寺，四月八日设斋，为龙华会。以都梁香为青色水，郁金香为赤色水，丘隆香为白色水，附子香为黄色水，安息香为黑色水，以灌佛顶。”

1157 年丁丑　金正隆二年，南宋绍兴二十七年

二月……癸卯，改定亲王以下封爵等第，命置局追取存亡告身，存者二品以上，死者一品，参酌削降。公私文书，但有王爵字者，皆立限毁抹，虽坟墓碑志并发而毁之。——《金史》卷 5《海陵纪》①

进封郓王，改封魏王，除济南尹。按答海不堪卑湿，多在病告，海陵闻之，改西京留守。正隆例夺王爵，改广宁尹。——《金史》卷 73《宗雄传附子按答海传》②

晏本名斡论，景祖之孙，阿离合懑次子也。……正隆二年，例削王爵，改西京留守。

未几，为临潢尹，遂致仕，还居会宁。——《金史》卷73《阿离合懑传附子晏传》[3]

① 按：大同地区辽代以前的碑碣，今无一传世者，应与此有关。云冈《金碑》，大约逃过了此劫，元末熊自得来石窟寺获取拓片。但是，抄本中碑末施善名录王庆祐以后，突然终止，盖此时磨毁。当然，也可能有其他原因。另，毁碑之事，见诸史记，历代多矣。北宋哲宗、徽宗时都曾毁碑。大同城内外古碑之厄，目前虽难尽晓，但现已发现明代城墙中夯埋着不少金、元碑幢。

② 是时，金朝修建燕京、汴京宫室，劳役繁重。《三朝北盟会编》卷230云："金主篡位以来，新修燕京大内，将复创修京师大内。……其所用军民夫、工匠每四月替，近者不下千百里，远者不下数千里。近者北归，往往半岁，远者得回，动是逾年，到家不月余，又复起发。其河北人夫死损大半，其岭北西京路夫七八千人，得归者无千余人。可见人民冤苦。"

③ 是年，南宋释、道人口，见周煇《清波杂志》卷7："道士一万人，僧二十万人，乃绍兴二十七年礼部见注籍之数。"

1159年己卯　金正隆四年，南宋绍兴二十九年

【碑文】《故杨公墓志铭》[1]：郑圃安撰，颜川部书。公讳晖，大同府宣德县人也[2]。祖父□□□□□□□□□。公天赋□□，自贻哲性，孝于其亲，恭于厥兄，□于厥弟，□□□□，□□为善。惟日不足，克勤于家，克俭于身。□□□□，□取人之善，□□人之恶。□□□家，揖让下人，□财庵与士信，勇于为义，乐于为仁。内睦亲族，外□乡□。□□□□，躬耕垄亩，力事稼穑。善于治生，家累殷富。三世同爨，不易门闾。义著于时，无有比及。母温氏，年八十五，见在堂。兄曰昶，故以军功授爵，累迁□□□□，充西京定霸军左厢都指挥使，后公二十六年卒于任。弟曰昺，故西京留守衙番译。秩满，补尚书省译史，累迁修武校尉。后公十二年卒。公娶赵氏，生男一人，曰忠弼，娶韩氏。孙男三人，曰庆孙，曰胤孙，曰进孙；孙女一人，曰娥儿，俱幼。公享年三十有五，以天会十一年十二月五日，以疾卒。赵氏，时年三十一，哀毁过制，力守义节，姿质□□，□□不嫁，□养幼稚，和协亲姻，治家有法，动有规模，乡闾称焉。后公二十□年，以正隆四年三月二十九日，以疾卒于正寝。卜以其年五月八日出殡，开□□□□□□□□□之柩，合葬□公之墓，乃为之铭曰：

挺生贤哲，惟德是常；□□□□，□□□□。三世同爨，义声遐扬；不禄早世，□□□□。乃从先茔，自登□方；岁在己卯，□□□□。伊月之尽，己巳是房；伊日之吉，□□□□。大金正隆四年岁次己卯五月八日，男……。——大同市博物馆藏《杨晖墓志》

【塔铭】《观音院故敬公塔记》[3]：昔薄伽梵之御世也，为无量众生说无量乘，乘中之□上者，乃秘密玄□□□□智印，通诸佛之心要，证圣果之□□。□然以教树一门，而有多种。若夫大□神咒，放摩尼宝光，破尘网而成无漏，脱□□而造正觉者，佛顶尊胜之谓欤！故善□□□，凡一闻密咒之言，称？七反榜？生之□。□□议力，其大矣哉！粤以故寺主敬公，□□弘州永宁人也，俗兰氏，僧名遵敬[4]。其□纯而直，其貌恭而温，其德□而□。□其言也，信而诚。年方弱冠，□□□进具之。后游方，在念持诵，□□□□□天会之际，□□本寺，主掌建□□□□而行，乃于本院特建观音堂□□□塑像金彩，皆圜边壁雄仪图□□□廊、花木，并以完全。始终诵□□□经一万余部。以至报龄六十□□□正隆岁次己卯三月□□□，□疾而终。然以俗有生，尽色养之□，极哀思之道，灌？树负土之者，□□咸服之贤，诚达泉□，感通鸟兽。□□为贤达之行，未造无漏之□□□者也。矧以澄叡者[5]，乃俗□□孙□于资，列处遵庭，训□振……缘，荐资冥福，故建……塔一座。庶夫风递轻尘，□□□□□□□灵，生乎胜域，且一……得生于兜率。况久□久临，必迴□于梵天。凡善报恩而示后者，无□……石，以昭先者也。旹大金纪……二年十一月二十八坤时。门人：……小□：澄叡。法孙：行□俗侄：……俗孙：……鹫峰寺讲？经沙门……武安茅山渤海广？□□□丹并□额。灵？□刊。

① 砂岩碑，纵 79 厘米，横 49 厘米。碑首折角。出土地点、时间，不详。但从铭词分析，墓在白登附近。

② 辽西京德州宣德县，金大定八年（1168）更名宣宁县，属地大约在今大同新荣区及其附近。

③ 该八棱青石幢，首、座皆佚，现存大同市善化寺，据说早年从南城墙挖出。

④ 遵敬，见大定十六年（1176）朱弁碑阴所列“持诵沙门遵敬”。

⑤ 澄叡，见大定十六年（1176）朱弁碑阴所列“讲经沙门澄叡”。

1160 年庚辰　金正隆五年，南宋绍兴三十年

孔彦舟，字巨济，相州林虑人。……正隆例降金紫光禄大夫，改南京留守。……正隆五年，除南京留守。——《金史》卷 79《孔彦舟传》

1161 年辛巳　金正隆六年、世宗完颜雍大定元年，南宋绍兴三十一年

【碑文】《徐龟之墓》：徐君讳龟，字龟，天德人也。兵火之后，隐居于云中，因而家焉。正隆六年六月二十八日寝疾，终于家。时年六十八。男子元备丧礼，九

月甲申，葬于云中之北阳。——大同市博物馆藏《徐龟墓志》[①]

六月癸卯，命枢密使仆散思恭、西京留守萧怀忠将兵一万讨契丹诸部。……八月……癸亥，杀右卫将军萧秃剌、护卫十人长斡卢保，族枢密使仆散师恭、北京留守萧赜、西京留守萧怀忠，杖尚书令张浩、左丞相萧玉。——《金史》卷5《海陵纪》

① 该小型骨灰棺，砂岩，长方形，棺盖外表居中磨平，刻碑文面积28厘米×20厘米。20世纪90年代出土于大同火车站东南。

1162年壬午　金大定二年，南宋绍兴三十二年[①]

世宗大定二年[②]，诏免二税户为民。初，辽人佞佛尤甚，多以良民赐诸寺，分其税一半输官，一半输寺，故谓之二税户[③]。辽亡，僧多匿其实，抑为贱[④]，有援左证以告者，有司各执以闻，上素知其事，故特免之。——《金史》卷46《食货志一》[⑤]

宗宪本名阿懒。……左副元帅宗翰弟也。……世宗即位，遣使召之……明年，改西京留守。八月，改南京。——《金史》卷70《宗宪传》

【碑额】《大华严寺重修薄伽教藏碑记》[⑥]

【碑文】《大金国西京大华严寺重修薄伽藏教记》：

云中段子卿撰，京东会龙寺讲经沙门法慧书，云中张公徽篆，雁门解遵仁刊。

薄伽藏教者，乃三世诸佛、十方菩萨、声闻罗汉、一切圣贤言行之总录也。至于六道四生、因果之法，靡所不载。大概设百千万种善巧方便，劝诫众生，迁善远罪而已。此教乘之本意也。及乎离拔苦海，超证菩提者，未有不由于斯也。

教之始出，出于西方佛刹之中。来之东土者，因缘运历所使之然也。虽三皇五帝之初，其道亦已行矣。止以世质人纯，未识因果，故不能大兴尔。迄至汉明帝之有天下，夜梦金人飞空而至，爰从傅毅之占，远出天竺之使，委寻佛法，适遇摩腾，使乃具言帝命，要来中国。帝因见而异之，曰："吾之所梦，正以是夫！"故崇恩礼以接之，置精舍以处之。起居出入，莫不奉焉。腾乃译经四十有二章，缄之于兰台石室。风以动之，教以化之，人稍稍而敬信焉。迨夫夜鸣白马，名改于招提寺；瓶出舍利，塔建于佛陀里。自兹厥后，其道日隆。

降及三国之末，联绵五代之终，其间则有高僧前后相续，继踵而至者三十余辈。率皆逾沙越漠，冒险涉危，心乎济渡，苦不为难。或自西而东者，挟教而来；或自东而西者，得法而返。咸依梵本，译而传之。故佛之旨意，至此而彰；僧之轨仪，从兹而著。自天子至于庶人，莫不倾耳而听之，拭目而视之者欤！故能廓含灵之慧眼，通法界之迷津。与夫日月出而昏蒙披，雷雨作而草木解，一何异哉？使知祸福之因，得悟死生之趣，咸云厥道大可依归。渐渍成俗，久而益著。故梵刹精蓝，靡所不有；浮图佛庙，是处争兴。后世虽有诽谤为梗之徒若退之者⑦，致辞以攻，愈攻则愈坚；抗力以扑，益扑而益炽。信所谓如山之苞，如川之至，其何动御哉！此盖不可思议、无边功德之所致也。异哉！佛之教化，若此以大兴；教之简牍，亦从而浸广。故纂成门类，印造颁宣。派而别之，则有大小、权实、顿渐、偏圆、显密之类分焉。遂使都城、郡墎、山方、兰若，凡有僧尼佛像之所，往往聚而藏之。以其广大悉备，故谓之《藏教》。至大唐咸通间，沙门从梵者，集成《经源录》，以纪绪之。其卷（秩）［袟］品目、首末次第，若网在纲，有条而不紊，可使后人易为签阅尔。及有辽重熙间，复加校证，通制为五百七十九帙，则有《太保太师入藏录》具载之云。今此大华严寺，从昔已来，亦有是教典矣。

至保大末年，伏遇本朝大开正统，天兵一鼓，都城四陷，殿阁楼观，俄而灰之。唯斋堂、厨库、宝塔、《经藏》，洎守司徒大师影堂存焉⑧。至天眷三年闰六月间⑨，则有众中之尊者，僧录、通悟大师慈济，广达大师通利，大德、通义大师辩慧，大德、妙行大师洎首座义普，二座德祚等，因游历于遗址之间，更相谓曰："曩者，我守司徒大师秀出群伦，兴弘三宝，霈教雨而润民苗，鼓化风而熏佛种。岂特人天之仰止，亦惟在上者师之。爰出官财，建兹梵宇；壮丽严饰，稀世所有。一旦隳残，以至于此，诚可以痛乎哉！惜乎哉！为人之后者，苟不能继其绝而兴其废，补已弊而完已隳者，能无愧乎？殊不闻，厥父菑，厥子弗肯获；厥父基，厥子弗肯构？则俗人尚为诮尔，况我等之为释子，可不念哉？"已而，玄先出己之净财，仍化同居之清众，暨诸外内信心之流，加之援助。乃仍其旧址，而特建九间、七间之殿，又构成慈氏、观音、降魔之阁，及会经、钟楼、三门、垛殿。不设期日，巍乎有成。其左右洞房、四回廊庑，尚阙如也。其费十千余万，所给甚易尔。奈何天与之始，而不与之终；事见其作，而不见其成？哀哉！不数年，上五人乃化，倾城士庶举多哀恸者，皆以此也。

呜乎！昔人之同力，功尚未终；主事者先归，谁复为葺？果见星霜屡变，佛宇荒凉。顾左右前后之间，唯瓦砾蒿莱而已。虽有殿堂，岂堪游礼者乎？则有故僧录大师门人省学者，一日慨然念先师等之勤，曰：“昔者服劳，兴修废业，其事未终而奄然长往。我为之后，宁不痛兹？虽不能嗣续而大成之，盍不务专精而守视尔。”于是聚徒兴役，刈楚剪茨，基之有缺者完其缺，地之不平者治以平，四植花木，中置栏槛，其费五百余万焉。此乃不使前人之功坠，以待将来之缘合。暨得成全，亦今日之力也。而后，因礼于药师佛坛，乃睹其……

【碑阴文】《薄伽教藏》，金碧严丽，焕乎如新。唯其教本错杂而不完，考其编目，遗失过半。遂潜运于悲心，庶重兴于素教。将弃其遗本，愍家之旧物；拟补以新经，虑字之讹错。绸绎再三，皆不若择其一同者补而全之。俄而，具以其事言于当寺沙门惠志、省涓、德严等三人焉。庶几协力，克成厥功。彼人闻是语已，一意欣而奉之。遂聚其清信家，乃立为薄伽邑。佥曰：“凡事为之有作，须头目而后行。然而托之大者，易以建效，非其人则劳而无功。”反复谘询，未知其可。众乃同声唱言曰：“有兴严寺前临坛传戒慈慧大师可。是师也，素具慈悲，复修性相。旁施惠力，常转于法轮；济拔群生，超登乎觉岸。倘肯为缘，事无难矣。”是时，同侪状而请之，曰：“愿住寺设度，而为邑长，加之援助，圆满功德，我等之素愿也。”师乃答其众望，俯而从之。则于正月元日、七月望辰，陞座传演，鸠集邑众；所获施赠，以给其签经之直。然后遍历乎州城、郡邑、乡村、岩谷之间，验其厥目，从而采之。或成帙者，或成卷者；有听赎者，有奉施者。朝寻暮阅，曾不惮其劳；日就月将，益渐盈其数。岁历三周，迄今方就。其卷轴式样，新旧不殊；字号诠题，后先如一。此不亦难哉！又况，难聚易散者，物之常情；恶求喜施者，人之同病。今兹《藏教》废已久矣，苟匪斯人，终为弃物，其何复完之有？且省学之辈，皆异人也。非止乎进修为念，亦颇以学行著名。同心戮力，不惮经营，积日累功，圆兹教典，亦佛家之美事尔。

原其所用心者，颇有显、奘之风焉。既而，以事嘱于余，而请铭焉。余亦惜其专精致志，迓续先功，拾其遗而补其阙，真释氏之子耶！恐后之来者，不知今日之勤，而忽于宝护，因书以记之，而勒于石。其辞曰：

梵教始生，生于西域；风化旁流，流及中国。肇自摩腾，弟多传泽；济拔群生，无边功德。功德盖多，依归为则；世历汉唐，传之不息。地久天长，绵绵罔极；精舍伽蓝，宝藏各得。大华严家，素有是籍；兵火流离，缺其简册。省学之徒，视之怆恻；迨与重兴，同心协力。弃其遗篇，心无不尽；补以新经，字多讹忒。爰历诸方，躬勤采摭；能者助之，与给其直。日就月将，纂成嘉绩；新旧一同，宛如合璧。目见耳闻，欣然有色；亿万斯年，家风辉赫。

大定二年岁次壬午五月丁酉朔十四日庚戌巽时，沙门省学等立石。同办圆满功德立石沙门德严，同办圆满功德立石沙门省涓，故同办圆满功德立石沙门惠志。当寺大众同心倡助成办人等，下项：比丘道洁、比丘惠令、比丘德佶、比丘德存、比丘道震、比丘道延、比丘德璘、比丘义琼、比丘省奥、比丘德云、比丘省鉴、比丘省琼、比丘义洪、比丘省微、比丘省惠、比丘德声、比丘德雄、比丘省尘、比丘善云、比丘善渊、比丘道净。见临坛净行大德、沙门法融，讲经律论沙门惠柔，诵持沙门德祚，善护大德、赐紫沙门云吟[⑩]，故律主、通义大德、赐紫沙门觉海，前临坛传菩萨戒、慈慧大师、赐紫沙门思琼，首座、讲经律论沙门义普，故都僧录诠融，通悟大师、赐紫沙门志昱。居邑众中诸寺院师德如后：故都僧录、净惠大师、赐紫沙门德惠，见都僧录、智妙明悟大师、赐紫沙门祥均，见都僧录判、通微大德、赐紫沙门觉枢，前都僧录判、传戒净业大德、赐紫沙门圆明，永宁寺故长老性淳，宝林寺长老行惠，大圣寿寺长老智柔，弘法院长老道通，圆修大德、赐紫沙门惠文，圆悟大德、赐紫沙门惠琮，传演大德、赐紫沙门法善，宣戒大德、赐紫沙门省诠，文惠大德、赐紫沙门栖灵。临坛宣戒大德道照，临坛诠戒大德圆成，临坛慈度大德性广。是外，仍有薄伽邑众八百余名，以其如之浩大，不能具书，故略之耳。——大同市博物馆存《重修薄伽教藏碑》

① 《佛祖历代通载》卷20：是年，“金国移都燕京，敕建大庆寿寺成，诏请玄冥禅师顗公开山第一代。敕皇子燕王降香，赐钱二万，沃田二十顷”。又，金王若虚《滹南集》卷42《清虚太师侯公墓碣》：“大定二年，凡释道之居无名额者，许进输赐之。”

② 清陆增祥《八琼室金石补正》卷123《真定府获鹿县灵岩院陈公长老塔铭并序》云：“时大定龙飞，思福田之滋广，敕天下禅庵道院特许给名（额）。□闻之，以为太平胜事，千载一遇，不亦难哉。……大定三年八月廿日，公仝村众香花幡钹，迎师至院。”又，《山右石刻丛编》卷21录闻喜县《大云禅院碑》记：“至大定改元壬□岁，方遇朝庭颁行祠部特赐名额。”大定三年六月，“尚书礼部牒：解州闻喜县神柏庄院僧法圆，状告本庄院自来别无名额，已纳讫合着钱数，乞立院名。勘会是实，须合给赐者。牒奉敕可，特赐大云禅院。牒至，准敕故牒”。“至大定十二年九月十五日，舍施与永宁寺，永为常住下院，轮选住持。……大定十三年七月二十八日，现住持沙门僧永俊立石。”胡聘之按曰：“宋时，凡天下名胜寺观等，奉敕行查，给赐牒、额，或州县陈请，求给勘合。至金，则纳钱百贯，方准给牒，斯为滥矣。”其纳钱百贯，方式非一。《山右石刻丛编》卷21录临泉县《慈云院碑》记：大定三年十二月，“尚书礼部牒：石州临泉县小上谷村院僧显京，状告本院自来别无

名额，已纳讫合着钱内，见钱伍拾伍贯，粟米贰拾捌石伍斗壹升，准省钱肆拾伍贯，计钱壹百贯文。乞立慈云院名。勘会是实，须至给赐者。牒奉敕可，特赐慈云院。牒至，准敕故牒”。

③ 《金史》卷 96《李晏传》云：“初，锦州龙宫寺，辽主拨赐户民俾输税于寺，岁久皆以为奴，有欲诉者害之岛中。晏乃具奏：‘在律，僧不杀生，况人命乎！辽以良民为二税户，此不道之甚也，今幸遇圣朝，乞尽释为良。’世宗纳其言，于是获免者六百余人。”

④ 《八琼室金石补正》卷 123《真定府十方定林禅院第四代传法住持、赐紫、通法大师塔铭》：“天眷三年四月二十日示疾……尝置杂役四人，始许之曰：‘我若不住，汝等从良。’是日，果释之。”

⑤ 辽金佛寺征税于民，而南宋寺观田、产已行纳税。清《吴兴金石记》卷 9《宋报恩光孝禅寺赐田免税公据碑》载：“绍兴七年四月十三日，恭奉圣旨，改赐今额，专一追崇徽宗皇帝香火。……绍兴重修常平免役令，诸崇奉圣祖及庙祖宗神御陵寝观寺，免投钱勿输。” “今后臣僚陈乞坟寺并依祖宗法，此绍兴六年指挥也；诸寺观田产不得免税租、夫役折□等寺事，绍兴赋役令也。朝廷成法，非不著明。……圣旨：除天庆、报恩光孝寺观外，其余宫观寺□今后并不免科数。”

⑥ 此碑，现存大同市博物馆，即下华严寺正殿内。该殿“薄伽教藏”大匾额，明代所题。

⑦ 韩愈，字退之。

⑧ 守司徒大师，法名无载，但据下文所述，知是辽清宁八年（1062）华严寺初建之寺主，且曾为帝师。

⑨ 由此可见，华严寺于天眷三年（1140）开始重修。

⑩ 云吟，见大定七年（1167）《善护大师塔铭》。

1163 年癸未　金大定三年，南宋孝宗赵眘隆兴元年

二月甲子，诏太子少詹事杨伯雄等廉问山西路①。庚午，上谓宰相曰：“滦州饥民，流散逐食，甚可矜恤。移于山西，富民赡济，仍于道路计口给食。”……四月……乙酉，赈山西路猛安谋克贫民，给六十日粮。——《金史》卷 6《世宗纪上》

五月……丁巳，以富察特默为大同军节度使。——《续通鉴》卷 138

① 辽金“山西”的范畴，约为今内蒙古中部及山西、河北北部，即西京（今山西大同）辖区。所以，《金史》卷 3《太宗纪》载天会四年“三月癸未，银术可围太原，宗翰还西京”。而卷 74《宗翰传》作：“留银术可围太原，宗翰乃还山西。”

1164 年甲申　金大定四年，南宋隆兴二年

四年正月……上谓侍臣曰：“秦王宗翰有功于国，何乃无嗣？”皆未知所对。上曰：“朕尝闻宗翰在西京坑杀丐者千人①，得非其报耶。”——《金史》卷 6《世宗纪上》

唐括德温本名阿里，上京率河人也。……大定……四年，为劝农使，出为西京留守，赐犀弓玉带，召入为皇太子太傅，卒。——《金史》卷 120《世戚传》

① 丐者，《续通鉴》卷 138 作“降者”。

1165年乙酉 金大定五年，南宋乾道元年

四月癸卯，西京留守、寿王京谋反，狱成，特免死，杖之，除名，岚州安置①。——《金史》卷6《世宗纪上》

西京路，府二，领节镇七，刺郡八，县三十九，镇九。大定五年建宫室，名其殿曰保安，其门南曰奉天，东曰宣仁，西曰阜成。——《金史》卷24《地理志上》

五年，上谓宰臣曰："顷以边事未定，财用阙乏，自东、南两京外，命民进纳补官，及卖僧、道、尼、女冠度牒，紫、褐衣师号，寺观名额②。今边鄙已宁，其悉罢之③。庆寿寺、天长观岁给度牒，每道折钱二十万以赐之。"——《金史》卷50《食货志五》

① 《金史》卷74《宗望传附子京传》：大定"二年……改西京留守，赐佩刀厩马。京到西京，京妻尝召日者孙邦荣推京禄命。邦荣言留守官至太师，爵封王。京问：'此上更无否？'邦荣曰：'止于此。'京曰：'若止于此，所官何为？'邦荣察其意，乃诈为图谶，作诗，中有'鹘鲁为'之语，以献于京。京曰：'后诚如此乎？'遂受其诗，再使卜之。邦荣称所得卦有独权之兆。京复使邦荣推世宗当生年月。家人孙小哥妄作谣言诳惑京，如邦荣指，京信之。京妻公寿具知其事。大定五年三月，孙邦荣上变。诏刑部侍郎高德基、户部员外郎完颜兀古出往鞫之。京等皆款伏"。

② 按：金世宗鬻卖僧道名牒，始于大定二年（1162）。民国《定县志》卷20《金石篇下·创建圆教院记》云："至大定二载，幸遇世宗皇帝中兴，凡天下寺院无名额者许以钱易之。"又，清《山右石刻丛编》卷21录闻喜县《大云禅院碑》记："至大定改元壬□岁，方遇朝庭颁行祠部特赐名额。"

③ 清《金石萃编》卷155《尚书礼部牒庄严禅寺》王昶按："大定初年寺观纳钱请赐名额之事，《金史》无考。今所得于陕西者，凡十四，碑文称尚书礼部牒，是牒由礼部发也；又称尚书户部差委某州发卖所，是户部设官差委外州发卖牒文也。《金史·百官志》，户部既无发卖所之官，礼部亦不载牒文格式及发卖钱数，但详僧尼、道女冠限度、试经之数，与夫中选给据之法而已。据《同官县灵泉观记》云：大定初，王师南征，军须匮乏，许进纳以赐宫观名额。若然，则是大定初权宜设置之事，非常制也。十四碑中……牒文之式不一。大定二年，只称陕西各路转运司；三年以后，则有尚书户部差委京兆府发卖所，又有差委耀州发卖所，是发卖所始于三年，而各州皆有也。其钱数，大定二年但云已纳讫合着钱数，三年以后则著明钱壹佰贯，至四年四月清凉禅院牒钱壹佰伍拾贯，五月庄严院牒钱叁佰贯，逾时未久，牒价悬殊，不能知其故也。诸碑皆称发卖所，独福胜院牒称发给所，小有不同。有额名同者，如洪福院有二牒，一在京兆府，一在泾阳县，同为洪福字，前为禅院，后为院；清凉院有二牒，一在长安县，一在泾阳县，同为清凉字，前为院，后为禅院。也或当时院与禅院略有辨软。凡请牒必由状告，与唐宋之制不同。"

1166年丙戌 金大定六年，南宋乾道二年

三月……甲寅，上如西京①。庚申，次归化州，西京留守唐括德温上谒。戊辰，至西京②。庚午，朝谒太祖庙。壬申，击球，百姓纵观。……五月戊申，幸华严寺，

观故辽诸帝铜像[3]，诏主僧谨视之。壬子，诏云中、大同县及警巡院给复一年。壬戌，诏将幸银山，诸扈从军士赐钱五万贯，有敢损苗稼者，并偿之。六月辛巳，太白昼见，经天。丙戌，发自西京。——《金史》卷6《世宗纪上》[4]

① 《大金集礼》卷21《原庙下》："五年八月二十七日奉勅旨：太祖皇帝忌辰，衍庆宫呈用素食享祭，其余诸京应有太祖皇帝御容去处，自今后每遇忌辰亦只用素食。十一年九月二十三日奉勅旨：有太祖御容处，只用素食奠茶，不用肉及酒乐。……六年五月，以会宁府申禀庆元宫朔望朝拜礼数，参详朔望朝拜，合依仪制。外任官朝拜祖庙之礼，拜褥用紫绢，所用茶食并黄香果食分数，依西京及东京御容殿例，茶拟每次用二两。如有未尽名件，就便移文东、西京取会比附施行。蒙准呈。六年三月大同府申：自来每月一十五日并诣祖庙上香。即日，车驾行幸。"

② 《金史》卷89《移剌子敬传》："上幸西京，州县官入见，猛安谋克不得随班。子敬奏军民一体，合令猛安谋克随班入见，上嘉纳之，于是责让宣徽院。及端午朝会，诏依子敬奏行之。子敬言山后禁猎地太广，有妨百姓耕垦，上用其言，遂以四外猎地与民。"按：移剌即耶律。

③ 此等辽像，元代忽必烈时尚存，至清朝已无存。《元史》卷153《石天麟传》：世祖时，"江南道观偶藏宋主遗像，有僧素与道士交恶，发其事，将置之极刑。帝以问天麟，对曰：'辽国主、后铜像在西京者，今尚有之，未闻有禁令也。'事遂寝"。《乾隆大同府志》卷6《古迹》："铜石像在舍利坊华严寺中。按《辽史》，清宁八年建华严寺，奉安诸帝铜石像。石像五、铜像六。内一铜像衮冕，垂足而坐，余俱常服。今并失所在。"卷15《祠祀》："旧有南北阁、东西廊，像在北阁下，已失所在。"

④ 清《八琼室金石补正》卷126录金明昌六年（1195）山东长清《十方灵岩禅寺田园记》云："济南灵岩，自法定禅师肇建道场，于今几千载矣。峰峦奇秀，祠宇雄丽，号天下四绝之一，比丘恒二百余众。虽四方布施者源源而来，然其衣食之用出于寺之田园者，盖三之二。……大定六年，朝廷推恩，弛天下山泽以赐贫民。由是，诸山林旧所固护者莫敢为□，樵者薪之，匠者材焉。凡森郁丛茂之处，皆濯濯如也。惟灵岩山林以其有得地之本末，故独保完。明昌三年，提刑司援他山例，许民采伐，由是长老广琛诉于部于省，才得地之十一二也。五年，琛复走京师，诣登闻院陈词，蒙奏断用阜昌、天德所给文字为准，尽付旧地。"

1167年丁亥　金大定七年，南宋乾道三年

【塔铭】《善护大师塔铭并序》[1]：清凉院故友、圆教大德、赐紫沙门士？孝？篡。师本弘州顺圣人也，俗姓张氏，僧名云吟[2]。以童幼之岁，父企送到华？亭院，礼僧景觉为师。以乾统初遇恩得度。□其□发，从？师受教，于是识通诸部，妙□□□。以天会末游止本京，住市北院，主掌建□，□勤不息。以皇统初□，特授前件师号。然其□□，其性温而恭，其思？□而纯，其言信而诚，其行端而义。以大定七年正月二十日遘疾而终，享年七十五，僧夏五十六。以八月初二日坤旹，于

祖坟内葬毕。□其词曰：吾宗之贵，德行居先；宗室英灵，擢秀东川。风标秀美，才德之□；辩李之岁，乃遇戒缘。有孝有□，尚仁尚贤；戒则清肃，教乃穷玄。游止京师，德风遐宣；襟怀落落，懿气权权。仰之弥高，钻之弥坚；奔流径刃，吾身宁□。遂舍衣盂，集于福田；供设僧伽，讽诵白莲。济诸贫乏，图画金仙[3]；睹斯妙行，道俗忻然。七十有五，遘疾而迁；门人追思，树□之传？。至诚所感，福荐无边；尘沾影覆，妙果克圆。大金大定岁次丁亥己酉月丙申日坤旹。门人智英建。同建善演。同建□□。同建备数？。同建六？儿。《观世音菩萨陁罗尼》：……[4]

① 该八棱青石幢，首、座皆佚，现存大同市善化寺。约 20 世纪 70 年代劈为上下两半，筑为南墙西侧地基，2002 年掘出。

② 云吟，见大定二年《重修薄伽教藏碑》碑阴所列“善护大德、赐紫沙门云吟”

③ 佛家称外道仙人修行坚固者为金仙。唐朝皇家重道，睿宗二女出家为女冠，一封金仙公主，一封玉真公主。《宋史》卷 22《徽宗纪四》云：“宣和元年，诏佛改号大觉金仙。”由此可见，唐宋以来释老合流趋势，以及金代南风北渐。

④ 以下梵文咒语，省略。

1168 年戊子　金大定八年，南宋乾道四年

八年正月……辛未，谓秘书监移剌子敬等曰：“……朕于宫室惟恐过度，其或兴修，即损宫人岁费以充之，今亦不复营建矣。如宴饮之事，近惟太子生日及岁元尝饮酒，往者亦止上元、中秋饮之，亦未尝至醉。至于佛法，尤所未信[1]。梁武帝为同泰寺奴，辽道宗以民户赐寺僧，复加以三公之官，其惑深矣。”——《金史》卷 6《世宗纪上》

① 《金史》卷 7《世宗纪中》记大定十九年，帝曰：“人多奉释、老，意欲徼福。朕蚤年亦颇惑之，旋悟其非。且上天立君，使之治民，若盘乐怠忽，欲以侥幸祈福，难矣。果能爱养下民，上当天心，福必报之。”

1171 年辛卯　金大定十一年，南宋乾道七年

十一年正月，用西京盐判宋俣言，更定狗泺盐场作六品使司，以俣为使，顺圣县令白仲通为副，以是岁入钱为定额[1]。——《金史》卷 49《食货志四》

十一年二月，禁私铸铜镜，旧有铜器悉送官，给其直之半。惟神佛像、钟、磬、钹、钴、腰束带、鱼袋之属，则存之。——《金史》卷 48《食货志三》

世宗大定……十一年，谓侍臣曰：“往岁，清暑山西，傍路皆禾稼，殆无牧地。

尝下令，使民五里外乃得耕垦。今闻其民以此去之他所，甚可矜悯。其令依旧耕种，毋致失业。”——《金史》卷47《食货志二》

① 《金史》卷49《食货志四》：“大定二十五年，更狗泺为西京盐司。是后惟置山东、沧、宝坻、莒、解、北京、西京七盐司。……西京等场盐以石计，大套之石五，小套之石三。……西京、辽东盐各行其地。……章宗大定二十九年……十二月，遂罢西京、解盐巡捕使。”

1172年壬辰　金大定十二年，南宋乾道八年

十二年正月……丙申，以水旱，免中都、西京、南京、河北、河东、山东、陕西去年租税。——《金史》卷7《世宗纪中》①

① 金王寂《拙轩集》卷2《送李致美之任云中》：“宸衷简在付陪京，摩拊疲氓藉老成；金阙共瞻卿月出，野人相庆福星明。先声雷殷妫州路，和气春回魏帝城；想见郊迎笳鼓竞，吏民惊叹彩衣荣。”按：李致美，名晏，泽州高平人，进士，大定中出任西京副留守。姑系是年。

1173年癸巳　金大定十三年，南宋乾道九年

大定十三年，太常寺拟士人及僧、尼、道、女冠有师号，并良闲官八品以上，许服花纱、绫罗、丝绸。——《金史》卷43《舆服志下》①

① 《金史》卷64《后妃传下》：“贞懿皇后，李氏，世宗母，辽阳人。……后入睿宗邸。七年，世宗生。天会十三年，睿宗薨，世宗时年十三。……旧俗，妇女寡居，宗族接续之。后乃祝发为比丘尼，号通慧圆明大师，赐紫衣，归辽阳，营建清安禅寺，别为尼院居之。……正隆六年五月，后卒。……世宗即位于东京，尊谥为贞懿皇后，其寝园曰孝宁宫。……初，后自建浮图于辽阳，是为垂庆寺，临终谓世宗曰：‘乡土之念，人情所同，吾已用浮屠法置塔于此，不必合葬也。我死，毋忘此言。’世宗深念遗命，乃即东京清安寺建神御殿，诏有司增大旧塔，起奉慈殿于塔前。……九年，神御殿名曰报德殿。……十三年，东京垂庆寺起神御殿，寺地褊狭，诏买傍近民地，优与其直，不愿鬻者以官地易之。”

1174年甲午　金大定十四年，南宋淳熙元年

四月乙丑，上谕宰臣曰：“闻愚民祈福，多建佛寺，虽已条禁，尚多犯者，宜申约束，无令徒费财用。”——《金史》卷7《世宗纪中》

1176年丙申　金大定十六年，南宋淳熙三年

【碑文】《□□大夫张公墓志铭并序》：大同府警巡院乡贡进士张括撰。公讳

彦，字邦美，西京云中县西阳河人也。公幼而学之，承父之教，勤勤恳恳，不舍昼夜。十岁诵数经，若流水之下，了无停疑。其精熟也如此。天会十四年，中神童之选，授将仕郎。后习辞赋，其志愈勉。皇统六年，方弱冠，复登进士科，授承事郎。不十年间两中科选，然有命焉，亦学之力也。初任大同县丞，秩未满，丁父忧。天德二年，授应州浑源县主薄。贞元元年，授应州节度判官。正隆二年，授邠州新平县令。四年，宣差张金紫选清强官，差往长安置局支散津济、斫木夫钱柒拾万镪，未期月散讫，无毫厘差滞，百姓称之。六年，除蠡州军事判官。大定六年，授代州五台县令，秩满去官，吏民为之建碑立祠。十年，授大同县令。十五年，授相州节度判官，方数□，告病求医。至十六年五月二十一日，卒于路车亭，年五十有一。公之为人，淳俭谨信，好学笃志。莅官临政，介然有守，请谒不行。守节清白，大率如此。曾大父讳应符，大父讳臣孝，俱不仕。父讳庆元，官恩赠儒林郎，封□母清河县太君，妻县君王氏。男文蔚，见带保义校尉。女二人，长女弄珠，适于杨璋，见带忠勇校尉。次女云英尚幼。是年七月二十九日，与考同葬于马军营□北原[①]。铭曰：公之求也，淳俭是守。任性也真，请谒不受。莅官清廉，为人信厚。有为若是，宜昌厥后。藏之斯原，庆流不朽。大定拾陆年岁次丙申柒月贰拾玖日，男文蔚书、篆额立石，于纯刊。——殷宪《大同新出唐辽金元志石新解·张彦墓志》

【碑额】《西京大普恩寺重修大殿之记》[②]

【碑文】《大金西京大普恩寺重修大殿记》：

诸佛菩萨之应世也，亦犹哲王之捄弊，或忠，或质，或文，虽制治不同，其趋一也。世人徇达磨对萧梁氏之言，遂疑有为功德不可复作，而不知指示神地，以植五王之福；补理故寺，当获二梵之报者。释迦遗训，具存贝典，则崇饰塔庙，兴建寺宇，以示现佛菩萨境界，盖将诱接众生，同归于善。其为功德，讵可测量哉！彼达磨大士，方以妙元明心，亲提教外别传之印，则于有为功德不无抑扬，是亦因时捄弊耳，非实贬也。具愿力苾刍，能克遵付属而成就兹事，其为功德，尚何訾耶？

大金西都普恩寺，自古号为大兰若。辽末以来，（再）[再]罹锋烬，楼阁飞为埃坋，堂殿聚为瓦砾。前日栋宇所仅存者，十不三四。骄兵悍卒指为列屯，而喧寂顿殊；掠臧俘获纷然错处，而垢净俄变。残僧去之而饮泣，遗黎过之而增欷。阅历滋久，散亡稍还。于是寺之上首、通玄文慧大师圆满者，思童戏于画沙，感宿因于移础，发勇猛心，得不退转，舍衣盂凡二十万，与其徒合谋协力，化所难化，悟所未悟。开尸罗之坛，阐卢舍之教，以慈为航，遂其先登之志；以信为门，咸怀后至之耻。于斯时也，人以须达自期，家用给孤相勉，咸蕴至愿，争舍所爱。彼髓脑支体尚无所吝，况百骸外物哉！于是辇币委珠金，脱袍鬻裘裳者，相系于道。累月逾时，殆无虚日。经始于天会之戊申[③]，落成于皇统之癸亥[④]。凡为大殿暨东西朵殿，罗汉洞，文珠、普贤阁，及前殿、大门、左右斜廊，合八十余楹。瓴甓变于埏埴，丹臒供其绘画，榱椽梁柱饰而不侈，阶序牖闼广而有容。为诸佛萨埵，而天龙八部合爪掌围绕，皆选于名笔；为五百尊者，而侍卫供献各有仪物，皆塑于善工。睟容庄穆，梵相奇古。慈悯利生之意，若发于眉宇；秘密拔苦之言，若出于舌端。有来瞻仰，莫不钦肃，五体投地，一心同声。视此幻身，如在龙华会上，百宝光明中。其为饶益，至矣，大矣，不可得而思议矣！圆满今年七十有四，自惟君恩、佛恩，等无差别。成此功德，志实有在，非独为前途津梁也。然此功德，为于治安无事之时，则其成也甚易；图于干戈未戢之际，则其成也实难。圆满身更兵火，备历艱勤。视己财货，犹身外影。既捐所蓄，又裒檀信。经营终始，淹贯时序，皆予所目睹也。则其成就，岂得以治安无事时比哉？

始予筑馆之三年，岁在庚戌冬十月，乃迁于兹寺[⑤]。因得与寺众往来，首尾凡十四年如一日也。众以满之意状其事，以记为请。记事之成，要得其实。今予既身亲见之，其可辞哉？按寺建于唐明皇时，与道观皆赐“开元”之号，而寺独易名，不见其所自。今楼有铜钟，其上款识，乃是清泰三年岁在丙申所铸造也。其易今名，当在石晋之初或唐亡以后，第未究其所易之因耳。后之作者，见其阙文，倘得其本末，为我著之，乃予之志也。非特予志，亦寺众之所欲闻也。皇统三年二月丁卯，江东朱弁记。[⑥]

少中大夫、同知西京留守、大同尹，兼本路兵马都总管府事、上轻车都尉、济阳郡开国伯，食邑七百户，赐紫金鱼袋丁暐仁篆额[⑦]。中宪大夫、西京路都转运副使、上骑都尉、鲁县开国子，食邑五百户，赐紫金鱼袋孔固书。通玄文慧大师、赐紫沙门圆满提点。大定十六年丙申八月丁酉初一日癸酉，三纲：寺主沙门惠躅，尚座行完，都维那栖演立石。雁门解遵一刊。[⑧]

【碑阴文】重建本寺故紫褐师德，具列如后：管内都僧录、辩正大师、赐紫沙门善邃，管内都僧录、司空大师、赐紫沙门孝深，净修大师、赐紫沙门方昭，宣戒大德、赐紫沙门智良，提点、通玄文惠大师、赐紫沙门圆满，清行慈济大师、赐紫沙门圆利，管内都僧录、智妙明悟大师、赐紫沙门祥均，洪通大德、讲经律沙门存杲，通慧大师、赐紫沙门□□，慈救广设大师、赐紫沙门义普。

今同立石尊宿，具列如后：首座、讲经沙门存侃，二座、讲诵沙门志捷，三座、讲律沙门志密，持念沙门法诠，持念沙门清隆，讲论沙门归政，持念沙门德源，讲经沙门志昱，持念沙门归定，讲论沙门归相，住持沙门志明，讲论沙门法莹，持念沙门慧恩，持念沙门法晖，讲论沙门觉莹，讲律沙门法著，讲经沙门法寿，讲论沙门德深，持念沙门行成，讲论沙门志朗，讲经沙门澄叡，圆果大师、赐紫沙门觉行，讲经沙门志宪，讲论沙门惠沾，住持沙门慧湛，持念沙门行广，见寺主、讲论沙门慧躅。

故提点、讲经沙门圆周，讲论沙门鲜彻，讲论沙门义全，讲经沙门惠思，持念沙门存祐，持诵沙门遵敬，讲经沙门慧照，讲经沙门法章，持念沙门去微，持念沙门惠□，讲律沙门圆戒，讲律沙门鲜颙，持念沙门景本，讲经沙门惠崇，持念沙门遵诲，持念沙门觉通，持念沙门行渊，持念沙门志玄，持念沙门慧善，持念沙门惠超，持念沙门智省，讲经沙门慧令，持念沙门玄应，持念沙门存珍，持念沙门去回，讲论沙门志揖，持念沙门志璇，持念沙门法才，持念沙门清鉴，持念沙门即英，讲经沙门智略，讲论沙门惠云，持念沙门志规，持念沙门存臻，持念沙门取疑，持念沙门智柔，讲论沙门即彦，持念沙门志琼，持念沙门惠柔，持念沙门归净。

今同立石众名：习经比丘清明，习论比丘了性，持诵比丘行赜，习律比丘觉胜，讲经比丘了达，楞严比丘行惠，习论比丘法桂，持念比丘了淳，持诵比丘道贞，习经比丘栖裕，习经比丘性学，习论比丘栖演，习经比丘行完，习经比丘栖观，持念比丘性江，习经比丘道显，习禅比丘悟理，持念比丘栖弼，习论比丘性海，持诵比丘宗惠，持诵比丘行圆，习律比丘栖度，习经比丘栖俊，持诵比丘道悟，习律比丘道志，习经比丘宗善。

云中灵源闲人法相书。浑源陈子固成造鼋鼍贔屓。

《悬空寺记并诗》[⑨]：

大定拾陆年重九后二日，天晴气爽，月朗风轻，因与友韩公同游邑之南六七里石峡。桥栈颇若巴蜀之道，则经商大驿路也。（风）〔峰〕回路转，仰自临壑之数峰犹美，目不暂舍，信悬空之巇，古之遗迹，始自建兴于何代？又不知栖隐者谁也。睹巍峨之万丈中焉，凿石为龛，插木为榭，上不至于山之巅，下不至于陆地，悬空置屋，四山掩映，如博壁之翠屏。流水潺湲，泻清声之淑玉，非丹青而图画者哉！嗟乎，一废一兴，迄今几千百年矣。余闭目想之，昔时游行乐所，了然可数，若比于斯，未之有也。真物多所韬之地也。居此者，以息其心，俱忘物我。久涪富贵于浮云，甘受贫穷。不忧戚，弃骨肉，侣栖枝，宿鸟时，暂同居。凭栏视行人，往还有如移蚁。不生七情，屏绝六欲，衣麻布，食可以草木实，为吾有形已知。是患体轻清而圆同太虚，遗骨骸而复归地大。遇患难而不屈，临死生而不惧，然后与天相终，是为常也。访二禅者，乃敦朴之人也，系云中宣宁县石佛院僧也。普慈，四十有九，住持，不入俗门；行满，七十二岁，荷真未尝有惮。相挈八年，水乳难分，顺和犹周一日，真大善知识也。始我乐而忘归，高述其游焉，故为记耳。

识破尘缘万事休，翛然归去罢追求；踈人垒壁凿石磴，厌俗悬崖置屋楼。

明月清风真衜用，皱松瘦柏是吾俦；经年掩户绝宾客，独乐玄中玄更幽。

不显名施板桥壹（坐）[座]，在望村内，头陀僧行实立石。望岩村施主王公庭、马信、马□□、马□□——清《山右石刻丛编》卷21[⑩]

太一之教兴于金朝天眷间，卫郡萧真人其始祖也。灵异之迹上动至尊，敕赐观名曰太一万寿。……大定十六年，朝廷普试僧道[⑪]，师初密诵经文，人人不知，一旦中选，侪类甚惊。及当给据，言于考官曰："师兄萧道宗累被黜落，年过四十，乞以据授道宗。某方壮，徐为后图未晚也。"考官不许而多其让。十七年，授度保，充卫州管内威仪领教门事。……——金王若虚《滹南集》卷42《太一三代度师萧公墓表》

① 该墓志，2009年大同城西马军营村北部队房建工地出土后，下落不明。可证该地名沿用至今。

② 此碑，现存大同善化寺三圣殿内。大普恩寺，明正统十年（1445）改赐今名，清代以来俗称南寺。

③ 普恩寺始修于天会之戊申，即天会六年（1128）。

④ 普恩寺修竣于皇统之癸亥，即皇统三年（1143）。

⑤ 朱弁入住普恩寺于庚戌年，即天会八年（1130）。

⑥ 朱弁（？～1144），字少章，号观如居士，徽州婺源人。清朱彝尊《曝书亭集》卷51《大同府普恩寺碑跋》云："右《大同普恩寺碑记》，宋修武郎、借吉州团练使，充通问副使、婺源朱公弁所作也。公以建炎元年十一月奉使，为金人所留，迫之事刘豫，不可；欲易其官，不可；探策使之归，复不可。其语耶律绍文曰：'上国之威命朝以至，则使臣夕以死；夕以至，则朝以死。'观其怀印卧起、悲歌慷慨，与汉之苏武何异？非孔子所称不辱君命者欤？《记》成于金皇统三年二月，实高

宗绍兴之十三年也。于是公之去国，盖十七年矣。题曰‘江东朱弁’，而不书官。又其上系以皇统年号，论者疑公自贬其词，合乎古君子危行言孙之义，而未得其本也。考公之归宋，在是秋七月，《记》之作，当在和议初成，而公临发之时也。彼寺僧者见公既去，不能原公大节所在，惟知奉国人之法，辄删去其官爵，增易其纪年，无足怪者。史载公被留时，尝具酒食告僚友曰：‘吾已得近郊某寺地，一旦毕命，诸公幸瘗我其处，表曰宋通问副使朱公之墓，于我幸矣。’而公碑文亦曰：‘予筑馆之三年，岁在庚戌冬十月，乃迁于兹寺。’然则，所谓近郊某寺者，殆即普恩寺，非邪？史又载，公以文字教金之贵人子弟，使之就学，因得以和好之说进。盖公之文，有不得已而为之者。当其时，宋诸臣留于金，若宇文虚中、吴激、蔡松年之徒，多以文学自命。顾寺僧独以公之言为足重于世，亦以见恭敬之不可弃，而忠信所行者远也。呜呼，士君子不幸生丧乱之际，又不幸以文章为世所重，得其文者，或不原其志意所在，辄更易以就时人之耳目，至使大节皎然若朱公者，几无以自白于后世。读普恩寺之碑，其亦可感也夫！”

⑦ 《金史》卷90《丁暐仁传》：“丁暐仁，字藏用，大兴府宛平人。……皇统二年，登进士第……大定……改同知西京留守事，首兴学校，以明养士之法。迁陕西西路转运使。大定二十一年，卒官。”

⑧ 本书录入该碑文，依照拓片，参校《道光大同县志》《山右石刻丛编》及原碑。

⑨ 该碑长方形，高47厘米，宽59厘米，行书，纵24行。镶嵌在浑源县悬空寺壁间。此录，参校碑拓改定。

⑩ 胡聘之按：“悬空寺，《一统志》：在浑源州南磁窑峡内，石壁巉崖，悬空结构，楼阁相望，下临无地。寺创自后魏。”

⑪ 金朝僧道考试，大约效法唐宋。《八琼室金石补正》卷127《大金嵩山少林寺故崇公禅师塔铭并序》曰：“大定二十七年，诵《法华经》中选。”

1177年丁酉　金大定十七年，南宋淳熙四年

三月……辛亥，诏免河北、山东、陕西、河东、西京、辽东等十路去年被旱、蝗租税。——《金史》卷7《世宗纪中》

【塔铭】《普恩寺高僧院英师幢铭并序》[①]：师俗姓丁氏，僧名即英[②]，云中蔚州疃人也。天会十有三年，白其所亲，志欲落发，知其莫夺，遂以义全为师，诵《首楞严》，以冀比丘之戒。至皇统二年，遇恩得度。师赋性好善，雅乐贤□，奉上以谨，接下以和，颇好释老之书。至大定十有六年正月十七日，顺世而灭，春秋□十，僧夏三十有六。门人行圆等求文刻□，□庶？师资之道云：佛留大教，度僧奉持。旃檀林内，草堕□□。师来侍佛，得其所依。□□之待，□□□□。灭而不灭，人熟可知。灵泉大经法□沙门……大定十七年□月九日……同……当寺……雁……[③]南无大……唵离波离……尼帝尼诃……□无□□□□门佛顶尊胜陁罗尼真言曰：[④]……

【塔铭】《普恩寺释迦院章师墓铭并序》[⑤]：师为□姓，法章其名，襄阴恶石人也[⑥]。祖宗世袁，不知所自。天会十有三年厌俗，以志捷为师。至皇统元年，以所

诵习来示有司，选中乙科，具比丘戒。至大定十有六年七月二十八日，无疾示灭。春秋六十有□，僧夏三十有六。门人立幢刻石识□□□其思云：染衣削发，侍天人师。讲出尘语，为离世资。六十七年，一梦？觉时。门人怀虑，识墓□思。而今而后，魂何所之？灵泉大经沙门搓？□撰。大定十七年十月十九日，门人性海立石。同立石门人性江[⑦]。雁郡薄守信书。□雁门解遵一刊。南无僧伽□法门。佛顶尊胜陁罗尼真言曰：……南无大方等陁罗尼灭罪真言曰：[⑧]……

① 此八棱青石幢，无首与座，现藏大同市善化寺。

② 即英，见朱弁碑阴所列“持念沙门即英”；下文“门人行圆”，见朱弁碑阴“持诵比丘行圆”。

③ 此行应为：“雁门解遵一刊。”

④ 以下《佛顶尊胜陀罗尼经》咒文，占了四个柱面，漫漶严重，省略。

⑤ 此八棱青石幢，无首与座，现藏大同市善化寺。

⑥ 法章，见朱弁碑阴所列“讲经沙门法章”。襄阴，辽曰永宁，大定七年（1167）改名襄阴，即今河北阳原。

⑦ 性海、性江，见朱弁碑阴所列“习论比丘性海”“持念比丘性江”。

⑧ 咒文省略不录。

1178年戊戌　金大定十八年，南宋淳熙五年

三月……己酉，禁民间无得创兴寺观。——《金史》卷7《世宗纪中》

1179年己亥　金大定十九年，南宋淳熙六年

十九年秋，中都、西京、河北、山东、河东、陕西以水旱伤民田十三万七千七百余顷，诏蠲其租。——《金史》卷47《食货志二》

1180年庚子　金大定二十年，南宋淳熙七年[①]

三月……乙丑，以新定猛安谋克，诏免中都、西京、河北、山东、河东、陕西路去年租税[②]。——《金史》卷7《世宗纪中》

【塔铭】维大定二十年岁次庚子四月癸未朔二十七日己酉、丙寅时建。五明孙沙门善清书。浑源陈子固刊[③]。

【塔题】《大金普照禅寺浃公长老灵塔》[④]

【塔铭】《大金朔州普照禅寺第五代、故浃公长老塔》：通隐居士高潜撰并书。师讳慧浃，俗姓吴氏，涿州范阳人也。幼而奇秀，不茹荤辛，出尘之姿，盖亦天赋。

七岁，俾读书，聪慧异于常儿。年十二，启其亲，志求出家。父母既许，遂依崇教寺行直为师。侍奉之余，听习《华严大经》为业，默通其义，直深器美之。而于皇统壬戌岁遇恩，始具戒，时年二十二矣。忽一日，究寻之次，叹曰："永嘉所谓分名别相，如算海沙，区区曷益？"适闻海慧、清慧二大士提祖佛印，自南方来，振扬玄风于燕台之上，乃辞直师，径造会中。顶谒一见，师资冥契，投诚问道，积有晦朔。一日，诣其室，清慧师竖起拂子，云："汝拟议，则丧身失命。"师于是豁然开悟，如桶底子脱。与之问答，如珠走盘，了无凝滞。遂密以宗印付师，复付一颂，有"针芥相投一句亲"之语。已而，二老师特奉诏住持会宁长庆禅寺⑤，师亦参随诣彼。其清慧老人命师为侍首，朝夕谘参，温研不懈，尽得云门之宗旨也。久之，师欲遍谒诸方，以契同异，乃礼辞清慧老师。而老师仍以颂送行，末章有云："待看他日起风雷，南山吐云北山雨。"师乃腰包西迈，凡见尊宿，锋机险绝，世所稔闻。后届云中，参佛日显老。未几，命师为书记。室中相见，重蒙印可。遂令分座秉拂为众，欲嗣续曹洞之宗风。师默自念，始于佛觉晦堂处有所得，安敢负于初心哉！竟不受。乃拂衣至朔州南禅。盘桓少时，复飞锡之长安，历名山大川、灵境胜迹，无不瞻礼。又东南抵灵岩道场，乃憩锡焉。未逾旬，众请师为座元。是时，今上龙潜，知济南。晦堂专介驰书，嘱之曰："知灵树果熟自香，傥不忘灵山付嘱，乃古今一时之遇也。"上以法属之故，忘位屼之，崇以尺书府帖，遣使命师就府，署出世。上躬度疏及法衣一顶，师接授讫，遂升座开法。潮音一震，四众欣然。迎归普照禅寺，匡弘唱道。俄经数载，倦于应接，因退院事，□□凉五峰，礼吉祥已，于范仙山度夏。在烦暑不到处，作佛祖向上人而益可敬焉。其平城僧尼士庶素钦师之道风，同白州官，丐疏文往彼勤？请，辞不获免，复来南禅，一居二十余年。其道容清深，家风壁立，门如死灰，来者不拒，去亦不留。或游戏文墨，则词源雄壮；接物为人，则机辩峭捷，罕有投其机者。至于寺之东西廊庑、三门、钟阁并寺额等，皆师一新修备。以缘力故，不劳而成。呜呼，生灭之数，自古而然。□于大定己亥仲冬二十四日示有微疾，俨然坐亡。觌闻之人，岂胜悲悼。师世寿五十有九，僧夏三十有七。（茶）［荼］毗已，收灵骨，建新坟于城西以瘗之，树石塔为表焉。其圣安□堂无为道人，与余友旧也，遣师之门人昭秀状师行事，请文于余，义不可辞，加以余素尝参观师之座右，熟知所为大略。固如是，敢不书之，以昭方来，辄稽首勉为之。铭曰：

伟哉普照老古锥，师子威雄象王仪；坤维高步更有谁？尝瞻妙相清且奇；霜莲亭亭出淤泥，晦堂法窟真白眉；定力道眼绝瑕疵，香销一炷忘所思；宴坐静宇疏帘垂，少林家风唯自知；肯将黄叶诳小儿，二十年居天一涯；坐阅四海争奔驰，忽然只履去不疑；寄言门人莫谩悲，明月自满千家□；我今唐突作赞词，装点太虚徒尔为！

大定二十年岁次庚子七月望日，监寺僧祖宁建。在州张公政刊。

【塔铭】《□□□□□慧明真济大师塔铭》[⑥]：伏以浮图衮内，四部之中，比丘尼乃怀仁县下岭之□□沙之氏，得闻其名，去前三十有八岁，捐俗滓虑，□发为勤，□相？法□，粉之□□，黼黻之美。投□大奉，礼西京报恩院临坛严行大德为亲，数尚？座？，其德也。向日，淖约布濩？，不易馥郁，风飘五德，彰乎闾里。八敬，誉扇？遐方，真□□秀，挺机？同林？，俗□夫□。讽诵妙法之文，如□鸿福无□。□□二朝□□。至若以足脂动大千界之□言，同寐偶寤，喟然叹曰：□□□□□□□□□□□是发难发心，舍难舍事，私家默造，舍事之具，因负送□，□饷□□而□□□□三十里有村曰盐场，乃众恒归？，古像之堂内，炬□无名之□，亡其□□□□□□□心上契圣情，光耀出厦，处野之人，无非骇目，尽以惧然，愿为炽□□而□□□挞及□之，实斯人现善之兆也。四邻庄竖，纠集螺钹，喜赞善□□□骨，即□三成，出五彩之辉。见闻争诸尽敬之。诚虽不如动大千之事，斯足魂□耶。后讽篹之□□□□以常课，若闻斯人之风，懦夫□有立志。次年，岁当天会□□□□□□□□□□不失，哂以为非器。是人一考，冠群尼首，邻里亲非，咸悉讶焉。至乙卯五月内，受具足毗尼。日后缉讽《楞严》全帙。后年二十有九，登狻猊座，唱真实经，□□开？敷，□□□义。至皇统三载，大扇悲门，拯恤陕西流移饥生，特受四字“慧明真济”之号。尝？□□院，创建观音堂，金彩之像两□洞内，绘三世三千之圣容。先后所费金七□□□缗。修善集庆庶千，出离之期，视世显如浮云，□□躯犹梦幻。数以妙供祷□□□□流，孰能匹焉？有是多善，乌忍藏而不还。至大定己亥甲申十二月戊申二十五日，□□□□□而逝。俗寿□十有□岁，夏腊知命□□□。门人临坛妙行大德□□□葬，嘱友人永言于余，以纪其术？，用酬？法乳之恩，竹？尽诚之孝。然孝有二焉：一世从学，生侍死葬，祭之焉。一但作世之先□可乎？曲未尽妙。若祭为孝，至于□□贵百祭。若养为孝，至于犬马皆有养，斯乃未尽之义。二者出世之孝，乃有西天□□□□大圣所演秘密王言陁罗尼，口其名，身其化，标诸婉□，尘沾影覆，咸遍？利乐之乡，舍生死之苦矣。实为大孝也。苦以义交？，不□他辞，故铭之云：法□灵孕，为苾刍尼，□□□□，□□□□，□□□□，□贿如姨，教传毗□，□轨□持，功圆行集，授号真济，□□□□，□□□□，□□□□，□□□□，孰之乎□，□□□□，月明天霁。大定二十年庚子岁十二月十九日，法属临坛通秘大德德□立石。法属普明大师德相？，同立石。法属……大德□□，同立石。门人妙行大德圆□……门人圆超，门人圆□，门人圆□。门人圆□，门人圆惠……门人□□圆顺？、圆满……怀仁县大觉寺诵经沙门圆瑞□□……南无大方等陀罗尼灭罪真言曰：……[7]

① 《佛祖历代通载》卷 20：“金国大定二十年正月，敕建仰山栖隐禅寺（今大都西山），命玄冥、顗公开山，赐田、设会，度僧万人。” 另，《山右石刻丛编》卷 21 录绛州《斛律光墓记》曰：“大定庚子岁，州阙节度使，同知石公摄领郡事，以谓兴滞举废，君子之能事；莅政之始，已有意于增葺。时朝廷□旨，禁绝淫祠。州之境内，毁彻者不啻数百屋。王以有功于国，故得庙貌一新。”

② 《金史》卷 47《食货志二》：“二十年三月，以中都、西京、河北、山东、河东、陕西路前岁被灾，诏免其租税。”

③ 该青石八棱幢，大同市博物馆藏。汉文之上，线刻一褒衣坐僧，左手持锡杖。其余七个柱面，俱为梵文。

④ 此石灰岩八棱塔幢，现存大同市博物馆。来路不明。塔铭虽记述朔州、云中、平城，但寺名、人名无法与已知大同、朔州历史名称对应。不过，文中关于禅宗之云门、曹洞二系，对于我们了解金代北方特别是大同地区佛教的情况，颇有参考价值。

⑤ 海慧、清慧是金初大师。据《大明高僧传》，海慧下五台而入燕京，知名天下，皇统三年（1143）住持上京会宁府大储庆寺，五年（1145）入寂。次年，清慧继任，登国师座。

⑥ 此八棱青石幢，无首与座，现藏大同市善化寺。

⑦ 以下咒文，占一个柱面，省略。

1181 年辛丑　金大定二十一年，南宋淳熙八年

三月，陈言者言，豪强之家多占夺田者。上曰：“前参政纳合椿年占地八百顷[1]，又闻山西田亦多为权要所占，有一家一口至三十顷者，以致小民无田可耕，徙居阴山之恶地，何以自存。其令占官地十顷以上者皆括籍入官，将均赐贫民。”……时中都大水，而滨、棣等州及山后大熟，命修治怀来以南道路，以来粜者。——《金史》卷 47《食货志二》

【塔铭】《大金国西京奉恩院首座沙门皓英、道信、普通塔记》[2]：佛顶尊胜陁罗尼真言曰[3]：……大定二十一年九月十一日巽时建幢，首座沙门皓□，同建皓辨、

皓纯、惠崇、临坛英悟大德智行、□□、皓闻、智修、义深、皓□、智□、皓望、智明[4]。——云冈研究院藏六棱青石小幢

① 《金史》卷 83《纳合椿年传》："纳合椿年本名乌野，初置女直字，立学官于西京，椿年与诸部儿童俱入学，最号警悟。久之，选诸学生送京师，俾上京教授耶鲁教之，椿年在选中。……冒占西南路官田八百余顷。大定中，括捡田土，百姓陈言官豪占据官地，贫民不得耕种。温都思忠子长寿、椿年子猛安参谋合等三十余家凡冒占三千余顷。诏诸家除牛头税地各再给十顷，其余尽赋贫民种佃。"

② 此六棱青石小幢，高 40 厘米，原在大十字街居民院，郭彪收藏。2005 年，赠我转捐云冈石窟。

③ 以下五行咒语，梵文，省略。

④ 惠崇，见大定十六年朱弁碑阴"讲经沙门惠崇"

1182 年壬寅 金大定二十二年，南宋淳熙九年

大定辛丑，又以大雨震电，坏其十八九。明年壬寅，留守完颜褒重作之。事具边元忠《记》，今桥是也。——《正德大同府志》卷 12 录元虞集《兴云桥记》

【塔题】《大金西京开元观新建坟幢记》[1]

【塔铭】《故清虚大师、前西京管内都道录、赐□孙公幢记》：古平城刘沔撰并书。师名道柔?，字□中，姓孙氏，世居云中人也。性刚不□，异志寡合。少事父母，孝敬有闻。自捴角间不好嬉弄，凡动作肃然有成，平城人尝奇之。既长，□师为刀笔吏。几周载，师自谓："旦从?意委曲，斯不可为。"遂投笔归去，□山□田衣，读柱下、漆园书。凡数年矣，后备礼前住开元观、从提点中都十方大天常观宗主先生阎公为师氏焉[2]。抠衣林下，勤服?其劳，□□日矣。公谓曰："妙道久衰，得汝可振吾宗。"不二十年后，果□师为管内都道录，领唱玄风，住持古观。至华簪已来，但如如也。一日，慨然告众曰："出家儿，到处宫观，则为一家。况开元旧趾，香火胜地，尚阙茔葬之所，吾实怃然。"乃出己钱一百千，令侄子孙宜?于□□浮屠之南，买地一十三亩，使后来下□者?皆有归焉。故以状施与?开元观。常住，除坟垣外，耕稼余地，永为本观道粮之用。于是，乃见师有仁人之心矣。大定二十二年二月九日，尸解于本观清虚庵，春秋享年六十有八。凡身后事，自以文嘱，至于斋筵、殡葬之费，以己币单?之用，悉皆散去，兢不须人了，如常日。呜呼！京师四众无不伤焉。卜百日内，葬于坟之壬位。有首座先生武居实者，将立石于墓右，而未有文，因来谒余，求记其事。余谓：幼有?亲师之义，礼不敢辞。乃为□而铭曰：□水资质，渊然曰□；刻意向道，雅咏玄虚。名尚仙籍，教启乡闾；厌斥缆?

□，澹□其居。行上不屈，一如云舒；施财若土，其孰能软？视生死道，终亦如初；千载洒落，清风吹墟。

大定二十二年岁次壬寅五月庚午朔十五日甲申建。开元观首座道士武子华，二座道士白志□，门人冲寂大德杨居纯，门人都讲道士赵居□，门人知观道士□居□，门人知书道士孙居微，门人殿主道士安居仁，道士李志微，道童刘洞贞、安志潜、赵志□、张□□、李志常、陈洞让、杨□□、孙志静。雁门解遵一刊。

① 此八棱幢，石灰岩，现存大同市博物馆。是本地唯一见到的道士墓上塔幢。

② 前住开元观、后提点中都十方大天常观宗主先生阎公，即大定二十九年（1189）"西京玉虚观宗主大师"阎德源。

1183年癸卯　金大定二十三年，南宋淳熙十年

十一月……闰月甲午……以西京留守婆卢火等为贺宋正旦使。——《金史》卷8《世宗纪下》

1186年丙午　金大定二十六年，南宋淳熙十三年

夹谷清臣，本名阿不沙，胡里改路桓笃人也。……二十六年，改西京留守。阅三岁，迁枢密副使。——《金史》卷94《夹谷清臣传》

1187年丁未　金大定二十七年，南宋淳熙十四年

十二月……甲申，上谕宰臣曰："人皆以奉道、崇佛、设斋、读经为福，朕使百姓无冤，天下安乐，不胜于彼乎？尔等居辅相之任，诚能匡益国家，使百姓蒙利，不惟身享其报，亦将施及子孙矣。"……戊子，禁女直人不得改称汉姓、学南人衣装，犯者抵罪。——《金史》卷8《世宗纪下》

1188年戊申　金大定二十八年，南宋淳熙十五年

丘处机《岭北西京留守夹谷清神索》[①]：

东海疏狂犹目断，西京留守未心开；去年奉敕三冬往，今夏赍书九月来。

北地官荣何日罢，南山道隐几时回；直须早作彭城计，燕国家风自不隤。——明正统《道藏》载丘处机《磻西集》卷1

十月乙丑……禁糠禅、瓢禅[2]，其停止之家抵罪。——《金史》卷8《世宗纪下》

① 丘处机为全真道七祖之一；夹谷清神，《金史》作“夹谷清臣”。该诗，约系戊申年二月丘处机奉旨至燕京，主持万春节醮事；中秋后，得准归山，取道山西，途经大同所作。

② 糠禅，正名头陀，蔑称糠孽。耶律楚材《湛然居士文集》卷8《寄赵元帅书》：“夫糠孽，释教之外道也。此曹毁像谤法、斥僧灭教，弃布施之方，杜忏悔之路，不救疾苦，败坏孝风，实伤教化之甚者也。昔刘纸衣扇伪说以惑众，迨今百年，未尝闻奇人异士羽翼其说者。”其《西游录序》：“夫杨朱、墨翟、田骈、许行之术，孔氏之邪也；西域九十六种，此方毗卢、糠瓢、白经香会之徒，释氏之邪也；全真、大道、混元、太一、三张左道之术，老氏之邪也。”据向达、温玉成先生考证，糠禅是禅宗的一个流派，又名大头陀教，约始于金代天会年间，至元代雪庵和尚李溥光而特盛。明代以后无闻。

1189年己酉　金大定二十九年，南宋淳熙十六年

【碑文】《西京玉虚观宗主大师阎公墓志》[1]：先生法讳德源，字之曰深甫，乡居汴梁也。少而寤道，顿舍尘缘，师事宣和侍晨张公[2]，为职箓道士，命授金坛郎。迨乎上天革命，稽首向风，携尘而来，寓迹此地。既而，卜筑于京西，兴创土木，度集徒众，琳宫壮丽，计日而成。清高之行，喧传宇内[3]。由是贵戚公侯大夫士庶敬之如神，朝廷累赐师号，为羽流之宗。呜呼，使太上之教，丕阐于朔方者，先生之力也。享寿九十有六，临终，其数书颂而辞世，有遗蒿之存焉。特谓门弟子曰：“云中故俗，人亡则聚薪而焚之，吾所弗欲也[4]。当以遗骸瘗之于丈室之后，无扰乡人。”众垂涕而应之曰：“敢不奉教。”遂遽然而逝。是日，大定己酉十二月中旬也。于是召日者卜其吉辰，谨依遗命安葬。礼毕，铭之于石，以纪岁月。先生功行，具载亭碑。大定三十年正月十八日，门弟子韩去恋等谨志。进士祝庭用撰，小师孔道辩泣血书丹。——《大同金代阎德源墓发掘简报》，载于1978年第4期《文物》

章宗初即政[5]，议罢僧道奴婢。太尉克宁奏曰：“此盖成俗日久，若遽更之，于人情不安。陛下如恶其数多，宜严立格法，以防滥度，则自少矣。”襄曰：“出家之人安用仆隶？乞不问从初如何所得，悉放为良。若寺观物力元系奴婢之数推定者，并合除免。”诏从襄言。由是二税户多为良者。——《金史》卷94《内族襄传》

① 阎德源墓，1973年出土于大同宋庄东南，明清大同城西约1公里处。随葬品颇多，中有牛角印章五方：“天长方丈老人”“玉虚丈室老师”“龙山道人”“青霞子记”“德源”。墓志碑，高67厘米，宽49厘米，厚16.5厘米。

② 宋朱弁《曲洧旧闻》卷6：“政和以后，黄冠浸盛，眷待隆渥，出入禁掖，无敢谁何，号金门羽客。恩数视两府者凡数人，而张侍晨虚白，在其流辈中独不同。上每以‘张胡’呼之而不名焉。性喜多学，

而于术数靡不通悟，尤善以太乙言休咎。然多发于酒，曰某事后当然，已而果然。尝醉，枕上膝而卧。每酒后，尽言无所讳，上亦优容之，曰：‘张胡，汝醉也。’宣和间，大金始得天祚，遣使来告。上喜，宴其使。既罢，召虚白入，语其事。虚白曰：‘天祚在海上筑宫室，以待陛下久矣。’左右皆惊，上亦不怒，徐曰：‘张胡，汝又醉也。’至靖康中，都城失守，上出青城，见虚白，抚其背曰：‘汝平日所言，皆应于今日，吾恨不听汝言也。’虚白流涕曰：‘事已至此，无可奈何。愿陛下爱护圣躬，既往不足咎也。’”

③ 《光绪怀仁县新志》卷10《金云州创建太清观碑》云：“皇统间，始建玉虚道院。大定八年，世宗诏提点中都十方大天长观。”

④ 南宋洪迈《容斋续笔》卷13《民俗火葬》云：“自释氏火化之说起，于是死而焚尸者，所在皆然。固有炎暑之际，畏其秽泄，敛不终日，肉尚未寒，而就爇者矣。……古人以焚尸为大戮也。《列子》曰：‘楚之南有炎人之国，其亲戚死，剐其肉而弃之，然后埋其骨。秦之西有仪渠之国，其亲戚死，聚柴积而焚之，熏则烟上，谓之登遐，然后成为孝子。此上以为政，下以为俗，而未足为异也。’盖是时其风未行于中国，故《列子》以仪渠为异，至与剐肉者同言之。”

⑤ 是年正月，世宗崩，皇太孙璟继位。

1190年庚戌 金章宗完颜璟明昌元年，南宋光宗赵惇绍熙元年

明昌元年春正月……戊辰，制禁自披剃为僧道者。……六月……壬辰，奉皇太后幸庆寿寺。甲辰，敕僧、道三年一试。……十一月乙卯……以惑众乱民，禁罢全真及五行、毗卢[①]。——《金史》卷9《章宗纪一》[②]

【碑文】《大金西京大普恩寺重修释迦如来成道碑铭并序》[③]：

观夫释迦如来之垂化也，净法界身，本无出没；大悲愿力，示现受生。洎乎兜率天宫，为护明菩萨，降迦毗罗国，号一切义成。金团天子选其家，净饭圣王为其父，玉象乘日，示来于大术胎中；金轮作王，降诞于无忧树下。现八十种随形之妙好，粲若芬花；示三十二大士之相仪，皎如圆月。十方而各行七步，九水而共沐一身。现优坛花[④]，作狮子吼，言胎分之已尽，早证常身；为度生以还来，重垂化迹。于是还羁褓褓，示类婴孩。为占相也，悲畅于阿私陁仙；往郊祠也，惊起于大自在庙。或为童子，或学声明。为讲武也，箭塔箭井犹存；为捅力也，象没象坑仍在[⑤]。受欲乐于十岁，现游观于四门。乐沙门身，厌老病死。于是澡瓶天子，以儆觉彰伎女之丑容；净居天子，以捧持跃车匿而严驾。逾春城于八夜，栖雪岭于六年。人辞怆恋主之心，马舐落连珠之泪。挥宝刀而落绀发，塔起天宫；将衮服以贸皮衣，形参麋鹿。扣林仙之所，得了世定之非真。食麦食麻，降苦降乐。且夫，瑶琴奏曲，

必自中而曲成；佛果圆因，亦假因而果满。由是择其处也过龙窟，沐其身也入莲河[⑥]。示其食也，受难陁之乳糜；示其座也，受吉祥之茆草。以最后之圣体，诣菩提之道场。圆解脱之深因，登金刚之法座。一百四十之功德，不共二乘；八万四千之法门，高超十地。由是魔军威慑于慈力，愁怖旋归；媚女贩毒于定心[⑦]，媸羸变质。于是坚牢地神，踊跃以作证；虚空天子，展转而报知。类莲花而出水，赫焕无方；若桂月以悬空，光明洞彻。经七日，受提卫之麨蜜，惊以少小之言[⑧]；垂一音，受贾客之戒归，赐与人天之福。既成佛已，观所化缘。悲二仙而不遇雷音，喜五人而堪从佛化。然以尘根昧劣，圣智渊深，顺其法则法不应根，顺其根则根无达法。莫不为爱河之所溺，缘痴乐之所盲。苟不利于当闻，仍假言而入灭。于是忉利帝释，云驱于三十三天；堪忍界王，雾拥于一十八梵。头面作礼，致敬精专；请转法轮，劝随宜说。如来寻念，善逝通规，顺古佛之佳谟，应群机之鄙欲。于是十方佛现，同兴赞美之词；一法乘分，共创尘劳之域。由是起道树，诣鹿园。三月调根，五人得度。憍陈如悟慈尊之首唱，创解标名；舍利弗逢马胜以传言，于途见谛。采菽氏继踵以师事，率门属以同归；迦叶氏晕迹以降心[⑨]，领火徒而回席。莫不以甘露洪注，末泥普熏。天界人界，鹦林鹿林。或鹭池，或鹫岭，或海甸，或庵薗；或猕猴江，或火龙窟；或住波罗奈，或居摩竭提；或依坚守林，或止音乐树；或海滨楞伽顶，或山际补陁岩；或迦兰陁竹林，或舍卫国金地；或应念而空现，或没山而出宫；或说法假于六方，或变身而为三尺；或掌覆指变，或光流佛来；或一身普集于多身，或此界便明于他界[⑩]。其间所说，《阿含》四有，《般若》八空；《蜜严》《华严》《佛藏》《地藏》。思益天之请问，楞伽顶之悟心。万行《首楞严》，一乘《无量义》；大悲芬陁利，法炬陁罗尼。无垢称之说经，须达拏之瑞应。本事本生之别，讽诵重诵之殊。象马兔之三兽渡河，羊鹿牛之三车出宅。或谓之有，守边中也；或谓之无，转照持也。或谓之顿也渐也，或谓之半也满也[⑪]。无小而不大，无边而不中。三乘同入一佛乘，三性同归一佛性。真可谓父母孩孺，导师崄巇。悬朗月于幽霄，布慈航于幻海。为云为雨，使楛槁以还滋；为救为归，指穷途于寿域。于是所作已办，功成不居。将返本以还源，类薪尽而火灭。由是指力地，诣金河，光流面门，相惊尘刹。山摇地动，俱兴苦痛之声；异类变容，同现奢华之血。受纯陁之后供[⑫]，纳毗夜之真言，唱四德以显三伊，指万有而归一性。训多罗迦叶[⑬]，四十二请问已周；度须跋陁罗，八十一化缘咸毕。破十仙之横计，使获朝闻；建四塔之崇规，遐分末叶。将欲明有为之有灭，表无相以无生。上升金刚身，往复虚空界。日月犹其坠落，荧光如何久留？诫有常身，使无放逸。于是还登玉座，首卧鹤林。遍游三昧之门，往复一真之性[14]。逆入顺入，全超半超。依四禅之等持，湛三点之圆寂。是时也，天人叨噼[15]，鸟兽哀号；飘风骤云，山吼波逆。按轮王之古式，方俟葬仪；命力士以捧持，竟无能动。由是金棺自举，绕拘尸之大城；宝炬不然，驻阇维之盛礼。莫不未生怨在于王舍，创结梦于十号慈尊；大迦叶远下鸡峰，将盛礼于千辐轮足。必以兜罗致氎，圣自火焚。爇王众旃檀之薪，澍帝释澡瓶之水。彼愿力犹在，悲心尚熏。碎金刚之盛身，为舍利之遗骨。于是八国严卫，四兵肃容。各自捧于金坛，竞争兴于宝塔。于是若牙若发，迦叶波礼于忉利天宫；或炭或灰，无忧王建于赡部洲界。若乃金言道在，尘劫法存。象王去而象子随，一灯灭而一灯续。莫不大迦叶云迎千众，阿难陁雷吼三轮；商那表定于未来，毱多化筹而满室。始自坏梁之感，终乎流乳之祯。瓶器异而水必同，灯点殊而光终一。是以大乘之真空妙有，文殊、弥勒异其宗；小乘而分氎析金，上座、大众元其部。或十枝横阐，或千部郁兴。或马鸣、龙树继其芳，或无著、天亲播其美。或提婆凿眸而作器，或陈那吼石以飞声。或百偈齐祛于外宗，或十师翊赞于遗颂；或闻经而夜升兜率，或侍佛而窟寄修罗；或剑誓首以邀期，或象驮经而请译；或赏能而食邑，或得胜以建幢。或论《般若》之理也，名灯；或究俱舍之非也，名雹。莫不殊途异辙，终会一源；自有及空，皆成万德。自商周见虹贯，炎汉梦金人，教及神州，声流华夏[16]。见闻尽尔，宗致昭然。盖委遗文，不复备而言也。乃为铭曰：

化起从本源，功成应贤劫。万行显真宗，三祇积鸿业。为法出于世，降灵示分胁。眉横天帝弓，目带清莲叶[17]。仙师相垂泪，地神惊捧接。灌顶当在宫，飞轮化弥帖。宗乘天日贵，象权师子颊。善教谁与传，抨弹独豪侠。游观惊老死，逾城弃臣妾。落发亲宝刀，贸衣遇群猎。寄迹狎麋鹿，苦身示羸怯。食糜人尽知，坐草魔方慑。洁若莲出水，明逾镜开匣。山海类高深，云雷等词捷。三时教弥阐，万类根自惬。四句聊欲酬，十仙度相蹑。补处记慈氏，遗文嘱迦叶。卧树徒再春[18]，香薪已焚氎。悲心及绵远，舍利光炜晔。独感生后时，余波幸沾涉。太原王勃记。

明昌元年十二月初八日，三纲：寺主沙门法晖、尚座清明、都维那道显同建。雁门解遵一刊。奉政大夫、试国子祭酒、兼翰林直学士、知制诰、同修国史党怀英篆额。银青荣禄大夫、柱国、金源郡开国公，食邑二千户，食实封贰伯户瑜书。皇伯、起复开府仪同三司，判西京留守，大同尹，兼本路兵马都总管，食邑一万户，食实封壹阡户，大功德主汉王立石[19]。

【碑阴文】本寺尊宿师德名位具后：首座、持念沙门法诠，二座、持念沙门清隆，三座、持念沙门志昱，持念沙门归定，住持沙门志明，讲论沙门法莹，持念沙门慧恩，持念沙门法晖，讲论沙门觉莹，讲律沙门法著，讲论沙门德深，住持沙门慧湛，持念沙门行广，讲论沙门慧躅，讲经沙门清明，习经沙门性学，持诵沙门宗慧，持诵沙门行赜，习论沙门栖演，持念沙门觉胜，持诵沙门行圆，习经沙门行完，习律沙门栖铎，习经沙门栖观，习经沙门栖俊，持念沙门性江，见三学律主、宣戒大德、讲经律论沙门了达，见讲主、讲经律论住寺传法沙门慧明，前竹林长老、住寺传法沙门□宝，习律比丘法恒，习论比丘性洪，习律比丘清升，习论比丘法桂，习论比丘栖嵩，习经比丘道显，讲经比丘道悟，持念比丘道严，读诵比丘悟理，持念比丘了淳，习律比丘道志，习论比丘了昫，习经比丘道贞，持念比丘栖弼，习经比丘栖宽，习经比丘宗善，习经比丘性希，习律比丘悟聪，习禅比丘智册。南山李芳书。[20]

① 清《八琼室金石补正》卷 126 录金明昌六年（1195）李俊民《新建五祖堂记》："全真之教，今世起于大宗师、重阳子。师姓王氏，本三辅之豪族，落魄不羁，以杯酒玩世。正隆四年己卯，遇毳衣二道流，来终南之甘河。师一见知其为异人，遂敬事之。二人以为可接引，授以秘诀。……遂东适宁海军，得高弟昆嵛马丹阳、刘长生、邱长春、谭长真，世以邱、刘、谭、马称之。其教流行，闻风响应，徒众遍天下。至于朝市山林，簪冠之属争为营建，华丽相尚，以崇奉之。"李俊民（1175 ~ 1260），状元，山西泽州人。又，金元好问《遗山集》卷 35《紫微观记》："贞元、正隆以来，又有全真家之教。咸阳人王中孚倡之，谭、马、丘、刘诸人和之。本于渊静之说，而无黄冠禳禬之妄；参以禅定之习，而无头陀缚律之苦。耕田凿井，从身以自养，推有余以及之人。视世间扰扰者，差若省便然，故堕窳之人翕然从之。南际淮，北至朔漠，西向秦，东向海，山林城市庐舍相望，什百为偶，甲乙授受，牢不可破。上之人亦尝惧其有张角、斗米之变，著令以止绝之，当时将相大臣有为主张者，故已绝而复存，稍微而更炽。五七十年以来，盖不可复动矣。贞祐丧乱之后，荡然无纪纲文章，蚩蚩之民靡所趋向，为之教者独是家而已。今河朔之人，什二为所陷没……乃人敬而家事之。"元好问（1190 ~ 1257），字裕之，号遗山，秀容（今山西忻州）人。

② 明徐应秋《玉芝堂谈荟》卷 17《道家南北宗》："全真之名，昉于金世，有南北二宗之分。南宗先性，北宗先命。……实自宋南渡后，而皆始于吕嵒，嵒得道钟离权，权得之东华少阳君。南宗自嵒授刘海蟾操，操授张紫阳伯端，伯端授石翠玄泰，泰授薛紫贤道光，道光授陈泥丸楠，楠授白海瓊玉蟾，蟾授彭鹤林，此所谓南宗也。北宗自嵒传王重阳嚞，嚞传马丹阳钰及妻孙不二，钰传谭长真处端，刘长生处玄、丘长春处机，此所谓北宗也。全真之名，始自王重阳，今犹有祖其名号者。然处机之后，

寂然矣。”

③ 此碑现存大同善化寺（原名大普恩寺）三圣殿内。《释迦如来成道记》，初唐王勃撰。既曰“重修”，盖大普恩寺旧有是碑。今碑身断裂，党怀英篆额遗失，龟趺亦非原有。

④ 坛，《八琼室金石补正》卷 105 录北宋元丰五年（1082）湖州飞英寺《释迦成道记》作“昙”。

⑤ 捅、坑，《八琼室金石补正》卷 105《释迦成道记》作“拥”“坑”。

⑥ 莲，《八琼室金石补正》卷 105《释迦成道记》作“连”。

⑦ 贩，《八琼室金石补正》卷 105《释迦成道记》作“败”。

⑧ 惊、言，《八琼室金石补正》卷 105《释迦成道记》作“警”“身”。

⑨ 晕，《八琼室金石补正》卷 105《释迦成道记》作“昙”。

⑩ 此句后，大同上华严寺现存明成化间潞城王所立《释迦如来成道记》碑（沙门觉同书），与宋钱塘道诚法师《释迦如来成道记注解》，尚有 28 字：“或变净而以净覆秽，或随俗而即俗明真。若空谷之答响，洪钟之待扣矣。”按：雍正《山西通志》卷 159 谓：“觉同，大同人，姓康。幼慧，读书过目不忘，能文辞，尤工临池。书善化寺赞数千言，咸珍为名翰。时人赞曰：续佛慧命，湛然清净，遐迩闻声，诗禅草圣。”清康熙《御定佩文斋书画谱》卷 44：“释无辨，名觉同，号雪岑，大同人，姓康氏，攻诗文，尝立就善化寺记数千言，洒翰作草书，镂诸乐石，龙掀凤舞，人称之曰：诗禅草圣。（毛晋《明僧弘秀集》）。”民国《清凉山志》卷 8《十名公题咏序》曰：“云中释觉同者，僧中白足也。尝南游吴越，凡见名公、释道咏清凉者，采而归，选而成帙，将寿诸梓，以传不朽，命余为序。……同公之用心，可不谓之为贤乎？时成化某年仲夏吉旦，赐进士、礼部侍郎、前翰林学士、直东阁、同修国史、致仕、钱唐倪谦序。”序后，有释觉同和宋丞相、无尽居士张商英《咏五台诗》，附署“云中无辩”。

⑪ 此句后，上华严寺《释迦如来成道记》碑，与宋道诚《释迦如来成道记注解》，尚有 24 字：“或无说而常说，或不闻而恒闻；或保任而可凭，或加被而不忘。”

⑫ 后，《八琼室金石补正》卷 105《释迦成道记》作“妙”。

⑬ 训，《八琼室金石补正》卷 105《释迦成道记》作“酬”。

⑭ 往、真，《八琼室金石补正》卷 105《释迦成道记》作“将”“身”。

⑮ 叨，《八琼室金石补正》卷 105《释迦成道记》作“叫”。

⑯ 此句后，上华严寺《释迦如来成道记》碑，与宋道诚《释迦如来成道记注解》，尚有 25 字：“勃叨生季世，获奉真谭。虽录续而以叙金言，在飘零而不逢玉相。”

⑰ 清，《八琼室金石补正》卷 105《释迦成道记》作“青”。

⑱ 再，《八琼室金石补正》卷 105《释迦成道记》作“载”。

⑲ 该碑末，书写者与立石者的两行字迹被逐字敲损，官衔、名字模糊不清。兹参考赵一德《大同金代诸碑释议》，笔者进一步辨识，发现立石功德主乃金世宗长子永中，书者为永中长子石古乃，世宗赐名曰“瑜”。遂径予补全。《金史》卷 85《世宗诸子传》记：“镐王永中，本名实鲁剌，又名万僧。大定元年，封许王。……二十五年……加开府仪同三司。……章宗即位，起复判西京留守，进封汉王，与诸弟各赐金五百两、银五千两、钱二千贯、重币三百端、绢二千匹。再赐永中修公廨钱三百万……明昌二年……四月，进封并王。三年，判平阳府事，进封镐王。……明昌五年……诏赐永中死……子孙禁锢，自明昌至于正大末，几四十年。”按：永中父子被疑谋反而死，殃及此碑。

碑折为两截，落款被损，党篆、龟趺不翼而飞，其中故事不难想象。2004 年 6 月，我从母校天津师大复印回《山右石刻丛编》，见清人已有考订，然误以“永中”为“永蹈”，“瑜”为“璹”。

⑳ “南”字前断裂处，不知是否有字。

1191 年辛亥　金明昌二年，南宋绍熙二年

二月……壬辰，上始视朝。敕亲王及三品官之家，毋许僧、尼、道士出入。——《金史》卷 9《章宗纪一》[①]

① 金元好问《续夷坚志》卷 4《张孝通冤报》：“大定末，武清人赵士诠商贩西京。每过白登，多宿张孝通家，其妻私焉。孝通知，阴图之。一日，乘士诠醉，与其子定国缢杀之，投尸野中。士诠久不归，子来白登访之，孝通先与店户白忠友有仇，私告赵子云：‘汝父去向，白忠友宜知之。’赵子诉官，官系忠友讯掠，不胜苦楚，虽已诬服，而狱终不决。明昌初，白妻诉于朝，朝差贾公守谦往廉之。贾密访县人，人有言一异事云，张孝通及其子驱一骡往某处，憩于道旁树下，骡逐草而逸，定国怒鞭之，骡忽人语云：‘你杀赵客，更来打我。’父子相顾失色。他日，孝通妇汲水饮骡，骡又语云：‘你杀人，却冤白家。’孝通父子恐语泄，谋杀之以灭口，而县人无不知者。贾公以是归报朝廷，随差刑部员外孙某驰驿至县，收孝通父子，一问即承。人知神理之不可诬也。贾公仕至右丞。”按：白登，即今山西大同阳高。

1192 年壬子　金明昌三年，南宋绍熙三年

三月……癸巳，尚书省奏：“言事者谓，释、道之流不拜父母亲属，败坏风俗，莫此为甚。礼官言唐开元二年敕云：‘闻道士、女冠、僧、尼不拜二亲，是为子而忘其生，傲亲而徇于末。自今以后并听拜父母，其有丧纪轻重及尊属礼数，一准常仪。’臣等以为，宜依典故行之。”制可。——《金史》卷 9《章宗纪一》

1193 年癸丑　金明昌四年，南宋绍熙四年

三月庚午，金主将幸景明宫，御史中丞董师中、侍御史贾铉等上书谏曰：“……况西北二京、临潢诸路，比岁不登，加以民有养马、签军、挑濠之役，财用大困，流移未复，米价甚贵，若扈从至彼，又必增价。……”……金主……曰：“朕欲巡幸山后，不禁署热故也。”——《续通鉴》卷 153

六月……壬戌，尚书右丞相夹谷清臣进封戴国公，西京留守完颜守贞为平章政事[①]，封萧国公。——《金史》卷 10《章宗纪二》

金诏洞宗禅派万松长老于内殿说法，章宗躬亲迎礼，奉锦绮大僧衹衣诣座授施，

后妃、贵戚罗拜于前，各施珍财。建普度会，每岁设斋。后于承安二年，诏万松禅师住西山之仰山（《金志》）。——《释氏稽古略》卷4

① 《金史》卷73《完颜希尹传附孙守贞传》：大定“二十五年，起为西京警巡使。世宗爱其刚直，授中都左警巡使，迁大兴府治中，进同知，改同知西京留守事。御史台奏守贞治有善状……章宗即位，召为刑部尚书，兼右谏议大夫。……明昌三年夏……出知东平府事。……寻改西京留守”。

1194年甲寅　金明昌五年，南宋绍熙五年

明昌五年，散騋马，令中都、西京、河北东西路验民物力分畜之。——《金史》卷44《兵志》“禁军”条

冬十月……闰月……戊寅，上问辅臣：“孔子庙诸处何如？”平章政事守贞曰：“诸县见议建立。”上因曰：“僧徒修饰宇像甚严，道流次之，惟儒者于孔子庙最为灭裂。”守贞曰：“儒者不能长居学校，非若僧道久处寺观。”上曰：“僧道以佛、老营利，故务在庄严闳侈，起人施利自多，所以为观美也。”——《金史》卷10《章宗纪二》

1195年乙卯　金明昌六年，南宋宁宗赵扩庆元元年

三月……戊戌，以北边粮运，括群牧所、三招讨司猛安谋克、随乣及迭刺、唐古部诸抹、西京、太原官民驼五千充之，惟民以驼载为业者勿括。——《金史》卷10《章宗纪二》

1196年丙辰　金明昌七年、承安元年，南宋庆元二年

六月……丁卯，敕自今长老、大师、大德不限年甲，长老、大师许度弟子三人，大德二人，戒僧年四十以上者度一人。其大定十五年附籍沙弥，年六十以上并令受戒，仍不许度弟子。尼、道士、女冠亦如之。——《金史》卷10《章宗纪二》

六月……金定僧、道、女冠剃度之制[①]。金主尝问谏议大夫张暐曰：“僧道三年一试，八十取一，不已少乎？”暐曰：“此辈浮食，无益有损，不宜滋益也。”金主曰：“周武帝、唐武宗、后周世宗皆贤君，其寿不永，虽曰偶然，似亦有因也。”对曰：“三君矫枉太过。今不崇奉，不毁除，是谓得中矣。”——《续通鉴》卷154

七年，秩满，改国子助教。是岁，同知西京路词赋贡举。——《杨瀛神道碑》[②]

金国改元，十一月二十三日大赦，度僧千员（《金志》）。——《释氏稽古略》卷4

酒，金榷酤因辽、宋旧制，天会三年，始命榷官以周岁为满。世宗大定三年，诏宗室私酿者，从转运司鞫治。……二十七年，议以天下院务，依中都例，改收曲课，而听民酤。户部遣官询问辽东来远军，南京路新息、虞城，西京路西京酒使司、白登县、迭剌部族、天成县七处，除税课外，愿自承课卖酒。上曰："自昔监官多私官钱，若令百姓承办，庶革此弊。其试行之。"……西京酒使司，大定间，岁获钱五万三千四百六十七贯五百八十八文，承安元年岁获钱十万七千八百九十三贯。——《金史》卷49《食货志四》

① 《金史》卷55《百官志一》：礼部"凡试僧、尼、道、女冠，三年一次，限度八十人，差京府幕职或节镇防御佐贰官二员，僧官二人、道官一人、司吏一名、从人各一人、厨子二人、把门官一名、杂役三人。僧童能读《法华》《心地观》《金光明》《报恩》《华严》等经共五部，计八帙。《华严经》分为四帙。每帙取二卷，卷举四题，读百字为限。尼童试经半部，与僧童同。道士、女冠童行念《道德》《救苦》《玉京山》《消灾》《灵宝度人》等经，皆以诵成句、依音释为通。中选者试官给据，以名报有司。凡僧尼官见管人及八十、道士女冠及三十人者放度一名，死者令监坛以度牒申部毁之"。

②《杨瀛神道碑》，见《北京辽金史迹图志》上册。按：金元西京文人的崛起，颇由于词赋举士。金刘祁《归潜志》卷10云："金朝名士大夫，多出北方。世传《云中三老图》，魏参政子平，宏州顺圣人；梁参政甫，应州山阴人；程参政晖，蔚州人。三公皆执政世宗时，为名臣。又苏右丞宗尹，天成人；吾高祖南山翁，顺圣人；雷西仲父子，浑源人；李屏山，宏州人；高丞相汝砺，应州人。其余不可胜数。余在南州时，尝与交游谈及此，余戏曰：自古名人出东、西、南三方，今日合到北方也。"又，元苏天爵《滋溪文稿》卷5《浑源刘氏传家集序》："金之初年，士大夫乘时以干名，依势以取贵。无何，群小相倾，卒陷于祸。南山翁方以清修文雅著名于时，用则出而应之，否则安其所守，不见喜愠，而词学之懿，操行之洁，传诸其家以及其乡人者。终金之世，云、朔诸郡文献相望，大抵多翁所感发也。"

1197年丁巳　金承安二年，南宋庆元三年

夏四月……尚书省奏："比岁北边调度颇多，请降僧道空名度牒紫褐师德号，以助军储。"从之①。……九月……壬寅，遣官分诣上京、东京、北京、咸平、临潢、西京等路招募汉军，不足则签补之。……丁卯，分遣官于东、西、北京，河北等路，中都二节镇，买牛五万头。……十二月……癸未，遣户部侍郎上官瑜体究西京逃亡，劝率沿边军民耕种。——《金史》卷10《章宗纪二》②

承安二年十月……时交钞所出数多，民间成贯例者艰于流转，诏以西北二京、辽东路从宜给小钞，且许于官库换钱，与它路通行③。——《金史》卷48《食货志三》

【墨书题记】明堂西南，正是四耶々骨[4]。长男蒋公全，次男蒋公寿；长孙蒋愿，次孙蒋润，次孙蒋建喜，次孙蒋通喜，次孙蒋通口，蒋润为三閬？之是。承安二年十一日。[5]

① 《金史》卷 50《食货志五》：“承安二年，卖度牒、师号、寺观额，复令人入粟补官。”
② 据《金史》卷 94《内族襄传》，大约此年前后，徒单镒曾任西京留守。
③ 《金史》卷 48《食货志三》：“承安三年……时交钞稍滞，命西京、北京、临潢、辽东等路一贯以上俱用银钞、宝货，不许用钱，一贯以下听民便。”
④ 清梁绍壬《两般秋雨盦随笔》卷 7《爷爷》：“《玉篇》：‘俗呼父曰爷。’《木兰诗》‘不闻爷娘唤女声’，《杜诗》‘见爷背面啼’、‘爷娘妻子走相送’，俱以父为爷也。今北人呼祖为爷爷。宋燕山府永清县大佛寺内，有石幢，系王世宗建，末云‘亡爷爷王安，娘娘刘氏’，是称其大父大母也。则此称，自宋时已有之。”
⑤ 2002 年，大同城西南魏辛庄出土一长方形石函，黄色泥岩，内装骨灰渣。石盖内敷刷白土底色，上有墨书 56 字。这种葬法，不同于汉族传统。该墨书石棺，原归大同作家王祥夫，十多年前赠我，本书曾依照殷宪《北魏石棺墨书“四耶耶骨”》（载《书法丛刊》2005 年第 3 期）一文判定，放置在北魏永安二年（529）。2016 年《文物》第 11 期，发表郝军军《“蒋四耶耶”石棺的年代及相关问题研究》，一则认为墨书“永安二年”的“永”字，应为“承”字，即金代承安二年（1197）。二则北魏时期大同地区百姓尚无火葬习俗，使用骨灰石棺属于辽金风俗。三则“明堂”一词，系指坟冢本身祭祀“冢神”之处，而非北魏孝文帝所建明堂，因为魏辛庄远离明堂遗址 12 公里。四则“耶耶”一词，宋辽以前专指父亲。我读郝文，觉得有理，故移至是年。

1198 年戊午　金承安三年，南宋庆元四年

三年，西京饥，诏卖度牒以济之。——《金史》卷 50《食货志五》

1199 年己未　金承安四年，南宋庆元五年

金九月，太后赵氏寝疾，国主候起居，郑宸妃亦至。后曰：“我有一心愿未遂，宸妃能成我意乎？我家三四百口为炀王（即海陵炀王也）所杀，丛冢在和龙（即燕慕容氏之黄龙府也），我欲创一寺在彼，追荐冥福，岁时奠享。我不敢费公钱，我自有钱七万可以办。汝说与皇帝。”越旬，太后崩，宸妃……奏，手诏下和龙府起大明寺，造九级浮图。遣太后殿内侍侯衍监造，务极壮丽。且度僧三万人，施以度牒。度及五万人也，寺傍建八寺以处之（《金志》）。——《释氏稽古略》卷 4

承安四年，改河南路按察副使，就迁本路副统军，中都、西京等路按察使。时世袭家豪夺民田，亨检其实，悉还正之。——《金史》卷 97《裴满亨传》

1200年庚申　金承安五年，南宋庆元六年

【塔铭】《……师塔铭并序》：襄山逸人赵□撰，法弟、监寺僧德清书，□□寺第二代住持、传法沙门德坚建。□□□上元人，姓田氏，祖官家殷。师幼习儒业，□□□再三，私出家徵获，娶王氏子妻之。一日，□□□为□□复觑，母知其无留，许之。于州□□寺，礼宏公和尚为师，因名焉。诵听参禅，□□师归龙华。十八，试经得度，后因家故疾□□冥目无息，母惊号曰：弃我速矣！少顷，复□□去世，何障如此？由是策杖东游京师，遍□□而八年蕴空蘩林下，匿名每与翰苑卿□□和缀文，其篇什往往脍炙人口，颇有文□□□师从京师来家，以视孀母，游郡名刹，□□论□风唱和，□不恳归。如是八个月，复□□寿寺闲居阅道。承安五年庚申十月十□□礼毕，返室而坐，邻衲告师曰：胡不赴堂？□□□碍，以语闻众，其执事暨知者躬侍之。至□□而谓侍之曰：吾不过今日，必当行脚。众□□□□趺坐而化。众惊焚香赞礼，京师卿□□。呜呼，去住明白，了无一点凝滞。非蕴□□法弟诚乃将遗灵归葬龙华。龙华住持与师同日行事，嘱予为序。予与师有旧，故□□实云。师貌古，为人刚毅，而内秀无阿□□有六年而示寂。乃序而镌之。铭曰：别传教外，一滴曹溪。源流五派，独并家风。苦墀月暗，岳顶云笼。唯德诠师，炉中片雪，劫外灵枝。赫□塔□，□□□□，□□风清。□□□□，□□益利。

匠人□□□□用造。弘州襄阴县上元村兄汝嘉同建。□□□□王□□同建。助功僧德妙、德琳、德□、德凭……金刚大轮明王陀罗尼：……[①]——殷宪《大同新出唐辽金元志石新解·德诠法师塔铭》[②]

① 此处略去梵文经文。

② 该石经幢，八面，上残。文中"弘州襄阴县"，即今河北阳原，金代隶属西京。

1201年辛酉　金泰和元年，南宋嘉泰元年

【碑文】故叔父、宣武将军、行文绣署、承骑都尉、清河县开国男、食邑三百户张公。公讳澄，字彦清。出官历任，另建丰碑。今记本官、年甲其实。公，天会十三年乙卯十月廿九日戌时生，逮下世之岁，承安三年戊午八月初九日戌时卒，享寿六十有四。命终于燕山文绣署官舍。附灵柩归于本家，未获便时，权寄之佛寺[①]。常念白骨帽露于僧舍，今得姓通将以泰和元年岁次辛酉，三月（壬辰）辛亥朔十七日丁卯

乙时破土，至当月二十日庚午乙时，葬叔父于先祖旧茔庚穴，与父次焉。故书于此，以纪其实，庶贻不朽。泰和元年岁次辛酉三月（壬辰）辛亥朔廿日庚午乙时扣掩。侄男张师仁书。——大同市博物馆藏《张澄墓志》②

泰和元年七月，改西京路转运使。二年正月，为北京临潢府路按察使。——《金史》卷107《高汝砺传》③

八月……诏推排西、北京、辽东三路人户物力④。——《金史》卷11《章宗纪三》

十二月，所修律成……实《唐律》也……名曰《泰和律义》。自《官品令》《职员令》之下，曰……，《释道令》十条……司空襄以进，诏以明年五月颁行之。——《金史》卷45《刑志》

① 南宋周煇《清波杂志》卷12："浙右水乡风俗，人死虽富有力者，不办蕞尔之土以安厝，亦致焚如。僧寺利有所得，凿方尺之池，积涔蹄之水，以浸枯骨。男女骸骼骰杂无辨，旋即填塞不能容，深夜乃取出，畚贮散弃荒野外。人家不悟，逢节序，仍裹饭设奠于池边，实为酸楚，而官府初无禁约也。范忠宣公帅太原，河东地狭，民惜地不葬其亲。公俾僚属收无主烬骨，别男女，异穴以葬。又檄诸郡效此，不下数万计。仍自作记，凡数百言，曲折致意，规变薄俗，时元祐六年也。淳熙间，臣僚亦尝建议：柩寄僧寺，岁久无主者，官为掩瘗。行之不力，今柩寄僧寺者，固自若也。"

② 此长方形骨灰棺，细砂岩，棺盖外表磨平，居中碑文面积48×37厘米。出土地不详。

③ 金刘祁《归潜志》卷6云："高丞相汝砺，字岩夫，应州人。少擢第，入仕有能名。尝为左司郎中、谏议大夫。入户部，专掌财赋。迁尚书，改三司副使，倡行钞法，以代货泉。宣宗南渡，拜参知政事，迁左右丞。进平章政事、右丞相，封寿国公。正大（1224～1231）初，薨于位，年七十余。为人慎密廉洁，能结人主知。守格法，循默避事，不肯强谏。故为相十余年，未尝有谴诃。寿考康宁，当世莫及。金国以来书生当国者，惟公一人耳。"卷10云："金朝钱币，旧止用铜钱。正隆、大定、泰和间，始铸新钱，余皆宋旧钱。及高岩夫为三司副使，倡行钞法，初甚贵重，过于钱，以其便于持行也。尔后兵兴，官出甚众，民间始轻之，法益衰。南渡之初，至有交钞一十贯，不抵钱十文用者，富商大贾多因钞法用穷，俗谓坐化。"

④ 推排，即推排通检，按民户的人力、财物确定赋役。

1202年壬戌　金泰和二年，南宋嘉泰二年

十一月……以西京留守宗浩为枢密使。——《金史》卷11《章宗纪三》①

十二月癸酉，金以皇子特哩晬日，放僧、道度牒三千，设醮于元真观②，为特哩祈福。——《续通鉴》卷156

① 是年，金书画家、文学家王庭筠卒。庭筠字子端，熊岳（今辽宁盖平）人。大定十九年（1179）进士，官至翰林修撰。后居黄华山，自号黄华山主、黄华老人。王恽《秋涧集》卷97《玉堂嘉话》云："王

黄华《西京留守厅题名记》，说赵武灵王既破林胡，始城云中。秦绍汉袭，其名不改。元魏之兴也，为京师焉。西际大河，东连上谷，南扼中山，北控五原，广袤千余里，规以为甸服。逮辽德于晋，晋割山前代北十有六州以赂之，辽即魏之故基考位为宫阙，是曰西京。”该题名记，不知书于何年，姑录于兹。

② 按：道士设醮，始于汉代。醮者，祭之别名。牺牲血食，谓祭；蔬果清修，曰醮。

1204年甲子　金泰和四年，南宋嘉泰四年

八月……辛丑，以西京留守崇肃为御史大夫。——《金史》卷12《章宗纪四》

太和中，柏山长老志贤住西京东堂，常住足备，即弃去。修浑源乐安桥岭路，椎破一牛心大石，中有蛇蝎相吞螫，人不知其何从而入也。贤曰："此在吾法，是怨毒所化，随想而入，历千万劫而不得解者。若不为解却，他日亦道曾见我来？"即以大杖击之，竟无他异。全唯识说。——金元好问《续夷坚志》卷1《石中蛇蝎》

1205年乙丑　金泰和五年，南宋开禧元年

泰和……五年，以西京、北京边地常罹兵荒，[①]遣使推排之。——《金史》卷46《食货志一》

泰和五年，章宗谕宰臣曰："十月民获未毕，遽令纳税可乎？"改秋税限十一月为初。中都、西京、北京、上京、辽东、临潢、陕西地寒，稼穑迟熟，夏税限以七月为初。——《金史》卷47《食货志二》

① 南宋罗大经《鹤林玉露》甲编卷四云："嘉泰中，邓友龙使虏，有赂驿吏夜半求见者，具言虏为鞑之所困，饥馑连年，民不聊生。"按：南宋邓友龙使金贺正旦，在嘉泰四年（1204）九月，归在是年。

1206年丙寅　金泰和六年，南宋开禧二年

泰和六年，上以旧定保伍法，有司灭裂不行……遂令从唐制，五家为邻、五邻为保，以相检察。……村社三百户以上则设主首四人，二百户以上三人，五十户以上二人，以下一人，以佐里正禁察非违。置壮丁，以佐主首巡警盗贼。……寺观则设纲首。——《金史》卷46《食货志一》

1207年丁卯　金泰和七年，南宋开禧三年

九月……甲申，定西、北京、辽东盐司判官诸场管勾增亏升降格。……壬寅，

敕女直人不得改为汉姓及学南人装束。——《金史》卷12《章宗纪四》

越王永功，本名宋葛，又名广孙……泰和七年，改西京留守[①]。八年，复判平阳府事。——《金史》卷85《世宗诸子传》

① 金元好问《中州集》卷8《高转运德裔》云："德裔，字曼卿，鹤野人。高才博学，弱冠擢第，累迁登闻检院同知、太府少监、平阳少尹、开州刺史、丰王傅，卒于西京路转运使。工于为文，字画尤有法，所题卷轴，今犹有存者。"按：章宗即位，永功封冀王，判平阳府事，因事牵涉平阳治中高德裔受笞刑。德裔任西京路转运使，盖与永功有关。又《中州集》卷8《赵转运鼎》："鼎，字德新，栾城人。大定十六年进士，喜作诗，颇知道学。屏山所许如此，仕至西京路转运使。"高、赵二人任职西京时间，大致相近。

1208年戊辰　金泰和八年，南宋嘉定元年

王革，字德新，宏州人。少有才思，诗笔尖新，风流人也。屡举不第，以任子仕。晚由恩得主宜君簿。北渡，居云内，后迁云中。卒年七十余，名士皆其友也。尊酒之间，一谈一笑，甚有前辈风，今不复见矣。戊辰冬，赴试西京，自以年高，与诸后进偕入，复作此举，因有诗云：惯掣苍龙晓漏钟，受恩曾入大明宫；香浮扇影迎初日，人逐鞭声静晓风。转首俄惊成异世，此身虽在已衰翁；唤回五十年前梦，再着麻衣待至公。——金刘祁《归潜志》卷5[①]

① 元王恽《秋涧集》卷58《浑源刘氏世德碑铭并序》："金源氏倔起海东，当天会间，方域甫定，即设科取士，急于得贤，故文风振而人材辈出，治具张而纪纲不紊。有国虽余百年，典章文物，至比隆唐宋之盛。若夫笃志力学，（扶）［挟］艺应选，首破天荒，魁冠多士，父子昆季相继擢第，为名士夫，作良牧守，文行端雅，门第清峻，为金朝第一流者，其惟浑源刘氏乎！刘氏出彭城望族，五季板荡，播迁朔土。辽末，远祖讳用者，居弘州顺圣县之耀武关，世业耕稼。生子翰，赠承德郎，配张氏，追封彭城郡太君。生撝，字仲谦，即今监察御史邻之高祖也。始释耒耜，习进士业，当辽金革命扰攘际，学未尝一日废。天会二年，肇辟科场，公以词赋第一人中选。惟辽以科举为儒学极致，文体庞杂萎苶，视晚唐、五代尤为卑下。公励精种学，文辞卓然天成，妙绝当世，一扫假贷、剽窃、牵合、补缀之弊。其后学者，如孟宗献、赵枢、张景仁、郑子聃，皆取法焉。金国一代，词学精切，得人为盛，由公有以振而起之也。释褐，右拾遗，转知（大）［天］城、阳曲、怀仁三县，擢大理正，迁平阳府判官、安东节度副使，两贰大理寺，出刺石州，累官中大夫。年六十三，卒于位，翰林学士张景仁碑其神道。公性淳厚，见义固执，待物诚好，诱掖后进。三为理官，议狱主恕，不屈于权贵，故多平反。尤长于治民，兴利除害，若嗜欲然；施设有条理，简便可持久。所去见思，图形奉事。素爱浑原山水幽胜，买田家焉。晚号南山翁。夫人浑源雷氏，北京转运使思之女，封彭城郡君。生四子：曰汲；曰渭；曰滂，早世；曰瀋。汲字伯深，颖悟绝人，早传家学，与弟渭同擢天德三年进士。屡为州县，有声，累官朝散大夫，应奉翰林文字，西京路转运司都勾判官。平生寡合不羁，

慕郭林宗、黄叔度之为人，晚节倦于游宦，放浪山水间，以遣兴、读书为乐，称西嵓子。述《寿藏记》，叙其行已甚悉。卒年五十八，郓王府文学陈讷铭其墓。有《西嵓集》行于世，屏山李之纯引其端。娶曹氏，追封彭城县君。一子侃，字稚川，大定十年进士第，积资奉直大夫、丰王府文学，兼记室参军。孙一：从夔，字和卿，奉职出身，善作诗。曾孙文祖。渭字仲清，少好学，克绍箕裘。既登第，授承德郎，知秦州陇城寨事，调隰州军事判官，终朝列大夫，岢岚州刺史。号□□老人。一子价，河水泊酒监。曰濬，乃邻之曾祖。博学强记，少有声场屋间，既而用荫入仕，至安远大将军，饶阳令。配张氏，封彭城县君。生四子：佖、似、俨、俣。佖字稚行，宣武将军、真定府军资库使。三子：从善，字泽卿，彰德府酒监；从皋，字平卿；从契，字礼卿，武义将军、克胜军副都统。孙五人：曰郊，武义将军；曰郅等，俱早世。似字稚章，孝敬友爱，出于天性，力学能文，称其家声，四试于庭，不偶，用恩赐第，授承仕郎、华州教授，再仕，承直郎，主沂水县簿。娶王氏，封彭城郡太君。寿五十五，终于家，遗文雄深简古，有乃祖风。尝训子孙曰：'为士当先行检，如丝之洁；将立其身，慎无点污。汝佩吾言，则无忝矣。'故屏山李纯甫表其竁曰：善人刘公之墓。其为士夫之纪，盖可见矣。一子从益，字云卿，自髫龀时已有成人度，擢大安元年进士乙科，调鄠阳丞、长葛簿、陈州防御判官，皆有治绩。投机应变，措画出众意表，进提举南京路榷货事。丁沂水君忧，起复拜监察御史。君负材尚气，资之以学，欲使事业表表，大见于世。一旦职与志合，所言朝廷纪纲、时政利病，竟与宰臣辩论得失，不屈去职，闲居淮阳，与诸生讲明伊洛学。久之，选令叶县，至则锄强剔蠹，豪族恶党噤不敢少肆，请免逋租三万石，致流民自归者口数千。大起孔子庙，既树教本，集诸生肄习其中，风化大行，考课为河南最。未几，召入翰林，为应奉，不逾月而卒，得年四十又四。雷御史渊志其墓，赵翰林秉文勒铭神道，皆称其器识明敏，刚直敢言，学可以辅政教，材足以济时难。赍志以没，士论惜焉。叶民至庙而祀之。孔子称遗直遗爱者，岂近是邪？蓬门，其自号也，盖取南山翁《诫子诗》'元自蓬蒿出门户，莫教门户却蒿蓬'之句。有文集十卷，粹而赡，通而不流，类其为人。内子严氏，封彭城县君。子二：祁、郁。祁字京叔，少颖异，为学能自刻励，有奇童目。弱冠，举进士，廷试失意，即闭户读书，务穷远大，涵滀锻淬，一放意于古文，间出古赋、杂说数篇，李屏山、赵閒閒、杨吏部、雷御史、王滹南诸公见之曰：异才也。皆倒屣出迎，交口腾誉之。及与御史公退居于陈，相与讲明六经，直探圣贤心学，推于躬行践履。自是振落英华，收其真实，文章议论粹然一出于正，士论咸谓得斯文命脉之传。壬辰，北还乡里，躬耕自给，筑室，榜曰归潜。岁戊戌，诏试儒人，先生就试，魁西京，选［充］山西东路考试官。后征南行台拈合公闻其名，邀至相下，待以宾友。［凡］七年而没，享年四十有八。翰林学士王磐志其墓。娶史氏，洛阳名族。一女，适前监察田芝子文冕；一男景山，终国史院编修官。孙一：兴同。有《神川遁士集》二十二卷，《处言》四十三篇，《归潜志》三卷，行于世。郁字文季，亦名士。中统元年，肇建中省，辟左右司都事。出尹新河，召拜监察御史。能文辞，工诗翰，别号归愚。卒年六十一。娶赵氏，前礼部尚书璜之女。一子景嵓。邺，字伯震，一子景峦。俨，字稚昂，邻之祖也。登承安二年进士第，累官至中奉大夫、秘书少监。壬辰北渡，痛宗国云亡，蹈河而死。配李氏，封彭城郡夫人。三子：从禹，字虞卿，登至大七年辞赋第，官至朝散大夫，同州录判，一子曰都。从恺，字舜卿，自幼卓荦不群，稍长，入乡校，擅能赋声，再举不契，就荫补官，授武义将军、登封主簿。已而，综核县务，束湿吏曹，人不敢以少年书生易之。国初，生聚稍集，遴选贤能，亟于抚字，辟府君摄领韶州事。继真，授宜阳令。县当兵后，庶事草创，（高下）□□下车，廉知其利病休戚，斟酌而更易之。凡科取差徭，必验其等第，俾均输焉。暇则集俊秀于县庠，讲明礼义，美善风俗。为政才期月，而颂声四达。终更授河南府路经历，素精吏事，规画恢恢，刃游余地，致六房无滞务。公余，与紫阳杨大、西庵杨公、九山李子徵、薛庸斋微之，觞咏于泉石间。中统四年正月廿八日，以疾卒于私居之正寝，寿五十有五。娶张氏，宣德望族，贞静柔懿，自在父母家，已称纯孝，及归于我，事舅姑恭顺，饮食服御，非经其手不进也。终于至元廿三年十月廿日，享年七十有五，葬合祔。子男三人：鄘字君美，平江路匠人提举。至元三十一年十一月，以疾殁，得年五十有五。配段氏，享年四十有九。鄗，袁部场管勾。邻，才识警敏，练达时务，由省掾授承务郎、工部主事，次升承直郎、顺德路总管府判官，选充监察御史。女二：长适浑源州王氏，次适应州元帅韩公之孙。孙五：绍祖，江浙省宣使；庆祖，淀山巡检；继祖、胜童、乞童。从稷，字贤卿，终济南路儒学教授。三子：曰郇，曰郴，曰郛。俣，承奉班祗侯，遂州酒监。一子从周，字文卿。刘氏先茔，始葬顺圣之耀武关，南山翁徙祖茔于浑源县东北黄嵬乡，御史君以世故流离，起先茔于宛丘，神川旅殡洹水，归愚定窆燕山，令邻奉大父、中奉公衣冠及考妣柩，安厝于河南北邙之原，是为浑源刘氏洛阳新阡。邻复欲彰先懿，昭孝思，图不朽，谂不肖，尝问学于神川先生，知其家世颇详，持张、陈、李、赵、雷、王诸公铭志，求述世德碑。以猥列后进，年迫衰谢，不能发越先贤事业，且何敢秉笔于诸名胜之后，坚辞者久之。邻复曰：'金亡，士之北渡者，百不二三，今消磨已尽，求接见先辈老于文辞而最知名者，莫公若也。今弗惠顾，则先世之事，将于何托？'不获已，乃采掇诸公绪余及己之见闻而知者，会归其极，而系之铭。铭曰：汉庭射策，贡士遗风。排斥百氏，仲舒是崇。唐文三变，败北无从。振起衰茶，尊昌黎公。两公杰出，莫之比隆。考其胤裔，孰继芳踪。大名难再，气数奇穷。金源立国，网罗才雄。首魁多士，惟南山翁。程文妙绝，一世师宗。当时景仰，韩董攸同。子孙克肖，家学是攻。巍科七决，声华摩空。故家文献，泱泱大风。蓬门卓尔，世业克充。言直行果，节效匪躬。支撑倾颓，致时之雍。赍志虽殁，留名则鸿。中奉矫矫，职贰大蓬。存亡惟义，表我孤忠。子孙昌炽，为报则丰。神川力学，洞圣心胸。明理贯道，匪文奚工。玉佩琼琚，大振辞锋。道家学之渊流，会百川而朝东。章甫适越，惜不时逢。阴相同气，先志恢洪。朱衣白简，乘御史骢。何刘氏之多贤，试紬绎其始终。种德植善，无逾于农。立志务学，禄在其中。忠义仁恕，传嗣弥缝。维人事之克尽，见天理之昭融。宜泽流浑水之源，青蔚南山之峰。北邙之原，岿然新宫。世故牵率，匪忘祖封。是惟金百年文宗之裔，过者敬恭。"

1210年庚午　金卫绍王完颜永济大安二年，蒙古太祖成吉思汗五年，南宋嘉定三年

六月，大旱。下诏罪己，振贫民阙食者。曲赦西京、太原两路杂犯，死罪减一等，徒以下免。……九月，地大震。……庚子，遣使慰抚宣德行省军士。丙午，京师戒严。上日出巡抚，百官请视朝，不允。辛亥，宣德行省罢。癸丑，诏抚谕中都、西京、清、沧被兵民户①。——《金史》卷13《卫绍王纪》

① 此年蒙古大兵围掠大同，史载欠明。《金史》卷110《赵秉文传》："大安初，北兵南向，召秉文与待制赵资道论备边策，秉文言：'今我军聚于宣德，城小，列营其外，涉暑雨器械弛败，人且病，俟秋敌至，将不利矣。可遣临潢一军捣其虚，则山西之围可解，兵法所谓出其不意、攻其必救者也。'卫王不能用，其秋，宣德果以败闻。"按：宣德，今河北张家口宣化。

1211年辛未　金大安三年，蒙古成吉思汗六年，南宋嘉定四年

四月，我大元太祖法天启运圣武皇帝来征。遣西北路招讨使粘合合打乞和。平章政事独吉千家奴，参知政事胡沙行省事备边。西京留守纥石烈胡沙虎行枢密院事①。——《金史》卷13《卫绍王纪》

秋八月……金通吉迁嘉努、完颜呼沙呼御蒙古于灰河，赫舍哩呼沙呼遁还②，金师遂败绩。蒙古取大同府桓、抚州及西北州县。——元陈桱《通鉴续编》卷20

冬十月，袭金群牧监，驱其马而还。……皇子术赤、察合台、窝阔台分徇云内、东胜、武、朔等州，下之。——《元史》卷1《太祖纪》

十一月……纥石烈胡沙虎弃西京，走还京师，即以为右副元帅，权尚书左丞。是时，德兴府、弘州、昌平、怀来、缙山、丰润、密云、抚宁、集宁，东过平、滦，南至清、沧，由临潢过辽河，西南至忻、代，皆归大元。——《金史》卷13《卫绍王纪》

① 纥石烈胡沙虎，即纥石烈执中。《金史》卷132《逆臣传》："纥石烈执中，本名胡沙虎……除西南路招讨使，改西京留守。大安元年，授世袭谋克，复知大兴府事，出知太原府，复为西京留守，行枢密院，兼安抚使。"

② 赫舍哩呼沙呼，既纥石烈胡沙虎，亦即赫舍哩执中。《续通鉴》卷159："八月……时汾阳郡公郭宝玉屯定州，举其军降于蒙古。蒙古遂破白登城，进攻西京。七日，赫舍哩执中等惧，率麾下百骑弃城突围走……郭宝玉既以军降，穆呼哩引之见蒙古主，问取中原之策，宝玉……言建国之初，宜颁新令，蒙古主从之，于是颁条画五章。如：出军不得妄杀；……僧、道无益于国，有损于民，悉行禁止之类。"民国《定襄金石考》卷2《普玘和尚塔幢》："师讳普玘，字伯玉，五台县建安里人也。……礼五台山大华严寺真容院山门十寺提点、传大乘戒、赐紫僧惠了为师。……金大安三年买度，官坛受戒。……贞祐三年小春之月，时遇兵劫，犯于中原，玉石俱焚，善恶不分，天下招提咸从毁废，□□法侣，悉皆摩灭。师于一日，值夭身亡，不幸归逝。……大蒙古国岁次癸卯年……立石。"

1212年壬申　金崇庆元年，蒙古成吉思汗七年，南宋嘉定五年

秋，围西京①。金元帅左都监奥屯襄率师来援，帝遣兵诱至密谷口逆击之，尽殪。复攻西京，帝中流矢，遂撤围。——《元史》卷1《太祖纪》

十月，曲赦西京、辽东、北京。——《金史》卷13《卫绍王纪》

① 《元史》卷149《刘伯林传》："刘伯林，济南人。好任侠，善骑射，金末为威宁防城千户。壬申岁，太祖围威宁，伯林知不能敌，乃缒城诣军门请降。太祖许之，遣秃鲁花等与偕入城，遂以城降。帝问伯林，在金国为何官，对曰：'都提控。'即以元职授之，命选士卒为一军，与太傅耶律秃怀同

征讨，招降山后诸州。太祖北还，留伯林屯天成，遏金兵，前后数十战。进攻西京，录功，赐金虎符，以本职充西京留守，兼兵马副元帅。癸酉，从征山东……”元《勤斋集》卷3《威宁张氏新阡表》：“玮，字器之，元帅左监军也。……崇庆初，金运将终，天戈所临，罔不风靡。公以威宁县小，不可支，遂与刘忠顺公等，迎拜太祖圣武皇帝城下，请无俘杀，劝未降者。上悦，许之，俾长千夫，抚居人，从征伐。其五月，攻天成，勇冠诸军。百夫长王某，为守陴者钩去，公挥刀断而脱之。六月，进攻西京，败金人默谷，别率千人，发掘敌境，给军实。”按：威宁，即今内蒙古兴和县；刘忠顺公，即刘伯林。

1213年癸酉　金崇庆二年、至宁元年、宣宗完颜珣贞祐元年，蒙古成吉思汗八年，南宋嘉定六年

泰和……八年，入为吏部郎中，累迁中都、西京按察使。……及执中自紫荆关走还中都，诏尽忠为左副元帅兼西京留守。以保全西京功进官三阶……未几，拜尚书右丞，行省西京。贞祐初，进拜左丞。诏曰：“卿总领行省，镇抚陪京，守御有功，人民攸赖。朕新嗣祚，念尔重臣，益勉乃力，以副朕怀。”二年五月，自西京入朝[①]……——《金史》卷101《抹撚尽忠传》

① 宋谢采伯《密斋笔记》曰：“余尝观《靖康传信录》以及《孤臣泣血录》……粘罕克河东，斡离不引大兵自涿州入安肃，陷开封府，至顺河，凡一百八十余州，八百七十五县，蹂践残灭，何可胜计！而贞祐元年十一月至二年正月，鞑靼残破河东、河北、山东、山西，复一十七府，九十余州，镇县二十余处。数千里间，杀戮皆尽，城郭丘墟，金帛、子女、牛羊马畜皆席卷而去，屋宇悉皆烧毁，此杀戮大果报也。”

1214年甲戌　金贞祐二年，蒙古成吉思汗九年，南宋嘉定七年

夏五月，金主迁汴，以完颜福兴及参政抹撚尽忠辅其太子守忠，留守中都。——《元史》卷1《太祖纪》[①]

① 元刘因《静修集》卷8《中顺大夫、彰德路总管、浑源孙公先茔碑铭》云：孙威“于金贞祐之变，即欲应募为兵，其亲或难之，因逃去，谒西京帅谋年，以骁勇得近幸。时金主南迁，谋年帅欲有所奔问而难其人，公感激请行，见金主于真定，得报归，往复二千里，甫七日。及西京内附国朝，所置守帅马侯，熟其胆略，表授义军千户，寻复董平山府甲工”。

第十一编　蒙古国元代纪事

1215年乙亥　蒙古成吉思汗十年，金贞祐三年，南宋嘉定八年

三月……西京军民变，遣官抚谕之。……夏四月……壬子……诏遣使同山西宣抚司选其民勇健者为军[①]。……丙辰，谕田琢留山西流民少壮者充军[②]，老幼者令就食于邢、洺等州，欲趣河南者听。……五月庚申，招抚山西军民，仍降诏谕之。是日，中都破……八月……太祖御容至自西京，奉安于启庆宫。……十二月乙酉朔，徙朔州民分屯岚、石、隰、吉、绛、解等州。[③]——《金史》卷14《宣宗纪上》

① 元许有壬《至正集》卷60：《大元赠奉直大夫、大同路应州知州、飞骑尉，追封大同县男傅公墓碣铭》："公姓傅氏，讳仁义，世居代郡。祖讳琪，金兵马大元帅，父讳德，贞祐兵乱，徙云中大同县，占籍禁军，娶刁氏……"

② 元好问《中州集》卷5收录庞铸《田器之燕子图》诗，谓："器之，姓田，名琢，云朔人。明昌五年进士，仕至山东路宣抚使。慷慨有志节，闲闲公所谓'田侯落落奇男子，'者也。"

③ 《金史》卷122《忠义传二》："吴僧哥，西南路唐古乙剌乣上沙燕部落人。拳勇善骑射。大安间，选籍山西人为兵，僧哥充马军千户，有功。贞祐初，迁万户，权顺义军节度使。朔州失守，僧哥复取之……众苦乏食，僧哥乞赐粮十五万斛，朝廷以为应州已破，朔为孤城，其势不可守，乃迁朔之军民九万余口分屯于岚、石、隰、吉、绛、解之间。未行，大元兵至朔州，战七昼夜，有功……四年，始迁其民南行，且战且行者数十里，僧哥力惫马蹶死焉，时年三十。"

1216 年丙子　蒙古成吉思汗十一年，金贞祐四年，南宋嘉定九年

贞祐四年三月，伯嘉奏："西京副统程琢智勇过人，持心忠孝，以私财募集壮士二万，复取浑源、白登，有恢复山西之志，已命驻于弘州矣[①]。近者，靖大中、完颜毛吉打以三千人归国，各迁节度副使。今山西已不守，琢收合余众，尽忠于国，百战不挫。……"——《金史》卷 100《完颜伯嘉传》

自兵兴以来，河北溃散军兵、流亡人户及山西、河东老幼[②]，俱徙河南。——《金史》卷 108《胥鼎传》

① 白登，今山西大同阳高；弘州，今河北张家口阳原。

② 中华书局本校勘记："按山西与河东意复。……疑山西当作陕西。"其实，山西指以大同为中心的西京路、西南路等地，河东指河东北路（治太原府）与河东南路（治平阳府，今临汾市），二者无涉。

1217 年丁丑　蒙古成吉思汗十二年，金贞祐五年、兴定元年，南宋嘉定十年

兴定元年春正月……乙未，诏中都、西京、北京等路策论进士及武举人权试于南京、东平、婆速、上京等四路[①]。——《金史》卷 15《宣宗纪中》

八月……蒙古主以穆呼哩有佐命功[②]，拜太师，封国王，承制行事，赐誓券、金印，分鸿吉哩等十军及蕃、汉诸军[③]，并隶麾下，建行省于云、燕，且谓之曰："太行之北，朕自经略，太行以南，卿其勉之！"——《续通鉴》卷 161

① 《金史》卷 51《选举志一》："凡府试策论进士，大定二十年定以中都、上京、咸平、东平四处，至明昌元年，添北京、西京、益都为七处，兼试女直经童。……西京并西南、西北二招讨司者，则赴大同府试。……凡词赋、经义进士及律科、经童府试之处，大定间，大兴、大定、大同、开封、东平、京兆凡六处。"

② 穆呼哩，旧作"木华黎"。

③ 鸿吉哩，旧作"弘吉剌"。

1218 年戊寅　蒙古成吉思汗十三年，金兴定二年，南宋嘉定十一年

十三年戊寅秋八月……木华黎自西京入河东，克太原、平阳及忻、代、泽、潞、汾、霍等州。——《元史》卷 1《太祖纪》

中书令湛然居士[①]……国初时扈从西征，行五六万里，留西域六七年，有《西游录》述其事，人所罕见，因节略于此。公，戊寅春三月，出云中[②]，抵天山[③]，涉大碛，逾沙漠，达行在所。明年，大举西伐。——元盛如梓《庶斋老学丛谈》卷 1

① 中书令湛然居士，即耶律楚材。早年出家，师从禅宗高僧万松长老。

② 《湛然居士集》卷1《过云中赠别李尚书》："谁识云中李谪仙，诗如文锦酒如川；十亩良园君有趣，一廛薄土我无缘。旧恨常来春梦里，新吟不到客愁边；明朝分手天涯去，他日相逢又几年。"卷2《寄云中卧佛寺照老》："像教中微祖意沈，卢能嫡子起予深；看经不怕牛皮透，着眼尝听露柱吟。行道权居卧佛寺，活机特异死禅心；凭君摘取空华实，好种人间无影林。"卷9《寄云中东堂和尚》："云中种出火莲华，到底东堂是作家；伏手骨柮腰下剑，笑人家具手中蛇。三玄戈甲徒心乱，五位君臣莫眼花；只遮些儿难理会，草鞋包裹破袈裟。"

③ 天山，即今呼和浩特北的阴山，一名大青山。金代时在净州设天山县（今四子王旗西北），即因山得名。《西游录》云："戊寅之春，三月既望，诏征湛然居士扈从西游。……始发永安，过居庸，历武川，出云中之右，抵天山之北，涉大碛，逾沙漠，未浃十旬，已达行在。"按：永安，即北京香山；武川，约在河北宣化；云中之右，则取道大同西，沿云冈沟进入内蒙。

1220年庚辰　蒙古成吉思汗十五年，金兴定四年，南宋嘉定十三年

【碑文】金《云州创建太清观碑》[1]：禹门进士卫周臣

夫玄元妙本，整万物而不为义，泽及万世而不为仁，长于上古而不为老，覆载天地而不为大，雕刻众形而不为巧。巨海扬尘，雄峰可砺，莫得而亏盈。是造物者弗能施其机权，无所容其张弛矣。而縻于造物者，乌可逭其陶铸，拒披荣枯？水则溃，火则焚，虽劲翮健蹢无所逃，曷栋宇丹青之可保？方知秦堑劫灰，信不诬也。是谓：国破山河在，城春草木深。足知无可存之物。

兹云州者，左缭桑水，右带群山，背依云府，面揖金城。比屋鳞次，富庶之极，可侔于名郡。负国之东北陬，其地岌嶪而爽垲，绝尘冗之嚣喧。一径萦纡，四周恢廓。于昔之道院遗迹，可辨于荆榛、瓦砾中。虽邻阛阓，无阛阓之喧；虽远林泉，有林泉之趣。岁次庚辰[2]，宣差、管炮都总管唵没海，赍疏捧币躬诣云京大开元观焚香，顿首恳请白君居颐为主持；尊师既允既谢，卜吉日，率僚佐，整军骑，迎鹤驭至；督众役，剪荒芜，葺残屋不数间，权为燕居、庖制之所。时我国家方策马图南，开拓疆土，委总管以重任，所攻必取，战必克。凡遇琳宫、精舍，一无焚毁，止取其功德器用，归献于师，以备祭醮之仪。乃肆家属十数辈，代身入道，侍师左右，为延寿祈福之计。既能救于危亡之间，复能尽其归依之美，可谓取舍两全，仁智皆备矣。师道德崇厚，法箓神应，器识宏雅，言貌恭和，于是阖郡归依，四方景仰。不期年，门徒云集，供施日新，乃恢其垣宇，宏彼栋梁，建三清宝殿于中央，以崇其至尊也。星洞连甍而幽邃，神仪列位而轩昂，以象其朝元也。法箓圣众设供于兰堂，里域真

官陪居于要地，以明其还卫也。庖厨在巽之位，云堂构坤之隅。芝房丈室，香蔼云屯；蔬圃药畦，泉甘土堉；峻庑幽庐，储币积会，无不备者。校其功缘，凡百所须之物，皆出于宣差、总管都功德主洎诸夫人也。乃辟元门，榜其额曰“太清”，则开元之正派也。

自祖师金门羽客、元真子张侍宸，声振两朝，德光万世。当徽宗时，有养髭、移竹之异。上曰：“非神仙不能如是。”俄遣校勘《神霄宝箓》。开坛设度，每有瑞应，祥云白鹤旋绕左右，复赐“东台真人”。经金国初，迎师于云中，住持开元观。数载无恙，俄题壁间云：“昨见清华驾绿軿，诏予同去赴瑶天；东风吹破人间梦，金界无由看百年。”是夕，曲肱而卧，纳息于踵。今汴中《养髭瑞应记》石刻存焉。继有阎尊师，讳德源。七岁从侍宸入禁中，谓曰：“汝见帝，当举太平护国天尊。”既见上，即举。其声清亮绕梁，上见其清俊，抚其背而怜之，曰：“此童子神凝秋水，岂尘土所能浼哉！”及受箓后，才德俱备，名动四方。俄奉勅住持开元观，并提点应州元清观。皇统间，始建玉虚道院。大定八年，世宗诏提点中都十方大天长观。为东宫皇太子设大醮于王屋洞天，白鹤成群，彩云如（綀）［练］。二十二年，奉帝命就玉虚观传授法箓[3]，元鹤降于庭中，瑞云结于空际。帝嘉叹曰：“真在世之仙人耳！”其神异祥应若此者众，具载别录，兹毛举一二焉。二十九年上崩，师梦上赐以貂帽，乃谓诸徒曰：“吾将逝矣！”至嘉平月二十日，无疾，作颂曰：“撒手便行不回顾，今朝却返蓬莱路；瀛峰顶上笑怡然，中霄物外当独步。”颂毕，正子刻，曲肱委蜕焉。今嗣其教者，则白君也。举元纲，提祖印，自皇朝开国以来，住持开元古观。补故增新，重修玉虚，廊庑四合；创建太清，金碧一新。自祖师金门羽客昭彰异迹，自阎尊师继阐宗风，白尊师丕承先裔，师资迭耀，应瑞而出，俾元域愈光而腾辉霄汉，何如是之方荣弥远哉！皆历代住持得人之幸也。

兹观道士李志昌等，恐来业未明宗枝，及建修之本末，命仆文其实而刊之，乃谬属翠屏，庶几永彰茂绩矣。——《光绪怀仁县新志》卷10

① 《怀仁县新志》成书于清光绪三十二（1906）年，由知县李长华主持修撰。按《金史》卷24《地理志上》：“怀仁，辽析云中置，贞祐二年五月升为云州。”怀仁县创建太清观，碑文云在庚辰年，因其中述及金大定年间事，故知是金兴定四年。而此时西京属地已为蒙古兵占据，但元朝尚未建立，无年号可署，所以仍遥奉金源。忽必烈中统四年（1263），升辽金望云县为云州，在今河北张家口赤城北。从此，云州与大同地区无涉。

② 《正德大同府志》卷 4《寺观》云："太清观，一在怀仁县治东北，元己未年建。国朝洪武十九年，置道会司于内。"按：元己未年，即仁宗延祐六年（1319），距本碑所载庚辰年（1220）已 99 年，疑为重修之年。

③ 《道藏·宫观碑志》录金郑子聃《中都十方大天长观重修碑》云："大定十四年三月，户部尚书臣仲愈、劝农使臣仅言奏：十方大天长观馆御既安，像设既严，敢以闻。是月既望，天子暨皇太子率百执事，欸谒修虔，遂命为道场三日夜以庆成。先是，召西京路传戒坛主、清虚大师阎德源住持，敕授提点观事。越十九年秋九月，乃诏承学之臣文其碑。"又录《十方大天长观玄都宝藏碑铭》，言大定二十六年（1186）孙明道奉诏提点观事。综合大同市出土的金大定三十年（1190）《西京玉虚观宗主大师阎公墓志》，知大定二十二年（1182）阎德源返归西京玉虚观，时年 89 岁。综上，金初金门羽客张侍宸师徒被掳云中，意义不浅，值得研究。

1221 年辛巳　蒙古成吉思汗十六年，金兴定五年，南宋嘉定十四年

刘伯林，济南人。好任侠，善骑射，金末为威宁防城千户。壬申岁，太祖围威宁，伯林知不能敌，乃缒城诣军门请降[①]。太祖许之，遣秃鲁花等与偕入城，遂以城降。帝问伯林，在金国为何官，对曰："都提控。"即以元职授之，命选士卒为一军，与太傅耶律秃怀同征讨，招降山后诸州。太祖北还，留伯林屯天成，遏金兵，前后数十战。进攻西京，录功，赐金虎符，以本职充西京留守，兼兵马副元帅。癸酉[②]，从征山东，攻梁门、遂城，下之。乙亥[③]，同国王木华黎攻破燕京。丁丑，复从大军攻下山东诸州。木华黎上其功，赐名马二十匹、锦衣一袭。戊寅，同攻下太原、平阳。己卯，破潞、绛及火山、闻喜诸州县。时论欲徙闻喜民实天成，伯林以北地丧乱，人艰于食，力争而止之。部曲所获俘虏万计，悉纵之。在威宁十余年，务农积谷，与民休息，邻境凋瘵，而威宁独为乐土[④]。……辛巳，以疾卒，年七十二。累赠太师，封秦国公，谥忠顺。子黑马。——《元史》卷 149《刘伯林传》

① 壬申，即 1212 年。按：刘伯林之降，《元史》卷 1《太祖纪》谓在辛未年（1211）冬。

② 癸酉，即 1213 年。按：蒙古国皇帝无年号，《元史》率用干支。

③ 乙亥，即 1215 年。

④ 威宁，在今内蒙古集宁东。

1223 年癸未　蒙古成吉思汗十八年，金元光二年，南宋嘉定十六年

是月九日至云中[①]，宣差、总管阿不合与道众出郭[②]，以步辇迎归于第。楼居二十余日，总管以下晨参暮礼，云中士大夫日来请教，以诗赠之云："得旨还乡早，

乘春造物多；三阳初变化，一气自冲和。驿马程程送，云山处处罗；京城一万里，重到即如何！”……又闻宣德以南诸方道众来参者多，恐随庵困于接待，令尹公约束。付亲笔云：“长行万里，一去三年；多少道人，纵横无赖者！”……八月初，东迈杨河，历白登、天城、怀安，渡溃河，凡十有二日，至宣德。——《道藏》李志常《长春真人西游记》③

① 是年，长春子丘处机从西域雪山返汉地，统领道教。七月初，自丰州（今呼和浩特东）、下水（今凉城岱海南）起程，九日抵达西京。参见附录：《全真道与云冈石窟》。

② 宣差、总管阿不合，或即《金云州创建太清观碑》所谓“宣差、管炮都总管唵没海”。

③《山右石刻丛编》卷38《重修兴真万寿宫记》：“洎我圣朝征长春真人于海上，问以修身之术，师曰：‘外修阴德，内固阳精。’上大悦，命掌全真之教，俾为道者除徭役、免赋税，为国焚修。由是玄风大振，天下莫不宫观焉。”

1225年乙酉　蒙古成吉思汗二十年，金哀宗完颜守绪正大二年，南宋理宗赵昀宝庆元年

乙酉，金降将武仙据真定以叛，从孛罗讨之，破真定，武仙遁去。金将忽察虎以兵四十万复取山后诸州，黑马逆战隘胡岭，大破之，斩忽察虎。——《元史》卷149《刘伯林传附子黑马传》

1228年戊子　蒙古拖雷监国，金正大五年，南宋绍定元年

长春大宗师既仙去，嗣其教者尹公乃易其宫之东甲第为观，号曰“白云”，为葬事张本也①。越明年三月朔，召其徒而告之……以四月丁未除地建址。越四日庚戌，云中、河东道侣数百辈，裹赢粮来助。凡四旬成其堂，制度雄丽。——《道藏·甘水仙源录》卷9陈时可《燕京白云观处顺堂会葬记》

① 丘处机死于1227年。第二年，其徒尹清和改长春宫（旧名十方大天长观）东为白云观，即今北京白云观。

1229年己丑　蒙古太宗窝阔台汗元年，金正大六年，南宋绍定二年

己丑，太宗即位，扈从至西京，攻河中、河南、钧州。癸巳，攻蔡州。以功赐恩州一千户。先是，收天下童男童女及工匠，置局弘州。既而，得西域织金绮纹工三百余户及汴京织毛褐工三百户，皆分隶弘州，命镇海世掌焉。——《元史》卷120《镇海传》

黑马，名嶷，字孟方。……骁勇有志略，年几弱冠，随父征伐……岁壬午①，袭父职，为万户，佩虎符，兼都元帅。癸未，从国王木华黎攻凤翔，不克，回屯绛州。又从孛罗攻西夏唐兀。甲申，从按真那延攻破东平、大名。……岁己丑，太宗即位，始立三万户，以黑马为首，重喜、史天泽次之，授金虎符，充管把平阳、宣德等路管军万户，仍佥太傅府事，总管汉军。——《元史》卷149《刘伯林传附子黑马传》

① 壬午，即1222年。

1230年庚寅　蒙古窝阔台汗二年，金正大七年，南宋绍定三年

冬十一月，始置十路征收课税使，以陈时可、赵昉使燕京，刘中、刘桓使宣德，周立和、王贞使西京……——《元史》卷2《太宗纪》

1231年辛卯　蒙古窝阔台汗三年，金正大八年，南宋绍定四年

秋八月，幸云中。始立中书省，改侍从官名。以耶律楚材为中书令①，粘合重山为左丞相，镇海为右丞相。——《元史》卷2《太宗纪》②

公讳蒙，固岱秀岩人。少习军旅，事烈祖皇帝，以战功授西京、太原、真安③、延安四路屯田达噜噶齐。辛卯，治忻州，课农有法。明年大饥，公言于上，咸逋租，以所屯粮给民，无私焉。时简车徒颇忧④，公抗论得止。又请于朝，发仓粟以赈饥荒。圣天子即位，诏领屯如故。至元五年告老，十三年正月二十八日以疾卒，享年七十有七。葬于定襄王村之西北。——元魏初《青崖集》卷5《故四路屯田达噜噶齐王公墓铭》⑤

①《元史》卷146《耶律楚材传》："太祖之世，岁有事西域，未暇经理中原，官吏多聚敛自私，赀至巨万，而官无储偫。……辛卯秋，帝至云中，十路咸进廪籍及金帛陈于廷中，帝笑谓楚材曰：'汝不去朕左右，而能使国用充足，南国之臣，复有如卿者乎？'对曰：'在彼者皆贤于臣，臣不才，故留燕，为陛下用。'帝嘉其谦，赐之酒。即日拜中书令，事无巨细，皆先白之。楚材奏：'凡州郡宜令长吏专理民事，万户总军政，凡所掌课税，权贵不得侵之。'……中贵可思不花奏采金银役夫及种田西域与栽蒲萄户，帝令于西京、宣德徙万余户充之。楚材曰：'先帝遗诏，山后民质朴，无异国人，缓急可用，不宜轻动。今将征河南，请无残民以给此役。'帝可其奏。"

②《湛然居士集》卷3《过云中和张伯坚韵》："一扫氐羌破吐浑，群雄悉入北朝吞；自怜西域十年客，谁识东丹八叶孙。射虎将军皆建节，龙飞天子未更元；我惭才略非良器，封禅书成不敢言。"同卷《过云中和张仲先韵》："致主泽民本不难，言轻无用愧偷安；十年潦倒功何在，三径荒凉盟已寒。岩下藏名思傅说，林间谈道谒丰干；挂冠神武当归去，自有夔龙辅可汗。"同卷《过云中和王正夫韵》："白雪阳春寡和音，谁人解听没弦琴；诗书事业真堪笑，刀笔功名未可钦。不信西天三步远，

焉知东海一杯深；元来佛法无多子，何必嵩山谒少林。”同卷《过白登和李正之韵》：“十年沦落困边城，今日龙钟返帝京；运拙不须求富贵，时危何处取功名。腾骧谁识孙阳骥，俊逸深思支遁鹰；客里逢君赠佳句，知音相见眼偏明。”同卷《过天城和靳泽民韵》：“西征扈从过龙庭，误得东州浪播名；琴阮因缘真有味，诗书事业拙谋生。咄嗟兴废悲三叹，倏忽荣枯梦一惊；何日解官归旧隐，满园松菊小庵清。”

③ 真安，当作“真定”。

④ 忧，当作“扰”。

⑤ 魏初，字太初，宏州顺圣（今河北阳原）人。其《青崖集》卷 2《云中郡赋云中一首》：“云中近代称名郡，楼阁风烟亦可观；一上官庭传德语，文书如涌事如攒。”

1234 年甲午　蒙古窝阔台汗六年，金天兴三年，南宋端平元年

春正月……金亡。……五月……蒙古主大会诸王，申严条令。郭德海尝请试天下僧尼、道士，选精通经文者千人；有能工艺者，则命小通事哈珠领之[①]，余皆为民。又请天下置学廪，育人才，立科目，选之入仕。蒙古主颇采其言。——《续通鉴》卷 167

① 哈珠，旧作“合住”。

1235 年乙未　蒙古窝阔台汗七年，南宋端平二年

春，城和林[①]，作万安宫。——《元史》卷 2《太宗纪》

七年七月，签宣德、西京、平阳、太原、陕西五路人匠充军，命各处管匠头目，除织匠及和林建宫殿一切合干人等外，应有回回、河西、汉儿匠人，并札鲁花赤及札也、种田人等，通验丁数，每二十人出军一名。——《元史》卷 98《兵志一》

余髫龀间，尝闻先大人言，龙山之胜甲乡山。时幼，未能往。其后在南方，北望依依，每以为歉。甲午岁还浑水。明年秋八月，释菜于先圣。越明日，拉友人河阳乔松茂寿卿、云中刘偕德升，暨弟郁同游。……迟明，上永安山。……盖玉泉寺也。……既入寺，寺宇岁深，且经乱，多摧毁。厨堂、钟阁雨崩草翳，僧寮多坏址。独万圣殿完丽可观。殿中金碧璀璨溢目，又有石罗汉像数百，击之铿然，亦奇致。……乃率二三子登北台……北望平原百里；际北岭外，云中城阙，浮屠如锥；金（成）［城］、浑源二郡及诸村落，若盘盂罗列。……粥余，别寺僧，游龙山。——金刘祁《归潜志》卷 13 续录《游西山记》，中华书局 1983 年版

速哥，蒙古怯烈氏，世传李唐外族。……岁乙未，帝从容谓速哥曰：……“西

山之境，八达以北，汝其主之。汝于城中构大楼，居其上，使人皆仰望汝，汝俯而谕之，顾不伟乎。”乃以为山西大达鲁花赤。受命方出，有回回六人讼事不实，将抵罪，遇诸途，急止监者曰：“姑缓其刑，当入奏。”复见帝曰：“此六人者，名著西域，徒以小罪尽诛之，恐非所以怀远人也。愿以赐臣，臣得困辱之，使自悔悟迁善，为他日用，杀之无益也。”帝意解，召六人谓之曰：“生汝者速哥也，其竭力事之。”至云中，皆释之。后有至大官者。其宽大爱人多类此。卒年六十二。赠推忠翊运同德功臣、太师、开府仪同三司、上柱国，追封宣宁王，谥忠襄。子六人：……忽兰之母以后戚故[②]，得袭职。锄强植弱，均役平刑，阖郡赖以安辑。乙未之抄户籍也，前赐崞人已入官籍，更赐山西户三百。西方多盗，郡县捕不得，则法当计所失物直倍偿，郡县苦之。有甄军判者，率群盗往来阜平、曲阳间，杀人浑源界而夺之财。县以失捕当偿，忽兰曰：“此大盗也，县岂能制哉。”即遣千人捕甄杀之，剿捕其余党，其害乃除。忽兰性纯笃，然酷好佛，尝施千金修龙宫寺[③]，建金轮大会，供僧万人。卒年四十二。赠太保、金紫光禄大夫、上柱国，追封云国公，谥康忠。——《元史》卷124《速哥传》

① 今蒙古人民共和国鄂尔浑河上游东岸哈尔和林。

② 忽兰，即《西京大华严寺佛日圆照明公和尚碑铭并序》所记：庚戌（1250）年，疏请海云住持华严寺的“西京忽兰大官人”。《顺治云中郡志》卷10《人物》：“忽兰，大同人。世袭大同路达鲁花赤，经七辈。赠惟忠翊运开府仪同三司、上柱国、金紫光禄大夫、太师、宣宁王。”

③ 大同龙宫寺，明清方志无载。陈垣《谈北京双塔寺海云碑》（载1982年中华书局版《陈垣学术论文集》）谓，海云卒于大同华严寺，曾住龙宫寺，元延祐元年（1314）立塔碑于二寺。

1236年丙申　蒙古窝阔台汗八年，南宋端平三年

铁在河东者，太宗丙申年，立炉于西京州县，拨冶户七百六十煽焉。——《元史》卷94《食货志二》[①]

丙申春始达……时陕右甫定，遗民犹有保栅未下者。闻师至，相先归附，师为抚慰，皆安堵如故。继而，被命于云中，令师选天下戒行精严之士为国祈福，化人作善[②]。时平遥之兴国观、崞之神清、前高之玉虚白云洞[③]、定襄之重阳、沁之神霄、平阳之玄都，皆主于师。秋，帝命中书杨公召，还燕。——《道藏·甘水仙源录》卷3《清和妙道广化真人尹宗师碑铭并序》[④]

① 金元好问《续夷坚志》卷 4《神鮝涡水》云：“西京大同府之南，神鮝涡泊，水广百余亩，深三丈。居人取鱼其中。十三年前一夕，大雷雨，水忽飞去，入浑源东南山娘子村中，复为大陂。凡神鮝水所经，遗鱼不绝。”卷 1《搯画》云：“西京田叟，自号瓦盆子，年七十余。所作‘尧民图’，青缣为地，搯桦皮为之。暗室中作小窍取明，与主客谈笑为之。尝戏于袖中搯虱数枚，乱掷客衣上，客以为真虱而拾之。其伎如此。性刚狷，自神其艺，不轻与人；己所不欲，虽千金不就也。盖搯画不见于书传，当自此人始耳。事见平阳都运使张伯英文。”

② 元王恽《秋涧集》卷 56《尹公道行碑铭并序》：“丙申秋，奉旨试经云中，度千人为道士，俾祈天永命、禔福元元。师德望既隆，所至风动云委，吏民瞻拜，至凶悍无赖辈皆感化弭服。”

③ 崞县（今山西原平崞阳）神清观、前高玉虚观，见元好问《遗山集》卷 34《两山行记》，二观相去五十里。1244 年农历五月，元遗山等先游雁门真人谷、凤凰山瑞云庵，谓系北魏太武帝为寇谦之所造，唐宋屡经兴废。后游前高玉虚观。

④ 云冈第 2 窟外壁上方，残留着摩崖题额“山水□清□”五个大字；下方的明窗西，镌有“云深处”径尺三字；靠近第 3 窟，上方有一石室，门额题“碧霞洞”三字。这些遗迹，拙文《全真道与云冈石窟》，疑与尹清和到大同布道有关。关于第 2 窟寒泉洞的大字额，白志谦《大同云冈石佛寺记》曰：“门上磨石作匾，位置系五字格，惟东首‘山水’二字，双钩形迹，尚可辨识，余皆灭没，意似山水有清音，未知是否？”我每每驻足凝视，雨后益显，以为信然。“山水有清音”，语出西晋左思《招隐诗》（《艺文类聚》卷 36）：“杖策招隐士，荒途横古今；岩穴无结构，丘中有鸣琴；白雪停阴岗，丹葩耀阳林；非必丝与竹，山水有清音；何事待啸歌，灌木自悲吟。”

1237 年丁酉　蒙古窝阔台汗九年，南宋嘉熙元年

丁酉，楚材奏曰：“制器者必用良工，守成者必用儒臣。儒臣之事业，非积数十年，殆未易成也。”帝曰：“果尔，可官其人。”楚材曰：“请校试之。”乃命宣德州宣课使刘中随郡考试[①]，以经义、词赋、论分为三科，儒人被俘为奴者，亦令就试，其主匿弗遣者死。得士凡四千三十人，免为奴者四之一。——《元史》卷 146《耶律楚材传》[②]

大朝丁酉岁，遣使马珍考试天下随路僧道等，共止取一千人。德方乃中泽、潞二州选第一。是岁八月，于燕京受戒回，请白鹤王志道知神霄宫事，郡长段公从之。——金李俊民《庄靖集》卷 8《重修悟真观记》[③]

① 《元史》卷 81《选举志一》：“太宗始取中原，中书令耶律楚材请用儒术选士，从之。九年秋八月，下诏命断事官术忽斛与山西东路课税所长官刘中，历诸路考试。”按：山西东路，盖指宣德，即今河北张家口宣化。

② 《湛然居士集》卷 14《云中重修宣圣庙疏》：“槐宫悉混玉石焚，庙貌依然唯古云；须仗吾侪更修葺，休教盛世丧斯文。”卷 9《和请住东堂疏韵》：“东堂不肯卧西堂，珍御鲜食别样装，枉费青帘三百尺，云中公子不来尝。”卷 13《请旭公禅师住应州宝宫寺疏》：“孙枝出自万松中，便好移来植宝宫；

覆荫人天正今日，不妨鼓动劫前风。”

③ 李俊民，山西泽州人。该文虽记泽州之事，但从中可知当时寺观僧道由地方官任用。另外，2019 年余阅《山右石刻丛编》，卷 34 录闻喜县《洞霞观记》，行省兵马都元帅塔察儿捐宅，全真教真常大宗师李志常赐额，至元八年（1271）经始。

1238 年戊戌　蒙古窝阔台汗十年，南宋嘉熙二年

《元故三白渠副使郭公墓碣铭》：……公讳时中，字器之，其先太原人，后徙居蒲城，遂占籍焉。……羁丱，嗜读书，颖悟强记；少长，业词赋，才思敏捷，迥出伦辈。府试第三人，一赴殿廉。戊戌岁，天朝开选举[①]，公试西京[②]，复中第三，抡魁多士。监试官术虎乃辟公为山西东路考试官。明年，携所业谒中书耶律公于和林城，一见即加赏异，屡有诗想相酬和。……再娶翰林学士、监察御史浑源雷公之女。——《藕香零拾》收录元李庭《寓庵集》卷 6

① 金元好问《遗山集》卷 23《故河南路课税所长官、兼廉访使杨公神道之碑》：“君讳奂，字焕然，姓杨氏，乾之奉天人。……未冠，梦游紫阳阁，景趣甚异，后因以自号。……师乡先生吴荣叔，指授未几，迥出伦辈，赋业成，即有声场屋间。不三十三，赴廷试。兴定辛巳，以遗误下第……戊戌，天朝开举选，特诏宣德课税使刘公用之试诸道进士，君试东平，两中赋论第一。刘公因委君考试云、燕。俄，从监试官北上，谒领中书省耶律公，一见大蒙赏异，力奏荐之，宣授河南路征收课税所长官，兼廉访使。陛辞之日，言于中令公曰：‘仆不敏，误蒙不次之用，以书生而理财赋，已非所长，又河南兵荒之后，遗黎无几，烹鲜之喻，正在今日，急而扰之，糜烂必矣。愿公假以岁月，使得抚摩创罢，以为朝廷爱养基本万一之助。’中令甚善之。君初莅政，招致名胜，如蒲阴杨正卿、武功张君美、华阴王元礼、下邽薛微之、渑池翟致忠、太原刘继先等，日与商略，条画约束，一以简易为事。……在官十年，乃请老于燕之行台，以犹子元祯袭职。壬子九月，王府驿召入关，寻被教参议京兆宣抚司事。累上书，乃得请闲居乡郡，筑堂曰归来，为佚老之所。……恬然而逝，春秋七十，实乙卯岁九月之一日也。……性嗜读书，博览强记……观删集韩文及所著书，为可见矣。礼部闲闲赵公、平章政事萧国侯公、内翰冯公、屏山李公皆折行位，与相问遗；御史刘公光辅、编修张公子中诸人，与之年相若，而敬君加等。河朔士夫，旧熟君名，想闻风采，又被三接文衡，有在所过求见者，应接不暇，其为世所重如此。暮年还秦中，秦中百年以来号称多士，较其声闻赫奕，耸动一世，盖未有出其右者。前世关西夫子之目，今以归君矣。……丙辰冬十月，予闲居西山之鹿泉，员生自奉天东来，持京兆宣抚使商挺孟卿所撰行状，以墓碑为请，且道君临终，念念不相置，留语殷重，以撰述为顾。惟不腆之文，曷足为君重。窃念风俗之坏久矣，冰雪冱寒，往复四千里，为其师为不朽计，门弟子风谊如生者几人？此已不可辞，况于平生之言，乃勉为论次之，而系以铭。……”

② 元苏天爵《滋溪文稿》卷 7《元故国子司业砚公墓碑并序》：“至元二十四年（1287），始置国子监学，设官以司教载。特召真定府学教授砚公为国子司业，超迁七阶，赐五品服，士论翕然推重。……国初，岁在乙未（1235），王师徇地汉上，公与江汉先生赵公复，俱以名士为大将招致而北。久之，周流

河朔，不获宁居。岁戊戌（1238），招试儒士，公试西京，中选。岁壬子（1252），诏实户口，公家真定，着儒籍，自是专以授徒为业。……公姓砚氏，莫究其始所出，每见儒者则询问之。其师初命公名曰弥坚，字之曰伯固，其父止命名坚。故公在官称弥坚，自称曰坚，盖不忘父师之训也。……年二十四，来归圣朝。……有《郧城集》十卷，藏于家。……公以至元二十六年（1289）九月癸卯卒，春秋七十有八。"卷 29《题国子司业砚公遗墨》云："昔者国家灭金之初，王师徇地汉上，悉俘其人以归。故江汉先生赵公，郧城先生砚公，皆相继至北方。于是赵公居燕，出其橐中伊、洛诸书，传授学徒，而中原名公鉅卿亦始得因其说以求圣贤之学。郧城先生流落云中，久之，始达真定而居，亦以经术为训，郡人翕然从之，往往以儒著名。……至正癸未（1343）五月壬申，后学苏天爵书。"

1239 年己亥　蒙古窝阔台汗十一年，南宋嘉熙三年

《孟氏家传（孟驾之）》："高祖唐牧，字尧臣，云中人也。幼业儒术，擢进士第，仕辽为太子洗马。牛令公见而异之，以女妻焉。生子彦甫，字仲山。金运革命，荫补品子，后以明法中选，知西北路招讨司事。时有疑狱，狱成当弃市，公拒不受命，虽怒而迫之，莫能夺也。后三日得实，免死者百余人。招讨公执手而谓之曰："子之阴德如此，其能无报乎？可勉之。"徙宣德州司候、登州军事判官，享年八十而终。二子：曰龟，曰鹤。龟早世。鹤字寿父，幼聪敏好学，手不释卷，同进士第出身，主汾州西河簿，宰宣宁县，进阶儒林郎，致仕。六子：曰仁、曰义、曰礼、曰智、曰信、曰楫；女曰蕤、曰宾，太师张公之甥也。仁更名泽民，字安宅，性敦厚博雅，不喜捡局，与人交，豁如也。事王父母孝，居丧过哀，友爱同气，乡党称焉。父亡母病，与妻张氏奉侍温凊，顷刻不离，命医视药，必亲尝之，以人肉治羸，割左臂肉杂羹中而进之，母自是善饮食勿药，孝感然也。郡守知之，欲闻于朝廷，母恐孝子之伤生，力劝止之。年逾三十，不就资荫，折节读书，母罄囊金，聚经史，以成其志。工属文，颇为进取计，有声于场屋，学者从之如林。崇庆元年秋，魁大同府选，辛巳登进士第，调河南福昌簿，以廉能称，中外交辟不就。世乱，避地于陆浑南山，以诗酒自适，号云岩老人，有著述闻于世。壬辰秋九月一日，卒于槐林平。伊阳令周文炳、察判卢某备礼权厝焉。累官朝列大夫，妻清河县君。二子：曰琦，曰璘。女月娥，归白登郭文振。琦字伯玉，游学齐鲁间，贞祐之乱，莫知所从。

璘易名攀鳞，字驾之，因梦故也。自束发从父训，不经他师指授。十三，荐名于京师，庚寅，擢进士第，任陕州州判。辟举灵台令，入补省掾。壬辰，京师失守，随回军渡北，侨居河津。癸巳，抵平阳，行台胡公异礼待之，每事咨议焉。内省委管司印，造经

籍事。己亥，朝廷以近来文风不振，分三科诸路选试精业儒人，监试刘中以赡于才学，皆优其等，充本府议事官，权宜之职也。妻韩氏，濮王之后继母韩氏之侄女也。二子，曰史哙，曰桂哥，皆幼。孟氏，姬姓，鲁公族孟孙之后，保姓受氏，于今不绝。其间，贲之勇，舍之约，轲之儒，光映百世，凛然如生。裔孙攀鳞驾之，亡其世系，自高祖而下得其传焉。又惧其湮没，以前后事略，托所友而纪之，意者欲文之碑而志于墓欤；或录其实于太史，世其家欤；状其行于太常，议其谥欤；将施于蒸彝鼎，如古之所谓铭者，自成其名欤？审如是，其志远且大矣。其自叙者备矣，尚何言哉？然有美而不闻于世，友之过也，故不敢不书以俟来者。”——李俊民《庄靖集》卷 8

1240 年庚子　蒙古窝阔台汗十二年，南宋嘉熙四年

孙威，浑源人。幼沉鸷，有巧思。金贞祐间，应募为兵，以骁勇称。及云中来附，守帅表授义军千户，从军攻潞州，破凤翔，皆有功。善为甲①，尝以意制蹄筋翎根铠以献，太（祖）［宗］亲射之，不能彻，大悦。赐名也可兀兰，佩以金符，授顺天、安平、怀州、河南、平阳诸路工匠都总管。……岁庚子卒，年五十八。——《元史》卷 203《方技传》

郝和尚拔都，太原人，以小字行。幼为蒙古兵所掠，在郡王迄忒麾下。长通译语，善骑射。太祖遣使宋，往返数四，以辩称。……庚子岁，太宗于行在所命解衣数其疮痕二十一，嘉其劳，进拜宣德、西京、太原、平阳、延安五路万户，易佩金虎符，以兵二万属之，复赐马六骑、金锦弓铠有差。……戊申，奉诏还治太原，请凡远道租税、监课过重者，悉蠲除之。……己酉，升万户府为河东北路行省，得以便宜从事，凡四年。壬子三月，卒。——《元史》卷 150《郝和尚拔都》

① 按：雁北制作的铠甲，唐代即有名声。唐裴庭裕《东观奏记》卷 2 记：“大理卿马曙，任代北水陆运使。代北出犀甲，曙罢职，以一二十领自随。……奴……即告于御史台……坐贬邵州刺史。”

1241 年辛丑　蒙古窝阔台汗十三年，南宋淳祐元年

辛丑，改授都总管万户，统西京、河东、陕西诸军万户，夹谷忙古歹、田雄等并听节制。入觐，帝慰劳之，赐银鼠皮三百为直孙衣。寻命巡抚天下，察民利病。应州郭志全反，胁从诖误者五百余人，有司议尽戮之，黑马止诛其为首者数人，余

悉从轻典。……中统……三年，命兼成都路军民经略使。泸州被围，黑马已属疾，犹亲督转输不辍。……遂卒，年六十三。累赠太傅，封秦国公，谥忠惠。——《元史》卷 149《刘伯林传附子黑马传》①

① 黑马，即《西京大华严寺佛日圆照明公和尚碑铭并序》所记：庚戌（1250）年，疏请海云住持华严寺的西京大同府尹、总管刘公。

1242 年壬寅　蒙古乃马真后元年，南宋淳祐二年

壬寅，护（忽）必烈大王请师赴帐下，问佛法大意，王大悦，从师受《菩提心戒》。——《补续高僧传》卷 12《海云大士传》①

刘秉忠，字仲晦，初名侃，因从释氏，又名子聪，拜官后始更今名。……十七，为邢台节度使府令史，以养其亲。……久之，天宁虚照禅师遣徒招致为僧，以其能文词，使掌书记②。后游云中，留居南堂寺③。世祖在潜邸，海云禅师被召，过云中，闻其博学多材艺，邀与俱行。既入见，应对称旨，屡承顾问。秉忠于书无所不读……论天下事如指诸掌。世祖大爱之，海云南还，秉忠遂留藩邸。——《元史》卷 157《刘秉忠传》

① 海云为北方临济宗领袖，后掌汉地释教。《佛祖历代通载》卷 22：“帝诞生太子，诏海云国师摩顶立名。奏云：世间最尊贵，无越于真金。帝命东宫围场斋，帝师作忏悔。帝师云：众生度脱尽，仁王悲愿深。帝设资戒大会，随处放光。帝问帝师云：光从何处来？帝师回奏云：感应道交，佛光应现。……帝召东宫云：海云是汝师，居住金田宜加崇饰。由是鼎新庆寿大刹。”

② 《析京志辑佚·名宦》云：“为五台山书记。”

③ 元刘秉忠《藏春集》卷 6《行状》：“戊戌春，遂决意逃避世事，遁居于武安之清化，迁滴水涧。苦形骸，甘澹泊，宅心物外，与全真道者居。复欲西游关、陕。天宁虚照老师闻之，爱其才而不能舍，遣弟子辈诣清化就为披剃，与之俱来。秋七月大蝗，居人之乏食者十八九，虚照老因妹婿之请，就熟云中，挈公同往。己亥秋，虚照老还邢，公因留住南堂，讲习天文、阴阳、三式诸书。会海云大士至，一见奇其才。时上在藩邸，遣使召海云老北上，因携公偕行。”元虞集《道园学古录》卷 48《佛国普安大禅师塔铭》：“师讳至温，字其玉，一号奎一，邢州郝氏子也。……故太保刘文贞公，长师一岁，少时相好也。刘公厌世，故思学道，师劝之为僧，同参西京宝胜明公。既而，为世祖知遇，侍帷幄为谋臣。”

1244 年甲辰　蒙古乃马真后三年，南宋淳祐四年

岁甲辰，帝在潜邸，思大有为于天下，延藩府旧臣及四方文学之士，问以治道。——《元史》卷 4《世祖纪一》

1245年乙巳　蒙古乃马真后四年，南宋淳祐五年

【碑文】《城西祖师坟买地契》：西京刘宣差下，武君福今为要银使用，别无所得，遂将本户下宋家庄村西南地一段，南北畛记，地贰拾伍亩，东至韩老地，南至官道，西至韩大地，北至小道。其地四至，立契出卖与本京龙翔观冯大师，永远为主。两议定价银贰拾五两。立契日，各交分付讫。如日后但有诸般违碍，有人争占，卖地主武君福一面代当无词。一定已后，各不番悔。如有先番悔者，罚银壹拾两。恐人无信，故立此文字为凭。乙巳年九月二十八日，卖地人武君福押，同卖地母阿贾押，邻人韩老押，邻人韩大押，见人王贞押，西京都税使司给年月同使押。[①]——《山西省大同市元代冯道真、王青墓清理简报》，载1962年第10期《文物》

① 此买地契，刻在《冯道真墓志铭》背面，参见1265年条。

1247年丁未　蒙古定宗贵由汗二年，南宋淳祐七年

公之先，家于平遥者，其世盖久，然自公始大著。……公讳瑛，少有大志，勇力绝人，善骑射。金季，中原受兵，所在郡邑望风奔溃。戊寅，圣元太师、国王领兵南下，公曰："天也，死填沟壑何益？"乃率众诣军门上谒，即授元帅左监军，使抚定居民，攻诸城堡之未下者。……丁未，公年五十有七，告老不允，诏公充西京、平阳、太原、京兆、延安五路万户[①]，治太原。以子翼袭行军千户。公以太原甫定，民多离散，恳闻于朝，给复三年，于是四方来归者三万余户。刑简令信，境内以宁。——《山右石刻丛编》卷31录平遥县《故征行都元帅、五路万户梁公神道碑铭》

《浑源县真常子刘君道行记》：前进士王鹗撰[②]

君讳道宁，云中白登人。世为县吏，以廉平称。君生不好弄，间与诸儿戏，必结庵趺坐曰："我学道尔。"识者知其有宿习。及长，雅意玄门。昆季凡四人，君其伯也。县民推嗣世业，力却之。泰和壬戌，闻浑源隐士刘柴头号得道，乃与家人诀，诣屏风山金泉观师事焉。师历试诸难，至遣丐食，君乐从不屑也。师知可教，遂授微旨。自是东游海上，西历关中，寓华山上方之白云宫。属岁饥僵馁，立志不少衰。既又如太原，泊神霄宫。有饶益院僧贤而饭之，道获楮币千二百贯，君榜求其主，逾月竟不至，悉以给贫乏而一无所私。贞祐之甲戌，避地张村，穴洞以居。岁丙子，乡里稍安帖，土官冯禄闻君之在并也，迎归云内。君尸居环堵，若将与世绝者，而

乐道之人渴于请益，百方为出之。于是肩摩踵接，学君之学者日益众矣。庚辰春，浑源长高定饱闻君誉，敬请之来。曰龙泉[③]，曰金泉，曰玄元，皆名观也，君更为住持，而兴废起顿之功为多。癸未秋，真人丘长春入觐回，君执弟子礼，迓诸银海之东。目系道存，一见如故。问君之初事，以柴头对。师颔之，曰："仙人中天隐也。"因授秘诀，加号"真常"，令筑室西京。未几，推为道官长。游戏十年，庭无一讼。逮长春仙蜕，清和绍休，尤与君相得[④]。丙申之春，尹清和谒祖庭还，会君于古恒岳之阳，与之曰："吾近游陕右，奉田侯德粲之命，凡玄宫道宇皆择人主之。惟华山之云台，地灵物秀，实仙家一洞天，非君无可托者。"君再辞不获，遂遣门人为经营，君亦往返再三。大兴筑构，所过崇奉，男女如市。癸卯中夏，田侯修华岳庙，复与丞相胡公天禄同署邀君于云、应间。君闻命欣然，即日就途。甫四三年，厥功告成。丙午春，有诏设普天大醮于燕京之长春宫，遍召诸方耆德，而君预焉。时李真人主醮事，得君甚喜。是年夏五月庚申，旋车古恒。越二十二日壬午，请州牧高仲拣洎门人许志安属以后事。翌日将中，曲肱而逝。春秋七十有五。

君生长大定、明昌间，不以世俗所乐者婴其心，而能远迹尘凡，栖心物表。东游西历，所至风靡。虽土木屡兴，聊亦应缘而已。尝作《巴人曲》接引于众，又著《会仙》《随应》《总仙》三录，以道神仙可学之事。临终，语门弟子曰："可于丈室瘗吾躯，榜以'翛然'，足矣。"盖取《南华》翛然而来、翛然而往之义。则君之平昔所养，可知已。方君之在浑源，乐与学士魏公邦彦游。故其亡也，门人史志经状其行[⑤]，走燕求记于公，且将刻石祠堂之侧。公一日携以过仆，曰："真常好道人，吾知之详。然吾老，不作文字久矣，子其代予言。"仆初客燕城，殊无文思，重违学者之请，而复嘉志经之不忘所事，乃以临终之言名其堂，因为纪其始末云。若夫门弟之翘楚者，皆当识诸碑阴，兹不敢喋喋。岁疆圉协洽清明前六日记[⑥]。——明正统《道藏·甘水仙源录》卷6

① 胡聘之按："元初五路万户，当南北朝唐方镇之职，权至重。"

② 王鹗，字百一，自号慎独老人，曹州东明人。金代状元，翰林学士。忽必烈召至潜邸；建元中统，首授翰林学士承旨，制诰典章；至元初，创立翰林学士院；十年卒。

③ 明《正德大同府志》卷4《寺观》："龙泉观，在浑源州，有二：上观在州城南二十里恒山庙侧，唐武德间建；下观在州城东门外，唐开元二年建。赐号曰龙泉，因山有二泉故也。国朝洪武间，置道正司于内，并入上观。今道正徙州城南门外东岳庙内。"

④ 清和子尹志平，随丘处机赴西域归，住持德兴（今河北涿鹿）龙阳观，故与刘道宁熟悉友善。

⑤《道藏·甘水仙源录》卷 8《洞玄子史公道行录》（慎独老人、东明前进士王鹗撰）：“公名志经，字天纬，绛州翼城人，世习儒业。祖彬，字执中；父公佐，字良臣，皆隐德不耀。公以泰和壬戌岁生，生而夙慧，雅有道缘。六岁，从里人吉德居读书属句，天资颖悟，夐出侪辈。贞祐甲戌，翼城再陷，流寓于云中主完颜氏家，渠见其不凡，养以如子。兴定辛巳，遁迹投玄，礼恒岳刘真常为师。师一见器之，事必谘委。岁癸未，长春大宗师应诏东还，公从其师拜于阿不罕私第，长春训以今名。自后道行日隆，盘桓于蔚、代、朔、应间。研精问学，弊衣粝食，晏如也。丙申，清和老仙洎京兆总管田侯议葺西岳云台观，劝请真常师，师许之。间遣门人辈，斧荆榛，舆瓦砾，不数年，渐至完美。云台道众拟公住持，而未许也。辛丑，专价持书，控马来邀，公雅意西游，欣然就道。秋八月，达华封。公以华山名岳，灵迹甚多，兵戈相寻，至于湮没，乃搜奇访异，亲历见闻；至古今名士所作碑记、表传、诗文，竭力求之，期于必得而后已。于是著为《华山志》十有四卷。丙午，真常羽化，公诣浑源哭之，且心丧三年。己酉，拜于洞真真人，参受经箓。庚戌，掌教李真人屡以书请，辞不获已，来燕。玄学讲余，间受《易》《老》微旨。辛亥，从真人北觐，例赐紫衣，加号‘弘真宣义大师’。壬子，复从真人遍祀岳渎。戊午，东游海滨，谒七真故居，访重阳祖师行化遗迹。癸亥春，自登、莱还燕。公平生喜著述，为文不事雕篆，率皆真实语。前后累数百万言，皆有理致可观，无长语浮辞。惟《华山》一志，纤悉备具，尤为尽心，在他人不可及，观者当自知之。方刘真常之将归也，遗言葬诸翛然堂。襄事既毕，公自来燕，因魏学士邦彦祷予作记，时已饱公之名。予顷年往来长春，与公良晤，乘闲求予作《华山志序》。予谓龙溪孟驾之既作之于前，而莲峰太霞老三洞讲经赵法师又皆发明于后，予再言之，赘也。惟公平昔道价至老益振，于是不可不书，乃为书其出处大略，使后之学者可以述追遐轨，而执笔志高蹈者，或有考焉。岁旃蒙赤奋若春正月丁酉谨录。”按：《甘水仙源录》卷 8，尚有夷门天乐道人李道谦《史讲师道行录后跋文》，言志经卒于乙亥年（1275）。临终，嘱师弟寂然楮志通嗣住云台观。至元中，李德辉出相安西府，命文学姚燧撰《太华真隐楮君传》。传中云，楮志通早年游居名山，其一为“应之岳神”，即今浑源恒山。由此说来，金元时代是恒山道教的初盛期，刘道宁师徒的活动记载，属于北岳恒山的珍贵史料。岁旃蒙赤奋若，即乙丑年（1265）。

⑥ 岁疆圉协洽，即丁未年。

1250 年庚戌　蒙古海迷失后二年，南宋淳祐十年

庚戌，太保刘秉忠荐亨于世祖，召见潜邸，甚器之。既而籍诸路户口，以亨副八春、忙哥抚谕西京、太原、平阳及陕西五路，俾民弗扰。——《元史》卷 163《马亨传》

1251 年辛亥　蒙古宪宗蒙哥汗元年，南宋淳祐十一年

元年辛亥夏六月……命皇弟忽必烈领治蒙古、汉地民户①；……以僧海云掌释教事，以道士李真常掌道教事。——《元史》卷 3《宪宗纪》

蒙古号僧纳摩为国师②。纳摩，西域竺乾国人，与兄鄂多齐俱学浮屠③。定宗常

命鄂多齐佩金符[4]，奉使，省民瘼。至是，复尊礼纳摩，令总天下释，鄂多齐亦贵用事。——《续通鉴》卷173

① 《元史》卷4《世祖纪一》："岁辛亥，六月，宪宗即位，同母弟惟帝最长且贤，故宪宗尽属以漠南汉地军国庶事，遂南驻爪忽都之地。……岁壬子，帝驻桓、抚间。"

② 纳摩，旧作"那摩"。《元史》卷202《释老传》："释、老之教，行乎中国也，千数百年，而其盛衰，每系乎时君之好恶。是故，佛于晋、宋、梁、陈，黄老于汉、魏、唐、宋，而其效可睹矣。元兴，崇尚释氏，而帝师之盛，尤不可与古昔同语。维道家方士之流，假祷祠之说，乘时以起，曾不及其什一焉。……元起朔方，固已崇尚释教。及得西域，世祖以其地广而险远，民犷而好斗，思有以因其俗而柔其人，乃郡县土番之地，设官分职，而领之于帝师。乃立宣政院，其为使位居第二者，必以僧为之，出帝师所辟举，而总其政于内外者，帅臣以下，亦必僧俗并用，而军民通摄。于是帝师之命，与诏敕并行于西土。百年之间，朝廷所以敬礼而尊信之者，无所不用其至。"

③ 竺乾，印度的别称；鄂多齐，旧作"斡脱赤"。

④ 定宗，即蒙古贵由汗。

1254年甲寅　蒙古蒙哥汗四年，南宋宝祐二年

公讳鱅，字彦解，幼颖异，不好弄，稍长，读书兼习国语及西域语，风仪耸然，魁杰人也。事世祖皇帝潜藩，以慎密受知。岁甲寅，世祖城上都，公董役，有中帑金币之赐。——元虞集《道园学古录》卷17《高鲁公神道碑》

1255年乙卯　蒙古蒙哥汗五年，南宋宝祐三年

岁乙卯，春，复驻桓、抚间[1]。冬，驻奉圣州北[2]。——《元史》卷4《世祖纪一》

【碑题】《大蒙古国燕京大庆寿寺西堂海云大禅师碑》[3]。燕京编修所次二官、黄华后人、熊岳王万庆撰，并书丹篆额。[4]

【碑文】天启大朝，圣祖成吉思皇帝诞膺天命，肇造天下，奄有万国。至太宗合罕皇帝、蒙哥皇帝，咸有命海云为天下僧众之首，则海云之所以为国助缘行化之善可知矣。万庆既承奉护必烈大王命，为作圣祖神宗、蒙哥皇帝累降诏旨，兴宗崇教，肃清天下寺宇，蠲除赋役，及庆寿寺西堂海云大禅师道行碑文，为不朽之传。谨按其嗣法、庆寿朗公禅师所录其师海云行状，乃得其道行之所著见于世者以书之。

师，山西之岚谷宁远人也，俗姓宋氏，微子之后，法名印简。海云，其道号也。其父为人素慈善，乡里推重，咸谓之虚静先生。母，金源王氏，其先世皆喜奉佛，□□□智正，因不干世禄，唯积善行，贵□素由是生。师自七岁入学，授《孝经》，

至首章，遽问其师曰："开者何宗，明者何义？"父母闻而异之，恐慌，儒学非所以为宜。乃携见传戒颜公，祝其发。明年，礼中观沼公为师，乃训今名，受以净戒，使修童子行，□□经典。既从参问，一日，披中观五条衣，升坐演其前后所说法语，以示诸同列，见者斥之。师既曰："不记佛言，三世诸佛所说之法，吾今四十九年不加一字，顾我终不出自胸臆，妄有指陈。"中观闻之，喜曰："此儿将来释门之龙象也。"遂令入室。一日，扶中观行次，举以法灯云："看它家事忙，且道承谁力，汝作么生会？"师即将中观手掣之，中观乃曰："此野狐精。"师曰："喏，喏。"中观曰："汝更别参始得。"师掩耳而退。

崇庆改元壬申，受金朝卫绍王恩赐，纳具足戒，时年始十一。后三年，从中观寓于岚州之广惠寺，已能升座讲演经文。时天下凶险，至人相食，师乃竭力以奉食饮，积其所余以济其困苦之众。宣宗闻之，遣使赐以通玄广惠大师之号。寻参长松一公禅师，大有发明。室中当机不讳，兴至□换，如珠之走盘。一公叹曰："此衲子类风颠，是它（是）［日］必能大兴吾佛祖之道者。"

初，宁远城陷，师与中观皆被执。成吉思汗皇帝在薛灭思（千）［干］，遣使于太师、国王曰："卿言老长老、小长老，是告天下之人，可好存济，无令欺辱，与免差役，令达剌罕行。"国王奉诏，乃延居于兴安之香泉寺，署中观为悲云正觉大禅师，中观不受，以师为寂照英悟大师。其所须之物，官为之给。由是天下皆以师为"小长老"称之。及师在岚州，太师、国王复将兵至城下，中观虑其城陷不免，乃谓师曰："吾今老矣，死亦为宜，汝方妙龄，求生路可也。"师闻是言，即涕泣而言曰："因果无差，死生有命。今在艰危之际，岂忍弃师而独求生乎？脱或不死，若遇识者，问吾师安在，其将何辞以对？况衲子家风，又何有生死之可惑而乱于心乎？"中观闻之，喜其志在于孝，乃复谓曰："汝心既定，计汝缘当在北方，吾亦将得与汝顺乎天道而俱北矣。"岚州既以城降，太师、国王以中观与师直隶于御营所。中观年老，载以犊车，师亲执御。至樵薪汲水，抵冒风霜，道涂冰雪，踪足暴露，悬釜而炊，毕力以供其役。艰苦万状，人所不堪，见者怜之，师乃谓之曰："古人修行，经无量劫，曾无疲倦，我何敢与古人为比。幸吾师得安，足矣，夫何辞焉。"既从中观寓于兴安，无何，中观示寂，师为之殡葬以礼，乞食以守其坟。一餐，忽梦神人告之曰："今时已至，（行当）［当行］矣，无滞于此。"

岁在辛巳，乃来燕，过于松(辅)[铺]，夜宿岩下，因画火大悟，即自扪其面曰："噫，今日方知眉横鼻直，始信天下老宿不[寐]语尔。"后至景州，谒本无玄禅师，问师从何所来？答曰："云(牧)[收]幽谷。"曰："何处去？"曰："月照长空。"玄首肯之，曰："孟八郎又(怎)[恁]么去也。"师诺而趋出。因过洵州，或问师曰："上人不居山林，反入城市何也？"答曰："河里无鱼，市中取。"

时，中和老人章公住持燕京之庆寿寺。中和一夕，梦一僧自三门携杖径入方丈，踞师子(坐)[座]。既寤，召知客谓曰："今日或有客僧至，使来见我。"是日师来，中和见之，笑曰："此衲子是吾夜来梦中之所见者。"相与问答，深有所契，遂留之以为记室。寻以向上犍槌，差别机智，种种勘验师，淘汰日久，大机圆应，大□齐彰，透尽临济正宗，绰尔心空及弟。中和乃曰："汝今已到大安乐之地，好善护持。"遂以衣、颂付之。壬午岁旦，秉拂出世，国王请师住持兴州安山之仁智寺。癸未秋，燕京大行台丞相刘公，时为宣差安抚大使，同行省石抹公、都元帅赵公及京城豪贵以疏，力请师就京庆寿开堂，住持易州之兴国禅寺。时避水寨之扰，乃居于石经山之东峰。甲申秋，孛斡国王请师开兴安、永庆之基。不三年，结构焕然一新，大启丛林，众常千指。于是国王复请师游历辽阳海岛诸寺，为国焚香。道出义州，以中和祖茔之在，往致奠焉。岁在戊子，领中书省、湛然居士耶律国公疏请住庆寿，师从之。四方衲子闻之，接踵而至。绵蛇木剑，气宇峥嵘，明极松风，声光酬酢。事中和于西堂，承奉之礼莫不备至。庚寅二月，小国王复私以人力起师再主永庆。

岁在辛卯，合罕皇帝闻师之名，特遣使臣阿先脱兀怜，赐以"称心自在行"之诏。是年夏五月，皇太弟、国王遣使以师为燕赵国大禅师。壬辰六月，师在永庆，闻中和示寂，奔其丧，与诸弟子皆以礼殡葬之。顾庆寿摧残之久，深念中和遗嘱之重，祖道荒芜，第恐施张不及，乃复以斯道而惠于人。至于对众，凡举一事，兴一言，必取法于中观、中和二师所行而举用之。岁时致祭，祭如在。至如用度规绳，提振纲领，□佛祖不易之令，行人天难行之事。恢恢乎，遍于天下矣。癸巳，平州行省塔本奉皇太弟令旨，革州中之开元律寺为禅，请师住持。是年秋，师客居于庆寿。时大官人阿里同丞相厦里奉合罕皇帝诏，来燕勘问公事。厦里知师名之久，遂约廉访公秃鲁花至诠诣寺，请训法名，受戒□□。师乃□□□□，□演佛乘，训名至详，授以净戒法。丞相喜而受之。是年，□□住持竹林禅寺，时京城及天下寺宇皆为军民人区之所占据，丞相以闻，蒙降御宝宣谕悉令遣去。往往流言，毁訾百端。师□□□□□处不□□□□□□□□而自止。至是，寺宇始得肃清为佛净界。丞相为□□□□启大会，请师为济度主，师闻丞相以严为治，官吏股栗，乃劝之以为燕之残民遭罹变故，京城闭困之久，存者无几，今正宜安辑。□□□□□□之不暇，如□□□□，如草木之经严霜，不以春阳煦之，则芽甲根不复生矣。国以民为本，无民则何以为国？丞相既能施财奉佛，作善事，佛之化人为善，无大于此。乃以此意悉于廉访公。廉访公敬受师言，□□□□□□□□□而从之，遂成善治。至如对忽都护大官人蝗灾之问，师以官政民心功感之。致问出猎，则对以救人为急，驰骋娱乐之事，非所为宜。对刑赏之问，则虽有□误之差，必当以仁恕为心，乃为善。及大使臣□□□□□□□来谒，师亦劝以□□□□以伤国政，苟有毫厘之失，必致大患。佛以慈悲于物，安利众生为心，宜慎行之。使臣虽不能悉从，亦慎重其教焉。

初，孔圣之后、袭封衍圣元措，自流汴渡河，复曲阜庙林之祀。至燕，以承袭事罢。师时□□□□□□□□□□□□，乃□之曰：“夫儒者之道，上至唐舜禹汤，文武周公，圣人之□□，君臣父子之位定，故人伦明于上，小民亲于下。孔子生于周宋世，经战国，遍历诸侯而主□，终不能正，乃自卫反鲁，尊王黜霸，删定诗书，正礼乐，修春秋，□□□□□□□□□□□□□得居人上之尊，臣下士民各守其职业，不敢乱□者天下之。盖孔子天生圣人，善稽古典，以大中至正之道，三纲五常之理，性命祸福之原，君臣父子夫妇之道，治国齐家平天下、正心诚意之本，自孔子至此袭封，凡历五十一代。有国者皆使之承袭祀事，未之或阙。”大官人闻是言，乃从其请，使复袭其爵，此继其事焉。师复以相传孔子之道，颜子、孟子，今其孙俱存，及习周孔之业为儒者，亦皆使免其差役之赋，□□使勤其教，□□□国□□□□。凡与当世王侯论治民之道，必以儒教为先。其不偏泥如此。

岁在乙未，镇阳史帅疏请住持府中之临济禅寺，师重念祖师道场之地，即应命。既至，乃为兴修，顿成（状）［壮］丽。仍不惮往返，互为主持之。岁在丙申，朝廷差官选僧道□□□，□恩禅寺万松老人及诸禅老深以□□。□既为□□之首，于是往见之。丞相厦里以忽都护大官人之言问之曰：“今奉圣旨差官试经，以为识字者可为僧，其不识字者悉令还俗。”对之曰：□□□□□□□□□□□□□□□□□□竟何如？师曰：“若今了知此事，深□佛法。应知世法即是佛法，道情岂异人情哉？

古之人亦有负贩屠钓者立大功名于当世，载在史册，千载而下，凛凛然如有生气。且僧之作用，本去尘俗，不尚世学，以悟为期，□□□□□□□□□□□□□□国，为民建法幢，立宗旨，转大法轮，当世岂宜与（骋）［聘］士同科？国家宜以□□去邪，从俭养民，兴修万善，敬奉三宝，了知报应，以答上天佑助之恩，永延国祚可也。我等沙门之用舍，何足□□□。”丞相以是言白于大官人，大官人从而［奏］闻，由是虽承考试，无复退落。寻有诏旨，悉依圣祖皇帝存济听僧道如故。

师既住竹林，经营寺事，补葺□□□□□□□□□□□□嗣传之□□□，未得其人，遂历举云居悟真、真定维摩、福通、颐庵、福真、□庵、至坚数公，皆能安于道者，其如时节、因缘何？师复思有海岛之游，遽召提点寺事头公，付以后事曰：“吾将远游，尔等诸人可请能□□□□□□□□□□□□□□□□□□”□曳杖而去。众挽留不可，遂历海门诸岛。己亥之秋，复居庆寿。岁在辛丑，燕京普济禅寺宗主善琛与其僧众，以状施其院为师养老之所。师不得辞，从之。乃嘱其庆寿之耆宿曰：“君不闻物之成德□有□□□□之难，守□尤为难。此寺虽经大兵革，能以枯淡守护而□存至于今者，实吾师中和老人之力也。余固岂敢违所嘱之言，亦赖尔众相与辅成之耳。若□□□□□□尊德重者，主之则可。”乃退居于普济，仍请廓□□□□□□□□□□□智公、□□□公、冲虚昉公相继住持。戊申，诏复赐白金万两，命师集天下禅教师僧启圆戒大会于庆寿，缁众毕集于坛，师意以谓：佛法减□□□□□□□□□而导乎后学，恐莫能被一切机。乃自刺顶出血，□□□□□古所传授大乘三聚戒□□□□□以授□□□德□宿□□□大衣为□□宋主使之□□训悔□徒，为国祈求降康□□□后即以寺事付松岩晖公，乃以闻松岩□□□又入圆寂，师哭之恸。乃请可庵朗公，朗公闻之，□□□□□召坚请主之慵庵居之未□□□□□□□□□□思之，非可庵熟可为□□□求之，可庵不能固辞，遂从其命亦住持，虽大禅□主其法席，凡常住之岁不足者，师独任其□□，竟使之安传其道焉。

岁在壬寅，护必烈大王请师至行帐，问佛法之理果何如，在家与□□□作用同否？及诸众生皆具□□□□答曰：信性被在一切□非□非□非□非净，岂有在家出家之异？在天地则为盖载，在日月则为照临，在吾皇则无为而治，在王为忠孝以奉君亲，赞弘治□□□泽于□□□□□□□□□□□□□□□王宜□□古□之道□□生民欲贤良扶王□除民疾苦，不为妄感。钦奉纶言：去奢从俭，非礼勿言，知足奉佛，辨明果当，可言之地，宜尽忠诚，无以犯颜是畏。预政之暇，可□□□人心□□之行□□□□于心□□□而行之自然，得人于□□□之地□□王闻是言，大加尊敬，师遂受以菩提心□佛大戒。王深□□□□□□□□服珠□□贤及多□□□□□大衣□□□□□而皇太后闻师道行孤高，善于演明佛法，以助国行教，乃赐以佑□□□□□□□及□□□国大□□□□□□□□□□□□□□□□□乃□庆寿荒残，□□□□音向不可支。师遂□□修之，至□南□复构三圣大殿，□章经阁，法□百丈，周环廊庑，三门厨库，以间计者千余，悉为之植立宫□。王及谋珂旭烈威二王闻师兴修庆寿，功力浩大，皆送白金□□□□□□□□□□□□□□□碧玄□□□□风□□□□□□□□人皆仰之，以谓：虽昔之创建，不是过也。其正费皆出于□，其□监督功役，昼夜不息，措画事□者，提点比丘觉闻之功为多。

庚戌十月，师至云中，□演护嗣以□□□□□□□□师□□□□□庆寿寺□□□□□□□用□□之□□尚□□□□蒙□□□□□用之恩，虽蒙□□□异□此以图报，□恐福力鲜少，吾视城中净名古刹荒废之久，当以此银重修理之，以积其功行，为国祈求□□□□□□□□□□□□□□因缘不□□□即兴□大□□□□□全新泉。岁在壬子夏□□□□□蒙哥皇帝即位，颁降诏恩，显遇优渥，命师复领天下僧众。师□□□□□□□□师制□□本□□明□□□□□以皆□申仁恩，普告僧尼大众而已。省台奉旨，给以银章，师乃以□□□□□□不□□宿及可庵朗公□集□□□□圣之次，深念国恩，无以奉报，欲广延禅众阐行祖道，而□□□□□□北归□□草宿□□而谓之曰：今欲□普济□□□□□□□□□□□□□□□□□□□□从文北返。于是师乃命朗公、觉文直统弟子董其役。凡工匠所需财用之物不乞之于人，悉为之自办。不半载，厥功告成。护必烈大王闻而嘉之，乃取师之自号，改普济为海云禅寺。

□□□□□□□□□□□□□□□□□□□□□于□□□□□□□□□□□大朝之迈矣。是年夏四月，护必烈大王复请师至行帐，谛问佛法的意，师乃劝之以圣政，下以安靖万方为心。及闲暇之时，究竟佛祖本心，体现□□□□□，王大起敬信心，持以师礼，重之□□，谋珂旭烈威二王及诸王□□□□奉之以师礼，□□□□□□□应夫天下□□□□□□□□□□□佛□□道则以□行善则□□□□□□□□□□□□□不□□以圣子神孙莫不信心为善，蕃衍昌大，为万世

□□之礼。□师□□□□□□□□□□庙□□□□□□□□□□□□□□□□□□□临济宗十六代□兴□随□□□□□发人□□□分法乳者十有四人，出世者九人，祝发者千有余人，受戒王公大人百数，信士善人以千万计。至于恤人之贫，周□□乏，急人之□，□人□□，□□□□□□□□□□□之□□□而亦未知复□□□蒙以□□□惑□□□□□□□必期报之而后已。其仁慈恻隐，周人之急，类如此。自开堂（也）［出］世，屡蒙宸恩，其心愈下，恒以济众为心。凡皇家所赐珍玩与夫豪宗大姓之所施惠者，悉付之常住，唯于大法□□是用，一无□□□□□□□□□□□□□□或□□□□□□□□□□□□□□□□□□□□泪□□□□过□命□□□□化济宗之心在而后笃。有语录曰《杂毒海》。⑤

呜呼，佛门之得人如此，虽欲宗风之不振，法髓之无传，不可得已。□□人天二师，具大法□一心□□乃□□□良□□□□□使□□□□□□□□□□□□□□□见师之性质□圆，得禀天之纯全正气而生，故能施仁以济□众，出慧以应机。盖孝以事师，开通以明儒，历艰苦而忘其艰苦，居安□品通乎赤子一志□行无□□□以人□□□全□心□□□□□□□□□□□□□□□□□□□□□□□□著有乎。师初参□□□诸方皆以青眼待之，后协中和之梦，类雪门偃禅师，终身有报法报亲之孝，为□□□俟□□人心□□□南□□□□□沉□□王公□□□□□□□□□□□□□□□□□□□□□□□□□□□□阳□□元□□，类云庵文禅师；其大机大用，如杲日丽天，雷电迭至，类德山周禅师；其小参普说，无得辨□□□古今□□□祖□□□□□□□□□□□□□□□□□□□□□□□净以□□□□□□□□□□□□□□□□□□□慧杲禅师。然则□□□□□□□□□历劫□□□□尽抑闻道本无言，弘道而法不孤起，仗缘乃是生，兹亦可以见帝王后妃暨诸大臣，在乎佛说以愿力为之，故弘持□乘际止勤，诚非大善知识□□□□之□□□□□□□□□□□□□□□□□□□□过昭佛日之光辉□□□其可□语哉？愿□其道行之著见于世者，以为之赞云。其辞曰：

阳以成岁，四时先春，克己复礼，天下归仁。人有智慧，□□□□，是生众□，乃有大□。身受父母，□□□□，是知孝者，百行之先。性苟受偏，窒塞而滞，应变无穷，通则不泥。有一于此，已为世师，□是四□，□□□之。圣言一出，万古稽考，天下皆知，曰小长老。□诞圣□，若日开明，□□□□，□及群生。嗣续有人，

□□□□，□□□□，踵行其化。作新废寺，际会因缘，杖锡所至，归者如川。决世迷津，救人疾苦，□□□□，远超□□。问□贤圣，觉俗□□，摧□□□，□□歌吟。□□□□，究竟梦幻，世网尘缨，安可羁绊。古之禅心，为世所宗，人咸谓师，蔚有□□。□□穆如，鼓午万□，□□□□，□□沙□。云来幽谷，□□□□，□□□显，□面□□。感戴如天，圣恩高厚，拈一瓣香，祝万年寿。

乙卯年九月望日，英悟大师、提点诹吉日□□□□□□□□□□□□□□祖□□□□圆成□□□祖□□维服义性，佛日圆照大禅师、前住持大庆寿寺嗣法小师□□□□□□□□□□尚玉，嗣法小师□□□□□庵，司□寺提点□□□监寺悟真，维那怀愈同建。嗣法小师云□□真禅师，禅林省晖禅师，□□□通禅师，□□□真禅师，临济志坚禅师，庆寿智朗禅师，龙宫道玉禅师，北平洪真禅师，华严惠明禅师，□□□□禅师，开元道政禅师，驻跸悟果禅师，真□□文禅师，庵主法坚禅师。

嗣法小师：智□、智□、智德、智伟、智操、智印、智慧、智□、智崇、智遵、智英、智通、智祐、智严、至夔、至杰、至戒、至高、至坚、至理、至宁、至林、至普、至全、至本、至□、至俊、至□、至晖、至□、至□、至□、至庆、至舜、至如、至照、至胜、至进、至宗、至琮、至彦、至敬、至方、至达、至谭、至端、至朴、至古、至□、至□、至纯、至□、至□、至□、至□、至□、至□、至常、至川、至坦、至慈。

比丘尼小师：至定、智清、智□、至祥、至□、至守、至深、至□、至□、至□、至性、至信、至兴、至满、至全、至聪、至宁、至进[⑥]。——北京燕山出版社 2009 年版《北京元代史迹图志》[⑦]

乙卯，问道士丘处机、李志常等，毁西京天城夫子庙为文城观[⑧]；毁灭释迦佛像、白玉观音、舍利宝塔；谋占梵刹四百八十二所；传袭王浮伪语《老子八十一化图》，惑乱臣佐。——元祥迈《至元辩伪录》张伯淳序。

① 桓州，在今内蒙古正蓝旗；抚州，在今河北张家口张北。

② 奉圣州，辽属西京，金升为德兴府，今河北涿鹿治。世祖忽必烈曾驻白登（今阳高东南），亦约此时。《藕香零拾》收录元孛术鲁翀《菊潭记》卷 2《大都路都总管姚公神道碑》：“公姓姚氏，讳天福，字君祥。……世为平阳绛人。公考处士君，讳君实，字仲华。甫冠，辟兵雁门。金进士赵泰以子妻之，生公及和众主薄天禄。公……仕怀仁为县吏。世皇以太弟驻白登，公县进蒲萄酒，见奇之，留侍宿卫。至元初，丞县怀仁。大帅杨阔阔出荐其能。”

③ 清《钦定日下旧闻考》卷 43 云：“臣等谨按：大庆寿寺创于金章宗时，明正统中重修，易名曰大兴隆寺，又曰慈恩寺。嘉靖初，寺废。后即其地为射所，名曰讲武堂，又以为演象所。今西安门街

北有双塔庆寿寺，殿庑数楹，乃本朝乾隆二十九年重修。双塔在寺西偏。”

④ 该碑，现存于北京宣武法源寺。陈垣《谈北京双塔寺海云碑》云：“海云禅师碑，原在北京西长安街双塔寺，寺久废，解放后长安街改建大马路，碑移贮北海天王殿保存。碑分两面，每面四十六行，行九十字，双抬头者每行九十二字，全碑五六千字。除剥落千余字外，尚存四五千字。……碑立于元宪宗五年（1255），时元尚未建国号，故称‘大蒙古国’。庆寿寺即双塔寺本名。西堂者，禅林称当寺前住之人为东堂，他山退隐之长老来住本寺名为西堂。……撰碑者王万庆，字禧伯，号澹游，系王庭筠嗣子，名见《金史》一二六《文艺传》，作‘曼庆’。庭筠善诗能画，书法米元章……自号黄华山人，今碑称‘黄华后人’正谓此。……《元史》二《太宗纪》：‘八年（1236）六月，耶律楚材请立编修所于燕京、经籍所于平阳，编集经史，召儒士梁陟充长官，以王万庆、赵著副之。’今碑称‘编修所次二官’，即其事。……有人认此碑为塔碑，不对；《京畿通志·金石略》称此碑为塔颂，也不对。塔碑、塔颂立于死后，此碑立于生前，是道行碑，非塔碑。程鉅夫《雪楼集》卷六，有《海云简和尚塔碑》，这才是海云塔碑。”

⑤ 按：释子之语录，始于唐。清《钦定日下旧闻考》卷 43 载朱彝尊《日下旧闻》：“原双塔寺，即元庆寿寺，在西长安街。塔二：一九级，一七级。（《春明梦余录》）。原九级者，额曰‘特赠光天普照、佛日圆明海云祐圣国师之塔’，碑题燕京编修所次二官王万庆撰。略曰：海云，名印简，山西之宁远人。八岁，礼中观沼公，受戒，修童子行。年十一，能开众讲义，济众凶岁。金宣宗闻之，赐号通元广慧大师。宁远城陷，师与中观皆执，青吉斯皇帝遣使语太师、国王曰：‘老长老、小长老可好？’自是天下称‘小长老’焉。一夕，梦神速其行，乃来燕。时中和老人章公住燕之庆寿寺，梦僧杖而入门，踞狮子座。是日，师至。师每言于大官人胡土克曰：‘孔子圣人，宜世封以祀。’又言：‘颜子、孟子后及习周、孔学者，皆宜免差役，勤服其业。’从之。诏试僧道，不通经者还编户。师所著语录，曰《杂毒海》。前后得其法者十四人，可庵朗公继主庆寿寺焉。七级者，额曰‘佛日圆照大禅师可庵之灵塔’。今寺尚有海云、可庵二像，衣皆团龙、鱼袋。海云像，其弟子刘秉忠作赞。（《帝京景物略》）。”

⑥《钦定日下旧闻考》卷 43 云：“按：青吉斯，旧作成吉思，今照《蒙古源流》改正。胡土克，义见前，旧作忽都护，今译改。增《大蒙古国燕京大庆寿寺西堂海云大禅师碑（记略）》：师，山西岚谷宁远人，俗姓宋氏，礼中观沼公，受戒，修童子行。崇庆改元，受金朝卫绍王恩赐，纳具足戒，时年始十一。后三年，从中观寓岚州之广惠寺，已能升座讲演经文。时天下凶险，人相食，师竭力济众。宣宗闻之，赐通元广慧大师之号。初，宁远城陷，师与其师中观皆被执，青吉斯皇帝遣使语太师、国王曰：‘老长老、小长老，可好存济，无令欺辱。’由是天下皆以‘小长老’称之。及师在岚州，大师、国王复将兵至城下，中观虑城陷不免，谓师曰：‘吾老矣，死亦为宜，汝方妙龄，求生路可也。’师泣曰：‘死生有命，今在难危之际，岂忍弃师而独求生。况衲子家风，又何有死生之可惑而乱于心乎？’中观闻之，喜曰：‘汝心既定，计汝缘当在北方，吾亦与汝俱北矣。’中观示寂，师为殡葬，守其坟。梦神人告曰：‘今时已至，当行矣。’乃来燕。时中和老人章公住燕之庆寿寺，梦一僧携杖径入方丈，踞狮子座。是日，师来，中和与问荅，深有所契，遂以衣钵付之。癸巳，丞相霞哩奉诏来燕，谒师请训法名，受戒。师闻丞相以严为治，乃劝之以幽、燕残民遭罹变故，正宜安辑。丞相从之，遂成善治。至如呼都克大官人蝗灾之问，师对以官政民心共感之；致问出猎，则对以救人为急；问刑赏，对以仁恕为心。及使臣来谒，师亦劝以慈悲，安利众生。使臣虽不能悉从，亦重其

教焉。初，孔圣之后、袭封衍圣公元措，自汴渡河，复曲阜庙林以祀。师言于呼都克大官人曰：‘孔子天生圣人，袭封凡历五十一代，有国者皆使之承袭，祀事未之或阙。’大官人从其请，使复袭爵，以继祀事焉。师复请颜子、孟子后及习孔、周之业者，皆免差役，使勤其教。凡与当世王侯论治民之道，必以儒教为先。岁在丙申，朝廷差官选僧道，丞相霞哩问之曰：‘今奉圣旨试经，不识字者令还俗。’师对曰：‘僧本不尚世学，以悟为期，岂宜与聘士同科？’丞相以是言白于大官人奏闻，由是考试无复退落。寻有诏听僧道如故。按：霞哩，满洲语斜眼也，旧作厦哩，今译改。”

⑦ 《钦定日下旧闻考》卷43云：“臣等谨按：庆寿寺海云禅师本末，朱彝尊原书引《帝京景物略》载王万庆塔碑文，多有脱落舛误处。即如碑云：受金朝卫绍王恩赐，纳具足戒，时年始十一，后三年能升座讲经，而《帝京景物略》则云年十一能开众讲义。又‘通元广慧大师’，‘慧’字误作‘惠’。又奉旨试经一节，只载‘试僧道，不通经者还编户’一语，而截去‘师言于霞哩，霞哩言于大官人奏闻，考试无复退落’等句，则事实全失。今原本现存寺壁，文多漫漶，故节录以资考证云。”

⑧ 天城，即今天镇县。文城观，祥迈《至元辩伪录》作“文成观”。

1256年丙辰　蒙古蒙哥汗六年，南宋宝祐四年

公讳瑛，少有大志，勇力绝人，善骑射。金季，中原受兵，所在郡邑望风奔溃。戊寅，圣元太师、国王领兵南下，公曰：“天也，死填沟壑，何益？”乃率众诣军门上谒，即授元帅左监军。使抚定居民，攻诸城堡之未下者。……丁未，公年五十有七，告老不允。诏公充西京、平阳、太原、京兆、延安五路万户，治太原。以子翼袭行军千户。公以太原甫定，民多离散，恳闻于朝，给复三年。于是四方来归者三万余户。刑简令信，境内以宁。丙辰三月十九日，卒于居地之正寝①。享年六十有六。——《山右石刻丛编》卷31《故征行都元帅五路万户梁公神道碑铭》

岁丙辰，春三月，命僧子聪卜地于桓州东、滦水北，城开平府，经营宫室②。——《元史》卷4《世祖纪一》

侍御道凝之尊君、侍郎先生，在中统(末)[未]建元之前十年，我先大夫玉峰被召，荐中州名士大夫六七十人，有曰西京高圣举，年三十已上，博学，善属文，通世务，有器识，廉介有守，可使临财，亦可以临政。岁丙辰，遗山元先生入燕，初朝夕奉杖屦，曾闻其说：“今之能文者李之和、高圣举，人莫之识也。”自后，初尝求先生之文，如记如序如诗文，往往读之不能舍去。道凝，初相识，岁久未尝以事相接。至元二十年，初承乏江西宪司，道凝已弥纶省闼有日矣。用是得欵奉言教。……——元魏初《青崖集》卷2《赠高道凝》③

① 魏初《青崖集》卷5《故征行都元帅五路万户梁公神道碑铭》作“丙辰三月二十四日卒于居第之正寝”。

② 《元史》卷58《地理志一》："世祖命刘秉忠相宅于桓州东、滦水北之龙冈。中统元年，为开平府。五年，以阙庭所在，加号上都，岁一幸焉。"按：开平，即元上都，在今内蒙古多伦西北。2004年5月初，我驱车经游，山丘重重，寂寞赤壤，令人心神震肃。

③ 文渊阁本《四库全书·青崖集》提要："初，字太初，号青崖，宏州顺圣人。从祖璠，金末官翰林修撰，以伉直称。元世祖征至和林，甚见礼重。璠无子，以初为后，少辟中书省掾史，告归，有荐于朝者，帝问知璠子，即授国史院编修，寻拜监察御史。官至南台御史中丞。事迹具《元史》本传。……史称，初好读书，尤长于《春秋》，为文简而有法，而《集》中所记，自称与姜彧同辱遗山先生教诲。又称先生入燕，初朝夕奉杖屦。是其学本出元好问，具有渊源，故所作皆格律坚苍，不失先民轨范。"

1257年丁巳　蒙古蒙哥汗七年，南宋宝祐五年

丁巳，有元庆寿海云大士迁化。名印简，山西之岚谷宁远人，俗宋氏，微子之后。父慈善信服乡里，里人称为虚静先生；母金源王氏，祖世奉佛不仕。师生于金之泰和壬戌十二月望，人品恢伟，童幼神悟。七岁，亲授以《孝经·开宗明义章》，乃曰："开者何宗？明者何义？"亲惊异，知非尘劳中人，携见传戒颜公，颜欲观其根气，授以《草庵歌》，至"坏与不坏主元在"，师问曰："主在何处？"颜曰："何主也？"师曰："离坏不坏者。"曰："此客也。"师曰："主聻？"颜吟吟而已。乃得礼中观沼公为师。八岁，受三归五（八）［戒］十善戒法。师方十一，蒙豫王恩赐纳具，有洪彦上座问师曰："子今受大戒了，缘何作小僧？"师曰："缘僧小，故戒说大也。试问上座，戒老耶小耶？"曰："我身则老。"语未终，师大声曰："休生分别。"一日，上座教僧去师背上拍一下，待回首，乃竖指示之，僧如教拍师背，师便竖一指，僧回举似上座，座奇之。师年十二，中观听师参问，诲之曰："汝所欲者，文字语言耳，向去皆止之。唯身心若枯木死灰，今时及尽，功用纯熟，悟解真实，大死一场，休有余气。到那时节，瞥然自肯，方与吾相见。"师受教习定。一日，扶中观行，观曰："法灯禅师道：看他家事忙，且道承谁力，汝作么生会？"师将中观手一掣，观曰："这野狐精。"师曰"喏，喏。"观曰："更须别参。"

师年十三，时成吉思皇帝征伐天下。师在宁远，于城陷之际，稠人中，亲面圣颜。俾师敛髻，师告曰："若从国仪，则失僧相也。"蒙旨如故。自此，僧有不同俗民之异也。师年十八，天兵再下，太师、国王领兵取岚城，四众逃难解散，师侍中观如故。观曰："吾迫桑榆，女方富有春秋，今此玉石俱焚，子宜逃生去。"师泣曰："因果无差，死生有命，安可离师而求脱免乎？纵或得脱，亦非仁子之心也。"

老人察师诚确，嘱师曰："子向去朔漠有大因缘，吾与子俱北渡矣。"明日，城降，有清乐元帅史公天泽、义州元帅李公七哥者，见师器宇非常，问曰："尔是何人？"师曰："我沙门也。"史曰："食肉否？"师曰："何肉？"史曰："人肉。"师曰："人非兽也，虎豹尚不相食，况人乎？"史曰："今日兵刃之下，尔亦能不伤乎？"师曰："必仗其外护者。"公喜甚。李帅问曰："尔既为僧，禅耶教耶？"师曰："禅、教乃僧之羽翼也，如国之用人必须文武兼济。"李曰："然则必也，从何而住？"师曰："二俱不住。"李曰："尔何人也？"师曰："佛。"师复曰："吾亲教中观亦在于此。"二公见师年幼，无所畏惧，应对不凡，即与往见中观。二公闻中观教诲谆谆，乃大喜曰："果然有是父有是子也。"于是礼中观为师，与师结为金石友。国王将中观及师分拨直隶成吉思皇帝，载中观于黄犊轻车，师亲执御，日营采汲。经年，至赤城，舍于郎中张公宅。使臣托苏布哈并玛勒传青吉斯皇帝圣旨，道与穆呼哩国王[①]："你使人来说底老长老、小长老，实是告天的人，好与衣粮养活者，教做头儿，多收拾那般人在意告天。不拣阿谁，休欺负，交达尔罕行者。"是时，国王奉诏，大加恩赐，延居兴安香泉院。国王署中观慈云正觉大禅师，师寂照英悟大师，所需皆官给。小长老之名，自此始。

十九，中观将示寂，有羽客杨至慎求颂，老人俾执笔代书偈曰："七十三年如掣电，临行为君通一线，泥牛飞过海东来，天上人间寻不见。"客曰："师几时行？"老人曰："三日后。"时五月廿七日也。至六月初一，果无疾而寂。师哀毁过礼，阇维，收顶骨舍利供养，建塔于府之西北隅。师罄所有为设斋，唯乞食看塔。一夜，闻空中有声召师名，师瞥然有省，乃迁入三峰道院，复闻人告曰："大事将成，行矣，毋滞此。"黎明，策杖之燕。过松铺，值雨，宿于岩下，因击火，大悟，自扪面曰："今日始知眉横鼻直，信道天下老和尚不寐语。"明日，至景州，见本无玄和尚，问从何所来？师曰："云收幽谷。"曰："何处去？"师曰："月照长松。"玄点首曰："孟八郎，便恁么去也。"师诺诺，趋出。过泃州，遇宿儒张子真，问："上人何不安住？"师曰："河里无鱼市上取。"先是，中观临终时，师问中观曰："某甲当依何人了此大事。"观嘱曰："贺八十去。"师既入燕，至大庆寿寺，乃省前谶，于是径谒中和老人璋公。中和先一夕，梦一异僧策杖，径趋方丈，踞师子座。既明，谓知客曰："今日但有客过，当令来见老僧。"及晚，师至，引见，中和笑曰："此衲子乃夜来所梦者。”师便问曰：“某甲不来而来，作么生相见？”寿曰：“参须实参，悟须实悟，莫打野榸。”师曰：“某甲因击火迸散，乃知眉横鼻直。”寿曰：“吾此处别。”师曰：“如何表信？”寿曰：“牙是一口骨，耳是两边皮。”师曰：“将谓别有？”寿曰：“错。”师喝曰：“草贼大败。”寿辞去。次日，寿举临济两堂首座齐下喝僧问济，还有宾主也无？济曰：“宾主历然，汝作么生会？”师曰：“打破秦时镜，磨尖上古锥，龙飞霄汉外，何劳更下槌。”寿曰：“汝只得其机，不得其用。”师便掀禅床，寿曰：“路途之乐，终未到家。”师与一掌，曰：“精灵千载野狐魅，看破如今不直钱。”寿打一拂子，曰：“汝只得其用，不得其体。”师进前曰：“青山耸寒色，月照一溪云。”寿曰：“汝只得其体，不得其智。”师曰：“流水自西东，落花无向背。”寿曰：“汝虽善语言三昧，要且没交涉。”师竖起拳，复拍一拍，当时丈室震动。寿曰：“如是，如是。”师拂袖便出。明日，命师掌书记。自此，中和复以向上钳槌，差别关键，种种辩验，师以无碍辩才，应答皆契，其悟解精明，度越前辈。寿一日谓师曰：“汝今已到大安乐之地，宜善护持，吾有如来正法眼藏、祖师涅槃妙心密付于汝，毋令湮没。”师掩耳而出。即以衣、颂授师，颂曰：“天地同根无异殊，家山何处不逢渠。吾今付与空王印，万法光辉总一如。”

出世，住兴州仁智。历迁涞阳之兴国、兴安永庆，以至大庆寿寺，皆太师、国王及诸重臣之命。师于室中以四无依语勘学者，语具本传。辛卯十一月，受（大元）［合罕］皇帝宣赐[②]，师称心自在行。一日，于廊下逢数僧，师问第一僧曰：“那里去？”僧云：“赏花去。”师便打。问第二僧那里去？云：“礼佛去。”师亦打。问第三僧那里去？云：“那里去。”师亦打。问第四僧那里去？僧无语，师亦打。问第五僧那里去？僧云：“觅和尚去。”师云：“觅他怎么？”僧云：“待打与一顿。”师云：“将什么来打？”僧云：“不（捋）［将］棒来打。”师连打四下，云：“这掠虚汉。”众皆走，师召云：“诸上座。”众回首，师云：“是什么。”

乙未，朝廷差扎呼岱侍读选试经僧道[③]，万松长老叹曰：“自国朝革命以来，沙门久废讲席，看读殊少，乃同禅教。”诸老宿请师董其事，师从容对曰：“诸师当以斯激励众僧，习应试经典，主上必有深意。我观今日沙门，少护戒律，学不尽礼，身远于道，故天龙亡卫而感朝廷励其考试也。三宝加被，必不辜圣诏。”遂与华使相见，之后其处置法度悉从师议。舍哩丞相以忽都护大官人言[④]，问师曰：“今奉圣旨，差官试经，识字者可为僧，不识字者悉令归俗。”师曰：“山僧不曾看经，一字不识。”丞相曰：“既不识字，如何做长老？”师曰：“方今大官人还识字也无？”于时，外镇诸侯皆在，闻师之言，皆大惊异。丞相复曰：“必竟如何？”师曰：“若人了知此事，通明佛法，应知世法即是佛法。道情岂异人情？古之人亦有起于负贩者，立大功名于世，载于史册，千载之下，凛然生气。况今圣明天子在上，如日月之照临。考试僧道，如经童之举，岂可以贤良方正同科。国家宜以兴修万善，敬奉三宝，以奉上天，永延国祚可也。我等沙门之用舍，何足道哉！”丞相以是言告于大官人，乃从而奏闻，由是虽考试亦无退落者。蒙圣旨，悉依太祖皇帝存济，听僧如故。

丙申，有司欲印识人臂，师力白于呼图克大官人[⑤]，曰：“人非马也，既皆归服国朝，天下之大，四海之广，纵复逃散，亦何所归？岂可同畜兽而印识哉！”由是印臂之法遂止。初，孔圣之后、袭封衍圣公元措者，渡河，复曲阜庙林之祀。时公持东平严公书谒师，师以袭封事为言于大官人，师为其言曰：“孔子善稽古典，以大中至正之道、三纲五常之礼、性命祸福之原、君臣父子夫妇之道，治国齐家平天下、正心诚意之本，自孔子至此袭封衍圣公，凡五十一代。凡有国者，使之袭承祀事，未尝有缺。”大官闻是言，乃大敬信，于是从师所言，命复袭其爵，以继其祀事。师复以颜、孟相传孔子之道，令其子孙不绝；及习周、孔儒业者，为言亦皆获免其差役之赋，使之服勤其教，为国家之用。三十六年丁酉正月，太祖皇帝二皇后以“光天镇国大士”号奉师。己亥冬，师再起，复主大庆寿寺。

壬寅，呼必赉大王请师赴帐下[⑥]，问佛法大意。师初示以人天因果之教，次以种种法要，开其心地。王生信心，求授菩提心戒。时秉忠书记，为侍郎刘太保也。复问佛法中有安天下之法否？师曰：“包含法界，子育四生，其事大备于佛法境中。此四大洲，如大地中一微尘许，况一四海乎？若论社稷安危，在生民之休戚。休戚安危，皆在乎政，亦在乎天。在天在人，皆不离心，而人不知天之与人，是其间别法于何行，故分其天也人也。我释迦氏之法，于庙堂之论，在王法正论品，理固昭然，非难非易，惟恐王不能尽行也。又宜求天下大贤硕儒，问以古今治乱兴亡之事，当有所闻也。”王又问：“三教，何教为尊？何法最胜？何人为上？”师曰：“诸圣之中，吾佛最胜；诸法之中，佛法最真；居人之中，唯僧无诈。故三教中佛教居其上，古来之式也。”由是，太后遵祖皇圣旨，僧居上首，仙人不得在僧之前。王以珠袄金锦、无缝天衣奉以师礼。王固留师，师固辞。将别，王问佛法此去如何受持？师曰："信心难生，善心难发。今已发生，务要护持。专一不忘元受菩提心戒，不见三宝，有过恒念。百姓不安，善抚绥，明赏罚。执政无私，任贤纳谏。一切时中，常行方便，皆佛法也。"师既辞行，有一恶少年肆言讪谤，以佛法不足信。王闻之，乃召其人，训以大人之言，复以刑法罪之，专使白师。师回启曰："明镜当台，妍丑自现；神锋在掌，赏罚无私。若以正念现前，邪见外魔杀之可矣。然王者，当以仁恕存心乃可。"王益敬焉。甲辰，呼必赉大王以珠笠奉师。

乙巳，奉六皇后旨，于五台为国祈福。丙午，奉六皇后诏，师起至中途，值风疾作。回奏，得旨还燕。丁未，库裕克皇帝即位[⑦]，颁诏命师统僧，赐白金万两。师于昊天寺建大会，为国祈福。太子哈喇齐请师入和林[⑧]，延居太平兴国禅寺，尊师之礼非常。辛亥，孟克皇帝即位[⑨]，颁降恩诏，顾遇优渥，命师复领天下僧事，蠲免差役，悉依旧制。丙辰正月，奉圣旨建会于昊天寺，初二日，于会中忽患风恙，半身不举。至夏初，稍愈。是月，永和尔大王差蒙古万宣差[⑩]，以金柱杖、金缕袈裟段并令旨，奉师求法语。七月，师会诸勤旧，抄所长物见数，令主后事。丁巳夏，说偈毕，师云："汝等少喧，吾欲偃息。"侍僧急呼主事人至，师吉祥，泊然而逝矣。即后四月初四日也，世寿五十有六。荼毗，获舍利无算。钦承呼必赉大王令旨，建塔于大庆寿寺之侧，谥"佛日圆明大师"[⑪]，望临济为十六世。——钦定四库全书本《佛祖历代通载》卷21

秋，少林复奏：续奉纶旨，伪经再焚，僧复其业者二百三十七所[⑫]。——元祥迈《至元辩伪录》张伯淳序。

① 托苏布哈并玛勒传青，《卍续藏》本作"太速不花并麻赖傅成"；穆呼哩，作"摩花理"，即《元史》所谓"木华黎"。
② 大元，《卍续藏》本作"合罕"。
③ 扎呼岱，《卍续藏》本作"札忽笃"。
④ 舍哩，《卍续藏》本作"厦里"。
⑤ 呼图克，《卍续藏》本作"忽都护"。
⑥ 呼必赉，《卍续藏》本作"护必烈"，即《元史》所谓"忽必烈"。
⑦ 库裕克，《卍续藏》本作"贵由"。
⑧ 哈喇齐，《卍续藏》本作"合赖察"。
⑨ 孟克，《卍续藏》本作"蒙哥"。
⑩ 永和尔，《卍续藏》本作"旭威烈"。
⑪ 1955年拆除北京西长安街路北双塔庆寿寺时，在海云和尚塔基下发掘出海云的骨灰石函，函内放置

一方形木匣和小型墓志一方。匣里有一黄地绣花绸袱，内有金属牙杖、耳挖、宋太平钱 22 枚、金大定钱 1 枚；另有一丝绵包裹，内为海云和尚骨灰。墓志碑形，碑首为二龙戏珠纹，碑下有龟趺。通高 29 厘米，宽 8 厘米，厚 1.7 厘米。碑面刻："祐圣安国大禅师海云和尚，法讳印简，于丁巳年闰四月初四日辰时，圆寂于西京大花严寺，享年五十有六。奉王旨建塔于大庆寿寺之西。"碑阴刻："南隅天穴，谥佛日圆明大宗师，特差宣使监修，卜以当年九月十五日安葬云。嗣法小师智朗等志。"另，首都博物馆现存海云塔铭一块，横长方形，高 45 厘米，宽 61 厘米，厚 11.3 厘米。正面竖书"佛日圆明海云大宗师之灵塔"。四周刻缠枝花纹。

⑫ 参见附录：《全真道与云冈石窟》。

1258 年戊午　蒙古蒙哥汗八年，南宋宝祐六年

常平仓，国家自丁巳年初立。明年戊午，宣德、西京等处霜损田禾，谷价腾涌，百姓阙食，官为减价出粜，民赖以安。——《秋涧集》卷 88《乌台笔补 · 论钞息复立常平仓事》[①]

① 王恽（1227 ~ 1304），字仲谋，号秋涧，汲县（今河南卫辉）人。著述颇丰，俱收入《秋涧集》。

1259 年己未　蒙古蒙哥汗九年，南宋开庆元年

己未，从世祖攻鄂州，洎北还，遣亨驰驿往西京等处罢所签军，并抚谕山西、河东、陕右、汉中。——《元史》卷 163《马亨传》

1260 年庚申　蒙古世祖忽必烈中统元年，南宋景定元年

中统元年春三月戊辰朔，车驾至开平[①]。……辛卯，帝即皇帝位。……夏四月戊戌朔，立中书省，以王文统为平章政事，张文谦为左丞。以……粘合南合、张启元为西京等处宣抚使。……五月……丙戌，建元中统[②]。……乙未，立十路宣抚司：以……粘合南合为西京路宣抚使，崔巨济副之。……六月戊戌，诏燕京、西京、北京三路宣抚司运米十万石，输开平府及抚州、沙井、净州、鱼儿泺，以备军储。……秋七月戊辰，敕燕京、北京、西京、真定、平阳、大名、东平、益都等路宣抚司，造羊裘、皮帽、裤、靴，皆以万计，输开平。……十二月……以梵僧八合思八为帝师，授以玉印，统释教[③]。——《元史》卷 4《世祖纪一》[④]

十一月，命……汉军、质子军及签到民间诸投下军，于西京、宣德屯驻。——《元史》卷 99《兵志二》

昔班，畏吾人也。……昔班事世祖潜邸，命长必阇赤。中统元年，以为真定路达鲁花赤，改户部尚书、宗正府札鲁花赤。阿里不哥之叛，帝命昔班诣河西，督粮运给军。还至西京北，闻万户阿失铁木儿等方选士卒，将从阿里不哥。昔班矫制召其军赴行在，阿失铁木儿狐疑未决，昔班委曲谕之，且曰："皇帝兄也，阿里不哥弟也。从兄顺事也，又何疑焉。"阿失铁木儿等请夜议之，期以翌日复命，且以兵围昔班以待。明日皆至，曰："从尔之言矣。"即便宜以西京钱粮给其军，遂率之以行。入见，帝叹曰："战阵之间，得一夫之助，犹为有济。昔班以二万军至，其功岂少哉。"——《元史》卷 134《昔班传》

① 是年，忽必烈定都开平府（今内蒙古正蓝旗东闪电河北岸），中统五年（1264），加号上都。至元四年（1267），迁建大都。

② 《佛祖统纪》卷 48："中统元年，大赦，普度僧尼。"

③ 《元史》卷 202《释老传》："帝师八思巴者，土番萨斯迦人，族款氏也。相传自其祖朵栗赤，以其法佐国主霸西海者十余世。八思巴生七岁，诵经数十万言，能约通其大义，国人号之圣童，故名曰八思巴。少长，学富五明，故又称曰班弥怛。岁癸丑，年十有五，谒世祖于潜邸，与语大悦，日见亲礼。中统元年，世祖即位，尊为国师，授以玉印。命制蒙古新字，字成上之。其字仅千余，其母凡四十有一。其相关纽而成字者，则有韵关之法；其以二合三合四合而成字者，则有语韵之法；而大要则以谐声为宗也。至元六年，诏颁行于天下。诏曰：'朕惟字以书言，言以纪事，此古今之通制。我国家肇基朔方，俗尚简古，未遑制作，凡施用文字，因用汉楷及畏吾字，以达本朝之言。考诸辽、金以及遐方诸国，例各有字，今文治浸兴，而字书有阙，于一代制度，实为未备。故特命国师八思巴创为蒙古新字，译写一切文字，期于顺言达事而已。自今以往，凡有玺书颁降者，并用蒙古新字，仍各以其国字副之。'遂升号八思巴曰大宝法王，更赐玉印。十一年，请告西还，留之不可，乃以其弟亦怜真嗣焉。十（六）[七]年，八思巴卒，讣闻，赙赠有加，赐号皇天之下一人之上[开教]宣文辅治大圣至德普觉真智祐国如意大宝法王、西天佛子、大元帝师。至治间，特诏郡县建庙通祀。泰定元年，又以绘像十一，颁各行省，为之塑像云。" 清杨掌生《京尘杂录》卷 4《梦华琐簿》："国书出于蒙古，蒙古书出于《华严》梵夹。……辽人制契丹大小字。金人初无文字，太祖命完颜希尹制女真字，依仿汉人楷字，用契丹字制度为之。熙宗别制女真小字，以希尹所制者为女真大字。"

④《明史》卷 331《西域传三》："乌斯藏，在云南西徼外，去云南丽江府千余里，四川马湖府千五百余里，陕西西宁卫五千余里。其地多僧，无城郭。群居大土台上，不食肉娶妻，无刑罚，亦无兵革，鲜疾病。佛书甚多，《楞伽经》至万卷。其土台外，僧有食肉娶妻者。元世祖尊八思巴为大宝法王，锡玉印，既没，赐号皇天之下，一人之上，宣文辅治大圣至德、普觉真智、佐国如意大宝法王、西天佛子、大元帝师。自是，其徒嗣者咸称帝师。"按：乌斯藏，即今西藏。

1261年辛酉　蒙古中统二年，南宋景定二年

夏四月……三十日辛酉，前相臣安天合授西京路宣抚大使，仍锡金虎符，特宠异焉。——元王恽《秋涧集》卷81

中统二年五月，西京陨霜杀禾。——《元史》卷50《五行志一》

秋七月……庚辰，西京、宣德陨霜杀稼。辛巳……命西京宣抚司造船备西夏漕运。……八月……赐庆寿寺、海云寺陆地五百顷。敕西京运粮于沙井，北京运粮于鱼儿泊。……冬十月……括西京两路官民，有壮马皆从军，令宣德州杨庭训统之，有力者自备甲仗，无力者官与供给。两路奥鲁官并在家军人，凡有马者并付新军刘总管统领。……十一月……罢十路宣抚司，止存开元路。——《元史》卷4《世祖纪一》

世祖中统二年，始以钞一千二百锭，于上都、北京、西京等处籴三万石[①]。……二年，免西京、北京、燕京差发。——《元史》卷96《食货志四》

① 《元文类》卷40《市籴粮草》："自中统二年省臣奉旨命户部发钞或盐引，令有司增其市直，于上都、北京、西京等处募客旅和籴粮，以供军需，以待歉年。岁以为常。"

1262年壬戌　蒙古中统三年，南宋景定三年

三月……徙弘州锦工绣女于京师。……免西京今年丝银税。……夏四月……以米千石、牛三百，给西京蒙古户。……五月……西京、宣德、威宁、龙门霜，顺天、平阳、河南、真定雨雹……六月……壬寅，陕西行省言西京、宣德、太原匠军困乏，乞以民代之。有旨："军籍已定，不宜动摇。宜令贫富相资，果甚贫者，令休息一岁。"……八月……丙午，立诸路医学教授。戊申……西京、宣德、北京陨霜害稼。……十一月……敕河西民徙居应州，其不能自赡者百六十户，给牛具及粟麦种，仍赐布，人二匹。——《元史》卷5《世祖纪二》

三年……德辉遂起为山西宣慰使[①]。权势之家籍民为奴者，咸按而免之，复业近千人。至元元年，罢宣慰司，授太原路总管。——《元史》卷163《李德辉传》

① 宣慰使，元代始置，掌军民事务。山西宣慰使，亦称西京宣慰使、大同宣慰使。

1263年癸亥　蒙古中统四年，南宋景定四年

八月……壬子，命中书省给北京、西京转运司车牛价钞。……十二月……也里

可温、答失蛮、僧、道种田入租，贸易输税。——《元史》卷5《世祖纪二》

1264年甲子　蒙古中统五年、至元元年，南宋景定五年

至元元年春正月……癸卯，命诸王位下工匠已籍为民者，并征差赋，儒、释、道、也里可温、达失蛮等户①，旧免租税，今并征之②。其蒙古、汉军站户所输租减半。西北诸王率部民来归。敕北京、西京宣慰司、隆兴总管府和籴以备粮饷。……八月……癸丑，命僧子聪同议枢密院事。诏子聪复其姓刘氏，易名秉忠，拜太保，参领中书省事。乙卯，诏改燕京为中都，其大兴府仍旧。——《元史》卷5《世祖纪二》

至元元年冬十有一月，括金乐器散在寺观民家者③。……又中都、宣德、平滦、顺天、河东、真定、西京、大名、济南、北京、东平等处，括到大小钟、磬五百六十有九。——《元史》卷68《礼乐志二》

十一月……蒙古廉希宪建言："自开国以来，纳土及始命之臣，咸令世守，至今将六十年，子孙皆奴视部下，都邑长吏皆其皂隶僮使，前古所无。宜更张之，使考课黜陟。"蒙古主从之。庚午，诏罢诸侯世守，立迁转法。——《续通鉴》卷177

五年，谕北京、西京等路市籴军粮。——《元史》卷96《食货志四》

宣政院，秩从一品。掌释教僧徒及吐蕃之境而隶治之④。……至元初，立总制院，而领以国师⑤。二十五年，因唐制吐蕃来朝见于宣政殿之故，更名宣政院。——《元史》卷87《百官志三》

① 也里可温，即基督教；达失蛮，即答失蛮，今伊斯兰教。《元史》卷93《食货志一》："五年，诏僧、道、也里可温、答失蛮、儒人凡种田者，白地每亩输税三升，水地每亩五升。"

② 《佛祖历代通载》卷22："帝自有四海，天下寺院田、产二税，尽行蠲免。普令缁侣，安心办道。天下寺院山林树木，遍谕玉音：严加护持，毋令斫伐，以严佛如来之境界。帝以俗制于僧失其崇敬，遍谕天下，各主纲维、主掌教门护持佛法。臣下闻奏：有俗僧人，宜令同民。帝令修补寺院，以遮其过。"

③ 近年来，游民古董商使用金属探测仪到处寻宝，在大同新荣以及内蒙古呼和浩特、包头一带，掘出大量辽金铜铁器具。铁器大约多为金代屯兵耕战之物，锈蚀严重，市价低廉，云冈研究院陆续征集不少。2019年，发现一批铜钹，系新荣区村民从地下窖藏缸中所得，一共13件。其中，直径60厘米的3对，工艺精湛；直径30厘米的3对，做工略粗；还有一只不成对。重要的是，所有铜钹外侧均有辽代刻字。分别为：西京大石窟寺、西京都僧录司□山□七峰山院等。我们知道辽朝铜禁甚严，寺院拥有铜钹乐器，当然属于佛事所用。结果被窖藏在新荣区（金代为宣宁县），不知何故。

④ 《新唐书》卷216上《吐蕃传上》云："喜浮屠法，习咒诅，国之政事，必以桑门参决。"

⑤ 八思巴掌管全国佛教事务及西藏地方僧俗军政大权，藏传佛教遂流入蒙古、中原地区。如《佛祖历代通载》卷22云：“佛法流于中国久矣，三乘之教风靡九州，其道至焉。唐宋间，始闻有秘密之法，典籍虽存，犹未显行于世。国初，其道始盛西鄙。统、元中，天子以大萨思迦法师有圣人之道，尊为帝师，于是秘密之法日丽乎中天，波渐于四海。精其法者，皆致重于天朝，敬慕于殊俗。故佛氏之旧，一变于齐鲁。”

1265年乙丑　蒙古至元二年，南宋度宗赵禥咸淳元年

二月……甲子，以蒙古人充各路达鲁花赤，汉人充总管，回回人充同知，永为定制。……诏谕总统所：“僧人通五大部经者为中选，以有德业者为州郡僧录、判、正副都纲等官，仍于各路设三学讲、三禅会。”……闰五月……以……中书左丞姚枢行省事于西京、平阳、太原等路①。……是岁……西京、……蝗旱。——《元史》卷6《世祖纪三》

【碑文】西京创建龙翔万寿宫宗主、清虚德政助国真人，乃清虚之三祖也。道号青云子，姓冯，讳道真，西京大同县玉龙洞七峰山人氏。壮年出家，从教主岳公道易真人传授法箓，礼宗主王玄庆为师。生于大定二十九年己酉十二月二十三日申时，升于大朝乙丑年六月初八日，春秋七十有七。嗣法门人杨志祥、乔志通、李志常等谨卜宅兆，安葬于此。至元二年六月初八日，门人杨志祥等建，门人乔志通书。——《冯道真墓志》，见《山西省大同市元代冯道真、王青墓清理简报》，载1962年第10期《文物》②

大同路……领……县五：大同，中，倚郭。至元二年，省西县入焉③。——《元史》卷58《地理志一》

① 《续通鉴》卷178作“姚枢行省于西京”。《元文类》卷60录姚燧《中书左丞姚文献公神道碑》曰：“姚公讳枢，字公茂。事世祖潜邸十年……帝即大位……二年……又申奏曰：内地之民，不习武事，不耐劳苦，第可使出财赋，以资国用。西京、北京诸路之民，习武耐劳，可尽复其差赋，充本路保甲屯田。使进有取，而出有归，可镇内窃，以御外侮。汉军除守御南边，可选精勇富强三万，燕京东西分屯，置营以壮神都。”

② 冯道真墓，1958年在明清大同城西2公里的宋庄西南发现。墓内随葬品颇多，壁画尤精。该墓志铭，纵47厘米，横43厘米，厚8.3厘米，下有碑座，现存大同市博物馆。碑背为买地契文，见1245年条。

③ 《道光大同县志》卷3：“元省云中入大同。……按：元时大同路无云中县，则西县当指云中，即今左云以西地，所谓云西也。”

1266年丙寅　蒙古至元三年，南宋咸淳二年

夏四月……庚午，敕僧、道祈福于中都寺观。诏以僧機为总统，居庆寿寺[①]。——《元史》卷6《世祖纪三》

五月丙午，蒙古诏："凡良田为僧所据者，听蒙古人分垦。"——《续通鉴》卷178

① 庆寿寺，在元大都（今北京）。《析津志辑佚》云："庆寿寺圣容之殿，在顺承门里，近东。又云大殿之后有圣容之殿，专以奉泗州大士僧伽宝公，即集庆志公也。"《佛祖历代通载》卷22："新筑京城，监筑者谋毁海云国师塔，两雉相合，奏帝欲去其塔。帝云：'海云高僧，筑城围之。'贵僧之德，千古不磨。"

1267年丁卯　蒙古至元四年，南宋咸淳三年

四年春正月……禁僧官侵理民讼[①]。……城大都。……夏四月甲子，新筑宫城。……五月……乙未，应州大水。……秋七月丙戌朔，敕自中兴路至西京之东胜立水驿十。——《元史》卷6《世祖纪三》

① 元代西僧跋扈，干涉政治。《元史》卷202《释老传》云："为其徒者，怙势恣睢，日新月盛，气焰熏灼，延于四方，为害不可胜言。"

1269年己巳　蒙古至元六年，南宋咸淳五年[①]

秋七月……壬戌，西京大雨雹。己巳，立诸路蒙古字学。——《元史》卷6《世祖纪三》

州县宜检括出家僧、道、不土著等人，有以妖术扇惑人众，及造作伪金银者，痛行治罪。——《秋涧集》卷86《乌台笔补·论州县检括僧道事状》[②]

近年上都、中兴、西京等处和籴粮斛，所委官吏往往作弊，官钱既为欺隐，粮斛又不数足[③]。随复差辍省部官打算追征，经隔数年，不能结绝。不惟官司紊烦，公家急无所济。——《秋涧集》卷89《乌台笔补·论宣课折纳米粟实常平仓状》

① 元程鉅夫《雪楼集》卷21《奉圣州法云寺柔和尚塔铭》："佛法之行，其来远矣，至皇元而益盛。山林空寂之士，一旦乘时际运，左右人主，倾动王侯，奔走天下，生被显宠，没享荣名者，不知其几。弘教通理大师则不然……故师之生也，七岁，事永安寺广行大师，能默诵《金刚》《楞严》诸经。二十，悟《华严》奥旨。二十八，受法广严寺传戒大师，乃去滋味，绝华好，日课《金光明经》一部，礼佛百拜，深惟静念，孤征独诣，道益闳以肆。宪宗闻其名，号曰弘教通理大师，命主清凉大会于台山。释教都总统、宝集坛主秀公慕其德，聘摄华严讲席于京师。又传菩萨三聚净戒于佛子山，及蔚罗、黄楼诸刹。自是，日与所度弟子定慧、和纯、顺遇等七人，嗣法弟子扶宗弘教大师行育等二十余人，

讲演秘乘，敷析本统，昭揭天下，俾有知觉皆造佛地。历四十年，弗懈益勤。……师尝闻弘法寺大藏经板之阙，勒而补之，极技雠之善。悯永安寺之废，撤而新之，穷土木之丽。病德兴、河南二桥之圮，更而甃之，尽柱石之固。且师之于身也，疏食饮水，而饭僧万余；收声灭视，而问法千数。……师讳善柔，董姓，德兴之永兴人。父讳毓，母房氏，皆好善。师历住持奉圣州水西、法云二寺，以至元六年正月三日化于法云之北堂，寿七十有二，僧腊三十有八。塔在寺傍。”

② 《乌台笔补》是王恽任监察御史时，至元五年（1268）七月到八年（1271）三月间的条章奏事。姑录于是年。

③ 元苏天爵《元文类》卷 64 姚燧《浙西廉访副使潘公神道碑》：“公潘姓，讳泽，字泽民，宣德府人。……太保刘文贞公荐……升奉议大夫，知弘州，兼诸军鄂啰……西京械成狱，令待命他郡，过治，囚号市曰：‘此州之人神明公，以为包拯复生。独不能相活耶？’公将召问，同列谓：‘宜发卒卫，出吾界而已，谳非吾事也。’公曰：‘人求直其枉，乌可阳为充耳不闻？’卒问之。盖太原民，输税西京，虑仓吏不以时受，入钞贵家奴，令代其输。既如约矣，奴与伪为钞者友，阳悔之，有我善钞而归所伪为，我急其得，不详视也。出而用之，而事始露。有司锻成之，谓我利贱而买之，伪为首当，以见知法。公列上之，竟雪其诬，而抵奴与伪为者法。”

1270 年庚午　蒙古至元七年，南宋咸淳六年

九月庚子，敕僧、道、也里可温有家室不持戒律者，占籍为民。……西京饥[①]，敕诸王阿只吉所部就食太原。……十二月……敕更定僧服色。——《元史》卷 7《世祖纪四》

慧明，蔚州灵丘人。其母梦异人乘白马素衣借宿而娠，生异恒童，习诗书，傍通百家之言。弃之，谒海云简禅师，言下知归，海云美之以颂。还住灵丘曲回寺。适西京大华严虚席，请海云，海云举师以代。华严前住者失纲，颓圮荒凉，久不成丛林矣。师御下宽明，持身谨肃，道声高振，凡殿廊、方丈、厨库、堂寮、丛席所宜有者，莫不化朽为新，起废为兴，即坏为成。壬子，世祖在潜，享师名德，奉师升堂说法，锡以徽号。既而，迁庆寿。燕京府僚致请及海云也。世祖与太子屡临法筵，出内帑作大施会。师倦于化道，告退曲回。闲庭净几，翛然静适者数年，而华严之命复下矣。师赋性淳谨，器宇恬愉，临事不回，与人谦穆。每升堂演法，万指围绕，师凭陵数言，使闻者人人得意于言象之外，有古尊宿之风。虽日接贵显，一之以坦，未尝枉道以从物。以至元七年二月示微恙，谓门人曰：“日色晚矣。”索笔书一偈，复云：“蓦直去。”掷笔而卧，若熟睡然。撼之，以逝矣。俗寿七十二，坐夏四十五[②]。（荼）［茶］毗，舍利五色灿然[③]，分葬华严、曲回二刹，表之以石。——明明河《补续高僧传》卷 24《元慧明传》

① 《元史》卷163《李德辉传》："七年，帝以蝗旱为忧，命德辉录囚山西、河东。行至怀仁，民有魏氏发得木偶，持告其妻挟左道为厌胜，谋不利于己。移数狱，词皆具。德辉察其冤，知其有爱妾，疑妾所为，将构陷其妻也。召妾鞫之，不移时而服，遂杖其夫而论妾以死。"

② 坐夏，即夏坐、结夏，指每年农历四月十五日至七月十五日，僧尼在寺安居。这里，指僧龄。梁宗懔《荆楚岁时记》："四月十五日，天下僧尼就禅刹挂搭，谓为结夏。"北宋僧宗赜《禅苑清规》卷2《结夏》："行脚人欲就处所结夏，须在半日前挂搭，所贵茶汤、人事不至仓卒。"南宋吴自牧《梦粱录》卷3《僧寺结制》云："四月十五日结制，谓之结夏，盖天下寺院、僧尼庵舍设斋供僧。自此僧人安居禅、教、律寺院，不敢起单云游。自结制后，佛殿起楞严会，每日晨夕，合寺僧行持诵经咒，燃点巨烛，焚爇大香。或有寺院，朝廷降赐钱会匹帛金银钱，启建祈忏会四十九昼夜，每日六时修忏，祈国安民。其僧人一刻不敢妄出，斋戒严肃，不敢触犯神天，报应在目前。大刹日供，三日或五日换堂，俱都寺主办，皆十方檀信施助耳。盖孟夏望日乃法王禁足、释子护生之日。自此有九十日，可以安单办道。是月园圃瓜茄初生，禁中增价市之进，以赏时新，内侍之家及府第富室亦如此。"

③ 明镏绩《霏雪录》云："舍利有三种色：白色，骨舍利；黑色，发舍利；赤色，肉舍利。"现今学者以为，盖人体内结石。

1271年辛未　元至元八年，南宋咸淳七年

二月……己亥，罢诸路转运司入总管府。……赈西京饥[①]。三月乙丑，增置河东山西道按察司。……十一月……建国号曰大元。……十二月辛卯朔，诏天下兴起国字学。——《元史》卷7《世祖纪四》[②]

八年，以粮赈西京路急递铺兵卒。——《元史》卷96《食货志四》[③]

① 《秋涧集》卷87《乌台笔补·论借贷饥民米粮事状》："如西京一路，见阙食者三万余户，今许借贷米粮仓斛二万石，约户给七斗，家以五口为率，日食二小升，是仅能支持月余。兼山后地寒，霜雪早至，设或天灾依然，二月之外，不知复何存活？而秋田又无所望，此又当虑者。"

② 元程鉅夫《雪楼集》卷9《薛庸斋先生墓碑》："……国初，河南薛（元）[公]微之制行立言，颖然当世，搢绅尊之曰'庸斋先生'。先生之子友谅，今直翰林为学士，天子知之。延祐三年夏四月，有诏为先生树碑，而俾臣某寿其事于石。臣与友谅同寅，习知先生名德，固愿有述也，况又奉诏。谨按薛氏，自汉、晋为汾阴大姓，有东、西、南三族之别，徙下邽者，西族胤也。先生家本下邽，世有显者。大父珪，读书力田，不蹑世好；父沂，明《春秋》经传……先生生而不群，幼而有诗声，冠而载书入少华，昼夜诵习……又从明理学者游，遂一以圣贤为宗。国初，游大同，过应州，高、韩二帅喜而荐之中书令耶律公，得应州教授，俾子弟学焉。公与间语，辄击节赏。会沙门万松问先生以孔子之教何者为要？答曰：'君君臣臣，父父子子。'松默服。时进兵襄、邓，中令荐闻，授捡察，使督卫辉、河南馈。未几，改军储转运使，军以无乏。明年，召还，赏白金百两，貂裘一。杨奂，秦中名士也，廉访河南，慕欲与游，辟居幕府。先生从之，始定居洛西。甫阅岁，谓僚寀曰：'进不能行其道，徒羁尘网无为也。'即弃去。一时英俊，若中山杨果、缙云李微、虞乡麻革、云中孟攀鳞、蒲城郭镐、李廷、河中窦献卿、洛阳宰沂，皆友也。……中统初，召为平阳、太原宣抚，不起，

授提举河南学校，亦不起，日与女几辛愿、柳城姚枢、稷山张德直、太原元好问、南阳吴傑、洛西刘绘、缁川李国维、济南杜仁傑、解梁刘好谦讲贯古学，且以淑人，伊洛之间复蔚然矣。洛西山川明丽，先生卜筑其要会，重以花竹池台之观，良时胜友，觞咏游衍，浩如也。自中令公以下咸谓‘洛西神仙先生’。……先生临终，不茹药，具汤沐，授治命，为书别亲知，又题七言诗四句，投笔而没，时至元八年秋九月。冬十一月，葬北邙山之阳。”

③ 《山右石刻丛编》卷25录永济县《重建十方栖岩禅寺之碑》曰：“至元辛未冬，朝廷颁旨，选天下道德兼备者禅教师德就燕都设会，令二宗论议。公预其数。至于宸阙，亲面龙颜，上锡法衣净贿。”

1272年壬申　元至元九年，南宋咸淳八年

二月……改中都为大都。……戊戌，以去岁东平及西京等州县旱蝗水潦，免其租赋。庚子……建中书省署于大都。……是岁……建大圣寿万安寺[①]。——《元史》卷7《世祖纪四》

① 《佛祖历代通载》卷22：“帝建大圣寿万安寺，帝制：四方各射一箭，以为界至。”

1273年癸酉　元至元十年，南宋咸淳九年

【碑额】《大同云中郡额设大华严寺碑》

【碑文】《西京大华严寺佛日圆照明公和尚碑铭并序》：

兴平府道者山大云峰寺住持、袭祖如意老人祥迈撰[①]，蔚州灵丘县曲回山寺住持、嗣法松庵悟圆书，嘉议大夫、宣授西京路总管、兼大同府尹田介篆额，云中宋德彰刊。

缅惟荆山之璧世称其宝者，美其无瑕也；太阿之剑人赏其利者，贵其立断也；凡海之人而言及佛者，谓其达性也。未明本觉，认真性以为情；体妄元空，即凡心而了道。其有幼具金刚坚种，内韬瑚琏奇材，蕴匪席不转之心，透自肯不传之妙者，余于圆照见之矣。

师讳慧明，蔚州灵丘人。其父李族，沉信佛乘，赈贫济苦。其母刘氏，雅量弘远，懿德升闻。因梦异人白马素衣，来乞寄宿，从此有娠。载诞之后，果异恒童。相者觇之，乃曰：“此子，他日必大空门，非世尘中所能拘恋。”才及佩觿，即习青衿。诵练诗书，傍通黄老，渔猎子史，综核篇章。尝叹曰：“周孔名教，未穷有有之诠；庄老重玄，岂达空空之理？”稔闻西京崇玄寺崇业大师，籍甚一时，誉流四表，即从之落发，受满分戒。探赜经论，陶冶真宗；听习《华严》，备淹圆别。未周数载，幽致大通。事理匝于一尘，生佛融于当念。往复千变，动静一如。星罗心目之间，珠连文句之下。

方悟佛教之浅浅，已胜孔老之深深。学者追崇，负帙座下。仍念理居文表，道非语中，寻文难以证真，循指岂能识月？屡闻教外别传之旨，每欣离念见佛之谈，不历阶梯，径登觉地。遂决志游方，遍寻禅匠。初投冲虚昉公，次依松嵓晖公。退步忘怀，孜孜日切；备蒙淘汰，指授无遗。虽碍膺之物已除，而见觉之情未泯。后抵燕之庆寿，参海云老师，一见欣然，便通入室。老师左提右挈，痛下钳锤，棒喝交驰，迅机无滞。海云一日忽问师曰："临济三顿棒，汝作么生会？"师震声一喝，海云笑曰："此子彻耶！"师以手掩耳，趍出。自此情忘执谢，更无余惑。师将辞行，海云以颂送之曰："古鉴圆明，洞然莹彻；魔佛容分，虚空扑裂；大用纵横，雷轰电掣；宛转无为，不存轨辙；弄拈日里，浮沤团撮；炉心片雪，倒骑吼月；磁牛惊起，追风石鳖。咄，当头打破，绝偏圆；拨转玄关，奚辨别？"时当乙巳年七月望日也。于是，遂隐灵丘之曲回寺，荒蓝废址，重兴新之。

庚戌中，西京忽兰大官人、府尹、总管刘公，华严本主法师英公具疏，敬请海云老师住持本府大华严寺，海云邀师偕行。既至云中，海云抑师住持，代摄寺任。师天资粹美，难违上命，勉就住持。即其年九月十五日。师既主其柄，厚下宽明，励力公清，宗风大振。先是，德公长老摄持，院门牢落，庭宇荒凉，官物、人匠、车甲、绣女，充牣寺中。至是，并令起之，移局他处。大殿、方丈、厨库、堂寮，朽者新之，废者兴之，残者成之，有同创建[2]。本寺《藏教》零落甚多，或写或补，并令周足。金铺佛焰，丹漆门楹，供设俨然，粹容赫焕，香灯璨列，钟鼓一新。非师有大因缘，孰能如是成就也。又于市面创建浴室、药局、塌房及赁住房廊近百余间[3]，以赡僧费。洪规远虑，固以深矣。

壬子春，今上皇帝未及龙飞，享师名德，特旨令太保聪公述疏[4]，命师升堂开法，永住大华严焉。即其年六月十五日也。癸丑中，有独谟干翁主者，太祖之女也[5]，权倾朝野，威震一方，仰师硕德，加"佛日圆照"徽号焉。乙卯春，庆寿虚席，燕京府僚及海云疏，命师主之[6]。凡百循规，不事边幅，增完补弊，修葺田园。丈室肃清，门无俗客。今上皇帝及东宫太子，屡于庆寿作大法会，师厌于将迎，退归灵丘之曲回寺。闲庭隐几，终日翛然。小师冲公及西京官僚知师在彼，扣门坚请，荐移大华严寺焉。怡颜永日，贵贱一之；罇樽恒盈，酌而匪竭；踵门造阃，虚往实归。丈室未开，而户外之屦满矣。至元七年二月初，觉有微疾，遂罄舍衣资作大法会。至六日己未，日薄虞渊，乃谓门人曰："日色晚也。"即嗉笔书偈曰："这个闲家，破具知他，贩了几度，翻身踢倒，乾城是处，清风满路。"复云："蓦直去。咄！"偈毕，掷笔而卧，似若熟眠然。撼之，已逝矣。颜色无变，顶暖若生。攀慕追号，来往如市。恨人天之眼灭，伤苦海之舟沉。阇维之际，红光亘空，蕃汉瞻之，叹未曾有。俗寿七十二，僧蜡四十五。嗣袭法道者七人：首曰昭冲，奉旨住大庆寿寺，承海云之道，为僧门总统⑦；次曰义辩，住西京南关崇玄寺；次曰法钟，继住华严，堂构先业。余者各为一方法主。舍利暐晔，五色皎然。门人两处建塔：一窆于华严寺之坟，一窆于灵丘曲回寺。

师赋性淳谨，器宇恬愉，临事不回，与人谦穆。升堂演法，莅众俨然，诱掖后昆，绰有余裕。平生以第一义谛为人，未尝枉道以从物。前后五迁大刹，阅《龙藏》一终。出家门资隶名受训者，百有余人；在家士女请名禀教者，亦千余数。雍雍肃肃，敬法崇师，上下有伦，良可羡也！一日，庆寿总统冲公，使嗣法长老月公、华严监寺昭伟来，谓余曰："先师盛德，岂可无文；诲导之恩，孰敢忘却？假师笔力，庶可发挥；刻诸贞珉，冀其永久！"余文惭丽则，学谢博闻。勉力抽毫，劳杨雄之五藏；雕虫小巧，乏曹娥之八词。古井引泉，枯稊生肄。昔黄檗示灭，裴相诔其功；佛觉归真，蔡珪旌其德。琼编之下，草绠续之。嘉庆寿之孝诚，美老师之鸿范。义不可让，谨系以铭。其词曰：

无位真人本自全，昭昭出入面门前。一段光明烁大千，六门开豁独连轩。海云法道若天悬，异种昙华夺色鲜。旃檀林下师子眠，大用全威真可传。华严古刹起因缘，阤址颓檐皆端妍。憧憧往来孰后先，结秀人华佛果圆。全身跳出金刚卷，吞却杨岐栗棘丸。闭门静扫龙潜渊，乘兴闲游没底舡。庆寿三年炕未毡，叶落归根来不言。本自无生复寂然，云中日月坠深泉。空华落影水归源，徒令后学增悲缠。亭亭宝塔金玉坚，层层无缝映荒芊。碑披盛德几何年，磨尽苍崖名愈宣。

时大元国至元十年岁起昭阳作噩、季春月律中姑洗甲寅朔初六日己未巽时立。

功德主：昭勇大将军、西京路总管府达鲁花赤秃烈秃古思；功德主：昭勇大将军、西京路总管，兼大同府尹、守菩提心戒佛子蒙古；功德主：西京路前达鲁花赤、守菩提心戒佛子帖木都忽思；绀殿内庄严诸供养具、云中大檀越、守菩提心戒佛子、悟圆居士高至定；本京大华严寺住持、嗣法归隐法钟，提点沙门至迁，监寺沙门昭昶，同立石。

宣授诸路释教都总统、领海云后事、大都大庆寿寺住持、嗣法筠庵昭冲立石。

【碑阴文】门人于后：嗣法小师筠庵长老昭冲，崇玄寺住持、嗣法小师长老义辩，本寺住持、嗣法小师隐庵长老法钟，嗣法小师松庵悟圆，曲回寺住持、嗣法小师蓬庵宝印，嗣法小师庵主至迁，嗣法小师庵主文浩。

小师雪庵长老昭鉴[⑧]，尚座沙门昭琼，灵丘县曲回山大云寺兼管内僧官昭玉，小师通妙大师昭沂，小师沙门昭伦，本寺药主、通密大师昭进，诵经沙门昭著，首座沙门道实，小师沙门昭印，小师英辩大师昭辩，小师通真大师昭阐，小师和众大师昭微，小师监寺昭昶，小师沙门昭达，小师沙门昭初。

小师沙门昭斌，小师知客昭显，灵丘县孤山寺小师昭瑞，小师沙门昭昌，小师沙门昭备，小师沙门昭相，小师沙门昭性，小师沙门昭然，灵丘县邓峰寺小师昭荣，冶窝龙泉院小师沙门昭彰，小师维那昭伟，小师浴主昭泰，藏主沙门智坚，小师沙门昭体，小师沙门昭用，小师沙门昭耿，小师沙门昭珷，小师沙门昭德，小师药主昭旭，灵丘县漩峪寺小师昭回，小师沙门昭浩，小师昭延，小师昭觅，小师昭昙，小师昭立，故小师寂照大师昭湛，普济大师昭因，沙门昭裕，普救大师昭廓，沙门昭灿。

法孙行常，法孙行愿，法孙殿主行周，法孙钱帛行辉，法孙行和，法孙行琬，法孙行福，法孙行素，法孙行如，法孙行遂，法孙行济，法孙行润，法孙副寺行珪，法孙行从，法孙行讷，法孙行平，法孙行信，法孙行义，法孙行禄，法孙行雄，法孙行受，法孙行祖，法孙行广，法孙行顺，法孙行聪，法孙行谦，法孙行春，法孙行满，法孙居政，法孙居道。

一在家佛子：西京路达鲁花赤帖木都忽思、守菩提心戒佛子昭升，宣德路蔚州灵丘县达鲁花赤、守菩提心戒佛子赵昭政，太原府路坚州县尉、守菩提心戒佛子孙昭吉。守菩提心戒佛子李昭祥。——大同市博物馆藏碑

① 兴平府，治今河北卢龙。祥迈，字如意，太原呼延氏。九岁落发，随师请业，住蓟州盘山。博通内外，尤善属文。至元十八年（1281），以滦州开觉寺长老身份，参与僧道辩论。后奉敕撰《至元辩伪录》。见附录：《全真道与云冈石窟》。

② 《元文类》卷 42《僧寺》云："自僧法入中国，为世所重，而梵宇遍天下，至我朝尤加崇敬。室宫制度咸如帝王居，而侈丽过之，或赐以内帑，或给之官帑，虽所费不赀，而莫与之较。故其甍栋连接，

檐宇翚飞，金碧炫耀，亘古莫及。”

③ 塌房，即邸店。宋以后寄存商旅货物的场所。

④ 聪公，即刘秉忠，初名侃，字仲晦，僧名子聪。

⑤ 清《山右石刻丛编》卷 25《华严寺明公和尚碑》按：“独木干公主，睿宗女，非太祖女。”

⑥ 乙卯，即 1255 年，慧明入燕主庆寿寺。慧明在庆寿时，有徒曰妙文（1237 ~ 1319）。《大明高僧传》卷 2《京都宝集寺沙门释妙文传》：“释妙文，蔚州孙氏子也。九岁出家，十八受具。已而游学于云、朔、燕、赵之境。二十一，抵京师，依大德明和尚，学圆顿教，遂陆沉于众十有一年。众请出世，始赤服升猊座，纵无碍辩，若峡倒川奔。及乎闲居简默，言不妄发。其涵养冲挹，无欲速，不躁进，大类如此。年四十八，住蓟之云泉。勤俭节用，老者怀其德，少者严其教，故众睦而寺治。廪有余粟，以赈饥民，蓟人称之。世祖召见，顾谓侍臣曰：‘此福德僧也。’诏居宝集。自尔教乘法席益盛，性相并驱，僧俗溥济。斯时，海内讲席纷纷，方胶锢于名相，凝滞于殊途。文独大弘《方等》，振以圆宗，使守株者融通于寂默之表，龙象蹴踏，竞驾一乘。年逾八十，专修念佛三昧。延祐六年，预知时至，诫诸弟子，高声称弥陀佛名，面西趺坐，手结三昧印，泊然而蜕。塔于平则门外。”按：妙文住持大都宝集寺，《永乐大典》天字韵《顺天府》条引《析津志》记在至元二十二年（1285），曰：“仍命同门圜融清慧大师妙文领祖刹，修治弊坏。”对于当时佛教形势，《补续高僧传》卷 4《妙文讲主传》云：“诏居宝集。时禅教寖微，教乘益盛。性相二宗，皆以大乘并驱。海内相学之流，囿于名教，滞于殊途，蔽情执之见，惑圆顿之旨。师独大弘《方等》，振起圆机……延祐六年坐脱，年八十三。”

⑦ 筠庵昭冲有徒曰福演，见元任士林《松乡集》卷 1《彰德路天宁寺凤林演禅师碑》：“大德四年九月二十八日，凤林大禅师示寂于上都路至元寺。于时夜半，四众俱集，师问侍者：‘晓钟鸣不？’侍者曰：‘未。’须臾，钟鸣。师书偈已，道珍重，竟逝。天香满室，七日不散。（茶）［荼］毗，五色舍利火中出，门人弟子争持奉，为颗三百余，各建塔，彰德珍异其事。年十八出家，僧腊四十有四，凡落发为弟子者六百四十八人，智祐师为之首；凡授三归五戒者五万余人，鄜国夫人、老寿司徒为之首；凡修水陆佛事一十八会，所饭僧八十六万人。师讳福演，生河间康氏。母氏李，有身时，白光绕舍户。及生，果颖异，弱不好美，不引味食，慈仁孝友，殆类成人。读书日诵千言，了然古今，人物成败，痛自感触，至绝粒不食。遂祝发于兴福寺。父母不能夺其志，受信具辩公，习《四分律》。方厉专默，终楫于深，尽得天台贤首之旨。常精进故，趺坐不卧，人称为演菩萨。一日，豁然悟曰：‘言语文字，岂究竟事乎？’乃走太原北，师岩习定，安居者四年，往真定参安国贤禅师，复依柏庭，如琚山、湛三、泉和三尊宿。晚入筠庵冲公之室，直接临济为二十代孙。万行具足，教法盛行。世祖皇帝在位，诏师为彰德路天宁寺住持。寻恭奉圣旨，上都庆安寺作千佛大会，法云布日，慧雨驰风，获大殊利。至元辛巳，裕宗皇帝时在东宫，以纳钵地隶荡阴者，益寺之制，俾建舍利宝塔以镇之。丙戌，塔成，瞻者生信，礼者去悭，辇金以来，庞合猥附。于是创法堂，辟丈室，廊楹塔级，有觉且崇。示寂之旦，复以其事与道尽付智祐。……”按：金代改相州为彰德府，治安阳（今河南安阳）。

⑧ 小师雪庵长老昭鉴，疑即李溥光。见本书下文。

1274 年甲戌　元至元十一年，南宋咸淳十年

三月……帝师八合思八归土番国，以其弟亦邻真袭位。建大护国仁王寺成[①]。夏四月……甲寅，诛西京讹言惑众者。——《元史》卷 8《世祖纪五》

① 《元史》卷 203《方技传》："阿尼哥，尼波罗国人也，其国人称之曰八鲁布。幼敏悟异凡儿，稍长，诵习佛书，期年能晓其义。同学有为绘画妆塑业者，读《尺寸经》，阿尼哥一闻，即能记。长，善画塑及铸金为像。中统元年，命帝师八合斯巴建黄金塔于吐蕃，尼波罗国选匠百人往成之……帝师一见奇之，命监其役。明年，塔成，请归，帝师勉以入朝，乃祝发受具为弟子，从帝师入见。……凡两京寺观之像，多出其手。……至元十年，始授人匠总管，银章虎符。十五年，有诏返初服，授光禄大夫、大司徒，领将作院事，宠遇赏赐，无与为比。……有刘元者，尝从阿尼哥学西天梵相，亦称绝艺。元字秉元，蓟之宝坻人。始为黄冠，师事青州把道录，传其艺非一。至元中，凡两都名刹，塑土、范金、抟换为佛像，出元手者，神思妙合，天下称之。其上都三皇尤古粹，识者以为造意得三圣人之微者。……仁宗尝敕元，非有旨不许为人造他神像。后大都南城作东岳庙，元为造仁圣帝像，巍巍然有帝王之度，其侍臣像，乃若忧深思远者。……其所为西番佛像多秘，人罕得见者。元官为昭文馆大学士、正奉大夫、秘书卿，以寿终。抟换者，漫帛土偶上而髹之，已而去其土，髹帛俨然成像云。"

1275 年乙亥　元至元十二年，南宋恭宗赵㬎德祐元年

六月……戊申，签平阳、西京、延安等路达鲁花赤弟男为军。……八月己亥[朔]，免北京、西京、陕西等路今岁丝银。——《元史》卷 8《世祖纪五》

1276 年丙子　元至元十三年，南宋端宗赵昰景炎元年

六月……庚午，敕西京僧、道、也里可温、答失蛮等有室家者，与民一体输赋。——《元史》卷 9《世祖纪六》

【题记】至元十三年■■■至元十□年■■■沿支■——日本《云冈金石录·元人墨书》第三十三洞西壁《至元十三年题记》[①]

① 第三十三洞，即今第 33 窟，1964 年定为 43 窟。阎文儒《论云冈石窟的造像题材与风格》记该窟北壁墨书题记为："至元十三年四月"；"至元十三年仲夏……记"。按：云冈石窟元代墨书，现在只存隐约，难以辨识了。

1277 年丁丑　元至元十四年，南宋景炎二年

十四年春正月……括上都、隆兴、北京、西京四路猎户二千为兵。……二月……

诏以僧亢吉祥[①]、怜真加加瓦并为江南总摄[②]，掌释教，除僧租赋[③]，禁扰寺宇者。——《元史》卷9《世祖纪六》

① 民国牛诚修《定襄金石考》卷2按：“元时僧人称吉祥者，盖为国求福之意。”

② 西僧杨琏真伽为江南释教总统，明年遂发南宋诸帝陵，盗取宝物。随后，大力弘佛。清褚人获《坚瓠七集》卷3《改观为寺》：“至元中，杨琏真伽恢复佛寺三十余所。时弃道为僧者七八百人，皆挂冠于上永福寺帝师殿梁间。飞来峰石壁，皆镌佛像。会稽王元章冕，诗曰：‘白石皆成佛，苍头半是僧。’鉴湖天长观有道士为僧者，献观于总统，云是贺知章倚托史弥远声势，将寺改观，乞复原寺额。杨髡从其语。时传以为笑。”明朱国祯《涌幢小品》卷28《枭秃像》：“杨琏真伽等三髡，画诸佛像以己像杂之，刻于飞来峰石岩之内。嘉靖二十二年二月，杭州知府陈仕贤击下三髡像，枭之三日，弃于圊。”

③ 元初，江南寺院经济空前膨胀。《元史》卷20《成宗纪三》载大德三年（1299）“秋七月……庚辰，中书省臣言：‘江南诸寺佃户五十余万，本皆编民，自杨总摄冒入寺籍，宜加厘正。’从之。”

1278年戊寅　元至元十五年，南宋赵昺祥兴元年

十五年春正月……癸巳，西京饥，发粟一万石赈之[①]，仍谕阿合马广贮积，以备阙乏。——《元史》卷10《世祖纪七》

① 元姚燧《牧庵集》卷28《赵椿龄墓志铭》：“他日，迁（其）[真]定路总管判官，东京、西京、大都、南京四总管，惟东京虎符，西京、南京兼尹大同、开封府。……西京大荒，闻于朝，得发仓储以丐贫饥，民赖全活，不流徙。闻令下采民女姿德宜者贡实掖庭，公上言：‘山西回远京师，且无大家，民女贫陋，无有可充椒房下陈。徒生民心，使育女嫁，姻年不及，币征不纳。惟幸有男为托，杀礼戾古，夭生紊俗，甚非圣世之盛举也。’同列危之，避不联署，公曰‘此出我’，独竟上之。事亦报罢。……公讳椿龄，字寿卿。满秩荆、湖，归未十舍，道卒樊城，实二十七年十月十二日，年七十三。返葬藁县其乡武家里东原祖茔。少从金翰林学士王若墟学，年二十一，中我元戊戌真定选。”按：赵椿龄任职大同，约即此时。

1279年己卯　元至元十六年[①]

二月……诏河南、西京、北京等路课程，令各道宣慰司领之。……五月……丙辰，以五台僧多匿逃奴及逋赋之民，敕西京宣慰司、按察司搜索之。……癸酉，兀里养合带言：“赋北京、西京车牛俱至，可运军粮。”帝曰：“民之艰苦汝等不问，但知役民。使今年尽取之，来岁禾稼何由得种。其止之。”……六月……五台山作佛事。……冬十月……戊子，张融诉西京军户和买和雇，有司匿所给价钞计万八千余锭。官吏坐罪，以融为侍卫军总把。……十一月……乙卯，罢太原、平阳、西京、

延安路新签军还籍。——《元史》卷 10《世祖纪七》

① 此年，南宋灭亡。

1280 年庚辰　元至元十七年

二月……丙申，诏谕真人祁志诚等焚毁《道藏》伪妄经文及板[①]。……三月……乙卯，立都功德使司，从二品，掌奏帝师所统僧人并吐番军民等事。……十二月……敕镂板印造帝师八合思八新译戒本五百部，颁降诸路僧人。——《元史》卷 11《世祖纪八》

① 《元史》卷 202《释老传》："处机之四传有曰祁志诚者，居云州金阁山，道誉甚著。丞相安童尝过而问之，志诚告以修身治世之要。安童感其言，故其相世祖也，以清静忠厚为主。"按：云州金阁山，在今河北赤城西北。

1281 年辛巳　元至元十八年

冬十月……己酉，张易等言："参校道书，惟《道德经》系老子亲著，余皆后人伪撰，宜悉焚毁。"从之，仍诏谕天下[①]。——《元史》卷 11《世祖纪八》[②]

① 大正藏《佛祖统纪》卷 48 明万历刻印本补记："十八年，特奉圣旨，僧道二家辩折，除《道德经》是老子真实经旨，其余皆后人造作谎说，多有诋毁释教，偷窃佛语，更有收拾阴阳、医药诸子等书，往往改移名号，传注讹舛，失其本真。伪造符咒，妄言：佩之，令人商贾倍利；夫妻和合，犹如鸳鸯；子嗣蕃息，男寿女贞。诳惑万民，非止一端。欲贪图财利，诱说妻女。其有教人非妄，佩符在臂，男为君相，女为后妃；入水不溺，入火不焚，刀剑不能伤害等语。及令张天师、祁真人、李真人、杜真人试之于火，皆求哀请命，自称伪妄，不敢试验。今议得：除老子《道德经》外，随路但有《道藏》说谎经文并印板，尽行焚毁。如有爱佛经的，做和尚去者；不愿为僧，娶妻为民去者。若所在官司不行，用必拘刷，与隐藏之人，一体要罪过者。"

② 元祥迈《至元辩伪录》张伯淳序云："冬，钦奉玉音，颁降天下：除《道德经》外，其余说谎经文尽行烧毁；道士爱佛经者为僧，不为僧道者娶妻为民。"

1282 年壬午　元至元十九年

七月，以隆兴、西京军士代上都戍卒，还西川[①]。先是，上都屯戍士卒，其奥鲁皆在西川，而戍西川者，多隆兴、西京军士，每岁转饷，不胜劳费，至是更之。——《元史》卷 99《兵志二》

十九年秋八月，大同路蝗伤禾稼。——《乾隆大同府志》卷 25《祥异》

冬十月……壬辰……罢西京宣慰司。——《元史》卷 12《世祖纪九》

师名功嘉葛剌思，此云普喜名闻，又名胆巴，此云微妙，西番突甘斯旦麻人。……巴入中国，诏居五台寿宁②。壬申，留京师，王公咸禀妙戒。……辛巳岁，师得《道藏·化胡经》并八十一化图，幻惑妄诞。师乃叹曰："以邪惑正如此者。"遂奏闻。召教、禅大德及翰林承制等③，诣长春宫辩证（《辨伪录》明）。诏下诸路除《道德经》外，其余伪文尽令焚毁。至壬午，师力乞西归，上不能留。初，相哥受师戒。继为帝师，门人屡有言其豪横自肆者，师责而不悛。由是（御）［衔］之。逮登相位，惧师谠直，必言于上，乃先入巧言（赞）［谮］师。故有是请④。首于云中，次至西夏，以及临洮⑤，求法益众。未几，权臣复谮，令归本国。师至故里，阅六寒暑。己丑，相哥遣使传召还都，于圣安寺安置。——《佛祖历代通载》卷22《胆巴帝师》

① 西川，四川西部之称。

② 《元史》卷202《释老传》："八思巴时，又有国师胆巴者，一名功嘉葛剌思，西番突甘斯旦麻人。幼从西天竺古达麻失利传习梵秘，得其法要。中统间，帝师八思巴荐之。"

③ 明徐应秋《玉芝堂谈荟》卷15《浮屠二宗》："浮屠学，不出教、禅二端。宋太史叙之极详，其文云：西方圣人以一大事因缘，出现于世，自从鹿野苑中，直至跋提河演说苦、空、无我，无量妙义，随机钝利，分为顿渐，无小无大，尽皆摄入萨婆苦海。既灭度后，其弟子阿难陀多闻总持，有大智慧，结集为修多罗藏。而诸尊者，或后或先，各阐化源。优波离集四部律，谓之毗尼；金刚萨埵于毗卢遮那前，亲受瑜伽五部，谓之秘密章句；无著、天亲，频升知足天宫，咨参慈氏，相与造论，发明大乘，谓之唯识宗旨；西竺龙胜，以所得毗罗之法，弘其纲要，谓之《中观论》；敦煌杜法顺，深入华严，不思议境，大宣玄旨，谓之华严法界观毗尼之法。魏嘉平初，昙柯罗始持《僧祇戒本》至洛阳，而昙无德、昙谛等继之，立羯磨法。唐南山澄照律师道宣作疏明之，《四分律》遂大行。是谓行事防非止恶之宗。萨埵以瑜伽授龙猛，猛授龙智，智授金刚智。唐开元中，智始来中国，大建曼荼罗法事大智道氤。大慧一行及不空三藏咸师尊之，是为瑜伽微妙秘密之宗。唐贞观三年，三藏玄奘往西域诸国，会戒贤于那兰陀寺，因受唯识宗旨以归，授慈恩窥基，基乃网罗旧说，广制疏论，是为三乘法相显理之宗。梁、陈之间，比丘惠闻，因读《中观论》悟旨，遂遥礼龙胜为师，开空假中三观正观法门，以法华宗旨授慧思，思授天台国师智顗，顗授灌顶，顶授智威，智威授惠威，惠威授玄朗，朗授湛然，是为四教法性观行之宗。隋末，顺以法界观授智俨，俨授贤首法藏。至清凉大统国师澄观，追宗其学旨，作《华严疏论》数百万言，圭峰宗密继之，而其化广被四方，是为一念圆融具德之宗。瑜伽久亡，南山亦仅存，其盛行于今者，唯天台、慈恩、贤首而已。此则世之所谓教者也。世尊大法，自迦叶二十八传，至菩提达摩，达摩悲学佛者缠蔽于竹帛间，乃弘教外别传之旨，不立文字，而见性成佛。达摩传慧可，可传僧璨，璨传道信，信传弘忍，忍传曹溪大鉴禅师慧能，而其法特盛。能之二弟子怀让、行思，皆深入其阃奥。让传道一，一之学，江西宗之，其传为怀海，海传希运，运传临济惠照大师义玄。玄立三玄门，策励学徒，是为临济之宗。海之旁出，为沩山大圆禅师祐，祐传仰山智通大师慧寂，父唱子和，微妙玄机，不可凑泊，是为沩仰之宗。思传希迁，迁之学，湖南主之，其传为道悟，悟传崇信，信传宣鉴，鉴传义存，存传云门匡真大师闻

偃，偃之气宇如王，三句之设，如青天震雷，闻者掩耳，是为云门之宗。玄沙师备，偃之同门友也。其传为桂琛，琛传法眼大师文益，益虽依华严六相，唱明宗旨，迥然独立，不涉凡情，是为法眼之宗。迁之旁出，为药山惟俨，俨以宝镜三昧，五位显诀，三种渗漏，传昙晟，晟传洞山悟本大师良价，价传曹山元澄大师本寂，而复大振，是为曹洞之宗。法眼再传至延寿，流入高句骊。仰山三传至芭蕉彻，当石晋开运中，遂亡弗继。云门、曹洞，仅不绝如线。唯临济一宗，大用大机，震荡无际，若圣若凡，无不宗仰，此则世之所谓禅者也。禅家五宗，独临济为盛。传石霜，石霜传杨歧，杨歧至五祖演，演传天目齐，齐传懒牛和，和传竹林宝，宝传竹林安，安传西堂容，容传中和璋，璋传简公，号海云大士，禅学至此，盖中兴焉。印简弟子二人，曰可庵朗，曰颐庵儇，传西云安，住天都庆寿寺。元之诸主，皆崇奉，赐以玉印，曰临济正宗。"

④ 《元史》卷 202《释老传》："至元末，以不容于时相桑哥，力请西归。既复召还，谪之潮州。"

⑤ 云中即今大同，西夏即今银川，临洮即今甘肃岷县，此条线路过大同，渡黄河而西趋银川，应是元代西僧往来大都的主要途径。不同于蒙古国时代丘处机、耶律楚材赴西域，所走的阴山北线之路。

1285 年乙酉　元至元二十二年

二十二年，敕建焚毁诸路伪道藏经之碑，翰林院臣唐方、杨文郁、王构、李谦、阎复、李铸、王磐奉敕撰。十月壬子，集百官于悯忠寺，焚《道藏》伪经杂书。遣使诸路，俾遵行之。命翰林直学士、知制诰、同修国史臣张伯淳撰《至元辩伪录函序》。时江南释教都总统、永福大师杨琏真佳大弘圣化，凡三载，恢复佛寺三十六所。——大正藏《佛祖统纪》卷 48 明万历刻印本补记

是岁……集诸路僧四万于西京普恩寺①，作资戒会七日夜②。——《元史》卷 13《世祖纪十》

① 元赵孟頫（1254 ~ 1322）《松雪斋集》外集《仰山栖隐寺满禅师道行碑奉勅撰》："师名行满，号万山，俗姓曾氏。其先出东鲁，盖曾子之后。远祖仕江右，遂为吉州太和人。父讳应龙，字拱辰，号翠庭先生，繇科举入仕。母乐氏。师生而颖异，不为儿嬉，齠龀日记数千言。学问之暇，常默然宴坐，有出尘之态。先生曰：'此儿非吾家可有。'遂舍送云亭荡原弥陀院，为童行，名福可。时九域甫一，师自念曰：'佛祖出世，为一大事因缘。我等溺于尘劳，何日撒去？'挈包笠北游，首登五台。至元庚辰，至仰山，有会心处，遂留薙发，礼泽庵公为师，更今名。受具于大同大普（思）[恩]之圆戒会。自是处丛林中，策勤砥砺，为众之念，甚于为己。旦夕参叩素庵琏公，至忘饥渴之节、寒暑之变。素庵深器之。一日，激之以洞山寒暑因缘，师应声云：'寒则普天寒，热则普天热；刀斧劈不开，我又如何说？'庵云：'毕竟如何？'师云：'红炉一点雪。'庵云：'别，别。'师云：'有什么别处？'庵云：'若能恁么会，方始契如如。'师扼声云：'错。'掩耳而出。庵付之以衣，颂曰：'从我十年谈麈尾，策勋一日占鳌头；如今分付无文印，续焰联芳万古秋。'时至元庚寅岁也。尔后，复参云门、临济，皆能得其骨髓。大德癸卯，仰山之学者请师归住旧隐，师以青州大刹非小因缘，力辞，众守之数日，欲逃不可。不得已升堂说法，演无量义，自是声闻大振，四方求法者归之如流水。梵僧、宣政使相

策实勒，功德使、大司徒琳沁策喇实相慕为道友，王公贵人皆稽首归敬。武宗皇帝在北边时，下令施钞万贯，造文殊菩萨像。既即位，驾幸其寺，施金百两、银五百两、钞六万贯，赐号佛慧镜智普照大禅师。敕尚方造织成金龙锦缘僧伽黎大衣，穷极工巧，经岁乃成，召师至禁中，出以赐焉。今上在春宫，尝三幸其寺，命有司作尊胜塔于东岭，及建明远、观光二亭，以备临幸。洎登极，亟命工部尚书、臣郑巴延领大匠，修其寺。凡土木之故而敝者，图画之久而漫者，咸易而新之；旁累崖石，以方广其基，高者至百余尺；造普贤、观音像，增建堂殿亭台。凡几格供张什器之物，靡所不备。树碑于门，颂天子圣德。既又赐苏、杭水田五千亩，为常住业。又同安州鹊台福严寺，自木庵公殁后，为他人所有，师奏得旨，复归仰山为下院云。皇庆元年，制授师银青荣禄大夫、司空。师之大弟子曰某，曰某，各能弘扬宗旨，主席名山。素庵之徒曰正义，正义之徒曰圆垂，倾心竭力，谋立石以纪师行业，且彰天子宠锡之渥。臣伯颜以闻，诏曰：'可。'乃命臣孟頫为文，书于石。谨按：栖隐寺始建于辽，至师为二十六代。臣闻浮屠氏之道，言其广大则无所不容，言其变通则无所不入，以无生为有生之本，以不用为大用之原，至矣哉！非言语之所究也。皇元建国之大，尽天地之所覆载，伦别类分，悉为臣妾，出于水土，藏于山泽，悉为府库。数十年之间，斯民不闻鼙鼓之声，以圣继圣，以明继明，使民不知，日趋于为善，浮屠氏之道大矣。夫道无盛衰，所以盛衰存乎其人。自四海一家，梵僧往往至中国，而师出于江左，能以其道鸣于京师，以承天子之宠命，真世所希有。铭曰：……"

② 此次大会，具体时间有疑问。原平市崞阳镇下大林村《慈云和尚创建弥陀院记》碑云："弥陀院者，临溪弘辩大师所建。师俗姓郭，法名聪，慈云其自号也。……至元二十有三年，与资戒大会于云中。既毕，假道崞阳，暂停锡于下大林里。"

1286年丙戌　元至元二十三年

【题记】至元廿三年七月■■■，保定路玉川元？广□众僧六人？到此。元？记■■■[1]——日本《云冈金石录·元人墨书》第三十三洞北壁《保定路众僧游记》[2]

① 阎文儒《论云冈石窟的造像题材与风格》记作："至元廿三年七月，保定路五川、元广众僧六个到此记"。

②《云冈金石录》记该墨书旁有游记三则："七元士■■■"；"尧都金台府■■■太平县董■■■"；"三人至元廿？三年仲夏■■■记可？■"。又记北壁墨书游记四则：a."西■■■■■■来开口气心干古寺■■僧■■。"b."鲁班造就石佛山？，不见僧人□自记。"c."至元岁？□■。"d."大都？院■■一行四人到此。■■■■■■■■■悲■。"

1287年丁亥　元至元二十四年

春正月……皇子奥鲁赤部曲饥，命大同路给六十日粮。……闰二月……西京等处管课官马合谋自言岁以西京、平阳、太原课程额外羡钱市马驼千输官，而实盗官钱市之。按问有迹，伏诛[1]。……省太原提刑按察司，分置西京者入太原。……五月……移……太原按察司治西京。……是岁，命西僧监臧宛卜卜思哥等作佛事坐静于大殿、寝殿、万寿山、五台山等寺，凡三十三会。……西京、北京、隆兴、平滦、南阳、怀孟等路风雹害稼。——《元史》卷 14《世祖纪十一》

【碑文】《祖公墓荣》：维大元国山西京大同县复礼乡窝窝寨居住故祖父王德兴，于辛酉年九月十二日生，任子年七月二十四日化[2]，年五十有二。祖母周氏，年八十六岁，在堂。故父王全，己丑年十二月初三日生，至元二十四年二月初三日化，享年五十九岁。故母冯氏，庚寅生，癸亥年正月十七日化，年三十三岁。故叔父，三十三岁化。叔父僧普文，在堂。葬主长男王仲仪，次男仲仁，次男仲祥。长女适刘，次女适冯，次女适李。至元二十四年岁次丁亥二月二十九日葬主等立。——大同市私人藏碑[3]

【题记】南亩□■■浑源宗？峰僧二？人来□。至元廿四年后二月廿四？日[4]。□百□□□——日本《云冈金石录·元人墨书》第三十三洞北壁《浑源宗峰僧游记》[5]

① 《元史》卷 130《不忽木传》：“二十三年，改工部尚书。九月，迁刑部河东按察使。阿合马以赀财谄媚权贵，贷钱于官，约偿羊马，至则抑取部民所产以输。事觉，遣使按治，皆不伏，及不忽木往，始得其不法百余事。会大同民饥，不忽木以便宜发仓廪赈之。……阿合马竟伏诛。”

② 辛酉年，即金章宗泰和元年（1201）；任（壬）子年，即 1252 年。

③ 该碑碣，圆首，陶质，高 51 厘米，宽 25.2 厘米，厚 2.5 厘米。边框刻双线纹。碑额、碑文，楷书。下有榫，与龟座相接。据殷宪先生讲，出土于口泉西南七峰山东麓的上下窝寨村之间。

④ “后二月”，据陈垣《二十史朔闰表》，是年闰二月。

⑤《云冈金石录》记旁有墨书：“不石佛？灵？州。”又记北壁有一处游记三则，二为蒙文各一行，一作《探马赤哈失二人游记》：“佛住？晨立？晨■■■写来探马赤哈失二人随□子题记。至六年五月廿九日张徐？文。”按：文中“至六年”，考元代年号有三：前至元六年（1269）、后至元六年（1340）、至正六年（1346）。不知何年？

1288 年戊子　元至元二十五年

二十五年正月十九日，江淮释教都总统杨琏真佳集江南教、禅、律三宗诸山[1]，至燕京问法。禅宗举云门公案，上不悦。云梦泽法师说法称旨，命讲僧披红袈裟，右边立者。于是赐斋香殿，授红金襕法衣，锡以佛慧玄辩大师之号。使教冠于禅之上者，自此。——大正藏《佛祖统纪》卷 48 明万历刻印本补记

二月……改南京路为汴梁路，北京路为武平路，西京路为大同路，东京路为辽阳路，中兴路为宁夏府路。……秋七月……运大同、太原诸仓米至新城，为边地之储。……发大同路粟赈流民。……冬十月……大同民李伯祥、苏永福八人，以谋逆

伏诛[②]。——《元史》卷15《世祖纪十二》

河东山西道宣慰使司。大同路，上。唐为北恒州，又为云州，又改云中郡。辽为西京大同府。金改总管府。元初置警巡院。至元二十五年，改西京为大同路。户四万五千九百四十五，口一十二万八千四百九十六。领司一、县五、州八。州领四县。——《元史》卷58《地理志一》

① 南宋有禅、教、律、瑜伽、徒弟五辈之僧。日本僧道元《宝庆记》载与天童如净大师问答："天下有四个寺院，谓禅院、教院、律院、兄弟院。……"师诲云："往古今来，未闻教、律、禅之闲名。今称三院者，便是末代之浇风也。王臣未知佛法，乱称教僧、律僧、禅僧等；寺院赐额之时，亦书律寺、教寺、禅寺等之字。如是展转天下，今见五辈之僧，所以律僧南山之远孙也，教僧天台之远孙也，瑜伽僧不空等之远孙也，徒弟僧师资未详也，禅僧达磨之儿孙也。"

② 刘敏中《中庵集》卷15《丞相顺德忠献王碑》云：至元二十二年（1285）至二十八年（1291），任大宗正，掌决狱，"大同民群斗，殴鹰房三人死，近臣以变闻。帝怒，亟遣王治，止坐其首斗者"。盖此事。

1289年己丑　元至元二十六年

二月……皇孙甘不剌所部军乏食，发大同路榷场粮赈之。……五月……发大同、宣德等路民筑仓于昴兀剌。……尚书省臣言："括大同、平阳、太原无籍民及人奴为良户，略见成效。益都、济南诸道，亦宜如之。"诏以农时民不可扰，俟秋冬行之。——《元史》卷15《世祖纪十二》

二十六年夏，平阳、大同、保定等郡大雨雹。——《元史》卷50《五行志一》

八月……徙……河东山西道提刑按察司治太原，宣慰司治大同[①]。……闰十月……遣使钩考大同钱谷及区别给粮人户。……是岁……诏天下梵寺所贮《藏经》，集僧看诵，仍给所费，俾为岁例。——《元史》卷15《世祖纪十二》

《大元国大都创建天庆寺碑铭并序》：大雄氏之为教，如慈云慧日，覆焘无际，惟得其人，道乃大行，宫居像设，亦从而炽盛之。我国家鼎定全燕，教隆内典，故精蓝胜刹，庄严宝界，金碧相望，有佛国大乘气象。惟永泰寺，肇基自辽；弥陀者，泰之别号也。大安兵烬，废撤不存，鞠为茂草者五十余年。大元至元壬申，有僧雪堂，始来结庵而主之。先是，师业嗣法，犹窟潜天德[②]。以经戒严机锋峻，越在云、朔，名动京师。尝假息间，有以天庆名所栖而告之者。初不谕其故，既而有驸马、高唐郡王[③]，闻师名德，喜之。既觐止，即依慈荫，叩真诠，师顺事指方，日有所觉。

以至承嗔获谴、非罪而罹苦毒者，因师一言，多所纵释。其后，王请师住丰之法藏院[4]，仍赠贝锦法衣，用著显异。寻以道行上闻，有诏所在护持。及观光大都，郡王乃出重币，易是院，为师待问、驻锡之所。与其徒奉香火，修洁精进而已。至于建大道场，扩充无量功德，盖遵养而有俟也。迨甲申冬，皇孙绀麻剌以师持诵、保厘故，欲辟静室，处之宫府，辞不可。翼日，出货泉二千五百缗，洎名骠二，仍谕留守段祯、詹事丞张九思，即所居庀徒蒇事，起三大士正殿、丈室，七巨楹，下至门闾、庖湢、宾客之所，略皆完美。始于乙酉之春，成于丙戌秋仲。役初作，阙地得废钟，所刻"天庆"二字，考之，盖有辽建号也。事梦既协，即为新寺名额。于是，倚晬像于金光，沸潮音于空际，有来诸天，普临双树。顾諟永泰废余，复为清凉法观矣。

后三岁[5]，奉皇孙奁香，礼江浙名刹，起造藏经。师冒涉江湖，往返万里，存神过化，高风所及，奔走供养，且有金仙通灵、伽蓝主护之应，吁亦异哉。凡得经四藏，计二万八千余卷，分贮大都之开泰、天庆，汴洛之惠安、法祥，及永丰法藏院。仍以法物付之，使人无南北，通畅玄风。寿圣皇，赞宝绪，天花雨纷，梵唱雷动，日开八方之供者，此师之所图维也。宜其经来神卫，号应基先，虽老柏重荣，神松回指，有不是过者。遂不千里远，持待制王之纲事状，以寺碑来请曰：'山僧空疏，无足比数，以义以契，尚宪使与，顾以铭章觇之，始终之愿毕矣。'予以师喜儒学，有器识，所交皆藩维大臣、文武豪士，缓急于士大夫周旋，不荣悴间，解纷振乏，要有实效。然去来其间，殆云凝而风休也。尝即寺雅集，自鹿庵、左山二大老以下[6]，至野斋、东林凡一十九人，作为文字，道其不凡，时方之庐阜莲社云。是亦将因儒释僧之特达者也。宜其行业成就如此，固可以著金石而垂不朽矣。

师讳普仁，字仲山，姓张氏，雪堂其道号也。世为许昌人，父世荣，官至丰州司录参军，母夹谷氏。师生有祯祥，甫毁龀，不荤酒斋。初祝发于寿峰湛老，再具戒于竹林云和尚。及参永泰赟公，一见器异，即蒙印可。至有机锋洒落，莹彻冰轮，头角峥嵘，光腾星纬之喻。赟派出临济，第而上之，师乃慧照十九代孙也。过镇阳，树碑表行，浚源接派，以昭其本，于尊祖追远，光又赫焉。余尝论天下之事，虽小大有殊，酬酢注措，皆有本末。就释氏教论之，佛法者本也，塔庙者末也。崇其末而遗其本，求进于道，亦已难矣。若师也，可谓持用有方、审所先后者哉！乃随赞叹，

而作偈曰：……——元王恽《秋涧集》卷57

① 元初西京、河东，俱属中书省，此时因罢西京，遂合为河东山西道。

② 天德，在今内蒙古包头西。

③ 元阎复《驸马、高唐忠献王碑》：“大德九年秋七月，诏谥故驸马、高唐王奇尔济苏为高唐忠献王，曾祖阿勒古斯托克塔古哩追封高唐忠武王，曾祖妣阿勒哈为高唐王妃，祖驸马布页赫为高唐武毅王，祖妣、皇曾祖姑阿勒哈必济为齐国大长公主，父驸马阿尔巴哈为高唐武襄王，妣、皇姑伊埒为齐国大长公主。忠献王前尚皇姊呼图克默色，追封齐国大长公主；继尚皇女阿萨尔，追封齐国公主，从介弟高唐王扎古纳请也。恭承恤典，命府属王元举状先世勋德，谒铭丽牲之碑。谨按家传，系出沙陀雁门节度之后。始祖布固，翁观部人，世为部长。亡金堑山为界，以限南北，忠武王一军扼其冲。太祖圣武皇帝起朔方，并吞诸部，有国西北曰迪延罕者，遣使哲古讷来，谓忠武曰：‘天无二日，民无二王，汝能为吾右臂，朔方不难定也。’忠武素料太祖智勇，终成大事，决意归之，部众或有异议，忠武不从，即遣麾下将图噜卜达实赍酒六榼，送哲古讷于太祖，告以迪延之谋。时朔方未有酒醴，太祖祭而后饮，举爵者三，曰：‘是物少则发性，多则乱性。’使还，酬以马二千蹄，羊二千角。上诏忠武：‘异日，吾有天下，奚汝之报，天实监之。’且约同征迪延，会于某地。忠武先期而至。既收迪延，天兵下中原，忠武为向导，南出界垣，留居镇守，为畴昔异议所害。长子布延实保死焉。武毅尚幼，王妃阿勒哈挈之，偕犹子镇国夜遁，至界垣，门已闭，诉于守者，缒垣以登，逃难云中。太祖闻忠武死，悼痛不已，戎事方殷，未暇治也。云中既下，诏求王妃、二子得获，赒恤孤嫠甚渥，镇国至封北平王，握金印；武毅自齠龀，太祖携征西域，还年十七，镇国已卒，继封北平王，尚齐国大长公主，仍约世婚，敦交友之好，号谙达呼拉。……齐国大长公主明慧有智略，祖宗征伐四出，尝摄留务，军国大政率谘禀而后行。师出无内顾之忧，公主之力居多。初，武毅未有子，公主为进姬侍，以广嗣续，鞠育之恩，不啻已出。子男三人：长准巴哈，仲武襄王，季珠尔巴哈。准巴哈尚定宗皇帝长女伊埒默色公主，从宪宗皇帝伐宋，至钓鱼山，宋人坚壁不下，我师环攻，宋卒乘壁而诟，傍有坐而张盖者，以谓弧矢莫我及也。准巴哈素善鞭箭，射之以颠，遂拔其垒。三子：曰囊嘉特，曰且琳沁，曰安图。且琳沁尚宗王阿济格女、回鹘公主。国朝之制，凡宗室之女皆称公主。武襄虽贵为帝婿，总戎日多，家居日少。中统初，衅起阋墙，败叛将库库布哈于阿勒坦和尔和，获其属镇海。济南之役，环城当南面寇，数出南门，御以劲兵，辄复内窜，以至授首。还，率所部从大军伐叛西北，败叛王之党色埒默于崆果啰。数日之间，会战凡七，俘获甚众。色埒默寻复来归。珠尔巴哈镇云南而卒，子和斯丹，尚宗王博啰齐之女珠赫公主。武襄所尚齐国大长公主，世祖皇帝季女也。生四子：长忠献王；次额森哈玛尔，早世；次哈尔巴台，耽嗜儒术，尚宗王谔勒哲女纽伦公主；今高唐王，尚宗王乌噜台女额默根公主，早卒，再尚宗王纳喇巴哈女阿苏图呼噜公主。女三人：必咱雅为皇兄晋王妃，伊啰斡为宗王阿勒坦巴哈妃，和塔拉为河间王阿布哈妃。 忠献王生长北方，金革之用，固其所长，而崇儒重道，出于天性。兴建庙学，裒集经史，筑万卷堂于私第，讲明义理，阴阳术数，靡不经意。宗王伊布斡叛，率精骑千余，并行旬日追及之，时天盛暑，将战，北风大起，众请勿战，王曰：‘盛暑得风，天赞我也。’策马以先，大败敌军，杀掠殆尽，叛王以十余骑窜。是役也，王身中三矢一矛，断其发。凯旋，诏赏黄金二镒，白金千镒。圣上御极之初，特颁金印，封高唐王。驸马封王，盖自王家始。王以西北未庭，请往征之，诏初不允，请至再三，方许之。将行，誓曰：‘边尘不清，义不旋辔。’大德改元夏四月，与敌遇于巴雅斯，或谓俟大军毕至，战未晚也。

王曰：‘丈夫为国死敌，奚以众为？’于是鼓噪而进，大破敌军，杀伤甚众，擒将卒百余人以献。诏嘉其勇果，赐以先王所御貂裘、宝鞍、缯锦、七百介胄、兵器有差。二年秋，诸王将帅会于边，共筹边事，咸谓往岁敌无冬至之警，宜各休兵境上。王曰：‘今秋候骑至者甚寡，所谓鸷鸟将击，必匿其形，兵备不可弛也。’众不以为然，王独严兵以待。是冬，敌果大至，彼众我寡，三战三却之，王乘胜追奔逐北，深入险地，后骑莫继，不虞马伤而仆，至陷敌域。……王竟以不屈而终。呜呼，昔忠武以一旅之众，经纶草昧，去伪归真，继以北平父子，武襄昆仲被坚执鋭，毕命边陲，以死勤事，至王凡四世矣。……初，王之北也，世子曰专，甫脱襁褓，诏以其弟哲古讷才识英伟，授以金印、玉带、海东、白鹘，封高唐王。袭爵之后，恪守父祖成业，抚民御众，境内乂安。时齐国公主卒已久，凡王之珍服秘玩，悉令谨厚者掌之，以需世子成立。又慨兄死节及先德暗而弗彰，俾元举走京师，列其事以闻，光荷封谥之号。……”按：驸马、高唐忠献王奇尔济苏，约驻丰州。南宋文天祥《文山集》卷21《纪年录》附载：文丞相“欧阳夫人被虏后，即到燕都，与二女皆留东宫，服道冠鳖，日诵《道经》。后随公主下嫁驸马、高唐王，居大同路丰州栖真观。日请一正一从分列，其女婢曰翠歌。大德二年戊戌冬，以年老，不禁寒冻，得请向南，去至都城，男昇迎养”。文公悲壮就义，妻女配隶朔方，令人读史伤怀！

④ 丰，即丰州，元代隶属西京大同，在今呼和浩特东。

⑤ 天庆寺建成于至元二十三年（丙戌，1286），后三年，即至元二十六年（1289）。该年，雪堂南下江浙之后，遂有王秋涧撰碑之举。然明《春明梦余录》、清《钦定日下旧闻考》均误以为至元九年（1272）撰。

⑥ 鹿庵，即王磐，字文炳，金进士，元翰林，至元三十年（1293）卒；左山，即商挺，字孟卿，自号左山，早年入事世祖潜邸，历宦贵显，至元二十五年（1288）卒。

1290年庚寅　元至元二十七年

二十七年春正月……以河东山西道宣慰使阿里火者为尚书右丞，宣慰使如故。——《元史》卷16《世祖纪十三》

二十七年七月，大同、平阳、太原陨霜杀禾。——《元史》卷50《五行志一》

八月辛未朔……禁诸人毋沮平阳、太原、大同宣课。……九月壬寅，河东山西道饥，敕宣慰使阿里火者炒米赈之。……乙巳，禁诸王遣僧建寺扰民。敕河东山西道宣慰使阿里火者发大同钞本二十万锭，籴米赈饥民。……十一月……丁未，大同路蒙古多冒名支粮，置千户、百户十员，以达鲁花赤总之，食粮户以富为贫者，籍家赀之半。……己未，禁山后酿酒。……十二月……大同路民多流移，免其田租二万一千五百八石。——《元史》卷16《世祖纪十三》

二十七年，和籴西京粮，其价每一十两之上增一两。——《元史》卷96《食货志四》

刘哈剌八都鲁，河东人，本姓刘氏，家世业医。……二十七年，迁正奉大夫、河东山西道宣慰使。奏曰："臣累战而归，衣裘尽弊。河东，臣故乡也，愿乞锦衣以为荣。"帝以金织文衣赐之。居二年，召还。——《元史》卷169《刘哈剌八都鲁传》

1291年辛卯　元至元二十八年[①]

二十八年春正月……敕大同路发米赈瓮古饥民。……二月辛未……尚书省言："大同仰食于官者七万人，岁用米八十万石，遣使覆验，不当给者万三千五百人，乞征还官。"从之。……丙子……遣使同按察司赈大同、太原饥民，口给粮两月或三月。——《元史》卷16《世祖纪十三》

宗亲海都作乱，其民来归者七十余万，散居云、朔间。桑哥议徙之内地就食，绍持不可。桑哥怒曰："马左丞爱惜汉人，欲令馁死此辈耶？"绍徐曰："南土地燠，北人居之，虑生疾疫，若恐馁死，曷若计口给羊马之资，俾还本土，则未归者孰不欣慕。言有异同，丞相何以怒为？宜取圣裁。"乃如绍言以闻，帝曰："马秀才所言是也。"[②]——《元史》卷173《马绍传》

冬十月……遣使发仓，赈大同屯田兵及教化的所部军士之饥者。……十二月……授吃刺思八斡节儿为帝师，统领诸国僧尼释教事。……宣政院上天下寺宇四万二千三百一十八区，僧尼二十一万三千一百四十八人。——《元史》卷16《世祖纪十三》

二十八年，诏免腹里诸路包银、俸钞。其大都、上都、隆兴、平滦、大同、太原、河间、保定、武平、辽阳十路丝线并除之。——《元史》卷96《食货志四》[③]

① 是年，解除道教全真派禁令，全真道复苏。

② 此事，《续通鉴》卷190记于是年七月。按：海都，窝阔台之孙，1266年在岭北举兵叛。

③ 元张之翰《西岩集》卷15《乐善堂记》："人之心未始不善。一为物欲所蔽，则善与否分焉。唯贤者终其身不厌，盖知之而能好之，好之而能乐之故也。云中李彦实，资孝悌，崇仁义，为人谋必忠，与人交必信，自妙龄力学，年逾知命，不求闻达，聚书数千卷，日以修身齐家为事。雪庵大宗师光公嘉其贤，名所居堂曰'乐善'。既为之书，请余记。余因告之乐善之说有二：有乐人之善，有乐己之善。如《书》'人之有技，若己有之'，《诗》'爱莫助之'，《礼》'美人之功'，《语》'君子成人之美'，皆乐人之善。如《孟子》'仁义忠信，乐善不倦'，乃乐己之善也。闻彦实，孜孜焉，汲汲焉，务其德，不务其禄，即'修其天爵，而人爵从之'之意，其庶乎'物无所蔽'、乐之终身而不厌者。乐之说虽二，而其理则一，未有不乐己之善而乐人之善也。方国家访遗逸，求隐沦，若彦实者，旦晚当有旌车之招。果得时行道，大展所蕴，则田文之爱士，郑庄之好贤，何武之奖人，又有望于将来，可不勉旃？彦实名蕡，故行六部尚书讳某之第三子，其家世事业，见于内翰李韦轩

先生所作《神道碑》，兹不复云。至元辛卯日南至后三日，邯郸张某记。”

1292年壬辰　元至元二十九年

伯颜，蒙古八邻部人。……十一年，大举伐宋……专任伯颜……二十六年，进金紫光禄大夫、知枢密院事，出镇和林。……二十九年秋，宗王明理铁木儿挟海都以叛，诏伯颜讨之……未几，海都复犯边，伯颜留拒之。廷臣有谮伯颜久居北边，与海都通好，仍保守，无尺寸之获者，诏以御史大夫玉昔帖木儿代之，居伯颜于大同，以俟后命。玉昔帖木儿未至三驿，会海都兵复至，伯颜遣人语玉昔帖木儿曰："公姑止，待我翦此寇而来，未晚也。"伯颜与海都兵交，且战且却，凡七日，诸将以为怯，愤曰："果惧战，何不授军于大夫。"伯颜曰："海都悬军涉吾地，邀之则遁，诱其深入，一战可擒也。诸军必欲速战，若失海都，谁任其咎？"诸将曰："请任之。"即还军击败之，海都果脱去。乃召玉昔帖木儿至军，授以印而行。……三十年冬十二月，驿召至自大同，世祖不豫。明年正月，世祖崩，伯颜总百官以听。——《元史》卷127《伯颜传》

1293年癸巳　元至元三十年

二月……甲辰，中书省臣言：……"今岁给饷上都、大都及甘州、西京，经费浩繁，自今赏赐悉宜姑止。"从之。……五月……辛未，敕僧寺之邸店，商贾舍止，其物货依例收税。……冬十月……戊申，僧官总统以下有妻者罢之[①]。——《元史》卷17《世祖纪十四》

① 《续通鉴》卷197记至大三年（1310），监察御史张养浩言："世祖尝欲沙汰天下僧道有室者，籍而民之，后夺于众多之口，寻复中止。"

1294年甲午　元至元三十一年

甲午四月，成宗皇帝践祚，遣使召师。师至，庆贺毕，奏曰："昔成吉思皇帝有国之日，疆土未广，尚不征僧、道税粮。今日四海混同，万邦入贡，岂因微利而弃成规。倘蠲其赋，则身安志专，庶可勤修报国。"上曰："师与丞相完泽商议。"奏曰："此谋出于中书省官，自非圣裁，他议何益。"上良久曰："明日月旦，就大安阁释迦舍利像前修设好事，师宜早至。"翌日，师登内阁，次帝师坐。令必阇赤朗宣敕旨，顾问师曰："今已免和上税粮，心欢喜否？"师起谢曰："天下僧人咸沾圣泽。"——《佛祖历代通载》卷22《胆巴帝师》

1295年乙未　元成宗铁穆耳元贞元年

元贞元年春正月……诏道家复行《金箓》《科范》。……闰四月丙午，为皇太后建佛寺于五台山，以前工部尚书涅只为将作院使，领工部事；燕南河北道肃政廉访使宋德柔为工部尚书，董其役；以大都、保定、真定、平阳、太原、大同、河间、大名、顺德、广平十路，应其所需[①]。——《元史》卷18《成宗纪一》

① 《元文类》卷15录元贞二年（1296）李元礼《谏幸五台疏》："伏见五台创建寺宇，土木既兴，工匠夫役不下数万人，附近数路州县供亿烦重，男不暇耕，女不暇织，百物踊贵，则民将有不聊生者矣。"

1296年丙申　元元贞二年

六月……大同、隆兴、顺德、太原雹。——《元史》卷19《成宗纪二》

孙威……（子）［孙］拱[①]……元贞二年，授大同路总管，兼府尹。大德五年，迁两浙都转运使。——《元史》卷203《方技传》

① 按：拱父公亮，公亮父威。大同浑源人。

1297年丁酉　元元贞三年、大德元年

【碑文】《王青墓记》：大同府录事司赞德坊居住□……□祖父实平阳府汾西县□……□父因兵革而至西京。自幼亡其父，□……□后改王成为妻，随与继父王成同□……□庄附籍，签充军户，世为农商，同母兄弟四人。寿年六十五岁，于元贞二年八月十九日亡化。妻高氏、卫氏；长男仲璧，次男仲信，次男仲诚，幼男金刚奴；孙男典驴，次孙帖疙疸，次孙伴哥，次孙回光奴，孙女妙哥。大德元年八月末旬吉日，男王仲璧志[①]。——《王青墓志》，见《山西省大同市元代冯道真、王青墓清理简报》，载1962年第10期《文物》

十一月壬戌，禁权豪、僧、道及各位下擅据矿炭山场。……徙大同路军储所于红城。——《元史》卷19《成宗纪二》

云中，在辽金为陪都，国朝路置总管府，大同实为上路，河东山西道宣慰治所在焉。

民物繁辏，号西北都会。学即辽故国子监，宏敞靖深冠他所。大德元年，工部侍郎、浑源孙公拱以便养来为总管，兼府大尹，为创建是堂于大成殿之西北②。——《正德大同府志》卷15录元张起岩《崇文堂记》

朵罗台，唐兀氏。……朵罗台之弟阔阔出，亦业弓……俄擢为大同路广胜库达鲁花赤。广胜者，贮兵器之所。时总管唐兀海牙以库作公署，置甲仗于虚廪中，多被虫鼠之害，阔阔出言于帝，复之，且责其偿兵器之既坏者。使者薛绰不花、纳速鲁丁以檄取鹰房军衣甲弓矢若干，阔阔出责其入文书，领去。时宪副速鲁蛮令毋入文书，且命有司封钥其库，将点视之，阔阔出不从。事闻，帝命笞速鲁蛮，罢之。大德元年，升大同路武州达鲁花赤，兼管本州诸军奥鲁劝农事。——《元史》卷134《朵罗台传附弟阔阔出传》③

① 王青墓，砖墓木棺，位于大同城北5公里的白马城村一带，1957年发现发掘。墓碑，龟座承碣，全高66.2厘米，碑高60厘米，宽27厘米，厚2厘米。

② 浑源县西留村《孙拱神道碑铭》曰："郡被边乱后，郡学隳废，人不知学。公援引诏旨，言于河东宣慰司，蒙发泉币以基役。公首捐俸金为僚属倡，乡之好义者皆乐为佽助，合宝钞二万五千缗。殿堂、门庑、斋庐、厨库，修旧起废，为屋凡七十余楹。圣贤像设，绘事俨肃。别建崇文堂，储书万余卷，一新学者耳目。授田二千亩，募民耕种以赡给生徒。风俗为之一变。"

③ 元萧𣂏《勤斋集》卷3《威宁张氏新阡表》："圣元大德改元之七月癸酉，前总管、万户府详议张君，葬其烈考、元帅左监军，上及曾叔祖而降，凡五世二十四丧，于长安县丰邑乡万村新兆。后二年，介长安窦长卿来曰：'仆威宁人也，曾大父而上葬威宁。尔后，从军宦游，随殡殁所。仆既得谢，夙夜疚心，求之丰、云、梁、雍者四，往返积十余稔，始可举萃，卜兆安西，便省埽也。今幸襄事，犹未表诸阡，惟耄期不瞑是惧，子幸无让。'既不获辞，乃据所录述之，云：金初，详议之高祖府君生六子，其五人皆失其名字、行治、寿年。独讳元甫者，伦次居三，博极群书，雅负高气……无子，长兄之子、防城万户俊实事之唯谨。万户君，娶刘氏，生二子：子瑞，西京大有仓使；子玮，字器之，元帅左监军也。弱不好弄，受学其叔祖，无子弟之过。长便骑射，喜兵法，魁岸足武力，沈鸷有谋，时辈詟服。崇庆初，金运将终，天戈所临，罔不风靡。公以威宁县小，不可支，遂与刘忠顺公等，迎拜太祖圣武皇帝城下，请无俘杀，劝未降者。上悦，许之，俾长千夫，抚居人，从征伐。其五月，攻天成，勇冠诸军。百夫长王某，为守陴者钩去，公挥刀断而脱之。六月，进攻西京，败金人默谷，别率千人，发掘敌境，给军实。明年，下山东，却敌大帅承诏，升副万户，又从围燕。燕破，攻大名，飞矢中面，战弥力。岁丙子，西京元帅以国王命，授都提控。从攻汾州。明年，东拔遂城、蠡、淄、定、益都及属郡五。诏为西京帅府都弹压。又明年，克太原、平阳。又明年，击破潞安、山绛，皆有功。岁庚辰，从攻东平。十一月，诏改都提控。后一年，从击鄜、坊、隰州及太原西山诸屯聚，悉平之。明年，攻凤翔，先登。十月，授兵马提控。岁甲申四月，太傅、行尚书省奏，前后战功多，宣授元帅都监。其年，攻下武仙西山堡栅。又一岁，破秦安及黄唐岭砦，复围益都，功最。岁丁亥七月诏：'张子玮攻下亡金城邑、堡栅，积功甚多，可升元帅左监军。'寻取楚州。庚寅春，西京、河南万

户奏公兼督捕雍州万原贼盗，复西破凤翔，长子战死。遂受诏与万户侯刘忠惠公略宋山南，绕出金境，始至两当，忠惠轻出，觇其垒，猝为敌所掩。公驰骑疾击，走免之。所过麾城撕邑，功居多。明年，合大军大败金人于钧下，河南振旅而还。于后，公以叔祖父母、父母年在喜，惧精力疲于兵中，请以子唐从军，而居闲养亲矣。岁壬寅，总管万户奏，充总管天成、怀安、宣平、威宁鄂勒事。乙巳之十月，诏申命前职，佩金符，仍如初。公虽居军旅，不忘文儒、家法，礼名士，询故实，河南还，图书盈车，延致钧台郭仲通天成，事之丰腆，命子庸从学。将十年，仓使君简洁严急，事之未始少忤。君居大同，虽一果蔬必送致，岁时一再往省，辄数月留，不忍别。君来天成亦然。方公监护诸军也，主谋画，施号令，提纪律，将士悦服，万户侯倚之为重，然每有所不乐也。及退而养亲，事兄，训导子弟，会族人宾友，饮酒赋诗，陈说平生，则欣然乐之，日不足也。岁戊申二月二十二日，终天成居第，寿六十三。夫人温腾氏，金殿前点检克昌之孙，温恭淑柔，宗党取法，先十九年卒。王氏，金翰林、黄华先生孙，叔澹游翁，患公英气有余，绳以礼律，克尽子婿礼，虽贵不衰。门氏，王氏同里人；赵氏，益都人。子男三：某最长，殁凤翔，时年二十六；唐，详议也；庸，举进士，凤翔鄂勒，万户府知事。……今详议八十，知事少三年，雍睦欢洽，见者起敬慕。……新兆为昭穆次：曾叔祖居中，万户君二世，昭；仓使君三世，穆之一世，夫人薛君祔。以下各如其次，四世昭，嫂李祔一，又李祔二，牛氏班四；五世穆，妇赵祔三，麻班五，梁班六，凡为封十三。”

1298年戊戌　元大德二年

三月……戊子，诏僧人犯奸盗诈伪，听有司专决，轻者与僧官约断，约不至者罪之。——《元史》卷19《成宗纪二》

大德二年，御史郑介夫疏言：“窃自唐虞三代以来，国祚延长，群生康泰，不闻有释老也。三国六朝以后，僧尼、道士始布满天下。求福田利益者，不之老，则之释，人君好尚往往过之。夫福非如粟帛、金宝，可求而取之物也。上好俭，则民财丰；节力役，则民不困。养生送死无憾，则四海皆跻于仁寿之域。民生安乐便是好事，狱讼无冤便是布施，何必张浮费、事繁文，泥金检玉而谒之于虚无也。一僧一道之祝延，不若百姓群黎之同愿；一寺一观之祈祷，不若千门万户之齐声。古谚云：‘福从赞叹生。’正此谓也。西方乃佛生之地，佛，圣人也，安肯作威福以要人之敬奉？佛教人以不贪、不妒、不伤生、不害物为好事，故云‘即心是佛’也，何尝以陈玉帛、严香灯、晨夜诵经礼拜，至于杀人致祭、纵囚示恩，而名曰‘做好事’哉！今国家财赋半入西番，红帽禅衣者便公然出入宫禁，举朝相尚，莫不倾贷以奉之，此皆庸僧作此妖妄，非佛之真心本性也。道家以老子为宗，惟在清净无为，祖师系赤松子的孙，惟求辟谷、弃人间事。今张天师纵情姬爱，广置田庄，招揽权势，凌轹官府，乃江南一大豪霸也。其祖风法门，正不如此。诸佛、三清在天之灵，不可诬也？往往嗣法者，失其初意耳。愚氓俗子不知所以为佛、所以为天师者云何，但见赪其头[①]，即指为佛；黄其冠，即指为天师，虽百喙不能解其惑，可为世道一慨。朝廷特加宠异，另立宣政院。道教所以其弃俗出家，非有司所可［统］摄也[②]；而乃恃宠作威，贿赂公行，以曲为直，以是为非，僧道词讼数倍民间。如奸盗杀人，诸般不法之事，彼皆有之矣。学释老者，离嗜欲，去贪嗔，异乎流俗可也，而艳妻秾妾，污秽不羞，夺利争名，奔竞无已，虽俗人所不屑为，甚非僧道之宜然也。僧道之盛，莫甚今日；而僧道之弊，亦莫甚今日。朝廷若不稍加裁抑，适所以重其它日之烈祸也。能律以礼法，制以分义，使不至于骄奢无度，败坏宗风，乃为敬奉之至矣。今各寺既有讲主、长老，各观既有知观、提举，足任管领之责。随路又滥设僧录司、道录司，各县皆置僧纲道纪[③]，反为僧道之蠹，所宜革去也。且僧道另设衙门，历代以下[④]，前所未闻。亡金弃人尚鬼，故立二司，与（二司）［民官］鼎立而三[⑤]。岂谓巍巍圣朝，不师古圣王之常法，而踵残金之弊政耶？况为僧录、道录者，皆无赖之徒。立谈遭遇，遽授此职，便与三品正官平牒往来。以白身之人，一旦居此荣贵，得之既易，视之亦轻，宜乎逞私妄作，而无复顾惜也[⑥]。近令宪司纠别文卷[⑦]，僧官局蹐知惧，而僧人皆喜得安，此明验也。所欠道家，犹未一体刷卷耳。若僧道中有栖心寂灭、息念尘寰者，必不自诖宪纲，虽无假官府可也。若行止不检，身陷刑戮，亦佛法道教之所不容。宜令有司管领，严行究治，罪状明白，比之常人，更加一等，断遣还俗，彼亦甘心。今僧道不蚕而衣，不耕而食，皆得全免繇税；而愚民多以财产托名诡寄，或全舍入常住，以图隐蔽差役，驱国家之实利，归无用之空门。视民间输税之外，又当里正居首[⑧]，又当和顾和买，非惟弃本逐末，实是劳逸不均。今后寺观常住税粮，宜准古法，尽令输官；俟其有佛法高妙、道行绝伦者，从众推举，然后蠲其繇役，除其税粮，庶可养成清净之风，亦足激励浇薄之俗也。外有白云宗一派，尤为妖妄。其初未尝有法门，止是在家念佛，不茹荤，不饮酒，不废耕桑，不缺赋税。前宋时，谓其夜聚晓散，恐生不虞，犹加禁绝，然亦不过数家而已。今皆不守戒律，狼藉荤酒，但假名以规避差役，动至万计。均为诵经礼拜也，既自别于俗人，又自异于僧道。朝廷不察其伪，特为另立衙门。今宗摄钱如镜，恣行不法，甚于僧司道所，亦宜革去，以除国蠹，以宽民力可也。”——清孙承泽《元朝典故编年考》卷5《释道》

① 赪，同“赬”，赤色，明永乐敕杨士奇等编《历代名臣奏议》卷67作“赭”。

② 统，据明《历代名臣奏议》卷 67 补。
③ 道纪，明《历代名臣奏议》卷 67 作“威仪”。
④ 历代，明《历代名臣奏议》卷 67 作“三代”。
⑤ 民官，据明《历代名臣奏议》卷 67 改。
⑥ 惜，明《历代名臣奏议》卷 67 作“藉”。
⑦ 别，明《历代名臣奏议》卷 67 作“刷”。
⑧ 居，明《历代名臣奏议》卷 67 作“主”。

1299 年己亥　元大德三年

【碑文】《大元正议大夫、浙西道宣慰使，兼行工部事、浑源孙公先茔碑铭》：集贤学士、嘉议大夫刘因撰并书[①]，荣禄大夫、江西等处行中书省平章政事史弼篆额。

中统元年，世祖即位[②]，草昧一革，古制寖复。及至元改元，则建官立法几于备矣，独御史台未立。于是，今浙西道宣慰使、兼行工部事孙公继明[③]，慨然以为言，不报。五年，以言者益众，始立之。故首以公为监察御史，屡有所弹举，世祖以硬目之。寻出佥山东东西道提刑按察司事，台荐其所行知大体，迁山北辽东道副使，改中顺大夫、彰德路总管。既而，加正议大夫，有今命焉。

予始识公于真定[④]，于其言论风旨，已得其所谓良御史者。及其子拱与予交，则又得其出处之详者如此。然于其名位赫著，子孙蕃衍，则疑其必有发之者，而尚未及知也。一日，拱以公之书抵予曰：“先公以末世之孤裔奋焉，为起家之始祖，使公亮辈得有所沿袭。凡以予曾大父及大父勤德利物之所致，以隐不仕，今已不可得而考其迹矣。而先公则资沉鸷豪宕，重然诺，好施予，年十六七已有志于功名。值金贞祐之变，即欲应募为兵，其亲或难之，因逃去，谒西京帅谋年，以骁勇得近幸。时金主南迁，谋年帅欲有所奔问而难其人，公感激请行，见金主于真定，得报归，授承信校尉，拟正班叙仕。往复二千里，甫七日。及西京内附，国朝所置守帅马侯熟其胆识，表授义军千户。寻复董平山府甲工。以从军潞州之役，出其族兄成、兄子公政于俘虏。凤翔之役，太宗诏从臣分诛居民，违者以军法论。辄叹曰：‘诚能脱众人死，实不爱一身。况主上见问，必有以对而未必死耶！’遂尽匿己所分者。河南之役，汴既降，仍不听居民自出，日饿死者不可计，遂请于大帅速不歹[⑤]，以浑源名族，如御史雷氏之戚，及莒州刺史卢整、同知钧州樊氏、南京警使王氏、张具瞻、马正卿、王仲贤、王禄、杨玉者数十家而出，且护而归之乡里。先夫人杜氏亦严正有立[6]，平山府有妄告工人变者，皆力为营救之，赖以全活者甚众。此皆见之太常许君靖所录《行实》及乡先贤之所撰纪，而先茔下棺之碑，则无以铭之。惟有待乎子之言，以信于后人也。”

按：孙氏，世为州之横山人。公之曾大父讳伯，娶刘氏。四子：庆祐、庆文、庆元、禄和。庆文则公之大父也，娶赵氏，有妇德。二子：平、威。平早世，威即公之考也。夙巧慧，少出入战阵，每患世之甲胄不坚寿。其妇兄杜伸，则《考工记》所谓燕人能为函者。因密得其法，且能创蹄筋、翎根别为之。太宗亲射之，不少贯，宠以金符。故从其从攻邠、乾诸州也，见其不避矢石，乃劳之曰：“汝纵不自爱，独不为甲胄惜乎？”又命诸将衣其所进甲，目之曰：“汝等孰所爱重？”诸将各以意对，帝皆不之许，曰：“能扞蔽尔，以为我立功者，非此人之甲耶！顾无以之对者，何也？”复以锦衣锡之。前后所领平山、安平诸工人，皆俘虏之余，殆少生意，数为表，给衣禀、子女以劝之，诸工人至今感之如父母。年五十八，终于顺天、安平、怀州、河南、平阳诸路工匠都总管[7]。帝闻，为嗟惜久之。

杜氏年八十八，下及五世孙。疾，公率其子拱、撤、振，孙谦、谐、谊等以问。见公佩金虎符，拱、撤皆佩金符，曰：“吾家起寒微，今一门贵盛，但当竭忠勤以报国家尔。”言竟，卒。呜呼，当大变故，夫人之与气运而升降者，以人视之，非必尽有所以致之者；而其与夺之间，又未必尽得其平也。疑若一出于偶然而已，抑不知人之所见者，以一世为终始，固不能如天之所见者之久且远也。予固知孙氏之有以发之者也。然而，公未老，尚能尽力国家，而拱等才具亦皆任事，予他日又可考其浅深厚薄于此也。拱今为少中大夫、大同路总管，兼府尹，兼管本路诸军奥鲁总管、管内劝农事；撤，武略将军、武备寺丞；振，忠翊校尉、庆元路定海县尹，兼劝农事；谦，袭世职，从仕郎、保定等路军器人匠提举；谐，承务郎、利器库提点；谊，进义副尉、保定等路军器人匠提举。铭曰：

昔龙之山，有晦而沦，必孙氏之先。盖必有嗟其屈者，而谓天道之或愆。今晔其华，贲及邱原[8]。亦有嗟者，谓赋与之或偏。彼嗟者愚，不究其终，而不探其源。孰驭龙山，游万物巅[9]，渺下视乎神川，历百世而循一环，不轾不轩，而得夫造物者之权。玄铁符握，黄金色寒，翠屏雷裂，瀚海云翻。有物荡尽，再造乾坤，有恻天心，莫救其然。孰其庇之，孰其翼之，于此时而保全，乘此时而腾鶱。人皆嗜杀，我独惕焉。惟山西之名御史，曰雷默与刘云，郁乎相辉，一代人门[⑩]。惟将作君，武臣桓桓，有子如公，复与雷、刘之子而聪马联翩。相彼根株，有此蔓延，穷天地物，极天地年。又安有不定之天？夏虫疑冰，孰其大观。后之嗟者，示此铭言。

大德三年岁次己亥夏四月二十三日，正议大夫、浙西道宣慰使、兼行工部事孙公亮立石，承务郎、利器库提点、孙男谐摹勒。云中刘升、宋福刊。——浑源县西留村《孙威墓碑铭》

大德三年八月，大同雨雹。——《乾隆大同府志》卷25《祥异》

五月壬午，罢江南诸路释教总统所。——《元史》卷20《成宗纪三》

暇日，行视武周山，度其水可至城下，发民浚导，环城周流，□建为碾硙，日收课利，郡获经费之助，民资灌溉之利[⑪]。——浑源县西留村《孙拱神道碑铭》

① 该碑，又见刘因《静修集》卷8《中顺大夫、彰德路总管、浑源孙公先茔碑铭》。此录碑文与刘因原作略有增改，盖孙谐摹勒时改定。

② 世祖，刘因《静修集》作“今天子”。下同。

③ 浙西道宣慰使、兼行工部事孙公继明，《静修集》作“彰德路总管孙公公亮”。

④ 真定，《静修集》作“镇州”。

⑤ 速不歹，《静修集》作“苏布特”。

⑥ 有立，《静修集》作“有法”。

⑦ 孙威卒年，见载《元史》，为蒙古太宗窝阔台汗十二年（1240）。

⑧ “贲及邱原”四字，碑文漫灭，据《静修集》补。

⑨ “巅”字漫灭，据《静修集》补。

⑩ 人门，《静修集》作“人文”。

⑪ 北魏道武帝引武州川水，沿西山北上(今大同名城防洪总渠)，在安家小村流入大沙沟，经陈庄，入皇宫。我曾于《平城访古记》中论述。今始知元代再度利用，大约明清大同护城河水亦源于斯。参见1668年条注。

1300年庚子　元大德四年

《大元故正议大夫、浙西道宣慰使，行工部尚书孙公神道碑铭并序》[①]：云西风土雄硕，龙山峻极，为之奠焉；浑流交贯，神川清淑，资其润焉。故士生其间，有瑰奇宏杰之称，而刘、雷为之冠焉。然山川炳灵，奚间今昔？况河洛为帝王之里，并汾多攀附之臣，俪景风云，依光日月者哉。若乃始以才技，有光世绪，终则挺输忠荩，作时名卿，安荣福寿，庆流后裔者，谁乎？故宣慰使、工部尚书孙公其人也。

公讳公亮，字继明，世家浑源横山里。曾祖讳伯，大父讳庆文，咸勤力务本，不耀其光显。祢讳威，为人跅弛不羁，早以功名自憙，少有巧思，肄函人业，缮治坚密，出新意于法度之中。方太祖皇帝圣武经略中夏，总揽豪杰，贮储戎具为急，乃挟所业投献，上赏其能应时需，赐名伊克乌兰，锡佩金符，充诸路甲匠总管。太宗朝，从征秦、晋，恻民被屠戮，屡以搜简工匠为言，赖全活者众。显妣杜氏，主内务有纲纪，尝辩雪工徒贸逆之诬，因之脱死。公生漠北，年十许岁，总匠君挈之入觐，太宗异其风骨，曰："此儿他日必大享用。"蒙赐御馔。自是得出入禁闼矣。及长，资英明，多艺能，慷慨有大志，练习国典，通晓译语，所交皆一时豪俊，众亦以通材许之。庚子岁，袭父职，佩银符。定宗朝，换金符，岁进课精，例赐锦币。宪宗特赉貂裘，仍敕继称父赐名。

世祖皇帝在潜邸，上命岁输百铠，有中七矢而不贯者，其坚完如此。及南征，果获用。中统建元，授都总管。上北征，驻苦没敦，公出私财置甲胄六十袭以献，天颜喜甚，锡银笏（阙六字）忠甲（阙四字），命领诸路杂色，一（阙一字）奏（阙三字）四十，妻工之鳏者。岁支衣粮赡济不给，（阙一字）局廪给自此始。又考制度，定程式，作诸路恒法。公自承嗣，选材（阙一字）下，招亡恤弱，出私财以代公费，（阙二字）获而（阙一字）军兴（阙一字）蒙赏进秩，可谓尽心所事，克（阙四字）。以人材抱负论之，干将补衲宝鼎，枝车未膺所用，有郁郁不能自已者。至元改元，朝廷清明，治具毕张，公上疏抗言，宜设御史台肃正纪纲。虽不能有符，士论伟之。五年，宪府肇建，特拜监察御史官、忠翊校尉。上谕大夫塔齐尔公曰："他人则未之识，如伊克乌兰，朕熟其忠廉，宜与汝共事。"时官僚极一时之选，较夫多识朝廷故事，洞达诸色情状，材气足以投赴事机，威望可以慑服豪猾，在公无以逾此。一日职与志惬，思明目张胆，鲠言无忌，仰答恩遇，由是风生白笔，气凌霜简，论列无虚日。时宿卫鹰房凭恃城社，颇纵恣，在他人弗措手者，公优为之，如上都济时门强夺民物，东安州纵马驼啮食桑枣，甚至砍伐为薪，公痛绳之以法。至豪强畏避，上闻而以能目之。三年考满，宪长奏公自供职无点水私，至绝（阙三字）饮风棱铦利，刺督切中里行，无出其右。（阙四字）时选擢正为此尔，可再任，俾矜式新进者。既而，察（阙一字）为外事（阙一字）还西川行者冒支楮币二万余，定（阙六字）之义为（阙一字）役兵士治第、采薪，至被虎（阙十二字）五十，仍奏治其罪。十年夏，宣授金符，武德将军，佥山东东西道提刑按察司事。至则务实用显效，张皇宪度，故材廉者必荐，奸贪者必置于法。州郡惴惴，奉约束惟谨，褰帷具瞻，有风动百城之目。东平路监尹，出贵戚，简重自居，监司官至郡，未尝相觌，闻公来按部，迎谒境上。纠治豪纵不法者十数辈，曾无一语护援。及去，复伸饯礼，博德高唐耆老炷香于顶，来迓曰："自立宪司，未睹称职如公者。我辈获安田里，受赐多矣。"其威望显著，吏民畏服可知已。十二年，升山北辽东道提刑按察副使。辽东境土旷远，诸王营帐洎诸部种人杂处其间，恃势相凌，为申严法禁，革去宿弊，豪强敛迹，小民气得少伸。分司辽阳，亲王近侍五人劫居民资用，且殴击之，有司不敢究。民来诉，即械五人徇通衢，王谕释其罪，竟杖决之。滦水阔而杂砂石，自昔无津梁，命造荆络贮碎石为柱，以成桥，仿此建者百所。自尔，辽右免病涉苦。十三年，进阶朝列。十四年春，升授中顺大夫、彰德路总管，分佩金虎符。惟相当南北冲会，民物繁伙，自昔为河朔名郡，然政务烦重，视邻路为倍蓰。公谙练政体，材地有余，当王事坌集，讼牒交至，泛应曲当，不失时措之宜。平生遇事有为，一旦重膺民社，乃究竟利病，俾实惠及民，以三事躬请于朝。其一，比岁霖潦伤稼，民多阙食。准免逋税九千七百石。其二，诸郡输递，取道本路，征发车牛，越广平，抵顺德，往还余五百里，非惟偏倍，恐民力不堪。蒙以广平之磁州代焉。其三，本路税粟，岁输大名秦家渡，由唐宋渡河，东南行百五十里，岁晏寒冱，车人告病。听于唐宋仓输纳。前政贷民资五百余（定）[锭]，起新附军营舍，至是亦给公帑。邢民李闰六尝杀人，累问弗伏，干证余百人，移公推，密廉其实，遂伏辜，余得释。时以神明称。终更，相人怀思，至琢石颂焉。江浙平，上谕中书省造作事重，当选能者主之。十六年冬，授正议大夫、浙西道宣慰使，兼行工部事。籍人匠四十二万，立局院七十余所，每岁定造币、缟、弓矢、甲胄等物。十八年，上命左丞相阿喽罕等征日本，给办艨艟战具，缮制坚完，都将以闻。上曰："伊克乌兰，岂有误耶！"二十年十月来朝，大为上所奖谕，赐宴于便殿。二十二年，授江西等处行工部尚书。上章致仕，闲居清苑。每风宪洎临民官来质疑，必告以益国便民之方。二十四年九月，觐上于朝殿，上念世臣之旧，问年今几何，居某处，子孙几人。奏对毕，赐食，俾坐于御榻之西。上遣大府卿纳里忽问曰："饮饫饱未？"复赐鹿羹白酒，沾醉而出。

大德元年，子拱总尹大同，奉公与夫人张氏还乡里。时公及夫人寿俱高，日与亲友相饮宴，乡人荣之。改浑源西北山曰昼锦，有司亦用名乡。四年正月廿九日，以疾薨于私居之正寝，享年九十有九。遗训子孙勉力忠孝，少不及私。二月十四日，归葬于浑源州西刘村先茔之次[②]，送葬者数千人，哭声闻数里外。盖平生感怀于人者如此。夫人张氏、梁氏，皆出名家。张氏终于四年秋，寿八十有四；梁氏先公没。子三人：拱，资诚实材果，纯孝力学，由工部侍郎升授少中大夫、大同路总管，兼府尹、本路诸军奥鲁总管、管内劝农事；撒，武略将军、武备寺丞；振，忠翊校尉、定海县尹。女三：长适安平县尹赵襄，次适李氏、刘氏。孙男四：谦，袭世职，从仕郎、保定等路军器人匠提举；次，早世；谐，承直郎、利器库提点；谊，进义副尉、保定等路军器人匠提举。孙女三：适赵氏、王氏，次幼。曾孙男一：猥头。曾孙女三：长适李氏，余幼。

公仪观魁伟，器量丰闳，美须髯，容色庄厉，娴习时体，译语阑翻，杂以谈谑，顾国种贵卿无以易。其论列公朝，集议寮属，处正奉公，词情剀切，毫发不假借。善为钩距，能得小人根株窟穴，似夫古之能吏才大夫。至于奉上忠，事亲孝，交友诚，虽位望显赫，循循谦让，退然如无能为者。齐家教子，敦笃义方，循尚礼法，又似夫齐鲁质行之士。生平疾恶，由义激忠，其心休休，乐善成美，出于天禀。粹厚放良，臧获百余人，贷贫民子钱七万缗。宜其三任风宪，位正总尹，丕张世守，官篚六卿。刚直有守，允协士论，忠勤无间，简在帝心。福寿绵延，子孙众多，家门隆盛。虽曰依乘，亦由平昔操履感召，有以致然也。可谓材德具备，勋名两全，哀荣终始者矣。

嗣子拱，以墓碑来请，因忆至元戊辰宪台初立，公与不肖同擢御史，引见世祖皇帝在广寒殿。自尔议事松厅，联镳骢马，义气交孚，相得为甚欢，后偕官于相。迨岁壬辰，应聘北上，复私觌保塞，追叙契阔，当时并峨豸冠，今所存者，独吾二人。公又夺去，仆虽耄，忍无一言耶？既叙梗概，仍系之铭。铭曰：

云龙奋飞西北天，神武载造坤与乾；有来群后旋戎轩，所在戈甲相周旋。孙侯挟技善达权，赐名训徒畀任专；函惟杆格贵弗穿，函虽多样公发源。犀兕七属光生烟，上为嗟惜赏世延；风云俪景同翩翩，执艺谏请多活全。臧孙有后理固然，公其挺生钟世贤；嗣兴遗绪心弥丹，鲲化跃出天池渊。豸冠执法班朝端，宪纲未举为进言；太微一夕光星躔，朱衣白简相后先。忠臣愤激同鹰鹯，秋风博击无空拳；上目刚直由孤骞，青齐辽碣海岱连。地广物众芽蘖间，绣衣风采何翩翩；积弊一铲摧邪奸，耻令张赵出吾前。煌煌金节临漳洹，霜空霁严正春妍；侯伯正位务固繁，剸裁错节惊龙泉。吏惟宽慢猛则残，要本实惠苏民编；上请三事民力殚，转输省便逋赋蠲。横敛追给公府钱，去思有颂德化宣；江浙平一俗巧儇，训授程课需世官。共工汝贤常伯联，工局染院劳次铨；岁时供亿物利坚，圣皇眷顾称忠惓。一朝上章遽引年，功成身退名节完；嗣侯亚卿请外迁，作牧乡郡意所便。锦衣荣养白昼鲜，世期福寿方绵绵；丘山零落馆舍捐；停云苒苒横之巅。时有白鹿驯其阡，神游凄断招来篇；自昔豪杰夸云燕；乘时树立孰敢肩。千年酆剑埋神川，郁郁紫气冲斗边；何以验之瑶有镌，英声并与斯铭传。——元王恽《秋涧集》卷 58

① 该碑，今存浑源西留村。正面隶书大字："大元故正议大夫、浙西道宣慰使，赠资德大夫、中书右丞、上护军、神川郡公，谥正宪孙公之墓。"落款楷书小字："集贤大学士、荣禄大夫李谦书。"碑阴文字风化漫漶，不可辨识。幸而存于王恽《秋涧集》，故录于兹。

② 西刘村，今名西留村，盖年久讹转。

1301 年辛丑　元大德五年

【题记】烟岭村僧四人行到[①]。大德伍年二月二十四日行可？。——日本《云冈金石录·元人墨书》第三十三洞北壁《烟岭村僧四人游记》[②]

① 烟岭村，在今大同城西南 21 公里的口泉沟内。

② 《云冈金石录》记旁边有游记三则："鲁班造就就。应州在城主人王大。""古寺■■僧。""山中有古寺。"又记北壁有《大同府曹生游记》："□东路大同府曹生记？自誓？。大德□年六人。"按：□东路，当为"河东路"。

1302 年壬寅　元大德六年

六年春正月……诏："自今僧官、僧人犯罪，御史台与内外宣政院同鞫。宣政院官徇情不公者，听御史台治之。"……六月……大同路、宁海州亦饥，以粮一万六千石赈之。——《元史》卷 20《成宗纪三》

六年八月，大同、太原霜杀禾。——《元史》卷 50《五行志一》

冬十月……置大同路黄花岭屯田。罢军储所，立屯储军民总管万户府，设官六员，仍以军储所宣慰使法忽鲁丁掌之[①]。——《元史》卷 20《成宗纪三》

【塔题】《特赐第十三代佛惠净□普安西溪志公长老灵塔》[②]

【塔铭】大同路在城大龙宫住？寺□□……尝言：师……□□□师……妻事。

师性？□□□□……一年有□□□□□北□非？俗真？□……师□□却□本乡，于大普恩寺□讲……□经过□随参学，二年后，至云京龙宫寺……至元□三？年二月十五日云居圆寂□……十四年□拙？庵？住持龙宫寺□□……□龙泉寺□□开堂有□□□……□□□□特？□建三门，重修□□□……畜？三十余□置□人口未交？盈仓。其……大同路达鲁花赤总管府出□□□□……又置典库一眼。师劳倦不胜？住持□□……□内有功德主、平章相公唐□□……请师复住龙宫。至大德六年□□□……一藏。更？置典库一眼两□库内□……如泉弗竭又别？□□…………[3]无公□□□随缘……师名□□……圆祐，师孙惠□、惠□……小师圆鉴立石。……。

① 《元史》卷58《地理志一》："大德四年，于西京黄华岭立屯田。六年，立万户府，所属山阴、雁门、马邑、鄯阳、洪济、金城、宁武凡七屯。"

② 此八棱石幢，黄砂岩，下部风化，上部文字隐约。现存大同市博物馆，据说是1983年从南门城墙挖出。

③ 这里两个半棱面剥落，字迹全无。

1303年癸卯　元大德七年

二月……丙子……命西京也速迭而军及大都所起军，皆以四月至上都，五月赴北。……己卯……太原、大同、平滦路饥，并减直粜粮以赈之。……闰五月……辛巳，诏僧人与民均当差役。……六月……庚子，西京道宣慰使法忽鲁丁以瑟瑟二千五百余斤鬻于官[1]，为钞一万一千九百余锭。有旨除御榻所用外，余未用者，宜悉还之。……秋七月[2]……中［书］省臣言："大同税课，比奉旨赐乳母杨氏，其家掊敛过数，扰民为甚。"敕赐钞五百锭，其税课依例输官。……九月……丙子，罢僧官有妻者。……十一月……丁巳，诏大同、净州、隆兴等路运粮五万石入和林。——《元史》卷21《成宗纪四》

《重刻禅源诠序》：《禅源诠》者，唐圭峰禅师之所作也[3]。……唐大中时，裴相国休为之叙，复手书是图，付金州延昌寺。后传唯劲师，再传玄契师，而图行闽、湘、吴、越间。国朝至元十二年，世祖御广寒殿，愿问禅教要义，帝师及诸耆德以《禅源诠》对。上意悦，命板行于世。后二十有九年，为大德癸卯，嗣法雪堂仁禅师[4]，奉旨之五台，回途过大同，得金时潜庵觉公禅师所书图，益加考订、锦粹，以传诸远。……文原与师为方外交，乃随喜赞叹，为之次序其说，书诸编首。是岁闰月朔，应奉翰林文字、将仕佐郎、同知制诰，兼国史院编修官巴西邓文原书。——《禅源诸诠

集都序》[⑤]

大头陀教胜因寺[⑥]，圆通玄悟大禅师溥光所建也。始祖曰纸衣和尚[⑦]，立教于金之天会。示灭之后，门人嗣法，自河涧铁华、兴济义希、双桧春、燕山永安、蓬莱志满、真教猛觉、临猗觉业、普化守戒、清安练性、白霫妙，一十有一传而至溥光大禅师。师五岁出家，十九受大戒。励志精勤，克嗣先业。虽寓迹真空，雅尚儒素。游戏翰墨，所交皆当代名流[⑧]。世祖皇帝尝问宗教之原，师援引经纶，应对称旨。至元辛巳，赐大禅师之号，为头陀教宗师。会诏假都城苜蓿苑，以广民居。请于有司，得地八亩。萧爽靖深，规建精蓝，为岁时祝圣、颂祷之所[⑨]。圣上御极之初，玺书锡命，加昭文馆大学士、中奉大夫，掌教如故[⑩]。宠数优异，向上诸师所未尝有。士庶翕然，争相塔庙之役，前仪真三务使姚仲实，赒急尚义，实为檀施首[⑪]，燕人高翔亚之。自余不祈而荐货贷，不命而献力者非一。师亦因仍众愿，为之以不为，有之以不有。金季，琼林废馆，有亭曰芙蓉，劫火之余，岿然独存。师叹其规制宏伟，购求得之，结为浮图宝刹。揭以雕檐，楯以香木，内设毗卢法象，环庋《大藏诸经》。初，闻藏经板木在浙右，且多良工，遣法弟空庵普照[⑫]、门人宁道迁，取经于余杭普宁寺。楮墨、辇运之费，仲实悉资之。仲实又以慈氏三大士殿未立，一力赞成，尽仑奂之美。藻井承尘，中堂有甓，门宇靖深，垣墉坚固，方丈净居，兰若之制悉备。殿内黄金斗帐及诸供具，皆高翔所施。寺役起于至元丁亥，讫于大德癸卯[⑬]，工用以缗计者十万有畸。仲实奉钱独赢五万缗，仍誓毕余缘以为己任。其悉心事佛，轻财喜施，虽须达长者布之金，不足过焉。

寺既落成，砻石请记兴造始末。予闻头陁氏之说，毗尼为之室宇，不假缔构而崇；杜口为之法门，不待文字而传。惟师平生戒行清修，能得人之愿力如是。晚节亦自刻苦，有合吾儒恶衣恶食而志于道者，宜其教风之日竞也。是不可不书，乃为详载其事于石。

师姓李氏，字玄晖，云中人，自号雪庵。躬督役事者，始则法弟如庵李溥圆[⑭]，终则溥照、道迁也。溥照为江南诸路头陁教门都提点，道迁为江浙禅云。铭曰：

头陀立教宗瞿昙，药除世患先痴贪。六尘一洒慧露甘，总十二行归于三。斋居粝食绝嗜耽，物不犯命衣非蚕。毗耶之禅不待参，志与妙梵为司南。纸衣阐法今雪庵，力扶宗教青出蓝。诏恩许刻文馆衔，宝华天宇何潭潭。慈氏趺莲构楩楠，文殊猊座观音岩。法航来往自江南，浮图大藏毗卢龛。神龙诃护七宝函，祝皇万寿镇舆堪。

瑞光长照西山岚。

翰林学士承旨、正奉大夫、知制诰、兼修国史阎复撰，中书省都事张□书并篆。大德七年十月立石。——北京图书馆善本组辑《析津志辑佚》，1983年北京古籍出版社版[15]

① 瑟瑟，碧色珠也。《元史》卷176《曹伯启传》：“大同宣慰使法忽鲁丁，扑运岭北粮，岁数万石，肆为欺罔，累赃巨万，朝廷遣使督征，前后受赂，皆反为之游言，最后伯启往，其人已死，喻其子弟曰：‘负官钱，虽死必征，与其纳赂于人，曷若偿之于官。第条汝父所赂之数，官为征之。’诸受赂者皆惧，而潜归赂于其子，为钞五百余万缗。”

② 《元史》卷175《敬俨传》：“七年，拜监察御史。……七月，迁中书左司都事，扈从上京。西京贾人有以运粮供饷北边而得官者，盗用至数十万石，以利啖主者，匿不发，俨按征之以输边。” 综上知，大同乃输粮和林的主要基地。

③ 唐圭峰禅师，即唐圭峰山沙门宗密。

④ 雪堂普仁禅师，时任佛教总统。

⑤ 《禅源诸诠集都序》又有：“《重刻禅源诠序》：雪堂禅师，智识雄迈，行解圆通，喜修为，乐施与。一日，谓余曰：‘愚尝患世之学佛者，不究如来设教之因，妄执空有，竞分大小，曰顿曰渐，曰禅曰律。訾訾纷纷千数百年，如护父足，使具受病。虽遇一二同志有以启之，恨不能家喻而户晓也。幸得圭峰所述《禅源诠》，其文博雅，其旨切当，悉叙前所患者，道其所以然；且作图示心，一真实谛，含三大义，无明缘染，诸相妄起。依修断法，获证入理，提纲举要，如指诸掌。昔至元十二年春正月，世祖皇帝万机之暇，御琼华岛，延请帝师，太保文贞刘公亦在焉。乃召在京耆宿，问诸禅教乖互之义。先师西庵赟公等八人，因以圭峰《禅源诠》文为对，允惬宸衷。当时，先师嘱其弟双泉泰公为之记，仍命雪堂锓板流行。愚以参问诸方，未暇及此。向于云中普恩、兴国二寺，各获一本。后在京万寿方丈，复得辽朝崇天皇太后清宁八年印造、颁行天下定本。与文士较正，拟欲刻梓，以传永久。请叙一言，庸伸先师遗志。’余闻之……翰林待制、朝列大夫、同修国史贾汝舟序。”按：雪堂禅师，乃临济十八代孙，时任佛教总统。

⑥ 元大都胜因寺，清《钦定日下旧闻考》卷155云：“臣等谨按：《析津志》载元翰林学士阎复《胜因寺碑》，述僧溥光事颇详，今节录于后。寺在明时已废。”其后文节录甚略，且未考订寺庙方位。今《析津志辑佚·寺观》采元熊梦祥《析津志》云：“胜因寺，在四隅头。元于金时为苜蓿苑。至中八拱亭，此亭乃金朝酒园中之芙蓉亭也，为名胜行乐、觞咏之所。惟以拱斗构架而成，既高且广，为金时诸亭之冠。今为寺中藏经之所。后殿三佛，东方丈，东名知足天，西名利欲地。方丈东，即厨库，有居众头陀之房也。（四）［西］乐堂，前楹有石碑，镌瑞粟三本，金朝题赞，名瑞谷。殿前正南，西向，有胜因寺碑山，西有雪庵顶像碑题赞。”按：文中“四隅”，当作“西隅”，即阎复碑铭“瑞光长照西山岚”之意。可见，胜因寺在大都城西。考李溥光入大都，在至元八年（1271）之前。清顾嗣立编《元诗选三集》卷4《李溥光雪庵集》录其《初出云中》诗云：“吟鞭驴背稳如舟，乍出嚣尘眼界幽；宿雨洗开千里瘴，晴云卷出一天秋。白鸥黄犊浑相识，绿水青山揖旧游；莫讶旅怀还更好，道人心上本无忧。”元王恽《秋涧集》卷15《送张子文驿送戈甲前赴成都》诗，题下注曰：“子文，云中人，至元八年冬，相识于大都李玄晖南庵。”南庵，盖溥光初入大都，于城南结庵居止之所。

⑦ 纸衣和尚，盖即耶律楚材《湛然居士集》卷8《寄赵元帅书》中所谓“刘纸衣”者。

⑧ 元王恽《秋涧集》卷1《熙春阮赋并序》："玄晖上人得隆德故阁余材，斫而为阮，因以'熙春'目之，亦文殊之义也。至元戊寅（1278）春，同甯尹端甫、刘御史叔谦、赵太博彦伯，坐心远轩，师为鼓《绿水》《悲风》二曲，清越悲壮，坐客感叹兴亡，有怆然于怀者。师请予赋之，其辞曰：天新雨，风日妍，心与闲会，境趣静便，拉旷怀之逸士，过雪庵之老禅。敛袂危坐，添炉注笺，于是出桂阮，调素弦，控朏月而当抱，抚筠柱之横骈。'师曰：'兹熙春之断余，偶丝之而清圆者也。遂鼓一再行，清越悲壮，如泉咽水底，风行樾间。翛翛兮，欲断而复作；淙淙兮，似漱而还潺。铿尔，擿铜丸之韵；凄兮，聆高树之蝉。又如游士骋说，剑歌去燕，何辞气之从横？激太清而沈羽渊。客乃呀然而惊，惨然而悲。信乎！物之感人，有不期然而然者。想老徽之般乐，荡侈魄以无前；厌华阳之湫隘，敞楼居而致仙。海鳌首抃，金鹏翼骞，郁鼎莲之香雾，锁月殿之婵娟；荫千秋之歌舞，寿艮岳而不骞。俄龙移而鼎去，继金亡而阁迁；殆露盘之声折，怅秋风而涕潸。兴废一瞬，两朝百年，委繁华于野草，锁莽苑之荒烟；咄此木之何幸，遇幽人之达观；纳须弥于芥子，寓余哀于一弹。犹足以舞鱼龙于海曲，洗亡国之愁颜也。呜呼，噫嘻，向之使人凛而悲者，物讵能动于人哉？人之哀乐，妄为物之所牵，不知太虚寥寥，既寂而玄。唯此理之嘿识，何繁华废兴之足叹？师曰：子其为我赋之，吾欲秋月当户，松风满轩，写仲容之别操，合清商而洞宣，使云阴蔽空，古鹤下蹮，走商延于濮上，掩新声于师涓也。" 元张之翰《西岩集》卷3《赋李元煇熙春阮》："君不见，柯亭竹，爨下桐，一笛一琴惟数邕，古来神物不易得，天生赏音亦难逢。我观熙春阮，殆与二者同。想初岧嶤阁，在半天上，香烟散满宣和宫，一朝太湖峰摧石鼎废，万瓦并逐宫车空，匠斤斫梁，斧破柱，左弃右掷，随儿童。雪庵从谁得此老桂余，绳丝为弦五音从，规模不减古仲容，智识似是今行冲。团团元璧柄在手，黯黯蚀月轮当胸，初摘何和融，尚如玉京流莺乱语无雌雄；再摘渐哀怨，便如金源战骑深入相奔冲；连绵五六摘，愈摘声愈工。三山遗迹渺，何许变作春秋咫尺中，不知世间何物役其指，能使千秋万古亡国之恨来无穷。道人未必有是累，淡然一笑鬓发蓬，政自屏息世虑适，独坐洗涤哇淫惊群聋。王师近已收江东，东京乐家半吴侬，问师肯为传此曲，教渠拭泪听松风。"按：金中都隆德殿有东西两阁门。宋张邦基《墨庄漫录》卷9云："琴、阮，皆乐之雅者也。琴则人多能之，而艺精者众；至阮，则人罕有造其妙者。"

⑨ 至元辛巳，即至元十八年（1281），赐溥光号"圆通玄悟大禅师"（名号又见元马祖常《石田集》卷10《敕赐弘济大行禅师创造福州南台石桥碑铭》），掌头陀教；并开始规建胜因寺。

⑩ 明《成化山西通志》卷9《人物》曰："李溥光，大同人，号雪庵。自少为头陀，深究宗旨，雅好吟咏，喜与多士大夫游。见闻日富，篇帙浸多，尤善作大字，当时宫殿、城门扁榜，皆出其手。寻为昭文馆大学士。有《雪庵长语》《大字书法》等集，行于世。"清《雍正山西通志》卷159《大同府》云："李溥光，大同人，幼出家为僧，号雪庵和尚。喜读书，经传子史无所不窥；善诗，工书法，遒劲有致。一时宫殿扁额，皆出其手。至元间，诏蓄发，授昭文馆大学士。有《雪庵集帖》传世。"按：溥光加官"昭文馆大学士"，依碑文，在元成宗践极之初，即元贞元年（1295）。"蓄发"授官之说，不见元人记载，盖属清儒无稽之谈。唐辽金元高僧，多有拜赐三公者，岂必蓄发还俗？《雪庵长语》，见元邓文原（1258 ~ 1328）《巴西集》卷上《雪庵长语诗序》："学释氏者曰：'佛以妙圆清净、究竟真如，视语言文字，犹梦幻空花，本非实有。'然方便设教，该括众理，巨细靡遗，曷尝厌语言文字哉？说者谓此为妄根，尘识冥迷无觉者。'若上智，则不假世缔，直悟宗乘。法性既空，言于何有？'几于得意忘象、得象忘言者耶。佛有头陀教，今大同李公玄晖为宗师，遇手翻贝多、心研《般若》之暇，有所感发，辄为歌诗，以宣道其意。或讥公曰：'头陀氏草衣粝食，勤修苦行，

何搰搰焉以诗为事？’公笑曰：‘此吾长语也，听者能知长语为非长语，则佛道可默识矣。’公早业儒，交友皆当世名卿相，工大字，所谓技进乎道者。受知圣朝，位昭文馆大学士，而不衒智能，不著贪欲，故为诗冲淡粹美，有山林老学贞遁之风焉。昔高闲上人善草书，昌黎公言淡与泊相遭，若有疑于高闲者，然必先淡泊而后通变化。岂惟书哉？诗道亦由是尔。余曩在词林，获接公风采言论，知公之为世贵重者，不独深于诗也。故为序其编首而归之。”

⑪ 元程钜夫《雪楼集》卷 7《姚长者碑》：“皇帝在春宫时，尝幸胜因寺。栋宇华洁，象设严穆，顾昭文馆大学士、头陀教宗师溥光而美之。溥光对曰：‘都民姚长者之力也。’因历历道长者平生，由是长者名姓简在帝心。长者卒之明年十有一月，集贤大学士陈颢言于上，愿表其墓，以风厉天下之好善者，诏臣某为之文。臣谨按：长者讳仲实，字仲华，河南人。和粹谨厚，好善不倦。父守信，仕金为千夫长，没于王事。金亡，奉母赵家于京师。至元十三年，为京敖盐局使。二十四年，迁真州三务使。居半岁，慨然曰：‘剥下以事上，非我志也。’弃官而还，以为京师天下之都会也，东至于海，西逾于昆仑，南极交、广，北抵穷发，舟车所通，货宝毕来，可废居以为富。行之十年，累赀巨万，乃曰：‘积而不散，祸之招也。’于是耳目之所及，力之所至，缓急患难，知无不为。谓人莫悲于死无以葬，买雍庄地十余顷，为义茔以藏之，岁将冬，地且冻，预为窆以备之；人莫病于男女失其时，贫不能婚嫁者，资以助之；人莫不幸于失身为奴，赎而齐民者数十家。饥则为食于路，以饷饿者；寒则置席于狱，以藉囚者。天子建辟雍，献美木十章、米五十斛、织金帛二端，役夫羊裘九十袭。胜因之创也，致币五万余缗，《大藏经》一藏。若元正，若天寿节，若车驾行幸还，若国有大庆，必率诸耆耋执贽入贺。元贞初，裕圣皇太后册宝礼成，诏赐彩缯百二十匹，复其庸调，又命为京师诸耆耋长。念无以报上德，乃于万安寺建水陆会，清本庵藏黄箓醮；施《大藏经》三藏，于元国、慈济、兴福寺；捐金永安寺、白云观，而祝厘焉。至大庚戌春，丐贫民责五万余缗，还其券。前后施予，不可胜计。至元初，于城东艾村得沃壤千五百余亩，构堂树亭，缭以榆柳，环以流泉，药阑蔬畦，绮错棋布，嘉果珍木，区分井列，日引朋侪，觞咏啸歌其间。聘名师，课子孙，泊然无所干于世。优游四十余年，以至大四年正月十有七日，无疾而卒，年七十三。……”按：雪楼碑文，撰于皇庆元年（1312），所谓皇帝，为元仁宗。

⑫ 淛，即“浙”。元任士林《松乡集》卷 2《头陀福地甘露泉记》：“昭文馆大学士、雪庵李公溥光，以翰墨之遇，行释氏之学，儒名而墨行者乎！大德二年，有旨来南，阐扬教事，椎轮湖山、葛岭之西，大兴栋宇，以聚其徒。既而，正智通辨禅师、空庵焦公溥照，实来都提点江南诸路。筑室佛殿之右，凿山泉出，色白味甘，饮者神醒，如获醍醐，于是雪庵李公大书曰‘甘露泉’。……”按：清《御选元诗姓名爵里二》谓“溥照，字符明，吴郡人。”葛岭，在杭州西湖北岸，传为东晋葛洪炼丹处，故名。

⑬ 至元丁亥，即至元二十四年（1287）；大德癸卯，即大德七年（1303），历时 17 年。

⑭ 元夏文彦《图绘宝鉴》卷 5《元》：“宗师溥光，字玄晖，号雪庵，俗姓李氏，大同人，特封昭文馆大学士，赐号玄悟大师。善真、行、草书，亦善画山水，学关仝；墨竹学文湖州，俱成趣。头陀溥圆，字大方，号如庵，俗姓李，河南人，于雪庵为法弟。书学雪庵，山水墨竹俱学黄华。”元邓文原《巴西集》卷上《头佗师李大方诗集序》：“大方李君，早习头陀教，受业于藏真澄公，机警不群，众推让为法器。既示寂，东平张君幼度为状其行履，乞言于当代之工为文词者。幼度与余，同在词林，素慎重，其许予必审。及观大方所为诗，而幼度之言益信。唐僧类能诗，往往以空玄为工，

视世故若不屑然。吾观古之善学佛者，一垢净，齐喧寂，等物我，不间有无，不著苦乐，必以空者为工，是犹滞于一偏，而非其道之至也。大方之诗，融会贯彻，博周事物而非污，穷极理奥而非隐，是殆有得于古之学佛者乎？……李君讳溥员，大方其字，自号如庵，家本河南芝田人，后居燕云。”

⑮ 《析津志》，元末熊梦祥撰，明代中后期亡佚。《析津志辑佚》，系北京图书馆从残存《永乐大典》《日下旧闻考》《铸学斋藏本》《顺天府志》辑本等书中收集而成。

1304 年甲辰　元大德八年

八年春正月……大同、……等路被灾人户，免二年。……五月……隆兴之天城、怀安，大同之白登大风雨雹伤稼，人有死者。……八月……大同之怀仁雨雹陨霜杀禾，杭州火，发粟赈之。……十一月……丁卯，复免僧人租。……壬申，诏：“凡僧奸盗杀人者，听有司专决。”——《元史》卷 21《成宗纪四》

1305 年乙巳　元大德九年

二月……甲午，免天下道士赋税。……夏四月……乙酉，大同路地震，有声如雷，坏官民庐舍五千余间，压死二千余人。怀仁县地裂二所，涌水尽黑，漂出松柏朽木[①]，遣使以钞四千锭、米二万五千余石赈之，是年租赋税课徭役一切除免。——《元史》卷 21《成宗纪四》

九年六月，晋宁、冀宁、宣德、隆兴、大同等郡大雨雹，害稼。——《元史》卷 50《五行志一》

秋七月乙巳朔，禁晋宁、冀宁、大同酿酒。……十一月……给四川征戍军士其家居大同为地震压死者户钞五锭。——《元史》卷 21《成宗纪四》

① 《元史》卷 50《五行志一》：“九年四月（己）［乙］酉，大同路地震，有声如雷，坏庐舍五千八百，压死者一千四百余人。怀仁县地震，二所涌水尽黑，其一广十八步，深十五丈，其一广六十六步，深一丈。五月癸亥，以地震，改平阳路为晋宁，太原路为冀宁。十一月壬子，大同地震。”卷 197《孝友传》：“贾进，大同人。大德九年，地震，民居多伤，且乏食，进给酒药炭米济之。每岁冬，制木绵裘数百袭衣寒者。买地为义阡，使无墓者葬之。”据我国现代地震学家推测，此次大同地震为 6.5 级。

1306 年丙午　元大德十年

十年春正月……戊午，罢江南白云宗都僧录司，汰其民归州县，僧归各寺，田悉输租。……丁卯……弛大同路酒禁。……二月……是月，大同路暴风大雪，坏民庐舍，

明日雨沙阴霾，马牛多毙，人亦有死者。——《元史》卷 21《成宗纪四》

1307 年丁未　元大德十一年

十一月癸亥……建佛寺于五台山。——《元史》卷 22《武宗纪一》

1308 年戊申　元武宗海山至大元年

二月……甲辰，发军千五百人修五台山佛寺。……甲寅，和林贫民北来者众，以钞十万锭济之，仍于大同、隆兴等处籴粮以赈，就令屯田。……五月……禁白莲社，毁其祠宇，以其人还隶民籍[①]。御史台臣言："比奉旨罢不急之役，今复为各官营私宅。臣等以为佚旺兀察都行宫及大都、五台寺毕工，然后从事为宜。"……甲申，立大同侍卫亲军都指挥使司[②]，以丞相赤因铁木儿为使，摘通惠河漕卒九百余人隶之，漕事如故。……七月……禁鹰坊于大同、隆兴等处纵猎扰民。……八月……己酉，大同陨霜杀禾。……十一月……癸未，皇太后造寺五台山，摘军六千五百人供其役。……十二月……中都立开宁县，降隆兴为源州，升蔚州为蔚昌府。省河东宣慰司，以大同路隶中都留守司，冀宁、晋宁二路隶中书省。——《元史》卷 22《武宗纪一》

① 白莲社，即白莲教，佛教净土宗的一个支派。崇奉阿弥陀佛（无量寿佛），宣扬"弥陀出世"，号召世人"同生净土"。白莲教教义浅显，修行便利，南宋后期得到广泛传播，入元后大盛。元武宗禁教，元仁宗即位恢复。元末农民大起义，往往因此爆发。明代禁止。

② 《元史》卷 86《百官志二》："忠翊侍卫亲军都指挥使司，秩正三品。至元二十九年，始立屯田府。大德十一年，增军数，立为大同等处指挥使司。至大四年，属徽政院。延祐元年，改中都威卫使司，仍隶徽政院，寻复改属枢密院。至治元年，改为忠翊侍卫。后定置都指挥使三员，正三品；副都指挥使二员，从三品；佥事二员，正四品；经历二员，从七品；知事二员，照磨一员，俱从八品；令史七人，译史、通事、知印各一人。镇抚二员。"卷 100《兵志三》："忠翊侍卫屯田：世祖至元二十九年十一月，命各万户府，摘大同、隆兴、太原、平阳等处军人四千名，于燕只哥赤斤地面及红城周回，置立屯田，开耕荒田二千顷，仍命西京宣慰司领其事，后改立大同等处屯储万户府以领之。成宗大德十一年，改侍卫亲军都指挥使司，仍领屯田。武宗至大四年，以黄华领新附屯田军一千人，并归本卫，别立屯署。是年，改大同侍卫为中都威卫，属之徽政院，分屯军二千置弩军翼，止以二千人分置左右手屯田千户所，黄华领新附军屯如故。仁宗延祐二年，迁红城屯军于古北口、太平庄屯种。五年，复签中都威卫军八百人，于左都威卫所辖地内，别立屯署。七年十二月，罢左都威卫及太平庄、白草营等处屯田，复于红城周回立屯，仍属中都威卫。英宗至治元年，始改为忠翊侍卫，屯田如故，为田二千顷。后移置屯所，不知其数。""大同等处屯储总管府屯田：成宗大德四年，以西京黄华岭等处田土颇广，发军民九千余人，立屯开耕。六年，始设屯储军民总管万户府。

十一年，放罢汉军还红城屯所，止存民夫在屯。仁宗时，改万户府为总管府，为户军四千二十，民五千九百四十五，为田五千顷。”

1309年己酉　元至大二年

二月……癸亥，皇太子幸五台佛寺①。……三月……辛卯，罢杭州白云宗摄所，立湖广头陀禅录司。……六月……皇太子言：“宣政院先奉旨，殴西番僧者截其手，詈之者断其舌，此法昔所未闻，有乖国典，且于僧无益。僧俗相犯，已有明宪，乞更其令。”……并从之。乙亥，中书省臣言：“河南、江浙省言，宣政院奏免僧、道、也里可温、答失蛮租税。臣等议，田有租，商有税，乃祖宗成法，今宣政院一体奏免，非制。”有旨，依旧制征之。……九月……三宝奴言：“冀宁、大同、保定、真定以五台建寺，所须皆直取于民，宜免今年租税。”从之。——《元史》卷23《武宗纪二》②

①《元史》卷131《拜降传》：“升工部尚书，有能声。至大二年，仁宗奉皇太后避暑五台，拜降供给道路，无有阙遗，恩赉尤渥。”

② 清叶封《嵩阳石刻集记》卷下《拣公茶榜》：“《大都大圣寿万安寺、诸路释教都总统、三学坛主、佛觉普安慧湛弘教大宗师拣公茶榜》，昭文馆大学士、中奉大夫、特赐圆通玄悟大禅师雪庵、头陁溥光撰并书。窃以随缘应物，无非回向菩提；指事传心，总是行深般若。欲破人间之大梦，须凭劫外之先春。伏惟佛觉普安慧湛弘教大宗师，宝集正宗、转轮真子，学冠于竺乾、华夏，显密圆通；神游于教海义天，理事无碍。笑辟支独醒于一己，拟菩提普寤于群生。借水澄心，即茶演法，涤睡眠于九结，破昏滞于十缠。于是待蛰雷于鹿野苑中，声消北苑；采灵芽于鹫山顶上，气靡蒙山。依马鸣、龙树制造之方，得法藏、清凉烹煎之旨。焙之以三昧火，碾之以无碍轮，煮之以方便铛，贮之以甘露碗。玉屑飞时，香遍阎浮国土；白云生处，光摇紫极楼台。非关陆羽之家风，压倒赵州之手段。以致三朝共啜，百辟争尝，使业障、惑障、烦恼障，即日消除；资戒心、定心、智慧心，一时洒落。今者法筵大启，海众齐臻，法是茶，茶是法，尽十方世界，是个真心；醒即梦，梦即醒，转八识众生，即成正觉。如斯煎点，利乐何穷？更欲称扬，听末后句：龙团施满尘沙劫，永祝龙图亿万春。至大二年正月十五日，门资上座德严刻石于嵩山戒坛寺。”右茶榜，释溥光撰并书，至大二年刻于戒坛寺，为石四，两面刻，凡八幅，今移立在城西峻极下院。按王世贞跋云：“元僧溥光书茶榜，风骨颇遒劲，惜胸中无卍字骨，令天趣流动，笔端结习未忘，超洒不足。”又周叙记云：“元雪庵所书茶榜，字径三寸许，遒伟可观。今观其书笔，虽过丰而结体遒紧，有清臣诚悬之风。书史亦称其工大字。录之。”按：明王世贞《弇州四部稿》卷136《雪庵茶榜》：“元僧溥光书茶榜，其辞紫方袍底语耳。不得禅悦真味，书法风骨颇遒劲，略具颜、柳及眉山、豫章结法，惜胸中无卍字骨，令天趣流动，笔端结习未忘，超洒不足。所书官学士，后赠司徒，唐不空三藏且尔，胡俗无足怪也。”明孙矿《书画跋跋》卷2下《雪庵茶榜》：“此茶榜刻，今世多以饰屏，字全师颜鲁公，虽天趣未流动，然亦有骨力。余曾见此僧他墨迹，颇遒劲可喜。”

1310 年庚戌　元至大三年

三年春正月……戊子……营五台寺，役工匠千四百人、军三千五百人[①]。……九月……监察御史张养浩上时政书，其略曰："……五曰土木太盛。……今创城中都，崇建南寺，外则有五台增修之扰，内则有养老宫殿营造之劳，括匠调军，旁午州郡……九曰异端太横。今释、老二氏之徒，畜妻育子[②]，饮醇啖腴，萃逋逃游惰之民，为暖衣饱食之计。使吾民日羸月瘠，曾不得糠粃以实腹，褴缕以盖体。今日诵《藏经》，明日排好事，今年造某殿，明岁构某宫，凡天下人迹所到，精蓝胜观，栋宇相望。使吾民穴居露处，曾不得茎芽撮土以覆顶托足。昔世祖尝欲沙汰天下僧道有室者，籍而民之，后夺于众多之口，寻复中止。臣尝略会国家经费，三分为率，僧居二焉。……"养浩言切直，当国者不能容。——《续通鉴》卷 197

【碑文】《大元故武略将军、武备寺丞孙公神道碑铭》：翰林侍讲学士、少中大夫、知制诰、同修国史郝采麟撰，嘉议大夫、江西湖东道肃政廉访使刘藻书，中奉大夫、佥江浙等处行中书省事、浙东道宣慰使周锴篆额。

圣元启运之初，权举群才，宾诸庶位，智者以谋，勇者以力，莫不各荐其能，用襄丕业。大则分符裂土，小则世守其官，惟浑源孙氏乘时□□，溥致阴功，进以铠胄，而奕叶袭爵。迨浙西道宣慰使、讳公亮府君，以杰出之英，扬历中外，为名卿显族。宣慰公生三子，公其仲也，讳撒，字□谦。曾祖讳庆文，妣赵氏。祖讳威，诸路工匠都总管，妣杜氏。公幼而重厚聪颖，辄有成人之度。读书家塾，非亲命未尝出门，故乡里罕识其面。既长，师事虚白处士赵君，君，名道士也，一见器之，倾心欵接，授以秘奥。公日记千言，数年而博究远探，直趣幽深。至元初，诏征海□公侯百官子入充宿卫，名曰质子。时宣慰公均爱三子，难其遣。公知亲意而叹曰："遗亲忧，可乎？"毅然请行。久之，大丞相安童见其上直也，恪恭谨默，勤而有度，非时辈可侪，心独异之，擢进义校尉，提举诸路皮货。适伐宋军兴，岁造杂裘不啻万数，皮料所需，悉委公办。公规措有术，程督有法，民弗扰而功集，上下翕然称之。事闻，升昭信校尉，易金符，为诸路交钞都提举。先是，任此者鲜不作奸获谴而去。公洗手奉职，控制印毁？、平准百余库，其金钞子本出入，百弊不萌，而群邪屏息。至元十六年，朝廷以宋初平，民犹反侧易乱，宜选才更始，遂以公为武略将军，同知台州路总管府事。公事上接下，以诚以肃；推恩布惠，掖弱摧强。未几，颛蒙者以开，凶悍者以帖，而治礼大洪，有□□吏之风焉。公性至孝，一夕，梦母太夫人张氏卧疾。公惊寤涕泪，坐以待旦，而泣告同僚曰："母子一体也，天下一气也，今宵梦既形，吾魂其□安乎？安忍怀忧坐待也。"即日，弃官归。归而病果梦符，敬养数月，疾乃复。台人念公遗爱，树去思之碑，以颂德焉。以荐授武德将军，江淮等处行诸路宝钞都提举。中统钞行已久，日虚日弊，公建议改印至元钞，以一折五。朝廷从其计，至今为法。初，宣慰公尝以家传之妙，创制翎根细铠，出额上贡及岁入所课，常为天下最，世祖皇帝每嘉赐焉。至是，朝议以宣慰公既老，其子皆外补，一旦上有不时之需，非计也。即召公为武备寺丞，复武略将军。公见蛮荒所进犀象倒死，其皮革皆顿弊无用，因请以为甲胄而进，精致坚寿，近代无有也。上大悦，赐楮（弊）[币]八千贯。公谓群工曰："皆汝等力也，予奚敢冒？"悉分给之。

元贞二年秋八月十有二日以疾卒，春秋四十有八。子谊奉柩葬公于浑源之先茔。夫人笃剌氏祔焉。继室焦氏，贤而有节。谊佥武备院事，兼领世职，妙龄秀发，克保家声，所至未易量也。公生长贵富，常以节俭自处，谦恭自牧，粹如也。年未冠，祖母太夫人命领家务，公度入量出，亲疏贵贱各有等衰，中表叹服。至于国语、国字、医相、阴阳之术，咸造精妙，人所罕及。大德八年春，谊诣予而请曰："先大夫葬有年，墓宜有碑，碑宜有铭。子方载笔太史，叙德暴庸，铭惟子可。"予游公父子弟侄间久矣，知孙氏为悉，遂不敢辞。铭曰：

草昧天开，群雄崛起；繄浑之源，储休孙氏。既滀既潴，流芳未已；嗟武备公，凤雏骥子。生而拔萃，钟气之奇；孝友其志，仁惠其施。家有著范，治有去思；忠规义矩，荣耀一时。方期振翮，横绝天地；而止于斯，有识伤咨。横山之阳，□木苍苍；有隆其封，实公之藏。揭铭翠琰，表懿垂光；维子维孙，百世不忘。

至大三年岁次庚戌秋八月吉日，佥武备院事、兼领保定等路军器人匠都提举、子谊立石。——浑源县西留村《孙撤神道碑铭》

① 按：元代五台山佛寺建设接连不断，可谓登峰造极，大同从役者众。

②《日知录之余》卷3《僧尼之滥》："元时，妇人一切受戒。自妃子以下至大臣妻室，时时延帝师堂上戒，师于帐中（受）[授]戒，诵经作法。凡受戒时，其夫自外归，闻娘子受戒，则至房不入。妃主之寡者，间数日，则亲自赴堂受戒，恣其淫污，名曰大布施，又曰以身布施。其风流行中原。河北僧皆有妻，公然居佛殿两庑。赴斋，称师娘。病则于佛前首谢，许披袈裟三日。殆与常人无异，特无发耳。"

1311 年辛亥　元至大四年

四年春正月庚辰，武宗崩。……二月……辛亥……禁宣政院违制度僧。……丁卯，命西番僧非奉玺书驿券及无西蕃宣慰司文牒者，勿辄至京师，仍戒黄河津吏验问禁止[①]。罢总统所及各处僧录、僧正、都纲司，凡僧人诉讼，悉归有司[②]。……三月……丙戌……罢五台行工部。……辛卯，禁民间制金箔、销金、织金。……夏四月……丁卯……罢僧、道、也里可温、答失蛮、头陀、白云宗诸司。……冬十月……丁丑，禁诸僧寺毋得冒侵民田。辛巳，罢宣政院理问僧人词讼。——《元史》卷 24《仁宗纪一》

① 元代西僧跋扈，汉僧为之折腰。《佛祖历代通载》卷 22《五台山大普宁寺弘教大师了性》："时国家尊宠西僧，其徒甚盛，出入骑从，拟迹王公。其人赤毳峨冠，岸然自居。诸名德辈，莫不为之致礼。或磬折而前，抠衣接足，丐其按顶，谓之摄受。公独长揖而已。"

②《元史》卷 175《李孟传》："仁宗嗣立，真拜中书平章政事，进阶光禄大夫，推恩其三世，且谕之曰：'卿，朕之旧学，其尽心以辅朕之不及。'……司空、司徒、太尉，古之三公，自大德以来，封拜繁多。释、老二教，设官统治，权抗有司，挠乱政事，僧道尤苦其扰。孟言：'人君之柄，在赏与刑，赏一善而天下劝，罚一恶而天下惩，柄乃不失。所施失当，不足劝惩，何以为治。僧、道士既为出世法，何用官府绳治。'乃奏雪冤死者，复其官荫；滥冒名爵者，悉夺之；罢僧道官。天下称快。"

1312 年壬子　元仁宗爱育黎拔力八达皇庆元年[①]

皇庆元年春正月……癸卯，敕诸僧犯奸盗、诈伪、斗讼，仍令有司专治之。……四月……敕："僧人田除宋之旧有并世祖所赐外，余悉输租如制。"——《元史》卷 24《仁宗纪一》[②]

无名氏《石窟寒泉》[③]：

云根小穴秋半泓，青丝百尺悬银罂。入口倾消炎暑气，透骨直将冰雪清。

十年京路厌驰逐，胸次泥尘动盈掬。濯缨何日坐盘陁，临流细咏沧浪曲。——《成化山西通志》卷 16《集诗》"云中八景"

①《山右石刻丛编》卷 30 录河曲县《宗说寺碑》：皇庆元年春，"中顺大夫、河东山西道宣慰使司副使吉天英篆额，奉政大夫、秘书监秘书郎何守谦书丹，前太常寺太祝柯熙撰"。

② 元刘敏中《中庵集》卷 16《赠奉政大夫、骁骑尉、大同县子萧公神道碑铭》："中顺大夫、参议徽政院事萧君塔布台，持赵元溥所状先大夫行实，请曰：'不肖孤生遇明时，滥阶通显，洪惟圣天子道隆孝治，礼遇臣下，先考妣与沾大恩，光荷封爵，思所以侈宠荣，慰窀穸，宜有旌纪，传信不朽。'余嘉其诚，为次第之。萧本契丹贵族舒穆噜氏，公讳君弼，复改蒙古岱，赠奉政大夫、骁骑尉、大同县子。先世西京桓州人，后徙应州。大父而上，谱牒不存。考阿拉克巴图尔，当金箓之讫，太祖

皇帝奋起朔方，疆理中夏，在边诸郡，桓当其冲，帝驻跸近郊，遣兵围之，守者惧，以君素勇略服人，且习蒙古语，遂署为倅，以自辅。时旁郡皆降，桓独拒守，有诏城破当屠之，谍者以告。君私谓：‘食尽援绝，不可复支。吾徒死自其分，如生灵无辜何？’遂效国俗，翦发为髻，着巾夜缒而出，逻骑以见。帝责：‘尔曷敢拒我？’君即脱巾，露其发自明，辞色无变，帝壮之。辄遣入城开谕，乃降。民死而再生，君之力也。自是日承眷遇，凡天戈所指，君皆为前导，若取云中，收凤翔，至抚有西域，其劳居多。岁庚寅，太宗皇帝大举伐汴，选才堪近侍者，君为选首。汴平凯旋，君所俘户几四百，抵相州。时兵荒之余，所至艰食，复虑北方地寒，众必难保，独取壮健者五十户以北。至应州，择沃土居之，今名萧家寨，云是徙居应者。乙未，诏呼图克籍在所户口，君遂以俘户献，呼图克命君收及百户方入籍。有方士布济克，号神人，敕赐户奉其廪稍，乃以是户畀焉，仍锡君玺书金符，世为宣差以长之，今三世矣。君以丁酉春秋六十卒。君为人刚正尚义，凡攻下城邑，取其有艺术者出之，所全活甚众。桓之降也，太祖特以城中所献金，手推与之，俾袺以衣裾满乃已，其眷爱如此。配许氏、郭氏、钦察氏。许有操行，君没十余年间，摄官事，综家务，井井有绪；郭即大同公之母，出许昌著姓，资温性慧，尝翦发易香火，祝庆夫子，内助可知已，后君十五年卒。三子：长仲嘉努，次蒙古岱，大同公也，次多扬。……仲嘉努袭职宣差……大同公天性孝友，生六年而孤……就学大同，治当诸王朝会往来之冲，有司以供亿被谴责是患，乃辟公为馆伴，公素练国典，且闲译语，而又应对辩敏，故谴责弗及，而公私赖之。后从事宣抚司，补克哷穆尔齐，译云通事。寻以是职，迁河东山西道提刑按察司，以其能也。至元丁亥，中书平章政事札实、御史中丞色埒默使甘肃还，经大同，见公，一与语，大加赏异，归荐于御史大夫、太师伊噜公，擢内台克哷穆尔齐。谨密谙大体，风宪属望，太师甚重之。庚寅，奏拜行台监察御史。命且下，感疾而卒，搢绅惜焉。实大德元年正月五日，春秋六十又五，某月某日葬于应州萧家寨之先茔。公再娶，子男六人，女一人，孙男女二十有七人。先夫人王氏，内范纯备，生四子：长曰珠尔噶岱，摄宣差，卒……。曰宣，坚州酒税使……。曰阿雅噶齐，应州副酒税使，今为管领大同等路民匠克埒口提领……。继夫人察罕塔塔尔氏，封大同县君……生二子一女。……子曰与章，管领宣德、隆兴等处诸色民匠齐哩克昆，副长官英爽，工骑射，好猎，每获鲜肥，必进上兴圣宫，用锡宝书护其家，娶常氏，子四女一，女孙一。曰塔布台，即中顺也，娶张氏，封大同县君，子三：刷格尔、伊埒，女一精吉木，皆幼。中顺君始宿卫怀宁邸，用大官荐，给事兴圣宫。大德丁未，扈从今上、皇太后归自覃怀与平内难，奉命驰和林劝进。武宗继统，录功，授奉训大夫、平江路财赋提举司达噜噶齐。未赴，以皇太后旨，改甄用监丞。至大己酉，升奉政大夫、参议徽政院事。皇庆改元，进阶中顺，于是有追封之命。……”

③ 石窟寒泉，即云冈第2窟“寒泉灵境”，《成化山西通志》列为“云中八景”第二。“云中八景”，最早见于《成化山西通志》，遂为后来的明清大同方志沿用。《成化山西通志》“云中八景”每题的首诗，俱署名曰“无名氏”，洪武前期任大同府学训导的王达善《御桥官柳》，永乐年间任职代王府的邵观《雪山返照》，竟不得首位，可见“云中八景”诗属于“无名氏”首创或首选，且恐非一人之作，时代应在明朝之前。另，《山右石刻丛编》卷30录阳曲县《卿云观记》，大同路儒学教授陈泰来撰。文曰：“观居阳曲县北太平乡之辛庄，距冀宁路百里□，近代骚人咏物，有‘太平八景’之题。东则‘石岭寒云’，西则‘赤塘晓雪’；‘大盂宿雾’面其南，‘蕊罗春色’拥其北。……愚谨按……维大元国皇庆元年孟春上旬吉日张居敬创建，门人刘怀宝、石怀玉等立石。”按：陈泰来撰文，当在皇庆元年（1312）之后，而当时阳曲县太平乡已有八景之咏，何况大同府。是故，姑

赘于此年。

1313年癸丑 元皇庆二年

二月……各寺修佛事日用羊九千四百四十，敕遵旧制，易以蔬食。……三月……以晋宁、大同、大宁、四川、巩昌、甘肃饥，禁酒。……夏四月……乙酉，御史台臣言："富人夤缘特旨，滥受官爵。徽政、宣徽用人，率多罪废之流。近侍托为贫乏，互奏恩赏。西僧以作佛事之故，累释重囚。外任之官，身犯刑宪，辄营求内旨以免罪。诸王、驸马、寺观、臣僚土田每岁征租，亦极为扰民。请悉革其弊。"制曰："可。"……六月……乙亥，诏谕僧俗辨讼，有司及主僧同问，续置土田，如例输税。——《元史》卷24《仁宗纪一》

单鹄《重修雷公庙碑记》①：

大同之西郊外十里许，有山曰雷公，有庙亦曰雷公，或以为山以神名，或以为庙以山名。岁有水旱疾疫，有司暨邦人祷之辄应，故祠之日愈加谨，或葺或新。沿之，罔别自何代。金李钦止尝作记②，镌于壁，亦卒无考也。或额于庙曰"润济侯"者③，亦莫可别封于何时也。即其像而考之，殆侯王服也。究庙之与封，有不可悉者，为民捍大患、御大灾，山之有神，足凭乎是。皇庆改元，大同厢之南贾人雷时举、赵翥，感庙之湫溢，弗称神居，惟恐人之失虔也，遂醵财命工，毁者易之，败者葺之，而庙貌一新，而观瞻是肃。皇庆二年中秋日记。——《乾隆大同府志》卷27《艺文》

八月，大同怀仁县雨雹。——《元史》卷50《五行志一》

① 《元史》卷30《泰定帝纪二》载泰定四年（1327）八月，"奉元路治中单鹄言，令民采捕珍禽异兽不便，请罢之"。清《雍正山西通志》卷136云："单鹄，临汾人，仕至四川行省郎中，著有《河汾集》。"胡聘之《山右石刻丛编》卷40《大同感应碑》按曰："《大同府志》：府西北十五里曰雷公山，山上有雷公庙，甚古。下有龙泉亭，祷雨奇验。元宜君县尹单鹄、分省左司都事姚拜延普华二碑在焉。"宜君县，在今陕西铜川。

② 李献卿，字钦止，号定斋先生，河东（今山西永济）人，或云河中人，金后期仕宦文人，与赵秉文、李屏山、刘从益、雷希颜、元好问等为友。

③ "润济侯"为旱涝之祠，最早见于北宋宣和元年（1119），载自《雍正山西通志》卷58。

1314年甲寅 元延祐元年

达摩以禅宗倡南海上，六传为大鉴，又五传为临济，又十六传而为佛日圆明海云大宗师。师历事太祖、太宗、宪宗、世祖，为天下禅门之首。没后五十八年，改元延祐，春三月丁未，集贤大学士臣颢、昭文馆大学士臣明埒栋阿，奉诏加谥“光天普照佛日圆明海云祐圣国师”。修其塔，命翰林学士、承旨臣某为文刻石。

臣某谨按：师名印简，宋姓，岚谷宁远人。七岁，授《孝经》，开卷，问：“开者，何宗？明者，何义？”父母奇之，俾从浮屠颜公祝发。明年，师沼公，授经论。通讲说，居岚州广惠寺。日乞食以养，余即为粥以食饿者。金宣宗闻之，赐号通玄广惠大师。天兵破岚州，以师及沼公归，赐号寂照英悟大师，称之曰小长老。沼没，弟章公住燕之庆寿寺有名，往依之。章昔梦师来，即请为记室。又思沼没时属师有“贺八十”之语，心独喜。年十九，住兴州仁智寺，历燕之庆寿、竹林，易之兴国，兴安之永庆，昌平之开元，真定之临济，云中之龙宫、华严诸大刹，而主永庆者二，庆寿者三。放浪辽海上，手刺血和金泥，书大乘三聚戒本十有六部，布之天下，为国祝厘焉。四方赂遗，洎累朝赐予金帛珍宝巨万，惟以之建寺、斋僧、振贫乏而已。凡主大会七，度弟子千余，名王才侯受戒律者百数，士民奔走依向者以千万计。皇太后尤深敬礼，累号燕赵国大禅师、祐圣安国大禅师、光天镇国大士。丁巳四月三日，趣画天风海涛飞云之状于华严之西壁，诘朝而逝，年五十六。丧车行，诸主钵纳合等秉炉前导，火举有黄金梵相飞出，白鹤群舞于上[①]，烟烬所泊皆成舍利五色，或大如弹丸。还葬庆寿之西南隅，赐谥佛日圆明大宗师。诸大弟子分舍利，葬秦、赵间者为塔七[②]。

始师由山西来燕，夜宿松铺岩下，因击火大悟，复参一公、玄公、章公诸硕，师道大显白。与公卿大臣言，必语以辅国安民，时相夏里之徒方事严刻，师劝以平政息役，以弭灾蝗；体仁本恕，以正刑赏；选俊乂，罢游猎，以养国体；孔孟之道，万世帝王法程，宜加表树，以兴学校。世祖在潜邸，数延问佛法之要，在家出家异同，对曰：“佛性被一切处，非染非静，非生非灭，何有同异？殿下亲为皇弟，重任藩寄，宜稽古审得失，举贤错枉，以尊主庇民为务，佛法之要，孰大于此？”会朝廷将试天下僧，丞相以问，师曰：“山僧元不看经，一字不识。”固问，师曰：“国家先务，节用爱民、钼奸立善，以保天命，我辈乌足计哉？”上闻而嘉之。裕皇始生，师摩顶，训之名。壬子夏，授以银章，领天下宗教事。非所乐也，以其徒朗公辈摄之。是年，新大兴之普济禅寺，特更赐额“海云”。至元四年城京都，有司定基，正直师塔，命迁三十步许环之。唯师之道高广，洞达慈济，笃实儒言，而佛归其道易知，其化易行，所以致褒宠于列圣，扬休光于奕世，非偶然也。有语录曰《杂毒海》，行于世。铭曰：

粤若达摩，肇迹南海，廿有七传，至师而大。惟师生知，默识顿悟，秉时锺运，归我圣祖。少跻讲肆，长历坛场，孔艰且勤，厥道用光。智而弗作，惠而弗有，弥虚而塞，弥静而久。雷行四朝，风动九壤，飞琛走货，云谢电往。济济王侯，揔揔学人，问法指心，求治以身。德教并流，内外总统，弗合弗离，弗涤弗壅。汝悬我解，汝溺我援，泮涣万流，忽为一源。惟师之道，倬尔有炜，寺标海云，塔迁城址。惟明天子，是信是尊，涣号孔嘉，宜尔万年。——元程钜夫《雪楼集》卷6《海云简和尚塔碑》[③]

延祐元年六月，白登县雨雹损稼，伤人畜。——《乾隆大同府志》卷25《祥异》[④]

① 元程钜夫《雪楼集》卷29《白鹤歌并序》："右丞李君明之，性至孝。弱冠时，父有罪当刑，君请代之。暨赴刑所，世祖皇帝密旨缓刑，遣近侍候之，君欣然就死，略无不满意。驰报，诏并释之。母病盲，君日舐其目，目乃复明。已而，为昭睿顺圣皇后所知，擢为大护国仁王寺总管。寺之役方兴，高深大小之宜，君实度之；梓匠工役之勤，君实董之。簿书之期会，钱谷之出纳，一无私焉。迄致重门复殿，金碧交辉，巍巍煌煌，为京师诸宝坊冠冕。一日，群鹤翔舞所居檐间，人皆以为孝感所致，翰林王鹿庵、李韦轩、商左山诸大老赋诗美之，继作者无虑百家，凡数大轴。皇庆二年夏，余被旨撰碑文至寺，与雪庵宗师偕来，徜徉观览，绿阴郁然，师指庭中乔松巨柏曰：'此李君手植也。今年几八帙，官且一品，子贵孙茂，而君方聪明康强，日婆娑嬉游于是间，其人必有大过人者。'言未既，君携所藏《瑞鹤诗》卷出示，且索余诗。余既美君孝行之盛，又悲卷中诸老无复平昔，乃作白鹤之歌，以著余感云。"

② 陈垣《谈北京双塔寺海云碑》云："雪楼所撰塔碑，系奉诏撰的，立于延祐元年（1314），即海云殁后五十八年。未见他书著录。据这塔碑所载，海云同样的塔，除燕京庆寿寺之外，尚有七八处，都是他生平所住过的寺院。如：兴州仁智寺，燕京竹林寺，易州兴国寺，兴安永庆寺，昌平开元寺，真定临济寺，云中龙宫寺、华严寺等。"按：今所见存，唯北京门头沟潭柘寺的六角实心密檐塔，南侧塔额曰"佛日圆明海云大宗师之灵塔"。

③ 是年，诏于海云住过的大同龙宫、华严等寺树立塔碑。

④ 是年，翰林学士袁桷由元大都过居庸、怀来，经大同，赴开平（元上都，今内蒙古正蓝旗东闪电河北岸），沿途赋诗。其《清容居士集》卷15《云州》："天阔云中郡，刚风起泬寥；毡房联涧曲，土屋覆山椒。橦布朝朝市，通薪户户烧；遥看尘起处，深羡霍嫖姚。"

1315年乙卯　元延祐二年

二年五月，大同、宣德等郡雷雹害稼。——《元史》卷50《五行志一》[①]

大同吴侯卒之明年，昭文馆大学士雪庵大宗师来谓余曰："伐木废阙、朋友道丧久矣，吾虽学隐枯禅，迹寄浮云，而于纲常之懿弗敢坠也。故人吴侯，尚德好义，奄于西土，今不幸死矣，吾痛之深，念所以报既往、贻方来者，未之有得也。庶几墓石之有刻乎？敢介其孤以请。”余尝读集贤大学士郭君松年所撰《五福堂记》，述其乡人号侯曰五福翁，而昭文为扁其堂；及观延安尹单师中所赋《饥乌谣》，翰林、集贤诸君所为歌诗，美侯赈荒之事，知侯长者；重以昭文之信义，诚足以激颓俗、振靡行，乃不让而载之辞。

按：侯名诚，字某，世为湟夏大姓。父德融，善锻，有巧思，宪宗时用为诸路银匠提举。中统初，世祖召治器尚方，复其家。先是，岁丁巳，侯被旨造征南弩于太原，起家为太原路远仓粮提举监支纳。至元七年夏，大司徒阿尔尼格言于昭睿顺圣皇后，会建镇国仁王寺，授诸物库提领，转大都路诸物库使。录建寺劳，升同知大都人匠总管府事，迁奉训大夫、西京路总管府治中，改泉府少卿，进朝列大夫、河东山西道宣慰副使。未几，引年罢事，婆娑邑里。延祐元年八月八日己丑卒，年八十六，越五日癸巳，葬大同县孙贤堡西南原之先茔，送者逾万人。谦抑和厚，不事表暴，居乡称其孝友，在官号为廉慎，而未尝以为能。尤善理财，家累千金，然一用以为施与。每岁丰储粟数千斛，饥则不易价而散之，其穷民之无告者辄以与之。昭文建大同寺佛殿[②]，资之若干缗。临终，犹以二万五千缗分贫疾饿者，其余释老之施不可胜纪，而未尝以为德。构堂宅西北隅以奉诸佛，庄严妙丽，藻镂飞动。旁庋《华严》《法华》《报恩》《金光明》《心地观》五大部经，朝夕朔望讽诵、膜拜，如空山老释，而未尝以为善。悬车告老，日与高人达士或焚香瀹茗，或烹羊釃酒，谈燕终日，而未尝以为达。年八十余，聪明康强，如五六十者。岁时伏腊，斑衣翠袂，奉觞上寿，充庭溢目，里闾之所叹羡，四方之所诵说，而未尝以为为善之报。呜呼，岂非所谓长者耶！观世之人，廪升斗之粟、怀数金之资，即慢言骜色，高视阔步，淫酗放荡，如莫加于己者。视此可不少愧矣乎？予于侯，诚有感矣。

侯先娶孙氏，生子三：男曰仲傑，景运仓使，曰仲英，女嫁李深。再娶曹氏，生子四：男曰仲仁、仲义、仲礼，女嫁毛文举。他姬子一：仲实。孙男十五人。仲傑之子四：端济布、伯奇、特穆尔、博诺；仲英之子一：善孙；仲仁之子一：诺尔；仲义之子三：三宝努、僧家努、庆孙；仲礼之子三：寿孙、添孙、祐孙；仲实之子三：定孙、买孙、喜孙。曾孙男一：重孙，端济布子也。侯同母弟三人：曰用，武略将军、大宁路川州知州；曰贵，曰宝，忠翊校尉、巩昌路便宜总帅府同知陇州事。……铭曰：

唯天生物，浩浩无涯；或衰而盛，或盛而衰。孰谓无涯，其实易知；盛罔不厚，衰罔不亏。观侯之身，其先可识；观侯之后，唯侯之积。后方无穷，理亦不息；欲永弗替，莫若为德。罔浚弗深，罔固弗殖；於千百世，监于兹石。——元程鉅夫《雪楼集》卷 21《故河东山西道宣慰副使吴君墓碑》③

① 元程鉅夫《雪楼集》卷 15《李雪庵诗序》：“古今诗僧，至齐已、无本之流，非不工而超然特见，高出物表；径与道合，未有若寒山子之诗，云顶敷之颂。得其旨者，惟昭文馆大学士、雪庵大宗师乎？师以澹泊为宗，虚空为友；以坚苦之行，为头陀之首，盖数十年矣。适然遇会，濡毫伸纸，发而为诗，有寒山、云顶之高，无齐已、无本之靡。不假徽轸，宫商自谐；得之目前，深入理趣。谓不足以流芳声于四海，振遗响于千祀，可乎？樵夫织妇邂逅一语，犹万世不可跂及，况衣道食德，遐观旷览，若大宗师者耶？世欲知师之道，此固特其糠粃，然求其至，亦不外乎此也。诗云乎哉？诗云乎哉？平章政事张闾公、右丞曹公、参政李公得本于十二代宗师焦空庵，将刻诸梓，而俾予序之。延祐二年夏六月既望，广平程某序。”按：齐已，唐末僧；无本，即唐韩愈之僧徒贾岛；寒山子，唐僧；云顶敷，无考。

② 雪庵于大同所建佛殿，失载。

③ 元程鉅夫《雪楼集》卷 21《诸路头陀教门都提点诚公塔铭》：“头陀为学佛者众行之本，自迦叶启教，弥勒受托，得其道必离贪远痴少欲知足，守十二行，炼磨三境，精进坚固，卓然出于世者。故曰：若有苦行人，我法即存；若无，我法即不存。然行愈坚而传愈寡矣。迨于我朝，乃有广化诚公怀贞抱朴，髫龀慕道，不伤生，不茹荤，年十四，从清凉寺头陀师翟公受五戒六斋之法，为在家弟子。十六，父母命之娶，不娶，诱之以计，不变，詘之以威，又不变，从而逃之外家，父追及之，又逃之。公林栖禅院，从提点尘公，剪发出家。又追及之，终不变。十九，入京，礼七代宗师，受大戒，从迁曲河院。宋师没，始主尘公之常乐院。至元十四年，为大都路禅录。二十四年，主九代宗师之清安寺。明年，得隙地都之灵椿里，构兰若曰广化，而师之行益固，道益高。十一代宗师授以金字戒本。大德元年夏，天子降玺书，赐号静照妙行大禅师，诸路头陀教门都提点。师自授道至入灭，四十九年，弊衣蔬食，受经诵戒，持诸部咒，仡仡朝夕，未尝以寒暑废于其教，可谓无愧矣。若乃神诡变幻，至人所不道，然史氏称澄、什之流，多惊耳悸目之事，载而不废，岂无取焉。若师平居，昼之所止，常有异气入室，结如善财像；夜之所息，则有白光洞胸，经时不散。尝有群雀集项，如立朽株。都人邹氏女，累年为魑魅所凭，以念珠拂之，立止。十代宗师遣其徒李纯辈四人之江南，逾年不返，师一日坐见李至，因问其介及宗教事，有顷李果至。又一日，见许善友者从保定来，言寂照师没，已而许果来。若此甚众。尝有盗入室，戒勿捕，或横逆相加，置弗校，非其道圆满清净真实无上者欤？大德九年秋九月十五日，手书《发菩提心论》金字戒本，授弟子法云，付以宗门事曰：‘吾将逝矣。’越三日，召云等侍，焚香易服，口诵如来者三，右胁累足而化，寿六十五。荼毗，得五色舍利三十有二。将封平章政事、通政院使多年，尚书右丞、同知太常礼仪院事达音达实，奉皇太子教，塔于清安寺旁。延祐二年夏四月，昭文馆大学士雪庵大宗师介其徒法云请铭。谨按：师姓杨氏，缙山人，讳志诚。初从七代宗师请名，问‘何志？’曰‘诚’而已，遂以命之，自号寂庵。父讳林，以勇材

仕金，守居庸关，太祖南伐，以其众降，命为都元帅；母房氏，生子二，师为长。师既为浮屠氏，弟子五人：法云、法聪、法麟、法性、法智。云累被锡命为大都路头陀教禅录，今住持清安云。铭曰：……”

1316年丙辰　元延祐三年

三月……壬申，鹰坊孛罗等扰民于大同，敕拘还所奉玺书。禁天下春时畋猎。……冬十月……庚寅，敕五台灵鹫寺置铁冶提举司。——《元史》卷25《仁宗纪二》

【题记】汴梁路汝宁府光州□□关住坐□□任宣一行□□人到□。延祐□年□月我有□□人□□行山有■■■一身■■■——日本《云冈金石录·元人墨书》第四洞南壁《一行□□游记》[①]

① 姑赘此游记于是年。另，第33窟北壁，《云冈金石录》尚录有时间不明题记三处：《友太题记》：“与得■■■神传仁人友太得若人觉人。”《大土仁君题记》：“故？大土仁君伺得昨日留？游，至西山观望。湜？左？右八？天下□□□■年至？大正德兴□。”《方寸题记等》：a.“■■细露■■雨■■■头■■■■山水■■来方寸何？大淮写？■香理日不落弓？水去。”b.“至圣三像。”

1318年戊午　元延祐五年

六月……以宣政院副使张思明为西京宣慰使。岭北戍士多贫者，岁凶相挺为变。思明威惠并行，边境乃安，因条上和林运粮不便十二事[①]。帝劳以端砚、上尊。——《续通鉴》卷199[②]

九月……大同路金城县大雨雹。……十月……辛卯，禁大同、冀宁、晋宁等路酿酒。——《元史》卷26《仁宗纪三》

① 按：元代大同是转输蒙古粮饷的重地。元苏天爵《滋溪文稿》卷11《郭明德神道碑》曰：“自大同达和林，止四千里。”元柳贯《待制集》卷16《送刘宣宁序》云：“昔刘君将令鄱阳，仙井虞先生序，以赞其行。盖未成而遭太宜人忧，于是服除，吏部再调君宣宁。宣宁为县，隶大同府……特不知宣宁何自始县，岂辽氏有国，升府为西京，在其时欤？初，其域临西北，边民生长骑射间，而耆于战斗，挟渠弯弧，乃敢杂耕牧塞下，人谓其风气劲武、俗习坚强，然以文法吏治，则若束湿何也？及国家肇迹龙荒、奄绥方夏时，则大同视古畿辅，虽并建藩王，籍兵守圉，而疆场不惊、鼓桴无警。垂及百年，革傲而恬，易悍而柔，往往袭弁服而谈诗书，自同齐鲁之人。故一有贤令长，沐之以小惠，则爱戴感悦不啻乳儿之于慈母。……予闻朝廷岁辇粟实和林、明安诸仓，至八十万斛，而屯戍将士才免饥色。核卒乘之名数，计道路之工佣，大同一府总其凡，而所部州县莅其役。比年荐祲，人畜踣死道亡者过半，有司下急符责偿其家，一不赴期，则官若吏或受谴呵。赖二三大臣画策更制，悉出户部茶、盐引，募有能自挽自输者，入其粟而授其券。夫既捐利以予商人，则饷道之流云委川

会，有不胫翼而飞行者矣。比见行边使还言：‘囷庾之羸，大约足支三四年，而山西八州去秋极丰，菽麦被野，亩收皆一锺，民去震撼击撞而就休息赡养。’宣宁方百里县，然化易孚而治易致，殆莫宜于斯时也。而刘君之敏裕，而又得时与地，而施设焉。……予虽不识刘君，而乐为君诵之，以虞序为足信然，而又欲吾夫子学道爱人之训显白于世。于是乎言。”

② 时朝廷礼佛之费巨大，名目繁多，纵僧害政。《元史》卷202《释老传》曰：“自至元三十年间，醮祠佛事之目，仅百有二。大德七年，再立功德司，遂增至五百有余。僧徒贪利无已，营结近侍，欺昧奏请，布施莽斋，所需非一，岁费千万，较之大德，不知几倍。……若夫天下寺院之领于内外宣政院，曰禅，曰教，曰律，则固各守其业，惟所谓白云宗、白莲宗者，亦或颇通奸利云。”

1319年己未　元延祐六年

三月……免大都、上都、兴和、大同今岁租税。……六月……庚戌，大同县雨雹，大如鸡卵。……八月甲申，以河东山西道宣慰使张思明为中书参知政事。——《元史》卷26《仁宗纪三》

【碑文】《有元故太中大夫、益都路总管，兼府尹、本路诸军奥鲁总管、管内劝农事，赠正奉大夫、大司农、上护军，追封神川郡公，谥文庄，孙公神道碑铭》：集贤大学士、荣禄大夫李谦撰，翰林学士承旨、荣禄大夫、知制诰、兼修国史刘庚书，集贤大学士、荣禄大夫、太子詹事、加授太子宾客郭贯篆额。

公讳拱，字仲诚，姓孙氏，别字太贴穆而，大同浑源人。祖威，世业函人氏。初，太祖皇帝入中夏，持所业进见，赐名也可兀阑，授顺天、安平、怀州、河南、平阳诸路工匠都总管。今赠中奉大夫、武备院使、护军，爵神川郡公，谥忠惠。祖妣杜氏，赠神川郡太夫人。父公亮，累朝皆呼所赐父名，由世爵拜监察御史，仕至正议大夫、浙西道宣慰使，兼行工部尚书，赠资德大夫、中书右丞、上护军，爵神川郡公，谥正宪。其世业材望，见集贤学士刘因、翰林学士王恽所著《先茔》《神道》二碑。母张氏，追封神川郡夫人。

正宪公三子，公其长也。资雅重，不妄言笑，早嗜读书，笃于义理之学，受《春秋左氏传》《通鉴》《朱氏纲□》。□古今治乱、臣子忠孝，皆能记忆大节，致知力行；所交皆当世名士，馆虚白处士赵素才卿于其家，待以师礼，学问医卜皆妙得其传，尤善骑射。若国朝译语、字书，无不精诣。生本华腴，自奉清约如寒士。至元四年，受玺书金符，嗣其世爵顺天、安平、怀州、河南、平阳等路甲匠都总管。始视事，申明约束，日有程课，勤者嘉劳，而不及者勉勖；以身率先，早入晏出，以董莅之，虽风雨寒暑不少怠。其制甲也，选材必良，缀属周密，每语匠氏曰："材少窳，则遇矢必穿，一伤人命，职我之由。慎不可苟简，其必精择。"仁于用心，盖如此。国兵方经启襄樊，公积羡材制甲二百八十袭，介工部尚书、领军器监事阿实罕以献。世祖御帐殿，首出翎本甲，令人披擐，阅视良久，见其容制称体，光彩烛目，且嘉其用适时宜，大悦，问公谁氏子，称其父也可兀阑以对。上曰："卿家服劳王室再世矣。"复问年今几何，役匠氏若干，岁课甲胄若干，皆对如上旨。犒饫而出，赐以重锦，自是为上所知。

十一年，公出新意，制叠盾上进，揭之则足扞外侮，敛之则易于持挈。上嘉其古所未有，赏赉有加，以赐右丞相伯颜。明年，大兵渡江，岁课甲胄不克充用，诏诸路集匠氏分制。顺天、河间二路则公董其役，前期毕工；又象其虎豹异兽文彩，肇起殊制，上之，大蒙赏异，于是有白金百两之赐。十三年，改顺天为保定路，省并工匠，立提举司，易授玺书，承直郎、保定等路甲匠提举，仍佩金符。寻进阶奉训。十五年，以其子谦入见，奏言："臣之子谦，犬马齿浸长矣，闲习世业，愿事太子。"诏遣使送至东宫，俾直宿卫。江南版图入职方，诏以方物赐百官，用军器太监撒里蛮奏，赐白金五百两，银器五十余事，皆宋内府物，酬董工之勤也。公辞曰："是惟诸匠氏之劳，臣何力之有焉？臣焉敢独受。"上顾谓侍臣曰："如太贴穆而推功让赏，在人未易得。"复出宝钞三万缗分赐诸匠。十七年，进锁子连环甲，复有宝钞万五千缗之赐，公均给匠者，不私为己有。明年，又进软筋甲，上反复展玩，且问以筋为甲，何者最善？公对曰："坚韧拒箭，莫牛若也。"上喜甚，俾右坐，醉而后出。寻以公久司匠局，宜兼知民事，又不欲徙置他郡，加保定路治中，进阶奉议，领前职如故。公勤于抚字，除去宿弊。路当弋猎之地，岁春秋，诸宗王所茇舍、供张、馆接，率躬亲之，民不知劳。岁饥，议开仓以赈，同列者或难之，公曰："救荒事不可缓，当从权宜，若候上命，民馁死矣。如朝议见罪，我独任之。"遂发粟四千五百石以周给乏绝，赖以全活者甚众。既而，列状以闻，朝议亦不之罪也。高阳土豪挟持强有力者据沙河桥为己有，人所经从，必掊取香钱。公曰："舆梁之设，王政之所以利人，而反以病人，岂设桥之意哉？"乃执而戮之。此弊遂革，万口称快。

二十二年，上阅武备，见器械不精善，谓非太帖穆而莫可属者，特授公武备少卿，其世爵则属其子谦。乃奏蠲诸匠汛役，贫者月给粮饷，皆公言发之。二十四年，亲王乃颜叛，大驾北征，征需烦数。公董督诸司局，二年之赋，数月而办。事闻，诏公父子，饮之酒，赐金段各一，又以帛千三百匹分贶保定诸局匠者，仍进阶朝列。是役也，上见内外诸宿卫服色混淆，莫可识辨，召武备卿秃满脱及公谕之曰："诸役军士衣甲，若何归一？卿等其议之。"对以宜按方色制甲以授，上喜曰："方思及此，卿等允契朕心。"自是诏江南三省分制五色牯皮甲万袭，江浙省三分之二，公乘驷以往。诸路岁制五色甲自此始。

丧哥位尚书省，检核金谷，见武备寺岁费不赀，官吏侵牟，系狱者众，稍欲抑损其权，遂立大都路军器人匠总管府。以公在涅不缁也，特授总管，进阶中顺。公核积岁欠负诸户，皆贫弱不能自存，盖以前此岁课毕输，方给工食，稍未完具，至有延袤岁月无从得食者，是以贫者益屈。公深知其然，言于中堂曰："事欲责成，材用、工食宜先时给授，其程课则责以岁终必输；不如期者，必罚无贷。"丧哥作色叱之曰："程课未输而先给工食，岂有此例耶？"公复申言事情，剀切中理，丧哥怒稍解，遂从其言。自今守以为例。内苑犀象毙，上召公视之。公奏言："象掌犀鞟可中甲材。"即命鸠工万岁山傍殿，公亲持刀尺指示裁制。万机之暇，上时一至，面阅制作，日给牢醴以饷劳之。不日即功，诏卫士以身试之，坐作诎伸，轻便如常服。诏谕武备卿秃满脱曰："犀象制作，前未得法。今太帖穆而天机所到，独得不传之妙，盖古所未有，其宝藏之。"恩礼殊至。二十八年，奉命如湖广、江浙，以军器容制指授匠师，且权量材用，揆度工日，用省而功倍。其还也，成玳瑁漆甲百袭上之，宠劳有加。三十年，拜工部侍郎。明年……

【碑阴文】成宗践祚，宗王懿戚朝会于上都，公典司财用，若金银，若宝贿，若表段匹帛，赐赉各有差。自始讫终所以供应上命者，备极勤劳，竟事无毫发之差。中书以闻，赐银百两、金素衣段五十、帛二百五十匹、宝钞万缗以劳之。元贞改元，河南斥候军士□据民田为畜牧之场，诉讼三十年，民不得直。诏遣公偕密院官同至其地，询问故老，归之于民者凡九万顷，正其疆畔，遂息分竞。

明年，父正宪公年老，日思其归，为陈请于朝。诏允其请，特授公乡郡，少中大夫、大同路总管兼府尹，便事亲也。公辇二亲至任，乡里荣之，改先垅北山曰昼锦，所司因以名其乡。治境北属沙漠，诸王经涉者盖无虚日。公首辟驿馆，以畜财用、储粮饷为先务。府置仓二，曰红城，曰忙安，皆去城西北六七百里，民输丁地税以资边用，转输时月，率冰雪寒冱，民不胜苦；其豪民赢利入粟县官者，顾即近仓输城中，前政因循，虑不及此。至公则察其利病，首先厘正。其便国利民类此。郡被边乱后，郡学隳废，人不知学，公援引诏旨，言于河东宣慰司，蒙发泉币以基役。公首捐俸金为僚属倡，乡之好义者皆乐为佽助，合宝钞二万五千缗。殿堂、门庑、斋庐、厨库，修旧起废，为屋凡七十余楹。圣贤像设，绘事俨肃。别建崇文堂，储书万余卷，一新学者耳目。授田二千亩，募民耕种，以赡给生徒。风俗为之一变。

大德二年，和林军食不足，诏遣使即郡境和籴，拟雇车输送。公谓使者："此地去和林四千余里，是役也，虽名和雇，其实量户均差。今东作方兴，苟妨夺农时，必失秋成之望；不若增价就其地和籴，商旅争奏其利，可不劳而足。"使者不从，公执所见力疏申禀，朝议是其言，从之。属邑怀仁巨盗刘恩童数犯法，为盗模印伪钞，及得罪系狱，则指诬平民，吓取日费，罪当死者三矣，皆遇赦宥而出，人以"刘三赦"目之。至是，复盗马入狱。公审其然，徇于市行，且杖杀之。郡人相贺曰："非吾使君莫能除此害，今而后吾属获安枕矣。"丰州乾川店焦德金夜死于盗，有司逮系同侪，锻炼诬服。公阅实罪状，疑之，密遣人伺察，寻获真盗，赃状完具，枉系者二十余人破械而出，咸称神明。暇日，行视武周山，度其水可至城下，发民浚导，环城周流，□建为碾硙，日收课利，郡获经费之助，民资灌溉之利。红城地瘠天寒，土不敏树，屯田岁久，费多获寡。郡西南百二十里应州黄华岭，有善田五千顷，留为牧场久矣，民不得耕蓺。公请移牧马他所，度此地屯田，定有成效。从之，卒如所言。土俗类多火葬，公切禁之，谕令量力厚薄为之掩瘗。公守家法，其丧祭一遵朱氏家礼，民多化之。治境内有孝义被旌者，必率僚属具礼至门，以表厉之。其为治，若义仓、若社学、若种树、若孤老衣粮，细大不捐，必一一及之。终更，吏民攀辕卧辙，至挥涕不忍诀。其得人心又如此，治为诸道最。

大德五年，迁太中大夫、两浙都转运使。前此盐课三十五万引，岁不能足。公究心措画，逾年增至四十万，遂为定额。尝究其盐法之弊，以谓非有私煮，必出亭户贾鬻，不然盐从何来？乃立法塞源，一有贩鬻，则场吏停解，亭户居作。自是私贩弭息，岁课增羡。九年，改益都路总管，兼府尹、本路诸军奥鲁总管、管内劝农事。上以益都山东重地，出内府弓矢、宝刀以宠异之。上任，适前政移疾而去再岁矣，政纲弛紊，民瘼未蠲，为兴滞补敝，次第举行。劳于综理，日不遑暇。用是致疾，浸以加剧，身后事皆前期裁处。子谐闻之，自京师趋觐，语之曰："吾幸及见子。吾家遭际殊遇，一门赫奕，事上治民，皆以廉勤见称。施及我身，平生致竭心力，粗亦□忝，瞑目为无憾矣！汝自今宜益加勉勖，无坠先业，葬事一宜从俭。"趣具汤沐，剃发具衣冠，安卧就枕，薨于治所之正寝。大德十年八月一日也，享年六十有六。前夕，有星陨庭宇，其光烛地，见者皆以为公忧之而果然。居民罢市相吊曰："甚矣，吾东人之无禄也。曾不数月，失吾一贤牧。"发引之日，士民哀送出境。至是，赠正奉大夫、大司农、上护军，追封神川郡公，谥文庄。①

夫人郝氏，真定弓匠总管德言之女，追封神川郡夫人。事舅姑能执妇道，姑太夫人张氏尝有疾，焚香密祷，剪臂肉杂药饵以进，遂良。已壶仪母，则姻党皆贤之。前公一年卒，年六十有九。子男三人：长则谦，从仕郎、保定等路军器人匠提举；次曰诏，皆前卒；谐，其季也，读书勤敏，克供子职，朝列大夫、河东山西道宣慰副使。女二人：长适赵瑀，次适王处谦，皆宦族。男孙庆先，女孙三人：长适李氏，次适陈氏，次幼。谐徒跣千里，扶护丧柩至安平故墅，权措远风堂，治办丧具。用其年十月庚申，葬浑源州昼锦乡西刘村先茔之右。士民感公遗爱，会葬者至数千人，哀闻数里。

公为人，事亲孝，莅官敬，信于朋友。其读书好学，奉公爱民，皆本诸天性，非出于矫揉勉强。筮仕以来，恪勤官守，鸡鸣夙兴，至日晏曾不知倦。尝谓同僚曰："吾属不少忍须臾，当念彼牒□在官，一日未决，则当罹一日艰苦，幸少须为竟其事。"同列者推服，以为名言。人有急难，则力为拯援；为人谋画，则推诚告语。属吏或时进谒，将迎顾接，一如宾友。及当官而行，则凛乎不可犯。其家世服劳王室，简知天衷，始终受宠赉非一。拜赐而归，必致之亲庭，分遗姻戚，未尝敢私为己有。奉先思孝，凡有时果异味，苟未之荐享，则不敢先尝。庐州路判官郝仲渊，其故友也，卒于官所，贫不能归。公适被檄至其郡，为哭之尽哀，出白金酒器以赙之。露胔遗骸或见之路次，必立遣僮仆为与埋瘗。盖仁发于衷，有不容自已者，可谓材德兼备者矣。谐持吏部主事李弘正所述《行状》，不远千里，以《神道碑铭》为请，为件右其事而系之以铭。铭曰：

国有六职，其一维工；坐而论道，职与偕同。智□能述，钧圣者事；畴若予工，见于已试。维国右武，于人恐伤；壮吾军容，不显其光。有嘉孙公，实相兹役；

善敹甲胄，无敢不吊。我师启行，于襄于樊；公应时需，效铠如山。张我皇威，所向无敌；混一区宇，公与有力。王德圣政，不忘人功；舆金辇书，湛恩庞鸿。乃贰□□，乃亲民政；扩推仁爱，兴除利病。详刑谳狱，劝学卲农；治审所先，靡职不供。生有余□，没有令闻；遗爱在人，岂独乡郡？

延祐六年岁次己未九月吉日，嗣男朝列大夫、河东山西道宣慰副使孙谐建。玉川萧德明、张德林［刊］[②]。——浑源县西留村《孙拱神道碑铭》

【碑文】《大元故保定等路军器人匠提举孙君墓碑有序》：翰林侍读学士、通奉大夫、知制诰、同修国史元明善撰，翰林直学士、中宪大夫、知制诰、同修国史王纬书，翰林待制、朝散大夫、兼国史院编修官赵穆篆额。

浑源孙氏能为函，掌函人，今五世。初，忠惠公献其能于太祖皇帝，赐号“也可兀阑”，犹夏言“将作大匠”云者。忠惠公卒，正宪公嗣；正宪公去为它官，文庄公嗣；文庄公去为它官，君嗣；君卒，而从弟谊嗣。凡所为函别，有锻蹄筋者，有联翎本者，有髹为虎豹、玳瑁文者。制必犀象，刃簇不能贯入，而轻便易被。自用兵取金取宋及诸小国，孙氏之函无不在。上若曰：“贾勇武士，陷阵至果，日辟土宇者，函也。”士曰：“冒我首领，卫我腹心，亡敌之坚者，函也。”有功于国，有德在人，故五世益显，子孙益贤。传谓函人仁，矢人者非邪。

君讳谦，字益伯，别讳伯不华，为文庄公之长子。文庄官至益都路总管，兼府尹，赠正奉大夫、大司农、上护军。为正宪公之孙，正宪官至浙西道宣慰使，兼行工部尚书，赠资德大夫、中书右丞、上护军。为忠惠公之曾孙，忠惠官至诸路工匠都总管，赠中奉大夫、武备院使、护军。三世俱追封神川郡公。君之母曰神川郡夫人郝氏。

至元十五年，文庄公以君入见世祖皇帝，奏曰：“斯臣子谦长矣，请以事皇太子。”敕送至东宫为宿卫士。君敦谨多能，日受知裕皇，尝赏其所制蹄筋甲，赐白金五十星，纹金绮二两。二十二年，嗣父官，制授敦武校尉、保定等路甲匠提举。二十四年，世祖伐叛北圉，棘武备，君取二岁工，用五月毕。上赏其能，赐酒使醉，衣以纹金绮袭而出；仍赐其函人帛千三百匹。二十七年，上玳瑁翎本甲，诏曰：“汝武备寺臣袭藏此甲，待勇而功者赐之。”赐君纹金绮二两，曰：“汝衣此为左验，朕将迁汝。”赐及其从。二十九年，以保定、河间、将陵、安平诸司局并为军器人匠提举司，罢诸不良吏，而改君阶从仕郎，仍提举。三十一年，上铁锁连环甲，成宗御大明殿阅之，顾曰："是为谁氏？"武备寺臣对曰："是为也可兀阑之孙，昔事裕宗，今官此世业。"有诏赐锦衣四，弓刀副之。大德元年，上筋僦翎本甲，复有赐，仍敕中书进秩。岁终考工，恒为天下最。

君自幼精敏，日诵记千余言，不为常儿嬉，举动类成人。每父师客满堂，属对赋诗，有命辄就；后其诗清圆富健，名士大夫称为"孙百篇"。善骑射，通国人语及国字，其余习□，善相人。在官恭劬先众，公事不入等不肯休。又响响抚下，俾劳者自忘。上每以为良嗣世官云。暇日，唯把卷哦诵，取纸书所为诗，不它好也。过客虽达官贵人，往往求与君语，而君雅好客，浆酒霍肉，解衣推金，了无厌色。时文庄公官都下，正宪公及夫人保定以老，君事大父母，人称色养。盖能官能家，才贤之士。惜其未及大受而遽卒也。卒时在大德二年正月十二日，春秋四十有四，哭吊者旬日声不绝。卒之七日，殡其柩于保定东鸡水上。

君娶武备少监杨纽璘女，先卒；再娶李氏，一子龙山，生三年而夭。二女，长适行御史台都事李塔剌海，次适中山织染局副使陈彝。既殡之八年十月庚申，父文庄公卒官下，归葬浑源州昼锦乡西刘村之先茔。君弟谐举君之殡，次文庄公之兆葬焉，以杨夫人祔。既葬六年，谐提举万亿宝源库，状君之行，走太史元明善以请，曰："子之妇公与吾家为旧姻，吾父子，子又素识，而吾家宜子无不悉者。尝葬先兄，准律具石仪墓道，惟是縡楮石未有刻，则为文者必子之归，敢以请。"明善于是不敢辞，则为之文，而其词曰：

古善世守，有讥世官。果官守业，孰今之完。巃嵸龙山，锦里烂烂。萃其晖华，而大厥家。神川之封，三爵俱公。始慎择术，仁被锻镞。五世效庸，以食函功。皇矣帝图，完哉士体。保孙氏函，克受帝祉。猗嗟孙门，世载令人。允武允文，国也宝臣。繄从仕君，冢子惟肖。截截才妙，风棱清峭。方期巍调，有奕它曜。云何四十，一病不疗。无孝不力，匪忠不极。天也孰尤，瘗兹成德。砻石之坚，勒我铭言。揭尔隐贤，昭示大年。虽不公侯，无惭先猷。从公下游，祖考尔休。

延祐六年岁次己未九月吉日，弟朝列大夫、河东山西道宣慰副使孙谐建。云中贾德祐刊。——浑源县西留村《孙谦墓碑》

① 浑源县西留村孙氏《圣旨碑》："上天眷命，皇帝圣旨：敦诗悦礼，独贤乎世禄之家；据德论功，宜懋以追封之典。肆颁纶制，用贲私祧。故太中大夫、益都路总管兼府尹、本路诸军奥鲁总管、管

内劝农事孙拱，端重而谦恭，聪明而博雅。文史足囗，蚤承师训之良；甲胄善敹，尚职祖风之目。进贰北都之秩，遂联起部之班。以恩爱抚民编，见云中之治效；以廉平司国计，伟浙右之弊除。涅于浑浊而不缁，纳诸剧繁而亦理。能声素著，才刃有余。方资卧镇于东藩，奄忽送终于朔土。载惟勤绩，盍被宠光。是用襚于重泉，胙以故郡，人爵亚上公之贵，月卿跻司稷之荣。於戏，畴若予工，无忝垂哉，之初命其于有后，益知臧氏之可称。精爽如存，钦承不昧，可赠正奉大夫、大司农、上护军，追封神川郡公，谥文庄。主者施行。皇庆元年三月日。”同碑，随后刻：“上天眷命，皇帝圣旨：君恤臣劳，既厚饰终之典；妇由夫贵，宜稽蒙谥之文。故太中大夫、益都路总管兼府尹、本路诸军奥鲁总管、管内劝农事孙拱妻郝氏，蚤以名门，嫔于令族，教子明立身之义，孝姑殚剪臂之诚；慈祥以睦群姻，勤俭以主中馈。追惟旧行，爰启新封。象服是宜，嗟死生之契阔；彤管有炜，尚仪范之益昭。锡尔徽章，慰其永逝，可追封神川郡夫人。主者施行。皇庆元年三月日。”

② 玉川，为元代保定路所属地名，疑在满城。“萧德明、张德林”字下碑残，盖阙“刊”字。

1320年庚申　元延祐七年

二月……赈大同、丰州诸驿饥[①]。……以辽阳、大同、上都、甘肃官牧羊马牛驼给朔方民户，仍给旷地屯种。……五月……大同云内、丰、胜诸郡县饥，发粟万三千石贷之。……六月……辛酉，诏免僧人杂役。……秋七月……癸未，括马于大同、兴和、冀宁三路，以颁卫士。……十一月……丁酉，诏各郡建帝师八思巴殿，其制视孔子庙有加。……是岁……大同雨雹，大者如鸡卵[②]。——《元史》卷27《英宗纪一》

《丰州平治道路碑》：碑高二尺五寸五分，广一尺九寸。二十三行，行三十字。正书。今在归化城副都统署。

丰之为郡，其来尚矣。地名九原，云朔三辅，控御沙漠，方面之剧，金源世勋戚里，置天德军节度而镇守焉[③]。风俗惟淳，民物尚朴，厥土惟瘠卤，厥田惟下中，原高且平，垦耕牧养，军民相参居止。郡南负郭，黑河、青冢，古迹仍存。郡北一舍，有环绕之山，名曰祁连，中有捷径故道甸城[④]，山谷比之银瓮迢遥、渔阳险阻，近争一倍。抵天平七十余里，历经沿革，山水泛涨，阻妨车两经行，寒暑迭迁，人无举覆。

粤有本州监郡傑烈奉议、知州郭承务、同知哈喇不花承务、判官伦忠勇等[⑤]，典牧是州。未及数月，讲究兴除利病，遂云：“方今政务，宣阃之外，供需漠北，以军旅粮储为重计，奈何以浮石硗确有妨给饷之正路耶？又况岁值凶歉，辄欲修理，其可得乎？”遂有此议，申明大同总府及宪司[⑥]，计禀河东维岳与闻。省台既从其便[⑦]，行会之间，伏遇镇遏德宁、天山分司，宣慰使马马正奉，宣慰同知撒德弥实奉训，宣慰副使孙朝请[⑧]，继踵驰驿，路由是谷，亦既见之，允协前论。就谕相邻社，分命东甸城、尖山、李家户三村等鸠集丁役，蜂聚平治，经之营之，不日而就。以致险夷之地遂成平坦之途，奔驿驾车，引重致远，过者无不忻怿。复值暴雨冲流，窒碍行路，累蒙使郡下令，永蠲本社三村杂泛，明谕家至户晓，常切用力，不致将来废弛前功矣。于三岔山路深重、峡隘之处，设置巡兵警捕一所，盗贼畏伏，商旅通行，路不拾遗，民无病涉。

王德成等既承其命，焉敢不遵。尝闻：悦以使民，民忘其苦。噫！守土之官，忧民之忧、乐民之乐者，几何人哉？封部之间，有廉君五袴之咏。虑其日月弥远，前德闇而弗彰，而失其传，乡人西三州官医、前提领郭瑀，洎涨源杨礼，并本社王德□、□通甫、李天祐、王通甫等恳请作文记之，以刻其石。愚辞不获已，故摭其实而□之。延祐七年岁次庚申十一月日建。裕斋后人李文焕撰书……旨里奉议大夫、丰州知州，兼诸军奥鲁劝农事张铸立石。司吏王端、杨宗礼、程鹏举、侯忠、何宁。刘冲义刊。——《山右石刻丛编》卷 32

① 元王沂《伊滨集》卷 16《曹大荣诗序》：“大同之丰州居民曹大荣，家本农也，以儒术饰其躬，以孝友笃其行。父晚病风，大荣时寒燠奉甘毳，视药物之良者而敬进之，积十年未尝一解颜而笑。夜则礼北斗，乞以身代父。父既没，治丧一尊朱氏礼。兄大举，早世，三子甫髫也，教育之犹己子。其族姻里闬乏绝者给之，负债不能偿者已之。其行若此，乡人合辞列于州，大荣固谢曰：‘是人之常，而欲扬名于世耶？’余友祖辅卿为余言如此，辅卿不妄人也，故余道大荣之事不疑。吾先世家襄山之阴，金季迁徙南北，大同吾土也。闻其山川之形胜、风俗之醇古，固已翘翘，褰裳奋怀欲访其遗老，问里之社与先曾大夫之故居。及闻大荣之行谊，则又锐欲连墙而居，共井而饮，幅巾杖履相往来也。昔陇西耻李陵之降，而祈县名王烈之乡。诗不云乎：‘维桑与梓，必恭敬止。’余为之书，孰曰不宜。”按：王沂，字思鲁，祖籍金西京之襄阴（今河北张家口阳原），金末南迁，徙居真定。元延祐初进士，四年任嵩州同知，居伊阳。后官至礼部尚书。

②《元史》卷 50《五行志一》：延祐“七年八月，大同路雷风雨雹”。

③ 丰州古地名，唐代置于河套九原，辽代徙至今呼和浩特之东，金为天德军，元复为丰州。

④ 祁连，边人谓“天”，大青山之别名。甸城，在今呼和浩特之北，即古之白道岭。

⑤ 监郡，即达鲁花赤（掌印者）；奉议大夫，正五品；承务郎，从六品；忠勇校尉，正七品。

⑥ 宣阃，指河东山西道宣慰司（治大同）所辖；大同总府，即大同总管府；宪司，即河东山西道肃政廉访司，治冀宁路（太原）。胡聘之按：“盖其时海都之裔虽降，岭北方置行省，供需漠北，以丰州为孔道，故官民佥议平治以成坦途。”

⑦ 省台，即行中书省。

⑧ 德宁路，在今内蒙古白云鄂博东北；天山，归净州路，在今四子王旗西北。正奉大夫，从二品；奉训大夫，从五品；朝请大夫，从四品。宣慰副使孙朝请，盖即孙谐，时任朝列大夫、河东山西道宣

尉副使。

1321年辛酉　元英宗硕德八剌至治元年

三月……己丑，大同路麒麟生。……六月……大同路雨雹[①]。……秋七月……大同等路雨雹。——《元史》卷27《英宗纪一》

① 《元史》卷50《五行志一》："至治元年三月，大同路大风，走沙土，壅没麦田一百余顷。""至治元年六月，大同路旱。"

1322年壬戌　元至治二年

五月……甲申，车驾幸五台山。……闰月……癸卯，禁白莲佛事。……六月丁卯朔，车驾至五台山，禁扈从宿卫，毋践民禾。……秋七月……戊午……车驾次应州，曲赦金城县囚徒。……辛酉，次浑源州。……十二月……大同、……风。——《元史》卷28《英宗纪二》

1323年癸亥　元至治三年

三月……辛亥，以圆明、王道明之乱，禁僧、道度牒、符录。……夏四月壬戌朔，敕天下诸司命僧诵经十万部。……五月……大同路雁门屯田旱，损麦。……秋七月……冀宁、兴和、大同三路属县陨霜[①]。——《元史》卷28《英宗纪二》

① 《元史》卷50《五行志一》："七月，冀宁阳曲县、大同路大同县、兴和路威宁县陨霜。"

1324年甲子　元泰定帝也孙铁木儿泰定元年

泰定元年春正月……己酉，命诸王远徙者悉还其部。召亲王图帖睦尔于琼州，阿木哥于大同。……三月……罢大同路黄华岭及崇庆屯田。……夏四月……税僧、道邸舍积货。……六月……癸亥，作礼拜寺于上都及大同路，给钞四万锭。……八月……辛未，绘帝师八思巴像十一，颁各行省，俾塑祀之。……十一月……己酉，诏免也里可温、答失蛮差役。——《元史》卷29《泰定帝纪一》

泰定元年六月，车驾在上都。先是，帝以灾异，诏百官集议……其议曰："……世祖之制，凡有田者悉役之，民典卖田，随收入户。铁木迭儿为相，纳江南诸寺贿赂，奏令僧人买民田者毋役之，以里正主首之属，逮今流毒细民。臣等议：惟累朝所赐僧寺田及亡宋旧业，如旧制勿征；其僧道典买民田及民间所施产业，宜悉役之，著为令。僧道出家，屏绝妻孥，盖欲超出世表，是以国家优视，无所徭役，且处之官寺；宜清净绝俗为心，诵经祝寿。比年僧道往往畜妻子，无异常人，如蔡道泰、班讲主之徒，伤人逞欲、坏教干刑者，何可胜数！俾奉祠典，岂不亵天渎神！臣等议：僧道之畜妻子者，宜罪以旧制，罢遣为民。……”帝不从。——《元史》卷175《张珪传》

泰定元年秋，大同路城东新修石桥成，河东连率图绵公题曰“兴云之桥”。——《正德大同府志》卷12录元虞集《兴云桥记》

【碑文】《故权千户孙君墓碣》：大同路儒学学正姚匡弼撰，中奉大夫、河东山西道宣慰使朱賁书，从侄、朝列大夫、河东山西道宣慰副使谐篆额。

君讳抚，字仲安，世为大同浑源人。顺天、安平、怀州、河南、平阳诸路工匠都总管，赠中奉大夫、武备院使、护国、神川郡公，谥忠惠，讳威，于君为从大父。正议大夫、浙西道宣慰使，行工部尚书，赠资德大夫、中书右丞、上护军、神川郡公，谥正宪，讳公亮，于君为从父也。父公让，朴素俭勤，不坠先业，务农力本，□致沃娆。娶令族张氏，生子四人，长曰柄，幼曰握，曰挥。柄颖悟好读书，识者咸器重之，以故有司署为州从事，直道正言，补益弘多，故察司按治，鲜有败事。君其仲子也，勇敢卓荦，立志不回。时岁乙卯，南北路梗，方事边□，□□居上游为备尤急，于是宪宗诏选山西两路良家子签以戍焉。君以兄素读书，二弟尚幼，□□□役，乡里以是贤之。既至，万户刘公喜其果毅，拔于行伍，留置左右者余十年。攻城略地，□□先登，不避矢石，累获战功，赏赉殊渥。由是以主帅命，摄行千户事。未几，宋人入寇，仓猝相遇，众不知所出，君独奋然一呼，士气随振。身被甲胄，旬有余日，信宿不食，且前且战。会我师继至，宋人虽锐亦当为之短气，阳为坚壁之状，迄旦已潜遁矣。主帅益奇之。明年，因命率三百人深入敌境，斩获甚多，主帅上其功，丐爵赏焉，未报。俄以瘴疾还乡里[①]。余二十年，卒于第，实至元廿二年十月九日也，享年五十三，葬于昼锦乡西留村之先茔。配李氏祔。子男二人，曰谅，曰谭，俱孝义慈厚，信实温恭。女一人，适刘福元。孙男寿孙，生才一岁。孙女四，一适冯进，一适武成，余尚幼。初，君之西还也，诸弟欲求分异，君疾，不能止，既遂与之多而自取其少焉。所亲或难之，君曰：“弟，吾亲子也；财，吾亲之业也。抚身且不有，而况财业乎？今以吾亲之业，畀吾亲之子，又何难乎哉？”所亲惭谢而退。及卒，远迩痛悼焉。葬四十二年，其从侄谐适副河东山西道宣慰使，既展丘垄，顾谅、谭而谕之曰："呜呼，吾伯生不为是，位不称德，是可不铭诸石而著之后乎？"谅来请铭，铭曰：

惟君孙氏，族茂望尊；正宪从侄，忠惠庶孙。桓肃南驾，草昧未堇；应诏从军，厥声允赫。御敌深入，奋不顾躯；効勤十载，勇冠千夫。温温其恭，矫矫其节；一逝莫追，有遗斯烈。刻石荐辞，德音孔彰；且□后人，□庆不忘。

时大元泰定改元、岁次甲子冬十月吉日，男谅、谭立石。石匠萧德明、王子明刊。——浑源县西留村《孙抚墓碣》②

① 孙抚跟随的万户刘公，即西京大同府尹、都总管刘黑马；与宋军战斗，应于商州；以瘴疾还乡，盖从黑马入蜀后事。

② 今浑源县西刘村，尚有《孙挥墓碣》。碑文如下："《善士孙公墓碣》：大同路儒学学正姚匡弼撰，中奉大夫、河东山西道宣慰使朱賁书，从侄、朝列大夫、河东山西道宣慰副使谐篆额。士之处世也，挺其志而卓其行，虽曰贫贱，不害其为善士也。卑其志而污其行，虽曰富贵，能不失为善士哉？盖穷达显晦定于命，吉凶祸福在乎人，故善处世者，岂必名位赫著而已乎？顾其志行何如尔！神川善士孙君，则其志行挺拔而高卓者与！孙氏由曾大父而下至于君，俱业农不仕。始曾之考伯，放迹丘园，虽不躬秉耒耜，起常先鸡，不惮勤苦。尝曰：'舜禹圣者，勤力尚然，况其下者乎？古之大人君子，由畎亩而兴者，则既班班矣，愚为此，宁欲望报如往昔之人哉？顾吾分之可为者为之而已尔。'闻者服其知言。寿百有二十，不疾而终。生四子，曰庆昱、庆文、庆元、禄和。庆元生君之大父曰贵，贵生君之考曰公让，公让生君。君讳挥，即忠惠之族孙，正宪之从侄，文庄之从兄也。为人刚果不屈，出言少让，意有不合，辄振袂而去。人或谢不敏，接之如初。其仲兄千户公从军也，君以鸰原之末幼，不能事事，代兄而往，为恨尤甚。宗人谓君曰：'父兄一体也，孝弟一道也，兄往已，徒为无益之想，孰若尽膝下之养乎？'君默然久之，曰：'诲我矣。'由是怡怡然承颜以和，属属然捧持以敬。至于参省以时，温凊以节，非大故，终考之身，不去其左右。乡邻言孝者，必以君为称首。其遇饥岁，君之室未至于甚完，君之粟未至于甚丰，其戚而贫、疏而贤者，施予无少悋，人以是咸德之，故目之曰善士。享年七十五，延祐改元、甲寅正月十三日以疾终于家。越三日，葬昼锦乡先人之茔域。娶史氏，生子二人：证、訢。咸守先业。一女适白仲荣。史氏先殁，后娶张氏，今皆祔焉。六孙：钧、铢、镗、鉅、錞、铚。端雅有气节。曾孙脱欢、女金英尚幼。葬十年，訢以《行实》来请铭。呜呼，孙氏之门，一何盛与？盖高曾肇基于前，祖祢绍述于后也。不然，奚所谓源深而流长、本固而枝茂者耶！是宜铭，遂以其实。铭曰：何君门之盛大，垂四世而德芳；迨此身而益著，犹霁月之腾光。鄙云烟之绝迹，曾不梦乎轩裳；惟捧盈而执玉，日供养于北堂。友悌极雁鸿之列，恩爱浃昼锦之乡。既晦灵□屋之秘，宜纪石横山之阳。聊摭梗概以荐铭，庶百载崞川而并长。时大元泰定改元、岁次甲子冬十月吉日，男证、訢立石。石匠萧德明刊。"

1325年乙丑　元泰定二年

二年春正月……闰月……庚申，修野狐岭、色泽、桑干岭道。……二月……丙戌，颁《道经》于天下名山宫观。——《元史》卷29《泰定帝纪一》

1326年丙寅　元泰定三年

二月……甲戌，建殊祥寺于五台山，赐田三百顷。……五月……以西僧驰驿扰民，禁之。……六月……大同属县大水。[①]……七月……乙丑，发兵修野狐、色泽、桑干三岭道。……大同浑源河溢。——《元史》卷30《泰定帝纪二》

① 《元史》卷50《五行志一》："六月，大同县大水。"

1327年丁卯　元泰定四年

九月丙申朔……禁僧道买民田，违者坐罪，没其直。——《元史》卷30《泰定帝纪二》

1328年戊辰　元致和元年，幼主阿速吉八天顺元年，文宗图帖睦尔天历元年

致和元年春正月……禁僧、道匿商税。——《元史》卷30《泰定帝纪二》

致和元年……五月，河南、东平、大同等郡饥。——《元史》卷50《五行志一》

冬十月……敕："天下僧道有妻者，皆令为民。"[①]——《元史》卷32《文宗纪一》

公讳觿，字彦解……至元……廿七年十二月廿六日，薨于官。……生子曰师颜。……今上皇帝以天历改元之十月，即自大同召师颜奉葛夫人以来，曰："旧家老人，壶内师表，赐德辉之号，俾侍中宫。"赞六宫之教焉。师颜自枢密院断事官，寻迁枢密院判官，出守大同。召还，特除同知中政院事。明年，改授太子府正。……——元《道园学古录》卷17《高鲁公神道碑》

① 此诏并未有效执行。《元史》卷38《顺帝纪一》载：后至元元年（1335），"凡有妻室之僧，令还俗为民，既而复听为僧"。

1329年己巳　元天历二年

天历二年春正月……大同路言，去年旱且遭兵，民多流殍，命以本路及东胜州粮万三千石，减时直十之三赈粜之。……二月……永平、大同二路……皆告饥。永

平赈粮五万石，大同赈粜粮万三千石……冬十月……诸王、公主、官府、寺观拨赐田租，除鲁国大长公主听遣人征收外，其余悉输于官，给钞酬其直。……十二月甲申……以西僧辇真吃剌思为帝师。诏僧尼徭役一切无有所与。……诏："诸僧寺田，自金、宋所有及累朝赐予者，悉除其租。其有当输租者，仍免其役。僧还俗者，听复为僧。"……壬寅，命江浙行省印佛经二十七藏。……中书省臣言："在京酒坊五十四所，岁输课十余万锭。比者间以赐诸王、公主及诸官寺，诸王、公主自有封邑、岁赐，官寺亦各有常产，其酒课悉令仍旧输官为宜。"从之。——《元史》卷33《文宗纪二》[①]

【塔题】《佛日圆明海云祐圣国师舍利宝塔》[②]

【塔铭】《佛日圆明海云祐圣国师舍利宝塔记》：师法讳印简，乃西岚宁远人也。俗姓宋氏，于泰和壬戌十二月望诞生。人品恢伟，童幼神悟，发语不群，慧辩骇众。八岁，礼中观老人沼公为师。一日，老人将示寂，遂问其师□："某甲当依何人了此大事？"观嘱曰："贺八十去。"师后果入燕，至大庆寿寺。忽省前谶"贺八十"，即庆寿也。于是往谒中和老人璋公。一日，谓曰："吾有正法眼藏蜜付于汝耳。"掩耳而出，时当十九。二十开堂，凡七坐道场，四主庆寿，再居永庆。斋僧百万，阅《藏经》十厝；自披两藏，劝缘印造五藏。七主□会，四游台渊山；累奉宸章，令旨仅百道。师惟以方便，接物仁慈，修心孝闻？。□至于丙辰年八月□，□赴护兰那延请，入云中，居华严西堂。至□□□□□□□□□手书偈，寄海云寺并寂庵英禅师曰[③]："旧来诸事付憨痴，不似秋来更丧痴；堪笑岭云闲不彻，临崖撒手脱毛皮。皮毛还付寂庵子，莫谓当人堕生死；了知谁是我知音，独有寂庵知己死。"[④]死前，□识尽□□□丁巳闰四月初三日早[⑤]，召画工王忠信，令于华严方丈□，遍画海水行云之状，从门飞出。约当日令就，士以工□□不能成。师云："今日不就，则不济也。"皆不能测。至晚，师□□僧数人，经行廊庑，与诸知事话别，语笑归方丈。久乃呼□者云："是何时节？"侍者云："将曙矣。"师曰："汝等少喧，吾欲偃息。"[⑥]侍僧急呼主事人至，师吉祥泊然而逝。时四月初四日也，寿五十有六。越三日，道俗几十万人，送师出城西南阇维，获舍利罔知其数，分为八处建塔：庆寿一，西京华严、龙宫二，镇阳临济、万岁二[⑦]，平州之昭圣一，兴安之永庆一，昌平之桃林一，皆供养。此其一也[⑧]。凡得师法乳者一十三人，落发弟子千有余人；

受戒俗徒、王公贵人，不暇百数；善友信士，以千万计。师余行状，备在《杂毒海录》，兹不复繁铭，姑以略记其大要云尔。

省院选试写金字《藏经》李士衡敬书，云中贾信卿镌。天历二年岁次己巳九月上朔日，大龙宫寺住持、第十五代传法嗣祖沙门龙云、智俊立□。

本寺持事：首座文□，提点智昌，监寺圆□，维那义坚、圆政，宫门圆实，典座道恩，副寺智□、惠□，直岁智□，库主义□，钱帛福□，外库惠金，殿主戒就，知客惠恩，监修□□。——《山西碑碣》

① 《元史》卷 94《食货志二》："逮至天历之际，天下总入之数，视至元七年所定之额，盖不啻百倍云。商税额数：……大同路，八千四百三十八锭一十九两一钱。"

② 海云，宁远（今山西五寨）人，是金元之际北方最负盛名的高僧。元世祖忽必烈早年奉以为师，蒙哥汗任命为僧统。明明河《补续高僧传》、明《清凉山志》分别立传；陈垣先生《谈北京双塔寺海云碑》一文，有所考述。此海云舍利塔（简称），塔顶、塔座不存，仅剩八棱石幢一枚，黄砂岩，文字漫漶不清。1983 年拆南城门挖出，遂移至善化寺。这里在《山西碑碣》收录碑文基础上，参校各书，继续辨识，有所更正。

③ ④ 部分文字，据《清凉山志》卷 3《佛日圆明传》补校。该传，误以西京华严寺为五台山华严寺。

⑤ "丁巳闰"，据各书补。即 1257 年。

⑥ 前六字，据明明河《补续高僧传》卷 12《海云大士传》补。

⑦ 临济宗，因开创者义玄在镇州（今河北正定）临济禅院传法而得名。镇阳，在镇州。

⑧ 此龙宫寺海云舍利塔之立，距海云圆寂已七十一年，且石塔简小，不类北京双塔寺、潭柘寺砖塔巨大。

1330 年庚午　元天庆三年、至顺元年

二月……僧、道输己粟者，加以师号。秋七月……开元、大同、……自夏至于是月不雨。……大同李文实妻齐氏……以志节……并旌其门。……闰七月……铸黄金神仙符命印，赐掌全真教道士苗道一。……大同、晋宁诸路属县陨霜杀稼。……中书省臣言："内外佛寺三百六十七所，用金、银、钞、币不赀，今国用不充，宜从裁省。"命省人及宣政院臣裁减。……八月……有言蔚州广灵县地产银者，诏中书、太禧院遣人莅其事，岁所得银归大承天护圣寺。——《元史》卷 34《文宗纪三》

1331 年辛未　元至顺二年[①]

二月……戊申，立广教总管府，以掌僧尼之政，凡十六所：曰京畿山后道，曰河东山右道，曰辽东山北道……曰云南诸路。秩正三品，府设达鲁花赤、总管、同

知府事、判官各一员，宣政院选流内官拟注以闻，总管则僧为之。……三月……中书省臣言："宣课提举司岁榷商税，为钞十万余锭，比岁数不登，乞凡僧道为商者，仍征其税。"有旨："诚为僧者，其仍免之。"……大同路累岁水旱，民大饥。……夏四月……御史台臣言："平章政事曹立，累任江浙，今虽闲废，犹与富民交纳，宜遣还其本籍大同路……"……晋宁、冀宁、大同、河间诸路属县，皆以旱不能种告饥。——《元史》卷35《文宗纪四》

① 明彭大翼《山堂肆考》卷147《赐黄》："僧旧着黑衣，元文宗宠爱僧欣笑隐，赐以黄衣，其徒后皆衣黄。故欧阳原元题僧墨菊诗：苾刍元是黑衣郎，当代深仁始赐黄；今日黄花翻泼墨，本来面目见馨香。按今制禅僧衣褐，讲僧衣红，瑜伽僧衣葱白。瑜伽，今应赴僧也。"按：彭大翼，明万历时人。其所云元文宗赐黄，姑系是年。然撰于宋末元初的《识余》卷1《大义略叙》谓："鞑法：一官二吏三僧四道五医六工七猎八民九儒十丐，各有所统辖。僧为僧官统僧，道士为道官统道士。其行杖治罪，与鞑酋听讼同。僧衣黄衣，僧道皆可顶笠、穿靴、骑马，甚至透籍单独析居。"

1334年甲戌　元惠宗妥懽帖睦尔元统二年

元统二年春正月……癸卯，敕僧道与民一体充役。……甲寅，罢广教总管府，立行宣政院。……是岁，禁私创寺观庵院。僧道入钱五十贯，给度牒[1]，方听出家。——《元史》卷38《顺帝纪一》

① 明朱国祯《涌幢小品》卷28："元时僧度牒，以羊皮为之。"

1335年乙亥　元元统三年、至元元年

是年……凡有妻室之僧，令还俗为民，既而复听为僧。——《元史》卷38《顺帝纪一》

1337年丁丑　元至元三年

诸僧寺私芘猾民，有所谓道人、道民、行童者，类皆渎伦常，隐徭役，使民力日耗。——《续通鉴》卷207

1339年己卯　元至元五年

五年春正月癸亥，禁滥予僧人名爵。——《元史》卷40《顺帝纪三》

1342 年壬午　元至正二年

二年春正月……是月，大同饥，人相食，运京师粮赈之[①]。——《元史》卷40《顺帝纪三》

【塔题】《西溪祥公和尚灵塔》[②]

【塔铭】小师：……宝？用、宝珍……宝泉…………□印阜、印倡、印妙？……元？至？正二？年四月二十九日。右□□□刘彦？□刊。……[③]东堂大圣□寺第三十代，南堂□永宁寺第十四代，□州大宝宫寺嗣法□主福瑞。

① 《元史》卷 51《五行志二》："至正二年，彰德、大同二郡及冀宁平晋、榆次、徐沟县，汾州孝义县，忻州皆大旱，自春至秋不雨，人有相食者。"

② 此石幢，黄砂岩，六棱，仿钟形。半侧风化、破损，半侧三间长方框内文字可辨。现存大同市善化寺内，20 世纪 70 年代劈为上下两半，筑为南墙西侧基础，2002 年掘出。

③ 这里，三间长方框内文字全无。

1344 年甲申　元至正四年

四年闰月，领宣政院事。诸山主僧请复僧司，且曰："郡县所苦，如坐地狱。"脱脱曰："若复僧司，何异地狱中复置地狱邪？"——《元史》卷 138《脱脱传》

1345 年乙酉　元至正五年

至正五年，除佥河（南）[东]廉访司事，行部西京，以法绳赵王府官属之贪暴者，王三遣使请，不为动。——《元史》卷 186《归旸传》[①]

① 元许有壬《至正集》卷 60《大元赠奉直大夫、大同路应州知州、飞骑尉，追封大同县男傅公墓碣铭》："公姓傅氏，讳仁义，世居代郡。祖讳琪，金兵马大元帅；父讳德，贞祐兵乱，徙云中大同县，占籍禁军，娶刁氏，二子，长良臣，次即公也。……公娶张氏，五子斌、瑞、琏、瑄、琦。……琏有干局，起家奉常知印，除将仕郎，大盈仓副，历鄄城县丞、武州判官、南仓监支纳、富宁同提举，升奉直大夫，两淮都转运盐使司判官，课登有金缎之赐。……公性禀端庄，涉猎书史，不与物忤，虽匮乏，不妄干人，惟力田以自给。以子贵，赠奉直大夫、大同路应州知州、飞骑尉，追封大同县男。张氏累封大同县君，祔焉。判官刚直而敬慎，鹾司货利渊薮，少不慎，若衣素缟行涂炭，鲜有不涅者。富宁民凋瘵，积弊非一日，宿额酬入，岁必取盈，乃能洁其身而不涅，登其额而至盈，可不谓能乎？人谓应州之教有素也。既休致，首拓兆域砻石，仪凡可以奉其先而合于礼者，举为之介。其婿彦古请铭其墓道之石。余昔过居庸并塞，西北山川风土可得而稽焉。惟代自昔著称，至汉地尤居重。云中气习，大率近似，慷慨豪侠之士，实生其间。婚姻葬祭之礼，兼南北之宜，而扬其亲于不泯，质诸礼而不悖者，傅氏有焉。……"

1353年癸巳　元至正十三年

十二月……是月，大同路疫，死者太半[①]。……是岁，自六月不雨至于八月。——《元史》卷43《顺帝纪六》

① 元钱惟善《江月松风集》卷12："《杜录事挽诗》：公讳辉，字辉卿，其先飞狐人。曾为平阳录事，百姓号杜父。调真定录事，君子谓有古循吏风。迁京畿仓监，以疾卒，年四十九。妻胡氏伤公之殁，致疾而死，合葬云中武周山。其子允，为嘉兴崇德同知。甘泉从幸有扬雄，曾属时巡作上宫；岂弟化民真杜父，雍熙遗俗变唐风。犹闻天上中书荐，已觉人间大梦空；千里并丧能合壑，冥冥魂梦入云中。"按：杜辉，史传无载，大约卒于元末，姑录于此。

1355年乙未　元至正十五年

十五年春正月……丙戌，大同路饥，出粮一万石减价粜之。——《元史》卷44《顺帝纪七》

1356年丙申　元至正十六年

十六年，大同路秦城乡嘉禾生，一茎二穗、五穗，有九穗者，有异茎而同穗者。——《元史》卷51《五行志二》[①]

《大同路石佛谷过啼哭岭》：

云京石寺游，西北上丰州；山险为啼哭，路艰成阻修。闻名心已碎，未见泪先流；万里江南客，那堪过岭头。——明蓝仁《蓝山集》卷2[②]

① 元杨瑀《山居新语》卷3："今西京每岁冬至前后，进花红果子，色味如新。其地酷寒，比之内地，犹难收藏，诚可珍也。余屡拜赐也。"按：花红果子，今名槟果，表皮红绿相间，果香浓郁；中秋前采摘，脆而酸；储至岁末，沙而绵。杨瑀该书完成于至正庚子年（1360），姑录于此。

② 蓝仁，字静之，福建崇安人，元末明初诗人。"大同路石佛谷""云京石寺"，应指今天的云冈峪与云冈石窟。"啼哭岭"，明《正德大同府志》、清《顺治云中郡志》谓在左卫城西北三十五里，《雍正朔平府志》《雍正山西通志》改称"蹄窟岭""啼窟岭"。丰州，在今呼和浩特东，沿云冈峪西行，过啼哭岭，北走凉城，乃其故道，我曾经行。姑录该诗于是年。按"云京"之称，首见本书大德六年（1302）《西溪志公长老灵塔》幢记，又见于《山右石刻丛编》卷40繁峙县《创建官水磨记》所云"北迩云京，雁门阻陀"，时在至正廿二年（1362）。可见，大约属于元代大同别称。

1358年戊戌　元至正十八年

三月……辛丑，大同路夜黑气蔽西方，有声如雷；少顷，东北方有云如火，交射中天，遍地俱见火，空中有兵戈之声。……辛酉，大同诸县陷，察罕帖木儿遣关保等往击之。是时，贼分二道犯晋、冀，一出沁州，一侵绛州。……九月……关先生攻保定路，不克，遂陷完州，掠大同、兴和塞外诸郡。……丙午，贼兵攻大同路。……冬十月……壬辰，大同路陷，达鲁花赤完者帖木儿弃城遁①。——《元史》卷45《顺帝纪八》

① 《元史》卷141《察罕帖木儿传》："十八年，山东贼分道犯京畿。朝廷征四方兵入卫。诏察罕帖木儿以兵屯涿州。察罕帖木儿即留兵戍清湫、义谷，屯潼关，塞南山口，以备他盗。而自将锐卒往赴召，而曹、濮贼方分道逾太行，焚上党，掠晋、冀，陷云中、雁门、代郡，烽火数千里，复大掠南且还。察罕帖木儿先遣兵伏南山阻隘，而自勒重兵屯闻喜、绛阳。贼果走南山，纵伏兵横击之，贼皆弃辎重走山谷，其得南还者无几。"

1359年己亥　元至正十九年

二月……是月，诏孛罗帖木儿移兵镇大同，以为京师捍蔽。置大都督兵农司，仍置分司十道，专督屯种，以孛罗帖木儿领之。所在侵夺民田，不胜其扰。……八月……大同路蝗。——《元史》卷45《顺帝纪八》

1360年庚子　元至正二十年

八月戊子，命孛罗帖木儿守石岭关以北，察罕帖木儿守石岭关以南①。——《元史》卷45《顺帝纪八》

① 石岭关，在忻州、阳曲之间。《元史》卷141《察罕帖木儿传》："先是，山西、晋、冀之地皆察罕帖木儿所平定。而答失八都鲁之子曰孛罗帖木儿，以兵驻大同，因欲并据晋、冀，遂至兵争，天子屡下诏和解之，终不听。"

1361年辛丑　元至正二十一年

姚巴延布哈《雷公山感应碑记》①：至正二十一年岁次辛丑，春泽沾濡，豆麦遍野，将欲秀实。值久不雨，民心忧疑，总兵官、中书暨有司职事咸以祈祷为事。雨将作而复散者累日，大同分中书左右司官言曰："得雨以为民也。总兵官军马供给，动以万计，一歉则共失之，为公私计，岂得不敬诚恳于神，以纾目前之忧乎？"五月十一日辛酉，率同列斋沐，祷雷山润济侯祠，焚香九拜，期于三日之内必遂所请，当备牲醪以酬神惠，绘象以肃其威仪，立石以记其本末。若祷而不应，是神居其位而未能御灾捍患、礼旱乾水溢，则变置社稷，亦当行国法以彰神之不灵也。翌日晡时，澍雨如注，彻夜达旦，霁而复雨，苗稼畅茂，四民欣忭，人人可免忧旱之苦。十七日丁卯，陈祝币，具三牲，行三献之礼，张伎乐百戏谢拜祠下。既而，命某叙其事，勒诸石。尝读《周礼·春官》，小祝掌小祭祀，成周以降，斯礼行之久矣。夫风雨雪霜，天地之所权也；山川薮泽，鬼神之所伏也。故风雨雪霜之不时，则岁有饥馑，人有疾病；祷于山川薮泽而除之，是风雨雪霜果为鬼神所有也，明矣。天之高也，地之厚也，非高而不可自理，厚而不可自运，依于鬼神而能然乎？盖天地之间，山峙川流、孕灵毓秀，同一气耳，而人之精神与天地鬼神相感应者，亦一气耳[②]。汤之祷于桑林而雨，周克殷而年丰，袁安决楚狱而甘雨滂沱，郡守祀孝妇而旱不为灾。由是观之，雨旸愆期，果由人事之失而召之，亦莫不因人事之尽而得之。天人感应之理，吻合而无间[③]。语曰："人定者胜天，天定者亦能胜人。"斯言尽之矣。于是乎书。——清《雍正山西通志》卷205《艺文二十四》

八月……乙酉，大同路北方，夜有赤气蔽天，直过天庭，自东而西，移时方散，如是者三。——《元史》卷51《五行志二》

① 姚巴延布哈，《续通志》《续通鉴》谓是博啰特穆尔（孛罗帖木儿）手下之骁将，《乾隆大同府志》卷27、《道光大同县志》卷19作"姚拜延普华"。《山右石刻丛编》卷40碑题后录有："中书分省照磨杨元□，中书分省右司员外郎祥□□书，中书分省左司员外郎陈别□□□□篆额。"莫非杨元撰文，而署姚巴延布哈之名？所谓"中书分省"者，指中书平章政事孛罗帖木儿，时总兵大同也。

② 此句后，《山右石刻丛编》卷40录有："大同城（四）〔西〕十五里许，山名曰雷山，山神号曰润济侯，不知始于何时，而建祠称号，□亦有进矣。凡旱必祷□□祠则辄应，是山□□□□□神之□□人之□□诚意，又因神而见之。"

③ "吻合"之前，《乾隆大同府志》卷27、《道光大同县志》卷19有一"洵"字。"吻合"之后，《山右石刻丛编》卷40有"者，盖可见矣。历年"七字。可知该碑清代已漫漶不清，诸人凭拓本猜识。碑今无存。

1362年壬寅　元至正二十二年

二十二年二月，伪平章左李遣杨荣祖至大同降。三月，孛罗帖木儿遣裨将也速不花等招兵五万，戍大同。——《元史》卷207《逆臣传·孛罗帖木儿传》

1363年癸卯　元至正二十三年

三月……壬戌，大同路夜有赤气亘天，中侵北斗。……是岁，御史大夫老的沙与知枢密院事秃坚帖木儿，得罪于皇太子，皆奔大同，孛罗帖木儿匿之营中。——《元

史》卷 46《顺帝纪九》

冬十月……先是，监察御史张冲等上章雪故丞相托克托之冤①，诏复托克托官爵，并给复其家产。召其子哈喇章、三宝努还朝②。……乃授哈喇章中书平章政事，封申国公，分省大同；三宝奴知枢密院事。——《续通鉴》217

癸卯年腊月二十四日，予从东胜来③。是日，宿于寺之方丈④，受清供。次日，达西（江）［京］。次年二月八日，始录上草本于何尚书思诚东斋⑤。——曹衍《金碑》文后附熊梦祥自述⑥

① 托克托，旧作“脱脱”。

② 哈喇章，旧作“哈剌章”；三宝努，旧作“三宝奴”。

③ 东胜，辽、金时治陕西榆林，蒙古废入州，在今内蒙古托克托。

④《维摩诘经》说维摩诘的居处，室方一丈，能广容大众，因称“方丈”。遂指禅寺的长老或住持所居之处。后为一般寺院主持者的称谓。

⑤ 思诚，元大都坊名。见宿白《〈大金西京武州山重修大石窟寺碑〉的发现与研究》。

⑥ 熊梦祥始录《金碑》于元大都，说明他从云冈带走的是《金碑》的拓片或抄本。那么，可能当时《金碑》尚存。今读明叶盛《水东日记》，其中提到明初改用旧碑一事，见卷 28《旧碑石》：“宣府《庙学记》《弥陀寺碑》二文，皆出东里杨公。《庙学碑》尤伟，螭刻颇工。盖二石皆古墓旧石……古诗云‘后人重取书年月’，又云‘知作谁家柱下石’，又云‘留与田家夜捣衣’。观是碑，咏是诗，不自知其感叹之至矣。尝闻阮安督工建太学时，悉取前元进士碑，磨去刻字，置之隙处。今三年一立石，皆此物也。”按：宣化、北京与大同民风、习俗相近，当不免旧碑新刻之事。今天大同传世之碑，以《金碑》为最早；云冈石窟碑碣，以明代嘉靖碑为最先。古碑不存或罕存，自然风化与民间破坏之外，旧碑新刻是一个重要原因。

1364 年甲辰　元至正二十四年

五月……戊辰，扩廓帖木儿奉命讨孛罗帖木儿，屯兵冀宁，其东道以白锁住领兵三万，守御京师，中道以貊高、竹贞领兵四万，西道以关保领军五万，合击之。关保等兵逼大同，孛罗帖木儿留兵守大同，而自率兵与秃坚帖木儿、老的沙复大举向阙。——《元史》卷 46《顺帝纪九》

1365 年乙巳　元至正二十五年

夏四月……乙巳，关保等兵进围大同。……乙卯，关保入大同。——《元史》卷 46《顺帝纪九》

1367年丁未　元至正二十七年

夏五月……辛巳，大同陨霜杀麦。……九月……己丑，诏也速以中书右丞相分省山东，沙蓝答里以中书左丞相分省大同①。——《元史》卷47《顺帝纪十》

①《元史》卷141《察罕帖木儿传附子扩廓帖木儿传》："凡扩廓帖木儿所总诸军，在帐前者白锁住、虎林赤领之，在河南者李克彝领之，在山东者也速领之，在山西者沙蓝答儿领之，在河北者貊高领之。"

第十二编　明代纪事

1368 年戊申　明太祖朱元璋洪武元年，元至正二十八年

《华、刘二节妇（有序）》：二节妇，并大同人。华妻武州守张思孝，生子亨，刘其配也。至正戊申秋闰七月，河南军帅珠展乘乱肆掠[①]，二节妇匿复壁中，游卒阚得之，驱迫以前，华惊呼曰："我命妇也，驱我，唯有死耳。"且谓刘曰："汝芳年，将若何？"刘泣曰："忠烈不二宜，闻之也审，忍垢辱耶？"华曰："刎无刃，经无索，奈何？"刘复对曰："当激贼怒，以就死。"遂大骂极口。卒怒，杀之。刘不为动，骂益厉，卒又杀之。华时年四十五，平生严介驭下，事或少枉弗贷，舅殁姑老，衣膳几枕，必躬亲之。思孝由卫学官至伯爵位，华累封云中郡君，每曰：'被服袆翟，徒志狗马耳。'训亨机丝，克承箕业，懿声贤闻，穆然清风。刘年二十一，翰林待制翼之侄女，庄重盛容，性尤慧爽，华爱甚，尝索赋庭柏，应声云："群卉枯落时，挺节成孤秀；既保岁寒心，不在遐年寿。"殆先谶也。郡士郝麟备记行实，亨稔知予名，乃介疡医山振走拜予寓，隐以哀挽请予。维华、刘志节，亨孝义，用序而诗曰：云中城无斫头守，一门双贞光井臼。黄河清浅渡淮泗，雪峰巍峨掩星狗。君不见，钏金臂断牙将辜，肃宗并罢崔成都。昨者寡人妻，鳏人夫，天不俾保家与孥，望乡台霜碛草白，还亦思之心郁纡。吾诗非为此，特旌张妇姑。——元王逢《梧溪集》卷 5

八月己巳，以应天为南京，开封为北京。庚午，徐达入元都，封府库图籍，守宫门，禁士卒侵暴，遣将巡古北口诸隘。……壬午，幸北京。改大都路曰北平府。征元故臣。癸未，诏徐达、常遇春取山西。——《明史》卷2《太祖纪二》

九月，右丞薛显、参政傅友德攻大同，擒元乔右丞等三十四人以归。——《道光大同县志》卷15《武事》

洪武元年立善世、玄教二院。四年革。——《明史》卷74《职官志三》

① 珠展，即竹贞。

1369年己酉　明洪武二年

二年春正月……庚申，常遇春取大同[①]。……秋七月己亥，鄂国公常遇春卒于军，诏李文忠领其众。……八月丙寅，元兵攻大同，李文忠击败之。——《明史》卷2《太祖纪二》

大同府，元大同路，属河东山西道宣慰司。洪武二年，为府；领州四，县七[②]。南距布政司六百七十里。大同，倚。洪武二十五年三月，建代王府[③]。——《明史》卷41《地理志二》

① 《明太祖实录》卷38："副将军常遇春率师至大同，故元守将竹贞等弃城走。"

② 大同府辖：大同县，怀仁县；浑源州；应州，山阴县；朔州，马邑县；蔚州，广灵县，广昌县，灵丘县。《正德大同府志》卷4记府县居民：洪武二十四年（1391），人口139505；正德七年（1512），155381人。

③ 按：二十五年（1392）三月改封豫王桂为代王，八月诏赴大同。明正德《大同府志》卷3："代王府，在大同府城内东。洪武二十五年，以辽金西京国子监改建。"

1370年庚戌　明洪武三年

三年春正月癸巳，徐达为征虏大将军，李文忠、冯胜、邓愈、汤和副之，分道北征。——《明史》卷2《太祖纪二》

洪武三年，禁淫祠制曰："朕思天地造化能生万物而不言，故命人君代理之。前代不察乎此，听民人祀天地，祈祷无所不至。普天之下民庶繁多，一日之间祈天者不知其几，渎礼僭分，莫大于斯。古者天子祭天地，诸侯祭山川，大夫士庶各有所宜祭。其民间合祭之神，礼部其定议颁降，违者罪之。"于是中书省臣等奏："凡民庶祭先祖，岁除祀灶，乡村祈土谷之神，凡有灾患祷于祖先，若乡厉、邑厉、郡厉之祭，则里社郡县自举之。其僧道建设斋醮，不许进章上表投拜青词，亦不许塑画天神地祇，及白莲社、明尊教、白云宗、巫觋扶鸾祷圣书符咒水诸术，并加禁止。庶几左道不兴，民无惑志。”诏从之。——明《礼部志稿》卷84《禁淫祠》

洪武三年，诏天下高僧安置于天界寺，建普度道场于钟山灵谷，名流毕集，大阐玄宗，御驾躬临，亲闻法喜，而法场之盛，不减在昔，何其伟欤！由是于一门制立三教，谓禅、讲、瑜伽。以禅悟自心，讲明法性，瑜伽以济幽冥。乃建三大刹，以天界安禅侣，以天禧居义学，以能仁居瑜伽。汪汪洋洋，天下朝宗。自北迁之后，而禅道不彰，独讲演一宗集于大都，而江南法道日渐靡无闻焉。——《憨山大师梦游全集》卷30

1372年壬子　明洪武五年

五月壬子，徐达及元兵战于岭北，败绩。是月，诏曰：“天下大定，礼仪风俗不可不正。诸遭乱为人奴隶者复为民。……流民复业者各就丁力耕种，毋以旧田为限。僧道斋醮杂男女，恣饮食，有司严治之。……”——《明史》卷2《太祖纪二》

七月，徐州、大同蝗。——《明史》卷28《五行志一》

大同府城，大同前后二卫守。洪武五年，大将军徐达因旧城城南之半增筑①。周围十（二）［三］里，高四丈二尺，壕深四丈五尺。明年，都指挥周立以砖外包。门四：东曰阳和，南曰永泰，西曰清远，北曰武定。上各建楼，角楼四座，敌台楼五十四座，窝铺九十六座。西半属前卫，东半属后卫。景泰间，巡抚副都御史年富请于府城北别筑北小城，周围六里，高（五）［三］丈八尺。门三：东曰长春，西曰延秋，南曰大（厦）［夏］。天顺间，佥都御史韩雍续于府城东修筑东小城②，南修筑南小城，各周围五里，壕深一丈五尺，东、西、南三门。——《成化山西通志》卷3《城池》

五年，给僧道度牒③。——《明史》卷74《职官志三》④

① 明朱国祯《涌幢小品》卷4《府县城池》：“太祖与张士诚相持，得常州、长兴，皆杀城之半，以便守御。湖州亦如之。惟江阴城元初皆毁，后乡民相率为土城，因甃砖石，加女墙，守之。”可见，缩城非唯大同。

② 韩雍，字永熙，长洲人。正统七年（1442）进士。天顺四年（1460）十一月十八日，以佥都御史为宣、大巡抚，闰十一月七日离京赴任。六年（1462）十二年十二日，另设宣府巡抚，命雍专巡抚大同。七年（1463）议事入觐，帝壮其貌，留为兵部右侍郎。成化元年（1465）后，功著两广。九年（1473），遭诋毁，致仕。家居五年卒。正德间，谥襄毅。

③ 明《礼部志稿》卷34《僧道》："释道二教，自汉唐以来通于民俗，难以尽废，惟严行禁约，毋使滋蔓。"同卷《凡僧道给度》："洪武五年，令给僧道度牒，罢免丁钱。"

④ 《明史》卷77《食货志一》："僧道给度牒，有田者编册如民科，无田者亦为畸零。"按：畸零，如鳏寡孤独不任役者，附录于里甲民籍。

1373年癸丑　明洪武六年

洪武六年八月……己丑……大同卫指挥王约率兵夜袭胡人之神仙寨，破之，执其平章定定以归。先是，约遣游骑至石佛寺[①]，获宣宁县民，问知定定所在，乃以兵袭之，获其省都镇抚闪忽鲁别及民人牛驴孳畜甚众。上闻之，遣人谕约曰："民人无罪，悉送大同府隶籍，仍以所获牛驴给之。"于是，民悉以定定出处告约，约遂发兵擒之。——《明太祖实录》卷84

十一月壬子，扩廓帖木儿犯大同，徐达遣将击败之，达仍留镇。——《明史》卷2《太祖纪二》

洪武六年，令民家女子年未及四十者，不许为尼姑、女冠。——明《礼部志稿》卷34《尼姑女冠》

① 据此，"石佛寺"之称，至晚元代已有。云冈第6窟院东西门楣，今犹存"石佛寺""大佛寺"砖雕题额。

1377年丁巳　明洪武十年

洪武十年九月，令僧徒皆通《般若心经》《金刚般若经》《楞伽经》，命学士宋濂考校之。不通者，令还俗[①]。——明黄佐《翰林记》卷14[②]

① 明于慎行《榖山笔麈》卷17《释道》："江左以降，盛谈老庄；隋唐以来，多修佛乘。今之谈老庄者少矣，而为佛乘之言者，亦非其本旨也。何者？佛教之入中国，本缘经典；其后，以经教为土苴，而直指禅宗；又其后，以禅宗为葛藤，而专修净业。故有税冕而勤礼拜，闭室而诵祇陀，若谓调御之位可以立地而成，青莲之会可以应声而至。西来之旨，岂固然哉？"

② 清俞樾《茶香室续钞》卷17《善男善女有二解》："《金刚经六译疏记》云，善男善女有二义：一以人称，是四众人也。一以法喻，以罗汉性刚直，能自善，不能化人，表为善男子；菩萨性柔和慈悲，能自化、化人，种佛善根，绍隆佛种，表为善女子。按此，知观世音菩萨今作女像，亦非无理。"

1381年辛酉　明洪武十四年

僧道服，洪武十四年定。禅僧，茶褐常服，青绦玉色袈裟；讲僧，玉色常服，绿缘浅红袈裟；教僧，皂常服，黑缘浅红袈裟。僧官如之。惟僧录司官，袈裟，绿文及环皆饰以金。道士，常服青法服，朝衣皆赤，道官亦如之。惟道录司官，法服、朝服，绿文饰金。凡在京道官，红道衣，金襕，木简；在外道官，红道衣，木简，不用金襕。道士，青道服，木简。——《明史》卷67《舆服志三》

王达善《题石窟寺寒泉》①：在西三十里。

一脉元从石罅来，湛于秋镜绿于苔。羌胡不解煎茶法，下马争分涤酒杯。——《正德大同府志》卷18《寺观》

① 是诗，清《雍正朔平府志》卷12题名《寒泉灵境》。清《乾隆大同府志》卷17《宦迹》："王达善，江南无锡人。洪武间，任大同府学训导。学问渊博，气度和雅，遇诸生恩义兼至，称经、人两师。尝著《梅花百咏》，后累官翰林学士。"清朱彝尊《曝书亭集》卷63《王洪传》云："王洪，字希範，钱唐人。……与解缙、王偁、王琎、王达，号东南五才子。……达字达善，无锡人，洪武中，以人才举，除大同府学训导，入为国子监助教。文皇帝即位，用姚广孝荐，擢翰林院编修。帝问建文君过失，对曰：'可与为善，但辅导非其人尔。'与修《高皇帝实录》，迁侍读学士。修《大典》，充总裁官。帝视太学，坐彝伦堂，行养老之礼，达因献《视学颂》。永乐三年秋，与王景同为应天考试官。四年春，会试天下士，复为考试官。五年夏，以疾卒。达性恭慎，不饮酒，薄滋味，晚自号耐轩，又曰天游道者。居大同，著《笔畴》三十二篇。意主柔伏退逊，颇近老氏之旨。"《钦定四库全书总目》卷1谓："《笔畴》二卷，明王达撰。……是书多抑郁愤世之谈，前有题词，称远居塞外，盖官大同时作也。"清黄虞稷《千顷堂书目》卷18云："王达《天游集》十卷，字达善，无锡人。洪武中，举明经，为大同训导；荐入，官国子助教。永乐初，擢翰林编修，迁侍读学士。"按：《天游集》，盖明《正德大同府志》卷7所谓《天游小稿》。而《山右石刻丛编》卷40《太平县重建夫子庙记》云，大元至正二十一年（1361）权教谕王达善立石。可见，王氏元末即在山西任教。他到大同府学任教，当在洪武中。姑赘其诗于此年。

1382年壬戌　明洪武十五年

十五年始置僧录司、道录司①。僧凡三等：曰禅，曰讲，曰教②。道凡二等：曰全真，曰正一。设官不给俸，隶礼部。——《明史》卷74《职官志三》

府僧纲司，都纲一人，从九品③，副都纲一人。州僧正司，僧正一人。县僧会司，僧会一人。府道纪司，都纪一人，从九品，副都纪一人。州道正司，道正一人。县道会司，道会一人。俱洪武十五年置，设官不给禄④。——《明史》卷75《职官志四》⑤

① 《明史》卷74《职官志三》："僧录司：左、右善世二人，正六品；左、右阐教二人，从六品；左、右讲经二人，正八品；左、右觉义二人，从八品。道录司：左、右正一二人，正六品；左、右演法二人，从六品；左、右至灵二人，正八品；左、右玄义二人，从八品。……僧、道录司掌天下僧道。在外

府州县有僧纲、道纪等司，分掌其事，俱选精通经典、戒行端洁者为之。”按：《释氏稽古略续集》卷2载洪武十四年（1381）六月，礼部发文，稽宋制设置僧道衙门，明年（1382）四月正式开设。其僧录司，见《宋史》《元史》；明清中央、地方僧官机构相同。

② 《释氏稽古略续集》卷2载：洪武十五年（1382）三月，禁僧道寺观田土买卖；五月，分佛寺为三等；六月，选择名僧辅弼诸王。

③ 《明史》卷72《职官志一》：“各府卫儒学、税课司，阴阳学、医学、僧纲司、道纪司、各巡检司，俱正从九品，铜印，方一寸九分，厚二分二厘。”

④ 日本圆仁《入唐求法巡礼行记》卷1：唐开成四年（839）二月“六日，州官准敕给禄。……旧例无有禄给僧之例，今度禄时与僧等，但不入京留置。一判官已下水手以上，每人各赐五匹，更无多少”。说明也有例外。

⑤ 《释氏稽古略续集》卷2：“各府、州、县寺观僧道，并从僧录司、道录司取勘置文册，须要开写某僧、某姓名、年甲、某布政司、某府、某州、某县籍，某年于某寺观出家，受业某师，先为行童几载，至某年、某施主披剃簪戴，某年给度开报。供报各处有额寺观，须要明白开写本寺本观始于何朝，何僧、何道启建，或何善人施舍。僧、道录司衙门，全依宋制，官不支俸，吏与皂隶合用人数，并以僧道及佃仆人等为之。僧道录司体统，与钦天监相同，出入许依合用本品伞盖，遇官高者即敛之。各处寺观住持，从本处僧、道衙门举保有戒行、老成、谙通经典者，申送本管衙门，转申僧录司、道录司考试中式，具申礼部奏闻。各府、州、县未有度牒僧道，许本管僧、道衙门具名申解僧纲司、道纪司，转申僧录司、道录司考试，能通经典者，具申礼部奏闻出给。在京在外僧、道衙门，专一简束僧道，务要恪守戒律，阐扬教法。如有违犯清规，不守戒律，及自相争讼者，听从究治，有司不许干预。如犯奸盗非为，但与军民相涉，在京申礼部酌审，情重者送问；在外即听有司断理。”

1383年癸亥　明洪武十六年

洪武[十]六年(十)六月戊戌，并僧、道寺观，禁女子不得为尼。时上以释道二教，近代崇尚太过，徒众日盛，安坐而食，蠹财耗民，莫甚于此。乃令府州县大寺观一所，并其徒而处之，择有戒行者领其事。若请给度牒，必考试精通经典者方许之。又以民家多以女子为尼姑、女冠，自今年四十以上者听，未及者不许，著为令。——《日知录之余》卷3《禁僧》

洪武十六年六月乙亥，同知大同府事、缙云曹君养晦，以疾卒京师。……君字养晦，讳湫……授奉议大夫，使佐大同府。大同为山西大郡，且宿重兵，主兵者皆大将贵臣，守以下稍无善状，辄困折，吏遇之，弗敢少抗。君有才能，举措施张，得事机宜，声名出守上，边将甚奇敬之，屈其威风，降己相驩狎；政化行境内，属郡邑守令数十人敛戢奉职，惟恐获罪。居官三年，狱丞以私怨衔君，言君尝以公事系讼狱中，与僚属饮酒。下御史治，言者因诬罪君，当改官，会病作，遂卒。……——明方孝孺《逊

志斋集》卷22《曹府君墓志铭》

1384年甲子　明洪武十七年

十七年闰十月癸亥，礼部尚书赵瑁言："自设置僧道二司，未及三年，天下僧尼已二万九百五十四人[①]，今来者益多，其实假此以避有司差役。请三年一次出给度牒，且严加考试，庶革其弊。"从之。——《日知录之余》卷3《禁僧》

① 《明史》卷139《李仕鲁传》："帝自践阼后，颇好释氏教。诏征东南戒德僧，数建法会于蒋山。应对称旨者，辄赐金襕袈裟衣，召入禁中，赐坐与讲论。吴印、华克勤之属，皆拔擢至大官，时时寄以耳目。由是其徒横甚，谗毁大臣。……诸僧怙宠者，遂请为释氏创立职官。于是以先所置善世院为僧录司，设左右善世、左右阐教、左右讲经、觉义等官，皆高其品秩。道教亦然。度僧尼道士至逾数万。"

1387年丁卯　明洪武二十年

《实录》："洪武二十年八月壬申，诏民年二十以上者，不许落发为僧。年二十已下来请度牒者，俱令于在京诸寺试事三年，考其廉洁无过者，始度为僧。"——《日知录之余》卷3《二十以上不许为僧》

1391年辛未　明洪武二十四年

二十四年六月丁巳，命礼部清理释、道二教，敕曰："佛本中国异教也，自汉明帝夜有金人入梦，其法始自西域而至。当是时，民皆崇敬。其后，有去须发出家者。其所修行，则去色相，绝嗜欲，洁身以为善。道教始于老子，以至汉张道陵，能以异术役召鬼神，御灾捍患，其道益彰。故二教历世久不磨灭者以此。今之学佛者曰禅，曰讲，曰瑜伽；学道者曰正一，曰全真。皆不循本俗，污教败行，为害甚大。自今天下僧道，凡各府州县，寺观虽多，但存其宽大可容众者一所，并而居之，毋杂处于外，与民相混。违者治以重罪，亲故相隐者流，愿还俗者听。其佛经翻译已定者，不许增减词语；道士设斋醮者，亦不许拜奏青词。为孝子慈孙演诵经典报祖父母者，各遵颁降科仪，毋妄立条章，多索民财。及民有效瑜伽教称为善友，假张真人多私造符箓者，皆治重罪。"七月丙戌朔，诏天下僧道，有创立庵堂子寺观[①]非旧额者，悉毁之。——《日知录之余》卷3《禁僧》

七月初一日……清理天下僧寺，凡僧人不许与民间杂处。——《释氏稽古略续集》卷2

二十四年，清理释、道二教，限僧三年一度给牒。凡各府州县寺观，但存宽大者一所，并居之。凡僧道，府不得过四十人，州三十人，县二十人。民年非四十以上、女年非五十以上者，不得出家。——《明史》卷74《职官志三》

大华严寺：……寺之东南为薄伽教藏，亦垒石为台基，稍庳，俗谓之下寺，辽重熙七年建。……明洪武三年，改大殿为大有仓[②]。二十四年，即教藏置僧纲司，复立寺。——《道光大同县志》卷5《营建》

① 《礼部志稿》卷34《清理寺观》无“子”字。

② 本地大有仓建置之始，方志无载。元《勤斋集》卷3《威宁张氏新阡表》记金末张瑀为西京大有仓使。

1392年壬申　明洪武二十五年

山西行都指挥使司，本大同都卫，洪武四年正月置，治白羊城[①]。八年十月更名。二十五年八月，徙治大同府[②]。二十六年二月，领卫二十六，后领卫十四。——《明史》卷41《地理志》

二十五年，命僧录司造《周知册》，颁于天下僧寺[③]。时京师百福寺隐（四）[囚]徒逋卒，往往易名姓为僧，游食四方，无以验其真伪。于是命造《周知之册》，自在京及在外府州县寺院僧名，以次编之。其年甲、姓名、字行，及始为僧年月与所授度牒字号，俱载于僧名之下。既成，颁示天下僧寺。凡游方行脚至者，以册验之。其不同者，许获送有司，械至京师，治之重罪。容隐者，罪之。——《日知录之余》卷3《禁僧》[④]

① 白羊城，在今山西大同左云。《明太祖文集》卷6《劳大同都卫指挥》：“古之守天下者，君凭臣能，故忠义之士不待君督其事而自勤。是故功著史册，垂名不朽。今朕有天下，封疆四际遐荒，各以臣守。卿当北镇，身被酷寒，昼驱驰于戎马，夜虑擒谋，心神俱劳而无息，朕甚悯焉。今者，首春气和，坚冰斯薄，塞草将萌，正马瘦而弓弛，卿当解甲以候熏风，整雕鞍以待秋至，控弦执矢，观衅而动，卿其慎之以制人。”

② 《明史》卷3《太祖纪三》：“八月……丁卯，冯胜、傅友德帅开国公常昇等分行山西，籍民为军，屯田于大同、东胜，立十六卫。”明代大同驻兵众多，《正德大同府志》卷3曰：“大同切邻虏境，屏障京师，捍卫中原，其兵马之数，迩来渐增。官军六万三千余名，马三万七百余匹。”《明宣宗实录》卷97记宣德七年（1432），“山西行都司所辖十二卫军士，二万余人皆土军”。

③ 明《礼部志稿》卷34《凡僧道给度》:“僧录、道录司造《周知册》,颁行天下寺观。凡与僧道,即与对册,其父兄籍贯、告度日月,如有不同,即为伪冒。”
④ 《礼部志稿》卷34《清理寺观》:“(三)[二]十五年,令清理释道二教,凡历代以来,及洪武十五年以前寺观有名额者,不必归并,新创者归并如旧。”

1393年癸酉 明洪武二十六年

二月丁丑,晋王㭎统山西、河南军出塞。……三月辛亥,代王桂率护卫兵出塞,听晋王节制。……丙辰,冯胜、傅友德备边山西、北平,其属卫将校悉听晋王、燕王节制。——《明史》卷3《太祖纪三》

二十六年,令各司每三年考试,能通经典者,申送到部,具奏出给度牒。——明《礼部志稿》卷34《凡僧道给度》

洪武二十六年,令各布政司并直隶府州县申呈、开设僧道衙门,保举到僧人札付僧录司,道士札付道录司,考试如果中式,就申吏部施行。——明《礼部志稿》卷34《保举僧道》

1394年甲戌 明洪武二十七年

二十七年正月,命礼部榜示天下僧寺、道观。凡归并大寺,设砧基道人一人[①],以主差税。每大观道士,编成班次,一年高者率之。余僧、道,俱不许奔走于外,及交构有司,以书册称为题疏,强求人财。其一二人于崇山深谷修禅及学全真者听,三四人勿许,仍毋得创庵堂[②]。若游方问道,必自备道里费,毋索取于民间,民亦毋得辄自侮慢。凡所至僧寺,必揭《周知册》以验其实,不同者获送有司。僧道有妻妾者,许诸人捶逐,相容隐者罪之,愿还俗者听。亦不许收民儿童为僧[③],违者并儿童父母皆坐以罪。年二十以(上)[下]愿为僧者[④],亦须父母具告,有司奏闻,方许。三年后赴京考试,通经典者始给度牒,不通者杖为民。有称白莲、灵宝、火居[⑤],及僧道不务祖风,妄为议论沮(詅)[令]者[⑥],皆治重罪。——《日知录之余》卷3《禁僧》

① 《释氏稽古略续集》卷2:“洪武十九年,敕天下寺院有田粮者,设砧基道人,一应差役,不许僧应。”
② 此乃明清以后云冈石窟衰落之因。按:明清以降,佛、道衰微,有其宗教本身堕落的原因,更因两朝统治者不甚迷信,采取了限制发展的态度。清代颇有怪事,刘献廷《广阳杂记》卷2曰:“今天下之书院、祠祀,十之八九皆守之以僧。名不正,言不顺,莫此为甚。儒有书院,而无主持其事之人;

僧则不居兰若，而为俗士守祠。是何异飞者入池，而楦椁异处也。”
③ 清俞樾《茶香室丛钞》卷13《替僧》云：“明朝凡皇太子、诸王生，率剃度幼童一人为僧，名曰替僧。”
④ 下，据《礼部志稿》卷34《僧道・僧道禁例》改。
⑤ 灵宝，盖指奉行东汉张陵《灵宝经》邪术者。僧有家室者，谓之火宅僧；道士有家室者，名为火居道士。
⑥ 令，据《礼部志稿》卷34《僧道・僧道禁例》改。

1395年乙亥　明洪武二十八年

二十八年十月己未，礼部言：“今天下僧道数多，皆不务本教，宜令赴京考试，不通经典者黜之。”诏从其言，年六十以上者免试。——《日知录之余》卷3《禁僧》

二十八年，令天下僧道赴京考试给牒，不通经典者黜之。其后，释氏有法王、佛子、大国师等封号，道士有大真人、高士，高士等封号，赐银印蟒玉，加太常卿、礼部尚书及宫保衔，至有封伯爵者，皆一时宠幸，非制也[①]。——《明史》卷74《职官志三》[②]

二十八年春正月……是月，周王橚、晋王㭎率河南、山西诸卫军出塞，筑城屯田。——《明史》卷3《太祖纪》

① 明沈德符《万历野获编》卷27《释道盛衰》：“至永乐，而帝师哈立麻，西天佛子之号而极矣。历朝因之不替。惟成化间宠方士李孜省、邓常恩等，颇于灵济、显灵诸宫加奖饰。又妖僧继晓用事，而佛教亦盛，所加帝师名号，与永乐年等。其尊道教亦名耳。武宗极喜佛教，自列西番僧，呗唱无异。至托名大庆法王，铸印赐诰命。世宗留心斋醮，置竺乾氏不谈。初年，用工部侍郎赵璜言，刮正德所铸佛镀金一千三百两；晚年，用真人陶仲文等议，至焚佛骨万二千斤。逮至今上，与两宫圣母首建慈寿、万寿诸寺，俱在京师，穹丽冠海内。至度僧为替身出家；大开经厂，颁赐天下名刹殆遍。”
② 《明史》卷331《西域传三》：“初，太祖以西番地广，人犷悍，欲分其势而杀其力，使不为边患，故来者辄授官。又以其地皆食肉，倚中国茶为命，故设茶课司于天全六番，令以马市，而入贡者又优以茶布。诸番恋贡市之利，且欲保世官，不敢为变。迨成祖，益封法王及大国师、西天佛子等，俾转相化导，以共尊中国，以故西陲宴然，终明世无番寇之患。”

1396年丙子　明洪武二十九年

洪武丙子春三月，诏命储王殿下发河南兵马，率由北平出巡边沙。以四月度居庸关，至开平，选调精锐，直驰可温海外，宣扬威武，搜涤敌兵。转驻集宁，方图深入，俄而有使召还。于是班师振旅过大同[①]，历恒岳，径广（西）[昌]向紫金关，归马奉命。——明周是修《刍荛集》卷4《凯还赋》

① 明周是修《刍荛集》卷5《松庄诗文序》：“余尝佐戎清朔，囷策骊黄，拥旌旄以乱于黄河，经于牧野，历于邯郸，涉滹沱而向幽蓟，度居庸关，出古长城，抵开平旧元都，追迹扣肯海，转黑山，越集宁

而驻于大同焉。大同，秦汉云中大郡也。其地北濒大漠，西界黑水，东接辽阳，南控恒岳，其风气早寒，而不至于极，其土平旷，宜黍粟，其山盘回，其水萦带，其人丰伟刚劲，其俗醇朴。由五代赵宋以来，率陷而为北朝。我天朝混而一之，复内地。余留止旬有余日，登高临览，吊古兴怀，悠然慷慨，而思得幽人逸士，以备询畴昔英雄成败。盖邈乎其无有，意独以此为不中华若也。洪武辛巳，余备员衡府，官居京师，邑友杨君士奇尝客荆、湘间，交游契合者多奇杰士。一日，持卷谒余曰：'吾友张从善氏，名登，云中人，侍其亲于武昌戎伍中。博学而有文，惇德而厉行，明于周、程、朱、张之旨，于古今事尤博通。性至孝友，其云中故居，有松一株，为其先大父所手封，蓊郁畅茂，因名所居曰松庄。从善常思归而未得也，又揭而颜所寓，此则士友所为咏歌之诗文若干首。幸为之序，以发其永思，亦以纾区区久要不忘之心也。'余甚异士奇之说，而叹之曰：'离云中五载于兹矣，而始闻有若从善之为人，然后知不可谓其地无幽人逸士而不中华若也，殆有之而余未之遇耳。以从善之谪戍逆旅，其见称于中州之士夫者如是，又安知端居其里如从善者尚不少哉？'喜云中之有人，重士奇之敦谊，而惜余旧游之慊能已，于（言）[是]乎曰：……今从善之贤大父，乃能手封之，而以名其居，其为清士可知也。从善不远万里侍其亲于谪所，又能不忘祖德而揭颜示思，以致咏歌之多，则从善之为清士，又可知也。张氏，其殆不显于云中，而将显于武昌乎？……叙之，以为从善劝。"按：洪武辛巳，即建文帝三年（1401），因衡王未至藩，故周是修随居南京，预翰林纂修。

1397 年丁丑　明洪武三十年

洪武三十年，命僧录司行十三布政司，凡有寺院处所，俱建禅堂，安禅集众。——《释氏稽古略续集》卷 2

邢哲《石窟寒泉》①：

乾坤灵异信非常，石窦泉流水自香。尽日澄天涵素影，终宵漾月吐寒光。

味甘不羡姜诗井，意适应同德裕庄。地脉一源应有自，尘缨何必濯沧浪。——《正德大同府志》卷 18《云中八景》

① 邢哲，生平不详。清《畿辅通志》卷 64 谓：河北束鹿人，明洪武癸酉科举人。姑系其诗于是年。诗末"尘缨何必濯沧浪"句，显系针对前朝无名氏《石窟寒泉》诗云"十年京路厌驰逐，胸次泥尘动盈掬。濯缨何日坐盘陁，临流细咏沧浪曲"而言。可以推测，此二诗当时可能雕刻在云冈第 2 窟寒泉洞西侧崖壁。

1400 年庚辰　明惠帝朱允炆建文二年

二年春正月丙寅，克蔚州。二月癸丑，至大同①。——《明史》卷 5《成祖纪一》

① 时燕王朱棣靖难。《明史》卷 5《成祖纪一》："王乃谋侵大同，曰：'攻大同，彼必赴救，大同苦寒，南军脆弱，且不战疲矣。'"

1403 年癸未　明成祖朱棣永乐元年

永乐元年夏四月……丁卯，上以代王桂擅兴土木，疲劳军民，命所司：自今王府非得朝命，不许擅役一军一民，及敛一钱一物，听从者有罚。——《明太宗实录》卷 19

永乐元年，令三年一给度牒。——明《礼部志稿》卷 34《凡僧道给度》

1408 年戊子　明永乐六年

六年六月辛巳，命礼部移文中外，凡民子弟、僮奴自削发冒为僧者，并其父兄送京师，发五台山输作。毕日，就北京为民种田及卢龙牧马。寺主僧擅容留者，亦发北京为民种田。——《日知录之余》卷 3《禁僧》

1416 年丙申　明永乐十四年

十四年，大同府饥。——《乾隆大同府志》卷 25《祥异》

1417 年丁酉　明永乐十五年

永乐十五年五月，上谓礼部臣曰："佛道二教，本以清净，利益群生。今天下僧道多不守戒律，民间修斋诵经，动辄较厚利；又无诚心，甚至饮酒食肉，游荡荒淫，略无顾忌。又有一种无知愚民，妄称道人，一概蛊惑，男女杂处无别，败坏风化。洪武中，僧道不务祖风，及俗人行瑜伽法，称火居道士者①，俱有严禁。即揭申明，违者杀不赦。"——明《礼部志稿》卷 2《清释道之训》

十五年闰五月癸酉，禁僧尼私建庵院。上以洪武年间天下寺院皆以归并，近有不务祖风者，仍以僻处私建庵院，僧尼混处，屡犯宪章，乃命礼部榜示天下，俾守清规，违者必诛。——《日知录之余》卷 3《禁僧》

① 明魏校《庄渠遗书》卷九《辟异端以崇正教》："禁止师巫邪术，国有明条。今有等愚民，自称师长、火居道士，及师公、师婆、圣子之类，大开坛场，假画地狱，私造科书，伪传佛曲，摇惑四民，交通妇女。或烧香而施茶，或降神而跳鬼。修斋则动费银钱，设醮必喧腾闾巷。暗损民财，明违国法。甚至妖言怪术，蛊毒采生，兴鬼道以乱皇风，夺民心以妨正教。弊固成于旧习，法实在所难容。"

1418 年戊戌　明永乐十六年

十六年十月癸亥，上以天下僧道多不通经典，而私簪剃，败辱教门，命礼部定通制：今后愿为僧道者，府不过四十人，州不过三十人，县不过二十人。限年十四以上、二十以下，父母皆允，方许陈告有司，行邻里保勘无碍，然后得投寺观，从师受业。俟五年后，诸经习熟，然后赴僧录、道录司考试。果谙经典，始立法名，给与度牒；不通者，罢还为民。若童子与父母不愿，及有祖父母、父母无他子孙侍养者，皆不许出家。有年三十、四十以上，先曾出家而还俗，及亡命黥刺者，亦不许出家。若寺观住持不检察而容留者，罪之。仍命礼部榜谕天下。——《日知录之余》卷 3《禁僧》①

① 明朱国祯《涌幢小品》卷 28《住持》：“僧家住持，各据席说法，未尝有崇卑位分之异。宋末，史卫王奏立五山十刹，如世所谓官署。然有服劳其间最久者，乃出主小院。俟声华彰著，乃拾级而升，改主大寺，得至于五名山。则如仕宦而至将相，为人情之至荣。元亦因之。国朝两京考之礼部，省直考之府官，其气势不如宋元之烜赫，僧亦不复倚之为重矣。”

1424 年甲辰　明永乐二十二年

二十二年春正月甲申，阿鲁台犯大同、开平，诏群臣议北征，敕边将整兵俟命。——《明史》卷 7《成祖纪三》

1426 年丙午　明宣宗朱瞻基宣德元年

宣德元年，以僧道行童请给度牒甚多，谕礼部：先令僧道官取勘，礼部同翰林院官、礼科给事中及僧道官考试，能通经典，方准给与。——明《礼部志稿》卷 34《凡僧道给度》

1429 年己酉　明宣德四年

宣德四年六月，有顺天府大兴县真元观女冠成志贤等九人，诣行在礼部，请给度牒。礼部言：“太（宗）[祖]皇帝时，命尼姑皆还俗，今成志贤等亦宜还父母家。”上命先朝令，仍申明妇女出家之禁。——《日知录之余》卷 3《禁女冠尼姑》

遣将出塞烧荒。先是，每于冬初命将率兵出塞烧草，名“烧荒”。盖防虏南向，且耀兵也。至是，守大同、武安侯郑亨①，守宣府、都督谭广，守宁夏、宁阳侯陈懋等各遣人奏，宜及时发兵出塞。上曰：“烧荒固常例，师行不可不谨。”遂敕诸将肃部伍，严号令，毋或怠忽，为虏所窥。——《明宣宗实录》卷58“九月辛亥”

① 明叶盛《水东日记》卷5《郑武安刚正》：“武安侯郑亨守大同，年已七十余，刚正有为，一志为国，而性稍褊。每议事，辄不欲从中贵言。既卒，人谓中贵衔之，中贵乃悼惜之不已，盖其心本公，能服人故耳。予曩在宣府，中贵柏玉酒间辄追念侍郎刘公琏，以为好人难得。询其故，曰：‘玉每有事干之，无肯从者。然我至今思之，盖侍郎所执是。其不从我者，我非是也。’两事颇相类。郑卒时，语不及私，惟云：‘此大同，我国家后门。我乃死矣，后来者何人，勿坏我家事也。’布政张文昌时为断事云。”卷16《武安、阳武两侯遗事》：“独石参将黄瑄往日言，少尝迨事武安侯郑亨、阳武侯薛禄两总戎，如斯人，今皆不可复得已。武安治大同，极有威严，前呵一出，街头狗豕皆走避之。瑄所目击，当时人亦大异此事。不谒神祠，惟骑马过城隍庙前，则举手曰：‘大哥好照顾。’余寺观祠宇，一不顾也。”按：郑亨，良将，合肥人。永乐二十二年（1424）充大同总兵，宣德九年（1434）卒于任。

1432年壬子　明宣德七年

七年三月壬戌，申严僧人化缘之禁。上谓都察院右都御史顾佐曰：“佛本化人为善，今僧人多不守戒律，不务祖风，往往以创造寺院为名，群舁佛象，历州郡化缘，所得财物皆以非礼耗费。其申明洪武中禁令，违者必罪之。”——《日知录之余》卷3《禁僧》

1433年癸丑　明宣德八年

宣德八年，令天下有司、关津，但遇削发之人，捕送原籍，治罪如律。——明《礼部志稿》卷34《僧道禁例》

1435年乙卯　明宣德十年

宣德十年八月癸卯，广东按察使佥事赵礼言：“各处寺观多因田粮浩大，与民一体当差，是致混同世俗。……每当春秋耕敛，群僧往来佃家，男女杂坐，嬉笑酣饮，岂无污染、败坏风俗？乞依钦定额数设僧人，府四十名，州三十名，县二十名，就于本寺量给田亩，听其自种自食，余田均拨有丁无田之人耕种纳粮。”上命行在礼部依所言行之。——《日知录之余》卷3《禁僧》①

① 《礼部志稿》卷34《僧道禁例》：“十年，禁僧道私自簪剃及妄言惑众者。”

1436 年丙辰　明英宗朱祁镇正统元年

十月甲戌，行在礼部尚书胡濙等奏："洪武间，天下僧道给过度牒者，令僧录司、道录司造册，颁行天下寺观。凡遇僧道，即与对册，其父兄、贯籍、告度月日如有不同，即为伪冒。迨今年久，前令寝废。有亡没遗留度牒未经销缴为他人有者，有逃匿军民及囚犯伪造者，有盗卖影射者，及私自簪剃者，奸弊百端，真伪莫辨。乞自今以后，给度牒者仍造册，颁行天下寺观，以防奸诈。"从之①。——《日知录之余》卷 3《禁僧》②

① 《明史》卷 169《胡濙传》："英宗即位，诏节冗费。濙因奏减上供物，及汰法王以下番僧四五百人，浮费大省。"

② 《明史》卷 331《西域传三》："初，太祖招徕番僧，本藉以化愚俗，弭边患，授国师、大国师者不过四五人。至成祖兼崇其教，自阐化等五王及二法王外，授西天佛子者二，灌顶大国师者九，灌顶国师者十有八，其他禅师、僧官不可悉数。其徒交错于道，外扰邮传，内耗大官，公私骚然，帝不恤也。然至者犹即遣还。及宣宗时则久留京师，耗费益甚。""英宗嗣位，礼官先奏汰番僧六百九十人，正统元年复以为请。命大慈法王及西天佛子如故，余遣还，不愿者减酒馔廪饩，自是辇下稍清。"

1438 年戊午　明正统三年

夏四月……癸未，立大同马市①。——《明史》卷 10《英宗前纪》

① 《明史》卷 81《食货志五》："大同马市始正统三年，巡抚卢睿请令军民平价市驼马，达官指挥李原等通译语，禁市兵器、铜铁。帝从之。十四年，都御史沈固请支山西行都司库银市马。时也先贡马互市，中官王振裁其马价，也先大举入寇，遂致土木之变。"

1439 年己未　明正统四年

三月戊午，代府寝殿火。……是年，大同饥。——《乾隆大同府志》卷 25《祥异》

1440 年庚申　明正统五年①

五年正月辛未，给僧童一万人度牒②。——《日知录之余》卷 3《禁僧》

① 明刘球《两溪文集》卷 11《送礼部司务明君还大同祭祖序》："正统五年秋，礼部司务明君得请而归展先墓，其寮陈君珪来属予言赠之。予为主事礼部时，明君由国监生擢今职，相交接未几，而予将有大同之役，君谓人曰：'大同吾乡也，先人坟墓在焉，安得一从是役，以致吾桑梓之恭、扫其蓬藋之秽耶？'予闻而即言于尚书胡公，固让之行。距今甫六年，而君又得援例以归，专修祀享之礼。

官未九年，而足迹已再彻乡土，展其孝思，其荣且幸为何如！且大同为古云中之地，远接雁门，逼近塞外。昔汉隆时，数为匈奴所蹂躏；迨唐中叶，寇复纵横其间；历宋三百年，其民未尝一入中国版图，况六朝、五代云扰鼎沸之祸接迹以兴。当此之时，其地士大夫欲一翱翔轩冕，进观上国之光，身被中华礼义之化，且不可及，况得宦于清朝，数还其乡，以申其孝而致其荣如君今日者耶！则君之得往来乡国，后先增庆者，皆朝廷控御有方之力，四方无事太平之征也。又可不知其所自耶？苟知所自，则效报之念，自不容已，而优升美任之及之也可期，君试待之。君名礼，字敬之。其出身也，由科目；其为人也，刚果而疏达。可谓穷经而能致用者也。归抵其乡，尚即楼烦故城，顾盼匈奴出没之道，考求李牧、魏尚战守之迹。退为守边之臣告曰：古之良于为将者，安不忘危，故能保有万全之功。慎勿以边尘灭息而怠于事也。予留心于此也久矣，特因君归一陈之，以为大同久安计。”按：刘球，江西安福人，翰林侍讲，正统八年（1443）被王振冤杀。

② 《明史》卷164《单宇传》：“初，王振佞佛，请帝岁一度僧。其所修大兴隆寺，日役万人，糜帑数十万，闳丽冠京都。英宗为赐号‘第一丛林’，命僧大作佛事，躬自临幸，以故释教益炽。”

1441年辛酉　明正统六年

正统六年，令新创寺观曾有赐额者，听其居住。今后再不许私自创建。——《礼部志稿》卷34《清理寺观》

正统六年《实录》云：“旧例，僧有妻者，诸人得捶逐之，更索其钞五十锭，无钞，殴死勿论。”[①]——《日知录之余》卷3《禁僧》[②]

① 《礼部志稿》卷34《僧道禁例》：“正统六年令：僧道多有坏乱心术，不务祖风，混同世俗，伤坏风化。都察院即遵洪武旧例出榜禁约，违者罪之。”

② 明末谈迁《枣林杂俎》“义集”22《僧娶妻室》：“太祖敕僧律，一曰有妻室僧人，除前辈老僧，盖因元末兵乱，流移他方，彼时皆有妻室，今已年老无论外，其后进僧人有妻室者，虽在长上辈，比肩及在下诸人皆得凌辱，亦无罪责。今僧俱荤娶，又无差累。”

1443年癸亥　明正统八年

七月辛未……大同巡警军至沙沟，风雷骤至，裂肤断指者二百余人。——《明史》卷28《五行志一》

1444年甲子　明正统九年

正统九年八月……乙卯……巡抚大同、宣府佥都御史罗亨信奏[①]：“大同、宣府自正统六年以砖甃城，至今未能毕工，请以河南操备军夫协助。”从之。——《明英宗实录》卷120

① 罗亨信，字用实，东莞人。永乐二年（1404）进士。正统五年（1440）至十四年（1449），巡抚宣府、大同。期间，因蔚州籍太监王振用事，小五台山佛寺得以重建，亨信撰《敕赐金河禅寺记》（见《觉非集》卷3），云："塞北蔚州之阳，山多奇峻，其东八十里有五峰，尤为秀拔，名曰五台山。闻昔如来灭度，文殊师利东涉赡部，曾游此山，欲就说法，化导群迷。后觉其地狭隘，不足以容众善，因往西五台清凉山启建道场，召集诸天拥护，以成胜会。然而佛祖所过，灵迹常存，神光屡现，有足感人，登览者多甃塔其上。至北魏文帝太和间，有僧宝、普贤相台东北五十里，四山回合，中有旷墟，天然禅窟，乃创大刹，以延奉师利香火于其中。寺趾有河，由东南曲折而出于北，当水涸日丽，沙石闪烁如金，故曰金河云。"文中，关于孝文帝太和僧事，史传无载，姑录存疑。

1445 年乙丑　明正统十年

善化寺居城之南坊……国朝正统十年乙丑，僧大用奏请，敕颁藏经及赐今名，用为习仪之所。建僧纲司于内，设都、副纲各一员，以领僧众。规禁益为严整，僧亦文雅不群。形势甲于云中，咸称胜概焉。——明万历十一年《重修善化寺记》碑

1447 年丁卯　明正统十二年

《实录》：正统十二年二月庚戌，弥陀寺僧奏："本寺原种宛平县土城外地十八顷有奇，近蒙户部委官踏勘，令臣输税。然臣空寂之徒，乞赐蠲免。"上曰："僧既不能输税，其地令没官。"——《日知录之余》卷3《僧地没官》

《石窟寒泉》：仰瞻①

半顷寒泉石涧幽，山光云影共悠悠。波涛自信非淮海，(莹)[莹]彻谁言异渭流。

相对每怀鱼在藻，兴来空忆客乘舟。行吟独愧输渔父，常向春风把钓钩。——《成化山西通志》卷16《集诗》"云中八景"

① 仰瞻《石窟寒泉》，《成化山西通志》列在"无名氏"诗后，名曰"同题"。《成化山西通志》卷8《寓贤》："仰瞻，直隶苏州人。由进士任大理寺丞。正统六年，谪戍大同威远。以经学授徒，兼以医术济人。景泰初，蒙宥致仕还乡。"《明史》卷150《仰瞻传》："仰瞻，长洲人。永乐中，由虎贲卫经历迁大理寺丞。正统间，宦官王振用事，百官多奔走其门，惟瞻与大理卿薛瑄不往。会与瑄辨杀夫冤狱，益忤振，下狱，谪戍大同。景泰初，召为右寺丞，执法愈坚，在位者多不悦。移疾归，加大理少卿。"按：薛瑄辨冤下狱事，《明史·英宗前纪》记在正统八年（1443）六月。《吴都文粹续集》卷40《仰大理寿藏记》谓："及至谪所，居七年，安之如一日，略无几微见言色，对客未尝谈及公事，惟以医药济病者，余无所与。……公学明经术，旁通医家言，喜为诗，尤妙于书。"据此，仰瞻谪戍大同在正统九年（1444），该诗当作于此后，姑系是年。

1449 年己巳　明正统十四年

十四年四月甲戌，上御奉天门，谓礼部尚书胡濙等曰："旧制：僧、道之数，府四十，州三十，县二十。其行童度牒之请，悉由里老并所司勘实，方得申送。近闻多不通本教，及来历不明之人妄报贯籍，一概冒请。尔礼部即行文，请诸司待三年后，凡有应给牒者，先令僧、道衙门勘试，申送该管有司，审系额内并贯籍明白，仍试其精通本教经典。如行童令背《法华》等经并诸品经咒，道童令背《玉皇本行集》等经并诸品科范，番僧审通坛道十个，方许申送礼部复试，中式，然后具奏请给。敢仍前滥保，事发，其经由诸司官吏、里老，具重罪不宥。"——《日知录之余》卷3《禁僧》

秋七月己丑，瓦剌也先寇大同，参将吴浩战死，下诏亲征。……甲午，发京师。……丁酉，次居庸关。辛丑，次宣府。……丙午，次阳和。八月戊申，次大同。镇守太监郭敬谏，议旋师。己酉，广宁伯刘安为总兵官，镇大同。庚戌，师还。丁巳，次宣府。庚申，瓦剌兵大至……辛酉，次土木，被围。壬戌，师溃，死者数十万。……帝北狩。……戊辰，帝至大同。——《明史》卷 10《英宗前纪》

八月……戊辰，虏奉车驾次大同，遣袁彬持驾牌往，告以土木败兵之事。……是夕，虏奉上驻跸于城西二十余里，郭登遣人告袁彬[①]，欲使夜不收五人入虏营，奉上往石佛寺，乘间入城。彬以闻，上曰："我命在天，今若为此，万一不虞，自取也。"不从。——《明英宗实录》卷 181

冬十月戊申，也先拥上皇至大同。——《明史》卷 11《景帝纪》

① 郭登，字符登，临淮人，武定侯郭英之孙。正统十四年（1449）随驾北征，任大同参将。景帝监国，任副总兵，寻为总兵。时值国难，也先欲取大同为巢穴，故数来攻，登慷慨励士，屡败敌谋，一振北边将士之气。英宗复辟之明年，被迫离任。《明史》卷 173《郭登传》："登初至大同，士卒可战者才数百，马百余匹。及是，马至万五千，精卒数万，屹然成巨镇。登去，大同人思之。"

1450 年庚午　明代宗朱祁钰景泰元年

景泰元年春正月……闰月……庚午，大同总兵官郭登败瓦剌于沙窝，又追败之于栲栳山，封登定襄伯。……二月……丙戌，石亨为镇朔大将军，帅师巡大同[①]。夏四月……辛巳，瓦剌寇大同，官军击却之。……癸卯，瓦剌寇大同，郭登击却之。……六月壬午，瓦剌寇大同，郭登击却之[②]。丙戌，也先复拥上皇至大同。——《明史》卷 11《景帝纪》

景泰元年，大同府饥。——《乾隆大同府志》卷25《祥异》

① 明倪谦《倪文僖集》卷30《忠义子传》："忠义子名锺，姓张氏，滁州金牛墩人也。父瑀，任山西行都司都指挥使。……景泰初元庚午正月，从定襄出塞，遇敌沙窝，先登陷阵，奋不顾身，敌奔溃，生禽其酋诺海齐等，获其车马、什器及夺回被掠人口。三月，敌临大同，驻城北阳和坡。从总兵官、武清侯石公亨出城击之，敌败走，追北至石佛寺等处，生擒其酋呼察等而还。"

② 明叶盛《水东日记》卷3《郭定襄整暇》："定襄伯郭登治大同，廉而有谋，有古良将风。一日，达贼迫城下，人心汹汹。自登城视师，酣战间马溺于前，左右急呼：'用草裹去！'公笑曰：'草果好吃，鸡生也。'此亦能示整暇，以安人心。"又《元明事类钞》卷23《搅地龙》："《名臣录》：郭忠武登镇大同，以（已）[己]意设为搅地龙、飞天网，凿深堑，覆以土木，贼人马如履平地，令人发其机，自相撞击，顷刻十余里皆陷。"

1451年辛未　明景泰二年

景泰二年，饥。——《道光大同县志》卷2《岁时》

1452年壬申　明景泰三年

景泰年间，巡抚都御史年富于府城北别筑北小城。周围六里，高（五）[三]丈八尺。门三：东曰长春，西曰延秋，南曰大夏。内有草场①。城北建玉虚观及钟鼓楼，后层台上建玄帝庙。廊迤东，立马神庙，每年冬初，将士致祭于此。——《正德大同府志》卷2

① 《明英宗实录》卷214记：三月丁酉，"命山西大同府所属人民今年该征粮草俱于本处仓场上纳，从知府霍瑄奏请也"。

1454年甲戌　明景泰五年

景泰（十）五年十一月辛卯，云南虚仁驿驿丞尚褫言："近年以来，释教盛行，聋瞽士民，诱煽男女，廉耻道丧，风俗扫地。此盖前之掌邦礼者屈于王振之势，今年曰度僧，明年曰度僧，百十万亿，日炽月盛。今虽云止度裁抑，不过示虚文、应故事而已。臣以为宜尽令长发，敕使归俗务农，庶邪术不兴，沴气自息。"——《日知录之余》卷3《禁僧》

1455年乙亥　明景泰六年

景泰六年，令僧、道务要持行修洁，本户丁多，不系军匠、盐灶等籍，里老、保结呈县覆实，具申府、司，类呈该部，方许收度。仍勘各寺观原定额数，如已数多，不与出给。——明《礼部志稿》卷 34《凡僧道给度》

1456 年丙子　明景泰七年

年富《和石窟寺韵》①：

寒泉汩汩石中来，湿润禅宫长绿苔。堪笑胡僧只胡俗，宁知上巳好流杯。——《正德大同府志》卷 18《寺观》

① 年富，字大有，安徽凤阳人。景泰二年（1451），以右副都御史，巡抚大同，提督军务。执法不避豪贵，威名重天下。七年（1456）底，上章请老；天顺元年（1457）春，逮京致仕。是诗，为和王达善《题石窟寺寒泉》而作，姑系此年。

1457 年丁丑　明英宗朱祁镇天顺元年

释净澄，字孤月，姓张氏，宛平人也。……明天顺初元，言返清凉，道声远震。代王请诣内掖问道，感白光袭室之异，为舍资建刹五台山华严谷，额曰“普济”，事之唯谨。——民国喻谦《新续高僧传四集》卷 19《明五台山普济寺沙门释净澄传》

1460 年庚辰　明天顺四年

天顺四年四月，钦奉敕谕山西布政司、按察司：代府郡王数多，城中窄隘，况今禄米等项百姓运送艰难，欲于腹里蒲州、泽州各造府第二处，以迁王居，以便民力。钦此。——《礼部志稿》卷 78《迁改府第》①

八月甲子，孛来三道入寇，大同总兵官李文、宣府总兵官杨能御之。癸酉，孛来入雁门，掠忻、代、朔诸州。九月庚辰，孛来围大同右卫。——《明史》卷 12《英宗后纪》

① 天顺五年（1461）二月，代府怀仁王迁霍州，山阴王、襄垣王迁蒲州，宣宁王、隰川王迁泽州，灵丘王迁绛州。

1461 年辛巳　明天顺五年

武州山，在府城西二十里，武州川水出焉。峪中有石窟寺，魏孝文帝尝幸焉。山下有耿氏三冢，金皇统间建塔，上有志云：父曰光禄，子曰银青，孙曰昭勇。——

《明一统志》卷 21《大同府》①

双化岭，在府城西三十里，盘踞百有余里。岭西有古寺遗迹，世传有二僧共化于此，故名。本朝王达善诗：桦树亭亭立涧隈，两僧遗迹已成灰；夜深风响崖前叶，疑是双筇步月来。——《明一统志》卷 21《大同府》

石窟寒泉，在府城西三十五里石窟寺左。王达善诗：一脉元从石罅来，湛于秋镜绿于苔；羌胡不解煎茶法，下马争分涤酒杯。——《明一统志》卷 21《大同府》

小峪口，与兔毛河口，俱在大同右卫。其在左卫者，有石佛寺口。——《明一统志》卷 21《大同府》

《云中新建行台记》：云中，西北之重镇。我国家恒命台宪大臣抚巡其地，而无听政之所，率即冀北道以居。分渎而礼乖，非宜也。天顺四年秋，守臣请于朝，始以石氏之遗宅改创焉。既成，予适奉命至，以是岁十二月十有五日入居于斯。治事之堂五楹，尝彻而新之，高爽明靓；中堂、寝室、左右厢房，则仍旧贯。寝堂之西，游息之亭一区，甃以方池，环以茂树②。其南有园三四亩，可为习射之圃。堂之东，有浴池，稍南有土地祠，又南有牧厩，皆截截新整，而复周垣严峻，门庑谨密，凡奉公之所，莫能俪也。惟是寝堂，地卑以湿，阴气上蒸，骎骎逼人，总兵官彰武伯杨公每入坐，辄曰："此而不增其旧址，易其败垣，诚不可居。"然亦未果也。明年夏四月，予还朝议政，杨乃命工改作③。比予还镇，则既讫工，而斯堂焕然一新矣。予乃大书作扁，扁治事之堂曰肃清，欲澄其源，以肃百僚也；寝堂曰正心，欲端其本，以贞百度也；游目之亭曰计边，欲谋于有众，以行法令也。而复于射圃之隙，杂树嘉果百本，名其园曰乐清，欲公余习射，采芳撷英，以供吟趣也。

客有过而难之曰："古之君子，凡居处燕息之处固有名，然韩忠献公之堂曰醉白，范文正公之堂曰庆朔，欧阳文忠公之亭曰醉翁，司马温公之园曰独乐，皆能略世故而近人情，不拘拘于嘉美之名。若子之美名，不几于夸乎？"予曰："噫，予何敢望于数君子哉？数君子道高而德崇，名遂而功成，故其命名取义在彼而不在此。若予也，谫薄芜陋，忝窃厚禄，上无益于国家，下无益于生民，而承乏来巡，亦无益于边计。故凡接于目而警于心，必取其有益于修己治人者名之，庶几思勉进而图报称也。"客曰然，请书以为记，于是乎书。——明韩雍《襄毅文集》卷 9

《聚落新城记》：《易》曰："王公设险，以守其国。"又曰："重门击柝，以待暴客。”圣人立言垂训之意，盖欲君人者必高城深池，以固其封守；豫备警戒，以防其外患。不然，废弛怠荒，而患随以生。防守亦难矣。

大同，古云中郡，西北之重镇，京师之藩篱也。而聚落去大同二舍许，居人丛集，密迩狄境，有驿传而无城郭。往年，边庭充斥，少壮者奔伏草莽，鲜或能全；老稚女妇死于锋镝，辱于驱逐者多矣。而驿吏骑卒亦皆窜匿四驰，因之声援弗通，道路梗塞，敌虽遁去，莫敢遽归。产破而业荒，君子惜之。天顺庚辰秋，巡抚、右副都御史、大梁王公宇请于朝，谋筑斯城。既而，公以忧去，雍代之。而镇守大监王公春、总兵官彰武伯杨公信，俱自延绥徙镇于兹，乃相与谋曰：“是果有益于边计之大者，盍共成之。”副总兵、都督同知曹公安，守备中贵阮公、阿山罗公，副总督粮储、地官郎中罗君绅，巡按、监察御史朱君铉，亦皆力赞，遂上其事，得请而兴工焉。予与群公躬履其地，相厥地形，布立方位，依山而带水。于是伐材鸠工，作城周六百丈，高三丈一尺，作楼按卦位，以便瞭望；作门，扁其东曰镇安，西曰怀远。而复环以深隍，注以流泉，严整固密，屹然一形胜之区。经始于辛巳二月二十七日[④]，落成于是岁八月十六日。既成，益兵卒以严戍守，积刍饷以备警急。于是戍卒、耕夫比屋居止，刍牧种植以便以安。卒然患生，亦足防守。道路无梗塞之虞，驿使得寝处之安，诚于边计大益也。众率谓雍，宜有言以记其成。雍仰惟圣天子在位，道隆化洽，超卓万古，覆载之间，有生之众，罔不革心倾向。惟是北敌，虽异人之性，亦率皆畏威怀德，称臣奉贡，弗敢违越。兹复从臣下之请，以城斯城，真安不忘危之盛心。况太监公历事累朝，屡长边镇，练达老成，才望素著；杨公乃颖国武襄公之犹子，将略家传，勇而有谋，卓然为当时名将之称首；而同事诸公，又皆同心协谋，拳拳焉以奉宣威德，弭除边患为事宜，其克副圣心而成功之速也。

昔周之圣王，命大将南仲城彼朔方，诗人咏之曰：“赫赫南仲，猃狁于襄。”盖美其命将得人，城守之功成，而边方之难除也。今斯城虽小，实当大同之冲，使大同羽翼壮而屏翰固，而镇守、总兵诸公，又皆得人若此。继今以往，吾知阴山、瀚海之北，益皆革心向化，相引来归，圣天子永无西顾之忧必矣。惟诸公慎终如始，兵政益修，边备益严，以无负万里长城之托，是所望也。用记之，以纪岁月，且为同志劝。——明韩雍《襄毅文集》卷9[⑤]

① 《明一统志》九十卷，明吏部尚书兼翰林院学士李贤等奉英宗敕撰，成书于是年四月。

② 韩雍，苏州长洲人，进士及第。天顺四年（1460）至七年（1463），巡抚宣大。其《襄毅文集》卷1有《六月九日，云中行台池亭偶成》诗云："卓午火云起，三边且炎蒸；薄暮亦烦倦，池亭试闲登。须臾山风来，襟怀爽如冰；轻罗不可试，重衣更须增。步还坐中堂，萧然一青灯；因之发感叹，庶以知自惩。"又有《十二月二十有八日，余与总兵官、彰武伯杨公，副总兵、都督曹公，地官郎中罗公，习正旦仪于善化寺。礼既毕，杨具酒肴邀镇守太监王公、守备中贵罗公同此小酌，以为岁暮休暇之乐。余浩然兴发，因成五言古诗一章，聊叙情曲，且识余感》："流光一何驶，冉冉芳岁阑；嗟我裨益疏，幽怀弗能宽。所幸封域内，物阜民且安；既习嘉礼成，聊此闲游观。内相三槐后，情意如芝兰；总戎出关西，才器比琅玕。谦冲副帅先，教子同登坛；豫章先生裔，中贵及地官。并驰英俊声，相从此盘桓；禅窟大如斗，兀坐无严寒。总戎邀曲生，羞膳罗杯盘；忘形到尔汝，劝酬心孔欢。余酣豪气充，彼此戒素餐；丈夫感知遇，岂惮世事难。侧闻河套贼，西夏为骄奸；安能建长策，奋飞擒可汗。上报明主恩，尽此方寸丹；局促空太息，不得生羽翰。拂袖归行台，留题后人看；欲问作者谁，台叟吴门韩。"

③ 《襄毅文集》卷6《赠杨总兵》："今代勋臣谁第一，征西才略古人同；名闻中外裴丞相，身系安危郭令公。万里长城恒庇国，千寻孤柱独擎空；天骄从此无南下，还拟趋朝总八戎。"同卷《春日与总兵杨公谒玄帝庙，因散步玉虚观。杨具酒小酌，和杜工部早朝诗韵》："寻春驻马玄都观，不见当年千树桃；满地松阴随日转，绕楼山色入云高。筹边正拟行多算，壮国宁容挫一毫；有待天风起鹏鹄，也陪霄汉展鸿毛。"

④ 《明实录·英宗实录》卷324载天顺五年（1461）正月己未，"筑大同聚落、高山二站城，从巡抚、右副都御史王宇言也"。按：是为朝廷批准之日。

⑤ 《襄毅文集》卷6《登云中城西北楼次古诗韵》："天风吹我上层檐，望入中边逸兴添；草暗黄沙迷远近，山连紫塞见毫纤。筹边自愧李德裕，忧国谁如范仲淹；耐此高寒属吾辈，不须重挂却寒帘。"同卷《游云中下寺》："边庭无事简书稀，偶到僧房暂息机；残雪江山惊岁暮，红尘踪迹与心违。且倾尊酒消愁闷，莫向群公论是非；自古忠臣报明主，只将三尺播皇威。"同卷《两使云中为秦行人民悦题》："芳年登第列清班，每诵皇华不少闲；藩府再衔纶綍至，平城重送旆旌还。谩嗟出塞劳王事，便喜趋朝觐圣颜；我亦怀归归未得，临风谁忍唱阳关。"同卷《发云中将之宣城，至阳和，奉敕送敌使出境，因复回辕，怅然有作》："漠漠平沙路几程，东行未远又西行；马头山雀飞还落，云外边烽晦复明。宦海萍踪何日定，吴江鸥侣几时盟；愁来苦忆陶彭泽，得向田园老此生。"

1462年壬午　天顺六年

《大同新建义学记》[①]：子思子曰："修道之谓教。"烝黎有生，莫不各具仁义礼智信之性，父子君臣夫妇兄弟朋友之伦，率而行之，所谓道也。然不能尽率其性而合乎道，于是圣人为之裁制品节，使其仁亲于父子，义尽于君臣，礼别于夫妇，智睦于兄弟，信实于朋友，不过教之顺其道而已。苟逸居无教，则必肆欲妄行，而民性、天伦皆斫丧而昏斁之矣。是以古者建国君民，教学为先，非可后也。矧武臣子弟，皆将服官政，典兵戎，出死力，以卫国家，捍疆圉，使不务学，则德业不修，材识不充，而不知君臣之义、统驭之方，教之又可后乎？用是，都察院右佥都御史、姑苏韩公奉命巡抚大同，边备既饬，即以教育武臣子弟为事，乃相度城中隙地而建义学焉。中为申义堂，左为时敏斋，右为日进斋。高其闬闳，崇其樊垣，区域幽深，制度宏壮，衣冠萃止，弦诵断然，诚足为讲学育才之地也。公尝谓谦曰："斯学之建，虽创意自予，至于材之所出，工之所役，经营区画，劳心殚力以底于完美者，实有赖于总兵官、彰武伯杨公焉。盖公乃颍国武襄公之犹子，将略本于世授，威名振于中外，而又崇儒好学，兼资文武，是以能急先务，志与予协而成此学也。盍述之以示后？"谦闻干羽舞而有苗格，泮宫作而淮夷服。自昔怀远之道必本于文德之敷，而不专恃乎武力之竞者也。今斯学之建，文事武备交修不怠，岂惟足以格服远人？于以教成将才，出为国用，假以岁月，其必明伦尽性，德修识充，皆足以受阃外之托、折冲之任。则夫今日盖蕴干橹于礼乐，藏甲胄于诗书，而伏至险于大顺者也。长顾却虑，訏谟远犹，志不出于一时，而为经久之规；不在于一身，而为边防之计。若二公者，岂非以安社稷为悦者乎？由是知非公之知本达变，不能以作新斯学；非彰武之乐道有为，不能以协成公志。惟二公德同道合，心孚形契，是以谋无不臧，动罔不吉，其致斯学有巍然焕然之盛也，不亦宜乎。是用告于后人，使知兴创之自。天顺壬午四月十一日，八月十五日则始讫工之年月日也。——明倪谦《倪文僖集》卷 14

① 《正德大同府志》卷 13 收有李贤《新建大同义学记》，与翰林学士倪谦此文述事相同。

1464 年甲申　天顺八年

孝肃周太后，英宗妃，宪宗生母也，昌平人。天顺元年封贵妃。宪宗即位[①]，尊为皇太后。其年十月，太后诞日，帝令僧道建斋祭。礼部尚书姚夔帅群臣诣斋所，为太后祈福。给事中张宁等劾之。帝是其言，令自后僧道斋醮，百官不得行香。——《明史》卷 113《后妃传一》

天顺八年，令各处僧人年二十以上无度牒者，即便还俗。有隐瞒年岁者，并其师治罪。——明《礼部志稿》卷 34《僧道禁例》

① 是年正月英宗死，太子见深继位。

1465 年乙酉　明宪宗朱见深成化元年

《大同鼓楼记》：鼓楼之建，虽有司为政之一端，而其所关则甚要。且人之于昼，凡有目者皆知时刻之所在；入夜之际，非更鼓以示之，则茫然无从而知。然则更鼓，所以代人之目者也。夫一郡一邑，官府列焉，百工具焉，众役在焉，人民聚焉，必有更鼓以示之，则有凭有期而不失其节，庶务由之以兴矣。大同为边方大郡，有亲王以居之，有大将以镇之，有宪臣以莅之，军民之伙不下十数万人，而更鼓不可以无设也。

或曰：更鼓之说，固然矣，而必栖之楼焉，楼之费也甚大，然则斯举也，毋乃劳民伤财矣乎？曰：古者，郡邑之制，必为楼于城门以贮钟鼓，名之曰谯，用以警众。其势不高则其声不扬，而人之听闻也不广。夫以一楼之建，为十数万人之所听闻，则所费者寡，所益者众，亦何劳民伤财之有？或曰：谯楼之鼓，严昏晓之节而已，今以为知时刻之所在，何也？曰：昏晓之节，有目者皆能知之，惟夜有五时，时有八刻，人所不见，故谯楼之鼓加之更焉。夫天之运行，一昼一夜，九十余万里，君子虽向晦宴息，以安其身，而天则未尝不运行也①。苟因更鼓而知其运行之时，则凡为臣工者，宁不惕然兴起其自强不息之志，而法其健乎！谓之严昏晓之节，末矣。彰武伯杨公信、都察院右副都御史王公越②，故尝建鼓楼于郡中③，而属郡守李福至京求为记，予故述其所以然之故贻之。——明李贤《古穰集》卷 5

① 分析此语，可见明代知识分子的宇宙观。

② 王越，字世昌，河南浚县人。景泰二年（1451）进士。天顺七年（1463），代韩雍为大同巡抚。成化三年（1467），赞理军务，兼巡抚宣府。六年（1470）屯兵延绥，七年（1471）辞大同巡抚，八年（1472）总督陕西、宁夏、延绥三镇军务。十年（1474），总制延绥、宁夏、甘肃三边，加太子少保。明年，任兵部尚书，掌都察院事，加太子太保。十六年（1480），提督军务，出兵大同，封威宁伯。明年，进太子太傅，佩征西前将军印，镇守大同。十八年（1482）援延绥，明年夺爵除名。迄弘治十年（1497）复官，次年卒于甘州。王越久历边陲，智勇过人，临阵搏战，豪纵恤士，文人将兵，鲜有及者。清褚人获《坚瓠四集》卷 2《王越诗》谓：“《石田杂记》：威宁伯王越在大同，见边事渐生，酝祸未测，情悰不怿，乃作诗云：‘来去去来归去来，千金难买钓鱼台；已知世事只如此，借问古人安在哉。绿酒有情留客醉，黄花无主为谁开；忠君报国心如火，一夜秋风尽作灰。’时有和之者云：‘那有伊周事业来，耻随郭隗上金台；权谋术数何深也，局量规模真小哉。半世功名如隙过，一场富贵似花开；于今门下三千士，一半寒心一半灰。’传闻天下，以为诛心之铁钺也。”其《坚瓠七集》卷 2《王威宁诗词》云：“王威宁越诗，粗豪震荡。《雁门纪事》曰：‘雁门关外野人家，不养丝蚕不种麻；百里全无桑柘树，三春那见杏桃花。檐前雨过皆成雪，塞上风来总是沙；

说与江南人不信，只穿皮袄不穿纱。’人谓曲尽大同风景。”

③ 大同鼓楼，清代以降几度维修，今犹巍然屹立。楼下，现存数通清代、民国碑记，无明确始建于何时者，学人遂大概言其为明朝之物。按此记，倡建鼓楼者三人：大同总兵杨信、巡抚王越（天顺七年闰七月后到任）、知府李福（《正德大同府志》卷7谓“天顺年”任职，离任约在成化二年）。所以，大同鼓楼，这里既曰“尝建”，说明已经竣工；大约建于天顺七年（1463）至八年（1464）间。李福赴京请求少保、吏部尚书、兼华盖殿大学士李贤撰记，应在成化元年（1465）。

1467年丁亥　明成化三年

三月……己巳，毛里孩犯大同。——《明史》卷13《宪宗纪一》

五月壬申，宣府、大同地震[①]，有声，威远、朔州亦震，坏墩台墙垣，压伤人。——《明史》卷30《五行志三》

① 这次地震，《乾隆大同府志》《道光大同县志》误记在天顺三年（1459）。

1468年戊子　明成化四年

刘定之[①]《大宁观碑》[②]：

大宁观，在大同府城中。大同，古云中地。汉高祖锄秦蹶项，威振寰海，然至此为冒顿所困。拓跋魏据此而起，而以得中原之半。辽金皆以此为别京，元因之，盘根株固基趾焉[③]。维我皇明视为藩垣重地，屯兵千万，连城堡十数百，以控制朔漠，达于无外。盖自帝都顾视之，大同其右翼也。德威所及之远，岂前代君华夏辟土疆者可侔哉[④]？信足谓之大宁矣。洪武初，创道观以大宁为名，厥有意焉。然其地寒，故山林无杰木巨材。其人劳于戍守、馈运、征行，故于取木、伐石、陶甓之役有不暇，构架、涂墁、绘饰之巧有非素习，则惟王公将帅官府廨署有不逮中土者，况于观，固宜因陋就简也。今副都御史、古濬王公越来镇大同，令肃法举，亦既有年；意欲新之，有待未果。太守、绥德郝君渊之，自监察御史知河间府，连著绩用，迁绾郡绂，有所兴革，克承宪度，公嘉奖之，以新观之事委焉。君退与其僚捐俸为率，俾观之羽士张道维集好义者所愿输，始事于成化三年丁亥某月，讫工于明年戊子某月。最北正殿五间，殿之南甬道，属于中殿三间，道东、西各有亭。中殿之南甬道，属于山门，道东有鼓楼，西有钟楼。环其区域为廊四周，东廊二殿北，以祀三官，南以祀灵官；西廊二殿北，以祀四圣，南以祀关王[⑤]。间架高广、深邃加其数，觚棱、罘罳、栏槛增其规，香火洒扫朝夕节朔定其制，石山艺卉沙墀植树期其久。既成，文武官曹、兵民、士女咸集瞻视，靡不欣喜，谓："曩者，吾人至于斯观，有所祈谢，祥臻灾弭，寇殄物阜，虽感神惠而愧观弗称，今兹称矣。功有自焉，惟亭立碑，以待刻文纪实。"

郝君尝从予学，乃以王公命来请予文。夫斯地之安宁绥静，陶大化，超往古，由有圣主在上，享天心，恢神谟，以长绥遐驭也。斯观之盛，则贤臣总风纪，任牧守，治神人，能得其宜于中也。然则斯人在下，衣食有余，而奉神之休，庸有既乎？予既记其事，乃系以铭诗曰：

绝塞之表，不闻刁斗；乃闻道观，鼍鸣鲸吼。鼓钟之声，警于昏晓；烽燧不见，乃见华灯。夜集于观，灿灿如星[⑥]；我皇御世，武纬文经。天下之大，孰如其宁；风调雨顺，禾黍被野。日之夕矣，牛羊来下；饔飧是宜，湩（酩）［酪］亦谙[⑦]。出而射猎，获虎眈眈；归举兕觥，抵掌醺酣。囊金车帛，来自塞南；家给人足，捐财弗贪。以作斯观，千楹梗楠；维神之尊，其居正宇。垂衣云霞，宝冠玉麈；与天为徒，祐我圣主。旁殿居者，哂喜嗔怒[⑧]；各司厥职，我民依怙。尔敌勿骄，神欲剿之；都宪节出，大将纛麾。执以还城，往观数俘；入门而左，关云长居。颜如渥赭，有虬其须；单刀雪莹，尔魄先诛[⑨]。有屹者亭，碑峙龟趺；守臣所立，鳌岛仙书。——明程敏政编《明文衡》卷 67

① 刘定之，字主静，江西永新人。正统元年（1436）进士，官至翰林学士、侍读学士、礼部左侍郎，以文学名于一时。成化五年（1469）卒，赠礼部尚书。其学生郝渊之，景泰二年（1451）进士，成化二年（1466）至八年（1472），任大同知府。

② 明《正德大同府志》卷 4《寺观》云："太宁观，在府治东南，辽建，旧名湛然坛。有九真堂。国朝洪武初，废为大同县。洪武十年，改为太宁观，置道纪司于内。"按：太宁观，20 世纪上半叶改作小学，中华人民共和国成立后为大同市城区第一小学，1963 年拆庙，建二层教学楼，是我的母校。2010 年，拆建为四合院。

③ 盘根株固基趾，清黄宗羲《明文海》卷 67《大宁观碑》作"立宗庙置社稷"。

④ 君华夏辟土疆，《明文海》作"居中夏控外边"。

⑤ 王，《明文海》作"公"。

⑥ 灿灿，《明文海》作"煜煜"。

⑦ 酩，《明文海》作"酪"。

⑧ 嗔，《明文海》作"瞋"。

⑨ 尔，《明文海》作"狂"。

1469年己丑　明成化五年

王越《东寺寒泉》①：

一曲清泉绕寺流，老怀应共此泉幽；吟乘雨气清诗骨，醉吸冰花涤酒愁。

天巧凿开云窟冷，地灵分出海门秋；饮牛洗耳浑闲事，留与征人照白头。——明曹学佺编《石仓历代诗选》卷386②

① 根据“东寺寒泉”及“一曲清泉绕寺流”“天巧凿开云窟冷”句，笔者断定其为云冈诗，描述的是第1、2窟外景，同于明代诗人吟咏的“石窟寒泉”诗。若此推断无误，则当时这里仍有寺庙，且号东寺。所谓“云窟”，即便不能证明已有“云冈”之名，起码说明其上方摩崖雕刻的“云深处”早已存在，并且成为“云窟”一词的来源。“云冈”一词的出现，也就成为自然。

② 《石仓历代诗选》卷386，在王越《东寺寒泉》诗前，是其《登大同角楼，次刘草窓韵》：“彩云飞过几层檐，楼上人呼酒载添；半壁夕阳红影瘦，一钩山色翠眉纤。我非能画王摩诘，谁是先忧范仲淹；遥想滕王旧时阁，潇潇暮雨卷珠帘。”按：刘草窗，亦名刘原博，乃景泰十才子之一。该诗，《道光大同县志》卷20题名为《登镇城西北楼》。

1470年庚寅　明成化六年

六年春正月……己亥，大同总兵官杨信败毛里孩于胡柴沟。——《明史》卷13《宪宗纪一》

淡庵《石窟寒泉》①：

仙翁跨鹤远难招，才到冰壶暑气消。纹动秋风翻碧玉，音和夜雨漱琼瑶。

洁清可濯巢人耳，渴饮须操许氏瓢。莹若醍醐甘若醴，太平宜表圣明朝。——《成化山西通志》卷16《集诗》“云中八景”

周勖《石窟寒泉》②：

凿开玉峡出飞龙，一道灵泉与海通。冷气积成三伏雪，縠纹微动九霄风。

药鑱春洗锄云客，茶臼时分避地翁。吟赏几回声触石，恍疑鸣佩水晶宫。——《成化山西通志》卷16《集诗》“云中八景”

① 淡庵，《成化山西通志》谓：“国朝古平人。”该诗，列在仰瞻《石窟寒泉》诗后，名曰“同题”。姑系是年。

② 周勖，生平不详。该诗，《成化山西通志》列在淡庵诗后，名曰“同题”。按《雍正浙江通志》卷130《选举八》，载有明代前期荐辟之士“周勖，淳安人，举明经，南安知府”，不知是否其人。

1473 年癸巳　明成化九年

觉澄，山后蔚州人。十岁不茹荤。从云中天晖昶公落发。痛绝人事，阅《大藏》，越五寒暑乃周。后因提无字话有省，道誉隆起，巨卿名公交荐之。住南阳香严寺，大为人所归。逾年弃去，上西蜀，游江南，受大戒于杭之戒坛。……有《药师科仪》《雨花集》行世。成化癸巳八月九日，端坐夷然而化。——明明河《补续高僧传》卷 15《香严澄禅师传》

1474 年甲午　明成化十年①

石窟寒泉，在大同府城西三十五里，石窟寺左。——《成化山西通志》卷 2《山川》

石佛寺口，在大同府城西三十里，左卫东一百十里，有墙堡②。——《成化山西通志》卷 3《关塞》

大同行都司十三铺，俱三十里至。……西路七：石佛寺铺、高山站铺、左卫北门铺、牛心站铺、右卫在城铺、双山儿铺、威远在城铺。——《成化山西通志》卷 4《驿递》

石窟十寺，在大同府城西三十五里，后魏时建。始于神瑞，终于正光，凡七帝，历百十有一年。其寺：一同升，二灵光，三镇国，四护国，五崇福，六童子，七能仁，八华严，九天宫，十兜率。寺内有元载所修石佛二十龛。金皇统间修③。——《成化山西通志》卷 5《寺观》

寰宇之内，大而一方，次而一郡一邑，各有景致。近世，词人摭而拟之，其目不一，各形图咏，盖表其名胜以为伟观云。……云中八景即大同府：凤台晓月（见古迹），魏陵湮雨（即永固陵，见陵墓），桑干晚渡（见川），御桥官柳（即兴云桥，见梁），石窟寒泉（见川），雷公夕照（山名，见山），采山积雪（即采掠山，见山），宝塔凝烟（在南堂寺，见寺）。——《成化山西通志》卷 7《景致》

① 《成化山西通志》成书于是年。该书对云冈石窟的记载，为现存方志中最早。摘录于此。

② 赵邦彦《调查云冈造像小记》："明永乐时，曾筑堡于云冈之上，嘉靖时，移置山麓。"按：谓云冈上堡筑于永乐间，不知何据。考察云冈堡历史（见附录：《云冈筑堡与古寺衰微》），盖属无稽之谈。

③ 上述，承袭《金碑》之说，而十寺名、次稍异。莫非当时《金碑》尚存？此文，后为明清各方志沿袭。

1477 年丁酉　明成化十三年

成化十三年，禁约游方僧人。凡僧道住持敕建寺观，许二人；敕赐并在外寺观，各止许一人。——《礼部志稿》卷 34《清理寺观》

1482 年壬寅　明成化十八年

十八年……山西大旱。十九年，复旱。——《明史》卷 30《五行志三》

1483 年癸卯　明成化十九年

秋七月辛丑，迤北小王子犯大同。癸卯，总兵官许宁御之，败绩。己未，朱永为镇朔大将军，充总兵官，帅京军御之。八月……朱永败寇于大同、宣府。——《明史》卷 14《宪宗纪二》

成化十九年八月……己丑，镇朔大将军、保国公朱永等奏："虏贼复侵扰大同等边，臣永等督兵击之。初十日，都指挥刘鈗等与战于石佛寺[①]。"——《明宪宗实录》卷 243

十月……壬申……召保国公朱永还京。永既奏虏酋远遁，且言：大同东西延袤千里平漫，居民星散，无险可守，宜及此闲暇修治边墙及增筑野口、宣宁、四方涧、石佛寺六堡。虏至，驱人畜入其中，既可以自固，亦可以伏兵。——《明宪宗实录》卷 245

① 鈗，一作"铳"。

1484 年甲辰　明成化二十年

成化二十年夏四月……己未……兵部臣曰："……比者，石佛寺之功不允升赏。"——《明宪宗实录》卷 251

1485 年乙巳　明成化二十一年

继晓，江夏僧也。宪宗时，以秘术因梁芳进，授僧录司左觉义。进右善世，命为通元翊教广善国师。日诱帝为佛事，建大永昌寺于西市，逼徙民居数百家，费国帑数十万。员外郎林俊请斩芳、继晓以谢天下，几得重谴。继晓虞祸及，乞归养母，并乞空名度牒五百道，帝悉从之。帝初即位，即以道士孙道玉为真人。其后，西番僧劄巴坚参，封万行庄严功德最胜智慧圆明能仁感应显国光教弘妙大悟法王、西天至善金刚普济大智慧佛，其徒劄实巴、锁南坚参、端竹也失皆为国师，锡诰命。服食器用，僭拟王者。出入乘棕舆，卫卒执金吾仗前导，锦衣玉食几千人。取荒冢顶骨为数珠，髑髅为法碗。给事中魏元等切谏，不纳。寻进劄实巴为法王，班卓儿藏卜为国师，又封领占竹为万行清修真如自在广善普慧弘度妙应掌教翊国正觉大济法王、西天圆智大慈悲佛，又封西天佛子劄失藏卜、劄失坚参、乳奴班丹、锁南坚参、法领占五人为法王，其它授西天佛子、大国师、国师、禅师者，不可胜计。羽流加号真人、高士者，亦盈都下。大国师以上金印，真人玉冠、玉带、玉珪、银章。继晓尤奸黠窃权，所奏请立从。成化二十一年，星变，言官极论其罪，始勒为民，而诸番僧如故。——《明史》卷307《继晓传》

1486 丙午　明成化二十二年

《中宪大夫、鸿胪寺卿、齐公夫妇墓志铭》：公讳政，字以德，姓齐氏，世家云中。少即颖异，入郡庠为弟子员，学业迥出侪辈。永乐丁酉，试于乡，中式。明年会试，辞乙榜，卒业太学。宣德丙午，吏部从太学诸生选鸿胪寺序班，公在选中，或谓公且登科甲，公曰此古九宾之职也，惧不能称耳，卒就职。己酉，改鸣赞。正统丙辰，九载考最，擢本寺主簿，仍专鸣赞事。已而，连遭父母丧，服阕复任。己巳，擢寺丞。景泰壬申，再擢右少卿。天顺丁丑，英宗睿皇帝光复宝位，知公练达，特擢本寺卿。居四年，以衰老乞致仕，上优诏留之。又四年，再以为请，诏特令归展墓。今上嗣位之初，公年已七十有七，请休致不已，始赐俞允。既归二年，为成化丁亥十二月十二日，以疾终于正寝。讣闻，上遣官谕祭。以明年某月某日，葬于大同县长安村之先茔。

公为人，体质魁梧，音吐洪亮，日侍廷陛，而礼制习熟，动无所失。及年既迈，恭谨愈甚，故累朝特宠眷之，遂以诸生至九卿，可谓嘉遇也已。公之先，皆不仕，父赠奉直大夫、鸿胪寺右少卿；妣杨氏，赠宜人；公原配陈氏，封宜人，先公卒；继配何氏，光禄寺署正瑛之女，有贤德，为妇为母，皆有可称，以子佑贵，封太恭人，卒于成化乙巳十一月三十日，享年七十有五，以明年某月某日合葬公墓。子男三人：长曰伟，锦衣卫镇抚，陈宜人出；次曰佐，临淮县主簿，次曰佑，鸿胪寺左少卿，皆太恭人出。女五人：长适广平卫知事许琼，次适太学生田畴，次适张子增，次适锦衣卫指挥佥事朱显，次适四川总兵傅泰。孙男六人：曰仲章；曰士奇，义官；曰士恩，郡庠生；曰仕美；曰仕禄；曰仲辉。女四人：长适王宣，余在室。曾孙男二人，女六人。他日，佑请于予曰："惟先君之葬于兹二十年矣，未尝有铭。今不幸遭吾母之丧，将归治葬，愿得一言刻石入墓中，以逭不孝之罪。"予久识公，且重公能举其职，而公之子复能世其家，乃按通政司知事黄荣祖状，序而铭之。铭曰：

於赫皇明，大礼斯备；朝觐燕飨，屹乎廷陛。有美齐公，袍带伟如；周旋俯仰，容声舒徐。历事累朝，惟帝眷顾；连疏乞身，迫此衰暮。其归既遂，其逝何长；有子克家，公尤不亡。何以致之，曰有贤助；家有所托，子有所怙。弃养相从，于彼九原；尚千百载，子孙具蕃。——明徐溥《谦斋文录》卷3

马钧阳尝上疏言[①]："国制：僧、道，府各不过四十人，州三十人，县二十人。今天下百四十七府，二百七十七州，千一百四十五县，额该僧三万七千九十余人。成化十二年，度僧十万；成化二十二年，度僧二十万。以前所度僧、道，又不下二十万人，共该五十余万人。以一僧一道食米六石论之，该米二百六十余万石，足当京师一岁之用。况不耕不织，赋役不加。军民匠灶，私自披剃而隐于寺观者，又不知其几。创修寺观，遍于天下，自京师达之四方。公私之财，用于僧、道过半。乞严加禁约。"——明郑晓《今言》卷2

① 马钧阳，即马文升，字负图，均州人。弘治元年（1488），上书言十五事，此其"一，清僧道以杜游食"。

1487年丁未 明成化二十三年

二十三年八月，宪宗崩[①]。九月壬寅，即皇帝位。大赦天下，以明年为弘治元年。……冬十月……革法王、佛子、国师、真人封号[②]。——《明史》卷15《孝宗纪》

成化二十三年，令僧道有父兄见存、无人侍养者，不问有无度牒，令还俗养亲。——明《礼部志稿》卷34《僧道禁例》

① 《万历野获编》卷1《大行丧礼》："本朝大行皇帝、皇后初丧，每寺各声钟三万杵。盖佛家谓地狱受诸苦者，闻钟声即苏。故设此，代亡亲造福于冥中。非云化者有罪，为之解禳也。声钟一事，累朝皆见之诏旨。盖自唐宋以来，相沿已久。"

② 《明史》卷331《西域传三》："成化初，宪宗复好番僧，至者日众。劄巴坚参、劄实巴、领占竹等，以秘密教得幸，并封法王。其次为西天佛子，他授大国师、国师、禅师者不可胜纪。四方奸民投为弟子，

辄得食大官，每岁耗费巨万。廷臣屡以为言，悉拒不听。孝宗践阼，清汰番僧，法王、佛子以下，皆递降，驱还本土，夺其印诰，由是辇下复清。”卷307《继晓传》：“孝宗初，诏礼官议汰。礼官言：诸寺法王至禅师四百三十七人，剌麻诸僧七百八十九人，华人为禅师及善世、觉义诸僧官一百二十人，道士自真人、高士及正一演法诸道官一百二十三人，请俱贬黜。诏法王、佛子递降国师、禅师、都纲，余悉落职为僧，遣还本土，追夺诰敕、印章、仪仗诸法物。真人降左正一，高士降左演法，亦追夺印章及诸玉器。僧录司止留善世等九员，道录司留正一等八员，余皆废黜。而继晓以科臣林廷玉言，逮治弃市。”

1490年庚戌　明孝宗朱祐樘弘治三年

《明故万全都司都指挥同知、致仕封荣禄大夫、柱国、后军都督府都督同知刘公神道碑铭》：弘治三年庚戌十一月十九日，封荣禄大夫、柱国、后军都督同知刘公以寿终于宣府之私第，其子都督同知宁，方为大同副将，亟具疏乞归治丧，朝廷以边圉务重，不允。归而遣官谕祭，命有司营葬事毕，乃迎公丧葬大同十里河城东先墓。既又遣使具书，奉吏科左给事中王君上古状，介千户徐时鸣请予铭，刻于神道之石。王君，宣府人氏，以武荫；时鸣又刘氏内弟，能为予道其详，可据以铭。

公讳政，字以德，姓刘氏，世为淮安山阳人。祖讳成，从高皇帝起义兵，初隶武雄卫，调水军卫，屯田和州。考讳本，从文皇帝靖难，以功授百户，调沈阳卫，再调开平卫。公甫丱而孤，宣德丙午荫父职。庚戌，朝廷徙开平于独石，公尽置家产，独负父骸骨以行，创溃于背，一时孝声籍籍，动关徹间。时昌平侯杨公洪为游击将军，公在部下，以功进副千户。昌平摘所部兵与公番射，皆莫能胜，以弟之女妻之。自是昌平位望日盛，凡出战，公未始不从。然公素负气，不能相下。以龙门卫功，迁正千户，赐金织衣、楮币诸物，以瓦房嵯功，进指挥佥事。正统丁巳，以西凉亭功，迁指挥同知，例比试京师，归莅卫事，竟与昌平不协，调大同左卫。己巳，敌犯内地，敕诸边守将分部邀击，公东巡行一舍许，猝遇敌，与战，有一敌跃马奋刀而前，公扬袍袖绕其刀，夺而斩之，贼众辟易，不敢近。公以五百人转战贼后，由阳和口归，不亡一人，进指挥使，复赐金币。景泰庚午，战大同境外，他统兵者多失利，公复全军而返。既又战于北门外及西鹅口，皆有功，入卫京师。会兵部核功籍，擢山西行都司都指挥佥事。天顺丁丑，以崞县功，迁都指挥同知，命复莅万全都司事。戊寅，奉敕守备马营、赤城诸堡，号令明肃，凡论边将勇略可任者必指屈焉。成化丁丑，以老乞谢事，置别墅于赤城滴水崖，往还其间。及子宁荫永宁卫指挥使，官至都督，公以其官进封。越三年乃卒，寿八十矣。始娶杨氏，为封武强伯讳某之女，先公四十七年卒，赠夫人。继王氏，封夫人，先三年卒。子七：宁其长也，次宇，早世，俱杨出。次宣，次宾，俱以功赐冠服；次宝，旗手，卫所镇抚；次容，俱王出。次实，侧室某氏出。孙一。杨夫人先葬滴水崖，及王夫人卒，公迁杨柩同窆于今墓。公卒之年，十一月某日乃葬，二夫人皆祔。女一，适都指挥陈某子英。

呜呼，古者重世臣将家，盖其韬略、技艺耳濡目击，有不习而能者，视驱市人而教之，其易且十倍。今都督材勇绝出，为时名将，迹其所由起，固若是烈也。若公以尽瘁致命之身，考终正寝，生有禄，没有庙，耀于无极，则非遭天子明圣武偃弗用之世，可得哉？是公之进退生死，所系甚大，不可以不录。铭曰：……——明李东阳《怀麓堂集》卷 45

1494 年甲寅　明弘治七年

弘治七年，令僧、道、尼姑、女冠有犯奸淫者，就于本寺门首枷号一个月，满日发落。——明《礼部志稿》卷 34《僧道罪犯》

1500 年庚申　明弘治十三年

夏四月，火筛寇大同，游击将军王杲败绩于威远卫。……五月……癸亥，火筛大举入寇大同左卫，游击将军张俊御却之。……冬十月……是月，小王子诸部寇大同。十二月辛丑，火筛寇大同，南掠百余里。——《明史》卷 15《孝宗纪》

十三年，奏准僧道官、僧人、道士有犯挟妓饮酒者，俱发原籍为民。若奸、拜认义父母、亲属，俱发边卫充军。凡僧道额外，擅收徒弟者，问发口外为民，还俗。僧道官知而不举者，罢职。凡汉人出家，习学番教，不论曾否关给度牒，俱问发原籍各该军卫、有司当差。若汉人冒作番人，发边卫充军。——明《礼部志稿》卷 34《僧道罪犯》

1504 年甲子　明弘治十七年

六月……癸未，火筛入大同，指挥郑瑀力战死。——《明史》卷 15《孝宗纪》

云冈先凤坊，（宏）［弘］治甲子杨继芸[①]。——《乾隆大同府志》卷 12《建置》

①《正德大同府志》卷3："举人坊，弘治甲子科杨季芸。"《顺治云中郡志》卷3、《道光大同县志》卷5俱作"杨继芸"。

1507年丁卯　明武宗朱厚照正德二年

夏五月戊午，度僧道四万人。——《明史》卷16《武宗纪》

1508年戊辰　明正德三年

三年二月己丑，大同暴风，屋瓦飞动，三日而止。——《明史》卷30《五行志三》[①]

① 明朱国祯《涌幢小品》卷17《免祸》："陆应期，大同人。正德初，贾齐鲁间，同舟者四三辈，不知舟人皆盗也。数因事，嫚骂之。应期独否，又时时推饮食劳苦焉。一日，舟人迟迟不肯进，若有所待，同舟者谇欲加鞭，顷之盗发。会天大署，舟人拥应期坐树下，剖瓜啖之，且相诫曰：'公长者，愿毋犯。'执同舟者，榜挞甚楚，劫其赀一空。比去，应期橐械识如故。居平好行德，人皆义之。"

1510年庚午　明正德五年

六月庚子，帝自号大庆法王，所司铸印以进[①]。——《明史》卷16《武宗纪》

①《明史》卷331《西域传三》："帝好习番语，引入豹房，由是番僧复盛。……帝时益好异教，常服其服，诵习其经，演法内厂。"《万历野获编》卷1《武宗托名》："上自号大庆法王、西天觉道圆明自在大定慧佛，给金印、玉轴诰命。"同卷《帝后别号》：武宗"自称大庆法王，则同西番入贡僧所封，斯已怪矣"。

1513年癸酉　明正德八年

八年三月十七日，虏大举入寇……五月四日，复以五千骑从八股泉入……复以百骑从大窑山墩入，来往石佛寺堡、滑石岭、安边堡至东山村诸处，四散大掠。……——《明武宗实录》卷117正德九年十月辛亥

八年，大同县旱。——《乾隆大同府志》卷25《祥异》

武州山，在府城西二十里，武州川水出焉。——《正德大同府志》卷1《山川》[①]

武州川，出武州山西白羊山溪谷中，引为石渠，流经府城南十五里，东南合如浑水，故又名合河，入桑干。一名黑河。——《正德大同府志》卷1《山川》

石窟寒泉，在府城西三十五里，石窟寺左。——《正德大同府志》卷1《山川》

石佛寺堡。——《正德大同府志》卷2《土堡续设》

石佛寺口，在府城西三十里，左卫东一百十里，有墙堡。——《正德大同府志》卷2《关塞》

石窟十寺，在府城西三十里，后魏时建，始于神瑞，终于正光，凡（十）[七]帝，历百十年。其寺：一同升，二灵光，三镇国，四护国，五崇福，六童子，七能仁，八华严，九天宫，十兜率。内有元载所修石佛二十龛。——《正德大同府志》卷4《寺观》

观音堂，在府城西十五里，（金）[辽]重熙间修。相[传]有飞来佛，国朝宣德三年修。——《正德大同府志》卷4《寺观》

后魏宫垣，在府城北门外，有土台东西对峙，盖双阙也。后为天王寺。——《正德大同府志》卷5《古迹》

① 张钦《大同府志》成书于正德八年十二月，实际已进入1514年。但本书纪事，皆从旧历，故录相关记载于此。

1514年甲戌　明正德九年

秋七月乙丑，小王子犯宣府、大同。——《明史》卷16《武宗纪》

1516年丙子　明正德十一年

十一年，大同旱。——《乾隆大同府志》卷25《祥异》

1517年丁丑　明正德十二年

九月……壬辰，如阳和，自称总督军务、威武大将军、总兵官。……冬十月癸卯，驻跸顺圣川。甲辰，小王子犯阳和，掠应州。丁未，亲督诸军御之，战五日。辛亥，寇引去，驻跸大同①。——《明史》卷16《武宗纪》

① 据《明武宗实录》卷154：十月丁未，上亲督诸军御虏于应州，虏遁，驾还，驻大同左卫城。卷155：十一月癸酉，上驻大同。戊子，还至宣府。按：大同城内九楼巷凤临阁，旧名久盛楼，我幼年即闻有明武宗游龙戏凤故事。但清吴芗厈《客窗闲话》卷1《明武宗遗事》云："帝在宣化，有女子李凤姐者，年十四五，有殊姿。其父设酒肆，以凤姐当垆。是时，父适在外，帝微行，过之。见其丰神绰约，国色无双，不禁迷眩。入肆沽饮，凤姐送酒来席，误以为娼妓之流。突起，拥抱入室，凤姐惊喊，即掩其口曰：'朕为天子，苟从我，富贵可立至。'先是，凤姐恒梦身变明珠，为苍龙攫取，骇化烟云而散。闻言顿悟，任帝阖户解襦，狎之，落红殷褥，实处子也。帝大悦。时李父闻喊趋救，门已闭矣。惟闻宝钗声颤，佩玉锵鸣，其女气促音嘶，若不胜强暴者。急奔告弁兵，蜂拥而入，见

帝拔关出，兵士伏谒。叱令将凤姐归豹房，爵其父三品卿，赐黄金千两。欲封凤姐为嫔妃，命其自择。凤姐固辞曰：‘臣妾福薄命微，不应贵显，恐于身不利。今以贱躯事至尊，曷胜荣幸之至。伏愿陛下早回宫阙，以万几为念，则臣妾心安，较爵赏犹荣矣。’帝颔之。因睹凤姐玄衣玄裳，益显娇媚，故不强易宫装。凤姐恒于枕畔筵前，委婉屡劝。帝乃择日还京，与凤姐并舆齐驱。至居庸关，风雷交作，凤姐睹关口所凿四大天王，怒目生动，眩晕坠马。帝亲扶之，疾忙外退，驻跸行宫。视凤姐伏枕泣曰：‘臣妾自知福薄，不能侍宫禁，请帝速回。’帝曰：‘若是，朕忍弃天下，不忍弃爱卿。决不归矣。’凤姐一恸而绝。帝哀怜甚，命葬关山之上，宠以殊礼。用黄土封茔，一夜尽变为白。其阴灵犹不敢受也。帝追念其言，奋然曰：‘小女子尚知以社稷为重，安忍背之。’遂还宫。正史载，帝在豹房，百官交章劝谏，皆不纳。畴知一微弱女子，力能回天。书所云高明柔克，此功不可泯也。至今过关隘者，遥指白壤，艳谈其事。”

1518 年戊寅　明正德十三年

八月乙酉，如大同[①]。九月庚子，次偏头关。——《明史》卷 16《武宗纪》

① 《明武宗实录》卷 166 记“九月戊戌朔，上驻跸大同。先是，镇守大同太监马锡以总兵叶椿第为献。江彬传旨，令椿立鬻券，遂改为总督府居焉。又夺都指挥关山、指挥杨俊所置店二所，改为酒肆，榜曰‘官食’，亦令立券如椿，实未尝予直云。”

1520 年庚辰　明正德十五年

秋七月，小王子犯大同、宣府。——《明史》卷 16《武宗纪》

1521 年辛巳　明正德十六年

正德十六年，奏准今后再有私创庵院、寺观，私度僧、道、尼姑、女冠者，拿问治罪，寺观拆毁入官。——《礼部志稿》卷 34《清理寺观》

1523 年癸未　明世宗朱厚熜嘉靖二年[①]

三月乙巳，俺答寇大同。——《明史》卷 17《世宗纪一》

二年，两京、山东、河南、湖广、江西及嘉兴、大同、成都俱旱，赤地千里，殍殣载道[②]。——《明史》卷 30《五行志三》[③]

谚曰：佛面上刮金，陋之也。嘉靖初，用工部侍郎赵璜奏，没入正德末所造诸寺绘、铸佛像，刮取金一千三十余两，正合谚语，可笑。——明朱国祯《涌幢小品》卷 28《刮金》

① 《明史》卷 331《西域传三》：“世宗立，复汰番僧，法王以下悉被斥。后世宗崇道教，益黜浮屠，

自是番僧鲜至中国者。"

② 《明世宗实录》卷30"八月壬寅"："以旱灾免山西应、蔚等州，大同、怀仁等县及大同玉林等卫，山阴、马邑等所今年租有差。"

③ 《明史》卷201《韩邦奇传附弟邦靖传》："世宗即位，起山西左参议，分守大同。岁饥，人相食，奏请发帑，不许。复抗疏千余言，不报。乞归，不待命輒行，军民遮道泣留。"其《奏免征大同税粮疏》云："臣因大同地方民贫岁歉，具奏蠲免、停征税粮。近奉户部行臣文札，似以臣言为妄。臣观本部所议，有曰：'正德十六年，大同有灾，州县卫所已照分数除豁，无灾，税粮不知缘何停征者。'臣惟大同连年饥荒，小民贫苦，去冬今春斗米几值银三钱。事势之极，言之不殚。至于先年奏报灾伤欠真，乃是有司不恤民隐之罪，岂可以此遂以为大同有无灾之地，有不饥之民哉！本部所议，又有曰：'大同一镇，本部给发甚多者。'夫大同所发该部钱粮，乃是供给军马调度之用，固未闻该部发几万两济某县之饥，又曾发几万两宽某州之税也。今乃以此而塞臣之请，是犹以东家之负欠而夺西邻之契券也。本部所议，又有曰'本镇岁征不足岁用，天地所生财货百物，不在官，则在民。收贮在官者，堪以接济，则拖欠在民者，乃可宽征'者。臣愚，不能远举古昔，且如成化年间，山西、陕西之饥，比时朝廷亦发太仓银百余万两，分遣大臣出赈。近时山东、直隶亦饥，朝廷亦发太仓银数拾万两出赈。臣愚，不知彼时发银之时，各处地方在官者，岂皆在在赢余耶？亦为当时在官者已竭，而后发太仓之银？又未知当时各该地方赈之，而仍征税粮与否也？大同之饥，实与之同，而又过之。赈济，既已不得求，免税粮又所不允，是大同之民既不得与往日山西、陕西之民比，又不得与今日山东、直隶之民比也。夫边民之苦，较之腹里，特为异甚。腹里每亩征草二束，而大同乃每亩四束；腹里税粮每有轻折，而大同存留之外，皆供王府禄米。此其苦一也。地寒霜早，耕获不得其时，或有虏患，人畜俱亡。此其苦二也。军储缺乏，每有动调，人马辄搜索民间，名虽和买，其实害不可言。此其苦三也。商贩不通，无贸易之利。此其苦四也。州县长吏举人者少，进士者绝无，惟知科索，不知抚字，而各卫所首领官员及分守、守备、内臣比肩而立，皆须供亿，民少官多，此其苦五也。是以数十年来，村邑萧条，版籍凋落，其视成化、弘治以前，十去六七。此而不恤，必至无民。苟若无民，岂有大同？既无大同，岂复有京师？夫边民者，所以捍御腹里，朝廷恩泽，宜特加优渥。今乃有腹里所无之苦，无腹里所有之恩，何也？今大同北有强敌，南有矿贼，而号称虎头者时又窃发。今州县小民以升斗之粟，坐强盗死者不少，中间有兄弟三四人者，又有亲戚三四人者。此其事势，岂可不虑？夫民心离向，机微隐伏，固知朝堂之上此非所急。至于变生祸作，独不用财乎？该部所称天之所生财货百物，不在官则在民，是诚至论。臣愚，不知今日之财货，果在官乎，果在民乎？若以为今之天下家给人足，臣虽无似，断不敢以是欺陛下也。昔者，先帝临御，号称积财，如权奸刘瑾、宸濠、钱宁、江彬、张锐之属，皆富敌于国，今皆抄没在官。当时内府，即无人掌管，岂无文簿收记？此乃今日财赋粮源之地，司国计者正当惟是之求，当稽其出入而尽还之于太仓，使宫闱不得占据，贵戚、内臣不得滥窃。一疏不允，再疏请之；再疏不允，三疏请之；三疏不允，则以身为之去就。继之者，又复如是。则圣明之上，岂有终不见从者哉？足国裕民实在于此。若以此等财货皆入左右近侍、宫闱、贵戚之手，不可必得，而姑民之求，则非今日圣明之治，而亦非天下之所望于该部者也。该部所议，又有曰：'若是依拟停征尽免，作何区处，可勾放支？'臣愚以为，区处之策，惟力请内帑之银是也。臣闻之古人贤圣君臣，所以足国裕民，亦自有其道。昔者，汉文帝露台惜百金之费，所幸慎夫人衣不曳地，而复今年赐民田租，明年赐民田租。卫文侯衣大布之衣，始年有车三十乘，

季年乃三百乘。今朝廷之上，内外官荫，日有滥书，贵戚赏赐占据，横不可制。司礼监之奏，乞诸内臣之滥设言者，屡及之而不抑。所以糜烂其财赋者，不知其几何。此正司国计者之忧，乃于靡有孑遗之民而屑屑取盈焉。此其道何也？臣前奏免粮，该部令臣查考区处，见今有司征停，两无所从。臣近日又奏边务，事亦未奉有明示。敷政优游，固为圣朝宽裕博大之体，然于臣等小臣熙事图功，承流宣化，不无延引岁月。伏乞陛下，特敕该部查臣所奏，如果妄诞，乞即加罪谴，明示天下以为人臣不忠之戒。如或有理，乞即施行。”该抗疏，见韩邦奇《苑洛集》卷 8《韩邦靖传》，明贺复征《文章辨体汇选》卷 107 编入时，误署名为“于谦”。邦靖抗疏，户部不报，二年春愤然归乡，数月病卒；明年，大同兵变遂发。悲夫！

1524 年甲申　明嘉靖三年

八月癸巳，大同兵变，杀巡抚都御史张文锦。……冬十一月己卯，户部侍郎胡瓒提督宣、大军务，都督鲁纲充总兵官，讨大同叛卒[①]。——《明史》卷 17《世宗纪一》

① 《明史纪事本末》卷 57《大同叛卒》：“世宗嘉靖三年秋七月，大同（正）［五］堡军叛，杀巡抚张文锦、参将贾鉴。大同，古云中地，北距塞，地平漫，不甚陀险，巡抚、都御史张文锦议，镇城北九十里筑五堡，将成，欲徙镇卒二千五百家往戍之，堡五百家，为大同藩篱。诸镇卒窃相谓：去城下二十里，犹苦抄掠，无宁日，今五堡孤悬几百里，敌至，谁复相应援者，即死，不愿徙也。诉之文锦，文锦不许，严令趣之；又所遣董役参将贾鉴望风白文锦，杖其队长，且罪之，诸镇卒遂变。有郭鉴、柳忠暨诸骁悍者倡乱，杀贾鉴，裂其尸，时二十二日也。遂啸聚塞下焦山，文锦恐与寇连，招抚之入城，即索治首乱者。二十七日，郭鉴、柳忠胁诸卒焚大同府门，劫狱囚，又焚都察院门，文锦仓卒逾垣，避匿宗室博野王所，诸乱卒掠其家，胁博野出文锦杀之，亦裂其尸，遂发府库兵仗，尽甲而驰，欲杀镇守王某不果，又欲杀总兵官，江桓走免，掠其家。乃出逮系故总兵官朱振于狱，胁令主之。振知不免，乃告曰：吾与众约三事：勿犯宗室，勿掠仓库，勿纵火杀人。能从，我则可；不从，宁死无与。诸乱卒曰：唯命。众稍戢，遂胁镇、巡为奏乞赦宥。八月，代王出居宣府。时廷议遣兵部侍郎李昆宣敕赦谕之，复命太监武忠镇守，都督桂勇为总兵官，擢按察使蔡天祐为巡抚。先是，抚臣既遇害，诸乱卒肆行劫掠。天祐至，乃会武忠、桂勇，集乱卒宣谕朝廷恩威，反复开谕，诸乱卒稽首谢，暂解散，然皆恐不安；又奸盗多乘隙乱，乱卒劫掠居民。桂勇稍督兵捶杀五十余人，乃笞郭鉴、柳忠诸乱首，余释之，而人情汹汹，相传必尽杀大同人。无何，妄报京营暨诸镇兵已驻近地，剿大同矣。适户部遣进士李枝转饷至镇，诸乱卒谓密旨也，众夜集，击李枝门讯故，枝自门隙出公移示之，始信。然众已集，有谓知县王文昌曾白巡抚欲诛众卒者，遂往执文昌杀之，又纵火延烧居民百余家，乱复大作。明日，逼胁代府，谓其请兵也，且索府贿，代王曲应之。解去，王惧陷害，率子弟数人潜出，居宣府。天祐委曲抚谕不定，以状闻。九月，命户部侍郎胡瓒、都督鲁纲帅师讨大同叛卒，制曰：诛首恶，胁从不问也。冬十一月，大同叛卒执总兵桂勇，胡瓒至阳和，密檄桂勇督城中兵，计擒首恶。文移日下数十，于是城中大惧，众白天祐，求自全。天祐传制谕之曰：兵来，惟诛首恶，胁从不问也。汝辈勿助恶，即良民，无事矣。以是首恶者煽惑，众多不从。桂勇遂率苗登诸将，计擒郭鉴、柳忠等十一人，皆斩之。鉴父郭疤子纠胡雄、黄臣、徐毡儿等复倡乱报复，

逼胁诸乱卒尽甲闭城门，夜围桂勇第，掠其赀，杀家众数人，磔尸于坊，有啖其肉者。遂拥桂勇至叶总兵宅，天祐暨太监武忠亟驰至谕之，反复譬晓，众复少定，勇得不遇害。众诣天祐，泣诉求止兵，天祐曰：汝等自作孽，至此奈何？若今能擒首恶，吾为若转达，兵犹庶可止也。诸乱卒乃复擒徐毡儿等首恶四人以献，天祐斩之，函首诣瓒。郭疤子暨诸首恶皆逃匿。瓒闻之，欲提兵而西，城中士人数十共诣瓒，请缓师，不听；天祐乃疏请班师，复以书止瓒，谓首恶既诛，余党釜鱼耳，易处也。疏上，命瓒旋师。"

1526年丙戌　明嘉靖五年[①]

六月丁巳，大同县雨冰雹，俱大如鸡子。——《明史》卷28《五行志一》

① 龚用卿，字鸣致，福建怀安人，嘉靖五年（1526）状元，撰有《云冈集》（亦名《云冈选稿》）20卷，杂编赋、词、诗、文。然考其身世、仕宦，殆与云冈石窟无关。

1527年丁亥　明嘉靖六年

嘉靖六年，奏准尼僧、道姑发还原籍出嫁[①]，其庵寺房屋、土地，尽数入官。——《礼部志稿》卷34《清理寺观》

① 《明史》卷196《方献夫传》："献夫以尼僧、道姑伤风化，请勒令改嫁，帝从之。又因霍韬言，尽汰僧道无牒、毁寺观私创者"。

1528年戊子　明嘉靖七年

十二月丙子，小王子犯大同，指挥赵源战死。——《明史》卷17《世宗纪一》

1529年己丑　明嘉靖八年

嘉靖八年奏准，凡宦戚施舍寺观，不许容令妇女出入，及多蓄行童。若有私自簪剃并犯奸者，各照律例问拟。——明《礼部志稿》卷34《僧道禁例》

1530年庚寅　明嘉靖九年

嘉靖九年，大学士张璁……缘帝意，言："孔子宜称先圣先师，不称王。祀宇宜称庙，不称殿。祀宜用木主，其塑像宜毁。[①]……"——《明史》卷50《礼志四》

① 《万历野获编》卷14《孔庙废塑像》："至嘉靖初，张永嘉用事，而普天塑像被毁矣。"同卷《先圣木主》："张永嘉当国，议易先圣孔子塑像为木主。……盖高皇帝谓塑像为故元夷俗，一切城隍、岳渎尽易木主，废王侯之号。独孔庙存塑像，仍王爵。至永嘉承世庙圣意，易王为师，并弃像设。

时论不以为然。然广东广州府城隍神木主，至景泰中，巡抚都御史王翱仍易以塑者，则高皇制作，当时已不能尽奉行矣。又宣府儒学圣像，亦系土偶。”

1531 年辛卯　明嘉靖十年

嘉靖十年十一月……癸酉……诏定军功袭替令。……正统十四年至景泰元、二、三年，大同东岳庙、雷公山、黑峪口、石佛寺……等处当先被伤及杀贼功越升者，俱袭。——《明世宗实录》卷 132

1533 年癸巳　明嘉靖十二年

冬十月乙亥，大同兵乱，杀总兵官李瑾，代王奔宣府。——《明史》卷 17《世宗纪一》

1534 年甲午　明嘉靖十三年

二月己丑，总督宣大侍郎张瓒抚定大同乱卒。辛卯，代王返国。三月壬申，振大同被兵者。——《明史》卷 17《世宗纪一》

1535 年乙未　明嘉靖十四年

六月，吉囊犯大同，总兵官鲁纲御却之。——《明史》卷 17《世宗纪一》

十四年，大兴隆寺毁，令永不许复。并大慈恩寺，一应修斋俱革，僧徒听告就各寺依住，有归化者，量给原寺田亩，仍免差徭六年。——《礼部志稿》卷 34《清理寺观》

1536 年丙申　明嘉靖十五年

十五年七月，蝗飞蔽空，伤稼。——《道光大同县志》卷 2《岁时》

嘉靖十五年，上既敕废禁中大善佛殿，建太后宫矣①。礼部尚书夏言以殿中有佛像及佛骨、佛头、佛牙等②，乃建议请敕有司，俱瘗之中野，以杜愚冥之惑。上曰：“今虽埋之，岂无窃发以惑民者。可议所以永除之。”于是言复议投之火。上从之。凡毁金银佛像一百六十九座③，金银函贮佛头牙等一万三千余斤，燔之通衢。④——明沈德符《万历野获编补遗》卷 4《废佛氏》⑤

① 明于慎行《穀山笔麈》卷 17《释道》：“自古帝王崇重佛教则道流被斥，兴起道教则释典被汰，其势不并立如此。林灵素欲尽废佛教，至改佛为金仙，僧为德士，寺院为宫观。嘉靖中，陶仲文、邵

真人以祈祷用事，亦请拆毁寺院，沙汰僧尼，焚佛骨于大通桥下，皆其证也。两家道术原不相下，其徒宗而守之，入主出奴，至于为敌，皆非其本也。要之，道家兴废不常，入人亦不甚深，终不能与佛教角尔。”

② 清俞樾《茶香室续钞》卷 17 按：“据此，则佛骨兼有佛头、佛牙，且必是元代所奉番僧之遗蜕，非唐时所迎奉者比也。”

③ 清蒋超伯《南漘楛语》卷 5《藏佛》：“藏佛有铜、泥二种。铜者，穷年累月始竟其功。中有蝇头细字佛经，非重价不可获。其红泥范像，俗言屑佛骨，和朱砂以为之。番人珍若拱璧，并西藏亦不可多得。”

④ 《万历野获编》卷 27《释道盛衰》：“世宗留心斋醮，置竺乾氏不谈。初年，用工部侍郎赵璜言，刮正德所铸佛镀金一千三百两。晚年，用真人陶仲文等议，至焚佛骨万二千斤。”

⑤ 《万历野获编》卷 1《赐百官食》：“四月八日为释迦生日，所赐亦面食，名不落夹者，从释氏名也。世宗辟佛，改赐期于四月五日，其食亦改新麦面。盖凡属释氏必尽废为快。如大慈恩寺，先朝最盛梵刹，宪、孝、武历朝，法王、国师居停者万人，皆仰给天庖。嘉靖初，尽革去，驱众番僧于他所。至二十二年，遂命毁之。”同卷《京师帝王庙》曰：“唯寺内欢喜佛，为故元丑俗，相应毁弃。”

1537 年丁酉　明嘉靖十六年

十六年，题准各该有司，钦遵圣谕，化正僧徒。愿自还俗者，听其自求安便。各处寺院年久宫殿，任其颓坏，不许修葺。民间幼童，不许舍入为僧，私自披剃。如有此等，罪其父母及其邻佑。——《礼部志稿》卷 34《清理寺观》

1538 年戊戌　明嘉靖十七年

《李光禄使大同图序》赵时春

大同据云朔华夷之会，虽声华四暨，宇内鼓动，于华胥钧部之中，而大同之士喋肉刺血以与卤搏，前掷卤颅，后继歌舞，纵金革、角抵、延曼之乐，动费千万金，司计者决不与之校货贝轧毂。而奉使钧袂，盖所以养豪伟枭雄之气，以竦鬼魅猰蜮之心，固不可以寻常绳尺校。嘉靖戊戌岁，复予犒军金数万于是同郡，光禄署署事李麟持符载䌹以往，宣布明圣优渥之至意，士咸欢呼，醉饱稽首，称万寿而退，具军乐、列麾旄，以送使臣。李君之僚以为荣耀，绘图其本末，而属余次语其端云：

唯士之所以效祝于上，而致敬于使者，岂非以为报哉？虽然，此庸人感恩之常，非上之所以望于豪伟枭雄之士也。吾闻古有豪伟枭雄之士者，其上不以名义辱于远人，其次不以理色辱于卿士，其下不以形势辱于疆宇。匹夫为义而大呼决计，风云为变惨，而奸宄为丧志。况乎合三军万队之力，称为天子之比户者邪？间者，卤数犯塞，为疆宇忧，此于古豪伟枭雄之士以为最下辱，致死之不旋踵，夫合三军万队之力，而效死于仇敌，卤酋之颈宁足系？而卤之膏血宁足污轮蹄也？何独闻于古之人而不见于今之大同之士也。呼之以其名，则应奉之以其资，则受责之以其事，则哆然缩懦，是宁豪伟枭雄之足言乎？以庸人之感恩而为豪伟枭雄之报奉使者，如之何而不有以开喻之也？抑吾闻之：言深者其形密，而感极者其报甚。则夫人之所以云云，而使大同之士争为豪伟枭雄之事，以致报乎君上者，将必有以自暴于疆宇，而非所当先言也。姑俟之。——《明文海》卷315《图画》

1539年己亥　明嘉靖十八年

嘉靖十八年，奏准僧、道照国初额设定数，每僧、道一名，纳银十两。[①] 在内于两京工部，在外于各布政司，直隶于各府上纳类解，免其赴京。其两京给度，在京准二千名，南京一千名。——明《礼部志稿》卷34《凡僧道给度》

① 《礼部志稿》卷34《凡僧道给度》：嘉靖“三十七年，议准每名量减银四两。隆庆六年，题准礼部印发空头度牒，通行各处召纳。如有来京请给者，赴户部纳银五两，发号纸，送礼部给牒”。

1540年庚子　明嘉靖十九年

十九年春正月……辛亥，吉囊寇大同，杀指挥周岐。——《明史》卷17《世宗纪一》

1541年辛丑　明嘉靖二十年

二十年六月，大同陨霜杀稼，阳和、应州饥。——《乾隆大同府志》卷25《祥异》

石碣韵《石佛寺》四首[①]：

崚嶒龛峇倚云开，昙影缤纷天际来，三十二观随处是，石莲浮动现金胎。

茎草原从帝释开，妙同宝月印川来。推开慧海留生面，亿万恒沙结髻胎。

宝宫杰构五丁开，金粟飞花匝地来。何处是空何处色？须弥芥子一班胎。[②]

心眼关头不易开，维摩悟后（谒）[偈]飞来。[③] 饱参玉版三乘偈，笑指摩尼五色胎。——《顺治云中郡志》卷14[④]

① 石碣韵，殆非人名，指刻在石碑或石壁上的诗。按：辽道宗寿昌年间，僧人智化刻造玉石观音像，立于兴中府（今辽宁朝阳）南境之天庆寺，并首唱胎字韵诗二章，一时官僧和者二十四人。寿昌五

年（1099），勒石寺中，篆额横镌玉石观音像唱和诗碑，今尚存。云冈的摩崖石刻，集中在东部“碧霞洞”以东，至第1、2窟，今遗存有几处矩形摩崖石刻，字迹风化。石碣胎字韵诗，大约刻于该处。东部崖壁，今天犹可辨识的题刻诗文，俱止清代，其中清初朱廷翰诗，韵脚与石碣韵诗相同，大约系和石碣韵而作。若此推测不误，石碣韵在清初仍可辨识，按云冈岩石风化速度进一步推测，石碣韵大约刻于明代以前。姑赘于是年。

② “班”，《雍正朔平府志》卷12作“般”。

③ “谒”，当为“偈”字误。佛经以四句为一偈。

④ 《顺治云中郡志》卷14收有明代大同人徐化溥《题大同观音寺梅（赠断愚上人）》诗云：“谁把罗浮向此移，清芬禅味两相宜；便当携手赵松雪，来访中峰百韵诗。”按：观音寺，盖今观音堂；赵松雪，即元代书画家松雪道人赵孟頫；中峰，即中峰和尚，赵孟頫尝拜为师。我怀疑，赵松雪、百韵诗，与云冈的石碣韵有一定关系。

1542年壬寅　明嘉靖二十一年

嘉靖二十一年二月……己巳……诏停大同修边之议[①]。——《明世宗实录》卷258[②]

闰五月戊辰，俺答、阿不孩遣使款大同塞，巡抚都御史龙大有诱杀之。六月辛卯，俺答寇朔州。壬寅，入雁门关。丁未，犯太原[③]。——《明史》卷17《世宗纪一》

王仪《石佛寺》二首：[④]

巉崖暂憩啸临风，却爱空楼望不穷。淡淡湍烟移嶂岫，泠泠倒水出缫巃。

碑遗古院神工罕，经晒高(云)[台]夕梵同[⑤]。净接青莲天地辟，石床深洞月朦胧。

千仞孤峰百尺楼，云天高并两悠悠。西秦风雨当轩梦，北魏烟岚半偈收。

更有寒山支介石，岂无轮海泛虚舟？远鸥独立坡沙浅，分得寻常几点秋。——《顺治云中郡志》卷14

① 《明世宗实录》卷258追述去年（1541）秋廷臣集议曰：“大同连岁不登，重遭虏寇，物力既绌，又时近秋高，恐工未及竣，虏已立至。罢之便。”

② 《明史》卷91《兵志三》：“是时，俺答诸部强横，屡深入大同、太原之境，晋阳南北烟火萧然。”

③ 《明史纪事本末》卷60《俺答封贡》：“嘉靖壬寅失事之后，大同弃墙不守。”按：此墙，指外长城（大边）。从此，大同防御主要依靠边墙内的墩堡。

④ 《顺治云中郡志》“王仪”名下有小字：“守备，江南人。”这五字，不知何人、何时所加，但约指观音堂所存顺治八年（1651）佟养量碑末的信众之一：“掌印守备王仪。”我怀疑这里有误。《顺治云中郡志》卷14，先录胡文烨《游石窟寺》诗，紧接为其同僚陈禹谟、刘宏誉的同名和韵诗，再后是石碣韵《石佛寺》，最后为王仪诗“前题”（《雍正朔平府志》作“《石佛寺》二首”）。王仪武官，能否赋出如此好诗不论，单就不与其他三位官长同题，即值得怀疑。按：明代也有一个“王仪”，《明史》有传，字克敬，文安（今河北文安或陕西延川）人，嘉靖二年（1523）进士。历仕

南北，宦途坎坷。知苏州府，治有惠政。任山西右参政，分守冀宁。二十一年（1542）擢右佥都御史，巡抚宣府。二十三年（1544）失事，停俸贬秩。二十九年（1550）镇通州，答枷仇鸾所部大同军不法卒，被逮斥为民，死。隆庆初，子缄讼冤，平反。我推断明朝王仪是该诗的作者。方志语焉不详，盖因其与大同有这段宿怨。

⑤ 云，《雍正朔平府志》作“台”。

1543 年癸卯　明嘉靖二十二年

二十二年，令毁大慈恩寺。——《礼部志稿》卷 34《清理寺观》

1544 年甲辰　明嘉靖二十三年

秋七月，俺答犯大同，总兵官周尚文战于黑山，败之。——《明史》卷 18《世宗纪二》①

二十三年，雨雹。——《道光大同县志》卷 2《岁时》

① 明贺复征编《文章辨体汇选》卷 630 明杨名《缚虎篇遥赠刘千户伏玘》：“大同有叛卒姓王氏，以行行，人称曰王三。其人骁勇，有羿奡风，且多知略。尝鼓众杀主将，避罪窜投北地。酋长疑不录，约必杀其妻子示信。遂归，鸩母及两妻，火其居，为不返计。酋长契之，礼为上宾，封以数千户，俾统健卒，猎渔中国。庚子，迫太原；辛丑，复长驱深入榆次、交城、文水、平定、岢石诸郡邑，重罹荼毒。壬寅、癸卯，时出时入，恶焰炽空，闻者战栗。至甲辰秋，突入紫荆，直抵完县，京师戒严。天子震怒，用论者言，械系请撤戍卒御史中丞朱公方，并罪总督、大司马翟公鹏及地方将官有差。大司马毛公伯温以不能先事御防，且轻信中丞言罢；职方郎韩君勖廷杖且死。诘其原，皆王三之导贼，运筹流毒至此，乃大悬赏格。帝命若曰：‘蠢尔叛卒，悖逆不道，上杀主将，下戕良善，罪不容诛，窜投北地，引连兵马，蹂躏中原，法难轻宥。凡我将领，有能善谋奋力，激发忠义，生致阙下者，予千金，升官五级，世世继袭。’命既下，大同军舍刘伏玘雅擅谋力，又曩与王三善，白之父母、妻子曰：‘我家世食禄，无分寸报。王三匹夫，敢尔作孽，使中土不宁，戮此妖丑，非伏玘不可，请以死从事。’其母泣止之，不从。复曰：‘父虽老，吾有三子，大者例当优恤，即死不负父母。’遂携其妻女，毅然就道，留三子于家。既至关口，以酿酒为业。居将一年，踪迹王三无所得，志不少懈。乃王三果来，跨马执戈，弓矢在橐，从四小寇，按辔关下，问戍卒曰：‘谁在此？’戍卒以刘二对。闻言甚喜，令速趋会，伏玘遂携壶榼出，下马相见，执伏玘手曰：‘弟何为在此？’伏玘曰：‘贫甚，不能自给，寄此酿酒，意得升斗为活计，不图今日乃见兄也。’涕泪交下，王三恳慰之曰：‘弟无虑，予今日富贵若此，忍使弟流落乎？它日得志，当以国卿第处尔也。’伏玘敛泣，酌酒为寿，王三倾信之不疑。伏玘志定已久，酒皆宿储，曲（蘖）［糵］既厚，复投药毒。王三才数盏，即觉微酡，喜谓伏玘曰：‘吾欲至尔旅舍少坐。’伏玘佯辞，不能为款曲，王三固请以行。至其舍，相劳苦备至，且请见伏玘妻与女，问其三子。伏玘曰：‘留侍吾父母。’王三大呼伏玘妻曰：‘二嫂取好酒来，吾弟兄叙阔怀，以尽醉为期。’因命小寇出数金以遗之。伏玘妻亦善应对，跪献数巨

觥已，伏玘与王三对酌，其妻出犒小寇，不计壶盏数。日将夕，王三醉甚，四小寇亦醉甚，偃卧舍中，数试之不觉，伏玘乃与原同约三卒，用大椎椎其两臂，臂痛但瞠目，强视曰：'尔何击予也，予明日赤尔族。'振不能起，两臂既断，缚以巨绳，载至总戎所，复核无伪，槛诣京师。帝心大悦，下法司议罪，当凌迟，俾传首九边，以慑诸寇。如其赏格，赏伏玘千金，官授正千户，同事三卒各百金，官为百户。在完县寇众，闻之星散，将士奋力，俘馘甚多。事传至蜀，方洲子不胜欣叹：'夫自寇以来，所伤数百万命，所费数百万金，曾无一胜以答众望，而伏玘小臣，捐身赴义，克禽渠帅，以奠边危，可不谓忠且智乎？一时居将领者可以自省矣。作《缚虎篇》以遥致相庆之意，或足以风于众也。'京华直北两巨镇，大同宣府相为命；地势遥悬诸寇邻，关门直与七陵近。中有黠虎名王三，力能举鼎性贪婪；首倡叛逆弑主将，却以寇窟为龙潭。酋长见之疑不录，鸩母两妻证心腹；猎将宠恩如上宾，授之军骑任驰逐。一薄太原藩镇轻，再入平定畿辅惊；三冲紫荆践完县，千兵万马恣游行。京师戒严圣心怒，两镇将领充荒戍；司马休官职方殂，大悬赏格勤招募。大同军舍刘伏玘，心怀忠义真男子；平生欲勒燕然铭，视贼若仇执以死。父母泣号苦莫留，提刀誓斩逆臣头；世沐主恩司部伍，安能坐待身封侯。独携妻女寄关口，汲水负薪自酿酒；酒成日饮数十人，王三不来日已久。甲辰之秋贼恶盈，持戈跨马冲边城；入关忽闻故人在，相逢劳慰倾真情。刘家二嫂最恭谨，跪进醇醪望接引；探囊取金为嫂寿，弟唱兄酬天欲暝。喜极饮多成巨酣，解甲长卧毛鬖鬖；数回动摇漫不省，椎残两臂缚之槛。羽书驰报天颜喜，磔尸传首示边鄙；十万北兵尽夜逃，俘获备载歌声起。刘郎奏见承殊恩，千金五品贵且尊；名姓分明著国史，气焰烜灼归辕门。向日当垆真独苦，算策亡遗缚黠虎；缚虎弗克倘返噬，甘为齑粉竟何补。呜呼丈夫不遇时，屈身降志同愚痴；一朝得意便卓绝，回视琐琐皆涂泥。君不见五府侯，又不见九边将，锦衣廪食行呼唱，幄中筹略今何如，后来谁画凌烟上？"按《明世宗实录》卷291：王三，大同左卫指挥王铎之子；是年十月己丑伏诛。京朝大庆。

1545年乙巳　明嘉靖二十四年

八月……俺答……犯大同，参将张凤、指挥刘钦等战死①。——《明史》卷18《世宗纪二》

① 《明世宗实录》卷301记"七月丙戌"。"兵科给事中孟廷相陈言边务，言：'宣大总督远驻朔州，传报稽程，调遣不及，宜令翁万达常住大同阳和城适中之地，以便调度。'从之。"

1546年丙午　明嘉靖二十五年①

夏五月戊辰，俺答款大同塞，边将杀其使。……冬十月……癸巳，代府奉国将军充灼谋反，伏诛②。——《明史》卷18《世宗纪二》

① 是年开始，宣大总督翁万达大修边墙，其中包括大同西路边墙。

② 《明史》卷117《诸王传二》："二十四年，和川奉国将军充灼坐罪夺禄，怨充耀不为解，乃与襄垣中尉充㸂谋引敌入大同杀王。会应州人罗廷玺等以白莲教惑众，见充灼为妖言，因画策，约奉小王子入塞，藉其兵攻雁门，取平阳，立充灼为主，事定，即计杀小王子，充灼然之。先遣人阴持火箭，焚大同草场五六所，而令通蒙古语者卫奉阑出边，为总兵周尚文逻卒所获，并得其所献小王子表，鞫实以闻。逮充灼等至京，赐死，焚其尸，王府长史等官皆逮治。总督侍郎翁万达疏言：'大同狭瘠，

禄饷不支，代宗日繁衍，众聚而贫。且地近边，易生反侧。请量移和川、昌化诸郡王于山、陕隙地。’诏改迁于山西。……代宗自简至懿，封郡王者凡二十有三，而外徙者十王。”按：充耀，代王。

1547 年丁未　明嘉靖二十六年

助马堡，今归左云县。明设营守备一员，旗军六百三十四名，马三十匹。设参将一员，中军守备一员。嘉靖二十六年，自应州移驻本堡，分辖九堡：助马、拒门、灭鲁、威鲁、宁鲁、破鲁、保安、云西、云冈。援兵营、老家营共兵六千八百八十六名，马骡一千六十四匹头。以上营守备军兵、马骡，国朝奉裁。——《雍正朔平府志》卷 8《武备》

1548 年戊申　明嘉靖二十七年

八月丁巳，俺答犯大同，指挥顾相等战死，周尚文追败之于次野口。——《明史》卷 18《世宗纪二》

是年，大同大稔。——《乾隆大同府志》卷 25《祥异》

1550 年庚戌　明嘉靖二十九年

夏六月丁巳，俺答犯大同，总兵官张达、副总兵林椿战死。……秋八月……丁丑，俺答大举入寇，攻古北口，蓟镇兵溃。戊寅，掠通州，驻白河，分掠畿甸州县，京师戒严。召大同总兵官仇鸾及河南、山东兵入援。——《明史》卷 18《世宗纪二》[①]

① 明王樵《方麓集》卷 6《使代记》：“嘉靖庚戌，予以行人奉使至大同。三月，风变甚异。风起西北，黄尘蔽天，已而天作赭色，人物相对，其色皆赭。少顷，天暗如漆，时方停午，室中燃烛，然后可坐。六月二十四日，大同总兵张达以御敌陷没。张达，甘肃人，起小校，积首功至今官，善弓马，无大略。狃敌入非时，视为零贼，轻兵逐利，陷敌伏中，部下莫肯救。副总兵林椿以失帅虑逮，突战，俱死。事闻，上以边臣习于巽懦，欲因二将以示激劝，赐张达谥曰忠壮，林椿谥曰忠刚，各赠官荫子，立庙于大同。逮总督、侍郎郭宗皋，巡抚、都御史陈燿，廷杖之各百，谪戍边，燿死于杖。诏起尚书翁万达代宗皋，未至，以兵侍苏祐暂行督事；起佥都御史赵锦代燿，复咸宁侯仇鸾太子太保镇大同。仇鸾者，其祖仇钺，宁夏游击将军也，以擒反者安化王，封咸宁伯，又以征流贼功，进封侯。鸾为人短小精悍，粗涉文字，谲诞敢大言。镇河西，以总督曾铣劾其不法事被逮。曾铣，江都人，尝献议，谓：‘我朝以东胜孤悬，徙镇榆林。初徙时，套内无敌，土地衍沃，物产富饶，当事之臣不以此时据河为守。弘治八年，敌编筏渡河，剽掠官军牧马。至十二年，遂拥众入套，常驻牧不出。祸根既种，窃发无时，出巢则冦宣、大、三关；据巢则寇延、宁、甘、固。此剥床以肤，切近之灾，无已之患，宜大驱逐之。’便答旨，以铣任事，慰纳甚温，中外皆以为此上意也。一日忽下手诏，以兵力之未足取，责问大臣生事造端之故。内阁严嵩上疏谢罪，因言此事皆夏言主之，夏疏无引咎语，上怒，

革言师保阁职，以（吏）［尚］书致仕。行至丹阳，逮下诏狱，以仇鸾有讦疏也。夏爱妾之父苏纲，亦江都人，在京出入夏私第，颇用事，而铣子以乡亲往来主其家，鸾因言铣缘苏刚交结辅臣，馈金二万，载以三骡，掩败冒功，建复套危计。事下刑部，初拟皆不合上意。上曰：'第如律。'于是坐铣以交结近侍官员，与夏相继斩于西市。仇鸾以告讦，释罪复用，实无奇谋长策，不过遣人欵敌，令不犯己境而已。时边人籍籍，言敌大举必犯京师，盖消息在半年之前边人尽知，而京师不知也。八月十四日，敌攻古北口。十六日，抉墙入围顺义，以保定兵驻城中，城得全。十七日，报至京师，始议守御计。兵部尚书丁汝夔奏发勇字四营兵分驻城外，威字四营及三大营兵守城，命文武大臣各一人分守九门，檄诸镇勤王。十八日，仇鸾首以大同兵至。十九日，巡抚、都御史杨守谦以保定兵至。既而，诸路兵亦大集。制以杨守谦为兵部侍郎，提督内外官军截杀；赐仇鸾平虏大将军印，总诸路兵调度截杀。鸾军无纪律，而丁汝夔又下令禁勿捕大同兵，大同兵益肆，略甚于敌，人始疾汝夔矣，言颇闻于上。敌薄都城，杀掠焚庐舍，日夜火光不绝，至坐教场饮酒挝鼓为戏乐，又入东直门外马房，执内官八人去。大酋谙达复纵之归，持嫚书，胁求通贡。书非番字，乃内逆代为之者也。城外居民被伤，千百成群，奔城，城门拒之，号恸声彻御在所，诏开门纳之，谕辅臣曰：'九门先闭，是自困焉。止是防检盘诘，时时代之。'佥服圣语之当。先是，辅臣疏言：'窃闻敌中，我逆甚多，昨者进边，皆穿中国衣帽，假称调来边军，以入口子，乞圣驾暂还大内，军机贵密，乞谕文武大臣，凡系密议，许求面对。'皇上特御便殿，亲赐裁决。二十二日，上御奉天门受朝，盖上自十八年不出至今矣。降制切责人无任事，致敌如此。以敌求贡事，下群臣议。国子司业赵贞吉抗言，敌不可许。诏加左谕德，兼监察御史，出视师，赍伍万金以为便宜激赏之用。赵至军，仇鸾以计困之，屡鼓于军中，若将向敌状，拉赵监战，则众疾驰，赵不任驰，马又驽，不得如所欲，乃以所赏金付鸾。鸾与敌潜通，扬声追截，实未尝望尘发一矢。敌又犯天寿山，绕出西山良乡以西，至保定皆震。杨守谦营城东北隅，以战关国家大计，不敢轻动，上以为逗遛。二十四日，下尚书丁汝夔、侍郎杨守谦狱。时敌渐退，鸾率诸军尾之，敌欲西夺白羊口出，为白羊守将所扼，复还，猝与鸾遇，纵骑蹂践，鸾军不及阵，几为所获。敌分两道出，通计男妇，杀掠盖六十余万，财畜无计。敌过宣府城下，呼守障者曰：'无恐，知尔兵在南，尔所守者妇女城。'尔时，守障人见所掠关南人口行，竟日不绝，号哭之声震动山谷，力不能救。是夜，敌营于西门外二、三里间，以久劳皆酣寝，城中无一兵可出劫其营，镇人惜之。二十六日，汝夔、守谦同斩西市。汝夔无军旅材，用之本兵，已非其任，况当此时哉！使早用翁万达，则事不至此。……"

1551年辛亥　明嘉靖三十年

三十年春三月壬辰，开马市于宣府、大同，兵部侍郎史道经理之①。……冬十一月，俺答犯大同。——《明史》卷18《世宗纪二》

"……大同自兵变以来，壮士多逃漠北，为敌用。今宜招使归，有携畜产、器械来者，听其自有，更给牛种费，优复数年，则我捐金十万可得壮士二万，拊而用之，皆劲旅也。熟与弃之以资强敌哉？……"疏入，帝嘉其忠恳，进秩左参政。——清《御选明臣奏议》卷25胡松《陈边务疏》

① 《明史》卷 81《食货志五》："嘉靖三十年，以总兵仇鸾言，诏于宣府、大同开马市，命侍郎史道总理之。兵部员外郎杨继盛谏，不从。俺答旋入寇抄，大同市则寇宣府，宣府市则寇大同。币未出境，警报随至。帝始悔之，召道还。然诸部嗜马市利，未敢公言大举，而边臣亦多畏慑，以互市啖之。明年，罢大同马市，宣府犹未绝，抄掠不已，乃并绝之。隆庆四年，俺答孙把汉那吉来降，于是封贡互市之议起。而宣、大互市复开，边境稍静。然抚赏甚厚，朝廷为省客兵饷、减哨银以充之。频年加赏，而要求滋甚，司事者复从中乾没，边费反过当矣。"

1552 年壬子　明嘉靖三十一年

三十一年春正月壬辰，俺答犯大同。甲午，入弘赐堡。二月癸丑，振宣、大饥。[①]……三月戊子，大将军仇鸾帅师赴大同。……八月己未，收仇鸾大将军印，寻病死。乙亥，戮仇鸾尸，传首九边。己卯，俺答犯大同，分掠朔、应、山阴、马邑。九月乙酉，犯山西三关。……癸卯，罢各边马市。——《明史》卷 18《世宗纪二》

① 《乾隆大同府志》卷 25《祥异》："三十一年，大同镇饥，人相食。"

1554 年甲寅　明嘉靖三十三年

六月癸酉，俺答犯大同，总兵官岳懋战死。己丑，侍郎陈儒振大同军士[①]。——《明史》卷 18《世宗纪二》

① 明《青霞集》卷 12《年谱》："是年，宣府、大同诸郡邑大祲，斗米六十铢，边民死者相枕籍，暴骸不掩。"

1555 年乙卯　明嘉靖三十四年

九月……丙午，俺答犯大同、宣府。——《明史》卷 18《世宗纪二》

1557 年丁巳　明嘉靖三十六年

三十六年春二月，俺答犯大同。——《明史》卷 18《世宗纪二》

1558 年戊午　明嘉靖三十七年

云冈堡，东至大同，西至高山，各三十里；南北俱村。接火墩八座。新旧二堡：旧设崖下，嘉靖之戊午也。因北面受敌，议移岗上，万历之甲戌也。旧者仍留，以便行旅；新者尚土筑，女墙系包砖，共高三丈五尺，周围一里五分。下有寒泉，皆佛窟，

亦灵境也。石佛，考佛坐象，体高五丈一尺五寸。——《光绪左云县志》卷3[①]

① 《雍正朔平府志》卷4《建置》："云西堡、云冈堡、灭鲁堡、三屯堡，以上四堡，建自明嘉靖、隆庆、万历年间，俱设官兵。国朝顺治年间奉裁。"卷8《武备》："云冈堡，今裁，归左云县，改为民堡。明设操守一员，旗军二百一十八名，马一十二匹。以上官军，国初奉裁。"

1559年己未　明嘉靖三十八年

六月乙巳，辛爱犯大同。——《明史》卷18《世宗纪二》

1560年庚申　明嘉靖三十九年

桑干河，卢沟上源也。发源太原之天池，伏流至朔州马邑雷山之阳，有金龙池者，浑泉溢出，是为桑干。东下大同古定桥，抵宣府保安州，雁门、应州、云中诸水皆会。穿西山，入宛平界……嘉靖三十三年，御史宋仪望尝请疏凿，以漕宣、大粮[①]。三十九年，都御史李文进以大同缺边储，亦请"开桑干河以通运道。自古定桥至卢沟桥务里村水运五节，七百余里，陆运二节，八十八里。春秋二运，可得米二万五千余石。且造浅船由卢沟达天津，而建仓务里村、青白口八处，以备拨运"。皆不能行[②]。——《明史》卷87《河渠志五》

① 清傅泽洪《行水金鉴》卷116："嘉靖三十三年……五月戊午，巡按山西御史宋仪望请疏桑干河，通宣大粮饷言：'桑干河发源于金龙池，下瓮城驿、古定桥，会众水，东入卢沟桥一千余里。在大同则卜村稍有乱石，在宣府则黑龙湾有石崖颇险，其险与乱石不越四五十里，水浅处亦深二三尺，诚疏凿之，为力甚易。当时抚臣侯钺尝驾小舟至怀来，过卜村，逾黑龙湾，坦行无虞。又自怀来载米三十石，逆水而上，竟达古定桥，则河足便漕有明征矣。'时朝廷新行挖运之法，山谷崎岖，率三十石而致一石。部臣谋所以易之，未得其便。及仪望疏下，兵部任其可行，且称都御史赵锦尝使人从桑干河水行千里，直抵大同城下，若稍加疏凿，不惟通漕，且因可以捍虏。诏会工部计之，工部谓：'远河重役，请俟详勘举行。'遂报罢。"

② 《明世宗实录》卷488记："嘉靖三十九年九月壬辰，巡抚大同右副都御史李文进奏：大同边储缺乏，米价翔贵，乞开桑干河以通运道。自大同县古定桥务里村，水运五节，计程七百二十七里，陆运二节，计程八十八里。总该造船二百六十只，置骡三百五十头，夫役一千三百四十余人，官十九员。春秋二运，可得米二万五千余石。日久大通，贸易寖广，公私俱利。又卢沟迤南，达天津径，另造浅船，运米百石者改小滩兑运，由天津径达卢沟桥务里村交兑，尤为省便。仍乞仿通惠事例，于务里村、青白口等八处建公廨仓廒，以备拨用运堆积。工部议覆：水河不系常河，泛溢则迅激难制，干涸则一苇不通，又多山石阻碍，每议辄止。今抚臣既有成画，当令如议举行。如有窒碍，亦当从实奏罢。上从部议。"清《钦定日下旧闻考》卷92："原卢沟而下，舟楫时有之；卢沟而上，直达宣府之保安州，故元运道也。"

1561 年辛酉 明嘉靖四十年

六月壬申，太原、大同、榆林地震，宁夏、固原尤甚。城垣、墩台、府屋皆摧，地涌黑黄沙水，压死军民无算，坏广武、红寺等城。——《明史》卷 30《五行志三》

1564 年甲子 明嘉靖四十三年

【碑文】《重修云冈堡记》：古者，石佛寺通西四卫道也。于嘉靖□□七年，内为右卫饷道，改□云冈堡，□□□一员，把总二员，坐堡一员；召募官□□□名。所以保障地方、转送粮饷甚便。是我□巡抚杨爷、镇守张爷垂恩，而民沾其泽也。累年风雨推坏，操守吴公殚厥心思，随其规模，委把总陈公，用本堡军士河南运土，修造堡门一□、□楼一座；筑堡东面敌台三座，上盖城楼□间；修公馆二所；修塌堡墙一面，周围栏□墙，挑洗壕堑；修盖披塌营房百间，改□□装，什物鲜明；要路挑挖，赚窖三百余个；□饬火路烽堠、墩台十座。公早兴晚休，□□不问巨费，区处捐财，不时犒赏，始终勤？□，一一修饬。其忠于为国者哉。乃我吉宣，具重修始末，事工虽未□，前请为纪工记录。其大者，操守、指挥吴公昆，把总陈公嘉谟、袁公镇，兴斯举者悉□之。嘉靖四十三年七月吉日，坐堡官吉宣。——日本《云冈金石录·明清以来金石文》第七洞前室《重修云冈堡记》①

① 此碑，现存云冈研究院，视为“云冈”得名的最早记载。我想，嘉靖三十七年（1558）重修石佛寺堡，同时改名云冈堡；既称“云冈堡”，说明石佛寺此前必定已有“云冈”之称。参见附录：《云冈筑堡与古寺衰微》。另，第 7 窟外，现有《新作云冈石佛刹记》青石碑头，亦见《金石录》，不知雕于何时，也不知何时建刹。

1566 年丙寅 明嘉靖四十五年

冬十月……闰月甲辰，犯大同。参将崔世荣力战死。——《明史》卷 18《世宗纪二》

嘉靖四十五年，令在外行抚按衙门督率有司，各查本居僧寺若干、僧徒若干明白。登簿不时、查点不到者，罪坐住持，立限投销。一切寄住游僧，发回原籍当差。在京厂、卫衙门及五城御史，将京城内外地方大小僧寺严加巡缉，有指称受戒、奸淫不法者，访拿重治。——《礼部志稿》卷 34《禁止戒坛》

1567年丁卯　明穆宗朱载垕隆庆元年

九月乙卯，俺答寇大同，诏严战守。——《明史》卷19《穆宗纪》

1569年己巳　明隆庆三年

三年春正月壬子，大同总兵官赵岢败俺答于弘赐堡。……九月丙子，俺答犯大同，掠山阴、应州、怀仁、浑源。——《明史》卷19《穆宗纪》

1570年庚午　明隆庆四年

夏四月……丙午，俺答寇大同、宣府，官兵拒却之。——《明史》卷19《穆宗纪》

四年四月辛酉，宣府、大同雨雹，厚三尺余，大如卵，禾苗尽伤。——《明史》卷28《五行志一》

九月……癸未，寇犯大同，副总兵钱栋战死。——《明史》卷19《穆宗纪》

总督宣大、山西等处军务兼理粮饷一员。正统元年，始遣佥都御史巡抚宣、大。景泰二年，宣府、大同各设巡抚[1]，遣尚书石璞总理军务。成化、弘治间，有警则遣。正德八年，设总制。嘉靖初，兼辖偏、保。二十九年，去偏、保，定设总督宣大、山西等处衔。三十八年，令防秋日驻宣府。四十三年，移驻怀来。隆庆四年，移驻阳和。——《明史》卷73《职官志二》

① 《明史》卷73《职官志二》：“巡抚大同地方赞理军务一员。初与宣府共一巡抚，后或分或并。成化十年复专设，加赞理军务。”

1571年辛未　明隆庆五年

诏封俺答顺义王，名所居城曰归化[1]。……自是边境休息。——《明史》卷222《王崇古传》

① 归化城，即今内蒙古呼和浩特。

1573年癸酉　明神宗朱翊钧万历元年

万历元年，令五城御史查各寺观、庵院，有游食僧道驱令回籍，仍比照居民保甲法，置立油牌，开写年貌、籍贯，以便稽查。其有私自簪剃及不穿戴本等冠服者，

访拿治罪。——《礼部志稿》卷 34《清理寺观》

万历元年，诏禁革万寿、广善二坛僧人戒法。——《礼部志稿》卷 34《禁止戒坛》

云冈堡，建于前明嘉靖三十七年，万历甲戌改建于冈上[1]，周一里四分零，高连女墙三丈五尺。地近腹里，无分管边墙，止设火路墩八座，今裁并。——《雍正朔平府志》卷 8《武备》

① 《雍正山西通志》卷 12《左云县》记在万历元年。

1574 年甲戌　明万历二年

万历二年秋七月，大疫。——《道光大同县志》卷 2《岁时》

1581 年辛巳　明万历九年

九年四月己酉，蔚州地震，声如雷。房屋震裂。大同镇堡各州县，同时地震，有声。——《明史》卷 30《五行志三》

1582 年壬午　明万历十年

十年二月，地震。——《道光大同县志》卷 2《岁时》

1586 年丙戌　明万历十四年

【门额大字】迎光[1]

【门额落款】大明万历十有■■■钦历饬大同左■■■——日本《云冈金石录》镇城东门《云冈镇城门题字》

【门额大字】怀远

【门额落款】大明万历十有■■■钦历饬大同左■■■——日本《云冈金石录》镇城西门《云冈镇城门题字》

① 此为云冈下堡东门额题。白志谦《大同云冈石窟寺记》：“云冈堡门以西，尚有大小石窟数个。堡门前后门顶上，嵌‘迎熏’‘怀远’二额，为万历十四年所立。”谢冰心《游云冈日记》谓：“自山下云冈堡绕回，进怀远、迎曦二门，门上额书为明万历十四年所立。”说明当时额题字已漫漶不清，由众人猜度。“怀远”砂岩石刻，今在第 7 窟前室东侧端放，据原云冈石窟文物保管所所长员海瑞回忆，系云冈下堡西门题字，20 世纪 50 年代末拆毁门楼，搬移所内。

1591 年辛卯　明万历十九年

【塔铭】开山历代祖师：明公[1]、垥？公、汝？公、喜公、□□、□□、□？惠、续贵，徒宗玉、宁崇福？

万历十九年九月拾九日，重修见塔。释子宗禄、宗净？、

门徒惠义、惠安，□徒？■■、明觉、■■朔？平府石匠杨进？全[2]。——日本《云冈金石录》台上南方墓塔《祖师明公等墓塔记》[3]

① 参见附录：《全真道与云冈石窟》。

② 朔平府，乃清朝建制，雍正三年（1725）置。“朔”字，判误。

③ 此塔铭，原镶在砖塔上壁，今无存。

1592 年壬辰　明万历二十年

【钟铭】万历二十年六月吉日造。——日本《云冈金石录》第六洞佛阁《万历二十年造铁钟记》[1]

《初至云中》：

锡杖朝朝信老僧，苍茫山色树层层；出门只觉音声别，不审身真到白登。——明李贽《焚书》卷 6[2]

《云中僧舍芍药》二首：

芍药庭开两朵，经僧阁里评论；木鱼暂且停手，风送花香有情。

笑时倾城倾国，愁时倚树凭阑；尔但一开两朵，我来万水千山。——明李贽《焚书》卷 6

《哭怀林之四》：[3]

年在桑榆身大同，吾今哭子非龙钟；交情生死天来大，丝竹安能写此中。——明李贽《焚书》卷 6

《客吟》二首：

昨朝坪上客，今宵云中旅；旅怀日不同，客梦翻相似。

少小离乡井，欲归无与同；正是狎鸥老，又作塞上翁。——明李贽《续焚书》卷 5

《大同城》：

此城真与铁城同，作者何人郭琥功；更有尚文周太保，至今说著犹悲风。——明

李贽《续焚书》卷 5[④]

① 此钟，今已无存。盖毁于 20 世纪 50 年代末。

② 李贽（1527 ~ 1602），福建泉州晋江人，号卓吾、宏甫，号秃翁，别号温陵居士。明末思想家、文学家。万历四年（1576），举乡试；官至云南姚安知府。后辞官从隐，以行狂禅，立言异端，死于京师召狱。卓吾先生云游大同，史记无载，姑系是年。

③ 怀林，李贽侍者。

④ 《续焚书》卷 5《望京怀云中诸君子》："翩翩公子下龙城，老别新知百感生；回首不堪流水去，停鞭窃共远山盟。无情有恨终当死，晚节穷途哭不成；他日若逢青眼客，定知刘孟入神京。"当赋于离开大同之后。

1593 年癸巳　明万历二十一年

大同公馆，相传有祟，使客多寓外舍。县令关扬不信[①]，夜列卒爇炬。迨夜分，一妇步月阶下，关斥曰："果冤乎哉？宜诉我。"妇忽自空入，缟衣，领缘间，簇针如猬，炬顿灭，仅荧一蜡。妇逡巡欲前，遽麾之，即隐。关就寝，席为针刺，屡拂如故。起移床，而壁间纸动，揭之，则复壁也。关引刀秉炬而入，有物相扑，刀举炬灭。旦，见白狐死壁下。——明谈迁《枣林杂俎》和集《关扬》[②]

① 道光《大同县志》卷 11《官师》云："关扬，山东海丰人，进士，万历二十一年任。"

② 谈迁（1593 ~ 1655），浙江海宁县枣林人，明清之际史学家。原名以训，字观若；明亡后改名迁，字孺木。著有《国榷》《枣林杂俎》《北游录》《枣林集》等。其《枣林杂俎》中集《山西》谓："大同府治东北火井，南北七十步，广减尺许，深不见底。炎热上迸，常若雷霆。以草爨之，则烟腾火发。又东北去火五六尺汤井，广轮如火井，热势亦同。以草内之，皆沾濡露结。故俗以汤井为日升井。……蔚州府西三十里暖泉，夏凉冬暖，可资灌溉。"

1601 年辛丑　明万历二十九年

二月甲戌，振大同、宣府饥。……六月，京师自去年六月不雨，至是月乙亥始雨。山东、山西、河南皆大旱。——《明史》卷 21《神宗纪二》

1605 年乙巳　明万历三十三年

十二月壬寅，诏罢天下开矿。以税务归有司[①]，岁输所入之半于内府，半户、工二部。——《明史》卷 21《神宗纪二》

释义玄，字古镜，姓贾氏，云中人也。父林，母李氏。生有异征，髫年厌俗，礼郡中定盛出家，志切向上。及长，辞师操方。初至京都，于万寿戒坛受具足戒。遍礼名山，参访知识，决策（已）［己］躬，有所发明。念福慧未圆，功行不具，中年还乡，广作佛事。结饭僧缘，不以数计。造渗金像以严佛土，绘水陆以拔幽冥。修桥梁以济厉揭，建窣堵一标人天。跪诵《往生咒》三十六万遍，以资净业。凡在利益，靡不精心竭力，以导利多人。由是四众归依，王臣敬仰[②]。云中边地逼虏，民情慓悍，以玄之教化，转杀机为善种，变鸱鸮以好音，见者欣说景从。体厚而性柔，学富而行高，故感代藩。国主三世崇重，吉阳、端惠诸王咸为外护，建普兴禅院，遂为开山祖。以明万历乙巳年入灭，世寿八十，僧腊四十有奇。塔于云中郊外，释德清为之铭云[③]。——民国喻谦《新续高僧传四集》卷54《明云中普兴禅院沙门释义玄》

① 又，《明史》卷21《光宗纪》：“四十八年七月，神宗崩。丁酉，太子遵遗诏发帑金百万犒边。尽罢天下矿税。”

② 明叶权《贤博编》：“古名贤多与僧徒往返，然必通禅理、有戒行、知文翰者，方与之交。如今俗僧治家供役，酒色无赖，比常人尤甚。士大夫喜其应接殷勤，遂与相狎。且不论其深意莫测，但默睹其炎凉体态，桀骜形状，已极可厌恶矣。谚云：‘不交僧与道，便是好人家。’此言有感而发。”而时僧圆澄《慨古录》亦述万历间僧风之颓败云：“古之帝王，创制梵刹，选有道者住持，转扬国化。今则不然，皇上造寺，费经百万，选童子住持。”“今之沙门，毋论神庙天祠乃至人家享堂，苟衣食可足，皆往住焉。”“田产为势豪所占，而官府不之究；僧为俗人所辱，而官府不之护。产罄寺废，募缘度日。”又，朝鲜人李睟光《芝峰类说》卷18记其万历中国之行云：“中朝之僧，持律者亦罕也。余赴京时，于圆通寺见僧皆畜妻子，与平人无异。”

③ 此塔幢今佚，铭文尚存于《憨山老人梦游集》卷28：“《云中普兴禅院开山第一代住持古镜玄公塔铭》：日月丽天，生盲获益；春回大地，幽谷阳生。故吾佛世尊法身弥纶，凡在有情，无不具足。虽边地篾戾，苟因缘会遇，无不使令入佛知见。转腥膻而为净土者，是在开化之功何如耳！予于玄公深有感焉。公讳义玄，别号古镜，云中贾氏子。父林，母李氏。生有异征，髫年厌俗，礼郡定盛和尚出家，志向上事。长，辞师操方。初至京师，于万寿戒坛受具足戒。遍礼海内名山，参访知识决策，（已）［己］躬下事，有所发明。念福慧未圆，功行不具，中年还乡，广作佛事。结饭僧缘，不以数计。造渗金像，庄严佛土；绘水陆以拔幽冥，修桥梁以济厉揭，建窣堵以标人天。跪诵《往生呪》三十六万遍，以资净业。凡在利益，靡不精心竭力，以导利多人。由是四众归依，王臣敬仰。云中边地逼虏，民情慓悍，以公之教化，转杀机为善种，讵非现比丘身说法者耶！公体丰厚而性柔和，见者欣说景从。内典外书，无不该涉，学富而行高，故感代藩。国主三世崇重，吉阳、端惠诸王咸为外护，建普兴禅院，遂为开山第一代住持。公生于嘉靖丁亥，入灭于万历乙巳，世寿八十，僧腊四十有奇。塔于云中郊外。予于丙辰长至月，吊紫栢老人于双径，大都龙华故人月清潭公，走书持状乞铭，乃为之铭曰：法身普遍，无处不周；如月现水，清浊同流。是故众生，有情皆具；善恶虽殊，其性不二。转化之机，系于善导；以水投水，不妙自妙。是故至人，随处示现；若是无缘，对面不见。倘以妙用，入众生心；如月在水，愈清愈深。能以善化，转彼杀机；以无我故，知之者希。

日照中天，春回大地；时若至时，无处不是。公以缘现，而以缘灭；生灭去来，了不可说。表刹凌空，法身常住；是知我公，真机独露。”按：丙辰，即万历四十四年（1616）。德清（1546～1623），号憨山，安徽全椒人，擅诗文、书法，朝野知名；紫栢（1543～1603），名真可，字达观，吴江人。二人俱在明代四大高僧之列，都曾北游塞上，巡礼五台。

1606年丙午　明万历三十四年

【钟铭一间】凡晨昏午刻，焚香设供，僧众云集，宝殿鸣钟者，预凡沐手，虔诚念击钟。偈云：愿此钟声传法界，铁围幽暗悉皆闻；三途地狱罢刀轮，一切众生成正觉。次云：

【二间】闻钟声，烦恼轻，出地狱，离火（炕）[坑]，菩提长，智慧生，愿成佛，度众生。唵伽啰啼野娑婆诃，南无幽冥教主、地藏王菩萨。

【三间】大同南门顺城街，先年有禅师宝华建立大佛像，虽成，鸣钟未造。因此，本街善人刘国用等各施己资，造钟壹口，重壹千斤。上供。

【四间】诸佛龙天，下济八难三途。以是造钟功德，普曾恩有①，齐冥福慧，均致檀越。开后，用示不朽矣。

计开书名：昌化王十二府竹圃、潞府奉国中尉廷芳，刘国用、孟清、李经、康禄加、尚武、吴仲堂、宋尚斌、宋天儒。

【五间】李宝、张云路、徐国辅、李永、贾宗尧、宋世全、陈九思、王太、郭成、蔡应学、张天相、侯科、张大渔？、张大量、罗英、薛登科、加继先、侯朝卿、王天兴、王国青、李登夆、常蕙。

【六间】萧宗儒、谢承恩、赵臣、段廷雨、张文义、郑科、员朝臣、牛朝忠、武元、刘应元。刘国用同妻解氏，万历三十四年十月吉造。

【七间】住持僧人福俊。李定、李天成、王应。金火匠人张莅、张汴？、张浑，男张四政。——日本《云冈金石录》关帝庙《刘国用等造铁钟记》②

① “曾”，疑为“会”。

② 此钟，今已不存。按钟铭可知，原本大同城中寺院之物，盖因清初屠城后，流落至云冈关帝庙。而云冈关帝庙旧址，吾访村老，说在云冈堡西门外。2019年夏，阅《山右石刻丛编》发现，北宋、金代佛寺内亦有设立关帝庙者。卷21录平遥县《慈相寺关帝庙记》，金大定十三载（1173）浩然居士郝瑛撰，该寺住持沙门福澄告之曰：“今兹天下伽蓝，奉此者为护法之神。”瑛公“冥然不知所语，尔后得丞相张天觉《无尽居士文集》中载《关将军庙记》云：昔陈隋间，有智顗禅师宴坐于玉

泉山寺之中，以佛之威德神通三昧，接将军之灵变及其部众，亲为授戒。而将军与其爱子誓心归向，护其佛法，立其寺宇”。卷22《汾州平遥县慈相寺修造记》：“宋末兵火焚毁，惟三门、正殿存焉。迨本朝天会年间，有僧宝量、仲英相与起塔于旧址，立法堂于殿后。余稍增葺，未能完备。量、英寻殁。有主僧澄公……于塔后建大堂曰普光，取佛（堂）〔尝〕说法于普光明殿之遗意也。……塔前对立□亭，东置土地神像，西覆圣井，仍塑五龙王于井上。法堂之东庑，立关将军像，以玉泉山护法故也。”从中，可见时代风气。僧徒附会土俗，五龙降雨、关羽护法，更增寺院人气。

1610年庚戌　明万历三十八年

三十八年四月，旱，饥。九月，疫疠，多喉痹，一二日辄死。——《道光大同县志》卷2《岁时》

1620年庚申　明万历四十八年，光宗朱常洛泰昌元年

【碑文】《游石佛寺》[①]：石佛寺创自后魏拓拔氏时，以定伯之猛力，作冈壁之清华接构[②]，历七帝百余年，神峰遍石佛二十座。盘空数级，梯石数盘；似帆欲扬，如翅斯倚。金人错其虚臂，蕊宫蔚于高天。奇树映楼阁以葱茏，丹膏并异卉而冥密。断鳌不足比其纷披，操蛇不足异其转徙。梵天化城，不足穷其高融奥博也。方岳、玄中张君命酒其上[③]，乐我兄弟。缭夕影之素气，朗风林之奇声。于是雪荧荧而布天花，月冉冉其出丛樾。虚白环身，玄清涤虑。恍矣，接幽想于众生，现空明于一切[④]。主人尽觥筹之摘发，诸君极本量之推排。孰云灵境常然，信是生人绝觏。予故欣言韵之，聊以输毫于大观，而溢齿于清赏，差为飞惬云尔。

是谁发幻想？一凿石光遍。百仞入雕缕，虚空足可践。皱秀而透瘦，丝丝见佛面。天绅当顶垂，宝络从云绚。或聚或纷披，或立或飞溅。或如覆釜铛，或如脂涂线。山山净名身，石石佛宅眷。八百金刚子，盘盘作石串。有时解点头，天风吹作霰。有时幻琉璃，牟尼珠片片[⑤]。是雪是月光？分火激流电。细酒沸真珠，瓮花添幽艳。主人多布罍，随荫罗鲜馔。醉里语相忘，无心不可见。世事几消除？鬓发随时变。即如瘦石骨，霜雪几陶炼！彼哉播余膻，何殊蛮触战！人间尘土事，一半寄缨弁。丈夫但乘时，奚必端明殿！有志不得申，三公等贫贱。得酒但盆饮，饮多少健羡。一分可留心，或在笔与砚。愿以云林谱，续作石佛传。

《石佛寺回途中即事》：凉月浸寒水，新雪添晴耀。彼白亦此白，如以照取照。

光明互相发，虬枝写层峭。古寺欹瘦石，寒禽影相召。禅灯老瓶水，琉璃滑波掉。世间浓冶物，过眼难相料。清光当胜地，混沌未开窍。尘土莫关肠，好发□□□。□□催老历，颠毛雪多少。别去难致辞，临？风但一笑？。其时同游者，徐大参檀燕、王将军振宇[⑥]。万历己未冬初也[⑦]。相毫厘而密移，人□□□□，文？每向？左将军杨太初，溯流风而韵，俱妙情□□□涉。更念拓拔氏之霸力已烬，亿化身之瑶光久留。凡□□□□相，圣无存而不妙。倘予生其少逸，会移家而□□，□□家山，是用刻石。庚申八月中秋日。户部分司、西吴吴伯与识并书[⑧]。云中古淮山人朱廷雅摹勒。[⑨]

① 此长方形横碑，旧在云冈第6窟佛阁内，今立第8窟前室西侧。清《道光大同县志》卷20录有吴伯与《游石佛寺并引》，唯后文《石佛寺回途中即事》无收。这里，依照碑文，对照《县志》，参以日本《云冈金石录》第6洞佛阁内《游石佛寺记》，抄录。

② “作”，《道光大同县志》《云冈金石录》皆作“仰”，误。今观音堂门廊西壁，镶有吴伯与《礼观音堂》碑，与云冈碑同时书刻。文中有“仰”“作”可辨。

③ 方岳，系地方长官的代称；张君，即大同知府张晓。此公，方志失载，《明神宗实录》卷573有记。万历四十六年（1618）八月戊辰，大同巡抚文球题：“应、蔚、朔三州，大同、怀仁、山阴、马邑、灵丘、广灵六县，平虏、朔州、阳和、天成、镇虏五卫西路营田，各开垦荒地有差，乞将参政余自强、知府张晓等纪录。”又卷596万历四十八年（1620）七月癸未，“升……大同府知府张晓为山西口北道副使”。《崇祯长编》载，天启七年（1627）至崇祯元年（1628），任宣大总督。

④ “现”，《县志》作“觇”。

⑤ 清梁绍壬《两般秋雨盦随笔》卷6《念珠钟声》云：“念珠名牟尼珠。”

⑥ 大参，即各省布政使之副职左、右参政，与小参（左、右参议）相对而言。明代设宣大布政司。“振宇”二字漫漶，补。观音堂吴伯与《礼观音堂》碑文中有“左将军王振宇”。

⑦ 据此，大同知府张晓与吴伯与、徐檀燕、王振宇等游云冈，时1619年。

⑧ 西吴，浙江旧湖州府的别称。吴伯与，朱彝尊《明诗综》卷65谓：“伯与，字福生，宣城人。万历癸丑进士，除户部主事，历员外郎中，出为浙江布政司参议，迁广东按察副使，有《素雯斋集》。”清《江南通志》卷167云：“吴伯与……肆力典籍，博极群书，工古文词，多所辑著。”按《千顷堂书目》，又录吴伯与《云事评略》《大同款贡志》《内阁名臣事略》《宰相守令宙合》《老庄因然》等书。户部分司，即吴伯与以户部郎中或主事的身份，督饷宣、大。《顺治云中郡志》卷5谓：“南直宣城人，癸未进士，天启元年任。”《乾隆大同府志》卷10云：“以户部郎中任，三年一代，掌出纳边储。亦间有以主事敕遣者。”然天启元年（1621）任，有误。他赴云冈酒会，在万历己未（1619）冬初；书碑，在庚申（1620）八月中秋日，天启元年当为离任年。

⑨ 山人，栖隐求仙者始名。《万历野获编》卷23《山人名号》云：“山人之名本重，如李邺侯仅得此称。不意数十年来出游无籍辈，以诗卷遍贽达官，亦谓之山人。始于嘉靖之初年，盛于今上之近岁。”清黄协埙《锄经书舍零墨》卷3《山人》：“明季最重山人，往往草野布衣挟其一技一书，便可与王公抗衡。”《乾隆大同府志》卷23《人物》：“朱廷雅，字恒源，号古淮山人，代府宗人也。甚有巧思，能集晋、唐诸家书刻之，咄咄逼真。尤工摹勒右军行书，边旁凑合，转折向背，毫发皆肖。

足迹半天下，所至必有手迹，峨眉山铜碑尤推独绝。”《道光大同县志》卷5谓：“代府镇国中尉。”

1621年辛酉　明熹宗朱由校天启元年

夏四月……戊寅，募兵于通州、天津、宣府、大同。——《明史》卷22《熹宗纪》

1625年乙未　明天启五年

任澄清《云冈洞观石佛》①：

巍巍古洞倚云开，斧斫神工亦异哉。千佛灵光归净土，诸天法象傍岩隈。

石龛不惹风幡动，兰若惟看夜月来。空寂然俨西域界，喜逢僧话共追陪。

① 《雍正朔平府志》卷5“马邑县知县”条：“任澄清，陕西盩厔县人，举人，天启年任。”韩府《历代咏云冈石窟诗萃》云：此诗选自明《万历马邑县志》，作者任澄清，天启五年（1625）任马邑知县。

1626年丙寅　明天启六年

六年六月丙子，京师地震。济南、东昌及河南一州六县同日震。天津三卫、宣府、大同俱数十震，死伤惨甚。山西灵丘昼夜数震，月余方止。城郭、庐舍并摧，压死人民无算。——《明史》卷30《五行志三》

大同县王老爷，于天启六年，买到堡民陈国益地四十亩，舍给石佛寺僧、道。①——清乾隆三十四年《重修云冈石佛寺碑记》碑阴文

① 据此，知明末云冈僧、道并住。

1628年戊辰　明毅宗朱由检崇祯元年

五月……己丑……插部从镇川堡拆墙而入，约兵三万，皮袄手约二万，其老小、牛羊、骆驼及攻城云梯、钩竿器具悉从弘赐堡入，亦有四五万，至孤店村合兵一处。抵大同东河，环聚大营，就水草，扎海子滩、代王坟，离大同镇城堡仅十余里。①——《明实录·崇祯长编》卷9②

① 孤店村，即今古店村。代王坟，方志云在采凉山，近年我在云冈研究院收集代王家族墓碑数十块。

② 明《春明梦余录》卷42《大同》：“大同，古云中地，东至枳儿岭，西至平鲁城，川原平衍。初设大同府，分封代王，外分东、中、西三路，北设二边，拱卫镇城，皆称要害。况平鲁城西连老营堡，与偏关近，河套中住牧之裔才出套，便涉其境，故称重地。原额兵五万四千一百五十四员名，隆庆增一十三万五千七百七十八员名，万历八万三千八百员名，崇祯七万六千五百二十六员名。”

1629 年己巳　明崇祯二年

【塔额】阿弥陀佛。

【塔铭】妙明天？□□■■应色化有■■■行菩萨■■■■幻灭归逸？■■永劫，坐金莲■■

崇祯二年四月吉旦立■——《云冈金石录》云冈台上北方墓塔《妙明墓塔记》①

① 此塔铭，今云冈研究院所藏仅存右上角，细灰砂岩，似乎是由一矩形捶板石改刻，面上仅余“阿弥”二字。

1632 年壬申　明崇祯五年，后金太宗皇太极天聪六年①

六月……甲戌，大军发归化城，趋明边。丁丑，明沙河堡守臣使赍牲币来献。己卯，库尔缠等自得胜堡，爱巴礼等由张家口，分诣大同、宣府议和。……庚辰，驻大同边外。库尔缠偕明得胜堡千总赍牲币来献。上不纳。——《清史稿》卷 2《太宗纪一》

① 是年，文渊阁大学士朱国祯卒。国祯，字文宁，浙江乌程人。其《涌幢小品》卷 18《事起》谓：“凿石崖为佛像，起于魏高宗。时与昙曜于武州塞山壁开五所，镌像各一，高者七十尺，次六十尺，奇伟冠绝。”这大约是他读《魏书》所得，但文中没有提及云冈。由此说明，明代人对云冈石窟知者甚少，或者说当时的云冈石佛寺早已被世人遗忘。

1634 年甲戌　明崇祯七年，后金天聪八年

天聪八年七月，上亲率大军由宣府西略。八月甲戌，上阅大同城。癸未，至左卫城南驻跸。闰八月，班师。——《光绪山西通志》卷 81

1641 年辛巳　明崇祯十四年，清崇德六年

崇正十四年，旱。——《道光大同县志》卷 2《岁时》

1642 年壬午　明崇祯十五年，清崇德七年

十五年春，擢右佥都御史，巡抚大同。岁饥疫，疏乞振济。搜军实，练火器，戢豪宗，声绩甚著。——《明史》卷 263《卫景瑗传》

1644年甲申　明崇祯十七年，清世祖爱新觉罗福临顺治元年

二月辛酉，李自成陷汾州……丙寅，陷太原……三月庚寅，贼至大同，总兵官姜瓖降贼，代王传㸄遇害，巡抚都御史卫景瑗被执，自缢死①。……己亥，李自成至宣府……甲辰，陷昌平。乙巳，贼犯京师，京营兵溃。丙午，日晡，外城陷②。……丁未，昧爽，内城陷。帝崩于万岁山……明亡。——《明史》卷24《庄烈帝纪二》③

① 穉农钱駅《甲申传信录》卷2《大同》："巡抚大同右佥都御史卫景瑗，字带黄，陕西韩城人，乙丑进士。寇陷大同，执景瑗母，胁降。景瑗曰：'此膝不屈第二人，可即杀我。我固应痛詈汝辈，以老母在，恐移之惨祸，我姑忍耳。'威胁三日，不屈，饮食亦弗接，自碎其首于贼门之石狮子而毙。母夫人之既执也，曰：'我为朝廷命妇，子为朝廷大臣，岂食贼食？'骂贼不绝而死。

② 清佚名《謏闻续笔》卷1："先是，上遣中官杜勋监大同军，人传勋死于贼，上为下诏褒恤，赠荫加等。而勋实已降贼，为前驱。十八日晡，抵齐化门下，云有机密上闻，缒之入见。不知作何语，而社稷存亡于是判矣。"

③ 清王士禛《香祖笔记》卷4云："李庶常丽生，暄亨，蔚州人，示予《云中节义录》。所录闯贼之难，大同殉节者五人。宗室二人：永庆郡王某，管理襄垣王府事、镇国中尉俊窺。巡抚卫景瑗，韩城人；监司朱家仕，河州人；其一则诸生李若葵也。卫公本末，载诸他书甚著，余得略而书之。永庆郡王，失其名，居大同。甲申正月，李贼将出雁门，掠云中，诸王府谋迎降，王独大言曰：'堂堂亲藩，奈何降贼，持何面目见太祖列宗于地下乎！'贼至，王介胄率左右鼓噪出，将赴敌死，顾左右曰：'今日乃孤毕命时也！卿辈宁死同时，勿辱贼手。'方抵城门，会总兵官姜瓖叛出迎贼，与王卫士战，射王中肩，王死之，官属歼焉。瓖遂以城降。镇国中尉俊窺，被服儒雅，善八分书，慷慨好谈节义。贼逼城，聚弟侄谋曰：'所不遣汝曹先去者，欲同急难耳。然同死无益，汝不闻微子之去，伍员之覆楚乎？我死，使人知宗室有殉国之臣。若辈各从其志，惟不可降贼以辱国。'乃阖户，大书于壁曰：'襄垣管理，殉国尽忠。'旁注'九二慧泉'四字，遂自刎。九二，行也；慧泉，其字。数日，家人归，殓之，颜色如生。朱家仕，中崇祯戊辰进士，巡抚卫景瑗雅重之。闻寇警，卫公召集文武众僚属，歃血汉寿亭侯祠下。卫既歃，总兵官姜瓖有异志，逡巡不进。家仕独义形于色，誓不与贼俱生，城陷前一日赴井死。诸生李若葵，率妻子等同缢，题壁曰：'一门俱死，大节已完。'七日始殓，举家颜色如生。"

第十三编　清代纪事

1644年甲申　清世祖爱新觉罗福临顺治元年，明崇祯十七年

崇祯十七年甲申春，闯难陡发，伪兵西来。二月二十九日，镇城主将迎降。在城留住六日，杀明宗室殆尽。三月初六日，兵过阳和，留住一宿。东行，镇城所留伪总兵张天琳，号过天星者，杀戮凶暴，居民重足。两阅月，而国威东震，阳和军民约与镇城军民内应，于是杀天琳及伪中军张黑脸，恢复大同。时五月初十日也[①]。——《顺治云中郡志》卷12

六月……壬戌，故明大同总兵官姜瓖斩贼首柯天相等，以大同来降。——《清史稿》卷4《世祖纪一》

【钟铭】顺治元年六月吉日，大同前卫指挥佥事王之都，铸造石佛寺磬一口，重六十斤。住持僧人性礼，徒海角，徒孙。——日本《云冈金石录·明清以来金石文》第六洞佛阁《王之都造铁钟记》

今云冈遗留的一个铁钟，前写着“山西大同府迤西云冈堡”，后署着“皇明崇祯甲申岁季夏吉日成造”字样[②]，文中并提到“大佛寺”，这是当时修理石佛寺的遗物。——郝树侯《云冈的历史与艺术》[③]

① 《光绪山西通志》卷78云：“顺治元年五月，流贼李自成遁还陕西。八月，大兵进平山西，败伪将李过于大同，擒伪伯陈永福于太原，分兵南下，所在州县多杀伪官来归，全省悉定。”

② 该铁钟，今佚。1934年谢冰心《游云冈日记》谓："再往西走为云冈山顶，有玉皇阁，门窗破损，阒然无人，看钟上款识，为明崇祯末年（1644）所铸。钟声初鸣，国祚已改了。"

③ 该文，载于1960年《山西地方史研究》第1辑；原名《漫话云冈》，刊于1957年1月《火花》。文中所记铁钟，按1950年傅振伦《雁北考古日记》讲："沿云冈西坡走上冈顶，顶上旧有民居，因风罡多病，乃迁居堡下。西部有石础，捡得北魏'传祚无穷'瓦当。中部为玉皇庙，有明代残碑及崇祯铁钟。东部有古建遗址，也发现'传祚无穷'瓦当。其下为第三窟。"该钟，不知是否即王之都所铸铁钟，今已不存。

1645年乙酉　清顺治二年

【碑文】《重修云冈堡昊天庙碑记》[①]：凡物皆天所生，既天所生，皆当事之；既云事之，皆当敬之。白明□旦，出里游□，隔于□■■■知。窃闻有知者大可风焉。云冈，云中西境也。悬崖壁立，斩□九尺，洞窟在上，下有石室，■■■天竺古皇先生之作，百千万亿。冈之颠，有清净觉王居一□，茅茨土阶，不蔽风雨，飘□零落，渐以颓圮。居民邓氏名仲智者，其先君以■■■传□，而尤笃敬□之义。及仲智身，增修其德，轻（射）［财］乐施[②]，善良一□。是斯□故，□□□□■■■辰，鸠工庀（林）［材］[③]，积石为基，累土成台；栋省檐□，鸟□翚飞；棖□□心？，墙壁崔嵬；□□有？石，庄严其备；峥嵘悬峭，巍然大观。庙东，复建道室三间。延道七日，诵黄老《道德》诸篇。晨□□□，■鱼之声[④]，遍入人耳；鼎炉之中，香烟不绝。里社之□神，闾巷之□女，咸以欢喜。夫鄧氏藐尔■也[⑤]，殚（五）［其］金产[⑥]，以为帝宇，而曾无□？□？，不亦君子乎！其产也，非母之囊，然？商之贩，不过箪豆之所积，而一旦？竭力□□■微施果不贱？，于福一至于真实。敬书？□心，而使饕夫知让，啬夫知廉，嫚？然知肃，是可风□。□□益行其德，服勤至己，无有二心，则邓？氏？为不朽。使住斯室者，而修道不倦，入华阳洞，饮华□酒，白日羽化，伊谁之力？则鄧氏为再不朽而作者。迩者，是？响风募义，既事其敬，各见其天□□马驴，莫之或敢，则邓氏为大不朽。此今？于天之德，无能名而独有高□□□之行，几□于？是乎书？□时顺治二年秋八月望日记。北孩道人周廷俊，沐浴稽首撰文；大同府学生邓光□，顿首篆额；玄门弟子、住持赵常□，沐手书丹。——日本《云冈金石录》玉皇阁《重修云冈堡昊天庙碑记》

镇守大同等处总兵官、后军都督府姜兖，将裁军遗地一顷二十亩，共四段，坐落云冈堡，于顺治二年，施为石佛寺僧性礼养赡之资。——清乾隆三十四年《重修云冈石

佛寺碑记》碑阴文

① 昊天庙，即今所谓玉皇阁，在云冈第 20 窟山顶。此碑，今不知所在。王逊《云冈一带勘察记》（载 1951 年《雁北文物勘察报告》）讲："冈顶中央部分有玉皇庙，已残破不堪，有残碑，可知是明代故物。"

② 射，当为"财"之讹。

③ 林，当为"材"之讹。

④ "■"，当为"木"字。

⑤ 前云"邓氏"，此云"鄌氏"，必有一误。

⑥ "五"，当为"其"字。

1646 年丙戌　清顺治三年

《重修云冈石佛寺碑记》[①]：云川东距九十里，为云冈之阳，有古刹焉。其奉佛，皆就冈石而庄严之。或偏袒而立，或跏趺而坐；或奇或偶，或大或小，居然祇树园说法地也。是以种种菩提心，具此种种微妙相。猗欤休哉！洵云川一灵岩也。爰考《云志》，建自北魏拓拔氏，垂今千百余年。彼以霸业之余运，神斤鬼斧，固不难使顽石成佛。惟是，自古山川因人而名，不为修葺，几何不为鸠巢鼠穴耶？云冈以甲申三月，为闯寇过天星盘踞，屠人之肉，覆人之居，天日为晦，又何有于刹耶？余不揣螳臂，驰军士千人，于五月朔十日，一举而克复之。生缚过天星，寸磔以快云愤。使非慈云慧月之照，何以有此？因感佛土当净之义，于是鸠工庀材重修，以董厥事。

夫佛实无土，何以净为？然有形累，正未免托土以居，石佛之谓也。此余所以恭承按、都暨诸士大夫鼎新之意也。况今上以神圣开天，崇儒重释，度越往古；行举天下，皆为清净土、极乐国，岂仅区区三云哉？是役，始于甲申六月，迄于丙戌五月，凡两年而役竣。其捐助姓氏，载之别勒。余谨斋沐作记，而复为之偈。偈云：云西有石白磷磷，灵根尽化如来身；不垢不坏几千春，念彼慧力生云人；刃不伤兮火不焚，何以报之刹维新；辉煌金碧自嶙峋，乐国永永无氛尘[②]。——《光绪左云县志》卷 10

【摩崖石刻】《游云冈石佛寺□成？□》[③]：

劈□□岩梵峰开，幽深洞里□如来。□□州□□□面，是谓？重妆□以胎。

怪□玲珑华藏开，诸天穹□散香来。兹？□□□□□晴，□阁？光生现圣胎。

古刹□□□□开，金？茎？□相尽西来。□□岁月虽沈寂，□待灵光自现胎。

□□□□石中开，洞里□□河际来。慢□□□□佛性，神工巧处即真胎。

巡按宣大监察御史、夏州朱廷翰题。——日本《云冈金石录》第一洞外壁上部《监察御史朱廷翰题诗》[④]

① 此碑，今无存；撰文者，《县志》未载，事必有因。按碑文所云，他曾率军克复三云，缚斩过天星张天林；又恭承巡按（时宣大巡按朱廷翰）、都御史（时兵部右侍郎马国柱兼都察院右副都御史，总督宣、大、山西等处军务）大人之意，重修云冈石佛寺，感谢大佛的保佑。若非姜瓖，更有何人？

② 按：云冈石窟佛寺历来为当地民庶之精神重寄，而朝秦暮楚、屡降屡叛的大同总兵姜瓖，贼心不安，斩张天琳后一月，即主持重修石佛寺，次年又将清初云冈堡裁军遗留土地捐赠寺僧，越明年修寺竣工，遂亲自撰写此碑文。只是当时重修内容不详，唯弥勒殿旧有楼阁匾额“西来第一山”，为顺治四年（1647）总督马国柱所题，可以判定第 7、8 窟外旧有的三层阁楼为姜瓖重建。

③ 该草书石刻题诗，为唱和石碣韵《石佛寺》而作，在今第 1 窟东外壁，风雨侵蚀已近漫灭。按：“□成□”，应作“和成韵”。

④ 朱廷翰巡按宣、大，约在顺治二年（1645）秋冬，离任在三年（1646）底。

1647 年丁亥　清顺治四年

四年，大同蝗，奉旨赈济。——《乾隆大同府志》卷 25《祥异》

弥勒殿。……洞外，有一木匾曰“西来第一山”，系顺治四年，兵部尚书兼都御史马国柱所题[①]。——白志谦《大同云冈石窟寺记》

【摩崖石刻】■■■■亻？见？□□□如？□一□间？□■■客？巍峨灿霞烟□色？晃■即是空真不离色□胜概■诚所谓天人相□品行矣。龙飞首科，旋沐特恩，备员西台，承乏宣、大，采□揽胜，快睹乾方，大观揭？扬，□■勒石。时疆圉大渊献[②]，律□■□从西□造岩函。象教森罗所？携天□见此□不□□。■□□钵□土奥。五集共球■■□。□光早已遍神洲。□是观风？□漫游■■■■■■■■■地？■■■■■■■■■■■■■■■■自？措？■■■■金泥■■■■■——日本《云冈金石录》第二洞外壁上部《丁亥年游人题记》[③]

① 周一良《云冈石佛小记》：“‘西来第一山’匾，据《一统志》乃世祖所书，旁书‘顺治四年岁次丁亥菊月之吉，兵部尚书兼都御史马国柱立’。”厉寿田《云冈石窟寺源流考》：“现在，上层只供木刻千手观音像，余无可述。外额一匾曰‘西来第一山’，系马世忠所题。与《郡志》称世祖章皇帝御书之记载不一。”按：马国柱，辽阳人，隶正白旗汉军，后金天聪八年（1634）以“习汉人书”取中一等举人。其任宣大总督在顺治二年（1645）十月，改任在四年（1647）七月。菊月（九月）题匾，正其离同之前夕也。世祖福临即位时，年仅 6 岁，顺治四年 10 岁，为云冈石窟书额的可能性不大。

② 按：天干中，甲曰阏逢，乙曰旃蒙，丙曰柔兆，丁曰彊圉，戊曰著雍，己曰屠维，庚曰上章，辛曰重光，壬曰玄黓（一作默），癸曰昭阳。地支中，子曰困敦，丑曰赤奋若，寅曰摄提格，卯曰单阏，辰曰执徐，巳曰大落荒，午曰敦牂，未曰协洽，申曰涒滩，酉曰作噩，戌曰阉（一作掩）茂，亥曰大渊献。

③ 此行草书石刻题记，在第2窟以西30余米处崖壁。按：西台，是负责巡察西部省区御史的别称；“备员西台，承乏宣大”，所指唯总督或巡按宣大的都御史或监察御史；“龙飞首科”，指大清开国后的第一批进士，即顺治二年（1645）考试、三年（1646）发榜的进士。查有关史志，知是顺治三年进士（丙戌科）、十一月由湖广道监察御史巡按宣大，四年（1647）离任的北直隶人高景。景，后任至刑部、工部尚书。

1648年戊子　清顺治五年

顺治五年戊子冬十二月初三日，大同总兵姜瓖素怀反侧，因都门有发兵征粮之檄，伺巡抚、道、部、府、县出东门外看粮，遂闭门抗命。偏西一带大为煽惑，便已飞檄安官；朔、浑、左卫、许堡等处俱应。王师云集，环濠筑堑，务为持久计。大同未破，而浑、朔、左、许已先破矣。伪副将姜建勋者，从左卫奔窜，雁门骚动，汾、潞盘据。大同久围，瓖在城中搜粮肆虐，疑忌士民，渐不可支。至明年己丑秋八月，乃开门献首。计凡九阅月，大难砥平。本年十月，暂移府治于阳和[①]。至顺治八年十月，督按合疏请复。——《顺治云中郡志》卷12

① 姜瓖兵变，史称“戊子之变”。当时，清廷调各路兵马征讨，摄政王多尔衮二度亲征。最后，城中粮食告罄，姜瓖麾下总兵杨振威等斩瓖首级，开门献城。随后，清军屠城。事后，大同府东迁阳和卫（今阳高县），更名阳和府；大同县徙西安堡，九年（1652）复归。顺治八年（1651）佟养量修云冈、观音堂的原因，盖安慰亡魂也。

1649年己丑　清顺治六年

八月……二十九日，大军入大同城[①]。——《清世祖实录》卷45

梁化凤，字翀天，陕西长安县人。顺治三年武进士。四年，授山西高山卫守备。五年，从英亲王阿济格讨叛将姜瓖，克阳和城，擒瓖将郭二用。擢大同掌印都司。时大同、左卫、浑源、太原、汾、泽群盗竞起应瓖。六年，化凤攻大同……攻浑源……攻左卫，降云冈、高山二堡，遂合围。——《清史稿》卷243《梁化凤传》

① 《清世祖实录》卷46记“九月初二日”，清廷下令：“斩献姜瓖之杨振威等二十三员及家属并所属兵六百名，俱著留养，仍带来京。其余从逆之官吏兵民尽行诛之，将大同城垣自垛彻去五尺，其城楼、房舍不得焚毁。”

1651年辛卯 清顺治八年

【碑额】《重修大石佛寺阁碑记》

【碑文】《重修云冈大石佛阁碑记》：

西方有圣人出焉。始自汉明，而蔡愔求之；癖自梁武，而后世效之。果充满沙界也。云冈，去大同数武，有小堡如拳，峙于岗之右。而岗之巅，镂金粟如来影，大小兼备，奇幻叠出，殆非人力。其为公输之运斤也，无疑矣。但考诸藏教，佛不以形著，而以心灵；固以心灵，而犹以空见。则人相、我相，众生寿者相，且不立三千大千世界，不足以当佛之刹那一瞬。今山形雕刻，不亦亵乎？虽然，以般若而登彼岸者，几人哉！犹赖于象教不浅也。因象教而众生心始肃然。如在此时，尘根都净，戒、定、慧一时俱到。涅槃大灭度，人空法空，所谓波罗揭谛也，所谓波罗僧揭谛也。予非嗜佛，亦非佞佛，然即嗜即佞而佛在，非嗜非佞而佛亦在。况佛有出世因，唯能出世，方能度世；佛有弘誓愿，唯有愿，方能圆愿。则叁千大千世界，何莫非佛之慧光普照乎？转法王之轮，登群生于彼岸；越流浪之海，起阎浮于沈沦。则护国祐民，谁不从无遮大会、不二门中得福哉！此予集材鸠工，重修杰阁，并出山妙相，以祝我帝道遐昌之意云耳。是为记。

钦命总督宣、大、山西等处军务，兼理粮饷，兵部左侍郎、兼都察院右副都御史佟养量撰[①]。钦差整饬大同左卫等处兵备、山西提刑按察司佥事吕逢春，钦差整饬阳和等处兵备、山西承宣布政使司右参议陈弘业，钦命宣大总督部院中军、副总兵官范埆。篆额，都司包镇国；三韩逸人杨廷桂监造，工官杨廷桂。都司包镇国篆额[②]，书兵□□孙天锦。大清顺治八年，岁次辛卯，孟夏之吉。

【碑阴文】钦差协守阳和等处副总兵彭有德，钦差总督部院中军副总兵范埆，钦差协守右卫等处副总兵徐长春，阳和府知府胡文烨，威远路参将戴维藩，阳和中路通判陈禹谟，督标营游击刘承义，阳和理刑推官刘宏誉，督标内司都司包应恒，浑源知州郎永清，督标钱局都司黄绍炅，大同知县王度，高山守备张捷，广昌知县卞为麒，杀虎操守沙耀科，武林弟子孙宗恺，云冈操守马之麟，费县庠生朱衣，道标中军宋佳选等。督标内司官张泗铱、脑可进、张泗镇、任钟英、郑国印、脑木气、艾式，医官李兴邦。督工把总李应明[③]。

【碑文】观世音菩萨以声闻大觉，普济大千世界，遍五须弥、四大海，离诸苦恼。众生心口念大慈悲宝号，随声解厄，不爽毫厘，若千百亿身然。故苏文定公云：非千万亿之身，无以示无身之至。故散而为千万亿身，化而为八万四千。虽一身不能成二佛，而一佛能以遍沙河诸国。非有他也，触而梦，感而能应。所以然者，亦不外乎大极之理而已。又何疑乎？是以，我佛如来赞叹观世音菩萨威力弘大，人当供奉，福德不可思议。诸如普天大地之间创建行宫，皈命顶礼者，良有以也。如大同西距十五里虾蟆湾，旧有观音菩萨及十大明王像，叩之，土人云：像自奉之万佛洞飞来，缘此地妖孽为害，随响而至，祟即寝灭。斯非千万亿化身以声闻大觉者乎？然庙创于拓拔氏，迄今兴废洊臻，而法像犹存[④]，似不能与世推移也，明矣。余自兴朝定鼎以来，戊子授简书以平逆乱，总督三云，瞻仰胜迹，见其庙貌倾圮，而法像亦稍为风雨所侵，倘因循久之，既不能以妥神灵之威仪，而名山大观恐亦随之而堕。于是，目仰而心动，在一瞻拜之间，若有不可容已也。遂兴念重修，为众生造福之本，以广善果，因而捐资鸠工。幸所属诸员忻然乐助，随告成兹殿。虽造庙装像，为肖陋小，不過踵前人之迹，不使废弛，犹可为大士降趾之地，使众生得所瞻仰皈依。是离火宅入清凉之一梯，非敢佞佛而邀福也。惟惜殿后之倾颓者，力不及志，留俟后之同志。

时，大清顺治八年，岁次辛卯，仲夏之吉。钦命总督宣大、山西，兵部左侍郎佟养量谨撰。阳和兵备道陈弘业，督标中军、副将范埛，大同兵备道吕逢春，协守阳和副将彭有德，协守阳和副将彭有德[⑤]，阳和府知府胡文烨，大同知县王度。

信众：佟迁、朱衣、孙士昌、杨廷桂、包镇国、佟养体、白守成、佟养隆、任钟英、脑可进、孙宗铠、张泗铱、张泗镇、脑木气、耳吉兔、郑国印、克什兔、艾式、佟世爵、黄绍？炅、沙跃科、包应垣、王泰、史应登、史应举、张泗鉴、赵有成、赵元明、刘发成、王国忠、徐文显、孙宗悌、李邦兴？王永祚、郑士英、白子、于三耀、洪日升、万世显、汪应隆、贾应科、叶增宣、王进长、李二、宁守志、吴大成、施文魁、范弘序、李桂玉、李允？贵、王家裕、王孝曾、张大义、梁三聘、姜杰、杨世有、张四等。操备都司□□忠、城守备□□、掌印守备王仪。督工马文德。——观音堂门廊镶嵌《重修观音堂大殿碑》

王度《云冈佛阁》[⑥]：

耸峰危阁与天齐，俯瞰尘寰处处低。亿万化身开绝嶂，三千法界作舟梯。

乾坤再辟雷初奋，海岳重光月指迷。我欲凌虚朝玉陛，好从灵鹫问金泥。——《顺治云中郡志》卷 14“云中郡八景”

胡文烨《游石窟寺》[⑦]：

西林天竺迹，春日上方游。片石三千界，微尘四部洲。

香花金粟现，钟磬白云悠。俯此群生劫[⑧]，何缘彼岸舟？——《顺治云中郡志》卷 14

陈禹谟《游石窟寺》[⑨]：

灵岩第一境，夙愿几多游[⑩]。茎草黄金刹，层云白鹭洲。

雨翻花石动，月印海波悠。亿万恒河筏[⑪]，婆心渡铁舟。——《顺治云中郡志》卷 14

刘宏誉《游石窟寺》[⑫]：

共有灵山意，相将一远游。排云攀薜径，入画傚沧洲[⑬]。

铎韵随风细，泉声带石悠。会心浑不厌，疑附李膺舟。——《顺治云中郡志》卷 14[⑭]

刘国钦《再入云中》[⑮]：

满地菁葱翠可即，策马追风越山侧。临风自啸顿忘言，重游踏破云中城。

忆昔华屋经百年，兵燹几何烬且熄。旧迹未扫赖长桥，浅水迅流我能测。

入门廖落少人烟，昂首寻求却怨天。凄怆带泪多凭吊，纷纷争夺醉后眠。

醉梦迄今尚未醒，铜驼荆棘实堪怜。月下漏声滴夜半，断鸿空逐亦茫然。

盛际美人弄弦索，尊前有恨清光落。丘墟花柳怪冤魂，颓垣一片添寂寞。

乱山横峙出门惊，云冈古刹僧依阁。渐看水石心犹闲，徐归煮茗情思恶。

情思惨澹欲何之？烟草填门到处悲。春去余花不长好，市人奔逐意迟迟。

十室九空遗民老，飞鸟仍如鳞集时。危楼影照斜阳里，剩有残阳影向谁？——《顺治云中郡志》卷 14

① 《光绪山西通志》卷 104：“佟养量，辽东人。顺治六年，任宣、大总督，驻阳和。时姜逆初平，骸骨遍野，为敛而葬之。又建报忠祠，祀一时死事者。……会部议卫所屯田，照内地民田例起科，抗疏言：‘边地种迟霜早，沙碛相望。加以凶盗频仍，荒残愈甚。若复援例起科，势必闻风俱溃。……’疏上，获允。大同人至今感之。”

② 此处碑文重复。

③ 此番抄录碑文，以日本《云冈金石录》第五洞佛阁内西侧《重修云冈大石佛阁碑记》为底本，核对原碑，有所更正。特别是碑阴署名顺序，并非由右往左，而是如序昭穆，居中为首，然后右、左交替。

④ 佟养量谓观音堂创自北魏，兴废相继，不知有何依凭。然殿内的石像，今天看来早不过辽代。不过，2016 年，大同白福在院东捡得半枚北魏砂岩石灯，我嘱云冈博物馆收藏。

⑤ 以上九字，碑刻重复。
⑥ 王度，字平子，山东泰安人，进士，顺治三年（1646）至九年（1652）任大同知县。
⑦ 胡文烨，山西蒲州人，贡士，顺治七年（1650）任阳和（今山西大同）知府，九年（1652）三月十一日诏令升平阳巡道（《清世祖实录》卷63）。期间，编撰《云中郡志》。四月，撰《云中郡志新序》。随后，离任。
⑧ 俯此群生劫，《乾隆大同府志》卷31《艺文》作“法海知能渡”。
⑨ 陈禹谟，顺天宛平人，监生，顺治六年（1649）任阳和（大同）府中路通判。其《游石窟寺》诗，《顺治云中郡志》排在胡文烨《游石窟寺》后，名曰“前题”；《乾隆大同府志》作“游石窟寺和韵”；《雍正朔平府志》作“前题次韵”。
⑩《光绪左云县志》作：“云岩第一境，夙愿慰新游。”
⑪ 筏，《光绪左云县志》作“数”。
⑫ 刘宏誉，直隶真定人，进士，顺治七年（1650）任阳和（今山西大同）府推官。其《游石窟寺》诗，《顺治云中郡志》排在胡文烨、陈禹谟《游石窟寺》后，名曰“前题”。
⑬ 傲，《雍正朔平府志》卷12作“傲”。
⑭《光绪左云县志》卷10载此诗有所不同，且未署作者名。云：“不到灵山境，焉知此胜游？排云攀薜径，入画傲沧洲。铎韵随风细，泉声漱石悠。会心浑不厌，疑附（季）［李］膺舟。”
⑮ 刘国钦，江南金坛人，进士，顺治八年（1651）任督粮户部主事。《再入云中》题下，《郡志》有“时镇署移阳和镇”七字。此诗记述了当时大同城的战后惨状。

1652年壬辰　清顺治九年

九年，定……僧道服，袈裟、道服外，许用绸绢纺丝素纱各色，布袍用土黑、緇黑二色[①]。——《清史稿》卷103《舆服志二》[②]

是年，裁保平、镇羌、镇鲁、灭虎、云冈、牛心、迎恩、西安、镇口诸堡各操守。——清《皇朝文献通考》卷184

武州山，城西二十里，武州川水出焉。——《顺治云中郡志》卷1《山川》[③]

石窟寒泉，府西三十五里石佛寺。——《顺治云中郡志》卷1《山川》

石窟摩云，西三十五里，奇山妙水，庄严极丛林之盛。——《顺治云中郡志》卷2《方舆》

石窟十寺，府治西三十里。后魏建，始神瑞，终正光，历百年而工始完。其寺：一同升，二灵光，三镇国，四护国，五崇福，六童子，七能仁，八华严，九天宫，十兜率。内有元载所修石佛二十龛。壁立千仞，面面如来。总督佟于顺治八年率属捐赀，大为修葺。俾殿阁楼台、香积禅林金碧莹煌，岿然雁北一胜境也。——《顺治云中郡志》卷3《寺观》

观音堂，城西十五里。（金）［辽］重熙间建。传有一尊飞来佛。明宣德三年修。兵燹之后，荡然拆毁，紫金光像暴露风雨。顺治八年，总督佟过而参礼，油然善念，率属修葺，荒烟睹圣像矣。——《顺治云中郡志》卷3《寺观》

石佛寺口，府城西三十里，左卫东一百十里，有墙堡。——《顺治云中郡志》卷7《关塞》

大同前卫堡寨五十五座：……石佛寺堡。——《顺治云中郡志》卷7《乡堡》

冲边各堡墩台共九百一座：……云冈堡八座。——《顺治云中郡志》卷7《烽堠》

① 清道光间姚莹《康輶纪行》卷4《蕃僧服败红衣》云："佛经言律部沙门比丘，服坏色衣及粪扫衣，即今之缁衣也；升座乃衣僧伽梨，即今之红袈裟也。余自打箭炉以西，所见剌麻服色，无不败红者。黄教惟帽作黄色耳，红教剌麻则帽色亦红，从未见有缁衣之剌麻，何耶？近日中国僧衣常服，亦分宗、教、律三种。律门缁衣，宗门淡黄色衣，教门棕色衣，以此为别。惟升座及礼佛，则均红袈裟，犹古制欤。"

② 清陈其元《庸闲斋笔记》卷10《三教增为五教》："韩昌黎云：'古之教者一，今之教者三。'自唐迄今，千有余年，又增二教，曰回回教、天主教。天主教中，复分为耶稣教。佛教中，更析为红教、黄教。黄教创于宗喀巴。宗喀巴以明永乐年间生，初习红教，既而自黄其衣冠，嘱二弟子世世转生，演大乘教。一曰达赖，一曰班禅，皆死而不失其道，自知所往生之地，其诸弟子寻其地，迎之归而立之。青海二十九旗，喀尔喀八十一旗，蒙古游牧五十九旗，滇、蜀边番数十土司，皆敬奉焉。我朝因而抚之，为长驾远驭之略。"

③《顺治云中郡志》成书于是年，故录其有关记载于此。

1656年丙申　清顺治十三年

【碑文】《重修大同镇城碑记》①：进士第、户部河南清吏司郎中、郡人解元才撰文。

大同，古云中郡也。世为国家壮岩疆，巍然巨镇，保障一方。于以车辅，处雁朔之险，壁联错宣蔚之势，襟恒岳，带桑干，其所由来□□□□□□□建燕都，则沿边而渐于西，神京右臂，北门锁钥，国家之藩垣门户，此焉是也。然兹土之众，赋性淳朴，上少惠之以恩，则易于见德。莅兹地者，□□□□□□□□□□□朝廷亲信、忠荩大臣，抚而用之，庶乎无西顾忧。奈何野兽跳梁，弄兵潢池；戊子之变，谁非赤子，误陷汤火。哀此下民，肝脑涂地，是非□□□土□□□□□。盖以楚猿祸林，城火殃鱼，此亦理与势之所必至者。睇此芜城，比于吴宫、晋室，鞠为茂草，为狐鬼之场者，五阅春秋。哲人兴《黍离》之悲，彷徨不忍释者客。

岁乙未，大司马、总督三韩马公讳之先，自秦来晋，节制此邦。瞩兹残黎，潸然泣下，为百姓请命于□□。一时，圣君贤相，睹流绘之章，恻焉如捣，特命城之。夫城以保民者也。一时攻筑之勤，糗粮之费，板榦之资，求其必不病民而心乃慰。公且谓：“大役之兴，非才略素著者，恐不足以建□功。”于是，特进总镇三韩彭公讳有德，而专其任。彭公则认为，审度营筑，亦主兵之一。乃身先士卒，露宿城巅，设法修葺，备极劳瘁。惟见农安于野，不羸于车牛；商营于市，不扰于锱铢；士安于室，不辍于诵读。不伤财，不劳民，如灵台之攻，鼛鼓弗胜。未半载，而颓垣坏垒易为屹屹金城矣。是大有造于此一城民也。噫，果何道而致此？岂调度之有方，而经营之有术欤！抑捐己俸而不恡，资群助而无恫欤！瘠己舒民，兴社稷，利国家，虽古名大臣无以逾此。立德立功，真堪不朽□。

是役也，制府马公总其务，元戎彭公董其成。若夫复城之议，则始于前直指天中薛公讳陈伟，再成于前总督襄平马公讳鸣佩。其商确，经其□疏移驻，则今直指会稽翁公讳祖望。其一时捐输清俸，共襄厥事者，则有若备兵三韩刘公讳兴汉，兴屯中州邢公讳以忠，副总戎三韩刘公讳朝辅，□□□襄平曹公讳振彦，司理三楚沈公讳会霖，别驾中州李公讳考祥，参戎袁公讳诚、李公讳遇芳，县令金台高公讳拟霄。是可无社而稷之，尸而祝之也乎？猗欤休哉！兹何可以不为志也。敬为之志，用表来兹。时大清顺治十三年岁次丙申孟夏穀旦。

① 该碑，青色玄武岩石质，碑首、龟趺无存，碑身石榫部断缺。碑高 180 厘米，宽 80 厘米，厚 21 厘米。碑文楷书，竖写 20 行，满行 54 字，其中 8 行有余字，分别为 3 ~ 6 字不等，补在行末左侧字缝间。碑原镶嵌在大同城清远街（西街）钟楼墙上。20 世纪 50 年代初拆毁钟楼时，被运至大同公园，架为石桌。1980 年，文管会主任王民选派人收归市博物馆，并请许殿玺、赵一德、唐云俊等学者辨识碑文。该碑字迹漫漶不清，辨识工作倍加困难。经涂白，擦拭，反复辨认，差可卒读。当时，由许先生誊出第一稿。后来，赵先生继续辨识，写出第二稿。这次转录的碑文，系在上述两次辨识的基础上，对照拓片与方志，有所订正。

1660 年庚子　清顺治十七年

五岳皆祭于山，独恒岳祭上曲阳。自汉宣帝神爵元年始，而恒山实在浑源州。相传舜望于山川，北至大茂山，大雪不能前，有石飞堕，遂祀焉。即今曲阳庙，庙石长不满丈，阔仅四尺余。濮阳苏穀原祐侍郎，疑石晋后，燕、云陷辽，宋遂遥祀于此。然史、汉、唐书之文明甚，不始宋也。沈存中《笔谈》云：“北岳谓之大茂山，半属契丹，以大茂脊为界，岳祠旧在山下，石晋之后，稍迁近内。”今祠乃在曲阳云云，苏说本此也。明弘治中，马端肃公曾请改祠于山，事下礼部，竟格于倪文毅公。按《南园漫录》云：倪公父谦，常奉命祀曲阳，祷于神，神指旁侍一人与之，遂生公，因名岳，以是固执不肯改祀云[①]。顺治十七年，上允刑科给事中粘本盛之请，罢曲阳庙祀，祀浑源。千年因循之讹，至是始厘正焉。——清王士祯《池北偶谈》卷1《北岳祀典》

① 明朱国祯《涌幢小品》卷26《山》："恒山为北岳，在大同府浑源州南二十里。唐以前皆于山所致祭。石晋割赂契丹，宋承其后，以白沟为界，遂祭于真定府阳曲县。文之曰：'地有恒山飞来石。'入国朝，未及厘正。北平迁都，则真定反在其南。弘治中，马钧阳疏请改祀浑源。礼部尚书倪岳覆寝，止建庙于恒山之下。万历十六年，巡抚胡来贡又申钧阳之说，礼部尚书罗万化覆如故。夫倪公最博洽，精于祀典；钧阳之言，确然可据。何以不行，岂以事非己出，且有所不足致然耶？事益久，玄武之神，终不得复正其典矣。"按：朱国祯（1558 ~ 1632），字文宁，号平极，别号虬庵居士、平涵居士，乌程（今浙江吴兴）人。

1661年辛丑　清顺治十八年

冯云骧《题云冈寺》[①]：

古巘阴阴元气湿，苍云不动秋风急。斤斧何年出化工，深夜明月山鬼泣。

窍凿天开石髓香，千佛宝相生奇光。平河前面鱼龙舞，琉璃惨淡照苍茫。

当门古木森成抱，落叶萧萧人不扫。常看花草变春秋，茅庵野衲山中老。

山中习静意如何？寒鸦飞尽水无波。兴亡太息人间事，多少繁华一瞬过。

城台极望还如梦，霜钟响彻晨鸡弄。帝子铜驼碧藓沉，美人玉燕青苔冻。

息机乘化吾何心，旷哉天地迥高深。万载不改莲花界，大道虚无自古今。——《乾隆大同府志》卷30《艺文》

① 冯云骧，字讷生，山西代州（今山西代县）人，少长江南，顺治十二年（1655）进士，十八年（1661）任大同府学教授。后赴任京官。清毕振姬《西北之文》卷7中，有《冯讷生〈云中诗钞〉序》。

1663年癸卯　清圣祖爱新觉罗玄烨康熙二年

曹溶《游云冈寺》[①]：

释氛理时服，顿辔西郊阴。荒陬非乐邦，得友谐所钦。

猛志惜暇日，独居多伤心。选徒越农圃，敷席荫飞岑。

欢宴不知疲，昃景招鸣禽。反顾丹甍高，诸天布黄金。

凿石象祇园，双树垂清森。宁意甲马场，黯黯孤壑深。

奔湍吹白沙，迫冬仍浸淫。徐悟区中隘，率性惟幽寻。

行帐因风翻，长笛和哀吟。三复河清篇，覆爵还自斟。——曹溶《静惕堂诗集》卷 6

① 《清史稿》卷 484《吴伟业传附曹溶传》：“曹溶，字鉴躬，嘉兴人。明崇祯十年进士，官御史。清定京师，仍原职。寻授顺天学政。……试竣，擢太仆寺少卿。坐前学政任内失察，降二级。久之，稍迁左通政……擢左副都御史。……擢户部侍郎，出为广东布政使，降山西阳和道。康熙初，裁缺归里。十八年，举鸿博，丁忧未赴，学士徐元文荐修《明史》。又数年，卒，有《倦圃诗集》。”按：曹溶（1613 ~ 1685），又字秋岳、洁躬，号倦圃、鉏菜翁。清初诗人、藏书家。据《雍正朔平府志》卷 12《大同守道曹秋岳侍郎去思碑记》、朱彝尊《曝书亭集》卷 66《倦圃图记》，曹溶降任阳和兵备道，在康熙元年（1662），赴任在次年，六年（1667）职废回京。姑置该诗于是年。

1664 年甲辰　清康熙三年

曹溶《云冈寺燕集》[①]：

邀客坐平沙，塞阴半雪花。梼檀罗十寺，磬筦幻三车。

堤柳飘金梵，风毛印玉砂。野清围列骑，径曲隐吹笳。

石鼓喧霄汉，冰泉砺齿牙。法幢随雾雨，宝座即谽谺。

佛国游堪借，军容静不哗。遥天开帟幕，中席进琵琶。

鼎沸亲煎茗，盘空映削瓜。兴馀攀铁鏁，深处乞胡麻。

醒酒穿林麓，贪欢置网罝。镝声鸣饿虎，矛影散秋蛇。

未碍西来法，聊舒远放嗟。古今人孰在？铭刻意徒奢。

水绕孤城直，山分大漠斜。要荒齐奉版，驼马各归家。

境胜酬官冷，闲多缓鬓华。敝裘亲叆叇，彩笔付蒹葭。

当轼悬捎兔，移灯照晚鸦。碧云犹徙倚，不信出尘赊。——《乾隆大同府志》卷31《艺文》

① 《道光大同县志》卷 20 载其《甲辰冬月朱十访我塞上，赋〈对月诗〉奉答，三首》，朱十，即朱彝尊。朱彝尊《曝书亭集》卷 66《倦圃图记》：“倦圃，距嘉兴府治西南一里，在范蠡湖之滨。宋管内劝农使岳珂倦翁尝留此著书，所谓金陀坊是已。地故有废园，户部侍郎曹先生洁躬，治之以为别业，聚文史其中，暇则与宾客浮觞乐饮。其以‘倦圃’名者，盖取倦翁之字以自寄。予尝数游焉，乐之而不能去于怀也。岁癸卯，先生左迁山西按察副使，治大同。逾明年，予谒先生于塞上。时方九月，层冰在川，积雪照耀岩谷，弥望千里，勾萌尽枯，无方寸之木。相与语及倦圃山泉之深沉，鱼鸟之游泳，蔬果花药之蓊郁，情景历历，如目前事。先生抱膝，低徊者久之。嗟夫，故乡之乐，人之梦寐在焉。以予暂游者，犹不能释于怀，况先生之寝处、笑语其中者哉？先生之门人周君月如，工绘事，为先生图之，为景二十，于是三人各系以诗。先生复命予记其事。……周君名之恒，山东临清人，尝为江西参政，罢官后，遂移家江浦云。”又《曝书亭集》卷 31《与李武曾论文书》云：“仆之将游大同也……既至大同，闭户两月……”按：朱公是年初次到大同，游云冈，曹溶大约陪同并

置宴，赋诗于当时。

1665年乙巳　清康熙四年

户部议覆："山西巡抚杨熙疏报，康熙三年太原府属代、崞等十二州县，三关、镇西等各卫所，及大同府属应、朔等八州县，阳高等七卫所旱灾，俱十分全荒。但三年分钱粮既已征收，不及蠲免，应准其流免四年分钱粮，仍准发仓赈济。"上以地方官察报迟延，有失抚恤之道，下旨切责。仍遣户部贤能官往赈。——《清圣祖实录》卷14记在二月十九日丙子

1666年丙午　清康熙五年

所谓（大）[代]京灵岩寺者，在魏旧都平城，今大同府城西三十里云冈堡。岩上刻佛像无数，是其作俑也。——顾炎武《金石文字记》卷2《龙门山造像记》[①]

① 顾炎武曾垦荒于雁北，康熙三年（1664）、五年（1666），两度游历大同。其诗云："旧府荒城内，颓垣只四门；先朝曾驻跸，当时是雄藩。彩帛连楼满，笙歌接巷繁；一逢三月火，唯吊国殇魂。"

1667年丁未　清康熙六年

丁未之秋，自代州复至大同，将次应州[①]，避雨马神祠下。前有施食台，刻石列八卦于旁，又书二十八宿字，心异焉。俾从者覆而观之，上有篆文曰：唐故汾州刺史朱邪府君墓志铭。盖沙陀之俗，死焚其骨，盛以石函，此则其盖也。考《后唐家人传》，无官汾州者，惟明宗之父电，尝赠汾州刺史，见《册府元龟》，又葬于应州，其为电墓铭无疑也。史称明宗无姓氏，太祖养以为子，不知其父冒姓朱邪者久矣。后明宗即位，谥其考曰孝成，庙号德祖。当其时，祠官之守，春秋之祭，山陵之封土必崇，孰意为人所发，千载之下，并石函亡之而仅存其盖也。乃言于按察副使曹公，徙之于州学，而为文记之。——清朱彝尊《曝书亭集》卷67《唐朱邪府君墓铭石盖记》[②]

朱彝尊《云冈石佛记》[③]：

云冈之寺有十，建自拓跋氏，今之存者，特其一耳[④]。石佛大者，高七十余尺，小者径尺。斩山为窟数十，凿佛数千躯，架以飞阁。凡客大同者，必游于是，予尝再往游焉。睹石像之怪伟，退而作记。

按《魏志》，世祖用崔浩之言，毁佛像，造泥人、铜人者门诛，土木宫塔，莫不毕毁。及浩既戮，兴光、和平之际，争立石像。太和中，四方诸寺，凡六千四百七十有八。延昌之季，僧尼所居，积至一万三千七百二十有七。《剥》穷而反，理数然也。释氏之说，如蛊之中人，卒不可愈。良医者，择其可治治之。有疾之者，见方药不效，遂刳患者之肠胃，必尽杀其蛊乃止[⑤]。患者既死，其同病之人，未有不剚刃于医者。崔浩是已。方诏遣立像，其徒惟恐再毁，谓木有时朽，土有时崩，金有时烁，至覆石以室，可永无泐。又虑像小可凿而去，径尺不已，至数尺；数尺不已，必穷其力至数十尺。累数百千，而佛乃久存不坏，使见者因像生感。自谓极天下之智虑，不知其陷于至愚也。

呜呼！周公、仲尼之道，感人千载之下者，岂以其像哉？虽然，拓跋之俗，习闻释氏之说，其敬信固宜；非若汉明、梁武生周公、仲尼之乡，而沉溺异端者比也。彼十六国之君，杀人如刲羊豕，而佛氏倡好生断杀之旨，世主信之，往往少回其残忍之习。是佛像之有益于当日，亦事理所有也。然则，君子之排击异端，犹当揆世之理乱。彼持论过激，岂吾道之幸与？[⑥]

夔州李先生者，好为古文辞，素摈佛，又与予同游云冈者也，遂书一通寄之。

竹垞先生此文，康熙初年间作。自乾隆二十六年，云冈割归左云。今《志》中所登诗文，自属左云以后者不录，明疆域也。[⑦]——《道光大同县志》卷19

① 清朱彝尊《曝书亭集》卷67《应州木塔记》："轩楹台榭，广墀复宇，游观之胜，苟作非其时，侈过其制，则《春秋》书之，太史纪之，故虽王公之尊，不敢轻役其民。至浮屠之宫，竭天下之民力，奔走恐后，世莫有议其非者，吾不知其故也。彼其师以虚无寂灭为教，视支骸爪肤为不足惜，而崇奉其教者，顾必范金以像之，筑宫室以栖之，非大惑与？然山川城郭必有升望降观之地，惟浮图之制，崇高累级，出轩楹台榭之表，足以旷览形胜所在。登高明而远眺望，感时赋诗，则又君子之所不废也。去应州治西北百步，有释迦佛塔，建自辽清宁二年，上下以木为之，其高三百六十尺。州居绝塞之冲，土风苦寒，无良材珍木之产，一木之运，百车牛乃达，盖辽之君臣恃甲兵之武，责献纳于宋，金缯所入，动亿万计，宜当日成此不难也。《辽史》载道宗即位初，诏求直言，亦尝有志经国者，迨乎晚节，崇尚异教，一岁饭僧至三十六万人，一日祝发至三千人。呜呼，侈心有渐，皆是塔启之也已。土人指予檐端大字凡八：系长、康二陵驻跸时所书，其一时游豫，犹可想象得之。然则登是塔者，不独尽览山川、城郭之胜，而盛衰之故又可感也。遂相与赋诗记之，同游者三人：山西按察司副使、前户部侍郎、同里曹公溶，江西布政司参政、临清周君之恒，汾州推官、大兴孙君如铨。而镵予文于壁者，知州事、盖州傅君登荣也。"

② 《清史稿》卷484《朱彝尊传》："朱彝尊，字锡鬯，秀水人，明大学士国祚曾孙。生有异秉，书

经目不遗。家贫客游，南逾岭，北出云朔，东泛沧海，登之罘，经瓯越。所至丛祠荒冢、破炉残碣之文，莫不搜剔考证，与史传参校同异。归里，约李良年、周篔、缪泳辈为诗课，文名益噪。康熙十八年，试鸿博，除检讨。时富平李因笃、吴江潘耒、无锡严绳孙及彝尊皆以布衣入选，同修《明史》。”按：朱彝尊（1629 ~ 1709），号竹垞，晚号小长芦钓鱼师，又号金风亭长。是清初最负盛名的文史学家。

③ 此文是朱彝尊第二次到大同，重游云冈后所撰。对北魏开凿云冈石窟的原因，分析得透彻入理；对当时佛教石窟建设的评价，客观公允。

④ 指明清迄今建有阁楼的第 5、6 窟及窟前寺院，即所谓石佛寺。

⑤ 蛊，朱彝尊《曝书亭集》卷 67《云冈石佛记》作“虫”。

⑥ 朱彝尊《曝书亭集》卷 48《魏鲁郡太守张猛龙碑跋》：“右《魏鲁郡太守张猛龙碑》，建自正光三年。其得列孔林者，以当日有兴起学校之功也。吾于是乎有感，孔子之道若日月，然万物宜无不向照，乃或叛而之佛老何与？盖诛赏者，治世之权；圣人者，是非所从出也。《春秋》之作，所以诛乱臣贼子者至矣。天下之人，非者尝多，是者尝少，惧无逃于圣人之诛。独佛老以无所可否之言，畅其清净寂灭之旨，为恒情所乐闻，而圣人者乱世之所恶也。元魏之俗，事佛尤甚，斩山以为窟，范金以为像；九层之台，万金之液，竭民力事之。及其既成，靡不刊石勒铭，以纪功德。斯时也，又安知有圣人之道哉！猛龙为西平武公轨八世孙，方晋之朝士崇尚庄老，独武公在凉州征胄子五百人立学校，春秋行乡射礼。而猛龙克循祖父之教，修圣人之学于举世不为之时，使讲习之音再闻于阙里。噫！可传也。予留大同，问拓拔氏故都，观所凿佛宫，穹碑巨碣已无存者。而斯碑在孔氏之庭，历千年不坏，虽更历千年，知莫有徙而去之者。此予所为感也。呜呼！为政之君子可以知所务矣。”

⑦ 此尾注，为《道光大同县志》作者、知县黎中辅附记。

1668 年戊申　清康熙七年

郭传芳《大同守道曹秋岳侍郎去思碑记》①：

……槜李秋岳曹先生溶，抱巨才宏学，食莼胥山、鹤湖之间。恭遇天子有道，于顺治五年后，以户部侍郎事世祖章皇帝于朝。……康熙元年，使出守大同三道于云中。云中，白登地也。东西所渐，负居庸、紫荆、雁门之表，神京倚为右臂。前代牧兵常十万，每兵有田百亩赡其家。然沙漠不能耰获，士多弃不治，岁以所得饷准其租，士略不以土病。至盛朝，变为腹里，诸路留饷士（材）［才］一万，而十万租赋无辞于土地之故，士用日不堪命。先生次年入京师，绘图上疏，日夜泣于朝，请去其太甚，无为瘠土困边士。时计部诎于虚，盈牒往复，不果行。又次年，云中大饥，东西徙死无定地，父母鬻男女，丈夫鬻妻子，不相为哀。豪猾倡优之奸，援结门户，肥金厚货，易美女秀男者，车马络绎于道。先生杖杀其豪猾倡优之为奸者，张禁网于城府，而又诘责其中道自死之贞妇于其姑舅、夫子，以为之哀及凶，不能救也。

乃趋马至行省，大呼，抚军门五十日，泣血陈书，以上其状于天子。天子哀其蹙急，免今年全赋之十，又大发内帑银数十万两，遣上卿赈贷。……边人弯弓为业，椎鲁老弱，间事田畴，而委力龙沙，止生寒黍；山陬夫妇，尝不知六谷有粳稻。先生开渠东阡，因玉河下流，且溉且粪，立田粳稻千畦。东门之民不以白饭为艰，春秋祭祀始不取资于四方。玉河长桥卧波，军马出入，方轨并櫜；秋高水清，有月明万里之势。桥南二里，为柳（巷）[港]寺，旧凿曲江于浮图下[②]。午日，大将军观兵柳（巷）[港]，行射雕穿杨之赏；文人才士泛舟赋诗，促妓流觞，得渔父花村之乐。自大憝逆命，没为幽径。先生既膏其田，复修其胜，文武风流，不异江左。斯谓以父母之邦，爱塞上也。

云中为北魏故都，城郭狭于当初，而山川开阖，气象如前。然北望平沙，屏障辽廓，此元魏都之而安，燕云郡之而否，形胜之得失，世代之更张使之也。先生以沧海桑田为己任，于城西二十里观音峡，挹巨流一泒，纡徐带北，以达于东[③]，更建新桥以厚其脉。此以深代高之智，兼有至善之理也。卒之峡口南坝，止得沙泉为细流。虽西山之不仁，而为万年之虑倍隐矣。……康熙六年夏，天下苦兵食不足，议政王、贝勒、大臣、九卿、科道上议，节省诸道所费以济军需，先生候调入京师。——《雍正朔平府志》卷 12《艺文志上》

① 郭传芳，康熙年，知州，威远卫人。

② 按：柳港寺，即北魏明堂；曲江，即北魏辟雍。唐朝建为孝文帝祠堂。《乾隆大同府志》卷 15《祠祀》云："柳港寺，在府城东门外，玉河桥南。明正统间建，内有木塔，今废。"

③ 武州川水（今十里河），自古夏雨汹涌，冬春干涸。北魏道武帝时，沿西山坡缘凿渠，东北引流，分流平城皇宫内外。见拙作《平城访古记》（载《北朝研究》1995 年第一期）。元代浑源孙拱任大同路总管，兼府尹，"发民浚导，环城周流"。曹溶是我们所知第三位治理武州川水，变害为利者。该渠，20 世纪六七十年代有过重修，名为城区防洪渠。近 30 年，由于云冈沟煤矿破坏地下水脉，河水骤减，城区防洪渠逐渐被居民楼群隐没。往古胜概，或许永远不再。

1673 年癸丑　清康熙十二年

孙鲁《重阳后一日过云冈，次曹侍郎韵》[①]：

郊原秋色满山椒，出郭盘崖石磴遥。峦隐旃檀藏宝相，碑残拓拔纪前朝。

雕甍丹臒开金刹，月渚依微涌海潮。披拂霜华寻鹫岭，西风马首上岩峣。——《雍正朔平府志》卷 12

① 孙鲁，常熟人，进士，康熙十二年（1673）任大同知府。曹侍郎，指曹溶。

1679 年己未　清康熙十八年

十八年，大同饥[①]。——《乾隆大同府志》卷 25《祥异》

① 康熙十七年（1678），大同大稔；十八年（1679）后连年饥，至二十年（1681）秋大稔；二十三年（1683）饥，秋大稔。

1681 年辛酉　清康熙二十年

前因大同等处地方自去岁饥荒，百姓无食，流离失所，已经发银二十万两，遣官赈济；又将应征房税悉与豁除，务期小民家室复完，不失故业。今复差官各处察看，闾阎尚多逃亡，田土仍然荒弃，耕种无资，衣食奚赖？朕心深为悯恻，所有本年应征地丁、各项正赋，并历年带征拖欠钱粮尽行蠲免。但小民困苦已极，犹恐无济目前，此外有何应行事宜，可以速拯灾黎，俾得存活者，尔部即行详议具奏，以副朕轸恤百姓至意。特谕。康熙二十年五月二十七日。——清《圣祖仁皇帝御制文集》卷 11《谕户部》

大同地方连年旱荒，百姓困苦，以致流离失所，就食他方。因而田地荒芜，生计不遂，今已屡行赈济，蠲免各项钱粮。又闻雨泽沾足，秋成有望，但饥馑之后，赡养生全，必须廉能官吏，方克加意招徕，留心抚字。见任府州县卫所等官贪劣不职者，照常参处外，其才具平常者，该抚酌量更调，本省简僻之缺，仍于通省见任官员内选择清廉爱民者，调补大同所属地方。若果抚循有能，户口充实，田地开垦，著有成效，该抚特行举荐，该部从优叙录，以副朕奖励循良、爱养百姓至意。尔等即遵谕行。特谕。康熙二十年七月二十二日。——清《圣祖仁皇帝御制文集》卷 11《谕吏、兵二部》

1691 年辛未　清康熙三十年

兹以厄鲁特噶尔丹去岁虽经大败，立誓陈请，但伊性生奸狡，或乘我不备突来抢掠。近边归顺喀尔喀等亦未可定，故遣发大兵，特命尔都统郎谈为安北将军，前往大同府驻劄防备。凡事，尔同都统公宗室华善、都统李正宗、护军统领宗室辉兰、副都统委署前锋统领硕鼐、副都统马齐、田象坤、郎化麟商酌而行。驻劄大同府将兵丁马匹饲养肥壮，务须整搠器械，严束官兵，不得骚扰民间。其一应钱粮听有司各官应付，地方事情不得干预。至于官兵，俱有部颁纪律，如有违犯，尔等会同商酌，照依定例处分，不得姑息以致纪律懈弛。若有出口，应行机宜，另颁谕旨，尔等其慎之。故谕。康熙三十年二月初一日。——清《圣祖仁皇帝御制文第二集》卷9《谕都统郎谈等》

1696年丙子　清康熙三十五年

国朝圣祖仁皇帝，康熙三十五年十一月二十日，西征厄鲁特噶尔丹[①]，师次归化城，驻跸崇福寺……十二月初七日，由归化城入口，驻跸九龙湾。初八日，次郡城，驻跸将军府。初十日，次左云县，驻跸生员范澎宅。十一日，幸云冈石佛寺，御书“庄严法相”匾。次日东行。——《雍正朔平府志》卷3《方舆·巡幸》

康熙三十五年亲征厄鲁特噶尔丹，冬十二月自塞外回銮。十一日，幸云冈石佛寺。次日，幸大同郡城[②]，小民扶老携幼跪迎道左。——《乾隆大同府志》卷8《巡幸》

① 清陈康祺《郎潜纪闻》卷10云：“费武襄公扬古，勋业丰隆，平噶尔丹功第一。其胆识亦正不可及。公尝从圣祖皇帝之番僧寺，番僧中号为活佛者，见上傲睨，不为礼，公即挥刃斩之。上尤其鲁莽，公徐奏曰：‘番僧虽贵，亦人臣也。岂可使无礼于君前，乱我国法？使有异术，臣抽刃时，应早令伽蓝按捺，不延颈就戮矣。’扈从者争服其言。自此，番僧见大皇帝，弥益恭顺。”

② 清《圣祖仁皇帝御制文第二集》卷47《经大同府并序》：“大同，古之云中，外与五原、阴山相接，内连雁门、朔、代，最为要地。自昔军旅之所屯戍，商贾之所往来，虽厥壤寒瘠，俗实佻靡。明武宗托言巡边，每来游幸，留辄数月，为后人所议。朕抚辑龙荒，一岁之中再行塞上。由大同至归化城，路稍远而地暖；由张家口至归化城，路稍近而地荒。前独取道张家口者，盖有故焉。兹以将士久露于外，候寒草枯，人骑糗刍，非内地不便，遂入沙虎口，过右卫，经大同城。念民徭役，蠲除明年租，特敕六军一宿而过。曩，朕两幸南省，惟以察民疾苦，兴利除弊为务，其山川风土随意览观而已。此行不辞劳瘁，亲冒霜雪，期欲早靖沙漠，又非南巡可比。朕平日凡涉一境，历一事，必慎思而审行之，庶得古人翼翼之意。塞行初返旆，止跸偶城闉；帝典尊明德，汤盘鉴日新。时巡惟济物，敷政在安人；特豁云中赋，军需供亿频。”

1697年丁丑　清康熙三十六年

康熙三十六年二月，三举北征，仍分两路出师，圣驾巡晋及秦，就近调度。十四日，入山西境，驻跸天镇卫城，遂自大同西巡[①]。经过地方，凡有帝王陵寝、先贤祠墓、名山大川，均遣官致祭[②]。——《光绪山西通志》卷81

①《清史稿》卷7《圣祖纪二》：“二月……戊戌，上驻大同。”清《圣祖仁皇帝御制文第二集》卷48《雪霁驻跸大同府》：“骤飘春雪洒惊沙，重向云中过翠华。转盼遐区征调息，期将习俗尚桑麻。”

② 清王士祯《池北偶谈》卷1《发陵》：“康熙二十二年，陕西平凉府盗发韩康王、定王二冢，法司

按律拟罪。上以发掘前代帝王陵墓，特令加等。因谕‘历代帝王陵，应加守冢人户’。”按：历代律令，禁止盗墓。

1698年戊寅 清康熙三十七年

【碑文】《重修云冈寺记》[①]：大同府为钦奉上谕事，康熙三十六年五月初七日，蒙巡抚山西太原等处地方，提督雁门等关军务，兼理云镇，都察院右副都御史、加一级倭宪票[②]：“恭照皇上行幸云冈寺，已蒙御书匾额，悬挂本院；曾与各官面商，捐俸修饰庙宇，庄严佛像，前因军需事繁不遑举行。昨，皇上回銮，驻跸口外，复蒙问及。本院口奏，正在装修等语。兹值军务告竣，合就饬行。为此，仰府官吏照票事理，即将该府库贮，不拘何项官银，动支伍百两，委官星速监修；俟工完，造报捐俸还项。务要焕然一新，不得草率从事。须至票者等因。”蒙此，委本府经历司经历程纶，协同大同县儒学教谕王辂，督工修理。于康熙三十七年四月十五日起工，至八月终告竣。其颜料价值，并匠役工价，共享银壹千陆百陆两肆钱柒分。所有细数，开列于后：

真金柒百壹拾柒匣，价银叁百伍拾捌两伍钱，塑匠王凤再领；各色颜料，价银肆百肆拾捌两肆钱壹分伍厘，塑匠王凤、画匠姚定再领；桐油、胶粉、煤土等，银肆拾陆两叁钱肆分，油匠黄彦金等领；塑、画、油匠工价银叁百陆拾肆两肆钱捌分，王凤、姚定、黄彦金等再领；砖、瓦、脊兽并送脚，银柒拾肆两玖钱捌分玖厘陆毫，窑户吴祥领；木料并车脚，银叁拾两陆钱壹分肆毫，木植行乔发俊等领；石灰、麦糠、羊毛、纸筋，银叁拾壹两叁钱玖分贰厘；铁钉、铁系、铁杴，银贰两捌钱柒分捌厘。石条并工价银，贰拾叁两叁钱肆分，石匠李时领；泥匠工银，贰拾柒两玖钱，任义领；土工工银，肆拾陆两捌钱捌分，刘德、白官领；木匠工银，叁拾肆两玖钱伍分，任元领；扎架绳索、木椽并送脚，银壹百两，田遇春领；毛头纸，银叁两玖钱捌分伍厘；柳筐、灰包布、水礶、筛子、煤炭，银壹两贰钱壹分；开光献戏犒赏，银壹拾两陆钱[③]。

龙飞康熙，岁次戊寅，菊月谷旦。监修官：大同府知府、加三级叶九思。勒石、督工官：教谕王辂、经历程纶。怀庠廪生李先超书。

① 此碑文，以日本《云冈金石录》第五洞佛阁内东侧《重修云冈寺记》为底本，对照原碑，略有改正。

② 倭宪，指山西巡抚倭伦。

③ 初步分析上列修寺工料价银，收获有四：一则可知此系对石佛古寺的一次较为全面的修饰，当属落

实皇帝谕旨的国家工程。二则工期虽短，但整修、装潢内容不少，既有泥瓦石木活，更有贴金、泥塑、彩绘、油漆等，且以后者为主。三则工程主要针对第 5、6 窟内外佛像、阁楼、御匾以及两进院落设施（包括“石佛寺”“大佛寺”门楣砖雕及砖门、玄武岩石雕等）。四则研究各类工料，可以推测传统修复方法和工艺。

1699 年己卯　清康熙三十八年

靳皇柱，大同人。……康熙三十八年大疫，煤窑佣率六七人聚一土室，病者恐转相染，辄掖出之，多野死。皇柱别构窑房数间以栖病者，而雇人煮糜粥饲之，多所全活。又置地二十亩为义冢。——《乾隆大同府志》卷 23

1702 年壬午　清康熙四十一年

朕昔巡视西省地方，闻叶九思居官甚优，遂擢用为大同府知府，后因公罣误，部议革职，朕特令罢职留任，今已历数载，其服官之善不改于前，比来年齿亦渐长，可给还与原官，谕吏部知之。康熙四十一年二月初八日。——清《圣祖仁皇帝御制文第三集》卷 2《谕内阁》

1706 年丙戌　清康熙四十五年

【塔铭】寂师公如玉，法号无瑕，和尚之灵塔。俗普宗枝，后归释教。披剃于大佛禅林，度生向云西胜境，建阁、修理，重新蓝若，庶一方之耆旧，表禅林之栋梁。大限临行时，□莛归去，遗留法派，绍隆法幢，永远续后云尔。

康熙丙戌，岁次仲春。孝徒性悟，孙海澄、海润祀奉。——日本《云冈金石录》台上中央墓塔《无瑕和尚灵塔记》

1712 年壬辰　清康熙五十一年

五月癸未朔……二十五日，行三十里，渡浑河。……至大同县之绣女村。又四十里，至大同府，进西门，入府署。……《辽史志》：“元魏之宫垣，占城之北面，双阙尚在。”则旧大同城也。城之西门，有二土台，盖辽金宫阙门，近元魏宫垣故址。明代藩并郡王十一朱邸，皆在城内，今荡析为民居，仅存街南之外屏[①]。出东郭三里许，御河西岸，有柳港寺，浮图三级。东望平城、元魏永固陵及明代府诸墓园[②]，皆芜没于荒烟野草中矣。可胜兴亡之感！寺稍北，有桥曰兴云，元学士虞集有记。桥十九空，长五百八十步。桥下，如浑水自北注南，下流合桑干河。遇积雨，水益横溢，颇有冲没行人之患。惜无塘堰为潴水之地，开沟洫导之使灌田耳！距西郊三十里，曰云冈。山势耸拔雄峙，倚山架木，为楼三层；因石凿佛像，高与楼齐。飞檐重栾，雕甍镂楶，制度颇闳伟。楼外绿树扶疏，翠巘拱列，武州川水经流其下。——清高懋功《云中纪程》卷上[③]

① 街南之外屏，即九龙壁。

② 柳港寺，即北魏明堂，在明清大同城外东南，今名柳航里。永固陵，在城北五十里方山上；代王墓在城东北采凉山西坡。故“东望”，实为“北望”。

③ 高懋功，字式南，安徽人。生平不详。《丛书集成初编·云中纪程》署曰：“白沙高懋功式南撰。”康熙五十一年（1712），高懋功等慕顾炎武游历著述之事，自滁水北行，至大同而返。

1714年甲午　清康熙五十三年

梁锡珩《登云冈寺大石佛阁》[①]：

踏阁缘梯有径通，飞甍碧瓦插云中。一身直撞层楼破，万像谁知大地空。

驿路尘连茶灶火，青山磬度戍旗风。粗沙怪石须参究，黄鸟一声芍药红。——《非水舟遗集》

梁锡珩《又二绝句》[②]：

寂默不闻广长舌，渺小嫌他丈六身。自作石头谁说法，只因缺少点头人。

不语才为真说法，万像方能色相空。满山石子都成佛，佛原不在此山中。——《非水舟遗集》

① 梁锡珩，字楚白，号深山，山西介休人。《皇清待赠奉政大夫候选郎中、加二级、深山梁君墓志铭》云：“甲午后寓居阳和。”王佑《非水舟遗稿跋》曰：“康熙戊戌，佑奉先君子命，走谒先生于白登山下，时先生方葺非水舟书屋成，炉香茗碗，日夕吟啸其中。”

② 此二诗，原排在《登云冈寺大石佛阁》后。

1721年辛丑　清康熙六十年

六十年，旱，奉特旨遣左都御史朱轼赍帑散赈，仍蠲免钱粮。六月，澍雨，民获补种，秋禾大熟。——《道光大同县志》卷2《岁时》

蔡珽《云冈寺》[①]：

层楼突兀仰神工，翠岭岧峣出半空。绕座人瞻岩际佛，背山铃语殿前风。

秋滩雨歇寒声急，远岸僧归落照红。独自踟跌幽意惬，好将诗句付奚童。——《晚晴簃诗汇》卷54蔡珽《守素堂诗集》

① 蔡珽，字若璞，号禹功，汉军正白旗人，云贵总督毓荣子。康熙丁丑（1697）进士，历任清显，官至兵部尚书、直隶总督、吏部尚书。雍正六年（1728）下狱，乾隆帝即位赦免，八年（1743）卒。姑置该诗于是年。

1723年癸卯　清世宗爱新觉罗胤禛雍正元年

是岁，大同大有年。——《乾隆大同府志》卷25《祥异》

1724年甲辰　清雍正二年

二年，大稔。——《道光大同县志》卷2《岁时》

1725年乙巳7月7日　清雍正三年五月甲子

设山西朔平、宁武二府，改右玉卫为右玉县，左云卫为左云县，平鲁卫为平鲁县，并割大同府属之朔州、马邑县，俱隶朔平府管辖。——《清实录雍正朝实录》卷32

1727年丁未　清雍正五年

五年，秋禾稔。——《道光大同县志》卷2《岁时》

1728年戊申　清雍正六年

六年七月，雨雹。——《道光大同县志》卷2《岁时》

赵允烜《云冈石佛寺》[①]：

云冈遥望近莲台，胜概留人去复回。色界有堂皆法相，化身无石不如来。

榍题凤篆龙飞额，梦入金光目绝埃。刳劂料非人力就，昔年端得五丁开。——《雍正朔平府志》卷12《艺文下》

① 《雍正朔平府志》“赵允烜”下云“福建人”，余无所知。按：此诗后接郑中选《前题和韵》，所作时间应早于或同于郑诗。二诗，大约作于雍正三年（1725）左云划归朔平府后，七年（1729）袁大选修《左云县志》前。

1729年己酉　清雍正七年

七年，大同大熟。——《乾隆大同府志》卷25《祥异》

郑中选《前题和韵》[①]：

偶来登眺上楼台，苍翠层层至北回[②]。峭壁远从天际削，御书遥自日边来。

寒泉清冽多幽致，划石烟笼绝俗埃[③]。不是神灵能效顺，化身亿万那从开。——《雍正朔平府志》卷12

① 郑中选，左云县廪生。雍正七年（1729）本《光绪左云县志序》云“校正：邑学增广生郑中选”。

② 楼、至，《光绪左云县志》分别作“崇”“自”。

③ 致、划石、埃，《光绪左云县志》分别作“趣”“远树”“垓”。

1731年辛亥　清雍正九年

刘士铭《石泉灵境》[①]：

崒嵂崇岗远泼蓝，天容树色落寒潭。千寻翠壁云为幔，丈六金身石作龛。

在昔鸾旗朝鹫岭，于今水月照瞿昙。灵湫清澈浑如镜，手把龙团望朔南。——《雍正朔平府志》卷12《艺文下》

石佛寺口，在府境正东一百六十五里左云县界。——《雍正朔平府志》卷3《方舆·疆域》

石佛寺口，在县境东九十里。——《雍正朔平府志》卷3《方舆·疆域·左云县关塞》

寒泉灵境，在县东九十里，云冈石佛寺东，即石窟寒泉。——《雍正朔平府志》卷3《方舆·山川·左云县四景》

左云县石佛寺[②]，在县东九十里云冈堡，又名佛窑山。传自后魏拓拔氏时，始于神瑞，终于正光，凡七帝，历百十余年，规制甚宏。原寺十所：一曰同升，二曰灵光，三曰镇国，四曰护国，五曰崇福，六曰童子，七曰能仁，八曰华严，九曰天宫，十曰兜率。其中有元载所造石佛二十龛。石窑千孔，佛像万尊。由隋唐历宋元[③]，楼阁层凌，树木蓊郁，俨然为一方胜概。迤东数武，有石窦喷水，清冽可饮，行道多藉焉，题名“石窟寒泉”，即四景之“寒泉灵境”也[④]。康熙三十五年冬，圣祖仁皇帝西征回銮，幸寺，御书匾额“庄严法相”四字。——《雍正朔平府志》卷3《方舆·古迹》

石佛寺[⑤]，在县云冈堡东。——《雍正朔平府志》卷4《建置》

云冈堡，今裁，归左云县，改为民堡。明设操守一员，旗军二百一十八名，马

一十二匹。以上官军，国初奉裁。——《雍正朔平府志》卷 8《武备・兵制》

云冈堡，建于前明嘉靖三十七年，万历甲戌改建于冈上，周一里四分零，高连女墙三丈五尺。地近腹里，无分管边墙，止设火路墩八座，今裁并。——《雍正朔平府志》卷 8《武备・边防》

① 刘士铭，顺天宛平人，举人，雍正七年（1729）任朔平知府。八年（1730），主持修《朔平府志》，九年（1731）完成。
② 陈垣《记大同武州山石窟寺》云："武州石佛寺，唐以前均称石窟寺，今《山西通志》亦称石窟十寺。"
③ 陈垣《记大同武州山石窟寺》云："曰'由隋唐历宋元'，笔误也。由辽迄金，三百余年，大同朔平，终非宋有，则此中石窟，宋人何尝梦见？"
④ 陈垣《记大同武州山石窟寺》云："石窟寒泉，或作石窑寒泉。窟、窑，形近易混。今犹有水涌出，亦在道旁一巨窟中也。"按：此泉，在今俗称"寒泉洞"的第 2 窟后壁下，四季不竭，日出水数吨。
⑤ 石佛寺，即今第 5、6 窟并前院。

1734 年甲寅　清雍正十二年

石佛寺口，西三十里。左云县东一百十里，有墙堡。前卫有石佛寺堡。——《雍正山西通志》卷 11《关隘三》[①]

云冈堡，在腹里。明嘉靖三十七年建，万历元年改建于冈上，周一里四分零，高连女墙三丈五尺。旧设火路墩八座，今裁并。——《雍正山西通志》卷 12《关隘四》

石窑泉，在县西三十里石窑寺左。王达善诗：一脉元从石罅来，湛于秋镜绿于苔。

石窑寒泉，在县西三十五里石佛寺。——《雍正山西通志》卷 21《山川五》

石佛寺山，在县东九十里，一名佛窑山。迤东数武，石窦喷水。山即拓跋魏时石窑也。……石窟泉，在县东九十里石佛寺山。石窦喷水最清冽，所谓石窟寒泉也。王达善诗：一派元从石罅来，湛于秋镜绿于苔。——《雍正山西通志》卷 22《山川六》"左云县"条

大同府分路至杀虎口，添设腰站七处：大同城腰站马三十匹，云冈腰站马三十匹，高山城腰站马三十匹，云西腰站马三十匹[②]，左云县腰站马三十匹，牛心山腰站马三十匹，右玉县腰站马三十匹。——《雍正山西通志》卷 56《驿站》

石窟十寺，在县东九十里武周山云冈堡。后魏建，始神瑞，终正光，历百年而工始竣。其寺：一同升，二灵光，三镇国，四护国，五崇福，六童子，七能仁，八华严，九天宫，十兜率。孝文帝亟游幸焉，内有元时石佛二十龛，壁立千仞，面面

如来。其它石窑千孔，佛像万尊。国朝顺治八年，总督佟养量重修。康熙三十五年十二月十一日，圣祖仁皇帝西征，幸寺中，御书“庄严法像”匾额。——《雍正山西通志》卷170《寺观三》“左云县”条

① 雍正七年（1729），山西巡抚觉罗石麟主持编纂《山西通志》，十二年（1734）作序完成。

② 《雍正山西通志》卷7《左云县》云：“总铺：云西、高山城、云冈堡、大同城。”可见，清代云冈的军堡地位虽变，铺递作用犹存。

1735年乙卯　清雍正十三年

禁止擅造寺、观、神祠[①]。雍正十三年有旨：凡民间有立愿广大，特欲兴造者，必由督、抚题明，方准营建。——清赵遵路《榆巢杂识》卷上

樊荣，大同人，候推守御所千总。天性孝友，父弃孕妾于外，既而生男，父殁，收养之，至于成立。他若施药、施槥、修桥梁、焚契券，好善不倦，甚为乡里所称。兄泰，亦慷慨尚义。城西小站口至云冈二十里，山路崄巇，南则河堧泥淖，行旅病涉。泰倡义捐资修石栈，工未半而殁，荣竭力踵成之。至今利赖[②]。——《乾隆大同府志》卷23

① 清黄钧宰《金壶七墨》卷7《僧道》云：“秦皇汉武，始惑神仙；释教之兴，盛于元魏。太武帝初恶沙门，令悉诛之；文成、献文，乃崇佛法；宣武兴造寺宇，至一万三千余所之多。迨夫梁主舍身，宪宗迎骨，甚至特设讲席，躬自唱经，佛教之盛，极矣。而武宗诏毁佛寺，多至数万区，发僧尼二十万人，乃独信道士赵归真。卒之，宪宗以金丹病，武宗以饵丹哑，懿宗以服丹崩，僧尼过矣，道士亦未见功也。宋徽宗赐方士林灵素等号先生，明世宗事道士邵元节等以师礼，甚至禁中修醮，工作繁兴，道教之盛，极矣。而元代独尊番僧八思巴为帝师，赐号多至三十二字；武宗尤宠信之，诏殴僧者断手，詈者割舌。其后，灾异迭见，祸乱相仍，道士诚非，番僧亦未为是也。盖释道二端，视乎世主所好，彼此争胜，互为盛衰。余答感泽泰山句云：帝王独少长生术，金石能传太古心。贵为天子，所冀幸而不可必得者，独仙佛耳。此易于受惑之根也。我朝于此二者，不废其教，亦不用其言，听其自生自息天地之间，非天亶聪明，大中至正，其孰能与于斯？”

② 樊氏兄弟修云冈山路，具体时代不清。根据同卷前后人物推测，约在康熙、雍正朝。姑置于此年。

1736年丙辰　清高宗爱新觉罗弘历乾隆元年

李锴《云冈寺》[①]：

黄金易销木易朽，即山作佛佛乃寿。五丁风斤齐琢剖，一峰破碎万象有。

四十七尺身独尊，三万六千日何久。崔浩已死可若何，后之君子扬其波。——《晚

晴簃诗汇》卷 72 李锴《睫巢集》

① 《清史稿》卷 485《文苑传二》："李锴，字铁君，汉军正黄旗人。祖恒忠，副都统。湖广总督辉祖子。锴娶大学士索额图女，家世贵盛，其于荣利泊如也。性友爱，兄伊山、祈山仕不遂，锴省伊山戍所，累月乃归。祈山罢官还，无宅，以己屋授之，并鬻产为清宿逋。尝一充官库笔帖式，旋弃去。乾隆元年，举鸿博，未中选。十五年，诏举经学，大臣交章论荐，以老疾辞。少好山水，游踪所至，务穷其奇。苦嗜茗，为铁铛瓦缶，一奴负以从。客江南，尝月夜挟琴客泛舟采石，弹《大雅之章》，扣舷和之，水宿者皆惊起，人莫测其致也。锴既以屋让兄，乃筑室盘山廌青峰下，闭户耽吟，罕接人事。岁一至城中，一二日即去。居盘山二十载而殁。诗古奥峭削。著《睫巢集》，又著《原易》及《春秋通义》《尚史》。"姑系该诗于是年。

1742 年壬戌　清乾隆七年

夫造像之艺，其来尚矣。……惟佛像之本，则我佛中年之时，中天竺国瓶沙王为遗远友，乞得世尊画容。为幨像之始。（时工被佛神光射眼，眩目不能注视，乃请世尊令坐河岸，而谨取水中影相为式。描得圣容，因被微波，由作曲弯长丝相，故名谓水丝衣佛。今你波罗国所出佛像，多有此样。其摹似乎唐吴道子观音石像）暮节，舍利弗创受《造像量度》，而优填王镂檀造世尊立像。是为如来胎偶之初。于是流布五天竺之境矣。其于土番，则唐之贞观中，创兴佛法，前后累使东土及天竺，征聘诸贤，而赉取众经。一切五明典籍（一声明，二因明，三医方明，四工巧明，五内明）继续翻译，准令国内公私立刹，各随其愿力学习之。夫三倚之造法，乃工巧明部所收，最为尊胜者也。（三倚者，佛像为身倚，佛身之相也。神灵倚，结此寓之，以施人愿也。文字为语倚，佛语之相也。妙法倚，凝此存之，以备传教训也。塔幢为心倚，佛心之相也。道德倚，因此表之，以示显义理也。又，倚者，依也。众生依此三相而发信，见道明理，又倚此作福田也。梵语伽啼，华云倚，或翻因。谓圣凡相，结之因由也。或翻作迹，假此踪迹引诱后人也，亦通。又，像为色身倚，文字及塔为法身倚，而庙宇附之。至于法轮、铃、杵等物，于一切工用之中，最为尊胜也）彼所出载经传颇多，而得其传授者：曼、堇、啾三氏惟精。西来佛像，什有八九，靡非彼三家所出者（相有大同小异），而天下通称藏佛（藏翻江，其地有江故名。国中两大邑聚，一谓前藏，一谓后藏）。贤愚同宝，贵贱共持。岂非分量尽得合式，深有契于人心之故欤！……今中土之佛像，有所谓汉式者，有所谓梵式者。其所谓汉式者，则汉武北伐匈奴，得休屠金人，安置于甘泉宫；孝明西迎沙门，受幨像，创建洛都寺宇。其后，渐盛遍蔓。自晋魏（北朝）六朝，以至于宋，代与西国通和，公私往来，时时不断，故多得西国佛像。而唐之元奘法师，遍历五竺境，共十有七载，瞻礼世尊过化之地，综通其声教，《大般若》等经千有余卷，金玉佛像百什余躯，俱以大象载归。其像之精妙，皆阿育王等所造者焉。盖自汉以来，凡欲造佛像者，皆取西来像为模，工行家祖述相传。此所谓汉式者也（或以谓唐式）。其所谓梵式者，元世祖混一海宇之初，你波罗国匠人阿尼哥[①]，善为西域梵像，从帝师巴思八来，奉敕修明堂针（炙）［灸］铜像，以工巧称。而其门人刘正奉[②]，以塑艺驰名天下。因特设梵像提举司，专董绘画佛像及土木刻削之工，故其艺绝于古今。遂称为梵像。此则所谓梵式者也。——工布查布《造像量度经引》[③]

① 《元史》卷203《方技传》：“阿尼哥，尼波罗国人也。”详见本书1274年条。

② 刘正奉，即元代昭文馆大学士、正奉大夫刘元。

③ 《造像量度经》，全称《佛说造像量度仪经》，亦称《舍利弗造像经》（全称《舍利弗问造像度量经》）。乾隆七年（1742），大清内阁掌译番蒙诸文西番学总管仪宾工布查布译并解述。

1743年癸亥　清乾隆八年

武州山，在大同县西，一名武周山。《魏土地记》：平城宫西三十里，有武州塞口。《隋书·地理志》：云内县有武周山。《寰宇记》引《冀州图》云：山东西数百里，南北五十里。山之南面，壁立千仞。旧志：在县西二十里。——《大清一统志》卷109《大同府》[①]

石窟寒泉，在大同县西三十五里，武州山峪中有石窟寺，故名。流至府城南，注如浑水。——《大清一统志》卷109《大同府》

石窟寺，在大同县西，武州山上。《水经注》：“武周川水又东南流，水侧有石祇洹舍并诸窟室，比丘尼所居也。其水又东转，径灵岩南。凿石开山，因崖结构，真容巨状，山堂水殿，烟寺相望，林渊锦镜，缀目新眺。”《通志》：“石窟十寺，在大同府治西三十里，元魏建。始神瑞，终正光，历百年而工始完。其寺：一同升，二灵光，三镇国，四护国，五崇福，六童子，七能仁，八华严，九天宫，十兜率。内有元载所修石佛十二龛。”《府志》：“石窟十寺，壁立千仞，石窑千孔，佛像万尊。”本朝顺治八年，总督佟养量重修。其山最高处曰云冈，冈上建飞阁三重，阁前有世祖章皇帝御书“西来第一山”五字。康熙三十五年，圣祖仁皇帝西征，幸

寺中，赐御书“庄严法相”匾额。——《大清一统志》卷109《大同府》[2]

① 《大清一统志》，康熙二十五年（1686）始修，是年初次完成。

② 清阮葵生《茶余客话》卷5《僧道不必沙汰》云：“《御制诗》：‘御史有以沙汰僧道为请者，朕谓沙汰何难？即尽去之，不过一（纸）[旨]之颁，天下有不奉行者乎？但今之僧道，实不比昔日之横恣，有赖于儒氏辟而辟之。盖彼教已式微矣，且藉以养流民。分田授井之制既不可行，将此数（千）[十]百万无衣无食、游手好闲之人，置之何处[耶]？故为诗以见意云：颓波日下岂能回，二氏于今（日）[亦]可哀；何必辟邪犹泥古，留资画景与诗材。’真大哉王言也。方今二氏之教，不足以惑世诬民。法苑珠林，聊供词人藻缋耳。”按：该《御制诗》，见乾隆皇帝《御制诗·初集》卷31，作于乾隆元年（1736）至十二年（1747）间。

1752年壬申　清乾隆十七年

【碑额】万古

【碑文】《重修云冈大路碑记》[1]：

盖闻王政平平，上关乎圣化；而大道坦坦，实赖乎人为。兹因云冈堡大路，东近神京，西连云、朔，南通三晋，北达九夷，诚内外一统之通衢，四通八达之要路。是以行人乐荡平，过客歌坦途。特有修之者在前，而补之者继后也。奈何历有年所，天雨连绵，山水浩荡；曾时日之几何，而向之平宽者，今则不可复得矣。将见行人止步，咨嗟而悼叹；过客停车，畏险而怀忧。爰有住持僧寂容者，目击心伤，长存不忍之心；朝乾夕惕，垂兴补修之念。奈功程浩大，力微难成，请告众善，欣然乐从。倡之者数十人，助之者千万人。蒙众善之慈悲，成平宽之大路；赖千人之资财，遂补修之洪谋。今当万缘辐辏，功竣告成，注施财之善姓，流芳百世；刻喜舍之芳名，永垂万年。是为序。朔平府左云县增广生员范承基敬撰。

哈尔哈和硕格格厄夫家下地户，施银二十两；宣山定远营卑勒劳藏多罗记，十二两；都统多罗记，施银五两；钦差通政使、兼骑都尉麒麟宝，银三两；大同府正堂朱，施银十二两；朔平府正堂顾，施银十二两；大同县正堂朱，施银十两；右玉县正堂田，施银十两；左云县正堂刘，施银十两；高山城都司佥书珠尔杭阿，施银五两；左云县补厅刘，施银二两；高山城巡司金钟鼎，施银二两；吏部候铨州同关起鹤，施银二两；总镇府王泰运，施银一两；保安口外委把总乔镇河，施银二两；左云县僧会司通宝，施银五两；御前行走、阿兰善山扎萨克、多罗郡王多罗额驸、军功纪录四次罗布藏多尔济，施银二十七两，施马壹匹。【蒙文五行】刘萱施银三个[②]，陈怀德施银一两五个。

赵家窑方选，施银十刃。碾子沟李太馀，施银五刃。皇庄、助马路口外，邓维吉施银九刃，韩贵施银八刃，张丕烈施银七刃，李兆蟠施银七刃，周应登施银六刃，梁泽仁施银六刃，邓维新施银五刃，徐登荣施银五刃，陈门刘氏银四刃，陈谟施银四刃，周锡躬施银三刃，张靖侯施银三刃，韩斌施银二刃，赵国荣施银二刃，周应律施银六个，赵国亨施银五个。刘官庄刘嗣贵，施银一刃五个。杀虎口任义，施银五个。平鲁县曹蓉，施银五个。青磁窑曹顺，施银一刃。

大同城王延弼，施银三刃；张汗昌，施银二刃；康登云、李荣、崔益富、王遵义，各施银一刃；郭继勋、郝光先、恒远号、周文炳、广顺店、毛之云、张志忠、张贤兑、马生才、李谟、杨国秀、张奋申、于兴、霍灿、王士明、赵国隆、孙昌林、周昌、崔德、杜如春、兰永信、孟怀瑾、曾藒、降兴珊、张万鋆、燕产翻，各施银五个；高元、李可达、田继泽，各施银四个；王者极、税房等、郝维训、吴权、张文焕、张珍、李尚智、聂左武、周文焕、昝进贤、杜有印、安秀凤、柴升、史瑗、武官、许文深、郝有金、郑明、王廷宝、冯玟、郄三贵、冯谧、胡自谦、李泽渊、苏万成、周洪宗、曹连篚、罗万枢、梁顺、郁德库、刘鲤，各施银三个；张琳、李兹、李连、赵登魁、王章、时宜通、刘基敬、王进朝、裴起凤、丁大成、许朝、陈有仓、陈国辅、鲁明德、日兴隆、王廷玉、于兴、马越、任奎、杨贵州、姜广文、刘之泰、贺昱、张天福、亨盛当、张月生、李照、张万有、李呈祥、张效孔、谢玺、赵宗舜、常存正、乔玉林、王宗舜、葛成忧、梁劲、刘鸿汗、马文飚、马驯、齐发栋、徐恩、孙正、刘治国、张美政、史尚仁、范起朋、武良仁、杨仓、张国明、张有敖、朱培玉、牛维龙、李茂盛、李之谦、孙正忠、白成、张全、郝成才、李廷章、赵世宰、同春当、孙应武、戴全亮、刘国相、杜库、吉安、安仁，各施银二个；樊有禄、宋肇基、杜闰、张成功、许其德、燕陈珠、邓吉运、顺兴当、常文耀，各施银个半；吴述、吴如文、刘智、孙逊、吴明珠、王荣、康登科、范起明、孙学理、温万生、郭志宝、郝加珍、李芝旺、苏文斗、任刚、苗永秀、武登堂、张文君、周宝、张威、郭斌、王昱、兴太馆、魏铃、板楼号、李香奇、任进忠、王继臣、袁世荣、树德堂、薛煌、任弼、吴顺、李福培、曹志新、魏有禄、杨通、刘敏、燕升荣、陈瑞、杨降仙、常金、聂恒瑾、强福、仝进业、常大禄、邹治都、李大儒、刘通道、郑祥，各施银一个。大同南关赵之溥，施银二刃；马登沾、朱鸿志，各施银一刅；王谟，银八个。杨富、杨安，各施银七个；赵恭，施银六个；刘毓秀、各利当、郭瑾、王珍仁、王来有、戴天锦，各施银五个；牛进德，银四个；温如登、马登霄、赵培元、宋加宾、侯藩、张圣教、王国有，各施银三个；刘世仲、武加元、李信宜、林之玺、张杰、张朝祯、张炳清、张历，各施银二个；梁尚文、王聘、翟奇马、朱碧、王禄、边学成、毛福兴、吉天顺、谢郡节、黄辅、郭登雷、李希增、覃璋，各施银一个。瓦窑村张德、刘印、贾通、刘喜、刘辅兴，各银二个五分；贾顺、刘大贵、王宗舜、刘玉，各施银一个。南米庄刘洛，银二刅；苏其德，五个。

上王庄，银三个；罗进武，银二刅。下王庄，银五个；竹林寺，银六个；蒋管，银五个；蒋根瓁？、马军营村、夏家庄，各施银三个。杨和坡，银四个。小石村、雷公村，各施银二个。张士窑程库，银一刅；刘旺海，银五个；魏景秀，银三个；王臧、高荣、马止其，各施银二个五分。

【碑阴额】不昧

【碑阴文】十一圈马生林，银五个；王福，银三个。九圈李世金，银一刅；韩应库，银八个；任政，银六个；陈现冈、葛英，各银三个。八圈葛法，银三刅三个；白辉允，银八个五分；张梅的，银五个五分；李生功，银四个五分；田玉珠、白元，各银三个五分。七圈孙福，银二刅五个；刘国相，银一刅四个；刘世业、刘宦，各银一刅；刘官，银二个；尹枝，六分；杨而让，银五个；田九明，银二个五分。口泉赵满良，银一刅。六圈张通，银二刅；魏颜，银一刅三个；金科，银一刅二个；梁成儒，银一刅；张虎成，银八个；周荣华、谭世禄，各银五个；张有德，银四个；刘汉裔、白光的、陈志周、梁宾，各银三个；王朝君、秦诏，各银二个；十七号吕天贵，银二刅。

五圈王广石、王大发，各银五个；程义，银三个；李如竹，银二个。四圈王泰，银一刅五个五分；李兴元，银一刅；韩朝佐、郭进贤，各银七个；蒋亨，银八个；刘成，银一个五分。三圈黄敖、刘宗真、倪丰盛、段心升，各银五个；周浩、尚明，各银三个。二圈张荣，银二刅；白志官、郭文珠，各银八个；常印、郭喜、蓝印中，各银五个；任功，银四个；白志先，银三个；霍贵、杨威、张达、王君云，各银一个。十五号何达明、李尚惠、李操，各银五个；苏智、王安杰、刘明、张鼎明、梁惠、李选、何腾蛟，各银三个。二十四号李万金，银一刅；邢俞、田克昌，各银五个；王尚宾、韩英，各银三个。

四号樊邦柱，银三个；兴隆号、广顺号、史秉必、樊克玉、王勇，各银二个。西韩家岭李本印、李大吉，各银一刃；李生兰，银六个；李尔敏，银五个；李生珍、李情，各银三个；李廷，银九个；李赴玉，银二个。石头村李有仁，银五个；毛顺，银四个；李旺、李喜、王法、高月、郭海俊、刘兆官，各银二个；李贞、李生库、周存进、李金玉、李兴、谷昌、李明德、刘兆宦，各银一个。石彦庄韩进府、薛全仁，各银五个；田登科，银三个；韩进相、韩礼、高瑞、高仁，各银二个；韩进喜、韩进通、彭起安、韩进魁、高枝、王聚宝、王昱义、高忠德，各银一个。兴旺庄范宗尧、范宗舜、方亮、方谟、靳吉善，各银三个；范宗文、吴满金、韩玘玉、王金柱，各银二个。利家庄张进连，银三个；张志方、苏普、雷秉良、王彦荣，各银二个；戈正、马夅，各银个半；魏选、魏顺、张进孝、张夅、王兴、王升、郑玉，各银一个。荣花皂史国祥、魏金花，各银五个；史荣、井有才、张文斗、郭廷吾、郭良必、史明，各银三个。吴官屯李通、张秀，各银五个。白庙村李昌、史文英、李深、史文秀、李宪，各银一个。兴窑村王起禄、孙祥、孙元吉、李生智，各银二个；赵存金、李国玉、李世夅、赵存良、李国栋、寇通、李生有、庞表、范存心、宋明，各银一个。石彦庄卢相、韩俊，各银一个。龙探头，银二个五分。红墙村张文奇，银五个；张林、练荣，各银四个。榆涧村张璞，银二刃；张珽，银一刃；李法、董林、李进前、关顺，各银四个。麻家村麻志旺、张玟，各银八个；麻生秀、麻威，各银三个。高家村邢有亮、邢有金、邢通，各银二个。郭家坡董万祯，银三个。张大窑李进□，银四个。

云冈堡张德富，银八刃五个；张门沈氏，银八刃五个；准兴当，银八刃；张德贵，银五刃六分；刘玉秀，银三刃八个；云兴铺，银三刃；赵釭房，银二刃；邢国相，银一刃六个；张文达、刘大魁、沈潜、张国通、李守敖，各银一刃；狄仁杰，银八个；李贵起，银七个；温如金、郭通、何文、王洪道、王宾、武宽、郑洪宝、孙国成、周士隆、刘科、邓喜，各银五个；段必起、田发、任进申、刘天吉、鄚梁、柴功，各银四个；陈旺佐、高国柱、张进成、王廷云、张世威、邢珅、孙善继、王才、王聘、闫法、张文、刘照才、杜廷汗、张进忠、李生林、鄚柱、鄚桂、张正、朱宝元、李文奇，各银三个；张良、李凤、韩进武、吴的、刘成贵、张法其、蒋朝、隆成、李志旺、杜邱宝、陈得、周士盛、周士兴、陈俊、马俊、王夅、郑有禄、陈彦通、韩禄、张得盛、杨才、张进昌、裴三竹、高芳、刘进朝、李其、陈栋、刘大用、耿有海、马甫、邓福、张瑞、张珍，各银二个；张利、刘夆、王茂忠、高进、潘士成、陈彦朱、张才、舒光要、张进满、徐艮、张大谟、张万良、苏旺、王通、柴德，各银一百文；邓栋，银二个；张亨，银三个；裴三贵，银二个；温存义，银二个。石头村李金，银三个；李直、李英、张士俊、李茂、李太、李金宝，各银一个。昭祐，银三个。

会首：大同城何士元，施银二十一两；皇庄李国政，施银二十一两；破鲁堡郭鋐玺，施银二十一两；平川村杨全，施银二十一两；保安堡张文学，施银二十一两；榆涧村张仲印，施银二十一两；云冈堡张德荣，施银二十一两；助马堡和盛当，施银十五两；十五沟邓士魁，施银十五两；助马堡李德，施银十二两；小马营王进朝，施银十两五个；后营子张万义，施银十两。

泥匠赵满良，木匠温俭、李荣、温存义；石匠王进朝，男允升，朱大富、韩喜；画匠郝才；油匠彭广、陈惠。焚修僧人：叔容、叔宾、叔祥，徒照玺、照琏、照琞、照斑、照理、照秀、照琮、照明敬。龙飞大清乾隆十七年五月二十日立。

① 这里抄录的碑文，以日本《云冈金石录》石佛寺山门《重修云冈大路碑记》为底本，核对原碑，有所更正。
② 以下“银”字，原碑均省刻为“艮”。

1753年癸酉　清乾隆十八年

【一间】皇帝万岁位。

【二间】山西大同府大同县城西乡邢家村、高家村，龙王庙铸钟一口，重二百余斤。

【三间】阖村众善人等，开烈初佐。计开整领二人：高存沟、邢有亮。

【四间】高存朱、高与、高垣？、高广、高珍。

【五间】邢有义、常门高氏、邢福、邢袭、邢有海。

【六间】邢有智、邢有金、高文、邢通、邢昱。

【七间】大清乾隆十八年七月吉日造成。东花门北金火匠李发，男进喜。——日本《云冈金石录》龙王庙《阖村众善人等造龙王庙铁钟记》①

① 龙王庙，故址在云冈第4、5窟间的龙王沟（1934年谢冰心《游云冈日记》谓“和尚沟”），不知建于何时，今惟有残基存焉。此铁钟亦无存。

1758 年戊寅　清乾隆二十三年

乾隆二十三年，雹，详奉蠲缓。——《道光大同县志》卷 2《岁时》

胡天游《云冈寺二首》①：

万三千寺无遗迹，片石崔嵬影尚留。绀发宝支开绝壁，银云凉瓦自高楼。

疏钟带月摇清塞，双树含风入早秋。劫换尘移人世改，诸天定里不知愁。

寺门红透夕阳西，一片滩声送马蹄。野客定难携屐到，山禽犹自恋人啼。

安禅未稳身将老，绝塞经过意欲迷。拂掠翠微吟兴在，珊珊鞭影逐风低。——《乾隆大同府志》卷 31《艺文》

① 胡天游（1696 ~ 1758），字稚威，一名骙，一字云持，曾改姓方，山阴（今浙江绍兴）人。雍正七年（1729），副榜贡生；乾隆初，举鸿博，不遇。后举经学，遭嫉报罢。性耿介，工骈文，诗亦雄健有奇气。久居京师，声闻甚著。终身落拓，客游山西，卒于蒲州（一说太原）。著《石笥山房集》。姑系其诗于卒年。

1759 己卯　清乾隆二十四年

二十四年，早霜，秋禾被灾，奉旨蠲缓、赈恤。——《道光大同县志》卷 2《岁时》

富察明义《云冈寺》①：

寺在大同府西廿余里，山楼三重，内有坐像，高五丈二尺，实往来行客憩足所也。

溪山佳处结云房，闻道鸿模创自梁。楼瓦三重浮翠色，佛身五丈现金光。

立来定觉尘寰隘，坐阅应悲过客忙。借问玉瓶甘露水，几时许我一杯尝？——《绿烟锁窗集》

① 富察明义，号我斋，满洲镶黄旗人，乾隆朝侍卫。李裕民《云冈石窟二题》（载《北朝研究》1994 年 2、3 合期）考订其人，与曹雪芹同时而稍晚。姑系该诗于是年。

1761 年辛巳　清乾隆二十六年

自乾隆二十六年，云冈割归左云①。——《道光大同县志》卷 19 朱彝尊《云冈石佛记》附黎中辅记

【摩崖石刻】左云县交界②。——日本《云冈金石录》第一洞外壁东方《左云县交界题字》

① 雍正《朔平府志》《山西通志》均载云冈归属左云，足证黎公失误。然云冈石窟划归左云，盖与云冈堡有关。成书于雍正九年（1731）的《朔平府志》卷 8《武备》曰：“云冈堡，今裁，归左云县，改为民堡。”按：左云县之设，在雍正三年（1725），由军事性质的左云卫（左卫、云川卫并省）

改置。大约当时云冈堡隶属左云卫，遂同时由军堡改为民堡，石窟寺区域一并划归左云县。

② 道光年间大同知县黎中辅记载云冈割归左云，在乾隆二十六年（1761），未必全误。大约雍正三年（1725）后，左云县与大同县对云冈石窟的归属，互有争执。至乾隆二十六年（1761），正式断归左云，遂有是刻。

1766年丙戌　清乾隆三十一年

大佛阁，在正殿之东院，即大佛殿也。……洞门之上，有乾隆丙戌亲王［罗］布藏多尔济贡敬“如来圣像”匾额[①]。——白志谦《大同云冈石窟寺记》

① 《清史稿》卷12《高宗本纪三》：三十年“五月乙亥，晋封喀尔喀郡王罗布藏多尔济为亲王”。

1769年己丑　清乾隆三十四年

【碑额】《重修云冈石佛寺碑记》[①]：

【碑文】《云冈堡石佛寺历年续修工程，并历年施舍银两、养赡地亩碑记》：盖闻功成于此日者，非有言以志之，必弗克垂于奕禩；业建于一时者，非有物以传之，亦何能存于将来。是以自古典章，多备故府之藏；而历代政治，每赖方策之载。凡以示久远□来兹，俾后世有志复古者，不至抚遗事而慨然于考据之无因也。降而至于缙绅、士庶以及僧、道两门，凡从艰难中之经营、缔造，勤苦内之创建、修葺，靡不思以一时所事贻而之后世可稽。故立碑以刻铭，胥此物此志也哉！即如云冈石佛寺，虽僻处荒山，实系古名刹。寺僧寂容，自幼秉诚募化，历年修理，其有功于我佛□，不一而足。已见楼台巍峨，庙宇雄壮，虽未能胜云郡之大观，亦可云为西来之第一。第自乾隆十七年修路立石，而后至今，又历多年。其所续建殿宇、回廊、碑坊、乐楼以及金装佛像、移素诸佛、金身重整、御题匾额、丹青两壁、彩画栋梁，其工程详备，更难以枚举。而凡王公大人与十方、本堡众善施主，因诸项功果，所布施过之银两，尔仅题名缘册，未能传芳久远。今因诸项工程业已告竣，故特为立石树碑，书著衔名、姓氏，以志功德于百代，以垂芳徽于千载。庶寺僧寂容之终身苦志不倦，亦得凭此以不没云。因是为记。大同府大同县儒学增广生员刘学礼撰并书。

贺兰山定远营扎萨克、多罗贝勒多罗额驸、军功纪录四次罗布藏多尔济，施银二十七两[②]，施马一匹。御前行走、阿兰善山厄勒特扎萨克、和硕亲王多罗额驸罗布藏多尔济，同福晋和硕庄亲王之女多罗格格，共施银一百两整。【蒙文一行】

左云县正堂穆，捐银五两。大同府大同县督捕厅、加一级、纪录六次徐，捐银三两。左云县捕厅郭，捐银二两。山西靖远营都阃府、纪录五次观，施银二两。威鲁堡城守府宋，施银五两。榆涧儿村信心张宾，施银三两；张朴、关顺、李冈、董文奇、张正奇、张生奇，各施银二个。山西杀虎口协标右营千把外委李国柱等，左营千把外委王载升等，各共施银一两五钱。右营总领队目兵韩普济等，左营总领队目兵张忠等，各共施银五两。住居丰镇府属黑圪塔索？移？信士、乡饮耆宾弓选，携子进元、进忠，施银五两。信士、丰镇府保正弓进儒，施银五两。得胜堡众善□□，共施大个四千二百文。信心邓尧，施个二千。准兴当，施银十两，焰光五两。得胜口河口滩信心潘士奇，施银五两；潘士英，施银五两。十九平信心王进朝，施银五两；信心韩德富，施大个二千五百文。

大同城刘学礼、王世富、王世贵，各施银三两；布行，施银二两；当行，施银一两。钱行、杂货行，各施个六百；缸行，施银五个；皮行、帽行、乾菜行，各施小个一千；张国标，施银五个。左云县布行、当行，各施银二两；任写南、关□府，各施银一两；管保、田英、兵房、刑房、赵永宁、任奎、李忠、钱众琮，各施银五个；蒯生培、李铭，各施小个一千。崞阳庄永丰当、王欣、刘进臣、四美号、恒盛魁，各施银一两；隆盛号，施银六个；王凤豹、王乐、新盛东、赵理、黄才，各施银五个。

后营村乾□当，施银一两五个；高万享，施银二两；恒生成、天源当、张万义，各施银一两；恒成荣、郑养心、李成功、邓执信、田富林、刘养库、米安邦、吕昌纪，各施银五个；天成永，施银四个；霍桂林、邢存礼、米助邦、申英昌，各施银二个；杨涧、殷得才、恒兴甫、兴隆甫，各施银三个。十九平王名中，施银一两；陈献常，施银五个；宋得功、宋得禄，各施银五个；王云、郭元位、蔺训连、郭进喜、阎秀发、张连、徐宗孔、司国旺、赵国亨，各施银二个。石彦庄合村，施大个一千；韩进官，施银一两；田登本、沈潜，各施银五个；韩雄，施银二个。唐儿沟白明旺，施银五个；韩军，施银四个；韩长、范宗汤、范宗舜、范昌盛，各施银三个。十九平王州、王瑞、宋大有、刘俊、王大有、李逢春，各施银二个。张士窑村王兆鹏、王兆龙、陈库，各施银二个；魏锦秀、周尚文、陈府、刘印、高林，各施银二个。麻家村张九增，施银二个；麻润、麻沛、麻升、麻浩、张斌，各施银二个。

云冈堡张德弘，施银二两；刘杰，施银一两；邓发兴，施银七个五分；王耀，施银六个六分；邓弘宝、梁公、邓圣、刘富、狄仁德、刘夆、王宝，各施银五个；张明成、李广、任进升、王明、李仁、李福、郑瑾、郑玟、董凤，各施银四个；张德荣、温存义、姚喜、韩进武、刘喜、尉福、张发奇、孙光发，各施小个一千；刘科、鄞桂、李凤、潘士成、周志兴、郑裴氏、裴文荣、邢环、邢枝、陈杰，各施银五个；张全、杜廷翰、刘士元、刘士忠、邢通、郭正、马迎祥、马腾祥、李良、王荣，各施银一个五分；张成、鄞世锡、郭守仁、柴法、赵存德、何天良、何天尺、柴德、杜信、郭法、裴三富、王恳、刘祥、高荣、张儒、张俊新、□连新、王廷俊、阎天中、刘云、田尽忠、吴俊、陈守库、韩朝元、任自保、刘成花、白存义，各施银二个。

十五沟信心邓士魁，施银八两。平川村杨正发，施银四两。回去村冯奎，破鲁堡郭元辅，大同城李大兴，施家窑张维成、李典夆，各施银五个。白庙子史哲、董有库，姜家湾姜德富、陈发科、张全，各施银二个。小马营铁笔匠王进朝刻。

大清乾隆三十四年，岁次己丑，菊月穀旦，住持僧寂容，暨徒照斑、照琮、照理、照佩，徒侄照亮、照福、照秀、照满，孙普全、普合，勒石。

【碑阴文】寺内历来施舍养赡，并祖遗、置买地亩数目、四至，开列于后：大同县王老爷，于天启六年，买到堡民陈国益地四十亩，舍给石佛寺僧、道[③]，乡以为养赡之资。计开，陈家坟地一顷三十亩，东西畛，东西至沟，南至邓松，北至土屋；□老窑地一段，十亩，东西畛，东西至沟，南至买？主？，北至买主。镇守大同等处总兵官、后军都督府姜宪，将裁军遗地一顷二十亩，共四段，坐落云冈堡，于顺治二年，施为石佛寺僧性礼养赡之资。计开，濡莲沟地一段六十亩，南北轸，东至把总养廉地，西南至沟，北至周大武；小园儿地一段二十亩，东北畛，东北至沟，西至道，南至张月；潘家坟地一段二十亩，东西畛，东北至屯地，南至坟，西至沟；蛇腰地一段二十亩，东西畛，东至道，西北至沟，南至王库。本寺于顺治三年，原买陈国义粮地三十亩，南北畛，地名佛寺顶，东至史应夆，西至刘汝栢，南至崖，北至道。本寺于顺治三年，原买本堡住人刘林地一块。东至胡道沟，北至道，西至堡门，南至清水河。钦命总督、兵部左侍郎佟，于顺治四年[④]，恩给养赡营田余地三顷有零，南北畛，东至军地，西至赵相粮地，南至长城，北至军地，长六百步，阔一百三十步。又恩给养赡草场余地一段，四顷一十五亩，东西畛，东至军地，南至壕堑，西至路，北至路。又恩给养赡高山城东关草场空地一块，九亩，东至官水道，南至城墙，西至城壕，北至圪塄。本寺于顺治五年，原买本堡邢进忠粮地一段，五十亩，地名便门外崖头地，东西畛，东至堡壕，南至周廷俊，西至崖，北至道。本寺于顺治五年，原买本堡史春、史玉粮地一段，二十亩，地名青石凹，东西畛，东至道，南至邢夏，西至道，北至高尚志。本寺祖遗八十亩地。一段十五亩，南北畛，东至李姓，西至郭姓，南至李姓，北至石嘴子。又祖遗石塔儿地一段，三十亩，东西畛，东至道，西至牛棋粮地，南至王姓，北至邢姓。又祖遗五十亩坡地一段，五十亩，南北畛，东至大圪塄，南至沟，西至沟，北至沟。张氏窑村陈施主讳策，于顺治十年，将祖遗地，各段不等，共地二顷八十亩，施为寺内香火、养赡之资。助马路左都督许，康熙二十五年，恩给谢家场村养廉荒地五顷，上二下三，地名官地梁，以为寺内香火、养赡之资。计开，上二顷，东西畛，东至路，西至枕头地，南至养廉地，北至开垦地；下三顷，东西畛，东至路，西至枕头地，南至开垦地，北至阳和赏功地。石彦庄信心梅明、毛世清、高君良、高仲元，校尉屯信心段成祥、李旭升，利家庄信心苏万象，吴官屯信心李登科，上旺庄信心白珠，各施银贰钱。

崞阳庄信心刘德，施银一两；同家梁信心胡荣，施银五个；红墙儿村信心张荣施银三个，信心张全施银三个；青磁窑村邱有富、邱有相，大同城郝成德，高山城李伏泌，竹林寺蒋振翊，各施银二个。

朔平府右玉县所属小马营村左所头百户、移住十九平、铁笔匠人王进朝，年七十五岁，刻石。大清乾隆三十四年，岁次己丑，菊月穀旦。寺僧寂容谨立。

① 此青石大碑文，日本《云冈金石录》第六洞佛阁外西侧《重修云冈石佛寺碑记》中抄误颇多，这里对照原碑辨改。

② “银”字，原碑俱简刻为“艮”。

③ 关于云冈石佛寺土地，这里仅追述至明末天启六年（1626）。一则说明，此前寺院地产历史不清；二则透露，石佛寺僧人和土地变动剧烈。三则表明，明代以来云冈周围土地主要属于云冈堡之屯兵。究其原因，主要受政治、战争、人口以及寺庙兴废等因素影响。参照中原寺院，或有启迪。清武亿等撰《安阳县金石录》卷7《金宝山寺地界记》载：“大魏武定四年，敕赐宝山寺常住白药石山等地土，东至石门，西至林虑县界分水岭，南至西善应村河，北至水峪口河道。大齐天保元年，敕赐本寺白药石山壹座，四至依前。大隋开皇五年，敕赐宝山灵泉寺白药石山等地土，四至依前；绕寺林木，并是本寺祖师坟茔之地。大金天会五年，本寺僧定冲、法智等把寺投拜，并不曾离业，地内青苗壹顷捌拾贰亩。大定四年十二月内，给到户帖天禧镇东菜园地并陆地，计壹拾亩，东至元十七郎，西至道，南至道，北至元十七郎。先师于地内拨地叁亩，与师侄惠安，充修院地。寺南白药石山一带斜缩峦岫不等，计地壹顷……又承管王琪白石地四十亩。八亩熟地，纳秋粟二斗，物力钱十文。宝

海立文字与宝山，每年出税钱二贯。大金大定九年岁次己丑三月十五日，本寺住持比丘法智立石。”从中可见，寺院土地历朝敕赐、施赠或买卖以及后代征税变化。

④ 顺治六年（1649），佟养量上任宣大总督。此“四年”记误。

1773 年癸巳　清乾隆三十八年

三十八年、三十九年、四十年，俱大熟。——《乾隆大同府志》卷 25《祥异》

1776 年丙申　清乾隆四十一年[①]

武周山，东距府治二十里，高二里，盘踞三十里，北连雷公山。峪中有石窟寺，后魏高宗时僧昙曜凿山石壁，开窟五所，镌建佛像，雕饰奇伟，冠于一世。显祖、高祖尝幸焉。山下有金耿光禄冢。武州之州，《水经注》《隋书·地理志》皆作周。《魏土地记》谓之武州塞口。——《乾隆大同府志》卷 4《山川》

武周川，俗名十里河。源发塞外菱角海，由古云内城入朔平府北之杀虎口[②]，东南径左云县云冈石窟寺南。其东一窟，灵泉出焉，南流数十步注之川水。东径青磁窑，入大同县境[③]。又东径虾蟆石湾，石壁镌“佛”字，大径丈，又名佛字湾[④]。《水经注》：武周川水东南流，水侧有石祇洹舍并诸窟室，又东转灵岩南，凿石开山，因崖结构，山堂水殿，烟寺相望。即其处矣。川水又东流，出小站口，循山麓屈曲而南。《魏土地记》所谓：平城宫西三十里，武周塞口者也。折而东径王家园北，又屈径其东，古杏数百株，吐花极繁，疑明代府别业。又南径平旺村、时家庄东。又东南径东、西十里河村，口泉之水西来注之。又东南至合河口，与如浑水合。——《乾隆大同府志》卷 4《山川》

石佛寺口，城西三十里左云县界。——《乾隆大同府志》卷 5《形胜》

武周山石窟，在府西武周山中。元魏高宗时，僧昙曜请于城西武周塞凿山石壁，开窟五所，镌建佛像各一，高者七十尺，次六十尺，雕饰奇伟，冠于一世。显祖皇兴元年，行幸武周山石窟寺；四年，幸鹿野苑石窟寺。太和四年、六年、七年，屡幸武周山石窟寺。按：今寺在府西三十里左云界，特当时石窟之一。迤东十数里岩壁间，遗迹宛然。旧志载，石窟十寺，其名详见《祠祀》，疑即《水经注》所谓“山堂水殿，烟寺相望”者。已无可稽考。今城西十五里佛字湾观音堂犹存石佛数尊，或其遗也。——《乾隆大同府志》卷 6《古迹》

石窟寺，在府城西三十里左云界。北魏时建，始神瑞，终正光，历百年而工竣。其寺：一同升，二灵光，三镇国，四护国，五崇福，六童子，七能仁，八华严，九天宫，十兜率。内有元载所修石佛二十龛，壁立千仞，面面如来，今大半废圮。壁上多前代石刻，字漫灭，不可读[⑤]。国朝顺治八年，总督佟养量重修，有碑记。东西二阁，依岩结构，各为五重，皆高十余丈。东阁下，大石佛一，高与阁等，名“大佛阁”。缘阁左，飞桥陟磴而上，复得小石佛数龛，其最上层也。康熙三十五年冬，圣祖仁皇帝西征回銮，幸寺，御书“庄严法相”悬额。三十七年，知府叶九思奉文修葺。——《乾隆大同府志》卷 15《祠祀》

刘卓《九日登云冈》[⑥]：

云中已是绝人攀，况复云冈山上山。玉宇肃清鹰奋远，元霜捣尽雁飞还。

昙飘花雨香初散，石琢阿罗鬓带斑。强欲登高来绝顶，不堪回首望乡关。——《乾隆大同府志》卷 31《艺文》

① 是年，大同知府吴辅宏修成《乾隆大同府志》，姑录其中无纪年的相关诗、文于此年。

② 此述武周川发源地与古今记载不同，《道光大同县志》卷 4 即称其误。

③ 此记青磁窑为左云县与大同县的交界，则云冈第 1 窟东“左云县交界”遗刻问题便复杂了。

④ 双钩“佛”字，刻在观音堂西石崖壁上。《乾隆大同府志》卷 15《祠祀》：“观音堂，府城西十五里佛字湾。辽重熙六年建，明宣德三年修，万历三十五年重修，提学副使陈所学记，碑存。壁间小碣书大士降妖事，户部分司吴伯与撰，代宗朱廷雅刻石。石瓶二，上刻《心经》及天启丙寅知县王象雲款识。国朝顺治六年姜瓖变，焚毁；八年，总督佟养量重建，有碑记。康熙五十二年、乾隆二十八年相继修葺。”

⑤ 今云冈第 1 ~ 3 窟间仍有摩崖石刻遗迹多处，除“山水□清□”“云深处”“碧霞洞”和“为善最乐”四处大字题额外，唯清代朱廷翰、高景等三处小字题记尚依稀可辨，余皆风化。按：这里的清初石刻，三百年后的抗战时期已漫漶不清，现在近乎消失；而《乾隆大同府志》作者吴辅宏所见，字迹漫灭的前代石刻，应是明朝以前的遗迹。云冈东部摩崖石刻，反映了石窟寺一段奇特的历史与文化，值得研究。

⑥ 刘卓，身世不详。《乾隆大同府志》此诗后又载其《书黄烈妇吴氏传后》诗一首。吴氏，康熙间拒辱自杀，雍正元年（1723），大同知府许惟讷建祠祀之。故知刘卓为雍正、乾隆时人。

1780 年庚子　清乾隆四十五年

石窟十寺，县东九十里，武周山云冈堡。后魏建其寺：一同升，二灵光，三镇国，四护国，五崇福，六童子，七能仁，八华严，九天宫，十兜率。孝文帝亟游幸焉，内有元时石佛二十龛，壁立千仞，面面如来。其它石窟千孔，佛像万尊。国朝顺治八年，总督佟养量重修；康熙三十五年十二月十一日，圣祖仁皇帝西征，幸寺中，御书“庄严法象”匾额。——《山西志辑要》卷 6《左云县祠庙陵墓》①

西藏，古曰乌斯藏，即唐古忒。前藏名曰布达拉，距京师万里。……唐（高）［太］宗以宗女文成公主妻其国王，始封海西郡王。康熙五十九年，平定西藏，敕封康济鼐为贝勒，阿尔布为贝子，隆布鼐为公颇罗。鼐以军功，叠邀恩命，封至郡王，领藏事。子孙世袭焉。乾隆十五年，谋逆伏诛，藏王之爵遂除。高宗以其地赐达赖喇吗管辖，以后藏属班禅额尔德尼佛管辖。国人酷信佛法，自改封后，颇称宁谧。班禅住扎什伦布，距前藏一千余里。乾隆四十五年入觐，高宗纯皇帝赐四体字玉册、玉印。五十九年，仍还扎什伦布驻锡。——清徐锡麟《熙朝新语》卷 13②

① 是年，山西巡抚雅德主持编修、刊行《山西志辑要》，实为《雍正山西通志》的节略本。

② 《熙朝新语》卷 15 云：“苏州周勖斋明德，官蜀中最久，尝随福郡王入西藏。见唐古忒风俗，人死即脔割，以喂鹰、犬，谓之天葬、地葬。又割天灵盖作盂，贮酥油供佛。明德乃禀驻藏大臣，出示禁止。……自示之后，唐古忒民人感化凛遵，顿改恶俗。”

1785 年乙巳　清乾隆五十年

【炉铭】山西太原府忻州杨家庄信官杨？弟普，敬献施银伍拾两，暨子悬邱、金邱、玉邱、全邱、加邱。山西大同府城西□门南，金大匠人张仔？昱①，年六十四岁。男张钟，徒孙王永太、韩有才，徒弟赵登云、李裕、赵德明。住持僧照斑、照佩，徒侄普全、普会。大清乾隆五十年，岁次乙巳，仲夏。——日本《云冈金石录》第六洞前庭《信官杨弟普造铁炉记》

① 金大匠，当为“金火匠”。按：此香炉今已无存。

1787 年丁未　清乾隆五十二年

乾隆五十二年，岁大祲，赤地千里，惟大同尤荒，人相食。——《道光大同县志》卷13《宦绩·吴逢圣传》

1788 年戊申　清乾隆五十三年

五十三年春，大疫。秋，大熟。——《道光大同县志》卷 2《岁时》

1792年壬子　清乾隆五十七年

五十七年秋，旱。——《道光大同县志》卷2《岁时》

西藏喇嘛，自宗卡卜兴扬黄教①，其徒达赖喇嘛、班禅额尔德呢，率言永远转生，以嗣其教。行之日久，其徒众稍有道行，为人推许者，亦必踵其转生之说，以致呼毕尔罕多如牛毛②。蒙古王公有利其寺之貲产者，乃请托达赖喇嘛，指其子侄为的乳，互相承授，与中国世爵无异。纯皇帝习知其弊，因其陋习已久，难以遽革，因命制金奔巴瓶，设于吉祥天母前，遇有呼毕尔罕圆寂者，即拣其岁所生产子之聪慧者数人，书名于签，令达赖喇嘛会同驻藏大臣封名掣之，贿请之弊始绝。时谓之活佛掣签云③。——清礼亲王昭梿《啸亭杂录》卷2《活佛掣签》④

① 宗卡卜，即宗喀巴。清纪昀《阅微草堂笔记》卷6："喇嘛有二种：一曰黄教，一曰红教。各以其衣别之也。黄教讲道德，明因果，与禅家派别而源同；红教则惟工幻术。……故黄教谓红教曰魔。或曰是即波罗门，佛经所谓邪师外道者也，似为近之。"《啸亭杂录》卷10《章嘉喇嘛》云："国家宠幸黄僧，并非崇奉其教以祈福祥也。只以蒙古诸部敬信黄教已久，故以神道设教，藉仗其徒，使其诚心归附，以障藩篱。正《王制》所谓'易其政，不易其俗'之道也。"按：章嘉活佛，为内蒙古地区喇嘛教的最高首领，兼领京师、五台山喇嘛寺院，内蒙活佛掣签，在北京雍和宫。

② 呼毕尔罕，亦曰呼毕勒干、呼必勒罕，即汉语"转世化生人"，今所谓"转世灵童"。清梁章鉅《南省公余录》卷6《黄教》："西番帕克巴，为元时高僧，传至宗喀巴，为黄教之祖。有二大弟子，曰达赖喇嘛，曰班禅喇嘛。达赖喇嘛位居首，其名曰根敦珠巴，次即班禅喇嘛，其名曰凯珠布格呼克巴勒藏，与达赖喇嘛递相为师，以化身世掌黄教者也。喇嘛二字，即如汉语称僧为'上人'。达赖喇嘛为大宗，西藏谓之活佛。相传即如来后身世世轮回者。将死，则自言托生处，其弟子往奉以归，谓之呼必勒罕，如汉语称转世化生人。当呼必勒罕未出之前，彼教于佛前诵经祈祷，广为访觅，各指近似之幼孩，于佛前纳穆吹忠，择一聪慧有福相者，定为呼必勒罕。幼而习之，长成乃称'呼土克图'，传袭其号，以掌彼教。盖蒙古最尊奉彼教，兴黄教即所以安众蒙古。行之既久，亦遂有影射牟利，任意妄指，转生之呼必勒罕率出于一族，竟与世袭无异。高宗纯皇帝洞鉴其私，制金奔巴瓶，送往西藏，凡藏中有转世之大呼必勒罕，命众举数人，各书其名置瓶中，公掣以定，其弊乃绝。所谓'修其教，不易其俗；齐其政，不易其宜'者也。达赖喇嘛居前藏，曰布达拉，汉语为普陀宗乘之庙；班禅额尔德尼居后藏，曰札什伦布，汉语为须弥福寿之庙。今热河所建二庙，即规仿西藏为之，规制崇侈，中土所未尝有也。喇嘛中，又有所谓红教者。黄教专以善道化人，使勉忠孝、息争竞。达赖喇嘛及大呼土克图，皆以此见重于诸部也。红教则有术，能召风雨，并咒人至死。平西陲后，尝取准夷之习此术者入内地，令之祈晴雨，亦有小验。然其教不甚行。故今入内地之喇嘛皆黄教。其服色亦皆从黄，可一望而知也。国家加礼于呼土克图，亦缘西北诸部习尚如是，故因其俗以镇抚之。然西藏路远，各部不能远参者，则各有呼土克图，掌佛教于国中。大者，其王亦执礼惟谨，小亦各严重于一方。呼土克图出行，无不膜拜道旁，以金宝戴于首献之，但得其一摩顶，便以为有福，欢喜无量。并不必呼土克图也，即凡为喇嘛者，诸番亦无不尊奉之。所至，让穹庐与居，宰羊马，

奉酮酪，夜则妻妾子女，惟所欲，谓之供养。惟恐不得当。其俗如是，虽愚而可悯。”

③ 金瓶掣签，定制于是年。

④ 清赵遵路《榆巢杂识》卷下：“得胜门外黑寺（喇嘛寺，俗谓之黑寺）众喇嘛，于正月二十三日举荣华会，幡幢鼓乐，扮牛头鬼面诸变相，前后跳舞，亦傩以驱疫之意也。余巡视北城时，同营汛武员临视之，闻此会向极盛，近亦稍减。”按：赵遵路仕在嘉庆、道光间。

1795 年乙卯　清乾隆六十年

六十年，雨雹。——《道光大同县志》卷 2《岁时》

1797 年丁巳　清仁宗爱新觉罗颙琰嘉庆二年

嘉庆二年三月，风霾昼晦。——《道光大同县志》卷 2《岁时》

1799 年己未　清嘉庆四年

自乾隆五十三年至嘉庆四年，岁皆大熟。——《道光大同县志》卷 2《岁时》

1800 年庚申　清嘉庆五年

五年四月、闰四月，大旱。——《道光大同县志》卷 2《岁时》

1801 年辛酉　清嘉庆六年

六年六月，大雨六日，坏居民房屋。——《道光大同县志》卷 2《岁时》

1805 年乙丑　清嘉庆十年

十年五月，大水，南门吊桥坏。六月，大水，兴云桥坏。——《道光大同县志》卷 2《岁时》

俗称塔儿窑洞。在此中窟，与西部第五大窟前面之平地上①，有“碧霞宫”，是嘉庆十年所修。泥塑神像，两壁有水墨壁画，颇见生动②。——厉寿田《云冈石窟寺源流考》

① 塔儿窑洞，疑指今天的第 21 窟，但更应指第 39 窟；西部第五大窟，即今第 20 窟。

② 碧霞宫，今已荡然无存。1934 年谢冰心《游云冈日记》曰：“堡内道旁尽是民居土屋，并有‘留人小店’。街中朝南有庙名霞宫，对面有戏台一座，也是明代建筑。”按：清纪昀《阅微草堂笔记》卷 19 云：“热

河碧霞元君庙，（俗谓之娘娘庙）两厢塑地狱变相。”碧霞元君，宋代全称“天仙玉女碧霞元君”，后来亦称“天仙圣母碧霞元君”，属于中国北方信奉的道教女神，每年农历四月初一至十五为进香之期。云冈“碧霞洞”与“碧霞宫”，应是相继兴建的道教建筑，均属云冈石窟佛寺衰微之后的产物。且既建碧霞宫，说明东部的碧霞洞恐已废弃。

1806 年丙寅　清嘉庆十一年

十一年六月，大雨雹。七月，大雨五日。——《道光大同县志》卷 2《岁时》

1814 年甲戌　清嘉庆十九年

十九年冬，地震。——《道光大同县志》卷 2《岁时》①

① 《道光大同县志》卷 2《岁时》又云：“二十年三月，地震。二十一年三月，大风。二十四年七月，大雨七日夜。九月，木冰。”按：木冰，今所谓树挂。

1820 年庚辰　清嘉庆二十五年

二十五年六月，大雨雹。十月，大雨五日夜。——《道光大同县志》卷 2《岁时》

1822 年壬午　清宣宗爱新觉罗旻宁道光二年

二年闰三月，大水。七月，疫。——《道光大同县志》卷 2《岁时》

1827 年丁亥　清道光七年

七年春，大疫。三月晦，大雪三日夜，平地深三尺许。冬，大疫，有绝户者。——《道光大同县志》卷 2《岁时》

1828 年戊子　清道光八年

倪钺《题云冈大佛寺》①：

云山纠结古云冈，石路盘旋到上方。四面阁围千尺佛，一川树带五更霜。

风烟缥缈追元魏，碑版依稀认汉唐。弹指峰峦归去晚，一鞭秋色入斜阳。——《光绪左云县志》卷 10

① 倪钺，左云人，道光戊子科优贡。

1829年己丑　清道光九年

九年，多雷雨，雨雹。六月，城东南雨雹。七月，城东雨雹。八月，海里村杏花重开。——《道光大同县志》卷2《岁时》

1860年庚申　清文宗爱新觉罗奕詝咸丰十年

【钟铭】大佛殿

住持僧人心良，咸丰拾年九月朔一日，长成炉成造。——日本《云冈金石录》石佛寺天王殿《住持心良造大佛殿铁钟记》[①]

① 此钟，今已无存。盖毁于20世纪50年代末。

1861年辛酉　清咸丰十一年

【碑额】永垂不朽

【碑文】《重修大佛寺碑记》[①]：云郡之西有冈焉，上出浮云，下临绝壑，刊石为佛，即岩为宫。浩浩乎，法象之大，佛图之多，矗不知几千万座。然而倾倚剥落，亦莫甚于此者。惟大佛寺重新建立，而观音殿、东禅堂、乐楼，久经颓废。至是，僧心良始募众善而落成焉。余向慕其景，不得往，尝梦游之。今年夏始往，因属余为之记。夫大庙以观山之高，溪之流，农民之熙皞，鸟兽之遨游，盖诚至净之土而极乐之地者。我圣祖仁皇帝且驻跸焉。特是前人创之，而后人不继之；即一人继之，而众人不助之，则所谓美者无由彰，而盛者无由传。古迹之废弛，大都类此。诚使由是倡之，而集其腋，而聚其沙，而千佛之洞皆大放其光明。未始非住持心良与众善士乡人，先路之导也，是乌可以不志？

御前行走、阿拉善和硕特、额勒特扎萨克、和硕亲王，贡捐银肆佰两。崞阳庄农民社，施钱贰拾千文；铺行社，施银贰拾五千文；王凤，施钱叁千文；康富，施钱壹千文。南深井赵壁，施钱一千五百文。特授左云县正堂，加五级、纪录十次董，捐银叁拾两。牛头山德宝货房，施钱拾千文。大同中营、世袭云骑尉张锐，施银贰两。怀仁县耆宾陈凤虞，施钱贰千文。杀虎口监督保，捐银拾两。四道沟德义货房，施钱贰拾五千文。窑洞南沟石官，施钱捌千文；段广，施钱壹千文。龙花皂郭世勋，施升底金贰百张；张祯，施钱伍百文。蔚州疃合村人等，施钱三千文。正黄、正红、湘红、正兰旗大马群关洋群各处，四外蒙古人，共布施钱壹千五百吊文。

四道沟德义魁，施钱伍千文；复庆魁，施钱肆千文；张殷，施钱三千五佰文；永义成，施钱二千五佰文；李恒德、三义全、德裕和、世宝元、三合公、同生永，各施钱贰千文；庆乐有、元成永、准王成，各施钱壹千五百文。三成义、四合成、协成永、德义昌、天成功、四合成、永源长、杨宗喜、德太成，各施钱壹千文；田增盛、贺斌，各施钱六百六十文；德盛店、孙海祯、仁义店、义盛成，各施钱五百文。镇河堡全盛荣，施钱二千文；全盛懋、全盛裕、袁起，各施钱壹千五百文；姚俊，施钱一千文；穆有仓、祥瑞，各施钱六百六十文。上深涧万盛增，施钱三千文；全盛溢，施钱二千文；恒庆茂，施钱一千五百文；庆乐有，施钱一千文。高山城合营，施钱四千文；五福堂，施钱三千文；永盛昌，施钱二千文；永盛成、福庆堂、存城堂、德泰店，各施钱壹千文；宝善堂、庆馀堂，各施钱捌百文；福寿堂，施钱六百六十文；永甯店，施钱六百文；永兴店、同德永、福泰德、永和店、张义，各施钱五百文。大同当行，施钱拾千文；户科侯天德、李顺，施钱二千文；李顺，施钱一千文；支科蔡永昌，施钱一千五百文；郭永顺、白掌案、陈万良、杨天和、郝世隆、永春馆、马掌家、张文魁、永春源，各施钱壹千文；贾面铺、张永庆、杨祯，各施钱壹千五百文；王永昌，施钱壹千文；李肇龙、万兴馆、聚盛昌、永合馆、福亨永、江兴馆、贺官、赵夆、时中号、刘富祯、福恒德、和兴成、永长成、永和义、中和永、李栋，各施钱伍百文；李大成，施钱三千文。郭家窑天顺德，施钱一千六百文。张家后沟李仓，施钱二千文；刘官，施钱五百文。前郭家坡董常喜、董万有、董顺，各施钱六百六十文；董吉、王登云、杨润升、董谦、董怀、孙广珍、刘宽、孙举珍、田福，各施钱六百六十文；邢万山，施钱五百文；刘威泥匠、李朝珠瓦匠，各施钱贰千文。大同瓦窑刘科，施砖五百个。

大同县学廪膳生员刘青藜，沐手敬书；石头村李铎，沐手敬撰。左云募化经理人：户房刘升，礼房王训、张隆基，工房李缙、姚承虞，仓房刘槐，皂班张淑，石头村李阳、张玺。经理人：马德龙、陈谦、邢林。住持僧师傅、师叔：通溢、通柱；经理、住持僧心良，暨徒源顺，勒石。大清咸丰岁次辛酉，孟秋月穀旦立。

【碑阴额】万世流芳

【碑阴文】左云县捐输议叙八品乔尔灵，施钱叁千文；署内众师爷，施钱五千文；郭秉信、署前万顺玺，各施钱贰千文；太和当、万源当、义利源、万盛兴、义贞源、万荣店、义聚源、天顺店、义盛店、永丰店、义成源、龚亨、万昌店、福成魁、万溢店、源成店、广昌店、天义店、宝兴店、天盛店、天泰店、天合店，各施钱壹千文；永合公、天顺德、德厚店、天兴功、义兴昌、天义隆、德兴长、德兴涌、天德店、万顺源、永兴泉、义成功、万涌泉、万和义、万胜店、德丰远、万和泉、庆泰店、鼎兴恒、永诚当、永德当、颉缵武、祁邑，各施钱伍百文。本堡鄞冈舒、郑德魁、张明，各施钱叁千文；马德龙、万溢源、王明珠、张老良、王升、天德元、柴权，各施钱贰千文。云中馆陈千、张海、邓选、邓温、王天成、王振冈、刘万顺、陈富、陈凌，各施钱壹千五百文。云元馆张全、郑连、孙有功、柴吉、王发、张明富、柴栋、舒耀先、张龙、鄞连、邓文英、马德有、王选、张孝全、马德富、刘天明、邢满、柴良、陈林、吴有才、刘万忠、麻庆福，各施钱壹千文；陈明、邢守富、刘万恒、张存智、姚满库、吴顺、鄞万舒、鄞步舒、周义、吴千、张光业、张永福、段顺、张发、张元、鄞枝、闫存仁、鄞长、刘福龙、王福成、刘元、王成、武成、张有、孙天喜，各施钱六百六十文；张先生、金玉、孙有德、鄞和舒、邢万祥、邓悦、邢万成、王福荣、张光富、田德荣、陈选、刘八元、郭万银、武元、张永禄、何国祥、刘和、柴成、吴亨、何国祯、任福、王荣、韩世美、孙有成、陈士、邢守仁、邢守善，施钱六百六十文，各施钱伍百文。麻家村邢林、麻仲义、麻仲德、麻生茂、梁世昌、何林，各施钱壹千五百文；何兴，施钱一千文；麻仲和，施钱捌百文；何通山、邢德、麻斌、吴安、刘昌、张荣、张天刚，各施钱六百六十文；邢万义，施钱五百文；麻有，施钱五百文；何发，施钱六百六十文。张氏窑村陈万忠、陈万全、张展，各施钱壹千文；陈万仓、陈万良、陈万元、陈官、陈万金、张天义、张永和、李富、胡有德，各施钱六百六十文；郭禄，施钱五百文。石头村李阳，施钱贰千文；吉福禄、李仁，各施钱壹千五百文；李铎、李向云，各施钱壹千文；毛發、陈万义、毛仓、封世仓，各施钱六百六十文；李铭、任振新、李凤鸣、李锦、李英，各施钱伍百文。粟家庄村王万年，施钱一千五百文；苏天富、苏天升，各施钱壹千文；苏进夆、王天顺，各施钱捌百文；苏礼、何财，各施钱六百六十文；苏明、苏进义、苏元、候朝发、苏汉银，各施钱伍百文。兴旺庄村韩进礼，施钱贰千文；靳相，施钱一千五百文；韩科，施钱一千二百文；韩进智，施钱壹千文；范廷荣、范廷枝、范文孝，各施钱六百六十文；霍明、范廷谦、韩良，各施钱伍百文。水泉村秦生贵、秦建功、张金，各施钱壹千伍百文；聂存礼、梁保、蒋永旺、张福、梁恒，各施钱壹千文；秦生发、张玉、张全、高文科、秦生富、高富、张荣，各施钱六百六十文；党日明、张福昌、王义、李荣，各施钱伍百文。驴圈村李福，施钱一千五百文；李阳春，施钱壹千文；张珍、李成春、李富春、李玉春，各施钱六百六十文；李迎春、李金、李龙、李财、李官、李铎、李恭、张全、李全、李宏、李凤春、李应、李银、张恩，各施钱五百文。水泉村王成，施钱六百六十文；张升，施钱一千五百文。白山村邢万仓、邢万良，各施钱壹千文；陈鸿儒、乔永泰，各施钱六百六十文；丁泰、张天德，各施钱伍百文。

小窑山村麻仲林，施钱二千文；麻仲举，施钱一千五百文；赵兴贵，施钱壹千文；刘全，施钱六百六十文；刘兴旺、刘成、宋明、马成富、李德忠，各施钱伍百文。竹林寺村李有财、高富、高举、马万金，各施钱六百六十文；高奇富、蒋宝、蒋忠、王成有、蒋仓、蒋升、马世彪、马世龙、李兴顺，各施钱伍百文。吴官屯村王仓，施钱四千文；邢守太，施钱贰千文；吴选、李富，各施钱壹千五百文；吴永富、王天福，各施钱壹千文；王富，施钱捌百文；王柱，施钱六百六十文；李生富、吴永安、王升、王永亨、王荣、段广成，各施钱伍百文。姜家湾村曾海、曾鱼、曾江，各施钱壹千文；姜贵、张维，各施钱六百六十文；张廷、刘锦、张明、万有金、万福，各施钱伍百文；万顺，施钱壹千文。安乐庄周吉荣，施钱一千二百文；袁志新、袁志明、任刚，各施钱壹千文；刘魁元、刘清元、张普、萧同和，各施钱伍百文。谢家场义顺荣，施钱叁千文；天德泉，施钱贰千文；高效文，施钱壹千文；高伸，施钱六百六十文；岳海，施钱五百文。八墩子村王兴仁，施钱一千二百文；王佩玉、通泰店、王荆洲、梁海、王？珺成，各施钱伍百文。干庄子村朱大清，施钱一千五百文；高永顺，施钱六百六十文；朱和、高永和、关守礼、李忠，各施钱伍百文。青磁窑村邱全，施钱贰千文；刘义、曹清、曹瑞、刘玉、李永发、韩世明，各施钱六百六十文；李发元、韩庆荣、李永清、邱尚荣、李万良、曹世禄、李万年、曹世福、李兴源、李兴明、曹明、杨登山、刘德，各施钱伍百文。西龙探头村席文元、席文明，各施钱壹千五百文；席文蔚、王永享，各施钱壹千文。小窑头王天有，施钱五百文；世仲源，施钱五百文。

白庙子村张桂、张阔、李秀、张本善，各施钱壹千文；刘玉山、黄廷亮，各施钱伍百文。张家湾王谨、王谦、冯富，文水县王汝蛎，南杏庄姚致中、王兴恒，大窑山邢万山，左云贺开太，各施钱伍百文；朔州刘福祥，刘官庄马富，各施钱壹千文；祥瑞，施钱六百六十文。以上，共宗各施钱叁百壹十七千零八十文。

① 这里以日本《云冈金石录》第五洞佛阁外东侧《重修大佛寺碑记》为底本，核对原碑，略有改正。另有蒙文《重修大佛寺碑记》碑一座，立于第五洞佛阁外西侧，今天依旧。

1866 年丙寅　清穆宗爱新觉罗载淳同治五年

【碑额】万古流芳[①]

【碑文】大清同治五年，岁次丙寅，七月吉。

【蒙文碑文】……

【碑阴额】永垂不朽

【碑阴文】尝谓：好善乐施，从古原无远近之别；乐善不倦，至今岂有胡汉之分。今有云冈堡玉皇庙，年远日久，椽檩损坏，砖瓦剥落，神像凋零。闻者莫不感伤，见者岂忍坐视。幸得正黄旗明张盖大人，善心感动，忠信相投，情愿舍资重修，竭力募化，里外见新。于焉开造作之基，而我堡相助，遂以成不朽之业。功竟不日而告竣焉。是虽神速，亦何莫非天助之奇也哉。今将众姓所施布施，爰立石碑，请登芳名，以垂不朽云。信心弟子、文生张玺，熏沐敬撰。信心弟子、石头村李铎，沐手敬书。

大佛寺通喜，施钱五千文；大佛寺心良，施钱二千文；孙有成、张士显、郑德魁、鄞玉、邓温、王天财，各施钱一千五百文。柴权、柴梁、张永福、马德龙、邓选，水泉村梁宝、王天成、王明珠，大德和苏、和邓，各施钱一千文。马德有、马德富、邢满、郑国忠、邓文英、段顺、陈富、陈明、张明富、陈选、鄞连，各施钱五百文。刘万顺、刘福隆、陈道、鄞万舒，各施钱四百文。孙天喜、张发，大同李世雄、陈林、王儒、王荣、张永禄、郑连、姚满库、柴祯、刘和、张孝全、武成、刘万忠、刘天明、王选、鄞和舒、郭万银、吴永清、邢士梅、张海、张有、张光业、王明玉、周镒、柴构，麻家村邢林、阎存仁，各施钱三百三十文。柴栋、鄞步舒、何国祥、孙有德、邢万荣、陈士、张光富、周元、邢士贵、刘天喜、鄞掌、刘元、孙有功、陈天财、孙天全、吴恒、邢守富、刘天义、吴永盛、王成，各施钱二百文。

经理人：王天财、柴梁、马德龙。会首：张孝全、姚满库、张士奇、柴希舜。

① 此碑，原在第20窟顶玉皇阁土台上，2007年我差人移下，现立山门内。这里所抄碑文，以日本《云冈金石录》玉皇阁《修玉皇庙记》为底本，核实原碑，稍作更正。

1869年己巳　清同治八年

【一间纵书】大同城西云冈大佛寺。住持僧人通喜，徒弟侄心锐、心明、心如。募化心良，徒源顺、源续。

【二间纵书】山西朔平府左云县云冈堡大佛寺庙位前，造神钟壹口，重二千五佰余斤。布施开列于后：大同白秀峰，施钱十伍千文；吴官屯王苍，施钱三千文；蔚迎春，施钱二千文；梁耀金，施钱伍千文；谢家场高赞，施钱一千伍百文；麻家村何宝山，施钱一千文。

【三间纵书】荣花皂郭世雄，施钱一千文；圣？云寺胜林、鄷玉二人，各施钱一千伍佰文；柴良、马德龙、王天成、王天财、孙有成、孙有富、邓良、邓温、王明珠七人，各施钱一千文；张士显、张士奇、陈遴、崞邑李信、柴权、大同马世龙、石头村李阳、王门吉氏七人，各施钱一千文；邓选、张成、王升……

【四间纵书】邢满、郑国明、陈福、邓明、刘万顺、张永福、邢林、口泉赵师付、口泉胡师付十一人，各施钱六百六十文；刘万富、王明玉、王明忠、马德有、何国祯、郑国忠、舒耀先、武科、刘福龙、王选、陈富、刘元、郑连十三人，各施钱伍佰文。

【五间纵书】张海、段顺、邢万祥、张进宝、闫存仁、鄷瑞、鄷淑、马德富、鄷珍、邢守富、武魁十一人[①]，各施钱伍佰文；陈国兆、刘天明、孙天喜、陈林、周溢、陈选、鄷林、王儒、姚满库、王福荣、邢士海十一人，各施钱伍佰文。

【六间纵书】张元、苏郡、邢守仁、新村张宗、蔚州李克智、刘天义、赵思、武计荣、郭万银、王荣十人，施钱伍佰文；柴栋、周元、张士元、王相、孙有功、郑国泰、鄷长、陈国泰、刘珠、吴永清、张永禄、郑文斌、张杰、邓文升、武计义十五人，各施钱三佰卅文。

【七间纵书】山西大同府城金火人工、开设大同东门红门海臧寺庙西院，开设清泰炉；沙院祖传人等开炉，院东、西两门，西门永和炉。白永清、白永和，男玉玺、玉堂、玉山，孙殿魁、殿鳌、殿元，徒弟邢万库、石万年、杨大成、郭玺、田万禄、杨维州，徒孙胡永顺、吕永福、胡永禄。

【八间纵书】铸钟人，白老铁炉白永清，年六十六岁；弟白永和，年五十六岁，妻王氏。男白玉玺，年三十六岁，妻马氏；白玉堂，年二十岁，妻孔氏；白玉山，年十四岁。孙白殿魁，年十八岁，妻马氏；白殿鳌，年八岁；白殿元，年四岁。大清同治八年十一月十七日，吉日成造。吉庆有余，福寿双全。

【下栏横书】声闻于天，有求必应，阿弥陀佛，天下太平。——日本《云冈金石录》

石佛寺钟楼《住持通喜造梵钟记》②

① 2002年，重建第6窟前东西厢房，在西厢房地下发掘出地炕和地灶，那应该是清代以前的遗址。同时，发现一块玄武岩柱石，29厘米见方，厚17.7厘米，正面和两侧刻字，应是一幢方碑的中间一段，且又立劈为二。此残碑，不知镌于何年，立于何地，竟为云冈僧房基础！因其碑文中有“武魁”名字，故附录于此。其右侧文字如下：“僧纲司都纲福登。……施银二钱……施银三两……银三两……施银二两……施银一两……银一两。高选施席四领，姚登夆？施银一两，孙如桂施银一两，杨诚、杨训施银一两，赵进礼施银一两，高尚义施银一两，袁震施银一两，郭玉施银一□，李成施米一□，赵璧施米五□，黄应贵施砖一□、施良五□。”其正面文字如下：“果施银二刃……氏施米五升……施银五分……施银五分……□氏银五分……常氏施银五分，何连郑氏、陈仓雷氏、崔次宾、何养明、尤进奎、宋屏周、施勇胡氏、宗思搏？、赵氏、李广、李氏、陈学用、朱氏、陈万顺、王天□、张国义、陈明厚、如？智，以上各布施□。……银三分……施米四袋……米一袋，刘恩施银三分，妙法施米二袋，妙□施米六袋，杨忠施银五分，刘应全米一袋，吴茇？施银五分。重修所？门工价于后：石灰砖瓦价银四十五两，添妆天王殿内工价颜料二十八两，妆修观音殿内工价料费十六两，妆修地藏殿内工价料费十三两，文殊、普贤二合外添工银十两，关王、二郎殿内工价□□四两八钱。油匠……泥匠……木匠……造碑……□张……请金……”其左侧文字如下：“□□陈氏施银二刃，张麟施银一钱，武魁韩氏银二刃，□□官施银一刃，武继科马氏银三刃，张□财施银一刃，李尧广施银五□，李尧祚施银五刃，王习施银五刃，史公施银一刃，宋希蒙施银五刃，刘可林施银一刃，□孟□、魏鸣□、李蕙、□德、王大宝。”按：僧纲司，明代初设；福登，应是大同府僧纲司都纲。我推测，盖明代云冈佛寺遗物；但其记所修佛寺，有天王殿、观音殿、地藏殿、文殊阁、普贤阁、关王殿、二郎殿，又似非云冈寺院规模。姑且存疑。

② 此钟，今存。其铭文，以《云冈金石录》为底本，略有改动。钟底环铭八卦：“坎、艮、巽、兑、震、坤、乾、离。”

1870年庚午　清同治九年

【碑额】善与人同①

【碑文】盖闻修作之事，莫为之前；□□□□，莫为之后。……于是合会□议，动作□□□庙宇、钟楼、山门、戏台、社房等项，□□作人口姓……一□□日成之，特将善□□士女，按地亩股分、公□施钱人□□列于后……左云县生员

□□□□□□撰并书，石头村李□□□敬□

□□大佛寺，施□……□□，施大钱壹拾千文；□□营，□钱……□喜，施大钱□千文；鄭□，施钱壹拾三千三百文；□□□，施钱壹拾三千二百文；□□□，施钱一拾千零八百六十四文；玉明珠，施钱一拾千零一百零八文；王天成，施钱九千八百二十八文；邓温，施钱九千四百九十二文；邓宣，施钱九千零七十二文；柴全，施钱八千九百六十文；王天才，施钱八千六百五十二文；孙有成，施钱七千五百零四文；邢万库，施钱七千八百一十二文；陈富，施钱七千八百六十八文；王相，施钱七千六百一十二文；张永福，施钱六千□百五十六文；□选，施钱五千四百八十八文；鄭林，施钱五千一百五十二文；陈国兆，施钱四千五百九十二文；马德富，施钱四千五百零八文；柴楫，施钱四千三百六十八文；王升，施钱四千一百一十六文；刘福龙，施钱四千二百五十六文；张明富，施钱四千二百二十八文；鄭连，施钱四千一百十六文；……大清同治□□，□次庚午仲秋……

① 此砂岩单面镌文大碑，日本《云冈金石录》未载。原先盖在中部窟前排水沟上。2002年秋，本所老职工王恒庆向我说起，遂差人掘出。文多漫漶。

1873年癸酉　清同治十二年

【碑额】同归

【碑文】《重修庙宇碑记》①：从来事有所创，必有所因。创与因，固相须而成者也。若我云冈堡，旧有大佛寺，前人创之，前人未始不因之。但世远年久，风雨剥落，不无倾圮。僧等不忍坐视，虔心募化整修，奈工程浩大，仅建山门三间、钟鼓楼两座；其余不能灿然可观。除募化来往官长及四方善士、蒙古仁人外，又向归化城募化。直隶营防游击张大人士林，因同治九年歇宿于寺，固深悉佛像之尊严，神灵之感应，庙貌之巍峨，此固天下最胜境，亦西来第一峰也。言及于此，愿为领袖，向刘大人呈明其情，同恳请将军、道台，共成胜举。募化该处各署官长及本营官勇，无不乐捐，助银若干。于是遂为鸠工之兴，以壮鹫岭之观。废者修之，坠者举之；金装佛像，丹雘东楼，以迄过殿，无不焕然一新。今将勒石，所有布施姓名，开列于左，以垂不朽云尔。是为序。甘肃省平凉府固原州儒学廪膳生员、伟堂徐成烈，沐手拜撰并书。

简放提督、统领直绥两营马队御勇巴图鲁刘，助银壹百两；钦加布政使衔、山西归绥兵备道国，助银壹百两；遇缺即补府正堂、归化城蒙古民事府庚，助银伍拾两；道衔、遇缺即选知府、萨拉齐同知文，助银伍拾两；候选知府、升补丰镇托克托城理事同知、通判玉，助银叁拾两；知府衔、候补直隶州知州、署清水河理事通判吉，助银拾两；副将衔、直隶即补游府张，助银壹拾两；游击衔、直隶即补都阃府张，兼协理募化人，助银贰拾两；记名总镇都督府协勇巴图鲁张，助银贰拾两；协镇衔、直隶即补参府、管带绥字左营刘，助银贰拾两；管带绥字右营、协镇衔、直隶即补游府刘，助银贰拾两。协镇衔、直隶尽先参府马，助银贰拾两；管带左翼水师、补用协镇都督府韩，助银贰拾两；管带右翼水师、补用游府荣，助银贰拾两；世职骑都尉、和林格尔蒙古民事府惠，助银壹拾两；候选盐运、同绥远城理事府觉罗清，助银壹拾两；协镇衔、直隶尽先参府冉，助银壹拾两；山东尽先补用都阃府翟，助银壹拾两；帮带绥字左营、尽先补用游击陈，助银壹拾两；帮带绥字右营、即选知县郑，助银壹拾两；帮带绥字左营、蓝翎知州陈，助银壹拾两；帮带绥字右营、直隶补用协镇都督府萧，助银陆两。

绥字右营五哨弁勇等，助银贰拾五两；左翼水师十五哨官等，助银贰拾五两；右翼水师十五哨官等，助银贰拾五两；直字前营哨官等，助银贰拾五两；直字后营哨官等，助银贰拾五两；绥字左营五哨弁勇等，助银贰拾五两。归化城十五社，助银贰伯两。铁笔匠人南同川、张承福刻。经理住持僧通喜，徒侄、徒弟心明、心锐、心如、心良、心禄，徒孙源麟、源绪、源和。大清同治拾贰年，岁在昭阳作噩，日躔析木之次，穀旦立。

【碑阴额】万善②

【碑阴文】大佛寺乃子出家僧通喜，自幼寄住崞阳庄香火庙。设立农商，多年勤俭，自置到崞阳庄肥田四顷三十五亩，又置到铺院四所，其买价大钱贰千五百千文。今情愿入于大佛寺，以作历年香火之资。诚恐后辈子徒荡产废业、变卖田产铺院者，不得私卖；本村外乡农商人等，亦不得私买窝买。如有强买强卖者，不论远近法眷、本村寺主，皆可禀官追究，仍归本寺，为永远香火之费。诚恐日后无凭，今将立碑为证。同治六年，修盖正禅房三间，陈设俱全，共花费钱三百千文。十一年，开除本寺新旧，该外借贷货帐，共大钱六百五十千文。十二年，庙前安设园灌一所，花费大钱壹百五十千文，作为住持永远养膳。

钦差、督理杀虎口税务嘉，助银贰拾两；钦差、杀虎口监督税务钟，助银贰拾两；广东提督军门府张，助银壹拾两；署理左云县知县、正堂荣，助银壹拾两；大同右营游击还，施钱八千文；关东城得府朝阳县任氏、京喇吗[3]，各施大尖牛四条，施乳牛三条，施棉羊九只。迎春沟货房、义春源众字号，共施钱叁拾千文；白垛村耆宾高凌云，施钱叁千文；崞邑贡生蔚迎春，施钱五千文；太谷县候选清军府郝建三，施钱叁千文；大同天元永，施钱拾千文；崞阳庄宗止麟，施钱叁千文；大同恒兴馆，施钱贰拾千文；马成林，施银贰两；乱家鞯德义魁，施钱叁千文。

① 此碑文，以日本《云冈金石录》第六洞佛阁外东侧《重修庙宇碑记》为底本，核对原碑，略有更正。
② 碑阴额，《云冈金石录》误作“百世”。
③ 城得，即“承德”之讹。

1876年丙子　清德宗爱新觉罗载湉光绪二年

【碑额】【蒙文一行】[1]

【碑文】大清光绪贰年八月贰十七日穀旦吉立。住持僧师傅心锐、心明，师叔心如、心禄，徒侄源和、源麟，徒弟源续、源法。左云县猪儿窊村谭立章敬书人。关东朝阳县京喇吗徒弟卑北令。【蒙文碑文】

【碑阴额】万古流芳

【碑阴文】各处宝号募化，重修云冈堡大佛寺前殿遗址，更建左右禅室，次第仍补修层楼，土木陶绘。屡年，虽系重修工竣，僧以家居老，不敢稍有懈怠，致废前人创始之巍焕。因？以专请四乡庙主，选择仁人长者，乐善不倦。况乃西来为第一名山，贵宦行台每虔心瞻拜，芘荫无边。历有年所，风雨剥蚀，迄今佛像通身披金，五丈有零，更建二层殿前东西禅室。因现前募化无多，功程甚大，伏祈各处行户、仁人长者，多废金银，动若雷鸣，指日可及。即虑始维艰，而图终良易？庶几人佛以襄胜举，落成后，勒石以记。其词曰：庙辉煌兮著灵光，佛赫奕兮庇四拜，游人赏兮福穰穰，台歌舞兮乐洋洋。

大同钱行，施大钱叁拾千文；店行，施大钱叁拾千文；油行，施大钱贰拾伍千文；碾行，施大钱壹拾千文；木店行，施大钱伍千文；乾菜行，施大钱叁千文；山货行，施大钱肆千文；布行，施大钱拾千文；釘行，施大钱拾千文；倾锁银行，施大钱拾壹千文；恒兴馆，施大钱贰拾千文；天元号，施大钱拾千文；赵子直，施大钱贰拾千文；马永太，施大钱贰拾柒千文；马秉林，施白银贰刃。

县衙门宣二爷，施大钱叁千文；李掌案，施大钱叁千文；王掌案，施大钱叁千文；候天的，施大钱贰千文；米廒，施大钱陆千文；乔怀玉，施大钱壹千伍百文；陈典，施大钱壹千伍百文；李富，施大钱壹千文；张明，施大钱壹千文；魏光先，施大钱壹千文；杨恒富，施大钱壹千文；荣炳武，施大钱壹千文；乱家嘴天？成货房，施大钱叁千文；东仓豆廒，施大钱贰千文；白福，施大钱壹千文；王模，施大钱壹千伍百文；永合馆，施大钱贰千文；崞阳庄铺行，施白银肆拾两；牛犋社，施白银贰拾两；蔚州班春山，施白银壹拾两；太和庄阖村，施白银壹拾两；如意村阖村，施白银捌两。

如意村申光前，施白银叁两；壹家村阖村安姓，施白银叁两；王家窑聂成、元恒利，各施白银叁两；王生弼，施白银壹两；四六奇村张国正，施白银叁两；前得胜村张德金，施白银叁两；三号阖村、王鹤令，施白银贰两；宋长荣，施白银壹两；火德章，施白银贰两；宋亨太，施白银壹两；蔚焕章，施白银壹两；东□号孙日命，施白银壹两五钱；太平庄闫永顺，施白银壹两；王恒如，施白银贰两；于耀，施白银贰两；刘瑛，施白银壹两；刘定国，施白银壹两；张士达，施白银壹两；张恒玉，施白银壹两；王连，施大钱伍百文；孙禄，施白银叁两；北隆太村边维汗，施白银叁两。

① 此碑文，以日本《云冈金石录》第六洞佛阁外西侧《蒙文碑》为底本，核对原碑，稍有更正。

1880 年庚辰　清光绪六年

是年六月，大同县龙王庙敕赐封号曰“广济”。——《光绪山西通志》卷 73《秩祀略》

1881 年辛巳　清光绪七年

余卜颐《寒泉灵境》①：

灵根灵窟产灵泉，九曲灵波漾自然。喷浪如游香雪海，寻源疑在大罗天。

千重玉漱玻璃细，一串珠抛玳瑁穿。是色是空无碍相，乘槎吾欲问张仙。——《光绪左云县志》卷 10《艺文志》

石佛寺，在云冈，又名“佛窑山”。传自后魏拓拔氏时，始于神瑞，终于正光，凡七帝，历百十余年。规制甚宏。原寺十所：一曰同升，二曰灵光，三曰镇国，四曰护国，五曰崇福，六曰童子，七曰能仁，八曰华严，九曰天宫，十曰兜率。其中有元载所造石佛二十龛，石窑千孔，佛像万尊。由隋唐，历宋元，楼阁层凌，树木蓊郁，俨然为一方胜概。今非其旧，只令吊古者登临兴慨耳！迤东数武，有石窦喷泉，清冽可饮，行道多藉焉。题曰“石窟寒泉”，即八景之“寒泉灵境”。康熙三十五年冬，圣驾幸寺，御书匾额“庄严法相”四字。——《光绪左云县志》卷2

寒泉灵境，在县东云冈，九十里，即石窟寒泉。有窦喷泉，清冽可饮。——《光绪左云县志》卷2

云冈堡，明设操守，今裁。——《光绪左云县志》卷2

云冈堡，东至大同，西至高山，各三十里；南北俱村。接火墩八座。新旧二堡：旧设崖下，嘉靖之戊午也。因北面受敌，议移岗上，万历之甲戌也。旧者仍留，以便行旅；新者尚土筑，女墙系包砖，共高三丈五尺，周围一里五分。下有寒泉，皆佛窟，亦灵境也。——《光绪左云县志》卷3

①《光绪左云县志》卷4：“余卜颐，陕西兴安府平利县监生，军功保荐知县，光绪四年六月十三日署。”七年（1881），主持修纂完成《左云县志》。

1891年辛卯　清光绪十七年

五华洞第一洞内，有民国九年寺僧广玉延请大同举人厉时中先生记“光绪十七年，兴和县王永昌氏出赀购买民院地址，装采五华洞[①]，并修饰东西两楼，金装大佛全身”一碑，特为完好。王氏甚有功德。然而，诸佛被饰彩绘，大失本真，王氏不能辞其咎[②]。——厉寿田《云冈石窟寺源流考》

① 白志谦《大同云冈石窟寺记》：“经后世修理，有户牖而无楼观，名五佛洞，俗所称五花洞者是也。在佛籁洞之西院，五窟并列。”

② 《郑振铎文博文集·云冈》：“登上了大佛寺的三层高楼……这洞内几乎全部是彩画过的，有的原来未毁坏的，其真容也被掩却。想来装修不止一次。最后的一次是光绪十七年兴和王氏所修的。他‘购买民院地点，装彩五佛洞，并修饰东西两楼，金装大佛全身’。不能不说于云冈有功，特别是购买民地，保存佛窟的一事。”

1894年甲午　清光绪二十年

后世补修题记之可考者，止能溯及清朝。……中部第七洞有“大清光绪二十年重修，挥画工人天镇县马师传孟秋六月榖旦敬”之文[①]，盖以此洞所施彩画为最晚

也[②]。——周一良《云冈石佛小记》

① 中部第七洞，即今第 11 窟。

② 云冈石窟的明清补塑与彩画，极为粗俗、低劣。原因盖如《乾隆大同府志》卷 7《风土》所云："其工，皆朴拙，不能为雕华镂刻，故奇技淫巧不鬻于市，木石金锡之属无擅长者。陶埴合砂土为之，制极粗陋，惟画工较多，其它宫室、衣服、器皿裁足备而已。"

1900 年庚子　清光绪二十六年

八月……辛未，次怀安。壬申，次天镇。诏奕劻还京，会李鸿章议和。癸酉，次阳高。甲戌，次聚乐镇。太监张天顺骚扰驿站，处斩。乙亥，次大同。命刘坤一、张之洞会议和局。以载漪为军机大臣。戊寅，赏随扈王公暨大小臣工津贴银两。己卯，次怀仁。——《清史稿》卷 24《德宗纪二》

【碑文】光绪廿六年冬十月，知大同县事、日照丁惟晋，因公事过云冈，揽石佛寺之胜，归告其友嵊卞玉书。十有一月甲戌，玉书招日照许炳祺、牟家荃、丁观详同游，武进屠寄题名，即墨黄君复刻石[①]。

① 此题记，日本《云冈金石录》名为《光绪二十六年卞玉书等游记》，附刻于第 6 窟外东侧《重修庙宇碑记》碑阴。

1902 年壬寅　清光绪二十八年

明治三十五年六月中，余旅行中国，途次山西大同府城西之云冈。观后魏营造之石窟寺，惊其形式与构筑之奇异，诚余旅行亚细亚中之最壮观[①]。其窟内之状态，今日犹历历在余眼底。当时余之行程，发轫北京而进入山西。窃以为山西大同之地，即后魏之平城，又为辽金之西京，其后魏遗迹，想必湮灭无存，而辽金遗物，或尚有多少可见，足为研究之资。迨行至大同府附近，不图于城西三十里之云冈，望见一丛之石窟寺，就而抚视之，则实为后魏营造之古刹，而一千五百年前之壮观依然保存于今日。其形式结构，与日本之推古式若合符节，且多参以泰西之古色拉结构。一见而知为西域艺术之直系[②]。——伊东忠太《中国山西云冈石窟寺》[③]

① 日本岩崎继生《大同风土记》（侯振彤译）："最早发现此佛教美术一大圣境之石窟寺的专家，是日本建筑界的权威伊东忠太博士。博士从明治三十五年（1902）三月至明治三十八年（1905 年）前往中国、印度、欧洲进行了研究性的旅行。于明治三十五年六月下旬，偕同横川省三、宇都宫五郎诸氏，从张家口前往大同，沿武周川行三十华里，到达云冈石佛寺。对博士来说，大同石佛寺的

发现，完全出于偶然；博士做梦也没有想到，在此地还保存有北魏拓跋氏的遗迹。”木下杢太郎重版《大同石佛寺・附录三》（王雁卿译）：“云冈的石窟寺被中国的儒者文人遗忘的时候，明治三十五年（光绪二十八年、西历一九〇二年）六月伊东博士偶尔发现，并引起学术界的注意。其最初发表于《建筑杂志》第百八十九号（明治三十五年九月发行）。”按：是年，伊东忠太于《建筑杂志》189 号，发表《云冈旅行记》；并讨论艺术源流于《北清建筑调查报告》。

② 伊东忠太佛教艺术东渐系统表：

印度佛教———⊕——————————————————————↓
　　　　　　↓　　　↗→葱岭以东西域诸国——————↓↓
大夏————→犍驮罗—⊕——————————→于阗————→后魏————→推古
　　　　　　↑　　　↘→迦湿弥罗————↑　　　　　　↑
萨珊—————⊕——————————————————————↑

③ 伊东忠太《中国山西云冈石窟寺》，东京《国华》197、198 号，1906 年 10 月、11 月号发表。其第二章《石窟寺之现状》中，仅将今天云冈中部第 5 ～ 13 及无名窟，列为第 1 ～ 10 窟，加以叙述。

1906 年丙午　清光绪三十二年

明元帝嗣位，帝始创建石窟寺于云冈。西历四百二十三年，太武帝即位，先灭夏，平北燕，并北凉，逐吐谷浑，破柔然，威震西域。于是乌孙、疏勒、龟兹、悦般、渴盘陀、鄯善、焉耆、车师、粟特、破落那、者舌、契丹、高句丽等国皆入贡。盖当时西域诸国悉为佛教国，而其佛教艺术之性质，与大月氏之犍驮罗式同，或属于其系统，是当然之理，无足疑也。此佛教诸国争来贡于北魏，可证其犍驮罗式艺术输入后魏。[①] 但太武帝太平真君七年，诏破坏佛像，坑杀沙门，则石窟寺之营造，亦一时蒙毁坏。西历四百五十三年，文成帝即位，隆兴佛教，石窟寺之工程，亦当再继续。是时，波斯、嚈哒、于阗等来贡，足征萨珊艺术之东渐。献文帝嗣位，屡幸石窟寺。至孝文帝……太和元年，有西天竺之舍卫国来贡，是为印度艺术之输入。——伊东忠太《中国山西云冈石窟寺》[②]

伊东博士抱着在大同探访辽金遗迹之目的而来，却意外地有了大发现，这使他欢欣雀跃不已。博士的调查报告[③]，在明治三十九年度（1906 年）的《建筑学杂志》及《国华》杂志上发表，引起了世界学术界的兴趣与注意[④]。——岩崎继生《大同风土记》，侯振彤译，载 1987 年山西省地方志编纂委员会办公室《山西历史辑览》

① 日本木下杢太郎重版《大同石佛寺・附录三》（王雁卿译）：“关于大同石佛的雕刻样式与传统，现在诸家的见解很难一致。继伊东博士的犍陀罗起源说之后，又有笈多起源说，目前尚未定论。所以，在博士最初论断的基础上，今天的研究者仍然需要做进一步的考究。”

② 伊东忠太《云冈石窟发现之时》（王雁卿译）："1902 年，我决定去中国、印度、土耳其等国家留学，三月下旬从东京出发，第一站目的地是中国。先暂住北京，后来去山西省旅行。顺路经过明陵、张家口等地，到大同时已经是这一年的六月十七日。……本想会见知府，恰巧不在，于是和知县龙璜会面。他的侄子在日本京华女子学校就读，所以很快见到了，他对此地各种事情滔滔不绝。从龙先生处了解到许多情况，说在大同城内有辽金时代的古寺，而且说城西三十里有个地方叫云冈，那里有石窟寺。据说是北魏创立的，但他不是专家，不知是否属真。云冈石窟当时还未被世人所知，我也是第一次听说，所以很感兴趣。马上借来《大同县志》查阅，看到相关记载，可能真是北魏的遗物流传至今。于是，第二天早晨天还没亮便从大同城出发，快马加鞭地赶往云冈。确实是大规模的石窟寺，太震撼了！这正是北魏的遗物，我欢喜雀跃，手舞足蹈，不知所措。本来是没抱什么期望地来大同，意外看到漂亮的北魏遗迹，真是万幸！在一个叫武周川的河畔，旁边是连绵的山丘，其山麓开凿着无数大大小小的石窟，内部也雕刻着大小众多的佛像和装饰雕刻的纹样，全是北魏时代的作品。于是，我们开足马力，又是踏步测量，又是摄影，又是素描，这一天连吃饭也顾不上，一直考察到日落。而且不仅是我一人，同行者都想在此多停留几天，进行充分的调查，但旅行日程早已设定，变更有困难，所以只呆了一天就走了，非常遗憾！以上是我初次踏上云冈之地，接触到这个古迹的实情。于是，山西旅行结束后，回到北京，急忙把事情的来龙去脉告诉知友，寄稿建筑杂志。之后三年留学生涯结束回到日本，在《国华》杂志上发表了云冈发现之事，告之艺术界。如此，云冈石窟的发现——如果说'发现'是僭越，那么可以说是最早的介绍，应该说是我在三年的留学中最好的成绩。因为我的介绍，应该故迹为世人所知。"

③ 日本伊东忠太著《中国山西云冈石窟寺》，后由国人黄孝可翻译，与陈垣《大同武周山石窟寺》合出一书。

④ 日本长广敏雄《云冈日记》（王雁卿译）："东大建筑学教研室的伊东忠太、关野贞等教授，大约在明治三十五年后，在采访中国的旅途中，对云冈和龙门的大石窟群进行摄影照像和测量，并在学术界作了介绍，特别是伊东教授在明治三十五年去云冈探访，发出感叹：'那种形式方法和我们所谓的推古式完全一致。'水野、长广在研究所把大先辈们摄影的大多数照片收藏起来做为基础重新讨论，但东大的大先辈们的调查是简略的，总觉得没有抓住本质。"

1907 年丁未　光绪三十三年

继伊东博士之后，一九零七年法国著名的研究东方的学者夏文努氏，收集云冈石佛寺及龙门石佛寺的建筑与雕刻的照片和图录，著成《华北考古学使命记》一书[①]，大同云冈石佛寺于是开始成为国内外学者及美术家的一大巡礼地[②]。——岩崎继生《大同风土记》

① 丁明夷《云冈石窟研究五十年》："法国沙畹在《北中国考古图录》卷二（公元 1909 ~ 1915 年）中，最早发表一批云冈照片，向世人披露了云冈风貌。"按：该书图版 200 ~ 277，为云冈石窟照片 78 幅。木下杢太郎重版《大同石佛寺·附录三》讲："沙畹（1865——1918）27 岁时，任法兰西学院汉文教授……在中国的考古学方面，1893 年研究汉画像石，1902 年去龙门，1907 年到云冈

石窟考察。其结果收集于上述二部大写真集中。不仅在欧洲学术界，在我国也是因此书才开始知道不少北魏造像的事。”

② 姜亮夫《莫高窟年表》：“关于云冈形制内容研究，以法儒沙畹最早而最详确。解说图释，均极允当，且以此而云冈之名，震耀于世，因以启帝国主义者盗窃割裂之机。石鼓、寒泉、灵岩、万佛诸洞，被毁最甚云。”

1908 年戊申　光绪三十四年

石窟寺东方洞窟中，最应该看的是抄纸场里的一大洞内的巨大端严微妙的本尊、胁侍三体像，洞前对立着二座石塔原雕。在此东方，还有中央残雕塔形的二个大洞，相当有意思。又在西方有颇多的洞窟，其一半露出崖头，一半被民家占据。这里有各种有趣的大像、建筑造型等，仔细研究其诸洞诸佛，可以明了日本本邦艺术的渊源，实在是有无限的趣味。即使不是专家，只是出门到大同的人，一定要用一天的时间看看这座绝好的大遗物，肯定会有收获。在我滞留此地时①，前往蒙古探险的理学士出口雄三君、理科大学学生丰原信一郎以及上海同文书院的学生六人也顺道来访，不时发出赞叹的声音。——木下杢太郎重版《大同石佛寺·附录三》引冢本靖《清国内地旅行谈》或《续清国内地地旅行谈》

① 日本木下杢太郎讲：冢本博士明治四十一年曾住在云冈。而在他旅行开始时，与关野贞博士同行。

第十四编　中华民国纪事

1912 年壬子　中华民国元年

大同县原为旧大同府的首县，民国元年五月裁府留县。县城是山西北部的大城市[①]……城区分内城与外城。……外城有北门外及南门外两城。据算居民五千四百户，三万一千人。但实际观察，户数约为四千，人口约为二万左右。[②]——日本东亚同文会《中国分省全志》第 17 卷《山西省志》，1920 年出版发行。见山西省地方志编纂委员会办公室 1992 年翻译本

① 1919 年版《大中华山西省地理志》谓：城内有镇守使署、雁门道署。雁门道辖原大同、朔平、宁武三府各县。

② 以上两说，盖指大同县城人口，未包括乡村人口。《大中华山西省地理志》谓："大同县……人口二十七万六千七百二十人。或号为四十万。"

1914 年甲寅　民国三年

云冈于有清一代，原属左云县管辖[①]，民国三年始划归大同。——白志谦《大同云冈石窟寺记》

① 按：乾隆二十六年（1761），云冈割归左云。今第 1 窟外东侧石壁，残存刻字"左云县交界"。

1915 年乙卯　民国四年

今灵岩石像中最古老的样式，诚如唐道宣律师所言厚唇、长目、丰颐，挺然的大丈夫相。其崇高雄伟的趣味，为后代艺术所不能复如。这并非过褒之词。特别是石佛寺东洞的大佛及其胁侍，如同寺之西方一洞的大佛，其面貌、姿态的特征，既不是印度风格，又非出自汉人的理想。第二洞下层及第六洞的诸像，因后世补彩而改变了原像的稳雅之貌，仅留有旧时的面影，就象魏末高齐佛像那样不和谐。第二洞的上层、第十二洞的诸像大致皆然。衣褶雕法的特征，如外崖大佛领边的折线，最显而易见。此风虽为太和、景明间的龙门宾阳洞诸像所传，但魏末不再复见。云冈佛像的头顶肉髻过大，有如峨冠，印度佛像不见有此类例。坐法，有结跏、交脚、并脚三种。结跏与印度及其后代的像没有大的差别，并脚不类印度倚像，交脚坐像同印度的萨埵跏轮王坐完全不同。交叉两脚的倚像，魏末高齐以后不再见。这大概是出自拓跋氏的风俗。手相中，只有说法、合掌，有时与印度及其后世的诸像相同。其余还不能用印相的定名称呼，虽定印有之，不重于上下而重于前后也。这也证明灵岩佛像非印度蓝本。这种手相，魏末以后绝不再见，并成为灵岩像式的特征。惟此所见非印度非汉人之面貌姿态，不是拓跋族理想上的大丈夫相，又是什么？我们曾考察元魏像式的由来，开始求印度古像不得，因而把希望寄托于中央亚细亚的发掘品。我先推测，即使龟兹、于阗的东西与犍陀罗相似，但从敦煌及高昌故地出来之物，应该能够寻得犍陀罗与元魏式的联系。可是实在没有发现，而只是近年斯坦因及西本愿寺（即日本的大谷探险队）等的发掘品，主要显示出唐文化的西流，最终找不到中国像式西源的线索。由此我才得出了如下的见解：元魏式完全是拓跋族的理想与创造。只是石窟凿造之事，先于此在印度阿旃陀有西历一二世纪的窟寺，我想应该是模仿其而来。正因为如此，凭借苻秦、北凉、拓跋氏等胡人，从鸣沙、三危的西陲开始，渐渐波及代都云云。——木下杢太郎重版《大同石佛寺·附录三》引大村西崖《元魏的佛像》（大正四年《东洋美术大观》第 13 辑、雕刻部）

汉人的文物与势力由来伟大，对五胡的强劲武力虽然一时不能胜之，不久却全部同化了。太和末年，孝文帝迁都洛阳，拓跋改姓为元氏，即非往昔的强胡。所以灵岩的拓跋像式不能长久保持其特色，直接浸染、变化。流传我国称为推古朝式。此即从灵岩的拓跋式及龙门的太和、景明时的作风，变化出魏末高齐的样式。——木

下杢太郎重版《大同石佛寺·附录三》引大村西崖《元魏的佛像》

1917年丁巳　民国六年

松本文三郎《中国佛教遗物》①，大正八年大镫阁发行。松元博士于大正六年（中华民国六年，西历一九一七年）与羽溪了谛先生共同游云冈。——木下杢太郎重版《大同石佛寺·附录三》，座右宝刊行会出版

① 日本岩崎继生《大同风土记》："伊东……其后，由于对大同石窟诸作品的重大关心，以及日本学术界关于印度雕刻的知识的扩大，主张由印度式（笈多式）要素混杂在一起的意见增多起来。在松本文三郎博士所著的《中国佛教遗物》之中，甚至主张'大同佛像，并不是来自印度犍陀罗的造像，而是渊源于中国学派的笈多期'。他说：'值得注意的是，在我们游历过的地区之内，中国从南到北，我们都多次遇到过笈多式或最接近于这种样式的造像。然而，还没有发现一处犍陀罗式或类似的造像。'在主张是中国特有样式的学者中间，也有各种不同的看法。既有肯定二要素的关野贞博士与木下杢太郎博士等人，还有解释为北魏拓跋氏独特之形式的大村西崖氏。在大村氏的大著《中国美术史雕塑篇》中提出：'这既不是中国风格，也不是印度风格，而是拓跋族理想上的英雄形象。不然怎么解释它的雄伟的面貌及其姿态之特殊呢？拓跋氏作为鲜卑族的分支，早就据有北部边陲的乌洛侯国；与其体格和面貌相适应，以其图南的雄志，进入塞内，在北代建国，并据以扫荡了中原。作为它的元气磅礴，完成了灵岩的宏大美术，并非出自偶然。'进而，大村氏认为，云冈石窟中所特有的交脚，既无印度的先例，也无中国后来佛像印证，这是北魏所特有的特征。"

1918年戊午　民国七年

关野贞《西游杂信（上）——中国部》，《建筑杂志》第三二辑，第三八四号，大正七年（1918）十二月；第三三辑，第三九三号，大正八年九月；第三四辑，第三九七号，大正九年一月。关野贞《西游杂信（下）——关于印度的佛教艺术》，《建筑杂志》第三四辑，第四四〇号，大正九年（1920）四月。后加入订正其一部辑载于艺术出版《美术讲座》。此两稿，收入本年九月岩波书店发行的《中国的建筑与艺术》（《关野博士论文集》第四卷）。……博士带着官命，从大正七年二月到翌年（四月），朝鲜、中国、印度的大旅行，此两稿记录了其间的见闻、考证。——木下杢太郎重版《大同石佛寺·附录三》

距京绥路大同站西二十里，左云县云冈堡有石窟寺，为拓拔氏遗构，盖千四百七十年于兹矣。以比伊阙石窟，尚早五十年。凿山为岩，因岩镌佛，岩高者二百余尺，可受三千许人；佛高者六七十尺，雕饰奇伟，冠于一世。"山堂水殿，

烟寺相望”，《水经注》所称赏也。“栉比相连，三十余里”，《续高僧传》所夸许也。徒以远处塞外，交通不便，故好游之士，鲜探其奇。迄今京绥路通，旦夕可至，同人乃以戊午重九前三日，约往游焉。

循武州川溯流而上，经观音堂，入武州塞口，则见石壁峭立，绵亘无际。壁多摩崖之碑，文体漫没，犹存廓形。路侧有双钩“佛”字，高逾寻丈，殆所谓“佛字湾”者也。至“左云县界”，则石洞千孔，如来满山，鬼斧神工，震骇耳目。渐近云冈堡，则见绿瓦层楼，依山结构，高出林际，俯瞰晴川者，石佛寺也。据《魏书》，“佛”应作“窟”。寺仅三楹，堂奥浅隘。寺僧引入后洞，黑暗异常。佛图四周，巨细不一，灯光隐约，不可辨认，因致疑雕工精美，何取乎黑暗至此。既而登楼一览，始知洞上有洞，本可透光，其所以黑暗者，寺掩之也。寺修于清顺治八年总督佟养量，建筑不得法，故光线不足。像有剥蚀，敷以土垩，尽失原形。金碧辉煌，徒取炫目，泯绝古意。其实寺东西诸窟，有窟无寺，栉比数里者，皆为石窟寺。后人修其一寺，名曰石佛，陋也。其未经修饰诸窟，虽甚剥落，然远望缥缈，容态转真，窟别异形，无有复制。至于裸体神女，振翮凌空，宝相庄严，拈花微笑，则极画像之奇观，尽人工之能事矣！惜乎古洞荒凉，荆榛满目，村民占居，十之七八，衽席炊爨，悉在佛前，断瓦颓垣，横阻当路。或土埋佛身，已过半膝；或偷凿全体，新留斧痕。过此不图，日即湮灭，是则有司之责也。

最可异者，同人遍历二十余窟，无古碑碣，足供考证。即游客题名，亦绝无仅有。寺前有万历间宣城吴伯与《游石佛寺》刻石，词尚典雅。寺西有“佛籁阁”匾，寺东有“碧霞洞”“云深处”、朱廷翰等石刻，皆漫漶单简，不足为典要。以故龙门造像，宇内知名；武州石窟，言者盖寡。同人因为题名而返。余归而神往者久之，乃摭拾群籍，著为斯篇，亦以补金石之缺略，俾后至者有所考证云尔。同游六人：叶恭绰誉虎，俞人凤翙梧，郑洪年韶觉，翟兆麟瑞符，邵善闻文彪。俞、翟、邵三君，皆京绥路工程师也。一九一八年十月新会陈垣记。——陈垣《记大同武州山石窟寺》[①]

① 该文，1919 年刊于《东方杂志》第 16 卷 2、3 号；后与伊东忠太《中国山西云冈石窟寺》合出单行本。

1919 年己未　民国八年

陈宝琛《武州石窟寺》[①]：

戴石塞上山尽童，皱云特起森玲珑。谁开奇想凿混沌，众窍鳞比祇洹宫[②]。

梦游伊阙老未践，到此目豁先河功。佛高百寻小径寸，周阿匝宇穷镌砻。

真君坑僧网偶漏，昙曜忍死存大雄。法轮重转发宏愿，石寿什伯泥与铜。

乘舆数临祷雨验，谁遣都洛捐云中。魏书郦注了可证，剥蚀强半埋蒿蓬[③]。

当时伟丽绝一世，植福役遍中原工。要知陵谷有迁变，自古不坏唯真空。

仁皇圣武岁绝漠[④]，驻跸瞻礼岩穹窿。煌煌宸藻二百载，西羁卫藏北詟蒙。

层楼对佛万籁息，武州水挟如浑东。——《东方杂志》第16卷第10期[⑤]

① 陈宝琛（1848~1935），溥仪皇帝师傅，晚清著名的政治人物。据大同朱孟麟研究，是年陈宝琛72岁游云冈石窟，该诗于11月29日在《大公报》刊登，后收入《沧趣楼诗文集》。

② 众窍，陈宝琛《沧趣楼诗文集》作“十窟”。

③ 蚀，《沧趣楼诗文集》作“泐”。

④ 漠，《沧趣楼诗文集》作“幕”。

⑤ 日本同文会编《山西省志》（1920年出版），记述云冈村有70户村民。

1920年庚申　民国九年

【碑额】流芳[①]

【碑文】云冈石佛寺，为大同武周山最大建筑工程。创自后魏拓跋，沿至辽金明清，历代修理。康熙三十六年，御书匾额，赞以“庄严法相”四字，于今二百余年。元称云中伟观。今年，兴和王君与广玉，延予书石以志。光绪十七年，购买民院地点，装彩五佛洞，并修饰东西两楼，金装大佛全身。予以克光前人修筑事，实于圣贤继述之意无违，遂为之纪，并歌诗以纪后云。

经理监工人刘存、王举、酆丞相。住持僧心如、心禄，徒源法、源明、源亨、源庆，徒孙广玉、广义。原捐赀修理人，镶红、镶蓝旗总管贡、管丁；兴和县白恼包贡生王永昌，字玉生，同永富、永财、永发、永有，子璋、珍，孙定嗣。大中华民国九年二月二十六日，大同子温厉时中撰并书。皇城街长盛石铺镌。

【碑阴额】百世[②]

【碑阴文】大中华民国九年，纪于云冈。至圣二千年以来，六经垂训石金开，宏陶汉满藏蒙族，神化天耶释道回。大同子温厉时中撰并书。

【碑文】《宗教统一》：民国九年四月上旬，撰于武周山云冈石佛寺壁。

五洲各国咸有宗教。欧美以一神教行世，日本、印度以佛教行世，我中国专以孔子教育为主，而参以释、道、回等教。总而论之，皆为善意焉。余意世界教争甚烈，必有统一之至教，全球乃得和平；圣贤垂训，以至诚先知为要。今游历石佛寺，余与广玉晤，曰：“此哲学也。世必有主宰万灵者，宗教方有统一之日。”大同子温历时中撰并书[③]。

木下杢太郎博士，于大正九年历游此地，称赞说：“在这里，以美术家的名义进行参谒以及以美术家的眼光进行过观察的人，真是寥寥无几。我们认为，雕刻家与画家为了看到这些石佛而留学中国，那也是应该的。”云冈石佛寺，实际上是能够说明佛教东渐之历史的贵重的遗品。——《大同风土记》

① 此青石大碑，日本《云冈金石录》记在第九洞前室，冠名为《重修云冈石佛寺碑》。

② 《云冈金石录》未录碑阴文，这里增抄。

③ 此青石方形碑，今存云冈研究院。

1921 年辛酉　民国十年

大正十年，我们编写《大同石佛寺》时[①]，关于云冈石佛的记录很少。大致有伊东先生、沙畹先生、冢本先生、大村先生、松本先生几位。在本文中屡屡被引用。直到其后，此类文章渐渐有所增加。——木下杢太郎重版《大同石佛寺·附录三》

新海竹太郎、中川忠顺《云冈石佛》，大正十年九月文求堂及山本写真馆发行。限印三百部帙的插入图谱中，收录了二百面的写真版，全部与山本先生所写有关。增加日文序二页，英文序三页。其序曰：“印度窟寺之制，在东渐时，失去了其殿堂式的外观，可以说被收缩为云冈洞窟式的佛龛。正如其窟制转而带有中国特色，云冈雕像的样式，虽有印度风格，但毕竟能窥见汉人的本色，中国特有的艺术并未丧失。”——木下杢太郎重版《大同石佛寺·附录三》

常盘大定《参拜古圣之迹》，大正十年金尾文渊堂发行。常盘博士比我们稍迟一些，于大正九年十月十一日住在云冈。其记事，在此书的第一百四十一至第一百五十页。少作抄录：……“云冈石佛的营造，包含有真诚地忏悔和追孝的双重动机。它不单单是艺术，其中倾注了真挚的信念，蕴涵着痛切的情绪。恰在此时，曾经目睹印度佛影窟的五位外国沙门艺术家的来到，使得大同云冈成为佛教美术的千古绝唱[②]。实际上，石窟是太武灭佛的反面证明资料，其伟大之处还在于揭示了灭佛事件的残

酷。”——木下杢太郎重版《大同石佛寺·附录三》

① 日本木下杢太郎、木村庄八《大同石佛寺》，大正十年（1921）中央美术社发行。昭和十三年（1938），木下杢太郎重版。

② 戴蕃豫《云冈石窟与域外艺术》（1947 年第 4 卷《边疆人文》）：“石窟作者，凡有三说：一、印度人说。常盘氏（大定）依《魏书·释老志》载‘有师子国胡沙门邪奢遗多、难提等五人’推定昙曜五窟，由印度雕刻家领导下作成。五尊本尊带犍多式及犍陀逻式风仪，亦其明证。二、中亚技工说。小川晴旸氏主之。明元帝时，平定西凉，移入甘肃西部文化民三万余家，中亚文化借此传导。观昙曜五窟与第七八窟均有西方风趣之雕刻形式与地名，职是故也。证以魏书所云：‘凉州，自张轨后，世信佛教，敦煌地接西域，道俗交得其旧式，村坞相属，多有塔寺。太延中凉州平，徙其国人于京邑（大同），沙门佛事皆俱东，佛教弥增矣。’亦可备一说也。三、汉人说。汉画像石上之特殊人物，往往于雕刻细部见之。”按：上述戴文，于历史记载往往有误，这里不改而录。

1923 年癸亥　民国十二年

《云冈佛像纪》[①]：

晋北大同县西，距县城三十里有武周山焉。峰峦重出，形势险要，昔为晋、魏角逐地。山下有云冈堡，四面环山，绿荫映日，洵属天然美景。北魏拓跋氏为东胡民族，性喜奉佛。僧人昙（秀）［曜］奉旨，于武周山下广建寺宇，凿山成洞，缘石造佛。中经七帝百有余年，工程始竣。降及后世，胡人北犯，兵经武周山，寺院半遭回禄。历世千四百余年，风雨剥蚀，佛像多成残废。今所余存者，仅有石佛寺内如来殿、释迦殿、千佛洞、佛籁洞、五华洞以及沿山靠壁之造像而已。造像不可以数计，大者五六丈，次者三四丈。就中最大者，有如来殿之如来，盘膝而坐，高五丈余；佛首见于殿楼之最高级，首方丈五，耳长一丈余；庄严魁伟，令人望而起敬。其造像之精奇、巧妙，则有如来殿阿弥陀佛壁上之云间石佛，佛籁洞之三首佛、五首佛，五华洞之笑翁醉天，维妙维肖，毕具老者之神情天乐。佛像两壁之佛姑、仙女，坐卧蹈舞，形容尽至。第三洞之接引佛，首部系玉石质，为时人所珍贵。而五华洞之周围造像，难以计数，蹲坐俯仰，曲尽意匠之能事。真可谓鬼斧神工，非世俗所能及。近来，中外人士前往游览者，络绎不绝，见造像之伟大精奇，莫不惊异。为吾国艺术史上一大伟绩。

癸亥岁，余长晋北高审厅，公余之暇，时往游览。足迹至此，辄留连忘返。回忆宦海浮沉，萍踪莫定，尔后之思，能不计及。爰邀写真专家前往，凡属便于拍照者，均摄影装订成册。观此，无异身历其境耳。

徐步善识于云中审厅。民国十二年岁次癸亥夏月[②]。

① 徐步善《云冈佛像纪》，是现存云冈石窟第一本摄影集的前言。该摄影集，现存云冈研究院。

② 云冈别墅，白志谦云，骑兵司令赵承绶建。厉寿田说，建于民国二十一年（1932）。1933年，梁思成考察云冈，留有别墅在建中出土筒形莲瓣石础的照片。徐步善相册中竟有“云冈别墅全景”，显系后来补缀。

1924年甲子　民国十三年

小野玄妙《极东的三大艺术》，大正十三年——1924，丙午出版社发行。其从第二十一页到第一百八十页，以《云冈的石窟寺》为题——特别是关于与敦煌千佛洞造像的关系：“关于大同的佛像，数年前我曾思忖过，与前记诸先生之说全然不同。我的见解，是从历史研究的立场推论，并不仅为南方笈多系统，也不是北魏独有的，是经由西方犍陀罗及西域而来的所谓大陆系统。因为既然当时有彼此三藏来往的历史记载，并且证明了西方文化东渐的事实；且从造像上说，佛像的头发、后光、台座等，与遥远的犍陀罗式造像风格相同，大致可以认定是同一脉络。其中，与印度式造像的关系，就印度佛教史而言，虽然现存的遗物基本为笈多朝以前的，那么笈多朝以后的东西，应该直接是大同造像的蓝本，两者的关系极微妙。”“不只如此，昨夏，受高楠先生的指导，在寻检敦煌石窟佛像时，佩里奥先生所说第百十一窟的造像，全然是大同石窟寺造像的先例。原有的考察，加上最近收获的新知识，在此从大体上重新观察北魏大同造像，正如伊东博士最初所提倡，是犍陀罗佛教艺术的延长。我以至下最后的断案。”“我断定大同造像作为犍陀罗的延长，于阗、龟兹、高昌、敦煌等西方大陆系统文化的继承，模拟其造像，大约有五个理由：一、窟寺的构造一致；二、造式的手法一致；三、造像的题目一致；四、愿主的信仰一致；五、历史事实的举证。”——木下杢太郎重版《大同石佛寺·附录三》

1925年乙丑　民国十四年

滨田青陵《从云冈到明陵》，《佛教美术》第六册、第七册、第九册，大正十五年（1926）五月、八月、十二月发行。……大正十四年九月，滨田氏再次去中国，与太田喜三郎氏、原田淑人氏等共同看云冈。这是叙述其行。——木下杢太郎重版《大

同石佛寺·附录三》

自 3 世纪初迄 4 世纪末，中国似乎没有大的雕塑活动。一进入 5 世纪，佛教题材的雕塑开始占据优势。……这一时期，北方的造像似乎较南方要多，造像活动在北方迅速发展起来。谈到石窟造像，喜龙仁认为[①]，云冈的大多数题材源于中亚或西亚艺术。佛像造型单调，面相缺乏生气。鼻高直，眼细长，嘴角上翘，两耳垂肩。广义地说，这些特征源自犍陀罗。但云冈造像的这种作风，仅仅保留了犍陀罗艺术的基本特征，而略失其庄严古典因素，变得纯朴和地方化了。因而在风格上，与其说云冈的一些造像源于犍陀罗本土雕刻，不如说它与摩菟罗风格更为接近[②]。云冈的雕刻，明显地有两种风格。一种是印度式的，主要反映在大像雕刻上；另一种是中国本土风格，主要体现在小像上，赋予其极大的匀称性和装饰美。——1993 年文物出版社《佛教石窟考古概要》

方山是位于大同城外东北四十公里的一处略微高起的丘陵。……这一北魏的大遗址，在大正十四年（1925），美国考古学者毕西约茨普氏及北京历史博物馆的基乌森根氏，进行过调查。调查中绘制的实测图，保留在北京历史博物馆中。之后是关野贞博士的实地勘查，在那次勘查中采集的万岁富贵瓦当、莲花瓦当、莲花（椽）［缘］瓦当，至今尚保留在东方文化学院中。本年（1939）六月下旬，东大教授原田淑人博士一行的方山踏勘，乘坐卡车在警备士兵保护下，也终于果敢地完成。——《大同风土记》

云冈石佛作为流传千世的伟大艺术，不仅仅是中国的骄傲，也是代表东洋艺术的杰作，同时也是世界艺术中不可多得的瑰宝。这次，各位委员能把调查云冈佛雕这一光荣的任务分配给我，我感到荣幸之至。不过，由于滞留调查时间有限，无法逐一详述，对此我深表遗憾。

云冈，是位于山西省大同驿西部约三十里外的一个村庄。石佛古寺遍布的山岗山崖上，开凿了数十座石窟，其中雕刻有大小各异数不胜数的石佛。云冈石窟的石佛、石窟四周的墙壁天井等，都是用天然的岩石雕刻而成，每一个都精致巧妙之极，呈现出十分罕见的壮丽景象。其中最大的石佛，是一座高七十余尺的坐像。更为精巧的是，这座佛像位于四层楼殿堂的背后，选择天然断崖作为背景，于龛洞的内部雕刻而成。除此之外，还有数个高约二十尺左右的佛像。

当憧憬了很久的佛窟实实在在地出现在眼前，我心中汹涌澎湃。与这里的一个僧人打了招呼，进入室内，还被奉上茶水欢迎我们。在一个小僧的带领下游览了佛窟。当天就要回去的人，在下午三四点钟出发回大同，可以搭乘大同最后一班列车回北京。

我在这座寺里借了一个房间住了两晚，僧人们都对我很关切，细心准备了食物，并为我打扫房间。白天在外面拍摄露出佛，晚上开始对窟内进行拍摄。将点燃的三根蜡烛安放在长竹竿的顶端，调好焦距，然后将作为闪光器的镁点燃，洞窟内的气氛随即被打破，发出让人吃惊的异样声响。不过，最后终于适应了一个人进行室内拍摄，直到半夜才回房休息。

大同的夜晚就像上古时那样静谧。微风吹拂，悬挂在寺庙的小吊钟发出声响，打破了安宁的夜。住在异国的寺庙里过着远离尘世的生活，偶尔会想起作为人的有趣之事。

第二天晚上，和过来的僧人聊到十二点多。我问他们：这么优秀的佛迹，为什么有的会被牛马粪填满，有的还住有村民，任其荒废？僧人们说：这里的风气很乱，没有办法。

就这样，伟大的艺术逐渐被摧残，最终衰败下去。有契约允许挖炭层，可以挖掘到佛窟的底部。这个内部炭层的采掘一旦开始，洞窟也会被破坏。金钱的力量打破了千年的艺术。——大正十四年十月二十九日，岛崎役治于云冈记③

① 喜龙仁，瑞典人，著名的东方美术史学家。这里引文是《佛教石窟考古概要》第三编《有关中国佛教考古的西文书籍介绍》中，对喜龙仁《中国雕塑》（1925年伦敦版）的简要介绍。

② 日本水野清一、长广敏雄《云冈石窟》卷12《云冈石窟中的西方风格》（智夏冰译，载《北朝研究》1994年第2、3期）讲：“关于在云冈发现的西方风格，许多学者注意到在西北印度广泛流传的犍陀罗风格。这是被多数西方学者所采纳的观点。但是，松本文三郎和关野贞所持的观点为：除犍陀罗风格外，云冈的艺术也深受中印度笈多风格的影响。……今天著者的研究已使他们得出的结论为：在云冈发现的西方风格，不可能如此简单地源于犍陀罗和笈多两地。……在北魏统治的西北边陲，有个叫凉州的地方，即今甘肃省的西北地区。《魏书》记载‘凉州自张轨后，世信佛教’。……在凉州，与中亚的许多地方有着密切的关系。……根据太武帝的人口政策，凉州地区的佛教文化艺术被移到北魏平城，在那里必然产生巨大的影响。向西更远一点的是于东晋353年开凿的敦煌千佛洞。继续向西，在中国新疆，于南路发现的鄯善和于阗，在北路的焉耆和龟兹，以及在两路交汇处所发现的疏勒。……在这一时期，北魏皇帝与中亚这些佛教国家共同开辟了一个最有意义的历史新纪元。……北魏强大的军事力量似乎被普遍认为控制了整个中亚。……使得各地纷纷向代都遣使朝贡。……从西方与北魏之间文化交流的这些断断续续的证据，很容易想象到来自中亚各国以及印度

甚至更远的西方进入京城的宗教物品，而这些东西有可能影响到云冈艺术家的作品。……如上所述，早期云冈石窟的雕刻显示出……犍陀罗风格、中印度风格和中亚风格。”

③ 岛崎役治，是日本“南满铁道株式会社”的情报人员。其《云冈摄影行》，属于日本侵华之前的一项调查工作，最早发表在“满蒙印画协会”在大连出版发行的《亚东印画辑》上。这里转载的译文，采自2010年成都市建川博物馆《见证》第2期《窥探中国》，系由该馆馆藏的《亚细亚大观》翻译、摘编。《亚细亚大观》为《亚东印画辑》的精选本，是当年“供奉天皇陛下和皇后陛下睿览”的专刊。

1929年己巳　民国十八年

十八年九月二十日下午三时至云冈，住于石佛寺[①]。次日开始调查，从东至西……详单列后：1.石鼓洞，失去佛头二十二颗。2.寒泉洞，失去佛头七颗。3.碧霞洞，风雨剥蚀，已无佛像。4.灵岩洞，失去佛头六颗。又，寺顶洞，俗名尸骨洞，失去佛头三颗。5.阿弥陀佛洞。6.释迦佛洞。释迦洞内，有康熙御笔金字“庄严法相”扁额。以上二洞，在寺内正院，佛像完好。7.菩萨洞，失去佛头二颗。8.佛籁洞无失。以上二洞在西院。9.阿閦佛洞，无失。10.毗卢佛洞，无失。11.接引佛洞，失去佛头二颗。12.离垢地佛洞，无失。13.文殊佛洞，无失。以上五洞，俗名五华洞，在另一院。太和七年碑及十九年四月碑，均在接引洞内。七年者，于民国八年古钦明觅得；十九年四月者，于民国十八年九月二十四日拓字工人李万寿觅得。14-15.今均万佛洞，无失。村民居此二洞。16.亦万佛洞，失去佛头四颗。17.无名洞，无失。太和十三年碑在此，于民国十二年石佛寺僧人广玉在此觅得。18.接引佛洞，失去佛头四颗。19.普贤佛洞，无失。20.阿閦佛洞，无失。21.宝生佛洞，无失。22.白佛洞，无失。以下洞，皆无主佛，无从知其名，故以白佛洞后第几洞记之，无失则不书。第四洞，失去佛头十五颗。第十六洞，失去佛头六颗。第十七洞，失去佛头七颗。第十八洞，俗名塔窑洞，失去佛头十三颗。太和十九年碑在此洞外，约于民国十年左右发现者，字迹模糊，未有拓片。以上，共失去佛头九十六颗[②]。

其所以失去如此之多者，在于今年五月初一日，有某军副官一名，来自张家口，带有马弁一名，兵士四名及一姓郑者，另一古董商刘某，假作游历，并用零钱散施当地穷人，诱其帮忙斫凿佛头。及至寺僧知晓，急速报县，县中赶派警察到来，某副官已携带斫下的佛头行至观音堂，正与警察相遇，一兵士故与警察捣乱，一方副官携带佛头从旁路逃走。结果一无所获，只捕获嫌疑犯二名，一为古董商刘某，一为当地流氓邢润喜。后县中以邢润喜无甚嫌疑，将其释放。然不知邢某正属盗犯之一，回村后更为大胆，从此勾结该村无业之人，夜夜斫凿，故此次损失实为一大原因。虽中央及省政府迭命保护，然县中张贴告示，派警巡查，均属枉然。闻警察亦有与彼等勾结使钱之事。及至八月间，大同县长亲自视查一次，又由僧人告发当地流氓盗佛人十余名，由县中逮捕拘押，事始稍息。

二十五日回至大同，赴县署与县长作最后之接洽，请县中应行注意事项如下：1. 由县中派警察常、川驻守。2. 不时派员密查有无偷盗及伤毁佛像情事。3. 预防驻守警察疏忽，或与村人及古玩商勾结。4. 如有外人游历，预防其偷取及伤毁。5. 零星修理，由县中及本地绅董担任；较大工程，则请由中央拨款云。——《燕京学报》第 8 期《民国十八、十九年国内学术界消息》

十月十二日，彦由所派往云冈调查[③]，并与大同县政府接洽保护石窟造像之事。当日午刻，乘平绥路车西行，翌日午前四时，到大同，住车站附近福兴栈房。十四号上午，赴县署与綦县长商略保护云冈造像事。午后，参观师范学校及游览上华严寺、九龙壁等处。二十四号晨刻，雇轿车赴云冈，县中派警两名同行。十一时许，到石佛寺。安置行李于僧寮毕，即开始调查东头诸窟。次晨，气候骤变，陡降大雪，然仍继续察看迤西诸洞。二十六日早起，雪渐霁，乃渡水赴鲁班窑等处。山中冷不可耐，午后遂雇车返大同。二十七日重返县署，申谢派警保护之意，并告以鲁班窑等处尚有佛像，请其留意。是晚十二时乘车返平，次日午后五时许返所。——赵邦彦《调查云冈造像小记》

云冈山岩多系沙石，不能持久。诸佛窟龛，风雨侵蚀，山水渗剥，历千数百年，今尚存三分之二，诚属侥幸。国人弃之荒郊，不知爱护，一任村夫愚妇、牧童野老之破坏，甚为可惜。四十年前，有日本人来寺研究考查，发表言论，介绍于世界，价值倍增。于是，日本之考古家纷纷阴谋攫取石佛以资研究，并且陈列于日本之博物馆[④]。于是勾结本地之奸民，盗窃折毁，转售日人，希图渔利。一佛能售银币数十圆，一佛头能售数圆。自此石佛痛遭巨劫，尤以民国十八年五月至八月中，所损甚多[⑤]。西部诸窟破坏特甚，有全身凿去者，有将佛头凿去者，总数约在千数以上[⑥]。后为官方闻知，考查属实，方始设法保护，禁止斫伐。于是千余年不为国人所注意之地，开始受人青眼相待。十八年十一月，大同县当局奉阎总司令之命令，始行派警保管。——

厉寿田《云冈石窟寺源流考》

① 这是常惠对云冈石窟佛头被盗事件的调查报告。1930 年《燕京学报》第 8 期，以《云冈石佛之厄运》为题，予以转载。篇头语曰：“山西大同云冈石佛为晋北古迹，去年四月至八月间，被外来军阀勾结古董商，与附近村民乘夜斧凿佛头九十六颗，私售外人。自此消息传出后，国家学术机构至为痛惜，纷纷函电地方主管机关严加保护，使我国古代文化美术之胜迹不致再受摧残。古物保管委员会曾派常惠君前往调查，兹录常君报告如下。”

② 此云失去佛头 96 颗，但依前述各洞失去佛头累计，应为 91 颗。1930 年，丰子恺《云冈石窟》曰：“去年十月间，上海各报上载‘云冈石窟失去佛头九十余个’的消息。略云：大同云冈石佛，为我国古代文化美术之胜迹。今年四月至八月间，被无知流氓私将佛头凿下九十余个，零售于外人。国家学术机关团体，至为痛惜。外报登载此事，颇讥我国人士对于美术古迹不知爱护。”该文附录各窟被盗凿的佛头，总计 91 个。1933 年 9 月 28 日《北洋画报》登载铮然《记大同云冈石窟寺》谓：“云冈石佛，以本地人诱于利，屡有盗卖情事。当民国十八年七八月间，为贼盗卖九十一佛头，至今犹留裂痕，并以红色标号记之。去岁又有某国人来同收买‘五头佛’，曾出价数万，幸经地方人士反对，始未沦入外人之手。”按：五头佛，即第 8 窟门洞西侧的鸠摩罗天。

③ 所，即中央研究院历史语言研究所。

④ 赵邦彦《调查云冈造像小记》曰：“晚近西人研究东方艺术，云冈造像，自法人沙畹摄印一部分行世以来，深为东西洋人所注意。国人投之荒郊，莫知爱护。游人任意残毁，居民随时凿伐，诸洞造像遂不免有朝不保夕之虑。”伧父《云冈石窟》（1929 年 12 月 12 日《北洋画报》）云：“大同云冈石窟佛像，为佛教著名古迹。近年来为奸民与西人勾通，敲取石像之首级，贩至海外者极多；我人每见西人杂志中广告有售佛像之首者，大抵皆窃自该窟者也。”

⑤ 1950 年，傅振伦《雁北考古日记》：“经 1929 年 7 月 11 日调查，已惨遭破坏。佛头即损失了三百多个，售价大洋三百元至千元不等。”按：佛头售价，盖为传闻；傅氏所谓调查时间，不知何据。

⑥ 此数字有误。不过，当时的调查数字并不一致，而且对洞窟的编号也不同。赵邦彦《调查云冈造像小记》中，列表统计被盗佛头为 137 个：第 1 洞（石鼓洞）22，第 2 洞（寒泉洞）7，第 5 洞（楼窑子，今第 4 窟）9，第 6 洞（寄骨洞）3，第 7 洞（寺顶）6，第 10 洞（菩萨洞）4，第 14 洞（接引佛洞）2，第 19 洞（万佛洞）4，第 21 洞（接引佛洞，今第 16 窟）4，第 29 洞（今第 20 窟以西第 4 洞）15，第 31 洞 4，第 40 洞 1，第 42 洞 7，第 43 洞 13，鲁班窑两洞 36。另，此前陈垣游云冈，见有新斫之斧痕，说明盗凿已经开始。而我在云冈工作期间，曾仔细端祥中部窟中被凿佛头，有经后世彩色粉刷过的，说明古时即有过破坏。

1931 年辛未　民国二十年

二十年秋，由大同县地方事务协进会发起，成立云冈石佛寺保管委员会，加紧管理。设警长一人，警士数人，专司看守。——厉寿田《云冈石窟寺源流考》

许殿玺《云冈叹》①：

检旧作《云冈叹》，为早年首游所作，正值九一八事件，雪泥鸿爪，感慨系之。

儿时外婆说云冈，漫山遍野是佛场；大小顽石任便取，须眉毕具细端详。

家乡口泉数十里，表兄累骑得观光；取道拖皮出峪口，遥望云冈兴欲狂。

涉水爬山朝佛阁，顶礼膜拜到帝乡；鬼斧神工五丁力，上下仙岩凿灵祥。

云生金粟三界境，饭煮胡麻一品香；只今九子铃早歇，眼前众香钵荒凉。

佛窟翻作户后院，牛棚马圈居洞堂；或堆杂物作库房，或饲鸡兔圈猪羊。

柴炭狼藉龛底壁，厨灶曲突窟中央；妇子嘻嘻搭棚架，家人嗃嗃好乘凉。

吁嗟我行叹观止，顾视经橱盛黍穰；委地贝叶任践踏，辟邪驱鬼说荒唐。

时逢乱世出败子，勾结外贼作强梁；累累斧凿无头像，毁坏国宝换银洋。

高下前后皆扫兴，归途忡忡实彷徨；这年正值九一八，灯下沧桑话太长。

当时云冈佛窟与住户相连，佛洞翻成住户后院，牛马系于佛足，鸡禽栖在佛头，龛壁下是粪堆，龛口是灶突，火炽烟熏，东起五华洞到露天大佛西侧都是住户。……五华洞内尚有残破经橱，橱高一米二三，宽不足二米，广约一米，里面盛放散乱佛经，或半橱，或仅存几卷，或农家堆放杂物，残卷佛经委积地上。经卷全系黄缎封面，折叠装，长约尺二三，宽六七寸。俗人迷信，谓佛经可辟邪，因此任人取索，无人过问。予与表兄同游，亦各取一卷，什么经名，当时亦不注意。——许殿玺《云冈与佛教文化》，载 1994 年第 2、3 合期《北朝研究》

① 许殿玺（1919 ~ 1995），大同口泉甘河人。该诗，原载 1994 年第 2、3 合期《北朝研究》“云冈研究专号”，后作者略作修改，收入韩府《历代咏云冈石窟诗萃》。

1932 年壬申　民国二十一年

此外，尚有新建筑者，即“云冈别墅”。……是山西骑兵司令赵承绶氏于民国二十一年建造者。面向南，为西式大厅一所，设备完善，专供游人休息之用。……别墅前为六角厅，下有花园，即昔日之果树园，亦为赵氏所筑。其工成于民国二十三年，以古色苍苍之石窟中，用别墅以点缀之，分外有趣。——厉寿田《云冈石窟寺源流考》

石佛寺亦名石窟寺……山门颇壮观，颜曰“石佛古寺”。墙壁各嵌二字，左曰“臺头”，右曰“念佛”，字体约一尺见方，书法劲秀可爱。由此直趋而入，过殿之后即为正殿，曰“明心见性殿”。正中悬“庄严法相”横额，系康熙御笔。两旁并有对联，文曰："性天明慧镜，万古灵光，照云川，含类群生，都成就善男信女；心地泛慈航，千秋普渡，皈佛法，微言广训，共娱游寿世康庄"。其东为大佛殿，乃云冈刻石中最伟大之佛像，高约六丈。两旁对联为："顶天立地奇男子，照古腾今大圣人"。——郑振铎《记云冈石佛寺》，载 1932 年 10 月 20 日《北洋画报》

1933 年癸酉　民国二十二年

作者于去年八月下旬（谒）［竭］诚瞻拜，流连于兹者兼旬……寺内只有三个和尚，两个老的，一个小的。大部分的僧房、佛堂，被一连为私人修别墅的兵（土）［士］占据着，余外还有七（人）［八］个便衣警察，是大同县政府特意派来保护这石佛寺的。……云岗石窟的研究已经让外人占先了，特别是我们（考）［的］芳邻日本人[①]。他们远道而来，一住总是数十日，他们（的）［研］究的甚详细，出版的专书也很多，并且被他们买去了山些小佛头[②]。……作者于八月下旬云冈漫游之际，亲眼看见山西骑兵司令派了一连兵士，并带了几个泥瓦匠、石匠，在"石佛古寺"之左，建筑私人别墅，好的石条是从对岸的武周山上凿取的，垒花园的墙的石头比较散碎些，是那一群武装同志毁坏了云冈东部西端的诸小窟而实行废物利用。——方山《大同云冈石窟》，载《南大半月刊》1934 年 10 期

廿二年九月间，营造学社同人，趁着大同测绘辽金遗建华严寺、善化寺之便，决定附带到云冈去游览，考察数日。云冈灵岩石窟寺，为中国早期佛教史迹壮观。……近人中，最早得见石窟，并且认识其在艺术史方面的价值和地位，发表文章记载其雕饰形状，考据其兴建年代的，当推日本伊东和新会陈援庵先生。此后专家作有统系的调查和详细摄影的，有法国沙畹，日人关野贞、小野诸人。各人的论著，均以这时期因佛教的传布，中国艺术固有的血脉中，忽然掺杂旺而有力的外来影响，为可重视。……云冈雕刻中，"非中国"的表现甚多，或显明承袭希腊古典宗脉，或繁富的渗杂印度佛教艺术影响，其主要各派原素多是囫囵包并，不难历历辨认出来。……云冈雕刻既然上与汉刻迥异，下与龙门较，又有很大差别，其在中国艺术史中，固自成一特种时期。……

云冈诸窟，自来调查者各以主观命名，所根据的，多倚赖于传闻，以讹传讹，极不一致。如沙畹书中未将东部四洞列入，仅由中部算起；关野虽然将东部补入，

却又遗漏中部西端三洞。至于伊东最早的调查，只限于中部诸洞，把东西二部全部遗漏，虽说时间短促，也未免遗漏太厉害了。……兹依云冈地势，分云冈为东、中、西三大部。每部自东徂西，依次排号，小洞无关重要者从略。再将沙畹、关野、小野三人对于同一洞的编号及名称，分行列于底下，以作参考：

东部	沙畹命名	关野命名（附中国名称）		小野调查之名称
第一洞		No.1	（东塔窟）	石鼓洞
第二洞		No.2	（西塔洞）	寒泉洞
第三洞		No.3	（隋大佛洞）	灵岩寺洞
第四洞		No.4		
中部				
第一洞	No.1	No.5	（大佛洞）	阿弥陀佛洞
第二洞	No.2	No.6	（大四面佛洞）	释迦佛洞
第三洞	No.3	No.7	（西来第一佛洞）	准提阁菩萨洞
第四洞	No.4	No.	（佛籁洞）	佛籁洞
第五洞	No.5	No.9	（释迦洞）	阿閦佛洞
第六洞	No.6	No.10	（持钵佛洞）	毗卢佛洞
第七洞	No.7	No.11	（四面佛洞）	接引佛洞
第八洞	No.8	No.12	（椅像洞）	离垢地菩萨洞
第九洞	No.9	No.13	（弥勒洞）	文殊菩萨洞
西部				
第一洞	No.16	No.16	（立佛洞）	接引佛洞
第二洞	No.17	No.17	（弥勒三尊洞）	阿閦佛洞
第三洞	No.18	No.18	（立三佛洞）	阿閦佛洞
第四洞	No.19	No.19	（大佛三洞）	宝生佛洞
第五洞	No.20	No.20	（大露佛）	白佛耶洞
第六洞		No.21	（塔洞）	千佛洞

……云冈诸窟中，只有西部第一到第五洞，平面作椭圆形，或杏仁形，与其它各洞不同。关野、常盘合著的《中国佛教史迹》第二集评解③，引《魏书》兴光元年，

于五（缎）［级］大寺为太祖以下五帝铸铜像之例，疑此五洞亦为纪念太祖以下五帝而设，并疑《魏书·释老志》所言昙曜开窟五所，即此五洞，其时代在云冈诸窟中为最早。……总而言之，我们所知道的只是昙曜于兴安二年（453）入京见文成帝，到和平初年（460）做了沙门统。至于武州塞五窟，到底是在这八年中的哪一年兴造的，则不能断定了。……太安初，师子国（锡兰）胡沙门难提等奉像到京都事……即不武断的说，难提与石窟巨像，有直接关系。……云冈诸刻虽多健陀罗影响，而西部五洞巨像的容貌衣褶，却带极浓厚的中印度气味的。……此五洞皆有本尊像及胁持，面貌最富异国情调，与他洞佛像大异。……

西部五大洞建筑时代最早，中部偏东诸大洞次之，西部偏西诸洞又次之，中部偏西各洞及崖壁外大龛再次之。东部在雕刻细工上，则无疑在最后④。离云冈全部稍远，有最偏东的两塔洞⑤……年代当与中部诸大洞前后相若，尤其是释迦事迹图，宛似中部第二洞中所有。……云冈石窟乃西域印度佛教艺术大规模侵入中国的实证。但观其结果，在建筑上并未动摇中国基础结构。——梁思成、林徽因、刘敦桢《云冈石窟中所表现的北魏建筑》

① 姜亮夫《莫高窟年表》："云冈研究，以日人最盛，其著者如中川忠顺、新海竹太郎合著之《云冈石窟》，外村太治郎之《大同石佛写真集》，木下杢（次）［太］郎、木村庄八合著之《大同石佛寺》，小野玄妙之《极东三大艺术》诸书为最。"

② 山，盖"一"或"好"字讹。

③ 日本木下杢太郎重版《大同石佛寺·附录三》："常盘大定、关野贞共著《中国佛教史迹评解》二，大正十五年，1926佛教史迹研究会刊行。是庞然大图谱《中国佛教史迹》的注解。特别是关于云冈的如上'评解'的第二（第二四页）的《山西云冈》的记事，从来就是最可信凭的。"戴蕃豫《云冈石窟与域外艺术》（载《边疆人文》1947年第4卷）说：云冈"石窟艺术所依经典，多系罗什翻译，尤以《法华》《维摩》为主。……东耆常盘氏尝就实物，考溯源委，撮述要旨，略如左明：一、四面佛柱（第六、十一、十四三窟，第四窟变例），本《金光明经》。前乎此者，鸣沙山北凉窟有其作例；后乎此者，巩县及响堂山继其余波。响堂山者，一方唯刻一柱，斯乃小异耳。二、第六窟进口上部，刻《维摩诘经》之方丈会、庵摩会于一图，第一、二两窟南面左右，分刻文殊、维摩。后至龙门，分刻文殊、维摩于小龛上左或右矣。三、第十七窟太和十三年铭中，造释迦、多宝、弥勒、二佛并坐、多宝塔等，不遑枚举，皆本《法华经》。多宝塔之信仰肇端此时，而盛于唐代。四、第十一窟太和七年铭有'安养光接，托育宝花'句，铭上壁面，刻'观音菩萨、势至菩萨'文字。《无量寿经》云：'诸佛告菩萨，令覲安养佛。'经中所云，即指观音、大势至。由此铭文推定，本于《无量寿经》。五、第十七窟与第十三窟之中尊，屡屡刻出龙华树下之弥勒像，此取材《弥勒下生经》。六、第一、二、六诸窟均刻佛传，第十二窟表三迦叶济度，刻以瓶泻水状，乃被化之仙人，推定为

《瑞应本起经》佛传。七、第十八窟腹部以上附着小佛的本尊，又第二十窟背光刻多量化佛之大露佛，乃表《华严经》中卢舍那佛或《梵网经》大中小释迦。第十八窟之三佛，由他例推测，认为释迦、弥勒、弥陀最当”。按：云冈石窟共有塔窟七所，分别为第1、2、4、6、11、39窟和龙王沟上一窟。戴文“十四三窟”，应为“四十三窟”，即今第39窟。

④ 梁思成讲：“最希奇的是东部未完工的第三洞。此洞又名灵岩，传为昙曜的译经楼，规模之大，为云冈各洞之最。……关野、常盘谓第三洞佛像在北魏与唐之间，疑为隋炀帝纪念其父文帝所建。新海、中川合著之《云冈石窟》竟直称为初唐遗物。这两说，未免过于武断。……事实上，虽可信其为云冈最晚的工程，但像貌、衣褶权衡，反与前者所谓异国情调者，同出一辙，骤反后期风格。”

⑤ 梁思成讲：“就塔洞论，洞中央之塔柱雕大尊佛像者较早，雕楼阁者次之。”

1934年甲戌　民国二十三年

蒋介石这次到北平，逗留了11天时间。……11月4日，蒋介石一行乘专列经明陵、下花园，抵张家口，在这个察哈尔省的省会，蒋介石出席了张垣扩大纪念周集会，视察了察哈尔畜牧职业学校等，对开展职业教育大加肯定和表扬，还给张家口绿化防沙工程拨付了专项经费。11月5日下午，蒋一行乘专车赴大同，游览了云冈石窟。在大同停留一夜后，6日专列驶往归绥。——赵荣达《1934年蒋介石北方之行》，载《文史月刊》2002年第7期

游五佛洞时，有巡警跟随着。这个区域是属于他们管辖的；大佛寺的几个窟，便是寺僧管辖的。五佛洞西的几个窟，有居民，可负保管之责。再西的无人居的地方，便索性用泥土闭了洞口，在洞外写道“内有手榴弹，游者小心！”一类的话。其实没有……据巡长说，他们每夜都派人在外巡察。此地现已属于古物保管会管辖，故比较的不像以前那样容易被毁坏。……最东的可称道的一窟，当从“左云交界处”的一个碑记的东边算起。……刀斧斩削之痕，宛然犹在。大约是古董贩子的窃盗的成绩。……西部是从碧霞宫以西，直到武州山的尽西头处。……西部的二十余窟，被古董贩子斫去佛头不少。——《郑振铎文博文集·云冈》①

云冈石刻佛像，雕刻最精，非但为中国美术界之特色，亦且具有世界公认之艺术价值，实吾国最宝贵之古迹也。……现有被毁佛头一百余，已为人窃取，辗转以重价售于外人。……以故中外人士，每年迁道往游者不可胜计。甚有外邦人士长期居留，专门考查，如前年有美籍夫妇二人，在寺内辟室而居，留约二年有余，专门研究建筑学。又有俄人一，约住半年以上，系博征创建之历史。——《大同云冈石窟寺记·绪言》②

兹按顺治八年总督佟养量所修石佛寺，为现在各窟之中心，内可分为四端：

一、正殿，即如来殿也。屡经后世修理，楼阁俱存，为现在各窟之中心。前有山门、石狮及钟鼓楼，正门上题曰“石佛古寺”。中央过殿[③]，分为前后两层，重檐复拱，柱头作麟首形有角。殿内前祀关帝，背后有韦驮像。前后院两厢皆有禅室，殿后院内，门左有同治十二年碑……其右为光绪二年募修碑；西墙下，则嵌明万历癸丑进士、宣城吴伯与《游石佛寺并引》……更西南向，有乾隆三十四年一碑……洞前为殿，殿为四层大楼，均重檐叠厦，覆以蓝绿两色琉璃瓦。楼之顶盖，由壁面突出；殿门在最下一层，黑暗异常。殿门以内之洞，成正方形，各边有四丈五尺，周围开十尺之通路。洞内中心，刻长二丈五尺之柱石上承，柱则下丰上削，作八棱形；石柱雕刻亦分上下二层，下层之四面，各刻跂立佛像，上层之四隅，作九层塔形以代柱，而承佛（疃）［幢］；上刻坐佛四尊，龛之下方，雕有释迦应化事迹。东壁上，刻释迦少时在宫中娱乐图，及请求其父王欲出家图，并对于病老死悲感图。南壁所刻为释迦路遇沙门图、妃女入梦图、释迦夜间骑马逾城出家图[④]……前有木栏小桥，通于楼之第三层。洞内两旁，雕护法神，足下麟象各一。窟内四壁，作无数小龛，皆有佛像，大小不等，金碧辉煌，光彩夺目，然古色已失矣。洞口正中，悬雕龙横额曰“庄严法相”四字，中印康熙御笔之宝，朱泥极鲜，四周镶以宫锦，系康熙三十五年圣祖西征厄鲁特噶尔丹回銮过大同，于十二月十一日幸云冈时手书之真迹。外有巴第所书匾曰“明心见性”四字，笔力遒劲。楹联惟齐德礼所题：“山色随云秀，佛灯共日长。”尚觉风雅，余无足观者。窟内刻有经文[⑤]，观其文义，乃《金光明经》“四方四佛”之意，寓忏悔之旨，想系当时文成帝令昙曜凿此窟，以冀为太武帝毁佛减罪也。其文如左：“是金光明，诸经之王，若有闻者，则能思维，无上微妙，甚深之意，如是经典，常为四方，四佛世尊，之所护持，东方阿閦，南方宝相，西无量寿，北微妙声，我今当说，忏悔等法，所生功德，为无有上，能坏诸苦，尽不善业，一切种智，而为根本。”[⑥]又有经文一段，其文义系叙妙座上诸佛：“佛大士如是至心念佛，思是义时，其室自然广博严事。……其室四面，各有四宝上妙高座，自然而出，纯以天衣，而为敷具。是妙座上，各有诸佛，所受用华，众宝合成。于莲华上，有四如来，东方名阿閦……是四如来，自然而坐师子座上。”[⑦]

二、大佛阁，在正殿之东院，即大佛殿也。前面之四层楼，与正殿同。石窟为略扁八卦形，广七丈二尺，深五丈，高与正殿石窟等。内刻五丈五尺高、就地趺坐之大佛像，双手合拢，盘两膝，宽约五丈，足长一丈余，全身贴以金箔，座之下有复洞可环通，须秉烛以行。……殿外，有咸丰辛酉重修碑一，不知年月之满文碑一，及同治十二年、光绪二年之满文碑各一。又，殿门内之左，为康熙间大同府奉总督命重修记工碑，右为顺治年间总督佟养量碑。洞门之上，有乾隆丙戌亲王［罗］布藏多尔济贡敬“如来圣像”匾额。外有佟（修）［养］量所题“大佛阁”一匾，书法可观。内中楹联，惟“顶天立地奇男子，照古腾今大圣人”一联，尚为工稳，余不足记。其下亦有禅房，前后两院。

三、弥勒殿[⑧]。在正殿之西院，前面亦有三层楼，与东二楼梯栈相连。洞为长方形，分前后二室，西北略斜上。中刻弥勒佛坐像。正面龛内，上层刻佛像三尊，下刻佛像二尊，如对坐谈经状。其东西二壁，各有佛龛八，每龛之帏饰，形态优美……洞外，有一木匾曰：“西来第一山”[⑨]，系顺治四年，兵部尚书、兼都御史马国柱所题。

四、佛籁洞。在弥勒殿西，同院并列，洞之天窗上有木额，书曰“佛籁洞”。石窟较小，为长方形，洞门为圜穹，西穹上刻有一身五头佛，东穹上刻有一身三头佛，佛貌慈祥，刻工精细，殊为珍贵。……洞外山石上，有插梁木之旧孔，大概古亦有楼，后已倾圮。由洞旁盘缘而上，有小石洞甚多，皆深不可测，黑暗异常。——白志谦《大同云冈石窟寺记》第二章《石窟寺之现状》[⑩]

① 1934年7月11日至13日，郑振铎与顾颉刚等游览云冈石窟，遂作《云冈》一文。1935年发表于平绥铁路局出版的《西北胜迹》，1937年又登载于上海商务印书馆《西行书简》，1998年收入文物出版社《郑振铎文博文集》。

② 白志谦《大同云冈石窟寺记》，1934年完成，1936年中华书局出版。

③ 日本岩崎继生《大同风土记》：“在四层楼佛殿的山门扁额上，有‘石佛古寺’的名称。在中庭挂着的扁额上，写的是‘大佛寺’三字。这些扁额虽然是以古式笔法所书写，却全是清朝的作品。”

④ 日本水野清一、长广敏雄《云冈石窟》卷7《云冈石窟与佛传雕刻》（王雁卿译）说：“佛传图是表现佛尊生涯事迹的一种美术形式，表现的是佛尊诞生到八十岁涅槃的一系列事迹。……云冈石窟的浮雕佛传图，不仅受西方诸地的石雕影响，也受泥塑、壁画等等的影响。……浮雕佛传图在很早以前的古印度就有了。公元前二世纪的巴尔胡特的石栏楯上的圆形幅面里，浮雕着许多佛传图，但没有出现佛尊的像。在古代美术中，犍陀罗的作用最大，其影响力极大。法国的A.富歇尔曾对该地的佛传图作过详细的研究，其著作《犍陀罗的希腊式佛教艺术》（巴黎1905年），图示了约140个犍陀罗派的浮雕残片……当然不只是一处遗迹的雕刻。……同中印度古代派雕刻相比较，其浮雕显得格外优秀。……中印度古代派圆形的框架、栏楯里只表现一个场面，而犍陀罗代之以古希

腊文化美术式的横带。……云冈石窟的佛传浮雕以什么形式表现呢？全石窟有超过八十多处的佛传雕刻。从幢英菩萨变成六牙白象，下了兜率天，进入摩耶夫人腹内，到双娑罗树下静静地、熟睡般涅槃，合计约三十种场面。富歇尔所列举的犍陀罗石雕与之相比较，种类上远远不及。一处遗迹内拥有如此丰富的佛传浮雕是罕见的。其中还包含的阿育王的因缘像等，而这在犍陀罗几乎不见。……云冈初期的昙曜五窟（从第 16 窟到第 20 窟）只表现出罗睺罗因缘和阿育王因缘（第 18 窟、第 19 窟），第 7 窟和第 8 窟有降魔、四天王奉钵、二商主献蜜、鹿野苑说法、调伏火龙。之后，第 6 窟从蓝毗尼园太子诞生到降魔成道，从鹿野苑的初转法轮到调伏火龙，详细的表现，仅遗留到现在的场面也达三十六个之多。……云冈佛传的表现，不用说是模仿西方的手本。但犍陀罗盛期栩栩如生的人物容貌、身体姿态、自然的衣纹、浮雕深度的微妙等，已经变得非常钝化、粗杂。可以说，云冈在人物的动作上、态度上，是独有的粗野的表现，好象把精力掩藏在内一样，在佛传雕刻中显露出目中无人的雕刻痕迹。而且比起横带形式，象初转法轮、降魔的佛龛形式，更具礼节性；故事方面的表现，更具象征性。到云冈第三期，随着雕刻样式发生的整个大变化，佛传图的表现自然也变了。云冈第一期，第二期的第 7 窟、第 8 窟、第 6 窟，仍留意人物的肉体，衣纹也是有肉体的衣纹，而且浮雕凹凸的变化仍有力，但在第三期中人物肉体变得瘦弱，衣纹显得特别夸张，只有单纯的凹凸表现浮雕，而且其表现的场面限在极小的框架内；构图也已陷入朴素、省略的说明。原本故事类（行动与环境的描写）的佛传故事，抛弃了应具体描写的表现方式，而是奉行一种连佛传图的成立都变得危险的方式。所以，可以想象云冈第三期雕刻，即龙门样式的雕刻，或者说接近于此类的样式，已经变得没有出色的佛传图例子了。事实上，从北魏末期到北齐、北周，即使尊像雕刻兴盛，却再没有出色的石雕佛传作品了。”

⑤ 白志谦所见第 6 窟内刻经，厉寿田没有提及，日本水野清一、长广敏雄《云冈金石录》未载，今更寻不见，只在南壁洞门东侧发现刻有“道昭”二字。

⑥ 此为北凉三藏法师昙无谶译《金光明经・序品第一》首段一部分偈语。文中“维”“意”，大正藏宋本作“惟”“义”。

⑦ 此段，见大正藏宋本《金光明经・寿量品第二》：“大士如是至心念佛，思是义时，其室自然广博严事。天绀琉璃种种众宝，杂厕间错以成其地，犹如如来所居净土。有妙香气，过诸天香，烟云垂布，遍满其室。其室四面，各有四宝上妙高座，自然而出，纯以天衣，而为敷具。是妙座上，各有诸佛，所受用华，众宝合成。于莲华上，有四如来，东方名阿閦，南方名宝相，西方名无量寿，北方名微妙声。是四如来，自然而坐师子座上。”

⑧ 厉寿田《云冈石窟寺源流考》曰：“今称为准提阁。”

⑨ 山，方山《大同云冈石窟》作“峰”。

⑩ 白志谦在本章中，将云冈石窟划作四部分：第一部分，是现 5、6、7、8 窟（清代寺院）；第二部分，是现 9、10、11、12、13 窟（五华洞）及无名窟；第三部分，是现 14、15、16、17、18、19、20 窟（白佛洞）及西部洞窟；第四部分，是现 5 窟以东，包括龙王庙坡上各窟，以及 4、3、2、1 窟。民国二十二年（1933）梁思成进行调查时，遂按云冈纵向山涧划分，将石窟分作东部、中部、西部三区。日本人关野贞将云冈石窟，从东向西排序，形成后来通行的 21 所大窟的编号。

1936年丙子　民国二十五年[①]

1934年，大同县政府奉令筹建云冈新村，新村址仍在窟前，只不过把住户与佛洞隔开而已。新村为石券窑，每院四间（每间约一丈宽）正窑。一户一院。1936年，基本完成，初具规模。旧云冈堡在新村之西。堡门额书为明万历十四年（1586）所立，额曰“怀远”“迎曦”，凡二门。堡内纯系民居，有庙曰“霞宫”，庙对戏台。这是云冈村中心。——许殿玺《云冈与佛教文化》，载1994年第2、3合期《北朝研究》

三十年来，东西学者之考云冈石佛者甚多，各执一说，然亦不无同然者。……常盘大定、关野贞二氏谓：为父祖开石窟造大像，乃魏室大事，下至景明初，宣武帝准代京灵岩寺之石窟，于洛阳南伊阙山，为高祖孝文帝及文昭皇太后营石窟二所；至永平中，有奏为世宗开一石窟者，亦袭斯意。既有太祖以下五帝及孝文、宣武二帝者，则其间必有为文成、献文所开之石窟矣。按本纪，献文帝皇兴元年八月幸武州山石窟寺，盖即为父文成帝造像。孝文帝以太和四年八月，六年三月，七年五月幸武州山石窟寺。尤以六年三月之幸，赐贫老者衣服，其意即在追善供养。故二氏推定中部第一窟、第九窟二者乃为文成、献文所开。至东部第三窟规模甚大，而工事未完，因其样式与他洞迥异，似属隋时，遂推断为炀帝所造，隋亡而止[②]。皆于文献无征，难可置信。且文成所开五洞，即有为己祈福者，又何庸献文之重建？除松元三郎氏之说稍异外，一般学者咸主张西部建造最早，中部次之，东部又次之。孝文帝迁洛以后，云冈石窟之建造停，而伊阙起而代之。……王家虽不复开造，民间仍时于旧窟中造佛像，凡今所传铭识皆民间添造佛像时物也。要之，云冈石佛之建造时代，乃和平元年（460）至太和十八年（494）三十余年间。

松本氏谓印度石窟本身即为寺院，中国之石窟则止一佛龛，不成寺院，必于其前补修木造之楼阁焉。今石窟前壁尚处处余有孔穴，即用以插栋木者。《魏书》纪、志及《续高僧传》咸曰石窟寺或灵岩寺。《水经·㶟水注》更云：“因岩结构……山堂水殿，烟寺相望。”知有木构寺院。敦煌千佛洞前亦有木构。惟云冈诸洞石质部分已削剥过半，地下沙石填高至佛膝或腰，洞前布置无论石刻、木建，皆不可考。中部第五至第九洞前，尚遗石刻门洞及支柱遗迹[③]，又似天龙山石刻门洞之有楣、额、支柱，而不需木造者，岂当时石窟前原有加木造与不加木造之别耶？……

东西之谈佛教美术者，咸谓云冈石佛乃受西域影响而成。……诸家所称云冈石佛受西方影响之处綦多，颇有失于渺茫臆测者，今总结其较明确可信者：第一，凿造石窟夙行于印度，AJANTA 地方即有第一、二世纪之石窟寺。苻秦、北凉等国因佛教之盛而输入其制，于是有鸣沙、三危山之石窟，其风渐达魏都。第二，云冈石窟中所雕殿堂，其形制与汉以来之宫室固无殊，非印度式。然云冈洞中之拱形支柱，与五世纪中印度笈多式之佛陀伽耶大塔相似。皆每级有佛龛，下大而上小。佛龛前尖顶之拱，尤为印度式；塔上露盘，亦与印度塔上露盘似。有两旁有幡者，印度亦有之也。第三，据松本氏说，沙畹氏所谓第六窟者，上方之像与莫高窟颇似，下方诸像则颇具印度特征。其衣殆蔽全体，仅露右胸上部。左手垂于腰边，握自背后右肩下垂之衣。非熟知印度著衣方法者不能，与印度笈多期之雕像全一致云。第四，东部第四窟所雕执矟，以鸟羽饰头之神王，三面八臂、五面六臂、三面四臂之神，皆印度婆罗门教诸神之混入佛教，其后又变为密教，而在其过程中之现象也。昙曜时所译经典中，尚无述说此等诸神神象者，自非本经说为之，乃依照印度传来此种图像之旧本也。——周一良《云冈石佛小记》

① 日本木下杢太郎重版《大同石佛寺·附录三》：“《伊东忠太建筑文献》中《参观纪行》一卷及《东洋建筑的研究》上下二卷，昭和十一年（1936）龙吟社发行。”

② 日本岩崎继生《大同风土记》：“关野、常盘两博士推论说：‘第三窟恐怕是隋朝所建。根据记载，炀帝是为其父文帝建此三尊佛像的。在其东面，也打算同样为其母造三尊佛，因遭不测之变而被弑杀，接着国亦灭亡，致使东面之佛遭到了中止的厄运。’”

③ 中部第五洞至第九洞，即今第 9、10、11、12、13 窟，俗称“五华洞”。

1937 年丁丑　民国二十六年

自一千九百零（三）［二］年，日本人伊东忠太郎在境内发明后，不久又有法国美术家沙畹之研究解说图解，并广为介绍，始复闻于世界，成为东亚最大之美术。惟来往者，仍止于外国学者。至一千九百一十八年，平绥铁路筑成后，国内之金石家、考古家，始渐渐涉足其间。芦沟事起，日人侵入，对于古迹方面颇能保存，尤以云冈石佛特别注意。凡有来往之军政人士，莫不游览其间，并有若干小记载、摄影照片，几于无日不有。然而，外人之作品，仍偏重于艺术上之观察，而忽略所有之事实，亦难作为定论。若欲真确考论，仍须国人自己努力。——厉寿田《云冈石窟寺源流考》[①]

敌伪时代，常派军队驻扎斯地，并资保管，佛像不致损失。——厉寿田《云冈石窟寺源流考》

石窟寺……与其谓为中国的原素，宁谓为富于西方趣味。第一凿岩壁而造寺院，即非中国式。其法自公元前二百年顷，已行于印度，尔来约继续一千年之久。彼有名之阿姜陀、爱路拿、那西克等大小实例，不遑枚举。中国之石窟寺，当然认为受其影响。……窟内之体裁，不必与印度同式，彼此有酷似者，有不同者。总之，印度的窟寺，初期以僧房为本位，后期者虽以佛殿为本位，但其中仍备几个僧房者多。中国之石窟寺，则常以佛像为本位，其内未见有备僧房者。结果，印度之窟寺，规模宏大与建筑性质充实者多，中国之石窟，平均较印度之规模为小，建筑性质不充分者多，但雕刻的性质与绘画的性质，则凌驾印度。……南北朝佛像，大体上略有一定模型，已为世所默认。然详加考察，其间仍认有几种异型，大别之，一为犍陀罗型；二为中印度型，即笈多型；三为中国化之型。云冈与龙门佛像，乃此三种混合者。松本文三郎博士，谓云冈诸佛像为笈多式，不认有犍陀罗式；关野贞博士谓非绝无犍陀罗趣味，但甚轻微。但予不赞成此说。——伊东忠太《中国建筑史》第3章《南北朝建筑之性质》[②]

① 厉寿田《云冈石窟寺源流考》手抄本，落款为“中华民国二十六年十二月”。

② 日本伊东忠太《中国建筑史》，1937年商务印书馆出版，陈清泉译。

1938年戊寅 民国二十七年

1938年春，玉河还没有融化，我们终于一边眺望着冰水，一边驶向目的地，去拜访云冈石窟。著者中的另一人长广因遇事变，最终没能成行。恰好有在北京留学的小野胜年同行，帮助测量发掘，照相技师羽馆易先生与其助手米田太三郎先生一起担任摄影，北京的徐立信先生承担制作拓本，加上水野总共五人。从4月14日开始作业，到6月15日暂时结束[①]。无奈因那时治安不稳定，只能投宿于云冈警备队驻扎的云冈别墅的一角，在那里专心调查第五、六窟。——水野清一、长广敏雄《云冈石窟的调查概要》，王雁卿译，载北京燕山出版社2001年版《北朝研究》第二辑

调查的第一年里，水野君对将来的正式调查工作做了各项准备工作。因为是日本军压制的地区，他得首先到当地的日本军司令部取得理解。山西省大同属后宫部队守防，于是到其部向队长以下特务机关的将官、佐官逐一说明调查目的，寻求保护，还取得了在当地产生的晋北自治政府的支持。第二，水野君为了长时期的调查生活

不再招来麻烦，请管理运营北部中国铁道的华北交通总社（作为南满州铁道的延长部而经营的公司）的宇佑美总裁下面的每个干部职员援助。……那么，第一年在云冈石窟遇到什么样的挑战呢？注意力集中在羽馆易君的窟内摄影。石窟群中，摄影师比较容易下手的是第五、第六、第九、第十、第十三的各石窟，其中除第六窟外，其余各窟均可以采用外部射入窟内的光线，比较方便。第六窟，不仅前面密接的阁楼遮挡了阳光，洞窟内巨大塔柱的阴影又加深一层。用火炬光照明也只能勉强确认佛像的样子。摄影师羽馆君本来是个神经敏锐的人，绝对不会做半途而废的事，没有艺术家的风度，是个彻底的技术者。当时，在云冈没有任何电源，旧式的摄影闪光照明，在巨大的石窟内是没有用的。最终，总结出用镜子反射太阳光线，给窟内照明的方法。……三十年代的云冈石佛寺，几近废寺。没有守寺的住持佛僧，只有僧侣投宿的房屋（不值当称作僧房的小室），偶而云游僧来停留数日或几个星期，不知什么时候又去了别的地方。调查的第一年，羽馆摄影师只能拍摄浑身都是数厘米厚灰尘的第六窟的诸佛、诸菩萨。因为扫除需要相当的准备工作。这是很大的教训，于是制定了从第二年开始，至少在脚手架上对拍照的景物及其四周用扫帚除尘的方针。——长广敏雄《云冈日记》，王雁卿译[2]

从第 5 窟到第 13 窟是中央群。跨过小沟，西方群从第 14 窟到常说的第 20 窟露天大佛。这一带就是昙曜所开的五窟。从此以西，石窟变小且数目众多。在近西端处，有一个开凿方塔的洞窟。一看便知是仿木造的方塔。从此窟有一条小路可以上到台上。在台上俯瞰弯曲的武州川及其支流，眺望由丘陵到山地延绵而来的烽台、亭障。台地西部，突出的田地上散布着绳席纹的黑色陶片。这里应该是汉代的居住遗址，或许是当时武州塞的遗迹。东面，在露天佛的上部，有祭祀碧霞玄君的庙。其东方有一圈围墙是城塞。土墙有七八米高，保存比较完整，内部是废墟。散布着大约是明代的砖瓦，但我想应是从辽金时代就有的城堡。在城堡的东北面，有三个墓塔。北面的有崇祯二年，之后的有康熙丙戌，南面有万历十九年的铭刻，南塔是开山历代祖师的墓塔。……第 5 窟，即大佛洞，以大坐佛为中心的尊像窟。……这个洞窟呈圆顶状……莲花正面的子房上雕刻化生的样式，在西域常见，云冈之外的其它地方不怎么见，珍奇。……第 6 窟，也叫四面佛洞。以方柱为中心的一种塔庙窟。……方柱的下层四面有各种佛龛，上层四隅有九层方塔，中央四佛各向四方站立，其光背相互倚靠。天井有飞天，其外边的天井成格状，框内浮雕着各种神像。手持日月的三面六臂神像，跟随兽的神像、乘鸟的神像，是何神不易辨别，但比第7、8窟入口的神像更具中国风格。……第5、6窟之间突出一个方塔，其同形同大的塔在第5窟东侧、第6窟西侧也有，这表明两个洞窟属于同一个计划下开凿的。……拓本从周壁的浮雕佛传图开始。这些佛传图是第6窟的特征，人们对此记忆最深。西壁漫泐，但南头有本生图，到在东壁及南尾的逾城出家，是一系列的佛传图。而方柱四隅，有诞生前后的佛传图，上窗左右应能看到出家后的一节，有白马离别，树下思惟。周壁中层，表现成道的佛，有降魔成道与初转法轮的尊像龛。以前就曾注意到此窟因佛传图紧密地构成。因此早就想到实地更进一步考察其关系，可是在这里没见到更应该追加的材料。而且，在佛传记中不可遗漏的涅槃像没有发现。降魔成道图有两个，但画面中的魔众种类明显不同，是两种表现方式，是否属于两个系统？或许隐藏着什么新问题。……在第7窟外仍有木造的堂宇，其上挂着“西来第一山”的扁额，眼下荒凉着。原来任凭农家使用，有大的石臼（石碾），最近一度好象曾作为兵舍的药局。散乱处方笺、书信残片，药的臭味刺鼻。第8窟之上有“佛籁洞”的扁额。建筑物没了，直到最近还有，洞外堆积着的瓦等可以确认。第7窟、第8窟是同样的结构，在没有天井的前室，有小隧道相通。同样的横长方形的窟型，分二层的北壁，分四层的三壁，入口的三面六臂神，上窗的树下修仙像等，全部一致，无疑是同时营造的。这二洞的浮雕特别深，雕像圆圆的，唐草纹装饰悠然舒畅的大，富有变化。与中央群的其它诸窟迥然不同，风格接近于西方的昙曜五窟，应是中央窟群中最早的。……以此为最初样式，可以逐步区分其左右洞窟的早晚关系。而其最完备的形式是第5、6窟。……第7、8窟的前室没有天井，想当初一定有过什么样的建筑。所以对发掘特别期盼，结果什么东西也没出，除了近代的瓦片散落，全是碎岩片的堆积，深有3米余。也许再有些毅力还能发掘出点什么。……第9、10窟是一组洞窟，从其外观的列柱一目了然。构造、壁面相互比较一致，前室有小隧道相通。……决定在这两个窟前进行发掘，仅是因为前部是广场，没有障碍物。发掘中，前列柱的基础出现，确实选择了一个好地方。开始对准第9窟前上部的梁孔，开南北向的探沟，距洞口约十米的地方铺着方砖，在洞口前也见方砖，大约70厘米深。砖底部并列绳纹，可以确认全是辽砖。另外，在铺砖的南端，穿过左右的纵沟，又在洞口沿着柱子，向左右拓展。在前方东西沟，出现建筑土坛的积石；在后方东西沟，出现列柱的基部。开始只看见磨损的八角柱，列柱被柱基方台上的立象抗着，方台正面雕的象相对而立，在侧面有以香炉为中心的对虎。……左右两端还残存盘踞在岩盘上的石兽。铺砖的地面有两三个方形石，我想是础石，与上部的梁孔不对应。从铺砖下部基岩上，发现了可能是柱穴的方坑，也与前壁的梁孔不对应③。而且这些梁孔根本无视原来檐头雕刻的斗拱、割束等，柱穴也与最初雕在地上的装饰纹样没有关系。所以石窟开凿当时前方有没有建筑物还不能决定。想开始没有，现在能否有什么就好了，但上部的梁孔、地上的柱穴是第二次、第三次的，方砖地大概是第四次以后。在这片砖地的上一层，还有新时代的造构，是很大的残片。发掘从五月九日开始到六月十五日，发现地面纹样是最后近十二日下午。莲花和龟甲相连，与连珠纹和忍冬纹相配，因雕刻太浅，照相、拓片不能如意表现。发掘的当时没注意，堆积了少量的尘土，由米田君最初发现。与龙门宾阳洞的地面装饰完全一致。……最初看到北魏的瓦，兴致勃勃，遗物只有一片“传祚无穷”瓦当和若干辽代兽面圆瓦当和羽状纹板瓦当，大胆称作辽的东西，是因为与林西的辽帝陵出土的一样。其它辽代的，只有稍粗糙的白瓷碗。瓷碗里遗存着颜料，特别是从柱穴出土了很多此类东西。这是铺方砖时代的东西。壁面涂彩后，不要的瓷碗投入废弃的柱穴，有一些散落在岩床上，其上盖着薄土层，灰泥的上面排列方砖构成地面。注意到涂色壁的下端，很深地深入到铺砖的下面。……第 12、13 窟也许和第 11 窟是一组④。……这附近的小窟多是未完成的小窟，结合这些可以推测石窟开凿的程序，很有意思。……从第 11 窟到第 13 窟外面，有相连的小窟。作品都很精细。……有若干未完成的窟，还可以看见辽金时修理的佛头等。……这次住在云冈，没有太多远行的机会，只在石窟附近走了走。其结果作了些记录。（1）西部台上有绳席纹黑色陶器遗迹。4 月 14 日发现，之后又去了几回。在石窟背后台地的西端。仅散布在田地上，南北及东西好象是坝类的埂。（2）台上城堡。4 月 14 日、5 月 10 日等数次勘查。在石窟中央群的背后台上，是边长约三百米的方形城堡。南墙中央有瓮城，还有从东西两隅象袖子样的城墙，一直延伸到崖边。有唐草纹筒瓦和兽面纹瓦当，是和现在的石佛寺建筑共通的东西。到处散落着淡褐色的坎的盖的碎片。我想比下方的现在的镇城要古老，仍旧是明代的东西。下边的镇城东门与西门，有万历十四年的扁额。横卧石佛寺内的嘉靖四十三年的云冈堡碑，也可参考。城墙高四五米，西侧袖子部分，残留着一些拱门样式的石材，还有绳痕的砖。从周围的地形看，我想从辽金时代就有城塞。总之，现在的城堡保存较好，我想不是明代的。（3）龙神庙瓦片包含层。4 月 24 日，五十岚氏等发掘出土了羽状纹板瓦当、兽面圆瓦当，之后的 5 月 1 日及 23 日等，又进行了若干次试掘。从板瓦当的样式推定，其为辽代的。还出土了二三瓷片，羽馆君从这个包含层发掘出了铁质风铃和铁鑰，还有可能是铠的小牌甲的小铁片。第 4、5 窟之间有沟，据此可推测，当时在这个沟间有相当大的建筑物。（4）西湾石窟。4 月 24 日调查。西方约一公里半的地方，在河的南侧。正好是左云而来道路渡过河，上台上的地方。武州川在此向北突出⑤，与从东北来的支流汇合。据此地形，遂有西湾之名，还叫鲁班窑。事实上，窑窟就在崖的中腹部。第 1 窟，穹窿窟，4.6 米到 6 米；北接的第 2 窟，是 5 米至 4.6 米的，近似于方形的石窟。均在东部⑥。窟内被熏黑了，天井还刻了天盖，周壁配置了一样的列像。外壁中间有一个小佛龛。（5）西湾瓦当遗迹。在西湾鲁班窑的台上，出土了盘龙圆瓦当和羽状纹板瓦。后者的手法细腻，而且下鄂突出。我想是新的，可能是辽末或金代的东西。大概也是什么庙。羽馆君采集。（6）西湾绳席纹黑色陶器遗迹。仍旧在这个台地的突角。西部台上是同样的碎片，粗绳纹，质地粗松。仍旧是汉代时的遗迹。（7）西梁瓦当遗迹。东方五六百米，河岸的台上，看到的是用石头垒积的坝样遗迹。土民叫西梁。东西凹回去，也形成一种突角状。其下有二条汽车道。在这个石堆的周围，采集到“传祚无穷”圆瓦当、有指痕的板瓦当、全是莲瓣的椽瓦。“传祚无穷”瓦当很多。这曾在第 9、10 窟前发掘过一片。奥村伊九良氏在十数年前，在西方塔洞附近拾得此种瓦当，寄赠京都帝国大学文学部陈列馆。与故人关野贞博士从大同城北的孤山，即昔日的方山永固陵采集的“富贵万岁”北魏圆瓦当相似。都是北魏的瓦。在第 3、4 窟上方，还有西方塔洞上方的台上，也发现了丰富的指痕板瓦当。这也是北魏的瓦。而且，高句丽瓦和百济瓦，乃至渤海瓦的指痕源流，可以说是从这里来的。所有椽瓦，其用途还有疑点，是圆润的莲瓣，如同在石窟内所见的莲瓣。——水野清一《云冈石窟调查记》，载日本《东方学报》1940 年第 9 卷，王雁卿译

① 日本木下杢太郎重版《大同石佛寺·附录三》：“水野清一《大同通信》，《考古学》第九卷第八号，昭和十三年八月，东京考古学会发行。水野清一《大同再信》（《考古学》第九卷第九号，昭

和十三年九月）。前稿未看到，后稿是说在云冈有五十六日，六月二十一日回大同，调查北魏平城，在现在大同城墙的内侧部，采集绳纹陶片。”

② 日本木下杢太郎重版《大同石佛寺·附录三》：“福岛圆明《大同石佛一瞥》，活版四六版三十九页，昭和十三年三月十日刊；桐谷幸昌《石佛与石炭的大同》，誊写版，同年三月二十八日刊；上田守夫《云冈的石佛》，誊写版，同年 4 月 25 日刊。……长谷川兼太郎《武川塞石窟》，《日本医事新报》第七九六至第八〇五号，昭和十二年十二月～十三年二月。……大口理夫《云冈石窟像的塑造的倾向》，《画说》昭和十三年二月号，东京美术研究所发行。……大口理夫《六朝石窟寺院佛龛的消长》，《考古学杂志》第二十八卷第十号，昭和十三年十月发行，考古学会。……三上次男《从张家口到云冈》，《画说》昭和十三年八月号。……《大同云冈石窟寺古迹详志》，晋北自治政府民生厅，民国二十七年四月。……铃木浩《大同的石佛》，《中国》第二十九卷第九号，昭和十三年九月发行。”

③ 1972 年至 1974 年，云冈石窟文物保管所在五华洞前进行发掘，证明这些紧靠列柱的柱穴有六个，分别与窟顶积土下的六个并排的梁槽对应，是一座横阔五间的窟檐建筑遗址。而两窟前壁上方残存的八个长方形的大梁孔，正与列柱南 4.3 米处，地下一排八个覆盆底的大方穴相对应，是一座七开间的木构建筑遗址。因为大方穴中积有木炭，可以断定该建筑毁于火灾。而这种方穴覆盆底柱础的做法比较古老，所以七间式的阁楼应该早于五间阁楼。但是，由于七间阁楼的柱础，仍凿压在列柱南地面的莲花雕刻的外缘之上，可以推测其建设时间要晚于洞窟开凿。就是说，北魏当年设计开凿这对双窟时，大约并没有窟前阁楼，而是建成了与第 12 窟一样的仿木构式石雕庑殿。

④《云冈石窟建筑遗迹的新发现》（载 1976 年 4 期《文物》）讲：“在十二窟列柱上方发现石雕瓦顶残迹。1937 年 7 月，清除前室顶板积土后，发现有脊饰、瓦垄等残迹。结合下方列柱来看，全窟外观应是一座崖阁形式，与天水麦积山石窟七佛殿式样相似。”

⑤ 此句陈述不当，应是武州川在此南折而流，汇合了东北支流。

⑥ 鲁班窑石崖，坐西朝东，总共三窟。水野所谓第 1、2 窟，在南窟的北面。南窟早年坍塌土埋，2018 年清理出四个北魏佛头和若干石雕，现藏云冈博物馆。

1939 年己卯　民国二十八年

六月下旬，东大教授原田淑人博士一行的方山踏勘，乘坐卡车在警备士兵保护下，也终于果敢地完成。作为一大秘境的方山，人们渴望着早日探明它的实情。——岩崎继生《大同风土记》

这一年，负责各部分调查作业的成员分布如下：第七窟，北野、米田一组；第十窟，水野、有光教一（后来是京都大学教授）、澄田正一（后来是名古屋大学教授）为一组。照相摄影，全部由羽馆易君（当时是东方文化研究所的照相技术员）和助手冈崎卯一君担任①。……和石佛寺院内相邻的东边，驻着云冈警备一分队（约二十名士兵的兵队）。士兵们每天早晚到石窟群的前院巡视一回。士兵和我们调查队自然处得很亲近。傍晚，变得寂静了。石窟成为野鸠和蝙蝠的栖息场所。到处都是野鸠的屎，弄脏了佛像，已堆积了几百年。……八月三十一日（星期四）……分乘公共汽车和部队的卡车，下午二时来到大同站。去车站附近的供水塔发掘现场，看出土的宫殿遗址柱础石。澄田君作向导。柱础出土在地下一米左右的黄土层和砂砾层之间。原来工地境内出土大约三十个，没有完整的，保存约三分之二。有圆形和方形的。全部和云冈台上遗迹出土的相同，是北魏的遗物[②]。……九月二日（星期六）……下午，去看黑田部队保管的北魏天安元年（四六六）的九层石塔。在笔记本上画了图。……九月六日（星期三），云，阴天。和军人们一块来的，有《大同石佛寺》著者木下杢太郎先生。……木下先生记忆的是第十五窟 A 窟二佛并坐像，现在被破坏无一，只留下丑陋的窟窿。从这个窟窿可以进入第十六窟。木下先生失望地回去了。（原来在第十五 A 窟的交脚像，二个收藏在纽约的大都会美术馆，一个收藏在巴黎的 Cernuschi 美术馆）。……第十五窟美丽的佛像屡次被破坏，拥有又失去的命运，直接的原因是农家的屋顶和第十五窟紧密连接，盗人一定很容易接近石佛。那么，从农家那一面讲，几百年以来，农家长期利用石窟做土房，从不感觉到心痛。石窟从很早以前就不再是宗教圣地。……九月十七日（星期天），晴。……今天，预定的参观火井中止了。因此大伙渡过武州川，去侧面的山地。今天暖和了，有点热。去看西湾镇的小石佛。窟内没有可看的东西。……九月十八日（星期一），晴。……我利用空闲时间，去十窟掀去后室门口侧壁的力士的后补部分。想早日看见北魏的大力士（神王）像。为了露出北魏原样，得剥下青的、红的清朝后补的泥彩。圆形的肩部和腕部，裹着近一寸厚的清朝塑泥。拿到手里的后补部分，是难看的形和色。清朝的补习工，怎能一边注视着下边漂亮的北魏像，一边进行着丑陋的修补？胸高的地方，后补时作了纽结，有制作木偶的感觉。从下边露出北魏的石像，用简单的线条勾勒出的峻烈的像，显示出与大众工艺师不相近的高度趣味。……九月二十三日（星期六），晴，有云，有时连雨。终日实测七窟明窗东侧浮雕。距晋北政府计划的云冈村民的搬迁，只剩一周期限。今日，向村民们发钱。大约每户二百元，在调查班工作的农民们，大体说法是三百元以上。调查班的青年村民说的都是这个话题，多少好象有些兴奋。多少年来，和石窟石像一起生活，要舍弃几百年的习惯，离开了，很明显是有动摇的。可是，如今这种杂乱无章的石佛寺域，不论怎么说太过分了。难说是什么佛教圣地。真有必要让这前庭围绕着广阔的草坪，变成真正的清净圣地。

第十六窟到现在还用砖堵着门口。随着整备计划的实施，政厅的苦力们用手收拾、整理了第十四、十五窟前，第十六窟也好不容易可以从门口出入。但窟内还有二三堵砖墙从中隔开，一片混杂。……九月二十七日（星期三），云，晴。……今年夏天，拆掉民家，平整石窟前土地，云冈的中央地区和西方地区相通起来。……十月八日（星期日），晴。……第十窟前室还堆放着千年土堆。要清除需要很多劳力。已清除的正面八角柱基部和四周壁的基部前及窟中央，还残留着五十公分以上的土堆。……十月十六日（星期一），晴。飞机上的观察。十一时半，一行六人乘出租汽车去东门外的军用机场，计划从飞机上看看云冈石窟概观。……飞机是老式的，只能乘四人。决定冈崎、大岛两君留下。水野、羽馆、日比野和我去。……在云冈石窟群上旋转三圈。摄影师羽馆君的超大 66 版很活跃。有一次飞机在空中停止，很吃惊。飞机一边横倒过来，一边以一点中心旋转。这时，看见了火井在喷烟，很美。——长广敏雄《云冈日记》，王雁卿译

昭和十四年时，第 7 窟楼阁的一层和二层破坏很严重，其外观如同废屋。第 8 窟的楼阁已经塌了，窟前堆积着大量废木和砂土。——长广敏雄《云冈日记》，王雁卿译

这一佛教美术的大遗址，是在水成层的砂岩丘陵的武周山上，东西延长约一公里半而成。它大体上分成四区，即石佛古寺以东的一群，与寺相连中央部分的一群，寺西的一群以及再向西的一群。也就是说，可区分为东方窟（第一区）、中央窟（第二区）、西方窟（第三区）以及西湾窟（第四区）。而且，以西方窟的五大窟为最古老，其次是中央窟，然后是西湾窟、东方窟，在技巧方面可以看到十分有趣的不同特点。……全部在天然的岩石上开凿，具有宗教意义的这种窟院，其做法起源于印度；之后传到中央亚细亚，进而东渐，又传到了中国本土。前几年在东京帝国大学进行过演讲的法国美术史学家阿茨甘氏，调查过的中央亚细亚的巴米扬的摩崖佛像，也是东渐史上的遗址。云冈石佛寺及龙门石窟寺的巨像，遵循摩崖佛像的先例，具有着重要的意义。由于这样古窟建造型式的东渐，中国在四世纪末，由于五胡之君主们的宗教信仰，在甘肃省的敦煌开凿了著名的千佛洞。云冈石佛寺修建的年代次于千佛洞，在地理上是更加向东发展而来。接着，在北魏时期又开凿了河南省的龙门石窟。此外，在河南、山西、山东等华北地区，还有许多的石窟，留下了大小无数的在信仰与艺术两方面全都美丽而和谐的遗产。……云冈石窟的佛像，其表情

极其快活，拥有丰满的容貌和严格的躯体；与所谓的超人的佛陀相比，这多半是表现的写实的人类。唐僧道宣在一千三百年以前就已评价说：唇厚、鼻隆、目长、颐丰，具有挺然的壮健之相。这是最直截了当地把握了云冈石佛之特征的评价。总之，在建造云冈石佛寺的北魏朝时代，继五胡扰乱之后，正处于从汉代的传统空气出来的自由清新的时代；同时，又是丝毫不加歪曲地吸收从西方进入的新的佛教、美术的时代。从而，在云冈的数以几万计的令人目不暇接的群像当中，佛像的表现方法，既有犍陀罗式，也有中印度的笈多艺术的要素，又融合有希腊艺术要素的人像柱的变化和柯林特式柱头，还混杂有金银花花纹的装饰等。因此，只以某一种型式来规定此处的艺术样式系统，就必然陷于极大的谬误之中。在种类繁多的艺术要素之上，营造起壮丽统一的云冈石佛寺，终于在这里建立起北魏前期的艺术，也就是云冈艺术样式。……佛教从中印度经西北印度，进入中央亚细亚，再转而进入中国；并且，首先形成甘肃省的敦煌大石窟，其次是形成云冈的巨作，并波及到洛阳和“满洲”锦州省义县；进而东渐到朝鲜庆州的佛国寺，然后再形成为日本的法隆寺之大伽蓝。云冈样式，是由印度、波斯、中央亚细亚、中国等风格之混合融汇而成，同时也有希腊及罗马的痕迹之遗留③。——岩崎继生《大同风土记》④

① 《云冈石窟的调查概要》：“一行八人住进石佛寺的一间小屋，主要调查第七、八、九窟，调查从八月一日到十月十五日。”

② 王逊《云冈一带勘察记》（载 1951 年《雁北文物勘查团报告》）讲：“沿云冈西坡攀登上山，到云冈冈顶。上面有两处北魏建筑遗址。在相当于西区诸窟的山上，有方形的墙基石，捡到了‘传柞（祚）无穷’字样完整的北魏瓦当。瓦当面直径 15.7 公分。……冈顶东部在第三窟上方，又有北魏遗址，捡得‘传祚无穷’的瓦当残部和平瓦、筒瓦及波纹边缘滴水瓦的残片各一。”

③ 日本水野清一、长广敏雄《云冈石窟》卷 4《云冈石窟装饰的意义》（王雁卿译，载《北朝研究》1996 年第 4 期）讲：“云冈石窟的所有表层都经过各种各样的装饰，增色不少。装饰实在是很丰富：装饰的动机比较单纯，但手法应用自然，内容变化多端。石窟的装饰大致分两大类：……建筑结构装饰表现在：围绕窟壁的龛形，窟门类似龛形的装饰，棋盘格子的藻井图案和三角垂幛的装饰，佛像方面的背光、宝盖、狮子座等等庄严的表现。虽然这些基本上都是外来的，但明显中国化了，最显著的一点是建筑装饰木构化。花纹装饰方面，有莲花纹、唐草纹（译者按：本文所指唐草纹既非单纯的缠枝纹，也不是忍冬纹，而是一种多方连续图案，所含内容丰富），虽然进行了中国化的改造，但给人们的印象仍是新鲜与独特的，带有异国的情调。建筑装饰的中心是佛龛。佛龛的基本形式是尖拱龛和楣拱龛，经常出现的只有宝盖的佛龛是其中的一种变化。第九窟、第十窟出现的屋形龛，是在中国出现的新形式，在第七窟、第八窟还没有出现。尖拱龛和楣拱龛两种基本形式，已经在犍陀罗艺术中可以明显地看到了。尖拱龛……拱端施唐草纹、兽形的作法，决不是源于中国的。

楣拱龛在犍陀罗以来就有……但是，没有像云冈所出现的飞天。……宝盖、背光，原本是附随于佛菩萨的东西，当然是来自于西方的。……第六窟和其它窟内的宝盖又增加了宝珠纹和火焰纹，这很可能是中国的传统。……关于佛座，有莲花座、须弥座、狮子座。莲花座和狮子座，从犍陀罗就有了。装饰花纹方面，植物花纹应用最多，动物花纹少见。在第七、第八窟可以看到莲花纹、莲瓣纹、四出三叶纹、三叶连环纹、半棕榈叶状波状纹、半棕榈叶状并列纹。这些花纹是单纯的西方化的。到第九、第十窟，则连环纹繁盛，而且变得复杂起来；到了第五、第六窟，几乎是连环纹的隆盛期。……云冈莲花的应用决不次于印度，变化实在是丰富多样。像云冈的莲瓣变得尖尖，两块叶肉隆起……应该从中亚的塑像上去寻找其来源。……四出三叶纹，在犍陀罗是看不到的，在中亚的克孜尔却非常普遍。……唐草波状纹，自远古时代的印度就有了。……但克孜尔的唐草纹从外形到年代，同云冈的非常近似。……半棕榈叶状并列纹，在西方并不多见，但在克孜尔的壁画上却有与此相似的花纹。……下面，讨论棕榈叶状的连环纹。在克孜尔壁画上看到的横着相连的例子有许多种类，花纹相当复杂，每一环内部都含有人物头像或一只动物。第九、第十窟的包含禽兽、人物在内的连环纹的源流在西方。如此，只要与带状唐草纹相关，就与中亚克孜尔密切相关，在那里能感觉到它的直接渊源。更进一步讲，值得注意的是敦煌千佛洞的壁画上和克孜尔同样绘有波状纹的第二形式，即异状连环纹，尤其前者和云冈的波状唐草纹相当类似。由此，植物花纹大致可看出是源于西方，动物花纹则不然。狮子原本是西来的，特别是阿富汗的绍托拉克的狮子像和云冈的相当类似，有棱角的颚，大大的鼻子，口开得高，不由得想到这的确是云冈狮子的祖型。但狮子像一定不是有了佛教艺术才开始有的，离开佛教，在中国的汉代艺术中就已经出现了狮子。……狮子以外，至于拱额上的龙、虎和禽鸟，完全是汉魏传统而来的动物图案。在西方则无法找到与此相似的图案。另外，这里到处出现的兽面，也是汉魏传统的兽面。还有一个问题是树木和山岳。……它一方面继承了汉魏的传统，更有克孜尔周围绘画带来的强大影响。……综合以上不同方面的比较过程，云冈装饰的主流是模仿了印度本土的佛教装饰主题的，同时，它的表现手法接近于犍陀罗的比印度本土的多，吸收中亚精华又多于犍陀罗。有鉴于此，对云冈石窟造成直接影响的另一方面，还应该看作是地理邻近的中亚诸寺院。……总而言之，佛教艺术的进入，对古代中国美术的潮流，发动起一场大的变革，建立于新信仰和新思想基础上的雕刻模式，不同形式的庄严的装饰和建筑物渐渐流行起来。这些运动的第一次高潮便表现于云冈石窟。特别是植物花纹的出现意义重大。周汉以来达到顶端的动物图案逐渐被植物花纹所取代，后来成为装饰纹样的主流。……汉魏传统的中国式的龙虎、禽鸟、焚香的博山炉，也被当为佛教用具而采用；来自西方的新式植物纹，也有一定程度的中国化，这是避免不了的。……无论如何，云冈石窟装饰的伟大意义在于，由此确立了新的佛教美术体裁，之后又远远超出了佛教美术的范围，发展了每一种艺术造型，其浸透力愈来愈不可阻挡，终于奠定了这个时代美术的基调。”

④ 岩崎继生，日本人。1938 ~ 1939 年 9 月，居住大同一年半，任晋北自治政府的民生顾问。期间，撰写完成《大同风土记》。书中叙述云冈石窟部分，广泛参引了日本学者的研究成果。

1940 年庚辰　民国二十九年

第三次(昭和十五年)云冈调查概况如下。参加成员有水野、北野、冈崎卯一、羽馆、山内启藏、戌亥、原田仁、杉山信一（朝鲜总督博物馆）、小野九名。徐立信完成全部的拓片。昙曜五窟的摄影及第八、九窟测量。搞清五华洞的海拔为 1126 米。——长广敏雄《云冈日记》，王雁卿译

云冈石窟古遗址的考古发掘是 1938 年和 1940 年进行的。这些发掘包括：一、八窟与五华洞窟前遗址发掘；二、昙曜五窟窟前遗址发掘；三、西部山顶北魏寺庙遗址发掘；四、东部山顶北魏寺庙遗址发掘；五、龙王庙附近辽代寺庙遗址发掘。……1940 年以前，五华洞与昙曜五窟前有许多民房，这里被堡墙与一堵沿着民房前面砌筑的小墙环绕着，堡墙与石窟垂直。要想从东侧进入五华洞，必须穿越设在第八窟与第九窟之间的矮墙上的一个小门。第七窟与第八窟前有为来访者提供的由三座小型寺庙建筑所围着的一块空地。就在 1940 年的考古发掘前，省政府对从石窟最西端到第八窟前的所有建筑进行了拆迁，以便于石窟群的保护。近百户农家搬到了横穿村庄中心的马路以南。……综上所述，九窟、十窟前的基岩面上，北魏时曾雕以纹饰，而且当时窟前有一个木构窟檐将窟门与这些雕有花纹的地面罩在其内①。这里还砌设有坛，从西向东延伸，表面用石块铺砌。南北向三号探沟内，发现的一处倾斜的石头面，很可能是最初通向石窟的小路，但后来这些窟檐全部坍塌，人们把窟前弄平后，又铺了一层砖，所以比原来面略高出一点。与此同时又建起窟檐，而且在柱基外表抹上一层涂成红色的石灰。我们想这一切都发生在辽代。虽然确切年代难以定夺，但这一点可以肯定，作为寺庙建筑基础的砖坛属于晚期寺庙建筑的基础。辽代以后的某一时间，窟檐倒塌了，这里成了僧人与村民的生活场所，因此就出现了烟道。……十二窟……以南 18 米处的探沟内，全部是从石窟前搬运而来的碎石片。石窟以南 23 米，地面突然加深，这里出现了一座现代民房的地面，但已被政府用从石窟里清理出的碎石掩埋了。石窟以南 39 米处，低于窟门地面 5 米以下为沙砾层。沙砾层上发现了一些北魏陶片，其它地方则既有北魏陶片，又有辽代瓦片。综上所述，这里可以看到两个地层：其一是发现在九窟与十窟前的砖层，显然是辽代地层；其二为较低的地层，位于窟前自然风化层与基岩之上，应属北魏。石窟以南 40 米的早期倾斜层下端的砂层，与南北向三号探沟所发现的一致。这里就可以佐证这样一种见解：这里原是古代的河床。——水野清一、长广敏雄《云冈发掘记》（一），王银田译，载《北朝研究》1993 年第 3 期

艺术系统：埃及影响说。小川晴旸氏主之。埃及艺术经希腊、叙利亚，自海路传华，更由陆路越印度、中亚、西域，输入大同。云冈雕刻示此象征者，有四种图样：一、花上再生者像（花上育成者），二、莲花图案，三、忍冬纹，四、狮子座。传至大同后，中国化矣。后三者尽人皆知，勿俟繁辞。初一“花上再生像”者，第一、二、六、八、十四、十八诸窟均有。佛教本生谭与佛传教人轻生，此信仰者心地怯弱，愿死后生极乐无秽之莲花上，其思想实导源于埃及也。埃及之“莲花再生者像”，荷尔斯神话谓神在花中发生光明，其象征与思想传至印度，摄入佛教云。相传埃及荷尔斯神，宿泊朝敷夕闭之清丽莲花中。其在雕刻者，神与四子成育花上；绘画中者，莲花挺出水面，神与诸子以人形姿态显现花中。印度佛陀伽耶大塔与巴尔弗特等处图案，皆有此像。大谷光瑞氏中亚发掘品有在莲着下裳之踊娘②。云冈石窟此类造像甚多，其属于昙曜五窟者，第十八窟东西胁侍，如来像之天盖，开敷花中有童子跃出上身，与中亚发掘品相似。第十四窟西壁、第十一窟再生者像，皆其例证。愿文所谓“成育宝花，永舍秽体”者也。③

希腊影响说。小川晴旸氏说，佛教艺术中，车、马、卍纹、花序纹、神所持莲花等，皆导源希腊。车（轮宝）与马、卍，皆象征爱普罗（日神）之车，佛教以为轮宝，又为圆光，云冈第六窟初转法轮像前，刻有三轮者是。马在希腊为日神引车者，印度以象征神圣，云冈本生谭与佛传中者，是中国风格，犹未以神圣视之也。卍纹，在希腊着日神胸次，有左右区别（右钩卍印度、德国用之，左钩卍希腊、法国用之）。云冈第九、十两窟，柱裾与栏干等，皆饰以卍纹。花序纹起原埃及而完成于印度，云冈石窟作装饰用。神所持之莲花，在埃及以饰荷尔斯神宝冠，亦有充敷坐者，然神不自持，供养者持之，且持者皆妇人。若在希腊则为爱普罗神之持物。佛教雕刻中，观音、佛与胁侍像皆持之，云冈第九窟内观音像与第三窟之胁侍像是也。

拓跋氏影响说。是大村西崖氏主之，见于氏所著《中国美术史雕刻篇》《元魏之佛像》与《东洋美术史》（中国部分）三书中。约举五事：一、面相，唇厚、目长、丰颐，挺丈夫之相。二、衣褶雕法，如外崖大佛领边折线，魏末不复见。三、顶髻，佛顶因发髻过大，俨如峨冠，印度佛像殆不见有此类例。四、坐法，有结跏、交脚、并脚三种。结跏与印度后代造像无大差别，并脚不类印度倚像，交脚坐像全异乎印度之萨埵跏或轮王坐。交叉两脚的倚像，魏末高齐以后不复见。五、手相，仅说法手与合掌手，间或与印度诸像同（已上）。氏据斯五证，因否定印度艺术传来说，谓当时仅据经文制作，与印度原制不合，深保拓跋氏遗风云。

印度毱多说。持此说者为松本文氏，氏于中印佛教艺术造诣极深，雄篇巨制，散见群籍。其说要旨，略分三类：混言毱多影响，一也；月氏王时摩菟罗派雕刻输入，二也；大同佛像与摩菟罗派之异点，三也。概括大旨，略如左明：

（一）混言毱多影响。氏提供云冈造像特色八事：一、颜面。其颜面刚毅，显男性特质，非一切佛像皆然，中颇有圆颜柔和者，犍陀罗式痕迹，秋毫不能辨认。二、衣服。无论坐像、倚像、立像，多掩蔽全身，不拘其服御几重，具有极薄柔而透视肉体之趣，与毱多式殆无差别。但因技巧微劣，略感重苦。三、皱褶。当时造像，几不见有螺发，如结发而非结发，如螺发而非螺发，宛若蒙覆头巾，而毱多期北印制作，相同者甚多。（注：原文有误，缺“四”）五、背光。当时背光决非单纯的圆形，不必如毱多者加入草花，备极精巧，而时时于头后，显现圆形背光，更于圆形后刻椭圆形曲线，其周围描火焰状，此亦毱多作品最常见也。六、折线。大同佛像胸前左右衣领多刻重叠折线，此盖布片端绪垂左右时，描写折返外边状态，乃印度雕刻家所作。七、交脚。交脚于座前之倚像最普通，犍陀罗全属此形。八、台座。有狮子座与莲座，又多高板之高座，皆接近毱多式。

（二）月氏王时代摩菟罗派雕刻输入说。氏之论据，置重雕法，大同诸大佛像，衣褶雕法有两种区别：一者在石面所当处下刀，使一定部洼下，将此反复平行，由兹显示衣褶，更在隆起部分刻二三细线，若线雕者。石佛寺东窟大佛，同西窟佛像皆属此类。另法，置一定距离，下刀稍深，着力石面，斜削去之，既成之一线与次线，其间不刻细线。石窟东洞大佛胁侍，同第二窟上层本尊，皆属此型。第二类雕法，较第一类稍省劳力，故每呈呆板状。至于小像，更省劳力，仅凿细线显示衣褶而已。此皆月氏王时代摩菟罗派技术所惯用者。益以躯体、颜面丰伟，眼目开大，彼我之间，其规一揆。如斯形相类似，雕法全同，决非暗合所能解释也。

（三）大同佛像与摩菟罗派之异点。氏指摘四事：一、背光。月氏时代摩菟罗派雕刻，其背光犹单纯，多于圆板周围连续刻小半圆。然北魏雕像，背光施极精巧雕刻，大抵周围作火焰，内部配置小佛像（此但限于大像背光所附小像），与摩菟罗像风趣微异。二、莲座。大同诸窟古像方座较多，渐有纯然莲座者，是亦彼此不同之点。

三、狮子座。摩菟罗派雕像，下部配列狮子，除左右两侧外，或时台中央刻狮子一头，或刻于两脚间，狮子头向外窥，如波罗像者，座形犹未定也。至北魏诸像，皆左右各配狮子一头，更不能认其变态，当时座形已定，此亦两者间之异也。四、枕形。摩菟罗雕像有一特征，即结施无畏印右手背后刻作枕形，胸与手不分离，此恐防备手断折，大同雕像，犹未曾见（已上）。氏据上述论证，因定北魏初期造像，成于摩菟罗派技术家若其雕刻粉本。

犍陀罗及西域艺术承继说。持此说者，有小野、伊东二氏：

（一）小野玄妙氏说。氏以法人伯希和氏《敦煌图谱》所揭第百十一窟内设计与造像，为云冈石窟寺先踪，因以比定其艺术系统为犍陀罗艺术之延续，而举证五事：一窟寺构造一致，二造像手法一致，三造像题目一致，四愿主信仰一致，五历史的事实。氏于此五事外，复举降魔像为新证。降魔像作法，普通释迦伸右手于下，其掌向外，所谓降魔印也。亚仁多窟及敦煌第百三十五窟可证，后世遵之，云冈者独结施无畏印，与印度南方 Amaravati 者（第三～四世纪）同，足证其为古式。

（二）伊东忠太氏说。氏从建筑上分析而探究其艺术渊源，试论如次：伊俄尼亚（Ionian）式柱头（第十窟）。此式柱头大成于希腊，潜行于月氏，盖经中亚传入汉土。柯怜底亚（Corinthian）式柱头（同）。至少有与柱头同型之意匠，此式发祥于希腊，大成于罗马，于东罗马帝国显其类例，犍陀罗乃数数觏之，唯意匠与本国者异，彼以亚麻叶构成，此以忍冬纹组织，其源流未能实指，恐自极西波斯传来。印度拱及柱头（第十一窟）[④]。此种印度拱及柱头，已见于敦煌，云冈所用亦多，经过中亚时稍有变化。犍陀罗系梯形拱、梯形楣及壁面千体佛。梯形楣实例，犍陀罗建筑中甚多，中印度殆未见到。此壁面镌刻千体佛作风，系表现犍陀罗系趣味。梯形拱与示二基之塔（第二窟）。区划梯形拱之内外轮内，加入飞天，此意趣不见诸犍陀罗，宁属印度式。拱下天盖型垂璎珞形，葱外所无，想起原玉门关、葱岭间，与波斯特有之锯齿纹有何关系？不明。塔形有谓由中国楼阁型发达成者，此窟所刻二塔，左塔二层，右塔三层，顶皆载印度窣堵波式。依楼阁暗示木造者，其顶上之窣堵波，他处无类例。基坛与塔身间有请花，轮相七层，暗示西藏塔之起原者，极为重要。五层塔（第六窟）。各层造印度拱及梯形拱与佛像。柱头与其谓汉式“大料”，勿宁视为印度系乃至波斯系较妥。中国固有风趣。第九窟其一例，四柱瓦葺屋顶，大栋两端之鸱尾，栋上三角形饰物，立于其间的凤形，皆周汉以来常法也。西藏式。第七窟佛顶之天盖，发祥于西藏。——戴蕃豫《云冈石窟与域外艺术》，载《边疆人文》1947年第4卷⑤

① 1992年的云冈窟前发掘证实，第9、10窟前基岩上，留有东西向两排树立木柱的石坑，均为辽代及更早的遗迹，表明曾经两度在窟前建筑过阁楼。这一双窟窟前的地面上，北魏当年共雕有圆形莲花纹四朵，东西排列，外侧两朵直径3.4米，内侧两朵直径3米。花纹图案，都是由三周莲瓣组成的。

② “在莲着下裳之踊娘”，句意不明。

③ 云冈第11窟太和七年题记作“托育宝花，永辞秽质”。

④ 第十一窟，疑为“第十二窟”之讹。

⑤ 戴文末尾云：民国“二十九年冬作，三十六年十月中旬重订，补苴若干事外，大体皆仍旧观。时滞析津南庠知唐桑艾之室”。

1941年辛巳　民国三十年

第四次云冈调查（昭和十六年）。这一年的调查队员及其负责的作业：摄影，羽馆易及助手戍亥一郎（第七、第二十一～第四十三各窟）；实测，北野（继续前年的第八窟），盐田义秋（第十六窟），铃木一孝（第十七窟），水野（第十八窟），北野（第十九窟），长广（第二十窟）。……今年是第四次调查。调查人员的体制渐渐成为正式的。昙曜五窟之前，拆掉了农家，变成宽阔的前院。大家更加致力于昙曜五窟（第十六窟～第二十窟）实测这件大事情。这五个大窟全是初期开凿的大佛。……八月十七日（星期日）……由水野君发起，傍晚到云冈对岸的丘陵探测彩陶的遗迹，为的是转换气氛。戍亥君采集到花纹彩陶和石镞①，是大功。……九月十九日（星期五），傍晚七时，石佛寺的小僧烧香，撞钟，短暂跪拜，唱着词不明的经文。……九月三十日（星期二）……云冈，这里有打败人类的东西。那壮大的岩壁榨干了人类。云冈啊，除有巨大的灵迹之外，还是个贫寒的村庄。……云冈调查之后，成果最不显著的当然是实测图制作。何年能顺利完成，谁也不知道。随着岁月流逝，测量的调查变得不紧张，有陷入老一套的倾向，这是共同调查存在的复杂之处。成绩最明显的是羽馆君的摄影。所以在昭和十三年秋与昭和十五年秋，在东方文化研究所内举办了云冈石窟摄影、拓片的展览会。徐立信君的拓片也取得成果。他的拓片技术很漂亮，日本人是不可能模仿来的。只有摄影和拓片受到所内外的好评。结果，云冈调查的最大功绩是五千张以上的感光玻璃板摄影的成果。——长广敏雄《云

冈日记》，王雁卿译

① 傅振伦《雁北考古日记》讲：1950 年 7 月 24 日，在云冈对岸东南三里处，“雁北文物勘查团”采集到陶纺轮及表面有平行黑线纹、细而坚的灰色和浅红陶片，又向农民赵某购得一枚小型长方石斧。安志敏《大同云冈附近的新石器时代遗存》（《文物》1953 年第 5、6 期）讲：1952 年 10 月，国家考古培训班学员在云冈对面的断丘地带，采集到大量的石、陶残片，在云冈山上捡到一枚中间穿孔的矩形石刀。“可见武州川的南北两岸，在新石器时代都有人类居住。”边成修、丁来普《云冈石窟对岸的新石器时代文化遗址》（《文物》1959 年第 1 期）云：“在云冈石窟对岸的南梁上，有一处新石器时代的古文化遗址。这处遗址位于石佛窟东南约二里，高出河面约 40 米，其范围东西长约 1.5 公里，南北宽约 1 公里，地面暴露的遗物很丰富……1. 石制生产工具有：扁圆形通体磨光石斧、大型扁平式有棱石斧、小型长条式石斧，并有椭圆形带孔石锛，两面对钻的穿孔石刀，还有第一步打制下的石斧，未经加工磨制。2. 生活用具多为陶器残片，陶质有夹砂粗灰陶、夹砂红陶、泥质灰陶、泥质红陶以及硬陶等；器形有矮足鬲、敞口平底罐、敛口平底钵、平底盆、碗等；纹饰方面，以篮纹、绳纹占多数，印纹、划纹、捺纹次之，另有一种特别粗糙的绳纹陶。这些陶器，手制的很多，轮制的很少。3. 装饰品有：石环、陶环以及磨孔的蚌饰。”此外，2005 年 10 月，云冈所挖沟铺设电缆、光缆，在第 16 窟前 50 米处（其地下为北魏河道），挖出一枚磨光石斧，大约是明代修筑云冈下堡时，从河南取土携带而来。

1942 年壬午　民国三十一年

先遣队的水野、盐田两君于六月二十一日出发，乘经由朝鲜半岛的火车奔赴云冈。七月一日开始作业。十二日，石佛寺在第六窟前做法事（晋北政厅、大同佛教徒联盟、大同石佛保存协赞会等联合主办）。东客殿一部分做寝室，一部分当作业室。调查队本部兼食堂及照相暗室定在西客殿。……去年，满铁因地质调查钻探河滩，作为副产物有泉水涌出。在离河滩很近的田中，和喷出的水一起还有气冒出，用火柴点还燃烧。满铁在 200 ~ 300 米间钻孔，水可能从相当深的地方涌出。今年来看，这个泉因为阔大了，已经完全变成了村女们的洗濯场了。……八月四日（星期二）……怜惜地看着那荒芜的肌岩，风化的岩壁。第十四窟北壁，雨后的水渗出，湿透了。已经没有气力再体验雕凿佛像者的意志。打湿了的岩石上，可以隐约看出风化殆尽的石佛残迹，如同幻觉。……八月五日（星期三），云冈浮雕一部分是粗糙的。所谓粗糙，是指荒芜的砂岩的粗糙，雕工在感情方面的潦草。在云冈的企画性方面不能说是粗糙的。潦草是最显眼的，据其类型还是因为工作马虎。象制作单纯的千佛这种类型上，只有单纯的技术就足够了。云冈浮雕的类型拥有许多独特的东西，难以在别的地方选出。云冈浮雕的独特性，就是所谓北魏平城（今之大同）时代的文化、民族的独特性。例如圆脸，好象与犍陀罗、中印度的佛像不同，那种脸型的不同也许就是民族性格的不同。云冈浮雕的制作意图过于粗略①。昙曜五窟好象特殊些②。……九月三日（星期四），雨。早上起来，中庭湿了。绘图。今天不知为啥作业员（苦力）全没来，全休息。东京美校的西田先生取十八窟北壁东的老比丘头像的石膏。十八窟本尊的脚下渗进水。戌亥君和中国作业员把十一窟方柱正面的两胁侍后补的泥皮剥掉了，露出漂亮的北魏像。——长广敏雄《云冈日记》，王雁卿译

现在我的手头还有昭和十七年七月十日发行的“大同石佛保存计划”二十三页的小册子（非卖品）。发行者是蒙疆大同晋北政厅文教科内的财团法人“大同石佛保存协赞会”（代表者是佐佐木敬介先生）。作为小册子发行者的财团法人“大同石佛保存会”的理事，是什么样的人，连名字我们都不知，小册子也没写。记录内容：（1）有关石窟保存的工程。其（一），有关木构建筑的事项。一是“重修楼阁”，二是“关于诸石窟门窗的设施”，三是“再建第八窟前楼阁”。接着（一）举出“有关石造建筑（好象指石窟）事项”，防止第一窟、第五窟、第八窟、第九窟、第十窟、第十二窟、第十四窟、第十五窟、第十六窟、第十七窟、第十八窟、第十九窟、第二十窟、西方小石窟群各个石窟的崩塌，加固的必要性。接着（一），指出其它的：一是排水设施，二是铺装石窟内地面，三是补修佛像和更改色彩。我读到这里，感到其主旨谁也不应反对，非常合乎道理。但这个保存计划要具体实行，必须要相当的年数，不是一年二年的事。小册子（2），写着“关于观光造园的设施”，（一）设立风景区、公园区等等。这样的话，只能说是记录了一个类似于在日本国内地方自治体行政之事，在大同云冈是不可能实施的梦。……云冈石窟的名声，当时传到北京、天津一带。到云冈石窟参观的日本人人数相当可观。从大同到云冈的游览公共汽车每天发一次，星期日发二次。——长广敏雄《云冈日记》，王雁卿译

① 日本木下杢太郎重版《大同石佛寺・附录三》：“云冈，这样说吧，颇有点漫不经心的造窟造像法，所以今天反倒觉得有原始的活力和自由艺术的美观。换言之，云冈石窟建筑性被实用的羁绊制约甚少，实在是凭单纯的冲动来营造，其无规范性，今天反而给人以奔放的感觉。”

② 日本水野清一、长广敏雄《云冈石窟》卷3《云冈石窟的历史背景》（古顺芳译，2004年《北朝研究》第四辑）：“云冈雕像的制作，继承了外国样式的发展，并详细地表现出西方许多地区的样式。然而，云冈还表现了独特的自我风格，据说这反映了拓跋鲜卑人对佛教艺术推动国家发展的理解。云冈佛像表现的极其威严庄重，创作中的自由想象使佛像带有生动的表情。坚固、壮实、丰满的身体和水平线的简单处理等等，构成云冈作品的所有特点。昙曜五窟和第七、八窟的造像，是这些特

点生动的描述，第九、十窟和第一、二窟的造像，在这些特点基础上发生了轻微的变化，到第五、六窟，风格发生了很大的改变，有接近龙门的趋势。……从昙曜五窟到第七、八窟，再到第五、六窟，式样的变化非常显著，释迦的服装以及形象上的外国风格，渐渐地变化为逼真的中国风格。……在第五、六窟，雕像已失去了早期作品中庄严体面的风格特点，容光焕发的表情和自由姿势都变得僵硬；坚固、厚重、丰满的和简单的水平线处理，已变成抽象线条的平淡处理。五、六窟的雕像，据说仍处于过渡阶段。这种发展最终的结果，在龙门石窟的北魏雕像以及后来云冈西部开凿的石窟雕像中表现的最为典型，即在494年迁都以后，也就是说，在云冈，向新的风格发展的趋势已经可见。然而在龙门，它已完全发展为龙门风格，这确实是返回到了汉文化的传统风格。龙门可见的特点，是拉紧的平行线描绘的服装，并表现出谦恭的身体姿态。……西方影响、北部活力和汉文化三者协调之下，产生出云冈的早期风格，其中西方的文化影响占据支配地位，汉文化的影响不很突出。与此相反，后来的云冈风格，出现了西方文化影响的衰退和北方活力同值得注意的恢复了的汉文化国家的联合。”

1943年癸未　民国三十二年

据水野君的报告，第六次调查如下所述：七月三日到云冈。水野君实测第十九窟左胁窟，冈崎君实测第十九窟右胁窟，高柳君作第十九窟的誊写绘图纸作业。八月八日，铃木义孝君加入云冈，完成第十七窟实测的收尾工作。第二年，铃木君被应召奔赴战场，成了不归客。九月七日，北野正男到云冈，在高柳君的援助下，完成第六窟方柱上层的实测。这一年，羽馆君和长广没参加。北野、高柳两君留在后面，十月十八日撤回，之后，水野君去整理去年发掘的阳高汉墓出土物。水野君这一年调查了云冈佛像的赋彩。可以说一般的佛衣全面涂朱红色，肉身部分是白彩。第十窟外小窟和第八窟残留着北魏时期的彩色，过艳的补彩是晚些时代。而且，可以断定第九、十两窟前室从前是黑色的肉身佛像。（见水野清一执笔《云冈调查记》，《东方学报》京都一四・四、一九四四年刊）。——长广敏雄《云冈日记》，王雁卿译

1944年甲申　民国三十三年

因时局愈来愈紧张，考虑到当地物价高，来中国的人员也压缩到最少程度，成了小规模的调查计划。这样云冈调查队分成前后两班。第一班六～八月，长广、高柳、冈崎三人；第二班八～十月，水野、羽馆、松田三人。但九月份正值阳高汉墓发掘之时。这样，“脚踏两支船”调查。我继续实测第二窟，松田、冈崎两君作破坏严重的第四窟平面图和断面图。……水野君是第二窟，高柳君实测天井，还有水野君

作第三窟平面图。而且从十月二十八日到三十日，云冈石佛寺举办法会。……因为第七次调查时，调查员的目光处于半眠状态，不再为其所感动。但这一年万万没想到是最后一年，象梦一样。……这年，让我吃惊的事，是水野君的《云冈古佛群》（朝日新闻社刊，一九四四年六月）巨册突然出版了。这个巨册以照相图版介绍云冈石窟中出色的石窟、石佛，概述各石窟的特色。在这里没发表调查员煞费苦心的实测图，但采用很多羽馆君拍的照片和徐立信君的拓片。——长广敏雄《云冈日记》，王雁卿译

1945 年乙酉　民国三十四年

到了昭和二十年（一九四五年），关釜连络船停运。美军的潜水舰紧逼到日本海域。因去大陆的航线已断，我们去云冈调查也被迫中断了。照相摄影大致搞完了。留下的工作是石窟的实测作业。暂不说第二十一窟以西的西端诸窟。主要的二十个地点中有的窟实测还未完成，第十一、第十二、第十三诸窟，更有第十六窟也未测量。第九、第十两窟的主室也未仔细调查。……希望将来完成实测的石窟有第四、第五、第六、第十一、第十三、第十四、第十五、第十六诸窟。虽经过七年的岁月，还是留下这些未完成的实测作业。第二十一窟以西未动手①。——长广敏雄《云冈日记》，王雁卿译②

① 《云冈石窟》卷 5《云冈石窟的调查概要》讲：“主要洞窟，在七次调查中基本上全都进行了测量，只有第 12、14、15 窟和西方诸窟一点也没动手。”

② 日本水野清一、长广敏雄等人的云冈调查，结集为《云冈石窟》，1951 ~ 1956 年陆续出版，并获得日本天皇奖。全书采用日、英二种文字，共 16 卷。分别为：卷 1《云冈石窟序说》，卷 2《云冈石窟寺》，卷 3《云冈石窟的历史背景》，卷 4《云冈石窟装饰的意义》，卷 5《云冈石窟的调查概要》，卷 6《云冈石窟的谱系》，卷 7《云冈石窟与佛传雕刻》，卷 8、9《云冈图像学》，卷 10《从云冈石窟到龙门石窟》，卷 11《云冈以前的造像》，卷 12《云冈雕刻的西方样式》，卷 13、14《昙曜与云冈石窟》，卷 15《中国的石窟寺院》，卷 16《索引》。

1947 年丁亥　民国三十六年

敌伪时代，常派军队驻扎斯地，并资保管，佛像不致损失。光复后①，仍派军队驻扎此地焉。——厉寿田《云冈石窟寺源流考》

① 厉寿田《云冈石窟寺源流考》手抄本，落款为“中华民国二十六年十二月”。然文中出现“敌伪时代”“光复后”，指抗日战争时期及抗战后，说明此抄本是后来的改定本。

附　录

大同古代的道路交通

城市与道路，历来都是孪生儿。世上没有无道路交通的城邑，也没有无城邑而兴修的道路。中国的道路交通建设起始很早，西周时已形成开道、列树、除道、护路、阻道等一整套制度。大同地区的道路建设历程，古今阙述，但不可谓没有历史。恰恰相反，从其得名“平城”之始，道路交通便接踵而来。

大同的道路交通始于先秦。春秋战国之际，赵国王室居晋阳（今山西太原西南）。赵国之北有句注山，亦名陉岭、西陉山、雁门山，与夏屋山相对，在恒山（或称常山）山脉的中部。恒山以北的土著居民，西为楼烦、林胡，东为翟族建立的代国（国城在今河北蔚县东北）。赵简子时，欲开疆拓土，即做出“从常山上临代，代可取也”（《史记·赵世家》，下同）的战略部署。赵襄子继位于公元前475年，“北登夏屋，请代王……杀代王及从官，遂兴兵平代地”。襄子灭代的进军路线是：自今天的太原北行，经忻州、原平，登越雁门关，沿恒山山脉北侧东行，过山阴、应县、浑源、广灵境，到达蔚县。这条古道，现今依然。

公元前386年，赵敬侯迁都邯郸。邯郸，西邻韩国，北有中山国（今河北正定东北）、燕国，与晋中、晋北的赵地远隔太行山；东西间的道路交通，成为赵氏急迫解决的问题。于是，赵国不断侵伐中山，目的是打通由河北中部跨越太行山，抵达代地的孔道。至赵武灵王胡服骑射征伐西北，终于完成了这一宿愿。《史记·赵世家》记武灵王西北之征甚详：

十九年……王北略中山之地，至于房子，遂之代，北至无穷，西至河，登黄华之上。

二十年，王略中山地，至宁葭；西略胡地，至榆中。林胡王献马……代相赵固主胡，致其兵。

二十一年，攻中山。赵袑为右军，许钧为左军，公子章为中军，王并将之。牛翦将车骑，赵希并将胡、代。赵与之陉，合军曲阳，攻取丹丘、华阳、鸱之塞。王军取鄗、石邑、封龙、东垣。中山献四邑和，王许之，罢兵。

二十六年，复攻中山，攘地北至燕、代，西至云中、九原。

惠文王二年，主父行新地，遂出代，西遇楼烦王于河西而致其兵。

三年，灭中山，迁其王于肤施。起灵寿，北地方从，代道大通。还归，行赏，大赦，置酒酺五日，封长子章为代安阳君。

以上中山国各城邑均在今石家庄周围，有些现在能够说清楚，有些搞不清。但是，“陉”即井陉，自古就是穿越太行山区进入华北平原的重要隘口。赵希将胡、代兵出井陉关，与大军会师曲阳，所走的道路，就是今天的石太线，这条连接太行山东、西两侧的大动脉。

灵寿，在今河北灵寿西；曲阳，在今河北曲阳西沙河东，均居山西流经河北的河流谷地要冲，今天都有道路通往山西五台、繁峙一带。但是，赵武灵王巡行中山“新地，遂出代”；既而讲“北地方从，代道大通”，此“代道”，当由河北中部，走倒马关（古常山关）、涞源，北上岔道，穿越飞狐口，直抵代王城。这条山路，即秦汉时著名的飞狐道。

赵国时，还有一条自代城通往燕国之路。见《史记·赵世家》惠文王十六年（前283）“苏厉为齐遗赵王书”：

燕、秦谋王之河山，间三百里而通矣。秦之上郡近挺关，至于榆中者千五百里，秦以三郡攻王之上党，羊肠之西，句注之南，非王有已。逾句注，斩常山而守之，三百里而通于燕，代马胡犬不东下，昆山之玉不出，此三宝者亦非王有已。

赵国的句注之北即代地，“斩常山而守之”，则代道（飞狐路）绝；“三百里而通于燕”，指由代王城到燕国国都蓟（今北京西南角）的道路距离。按今天从蔚县代王城东行，经西合营、岔道，分两条路可达北京。一条是大道，走涿鹿县、下花园、怀来、延庆、居庸关、昌平，到北京的路距是 168 公里，合 336 华里；另一条小道，走太平堡、孔涧，沿百花山直下门头沟、石景山，入北京城。这条路，我曾走过，山路崎岖，但要近好多，因路程计量单位“里”在古代比现代的短，所以它应该就是战国时的燕代之道。

除上述井陉、飞狐、燕代三道之外，秦汉时自平城越句注，还有一条通往河北的道路，那便是汉高祖白登（今山西大同城东北的马铺山）之战后回归长安的线路。刘邦当年走的是今大同—山阴—代县—繁峙—大营—涞源—倒马关—完县，这条沿恒山山脉南侧谷地出太行山之路。

公元前296年，“北地方从，代道大通”，所谓“代道大通”句意，还应包括由代城前往高柳（今山西大同阳高）、马城（今河北张家口怀安）和平城、善无（古雁门郡治，今山西右玉）、盛乐（今内蒙古和林格尔）等代郡、雁门、云中三郡边城的道路。因为此前两年，即赵惠文王元年，《史记·赵世家》载：

主父欲令子主治国，而身胡服将士大夫西北略胡地，而欲从云中、九原直南袭秦，于是诈自为使者入秦。秦昭王不知，已而怪其状甚伟，非人臣之度，使人逐之，而主父驰已脱关矣。审问之，乃主父也。秦人大惊。主父所以入秦者，欲自略地形，因观秦王之为人也。

赵武灵王出使秦国的线路，大致就是今天由蔚县至大同，经右玉、和林格尔、托克托，到包头，南渡黄河，经东胜、榆林、延安、甘泉、铜川，最终到达咸阳的道路。此路的黄河以东段，秦始皇时拓为“驰道”，黄河以南段另辟“直道”。《元和郡县图志》卷3《关内道三》曰：“秦故道，在县东八十里子午山。始皇三十［五］年，向九原抵云阳，即此道也。”据史念海先生《秦始皇直道遗迹的探索》（载1975年第10期《文物》）考证，秦直道不经榆林线，走定边，而后沿子午岭，到云阳、咸阳。

《汉书·贾山传》曰：秦“为驰道于天下，东穷燕齐，南极吴楚，江湖之上，濒海之观毕至。道广五十步，三丈而树，厚筑其外，隐以金椎，树以青松。”秦兴此大役的目的是：“治驰道，兴游观，以见主之得意。”（《史记·李斯列传》）秦驰道，途经大同有据可考。

公元前215年，“始皇之碣石……巡北边，从上郡入”（《史记·秦始皇本纪》）。上郡，即今榆林。这是秦始皇第四次巡游天下的归途，走的是一条横穿中国北部塞内，然后纵贯西部的大通道。大约即今天东起山海关、秦始岛，经丰润、平谷、通县、北京、昌平、延庆、怀来、宣化、怀安（或阳原）、大同、左云、右玉、和林格尔、土默特右旗，到包头；南折过黄河，经东胜、榆林、延安、铜川，到达咸阳的道路。从大同以西，走的是赵武灵王出使秦国之路；大同以东，或走北线怀安，或走南线阳原，其中必有一条是秦始皇所建的驰道。

公元前 210 年，秦始皇在第五次巡游中死于沙丘（今河北广宗），“遂从井陉抵九原……行从直道至咸阳，发丧”。这条归途，当由今天的邯郸、邢台、石家庄、井陉、阳泉、太原、忻州、原平，过雁门关，经山阴、大同、右玉、和林格尔，抵包头，乘直道，回到咸阳。始皇生前死后，可能来过大同两次。

秦始皇沿驰道、直道游巡北边郡县之后约一个世纪，司马迁故道重游，感慨良多：“吾适北边，自直道归，行观蒙恬所为秦筑长城亭障，堑山堙谷，通直道，固轻百姓力矣。”（《史记·蒙恬列传》）太史公对秦北边的驰道线路是熟悉的，从他对汉初白登之战前后经过的记述中，我们发现在平城的旁边有驰道经过。

《史记·周勃世家》：“因击胡骑平城下，所将卒当驰道为多。”《史记·夏侯婴列传》：“以太仆击胡骑平城南。”周勃、夏侯婴分别率兵击胡骑于“平城下”或“平城南”，大约指的是同一处战场，说明平城南有秦驰道。

秦汉平城，就是今天的操场城。秦代沿长城塞内的北边驰道经过平城南，大约即今大同城内的东、西街或鼓楼东、西街（东与古御河桥，西与武周山口在一条直线上）。秦代这条东西方向的驰道，当时可能与自太原南来的驰道在今四牌楼或鼓楼处交汇。到了北魏时，南向驰道的一段成为平城“城南都街”和“郭南大道”，即今天的南街和南关街。上述东驰道、南驰道，两千余年来始终是大同城南北之伸缩不变的十字中轴。

此外，汉代大军北伐匈奴或匈奴南下，时有“出雁门”“出平城塞”“入武周塞”的记载。由雁门郡出入北边，有三条线路：一是自今右玉（善无）出杀虎口，抵和林格尔（盛乐），至阴山；二是从左云（武州）而出武州塞，到凉城，达阴山；三是由大同（平城）北行，往丰镇、集宁，至阴山。后者，盖“出平城塞”之谓。

综上所述，可以断言：今天大同通往四面八方的主体道路交通框架，早在秦汉之前业已形成。待到北魏时，修灵丘道（莎泉道），往东南下太行；筑河西猎道，朝西南达吕梁；以及平城北面出塞的路线增多，遂形成了今日大同地区道路交通的整体格局。

（原载于 2003 年 7 月 25 日《中国文物报》，这里略有改动）

北魏平城京畿行政区划的演变

十六国南北朝近三百年，是中国历史上民族冲突与战争异常激烈，人口迁徙、行政区划变动极其频繁的一个时期。而同期正史，于地理记载最为混乱、缺略。北齐魏收在修《魏书》时，由于“永安末年，胡贼入洛，官司文簿，散弃者多，往时编户，全无追访”（《地形志上》）的缘故，对前朝平城旧都近百年的情况已不甚了了。他所著“《魏地形志》，据武定之新籍，述天兴之旧都……是齐志，非魏志也。而恒州八郡，皆为侨治，于太和以前，概不言及，尤为疏略”（光绪《山西通志》卷28《府州厅县考》）。加之隋唐以后，前朝记述北魏代都的地理书籍，除郦道元《水经注》外，全部佚失；清朝人所辑《延昌地形志》北方部分，亦复散亡。这样，使得北魏平城都及北边州镇的行政区划茫无头绪，读史倍感困惑。20世纪70年代，王仲荦先生著《北周地理志》，特补《北魏〈延昌地形志〉北边州镇考证》一文，基本廓清了北边一线的疆理沿革；惜对平城京畿的建置始末，梳理欠清。笔者研读北魏史，偶有心得，敢以狗尾续貂。

北魏平城京都的基本情况是：平城县（今大同市），置县令，又名代令，一度称万年令[①]；在京城及其周围地区，因袭西晋末封拓跋猗卢的代国，也就是前秦的代郡，仍建制为代郡，置代尹，一度称万年尹；以代郡（万年）及其周围地区为司州，亦称京畿，设司隶校尉或司州刺史，孝文帝迁都洛阳后，改名恒州，设刺史。其具体制度及变化，需要考订。

一、孝文帝改制以前的司州京畿

《魏书·太祖纪》讲：天兴元年（398）“八月，诏有司正封畿，制郊甸”。从此，确定了平城京畿（司州）的区域范围。然京畿区划如何？魏收失载。仅《食货志》云：

既定中山，分徙吏民及徒何种人、工伎巧十万余家以充京都，各给耕牛，计口授田。天兴初，制定京邑，东至代郡，西及善无，南极阴馆，北尽参合，为畿内之田；其外四方四维置八部帅以监之，劝课农耕，量较收入，以为殿最。

这是魏收对道武帝时平城京师的唯一综述。代郡，西汉治桑干县（约今河北阳原东的化稍营），东汉治高柳（今山西阳高城北李官屯），北魏治平城；中途改治古代王城（今河北蔚县暖泉镇），亦名东代郡，这里即指东代。善无，古县在今山西右玉南；阴馆，在今山阴南的广武；参合，汉县在今天镇西南，北魏县在今内蒙古凉城境。“东至代郡，西及善无，南极阴馆，北尽参合”，大致即今大同盆地及周边山区。这一区域，正是《汉书·地理志》所载雁门郡、代郡之地，也即猗卢代国所辖雁门陉北、代郡之地。魏收谓之“京都”“京邑”，又曰“畿内之田”；司马光在《通鉴》卷110中，则含糊其词云“皆为畿内”。这样的叙述，极易给人误导，认为这便是司州京畿的范围。但事实上，《食货志》并没有确定京畿即此的意思，所谓“畿内之田”，只是针对河北移民被安置在平城周围从事农业生产的“计口授田”区域而言。

“其外四方四维”，当指大同盆地周围山区河谷地带。“八部帅”，即《魏书·官氏志》所云：“天兴元年……置八部大夫……等官。其八部大夫于皇城四方四维，面置一人，以拟八座，谓之八国。”八部大夫，《通鉴》卷111胡三省注：“恐当作八部大人。”按照十六国时期胡汉分治的惯例，各少数民族建立的政权，皆称本部族之民为“国人”。“道武既并中原，徙其豪杰于云、代，与北人杂居，以其北来部落为国人。”（《通鉴》卷117胡注）北魏初的“八国”，即“登国初，太祖散诸部落，始同为编民”（《官氏志》）的拓跋鲜卑部落联盟的成员。此时，依照其居住地的方位，分为八个方面（或部分），分别任命一名鲜卑大臣统领，负责监督、控制迁入畿内的新民，并拱卫京师。

关于北魏初八部民的分布情况，我们现在已难尽晓，只能通过一些零星记载进行推测。《魏书·外戚传》：“贺讷，代人。……太祖登代王位于牛川……遂徙讷部落及诸弟处之东界。……其后离散诸部，分土定居，不听迁徙。其君长大人皆同编户。……子泥，袭爵，后降为肥如侯。太祖崩，京师草草，泥出举烽于安阳城北，贺兰部人皆往赴之。”贺泥，《道武七王传》作“贺护”，记曰：“肥如侯贺护举烽于安阳城北，故贺兰部人皆往赴之，其余旧部亦率子弟招集族人，往往相聚。”上述故事，讲的是道武帝被弑后，贺兰等部鲜卑的反映。安阳城，《地形志上》“高柳郡安阳县”条记：“二汉曰东安阳，属代郡，晋属，后改属。”按《水经注》卷13所述，大致在今河北阳原东北。《和跋传》：“代人也，世领部落，为国附臣。……后车驾北狩豺山，收跋，刑于路侧。……后世祖西巡五原，回幸豺山校猎……群下佥言跋世居此土，祠冢犹存。”和氏，原为“素和氏”，也就是早期鲜卑中的“白部”；豺山，《通鉴》卷112胡注：“豺山在善无县北，魏天兴六年，筑宫于此。”大致在今右玉、凉城之间。又，《庾业延传》：“代人，后赐名岳。其父及兄和辰，世典畜牧。……天赐四年，诏赐岳舍地于南宫，岳将家僮治之。候官告岳衣服鲜丽，行止风采，拟仪人君。太祖时既不豫，多所猜恶，遂诛之。时人咸冤惜焉。岳葬在代西善无之界。”

另有独孤氏、达奚氏，《水经注》卷13：“如浑水……出凉城旋鸿县西南五十余里，东流径故城南，北俗谓之独谷孤城。”洛阳出土的《奚智墓志》：“故征士奚君讳智字洪筹者，恒州（樊氏）［繁畤］崞山浑人也。始与大魏同先……遂因所居，改为达奚氏焉。”北魏旋鸿县，在今内蒙古丰镇境；崞山，今名横山，故县在今山西浑源西北10公里。

以上贺兰、素和、庾氏三个部族，道武帝时分别居住在平城东、西北、西面的川谷；独孤、达奚二氏，旧居平城北、东南的山谷地带。这五姓五方拓跋部民，可以帮助我们加深对所谓“八国”的理解。也正是因为这些代国旧民从北魏初开始，不再游牧，而与河北移民一起定居于代京四方四维之地，所以后世被统称为“代人”。

“岳葬在代西善无之界”句，值得我们重视。就是说，善无是北魏代郡之西界。据此，可以判断“天兴初，制定京邑，东至代郡，西及善无，南极阴馆，北尽参合，为畿内之田”，指的是北魏代郡（万年），而不是司州全境。犹如西汉京兆尹，不能代表京畿三辅全境一样。

二、孝文帝改制以前的司州区划

唐人李吉甫《元和郡县志》卷14《河东道三》“云州”条曰：

后魏道武帝又于此建都，东至上谷军都关，西至河，南至中山隘门塞，北至五原，地方千里，以为甸服。孝文帝改为司州牧，置代尹[②]。

中国古代王畿外围的地方，以五百里为率，视距离的远近分为五等，叫作“五服”。《尚书·禹贡》载其名称为：甸服、侯服、绥服、要服、荒服。李吉甫所谓“地方千里，以为甸服”，虽系一种古典式、理想化的京畿区域模式，却应是道武帝“正封畿，制郊甸”所遵循的理论原则。《魏书·天象志三》载：北魏天赐三年“六月，发八部人，自五百里内缮修都城，魏于是始有邑居之制度。”可以佐证代都畿甸方圆五百里。当然，事实上的平城京畿畛域，由于受山川地形和已有行政区划等因素的制约，不一定如此整齐划一，但大概而言是正确的。又《魏书·尔朱荣传》记：“高祖羽健，登国初为领民酋长，率契胡武士千七百人从驾平晋阳，定中山。论功，拜散骑常侍。以居秀容川，诏割方三百里封之，长为世业。”《北齐书·厍狄干传》：“曾祖越豆眷，魏道武时，以功，割善无之西腊污山地方百里以处之。后率部落北迁，因家朔方。”尔朱氏受封北秀容，在今原平以西山区；厍狄氏受封腊污山，在今右玉以西、和林格尔以南，二者均属甸服之例。甸服之内，便是京畿之地。

李吉甫谓代都畿甸范围为：“东至上谷军都关，西至河，南至中山隘门塞，北至五原。”军都关，即今北京昌平西北的居庸关，距大同300公里弱；黄河距大同约200公里；隘门塞，亦称隘门关、隘口，在今灵丘东南，距大同150公里强；五原，秦汉时治所在今包头西北，隋朝治今内蒙古临河，均在大同西北千里之遥。从历史沿承的角度分析，这一区域既是西晋以来拓跋鲜卑的主要游牧活动之地，更是拓跋猗卢受封代王的代国国境，李吉甫确定北魏初代京畿甸的这个范围，是有道理的。不过，尚存几点疑问和不当：一是道武帝时，在河北中山一带有“司州之山东七郡”，盖在隘门塞之外。二是《魏书》中记雁门郡（治今山西代县）本归司州，在恒山以南。三是定北界为五原，地隔千里，远在甸服的和林格尔山区以西。四是北魏太武帝时，在代京北边建立六镇，在盛乐（今和林格尔）设立的朔州，显然不属司州。看来，问题并非如此简单，需要我们渐次推敲。

其一，《魏书》卷28《莫题传》记道武帝时，“出除中山太守，督司州之山东七郡事”。中山郡，北魏定州治所，《地形志上》“定州”条曰“太祖皇始二年，置安州，天兴三年改”。《世祖纪》太延二年（436），“诏广平公张黎发定州七郡一万二千人，通莎泉道”。我们推测，莫题以中山太守的身份，“督司州之山东七郡事”，也就是督领太行山东侧定州七郡的军事。既然北魏初将“定州七郡”称为“司州之山东七郡”，说明这个区域曾一度划归京畿。

其二，《魏书·官氏志》云：天赐“四年五月，增置侍官，侍直左右，出内诏命，取八国良家，代郡、上谷、广宁、雁门四郡民中年长有器望者，充之”。代郡，北魏前期治平城；上谷郡，治居庸（今北京延庆）；广宁郡，治广宁（今河北涿鹿）；雁门郡，治广武（今山西代县）。道武帝此番增置侍官的遴选范围，一是平城周围不隶郡县的拓跋鲜卑八部民，二是上述四郡之民，实际上他们都属于司州京畿之民。

代郡、上谷、广宁、雁门四郡，北魏初年即是司州辖郡，到孝文帝太和前期依然，只是又出现了灵丘、平凉二郡。《魏书·食货志》曰：“太和八年，始准古班百官禄……所调各随其土所出。其司、冀、雍、华、定、相、泰、洛、豫、怀、兖、陕、徐、青、齐、济、南豫、东兖、东徐十九州，贡绵绢及丝；幽、平、并、肆、岐、泾、荆、凉、梁、汾、秦、安、营、豳、夏、光、郢、东秦，司州万年、雁门、上谷、灵丘、广宁、平凉郡……皆以麻布充税。”由文中可知，北魏代都京畿既有种桑田，输丝绵、绢帛之土；又有种麻田，输麻布之地。其输绵绢丝之土，大约包括太行山以东七郡等气候温暖之地；其输麻布之土，包括太行山以西万年、雁门、上谷、灵丘（今县）、广宁、平凉（北魏又名凉城郡，在今内蒙古凉城县东北）六郡寒冷之地。而仅此六郡之地，平城时代的司州区域，已远远超出魏收所云“畿内之田”的范围。

其三，《魏书·太宗纪》：神瑞二年（415）四月“己卯，车驾北巡。五月丁亥，次于参合，东幸大宁。丁未，田于四岬山。六月戊午，幸去畿陂，观渔。辛酉，次于濡源，筑立蜂台。射白熊于颓牛山，获之。丁卯，幸赤城……南次石亭，幸上谷……壬申，幸涿鹿，登桥山，观温泉，使使者以太牢祠黄帝庙。至广宁，登历山，祭舜庙。秋七月，还宫”。这是明元帝拓跋嗣的一次千里巡游，自平城北出而东归，历时三个多月。大宁，即今河北张家口；濡源，在今河北沽源附近。“去畿陂”，顾名思义，即离开京畿的陂池，当是司州的北界之一；距濡源仅有三四天的行程，约在今张北境内。力高才、殷宪《北魏平城京畿地名考释》（载《北朝研究》1990 年下半年刊）中认为，即今张北县西北的安固里淖。

此“去畿陂”，应是道武帝“正封畿”所确定的京畿北界的一个标志点，在北魏怀荒镇的军事辖区之内；而怀荒镇，即今天的张北县。由此说明两点：一是道武帝时京畿，有可能包括后来在平城北面陆续建立的朔州和部分边镇之地[③]。二是北魏后来的司州北界，大约随北镇的建立而南缩。看来，我们有必要对代北边镇进行考察。

北魏平城时代，为了防御柔然、高车游牧民族南下侵袭，在代都北面沿阴山内侧一线修筑长城、设立镇戍，驻重兵守卫，形成了强大的北镇防御体系。北边镇戍部队，以鲜卑、高车、乌桓等族为骨干，杂以中原强宗大族，具有浓郁的部落兵性质，人口上百万，是北魏王朝的一支极其重要的军事力量。后来，元氏王朝即被六镇起义所颠覆，而北齐、北周的建立，也都凭借的是这支军事力量。

代北边镇，始建于明元帝拓跋嗣，完成于太武帝拓跋焘。《魏书·太宗纪》：泰常七年（422）“十有一月，泰平王亲统六军出镇塞上”。八年“二月戊辰，筑长城于长川之南，起自赤城，西至五原，延袤二千余里，备置戍卫”。《世祖纪》：神䴥二年（429）夏四月，“车驾北伐……冬十月，振旅凯旋于京师，告于宗庙。列置新民于漠南，东至濡源，西暨五原、阴山，竟三千里”。太平真君七年（446）六月，“发司、幽、定、冀四州十万人筑畿上塞围，起上谷，西至于河，广袤皆千里”。

泰平王，是拓跋焘做太子时的封爵；长川城，在今河北尚义（北魏怀荒镇所在）；赤城，古今同名（御夷镇所在）；五原，在今包头西北；新民，指太武帝掳归的数十万柔然、高车部落之众。泰常八年（423）“起自赤城，西至五原，延袤二千余里”的长城，是北边第一道防线，六镇随之而建。真君七年（446），“筑畿上塞围，起上谷，西至于河，广袤皆千里”，是北边的第二道防线，也即京畿北界一线。在这两道防线之外，便是列置漠南三千里的保塞的高车、柔然部众。太武帝末年形成的六镇，自西向东，即沃野（今内蒙古五原北）、怀朔（今内蒙古固阳南）、武川（今内蒙古武川西）、抚冥（今内蒙古四子王旗东南）、柔玄（今内蒙古兴和北）、怀荒（今河北张北县北），分别扼守通往漠北的各交通要冲。北镇捍蔽的便是旧都盛乐朔州和代都平城司州之地。孝文迁洛后，又有御夷镇（前名御夷城），在今河北赤城北。以上七镇，北魏末年被撤并为州。

代京北面广袤千里的“畿上塞围”，是太武帝时的京畿北界。是否也即道武帝确定的京畿北界，现已无法确认。但“起上谷，西至于河，广袤皆千里”的畿上，正与《元和郡县志》“东至上谷军都关，西至河……地方千里，以为甸服”的记载相吻合，应该就是李吉甫确定“甸服”区域的依据之一。吉甫谓“南至中山隘门塞”，与孝文帝改制前灵丘郡归司州亦吻合；唯言“北至五原”，与太武以后的司州范围出入甚大，不可理解。我常想，李吉甫以五原为北魏平城京畿北界，与比他出世稍早的吕令问《云中古城赋》：“弃万里之沙漠，傍五原之风土，肇为此都，实为太祖”，仿佛持有共识。追本溯源，大约与唐人将北魏的“代”与“代郡”混为一谈有关。如：令狐德棻《周书》记宇文泰为“代武川人”，李延寿《北史》作“代郡武川人”；二书《侯莫陈崇传》，则正好颠倒。光绪《山西通志》卷 118 云：“魏旧号代，故部族均称代人。地兼今大朔、归绥及内蒙古诸部，固非蔚州之古代城，亦不止今大同一郡也。惟后来定都平城，则所谓八姓三十六族，多聚居京邑，固当举大同为代之统称耳。”就是说，北魏以降，“代”由今河北蔚县代王城的专称，改指代都平城；进而扩大范围，将拓跋猗卢肇始的代国之地，也统称为“代”地。武川，是元魏北镇之一，在今内蒙古武川西，宇文泰、侯莫陈崇谓“代武川人”尚可，谓“代郡武川人”则误④。

通过以上考述，北魏前期司州京畿的地理范围基本明了：太武帝以前，与李吉甫所言大同小异，即北阻阴山，东跨太行，南逾雁门，西傍黄河，也有可能直指河套。太武以后，定型为北邻六镇，东阻太行，南逾雁门，西傍黄河、朔州（今和林格尔）⑤。

三、孝文帝改制以后的司州区划

北魏孝文帝与冯太后进行的太和改制，主要包括颁禄制、行均田、立三长、分州郡等项改革，是涉及吏治、土地、赋役和基层行政管理制度的系统工程。太和八年（484），对官吏实行颁禄制，以俸养廉，改变了过去官吏急刑侵夺、贪残贿赂之行；太和九年（485），普行均田，抑制了豪强地主兼并田地，保证了自耕农民拥有土业。太和十年（486）推行的三长制，目的在于清括人口，落实课赋，保证国家最大限度地拥有赋役之民。同时，由于社会基层组织结构的变更，国家直接管理的民户增多，促成了州郡的重新划分。《南齐书·魏虏传》曰：

永明……三年，初令邻里党各置一长，五家为邻，五邻为里，五里为党。四年，造户籍，分置州郡……二十五州在河南；相州、怀州、汾州、东雍州、肆州、定州、瀛州、朔州、并州、冀州、幽州、平州、司州十三州在河北。

关于三长制的推行时间，萧子显记在永明三年（485），误。《魏书·高祖纪下》记：太和十年（486）“二月甲戌，初立党、里、邻三长，定民户籍”。卷114《释老志》云：“十年冬，有司又奏：‘前被敕，以勒籍之初，愚民侥幸，假称入道，以避输课，其无籍僧尼罢遣还俗。重被旨，所检僧尼，寺主、维那当寺隐审。其有道行精勤者，听仍在道。为行凡粗者，有籍无籍，悉罢归齐民。今依旨简遣，其诸州还俗者，僧尼合一千三百二十七人。’奏可。”具体决策情况，见《魏书》卷53《李冲传》：“旧无三长，惟立宗主督护，所以民多隐冒，五十、三十家方为一户。冲以三正治民，所由来远，于是创三长之制而上之。文明太后览而称善……曰：‘立三长，则课有常准，赋有恒分。苞荫之户可出，侥幸之人可止。何为而不可？’……遂立三长。”

关于孝文帝“分置州郡”的时间，《南齐书》和《通鉴》记在永明四年（486），即北魏太和十年，《魏书》中没有明确记载，但《高祖纪下》中，恰有太和十年司州区划变更的间接记述：

十有一年……二月甲子，诏以肆州之雁门及代郡民饥，开仓赈恤。……九月庚戌，诏曰：“去夏，以岁旱民饥，须遣就食，旧籍杂乱，难可分简，故依局割民，阅户造籍，欲令去留得实，赈贷平均。然乃者以来，犹有饿死衢路，无人收识。良由本部不明，籍贯未实，廪恤不周，以至于此。朕猥居民上，闻用慨然。可重遣精检，勿令遗漏。”

上文中有诏令二则，反映了两项内容：一是雁门郡在太和十一年二月已归肆州（治在今山西忻州）管辖[⑥]，说明此前即由司州割出。二是太和十年夏，曾在京畿地区“依局割民，阅户造籍”，即依据郡县分割百姓，并检阅住户，编制民籍。按“依局割民”，盖指“分置郡县”；“阅户造籍”，就是“定民户籍”。关于“依局割民”，《魏书·公孙表传附孙邃传》有如下记述：

后，高祖与文明太后引见王公以下，高祖曰：“比年方割畿内及京城三部，于百姓颇有益否？”邃对曰：“先者人民离散，主司猥多，至于督察，实难齐整。自方割以来，众赋易办，实有大益。”太后曰：“诸人多言无益，卿言可谓识治机矣。”

上述故事的时间，在太和十二（488）至十四年（490）冯太后去世之前。文中有两层意思：一是近年曾将京畿分割为三部（州）；二是原先道武帝离散诸部后，掌管各部落民的机构众多，不利于监督管理；自从按照所在地方，分归州郡管辖以来，方便了税赋的征缴。对于这条珍贵的史料，以往研究者没有予以足够的重视。我们认为，由此至少透露出两个重要信息：第一，太和十年（486），代都京畿地区被划分为三个部分，分别隶属于三州。第二，拓跋鲜卑部民的归属州郡管理[⑦]，等于宣布了北魏道武帝以来“八国”制度的结束，标志着十六国北朝各少数族政权推行的胡、汉分治政策的初步终结[⑧]。“国人”正式统属郡县，从民族融合的角度讲，具有重大的历史进步意义。

现在，我们继续观察代都司州的变化。《魏书·穆崇传附曾孙亮传》曰：

于时，复置司州。高祖曰：“司州始立，未有僚吏，须立中正，以定选举。然中正之任，必须德望兼资者。世祖时，崔浩为冀州中正，长孙嵩为司州中正，可谓得人。公卿等宜自相推举，必令称允。”尚书陆叡举亮为司州大中正。时萧赜遣将陈显达攻陷醴阳……

南齐陈显达攻陷醴阳，《魏书·高祖纪》记在太和十二年（488）四月。北魏重新组建司州官属，在此之前。新司州之设，是孝文帝所讲“割畿内及京城三部”中的一部。原司州南部的雁门郡划归肆州，是“割畿内及京城三部”中的二部。第三部是原司州的东部，新立之州叫“燕州”。

《魏书·地形志上》讲：“东燕州，太和中，分恒州东部置燕州。孝昌中陷，天平中领流民置，寄治幽州军都城。”东燕州，《地形志上》记辖平昌、上谷、偏城三郡，但此系东魏北齐时的情况，且侨寄于军都城（今北京昌平），不在本土。文中“恒州”当为“司州”。理由之一是太和十八年（494）孝文帝迁都洛阳，始改代京司州为恒州，而代都京畿分作三部在太和十年；理由之二是《通鉴》卷136记太和十年分置州郡，胡注所列河北十三州中有“司州”“燕州”。

北魏燕州，治广宁郡，即今河北涿鹿。《穆崇传附曾孙罴传》记：孝文帝太和十六年（492），“随例降王为魏郡开国公，邑五百户。又除镇北将军、燕州刺史，镇广宁”。这是《魏书》中对燕州的最早记载。检阅《魏书》《水经注》，北魏燕州下设六郡：

广宁郡，东晋置，北魏因仍，后为燕州治，在今河北涿鹿。道武帝皇始元年（396），有后燕“广宁太守刘亢泥”（《魏书·太祖纪》）。

上谷郡，秦汉旧郡，北魏治居庸（今延庆旧县，曾名缙山县）。《魏书》中，“上谷”二字，见于始终。但“上谷郡”，最早见于《灵征志下》：世祖延和“三年九月，上谷郡上言木连理”。

平原郡，在今河北怀来县西南。《水经注》卷13云：“魏徙平原之民置此，故立侨郡以统流（离）[杂]。”《魏书·常山王遵传附子素传》曰：“世祖初，复袭爵。休屠郁原等叛，素讨之，斩渠率，徙千余家于涿鹿之阳，立平原郡以处之。”休屠，匈奴族一支。

大甯郡，汉置县，在今河北怀安东南。《水经注》卷13曰：“雁门水又东，径大甯郡北，魏太和中置。”

昌平郡，治在汉昌平故城西六十里，在今河北阳原东。《魏书·和跋传附孙度传》：“尚书都官郎、昌平太守。”其任职约在平城时代。《京兆王黎传附罗侯传》：“罗侯，迁洛之际，以坟陵在北，遂家于燕州之昌平郡。”

东代郡，北魏道武时，高湖“总代东诸部”（《高湖传》）。《水经注》卷13谓：秦汉昌平县故城（今蔚县东北），“疑即东代矣”。《李元护传》：“从叔恤，卒于东代郡太守。”1986年，河南偃师南蔡庄乡出土《魏故襄威将军东代郡太守尹府君之墓志铭》：“君讳祥，字僧庆……正光五年七月十八日葬……议赠襄威将军，东代太守。”

上述燕州六郡，可以肯定，在孝文帝太和年间都已齐备，辖域相当于今天的张家口地区。这样，太和十年后的新司州辖域亦可确定，即在太武帝时形成北边六镇及朔州基础上，再剔除燕州、雁门郡，所余地区即是。其范围，大致缩小至今大同、朔州以及内蒙古集宁市南部。新司州领有代郡（治在今大同）、善无郡（治在今右玉）、桑干郡（治在今山阴东）、繁畤郡（治在今应县北）、高柳郡（治在今阳高）、灵丘郡（治在今县）[9]、平凉郡（后名凉城郡或梁城郡）[10]、平齐郡等八郡[11]，基本上就是北魏初“东至代郡，西及善无，南极阴馆，北尽参合”的代京之地。迁洛后，改名恒州。

新代郡，大约压缩至平城周围大约方圆百里之间，领辖平城、武周、永固、太平、鼓城五县。武周，《史记·韩长孺列传》《索隐》引崔浩语：“今平城直西百里有武州城。”即今左云。永固，郦道元讲因太和十四年葬冯太后于方山永固陵而立县，约在今大同新荣堡子湾一带。太平、鼓城，县址不明。孝昌二年（526）秋七月，平城被六镇起义军攻陷。“恒代而北，尽为丘墟。”（《魏书·地形志上》）

孝文帝太和改制后，司州、代郡区域缩小，而郡县增加，直接反映出改革的成果。一是拓跋鲜卑部民纳归郡县，实现了原始部落社会形式向封建郡县形式的历史性飞跃。二是结束了魏晋以来汉族世家广荫人口的历史，反映了均田制下，向国家纳税服役的自耕农人户的增加。这无疑都是大同地区经济发展、社会进步的结果。

注 释

① 《魏书·官氏志》记太武帝“延和元年三月，改代尹为万年尹，代令为万年令。后复”。《通鉴》卷122：“魏方士祁纤奏改代为万年，以代尹为万年尹，代令为万年令。崔浩曰：‘昔太祖应天受命，兼称代、魏，以法殷商。国家积德，当享年万亿，不待假名以为益也。纤之所闻，皆非正义，宜复旧号。’魏主从之。”名京师为万年，系仿西汉长安故事。然《魏书·食货志》太和八年犹曰“司州万年”。王仲荦《北魏〈延昌地形志〉北边州镇考证》认为：《魏书》所载延和元年（432）至太和十一年（487）间的“代郡”，皆指“东代郡”，即今河北蔚县代王城。

② 《通鉴》卷110胡注引宋白曰：“魏道武都平城，东至上谷军都关，西至河，南至中山隘门塞，北至五原，地方千里，以为甸服。”宋白，北宋人，其说盖源于《元和郡县志》。

③ 北魏平城时代，在盛乐（今和林格尔）建置朔州，云中（今托克托）为镇，见《魏书·地形志上》及其《校勘记》。云中之置朔州，见于史传者最早在太武帝时，司马楚之任“云中镇大将、朔州刺史”（《魏书》本传）。朔州之设，与司州地域的压缩不无关系。

④ 对唐人的这种误称，胡三省在《通鉴》卷132谬加解释：“代郡，指代都平城也。魏都平城，谓为代都。代都以北，列置镇将。其后罢镇置州，则武川属代郡。”

⑤ 孝文帝时的平城京畿，从《魏书·高闾传》所载四方之粮仓设立的位置，有所领悟：太和“十四年秋，闾上表曰：奉癸未诏书，以春夏少雨，忧饥馑之方臻……窃以北镇新徙，家业未就，思亲恋本，人有愁心，一朝有事，难以御敌。可宽其往来，颇使欣慰，开云中、马城之（食）［仓］以赈恤之，足以感德，致力边境矣。明察畿甸之民，饥甚者，出灵丘、下馆之粟以救其乏，可以安慰孤贫，乐业保土”。云中（今内蒙古托克托）、马城（今河北怀安）、灵丘、下馆（今山西山阴南），扼代京四面道路出口要冲，北二仓用以救急边镇，南二仓用以赈恤畿甸。

⑥《魏书·地形志上》“肆州”条：“雁门郡……天兴中属司州，太和十八年属。”文中“太和十八年”，当为“太和十年”。大约魏收只知太和十八年迁都洛阳，而不清楚太和十年司州的重建。

⑦ 北魏初，八国比照州郡管理，见《魏书·官氏志》：天赐元年“十一月，以八国姓族难分，故国立大师、小师，令辩其宗党，品举人才。自八国以外，郡各自立师，职分如八国，比今之中正也。宗室立宗师，亦如州郡、八国之仪”。

⑧ 东魏北齐、西魏北周的统治者高欢、宇文泰都曾刻意保持部落兵制度，但最终无法改变民族隔绝政

策的尾声局面。

⑨《魏书·灵征志上》记太和九年“六月，洛、肆、相三州及司州灵丘广昌镇陨霜”。灵丘称郡，始见于《高祖纪上》太和六年；然《酷吏传·张赦提传》记显祖“时京畿盗魁自称豹子、虎子，并善弓马，遂领逃连及诸畜牧者，各为部帅，于灵丘、雁门间聚为劫害。”灵丘似已为郡。

⑩ 平凉城，当系太武帝太延五年（439）灭沮渠牧犍北凉，徙凉吏民三万于平城后所置，在今内蒙古凉城东北。

⑪ 平齐郡，建于献文帝皇兴三年（469）至孝文帝太和年间。《魏书·崔道固传》：“乃徙青齐士望共道固守城者数百家于桑干，立平齐郡于平城西北北新城。以道固为太守，赐爵临淄子，加宁朔将军。寻徙治京城西南二百余里旧阴馆之西。是时，频岁不登，郡内饥弊，道固虽在任积年，抚慰未能周尽，是以多有怨叛。”大约到孝文帝南迁，平齐民先后陆续因逃归南方、变为僧祇户、参与法秀和尚谋反被诛、分徙北镇，入朝做官或跟随南下，平齐郡自然消亡。如《魏书·房法寿传附族子景先传》：“太和中，例得还乡，郡辟功曹。”

《鹿苑赋》与云冈石窟

唐道宣《广弘明集》中收录有北魏高允的《鹿苑赋》一篇。该赋描述了献文帝时代平城（今山西大同）郊外鹿野苑佛事建设的盛况，其中一段文字讲述的是当年营造云冈石窟的情景，可以弥补云冈历史记载上的欠阙。兹录全文如下：

启重基于朔土，系轩辕之洪裔；武承天以作主，熙大明以御世；洒灵液以滂流，扇仁风以遐被；踵姬文而筑苑，包山泽以开制；殖群物以充务，蠲四民之常税。

暨我皇之继统，诞天纵之明睿；追鹿野之在昔，兴三转之高义；振幽宗于已永，旷千载而有寄。于是命匠选工，刊兹西岭；注诚端思，仰模神影；庶真容之仿佛，耀金晖之焕炳。即灵崖以构宇，竦百寻而直上；絙飞梁于浮柱，列荷华于绮井。图之以万形，缀之以清永；若祇洹之瞪对，孰道场之途迥。嗟神功之所建，超终古而秀出；实灵祇之协赞，故存贞而保吉。凿仙窟以居禅，辟重阶以通术；澄清气于高轩，伫流芳于王室。茂花树以芬敷，涌醴泉之洋溢；祈龙宫以降雨，侔膏液于星毕。

若乃研道之伦，行业贞简，慕德怀风，杖策来践。守应真之重禁，味三藏之渊典；或步林以经行，或寂坐而端宴。会群善以并臻，排五难而俱遣；道欲隐而弥彰，名欲晦而逾显。

伊皇舆之所幸，每垂心于华囿；乐在兹之闲敞，作离宫以营筑。因爽垲以崇居，枕平原之高陆；恬仁智之所怀，眷山水以肆目。玩藻林以游思，绝鹰犬之驰逐；眷耆年以广德，纵生生以延福。慧爱内隆，金声外发；功济普天，善不自伐。尚谘贤以问道，询刍荛以补阙；尽敬恭于灵寺，遵晦望而致谒。奉清戒以毕日，兼六时而宵月；何精诚之至到，良九劫之可越。资圣王之远图，岂循常以明教；希缙云之上升，美顶生之高蹈。思离尘以迈俗，涉玄门之幽奥；禅储宫以正位，受太上之尊号。既存无而御有，亦执静以镇躁；睹天规于今日，寻先哲之遗诰。悟二乾之重荫，审明离之并照；下宁济于兆民，上克光于七庙。一万国以从风，总群生而为导；正南面以无为，永措心于冲妙！

夫道化之难期，幸微躬之遭遇；逢扶桑之初开，遘长夜之始曙。顾衰年以怀伤，惟负忝以危惧；敢布心以陈诚，效鄙言以自著。

高允，字伯恭，出生于冀州勃海郡蓨县（今河北景县）的一个汉族名门家庭。少年为僧，后历仕太武以下五帝，久掌机密，博学谦和，代都后学奉为儒宗。高允的《鹿苑赋》，借平城鹿苑佛事建设的成就，抒发对鲜卑拓跋氏走出蛮荒、偃武修文、兴佛从善伟业的赞颂。该赋第一自然段，讲述的是拓跋皇家兴造鹿苑佛事的因缘；第二段记述了献文帝对武州山石窟寺与鹿野苑石窟寺的建设；第三段是写平城胡汉僧侣的讲法、译经和坐禅情况，并隐射指出了北魏佛教大兴的原因；第四段盛赞献文帝幽居鹿苑，急流勇退、清心寡欲、无为而治的英明举措；结尾一段是作者的感慨与自警。然而，这并不是一篇简单的歌功颂德之文。透过那华美辞藻的浅层表象，我们会惊讶地发现隐藏在太平之颂背后的残酷的政治斗争。

当时的北魏王朝，经历了太武帝灭佛和文成帝复法运动，以平城为中心的北中国佛教建设一浪高过一浪；而献文帝拓跋弘在与文明太后冯氏的政治较量中败北后，于皇兴五年（471），被迫传位给四岁的太子宏，自己则被尊为太上皇，在鹿苑中结伴高僧、游心释典。此事，《资治通鉴》云："上皇徙居崇光宫，采椽不斫，土阶而已；国之大事咸以闻。崇光宫在北苑中，又建鹿野浮图于苑中之西山，与禅僧居之。"崇光宫，后改名宁光宫，在今大同城北马站村一带；鹿野浮图，又名鹿野苑石窟寺，在今大同城西北小石（寺）子村旁。高允"睹天规于今日，寻先哲之遗诰。悟二乾之重荫，审明离之并照；……正南面以无为，永措心于冲妙！"直接点明了《鹿苑赋》的真正含义，即规劝、告诫献文帝要认清形势、甘于寂寞、韬光养晦，避免杀身之祸。但是，年轻的太上皇没能领悟或重视这些明显的暗示，不在其位仍谋其政，最终历史也无情地应验了高允的预见。

关于《鹿苑赋》的写作时间，从"禅储宫以正位，受太上之尊号"句看，指的是献文禅位给其子孝文帝之事，由此可以框定在延兴年间。进一步推敲，大致为延兴五年（475）。理由之一："绝鹰犬之驰逐"，系指《魏书·释老志》所记延兴"三年十二月，显祖因田鹰获鸳鸯一，其偶悲鸣，上下不去。帝乃惕然，问左右曰：'此飞鸣者，为雌为雄？’左右对曰：‘臣以为雌。’帝曰：‘何以知？’对曰：‘阳性刚，阴性柔，以刚柔推之，必是雌矣。’帝乃慨然而叹曰：‘虽人鸟事别，至于资识性情，竟何异哉。’于是下诏，禁断鸷鸟，不得畜焉”。显祖，即献文帝；“禁断鸷鸟”诏，对照《魏书·高祖纪》，下达的时间在延兴五年。本纪载：“五年……夏四月……诏禁畜鹰鹞。……六月庚午，禁杀牛马。”此年四月“禁畜鹰鹞”诏，就是《释老志》“禁断鸷鸟”诏；而这道诏令与六月庚午禁令，俱属于赋中所谓“纵生生以延福”的内容。理由之二：《高祖纪》延兴五年“五月……丁未，幸武州山”。武州山，即今云冈石窟所在，北魏当年称为“武州山石窟佛寺”或“灵岩寺”。这是《魏书》中对皇帝游幸云冈的第二条记载，高允的《鹿苑赋》大约正是此番随皇帝巡视云冈石窟后创作并上呈。

《鹿苑赋》的第二自然段，共有 184 个字。前 36 字，是说明献文帝效仿古印度佛国创建鹿野苑的原因；中 100 字，记述了云冈石窟工程建设；后 48 字，一半讲鹿野苑石窟建设，一半讲鹿苑内景色与祈雨之事。由于高允作赋距拓跋弘暴死仅隔一年时间，因此记述云冈石窟的这一百个字，实际上反映的是献文时代整整十年的建设情况。我们知道，北魏皇家对云冈石窟的大规模开凿，始于献文之父文成帝拓跋濬，终于孝文帝迁都洛阳。而《魏书·释老志》的记载，仅限于文成帝初始工程：“和平初，师贤卒。昙曜代之，更名沙门统。初，昙曜以复佛法之明年，自中山被命赴京，值帝出，见于路，御马前衔曜衣，时以为马识善人。帝后奉以师礼。昙曜白帝，于京城西武州塞，凿山石壁，开窟五所，镌建佛像各一。高者七十尺，次六十尺，雕饰奇伟，冠于一世。”昙曜建议开凿的五所石窟，即今天云冈第 16 ~ 20 窟，名曰“昙曜五窟”。这五所窟内大佛的完成时间，当在献文帝即位之初，即《显祖纪》皇兴元年（467）“秋八月……丁酉，行幸武州山石窟寺”。这是《魏书》中对皇帝游幸云冈的首次记录，可以视作昙曜五佛建成开光的标志。云冈石窟后来的建设进程如何？正史无载，而《鹿苑赋》刚好填补献文时代这段缺环。

研究这百字文，至少能够给予我们六个方面的启示：其一，“于是命匠选工，刊兹西岭”，表明了在昙曜五佛雕成后，献文帝曾就下一步的营建进行过部署。“即灵崖以构宇，竦百寻而直上；絙飞梁于浮柱，列荷华于绮井。图之以万形，缀之以清永”，说明献文时代工程不仅包括对昙曜五窟的增添、配套雕刻（这些洞窟现存有孝文帝迁都前后的雕刻题记），以及因窟建寺，还应包括新规划洞窟的开凿。显然，云冈石窟进入了更大规模的营造阶段。就当时石窟寺转向全方位建设的史实来看，目前学术界认为献文时代云冈工程稀少，佛寺建设转移到平城和北苑的观点，是欠妥的。由此，必然提引我们对现行云冈石窟的分期观点，进行重新审视和划定。

其二，“耀金晖之焕炳”，是对金妆佛像的形容，说明当时对雕造完成的佛像都进行贴金彩绘。关于这一现象，云冈石窟中有许多实例，最能说明问题是 20 世纪末在 20 窟前发掘出土过若干颗敷有金箔的小佛头，现在云冈博物馆陈列。

其三，“即灵崖以构宇，竦百寻而直上”，从句意推测，指的是窟前木构楼阁，必然包括昙曜五窟，更像是指第三窟“灵岩大阁”（辽金名称）。今天云冈各大型石窟外壁上方，都残留有整齐排列的大梁孔，窟前地面又有与之对应的插立木柱的方形石穴，考古发掘证明：至少第 3 及 14 ～ 20 窟，在北魏时期建造过廊柱式木构楼宇。然而，北魏当年开凿的第 9、10、12 窟及以西的无名窟等，窟外都有石雕梁柱，窟顶采用了仿木建筑檐瓦式石雕，本身也属于一种“即灵崖以构宇”。二者孰是？尚待细究。

其四，“緪飞梁于浮柱，列荷华于绮井”，“緪”，本意为粗绳索；用作动词，即捆绑连接。似乎专指木构楼宇的柱与梁，即附崖建阁。正与《金碑》所谓“献文天安元年，革兴造石窟寺”的记载相吻合。但是，如果是针对石窟本身而言，情况就复杂了。这表明新建洞窟具有两个特点：列柱式殿宇与雕刻着莲花图样的窟内顶。今天我们可以看到莲花内顶的大型洞窟较多，有第 1、2、6、7、8、9、10、12 窟；而列柱殿宇式的洞窟为第 9、10、12、14 窟及其间的无名窟。上述两项条件俱备的第 9、10、12 窟，都属于梁柱檐顶殿宇式建筑。第 14 窟内外有两组石梁柱，但顶部坍塌、漫漶，已无法确认是否有檐顶与莲花绮井；无名窟虽为梁柱檐顶，而内顶风化，无从确定。能否认为，这些便是献文时代洞窟模式？能否认为，有前室无后室的无名窟是献文帝未完成的洞窟？不过，有一点可以肯定，这些洞窟采用的列柱、莲顶的前室，取法于或取代了廊柱式木构楼宇，是一种新的创造。

倘若上述献文帝开创了新的洞窟模式的推论成立，那么此后云冈窟制的变化便容易理解了。改文成时代昙曜五窟的窟内平面马蹄形、窟顶穹庐式为梁柱檐顶宫殿式。或单组梁柱（如无名窟），或双组梁柱（如 14 窟），或前殿后室之复合式（如 9、

10、12窟），而第9、10窟创制为双窟。这些宫殿式洞窟的开凿，与当时平城皇宫建设的进展相呼应，与《南齐书·魏虏传》所谓“自佛狸（太武）至万民（献文），世增雕饰”的记载相一致。当然，不能排除其中有孝文时代的作品。

其五，“图之以万形，缀之以清永”，反映出献文时代云冈石窟建设正朝着图像多元化、形式多样化的方向发展。“万形”，显然是针对文成时代仅凿五窟大佛而言；“清永”，如《金石续编》卷1录北魏正光四年（523）《营州刺史高贞碑》所谓“玄石一刊，清徽永铸”之意。很明显，从献文帝开始，云冈石窟建设规模、样式发生了巨大变化。

其六，到高允作赋之时，云冈石窟已初具规模。“若祇洹之瞪对……超终古而秀出”，有类于古印度舍卫城的祇洹精舍，而鬼斧神工、建造之妙超越了既往。

总之，云冈石窟千变万化的雕刻图案、数以万计的佛像人物，中西合璧的建筑风格，今天都已被学术界、考古界证明为昙曜五窟之后的追加工程。虽然这一切并非献文帝一代完成，但是必定由此开启了孝文帝时代云冈石窟更大规模的建设高潮。《鹿苑赋》由当时人记当时事，堪称实录，弥足珍贵；深入研究，将有助于我们最终破解云冈石窟开凿之谜。

最后，说说“悟二乾之重荫”句中的“二乾”。《周易·说卦》：“乾为天，为圜，为君。”《广雅·释诂一上》：“乾，君也。”二乾，直译为两个君，这里指太上皇献文与皇帝孝文。以往研究者，依据北魏太和年间，史书、碑记中称孝文帝与文明太后为“二圣”或“二皇”，来推断云冈石窟中双窟的开凿时间以及“二佛并坐”雕龛的出现。其实，二乾、二圣、二皇同属一义，只是不同时期所指不同，决非太和时代的专有名词。释迦与多宝二佛并坐，取材于《法华经·见宝塔品》，早在北魏前期的石佛龛上已经出现，同二乾重荫的政治背景无关。云冈的双窟形制，若与“二乾”“二圣”有关，其开始的时间当于献文在世之日。

（原载于2003年10月31日《中国文物报》，这里有所改动）

徐州高僧与云冈石窟

学术界普遍认为，云冈石窟的前期造像，雄浑、挺拔、健硕，集中西艺术风格于一体，而颇承凉州模式；到太和十三年（489），褒衣博带、秀骨清像，登上了云冈第 11 窟外壁的佛龛，并从此成为时尚。[①] 这一变化，与北魏孝文帝、文明太后推行的汉化改革有关。褒衣博带式装束，是太和十年官服改制的反映[②]；秀骨清像型佛雕，系南朝画风北渐之结果。然而，南朝画技进入云冈，与凉州高僧式微，徐州名僧北上，“唱谛鹿苑，作匠京缁”（下详），代京平城（今山西大同）佛学风气为之一变，有直接关系。同时，涉及首都僧团领导核心的变更以及南北佛教思想的差异、撞击与调和。这个问题，由于历史记载太少，一直没有人明确提出并加以证实。

法秀谋反与凉州高僧式微

史载，北魏太延五年（439），太武帝破姑臧（凉州治，在今甘肃武威），灭北凉，徙沮渠氏国人三万余家于京师，其中包括参与守城被俘配役的三千僧人[③]。这批凉州民、僧的东迁，遂使“沙门佛事皆俱东”[④]，平城“象教弥增”，成为中国北方佛教中心。太平真君七年（446），帝西伐盖吴，至关中，“诏诛长安沙门，焚破佛像，敕留台下四方，令一依长安行事”，于是北国“一境之内，无复沙门”（《高僧传》卷 10《释昙始传》）。文成帝兴安元年（452），下诏复佛。法灭七载，始得再兴。不久，以帝师昙曜建议，“于京城西武州塞，凿山石壁，开窟五所，镌建佛像各一”。云冈石窟皇家工程正式启动，凉州僧众成为主力。关于平城佛教与河西佛教的这种特殊的因承关系，北齐魏收《释老志》讲得很清楚[⑤]：“凉州自张轨后，世信佛教。敦煌地接西域，道俗交得其旧式，村坞相属，多有塔寺。太延中，凉州平，徙其国人于京邑，沙门佛事皆俱东，象教弥增矣。”凉州地处中西交通孔道，其佛教直接传承西域、印度之法；北魏境拓黄、淮北部中国，不断将征服地区的官府世业人口掳归京师，巧匠精工汇聚平城。二者结合，借云冈石窟的造像艺术表现出来，也在情理之中。

昙曜，是转徙平城的凉州僧侣的代表，也是北魏佛业昌盛的奠基性人物。他的生平事迹，魏收时已不能详述，我们现在知道的更少。梁释慧皎《高僧传》卷 11《释玄高传》记：“河西国沮渠（茂虔）[牧犍]时，有沙门昙曜，亦以禅业见称，伪太傅张潭伏膺师礼。”《太平御览》卷 268 引崔鸿《十六国春秋·北凉录》曰：“张谭，字元庆，武威姑臧人也。为和宁令，政以德化为本，不务威刑。民有过者，读《孝经》及《忠臣孝子传》训导之。百姓爱之如父母，号曰慈君。”可见，昙曜原本是凉州的禅僧，入北魏前已小有名气。《释老志》讲：“先是，沙门昙曜有操尚，又为恭宗所知礼。佛法之灭，沙门多以余能自效，还俗求见。曜誓欲守死，恭宗亲加劝喻，至于再三，不得已，乃止。密持法服器物，不暂离身，闻者叹重之。”恭宗，乃太武嗣子，文成之父。盖文成帝作皇孙时，即识得昙曜，所以初复佛法便诏曜回京。“初，昙曜以复佛法之明年，自中山被命赴京，值帝出，见于路，御马前衔曜衣，时以为马识善人。帝后奉以师礼。昙曜白帝，于京城西武州塞，凿山石壁，开窟五所，镌建佛像各一。高者七十尺，次六十尺，雕饰奇伟，冠于一世。”这五所石窟，就是今天云冈第 16 ~ 20 窟，俗称“昙曜五窟”。和平元年（460），昙曜被任命为沙门统。在主持云冈工程中，曜统奏请皇帝批准，划拨俘虏为僧祇户，纳僧祇粟，保证了僧粮供应；免罪犯及官奴为佛图户（寺户），服务于寺院经济和生活。从和平三年（462）开始，“昙曜又与天竺沙门常那邪舍等，译出新经十四部”。翻译佛经，是魏晋南北朝佛教最重要的事业之一，主译者往往既通梵文，又精华语，必然是一位学贯中西、精通义理的大师。

昙曜历仕文成、献文、孝文三世，卒年不详。唐明佺《大周刊定众经目录》卷 1 记：“《大吉义咒经》一部四卷（四十四纸或二卷）。右，后魏太和十年昙曜译。出《达摩郁多罗录》。”由此说明，昙曜死于太和十年之后。唐道宣《广弘明集》卷 24 录有元魏孝文帝“褒扬僧德”的七道诏令，其二《立僧尼制诏》，下达于太和十七年（493）颁《僧制》之前，诏中有“沙门统僧显”之语。其一《以僧显为沙门都统诏》云："近得录公等表，知欲早定沙门都统。比考德选贤，寤寐勤心，继佛之任，莫知谁寄。……今以思远寺主、法师僧显，仁雅钦韶，澄风澡镜，深敏潜明，道心清亮，固堪兹任，式和妙众，近已口白，可敕令为沙门都统。又，副仪贰事，缁素攸同，顷因曜统独济，遂废兹任。今欲毗德赞善，固须其人。皇舅寺法师僧义，行恭神畅，温聪谨正，业茂道优，用膺副翼，可都维那，以光贤徒。"思远寺，即方山（在今大同城北 25 公里）思远浮图，实为文明太后冯氏陵墓守灵之寺。太和三年（479）建寺，十四年（490）九月太后崩。孝文帝先后多次驾临方山，僧显为帝知赏，当在此间；擢任沙门统，当在此后。分析诏书，显统受任时，曜统已过世良久，他的死期约在太和十一（487）到十三年（489）间。至此，昙曜自凉州入北魏，已届半个世纪；献身云冈事业，领导北朝佛教，亦近三十年之久。这段时间，前六年是文成帝，中六年是献文帝，后为孝文帝，而绝大部分在冯太后摄政时期。不难想象，曜统与太后之间，必然保持有一种相敬、相信的关系。

文明太后冯氏，祖籍长乐信都（今河北冀县）。祖父冯文通据辽西，为北燕王。北燕国都龙城（或称和龙、黄龙，即今辽宁朝阳），佛法颇盛。父朗，太武帝时入魏，曾为秦、雍二州刺史，冯氏生于长安，幼年在斯。长安自前秦苻坚、后秦姚兴时代，释道安、鸠摩罗什两度掀起译经高潮，成为中国正统佛学的发祥地，高僧辈出，佛教思想深入人心。冯朗后来坐事被诛，冯氏没入掖庭，长大后为文成帝皇后。聪达多智，粗学书计，能决断，献文帝青年逊位、驾崩，以及孝文帝前二十年政治，实由冯太后主之。太和前期，"太后立（文）［燕］宣王庙于长安，又立思燕佛图于龙城"，意为先辈祈福。兄熙，"信佛法，自出家财，在诸州镇建佛图精舍，合七十二处，写一十六部一切经。延致名德沙门，日与讲论，精勤不倦，所费亦不赀。而在诸州营塔寺多在高山秀阜，伤杀人牛。有沙门劝止之，熙曰：成就后，人唯见佛图，焉知杀人牛也。"冯氏家族佞佛，对北魏佛法的兴盛，起了推波助澜的作用。然而，在太和五年（481）平城发生法秀和尚未遂政变之后，太后似乎对首都的僧人产生了信任危机。

《高祖纪》："五年春正月己卯，车驾南巡。丁亥，至中山。亲见高年，问民疾苦。二月辛卯朔，大赦天下。……车驾幸信都，存问如中山。癸卯，还中山。己酉，讲武于唐水之阳。庚戌，车驾还都。沙门法秀谋反，伏诛。……三月辛酉朔，车驾幸肆州。……车驾还宫。诏曰：法秀妖诈乱常，妄说符瑞。兰台御史张求等一百余人，招结奴隶，谋为大逆，有司科以族诛，诚合刑宪。且矜愚重命，犹所弗忍。其五族者，降止同祖；三族，止一门；门诛，止身。”中山，即今河北定州；信都，是南巡的终点。看来，这次出行的目的主要是太后归省故里。关于法秀谋反，《魏书》记载粗略，却不可小视。37 年后的孝明帝神龟元年（518），由于京城洛阳寺院发展呈泛滥之势，尚书令、任城王元澄上书极谏，奏章中谈到："往在北代，有法秀之谋；……初假神教，以惑众心，终设奸诳，用逞私悖。太和之制，因法秀而杜远。"可见，这是一场被最高统治者视若殷鉴、对太和年间平城佛教发展颇具影响的政治事件。

法秀谋反的参与者，主要是来自凉州、青齐的失意士人。《阉官传》："平季，字稚穆，燕国蓟人。祖济，武威太守。父雅，州秀才，与沙门法秀谋反，伏诛。季坐腐刑，入事宫掖。"《崔玄伯传附道固兄子僧祐传》：献文帝皇兴三年（469）归降，"在客数载，赐爵层城侯。与房法寿、毕萨诸人皆不穆。法寿等讼其归国无诚，拘之岁余，因赦乃释。后坐与沙门法秀谋反，伏法"。平雅是凉州人，崔僧祐是平齐民。另外，告发者王亮、说情者王叡，俱来自凉州。"王叡，字洛诚，自云太原晋阳人也。六世祖横，张轨参军。晋乱，子孙因居于武威姑臧。父桥，字法生，解天文卜筮。凉州平，入京，家贫，以术自给。……叡少传父业，而姿貌伟丽。……承明元年，文明太后临朝，叡因缘见幸……于是内参机密，外豫政事，爱宠日隆，朝士慑惮焉。……及沙门法秀谋逆，事发，多所牵引。叡曰：'与其杀不辜，宁赦有罪。宜枭斩首恶，余从疑赦，不亦善乎？'高祖从之，得免者千余人。"（《王叡传》，下同）。叡弟"亮，字平诚。承明初，擢为中散。告沙门法秀反，迁冠军将军"。就上述与法秀谋反有牵涉的四人分析，这是一场由凉州民为主体的未遂政变。

《资治通鉴》卷 135 记："沙门法秀以妖术惑众，谋作乱于平城；苟颓帅禁兵收掩，悉擒之。魏主还平城，有司囚法秀，加以笼头，铁锁无故自解。魏人穿其颈骨，祝之曰：'若果有神，当穿肉不入。'遂穿以徇，三日乃死。议者或欲尽杀道人，冯太后不可，乃止。"文中"欲尽杀道人"之事，见于唐道宣《续高僧传》卷 26："僧明道人，为北台石窟寺主。魏氏之王天下也，每疑沙门为贼，收数百僧，互系缚之，僧明为魁首。以绳急缠，从头至足，克期斩决。明大怖，一心念观音。至半夜，觉缠小宽，私心欣幸，精祷弥切。及晓，索然都断。既因得脱，逃逸奔山。

明旦，狱监来觅不见，惟有断绳在地，知为神力所加也。即以奏闻，帝信道人不反，遂一时释放。”按：北台石窟寺，即北魏平城武州山石窟寺，今云冈石窟；僧明为首的数百僧人，当为建设、管理石窟的凉州和尚。凉州僧众作为战俘服役，其身份实际就是官府奴隶[⑥]。这批人，正是孝文诏令中指责法秀“招结奴隶，谋为大逆”的叛党群体，也正是王叡所谓“余从疑赦”的幸免者。由此，一方面可以帮助我们了解法秀其人；另一方面有助于我们理解云冈：那龛别异状、穷诸巧丽的窟制，颜慈神威、庄严肃穆的大佛，千姿百态、神情秀朗的法相，面别风趣、活泼欢喜的菩萨诸天，率真写实、虔诚迷信的供养檀越，等等骇动人神、慑魂夺魄的石雕，居然出于身陷囹圄的僧侣、工匠之手，竟是由生活极度痛苦、愁闷、艰辛的生灵，为抒发和寄托心底的希望，一锤一錾琢磨出的生命绝唱。

太和五年（481）二月，帝、后自信都返回中山，在城东诏立五级塔寺。“二圣乃亲发至愿，缘此兴造之功，愿国祚延苌，永享无穷；妙法熙隆，灾患不起；时和年丰，百姓安逸；出因入果，常与佛会。”[⑦]随后，登越太行山。“车驾还次肆州，司空苟颓表沙门法秀舷惑百姓，潜谋不轨，诏烈与吏部尚书□丞祖驰驿讨之。”（《于栗磾传附孙烈传》）肆州，治今山西忻州；御驾走的是经河北曲阳、阜平，到五台山、忻州，北过雁门关，回大同之路。按照唐《续高僧传》《法苑珠林》等书追述，五台山即《华严经》所载文殊菩萨常住之清凉山，佛寺建设始于孝文帝。此番帝、后驾幸肆州，途经五台，大约也有过佛事之举。当年的冯太后，就是这样怀着虔诚的礼佛之心，踏上归程；忽然传来凉州僧人在京谋反的消息，不啻一声霹雳，粉碎了她“妙法熙隆，灾患不起”的幻想。回京后，对法秀逆党，虽理智地处理，但从此种下警惕的情结。关于这一点，从是年七月，“班乞养杂户及户籍之制五条”（《高祖纪》），即重点加强对僧人、工匠、僧祇户、佛图户等“乞养杂户”的户籍管理，可见端倪。太和六年（482）后，皇帝连续三年临幸云冈；九年（485），禁断图谶、秘纬；十年（486），沙汰僧尼；十三年（489），禁断京城四月八日行佛之俗；十七年（493），诏立《僧制》。种种迹象显示，任城王所谓“太和之制，因法秀而杜远”的总结，真实地透露出太后与皇帝当时的心声。大约正是由于这种对首都僧侣的戒备心理，使得外籍僧人特别是徐州高僧，在法秀之乱后不久，受到了朝廷的欢迎。

徐州僧匠北上平城与入主云冈

徐州，古今同地，又名彭城，居黄淮间南北交通要冲。东晋末年，刘裕北征长安，姚秦溃败，关中学僧东下徐海，鸠摩罗什弟子道融、僧嵩等宣教彭城，徐州义理佛学遂盛。献文帝天安元年（466），军锋南指，刘宋徐州刺史薛安都举城归附。彭城入魏，北国代都、徐方两大佛教重地，遂遥峙南北。

太和四年(480),即齐高帝萧道成建元二年,“淮北四州民不乐属魏,常思归江南,上多遣间谍诱之。于是徐州民桓标之、兖州民徐猛子等所在蜂起为寇盗,聚众保五固,推司马朗之为主。魏遣淮阳王尉元、平南将军薛虎子等讨之。……桓标之等有众数万,寨险求援。……赴救迟留，标之等皆为魏所灭，余众得南归者尚数千家；魏人亦掠三万余口归平城”（《通鉴》卷135）。这次徐兖起义，当年十月爆发，明年二月被镇压，失败者徙于平城为奴隶。见《魏书·高祖纪》：太和五年（481）二月，“假梁郡王嘉大破道成将，俘获三万余口送京师[⑧]。……夏四月……壬子，以南俘万余口班赐群臣”。此事，《高僧传》卷13有如下细节记载：

彭城宋王寺有丈八金像，乃宋车骑、徐州刺史王仲德所造，光相之工，江左称最。州境或应有灾祟，及僧尼横延衅戾，像则流汗。汗之多少，则祸患之浓淡也。宋泰始初，彭城北属，群虏共欲迁像。引至万夫，竟不能致。齐初，兖州数郡欲起义南附，亦驱逼众僧，助守营堑。时虏帅兰陵公攻陷此营，获诸沙门。于是尽执二州道人，幽系（围）[囹]里。遣表伪台，诬以助乱。像时流汗，举殿皆湿。时伪梁王谅镇在彭城，亦多（小）[少]信向，亲往像所，使人拭之，随出，终莫能止。王乃烧香礼拜，至心誓曰：‘众僧无罪，弟子自当营护，不使罹祸。若幽诚有感，愿拭汗即止。’于是自手拭之，随拭即燥。王具表其事，诸僧皆见原免。

文中“伪梁王谅”，与《魏书》“假梁郡王嘉”，系同一人，即太武帝之孙、徐州刺史元嘉[⑨]。按徐、兖二州被俘之僧，“助乱”性质与太武时凉州僧众完全相同，虽经拓跋嘉奏请赦免死罪，仍应在北徙之列。由于适值凉州僧人因法秀谋反而被疑、疏远，南方僧业及徐州高僧的声名，必定由他们的传说而闻于代京。很快，便引起了朝野的关注。而进入太和时代，受佞佛的太后影响，少年勤学的孝文帝元“宏尤精信，粗涉义理”（《南齐书·魏虏传》），对徐州学僧表现出极大的钦慕。《高僧传》卷 8《齐伪魏释昙度》曰：

释昙度，本姓蔡，江陵人。少而敬慎威仪，素以戒范致称。神情敏悟，鉴彻过人。后游学京师，备贯众典，《涅槃》《法华》《维摩》《大品》，并探索微隐，思发言外。因以脚疾西游，乃造徐州，从僧渊法师更受《成实论》，遂精通此部，独步当时。魏主元宏闻风餐挹，遣使征请。既达平城，大开讲席，宏致敬下筵，亲管理味。于是停止魏都，法化相续，学徒自远而至，千有余人。以伪太和十三年卒于魏国，即齐永明（六）［七］年也。撰《成实论大义疏》八卷，盛传北土。

昙度，诸书亦称法度、惠度、慧度。宋京城建康（今江苏南京）有新安寺，《宋书》卷 97《夷蛮传》载："世祖宠姬殷贵妃薨，为之立寺，贵妃子子鸾封新安王，故以新安为寺号。前废帝杀子鸾，乃毁废新安寺，驱斥僧徒，寻又毁中兴、天宝诸寺。太宗定乱，下令曰：'先帝建中兴及新安诸寺，所以长世垂范，弘宣盛化。顷遇昏虐，法像残毁，师徒奔迸，甚以矜怀。妙训渊谟，有扶名教。可招集旧僧，普各还本，并使材官，随宜修复。'"世祖，即孝武帝刘骏（454 ~ 464 年在位）；太宗，即明帝刘彧（465 ~ 472 年在位）。昙度早年游学京师，大约在新安寺为僧。到刘彧时，已是宫廷的常客，僧界的领袖。《宋书》卷 72《始安王休仁传》载："太宗末年多忌讳，猜害稍甚……虑诸弟强盛，太子幼弱，将来不安。……遣人赍药赐休仁死，时年（三）［二］十九。……上既杀休仁，虑人情惊动，与诸方镇及诸大臣诏曰：……尔时吾既甚恶，意不欲见外人……休仁规欲闻知方便，使昙度道人及劳彦远屡求启，阚觇吾起居。及其所启，皆非急事，吾意亦不厝疑。"昙度在刘彧眼里不是"外人"，可以自由出入深宫，而作为宰相、皇弟的刘休仁竟然向他请托，说明其道行、才智非常了得，且有参与政治的迹象。以至后来的后废帝刘昱之死，也与他颇有关涉。据《宋书》卷 9《后废帝纪》：元徽五年（北魏太和元年，477 年）"七月七日，昱乘露车，从二百许人，无复卤簿羽仪，往青园尼寺，晚至新安寺就昙度道人饮酒。醉，夕扶还于仁寿殿东阿毡幄中卧"[10]。遂被执政大臣萧道成指使的侍卫弑杀。大概受此事牵连，昙度不久改任天保寺（疑即天宝寺）住持。《高僧传》卷 8 云："释道盛……始住湘州，宋明承风，敕令下京，止彭城寺。……后憩天保寺，齐高帝敕代昙度为僧主。丹阳尹沈文季素奉黄老……欲沙简僧尼，由盛纲领有功，事得宁寝。"按：沈文季任丹阳尹，在刘宋昇明二年，即北魏太和二年（478）。可见，昙度接连被黜，是由于他与刘氏皇家的关系过于密切，随政治变动而沉沦；其西游徐州的原因，亦非足疾，而是不得意于即将改朝换代的齐高帝萧道成。

昙度流落徐州数年后，应孝文帝之邀，北上平城，与其师兄弟道登偕行。《续高僧传》卷6《魏恒州报德寺释道登传》云：

释道登，姓芮，东莞人。聪警异伦，殊有信力。闻徐州有僧药者雅明经论，挟策从之，研综《涅槃》《法华》《胜鬘》。后从僧渊，学究《成论》。年造知命，誉动魏都，北土宗之。累信征请，登问同学法度曰："此请可乎？"度曰："此国道学如林，师匠百数。何世无行藏，何时无通塞？十方含灵，皆应度脱，何容尽期南国。相劝行矣，如慧远拂衣庐阜，昙谛绝迹昆山，彭城刘遗民辞事就闲，斯并自是一方。何必尽命，虚想岩穴，远追巢、许？纵复如此，终不离小乘之机。岂欲使人在我先，道不益世者哉！随方适化，为物津梁，不亦快乎？"登即受请，度亦随行。及到（洛阳）［平城］，君臣僧尼莫不宾礼。魏主邀登昆季，策授荣爵。以其本姓不华，改芮为耐。讲说之盛，四时不辍。末趣恒岳，以息浮竞，学侣追随，相仍山舍，不免谈授，遂终于报德寺焉。春秋八十有五，即魏景明年也。

文中记述道登卒年，与《释老志》不同，其寿数及可推知的入魏都年代、名称，均有错误，姑且不论。"此国道学如林，师匠百数"，系指以昙曜等凉州僧为主的平城僧匠。关于僧渊法师，见《高僧传》卷8："释僧渊，本姓赵，颍川人。魏司空俨之后也。少好读书。进戒之后，专攻佛义。初游徐邦，止白塔寺，从僧嵩受《成实论》《毗昙》。学未三年，功逾十载，慧解之声，驰于遐迩。渊风姿宏伟，腰带十围，神气清远，含吐洒落。隐士刘因之，舍所住山，给为精舍。昙度、慧记、道登并从渊受业。慧记兼通数论，道登善《涅槃》《法华》，并为魏主元宏所重，驰名魏国。渊以伪太和五年卒，春秋六十有八，即齐建元三年也。"昙度、慧记、道登兄弟北上代京，应在其师僧渊太和五年（481）过世之后。昙度"既达平城，大开讲席，宏致敬下筵，亲管理味。于是停止魏都，法化相续，学徒自远而至，千有余人"。道登"及到（洛阳）［平城］，君臣僧尼莫不宾礼。魏主邀登昆季，策授荣爵。……讲说之盛，四时不辍"。表明徐州高僧的来临，受到了孝文帝前所未有的尊礼，开坛讲学，授予尊号；远近学徒慕名而至，外来僧侣的势力在平城迅速膨胀。代都讲经义学，蔚然成风。[11]

关于昙度之死，事有蹊跷。《刘芳传》云："刘芳，字伯文，彭城人也，汉楚元王之后也。……慕容白曜南讨青齐，梁邹降，芳北徙为平齐民，时年十六。……芳虽处穷窘之中，而业尚贞固，聪敏过人，笃志坟典。……芳常为诸僧佣写经论，笔迹称善，卷直以一缣，岁中能入百余匹，如此（数十）［十数］年，赖以颇振。由是与德学大僧，多有还往。时有南方沙门惠度，以事被责，未几暴亡。芳因缘关知，文明太后召入禁中，鞭之一百。时中官李丰主其始末，知芳笃学有志行，言之于太后，太后微愧于心。会萧赜使刘缵至，芳之族兄也，擢芳兼主客郎，与缵相接。"

按：刘芳由梁邹（今山东邹平北）入国，在献文帝皇兴二年（468）。刘缵出使北魏，《魏书》《南齐书》记有两次：初使到达平城，在齐武帝萧赜永明元年，即北魏太和七年（483）十一月；二使到达平城，在太和九年（485）五月。《南齐书·魏虏传》曰："刘缵再使虏，太后冯氏悦而亲之。"刘芳被擢任主客郎，当在此时。至是，芳客居平城已十八年。期间，"常为诸僧佣写经论……由是与德学大僧，多有还往"。先则受雇为旧僧誊写经书，后遂结识新僧，自然穿梭于凉州、徐州僧间。依常理推测，昙度"以事被责"，无非是与平城旧僧不和，由学术之异，扩大到政治之争；刘芳"因缘关知"，由其彭城旧族[12]，与徐州僧匠故土乡亲，同气相近，难免投缘，过从甚密，无意间竟卷入僧团斗争旋涡。昙度被责，英年暴亡；刘芳被鞭，太后微愧，一则反映了当时新旧僧团间斗争的激烈，二则表露出昙度之死，情有所憾，语有难言。所以，到太和"十九年四月，帝幸徐州白塔寺。顾谓诸王及侍官曰：此寺近有名僧嵩法师，受《成实论》于罗什，在此流通。后授渊法师，渊法师授登、纪二法师。朕每玩《成实论》，可以释人染情，故至此寺焉"。孝文帝讳言昙度，当别有隐情。

然而，到底是一桩怎样的事件，导致昙度被责自戕，使得朝廷讳莫如深？我们从《南齐书》卷18《祥瑞志》中，发现了重要线索："永明二年……十一月，虏国民齐祥归入灵丘关，闻殷然有声，仰视之，见山侧有紫气如云，众鸟回翔其间。祥往气所，获玺方寸四分，兽钮，文曰'坤维圣帝永昌'。送与虏太后师道人惠度，欲献虏主。惠度睹其文，窃谓'当今衣冠正朔，在于齐国'。遂附道人惠藏送京师，因羽林监崔士亮献之。"永明二年，即太和八年（484）；灵丘，古今同县，在大同市东南三百余里，北魏设关于太行山中；齐祥回京入关，可知其为代都之民。文中讲，昙度被冯太后礼敬为师，正即《续高僧传》"魏主邀登昆季，策授荣爵"所指。

而他竟心怀彼我，截留御玺，潜送南朝。此事非同小可，罪涉叛逆。大约不久，即由敌对者告发，当时或成丑闻；太后闻知后，必定既怒且羞，难免切责。昙度迫于各方压力，不得不以死谢罪。其时，盖太和九年（485）之春也。[13]

昙度是北上的南方僧团中的领军人物，到平城不久，冯太后拜以为师，可谓尊崇之极。徐州沙门的势力，因此而蓬勃发展。御玺事发后，昙度自杀，对徐州僧团无疑是一次沉重的打击。此后徐州僧人的活动，可能经历了一段时间的低潮。直到若干年后，昙度的法弟道登和尚，再度受到了皇帝的信用，徐州僧众才重新在平城站稳脚跟。《释老志》云：

时沙门道登，雅有义业，为高祖眷赏，恒侍讲论。曾于禁内与帝夜谈，同见一鬼。二十年卒，高祖甚悼惜之，诏施帛一千匹。又设一切僧斋，并命京城七日行道。又诏："朕师登法师奄至徂背，痛怛摧恸，不能已已。比药治慎丧，未容即赴，便准师义，哭诸门外。"缁素荣之。

道登与孝文帝见鬼之事，见《灵征志上》："太和十六年十一月乙亥，高祖与沙门道登幸侍中省。日入六鼓，见一鬼衣黄褶袴，当户欲入。帝以为人，叱之而退。问诸左右，咸言不见，唯帝与道登见之。"此时的道登，常侍孝文帝左右，或已拜为国师。《酷吏传》记迁都前后，齐州刺史高遵"以道登荷宠于高祖，多奉以货，深托仗之"。太和十九年（495），孝文帝南伐，《南齐书》卷45《宗室传》曰：建武二年"虏主元宏寇寿春……遣道登道人进城内，施众僧绢五百匹。"明年，道登死于平城报德佛寺，孝文帝在洛阳宫门外，为之举哀。当此时，北都平城已经成为徐州僧的大本营。正是由于道登"为高祖眷赏，恒侍讲论"，遂使孝文帝成年后"善谈《庄》《老》，尤精释义"（《高祖纪》），对《成实论》情有独钟，对其译者鸠摩罗什大师推崇备至。太和"二十一年五月，诏曰：罗什法师可谓神出五才，志入四行者也。今常住寺，犹有遗地，钦悦修踪，情深遐远，可于旧堂所，为建三级浮图。又见逼昏虐，为道殄躯，既暂同俗礼，应有子胤，可推访以闻，当加叙接"。这无疑是徐州学僧给他的影响。

综上所述，昙曜之死、昙度暴亡，是关乎平城佛教新旧之变的大事。我们讲曜统卒于太和十一至十三年（487 ~ 489），是就史事的推算；《高僧传》记度公卒于太和十三年（489），不知何据，与史难符。但无论如何，太和十三年（489）是个关键的年份。在这一年中，平城盛行多年的四月八日行佛之俗被禁断，云冈石窟出现了南方画风的佛龛造像。徐州僧的力量，达到了与凉州僧抗衡的均势。这也正是为什么昙曜死后，沙门统一职迟迟定夺不下的原因。

现在，我们返回头再看《以僧显为沙门都统诏》，僧显住持方山思远寺，应属久居平城的凉州僧徒；孝文帝谓之“仁雅钦韶……深敏潜明……固堪兹任，式和妙众”语，说明他为人宽容、通达，可以团结众僧，目的是由他稳固失势的旧僧之心。都维那僧义住持皇舅寺，即冯熙所建浮图，而熙久在定州、洛阳外任，亦曾统兵征战淮北，当与南僧有接；孝文帝谓僧义“行恭神畅，温聪谨正，业茂道优”，似为赞叹南方义学高僧之词。重新僧，慰旧僧，两厢并用，孝文可谓良苦用心！然而，都维那掌管京邑佛事；僧义之任，云冈石窟便正式转归南僧。

徐州高僧入主云冈的确证，见《广弘明集》卷 24《元魏孝文帝为慧纪法师亡施帛设斋诏第七》：“徐州法师慧纪，凝量贞远，道识淳虚，英素之操，超然世外；综涉之功，斯焉罕伦。光法彭方，声懋华裔，研论宋壤，宗德远迩。爰于往辰，唱谛鹿苑，作匠京缁，延赏贤丛。倏矣，死魔忽歼良器，闻之悲哽，伤恸于怀。可敕徐州施帛三百匹，并设五百人斋，以崇追益。”慧纪，《高僧传》作“慧记”，《释老志》作“惠纪”。此诏，发布于太和十八年（494）迁都洛阳以后，慧纪大致在返回彭城后不久圆寂。“光法彭方，声懋华裔，研论宋壤”，讲的是他于刘宋时游学徐州或建康之事；“爰于往辰，唱谛鹿苑，作匠京缁”，说的是他随昙度、道登前往平城，做了京城和尚的师傅，在鹿苑中讲经说法。鹿苑，拙文《〈鹿苑赋〉与云冈石窟》（载 2003 年 10 月 31 日《中国文物报》）已有考证，指的就是云冈石窟所在的平城西、北皇家佛地。慧纪“唱谛鹿苑”，明确无误地宣布了徐州高僧在云冈的领导地位，太和十三年（489）以后云冈石窟造像发生变化的根源于斯。[14]

除昙度、道登、慧纪三人外，见诸史籍，到达平城的徐州高僧还有僧逞、龙达等。太和十九年（495）四月，孝文帝南伐回师，游徐州彭城，又幸兖州鲁县（今山东曲阜），期间诏曰：“门下：徐州道人统僧逞，风识淹通，器尚伦雅，道业明博，理味渊澄。清声茂誉，早彰于徐沛；英怀玄致，夙流于谯宋。比唱法北京，德芬道俗，应供皇筵，美敷宸宇。仁叡之良，朕所嘉重。依因既终，致兹异世。近忽知闻，悲怛于怀。今路次兖濮，青泗岂遥。怆然念德，又增厥心。可下徐州，施帛三百匹，以供追福，又可为设斋五千人。”(《广弘明集》卷24《元魏孝文帝赠徐州僧统并设斋诏第五》)。大约迁都洛阳后，僧逞便返回了彭城。又，《续高僧传》卷16《齐林虑山洪谷寺释僧达传》：“释僧达，俗姓李，上谷人。十五出家，游学北代，听习为业。及受具后，宗轨《毗尼》，进止沉审，非先祖习。年登二夏，为魏孝文所重，邀延庙寺，阐弘《四分》，而形器异伦，见者惊奉。虎头长耳，双齿过寸，机论适变，时其高美。与徐州龙达各题称谓。寻复振锡洛都，因遇勒那三藏，奉其新诲。……终于洪谷山寺，春秋八十有二，即齐天保七年六月七日也。”按僧达卒于556年，出家游学平城，值太和十三年（489）。后来，精通律藏，与徐州龙达齐名。

南北高僧佛学思想的差异

南北朝是中国佛教的鼎盛时期，魏晋十六国以来引进、流行的经典、学说，正在处于消化、整合、创新之中，各种思潮异彩纷呈，各个流派宗脉繁杂。对此时的异宗僧学，予以甄别，良非易言。特别是北魏僧学，记载阙略，历来难晓。这里所述，只是我的心得，或涉谬妄。

《高僧传》卷8《齐京师太昌寺释僧宗》：“善《大涅槃》及《胜鬘》《维摩》等，每至讲说，听者将近千余。妙辩不穷，应变无尽。……魏主元宏遥挹风德，屡致书并请开讲，齐太祖不许外出。……先是，北土法师昙准，闻宗特善《涅槃》，乃南游观听。既南北情异，思不相参。准乃别更讲说，多为北士所师。准后居湘宫寺，与同寺法身、法真并为当时匠者。”文中讲，建康沙门僧宗为孝文帝延邀，在齐太祖萧道成时（479 ~ 482），当北魏太和三年至六年（479 ~ 482）间，约与徐州僧匠受请同时。观昙准南下建康的遭遇，实与北上平城的徐州高僧相似，原因可能不仅仅是两地尊习的佛典不同，恐怕更在于“南北情异，思不相参”。南、北社会环境不同，导致人的思维方式不一致。即便是对同一佛经，彼此的理解也有着本质的差别。再者，佛教宗派、学说之争，由来已久。教分有无、顿渐、偏圆等，不一而足。汤用彤先生《北朝之佛教》讲：“判教之说，约在北凉昙无谶法师之时也。……南北朝判教异说极多。……南学简要，判教之说，既不盛行……北有七家，可见判教之盛行。此亦或因北学深芜，穷其枝叶也。”由此看来，北方僧侣的门户之见较南僧更甚。

凉州僧学，以昙无谶最为代表，译经有《大般涅槃经》《方等大集经》《方等大云经》《方等王虚空藏经》《悲华经》《金光明经》《海龙王经》《菩萨地持经》《菩萨戒本》等十余部。据汤用彤先生《汉魏两晋南北朝佛教史》讲："谶所译经均属大乘。而《涅槃经》阐佛性学，开中国佛理之一派，至为重要。"昙曜等凉州僧匠师承的应该属于昙无谶之学，所长在于禅学。⑮

徐州僧嵩一脉师徒，属于义学讲经之僧。《高僧传》卷8末论云："昙度、僧渊，独擅江西之宝；……虽复人世迭隆，而皆道术悬会。"江西，相对于"江东"而言，亦即"江右"，相对"江左"而言。清梁绍壬《两般秋雨盦随笔》卷7云："考六朝以前，其称江西者，并在秦郡（今六合）、历阳（今和州）、庐江（今庐州）之境。盖大江自历阳斜北下京口，故有东西之名。……昔之所谓江西，今之所谓江北也。"可见，僧渊、昙度演法彭城，是当时江北最负盛名的佛学大师。《高僧传·齐京师中兴寺释僧印》曰："初游彭城，从昙度受《三论》。度既擅步一时，四远依集，印禀味钻研，穷其幽奥。"《三论》，即鸠摩罗什所译《般若》三论：《中论》《十二门论》《百论》。按彭城高僧之学，僧渊"从僧嵩受《成实论》《毗昙》"，昙度"《涅槃》《法华》《维摩》《大品》并探索微隐"，道登"研综《涅槃》《法华》《胜鬘》"，慧纪"兼通数论"，都是当时盛行的大小乘佛典。僧嵩早年受教于鸠摩罗什，尤为《成实》大家。从佛教宗系上讲，属于罗什关中流亚。

《成实论》，古印度诃梨跋摩著。该书在小乘论中说"我空"（认为人无自性），兼说"法空"（认为客观世界无自性），是一部向大乘空宗（中观宗）过渡的著作。自鸠摩罗什译成汉文后，研习者自成一派，号称"成实师"。《毗昙》，即《阿毗昙》，新译《阿毗达磨》，译作"大法""无比法"，论部的总名；本指对法藏，而中国六朝时特举一切有部之学而言。古印度法胜撰《阿毗昙心》，释道安在关中，请罽宾沙门僧伽提婆译为华言；达摩多罗撰《杂阿毗昙心》，"宋元嘉三年，徐州刺史、太原王仲德，请外国沙门伊葉波罗于彭城出之"（《出三藏记集》卷10）。可见，当时徐州又风行阿毗昙学，而僧嵩、僧渊亦为毗昙师。因《毗昙》属于小乘，所以他们师徒曾被指责为"专行偏教"的"迷伪之人"。

梁僧祐《出三藏记集》卷5《小乘迷学竺法度造异仪记》云："自正化东流，

大乘日曜，英哲顶受，遍寓服膺。而使迷伪之人，专行偏教，莫或振止，何其甚哉！昔慧导拘滞，疑惑《大品》；昙乐偏执，非拨《法华》。罔天下之明，信己情之谬，关中大众，固已指为无间矣。至如彭城僧渊，诽谤《涅槃》，舌根销烂，现表厥殃。大乘难诬，亦可验也。寻三人之惑，并恶止其躬。”而《高僧传》卷7《宋京师中兴寺僧嵩》云：“时中兴寺复有僧庆、惠定、僧嵩，并以义学显誉。庆善《三论》，为时学所宗。定善《涅槃》及《毗昙》，亦数当元匠。嵩亦兼明数论，末年僻执，谓佛不应常住。临终之日，舌本先烂焉。”以上二书，记载舌根溃烂的或曰僧渊，或曰僧嵩，本系师徒，即便误指，并不要紧；重要的是，说出了彭城高僧攻击大乘《涅槃》之学。对此，《中论疏》卷3讲得更明确：“彭城嵩法师主《大品》，而非《涅槃》。”《大品》即罗什所译《大品般若经》，《涅槃》即昙无谶所译《大般涅槃经》。按《涅槃经》讲：佛之涅槃，非灰身灭智；佛今虽现入灭之相，然佛身常住不灭。僧嵩诽谤《涅槃》，“谓佛不应常住”，实是东晋十六国佛学大师慧远、罗什以后，南北佛教公认的异端。《高僧传》卷6《晋庐山释慧远》谓：“先是，中土未有泥洹常住之说，但言寿命长远而已。远乃叹曰：‘佛是至极，至极则无变，无变之理，岂有穷耶。’因著《法性论》曰：‘至极以不变为性，得性以体极为宗。’罗什见论而叹。”显然，在当时的正统佛教看来，僧嵩的言辞，陷入了小乘偏执的泥潭。徐州僧匠师承的这种观点，大约正是与凉州僧学的根本对立所在。

最后，我想就平城佛教对后世的影响，谈三点看法。第一，魏晋以来，特别是南北朝时期，中国佛教逐渐成熟，无论是经、律、论三藏之学，还是僧尼的政治、经济地位，都处于上升阶段。北方重禅业，南方尚讲经，弘法的方式虽有差异，但分别教派、扩张力量、追逐名利的情形却是相同的。太和中，坐禅的凉州僧与讲经的徐州僧在平城相遇，可以说是南北佛教势力首次大规模的交锋。尽管我们现在对其详情不甚明了，但完全可以想见，徐州高僧的后来者居上，对凉州旧僧形成的压力，以及凉州旧僧的失落之感。学术之异，政治之争，必然导致双方的严重对立，矛盾与冲突在所难免。这场斗争，从平城开始，以凉州系与徐州系划分；迁都洛阳之后，以禅僧与讲僧区别，一直延续至隋唐不息。《洛阳伽蓝记》卷2载有一则故事：孝昌元年（525），崇真寺比丘惠凝死而复活，讲述他在阎罗王处，看到阎王判禅诵僧升天堂，讲经僧入黑门地狱。灵太后闻知后，“即请坐禅僧一百人，常在殿内供养之。……自此以后，京邑比丘悉皆禅诵，不复以讲经为意”。按：惠凝之说，盖系坐禅派僧徒编造，以攻击在政治上占有优势的讲经派僧徒。宗派之争，用心至深。这无疑是孝文帝时代凉州僧与徐州僧斗争的继续。

第二，唐道宣《续高僧传》卷 23 论曰：“昙无德部《四分》一律，虽翻在姚秦，而创敷元魏。是由赤髭论主初乃诵传，未展谈授，寻还异域。此方学侣，竟绝维持。（迩）[逮]及覆、聪，方开学肆。……今则混一唐统，普行《四分》之宗。……自初开律，释师号法聪，元魏孝文北台扬绪，口以传授，时所荣之。沙门道覆，即绍聪绪，缵疏六卷，但是长科。至于义举，未闻于世。斯时释侣，道味犹淳，言行相承，随闻奉用，专务栖隐，不暇旁求。魏末齐初，慧光宅世，宗匠跋陀，师表弘理，再造文疏，广分衢术。学声学望，连布若云峰；行光德光。荣曜齐日月。每一披阐，坐列千僧，竞鼓清言，人分异辩，勒成卷帙，通号命家。……或传道于东川，或称言于南服。其中高第，无越魏都。”按：赤髭论主，指后秦姚兴时诵出《四分律》的罽宾高僧佛陀耶舍；法聪、道覆，北魏孝文帝时平城律匠；跋陀，天竺僧人，初在平城别设禅林，凿石为龛，后至洛阳，立少林寺；慧光，跋陀之徒。如此说来，《四分律》翻译于后秦长安，始兴于北魏平城，光大于北齐，普行于唐代。平城佛教在律藏方面的贡献，显而易见。

第三，从历史角度看，拓跋王朝灭亡后，北齐北周以至隋唐，虽政权更迭，但统治集团内部构成的变化不大，政权始终为代北子孙和中原世族所垄断；佛教僧侣队伍虽有消长，但上层高僧大德也以北方系居多，其主流仍应是凉州、徐州僧派的余续。我们今天对佛教石窟寺的研究中，所谓平城模式，特指孝文帝迁都后遍布北方的石窟寺建设俱受云冈石窟的影响。而这些影响的实施者，应当就是那些从平城走向全国的佛家弟子。平城寺院与武州山石窟的建设，培养出一批批意匠、精工，中西佛教艺术在这里汇聚、融合，然后在各地开花结果。云冈、龙门艺术的推广、传承和发展，成就了东魏北齐艺术的璀璨，奠定了隋唐艺术的峰巅，极大地丰富了祖国的文化遗产。

注 释

① 见宿白先生《中国石窟寺研究》附录二：《北朝造型艺术中人物形象的变化》。

② 关于云冈石窟的褒衣博带、秀骨清像，我们并不回避昙曜五窟中的第16窟大佛。这一云冈早期雕刻的孤例，与北魏往往将征服地区造型优美的佛像迁归代都的史实相符，说明了我国南北造像艺术始终处于相互影响、效仿和创新之中。昙曜于文成帝复法之初，取则中原像法，营造了一尊华夏风格的第16窟大佛，并不奇怪。只是当时尚未成为主流。主流趋势的形成，是在太和十年（486）官服改制以后，特别是十八年（494）迁都洛阳以后。

③ 《续高僧传》卷26《魏凉州沙门释僧朗》："释僧朗，凉州人。魏虏攻凉，城民素少，乃逼斥道人，用充军旅，队别兼之。及轒輼所拟，举城同陷。收登城僧三千人至军，将见魏主所，谓曰：'道人当坐禅行道，乃复作贼，深当显戮，明日斩之。'至期，食时，赤气数丈贯日直度。天师寇谦之为帝所信，奏曰：'上天降异，正为道人，实非本心，愿不须杀。'帝弟赤竖王亦同谏请，乃下敕止之，犹虏掠散配役徒。唯朗等数僧别付帐下。及魏军东还，朗与同学中路共叛。"

④ 见《魏书·释老志》。本文以下引文未注出处者，皆此志。

⑤ 本文径称纪、传、志者，皆引自《魏书》。

⑥ 《隋书》卷25《刑法志》："魏虏西凉之人，没入名为隶户。魏武入关，隶户皆在东魏，后齐因之，仍供厮役。"

⑦ 见《河北定县出土北魏石函》，载《考古》1966年第5期。

⑧ 《魏书》卷98《萧道成传》："梁郡王嘉大破道成将，俘获二万余口送京师。"

⑨ 《魏书》卷18《广阳王建传附子嘉传》："高祖初，拜徐州刺史，甚有威惠。"

⑩ 《南史》卷3《后废帝》："晚至新安寺偷狗，就昙度道人煮之饮酒。"

⑪ 关于北朝佛学风气的演变，汤用彤先生《汉魏两晋南北朝佛教史》第20章《北朝之佛教》有以下论述："北方佛教义学，以罗什在长安时为最盛。其后叠经变乱，学僧星散。凉州沙门，徙于平城。北朝之初，佛教与道安、罗什时代，大异其趣。禅师玄高、昙曜，实执僧界之牛耳。由是盛行净土、念佛，又偏重戒律，并杂以方术、阴阳之神教。凡汉代佛教之残余，似多流行于北。至若义学，在北朝初叶，盖蔑如也。北朝义学之兴，约在孝文帝之世，其先多来自彭城。其后，洛中乃颇讲佛义。而终则在东魏北齐，邺城称为学海焉。"按上述论断，已经明确了北魏太和年间孝文帝平城讲学之兴，缘由徐州高僧的北上。惜锡予先生对此中关节，未加详书。

⑫ 彭城刘氏中，有一位书画家值得注意。唐张彦远《历代名画记》卷7云："刘瑱，字士温，彭城人。少聪慧，多才艺，工书画。饮酒至数斗，画嫔嫱当代第一。官至吏部郎。谢云：用意绵密，画体简细，笔力困弱，制置单省，妇人最佳，但纤削过差，翻为失真。然玩之详熟，甚有姿态。"按：刘瑱，父勔，兄悛、绘，俱仕宦显名。《南史》卷39《刘勔传附绘弟瑱传》："少有行业，文藻、篆隶、丹青并为当世所称。时有荥阳毛惠远善画马，瑱善画妇人，并为当世第一。……瑱仕齐，历尚书吏部郎，义兴太守。"刘瑱的画技，大约是在宋后期，其父赴京，渐掌军权，"朝士雅素者多往游之"时所学；正与当时朝臣陆探微的"秀骨清像"画风仿佛。北魏太和改制后，云冈石窟中出现的体形修长、姿态俏丽的菩萨形象，应是这种南风北渐的反映。

⑬ 是年春正月戊寅诏，焚毁图谶、秘纬及《孔子闭房记》者，或亦与此事件有关。

⑭ 太和十三年（489）后，云冈外壁佛龛虽出现"秀骨清像"，但我们观察除西部之外，所有大型洞

窟的主像或主题墙壁造像，并无如此倾向。这是否表明，云冈在徐州僧人手中已经没有大型开窟工程？还是开窟建设继续由凉州系旧僧掌管进行？不过，有一点是明确的，徐州义学僧较凉州禅学僧，对于营建石窟寺的热情、需求和熟悉程度，是逊色的；而“秀骨清像”所在的第 5、6、11、12、13等云冈中部石窟外壁，属于零星、无计划性的补凿，说明当时石窟寺建设处于无序甚至混乱的状态。当然，这一切必定与皇家喜恶有关，与孝文帝长大后热心于经学有关。太和七年（483）后，史书中也不再有皇帝临幸武州山石窟寺的记载。另外，“秀骨清像”从云冈初兴，到龙门盛行，必然有一个渐进的发展过程。《高僧传》所记彭城宋王寺丈八金像，光相冠绝江北，献文帝平徐州，北人欲迁归平城，竟不能致。但既已重视，难免要被观摩或摹写回京。孝文帝延兴二年（472）诏曰：“济州东平郡，灵像发辉，变成金铜之色。……有司与沙门统昙曜令州送像达都，使道俗咸睹实相之容，普告天下，皆使闻知。”（《释老志》）。上述中原法相，势必成为平城样板。太和五年（481）徐、兖二州的被俘僧人，很可能依照平凉民、平齐民的旧例，被安置到在建的云冈石窟中服役，南国风范也会自然渗透并表现出来。就是说，在徐州高僧入主云冈之前，云冈石窟造像可能已经受到了南朝的影响。

⑮ 既然凉州僧学最重《涅槃》，为何云冈没有大型涅槃造像？这个问题令我们困惑。云冈之前的西域龟兹、高昌石窟多为涅槃窟，而云冈的涅槃形象，仅在第 11 窟与西部晚期洞窟中有 3 处小型雕龛。无名窟，只有仿檐柱屋形前室，没有同类型的第 9、10、12、14 窟那样的后室，且窟制较低；前部雕镂，后壁残余通长台座，却没有雕刻完成，今天学者多猜疑留作卧像，但毕竟没有成为事实。

（原载于 2004 年第 5 期《文物世界》，这里内容有所增加。）

“褒衣博带”与云冈石窟

我国考古学界，对云冈石窟中出现的宽大、飘逸的新款佛装，往往用“褒衣博带”一词形容，断定其为北魏太和十年（486）后孝文帝服制改革的反映。同时认为，太和服式效法于南朝盛行的褒衣博带。进而，将褒衣博带式佛装，视为特定的阶段性标志，当作佛教考古分期的一把尺度。对于上述问题，我想从历史角度，谈几点不同看法。

一、北魏服制改革的核心，是恢复汉魏中原旧制

中国的礼仪制度，形成于周朝，完备于汉代，魏晋因仍。进入五胡十六国时代，发生了巨大变化。来自西、北的少数民族移民浪潮，不仅颠覆了西晋王朝，而且猛烈冲击、破坏、摧残了汉民族原有的生活方式。然而，当野蛮部族胜利的大旗在文明的废墟上空飘扬时，萦绕在统治者脑海里的，却是对那种失却了的文明秩序的追忆。汉化，随之而行。

北魏拓跋鲜卑，兴起于塞北。其服制改革，见于《魏书》卷108《礼志四》和《隋书》卷11《礼仪志六》。前者云：“太祖天兴元年冬，诏仪曹郎董谧撰朝觐、飨宴、郊庙、社稷之仪。六年，又（昭）［诏］有司制冠服，随品秩各有差，时事未暇，多失古礼。世祖经营四方，未能留意，仍世以武力为事，取于便习而已。至高祖太和中，始考旧典，以制冠服，百僚六宫，各有差次。早世升遐，犹未周洽。肃宗时，又诏侍中崔光、安丰王延明及在朝名学更议之，条章粗备焉。”后者曰：“自晋左迁，中原礼仪多缺。后魏天兴六年，诏有司始制冠冕，各依品秩，以示等差，然未能皆得旧制。至太和中，方考故实，正定前谬，更造衣冠，尚不能周洽。及至熙平二年，太傅、清河王怿、

黄门侍郎韦廷祥等，奏定五时朝服，准汉故事，五郊衣帻，各如方色焉。”对比两书记载，虽然语言有所差异，但内容实质相同。一是改革的时间清晰：首先是道武帝拓跋珪，其次是孝文帝元宏，最后是孝明帝元诩，经由三代君主的努力方告完成。二是改革的方向明确：道武帝试图引用中原古礼、旧制，孝文帝极力奉行旧典、故实，至孝明帝基本恢复了汉家故事。

上述三期改革，一脉相承，追求、效仿的都是中原汉族原有的衣冠礼仪。道武帝改制，杂糅胡汉，行之未久，人亡政息；孝文帝改制，考稽旧典，分步实施，遂成形势；孝明帝最后定制的北魏服式，对后世的影响重大而深远。《周书》卷7《宣帝纪》："大象元年春正月癸巳，受朝于露门，帝服通天冠、绛纱袍，群臣皆服汉魏衣冠。”大象元年，即公元579年，逾北魏丧乱半个世纪之久；通天冠，秦制，东汉定为皇帝朝服，魏明帝曹叡配以绛纱袍，北魏太和十五年（491）“帝冠通天，绛纱袍，临飨礼”（《魏书》卷108《礼志一》）；北周群臣所穿的“汉魏衣冠”，显然也是北魏定制。对于周宣帝宇文赟导演的这场复古闹剧，《隋书》卷12《礼仪志七》录有裴政的一段评语：“后魏已来，制度咸阙。……周氏因袭，将为故事，大象承统，咸取用之，舆辇衣冠，甚多迂怪。今皇隋革命，宪章前代……衣冠礼器，尚且兼行。”对北周全盘采用北魏舆服制度的做法，尽管裴氏以汉儒的眼光，批评其不伦不类，甚多迂怪，却不能不承认隋朝依然受此影响的事实。

北魏的服制改革，以孝文帝时代最为关键。其制，酝酿于太和五年（481）。《魏书》卷91《蒋少游传》记：“诏尚书李冲与冯诞、游明根、高闾等议定衣冠于禁中，少游巧思，令主其事，亦访于刘昶。二意相乖，时致诤竞，积六载乃成，始班赐百官。”太和十年（486），皇帝始著衮冕法服，朝臣颁给五等公服。十五年（491），颁赐刺史已下衣冠。十八年（494），革衣服之制。历时十四年，基本完成。现代学者，因太和改制有刘昶等个别南方人参与，遂强调为模仿南朝，恐失客观。《魏书》卷59《刘昶传》云：“入国历纪，犹布衣皂冠，同凶素之服。……于时改革朝仪，诏昶与蒋少游专主其事。昶条上旧式，略不遗忘。”文中介绍，刘昶北上平城（今山西大同）十多年，仍然习惯穿南朝的白衣黑帽，正与北方的丧服相同；他条列上奏的“旧式”，指的应是南方服饰中遗存的汉晋之制。

二、南朝盛行褒衣博带，系受北魏晚期官服的影响

北齐颜之推（531 ~ 590年后）在《颜氏家训》卷4《涉务》中说：“梁世士大夫，皆尚褒衣博带、大冠高履，出则车舆，入则扶侍，郊郭之内，无乘马者。”按：颜氏，东晋以来世宦江南，家传儒业；之推，早年曾任梁元帝萧绎的散骑侍郎，熟悉典故。他讲南方士庶喜好褒衣博带、大冠高履，特指定为“梁世”。显然表明，此前江左不尽如此。关于褒衣博带盛行江南的起因，见东魏杨衒之《洛阳伽蓝记》卷2《城东》所载：

孝义里东即是洛阳小（寺）[市]，北有车骑将军张景仁宅。景仁，会稽山阴人也。（正光）[景明]年初，从萧宝夤归化，拜羽林监，赐宅城南归正里，民间号为吴人坊，南来投化者多居其内。……景仁住此以为耻，遂徙居孝义里焉。……永安二年，萧衍遣主书陈庆之送北海入洛阳，僭帝位，庆之为侍中。景仁在南之日，与庆之有旧，遂设酒引邀庆之过宅，司农卿萧彪、尚书右丞张嵩并在其座。彪亦是南人，唯有中大夫杨元慎、给事中大夫王眴是中原士族。庆之因醉谓萧、张等曰：“魏朝甚盛，犹曰五胡。正朔相承，当在江左，秦皇玉玺，今在梁朝。”元慎正色曰：“江左假息，僻居一隅。……慕义来朝，饮我池水，啄我稻粱。何为不逊，以至于此。”庆之等见元慎清词雅句，纵横奔发，杜口流汗，合声不言。于后数日，庆之遇病，心上急痛，访人解治。元慎自云“能解”。庆之遂凭元慎，元慎即口含水噀庆之，曰：“吴人之鬼，住居建康，小作冠帽，短制衣裳。自呼阿侬，语则阿傍。……急急速去，还尔丹阳。……”庆之伏枕曰：“杨君见辱深矣。”自此后，吴儿更不敢解语。北海寻伏诛，其庆之还奔萧衍，用为司州刺史，钦重北人，特异于常。朱异怪（复）[而]问之，曰：“自晋、宋以来，号洛阳为荒土，此中谓长江以北，尽是夷狄。昨至洛阳，始知衣冠士族，并在中原。礼仪富盛，人物殷阜，目所不识，口不能传。所谓帝京翼翼，四方之则。（始）[如]登泰山者卑培塿，涉江海者小湘、沅。北人安可不重？”庆之因此羽仪服式，悉如魏法。江表士庶，竞相模楷，褒衣博带，被及秣陵。

北海，即北海王元颢，北魏永安元年（528）“河阴之变”后，投奔梁朝，梁武帝萧衍命陈庆之率兵护送北还。明年，梁军一路克捷，元颢称帝；五月，遂入洛阳。两个月后，尔朱荣挥师南下，庆之兵败，元颢被杀。上文所述，张景仁宴请庆之，

以及杨元慎为庆之解梦驱邪的故事，就发生在梁军入洛期间。

建康，是南朝首都，与秣陵、丹阳二县，同属扬州丹阳郡，三者实际指的都是梁朝都城，即今江苏南京。元慎所谓“吴人之鬼，住居建康，小作冠帽，短制衣裳”，虽系侮辱性咒语，却真实地反映出了南人的衣装特征。正与刘昶“布衣皂冠”穿着，相仿佛。后来，庆之回到建康，一时成为吴中英雄，受到梁武帝的褒奖。中大通二年（530），任司州刺史，成为京畿地区的行政长官。由于他钦重北人，仪仗、服式，效仿北魏洛阳朝臣，于是江左官绅争相模仿，褒衣博带，风行江南。

三、褒衣博带式佛装，是袈裟披法的中国化，出现时间早于太和改制

褒衣博带，是对中国古代传统盛装的形容语，起源可能很早。《淮南子》卷11《齐俗训》：“楚庄王裾衣博袍，令行乎天下。”寥寥数言，楚王弘雅、从容，气宇轩昂之态，宛若眼前。《汉书》卷71《隽不疑传》曰：“隽不疑，字曼倩，勃海人也。治《春秋》，为郡文学，进退必以礼，名闻州郡。武帝末，郡国盗贼群起，暴胜之为直指使者，衣绣衣，持斧，逐捕盗贼……至勃海，遣吏请与相见。不疑冠进贤冠，带櫑具剑，佩环玦，褒衣博带，盛服至门上谒。……容貌尊严，衣冠甚伟。”唐颜师古注：“褒，大裾也。言著褒大之衣，广博之带也。”勃海郡，在今河北沧州一带。《后汉书》卷68《郭太传》云：“郭太，字林宗，太原界休人也。……博通坟籍。善谈论，美音制。乃游于洛阳。始见河南尹李膺，膺大奇之，遂相友善，于是名震京师。后归乡里，衣冠诸儒送至河上，车数千两。林宗唯与李膺同舟而济，众宾望之，以为神仙焉。……身长八尺，容貌魁伟，褒衣博带，周游郡国。”上述记载显示，这种衣下宽、衣袖阔、衣带广的袍装，自汉代以来就已成为中原儒士喜尚的服装。十六国南北朝时，中原士大夫竟因此而号称“衣冠华族”。

中国僧人的服装有两类：常服（俗服）与法服（袈裟）。法服又称僧衣，来源于佛装，是僧尼行法之服；袈裟，梵语，意译“坏色”“不正色”。按照佛教规定，袈裟由若干碎布补缀成条，并列缝制为衣。共有三衣：僧伽梨（大衣），用布9～25条；郁多罗僧（上衣、七条衣），7条；安陀会（内衣、五条衣），5条。故而又称百衲衣、田相衣。袈裟的形状为长方形[①]，早期制作简陋，后世渐趋奢华[②]。袈裟的

披著，大致有“披袒”两式：披谓披于双肩；袒谓只披左肩，偏袒右肩。

云冈石窟的佛像装束，以条纹法服居多，属于三衣袈裟的艺术化表现。然以披法不同，佛像样式遂有差异，基本分为三类：一是袒右肩式斜披，二是通肩式裹披，三是褒衣博带式正披。前两款披式，比较原始，是古印度、中亚地区的遗风；后一款披式，日本学者称为冕服式，实际上是双肩披法的略微变更，属于一种宽松的披著方法。大约这是像教东传，在汉地形成的符合中国人审美标准的新方法。僧伽梨大衣，采用这种披法，与内衣束带相配，近似于中国的褒衣博带儒装。

云冈的褒衣博带式佛像，主要集中在第 5、6 双窟，第 11、13 窟的七佛也采用了相同装束，这无疑是太和服制改革的反映。但是，此款佛像的出现，在孝文改制之前。一是四川茂县出土的南齐永明元年二石像，时值北魏太和七年（483）。二是云冈第 16 窟立式大佛与第 19 窟西胁洞倚坐佛，俱属“昙曜五窟”，系云冈早期之作。关于云冈的这两尊佛像，目前国内外的研究者颇多推测，往往就造型角度，认为是孝文帝太和前期或后期的重雕或补刻。但是，从历史角度看，虽然昙曜五窟内的壁面雕刻多为后来补造，而大像的开凿，魏收《释老志》有明确记载，当不晚于文成帝和平年间（460 ~ 465）。特别是第 16 窟大像，是佛，同时又是一位先皇的形象。从昙曜开窟到太和改制，中隔近三十年，难以想象孝文帝能够或者敢于再次臆造一位皇祖。

事实上，开窟造像必有粉本，而粉本的创作基础，则是业已存在的类似造型。例如，我们看到了河北蔚县保存的太平真君五年（444）朱业微造砂岩佛像，便可以理解云冈第 20 窟大佛的雕造，并非无源。相同道理，即便是云冈石窟最早的褒衣博带式佛像，我们也不能说现实中没有其原型。每一种艺术流派及其造型，都有其产生、发展的过程，不可能一蹴而就，突然盛行。因此，褒衣博带式佛像的诞生，很有可能比我们目前所讨论的时间还要早。至于这种佛像是北方学南方，抑或南方学北方的问题，恐怕更加复杂，不好遽下结论。

注 释

① 宋法云《翻译名义集》曰：“袈裟……《十诵》以为敷具，谓同毡席之形；《四分》以为卧具，谓

同衾被之类。”

② 《法苑珠林》卷35《法服篇》：“释迦佛初成道时乃至涅槃，唯服粗布僧伽梨及白氎三衣，未曾著蚕衣缯帛。《广弘明集》卷28录梁简文《谢敕赉袈裟启》：“郁泥真纳九条袈裟一缘，精同织缕，巧均结霰。”

（原载于2005年8月26日《中国文物报》，这里有所改动）

隋炀帝与云冈石窟

大约是前年，我向赵一德先生借得唐代高僧道宣《广弘明集》，看到书中收录有隋炀帝与其近臣诸葛颍《游方山灵岩寺诗》各一首。读后，既喜且惑。喜的是，两诗历历如画，分明描述的是北魏创建的代京平城武州山之灵岩寺，即今天山西大同西郊的云冈石窟；透过朦胧的诗意，可以窥见云冈石窟隋代那段尘封的历史，恰好弥补云冈研究中的空白。惑的是，方山，古今同名，即大同城北25公里北魏冯太后、孝文帝陵寝所在，隋人将方山与灵岩寺混为一谈，不知何故。今年我调入云冈石窟文物研究所工作后，翻阅道宣《续高僧传》，发现隋唐有名刹曰“方山灵岩寺”者，在今山东长清境，不禁疑惑更甚。不久前，专程赴山东灵岩寺探访，睹物吟诗，对照史迹，是非昭然。

兹录二诗如下：

《谒方山灵岩寺诗》：

梵宫既隐隐，灵岫亦沉沉。平郊送晚日，高峰落远阴。回幡飞曙岭，疏钟响昼林。蝉鸣秋气近，泉吐石溪深。抗迹禅枝地，发念菩提心。

《奉和方山灵岩寺应教》：

名山镇江海，梵宇驾风烟。画栱临松盖，凿牖对峰莲。雷出阶基下，云归梁栋前。灵光辨昼夜，轻衣数劫年。一陪香作食，长用福为田。

隋炀帝杨广，是中国历史上的一大暴君，刚愎自用，好大喜功，荒淫无度，穷兵黩武，达到了丧心病狂的程度。但是，他却颇有才气，够得上一个诗文好手。诸葛颍，《隋书》有传，《广弘明集》作“诸葛颖”，丹阳建康人，杨广封晋王时，引为幕僚，即帝位后，升任著作郎，成为炀帝身边的倖臣。大业十一年（615）随驾北巡，死于途中。所撰《銮驾北巡记》等，盛行于初唐。

据《隋书》记载，隋炀帝一生中，除东北征高丽、西北征吐谷浑之外，有过三次北巡。第一次在大业三年（607），第二次在大业四年（608），第三次在大业十一年（615）。最后一次北巡，是八月乙丑日由汾阳宫（今山西宁武南）出发，第四天戊辰日接到突厥始毕可汗妻义成公主告变的密报，第八天壬申日车驾驰还雁门（今山西代县），第九天癸酉日被突厥数十万骑围城；解围后，回归洛阳。此次巡视雁北，行色仓皇，诸葛颍病死，不可能有“回幡”游云冈的兴致。第二次北巡，是三月份行幸五原（今内蒙古五原南），“因出塞巡长城”；秋七月，“自榆谷而东”；八月，“亲祠恒岳，河北道郡守毕集”。榆谷，在今天内蒙古托克托西南隔黄河的岸边；恒岳，即北岳恒山，祭祀在今河北曲阳。杨广此番沿长城东巡，若由内蒙古和林格尔，取道集宁，经河北张家口或坝上，进入河北平原，则不经大同。若走近道，由和林直趋右玉、左云，途经云冈，遂抵大同；还可从和林走丰镇，到大同。然后，顺灵丘古道下太行。后二路线，均有游幸云冈的可能，且正值初秋，与诗文相合。无奈，信史无载。《隋书》明确记载炀帝来大同的是第一次北巡。

《炀帝纪》：大业三年（607）夏四月“丙申，车驾北巡狩。……六月辛巳，猎于连谷。……戊子，次榆林郡。丁酉，启民可汗来朝。……八月壬午，车驾发榆林。乙酉，启民饰庐清道，以候乘舆。帝幸其帐……己丑，启民可汗归蕃。癸巳，入楼烦关。壬寅，次太原。诏营晋阳宫。九月……己巳，至于东都”。连谷，在今陕西神木北；榆林郡，在今榆关西北；突厥启民可汗帐，大约在今呼和浩特以东一带；楼烦关，在今宁武北、神池东。杨广的归途是由今天的大同经朔州、宁武，到太原。但是，上述行程与时间，在《北狄传》中却被搞乱了。“大业三年四月，炀帝幸榆林，启民及义城公主来朝行宫，前后献马三千匹。……帝亲巡云内，溯金河而东，北幸启民所居。……启民仍扈从入塞，至定襄，诏令归藩。”隋云内，即今大同城，唐改名云中；金河，今内蒙古大黑河；定襄，今和林格尔西北的盛乐古城。但是，炀帝壬午日从榆林出发，第四天乙酉日到达塞外启民牙帐，中途不可能远绕大同，也与“溯金河而东”的线路不符。查《北史》《通典》之《突厥传》，“云内”作“云中”，即今托克托。岑仲勉先生《突厥集史》指出：隋人讳“中”也。当然，也有可能是《隋书》的作者知道这次北巡杨广曾游行云内，并赋诗一首，竟将云内与云中混淆为一谈，弄反了行程。事实上，炀帝来大同在返回定襄之后，回程走的是和林格尔、右玉、左云、云冈、大同之路。

大业三年（607）秋八月乙酉日，炀帝幸启民可汗帐，受到了隆重礼待。启民跪伏捧酒上寿，帝大悦，即兴赋诗一首："鹿塞鸿旗驻，龙庭翠辇回。毡帐望风举，穹庐向日开。呼韩顿颡至，屠耆接踵来。索辫擎膻肉，韦韝献酒杯。何如汉天子，空上单于台。"好一派气壮山河的豪迈！五天后，杨广就是怀着这种千古一帝的得意心情，踏上了北巡的归程。己丑日，行经和林格尔，五天后的癸巳日出马邑城（今山西朔州），入楼烦关。期间，大约是辛卯日，行至中途，巡游云冈石窟，驻跸大同。

在那个秋蝉低鸣的下午，皇帝一行停驾云冈峪，在寺僧的导引和侍从的簇拥下，炀帝游览了整个云冈石窟。面对那"穷诸巧丽，龛别异状，骇动人神"（《续高僧传·释昙曜传》）的石佛像，他浮想联翩，想到了北魏历代皇帝，从辫发蛮荒到入主中原，从金戈铁马到玉碎宫倾；想到了自己的家世，从元魏平城时代镇守武川边戍的先人，到跟随北周宇文泰南征北战的祖、父；想到了那些俯首恭顺的和尚、工匠和善人，先前是为拓跋家凿窟祈福，现在则默默为老杨家焚香、祈祷。不禁笑从心生。倏尔，竟闪出几许同情的念头。于是，转身向寺僧与随从官员叮咛了一番。而后，起驾回銮。此时，骄阳西斜，陛下满腹诗情跃然而出。

山东长清东南的方山，又名玉符山、灵岩山，属泰山北部余脉。方山灵岩寺，初创于东晋竺僧朗（亦号泰山朗），北魏末始有灵岩寺之称。该寺，毁于周武帝灭佛。隋文帝开皇十五年（595）春正月祭祀泰山之前，曾"旅王符山"（《隋书·文帝纪》）。王符山，盖"玉符山"之讹。《炀帝纪》云："高祖之祠太山也，领武候大将军。明年，归藩。"晋王杨广当时陪驾前往泰山，大约去过方山灵岩寺。但在他登基后，便再没有类似记载。隋文帝仁寿年间，曾送佛舍利于方山灵岩寺，营造灵塔。今天，在方山山顶处，有积翠证盟龛一所，中央雕主佛一尊，高约 5 米，左右二菩萨、二弟子、二狮，共七躯雕像。据 1999 年文物出版社版《灵岩寺》一书考订，开凿于大唐贞观年间。

比较前录隋炀帝、诸葛颍游方山灵岩寺二诗，我们丝毫感觉不到与长清灵岩寺有何相似之处，却可以清晰地看到大同与云冈景物的影子。诸如：炀帝诗"平郊送晚日，高峰落远阴"句中，"平郊"虽与"高峰"相对应，但两个灵岩寺均在山区，理解为"平阔的郊野"不妥，作"平城之郊"解，不仅准确，而且更显匠心高妙。"回幡飞曙岭”，既表露出诗人春风得意、踌躇满志的心情，也与塞外归来的史实相吻合。“泉吐石溪深”，莫不是指云冈第 2 窟的“石窟寒泉”胜景。“抗迹禅枝地，发念菩提心”，出语与史实最为贴切。《隋书·韩擒虎传附弟洪传》：“时突厥屡为边患，朝廷以洪骁勇，检校朔州总管事。寻拜代州总管。仁寿元年，突厥达头可汗犯塞，洪率蔚州刺史刘隆、大将军李药王拒之。遇虏于恒安，众寡不敌，洪四面搏战，身被重创，将士沮气。虏悉众围之，矢下如雨。洪伪与虏和，围少解。洪率所领溃围而出，死者大半，杀虏亦倍。洪及药王除名为民，隆竟坐死。炀帝北巡，至恒安，见白骨被野，以问侍臣。侍臣曰：‘往者韩洪与虏战处也。’帝悯然伤之，收葬骸骨，命五郡沙门为设佛供，拜洪陇西太守。”恒安，隋马邑郡云内县恒安镇，即今大同城。

再看诸葛颍诗，所指同样明确。当年的洞窟前多有石雕或木楼的屋檐斗栱，施有彩绘，现在留存的各窟明窗上部雕出深纹莲花，特别是第 9 窟、第 10 窟石雕明窗遥望南山，上对前室顶部众多莲花浮雕，下临窟前地面四朵石刻巨莲（日本侵华期间及 1972 年、1993 年窟前考古发掘发现），“画栱临松盖，凿牖对峰莲”，无疑是云冈石窟的真实写照。“雷出阶基下，云归梁栋前”，正是后代“云冈”得名所凭依的原意，岂不令人拍案叫绝。“灵光辨昼夜，轻衣数劫年”，指的是云冈大佛的庄严法相，昼夜异趣，妙不可言；单衣裸露，却度过若干严冬，躲过了北魏六镇之乱、柔然突厥南侵、周武帝灭佛等几多劫难。对此，唐初高僧法琳《辩正论》卷三也有相同说法：“庄严弘观，今见存焉。虽屡遭法灭，斯龛不坏。”这些明确的诗意，长清灵岩是没有对应物和意境的。也许因为如此，所以《灵岩寺》一书将炀帝诗收入“佚文”，而将《广弘明集》中紧随其后的诸葛颍诗弃之不录。

游方山灵岩寺二诗，描述的是云冈石窟，证据确凿。那么，何以冠名为“方山灵岩寺”？周一良先生《云冈石佛小记》曰：“隋炀帝谒方山灵岩寺诗，诸葛颍和之，灵岩之名当仍北魏之旧。是方山之石窟寺亦缘武周灵岩之称。”我的推测是：云冈石窟，在北魏时虽有灵岩寺之号，而《魏书》多称“武州山石窟寺”，《高祖纪》又有“行幸方山石窟寺”的记载，“方山”与“石窟寺”之间，连中华书局本都没加顿号，古书中则更无标点，容易被误解为一地。武州，汉魏旧县，今名左云；武州山，自古闻名，是一个较大的地理概念，《续高僧传》讲武州山谷石窟“栉比相连三十余里”。从北魏末到北周，大同地区人烟稀少，隋人很可能犯了想当然的错误。

从二诗中看，隋朝的武周山灵岩寺石窟基本保持着北魏时的原貌，只是显得沉寂、苍凉了许多，这应该与坐落边陲有关。然而，炀帝游幸云冈后，石窟寺一定为七年前在大同城外战死的将士举行过大型佛供祭奠，沙门佛事一度再次兴盛。所以，《续高僧传·释智满传》留下这样的记载：唐高祖李渊“武德五年，玁狁孔炽，戎车载饰，以马邑沙门雄情果敢，烽燧屡举，罔弗因之；太原地接武乡，兵戎是习，乃敕选二千余僧，充兵两府”。两府，指马邑郡与太原郡；雄情果敢、协助官军抗击突厥的马邑沙门，自然少不得云冈僧众。据《广弘明集·道宣统略齐文宣净行法门》记载，“朔州恒安石窟经像”，曾被隋唐王朝公布为“敬重正法门”。其寺院僧侣众多，也在情理之中。

这便使我们联想起云冈未完工的第3窟，窟内仅有一佛二菩萨，佛作说法态，目光直视左前方；左前方隔壁是窟外二层的弥勒窟，窟呈殿堂式，居中一尊交脚弥勒；弥勒窟两侧，各有一座三级石塔，这显然是一组弥勒天宫的完整造型，后世以其突出窟外台上，讹称为“昙曜晒经台”。整个第3窟建设，体现出佛说《弥勒上升经》的情景，预示了进入净土世界的神圣与庄严。20世纪初，日本学者关野贞、常盘大定认为：第3窟大像是隋炀帝为其父文帝所建。但是，窟外双塔和弥勒窟造像，则明显是北魏风格。莫非第3窟原本在北魏平城时代开凿，中途因迁都洛阳而停工，空旷的大窟遂为隋炀帝所利用，为死难将士祈求冥福、寓意升天？当然，这仅仅是推测，主要着眼于当时社会历史背景的可能性而言。不过，可以肯定地说，大概在佞佛的有隋两代皇帝手里，曾对云冈石窟进行过必要的保护或修缮。云冈石窟相对完整地保存至今，隋炀帝功不可没。

（原载于2002年12月27日《中国文物报》，这里有所改动）

《大金西京武州山重修大石窟寺碑》小议

《大金西京武州山重修大石窟寺碑》（简称《金碑》），皇统七年（1147）曹衍撰，记述了山西大同云冈石窟的历史。原碑早佚，碑文幸存于清人缪荃荪传抄的《永乐大典》天字韵《顺天府》条引《析津志》文中。20 世纪中叶，由宿白先生发现并研究，遂使云冈石窟的历史脉络豁然清晰，相关研究取得了突破性进展。然而，这篇碑文在屡次传抄中，文字颇有脱讹，语句顺序往往错乱。笔者在研读宿先生《〈大金西京武州山重修大石窟寺碑〉校注》的时候，试着对碑文中的错乱语句进行了梳理，形成些许新的认识。

《金碑》现存文字 2100 余言。其前半部分，主要考述北魏武州山石窟寺的开凿始末，个别文字虽有脱误，但总体行文通顺，语意明确。后半部分，主要记载了唐、辽、金三朝的修建情况，多处语句抄写窜行，使得文意混乱，难以明了。其错简之文，阅读起来，明显感觉有以下几处：一是“自神瑞癸丑，迄今皇统丁卯，凡七百三十四年。此即历年之大略也”。既然说“历年之大略也”，则北魏以后六百多年的历史应有具体说明。这样的突然结束语，令人恍惚。二是相隔 200 多字的后文中，突然出现了记述唐朝、辽代历次维修的文字，而且又言“此则历年之大略也”。显然，这两个“历年之大略也”，属于重复抄写；前面缺少了的历朝维修的具体记载，是被抄窜了行。三是“峰峦后拥，龛室前开，广者容三千人，高者至三十丈。三十二瑞相，巍乎当阳；千百亿化身，森然在目。……况若神游［于］鹫岭，宛如身诣于耆阇。此则制。发响，闻者摄心；琢石则醴泉流出，饮之愈疾。珍禽时聚，毒虫屏迹。此则灵感之大略也”。按“此则制”三字，属于前面描述云冈石窟建筑样式的总结性语言，与后文毫不相干，两者之间必定有文字阙漏。四是“本朝天会二年，度之大略也。《尔雅》云：……”，这里的“本朝天会二年”与“度之大略也”，连接得过于生硬，意思无法理解。而“度之大略也”，正好与前面的“此则制”连贯，作“此则制度之大略也”，用于对云冈建筑样式描述的总结语，可谓天衣无缝。五是“护国二龛不加力而自开，以至扣地则神钟。大军平西京……”，“扣地则神钟”之后有阙文，恰好与前面突兀出现的“发响，闻者摄心；琢石则醴泉流出，饮之愈疾。珍禽时聚，毒虫屏迹。此则灵感之大略也”句，意思贯通，合若符契。

依据上述判断，略作语句调整，《金碑》中错乱之文，便可奇迹般一字不差地流畅起来：

……然则此寺之建，肇于神瑞，终乎正光，凡七帝，历百一十一年。虽辍于太武之世，计犹不减七八十年。何则？崇福一寺，五年而成，以此较之，不为多矣。《录》云魏成于一帝，何其谬欤！此即始终之大略也。

自神瑞（癸丑）[甲寅]，迄今皇统丁卯，凡七百三十四年。（此即历年之大略也。）唐贞观十五年，守臣重建。辽重熙十八年，母后再修；天庆十年，赐大字额；咸（熙）[雍]五年，禁山樵牧，又差军巡守；[寿]昌五年，委转运使提点；清宁六年，又委刘转运监修。李唐以前，虽无遗迹，以近推远，从可知也。此则历年之大略也。

本朝天会二年，大军平西京，故元帅、晋国王到寺随喜赞叹，晓谕军兵，不令侵扰；并戒纲首，长切守护。又奏，特赐提点僧禅紫衣，并“通慧大德”号。九年，元帅府以河流近寺，恐致侵啮，委烟火司差夫三千人，改拨河道。此则皇朝外护之大略也。

叠嶂峥嵘而西去，长沙浩渺以东来，岚影相连，波声不断，势壮京邑，润分林薮，岂特国家之宝，抑亦仙圣之宅。此则形势之大略也。

峰峦后拥，龛室前开，广者容三千人，高者至三十丈。三十二瑞相，巍乎当阳；千百亿化身，森然在目。烟霞供宝座之色，日月助玉毫之辉；神龙夭矫以飞动，灵兽雍容而助武。色楯连延，则天皇弥勒之宫；层檐竦峙，则地通多宝之塔。以至八部之眷属，诸经之因地，妙笔不能同其变，辩口不能谈其目，巧力不能计其数。（况）[恍]若神游[于]鹫岭，宛如身诣于耆阇。此则制度之大略也。

《尔雅》云：石山戴土，谓之崔嵬。此山是山，外积黄壤，中含翠石，高卑莫测，厚薄难知。然而良工预为其制，群匠争奋其力，迄□隳坏，绩用有成。虽大禹之凿龙门，六丁之开蜀道，不过摧其顽险，务于通达而已；方之于此，未足为难。倘非诚心一发，圣力潜扶，安能致是哉？又，护国二龛不加力而自开，以至扣地则神钟发响，闻者摄心；

琢石则醴泉流出，饮之愈疾。珍禽时聚，毒虫屏迹。此则灵感之大略也。

将抄窜行的三段文字（下划线文字）归位后，再观是文，作者将云冈石窟的开凿、修建、外护、形势、制度、灵感，并列为六个“大略也”，一气呵成，环环相扣，层层深入，好个精彩的大手笔！

对上述碑文，需做如下说明和探讨。第一，关于金代外护的段落。“本朝天会二年”句，与“大军平西京，故元帅、晋国王到寺随喜赞叹……九年，元帅府以河流近寺，恐致侵啮，委烟火司差夫三千人，改拨河道。此则皇朝外护之大略也”句，原本不相连接，但前者紧跟上文“此则历年之大略也”，后者亦属天会年间之事，内容一脉相承，不可分割；并且都属于北魏神瑞甲寅（414）到金朝皇统丁卯（1147）之间的历史。这样的段落顺序安排，应无疑问。所谓“元帅、晋国王”，即宗翰（粘罕），金初委以西部方面的军政全权。他于金天辅六年（1122）攻破西京大同府，天会二年（1124）拒绝宋朝索取山后之地的要求，稳定了山西形势，正式开始经营西京。当年，宗翰到大石窟寺游览，并下令予以保护，是云冈历史上的大事。

第二，关于“十寺”的问题。《金碑》讲：“西京大石窟寺者，后魏之所建也。凡有十名：一通（示）[乐]，二灵岩，三鲸崇，四镇国，五护国，六天宫，七崇（教）[福]，八童子，九华严，十兜率。”就是说，大石窟寺是总称，十寺是其分院。对于这十所寺院的创立时间，现有三种不同的观点，或云北魏，或云隋唐，或云辽金。造成分歧的关键在于，始终没有人能够将云冈石窟的开凿与营建窟前阁楼、盖造僧房、围筑院墙、命名寺院，这两个不同步骤区分开来。云冈石窟开凿于北魏无疑，但《魏书》《水经注》中只有“武州山石窟寺”“灵岩寺”二名，唐初道宣《续高僧传》始有“恒安石窟通乐寺”之称。北魏的灵岩寺、唐代的通乐寺，与《金碑》所载二寺是否完全相同，实难定论。北魏武州山石窟，后来被分割建寺的事实清楚，但其过程缺少史料依据。即便是《金碑》的作者曹衍，也没有回答这个问题。他讲：“明元始兴通乐，文成继起灵岩，护国、天宫则创自孝文，崇福则成于钳耳，其余诸寺次第可知。”实际上，指的是开窟时间，而不一定是单独形成寺院的时间。况且，除护国、崇福二寺有碑为证外，其他各窟由哪些皇帝开凿，恐怕曹衍也有主观推测成分。所以，在无法确认十寺分立时间的情况下，学术界多年坚持辽代寺院，比较慎重、稳妥。

从历史角度看，契丹佞佛，特别是辽兴宗、道宗朝，五京塔寺相望，佛事炽盛，修旧建新，棋布星罗，可谓空前绝后。从大同现存的北魏寺院遗址看，无不透漏出辽代重修的信息。因此，宿白先生推测“十名之说，约自辽代开始”，是有见地的。但是，随着近年来云冈山顶寺院遗址的考古发掘，逐步证明曹衍的北魏说不误。我个人作为亲历者，更倾向于北魏十寺。

第三，关于护国寺的问题。云冈十寺，与现有编号洞窟相对应，可以确定其位置的，只有两所：一是灵岩，二是护国。《金碑》载“重修灵岩大阁九楹”，今第3窟外的台岩上，南北各有十个柱穴遗迹，已被20世纪末进行的窟前考古发掘证实。灵岩大阁，北魏时不知作何名称，但今石壁上十二个梁柱大孔宛然，应是十一开间，且为多层，气势宏大。辽代的形制，同于北魏，抑或金代，则有待研究。护国寺，目前学术界认定为第7、8双窟，但其中雕刻风格古异，与孝文帝时代开凿的其他洞窟有着显著的差别，也无法解释《金碑》所引僧法轸《寺记》：“护国东壁，有拓国王骑从。”这里，我们按照《金碑》：“护国二龛不加力而自开，以至扣地则神钟发响，闻者摄心；琢石则醴泉流出，饮之愈疾。”很清楚，指的是明清以来云冈东部的“石鼓洞”和“寒泉洞”，也就是今天的第1、2双窟。这两个洞窟，至今扣地咚咚，流水潺潺。所以谓“不加力而自开”，可能与二窟的片状砂岩结构有关。

在第1窟东壁的下层北侧，残存着睒子本生故事雕刻图二幅，一为迦夷国王乘马与随从出城狩猎，二为国王等三骑发现鹿群，张弓误射河边汲水的睒子。这样的画面，不知是否就是法轸所谓“拓国王骑从”？再有，碑云：“今寺中遗刻所存者二：一载在护国，大而不全，无年月可考。”“先是，亡辽季世，盗贼群起，寺遭焚劫，灵岩栋宇，扫地无遗。皇统初，缁白（命）[合]议，以为欲图修复，须仗当仁，乃请惠公法师住持。师既驻锡……以灵岩古刹既为灰烬，护国大碑又复摧毁，胜概不传，居常叹息。”护国大碑，据曹衍“孝文为建寺之主者，盖指护国而言也”来看，乃北魏遗刻。按道宣《大唐内典录》卷4《后魏元氏翻传佛经录》载：“恒安郊西大谷，石壁皆凿为窟，高十余丈，东西三十里，栉比相连，其数众矣。谷东石碑见在，纪其功绩，不可以算也。其碑略云：自魏国所统赀赋，并成石龛。故其规度宏远，所以神功逾久而不朽也。”所谓“东西三十里，栉比相连”的石窟范围，正是今天东起云冈、西至焦山的距离，其间现存云冈、鲁班窑、吴官屯、焦山等四处北魏石窟。“谷东石碑”，应当就是曹衍所见“大而不全”、惠公和尚悲叹“胜概不传”的护国大碑。

云冈第1、2窟，均为中心塔柱式洞窟。这样的北魏塔窟，从佛教意义上，历来被认作是《金光明经》教义的体现。《金光明经》的最早翻译者，为北凉的昙无谶，也正是开凿云冈石窟的昙曜等凉州僧众早年尊奉的大师。《金光明经·序品》云："是《金光明》，诸经之王，若有闻者，则能思惟，无上微妙，甚深之义。如是经典，常为四方，四佛世尊，之所护持，东方阿閦，南方宝相，西无量寿，北微妙声。"第1窟是双层方塔，2窟是三层方塔，塔的四面雕龛造佛；东、西壁中层，均为四龛坐佛，龛间刻塔；双窟外部两侧，各有一级浮图，三面开龛，因北连山体，竟在外侧补开一龛。其整体形制上，表现出的"四方四佛"之意，十分鲜明。此外，在窟门外左右，各立护法天王二尊（大部分已坍塌、风化），表现的是《金光明经·四天王品》的内容："世尊，是故我等名护世王，若此国土有诸衰耗、怨贼、侵境、饥馑、疾疫种种艰难，若有比丘受持是经，我等四王当共劝请，令是比丘以我力故，疾往彼所国邑郡县，广宣流布是《金光明》微妙经典，令如是等种种百千衰耗之事悉皆灭尽。世尊，如诸国王所有土境，是持经者若至其国，是王应当往是人所，听受如是微妙经典，闻已欢喜，复当护念恭敬是人。世尊，我等四王复当勤心拥护是王及国人民，为除衰患，令得安隐。世尊，若有比丘、比丘尼、优婆塞、优婆夷受持是经，若诸人王有能供给，施其所安，我等四王亦当令是王及国人民一切安隐，具足无患。"文中，四天王的护世、护国思想，表达得十分明确。云冈石窟共有塔窟八所，分别为第1、2、4、6、11、39窟和第5-28、13-13窟。堪称"护国寺"者，以第1、2双窟最为合适。

如果以上推论无误，那么护国大碑就应是北魏武州山石窟寺的皇家工程竣工的纪念碑，第1、2窟就该是云冈诸大窟中最晚完成的洞窟。

（原载于2005年4月1日《中国文物报》，这里有所改动）

全真道与云冈石窟

云冈第 2 窟外壁上方，残留着摩崖题额“山水□清□”五个大字；下方的明窗西，镌有“云深处”径尺三字；靠近第 3 窟，上方有一石室，门额题“碧霞洞”三字。这些遗迹，显然不是北魏刻石，而系后代增凿；也不似佛僧所为，而属于道教之物。

“碧霞”乃碧云、青霞之意，多见于宋元诗词中，描述的是道家闲云野鹤式生活的一道风景。洞，是道人居住之所，所谓“洞天福地”也。在道教诸神中，有曰“碧霞元君”，传说是东岳大帝之女，北宋真宗时封为“天仙玉女碧霞元君”。碧霞洞，当系碧霞元君所居洞府。见于史志，道士隐居的碧霞洞不止云冈。长春真人丘处机再传弟子、云州金阁山（今河北赤城西北）灵真观的洞明子祁志诚（1219 ~ 1293）诗云：“靠山偎水构一窝，溪田自种几千科”；“深隐碧霞无伴侣，高山流水作比邻”；“碧洞深藏无限景，孰知蓬岛在人间”（《道藏·西云集》）。祁真人出山前，隐居于碧霞洞。清乾隆《凤台县志》卷 17 载《宿仙山朝元观题示》诗：“仙翁得仙事惝恍，碧霞洞主元元孙。”作者李俊民（1175 ~ 1260），状元，山西泽州人；凤台县，即今山西晋城；碧霞洞在朝元观内。又，清光绪《山西通志》卷 161《方外录》：“姜善信，赵城人。礼莲峰真人靳道元为师，隐居碧云洞，十年块坐一龛。中统间，世祖南伐，驻师驿亭，召善信问行师事，特陈仁义之举。”世祖，即忽必烈；南征，在其即位建元以前的宪宗蒙哥汗时（1251 ~ 1259）；碧云洞，清道光《霍州志》卷 22 作“碧霞洞”。上述河北赤城、山西晋城、霍州三处碧霞洞，都出现在金元交替的蒙古国时代。

云冈石窟的碧霞洞，居中开门，两侧各一窗，上部复有三窗，造型与北魏石窟差别较大。外壁有一对梁孔，证明当年临崖架建过堂宇；洞中四壁也有梁孔遗迹，大约是为了搭建二层，一为供奉道家之神，二为隐士居住之处。“云深处”“山水

□清□”所在的第2窟，有水出焉，明清号曰“石窟寒泉”，最为云中（大同旧称）胜景。寒泉窟与碧霞洞，下临深溪，上揽白云，俨然一处道家崇尚的“青山云水窟”（李俊民诗句）景致。云冈石窟被道人辟为仙境，碑碣无存、方志未载，不知始于何年。若就三处石刻的风化程度，比较清代摩崖题记分析，大致可以推测为明代以前，极可能与前述三处碧霞洞的时代相当。对此，有一旁证可资参考。在云冈第33窟北壁，留有元代若干墨书游记，日本国水野清一、长广敏雄《云冈石窟·金石录》记至元年间（1264 ~ 1294）一则曰：“鲁班造就石佛山，不见僧人□自记。”这条竖书游记，写在菩萨弟子的右肋部，今天犹存。为什么元初游人到云冈没有看到和尚，而特别留言慨叹？令人深思。究其原因，不外乎两种：一是兵荒马乱，僧人逃遁，古寺荒废；二是佛山改换门庭，竟为外道居止。检阅经籍，历史昭然。

翻开中国宗教史，佛、道二教斗争与消长此起彼伏，而总体上释教占据绝对优势。到北宋真宗朝，特尊道教，大修宫观，老氏盛极一时。金兵破汴梁（今河南开封），灭北宋，国界南推，北国道教始兴。大同地区，自北魏平城时代，寇谦之道教昙花一现，随后形成以云冈石窟为主的佛教中心。后世或为边疆，或为游牧民族盘据，往往胡汉杂居；佛教因本胡教，始终被当地居民尊奉。特别是契丹辽朝、女真金朝，立大同为西京，对云冈石窟、华严寺、善化寺等庙宇都进行过大规模的修建。大约金初开始发生些许变化，北宋神霄派传人元真子张侍宸被迎至云中，住持开元观；后来，其徒青霞子阎德源继任。阎氏在大同城西筑玉虚观，后受命提点中都十方大天长观（今北京白云观）；大定二十九年（1189）死于玉虚，《墓志铭》曰：“使太上之教丕阐于朔方者，先生之力也。”（大同市博物馆藏《西京玉虚观宗主大师阎公墓志》）。可见，直至金代玄风北渐，道教才在雁北地区站稳脚跟。

自金大安三年（1211）成吉思汗大举南伐，到忽必烈至元元年（1264）定都燕京（今北京），逾半个世纪，是中国北方极为混乱、黑暗的时期，同时也是道教，特别是全真道大发展的时期。蒙古大兵压境，西京大同率先陷落，金源氏被迫自中都南迁汴梁。1217年，蒙古统帅木华黎于燕（今北京）、云（今大同）建立行省，分兵太行山两侧南征。十七年后（1234），金朝灭亡，北中国沦入蒙古贵族分割统治之下。在那兵燹连年、生灵涂炭、风雨飘摇的岁月来临之际，金人王嚞（王重阳）创立的全真道，以道释儒“三教归一”为旗帜，经弟子马丹阳、谭处端、丘处机等“七真”大力推行，在北方民间迅速形成一大潜在的政治力量。1219 年冬，成吉思汗遣使赴山东莱州，召请长春真人。明年春，丘公率十九弟子北上，经燕京，涉山后西行。1222 年，到达西域雪山（今阿富汗境内），丘公劝以敬天爱民、清心寡欲，得到大汗的赏识，被尊为“神仙”。第二年，派兵护送东归，赐虎符、玺书，命掌管天下道教，尽免全真道差税。1224 年，丘公还居燕京天长观。据《元史・释老传》载：“时国兵践蹂中原，河南、北尤甚，民罹俘戮，无所逃命。处机还燕，使其徒持牒招求于战伐之余，由是为人奴者得复为良，与滨死而得更生者，毋虑二三万人。”一时间，“玄风大振，四方翕然，道俗景仰，学徒云集”（《道藏・云山集卷七・盘山栖云观碑》），全真道如雨后春笋般蓬勃发展。

丘处机在西京（辖今晋北、蒙南、冀西北）一带，留有深深的足迹。《道藏・磻溪集》中，有他答《岭北西京留守夹谷清神索》诗一首：“东海疏狂犹目断，西京留守未心开；去年奉敕三冬往，今夏赍书九月来。北地官荣何日罢，南山道隐几时回；直须早作彭城计，燕国家风自不颓。”夹谷清神，《金史》作“夹谷清臣”，大定二十六（1186）至二十八年（1188）任西京留守；此前为陕西路统军使，兼知京兆府事，曾邀丘公赴终南山刘蒋村主持修葺王重阳故庵。该诗，约系大定二十八年（1188）丘公奉旨主持燕京万春节醮事毕；秋后，归终南山，途经大同时所作。诗中，既表达了丘公对燕、云北方道教发展前景的忧虑，同时也透露出云中之地道业未昌的现实。时隔三十五年（1223），丘神仙由雪山返回西京汉地，则一扫往昔的惆怅气息，换作一派受命钦差、救民水火的慷慨。七月“九日至云中，宣差、总管阿不合与道众出郭，以步辇迎归于第。楼居二十余日，总管以下晨参暮礼，云中士大夫日来请教，以诗赠之：‘得旨还乡早，乘春造物多；三阳初变化，一气自冲和。驿马程程送，云山处处罗；京城一万里，重到即如何！’……又闻宣德以南诸方道众来参者多，恐随庵困于接待，令尹公约束。付亲笔云：‘长行万里，一去三年；多少道人，纵横无赖！’……八月初，东迈杨河，历白登、天城、怀安，渡浑河，凡十有二日至宣德。元帅具威仪出郭西，远迎师入居州之朝元观，道友敬奉……有云：‘王室未宁，道门先畅；开度有缘，恢弘无量。群方帅首，志心归向；恨不化身，分酬众望。’十月朔，作醮于龙门川。望日，醮于本州朝元观。十一月望……醮于德兴之龙阳观。……十二月既望，醮于蔚州三馆。……甲申之春二月朔，醮于缙山之秋阳观”（《道藏·长春真人西游记》）。丘公在山后大同、张家口一带盘桓半年多，开演法会，宣道度民，西京州县成为他作为官方教主的首善之地。

1227年丘长春死，门徒清和子尹志平、真常子李志常相继接任，全真道达到鼎盛。先是，蒙古大举“兵火已来，精刹名蓝率例摧坏”（元《至元辩伪录》卷4，下同）。丘神仙载誉归来，各地全真教徒大建宫宇，多改废寺为观。“始居无像之院，后毁有像之寺；初夺山林之精舍……以修葺寺舍、救护圣像为名。居之既久，渐毁尊像，寻改额名。”“打佛像而安老像，废菩萨而作天尊。……京城及内属州县，占夺寺舍，侵植田园，磨毁碑幢，损灭佛像。……其余东平、济南、益都、真定、河南、关西、平阳、太原、武朔、云中、白霫、辽东、肥水等路，打拆夺占，碎幢磨碑，难可胜言，略知名者五百余处。”涉及山后地区，《辩伪录》卷3载：“西京天城毁夫子庙为文成观；……太原府丘公弟子宋德芳占净居山，穿石作洞，改为道院，立碑树号；……（混）［浑］源西道院本崇福寺，道士占讫。……德兴府水谷寺，旧来佛像及十六罗汉，并是石作，妙尽奇功。兵火之后，无僧看守，有诸道士窃而居之。日久绵远，恐僧争夺，故泯其迹，遂毁诸像，填于水堑。”天城，即今天镇县，改孔庙为道观，约在丘公掌教时；净居山道院，即今太原龙山石窟，开凿于1234年；德兴府，即今河北涿鹿。祥迈《辩伪录》，因主述燕京地区全真道改寺为观之事，故对其它地区除几例重点提及外，只是泛泛而言云中等路“打拆夺占，碎幢磨碑，难可胜言，略知名者五百余处”。不过，仔细考察这段历史，我们还是能够发现全真教在大同一带发展的轨迹。

《道藏·甘水仙源录》卷6《浑源县真常子刘君道行记》：“癸未秋，真人丘长春入觐回，君执弟子礼，迓诸银海之东。……因授秘诀，加号真常，令筑室西京。未几，推为道官长。游戏十年，庭无一讼。逮长春仙蜕，清和绍休，尤与君相得。”银海，盖今内蒙古凉城的岱海；刘真常（字道宁），原本行道于浑源恒山，经丘公收归全真，入住大同；尹清和，随丘师东归后，住持缙山（今北京延庆北）秋阳观、德兴龙阳观、上谷烟霞观，布教于武川（在今河北宣化）以东的山后地区，故与刘真常友善。1227年，尹清和继掌道门。1235年前往终南山全真祖庭（在今陕西西安西南40公里的户县祖庵镇），“由云、应南下，所至原野道路，望尘迎拜者，日千万计；愿纳宫观为门弟子者，若前高之玉虚、崞县之神清、定襄之重阳、平遥之兴国，咸请主于师”（《道藏·终南山祖庭仙真内传》，下同）。道教各宗枝，纷纷投附效忠。其中，主动让贤的崞县（今山西原平崞阳）神清观住持云阳子柳志春，即马丹阳弟子薛知微（1150～1232）之神足。薛氏一生，“度门弟子数百人，唯侯志忍、柳志春、唐志安、范志冲四人为入室，皆立观度人于河东、云、应间，为当代之高道”。从《道藏》相关记载推测，唐志安、范志冲约在丘公归西京后，来到大同、应县一带仙居。1236年春，尹道统规度祖庭宫观；“继而，被命于云中，令师选天下戒行精严之士为国祈福，化人作善”（《甘水仙源录》卷3）。西京大同全真教再掀高潮。《甘水仙源录》卷9云：“全真为教，始以修真绝俗、远引高蹈、灭景山林，如标枝野鹿，漠然不与世接。……终之，混迹人间、蝉蜕泥滓，以兼善济物为日用之方。”可见，云冈碧霞洞及其道观，属于全真教初期作品。营窟架阁，工程非小，可能与清和道主亲临大同有关。

云冈石窟，千古名刹，而今明代以前碑碣、经幢荡然无存；金代灵岩大阁，考古发掘不见朽木灰痕，有拆毁之嫌；后世包泥像里，多有砸毁之躯。特别是第1、2窟内，佛胎外的包泥彩像，溜肩匿手，形象猥琐，表情怯懦，不类云冈庄严佛法，有似太原龙山全真道像。《辩伪录》卷4讲：“兵火之事，代有废兴，未尝有改寺为观之事。”金元之际全真道入主云冈，必然是一场灾难。

当全真道鼎盛之时，佛教声势渐复。蒙哥汗五年（1255）、七年（1257），少林寺住持福裕上表，指责全真道杜撰伪经、改庙毁佛。在西僧那摩等支持下，朝廷先后召李志常、张志敬到和林（今蒙古国鄂尔浑河上游东岸哈尔和林），与僧人辩论，道士理屈。廷命禁造、焚毁伪经，归还侵占的寺院。参与辩论的十七名道士被勒令落发为僧，中有“西京开元观讲师张志明”（《辩伪录》卷4）者，足见当年大同府全真道之盛。同年“秋，少林复奏：续奉纶旨，伪经再焚，僧复其业者二百三十七所”（《辩伪录》张伯淳序，下同）。不久，忽必烈即位，尊西僧八思巴为国师，佛教被确立为国教。至元十八年（1281）“冬，钦奉玉音，颁降天下：除《道德经》外，其余说谎经文尽行烧毁；道士爱佛经者为僧，不为僧道者娶妻为民”。大约此后，各地被占佛寺全部恢复，甚至出现了反侵道观之事（元成宗时弛禁，全真教复苏，归还）。二十二年（1285），“集诸路僧四万于西京普恩寺，作资戒会七日夜”（《元史·世祖纪十》）。普恩寺，即今善化寺。云冈佛寺的重建，应在各地僧人来临之前。

关于金元之际这场佛道之争，道家耻言，释氏记述混乱，且不全面。幸赖陈垣《南宋初河北新道教考》一文，发微索隐，多有澄清。但是，援庵先生忽略了一位高僧。《辩伪录》记：1257年全真道士廷辩败北，“遣使臣脱欢将（者）［着］樊志应等十有七人，诣龙光寺削发为僧”“论毕，那摩大师使西京明提领、燕京定僧判、玉田张提点、德兴府庞僧录及随路僧官，监守防送来到燕京”。西京明提领，即海云禅师之徒、西京大华严寺住持慧明。海云（1202 ~ 1257），号也，姓宋，名印简，山西宁远（今五寨）人。早年为僧，蒙古大兵南下被俘，后入燕京住持大庆寿寺（原北京西长安街双塔寺）。1242年，“护必烈大王请师赴帐下，问佛法大意，王大悦，从师受《菩提心戒》。……奉以师礼”（《补续高僧传》卷12）。1251年，蒙哥汗“以僧海云掌释教事，以道士李真常掌道教事”（《元史・宪宗纪》）。六年后，卒于大同华严寺。慧明（1199 ~ 1270），蔚州灵丘李氏。今大同市博物馆存有至元十年（1273）祥迈《西京大华严寺佛日圆照明公和尚碑》，碑记：慧明早年，拜西京南关崇玄寺崇业大师，受教为徒。数年后，“决志游方，遍寻禅匠。……后抵燕之庆寿，参海云老师，一见欣然，便通入室。”1245年辞师，归隐灵丘曲回寺。1250年，代海云师住持西京大华严寺，遂重修寺院。1255年“春，庆寿虚席，燕京府僚及海云疏，命师主之”。关于明公代师提领汉地释教，住锡“庆寿三年”的事迹，我们仅知大概。第一年，立《大蒙古国燕京大庆寿寺西堂海云大师碑》；第三年，在和林参与主持释道廷辩。又，“世祖与太子屡临法筵，出内帑作大施会”（《补续高僧传》卷24）。明公自和林归燕京不久，退隐曲回。“闲庭净几，翛然静适者数年，而华严之命复下矣。”（《元慧明传》）至元七年（1270）二月，在华严寺圆寂。

元虞集《道园学古录》卷48《佛国普安大禅师塔铭》云：“故太保刘文贞公，长师一岁，少时相好也。刘公厌世，故思学道，师劝之为僧，同参西京宝胜明公。既而，为世祖知遇，侍帷幄为谋臣。”刘文贞公，即元世祖时重臣刘秉忠；至温（1217 ~ 1267），与秉忠是邢州（今河北邢台）同乡；“西京宝胜明公”，约即慧明。《明公和尚碑》记，慧明投西京崇业大师，“未周数载，幽致大通。……学者追崇，负帙座下”。秉忠、至温当在追崇者之列。《元史・刘秉忠传》：“后游云中，留居南堂寺。世祖在潜邸，海云禅师被召，过云中，闻其博学多材艺，邀与俱行。既入见……世祖大爱之，海云南还，秉忠遂留藩邸。”南堂寺，又号永宁寺，在明清大同城东南隅，与南关崇玄寺相近。1242 年刘秉忠随海云北上，值慧明游学庆寿，有可能经他推荐。关于至温，《塔铭》曰：“世祖征云南还，刘公请承制锡师号曰：佛国普安大禅师，总摄关西五路、河南南京等路、太原府路、邢、洛、磁、怀、孟等州僧尼之事，刻印以赐。师锐意卫教，凡僧之田庐见侵于豪富及他教者，皆力归之。……五台山清凉胜会，凡百昼夜，既得请，兴废于兵火数十年之后，师假贷以经始……山之真容等院因以完实，而新美若此者，特其材略之绪余也。师既开山龙光，又作大都之资圣、真定之安国、汾阳之开化、彰德之光天、固安之兴化、三河之莲宫，余不能尽纪。宪宗末年，僧道士有诤，各为违言以相危，上命聚讼于和林，剖决真伪。师从少林诸师辨之，道士义堕，薙须发者十七人。道宫之复为僧者，以千百计。”温公不仅参加了廷辩，还主持了许多佛寺的收复与重建。

海云、慧明相继住持燕京大庆寿寺和西京大华严寺，总统汉地释教，正值佛道斗争白热化阶段，也值佛教势力由劣转强、大规模收复失地之时，无疑是这场运动的直接领导者。史籍虽未明载他们在这方面的作为，但海云又曾住锡兴州仁智寺、燕京竹林寺、易州兴国寺、兴安永庆寺、昌平开元寺、真定临济寺、云中龙宫寺，“凡得师法乳者一十三人，落发弟子千有余人；受戒俗徒、王公贵人，不暇百数；善友信士，以千万计”（大同市善化寺藏《佛日圆明海云祐圣国师舍利宝塔记》）。慧明“前后五迁大刹……出家门资隶名受训者，百有余人，在家士女请名禀教者，亦千余数”（《明公和尚碑》）。兴教护法之功，卓然可见。或许，当年海云避居西京、明公退隐曲回，其真实原因正在于此。

观慧明生平，承海云衣钵，门生徒孙遍天下。《明公和尚碑》曰：“嗣袭法道者七人：首曰昭冲，奉旨住大庆寿寺，承海云之道，为僧门总统；次曰义辯，住西京南关崇玄寺；次曰法钟，继住华严，堂构先业。余者各为一方法主。”各为一方法主的四位徒弟，不知住持何寺？而书写碑文的“曲回山寺住持、嗣法松庵悟圆”，约即其一。仅大弟子昭冲继住庆寿，为僧门总统一例，即非同小可。按海云、慧明门下这批僧侣，自蒙古国时代到元朝前期，至少七八十年，一直属于中原佛教的核心领导集团，抑道兴佛，决非无所作为。

在云冈石窟山上，旧有三幢墓塔。其一镌曰：“开山历代祖师：明公、㐫？公、汝？公、喜公、□□、□□、□？惠、续贵，徒宗玉、宁崇福？。万历十九年九月拾九日，重修见塔。释子宗禄、宗净？，门徒惠义、惠安，□徒？□□、明觉、□□。□平府石匠杨进？全。”（日本国《云冈石窟·金石录》）。这块《开山历代祖师》石铭，今残存在云冈石窟文物研究所，字迹漫漶不清。按明万历十九年（1591）重修者，为“宗”字辈僧，上溯祖师约为七八代，住持云冈者约10人，加上现任住持宗禄，约为11人。即便中间没有漏记，开山始祖明公，也当系元代人。此明公，从大同及云冈历史推测，应当就是慧明和尚。可惜，碑中明公以下二人的名字泐不可辨，我们无法从《明公和尚碑》阴所刻徒、孙的名单中确认其人了。

（本文原名《金元之际全真道入据云冈石窟》，载2004年11月5日《中国文物报》。这里遵宿白先生嘱，改名，内容亦有所改动）

云冈筑堡与古寺衰微

朱明建国，大同、宣府（今河北宣化）一线成为防御蒙古人南侵的极边，广设卫所，屯扎重兵，捍蔽京师。嘉靖中，因鞑虏入寇，又于大同西路增筑军堡，扼守塞口，云冈堡始有其名。然而，云冈堡并非新筑，乃是对一座叫作"石佛寺堡"的重修与更名。从历史角度看，这种防御性质的军事堡垒的次第设立，意味着对周围地带的军事管辖；武州山石窟寺为其侵逼，受其影响，无疑是巨大的。就是说，石窟寺在很早以前，已不再是众善趋骛的清修佛地。因此，考察云冈筑堡的历史，搞清楚其建置的时间、规制、嬗变等情况，将有助于我们了解云冈石窟步入衰微的历史轨迹。

云冈堡建置始末

清雍正《朔平府志》卷8《武备》曰："云冈堡，建于前明嘉靖三十七年，万历甲戌改建于冈上，周一里四分零，高连女墙三丈五尺。地近腹里，无分管边墙，止设火路墩八座，今裁并。"从中可知，明代曾先后在崖前、山顶建筑过两座云冈堡。同卷又云："云冈堡，今裁，归左云县，改为民堡。明设操守一员，旗军二百一十八名，马一十二匹。以上官军，国初奉裁。"就是说，云冈堡屯兵驻守，是在明代；进入清朝，划归地方管理，成了百姓居住的村庄。对于云冈堡，光绪《左云县志》卷3叙述得最为条理清楚：

云冈堡，东至大同，西至高山，各三十里；南北俱村。接火墩八座。新旧二堡：旧设崖下，嘉靖之戊午也；因北面受敌，议移岗上，万历之甲戌也。旧者仍留，以便行旅；新者尚土筑，女墙系包砖，共高三丈五尺，周围一里五分。下有寒泉，皆佛窟，亦灵境也。

嘉靖戊午，即嘉靖三十七年（1558），所建之堡在云冈石窟崖前。这座堡垒，大约清朝时已经毁坏，所以方志的作者没有描述其形制。关于筑堡之事起原委，见《明世宗实录》卷459该年五月九日的记录：宣大山西“总督、尚书杨博言：‘大同边墙倾圮，城堡破坏，虽有士马，不能遏虏之不南。臣请以修复墩堡为要……’疏入，下所司覆议，俱可。博乃再陈修筑堡塞事宜：‘请自右卫至左卫，每四里加筑二墩；左卫至南山站，每五里加筑一墩；南山站至镇城，每五里创筑一墩。其左卫、高山站之间，总筑一大堡二小堡，大堡设操守一人，戍卒五百人，马百匹；小堡设把总一人，以充守御。高山站至镇城，亦如之。’报可”。右卫，即今右玉县；左卫，今左云县；高山站，今高山镇；镇城，大同府城。随后，在“高山站至镇城”之间修筑的大堡，即“东至大同，西至高山，各三十里”的云冈堡。

嘉靖筑堡工程的概况，见云冈石窟文物研究所藏碑，题名曰《重修云冈堡记》：

古者，石佛寺通西四卫道也。于嘉靖[三十]七年，内为右卫饷道，改□云冈堡，[设操守]一员，把总二员，坐堡一员；召募官□□[百]名。所以保障地方、转送粮饷甚便。是我□巡抚杨爷、镇守张爷垂恩，而民沾其泽也。累年风雨推坏，操守吴公殚厥心思，随其规模，委把总陈公，用本堡军士河南运土，修造堡门一□、□楼一座；筑堡东面敌台三座，上盖城楼□间；修公馆二所；修塌堡墙一面，周围栏□墙，挑洗壕堑；修盖披塌营房百间，改□□装，什物鲜明；要路挑挖，赚窖三百余个；□饬火路烽燧、墩台十座。公早兴晚休，□□不问巨费，区处捐财，不时犒赏，始终勤□，一一修饬。其忠于为国者哉。乃我吉宣，具重修始末。事工虽未□，前请为纪工记录。其大者，操守、指挥吴公昆，把总陈公嘉谟、袁公镇，兴斯举者悉□之。嘉靖四十三年七月吉日，坐堡官吉宣。

“巡抚杨爷”，指大同巡抚杨选，嘉靖三十七年（1558）三月任，八月丁忧，三十九年（1560）十一月复任，明年六月调离；“镇守张爷”，即大同总兵张承勋，三十七年三月任，次年九月离任。云冈堡兴工，应在嘉靖三十七年八月以前，杨选、张承勋曾亲临部署。推敲碑文，我们发现：嘉靖三十七年设立的云冈堡，系由一座叫作“石佛寺”的旧堡改建，故而作者称之为“重修”。当年重修云冈堡时，旧堡已经“累年风雨推坏”；新筑工程“随其规模”，是依照原样进行的重建。所谓“修造堡门一□、□楼一座”，可能是指西门楼；“筑堡东面敌台三座，上盖城楼□间”，指东堡墙及其门楼；“修塌堡墙一面”，约为南北堡墙之一。整个工程，历时七年。从此，便有了“云冈堡”之称，云冈石窟也因此得名。

万历甲戌，即万历二年(1574),所建之堡在云冈山颠。堡城长方形,南墙中央开门,外筑瓮圈。现在,除南门与西南墙体被拆毁外,基本完整。该堡的特别之处在于: 东南、西南二角,各有向南斜筑的土墙,墙宽约为堡墙的一半,分别延伸至第9窟、31窟崖顶。这样“八”字型的土墙，显然是堡城的附属设施，为的是屏护上下山之路的畅通，保证二堡间的相互联系与援助。

山下的土堡，现有遗址两处，但已看不出完整的样式。为我们提供相关信息的是一幅老照片，那是1939年秋在云冈石窟进行调查、测绘的日本学者拍摄的航空照，刊登于长广敏雄《云冈日记》。照片中，云冈山川清晰，残堡突现。依据照片记录和对现存遗迹的测量，我们绘制了下面的“云冈堡图”。如图所示，嘉靖云冈堡（下堡）在万历上堡的西南崖下，大致为纵向长方形。南墙、东墙及东堡门尚在，西墙、北墙部分存在。这座嘉靖重修的古堡，今天只剩下了东墙的南半段。

插图：云冈上、下堡图：

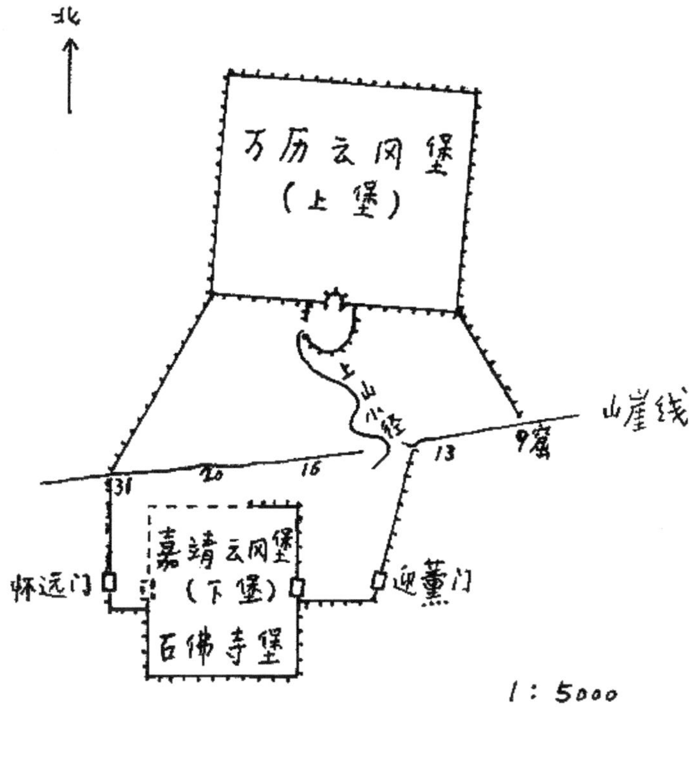

在东、西堡门处的稍南，向外各箍筑有一道围墙，将堡城劈中抱定：西墙自第31窟处向南（今铺为坡路），与现在残余的“”型堡门、土墙相连；东墙自“无名窟”西的残留山体，西南向斜插，与现在残存的“”型墙相连。二墙的建筑意图，与山上的“八”字墙相同，应系统一规划的工程。崖下这两道围箍堡城的土墙，亦各有堡门，门洞上镶嵌石刻题额，东曰“迎薰”，西曰“怀远”，万历十四年（1586）立。这两座门洞，1961年拆毁。唯西门洞残台，后来包砌片石，改为气象台（今废）；其“怀远”门额，被移放在第7窟前室。嘉靖堡东门的拆除时间，要更早些。

综上所述，云冈山前旧有石佛寺堡，明嘉靖三十七年（1558）后重修，改名云冈堡。万历二年（1574），另在山上筑堡，云冈遂分上堡、下堡，形成犄角之势。万历十四年（1586），两堡间的夹墙竣工，将上堡、下堡连属一体，构成了封闭式的防守体系。万历工程，整整用了十三年。清代以后，废为民堡，逐渐颓坏。

石佛寺堡的创建时间

石佛寺堡之筑，诸书没有记载。明正德八年（1513）成书的《大同府志》卷2《土堡·续设》中，列有“石佛寺堡”。所谓“续设”，就是继续设置。同卷《关塞》曰：“石佛寺口，在府城西三十里，左卫东一百十里，有墙堡。”可见，该堡是被用作从大同西出蒙古道路上的一个关口。也就在这一年，《明武宗实录》卷117正德九年十月辛亥记：“八年三月十七日，虏大举入寇……五月四日，复以五千骑从八股泉入……复以百骑从大窑山墩入，来往石佛寺堡、滑石岭、安边堡至东山村诸处，四散大掠。”大窑山，在云冈东北约10公里处。这三条史料证明，石佛寺堡早于云冈堡近半个世纪已经存在。

再往前追，《明宪宗实录》卷245记成化十九年（1483）十月……壬申，镇朔大将军朱永奏：“大同东西延袤千里平漫，居民星散，无险可守，宜及此闲暇修治边墙，及增筑野口、宣宁、四方涧、石佛寺六堡，虏至，驱人畜入其中，既可以自固，亦可以伏兵。”所谓“增筑”，是指对旧堡的增高增厚夯筑，说明当时石佛寺堡的堡墙比较低矮，不足以固守。至于此时是否进行了增筑，书中没有皇帝的答复，而不久朱永就被诏令回京。另外，明成化十年（1474）编纂完成的《山西通志》，其卷 3《关塞》曰："石佛寺口，在大同府城西三十里，左卫东一百十里，有墙堡。"卷 4《驿递》："大同行都司十三铺，俱三十里至。……西路七：石佛寺铺、高山站铺、左卫北门铺、牛心站铺、右卫在城铺、双山儿铺、威远在城铺。"铺，即铺递、驿站（明清铺递一般围筑土墙，像一个四合院）。由此证实，石佛寺堡既是一个关口，同时也是驿站，驻有驿卒和守关之兵。时值云冈堡之前近一个世纪。

按照明清方志的惯例，对本朝的建筑工程，一般都有记载。石佛寺堡周长约五百米，工程规模不能说小，而成化距有明开国适才百年，对此仅言"有墙堡"，不讲建于何时；且当时已经破弊，需要增筑。显然表明，那不是明代的建筑物。对于这座残堡，嘉靖《重修云冈堡记》以"古者"相称，说明碑记的作者也不知其历史来源。今天残存的嘉靖堡墙，南北 49 米，墙体分为两重，外层（东侧）斜压内层（西侧），外层的土质混杂，夯筑疏松；内层的土质纯净，夯层坚硬。这一现象表明，被包压的夯土要比包压它的土层更古老，而后来增筑的工程质量不佳。《明神宗实录》卷 22 中，载有万历二年（1574）二月戊午兵部的一道回复，讲："修理大同沿边墙堡，限以五年报完。……但向来所筑边墙，俱欠坚固。"文中"向来"二字，有些含糊，却用意明显，表达了兵部对大同边墙屡修屡坏的一种不满。由此，透露出明代大同筑墙工程的缺陷与特征。据此断定：那些疏松的外包墙，应是嘉靖遗物；被包压的坚硬矮墙，属于石佛寺堡旧墙，建筑于明朝以前。

郦道元《水经注》卷 13 引《魏土地记》曰："平城西三十里，武州塞口者也。"平城，即大同城的古称；武州塞，汉代闻名，北魏沿袭。《旧唐书》卷 39《地理志二》："善阳，汉定襄地，有秦时马邑城、武周塞。"说明其始建于秦，唐代犹存。这座关塞的作用与性质，与石佛寺堡、云冈堡大致相同，应该就建在云冈石窟附近的某处滨水的道路上，今天却不见踪迹。明嘉靖云冈堡的夯土取自河南，在现存残墙中，我们没有发现什么特殊的包含物；万历上堡及其"八"字墙，土源不明，但夯层中却含有大量的河卵石和陶器片、布纹瓦，叫人不禁想起那销声匿迹的武州塞，只是现在我们尚难确定其坐落位置。不过，有一点很明确，北魏武州塞与后代的石佛寺堡的基址不在一处。因为石佛寺堡正好坐落在武州川（今十里河）的故道上，而这段河道直到金代初年仍然流水汤汤。据曹衍《大金西京武州山重修大石窟寺碑》记：金天会九年（1131），"元帅府以河流近寺，恐致侵啮，委烟火司差夫三千人，改拨河道”。改拨后的河道，就是今天的十里河云冈段；而其故道在石窟前二十五米以南，经 1993 年考古发掘得到了证实。由此可以断定，石佛寺堡的建筑时间，是在金代南移河道之后。

《辽史》卷 48《百官志四》曰：“不能州者谓之军，不能县者谓之城，不能城者谓之堡。”堡是最小一级的城镇建制，具有军事防御性质。从《金史》《元史》中看，金代的城堡建设较多，在北抵御蒙古，在西阻击西夏，在南与宋朝对垒；元代却极少有城堡建设，对外始终采用的是一种秋风扫落叶式的骑兵攻击战术。若就二朝的形势论，女真人的强敌是蒙古族，特别金朝后期，来自蒙古高原的压力越来越大，当西京（今山西大同）部分地区沦陷时，首都被迫由燕京（今北京）南迁汴京（今河南开封）。蒙古人所向无敌，灭西夏、金源、南宋，建立了统一的大元帝国。元朝时，统治者视山西为其腹里，往日的战略地位已失去意义，于是罢置西京，改设为大同路。因而，元代在大同城西建堡的可能性几乎为零。由此分析，石佛寺堡之筑，可能在金代防御蒙古南侵之时。

金代在西京北境设立两路招讨司，《金史》卷 44《兵志》曰：“西北路者置于（应）［桓］州，西南路者置于（桓）［丰］州，以重臣知兵者为使，列城堡濠墙，戍守为永制。”桓州，在今内蒙古正蓝旗；丰州，在今呼和浩特东。大致在金世宗大定年间（1161 ~ 1189），北边一线初步构筑起城堡、濠墙等防御体系。章宗即位（1190 ~ 1208）以后，北疆形势更趋紧张，进一步加强了边墙边堡建设。尽管史书中没有石佛寺堡之建的记载，但其设立于此时，大概不会出错。

另外，近十余年山西考古所原所长张庆捷率队发掘云冈山顶北魏辽金寺院遗址，我们曾一道考察万历上堡，发现也是新旧夯土墙叠压，说明该堡亦非明朝始筑。

石窟寺的衰微时代

清康熙初年，江南名士朱彝尊客游大同，在其《云冈石佛记》一文中，开门见山地说：“云冈之寺有十，建自拓跋氏，今之存者，特其一耳。”可见，云冈石窟给他的第一印象，即古寺衰败。竹垞先生看到的唯一寺院，就是今天第 5、6 窟所在的“石佛古寺”。这种遍山石窟、独有一寺的荒凉场景，最晚于明朝万历云冈工程以后业已形成。万历十四年（1586），在云冈下堡两侧向北增筑的夹墙，一墙在第31窟，一墙在无名窟旁，将整个石窟区域截为三段，彻底破坏了北魏以来依山凿窟、傍窟构阁、就近建寺的传统布局。在残存于今的夹墙夯土中，我们发现大量的砂岩石块和青砖，石块属于遍布山前的开山废料，青砖仿佛来自近处某些坍塌的房屋。这项工程，明显属于急就章。从此开始，云冈的西部半壁石窟沦为兵营、马厩。

1939年，长广敏雄在《云冈日记》（王雁卿译）中写道："石佛寺以第5、6窟为中心，大体上具备木造楼阁、僧侣宿泊的僧房，以及其它伽蓝建筑。以五华洞西端土墙为界，以东是伽蓝寺庙院。因而把第14窟以西的昙曜五窟，以至更远的西方窟群看作是神圣区域之外，变成农民们利用的场所。是难以言喻的荒芜村落。……傍晚，变得寂静了。石窟成为野鸠和蝙蝠的栖息场所，到处都是野鸠的屎，弄脏了佛像，已堆积了几百年。……几百年以来，农家长期利用石窟做土房，从不感觉到心痛。石窟从很早以前就不再是宗教圣地。"长广先生认为，无名窟处的土墙之西的石窟，村民入住了几百年，与清初云冈堡废为民堡的历史相符。他看到的，从第5窟到土墙的石佛寺范围，比275年前朱彝尊所见的石佛寺区域要大，因在清末五华洞（第9～13窟）已由善人与寺僧从村民手中买回。

《云冈日记》又讲："第十窟前室还堆积着千年堆土，要清除需要很多劳力。只清理了正面八角柱基部和周壁基部，而窟中央还原样保留着五十公分以上的堆土。"长广谓第10窟前室被尘土覆盖了千年之久，应是针对半米以上土层的一种推测。不可能很准确，但也不无道理。公元五世纪的下半叶，北魏皇帝在武州山开凿石窟，石窟寺达到鼎盛。《水经注》中，描述当时的景致为："山堂水殿，烟寺相望。"隋唐及其前后的五百年，石窟寺衰落了，梵音唱晚之声，再没越过雁门山峦。辽兴宗重熙十八年（1049），皇太后发愿重修大寺，一时间，十寺郁立，佛国复兴。怎奈，好景不长。金皇统七年（1147）曹衍《大金西京武州山重修大石窟寺碑》记："亡辽季世，盗贼群起，寺遭焚劫，灵岩栋宇，扫地无遗。皇统初，缁白命议，以为欲图修复，须仗当仁，乃请惠公法师住持。师既驻锡，即为化缘。富者乐施其财，贫者愿输其力，于是重修灵岩大阁九楹，门楼四所，香厨、客次之纲常住寺位，凡三十楹，轮奂一新。又创石垣五百余步，屋之以瓦二百余楹。皇统三年二月起工，六年七月落成，约费钱二千万。自是，山门气象，翕然复完矣。"碑中讲，辽末石窟寺遭受火灾，灵岩大阁被焚。至于其他寺宇的情况，没有说明。推敲碑文，所谓“重修大石窟寺”，修建的主体实为“灵岩大阁”，就是今天第3窟外的阁楼；其“九楹”（面阔九间）之制，遗迹犹在；“门楼四所”及寺舍“三十楹”，今皆荡然无存。不过，曹衍似乎告诉了我们，辽金时期的石窟寺以灵岩大阁为核心，是最重要的建筑。“创石垣五百余步”，在第3窟前20米处，曾有石坝发现，实际是一道东西向延伸的武州川故道的堤岸。这道石坝，北魏即有，今天仍然新砌为石墙。“屋之以瓦二百余楹”，是指灵岩寺之外的房屋，还是指石垣墙头的瓦檐，仿佛是指后者。若此，则说明当时重修的仅仅是灵岩大阁一寺而已。曹衍之后，石窟寺便阒寂无闻了。

大约十二世纪后期建立的石佛寺堡，其北墙距昙曜五窟仅30余米，实际上等于侵占了石窟西区。这样，一方面说明当时云冈西部寺院已经久废，并无兴复；另一方面，戍守兵卒的入驻，军事形势的恶化，必然使原本衰微的石窟寺雪上加霜，日益萧条。至晚在十三世纪初，西京大同陷落时，云冈石窟已是僧去楼空。

以后的石窟寺历史，我在《全真道与云冈石窟》一文中进行过考述。这里，引录金末刘祁《归潜志》卷9中的一则故事：“李澥公渡因游圉城，会云中一僧，曰德超，谈及乡里名家刘、雷事。公渡留诗云：邂逅云中老阿师，里人许我话刘雷；略谈近日诸孙事，颇觉衰怀一笑开。众道髯参宜帅幕，人怜短簿去霜台；圉城香火西庵地，尝记秋高雨后来。”故事发生的时间，在金朝迁都汴梁以后。圉城，即今河南杞县南的圉县故城；云中，是大同的旧称；刘、雷，指大同府浑源州的两大儒学名门，刘祁即在诸孙之列。大同籍沙门德超，老年云游，反映的正是《至元辨伪录》所载：蒙古大举“兵火已来，精刹名蓝率例摧坏”；西京地区佛寺，“兵火之后，无僧看守”的这种僧人逃遁的情状。也正是在这种山寺无僧钟自鸣的情况下，全真道士住进了云冈石窟。

忽必烈至元年间（1264 ~ 1294），西京大华严寺慧明大师僧徒，重新收复了石佛寺。但此时已无力修复灵岩大阁，于是佛寺改以第5、6窟为中心。从此，云冈变作山野小寺，庄严气象淡矣。在云冈的东部，很可能道教的势力并没有完全撤离，碧霞洞、云深处、山水有清音等遗址，也许曾长时间存有生气。道士占据石窟一隅，标新立异，甚至成为时尚，一直影响到了明代大同的文坛风气。我们翻阅云冈诗文，会发现一个有趣的现象：明代大同文人题咏的“云中八景”中，以“石窟寒泉”为一景，描写的是云冈第 2 窟“寒泉洞”的景致，追求的依然是道家闲云野鹤式的逍遥；大约明代前期，第 1、2 窟还有过寺院兴修之举，名曰“东寺”，有成化年间王越《东寺寒泉》诗为证。到清代，“石窟寒泉”退出了“云中八景”，取而代之的是“云冈佛阁”或“石窟摩云”，描写的是顺治年间宣大总督佟养量所修的第 5、6 窟阁楼的风景。明清两朝官宦文人，对云冈审美时尚的这一变化，根源来自于现实，是时代发展的必然，是石窟寺历史的折射。

在云冈第 1 窟到碧霞洞之间的石壁上，除“碧霞洞”“云深处”“山水有清音”三处大字额外，尚有摩崖题刻约十几处。现在，能够看到字迹的仅剩七处，可辨识文字内容的两处。一是顺治初年巡按宣大、监察御史朱廷翰《游云冈石佛寺［和］成［韵］》，二是他的后任高景的无名题刻。朱廷翰的草书题诗，为唱和石碣韵《石佛寺》而作。石碣韵，殆非人名，盖指刻在石碑或石壁上的诗。顺治《云中郡志》卷 14 录有石碣韵《石佛寺》四首：

崚嶒龛嵃倚云开，昙影缤纷天际来，三十二观随处是，石莲浮动现金胎。

茎草原从帝释开，妙同宝月印川来。推开慧海留生面，亿万恒沙结髻胎。

宝宫杰构五丁开，金粟飞花匝地来。何处是空何处色？须弥芥子一班胎。

心眼关头不易开，维摩悟后（谒）［偈］飞来。饱参玉版三乘偈，笑指摩尼五色胎。

按“胎”字韵诗，最早出现于辽末。辽道宗时，僧人智化刻造玉石观音像，立于兴中府（今辽宁朝阳）南境的天庆寺，并首唱胎字韵诗二首，官僧和者 24 人。寿昌五年（1099），勒石寺中。云冈石碣韵，年代、作者失载，说是辽末金元之时则无凭，说是明代以前则无疑。大约朱廷翰来云冈，览罢石碣韵，即和其韵于石壁。

云冈石窟东区的摩崖题记，我们今天已经说不清楚是从什么时候开始，也不知道那些消失了的题刻是什么。若参照北方地区山间佛寺的摩崖石刻推测，始于辽金的可能性极大。若依据清初迄今 360 年，朱氏、高氏题刻风化殆尽的速度推测，那些消失的题刻，最晚应是明代的作品。另外，明代各地风尚“八景”之咏，成化《山西通志》卷 7《景致》中说：“寰宇之内，大而一方，次而一郡一邑，各有景致。近世，词人摭而拟之，其目不一，各形图咏，盖表其名胜以为伟观云。”所云“近世”，应指有明，也许是金元（金李俊民《庄靖集》有“平水八咏”，元好问有“方城八景”）。而明代以“石窟寒泉”为云中胜景，方志中留诗 7 首，作者有洪武间大同府学训导王达善，正统间大理寺丞仰瞻，景泰间大同巡抚年富等。题刻于石壁的可能性，也不能说没有，可惜我们今天已无法证实了。

要之，蒙元以来道仙遗踪、风流歌咏，赏月吟云，煮雪戏水，云冈东部窟崖早已成为隐逸者、锄云客，乃至迁客骚人的乐土。“云冈”二字的由来，非此区域莫属。其后官绅之众，追风逐雅，趋之若鹜，良有以也。

最后，我想说，云冈石窟这八百年衰微的原因，与石佛寺堡、云冈堡的建立，因果相联。这座军堡的兴废历史，同时也是石窟寺走向的衰落的历史。当然，此就微观角度而言。从宏观上讲，石窟寺的衰微，与金代以后佛教在中国的整体颓势有关，与元代以后大同城市地位的下降有关，与后代佛僧崇尚城居广刹的世俗化倾向有关。

（原载于日本《佛教艺术》第285号及《敦煌研究》2007年第6期，这里有所改动）

东方佛教的第一圣地

《增一阿含经》云佛为波斯匿王解梦曰："梦澄水四边清、中央浊者，当来众生非法欲行，常怀贪嫉，与邪法相应，中国众生好喜斗乱，边国人民无有诤讼也。……当来末世，法应如此。"按《增一阿含经》，384 年译于前秦长安；"中国"者，释迦牟尼生活的中印度之谓；波斯匿王请佛解梦故事，大约诞生于公元后的贵霜王朝。该故事虽系假托，却真实反映了当时中印度婆罗门教（印度教前身）依然强势，而佛法转往周边地区的历史现状，并准确预言了世界佛教发展的趋向。大致而言，从佛陀涅槃五百年开始，印度佛教在异国他壤茁壮成长，不断掀起一个又一个高潮，创造出一次又一次的辉煌。在遥远的东方，五世纪北魏首都平城（今山西大同）佛教的兴盛与云冈石窟的开凿，便是西来像法在华夏大地奏响的一曲惊世乐章。

一、佛教东传的波浪式轨迹

释迦牟尼的生前死后，佛教主要传播于印度的恒河中游一带。公元前三世纪中叶，摩揭陀国孔雀王朝阿育王在统一印度的战争中，因杀戮过多，心生忏悔，皈依佛门。他巡礼佛迹，广建塔寺，开凿石窟，颁布敕令，并在华氏城（今印度比哈尔邦的巴特那）举行了第三次佛典结集，印度佛教盛极一时。当时派遣出国传教僧侣的足迹，北达辛头河（今印度河）上游，南至师子国（今斯里兰卡）海岛。

以帕米尔高原为中心的中亚山区，地扼东西交通要冲，既是印度河、阿姆河、锡尔河、塔里木河等大河的发源地，又是古代印度、波斯、中国、希腊、罗马等世界各大文明的交汇之所。在今天印度河上游的克什米尔、巴基斯坦、阿富汗的山间谷地，曾经沐浴古印度文明的曙光，在公元前四世纪末的马其顿国王亚历山大东征后，希腊文化又在这里生根发芽。阿育王所遣沙门宣讲的佛传故事，在感化北印度居民的同时，也激发了犍陀罗（今巴基斯坦白沙瓦）、罽宾（迦湿弥罗，今克什米尔）等地信众对佛陀神话与形象的新思维。

公元一世纪中叶，来自中国西北、君临大夏（希腊·巴克特里亚帝国，今阿姆河上游）二百年的大月氏民族进一步强盛，建立了贵霜帝国，并在第三代国王迦腻色迦时达到鼎盛，向南迁都犍陀罗，疆域扩大至印度河与恒河流域。迦腻色迦是继阿育王之后，极力推广佛教的又一位国王。在他的支持下，佛教僧侣于迦湿弥罗城举行第四次佛藏结集，迦湿弥罗城遂为大乘佛教的发源地。大乘佛学是以纯粹佛说参合犍陀罗、罽宾、乌苌国等地传说与魔术，连同希腊、罗马神像解释，组成一种超越恒河沿岸原始佛教的神学。为了取信于人，他们在北印度创建出许多佛迹：中印度有四大塔，北印度亦有四大塔；伽耶城有佛影，那竭城亦有佛影；那竭罗曷国界醯罗城有佛顶骨，弗楼沙国有佛钵（见《佛国记》《大唐西域记》）。同时，他们还编造出如来降服恶龙、舍身饲虎、舍头施人、挑眼施鹰、割肉贸鸽、王射睒子等众多本生故事及发生地（见《佛国记》《宋云行记》）。迦腻色迦王振兴佛法的愿望与行动，不仅使犍陀罗变成了恒河流域之外的第二个佛教圣地，更成为佛陀往生的首善之地。

大乘佛教在犍陀罗的流行，一改自阿育王以来，用世尊的说法宝座、脚印、圣树、佛塔、石柱、莲花、法轮、大象、雄狮、鹿等形象暗喻佛主的传统，首次允许将佛陀绘画、雕塑为人形，从而宣布了佛教像法时期的来临。这时，大量的佛陀、弥勒、本生故事都用当地一种青灰色片岩雕刻，也用灰泥、石膏制作雕塑像和浮雕。佛陀神态矜持，拥有令人喜爱的阿波罗型面容，或立或坐，始终穿着轻柔的内衣和僧袍。菩萨身上佩戴着各种珠宝饰物，脚穿雅典式的缀宝凉鞋，与佛陀区别开来。这时期以希腊化为特征的犍陀罗佛教艺术走向鼎盛。在贵霜王朝统治下的恒河流域，受犍陀罗的影响，马土拉艺术创造出大量精美的红、黄砂岩佛教雕像。佛陀如沙门，身体壮硕；菩萨戴宝冠，略带微笑。到四世纪后的印度笈多王朝，上述两种艺术进一步融合，突出表现为湿衣贴体和双目低垂的笈多式佛像艺术。

新疆是佛教东传的第一站。印度僧侣越过葱岭，最初进入新疆，应在公元前。迦腻色迦时代，佛陀在北印度发射出的万丈光芒，首先照亮了整个中亚山川，佛法东传势力转强。从东汉明帝洛阳白马寺僧摄摩腾、竺法兰翻译的《四十二章》小乘教义，到安世高小乘禅学、支谶与竺佛朔大乘禅观的输入，可见一二世纪中华佛教秉承西学的确凿史迹；从朱士行西天取经，到鸠摩罗什、法显传记所展现的西域诸国，可见三四世纪新疆佛教如日中天。尽管现在我们对佛教征服新疆的步伐并不清晰，但新疆佛法早于汉地，无可置疑。大约先是小乘佛教遍行南疆，然后才是大乘佛学的异军突起。当时，龟兹（今库车）、焉耆、鄯善（今若羌）、且末等国俱行小乘，于阗（今和田）、子合（今叶城）、沙勒（疏勒，今喀什）等国多有大乘，这些地区兴建塔寺、营造石窟、顶戴佛钵（在沙勒）、讲经说法、行像散华，呈现出一派佛土庄严的景象。犍陀罗佛教艺术的源源而至，促进了新疆各城邦文化繁荣。由于当地石材的缺乏，泥塑、壁画、木雕构筑起新疆艺术大厦。新疆因佛教的昌盛，成为引领汉地佛教走向辉煌的灯塔。

中华佛教始传于东汉，酝酿于魏晋，勃兴于十六国，鼎盛于南北朝，成熟于隋唐，复兴于宋辽金元，衰落于明清。其中十六国南北朝是关键。像教西来的途径有二：西南海路与西北陆路。然以丝绸之路为主线。如果说公元前后大月氏、贵霜和尚东游弘法，走的是一条回故乡之路的话，那么四世纪以后佛教在中华大地上开花结果，实得益于五胡十六国民族大迁徙的历史机缘。

东汉时期，佛教虽传中土，但朝廷以其西戎之神，唯听西域人立寺都邑，汉人皆不得出家。魏晋以后，法禁渐弛。西晋末年，天下大乱，来自西、北的匈奴、鲜卑、羯、氐、羌等少数民族纷纷建立政权，逐鹿中原。佛教作为胡教，不但被各胡族统治者立为国教，以“助王政之禁律，益仁智之善性”（《魏书·释老志》，下引该志不再注明）；而且成为颠沛流离、苦难深重的华夷百姓维生系命的精神依托。首先提倡佛教的是后赵羯族皇帝石勒、石虎，他们敬奉西域高僧佛图澄为“大和尚”。佛图澄因此广建伽蓝，说法授徒，参谘国政。石虎公然宣称：朕生自边壤，君临诸夏；佛是戎神，正所应奉。其夷、赵百姓，有舍其淫祀，乐事佛者，悉听为道。“于是中州胡、晋略皆奉佛”（《高僧传·竺佛图澄》）。中原佛教迎来了第一次短暂的高潮，佛陀救世思想深入人心。随后的前秦氐族皇帝苻坚、后秦羌族皇帝姚兴相继崇法，释道安、鸠摩罗什、佛驮跋陀罗等大师辈出，译经讲论，立戒修禅，一时间长安成为中原佛教的中心。大约与此同时，西秦乞伏氏政权与北凉沮渠氏政权，亦将陇右、河西佛法推向高峰。佛教信仰成为中国社会不可逆转的时代潮流。

北魏王朝的建立者拓跋鲜卑，族源来自大兴安岭深处，东汉后期游牧塞北，魏晋之时部落始大。在五胡争霸之余，担负起收拾中原残局的历史使命。398 年，道武帝拓跋珪定都平城，建立北魏；439 年，太武帝拓跋焘统一北方；448 年，征服西域（今新疆）；494 年，孝文帝拓跋宏迁都洛阳；534 年，北魏分裂为东魏、西魏。不久，分别被北齐、北周取代。拓跋鲜卑原本不知有佛，然从平城到洛阳，却因礼佛近乎痴狂，所以北齐魏收撰《魏书》，独创《释老志》以述其事云："魏有天下，至于禅让，佛经流通，大集中国，凡有四百一十五部，合一千九百一十九卷。正光已后，天下多虞，王役尤甚，于是所在编民，相与入道，假慕沙门，实避调役，猥滥之极，自中国之有佛法，未之有也。略而计之，僧尼大众二百万矣，其寺三万有余。流弊不归，一至于此，识者所以叹息也。"与此同时，江南的梁武帝萧衍也因佞佛身丧国亡，留给后人"南朝四百八十寺，多少楼台烟雨中"之类的伤感。中华佛教盛极而悲。

二、云冈石窟开凿的历史因缘

云冈石窟位于大同城西 15 公里的武州山南麓，武州川（今十里河）北岸。北魏旧称武州山石窟寺或代京灵岩寺。石窟倚山开凿，东西绵延约 1 公里。现存大小窟龛 254 个，主要洞窟 45 座，造像 59000 余尊。石窟规模宏大，造像内容丰富，雕刻艺术精湛，形象生动感人，堪称中华佛教艺术的巅峰之作，代表了五世纪世界美术雕刻的最高水平。

关于云冈石窟的开凿，《魏书·释老志》记述如下："和平初，师贤卒。昙曜代之，更名沙门统。初，昙曜以复佛法之明年，自中山被命赴京，值帝出，见于路，御马前衔曜衣，时以为马识善人。帝后奉以师礼。昙曜白帝，于京城西武州塞，凿山石壁，开窟五所，镌建佛像各一。高者七十尺，次六十尺，雕饰奇伟，冠于一世。"文中提及的武州塞，位于云冈石窟西崖之北，赵武灵王以来一直是由蒙古高原进入汉地的交通要塞。武州山砂岩结构，是西来佛徒熟悉的雕刻石料。昙曜建议开凿的五所佛窟，即今云冈第 16 ~ 20 窟，学者谓之"昙曜五窟"。周一良《云冈石佛小记》

曰：“惟昙曜在兴安二年（453）见帝后即开窟，抑为沙门统之后始建斯议，不可晓。要之，石窟之始开也，在兴安二年至和平元年（460）之八年间。”

昙曜五窟的开凿，掀起了武州山石窟寺建设的热潮。从文成帝开始，经献文帝、冯太后，到孝文帝迁都，皇家经营约四十年，完成了所有大窟大像的开凿。同时，云冈附近的鹿野苑石窟、青磁窑石窟、鲁班窑石窟、吴官屯石窟、焦山寺石窟等，也相继完成。其间，广泛吸收民间资金，王公大臣、各地官吏、善男信女纷纷以个人、家族、邑社等形式参与石窟建造，或建一窟，或造一壁，或捐一龛，或施一躯，遂成就了武州山石窟寺的蔚为大观。迁都之后，武州山石窟寺建设仍延续了三十年，直到正光五年（524）六镇起义的战鼓响起。

云冈石窟的诞生并非偶然，它是诸多历史必然性的归结。第一，礼帝为佛的新思维，是引领北魏佛教兴盛的法宝。道武帝建都平城，“始作五级佛图、耆阇崛山及须弥山殿，加以缋饰。别构讲堂、禅堂及沙门座，莫不严具焉”。大约与此同时，任命赵郡（今河北赵县）高僧法果为道人统，管摄僧徒。“法果每言，太祖明叡好道，即是当今如来，沙门宜应尽礼，遂常致拜。谓人曰：‘能鸿道者人主也，我非拜天子，乃是礼佛耳。’”在此之前，西域胡僧入华，奉敬其佛，无须礼拜皇帝；而东晋十六国以后，出家汉人成为主流，原本是天子的臣民，现在变为释迦门徒，因此沙门拜不拜皇帝？即是否承认和接受国家管理？成为南北佛教必须回答的问题。对此，隐居庐山的慧远和尚著有《沙门不敬王者论》，代表了南方释子的立场；法果的言行，则表明了北方僧人的态度。同为佛图澄的再传弟子，他俩选择的方式截然相反，南北佛教所走的路也明显不同。法果所言，虽涉阿谀，又似诡辩，汲取的却是佛图澄依国弘法、以术干政的成功经验，遵循的竟是释道安“不依国主，则法事难立”名训。盖佛教离不开人主，人主也需要神化。法果将帝佛合一，提出皇帝就是当今如来（活佛）的新理论，巧妙地将释迦信徒转回到天子门下，迎合了最高统治者的心理需求，使宗教行为上升为国家意志，从而奠定了北朝佛教鼎盛的基础。后来的北魏僧统师贤为文成帝立像“令如帝身”，昙曜在武州山为五位皇祖开窟造像，实属法果理论的再创造和付诸实践。武州山石窟寺因此列入皇家工程，成为几代皇帝自建家庙的自觉行动。

第二，平城佛教中心的形成，使大规模像教建设成为可能。从道武帝建国，到太武帝结束北方群雄割据的局面，北魏推行的掠夺与徙民政策，使平城这座昔日的边陲小县迅速跃升为北中国政治、军事、经济和文化中心。随后对西域的征服，又将平城推向东方国际大都市的新高峰。在各国各地贵族官僚、儒道沙门、能工巧匠、租赋商贩、金银财富汇聚平城的同时，佛教信仰也日益升温。特别是太延五年（439）灭北凉，《魏书·释老志》称："凉州自张轨后，世信佛教。敦煌地接西域，道俗交得其旧式，村坞相属，多有塔寺。太延中，凉州平，徙其国人于京邑，沙门佛事皆俱东，象教弥增矣。"凉州（治姑臧，今甘肃武威）所辖河西走廊，自古是中西文化交融之地，也是西域胡僧进入中土的第一站；四世纪初，张轨任凉州刺史，河西奉佛已成民风。417 年，东晋大将刘裕攻灭姚氏后秦，长安僧众奔逃四散，河西佛教遂为中华一枝独秀。太武帝徙凉州吏民三万户（包括参与守城被俘的三千僧人）于京城，如同河西佛教整体搬迁，平城随即成为中华佛教的新中心。曾经目睹天竺、西域佛事，参与敦煌莫高窟、武威天梯山、永靖炳灵寺、天水麦积山等河陇石窟开凿、禅修的凉州僧匠，成为未来平城佛寺与石窟寺建设的主力。

第三，太武帝灭佛，从反方向刺激了北魏佛教的迅猛发展。凉州僧团的东迁，在促成平城佛教骤盛的同时，也引发了中国历史上第一次佛道之争。受嵩山道士寇谦之、司徒崔浩的影响，太武帝于真君七年（446）诏令灭法。一时间，北魏民间"金银宝像及诸经论，大得秘藏。而土木宫塔，声教所及，莫不毕毁矣"。然而，毁之愈烈，求之弥切。兴安元年（452），文成帝拓跋濬即位甫尔，在群臣的请求下，宣令复法。"方诏遣立像，其徒惟恐再毁，谓木有时朽，土有时崩，金有时烁，至覆石以室，可永无泐。又虑像小可凿而去，径尺不已，至数尺；数尺不已，必穷其力至数十尺。累数百千，而佛乃久存不坏，使见者因像生感。"（朱彝尊《云冈石佛记》）于是乎，昙曜五佛应运而出。

第四，追仿释迦鹿苑旧事，再造东方佛教圣地。鹿苑，全称鹿野苑，即释迦牟尼"初转法轮"的说法成道处，在今印度贝拿勒斯城郊。北魏鹿苑，在平城皇宫北，道武帝天兴二年（399）起筑，"东包白登，属之西山"（《魏书·高车传》）。苑之西山，道武帝时，封山禁樵；明元帝拓跋嗣时，奉武州山为神山，筑坛祭祀；太武帝平定凉州以后，逐渐成为西来沙门采石雕佛、开窟修禅之所。于是平城鹿苑与印度鹿苑，在凉州僧众的心目中自然成双，产生共鸣。特别是昙曜五佛的横空出世，极大地鼓舞了年轻的献文帝拓跋弘，坚定了他追仿西天胜迹，建立东方鹿野苑的信心。高允《鹿苑赋》云："暨我皇之继统，诞天纵之明叡；追鹿野之在昔，兴三转之高义；振幽宗于已永，旷千载而有寄。于是命匠选工，刊兹西岭；注诚端思，仰模神影；庶真容之仿佛，耀金晖之焕炳。即灵崖以构宇，竦百寻而直上；絙飞梁于浮柱，列荷华于绮井。图之以万形，缀之以清永；若祇洹之瞪对，孰道场之途迥。嗟神功之所建，超终古而秀出。"武州山石窟寺建设全面展开。

第五，西风东渐，共铸辉煌。北魏对西域的征服，直接迎来了我国历史上第二次东西文化交流的高潮。作为丝绸之路东端的大都会，平城迅速成为胡商梵僧云集之地。印度石窟造像之风，经由新疆，波及河西、关陇，至平城而特盛，进而流布中华。武州山石窟寺的创作，最初是凉州僧匠带来了西域风格的佛教造像艺术，然后是古印度、师子国、西域诸国的胡沙门带着佛经、佛像和画本，随商队、使团而至，再后是昙曜建议征集全国各地的宝像于京师，最后是徐州僧匠北上主持云冈佛事。一代代、一批批高僧大德、艺匠精工，共同设计、共同制作，创造出云冈石窟一座座旷世无双的佛国天堂。

作为新疆以东最早出现的大型石窟群，武州山石窟寺的壮丽与辉煌，在震惊当世的同时，成为引领和推动北朝石窟佛寺建设高潮的样板。云冈向东的辽宁义县万佛堂石窟，向南的洛阳龙门石窟、巩县石窟、太原天龙山石窟、邯郸响堂山石窟等，向西的甘肃泾川南石窟寺、庆阳北石窟寺、天水麦积山石窟寺、永靖炳灵寺、敦煌莫高窟等，无不受其影响。从北魏昙曜开窟至初唐道宣遥礼，近二百年间，无论政治风云如何变幻，代京灵岩始终是中华僧徒心中的圣地。对华夏石窟寺的推广、雕刻艺术的发展，产生了深远的影响。

三、东方佛教艺术的旷世绝唱

关于云冈石窟的艺术源流，一百多年来中外学者论述颇丰：有埃及影响说、希腊影响说、拓跋氏影响说，还有犍陀罗艺术、马土拉艺术、笈多艺术、西域（新疆）艺术输入说等。其中，以犍陀罗艺术、马土拉成分、新疆风格等观点最为流行。北魏文成帝"太安初，有师子国胡沙门邪奢遗多、浮陀难提等五人，奉佛像三，到京都。

皆云，备历西域诸国，见佛影迹及肉髻，外国诸王相承，咸遣工匠，摹写其容，莫能及难提所造者，去十余步，视之炳然，转近转微。又沙勒胡沙门，赴京师致佛钵并画像迹”。上述记载表明，平城、云冈佛像与印度、新疆艺术有着一定的传承关系。然而，考察犍陀罗、马土拉佛教造像，我们总会产生一种似是而非的困惑，因为实在找不到多少与云冈石窟完全相同的东西。而那些造型、气韵、时尚方面的差异，显然表明彼此之间存在文化、艺术关系的断裂，或存有阙环。相反，对新疆早期佛教遗存的观摩，则令我们倍感熟悉和亲切。这种亲近的感受，来自库车克孜尔石窟，也来自新疆遗存的中心方塔式佛殿，更来自塔里木盆地南北那种拓制便利、样式纷繁、面如满月、充满异国情调的黄泥塑像。

从佛法东传的时代背景分析，凉州僧匠最初带到平城的只能是凉州模式或西域样式，而凉州模式实际上就是西域南北两道佛教的混合艺术。新疆式的犍陀罗艺术甚至马土拉艺术，移花接木般地在云冈石窟翻版，应当属于历史的必然，尤其是大乘佛教盛行的于阗、子合等地像法。从云冈石窟的工程本身分析，凉州僧匠是规划设计的主体，其所依凭的佛像、画本及其造像法则，无论直接的还是间接的模仿西域，但设计蓝图必定是经过北魏皇帝、有司会审批准的，鲜卑与汉民族的审美愿望自然渗透其中。而开凿洞窟的工匠，包括部分凉州僧人，其主体是来自中原各地的汉人，因而大量运用的是中国传统的雕刻技艺和表达方式。我们讲，西式设计与中式技艺是云冈最大特点。当然，越往后，中华传统的份量越重，自主创新的意识越强。这就是云冈造像艺术并不简单雷同于印度、中亚、新疆的原因。

作为西来像法在中华大地绽放出的第一朵奇葩，云冈石窟一改葱岭以东石窟寺泥塑、壁画、木雕为主的艺术模式，直接比照印度的大型石窟建筑，在东方首次营造出气势磅礴的全石雕性质的佛教石窟群。同时，广泛吸收中外造像艺术精华，兼容并蓄，融会贯通，成为中国早期佛教艺术的集大成者。云冈石窟开凿大致分为三期，即三个阶段。早期为文成帝时昙曜五窟的开凿，中期为献文帝、冯太后、孝文帝时皇家营造的大窟大像，晚期为迁洛后民间补刻的窟龛。云冈造像分为两类：前者西域风格，后者华夏新式。它集中展现了西来像法逐步中国化、世俗化的演进过程，堪称中华佛教艺术发展的里程碑。

昙曜五佛是云冈石窟的典型代表，也是西域造像艺术东传的顶级作品。大佛身着的袈裟，或披或袒，衣纹厚重，似属毛纺织品，这无疑是中亚山间牧区国家的服装特征。大佛高肉髻，方额丰颐，高鼻深目，眉眼细长，嘴角上翘，大耳垂肩，身躯挺拔、健硕，神情庄严而又和蔼可亲，气度恢弘。诚如唐代道宣大师所云："造像梵相，宋、齐间，皆唇厚、鼻隆、目长、颐丰，挺然丈夫之相。"（宋《释氏要览》卷 2）特别是第 20 窟的露天大佛，法相庄严，气宇轩昂，充满活力，将拓跋鲜卑的剽悍与强大、粗犷与豪放、宽宏与睿智的民族精神表现得淋漓尽致、出神入化，给人以心灵的震撼。而第 18 窟主尊大佛东侧的十位弟子，相貌、神态各异，均为西方人种，具有显著的西域特征。

献文帝继位（465）后，对武州山石窟工程进行了重新部署，建设规模扩大化、洞窟形制多样化、图像内容多元化的步伐加快。迄孝文帝太和十八年（494）迁都洛阳，云冈石窟建设达到鼎盛。这一时期开凿完成的洞窟，有第 1、2 窟，第 5、6 窟，第 7、8 窟，第 9、10 窟四组双窟和第 11、12、13 窟一组三窟，以及未完工的第 3 窟。在洞窟形制上，不仅有穹庐型，还出现了方形中心塔柱窟，以及前后殿堂式洞窟。在佛龛造型上，不仅有圆拱龛、尖拱龛、盝形龛、宝盖龛，又增加了屋形龛、帷幕龛和复合形龛等。平面方形洞窟大量出现，较早期穹庐型洞窟而言，平面方形洞窟雕刻面积大幅度增加，雕刻内容与形式也变得复杂起来。洞窟的顶部，多采用平棋藻井式雕刻。壁面的雕刻，采取了上下重层、左右分段的方式。这一时期的造像题材，虽仍以释迦、弥勒为主，但雕刻内容不断增加，依凭的佛经明显增多，普遍流行的是释迦说法或禅定龛像、释迦与多宝并坐龛像、七佛造型，维摩与文殊问答，以及菩萨装或佛装的交脚菩萨龛像等。护法天神像，开始雕刻在门拱两侧；佛本生、佛本行故事龛和连环画刻，出现在列壁最直观的位置；作为出资者的供养人形象，以左右对称排列的形式出现在壁龛的下方。佛塔、廊柱、庑殿等建筑造型，跃然而出；飞天、比丘、力士、金刚、伎乐天、供养天，千姿百态；各种动物、花纹图案，争奇斗妍。至此，云冈艺术宝库的真容毕具。

第 7、8 窟是云冈营造最早的双窟，窟顶用莲花与飞天装饰的平棋藻井，赋予中国传统建筑样式以佛国仙境般的浪漫。第 7 窟门拱两侧的三头四臂神像，头戴尖顶毡帽，极具中、西亚特征；第 8 窟门拱两侧，三头八臂的摩醯首罗天骑神牛，五头六臂的鸠摩罗天驾金翅鸟，其形象来源于古印度神话中的天神湿婆和毗湿奴，他俩一位可以毁灭宇宙，另一位则能够创造世界。这种将婆罗门教大神转化为佛教护法神的现象，是印度密教思想的反映，完全属于西来像法，为中西石窟寺的绝版遗存。第 9、10 窟是中国传统的殿堂式建筑，但其窟外前庭由雄狮、大象驮起的廊柱和建筑造型，则混合皆备了古印度与希腊、罗马建筑艺术风格；后室门廊两侧的金刚天王，不似他窟的逆发胡神，而是头顶鸟翅。第 5、6 窟规模宏大，前者为大像窟，主尊高达 17.4 米，为云冈佛像之最；后者为塔庙窟，设计完整，雕刻纷繁，尤以描述释迦牟尼生平故事的系列浮雕“壁画”，著称于世。第 12 窟亦为廊柱式殿堂窟，俗称音乐窟，其前室北壁上方的伎乐天手持各种东西方乐器，宛若一支“交响乐团”，是研究我国古代音乐史的珍贵素材。这些富丽堂皇的洞窟建筑，绚丽多彩的石刻艺术，惊世骇俗的伟大创造，是中华民族奉献给全人类的不朽杰作。

云冈石窟的中期建设，受到了北魏社会弥勒信仰和西方净土思想的影响，竭力营造人间的“兜率天宫”。同时，这一时期也是一个继往开来的蓬勃发展阶段。一方面是西来之风不断，胡风胡韵依然浓郁，占据着主导地位；另一方面是中华传统势力抬头，汉式建筑、服饰、雕刻技艺和审美情趣逐渐显露。我们能够感觉到，早期云冈佛陀、菩萨等造像的雕凿，主要模仿的是新疆泥塑。那些形象多样的悬挂式低温黄陶影塑，当时已在平城附近大批量生产，并用来装潢佛塔、寺院，这为云冈雕刻提供了大量鲜活的样本。与早期造像相比，中期造像健硕、美丽依旧，但似乎逐渐丧失了内在的刚毅与个性，雕刻如同拓制泥塑一样程式化了。大像、主像和重要造像的雕琢是精细的，普通性的造像略显草率，工匠洗练的刀法仿佛于漫不经心间流淌出来，反而给人以自由、活泼、奔放的感觉。部分佛像开始变得清秀，面相适中；佛衣除了袒右肩式、通肩式袈裟之外，出现了“褒衣博带”样式。菩萨的衣饰也发生了变化，头戴的除宝冠外，又流行起花鬘冠；身佩璎珞、斜披络腋，转变为身披帔帛；裙衣贴腿，转变为裙裾张扬。这些佛装、菩萨装向着汉族衣冠服饰转化的倾向，显然是太和十年（486）后孝文帝实行服制改革、推行汉化政策的反映。由此，填补了我国南北朝佛教艺术从“胡貌梵相”到“改梵为夏”演变过程的空白。

在云冈石窟中，汉民族意识的觉醒，我们说不清经历了多长时间。但是，深受西域佛教、像法影响的凉州僧团的领导地位，大约从太和五年（481）开始动摇了。随后，徐州义学高僧接受了孝文帝的邀请，率徒北上，“唱谛鹿苑，作匠京缁”（《广弘明集·元魏孝文帝为慧纪法师亡施帛设斋诏》)，代京平城的佛学风气为之一变。至太和十三年（489），褒衣博带、秀骨清像，登上了云冈第 11 窟外壁的佛龛，并从此成为时尚。如果说云冈第 6 窟中最早出现的褒衣博带式佛像，尚未脱离“胡貌梵相”，那么第 11、12、13 窟外壁众多龛洞的造像则是完全“改梵为夏”了。

孝文帝迁都洛阳后，平城依然为北都，云冈的皇家工程基本结束，但民间盛行的开窟造像之风犹烈。尽管大窟减少，但中小窟龛却自东迄西遍布崖面。这些数量众多的晚期洞窟，类型复杂，式样多变，但洞窟内部日益方整。塔窟、四壁三龛及重龛式的洞窟，是这一时期流行的窟式。造像内容题材，趋于模式化、简单化。佛像一律褒衣博带，面容消瘦，细颈削肩，神情显得飘渺虚无；菩萨身材修长，帔帛交叉，表情孤傲。给人以清秀俊逸、超凡脱俗的感觉，显然符合了中国人心目中对神仙形象的理解。造像衣服下部的褶纹越来越重叠，龛楣、帐饰日益繁杂，窟外崖面的雕饰也越来越繁缛。上述风格与特征，与龙门石窟的北魏造像同出一辙，标志着中华民族对西来佛教像法的引进与吸收过程的初步终结。

四、平城时代对中国佛教的重大贡献

北魏定都平城的九十七年，是中国佛教成长、壮大和方兴未艾的关键时期。除了云冈石窟对于后世石窟建设、美术发展的影响之外，此间引进、形成、确立、巩固的佛学思想，以及僧官体制、僧尼制度及寺院经济模式，对后世佛教发展影响深远。

一、佛教为统治者服务思想的确立。汤用彤《魏晋南北朝佛教》讲：“盖释迦在世，波斯匿王信奉三宝，经卷传为美谈。其后孔雀朝之阿输迦，贵霜朝之迦腻色迦，光大教化，释子推为盛事。”可见，佛教与政治联姻由来已久。《付法藏因缘传》卷 6 记迦那提婆在南天竺传教时讲：“树不伐本，枝条难倾；人主不化，道岂流布？”这种依靠国王弘扬佛法的思想，远早于释道安“不依国主，则法事难立”的感悟，应属佛教传统。然而，佛教传入中华，汉魏以来有明确的法令限制，汉人不得为僧，朝廷不礼胡神。因此那些随商旅而至的胡沙门，只能以江湖医巫、打卦算命、祭神祈雨等方式，在民间缓慢传播；佛教只能隐没其助国兴善的大智略，依托黄老、玄学而后行。这样形同方术、潜移默化的过程，持续了三个多世纪，直到后赵石氏率先奉佛。佛图澄是促成佛教与中原政权结合的第一人，《高僧传》云：“受业追游，常有数百，前后门徒，几且一万。所历州郡，兴立佛寺八百九十三所。弘法之盛，莫与先矣。”后赵虽系短命王朝，中土佛教信仰却从此蔚然成风。北魏法果在佛图澄死后三十余年入道，其师承何人不详，但传习的不外乎佛图澄教法。法果礼帝为佛的弘法思想，祖承佛图澄经验，契合释道安名训，明确了佛教为最高统治者服务的方针。所以，后来文成帝在复法诏书中，对如来功德予以充分肯定：“助王政之禁律，益仁智之善性，排斥群邪，开演正觉。”佛教因此被纳入封建政治体系，成为中华王朝始终奉行的统治术之一。法果“帝佛合一”思想，亦为后世佞佛帝王所因袭，武则天自谓弥勒下生，广树大像；明武宗自称大庆法王、西天觉道圆明自在大定慧佛，一脉相承。

二、僧官制度的形成与《僧制》的颁行。北魏道武帝任命法果“为道人统，绾摄僧徒”，是正史记载佛教设官之始，标志着中华佛教走出低迷，从此步入上层建筑。文成帝和平初年（460），改道人统为沙门统。大约当时由于京城僧侣既多，又设都维那，作为沙门都统之副贰。另外，在朝廷设立监福曹，管理全国佛教事务；在州镇、畿郡亦设僧统、维那，管辖属地僧尼。其寺院仿效西域故事，设立维那、上座、寺主，所谓三纲。孝文帝时，受太和五年（481）法秀谋反的影响，一方面加强僧籍管理，限制僧人游方，禁止私度僧尼；另一方面改监福曹为昭玄，备有官属，以断僧务。特别太和“十七年，诏立《僧制》四十七条”，从法律上宣告了中国僧尼制度的诞生。这是迄今我们知晓的第一部国家颁行的僧尼法典，既不同于古印度阿育王石柱敕令，也不同于释迦牟尼以来天竺僧团自行规定的戒律（传至中华有五部律）。一则表明僧尼作为一个特殊的社会群体，正式获得了国家的承认；二则表明这种承认是有条件的，必须服从国家法律。“世宗即位，永平元年秋，诏曰：缁素既殊，法律亦异。……自今已后，众僧犯杀人已上罪者，仍依俗断，余犯悉付昭玄，以内律、《僧制》治之。”可见，北魏僧尼外遵国典，内奉戒律、僧制，享有一定的独立权利。北魏平城时代确立的僧官、僧制模式，尽管今天我们尚未完全明晰，但其作为隋唐制度的渊源没有疑义。

三、寺院经济的诞生与独立发展。印度佛教僧侣最初的生活方式，主要是沿街乞食与信徒施舍。后来随佛教影响力的扩大，寺院逐渐拥有了自己的依附人口和固定的经济收入。北魏太武帝平凉州，僧众被俘、迁徙于京师，生活必定经历了一段艰难困苦时期。迨文成复法，京邑、地方纷纷造寺度僧，特别是武州山等石窟寺的开凿，集中了大批的僧侣、工匠。如何解决僧人用粮、寺院用工，自然成为沙门统昙曜必须从长计议的问题。于是“昙曜奏：平齐户及诸民，有能岁输谷六十斛入僧曹者，即为僧祇户，粟为僧祇粟，至于俭岁，赈给饥民。又请民犯重罪及官奴以为佛图户，以供诸寺扫洒，岁兼营田输粟。高宗并许之。于是僧祇户、粟及寺户，遍于州镇矣”。按：僧祇，即僧尼大众；僧祇户，乃依附于僧众的人户；僧祇粟，即供养僧众的粟米。佛图户，即寺户，是专为佛寺僧众提供杂役的奴婢，如同西域佛寺中的净人。佛图户与僧祇户、粟的出现，保障了北魏沙门佛事之需，是中国寺院经济形成与独立的标志。至唐代，寺院、道观依然有两种贱民，一曰部曲，二曰奴婢，与北魏时异名而同实。这种新兴的寺院经济，凭仗着政治、经济上的治外法权，从此成为中国地主庄园经济的一种特殊形式，与封建社会相始终。

四、僧团政治核心的形成与传承。魏晋特别是南北朝时期，中国佛教渐趋成熟，无论是经、律、论三藏之学，还是僧尼的政治、经济地位，都处于上升阶段。北方重禅业，南方尚讲经，弘法的方式虽有差异，但分别教派、扩张力量、追逐名利的情形却是相同的。北魏太和年间，坐禅的凉州僧与讲经的徐州僧在平城相遇，可以说是南北佛教势力首次大规模的交锋。尽管我们现在对其详情不甚明了，但完全可以想见，徐州高僧后来者居上，对凉州旧僧形成的压力，引起凉州僧的失落之感。学术之异，政治之争，必然导致双方的严重对立，矛盾与冲突在所难免。这场斗争，从平城开始，僧团以凉州系与徐州系划分；北魏迁都洛阳之后，以禅僧与讲僧区别，一直延续至隋唐不息。《洛阳伽蓝记》卷 2 载有一则故事：孝昌元年（525），崇真寺比丘惠凝死而复活，讲述他在阎罗王处，看到阎王判禅诵僧升天堂，讲经僧入黑门地狱。灵太后闻知后，“即请坐禅僧一百人，常在殿内供养之。……自此以后，京邑比丘悉皆禅诵，不复以讲经为意”。按：惠凝之说，盖系坐禅派僧徒编造，以攻击在政治上占有优势的讲经派僧徒。这无疑是孝文帝时代凉州僧团与徐州僧团斗争的继续。大体而言，从北魏到隋唐，虽政权屡经更迭，但统治主体始终为代北子孙和中原世族；佛教僧团虽互有消长，但上流师德依然是凉州、徐州系统法脉。

五、武州山石窟寺译经与《付法藏因缘传》。十六国南北朝是佛经入华的第一高峰，长安、凉州、建康（今江苏南京）、平城、洛阳等都城三宝兴隆，译经先后不断。《释老志》曰："昙曜又与天竺沙门常那邪舍等，译出新经十四部。"据隋费长房《历代三宝纪》等书记载，自文成帝和平三年（462）至孝文帝太和十年（486），沙门统昙曜于北台石窟寺集诸僧众翻译经论，有《净度三昧经》《付法藏因缘传》《提谓波利经》《杂宝藏经》《大方广菩萨十地经》《方便心经》《大吉义咒经》《佛说称扬诸佛功德经》等。其中，以昙曜与西域三藏吉迦夜共译的《付法藏因缘传》最具影响。该传全面讲述了印度佛教的弘法历程，首次开列出摩诃迦叶、阿难、商那和修、优波毱多、提多迦、弥遮迦、佛陀难提、佛陀蜜多、胁比丘、富那奢、马鸣、比罗、龙树、迦那提婆、罗睺罗、僧伽难提、僧伽耶舍、鸠摩罗驮、阇夜多、婆修槃陀、摩奴罗、鹤勒那、夜奢、师子等传法世系。日本学者关野贞、常盘大定《山西云冈》（赵一德译）讲："昙曜的付法藏精神，由隋代的灵裕完整地继承下来，灵裕开的宝山石窟，在其内壁刻有世尊寂灭后传法圣师二十四祖像，就是按《付法藏传》二十四祖刻的，灵裕以后尚有许多继承者。"我们认为，昙曜《付法因缘传》的翻译，开启了中国佛教祖师传灯思想的先河，唐代以后各佛学宗派盛行的立祖传宗方法渊源于兹。

六、《华严经》开始盛行。云冈石窟的开凿，是中国佛教思想体系渐臻完备的反映。关野贞、常盘大定讲："昙曜请求文成帝开凿石窟五所，又是为太祖以下五帝而设，无庸置疑。这样，五窟就含有五帝的灵庙的意义。……既有昙曜的付法藏精神，也有魏王室忏悔及追孝的动机，这样的因缘凑合，产生了千古的佛教艺术。而造像的指导思想，至少与佛传以及法华、维摩、金光明、无量寿、弥勒等诸大乘经卷有关，华严的思想也是有的。"关于《华严经》在平城的传播情况，《续高僧传》卷29记载："太和初年，代京阉官自慨刑余，不逮人族，奏乞入山修道，有敕许之。乃赍一部《华严》，昼夜读诵，礼悔不息。夏首归山，至六月末，髭须尽生，复丈夫相，还状奏闻。高祖信敬由来，忽见惊讶，更增常日。于是大代之国《华严》一经，因斯转盛。"按《华严经》，沙门支法领从于阗携归胡本，420年天竺禅师佛驮跋陀罗于建康道场寺译出。由于卷部浩大，半个多世纪传宣无闻。平城佛教中心形成后，各地僧侣无远而至，《华严》深经的研读、传讲，遂为学术攻关项目，成为热门学问。从此奠定了唐代以降华严宗与华严学兴盛的基础。

七、《四分律》开讲。南北朝时期，中华僧侣奉行的是《僧祇律》。唐道宣《续高僧传》卷二十二论曰：“昙无德部《四分》一律，虽翻在姚秦，而创敷元魏。是由赤髭论主初乃诵传，未展谈授，寻还异域。此方学侣，竟绝维持。逮及覆、聪，方开学肆。……今则混一唐统，普行《四分》之宗。……自初开律释，师号法聪，元魏孝文北台扬绪，口以传授，时所荣之。沙门道覆，即绍聪绪，缵疏六卷，但是长科。至于义举，未闻于世。斯时释侣，道味犹淳，言行相承，随闻奉用，专务栖隐，不暇旁求。魏末齐初，慧光宅世，宗匠跋陀，师表弘理，再造文疏，广分衢术。学声学望，连布若云峰；行光德光，荣曜齐日月。每一披阐，坐列千僧，竞鼓清言，人分异辩，勒成卷帙，通号命家。……或传道于东川，或称言于南服。其中高第，无越魏都。”按：赤髭论主，指后秦姚兴时诵出《四分律》的罽宾高僧佛陀耶舍；法聪、道覆，北魏孝文帝时平城律匠；跋陀，天竺僧人，初在平城别设禅林，凿石为龛，后至洛阳，立少林寺；慧光，跋陀之徒。如此说来，《四分律》翻译于后秦长安，始兴于北魏平城，光大于北齐，普行于唐代。平城佛教在律藏方面的贡献，显而易见。

综上所述，北魏平城时代中华佛教中心的形成与确立，在中国佛教史上具有极为重要的里程碑意义，其继往开来的历史地位与作用不可低估。至于平城佛教与艺术对高句丽、日本国的影响，也逐渐为世人所认知。

（首载于江苏美术出版社 2011 年版《中国石窟艺术·云冈》，这里有所改动）

中西交通杂谈

东西方之间的往来与交流，历来属于引人入胜的话题。先秦三代的情形扑朔迷离，无人能晓，我只知道殷人名商，周人善贾，秦人弼马，他们都不是中原的原住民。自汉武帝锐意远谋、凿通西域，迈出了中华帝国向外征服的第一步，也开启了中华王朝与异域邦国交往的新纪元。随后的两千余年，中西政治、经济和文化交流历朝有之，记载粗具，脉络清晰，无非陆、海二途。但“中国”者，吾祖吾先自谓天地之中心也，大国天朝无所不有，视周边为绝地，待邻邦为蛮夷，故而人家来朝的多，我方出使的少。

关于中西交通的起始问题，我向来抱有乐观态度，相信这是一种自然的互动，可能遥远到既无文字又无物证。不过，也许并非杳无证据。例如我们血管中流淌的种族基因早已不再单纯，人类进化中的杂交优势，行之既远而留痕弥新，这是不争的事实。再如人类文明的发祥，从地中海沿岸到印度半岛、华夏大地，光焰迭起，交相辉映，谁能否定其千丝万缕的联系？这是就广义而言，若从狭义来讲，更无悬念。我们知道，两河流域最早诞生了青铜冶炼术，到中国商周时代，青铜文明骇然跃上辉煌的巅峰；玻璃（或琉璃）最早在古埃及出现，西方盛产，但春秋时期位于今天湖北的一个蕞尔小国——随国生产的“随珠”却大为流行；而华夏先民发明的火药和指南针，后来竟成为西方列强发现并征服世界的利器。看来，地球一直都在转动，人类也一直在交流互动，特别是北回归线以北约 20 度的广袤区域，连绵的大陆，宜人的气候，徐徐吹拂的信风，仿佛注定会成为世界文明的摇篮，不断闪烁出人类智慧的耀斑。

汉武帝封张骞为博望侯，应是中华民族睁开眼睛看世界的标志。此后的中西交通史，经历了漫长而曲折的岁月。纵观中华王朝的外交历史，我主张以丝绸之路为主脉，按其开闭划作两汉、南北朝、唐代、宋元、清朝五个阶段。尽管每个阶段的发展历程与核心内容不同，但都曾出现过一个交流高峰。换言之，我国古代中西文化交流经历了五次高潮。第一次高潮，即张骞、班超出使西域以及西域都护府的设立，打通了东西交通的孔道。第二次高潮，是北魏太武帝拓跋焘结束了北中国五胡十六国分裂局面之后，铁骑西进，“诸胡咸服，西域复平”（《通鉴》卷125《宋纪》元嘉二十五年）。第三次高潮，是唐太宗李世民派大将侯君集西征，破高昌，屠龟兹，置安西都护府。第四次高潮应在元代，成吉思汗的蒙古大军横扫欧亚，黄皮肤一度成为世界的主人。第五次高潮，是清朝乾隆皇帝开拓新疆、西藏。当然，十九世纪以后的近代，中西文化交流的主会场转为海疆。

拓跋王朝前都平城，后都洛阳，再后分居邺城、长安，其丝绸之路的繁荣虽仅百年，却是中西文化剧烈碰撞，佛教及其艺术源源东来、蓬勃发展的鼎盛时期。这是世界文化交流史上一股罕见的东向大潮，同时也是一场奇特的饕餮盛宴。行将千龄的佛教与佛教艺术，在世界文明交汇的中亚犍陀罗地区，形成了出神入化、包罗万象的大乘佛学，并将其光芒射向神学空气相对稀薄的东方国度。这是一次非凡的世纪壮举，也是一场空前绝后的文化大迁徙。起初是凉州被俘的三千胡汉僧人，屈辱东迁，史称“沙门佛事皆俱东”（《魏书·释老志》），平城跃升为中华佛教的中心；然后是锐意传法的西域高僧，带着佛经，带着佛像，带着画本，随着使团，随着商队，进入遥远的中土，与日益壮大的僧团信众一道，开窟造寺，讲经说法，将中华佛教推上了不可思议的巅峰。当此之时，云冈石窟横空出世，龙门石窟凿声铿锵，敦煌莫高窟、天水麦积山规模拓展，巩县石窟、义县石窟、关陇石窟、太原天龙山、邯郸响堂山等佛陀伟业，如同创世纪般的爆裂诞生。当此之时，丝绸之路上转运的不仅仅是金银珠宝与锦绣奇珍，更重要的是超越时空的宗教思想和艺术宝藏，一种改变中国人传统文化与精神信仰的力量。这种力量，最终完全浸入东方民族的血液，几乎撑起了中华文化的半壁江山。这便是北魏中西文化交流高潮不同于历代高潮的关键，也是编辑本书的意义所在。

唐朝既是中国历史的一个高峰，也是世界艺术的一个高峰，而北魏王朝奏响的正是开启大唐盛世的前曲。我常常自问：中原地区是华夏文明的核心，但为什么王朝的更替风暴往往由边陲游牧民族掀起？夏、商两族大约由黄土高原南下，周人、秦人来自西鄙，五胡乱华的发动者或西或北，契丹、女真、蒙古、满族也都由北边崛起。这些北方蛮荒部落如狂风暴雨式地入主中原，到底给中华民族带来了什么？他们居无定所，马首是瞻；人无恒业，唯利是图；坚定勇敢，而非患得患失；睿智包容，而非因循守旧，充满了血性男儿的阳刚之气。恰似强劲的西北风，黄尘滚滚，风雨交加，带给中原新的土壤和充沛的雨雪，带给大地丰富的营养和蓬勃的生机。难道这不正是北方民族对于中华大家庭的卓越贡献吗？

（本文为 2016 年版《平城丝路论文集》序言，这里有所改动）

《云冈石窟山顶佛教寺院遗址发掘报告》序

对任何久远文明的追述，都离不开考古学。无论是埃及、两河流域，还是希腊、罗马，抑或印度、中国。尽管世间万物难免成住坏空，但历史记忆总会在时光磨痕中留存。

2002 年，我到云冈石窟工作，面对偌大的皇家石窟群，造像奇美而题记稀少，洞窟完整而历史不清，遂立志编纂《云冈石窟编年史》。期间，发现云冈石窟就像一座无字的丰碑，仅靠只鳞片爪的记载无法窥得全貌，于是借助中国佛教史和大同地方史予以框定。这让我颇感失望与迷茫，深深意识到考古证史、补史的迫切与重要，对云冈考古寄托了无限的期待。

回顾一百余年的云冈研究，从蓦然发现到声名远扬，石窟寺考古始终是支撑云冈学的栋梁。20 世纪 30 年代末，日本东方文化研究所（现为京都大学人文科学研究所）组建的云冈石窟调查队进驻山寺，为了解历代寺院的建置情况，对昙曜五窟（第 16 ~ 20 窟）、第 8 窟和五华洞（第 9 ~ 13 窟）窟前以及云冈山顶部分台地、龙王庙沟寺院遗址进行了小规模发掘。中华人民共和国成立后，云冈考古逐步深入。1972 年和 1987 年，云冈石窟文物保管所在洞窟加固维修工程中，分别对五华洞窟前和龙王庙沟石窟窟前遗址进行了勘探发掘。1992 ~ 1993 年，为了配合云冈石窟“八五”保护维修工程，山西省考古研究所、大同市博物馆、云冈石窟文物研究所组成联合考古队，对云冈石窟窟前地面进行了全面清理发掘，并对第 3 窟窟内及山顶东部塔基遗址进行发掘。其中，第 3 窟遗址发掘被评为“1993 年度全国十大考古新发现”。2008 ~ 2012 年，为了配合云冈石窟山顶防渗水工程，山西省考古所、大同市考古所和云冈石窟研究院组成联合考古队，对云冈石窟中西部山顶进行了大规模的考古发掘，清理出北魏辽金佛教寺院遗址两座，荣获“2011 年度全国十大考古新发现”。

遗憾的是，上述无论是日本学者还是中国学者的云冈考古，都未形成完整的考古报告，令我这个云冈石窟研究院院长心急如焚。

2010 年末，云冈石窟大景区建设基本竣工，随后研究院工作回归常态。于是，我坚决要求云冈山顶考古发掘的领队、原山西考古所所长张庆捷先生及其团队留下来，整理、完成考古报告。同时，组织研究院新老力量，一方面配合山顶考古发掘资料整理，另一方面对拖延多年的窟前考古报告正式展开编写。目前，上述两次重大考古发掘的报告终于进入尾声，这大约是我临近退休的最大安慰。

云冈石窟山顶考古发掘始于 1940 年。日本调查队在第 3 窟山顶挖了一条东西向的探沟，发现一处石板筑成的建筑基础和石雕狮头门枕石，以及红色彩绘的白灰墙皮，还出土了筒瓦、滴水、波状纹板瓦、“传祚无穷”瓦当、“Y”形瓦钉等遗物，无疑属于北魏时期，可能是一座北魏寺庙遗址。同年，他们在云冈西部山顶的南部开了几条探沟，发现了三处建筑遗迹，包括长方形石板圈、一段石块路面、土坯砖砌筑的炕。出土遗物有板瓦、筒瓦、莲花纹瓦当、“传祚无穷”瓦当、绳纹砖、莲花建筑饰件、带绿釉或无釉的滴水、灰陶盆和灰陶罐等，推测这里曾经有过一座北魏寺院建筑。

2008 年，云冈联合考古队首先在西部山顶进行发掘，面积 2000 余平方米，发现东周、北魏、辽金、明清的遗址和灰坑，出土了一批石器、骨器、箭簇、陶器和瓷器碎片以及建筑材料等。表明早在距今 2200 年至 2700 年前，云冈山顶西坡已经出现人居生活或军事设施，对于探讨云冈地区乃至大同早期历史，特别是史书中记载的“武州塞”，颇具意义。2010 年，联合考古队在云冈西部山顶进行第二次发掘，揭露面积 3600 平方米，发现了一处保存较完整的北魏辽金塔院式寺庙遗迹，出土了大量建筑构件。其中出土的北魏釉陶板瓦，约为层塔檐瓦，是我国迄今发现使用琉璃瓦的最早建筑。结合僧房中的土炕与火灶设置，我们推测属于北魏武州山石窟寺高级僧侣居住或译经场所。该寺院遗址，僧房环绕，塔在院中，建筑布局与北魏方山思远浮图遗址近似，属于中华早期佛寺样式，大约采用的是中亚地区山居佛寺模式，是中华人民共和国成立后石窟寺考古之首见，对于研究中国古代佛教寺院的演变具有典型意义。

2011 年，联合考古队对第 5、6 窟窟顶区域进行发掘，面积近 5000 平方米，发现一处北魏辽金塔院式寺院遗址。北魏的夯土塔基呈方形，辽代的塔基为八角形，围绕北魏塔心夯土增补修葺而成。这样的做法，显然符合佛经所谓“建新不如修旧”功德圆满的传统。可惜的是，在附近区域虽发现一些北魏陶瓦和三枚覆盆式砂岩方形柱础，但未发现可以确定的僧房遗址。在塔基之北，发掘出一处辽代的铸造工场，中央为铸钟坑遗址，四周环列化铁炉与风箱遗址，是目前国内发现的宋辽时期最完整的冶铸遗址。

2008 ~ 2012 年云冈山顶考古发掘，是中国石窟寺考古的一项重要发现，也是云冈石窟考古发掘中规模最大、持续时间最长、成果最为丰硕的一次。田野发掘完成后，考古资料的整理和报告的撰写工作随即展开。研究院各部门倾力配合，十多人的团队奋战数年，终成正果。全书共计 30 余万字，绘制线图及拓片近 3000 张，编排图版 500 余幅。同时，为了全面展示云冈石窟山顶历史面貌，报告中还收录了 1993 年云冈石窟山顶东端的塔基遗址考古报告（刘建军撰）。该遗址发掘面积约 360 平方米，塔基正方形，夯土台外包砌砂岩石片，并设斜坡踏道。出土遗物有菩萨、弟子、飞天、千佛等石雕造像，兽头门枕石及装饰残件，还有大量的北魏筒瓦、板瓦、“传祚无穷”瓦当、莲花建筑饰件等，同样属于一座北魏佛教寺院。

云冈石窟山顶佛教寺院的考古发掘，极大地丰富了我们对中国早期皇家石窟寺的认识，同时对于云冈研究具有多方启迪意义。

一是武州塞问题。本报告附录徐国栋《武州塞》一文，其“武州塞应该为一面积较大的范围区域”，“云冈窟顶发现的大面积遗存可能是武州塞的一个关口遗址”，这样的结论基本正确。《史记索隐》引崔浩语“今平城直西百里有武州城”，即今左云县古城村。清《山西通志》云：“左云县，秦武州塞地，汉为武州县治，隶雁门郡。”武州，亦作武周，宋《太平寰宇记》引隋《冀州图》云：“武周山在郡西北，东西数百里，南北五十里。”今沿云冈峪西行，经左云、右玉至内蒙古和林格尔，一路山沟潜行，将近 200 公里，康熙皇帝谓之出塞暖道。其北山地，平缓而多途，非一处关防可以扼守。故《水经注》引《魏土地记》曰：“平城西三十里，武州塞口者也。”就是说，云冈石窟所在的武州山崖，是从口外进入武州塞的最后一道关口，再东 15 公里便到达大同城。换位言之，又是由大同出武州塞的第一座关口。

云冈石窟西崖山顶考古发掘出的遗物颇多，时代偏早，从仰韶、龙山时代到春秋战国以降。特别是发现一处西北至东南走向的建筑夯土，长 35.1 米，宽 2.2 ~ 6.1 米，高 0.44 ~ 1.22 米，根据地层和出土遗物判定，属于东周时期遗存。因此，可以初步确定为北魏之前古老的武州塞口遗址。即便是今天，我们站在这片荒寂的山坡上，眼前是西来的武州川水（今名十里河）河谷，北侧是吴官屯煤矿所在的冲沟道路，山河大势，一览无余。如此控扼西、北两途的地理位置，令我们顿悟古人选址的军事意图。然而，必须指出的是：云冈关塞设置，历经多代，直至明清，而且关城几经变迁。最初大约是赵武灵王筑赵长城时建立的武州塞口，然后是辽金时代的石佛寺堡，最后才是明清至今的云冈堡。前几年，我们在云冈上下城堡墙内发现有更加古老的夯土墙体，我曾提出大约是金代中后期北疆边防吃紧时所筑，结论正确与否，留待后贤验证。要之，北魏之后的每一次筑堡，都是对石窟寺的一次冲击或一场浩劫，直接导致了佛寺的衰落。

二是云冈十寺问题。史载北魏武州山共有名寺十座，今随考古发掘证实者三座，在本报告中详述。此外，第 3 窟、第 20 窟顶部区域，虽未进行系统发掘，但自 1938 年以来屡有北魏瓦当发现，基本可以认定有北魏寺院遗址存在。这样，大致可以确定东西直线 1400 米的云冈崖顶区域，有过北魏佛寺五座。其与山下石窟具有表里一体关系，但具体哪些洞窟归属哪座寺院，今已无法确定。

云冈附近的石窟寺遗址：一是西方隔河的鲁班窑石窟（直线距离约 600 米），已经考古发掘证实，诚如《水经注》所述是北魏的尼寺。二是沿河西约 2 公里的吴官屯石窟，崖壁依然有相当规模的北魏窟龛造像。三是今天游客服务中心之北的山脊，清代以来名曰西梁，与云冈石窟东崖坡隔着一条山涧（旧称电站沟）。1938 年发现过大量北魏瓦当，2009 年拆除工人村民房，居民王福珍捡到两尊风化形似的石像，后交云冈博物馆。我们相信这里也曾有过北魏佛寺建筑，但是由于中华人民共和国成立后矿工建房和政府大拆迁后覆土种树，恐怕将来再难进行考古发掘。

以上以云冈石窟为中心，东西约 4 公里河道旁的八处山崖佛寺遗存，应该都有过北魏山顶塔庙建筑，完全符合郦道元“山堂水殿，烟寺相望”的历史记述，无疑属于云冈十寺之列。

此外，云冈峪距云冈石窟较远的北魏佛寺还有：一是现存北魏雕刻遗迹的焦山寺石窟。二是无北魏造像存在，但有山崖坐禅窟的青磁窑石窟（旧称老爷庙）。三是观音堂，清初重修碑认定创寺于北魏；2016 年大同白福在院东捡得半枚北魏砂岩石灯，交付云冈博物馆。这三处北魏寺院遗址，或有两处属于云冈“十寺”。

唐初道宣《释迦方志·通局篇》云：“魏氏北台恒安石窟，三十里内连次而列，高二十余丈，内受千人，终劫不朽。”就是说，北魏平城武州山石窟寺绵延三十里，分区而设，初唐依然。这里，若按“三十里内”为标准，则西端的焦山寺，或东段的青磁窑、观音堂，必有一侧不在范围；若按石窟寺为标准，则观音堂应当排除。是非难辨，存疑将来。所幸，云冈学者困惑已久的“十寺”问题粗有眉目。

三是辽金分界问题。从已知历史情形看，隋唐以后大同地区沦为边疆，人口稀少；辽金升格西京，渐次繁华。云冈石窟又经历了一波“V”型的生命期。这样的历史性转折，自然会在云冈石窟考古发掘中完整体现。隋唐文化地层几乎不见，或者难寻，辽金遗存丰富而多样。这就表明石窟寺曾经再度繁荣。

史载：辽代中期，一位皇太后发愿，武州山石窟寺进行了约半个世纪的重修，但到辽末“寺遭焚劫”；金代初年，元帅粘罕派兵南移河道，继而禀慧大师重建灵岩大阁。金朝中期以后，我个人推断来自蒙古高原的压力骤增，大约云冈山上山下建立军堡，石窟寺走向衰落。这样纷繁的历史变迁，需要考古学证实。然而，云冈山顶和窟前的考古发掘，由于辽金年代相近，地层紧密相连，器型相似度高，考古者不能、不易或不敢贸然区分，而往往统称辽金。

但是辽金不辨，必然导致云冈历史模糊不清，诸如洞窟维修、窟檐建设，山顶佛寺使用与废弃时间，窟前僧舍与寺庙建设起始等问题。正是因为这两个朝代的云冈历史和景象大异，所以急需考古证实。我想，即便是本报告出版之后，对出土遗物的进一步甄别与研究，仍然是研究院肩负的一项重要课题和任务。

四是相关研究问题。中华人民共和国成立以来，随着城市建设与发展，大同市历史文化名城的考古发掘不断升温。相对而言，云冈石窟的考古工作更加系统和完备。因此，还有不少问题应当纳入综合考察。例如石窟寺的历代兴衰及其实证，大同煤炭的使用及其例证，云冈山顶各类灰坑遗物的研究，洞窟维修与佛像妆銮、色彩等，将来都应专题研究。知识无限，学术无边，意义无量，同志仍需努力。

最后我想说，考古发掘是一件艰苦辛勤的工作，而文物整理、研究报告更是一件锱铢必较的严谨工作。《云冈石窟山顶佛教寺院遗址发掘报告》，不仅是云冈考古的第一部完整报告，更是践行习近平总书记提出的“努力建设中国特色、中国风格、中国气派的考古学”的重大成果。这里，我谨向张庆捷、刘建军、王雁卿等同志致以崇高的敬意，感谢大家为构建云冈学所做的贡献！

2021 年立春

山西省的由来

山西，旧称“山右”。作为省级行政区的称谓，《辞海》曰：“因在太行山之右（西）得名。”但是，这仅仅属于一种“想当然”式的结论。如若再问，那么“山东”呢？疑窦会马上出现，《辞海》所谓“因在太行山之左（东）得名”，明显不妥。因为若以太行山而论，堪称“山东”者当首推河北，之所以舍近求远，无疑是行政区划变更的结果，而非地理特征所主导。由此说来，看似简单的名词背后，可能隐藏着复杂而难言的历史发展逻辑，我们有必要进行深入探讨，以正本清源。

一、山西作为地理概念，起初专指关中，后来也被用指太行山以西地区

山西名称的出现，大约始于战国。当时，齐、楚、燕、韩、赵、魏、秦七国争雄，秦与六国有关山之隔，关谓函谷关，山曰崤山，遂有关东、关西（关中、关内）、山东、山西之称。《史记》卷40《楚世家》曰：“苏秦约从山东六国共攻秦，楚怀王为从长。至函谷关，秦出兵击六国，六国兵皆引而归，齐独后。”从，即“合纵”也。《史记》卷130《太史公自序》载楚汉之争时，“萧何填抚山西”。填，乃“镇”也。而《汉书》卷69《赵充国传》班固“赞曰：秦汉已来，山东出相，山西出将。……何则？山西天水、陇西、安定、北地处势，迫近羌胡，民俗修习战备，高上勇力，鞍马骑射。……自古而然，今之歌谣慷慨，风流犹存耳”。因此，清顾炎武《日知录》卷31《河东山西》曰：“古之所谓山西，即今关中。”

山西作为太行山以西地区的称谓，始见于北朝，偶见于隋唐。《册府元龟》卷622《忠节》记北魏末，“裴延儁拜太常卿，时汾州山胡恃险寇窃，正平、平阳二郡尤被其害。以儁兼尚书，为山西道行台节度、讨胡将军”。按：汾州、正平、平阳，

分别即今山西离石、新绛和临汾。《北齐书》卷22《卢文伟传》云：“族人勇，字季礼。……尔朱灭后，乃赴晋阳。高祖署勇丞相主簿。属山西霜俭，运山东乡租输，皆令载实，违者治罪，令勇典其事。”晋阳，亦称并州，即今太原，时为东魏大丞相高欢的霸府所在。《北齐书》卷11《安德王高延宗传》曰：“后主将奔晋阳，延宗言：‘大家但在营莫动，以兵马付臣，臣能破之。’帝不纳。及至并州，又闻周军已入雀鼠谷，乃以延宗为相国、并州刺史，总山西兵事。”东魏北齐都邺（今河北临漳），疆土跨太行两侧，山西、山东（指今河北）遂成熟语。隋大业“十一年，炀帝幸汾阳宫，命高祖往山西河东黜陟讨捕”（《旧唐书》卷1《高祖纪》）。《旧唐书》卷200下《黄巢传》云：陈州刺史“赵犨求援于太原。四年二月，李克用率山西诸军，由蒲、陕济河，会关东诸侯，赴援陈州”。需要说明的是，唐代设置河东道，以太原为首府，辖区囊括今天山西省全境，但史书中的“山西”仍多指关中。

二、辽代，山西成为西京大同及其以北地区的称谓

契丹建国朔漠，后得幽（今北京）云（今大同）十六州，仿唐五京制度，将全国划分为上京（治临潢府，今内蒙古巴林左旗）、东京（治辽阳府）、中京（治大定府，今赤峰宁城）、南京（治析津府，今北京）和西京（治大同府）五个道。其西京道，地处西南，相当于今天雁北、张家口和内蒙古中部地区。西跨黄河，与西夏接壤；南界恒山，与北宋对峙。进而，因在大兴安岭、大马群山、太行山一线以西，与东部四京相隔，遂有“山西”之称。然而当时“山西”的范围不止西京，亦包括上京道的岭西地区（含今蒙古国）。对此广大区域，辽朝在西京道设立西南路招讨司（治丰州，今呼和浩特东），在上京道设立西北路招讨司（治今乌兰巴托西），统领诸部族骑兵，捍御边疆；遇事，设“山西兵马都统军司”，总统二路边防。在财赋征管方面，设“山西路都转运使司”于大同。从此，赋予“山西”新的地理概念。

《辽史》卷9《景宗纪下》载保宁十一年（979）宋太宗灭北汉而引发的战争：三月“己丑，汉复告宋兵入境，诏左千牛卫大将军韩侼、大同军节度使耶律善补以本路兵南援。……九月己卯，燕王韩匡嗣为都统，南府宰相耶律沙为监军，惕隐休哥、南院大王斜轸、权奚王抹只等各率所部兵南伐；仍命大同军节度使善补领山西兵分

道以进”。据此，知大同军节度使所统“本路兵”即“山西兵”。再如卷 11《圣宗纪二》载统和四年（986）宋辽西京争夺战：“三月甲戌，于越休哥奏宋遣曹彬、崔彦进、米信由雄州道，田重进飞狐道，潘美、杨继业雁门道来侵……庚辰，寰州刺史赵彦章以城叛，附于宋。辛巳……顺义军节度副使赵希赞以朔州叛，附于宋。……丁亥，以北院枢密使耶律斜轸为山西兵马都统……彰国军节度使艾正、观察判官宋雄以应州叛，附于宋。……夏四月……辛丑，宋潘美陷云州。……五月……诏遣详稳排亚率弘义宫兵及南北皮室、郎君、拽剌四军赴应、朔二州界，与惕稳瑶昇、招讨韩德威等同御宋兵在山西之未退者。……秋七月……宋守云、应诸州者，闻继业死，皆弃城遁。……八月……己未，用室昉、韩德让言，复山西今年租赋。诏第山西诸将校功过而赏罚之。……惕隐瑶昇、拽剌欵烈、朔州节度使慎思、应州节度使骨只、云州节度使化哥、军校李元迪、蔚州节度使佛留、都监崔其、刘继琛，皆以闻敌逃遁夺官。……冬十月……政事令室昉奏山西四州自宋兵后，人民转徙，盗贼充斥，乞下有司禁止。”文中所谓“山西四州”，俱属西京，其民随宋军南迁，见《宋史》卷 5《太宗纪二》：“五月……潘美还代州。徙云、应、寰、朔吏民及吐浑部族，分置河东、京西。”

三、金代及蒙古国时期，山西范畴缩小，先则指代西京，后则专指大同

女真金朝灭辽，又灭北宋，疆域南扩至淮河一线，定都燕京（时谓中都）。承袭辽朝故事，五京依旧，但改“道”为“路”。得北宋之地，将河东路分析为二，河东北路治太原府，河东南路治平阳府；改京东东路、西路为山东东路、西路，山东行政区雏形从此确定。较辽代而言，金代“山西”的范围逐步缩小，一是蒙古族崛起，蒙古高原脱离所有；二是西南、西北招讨司所统“山后诸部族”，均回缩至西京境内。因此，山西成为西京路的专称。

《金史》卷 46《食货志一》记：太祖“天辅六年，既定山西诸州，以上京为内地，则移其民实之。……七年，以山西诸部族近西北二边，且辽主未获，恐阴相结诱，复命皇弟昂与孛堇稍喝等以兵四千护送，处之岭东，惟西京民安堵如故”。按：山西契丹旧部东迁后，西京的主体地位加强。此前，北宋与女真共谋攻辽，约定燕

云之地归还宋朝。《金史》卷3《太宗纪》曰：天会“二年春正月……甲戌，西南、西北两路都统宗翰、宗望请勿割山西郡县与宋，上曰：‘是违先帝之命也，其速与之。’”闰三月，“宗翰复奏曰：‘先皇帝征辽之初，图宋协力夹攻，故许以燕地。宋人既盟之后，请加币以求山西诸镇，先皇帝辞其加币。盟书曰：无容匿逋逃，诱扰边民。今宋数路招纳叛亡……盟未期年，今已如此，万世守约，其可望乎？且西鄙未宁，割付山西诸郡，则诸军失屯据之所，将有经略，或难持久，请姑置勿割。’上悉如所请”（《金史》卷74《宗翰传》）。金朝既毁盟约，复南下伐宋，《太宗纪》载天会四年（1126）“三月癸未，银术可围太原，宗翰还西京”。此事，《宗翰传》记作：“留银术可围太原，宗翰乃还山西。”山西成为西京的代名词。

金代末年，蒙古成吉思汗大兵南下，金宣宗迁都汴梁（今河南开封），号称南京。南宋谢采伯《密斋笔记》曰：“贞祐元年十一月至二年正月，鞑靼残破河东、河北、山东、山西，复一十七府，九十余州，镇县二十余处。”女真千里山河尽归蒙古。蒙古窝阔台汗时，西京宣德州（治今张家口宣化）地位上升，又名“山西东路”，大同府则为“山西西路”。时中书令耶律楚材奏立十路课税所，宣德、西京各设长官。既而，《元史》卷5《世祖纪二》载：中统四年（1263）八月，“升宣德州为宣德府，隶上都”，脱离了西京的管辖。从此，西京路唯大同一府，独享“山西”之名。

四、元代设河东山西道，治大同，辖全晋；明初行中书省于太原，山西省成为定名

《元史》卷91《百官志七》曰：“宣慰司，掌军民之务，分道以总郡县，行省有政令则布于下，郡县有请则为达于省。有边陲军旅之事，则兼都元帅府，其次则止为元帅府。……每司宣慰使三员，从二品；……凡六道：山东东西道，益都路置；河东山西道，大同路置；……”按：河东山西道，亦称山西河东道；河东山西道宣慰使，亦称山西宣慰使、西京宣慰使、西京道宣慰使、大同宣慰使，是元代河东山西道的最高军政长官。最早任山西宣慰使的李德辉，在元世祖忽必烈中统年间（1260～1264）。

《元史》卷86《百官志二》曰：“肃政廉访司。国初，立提刑按察司四道：曰

山东东西道，曰河东陕西道，曰山北东西道，曰河北河南道。至元六年，以提刑按察司兼劝农事。八年，置河东山西道，陕西四川道。……二十八年，改按察司曰肃政廉访司。……每道廉访使二员，正三品；……内道八，隶御史台。山东东西道，济南路置司；河东山西道，冀宁路置司；……”据《世祖纪四》，至元八年（1271）“三月乙丑，增置河东山西道按察司；改河东陕西道为陕西四川道”。就是说，先有河东陕西道，此时将河东与山西合并，改组为河东山西道，总括全晋。其河东山西道按察司，又名太原按察司、太原提刑按察司。至元二十四（1287）年闰二月，“省太原提刑按察司，分置西京者入太原”。五月，移“太原按察司治西京”。二十五年二月，改“西京路为大同路”。明年八月，徙“河东山西道提刑按察司治太原，宣慰司治大同”。也就是说，最终变动的结果：大同宣慰使（从二品）掌河东山西道军民之政，太原肃政廉访使（正三品）掌河东山西道监察与农事；有元一朝，河东山西道的首府在大同。

《明史》卷 41《地理志二》云：“山西，《禹贡》冀州之域。元置河东山西道宣慰司使（治大同路），直隶中书省。洪武二年四月，置山西等处行中书省（治太原路）。三年十二月，置太原都卫（与行中书省同治）。八年十月，改都卫为山西都指挥使司。九年六月，改行中书省为承宣布政使司。”由此可见，元代大同的地区行政中心地位，明代以后让位于太原。同时可以看到：元朝“河东山西道”，明初改称“山西等处”，山西的地理概念、范畴扩大了，终于实现了与太行山以西的地理特征相吻合。朱元璋洪武二年（1369），既于太原设立“山西等处行中书省”，太原遂为省城。山西省作为“山西等处行中书省”的简称，从此闻名于世。

我们检校明代著作，例如明初李继本《一山文集》、杨维桢《东维子集》、苏伯衡《苏平仲集》，明中期夏良胜《东洲初稿》、王祎《王忠文集》、何景明《大复集》、王世贞《弇山堂别集》、尹台《洞麓堂集》、高叔嗣《苏门集》、崔铣《洹词》，明后期阳玛诺《天问略》、汪砢玉《珊瑚纲》等，均书写有“山西省”之称，足证明代“山西省”已经成名。现在有人讲：“清为山西省”（见《辞海》）、“清代始名山西省”（《山西省情概览》），陋也。

五、《辞海》对山西得名解说的错误根源

通过上述考证，我们对山西省的形成历史有了一个较为清晰的认识，可以判定《辞海》“因在太行山之西得名”的解释，似是而非。其失误在于：忽视了“山西”由地理概念到行政区划的漫长演化过程；不懂装懂，强言附会。

然而，非独辞书作者如此，我们的前辈史学大师亦迷惑不解。例如《金史》卷108《胥鼎传》曰：“自兵兴以来，河北溃散军兵、流亡人户，及山西、河东老幼，俱徙河南。”这条史料记载的是：金宣宗贞祐年间（1213 ~ 1217），成吉思汗蒙古大军南征，太行山两侧军民避难迁徙，追随朝廷流亡河南的史实。而中华书局本《校勘记》云：“按山西与河东意复。……疑‘山西’当作‘陕西’。”其实，山西是大同府为中心的金西京路，河东指太原府、平阳府为中心的河东两路，二者既不矛盾，也不重复。

追根溯源，问题大致出自明末清初大学问家顾炎武的论断。其《日知录》卷31《河东山西》曰：“河东、山西，一地也。唐之京师在关中，而其东则河，故谓之河东；元之京师在蓟门，而其西则山，故谓之山西。各自其畿甸之所近而言之也。”这一观点，后为清末大儒梁绍壬《两般秋雨盦随笔》卷8《河东山西》所复制、重申，进一步垄断了整个学术界的认知，以至数百年间无人敢于怀疑。正是由于这两位饱学巨儒的率尔意会，导致了后代学者对“山西”的想当然解释。

（原载于2014年11月5日《山西日报》，这里有所改动）

《云林寺》序

2017年初，大同李尔山、阳高孟民二先生约我，言欲为阳高县云林寺出本研究性画册，向云冈石窟研究院“搬兵借马”。因我久闻云林盛名，且叹其建筑、壁画、雕塑之美不为世人所知，遂欣然应诺。今年初夏，调查组的图稿放上了我的案头，邀我作序。推脱无计，只好放下手中活计，对阳高县及云林寺进行一番考究。

阳高位于大同之东北60公里，自古为边陲大邑。汉置高柳县，唐称清塞军，辽设长青县，金改白登县，明创阳和卫，清名阳高县。两千年间兴替屡变，城池不恒。金元白登县，城址在今县东南大白登村，清顺治《云中郡志》卷2《方舆志·古迹》所谓“白登村在城南二十五里，乃白登县之遗”。明代阳和卫，在白登河（南洋河上游）之北，今县沿袭。明成化《阳和庙学记》（正德《大同府志》卷14）云：“昔我太祖高皇帝创治是卫于白登之阳，至洪熙改之，复以高山卫附之。两卫雄峙，烟火万家，屹然一巨镇也。”近日，我再诣云林，观察寺旁城墙夯土，土质纯净，确系生地新筑，因知“云林古寺”早不过明代。

关于阳高城的建置历史，乾隆《大同府志》卷12记载最详：“城池，元白登县地，明洪武三十一年废；命中山王徐达筑阳和城，周九里三十步，高三丈有五尺，池深三丈；门三：东曰成安，南曰迎暄，西曰成武。上各建楼，窝铺一十有四，门外各建月城。天顺二年，始城高山与阳和为二卫，以指挥、千户领其事。景泰元年，设立督府。万历二十九年，总督、尚书杨时宁檄副使刘汝康、同知孙渊如、副使刘汶砖甃南关厢，以资保障；巡抚翟鹏、副使刘汝康各为记。崇（正）［祯］四年，总督、侍郎魏云中于望台上每面修建望楼六座，砖甃全城。国朝顺治三年，废高山城，裁去指挥、千户世袭之官；并两卫为一，曰阳高卫，以掌印一员领之。顺治五年姜瓖变，移府治于阳高城，陟卫为府。今云中郡坊，其遗迹也。顺治八年，复府治于大同，阳高仍为卫。顺治十三年，裁汰督府、兵道等官。雍正三年，改卫城为县城。”上述文字记录，与顺治《云中郡志》、雍正《阳高县志》大同小异。关于明代阳和卫的几个问题，颇需商榷。

其一，阳和卫城非徐达所筑。考诸史籍，中山王徐达卒于洪武十八年（1385），清代诸志谓其洪武三十一年（1398）“筑阳和城”，明显错误。明正德《大同府志》卷2曰:“阳和卫城，高山卫附。洪武三十一年筑。……东半属阳和卫，西半属高山卫。”文中没有提到徐达。更为权威的《明太祖实录》卷225中，记洪武二十六年（1393）二月初六日：“置大同后卫及东胜左右、阳和、天城、怀安、万全左右、宣府左右十卫于大同之东，高山、镇朔、定边、玉林、云川、镇虏、宣德七卫于大同之西，皆筑城置兵屯守。”可见，阳和卫城之创，始于洪武二十六年（1393），终于洪武三十一年（1398），凡六年而成，与徐达没有干系。

清代方志之误，大约由于明万历三十一年（1603）成书的《宣大山西三镇图说》：“本城，洪武三十一年大将军徐达以砖创，高三丈七尺，环九里一分。”由于该书主编杨时宁，时任宣大总督，位高名隆，后人遂深信不疑。然而，杨公何以如此不慎？我猜测，也许与《明太祖实录》卷220中的另一条记载有关：洪武二十五年（1392）八月初六日，“命徐膺绪为大同护卫世袭指挥佥事。膺绪，中山武宁王次子也”。徐达之子徐膺绪，就任大同护卫军职的第二年，正好赶上了大同诸卫的筑城之役。莫非是他主持了阳和卫城的修筑，从而导致后人以讹传讹？但查《明史》本传，没有提及，只能存疑。

其二，阳和卫城包砖砌筑，杨时宁谓在洪武三十一年（1398），而清代方志俱云明万历、崇祯年间。查阅《明英宗实录》卷132，正统十年（1445）八月初一日，“命甃天城、阳和、大同左右四卫土城，以临边故也”。又卷148，正统十一年（1446）十二月二十五日，“大同总兵官、武进伯朱冕奏：‘天城、阳和二处筑城功用浩大，请暂借天城、镇虏、阳和、高山四卫屯军并力，免其明年籽粒。’从之”。由此可见，洪武末年所筑阳和卫城是土城，正统十年（1445）后奉旨甃筑，始为砖城。

其三，“天顺二年，始城高山与阳和为二卫”句，不可解。按《明宣宗实录》卷11，洪熙元年（1425）十一月二十日，“改高山、玉林、镇虏、云川四卫经历司隶山西行都司。初，四卫自洪武中隶山西行都司，后调保定、涿州、雄县。至是，以镇守大同武安侯郑亨言，复调大同左、右、天城、阳和屯守，经历司亦改隶焉”。就是说，此时将移驻河北的四卫兵重新调回大同，高山卫协守阳和，玉林卫协守右卫，镇虏卫协守天城，云川卫协守左卫。于是，至清代演化为阳高、右玉、天镇、左云四县。其中，阳和卫的一城二卫格局，亦即正德《大同府志》所谓:“阳和卫城，高山卫附。……东半属阳和卫，西半属高山卫。”因此，天顺二年（1458）“始城”者，只能理解为分城而治。

关于云林寺的历史沿革，今天可供我们考证的文字盖寡。一是大雄宝殿内，东西壁壁画上角的“施财檀越”“舍财官士”题记；二是清顺治《云中郡志》中，收录的徐化溥《重修西寺碑记》；三是大雄宝殿内，现存的清宣统元年（1909）《云林寺重修碑记文》木碑。

《云林寺重修碑记文》略云：“阳邑西南角，旧有云林古刹，碑碣无存，不知创建何代；屡次兴废，难以稽查。自光绪中年，有南门外接厂净土寺瑞连和尚照管此地。阅至二十一年，有超尘禅师衣钵相传，皈依同列。见刹坏落，目睹心伤，同请众善信士狐裘集腋，鸠工（庇）〔庀〕财；二僧经理，未及大有展布，不过聊为修葺，无增为有，旧更为新。……至二十八年，恒远和尚遽集于此，大展精神，后请众善信士募化布施；恒远和尚独立维持，赞襄圣事。寺内正殿座像站像俱为金妆，上面左右僧室一毕完新，东西神殿（接）〔揭〕换瓦皮；东面新添客堂三间，西面新起斋所三间。又有钟鼓两楼，焕然一新。南面开设小山门两处。至于南极过殿神像庄严，更觉金碧辉煌。惟大山门微觉朴素，尚未完固。……宣统元年岁次己酉菊月上浣穀旦，住持僧恒远。”从上述碑文，可以窥知云林寺在清末重修时的情形，而光绪二十一年（1895）之前的残破，说明古寺已衰败多年，以至于寺僧众善不晓其创建于何代，兴废过几次。但是，寺名云林，且为“旧有”，坐落于阳高县城的西南隅，一如今天。

徐化溥《重修西寺碑记》，收录在清顺治九年（1652）大同知府胡文烨修纂《云中郡志》卷13《艺文志》中，文曰：“本城西寺，古刹也，亦胜刹也。规制坻崿，古邃金碧，水陆莫与京。自累年雕敝，所在鹫顶、猕池多即圮坏。……寺正殿倾欹，长廊以外，乱甓芈草离离。……前居士李长者，讳馨，慨然有辇金入寺之愿，募僧祖智，心力绝类愚公移山，大费芒鞋。自崇祯九年迄今，历十（白）〔年〕所事将竣。其补葺修建大殿、东西地藏殿、天王、金刚殿，凡五座。一时圮者甃，隊者轩，黯黮者奂。……近又创建钟、碑二楼，围廊十间，修然大备，继其权舆。……”按：徐化溥，阳高人，顺治初里选“岁贡”，后参与《云中郡志》编撰并作跋。其《重修西寺碑记》，大约撰于顺治二年（1645）；文中“近又创建钟、碑二楼，围廊十间”等语，恐为编入《郡志》时补言。总体观察，当时重修的西寺院落规整，大殿、天王殿、金刚殿，约在南北中轴线上；东西两侧为地藏殿，前建钟鼓楼，外环廊房。近似于大同善化寺一样的严整。碑记作者徐化溥谓之“古刹也”，言其历史悠久；“胜刹也”，言其香火胜地；“水陆莫与京”，则专指其殿宇壁画彩塑之精美。但奇怪的是，徐先生既没有追述寺院的创始，也没有讲述曾经的辉煌，更没有提到寺庙正式的名称，而仅以“西寺”俗名冠之。

查阅雍正七年（1729）成书的《阳高县志》，卷2《祠宇》曰：“云林寺，在西街。……华严寺，即西寺，敕建。”而该书卷1《阳高城署图》中，绘有“西寺”，位在城内西南角，南北两殿，西侧一殿，庙门东开。至于云林寺，没有绘出，可能为小寺，无足轻重。此外，乾隆《大同府志》卷15《祠祀》记载得更为明确：“华严寺，即西寺，在城西南隅。明崇（正）〔祯〕间，邑人李馨重修，徐化溥记。……云林寺，在城西街。”可以肯定，今天仍然被阳高人称为“西寺”或“西大寺”的云林寺，至少在清代乾隆四十一年（1776）编纂《大同府志》之前，正名为华严寺。此华严寺，既为“古刹”，且为“敕建”，创置于明代，毫无疑问。但奇怪的是，大约至清中期，原本位于县城西街的云林寺，竟然张冠李戴，在不知不觉中，顶替了华严寺之名。这段尘封的历史，现已无从解答。不过，我想道理也许并不深奥，就像20世纪中叶以来“大同县”的废立更迭一样，原本管辖或寄居大同城，1971年外移西坪镇，2018年改名云州区，期间纷扰，很快归于无闻。要之，这便是历史，是特定历史条件下的演绎。

在云林寺现有建筑中，只有大雄宝殿为明代遗构。单檐庑殿，面阔五间。殿内彩塑、壁画繁富，共同构成一堂释道儒齐聚的佛教水陆大法会场景。在东西墙壁画的右上角，分别留有“施财檀越”“舍财官士”墨书题名，东为信官、信女、信士等89人，西为监收官、禅师、官士、舍人等76人。近年来，云冈石窟研究院所辖的山西彩塑壁画保护修复中心，为云林寺大殿彩塑壁画编制维修方案，张海蛟、尹刚撰文指出：这两方题记中的“禅师澄鉴、洪勉、善如、善觯、开讲、道成”“信女妙顺、妙贵、妙祥、妙定”“官士张普海、师普缘”等，明显属于佛教僧俗弟子名字；若与大同华严寺内明成化元年（1465）《重修大华严禅寺感应碑记》中的僧俗弟子法名对照，其表示辈分的“澄、道、善、妙、普”五字，两寺俱有。说明二者时代十分接近。

我想，这无疑是一个重要发现。因为云林寺在明代也叫华严寺，很可能属于大同府城内大华严禅寺的分院，或由大华严禅寺出家的僧徒住持建设。所以，我们有必要对照《重修大华严禅寺感应碑记》，作更进一步的研究。

第一，大华严禅寺大雄宝殿初设三佛，后增为五。其三佛之设，与阳高云林寺大殿主尊性质一致。《感应碑记》曰：“圣朝宣德间，高僧洽南洲弟子了然禅师来就说法……募缘四方，历二年，遂造金像三尊，由京师遥请至此。……严大雄殿，安毗卢三像。……至宣德四年……推首僧澄涓住持焉。澄涓既没，复荐首僧资宝任为住持，化缘塑佛二尊，共犊为五如来。及构天花棋枰，彩绘檐栱，灿然大备。至景泰五年，宝示寂灭，复举首僧正贤任为住持。又能补葺墙壁、阶砌。贤示寂后，今推德僧喜敬迁为住持，恐其久而没前人之善，乃具始末，谒文以记之。”按：大华严禅寺大雄宝殿内，明宣德二年（1427）从北京请回木佛三尊安置，后来住持资宝又添设二佛于左右，构成五方佛的格局。直到今天依旧。其初设三佛，分别是中央毗卢遮那佛（大日如来、释迦牟尼佛），左右东方药师佛、西方阿弥陀佛。与目前阳高云林寺（明代华严寺）大殿设立的“横三世佛”，性质、理念完全相同。如果阳和卫华严寺确系府城大华严禅寺之分院，而三佛塑像亦效仿主寺，则时间应在宣德二年（1427）之后，景泰五年（1454）之前。

第二，云林寺大殿壁画的檀越舍财题名中，“信女妙顺、妙贵、妙祥、妙定”与“官士张普海、师普缘”等，属于在家念佛弟子。《重修大华严禅寺感应碑记》亦然，其碑阴所书，除寺僧妙旺之外，“十方檀越”中“妙”“普”辈，全部有名有姓，以“善女人”“善男人”排列。而“善”字辈僧，《感应碑记》中无，但有“张善广”“杨善秀”两位檀越。由此表明，两处檀越可能属于一脉法眷，然辈分高低、出自何师，已不可知。

能够体现僧传辈分的是《感应碑记》背面的“本山僧”名单：“妙旺、道宣、清福、嘉著、觉本、道能、清侣、远智、觉福、德玉、名伦、通福、喜春、喜瑜、净能、净玉、澄湛、道心、喜珏、喜受、澄满、继通、喜琛、远受、通海、远慧、远祥、道真、继达、道祥、喜文、净连、行涓”33人，若加上碑文提及的历任住持澄涓、资宝、正贤、喜敬以及“本寺比丘喜祥立石”，所知38僧。无奈，其中法名多样，既有本寺僧，大约也有外来僧，区分辈分实难。但是，“澄”字辈明显居前，澄涓宣德四年（1429）因为“首僧”而任住持；碑阴的首位题名“钦差、提督五台僧录司右觉义澄存”，显然属于本寺走出去的耆宿高僧。“道”字辈的也仿佛靠前，有道宣、道能、道心、道真、道祥等。成化元年（1465）刻碑时，当红的应该是“觉”“净”“喜”辈者僧人。“觉”字辈，除觉本、觉福外，本碑阴第二位题名“副都纲觉明”，在同殿同年树立的《释迦如来成道记》碑中作“僧纲司副都纲觉明”，该碑前言“京都大庆寿寺沙门臣觉同，敬奉令旨，顿首书丹”，他俩明显属于与大华严禅寺有亲缘关系的僧官。“净”字辈，除净能、净玉、净连外，《释迦如来成道记》碑中署“临济下嗣法沙门湛秀、慧果、净澄、净晓”。其“释净澄，字孤月，姓张氏，宛平人也。……明天顺初元，言返清凉，道声远震。代王请诣内掖问道，感白光袭室之异，为舍资建刹五台山华严谷，额曰普济”（民国喻谦《新续高僧传四集》卷19《明五台山普济寺沙门释净澄传》）。至于“喜”字辈僧人，应属后起之秀。除现任住持喜敬，尚有喜祥、喜春、喜瑜、喜珏、喜受、喜琛、喜文等，他们应是当寺的青壮主体。就是说，阳和卫华严寺大殿彩绘壁画的时间，应该比成化元年（1465）更早一些，因为当时只有禅师澄鉴、道成等名字，不见再有下传弟子。

第三，《重修大华严禅寺感应碑记》曰：了然禅师“于宣德二年孟夏之月，迎佛入城。……时则有若边将武安侯郑公亨、太监郭敬……同出其内帑，鸠工庀财，戮力为之，严大雄殿，安毗卢三像”。值得注意的是，此番热衷于佛事的镇守大同太监郭敬，正是二十二年后阳和惨败、土木之变的罪魁祸首。

据《明英宗实录》卷180，正统十四年（1449）七月十五日，“大同总督军务西宁侯宋瑛、总兵官武进伯朱冕、左参将都督石亨等与虏寇战于阳和后口，时太监郭敬监军，诸将悉为所制，师无纪律，全军覆败。瑛、冕俱死，敬伏草中得免，亨奔还大同城”。十六日，“车驾发京师亲征。是举也，司礼监太监王振实劝成于内”。二十七日，“车驾次天城西”。二十八日，“车驾次阳和城南。时伏尸满野，众益寒心”。二十九日，“车驾次聚落驿”。卷181，八月初一日，“车驾至大同”。初二日，“驻跸大同。王振尚欲北行，镇守太监郭敬密告振曰：‘若行，正中虏计。’

振始惧。自出居庸关，连日非风则雨，及临大同，骤雨忽至，人皆惊疑。振遂议旋师”。初三日，“车驾东还。……初，议从紫荆关入。王振，蔚州人也，始欲邀驾幸其第，既而又恐损其乡土禾稼，复转从宣府行”。初六日，“车驾次白登”。十四日，“车驾次土木”。十五日，遭蒙古骑兵围剿，官军死伤数十万，英宗被俘，王振被杀，铸成千古奇冤。

翻回头，再看雍正《阳高县志》卷2《祠宇》，全县57座庙宇中，“敕建”者有三：“泰山庙，在东门，敕建。相传正统帝北狩，尝现灵呵护。……华严寺，即西寺，敕建。……永福寺，即南寺，敕建。”其泰山庙，县志说与明英宗被俘有关；永福寺之名，耐人寻味，明显具有追福之意。二寺敕建，暂不理论。这里，单说华严寺之建。

前文证得大殿壁画绘于明成化元年（1465）之前，而且具有水陆法会超度亡灵的性质；同时推测殿内横三世佛，大约塑于宣德二年（1427）至景泰五年（1454）之间。那么，该寺的创建必定与正统十四年（1449）阳和兵败有关。不难想象，英宗皇帝率大军两度驻跸阳和卫，看到城外“伏尸满野”的惨状，听到四处嚎啕悲伤的哭啼，自然心生哀愍；而随行的大同府蔚州籍权宦王振，为帝倚重而平素佞佛，此时定会启奏圣上，为阵亡的将士收尸招魂，敕建佛寺，祭奠亡灵。大约正因如此，当随后的土木之祸爆发后，王振旋即成为祸国殃民、死有余辜的奸贼，臭名昭著，人所不齿；由他倡议敕建的华严寺虽仍完成，但故事缘由不可告人。碑碣无存，讳莫如深，难怪明末乡贤徐化溥闪烁其词。所以，至清代中叶，干脆改名为云林寺，永绝丑闻。

呜呼，哀哉！《诗》曰：“靡不有初，鲜克有终。”凡世间之事，虽云成败难料，但终究因果必然。以上论述、判定，或为一己之见，或为侥幸偶合。重要的是想正本清源、释疑解惑，有补于家乡历史，有助于艺术传统。同时，感谢李尔山、孟民、张海雁、王雁卿、侯瑞、吴娇、张海蛟、尹刚等各位同仁的辛勤劳动。雕文代序，庶几心平。抱歉，抱歉！

2018年7月

主要参考书目

西汉司马迁《史记》
东汉班固《汉书》
西晋陈寿《三国志》
东晋法显《佛国记》（《大藏经》作《高僧法显传》）
宋范晔《后汉书》
宋刘义庆《世说新语》（梁刘孝标注）
梁沈约《宋书》（成书于 488 年）
梁释僧祐《出三藏记集》（成书于 518 年前）
梁释慧皎《高僧传》（完成于 519 年后）
北魏郦道元《水经注》（完成于 527 年前）
梁萧子显《南齐书》（完成于 530 年前）
东魏杨衒之《洛阳伽蓝记》（约撰于 547 年）
北齐魏收《魏书》（成书于 554 年）
隋费长房《历代三宝纪》（成书于 597 年）
唐欧阳询等《艺文类聚》（成书于 624 年）
唐姚思廉《梁书》（成书于 636 年）
唐李百药《北齐书》（成书于 636 年）
唐令狐德棻等《周书》（成书于 636 年）
唐长孙无忌等《隋书》（成书于 636 年）
唐法琳《辩正论》（成书于 638 年前）
唐房玄龄等《晋书》（成书于 648 年）
唐道宣《释迦方志》（始撰于 650 年）
唐长孙无忌等《唐律疏议》（撰成颁行于 653 年）
唐李延寿《北史》《南史》（659 年批准流传）
唐道宣《集神州三宝感通录》（成书于 664 年）
唐道宣《续高僧传》（初稿完成于 645 年，最后成书约在 665 年）
唐道宣《大唐内典录》（撰于 664 年，最后完成于 667 年）
唐道宣《广弘明集》（撰于 664 年，最后完成于 667 年）
唐道世《诸经要集》（辑录于显庆中，约 656 ~ 661 年）
唐道世《法苑珠林》（成书于 668 年）
唐释靖迈《古今译经图纪》（约撰于唐高宗时）

唐慧祥《古清凉传》（撰于唐高宗末，约 680 年后）
唐智昇《开元释教录》（成书于 730 年）
唐李林甫等《唐六典》（成书于 739 年）
唐封演《封氏闻见记》（788 年后撰，1936 年商务印书社版《丛书集成初编》）
唐圆照《贞元新定释教目录》（完成于 800 年）
唐李吉甫《元和郡县志》（成书于 813 年）
日本僧圆仁《入唐求法巡礼行记》（838 年至 847 年日记，崇文书局 2022 年版）
唐张彦远《历代名画记》（成书于 847 年）
后晋刘昫等《旧唐书》（成书于 945 年）
宋王溥《唐会要》（成书于 961 年）
宋薛居正《旧五代史》（973 年修）
宋李昉等《太平广记》（978 年上书奏献）
宋赞宁《大宋僧史略》（简称《僧史》，978 年敕撰）
宋赞宁《宋高僧传》（982 年敕撰，988 年完成）
宋李昉、宋白等《文苑英华》（成书于 986 年）
宋王钦若、杨亿等《册府元龟》（成书于 1013 年）
宋释道诚《释氏要览》（1019 年撰集）
宋欧阳修《新五代史》（成书于 1053 年）
宋释延一《广清凉传》（1060 年完成于五台山寺）
宋欧阳修《新唐书》（成书于 1060 年）
宋司马光《资治通鉴》（简称《通鉴》，成书于 1084 年）
金曹衍《大金西京武州山重修大石窟寺碑》（简称《金碑》，撰于 1147 年）
南宋徐梦莘《三朝北盟会编》（1194 年完成）
南宋志磐《佛祖统纪》（1271 年刊印）
元祥迈《至元辩伪录》（1291 年敕撰）
元苏天爵《元文类》（1334 年刊）
元梅屋禅师释念常《佛祖历代通载》（1341 年虞集作序）
元脱脱等《辽史》（1344 年最后完成）
元脱脱等《金史》（成书于 1344 年）
元脱脱等《宋史》（成书于 1345 年）
元释觉岸（宝洲）《释氏稽古略》（1354 年前完成）

明宋濂等《元史》（成书于 1370 年）
明胡谧《成化山西通志》（成书于 1474 年）
明张钦《正德大同府志》（成书于 1514 年）
明正统《道藏》（1445 年雕版完成）
明万历《清凉山志》（成书于 1596 年）
明明河《补续高僧传》（河公死于 1640 年）
《明实录》（台湾“中央研究院”历史语言研究所影印红格本）
清胡文烨《顺治云中郡志》（成书于 1652 年）
清顾炎武《日知录》（1670 年初次刻版）
清高懋功《云中纪程》（1712 年撰，1936 年商务印书社版《丛书集成初编》）
清刘士铭《雍正朔平府志》（成书于 1731 年）
清张廷玉等《明史》（1735 年定稿）
清吴辅宏《乾隆大同府志》（成书于 1776 年）
清雅德《山西志辑要》（刊行于 1780 年）
清毕沅《续资治通鉴》（简称《续通鉴》，乾隆末年成书）
清王昶《金石萃编》（成书于 1805 年，1921 年版，1990 年陕西人民美术出版社影印）
清《大清一统志》（1820 年最终完成）
清黎中辅《道光大同县志》（成书于 1830 年）
清余卜颐《光绪左云县志》（成书于 1881 年）
清王轩等《光绪山西通志》（成书于 1892 年）
清胡聘之《山右石刻丛编》（1898 年完成，1899 年付梓）
清李长华《光绪怀仁县新志》（成书于 1906 年）
《大清历朝实录》（简称《清实录》）
日本伊东忠太《中国山西云冈石窟寺》（1906 年《国华》杂志发表，黄孝可译）
缪荃孙《藕香零拾》（1913 年印行）
日本大村西崖《中国美术史・雕塑篇》（大正四年，1915 年，日本佛书刊行会发行）
陈垣《记大同武州山石窟寺》（撰于 1918 年 10 月，明年发表于《东方杂志》）
赵尔巽等《清史稿》（1927 年刊印）
赵邦彦《调查云冈造像小记》（撰于 1929 年冬，载《历史语言研究所集刊》第一本）
梁思成、林徽因、刘敦桢《云冈石窟中所表现的北魏建筑》（中国营造学社 1933 年刊）
白志谦《大同云冈石窟寺记》（1934 年完成，1936 年中华书局版）

周一良《云冈石佛小记》（1936年撰，原载《考古》第四期）
日本伊东忠太《中国建筑史》（1937年商务印书馆出版，陈清泉译补）
厉寿田《云冈石窟源流考》（1937年冬手写本）
日本木下杢太郎《大同石佛寺》（1921年与木村庄八合著，1938年独自重版）
汤用彤《汉魏两晋南北朝佛教史》（1938年初版，收入2000年河北人民出版社《汤用彤全集》）
日本岩崎继生《大同风土记》（1939年撰，1987年山西省地志办编，侯振彤译）
戴蕃豫《云冈石窟与域外艺术》（1940年冬撰，1947年第4卷《边疆人文》载）
日本水野清一、长广敏雄《云冈石窟》（20世纪50年代，日本国京都大学版）
王逊《云冈一带勘察记》（1951年《雁北文物勘查团报告》载）
岑仲勉《突厥集史》（中华书局1958年版）
姜亮夫《莫高窟年表》（上海古籍出版社1985年版）
日本长广敏雄《云冈日记——大战中的佛教石窟调查》（1988年东京出版，王雁卿译）
国家文物局教育处《佛教石窟考古概要》（1993年文物出版社版）
金申《中国历代纪年佛像图典》（1995年文物出版社版）
宿白《中国石窟寺研究》（1996年8月文物出版社版）
山西省考古研究所《山西碑碣》（1997年山西人民出版社版）
周绍良、赵超《唐代墓志汇编》（上、下及续集，1992年、2001年上海古籍出版社版）
晁华山《佛陀之光——印度与中亚佛教胜迹》（2001年文物出版社版）
朱亮《洛阳出土北魏墓志选编》（2001年科学出版社版）
《宿白先生八秩华诞纪念文集》（2002年文物出版社版）
联合国教科文组织《中亚文明史》（第二、三卷，2003年中国对外翻译出版公司）
《北京辽金史迹图志》（上下册，北京燕山出版社2003年版）
阎文儒《云冈石窟研究》（2003年广西师范大学出版社版）

以上书籍资料，约以时代先后为次。凡正史、《通鉴》《续通鉴》《出三藏记集》《高僧传》《释迦方志》《宋高僧传》等，采用中华书局点校本；《法苑珠林》，参用碛砂藏本、大正藏与中华书局点校本；《水经注》，采用武英殿聚珍本（中华书局丛书集成初编），参考《永乐大典》本及诸家校疏；《洛阳伽蓝记》，采用上海古籍出版社范祥雍校注本；《续高僧传》《广弘明集》等，采用碛砂藏本，以大正藏本、频伽藏本参校；其他佛教典籍（包括上面未列书目者），主要采用大正藏本；《太平广记》，采用上海古籍出版社《四部精要》本与江苏广陵古籍刻印社《笔记小说大观》本。

此外，本书引用历代小说笔记40余种，收集大同历代重要碑文数十篇，征引了大量的其他文献资料和现代研究论著、论文，往往随文标记，这里不再罗列。特别是近年增订，采用了《大藏经》和《四库全书》中许多内容。

后　记

俗话说：三年磨一剑。从到云冈始著《云冈石窟编年史》，直至2006年出版，算来有五个年头。经过了多少个孤灯长夜，惟天晓得。对石窟寺，由不熟悉到逐渐熟悉，由不了解到渐次了解。期间的辛与苦、疲与劳、得与失，都随光阴逝去，没有留下多少印象。难忘的，是师友之情。首先，我要感谢李治国所长，给我看书、购书、游学、考察，以至出书等方面的大力支持。其次，感激宿白、马世长、杨泓、温玉成、陈琳国、赵一德、力高才、殷宪、金申、刘建华等先生，给予我的扶持与鼓励。还要感谢于宝华、王雁卿、刘建军、白志宇、王利民、赵昆雨、张海雁、曹臣明、毛志喜、解玉保、曹彦玲、张建新、王恒庆、员小云、张艳、张华、耿波、解华、李树云，以及这里没有提名的同志们。是大家帮我添砖加瓦，加重了这本书的分量。

感谢江苏凤凰美术出版社对本书更名修订出版的支持！

张焯 2024 年 10 月